Langenberg/Zehelein

Betriebskosten- und Heizkostenrecht

Betriebskosten- und Heizkostenrecht

begründet von

Dr. Hans Langenberg
Vorsitzender Richter
am Landgericht a. D., Hamburg

fortgeführt von

Dr. Kai Zehelein
Richter am Amtsgericht Hanau
Lehrbeauftragter an der Johann-Wolfgang-Goethe-Universität
Frankfurt am Main

9., aktualisierte und überarbeitete Auflage 2019

Bearbeiter:
Langenberg: Bearbeiter der 1. – 6. Auflage / Mitbearbeiter
der 7.–8. Auflage

Zehelein: Mitbearbeiter der 7.–8. Auflage / Bearbeiter der 9. Auflage

www.beck.de

ISBN 978 3 406 73716 9

© 2019 Verlag C. H. Beck oHG
Wilhelmstraße 9, 80801 München
Druck und Bindung: Nomos Verlagsgesellschaft mbH & Co. KG
In den Lissen 12, 76547 Sinzheim

Satz: Druckerei C. H. Beck, Nördlingen
(Adresse wie Verlag)

Umschlaggestaltung: Martina Busch, Grafikdesig, Homburg Saar

Gedruckt auf säurefreiem, alterungsbeständigem Papier
(hergestellt aus chlorfrei gebleichtem Zellstoff)

Vorwort zur 9. Auflage

Dem Betriebskostenrecht kommt bei der An- und Vermietung von Immobilien nach wie vor erhebliche Bedeutung zu. Angaben des Deutschen Mieterbundes für das Jahr 2016 beziffern betriebskostenrechtliche Themen bei der Beratungstätigkeit mit einen deutlich größten Anteil von 33%. Bei der Prozessstatistik liegen sie mit 20% auf Platz zwei (nach allgemeinen „Vertragsverletzungen"). Diese aus der mietgerichtlichen Praxis zu bestätigenden Zahlen verdeutlichen die Notwendigkeit für jeden in dem Bereich Tätigen, das Betriebskostenrecht zu kennen und die gerade durch die höchstrichterliche Rechtsprechung bedingten regelmäßigen umfangreichen Änderungen zu verfolgen.

Auch die 9. Auflage stellt das Betriebskosten- und Heizkostenrecht auf aktuellem Stand dar. Die seit der Vorauflage veröffentlichte Rechtsprechung des Bundesgerichtshofs ist eingearbeitet, ebenso einschlägige Entscheidungen der Instanzgerichte und Literaturveröffentlichungen. Gerade in der Wohnraummiete hat die Rechtsprechung des VIII. Senats des Bundesgerichtshofs deutliche Umwälzungen bewirkt. Das bezieht sich sowohl auf die Umlage von Betriebskosten als auch deren Darstellung in der Betriebskostenabrechnung sowie die Rechte des Mieters nach Abrechnungserstellung. Zu nennen sind beispielhaft der nicht mehr in der Abrechnung auszuweisende Vorwegabzug, das Einsichtsrecht in die Verbräuche anderer Mieter und die Ausweitung der Einwendungsfrist nach § 556 Abs. 3 Satz 6 BGB auf Kosten außerhalb der BetrKV. Weiterentwickelt wurde unter anderem auch die Rechtsprechung zum Wohnungseigentum, zur Richtlinie VDI 2077 (Rohrwärmeabrechnung) und hinsichtlich einzelner Kostenumlagen (z. B. Mietausfallversicherung).

Der Begründer des Buches, *Dr. Hans Langenberg,* ist mit der 9. Auflage als Bearbeiter ausgeschieden. Das Werk wird von dem bisherigen Mitbearbeiter der 7. und 8. Auflage, *Dr. Kai Zehelein,* in seinem Sinne unter Beibehaltung der bisherigen Bearbeitungsweise und mit dem Ziel der Aufrechterhaltung des hohen Niveaus fortgeführt.

Der Text und die Gesetzesänderungen sind eingehend überarbeitet. Die Auflage berücksichtigt zudem eine Vielzahl bekannter und neuer Fragen, die sich in der gerichtlichen und außergerichtlichen Praxis regelmäßig stellen. Dabei wurde nicht nur auf die Erfahrungen des Autors als Richter für Miet- und WEG-Sachen zurückgegriffen. Es konnten auch für diese Auflage wieder zahlreiche Fragen und Anregungen auf Fortbildungs- und Vortragsveranstaltungen des Verfassers ebenso wie regelmäßige Zuschriften eingearbeitet werden. Der Bearbeiter bedankt sich hierfür und hofft auch in der Zukunft auf anregende Beiträge.

Hanau, im Januar 2019 *Dr. Kai Zehelein*

Aus dem Vorwort zur 1. Auflage

Vor dem wirtschaftlichen Hintergrund enorm angestiegener Betriebskosten ist es verständlich, dass der Kostenfaktor Betriebskosten von beiden Vertragsparteien in zunehmendem Maße beachtet wird. Einerseits sind die Vermieter bemüht, alle Kosten von den Mietern erstattet zu erhalten. Sie empfinden ihre Position oft nur als die einer bloßen Inkassostelle und halten die Nebenkosten für lediglich durchlaufende Posten. Wirtschaftlich betrachtet mag diese Einschätzung für einen Teil der Betriebskosten richtig sein, rechtlich ist sie nicht zutreffend. Die Mieter auf der anderen Seite prüfen im Hinblick auf die Höhe der Belastung genauer, ob die Kosten dem Grunde nach auf sie abgewälzt werden können und ob sie der Höhe nach berechtigt sind. Diese Entwicklung trifft auf die Einstellung mancher Vermieter, Einwände der Mieter als Verdächtigung unredlichen Verhaltens oder schlichtes Querulantentum aufzufassen, und der Mieter, hinter jeder Ungenauigkeit den Versuch der Übervorteilung zu sehen. Die im Einzelfall oft geringe Höhe des streitigen Betrages darf allerdings nicht den Blick darauf verstellen, dass es für den Vermieter – je nach der Zahl der Mietparteien – um durchaus größere Summen geht, die er, wenn er keine Kostendeckung erreicht, aus der Nettomiete bestreiten muss, und für den Mieter darum, nicht im Laufe eines längeren Mietverhältnisses immer wieder mit denselben unberechtigten Kosten belastet zu werden.

Die vorliegende Darstellung des Betriebskostenrechts verfolgt zwei Ziele. Im Vordergrund steht, Vermietern und Mietern von Wohn- und Gewerberaum ein Hilfsmittel zur Verfügung zu stellen, das es ihnen erleichtert, eine beiden Seiten angemessene Lösung für die Behandlung der Betriebskosten zu finden, sie entsprechend im Mietvertrag niederzulegen und während der Dauer des Mietverhältnisses zu handhaben. Die Ausführungen sind daher praxisorientiert. Bei vielen Streitfragen wurde besonderer Wert darauf gelegt, den rechtlichen Ansatz der jeweiligen Ansicht darzulegen. Diese Abschnitte richten sich zwar vornehmlich an Rechtsanwälte und Richter, sollen aber auch den Parteien selbst ermöglichen, im Konfliktfall die Tragfähigkeit des eigenen Standpunkts zu überprüfen.

Die Darstellung bezweckt überdies, durch die eingehende Beschreibung der außerordentlich großen Meinungsvielfalt Verständnis für die vom anderen Vertragspartner vertretene Auffassung zu wecken, so dass beide Seiten das Thema mit weniger Emotionalität angehen können.

Hamburg, im Sommer 1997 *Dr. Hans Langenberg*

Inhaltsübersicht

Inhaltsverzeichnis	IX
Abkürzungs- und Literaturverzeichnis	XXV
A. Begriff der Betriebskosten	1
B. Umlage der Betriebskosten	103
C. Umlage erhöhter oder neuer Betriebskosten	145
D. Ermäßigung von Betriebskosten und Kostenausgliederung durch Direktabrechnung	171
E. Erhebung von Betriebskostenvorauszahlungen	183
F. Umlageschlüssel	209
G. Abrechnungspflicht, Abrechnungsfrist und Abrechnungszeitraum	307
H. Abrechnung	357
I. Abrechnungssaldo	483
J. Betriebskostenprozess	503
K. Heizkosten	549

Anhänge

I. Muster	683
II. Ausgesuchte Gesetzes- und Verordnungstexte	703
Sachregister	713

Inhaltsverzeichnis

Vorwort	V
Inhaltsübersicht	VII
Abkürzungsverzeichnis	XXV

A. Begriff der Betriebskosten	1
I. Vorbemerkung	1
II. Definition des § 556 Abs. 1 Satz 2 BGB bzw. § 1 BetrKV	1
1. Kosten des Eigentümers/Vermieters	2
a) Unmittelbare Mieterleistungen	2
b) Eigenleistungen des Eigentümers/Vermieters	3
aa) Zulässigkeit des Ansatzes	3
bb) Voraussetzungen des Ansatzes	4
cc) Umfang des Ansatzes	4
2. Kosten durch das Eigentum am Grundstück oder seines bestimmungsgemäßen Gebrauchs	6
a) Kosten durch das Eigentum	6
b) Kosten aus bestimmungsgemäßem Gebrauch	6
3. Laufende Kosten	7
4. Entstandene/entstehende Kosten	8
5. Abgrenzung zu anderen Kosten	8
a) Verwaltungskosten	9
b) Instandhaltungs- und Instandsetzungskosten	10
c) Kapitalkosten	11
III. Definitionen des Betriebskostenkatalogs gem. § 2 BetrKV	13
1. Laufende öffentliche Lasten des Grundstücks	13
a) Grundsätze	13
b) Grundsteuererhöhungen	16
2. Kosten der Wasserversorgung	18
a) Kosten des Wasserverbrauchs	18
aa) Grundsätze	18
bb) Außergewöhnlicher Wasserverbrauch	19
b) Grundgebühren	20
c) Zählerkosten	20
d) Kosten der Berechnung und Aufteilung auf einzelne Nutzer	24
aa) Preisfreier Wohnraum und Gewerberaum	24
bb) Preisgebundener Wohnraum	25
e) Hauseigene Wasserversorgungsanlage	25
aa) Wassergewinnung	25
bb) Wasserverteilung	26
f) Wasseraufbereitungsanlage	26
g) Überprüfung der Wasserqualität	27
3. Kosten der Entwässerung	28
4. Kosten des Betriebs des Personen- oder Lastenaufzugs	31
a) Betriebsstrom, Beaufsichtigung, Bedienung und Überwachung der Anlage	31

b) Pflege und regelmäßige Prüfung der Betriebsbereitschaft und -sicherheit einschl. der Einstellung durch eine Fachkraft 32
c) Reinigung der Anlage 36
5. Kosten der Straßenreinigung und Müllbeseitigung 36
   a) Straßenreinigung 36
      aa) Grundsätze 36
      bb) Übernahme durch Mieter 37
      cc) Winterdienst 38
         (a) Grundsätze 38
         (b) Verwendung von Räumgeräten 38
         (c) Dauernde Verhinderung des Mieters 39
   b) Müllbeseitigung 40
6. Kosten der Gebäudereinigung und Ungezieferbekämpfung ... 44
   a) Gebäudereinigung 45
   b) Ungezieferbekämpfung 46
7. Kosten der Gartenpflege 47
   a) Gärten 48
   b) Spielplätze 54
   c) Plätze, Zugänge, Zufahrten 55
8. Kosten der Beleuchtung 56
9. Kosten der Schornsteinreinigung 58
10. Kosten der Sach- und Haftpflichtversicherung 60
   a) Sachversicherungen 60
   b) Haftpflichtversicherungen 63
   c) Sonstige Versicherungen 65
   d) Umlagefähige Kosten 66
11. Kosten für den Hauswart 67
   a) Inhalt der Hauswarttätigkeit 67
   b) Abgrenzung der Hauswarttätigkeit zu anderen Arbeiten 69
      aa) Grundsätze 69
      bb) Ermittlung der nicht umlagefähigen Kosten 69
      cc) Abgrenzung durch getrennte Verträge 71
   c) Ansatzfähige Kosten 72
      aa) Personalkosten 72
      bb) Sachkosten 74
   d) Sonstiges 74
12. Kosten des Betriebs der Gemeinschaftsantennenanlage 75
13. Kosten des Betriebs der mit einem Breitbandnetz verbundenen privaten Verteilanlage 76
14. Kosten des Betriebs der Einrichtungen für die Wäschepflege .. 78
   a) Gewerberaum und preisfreier Wohnraum 79
   b) Preisgebundener Wohnraum 81
15. Sonstige Betriebskosten 81
   a) Grundsätze 81
   b) Sonderproblem Wartungskosten 82
   c) Einzelne sonstige Betriebskosten 84

B. Umlage der Betriebskosten 103

  I. Notwendigkeit einer Vereinbarung 103
  II. Vereinbarungen zur Mietstruktur 104
    1. Brutto(warm/Inklusiv)miete 104
    2. Bruttokaltmiete 105

3. Teilinklusivmiete	106
4. Nettomiete	106
5. Änderung der Mietstruktur	107
III. Vereinbarung einer Nettomiete/Teilinklusivmiete mit Vorauszahlungen	108
1. Ausdrückliche Vereinbarung	109
a) Umlage und vom Mieter zu tragenden Betriebskosten	109
aa) Preisfreier Wohnraum und Gewerberaum	109
bb) Preisgebundener Wohnraum	115
b) Pauschale Bezugnahme auf Vorschriften zu den Betriebskosten	116
c) Folgen für die Umlegbarkeit	118
d) Bezugnahme auf veralteten Betriebskostenkatalog	119
e) Sonderfall sonstige Betriebskosten	120
f) Kombination von genereller Bezugnahme und Angabe einzelner Betriebskostenarten	121
g) Umlage bei vermieteten Eigentumswohnungen	123
2. Schlüssige Vereinbarung	124
a) Stillschweigende Konkretisierung	124
b) Stillschweigende Vertragsänderung	125
aa) Abrechnung ohne entsprechende Vereinbarung	125
bb) Unterlassene Abrechnung/unterlassene Kostenansätze	130
3. Folgen einer unwirksamen Vereinbarung	130
a) Vollständig unwirksame Abwälzung	130
b) Teilweise unwirksame Abwälzung	132
IV. Vereinbarung einer Nettomiete/Teilinklusivmiete mit Pauschale	133
V. Mietstruktur und Preisbindung	135
1. Laufende Preisbindung	135
2. Beendete Preisbindung	136
VI. Besonderheiten bei der Vermietung von Gewerberaum	136
1. Grundsätze	136
2. Umlage von Instandhaltungs- und Instandsetzungskosten	137
a) Allgemeine Abwälzung	138
b) Konkrete Abwälzung	139
3. Umlage von Verwaltungskosten	139
4. Umsatzsteuer auf die Betriebskosten	142
C. Umlage erhöhter oder neuer Betriebskosten	**145**
I. Brutto(warm/Inklusiv)miete/Bruttokaltmiete	145
1. Grundsätze	145
2. Gewerberaum	146
3. Preisfreier Wohnraum	147
a) Einseitige Umlage von Mehrbelastungen bei Altverträgen	148
aa) Zulässigkeit der Umlage	148
bb) Inhalt der Mehrbelastungsabrede	149
cc) Weitere Voraussetzungen für die Umlage	151
(a) Kostenanstieg	151
(b) Rückwirkende Mehrbelastungen	152
dd) Verfahren bei der Umlage	154
(a) Form	154
(b) Inhalt	154
ee) Fälligkeit der Umlage	156

b) Umlage von Mehrbelastungen im Rahmen einer
Mieterhöhung bei Alt- und Neuverträgen 157
    aa) Pauschale Erhöhung mit Durchschnittskosten 158
    bb) Differenzierte Erhöhung mit konkreten Kosten 160
II. Teilinklusivmiete 161
III. Nettomiete 162
    1. Grundsätze 162
    2. Ansatz neuer Betriebskosten 162
    3. Ansatz rückwirkender Mehrbelastungen 164
IV. Erhöhung bei Pauschalen 165
    1. Wohnraum 166
    2. Gewerberaum 167
V. Erhöhung infolge Modernisierung 167

D. **Ermäßigung von Betriebskosten und Kostenausgliederung durch Direktabrechnung** 171

I. Vorbemerkung 171
II. Ermäßigung von Pauschalen nach § 560 Abs. 3 BGB 171
III. Ermäßigung von Betriebskostenanteilen bei Altverträgen nach Art. 229 § 3 Abs. 4 EGBGB 174
IV. Kostenausgliederung durch Direktabrechnung 175
    1. Einseitige Erklärung des Vermieters 175
    2. Vereinbarung durch Formularklausel 176
        a) Grundsätze 176
        b) Finanzieller Ausgleich für den Mieter 177
            aa) Nettomiete mit Vorauszahlungen 177
            bb) Nettomiete mit Pauschale 177
            cc) Betriebskostenanteil der Teilinklusivmiete 177
    3. Tatsächliche Inanspruchnahme von Leistungen 178
    4. Gewährleistungsfolgen 179
    5. Besonderheiten bei Gewerberaum 179
        a) Auslagerung von Ver- und Entsorgungsleistungen auf Dritte 180
        b) Pflicht des Mieters zur Anbietersuche und hilfsweise Übernahme durch den Vermieter 182

E. **Erhebung von Betriebskostenvorauszahlungen** 183

I. Vereinbarung der Vorauszahlungspflicht 183
    1. Grundsätze 183
    2. Unklare Vereinbarung 185
II. Höhe der Vorauszahlungen 187
    1. Vereinbarung der Höhe 187
        a) Grundsätze 187
        b) Zu hohe Vorauszahlungen 188
        c) Zu niedrige Vorauszahlungen 188
    2. Erhöhungsrecht des Vermieters 189
        a) Gewerberaum 189
        b) Preisfreier Wohnraum 190
            aa) Anpassungsrecht 190
            bb) Voraussetzungen 191
                (a) Grundsätze 191

(b) Zeitpunkt der Anpassung	192
(c) Weitere Anpassung	192
cc) Berechnung	193
dd) Form	195
c) Preisgebundener Wohnraum	195
aa) Erläuterung und Berechnung	196
bb) Verbot rückwirkender Erhöhungen	197
cc) Anforderung und Wirkungszeitpunkt der Erhöhung	198
3. Kürzungsrecht des Mieters	198
a) Grundsätze	198
b) Kollision von Vermieter- und Mietererklärungen zur Höhe der Vorauszahlungen	200
III. Fälligkeit	202
IV. Wegfall der Vorauszahlungspflicht	203
1. Zeitweiser Wegfall	203
2. Endgültiger Wegfall	203
V. Abtretung/Aufrechnung/Pfändung von Vorauszahlungen	205
F. Umlageschlüssel	**209**
I. Vorbemerkung	209
II. Festlegung im Mietvertrag	210
1. Grundsätze	210
2. Fehlende Bestimmung	211
a) Wohnraum	211
b) Gewerberaum	212
III. Änderung des Umlageschlüssels	212
1. Vorbemerkung	212
2. Änderungsrecht des Vermieters	213
a) Grundsätze	213
b) Änderungsrecht durch Formularklausel	214
c) Änderungsrecht ohne vertraglichen Vorbehalt	215
d) Bedeutung für den vermietenden Wohnungseigentümer	216
3. Änderungsanspruch des Mieters	218
4. Wiederholte Änderung	219
5. Umstellung auf Umlage nach Verbrauch oder Verursachung	220
a) Grundsätze	220
b) Abrechnung nach Verbrauch	222
c) Abrechnung nach Verursachung	222
d) Form und Inhalt der Änderungserklärung	223
IV. Einzelne Umlageschlüssel	224
1. Umlage nach der Zahl der Mietobjekte	225
2. Umlage nach dem Verhältnis der Nutz-/Wohnflächen oder des umbauten Raums	226
a) Grundsätze	226
aa) Verteilung nach Flächenanteilen	226
bb) Verteilung nach umbauter Fläche	228
cc) Verteilung nach umbautem Raum	228
b) Flächenberechnung	228
aa) Grundsätze	228
bb) Maßgebliche Fläche	235
(a) Ausdrückliche Vereinbarung	235

   (b) Stillschweigende Vereinbarung 236
   (c) Zeitlicher Geltungsbereich 237
   (d) Verstoß gegen Bauordnungsrecht 238
  cc) Einheitlichkeit der Berechnung 239
 c) Differenz zwischen vereinbarter und tatsächlicher
  Nutz-/Wohnfläche 239
 d) Fläche einer Hausmeisterwohnung oder eines
  Verwalterbüros 242
3. Umlage nach der Zahl der Nutzer 242
 a) Grundsätze 242
 b) Nachteile des Personenschlüssels 243
 c) Verwendung des Personenschlüssels 244
4. Umlage nach dem unterschiedlichen Verbrauch 246
 a) Vorbemerkung 246
 b) Umlageschlüssel 246
  aa) Grundsätze 246
  bb) Verbrauchsabhängige Kosten 248
  cc) Verbrauchsunabhängige Kosten 248
 c) Zulässigkeit einer Verbrauchsschätzung 249
  aa) Verfahren bei Zählerdifferenzen 252
  bb) Verfahren bei unterlassener Ablesung 255
  cc) Verfahren bei defekten Zählern 257
5. Umlage nach der unterschiedlichen Verursachung 257
 a) Müllbeseitigung 257
 b) Aufzug 258
 c) Maschinelle Wascheinrichtungen 259
6. Umlage nach dem Verhältnis der Mieten 259

V. Kostenumlage in Misch- und Sonderfällen 259
 1. Verteilung bei Abrechnungseinheiten 259
  a) Preisgebundener Wohnraum 259
  b) Preisfreier Wohnraum 260
 2. Verteilung bei Wohn- und Teileigentum 264
  a) Kosten aller Einheiten 264
   aa) Zulässigkeit der Umlage nach Mit-/Teileigentums-
    anteilen 265
   bb) Vereinbarung der Umlage nach Eigentumsanteilen 266
  b) Kosten der einzelnen Eigentumswohnung 267
 3. Verteilung bei gemischt genutzten Objekten 268
  a) Preisgebundener Wohnraum 268
  b) Preisfreier Wohnraum und Gewerberaum 269
 4. Verteilung bei Leerstand 272
  a) Grundsätze 272
  b) Umlage nach Flächenschlüssel 273
   aa) Grundsätze 273
   bb) Störung der Geschäftsgrundlage 274
    (a) Grundsätze 274
    (b) Folgen 275
  c) Umlage nach erfasstem Verbrauch/erfasster Verursachung . 277
  d) Umlage nach Personenschlüssel 278
   aa) Grundsätze 278
   bb) Verbrauchsunabhängige Kosten 279
   cc) Verbrauchsabhängige Kosten 280
 5. Mehrere Mietverträge innerhalb einer Mietsache 281

VI. Umlageschlüssel bei den einzelnen Betriebskostenarten ... 282
1. Grundsteuer ... 282
   a) Grundsatz ... 282
   b) Umlage bei gemischt genutzten Objekten ... 282
2. Wasser und Entwässerung ... 285
   a) Gewerberaum ... 285
   b) Preisgebundener Wohnraum ... 285
   c) Preisfreier Wohnraum ... 286
      aa) Grundsätze ... 286
      bb) Umlage bei gemischt genutzten Objekten ... 287
      cc) Umlage bei Objekten mit Garagen/Stellplätzen ... 289
3. Aufzug ... 289
   a) Gewerberaum ... 289
   b) Preisgebundener Wohnraum ... 290
   c) Preisfreier Wohnraum ... 290
      aa) Grundsätze ... 290
      bb) Beteiligung des Erdgeschossmieters ... 291
      cc) Umlage bei gemischt genutzten Objekten ... 293
4. Straßenreinigung und Müllbeseitigung ... 294
   a) Straßenreinigung ... 294
   b) Müllbeseitigung ... 295
5. Gebäudereinigung und Ungezieferbekämpfung ... 296
6. Gartenpflege ... 297
7. Beleuchtung, Schornsteinreinigung ... 297
8. Sach- und Haftpflichtversicherung ... 298
   a) Glasbruchversicherung ... 298
   b) Versicherung gemischt genutzter Objekte ... 298
   c) Sammelversicherungen ... 300
9. Hauswart ... 300
10. Gemeinschaftsantenne und Breitbandanschluss ... 301
    a) Gemeinschaftsantenne ... 301
    b) Breitbandanschluss ... 302
       aa) Preisgebundener Wohnraum ... 302
       bb) Preisfreier Wohnraum ... 303
11. Einrichtungen für die Wäschepflege ... 303
    a) Preisgebundener Wohnraum ... 303
    b) Preisfreier Wohnraum ... 305

G. Abrechnungspflicht, Abrechnungsfrist und Abrechnungszeitraum 307
I. Abrechnungspflicht ... 307
   1. Grundsätze ... 307
   2. Verstoß gegen die Abrechnungspflicht ... 309
      a) Fortlaufendes Mietverhältnis ... 309
      b) Beendetes Mietverhältnis ... 310
      c) Anspruch des Mieters auf Abrechnung ... 313
   3. Vermieterwechsel im Abrechnungszeitraum ... 314
   4. Vermieterwechsel nach Ablauf des Abrechnungszeitraums ... 315
   5. Mieterwechsel im Abrechnungszeitraum ... 317
II. Abrechnungsfrist ... 317
   1. Dauer der Frist ... 317
      a) Grundsätze ... 317
      b) Verlängerung der Frist ... 318
      c) Verkürzung der Frist ... 319

2. Einhaltung der Frist	320
a) Anforderungen an die Abrechnung	320
b) Rechtzeitigkeit der Abrechnung	321
aa) Grundsätze	321
bb) Entschuldigte Verspätung	322
(a) Erstellung der Abrechnung	322
(b) Zugang beim Mieter	327
c) Teilabrechnung über einzelne Betriebskosten	331
3. Folgen des Fristablaufs	333
a) Grundsätze	333
b) Ausschluss von Nachforderungen bei Wohnraum	335
aa) Grundsätze	335
bb) Ausschluss bei der Ausgabenabrechnung	337
cc) Rückzahlungsanspruch des Mieters	339
c) Folgen für den Vermieter von Gewerberaum	339
d) Folgen für den Mieter	340
III. Abrechnungszeitraum	341
1. Maßgeblicher Zeitraum	341
2. Ansatzfähige Kosten	345
a) Grundsätze	345
b) Abrechnung bei unterschiedlichem Verbrauchs- und Abrechnungszeitraum	347
c) Probleme bei der Ausgabenabrechnung	348
aa) Offene Fragen	348
bb) Verfahren bei Mieterwechsel	350
d) Vermietung von Wohnungs- oder Teileigentum	351
aa) Vermietung von Wohnungseigentum	351
bb) Vermietung von Teileigentum	353
e) In mehrjährigem Turnus anfallende Betriebskosten	353
f) Aperiodisch anfallende Betriebskostensteigerungen	354
IV. Kautionsabrechnung vor Fristablauf	355
H. Abrechnung	**357**
I. Grundlagen	357
1. Rechtsnatur der Abrechnung	357
2. Fragen des Datenschutzes	359
II. Grundsatz der Wirtschaftlichkeit	361
1. Geltungsbereich des Wirtschaftlichkeitsgrundsatzes	362
2. Inhalt des Wirtschaftlichkeitsgrundsatzes	362
a) Grundsätze	362
b) Varianten zur Höhe der Kosten	366
aa) Fremdvergabe von Leistungen	366
bb) Organisatorische Veränderungen	368
cc) Kostenkontrolle	369
(a) Grundsätze	369
(b) Überprüfung berechneter Leistungen	371
dd) Betrieb unwirtschaftlicher Anlagen	372
c) Einzelne Betriebskostenarten	375
aa) Grundsteuer	375
bb) Wasserversorgung	376
cc) Entwässerung	378

dd) Aufzug	379
ee) Straßenreinigung	380
ff) Müllbeseitigung	380
(a) Grundsätze	380
(b) Kosten externer Dienstleister	381
gg) Gebäudereinigung	385
hh) Gartenpflege	386
ii) Beleuchtung	387
jj) Schornsteinreinigung	388
kk) Versicherungen	388
ll) Hauswart	390
mm) Antennen, Breitbandanschluss	392
nn) Heizöl	392
oo) Sonstige Betriebskosten	392
3. Verletzung des Wirtschaftlichkeitsgrundsatzes	392
a) Grundsätze	392
b) Verschulden des Vermieters	394
III. Form und Inhalt der Mitteilung der Abrechnung	395
1. Form	395
2. Inhalt	397
a) Berechtigung zur Mitteilung	397
b) Adressat der Mitteilung	398
c) Angabe des Abrechnungsobjekts	398
3. Folgen einer fehlerhaften Mitteilung	399
IV. Inhalt der Abrechnung	399
1. Vorbemerkung	399
2. Notwendiger Inhalt	401
a) Grundsätze	401
b) Einzelne Anforderungen	404
aa) Gesamtkosten	404
(a) Angabe aller Kostenarten	404
(b) Angabe der Gesamtkosten je Kostenart	408
bb) Umlageschlüssel	411
(a) Unzureichende Angaben	411
(b) Bereinigte Angaben	414
(c) Unverständliche Umlageschlüssel	414
cc) Berechnung des Anteils des Mieters	415
dd) Abzug der Vorauszahlungen	415
ee) Verständlichkeit	417
ff) Heizkostenabrechnung	418
c) Folge von Fehlern	418
aa) Grundsätze	418
bb) Schadensersatzansprüche des Vermieters gegen Dritte	419
d) Besonderheiten bei preisgebundenem Wohnraum	420
3. Ergänzender Inhalt	422
a) Angabe der Rechnungsdaten	422
b) Angabe der Verbrauchsdaten	422
c) Erläuterung der Abrechnung	423
4. Abrechnung rückwirkend erhöhter Grundsteuer	424
a) Fortlaufendes Mietverhältnis	425
b) Beendetes Mietverhältnis	425
c) Abrechnung bei Mieterwechsel	426
d) Zeitraum der Nachbelastung	426

5. Abrechnung bei Mieterwechsel in der Abrechnungsperiode ... 428
   a) Umlage nach festem Maßstab 428
   b) Umlage nach Verbrauch 428
6. Abrechnung bei Vermieterwechsel in der Abrechnungsperiode 430
7. Abrechnung für Wohnungs- und Teileigentum 431
   a) Grundsätze 431
   b) Fehlerhafte Verwalterabrechnung 432
   c) Ordnungsgemäße Verwalterabrechnung 432
   d) Mieterwechsel 435
8. Abrechnung bei Zwangs- und Insolvenzverwaltung 436
   a) Zwangsverwaltung 436
   b) Insolvenzverwaltung 437
9. Einzelfragen 437
   a) Minderung und Betriebskostenabrechnung 437
   b) Ansatz von Umsatzsteuer 439
   c) Ausweis haushaltsnaher Dienst- und Handwerkerleistungen 441
V. Korrektur der Abrechnung 443
   1. Gewerberaum 443
   2. Wohnraum 444
   3. Folgen eines Anerkenntnisses 446
VI. Einwände des Mieters gegen die Abrechnung 447
   1. Übermäßige Nachforderung wegen zu geringer Vorauszahlungen 447
      a) Enttäuschtes Vertrauen des Mieters 447
      b) Schuldhaftes Verhalten des Vermieters 449
         aa) Grundlagen eines Schadensersatzanspruchs 449
         bb) Gegenstand des Schadensersatzanspruchs 450
   2. Ausschlussfrist für Einwendungen 452
      a) Zweck und Geltungsbereich 452
      b) Beginn und Dauer der Frist 453
      c) Inhalt der Einwendungen 455
      d) Folgen und Grenzen des Ausschlusses 457
         aa) Ansatz nicht umlagefähiger Kosten 457
         bb) Ansatz in Teilinklusivmiete / Pauschale enthaltener Kosten 458
            (a) Varianten 458
            (b) Stellungnahme 459
         cc) Minderung 461
VII. Prüfungsrechte des Mieters 462
   1. Einsicht in die Belege 462
      a) Einsichtsrecht 462
      b) Umfang der Einsicht 463
      c) Vorbereitung und Kosten der Einsicht 467
      d) Ort der Einsicht 467
      e) Verweigerung der Einsicht 469
   2. Überlassung von Belegkopien 471
      a) Anspruch des Mieters auf Belegkopien 471
         aa) Preisgebundener Wohnraum 471
         bb) Preisfreier Wohnraum und Gewerberaum 471
            (a) Vertraglicher Anspruch des Mieters 471
            (b) Anspruch des Mieters aus berechtigten Gründen 472

b) Anspruch des Vermieters auf Auslagenerstattung	477
c) Verweigerung von Belegkopien	479
3. Kontrolle der Zählerstände	480
4. Versicherung an Eides statt	480

I. Abrechnungssaldo — 483

I. Gläubiger und Schuldner	483
1. Grundsätze	483
2. Insolvenzverwaltung	484
II. Fälligkeit und Verzug	485
1. Nachforderung des Vermieters	485
2. Guthaben des Mieters	487
III. Durchsetzbarkeit der Nachforderung	487
1. Preisfreier Wohnraum und Gewerberaum	487
a) Rechtsprechung des BGH	487
b) Bestehen eines Zurückbehaltungsrechts	488
c) Dauer des Zurückbehaltungsrechts	490
d) Zahlungsfristen	492
2. Preisgebundener Wohnraum	492
IV. Abtretung/Aufrechnung/Pfändung	492
V. Verjährung	493
1. Nachforderung des Vermieters	493
2. Zahlungsansprüche des Mieters	494
a) Preisgebundener Wohnraum	494
b) Preisfreier Wohnraum und Gewerberaum	495
3. Folge der Verjährung	496
VI. Verwirkung	496
1. Grundsätze	496
2. Wohnraum	497
a) Eingeschränkte Bedeutung	497
b) Verbliebene Fälle	498
aa) Zeitmoment	498
bb) Umstandsmoment	498
cc) Beispiele	498
3. Gewerberaum	499
a) Grundsätze	499
b) Folge der Verwirkung	502

J. Betriebskostenprozess — 503

I. Zuständiges Gericht	503
1. Örtliche Zuständigkeit	503
2. Sachliche Zuständigkeit	503
3. Besonderheiten bei Zwischenvermietung	504
II. Zahlungsklagen des Vermieters	505
1. Kursorische Prüfungsfolge	505
2. Vorfragen	505
a) Separate Belastung des Mieters mit Betriebskosten	505
b) Pauschale oder Vorauszahlungen	506
c) Nachträgliche Vertragsänderung	506
3. Nachzahlung von Vorauszahlungen	507

4. Nachforderung aus einer Abrechnung 508
   a) Schlüssigkeit der Klage 508
   b) Zugang der Abrechnung 512
   c) Abrechnungszeitraum 512
   d) Ansatz der vereinbarten Betriebskosten 513
   e) Notwendiger Inhalt der Abrechnung 514
      aa) Gesamtkosten 514
      bb) Umlageschlüssel 514
      cc) Abzug der Vorauszahlungen 516
      dd) Behandlung einzelner formeller Fehler 516
   f) Ergänzender Inhalt der Abrechnung 517
   g) Nachforderung bei Abrechnung nach Sollvorauszahlungen 518
   h) Einwände des Mieters 519
      aa) Grundsätze 519
      bb) Vorwegabzüge 522
      cc) Verstoß gegen das Wirtschaftlichkeitsgebot 524
      dd) Zurückbehaltungsrecht 532
      ee) Inhaltliche Fehler 534
5. Erhöhung einer Pauschale oder nicht separat ausgewiesener
   Betriebskosten 534
6. Klageart 535
7. Mietsaldoklage 537

III. Klagen des Mieters 540
   1. Klage auf Abrechnung 540
   2. Klage aus den Prüfungsrechten 542
   3. Klage auf Ermäßigung des Mietzinses 543
   4. Zahlungsklagen 544

IV. Sofortiges Anerkenntnis und Erledigung des Rechtsstreits 546

K. Heizkosten 549

   I. Vorrang der Heizkostenverordnung 549
   1. Grundsätze – Regelungszweck/richtlinienumsetzende Funktion 549
      a) Zweck der Verordnung 549
      b) Richtlinienumsetzung 549
      c) Pflicht zur richtlinienkonformen Normanwendung bzw. -auslegung 550
      d) Begriffsbestimmung und Anwendungsbereich 550
   2. Rechtliche Einordnung des Vorrangprinzips 552
   3. Folge für die vereinbarte Mietstruktur 554
      a) Unwirksamkeit abweichender Vereinbarungen von Beginn an 554
      b) Auswirkung auf die Bruttomiete 555
      c) Auswirkung auf Pauschalen 557
         aa) Heizkostenpauschale 557
         bb) Nebenkostenpauschale 558
   4. Erstellung der Heizkostenabrechnung 558
   5. Wohnungseigentum 559

   II. Abrechnungsfähige Kosten 561
   1. Heizkosten 561
      a) Grundsätze 561

b) Kosten gem. § 7 Abs. 2 HeizKV ... 562
   aa) Kosten der verbrauchten Brennstoffe und ihrer
       Lieferung ... 562
       (a) Kosten der verbrauchten Brennstoffe ... 562
       (b) Kosten der Lieferung ... 564
   bb) Kosten des Betriebsstroms ... 564
   cc) Kosten der Bedienung, Überwachung und Pflege der
       Anlage ... 566
       (a) Heizung mit Gas, Öl oder Strom ... 566
       (b) Heizung mit Holzpellets oder Holzhackschnitzeln . 567
       (c) Heizung mit Kohle ... 567
   dd) Kosten der regelmäßigen Prüfung der Betriebs-
       bereitschaft und Betriebssicherheit einschließlich der
       Einstellung durch eine Fachkraft ... 568
   ee) Kosten der Reinigung der Anlage und des Betriebs-
       raumes ... 569
       (a) Reinigung der Anlage ... 569
       (b) Reinigung des Betriebsraums ... 571
   ff) Kosten der Messungen nach dem Bundes-
       Immissionsschutzgesetz ... 571
   gg) Kosten der Anmietung oder anderer Arten
       der Gebrauchsüberlassung einer Ausstattung zur
       Verbrauchserfassung ... 571
       (a) Ausstattung ... 572
       (b) Anmietung ... 573
       (c) Wirtschaftlichkeit ... 575
   hh) Kosten der Verwendung einer Ausstattung zur
       Verbrauchserfassung einschließlich der Kosten der
       Eichung sowie der Kosten der Berechnung und
       Aufteilung ... 576
   ii) Kosten der Verbrauchsanalyse ... 577
   jj) Sonstige Kosten ... 578
       (a) Tankversicherung, Energieausweis ... 578
       (b) Anodenschutzanlagen, Feuerlöscher ... 579
       (c) Reparaturen, Abschreibungen ... 579
   kk) Sonderfälle ... 579
       (a) KWK-Anlage ... 579
       (b) Bivalenter Betrieb mit Wärmepumpe ... 581
c) Kosten gem. § 7 Abs. 4 HeizKV ... 581
   aa) Kosten der Wärmelieferung ... 581
       (a) Arten der Wärmelieferung ... 581
       (b) Wirtschaftliche Bedeutung ... 583
       (c) Grundsätze der Umstellung auf Wärme-
           lieferung ... 584
       (d) Umstellung nach altem Recht ... 585
       (e) Umstellung nach neuem Recht (§ 556c BGB) ... 592
       (f) Vertragsschluss mit dem Contractor ... 600
       (g) Mieterhöhung und Wärmelieferung ... 601
   bb) Kosten des Betriebs der zugehörigen Hausanlagen ... 602
       (a) Fernwärme ... 602
       (b) Nahwärme ... 604
2. Warmwasserkosten ... 604
   a) Grundlagen ... 604

b) Getrennte Warmwasseranlage (§ 8 HeizKV) 605
  aa) Umlageschlüssel (§ 8 Abs. 1 HeizKV) 605
  bb) Umlagefähige Kosten 606
    (a) Grundsätze 606
    (b) Prüfung auf Legionellen 606
  cc) Kosten der Warmwasserlieferung und deren
      Verteilung 609
c) Verbundene Warmwasseranlage (§ 9 HeizKV) 609
  aa) Grundlagen 609
  bb) Alte Abrechnungszeiträume 609
  cc) Neue Abrechnungszeiträume 610
III. Umlageschlüssel für Heizkosten 613
  1. § 7 Abs. 1 HeizKV 613
    a) § 7 Abs. 1 Satz 1 HeizKV 613
      aa) Grundsätze 613
      bb) Änderung des Umlageschlüssels (§ 6 Abs. 4 HeizKV)... 613
    b) § 7 Abs. 1 Satz 2–5 HeizKV 614
      aa) § 7 Abs. 1 Satz 2 HeizKV 614
        (a) Grundsätze 614
        (b) Anreiz zu sparsamem Verbrauchsverhalten 615
        (c) Überwiegend gedämmte Leitungen 617
        (d) Austausch der Heizkostenverteiler 619
      bb) § 7 Abs. 1 Satz 3 HeizKV 620
      cc) § 7 Abs. 1 Satz 4 HeizKV 625
      dd) § 7 Abs. 1 Satz 5 HeizKV 625
        (a) Beheizte Fläche 625
        (b) Behandlung von Leerständen 627
  2. § 7 Abs. 3 HeizKV 628
  3. § 10 HeizKV 628
  4. Sonderfälle 629
    a) Geräteausfall oder andere zwingende Gründe fehlender
       Erfassung (§ 9a HeizKV) 629
      aa) Voraussetzungen 629
      bb) Ersatzverfahren 631
        (a) Grundsätze 631
        (b) Andere Abrechnungszeiträume desselben Nutzers 632
        (c) Andere vergleichbare Räume 633
        (d) Durchschnittsverbrauch des Gebäudes oder der
            Nutzergruppe 634
      cc) Begrenzte Zulässigkeit der Ersatzverfahren 635
    b) Nutzerwechsel (§ 9b HeizKV) 635
      aa) Vorrang rechtsgeschäftlicher Bestimmungen 635
      bb) Aufteilung nach § 9b HeizKV 636
IV. Voraussetzungen für die verbrauchsabhängige Abrechnung 638
  1. Zugelassene Ausstattung 638
  2. Vollständige Ausstattung 639
  3. Vorerfassung bei nicht einheitlicher Ausstattung 640
  4. Zeitnahe Ablesung 641
    a) Grundsätze 641
    b) Ankündigung 642
  5. Mindestverbrauch bei Verdunstungsgeräten 643
V. Abrechnung 643
  1. Grundsatz der Wirtschaftlichkeit 643

Inhaltsverzeichnis

2. Plausibilität der Abrechnung 645
3. Notwendiger Inhalt 646
   a) Grundsätze 646
   b) Fachbegriffe, Abkürzungen 648
   c) Rechenschritte 648
   d) Schätzungen 649
   e) Kostenaufteilungen 650
      aa) Verbundene Anlagen und Klein-KWK-Anlagen 650
      bb) Verwendung von Gradtagszahlen bei Nutzerwechsel 651
      cc) Contracting 652
   f) Kosten des Brennstoffs 652
   g) Zählerstände 653
   h) Betriebsstrom 655
   i) Umlageschlüssel 655
4. Einwände der Mieter 656
   a) Lagenachteile 656
   b) Technische Fehler der Heizkostenverteiler 657
      aa) Ungeeignete Geräte 657
      bb) Skalierungsfehler 658
      cc) Montagefehler 659
      dd) Messfehler 660
      ee) Sonstige Fehler 660
   c) Anlagenfehler 661
      aa) Heizkörperverkleidungen, Vorhänge 661
      bb) Wärmequellen 662
      cc) Wärmeverluste der Steigeleitung 663
      dd) Überdimensionierung der Heizkörper 663
      ee) Mängel der Heizanlage 664
   d) Ablesefehler 664
5. Mitteilung des Ableseergebnisses (§ 6 Abs. 1 Satz 2 HeizKV).. 665
   a) Grundsätze 665
   b) Ausnahmen 666
6. Belegeinsicht des Mieters 668

VI. Ausnahmen von der HeizKV (§ 11 Abs. 1 Nr. 1, Nr. 3, Abs. 2 HeizKV) 668
  1. Fälle des § 11 Abs. 1 Nr. 1a HeizKV 669
  2. Fälle des § 11 Abs. 1 Nr. 1b HeizKV 669
    a) Technische Unmöglichkeit 669
       aa) Besondere Heizungen 669
       bb) Einrohrheizung 670
          (a) Vertikale Einrohrheizungen 670
          (b) Horizontale Einrohrheizungen 671
       cc) Ausnahmen 671
    b) Wirtschaftliche Unmöglichkeit 672
  3. Fälle des § 11 Abs. 1 Nr. 1c HeizKV 674
  4. Fälle des § 11 Abs. 1 Nr. 3 HeizKV 676
  5. § 11 Abs. 2 HeizKV zu Warmwasser 676

VII. Kürzungsrecht des Mieters (§ 12 Abs. 1 HeizKV) 677
  1. Voraussetzungen 677
    a) Grundsätze 677
    b) § 9a HeizKV 679
  2. Folgen 680

VIII. Übergangsregelungen (§ 12 Abs. 2 HeizKV) 681

Anhang

I.	Muster	683
1.	Umlagevereinbarungen	683
1.1	Wohnraum	683
1.1.1	Brutto-/Bruttokalt-/Teilinklusivmiete bei Neuverträgen über Wohnraum ab 1.9.2001	683
1.1.2	Nettomiete mit Betriebskostenpauschale	683
1.2	Gewerberaum	684
1.2.1	Brutto-/Bruttokaltmiete	684
1.2.2	Teilinklusivmiete	684
1.2.3	Nettomiete mit Betriebskostenpauschale	687
1.3	Wohn- und Gewerberaum: Nettomiete mit Vorauszahlungen	688
2.	Wohnraum: Erhöhung einer Pauschale/des Betriebskostenanteils einer Brutto-, Bruttokalt- oder Teilinklusivmiete bei Altmietverträgen	690
2.1	Standarderhöhung für die Zukunft	690
2.1.1	Einzelerhöhung	690
2.1.2	Sammelerhöhung	691
2.2	Standard-Einzelerhöhung mit Rückwirkung	692
2.3	Komplexe Sammelerhöhung	692
2.3.1	Mitteilung einer Erhöhung	692
2.3.2	Sammelerhöhung	693
3.	Abrechnungen	695
3.1	Abrechnung einheitlich genutztes Objekt (Wohnung oder Gewerbe)	695
3.2	Abrechnung gemischt genutztes Objekt (Wohnungen und Gewerbe)	698

Anhang II. Ausgesuchte Gesetzes- und Verordnungstexte ... 703
1. Gesetz zur Sicherung der Zweckbestimmung von Sozialwohnungen (Wohnungsbindungsgesetz – WoBindG) ... 703
2. Verordnung über die Ermittlung der zulässigen Miete für preisgebundene Wohnungen (Neubaumietenverordnung 1970 – NMV 1970) ... 706
3. Gesetz über die soziale Wohnraumförderung (Wohnraumförderungsgesetz – WoFG) ... 711

Sachregister ... 713

Abkürzungs- und Literaturverzeichnis

a. A.	anderer Ansicht
a. a. O.	am angegebenen Ort
a. F.	alte Fassung
ABl.	Amtsblatt
abl.	ablehnend
Abramenko	Das neue Mietrecht in der anwaltlichen Praxis (2013)
Abs.	Absatz
AG	Amtsgericht
AGBG	Gesetz zur Regelung des Rechts der Allgemeinen Geschäftsbedingungen
allg.	allgemein(e)
Alt.	Alternative
AMVO	Altbaumietenverordnung
Anl.	Anlage
Anm.	Anmerkung
Art.	Artikel
Aufl.	Auflage
BeckOK BGB/ Bearbeiter	Beck'scher Online-Kommentar BGB, Hrsg. Bamberger/Roth/Hau/Poseck Stand 1.11.2018
BAnz	Bundesanzeiger
BayObLG	Bayerisches Oberstes Landesgericht
BB	Betriebs-Berater
BeckOGK BGB/ Bearbeiter	Beck-Online Grosskommentar, GesamtHrsg: Gsell/Krüger/Lorenz/Reymann, Stand 1.10.2018
Beschl.	Beschluss
bestr.	bestritten
BetrKostUV	Betriebskosten-Umlageverordnung
BetrKV	Verordnung über die Aufstellung von Betriebskosten (Betriebskostenverordnung – BetrKV)
Beuermann	Miete und Mieterhöhung bei preisfreiem Wohnraum, Kommentar, 3. Aufl. 1999
BewG	Bewertungsgesetz
BezG	Bezirksgericht
BGB	Bürgerliches Gesetzbuch
BGBl. I	Bundesgesetzblatt Teil I
BGH	Bundesgerichtshof
BGHZ	Amtliche Sammlung von Entscheidungen des Bundesgerichtshofs in Zivilsachen
Bieber/Ingendoh/ Bearbeiter in Blank/Börstinghaus.	AnwaltFormulare Geschäftsraummiete (2007) Miete, Kommentar, 5. Aufl. 2017
Herlitz/Viehrig	Die Betriebskosten in der Wohnungswirtschaft, 6. Aufl. 2016

Börstinghaus	Flächenabweichungen in der Wohnraummiete (2012)
BR-Drucks.	Drucksache des Bundesrats
BT-Drucks.	Drucksache des Deutschen Bundestages
Bub	Das Finanz- und Rechnungswesen der Wohnungseigentümergemeinschaft, 2. Aufl. 1996
Bub/Treier/ Bearbeiter	Handbuch der Geschäfts- und Wohnraummiete, 4. Aufl. 2014
BVerfG	Bundesverfassungsgericht
BVerwG	Bundesverwaltungsgericht
CuR	Contracting und Recht
DB	Der Betrieb
d. h.	das heißt
ders.	derselbe
dgl.	dergleichen
DIN	Deutsche Industrienorm
DMT-Bilanz	10 Jahre Mietrechtsreformgesetz – Eine Bilanz – im Auftrag des Deutschen Mietgerichtstages e. V. (2011)
DW	Die Wohnungswirtschaft
DWW	Deutsche Wohnungswirtschaft
EEWärmeG	Gesetz zur Förderung Erneuerbarer Energien im Wärmebereich (Erneuerbare-Energien-Wärmegesetz – EEWärmeG)
Ehmann/Selmayr/ Bearbeiter	Datenschutz-Grundverordnung, Kommentar, 2. Aufl. 2018
EnEV	Verordnungen über energieeinsparenden Wärmeschutz und energieeinsparende Anlagentechnik in Gebäuden (Energieeinsparverordnung – EnEV)
EWiR	Entscheidungen zum Wirtschaftsrecht
f., ff.	folgend, folgende
Fischer-Dieskau/ Bearbeiter	Wohnungsbaurecht, Kommentar
Fn.	Fußnote
Fritz	Gewerberaummietrecht, 4. Aufl. 2005
FS	Festschrift
Gola/Bearbeiter	Datenschutz-Grundverordnung, Kommentar, 2. Aufl. 2018
GE	Das Grundeigentum
GEFMA	German Facility Management Association
gem.	gemäß
GewO	Gewerbeordnung
gif	Gesellschaft für Immobilienwirtschaftliche Forschung e. V.
GmSOGB	Gemeinsamer Senat der obersten Gerichtshöfe des Bundes

GrStG	Grundsteuergesetz
GS	Gedächtnisschrift
h. M.	herrschende Meinung
Hannemann/ Wiegner/*Bearbeiter*	Münchener Anwalts-Handbuch Wohnraummietrecht, 3. Aufl. 2010
HeizKV	Verordnung über die verbrauchsabhängige Abrechnung der Heiz- und Warmwasserkosten (Heizkostenverordnung)
Herrlein/ Kandelhard/*Bearbeiter*	Mietrecht, Kommentar, 4. Aufl. 2010
HKA	Die Heizkostenabrechnung
HmbGE	Hamburger Grundeigentum
Hinz/Junker/ von Rechenberg/ Sternel/*Bearbeiter*	Formularbuch des Fachanwalts Miet- und Wohnungseigentumsrecht, 2. Aufl. 2012
Hügel/Elzer	Wohnungseigentumsgesetz Kommentar 2. Auflage 2018
i. d. F.	in der Fassung
i. d. R.	in der Regel
Info M	One-page-Fachinformationen für Immobilienrecht
i. S. d.	im Sinne des/der
JR	Juristische Rundschau
jurisPR-Mietrecht	jurisPraxisReport Mietrecht
JuS	Juristische Schulung
KG	Kammergericht
Kinne/Schach/ Bieber/*Bearbeiter*	Miet- und Mietprozessrecht, 7. Aufl. 2013
Klein-Blenkers/ Heinemann/Ring/ *Bearbeiter*	Miete, Wohnungseigentum, Nachbarschaft, 1. Aufl. 2016
KreisG	Kreisgericht
Kreuzberg/Wien/ *Bearbeiter*	Handbuch der Heizkostenabrechnung, 9. Aufl. 2018
LAG	Landesarbeitsgericht
Lammel	Wohnraummietrecht, Kommentar, 3. Aufl. 2007
ders. HeizKV	Heizkostenverordnung, Kommentar, 4. Aufl. 2015
Langenberg/Zehelein	Schönheitsreparaturen, Instandsetzung und Rückgabe bei Wohn- und Gewerberaum, 5. Aufl. 2015
Lefèvre	Die Heizkostenabrechnung in der täglichen Praxis (1999)
LG	Landgericht
Lindner-Figura/ Oprée/Stellmann/ *Bearbeiter*	Geschäftsraummiete, Handbuch, 4. Aufl. 2017

LS	Leitsatz
Lützenkirchen A–Z	Mietnebenkosten A–Z, 6. Aufl. 2014
ders.WärmeLV	Wärmecontracting, Kommentar zur Wärmelieferverordnung (2014)
Lützenkirchen/ Bearbeiter	Mietrecht, Kommentar, 2. Aufl. 2015
m.abl. Anm.	mit ablehnender Anmerkung
m.w.N.	mit weiteren Nachweisen
m.zust. Anm.	mit zustimmender Anmerkung
MDR	Monatsschrift für Deutsches Recht
MietPrax/ Bearbeiter	Börstinghaus, MietPrax – Arbeitshandbuch Stand Juli/August 2015
MietPrax-AK/ Bearbeiter	Börstinghaus/Eisenschmid, MietPrax-Arbeitskommentar; Rechtsprechung des BGH in Mietsachen
MHG	Gesetz zur Regelung der Miethöhe
MietAnpG	Gesetz zur Ergänzung der Regelungen über die zulässige Miethöhe bei Mietbeginn und zur Anpassung der Regelungen über die Modernisierung der Mietsache (Mietrechtsanpassungsgesetz) vom 18. Dezember 2018 (BGBl. I S. 2648)
MietNovG	Gesetz zur Dämpfung des Mietanstiegs auf angespannten Wohnungsmärkten und zur Stärkung des Bestellerprinzips bei der Wohnungsvermittlung (Mietrechtsnovellierungsgesetz) vom 21. April 2015 (BGBl. I S. 610)
Mietprozess/ Bearbeiter	Beierlein/Kinne/Koch/Stackmann/Zimmermann, Der Mietprozess (2006)
MietRÄndG	Gesetz über die energetische Modernisierung von vermietetem Wohnraum und über die vereinfachte Durchsetzung von Räumungstiteln (Mietrechtsänderungsgesetz) vom 11. März 2013 (BGBl. I S. 434)
MietRB	Der Mietrechtsberater
MJ	Mieter-Journal des Mietervereins Hamburg
MK	Mietrecht kompakt
MM	Mietrechtliche Mitteilungen (Beilage der Zeitschrift Mieter Magazin – Organ des Berliner Mietervereins e. V.)
ModM	Modernisierungs-Magazin
MRRG	Gesetz zur Neugliederung, Vereinfachung und Reform des Mietrechts (Mietrechtsreformgesetz) vom 19. Juni 2001 (BGBl. I S. 1149)
MÜG	Mietenüberleitungsgesetz vom 6. Juni 1995 (BGBl. I S. 748)
Bearbeiter in MünchKomm	Münchener Kommentar zum Bürgerlichen Gesetzbuch, Band 2, 7. Aufl. 2016, Band 4, 8. Aufl. 2019
Bearbeiter in MünchKommZPO	Münchener Kommentar zur Zivilprozessordnung, Band 1, 5. Aufl. 2016

n. F.	neue Fassung
neg. RE	negativer Rechtsentscheid
NJW	Neue Juristische Wochenschrift
NJW-RR	NJW-Rechtsprechungsreport
NJWE-MietR	NJW-Entscheidungsdienst Miet- und Wohnungsrecht
NMV	Verordnung über die Ermittlung der zulässigen Miete für preisgebundene Wohnungen (Neubaumietenverordnung 1970 – NMV 1970)
Nr.	Nummer
NZM	Neue Zeitschrift für Miet- und Wohnungsrecht
OLG	Oberlandesgericht
OLGR	OLG-Report
Palandt/*Bearbeiter*	BGB, Kommentar, 78. Aufl. 2019
Peters	Handbuch zur Wärmekostenabrechnung, 14. Aufl. 2010
Pfeifer	Betriebskosten bei Wohn- und Geschäftsraummiete (2002)
ders. Heizkosten	Die neue Heizkosten-Verordnung, 4. Aufl. 2010
ders. TrinkwV	Die neue Trinkwasserverordnung, 2. Aufl. 2013
PiG	Partner im Gespräch (Schriftenreihe des Evangelischen Siedlungswerks in Deutschland e. V.)
Rdn.	Randnummer(n)
RE	Rechtsentscheid
rkr.	rechtskräftig
Rspr.	Rechtsprechung
S.	Seite
s.	siehe
Bearbeiter in Schmidt-Futterer	Mietrecht, Kommentar, 13. Aufl. 2017
von Seldeneck	Betriebskosten im Mietrecht (1999)
Schultz	Gewerberaummiete, 4. Aufl. 2015
st. Rspr.	ständige Rechtsprechung
Staudinger/ *Bearbeiter*	Bürgerliches Gesetzbuch, Kommentar, Neubearbeitung 2018
Sternel	Mietrecht, 3. Aufl. 1988
ders. Mietrecht aktuell	Mietrecht aktuell 4. Aufl. 2009
Ulmer/Brandner/ Hensen/*Bearbeiter*	AGB-Recht, 12. Aufl. 2016
Urt.	Urteil
TrinkwV	Verordnung über die Qualität von Wasser für den menschlichen Gebrauch (Trinkwasserverordnung – TrinkwV) i.d.F. vom 10. März 2016 (BGBl. I S. 459)
vgl.	vergleiche
VO	Verordnung

WärmeLV	Verordnung über die Umstellung auf gewerbliche Wärmelieferung für Mietwohnraum (Wärmelieferungsverordnung – WärmeLV) vom 7. Juni 2013 (BGBl. I S. 1509)
Wall	Betriebs- und Heizkostenkommentar, 4. Aufl. 2015
WE	Zeitschrift Wohnungseigentum – Mietrecht
WEG	Gesetz über das Wohnungseigentum und das Dauerwohnrecht (Wohnungseigentumsgesetz)
Wetekamp	Mietsachen, 4. Aufl. 2007
WImmoT	Dokumentation der Weimarer Immobilienrechtstage
WKSchG	Zweites Gesetz über den Kündigungsschutz für Mietverhältnisse über Wohnraum (Zweites Wohnraumkündigungsschutzgesetz – 2. WKSchG)
WoFG	Gesetz über die soziale Wohnraumförderung (Wohnraumförderungsgesetz – WoFG) vom 13. September 2001 (BGBl. I S. 2376)
WoFlV	Verordnung zur Berechnung der Wohnfläche (Wohnflächenverordnung – WoFlV) vom 25. November 2003 (BGBl. I S. 2346)
WoBindG	Gesetz zur Sicherung der Zweckbestimmung von Sozialwohnungen (Wohnungsbindungsgesetz – WoBindG)
Wolf/Eckert/Ball	Handbuch des gewerblichen Miet-, Pacht- und Leasingrechts, 10. Aufl. 2009
WM	Zeitschrift für Wirtschaft und Bankrecht, Wertpapiermitteilungen
WuM	Wohnungswirtschaft und Mietrecht
z. B.	zum Beispiel
ZIP	Zeitschrift für Wirtschaftsrecht und Insolvenzpraxis
ZK	Zivilkammer
ZMR	Zeitschrift für Miet- und Raumrecht
ZWE	Zeitschrift für Wohnungseigentumsrecht
II. BV	Verordnung über wohnungswirtschaftliche Berechnungen (Zweite Berechnungsverordnung)

A. Begriff der Betriebskosten

I. Vorbemerkung

Auf der Grundlage der gesetzlichen Vorschriften, §§ 556, 556a, 560 BGB i.V. mit § 1 BetrKV (zuvor § 27 II. BV), sind die **Begriffe Betriebskosten und Nebenkosten synonym.** Es handelt sich um alle neben der Miete für die reine Gebrauchsüberlassung – als Grundmiete,[1] Nettokaltmiete, Nettomiete bezeichnet – entstehenden Kosten einschließlich Heiz- und Warmwasserkosten; Zuschläge, z. B. für die teilgewerbliche Nutzung von Wohnraum oder die Untervermietung einzelner Räume (vgl. § 26 NMV) und Sonderentgelte (Vergütungen i.S. des § 27 NMV) für die Nutzung von Garagen, Stellplätzen oder Hausgärten sind nicht in die Nebenkosten einzubeziehen, weil diese Belastungen des Mieters regelmäßig aus besonderen Nebenleistungen des Vermieters stammen. Gelegentlich ist auch die Differenzierung zwischen kalten und warmen Betriebskosten (diese als Heiz- und Warmwasserkosten, aber auch als Bezeichnung aller Kosten) anzutreffen.

In der Praxis hingegen wird meist in der Weise zwischen den Begriffen unterschieden, dass mit Nebenkosten alle neben der Miete anfallenden regelmäßigen Kosten gemeint sind, mit Betriebskosten alle Kosten mit Ausnahme der Heiz- und Warmwasserkosten.[2] Die vorliegende Darstellung trennt daher deutlich zwischen den Betriebs- und den Heizkosten. Die **Teile A–J** betreffen die Kosten, die aus der Immobilie und durch ihren „*Betrieb*" ohne Heiz- und Warmwasserkosten entstehen, der **Teil K** behandelt eigenständig das Heizkostenrecht.

II. Definition des § 556 Abs. 1 Satz 2 BGB bzw. § 1 BetrKV

Nach der Definition des § 556 Abs. 1 Satz 2 BGB bzw. § 1 Abs. 1 Satz 1 BetrKV (weitgehend = § 27 Abs. 1 II. BV) sind Betriebskosten solche Kosten, die dem Eigentümer (Erbbauberechtigten)
- durch das Eigentum (Erbbaurecht) am Grundstück oder
- durch den bestimmungsmäßigen Gebrauch des Gebäudes, der Nebengebäude, Anlagen, Einrichtungen und des Grundstücks
- laufend entstehen.

---

[1] Z. B. *v. Brunn/Paschke* in Bub/Treier III. A Rdn. 1 ff.
[2] Da seit dem Inkrafttreten der HeizKV meist zwei Abrechnungen nach verschiedenen rechtlichen Grundlagen zu erstellen sind, hat sich diese Definition durchgesetzt.

4 Diese Definition gilt unmittelbar für **preisgebundenen** wie für **preisfreien Wohnraum** (dazu auch Rdn. B 2). Sie findet auch für die Umlage von Betriebskosten bei **vermietetem Wohnungseigentum** Anwendung. Die Beschlussfassung der Wohnungseigentümer gem. § 28 Abs. 5 WEG über die Jahresabrechnung hat keine bindenden Wirkung für die Kostenbestimmung.[3] Bei **Geschäftsraum**-Mietverhältnissen, d.h. entweder gewerblichen oder solchen, bei denen keine Gewinnerzielung beabsichtigt ist, ist sie nur bei einer entsprechenden Vereinbarung verbindlich, dann allerdings mit der Folge, dass auch nur die bei der Vermietung von Wohnraum zulässigen Kosten umgelegt werden dürfen;[4] im Rahmen der Vertragsauslegung wird die Definition jedoch häufig herangezogen (zur Umlage anderer Kosten bei Gewerberaum s. B Rdn. 3, 90ff.).

1. Kosten des Eigentümers/Vermieters

5 Durch die Aufnahme der Definition in § 556 Abs. 1 Satz 2 BGB ist klargestellt, dass die Definition für **jeden Vermieter von Wohnraum** gilt, gleichviel ob er als Eigentümer, Erbbauberechtigter, Untervermieter oder gewerblicher Zwischenvermieter handelt. Die frühere Ausnahme für bestimmte Mietverhältnisse, die in § 10 Abs. 3 Nr. 2 bis 4 MHG aufgeführt waren, ist weggefallen; § 549 Abs. 2, 3 BGB enthält keinen entsprechenden Ausschluss mehr.

a) Unmittelbare Mieterleistungen

6 Betriebskosten sind **nicht ansatzfähig,** wenn *„sie üblicherweise vom Mieter außerhalb der Miete unmittelbar getragen werden".*[5] Das können zum einen je nach der regionalen Übung solche Kosten sein, die zwar grundsätzlich den Eigentümer treffen – insoweit also unter die Definition des § 556 Abs. 1 Satz 2 BGB fallen –, hier aber vom Mieter direkt ausgeglichen werden. Dazu zählt der unmittelbare Erwerb der entsprechenden Leistung, z.B. bei der Schornsteinreinigung oder beim Kauf von Müllsäcken oder sog. Müllmarken für die Müllabfuhr. Dazu gehört aber auch der eigene Arbeitseinsatz des Mieters wie bei der Straßenreinigung, meist durch den Erdgeschossmieter. Zum anderen handelt es sich um Kosten, die sich für den Mieter ergeben, wenn ihm durch den Mietvertrag nur eine Betriebsmöglichkeit zur Verfügung gestellt wurde, er für die Betriebsmittel aber selbst zu sorgen hat. In diesen Fällen ist er gehalten, entweder selbst Vertragspartner und damit Kostenschuldner eines Versorgungsunternehmens (Strom,[6] Gas, Wasser) zu werden oder sich z.B. bei Beheizung mit Öfen oder einer Wohnungsheizung[7] das Brennmaterial zu beschaffen.

---

[3] BGH (VIII ZR 50/16) GE 2017, 723 = ZMR 2017, 630, BeckRS 2017, 108485.
[4] OLG Celle NZM 1999, 501.
[5] Vortext zur Anl. 3 zu § 27 Abs. 1 der II.BV.
[6] Vgl. BGH (VIII ZR 253/17) GE 2018, 993 = NZM 2018, 819 = WuM 2018, 560.
[7] Vgl. BayObLG NJW-RR 1997, 715 = WuM 1997, 234 = ZMR 1997, 256.

b) Eigenleistungen des Eigentümers/Vermieters

aa) Zulässigkeit des Ansatzes

Unter Betriebskosten gem. § 556 Abs. 1 Satz 2 BGB sind solche Kosten zu verstehen, die dem Eigentümer durch die **Inanspruchnahme von Fremdleistungen** erwachsen. Dies folgte bisher sowohl aus § 27 Abs. 2 II. BV wie auch aus dem Vortext zur Anl. 3 zu § 27 Abs. 1 II. BV. Bei den meisten Betriebskostenarten ist er ohnehin auf die Leistungen von Ver- und Entsorgungsunternehmen oder Fachfirmen angewiesen. **7**

Als Ausnahme hierzu gestattete § 27 Abs. 2 II. BV bei der Vermietung von Wohnraum der in § 1 II. BV genannten Art, dem sog. preisgebundenen Wohnraum, dass der Eigentümer eigene Sach- und Arbeitsleistungen, durch die Betriebskosten erspart wurden, mit dem Betrag ansetzte, der für gleichwertige Leistungen eines Dritten, insbesondere eines Unternehmers, hätte aufgewandt werden müssen, reduziert um die Umsatzsteuer des Dritten. § 19 Abs. 2 Satz 1 WoFG, auf den § 556 Abs. 1 Satz 1 BGB a. F. bis zum 31.12.2006 Bezug nahm, wiederholte nur § 27 Abs. 1 II. BV, nicht jedoch die Erweiterung gem. § 27 Abs. 2 II. BV. Die Fortgeltung dieser Bestimmung ergab sich indes aus § 46 Abs. 3 Satz 2 WoFG, und zwar bis zum Erlass der Rechtsverordnung nach § 19 Abs. 2 Satz 2 WoFG, d. h. der BetrKV. § 27 Abs. 2 II. BV war damit vorerst weiterhin anzuwenden. **8**

Nunmehr regelt **§ 1 Abs. 1 Satz 2 BetrKV die Ansatzfähigkeit von Eigenleistungen des Vermieters**. Das frühere Problem, ob und ggf. inwieweit § 27 Abs. 2 II. BV auf preisfreien Wohnraum übertragbar war, hat sich erledigt. Dadurch dass § 556 Abs. 1 Satz 3 BGB auf die BetrKV verweist, ist § 1 Abs. 1 Satz 2 BetrKV gleichermaßen auf preisgebundenen und preisfreien Wohnraum anzuwenden. **9**

Es hat keine sachliche Bedeutung, dass der **Textteil** in § 27 Abs. 2 II. BV, nach dem Sach- und Arbeitsleistungen, *„durch die Betriebskosten erspart werden"*, umgelegt werden dürfen, in der Formulierung des § 1 Abs. 1 Satz 2 BetrKV **weggefallen** ist. Im Grunde handelte es sich um einen irreführenden Passus, weil er den Anschein erweckte, Eigenleistungen seien nur ansatzfähig, wenn damit eine Kostenersparnis einhergehe. Tatsächlich beruhte er darauf, dass als Betriebskosten nur Fremdkosten zu verstehen sind, die eben durch Eigenleistungen erspart werden.[8] Dieses Verständnis gilt zwar weiterhin, weil es sonst der Ergänzung in § 1 Abs. 1 Satz 2 BetrKV nicht bedurft hätte, die Streichung des Passus dient indes der Klarstellung. **10**

§ 1 Abs. 1 Satz 2 BetrKV schafft mithin **keine** besondere, **zusätzliche Betriebskostenart**. Die Gleichstellung ermöglicht nur, dass ein bestimmter Bewirtschaftungsaufwand des Eigentümers ebenfalls umgelegt wird. Dieser Aufwand ist an den Betriebskostenkatalog gebunden, wie sich **11**

---

[8] Ausführlich *Zehelein* NZM 2014, 649 (653).

aus dem Einleitungstext des § 2 BetrKV („*Betriebskosten im Sinne von § 1 sind ...*") ergibt. Der Mieter wird nicht zusätzlich belastet, sondern es findet allein eine Verlagerung des Aufwands statt.

12 Aus der bloßen Gleichstellung folgt, dass § 1 Abs. 1 Satz 2 BetrKV **nicht mit** der Definition der Betriebskosten in **§ 556 Abs. 1 Satz 2 BGB kollidiert.** Die Einhaltung der gesetzlichen Regelung ist zudem durch die Bindung an den Betriebskostenkatalog abgesichert.

bb) Voraussetzungen des Ansatzes

13 Verweist die Umlagevereinbarung **generell auf § 27 II.BV** und damit auch dessen Absatz 2, **§ 556 Abs. 1 BGB oder die BetrKV,** sind Eigenleistungen des Eigentümers stets auch dann umlegbar, wenn der Mietvertrag, wie oft, keine gesonderte entsprechende Regelung enthält.

14 Ist im Mietvertrag **nur** auf die **Anl. 3 zu § 27 II.BV** oder **§ 2 BetrKV** Bezug genommen oder nur der Betriebskostenkatalog wiedergegeben, **fehlt die vertragliche Einbeziehung der Regelung in § 1 Abs. 1 Satz 2 BetrKV.** Abweichend von der hier bisher vertretenen Ansicht bedeutet dies jedoch nicht, dass der Eigentümer keine Eigenleistung ansetzen darf. Es wäre sachlich nicht gerechtfertigt, ihm den Ansatz seines Aufwands für Arbeiten, die zu den vereinbarten umlagefähigen Betriebskostenarten gehören, etwa eines Hausmeisters, abzuschneiden. Die fehlende vertragliche Einbeziehung hat indes zur Folge, dass er **nur** seinen wirtschaftlich angemessenen **tatsächlichen Aufwand** in Ansatz bringen, ihn also nicht entsprechend § 1 Abs. 1 Satz 2 BetrKV berechnen darf (s. Rdn. 16).

cc) Umfang des Ansatzes

15 Bei **wirksamer vertraglicher Einbeziehung** der Regelung in § 27 Abs. 2 II. BV bzw. § 1 Abs. 1 Satz 2 BetrKV (s. Rdn. 13) darf der Vermieter die Kosten umlegen, die für eine gleichwertige Leistung eines Dritten, insbesondere eines Unternehmers, angesetzt werden können. Es ist ihm daher möglich, solche aufgrund eines entsprechenden Angebots in der Abrechnung für die **Berechnung seiner Eigenleistung** geltend zu machen,[9] jedoch ohne Umsatzsteuer. Entgegen manchen missverständlichen Formulierungen[10] stellt die **Angemessenheit** der Angebotspreise **kein Tatbestandsmerkmal** der Eigenleistungsumlage dar. Es muss sich nicht um das günstigste Angebot handeln. Wie bei der normalen Kostenumlage auch kommt es alleine auf den tatsächlichen bzw. hier durch Drittangebote belegten fiktiven Kostenanfall an. Die Abrechnung ist dann inhaltlich richtig. Die aus dem **Wirtschaftlichkeitsgebot** resultierende Pflicht

---

[9] BGH (VIII ZR 41/12) GE 2013, 113 = NZM 2013, 120 = WuM 2013, 44 = ZMR 2013, 257.
[10] Z. B. BGH (VIII ZR 41/12) GE 2013, 113 = NZM 2013, 120 = WuM 2013, 44 = ZMR 2013, 257 „*... die Kl. ... vorgetragen hat, es habe sich um das günstigste von mehreren erhaltenen Angeboten gehandelt*"; Staudinger/Artz § 556 Rdn. 15.

des Mieters, verschiedene Angebote einzuholen und hierbei ein angemessenes Preis-Leistungs-Verhältnis herzustellen, gilt bei der Eigenleistung zwar ebenfalls, stellt jedoch eine Nebenpflicht dar, deren Verletzung der Mieter darzulegen und zu beweisen hat (siehe H Rdn. 8 ff. und J Rdn. 59 ff.). Eigenrechnungen reichen nicht aus.[11] Das Angebot dient dabei **als Nachweis des Aufwandes**, wobei es sich von selbst versteht, dass der Vermieter auch die von der jeweiligen Leistungsbeschreibung erfassten Arbeiten tatsächlich erbringt; soweit dies nicht der Fall ist, muss er sich in demselben Umfang Kürzungen gefallen lassen, wie sie bei der unzureichenden Erledigung von Arbeiten durch Fremdunternehmen vorzunehmen sind. Nach der eindeutigen Regelung in § 1 Abs. 1 Satz 2 BetrKV ist es dem Vermieter daher möglich, höhere Kosten in der Betriebskostenabrechnung anzusetzen, als sie bei ihm angefallen waren,[12] was genau betrachtet nicht mit dem Grundsatz in Einklang steht, dass nur tatsächlich entstandene Kosten umgelegt werden dürfen. Der Ansatz der Kosten eines Fremdunternehmens soll allerdings ausscheiden, wenn die Arbeiten von einem Dritten unentgeltlich ausgeführt wurden.[13] Dies überzeugt nicht, weil Absprachen im Innenverhältnis zwischen Vermieter und Drittem hier nicht auf die Ansatzfähigkeit der Kosten im Außenverhältnis des Vermieters zum Mieter durchschlagen können; aus der Sicht des Mieters werden die Arbeiten in Eigenleistung erledigt, sie sind daher ansatzfähig. Es kann ihn nicht entlasten, wenn sich der Vermieter eines kostengünstigen oder unentgeltlich arbeitenden Erfüllungsgehilfen bedient, solange die Arbeiten im geltend gemachten Umfang geleistet wurden.[14]

Da Fremdunternehmen jedenfalls normale **Reparaturen** in ihre Preise einkalkulieren, erhält der Vermieter zudem die Möglichkeit, über die reinen Betriebskosten nach dem Betriebskostenkatalog hinaus diese weiteren Kosten erstattet zu erhalten. Die Kosten für große Reparaturen, die auf eine Grundüberholung des Geräts hinauslaufen, werden indes ausscheiden (s. auch Rdn. 115 für den Winterdienst).

Fehlt die **vertragliche Einbeziehung**, zählen zu den umlagefähigen **16** Kosten nur diejenigen, die dem Vermieter durch **nachweisbaren Aufwand** entstanden. Pauschale Ansätze sind unzulässig.[15] Soweit der Vermieter persönlich Arbeiten ausführt, kann er eine angemessene Vergütung berechnen, z. B. auf der Basis des gesetzlichen Mindestlohns. Lässt er die Arbeiten durch eigene Arbeitskräfte erledigen, kann er deren Kosten in Ansatz bringen.[16] In allen diesen Fällen ist der Vermie-

---
[11] LG Potsdam WuM 1997, 677.
[12] LG Köln ZMR 2012, 444.
[13] LG Berlin GE 2012, 205 (m. zust. Anm. *Wolbers* InfoM 2012, 51): hier durch den Ehemann der Vermieterin.
[14] Ebenso *Schach* GE 2012, 159, *Zehelein* in MünchKomm § 1 BetrKV Rdn. 14.
[15] LG Berlin GE 1999, 909.
[16] LG Berlin NZM 2002, 65.

ter allerdings grundsätzlich nicht berechtigt, Sachleistungen wie Anschaffung- und Unterhaltungskosten, Abschreibungen auf eingesetzte Geräte oder anteilige Gemeinkosten in Rechnung zu stellen.[17] Auch diese Kosten sind mit dem Mietzins abgegolten. Eine Ausnahme betrifft die Fälle, in denen der Betriebskostenkatalog selbst die Einbeziehung von Sachleistungen vorsieht, wie z. B. bei der Erneuerung von Pflanzen im Rahmen der Gartenpflege, beim Einsatz von Reinigungsmitteln bei der Gebäudereinigung oder bei der Verwendung von Streugut beim Winterdienst.

17 Handelt es sich um **unselbständige Einheiten,** wie Abteilungen für Hauswartsdienste u. Ä. eines Großvermieters, gelten die vorstehenden Ausführungen gleichermaßen.[18] Sind die Betriebe als sog. **Regiebetriebe** rechtlich verselbstständigt, etwa als HauswartsGmbH, kann der Vermieter die von diesen berechneten Kosten ansetzen, allerdings nur bis zur Höhe des Betrages, den üblicherweise andere Unternehmen für eine gleichwertige Leistung beanspruchen.[19] In derartigen Fällen verteuern sich die Kosten und damit die Belastung des Mieters zwangsläufig um die berechnete Umsatzsteuer, sofern keine Vorsteuerabzugsberechtigung besteht.

2. Kosten durch das Eigentum am Grundstück oder seines bestimmungsgemäßen Gebrauchs

a) Kosten durch das Eigentum

18 Die Kosten können auf dem Eigentum am Grundstück beruhen. Damit scheiden Vorkosten wie Erwerbs- und Baukosten aus. Es kommen zudem **ausschließlich objektbezogene Kosten** in Betracht. Wiederholte Leistungen z. B. an den Eigentümer des Nachbargrundstücks, damit dieser dessen unansehnlichen Zustand, etwa des Gartens, beseitigt, scheiden ebenso aus wie Kosten aus sozialer Betreuung der Mieter.

b) Kosten aus bestimmungsgemäßem Gebrauch

19 Die Kosten können ferner *„durch den bestimmungsmäßigen Gebrauch des Gebäudes, der Nebengebäude, Anlagen, Einrichtungen und des Grundstücks"* verursacht sein. Unter bestimmungsgemäßem Gebrauch ist aufgrund des Kontextes die **Bewirtschaftung durch Vermietung** zu verstehen, wobei auch hier die **Vorkosten** der Anwerbung von Mietern und des Abschlusses des Mietvertrags **nicht** zu den umlagefähigen Kosten gehören. Dasselbe gilt für Anschaffungskosten im Zusammenhang mit einem Neubezug oder einem Mieterwechsel, wie z. B. für Namensschil-

---

[17] *Sternel* III Rdn. 303.
[18] BGH (VIII ZR 41/12) GE 2013, 113 = NZM 2013, 120 = WuM 2013, 44.
[19] *Westphal* WuM 1998, 330 (331).

der.[20] Betriebswirtschaftlich motivierte Folgekosten, durch die Mieterzufriedenheit erreicht und damit zumal die Mieterbindung erhöht werden soll, scheiden ebenfalls aus. Kosten für Blumensträuße zu Jubiläen der Mieter oder Zuschüsse zu sommerlichen Gartenfesten sind daher nicht ansetzbar.[21] Nicht erforderlich ist, dass die den Kostenanfall herbeiführende Ursache bzw. Handlung selbst bestimmungsgemäß ist, also einem vertragsgerechten Verhalten entspricht. Auch solche Kosten, die Betriebskosten darstellen, aber aus einem **rechtswidrigen Verhalten** der Mieter oder gar **Dritter** herrühren, sind von § 1 Abs. 1 BetrKV erfasst (z. B. „wildes" Müllentsorgen oder Verunreinigungen der Liegenschaft).[22]

Die Kosten des Gebäudes etc. halten sich nur dann in dem durch den **20** bestimmungsgemäßen Gebrauch vorgegebenen Rahmen, wenn sie einer **ordentlichen Bewirtschaftung** entsprechen. Der Grundsatz der Wirtschaftlichkeit ist durch die Aufnahme in §§ 556 Abs. 3 Satz 1, 560 Abs. 5 BGB in besonderem Maße zu beachten. Zu Bedeutung und Umfang dieses Grundsatzes wird auf die Ausführungen in H Rdn. 8 ff. verwiesen.

3. Laufende Kosten

Die Kosten müssen **relativ regelmäßig** anfallen. Dabei ist nicht vorausge- **21** setzt, dass die Kosten jährlich oder in bestimmtem Turnus entstehen.[23] Es genügt auch ein mehrjähriger Turnus, wie z. B. beim E-Check,[24] bei den Kosten aus der Überprüfung eines Aufzugs durch den TÜV oder der Eichung von Wohnungswasserzählern.

In Anlehnung an § 4a Abs. 1 Satz 3 i. V. mit § 4a Abs. 1 Satz 1 Nr. 3 **22** II. BV wird vertreten, dass die **Obergrenze** des laufenden Entstehens bei einem Turnus von sechs Jahren liegt, soweit nicht insbesondere durch technische Regelwerke andere Abstände vorgegeben sind.[25] Die Übertragung der Zeitgrenze aus Spezialvorschriften für preisgebundenen Altbau vermag jedoch nicht zu überzeugen; § 4a Abs. 1 Satz 1 II.BV bestimmt den sog. Einfrierungsgrundsatz hinsichtlich der Gesamtkosten, Finanzierungsmittel und laufenden Aufwendungen bei späteren Wirtschaftlichkeitsberechnungen und bezieht sich in Abs. 1 Satz 1 Nr. 3 auf die Ermittlung der Kostenmiete nach Ablauf von sechs Jahren seit Bezugsfertigkeit gem. § 8b WoBindG. Für die hier behandelte Problematik ist es eher sachgerecht darauf abzustellen, ob der Turnus noch eine überschaubare

---

[20] Im Ergebnis ebenso AG Augsburg WuM 2012, 202.
[21] *Kinne* GE 2005, 165.
[22] BGH (VIII ZR 33/15) GE 2016, 387 = NJW 2016, 1439 = NZM 2016, 353 = WuM 2016, 214 = ZMR 2016, 434.
[23] *Schmid* MietRB 2010, 120.
[24] BGH (VIII ZR 123/06) GE 2007, 439 = NZM 2007, 282 = WuM 2007, 198 = ZMR 2007, 361.
[25] *Blank* WImmoT 2004, 98.

Länge hat,[26] was z. B. bei der Öltankreinigung mit einem Intervall von bis zu sieben Jahren der Fall ist.[27]

23 Bei den nur in langen Abständen entstehenden Betriebskosten ist streitig, **wann** sie angesetzt werden dürfen, d. h. ob sie im Jahr ihrer Verursachung anzusetzen sind oder auf mehrere Jahre verteilt werden dürfen oder zu verteilen sind; Probleme ergeben sich zusätzlich bei mehrjähriger Verteilung für Fälle des Mieterwechsels (hierzu im Einzelnen G Rdn. 132 ff.).

4. Entstandene/entstehende Kosten

24 Nach § 24 Abs. 2 Satz 2 II. BV dürfen Bewirtschaftungskosten wie die Betriebskosten nur angesetzt werden, *„wenn sie ihrer Höhe nach feststehen oder wenn mit ihrem Entstehen sicher gerechnet werden kann"*. Letzteres ist insbesondere gegeben, wenn die **Kosten aus** entsprechenden **vertraglichen Verpflichtungen** des Vermieters gegenüber Dritten sicher zu erwarten sind; dies ist z. B. beim Zwischenvermieter nur hinsichtlich der Kosten der Fall, mit denen ihn der Hauptvermieter belasten kann. Beträge, die der Vermieter in Raten auf später u. U. anfallende Kosten ansparen will, gehören nicht zu den Betriebskosten.[28] Von dieser Begriffsbestimmung zu trennen ist die Frage, welche Kosten der Vermieter in eine Betriebskostenabrechnung einstellen darf. Die Problematik, ob er dort auch Abschlagszahlungen, die er seinerseits an die Versorgungsunternehmen entrichtet, ansetzen kann, ist ebenso im Zusammenhang mit dem Abrechnungsrecht zu behandeln wie die weitere, ob es auf den Verbrauchszeitraum, das Datum der Rechnungsstellung oder dasjenige des Mittelabflusses zur Bezahlung der Rechnung ankommt (s. G Rdn. 107 ff.).

5. Abgrenzung zu anderen Kosten

25 Aus dem Eigentum am Grundstück und dessen Gebrauch entstehen verschiedene Bewirtschaftungskosten, u. a. Betriebskosten, Verwaltungskosten, Instandsetzungskosten, Kapitalkosten (vgl. § 24 Abs. 1 II. BV). Zwischen den verschiedenen Arten der Bewirtschaftungskosten können sich **Überschneidungen** ergeben. Da bei Wohnraummietverhältnissen nur die in § 2 BetrKV genannten Betriebskosten umlagefähig sind und zur Auslegung bei Gewerberaummietverhältnissen häufig auf den Betriebskostenkatalog zurückgegriffen wird, müssen sie von den anderen Bewirtschaftungskosten abgegrenzt werden.

---

[26] BGH (VIII ZR 221/08) GE 2010, 118 = NZM 2010, 79 = WuM 2010, 33 (m. Anm. *Dittert* WuM 2010, 285).
[27] BGH (VIII ZR 221/08) GE 2010, 118 = NZM 2010, 79 = WuM 2010, 33 (m. Anm. *Dittert* WuM 2010, 285).
[28] Vgl. AG Neuss DWW 1988, 284 = WuM 1988, 309.

a) Verwaltungskosten

Nach der **Definition** in § 1 Abs. 2 Nr. 1 BetrKV sind unter Verwaltungskosten *„die Kosten der zur Verwaltung des Gebäudes erforderlichen Arbeitskräfte und Einrichtungen, die Kosten der Aufsicht, der Wert der vom Vermieter persönlich geleisteten Verwaltungsarbeit, die Kosten für die gesetzlichen oder freiwilligen Prüfungen des Jahresabschlusses und die Kosten für die Geschäftsführung"* zu verstehen, also die Kosten, die der Vermieter selbst oder durch Arbeitskräfte wie Büropersonal, ggf. mit Hilfe von Einrichtungen (Büroausstattung) zur kaufmännischen und rechtlichen Verwaltung des Gebäudes aufwenden muss. Sie dienen dazu, den Wert der Immobilie und ihrer Rentabilität zu erhalten, z.B. um die bei der Vermietung anfallenden Geschäfte zu erledigen. Hierzu gehören auch die Kosten der allgemeinen Aufsicht über Grundstück und Gebäude. Die Begriffsbestimmung macht deutlich, dass es sich um Kosten handelt, die dem Vermieter aus der Wahrnehmung seiner originären Interessen entstehen. Diese Kosten werden grundsätzlich mit dem Mietzins abgegolten. **26**

Mit drei Ausnahmen dürfen daher die Kosten für die Erstellung der **Betriebskostenabrechnungen** dem Mieter **nicht**, auch nicht über eine zusätzliche Pauschale,[29] belastet werden: **27**
- Werden **Einzelwasserzähler** verwendet, sind die Kosten für die Berechnung und Aufteilung der Wasserkosten Betriebskosten (§ 2 Nr. 2 BetrKV);
- dasselbe gilt für die verbrauchsabhängige Abrechnung von **Heiz- und Warmwasserkosten** (§ 2 Nr. 4a, 5a BetrKV) sowie
- der Kosten der **Müllbeseitigung,** wenn Müllmengenerfassungsanlagen vorhanden sind (§ 2 Nr. 8 BetrKV).

Diese Umlagemöglichkeiten sind **systemfremd** und im Grunde von der Definition der Betriebskosten in § 556 Abs. 1 Satz 2 BGB nicht gedeckt; es handelt sich um einen umweltpolitisch motivierten Anreiz für die Vermieter.[30] Der Aufwand für die Abrechnung z.B. von Stromkosten, der bei mehreren Zwischenzählern etwa in einem gemischt genutzten Objekt durchaus erheblich sein kann, ist ebenso wenig ansatzfähig wie der Aufwand für die Verteilung von Heizkosten, wenn die HeizKV nicht einschlägig ist, oder der Kosten maschineller Wascheinrichtungen.[31] **28**

Der Vermieter darf den Mieter allerdings mit den Kosten der Einzelzähler-Wasserabrechnung auch dann belasten, wenn sie nicht durch ein Fremdunternehmen erstellt wurde. Da **Eigenleistungen** des Vermieters ansatzfähig sind, kann er den tatsächlichen Zeit- und Personalaufwand berechnen, allerdings der Höhe nach nur bis zu vergleichbaren Fremdkosten; es geht nicht zulasten des Mieters, wenn der Vermieter oder sein **29**

---

[29] LG Berlin GE 2017, 1408 = NJW-Spezial 2018, 2 = WuM 2017, 708.
[30] *Blank* WImmoT 2004, 101.
[31] AG Mülheim/Ruhr NZM 2001, 335.

Personal wegen der Schwierigkeit der Materie besonders viel Zeit benötigt, um eine ordnungsgemäße Abrechnung zustande zu bringen.

30 Hat sich der **Wohnungsmieter** verpflichtet, dem Vermieter über den Betriebskostenkatalog hinausgehende und damit **weitere periodische Kosten** in Form eines **Festbetrages** zu zahlen, handelt es sich um eine zusätzliche Leistung zum Nettomietzins. In Betracht kommen z. B. **Verwaltungskosten**, die der Wohnungseigentümer im Rahmen des sog. **Wohngelds** oder Hausgelds zu tragen hat,[32] was sachlich nur die Offenlegung der Kalkulation des Vermieters darstellt. Erhöhungen können jedoch nicht nach Betriebskostengrundsätzen, sondern allein nach den §§ 557, 558 BGB geltend gemacht werden.[33] Die teilweise Nichtigkeit der Betriebskostenregelung lässt die Mietzinsvereinbarung im Übrigen nach § 134 BGB unberührt.[34] Demgegenüber ist eine Vereinbarung, dass der Mieter auf andere Kosten (etwa Bank- oder Hausverwaltungskosten) monatliche Zahlungen von z. B. „z.Zt...€" zu leisten hat, die somit erhöht werden können und über die jährlich abzurechnen ist, nach § 556 Abs. 4 BGB unwirksam.[35] Demgegenüber kann sich der Vermieter mit dem **Gewerberaummieter** wirksam darauf verständigen, dass er auch andere periodisch anfallende Kosten, etwa Verwaltungskosten, in der jeweiligen Höhe tragen soll (s. auch B Rdn. 3, 90 ff.).

31 Bei gemischten Kosten, die sowohl aus umlagefähigen Betriebskosten als auch aus Verwaltungskosten bestehen, ist daher eine **Kostentrennung** erforderlich. Diese Problematik ist insbesondere bei den Hausmeisterkosten relevant. Je nach der Ausgestaltung des Hausmeistervertrags gehört es z. B. zu dessen Aufgaben, Vermieterschreiben zu verteilen oder Wohnungszustandsprotokolle anzufertigen (hierzu Rdn. 204); die hierauf entfallenden Anteile des Hausmeisterentgelts sind im Rahmen der Betriebskostenabrechnung herauszurechnen und vom Vermieter zu tragen.

b) Instandhaltungs- und Instandsetzungskosten

32 Hierunter sind nach § 1 Abs. 2 Nr. 2 BetrKV die Kosten zu verstehen, die *„während der Nutzungsdauer zur Erhaltung des bestimmungsmäßigen Gebrauchs aufgewendet werden müssen, um die durch Abnutzung, Alterung, Witterungseinwirkung entstehenden baulichen oder sonstigen Mängel ordnungsgemäß zu beseitigen";* sie sind ein Kostenfaktor im Rahmen der Erhaltungswirtschaft, der in die betriebswirtschaftlichen Kalkulationsüberlegungen des Vermieters einbezogen wird.[36] Die Vorschrift fasst un-

---

[32] LG Mannheim NZM 2000, 490.
[33] OLG Koblenz RE 7.1.1986 WuM 1986, 50, LG Düsseldorf DWW 1996, 123; a. A. LG Braunschweig WuM 1996, 283.
[34] BGH (VIII ARZ 13/83) RE 11.1.1984 WuM 1984, 68, LG Berlin GE 1999, 1648, LG Mönchengladbach WuM 1992, 200.
[35] LG Berlin DWW 2018, 22 = GE 2017, 1408 = WuM 2017, 708 = ZMR 2018, 45.
[36] BGH (VIII ZR 161/82) NJW 1984, 971.

terschiedliche Kosten zusammen. Während es sich bei **Instandhaltung** um Sicherungsmaßnahmen vor drohenden Schäden handelt,[37] geht es bei **Instandsetzung** um die Behebung bereits eingetretener Schäden, also um Reparaturen oder Wiederbeschaffung. Beide Kostenarten sind damit nicht als Betriebskosten umlagefähig, was indes im folgenden Betriebskostenkatalog nach § 2 BetrKV nicht durchgehalten ist. So besteht selbst für Instandsetzung eine ausdrückliche Ausnahme (Gartenpflege gem. § 2 Nr. 10 BetrKV), seltene weitere sind bei den einzelnen Kostenarten behandelt. Für Instandhaltung gilt § 1 Abs. 2 Nr. 2 BetrKV ohnehin nur im Grundsatz (vgl. Rdn. 33). Eine Veränderung zu der Regelung in § 28 Abs. 1 II. BV ist nach allem nicht eingetreten.

Instandhaltungskosten in Form der **Wartungskosten** sind zunächst in den in § 2 BetrKV ausdrücklich zugelassenen Fällen als Betriebskosten umlagefähig (Nr. 2: Wassermengenregler, Nr. 4: Heizung, Nr. 5c: Warmwassergeräte, Nr. 7: Aufzug, Nr. 10: Gartenpflege, Nr. 15: Gemeinschaftsantenne und Nr. 16: Einrichtungen für die Wäschepflege). Darüber hinaus können sie als sonstige Betriebskosten angesetzt werden, soweit sie die Überprüfung technischer Einrichtungen auf Funktion und Sicherheit betreffen (dazu im Einzelnen Rdn. 252 ff.). **33**

Ist der Ansatz von Instandhaltungskosten nicht ausdrücklich zugelassen oder handelt es sich um Instandsetzungskosten, ist der entsprechende **Kostenanteil herauszurechnen,** wenn die Aufwendungen mit Betriebskosten zusammentreffen. Dies ist vor allem bei Vollwartungsverträgen (Aufzug, Antenne), Gartenpflege- und Hausmeisterkosten zu beachten[38] und der Abrechnung über vermietete Eigentumswohnungen. Einzelheiten sind bei den verschiedenen Betriebskostenarten behandelt. **34**

c) Kapitalkosten

Kapitalkosten sind **keine** Bewirtschaftungskosten (vgl. § 18 Abs. 1 II. BV). Zinsbelastungen des Vermieters sind daher nie Betriebskosten.[39] Dasselbe gilt für verrentete Gebühren aus dem Anschluss an öffentliche Versorgungs- oder Entsorgungseinrichtungen oder Anliegerbeiträge. **35**

Finanzierungskosten für die Anschaffung von Betriebsmitteln sind keine Betriebskosten, auch wenn deren Kosten umlagefähig sind, z. B. für den Ankauf von Heizöl.[40] **36**

Anmiet- und Leasingkosten sind ebenfalls **keine Betriebskosten** und nur in den in § 2 bzw. der Anl. 3 zu § 27 II. BV genannten Fällen ansatzfä- **37**

---

[37] LG Hamburg WuM 1995, 267.
[38] Z. B. LG Duisburg WuM 2004, 717, BeckRS 2004, 15092; AG Duisburg WuM 2015, 525.
[39] Z. B. Erbpachtzins: AG Mannheim NZM 2009, 28, AG Osnabrück WuM 1985, 344; Erbbauzins: LG Osnabrück WuM 1987, 267, AG Hannover WuM 2002, 233.
[40] AG Siegburg WuM 1985, 345.

hig: Nr. 2: Wasserzähler, Nr. 4a, 5a: Ausstattung zur Verbrauchserfassung, Nr. 15a: Antennenanlagen. Die Argumentation, auch Mietkosten würden laufend und durch den bestimmungsgemäßen Gebrauch des Gebäudes entstehen, so dass sie unter § 2 Nr. 17 BetrKV fielen, wenn es um neu entstehende Betriebskosten gehe,[41] überzeugt nicht. Es handelt sich vielmehr um eine Umgehung der BetrKV, wenn nicht ansatzfähige Anschaffungskosten durch Anmietung zu laufenden Kosten mutieren sollen.[42] Ebenso wenig überzeugt es, zwischen den Kosten der Anschaffung einer Aufzugsanlage und den Kosten für die notwendige Überwachungsanlage zu trennen und diese allein dem Betrieb der Anlage zuzuschlagen.[43]

Der Grund dafür liegt darin, dass es sich nicht um Kosten handelt, die *"aus dem Eigentum"* resultieren. Betriebskosten sind Miete i. S. d. § 535 Abs. 2 BGB[44] und somit Gegenleistung für die Pflichten des Vermieters aus § 535 Abs. 1 BGB. Dieser kann somit Kosten, die er dafür aufwendet, die zu überlassenden Einrichtungen (oder Versorgungsleistungen) erst zu erlangen, nicht ebenfalls als Miete weitergeben. Da die BetrKV den Betriebskostenbegriff des § 27 II. BV übernommen hat[45] und auch die vorrangige Bundesnorm des § 556 Abs. 1 Satz 2 BGB ihre Definition hieraus herleitet,[46] ist für die Bestimmung auf die bisherigen Regelungsgehalte des § 27 II. BV zurückzugreifen. Anmietkosten zählen nicht zu den in § 24 Abs. 1 II. BV aufgeführten Bewirtschaftungskosten, denen die Betriebskosten gem. Abs. 1 Nr. 3 unterfallen, sondern zu den in § 18 Abs. 1 Satz 1 II. BV in Abgrenzung hierzu genannten Kapitalkosten. Diese entspringen nach § 19 II. BV dem Finanzierungsplan nach § 12 II. BV und dienen der Finanzierung des Bauvorhabens, also der Anschaffung/Erstellung des Mietobjekts und seiner Einrichtungen. Hierzu gehören auch die den Anmietkosten gleichzustellenden wiederkehrend zu leistenden Erbbauzinsen (§ 21 Abs. 2 II. BV). Bei ihnen handelt es sich zwar gerade nicht um einmalige Erstellungs- und somit Kapitalkosten im eigentlichen Sinne. Der Verordnungsgeber hat sie dennoch den Kapitalkosten zugeschlagen, genauer gesagt als solche fingiert.[47] Laufende Kosten, die den Erwerb des Eigentums ersetzen, werden damit den Anschaffungs- und gerade nicht den Betriebskosten zugeordnet. Da auch Erbbaurechtsinhaber in § 1 Abs. 1 BetrKV erfasst sind, besteht zudem eine direkte Übertragbarkeit. Die hiergegen vorgebrachte Ansicht, Anmietkosten seien gerade deshalb Betriebskosten, weil sie laufend i. S. d. § 1 Abs. 1 Satz 1 BetrKV anfallen,[48] widerspricht somit dem

---

[41] LG Magdeburg GE 2012, 131 = NZM 2012, 305 (Anmietung von Rauchwarnmeldern).
[42] *Schmid* WuM 2013, 363.
[43] LG Gera WuM 2001, 615.
[44] BGH (XII ZR 225/03) GE 2005, 666 = NJW 2005, 1713 = NZM 2005, 455 = WuM 2005, 384 = ZMR 2005, 524.
[45] BR-Drucks. 568/03 S. 27/28.
[46] BT-Drucks. 14/4553 S. 50.
[47] Fischer-Dieskau/*Pergande*/*Feulner* § 21 II. BV Anm. 2 und 7.
[48] Z. B. LG Magdeburg NZM 2012, 305, AG Hamburg-Altona ZMR 2014, 801.

Grundcharakter der Betriebskosten.[49] Die in § 2 BetrKV und § 7 Abs. 2 HeizKV aufgeführten Umlagetatbestände stellen somit (wie es sie auch für Verwaltungskosten und Kosten der Instandhaltung- bzw. Instandsetzung gibt) ausdrückliche Entscheidungen des Verordnungsgebers als Ausnahmen zu § 1 BetrKV dar, eine Analogie ist nicht möglich.[50]
Nicht z. B.: Aufzugsnotrufanlage (A Rdn. 93), Gas-, Öltank (K Rdn. 33), Hausanlage (K Rdn. 121 f.), Müllgefäße (A Rdn. 122), Müllschleusen (H Rdn. 77), Rauchwarnmelder (A Rdn. 309).

III. Definitionen des Betriebskostenkatalogs gem. § 2 BetrKV

Nach § 556 Abs. 1 Satz 1 BGB können die Parteien vereinbaren, dass *„der Mieter Betriebskosten trägt"*. Was unter Betriebskosten zu verstehen ist, regelt § 556 Abs. 1 Satz 2 BGB; für die Aufstellung der Betriebskosten gilt nach § 556 Abs. 1 Satz 3 BGB die BetrKV[51] fort. Sie enthält in § 2 einen Betriebskostenkatalog, der weitgehend demjenigen in der Anlage 3 zu § 27 Abs. 1 II. BV entspricht; die wesentliche Änderung ist die Ersetzung des Wortes *„Fachmann"* durch das geschlechtsneutrale Wort *„Fachkraft"*. Seine Definitionen sind über § 556 Abs. 1, 4 BGB (und § 20 Abs. 1 NMV) **für Wohnraum verbindlich.** Als allgemeine Begriffsbestimmungen können sie auch für Mietverhältnisse über Gewerberaum herangezogen werden, sofern sich aus dem Mietvertrag nichts anderes ergibt. **38**

1. Laufende öffentliche Lasten des Grundstücks

Nr. 1: „die laufenden öffentlichen Lasten des Grundstücks, hierzu gehört namentlich die Grundsteuer;"

a) Grundsätze

Nach § 2 Nr. 1 BetrKV gehören die laufenden öffentlichen Lasten, insbesondere die Grundsteuer, zu den umlagefähigen Betriebskosten. Maßgeblich ist, dass es sich um **öffentliche Lasten** handelt, **die auf dem Grundstück selbst ruhen** und die als Bewirtschaftungskosten einzustufen sind. Realkirchensteuer, Deichabgaben und ähnliche laufende öffentliche Lasten[52] sind daher umlagefähig, z. B. Beiträge zu Wasser- und Bodenverbänden;[53] nach § 29 WVG[54] ruht die Beitragspflicht der dinglichen **39**

---

[49] Umfassend hierzu *Zehelein* WuM 2016, 400 (408 f.).
[50] LG Hagen DWW 2016, 175 = ZMR 2016, 701, BeckRS 2016, 10469.
[51] Verordnung über die Aufstellung von Betriebskosten (Betriebskostenverordnung – BetrKV) vom 25.11.2003, BGBl. I S. 2346, zuletzt geändert durch Art. 4 des Gesetzes zur Änderung telekommunikationsrechtlicher Regelungen vom 3.5.2012, BGBl. I S. 958.
[52] *Herlitz/Viehrig* S. 41.
[53] LG Hamburg Urt. vom 20.4.2000 – 307 S 14/00.
[54] Wasserverbandsgesetz vom 12.2.1991, BGBl. I S. 405, zuletzt geändert durch Artikel 1 G. v. 15.5.2002, BGBl. I S. 1578.

Verbandsmitglieder als öffentliche Last auf den Grundstücken. Soweit die öffentlichen Lasten zu einer anderen der in § 2 BetrKV aufgeführten Betriebskostenarten gehören, richtet sich die Umlagefähigkeit nicht nach der Nr. 1, sondern der spezielleren Regelung, was z.B. bei den Kosten der Schornsteinreinigung, den Kanalgebühren oder Versicherungsprämien der Fall sein kann.

40 **Grunderwerbssteuer** ist nicht umlegbar, sie gehört zu den anschaffungsnahen Nebenkosten des Grundstückserwerbs und fällt ohnehin nicht laufend an. Realsteuern sind ebenso wenig umlagefähig wie **Personensteuern** des Vermieters; zu letzteren zählt z.b. die Ortskirchensteuer in Rheinland-Pfalz, die von der Konfession des Eigentümers abhängig ist.[55] Die **Gewerbesteuer** wird von der Bestimmung daher auch dann nicht erfasst, wenn das Grundstück Teil des Betriebsvermögens ist, da die Steuerpflicht nicht aus dem Eigentum am Grundstück, sondern aus dem Betrieb des Gewerbes folgt.

41 **Erschließungsbeiträge** für neu hergestellte Straßen, Wege, Plätze, Grünanlagen gehören zu den öffentlichen Lasten (§ 134 Abs. 2 BauGB),[56] sie fallen jedoch **nicht laufend** an. Die betroffenen Grundstücke unterliegen nach § 133 Abs. 1 BauGB der Beitragspflicht, die gem. § 133 Abs. 2 BauGB mit endgültiger Herstellung der Erschließungsanlage entsteht. Zur leichteren Finanzierung des Aufwands besteht für die Gemeinden nach § 133 Abs. 3 BauGB i.V. mit den landesrechtlichen Kommunalabgabengesetzen die Möglichkeit, Vorauszahlungen auf den Erschließungsbeitrag festzusetzen,[57] die mit der endgültigen Beitragsschuld zu verrechnen sind. Im Vordergrund steht damit der Erschließungsbeitrag als Einmalschuld. Diesen Charakter verliert er weder durch Vorauszahlungen noch durch eine Verrentung,[58] in der Sache handelt es sich bei derartigen Beiträgen um Kosten des Baugrundstücks (vgl. § 5 Abs. 2 II. BV).[59] Dasselbe gilt hinsichtlich der Beiträge für den Anschluss des Grundstücks an Wasserversorgungs- und Abwasserbeseitigungsanlagen.

42 **Nicht anders** verhält es sich bei **Straßenausbaubeiträgen** für die Erneuerung, Verbesserung oder Veränderung bestehender Straßen. Infolge ihrer Finanznot gehen manche Gemeinden auf der Grundlage landesrechtlicher Kommunalabgabengesetze[60] dazu über, die Kosten nicht mehr vorzufinanzieren, sondern sie im Wege regelmäßiger Beiträge von den Grundstückseigentümern im Vorwege zu erheben (sog. „wie-

---

[55] LG Landau/Pfalz NZM 2013, 144 = WuM 2012, 469 = ZMR 2013, 43.
[56] Baugesetzbuch i.d.F. vom 23.9.2004, BGBl. I S. 2414.
[57] Dazu ausführlich *Ruff* DWW 2011, 91.
[58] *Ruff* WuM 2016, 595, DWW 2004, 48 (51), Staudinger/Artz § 556 Rdn. 22.
[59] AG Greiz WuM 1999, 133; *Ruff* DWW 2004, 48 (51).
[60] Art. 5b BayKAG; § 11a HessKAG, § 6b NKAG; § 7a ThürKAG, § 8a SaarlKAG, § 6a KAG LSA, § 8a KAG SH, § 10a KAG RhPf diese Vorschrift ist verfassungsgemäß: BVerfG DWW 2015, 27.

derkehrende Straßenausbaubeiträge"). Sie beziehen sich nicht auf einzelne Straßenbaumaßnahmen. Vielmehr dienen die Beiträge dem Ausbau bzw. der Sanierung von Teilen oder des gesamten Gemeindegebiets. Die Beitragsveranlagung erfolgt jedoch lediglich in den Jahren, in denen tatsächlich Straßenbaukosten entstehen. Sie ist also mit dem Umfang der Arbeiten unmittelbar verknüpft. Im Unterschied zu einmaligen Erschließungs- und Straßenausbaubeiträgen (s. Rdn. 41 und 42) bezieht sich die Beitragspflicht nicht auf die Straße des Anliegers. Die erfassten Grundstückseigentümer bilden vielmehr eine Abrechnungseinheit für die Baukosten auf Grundlage einer Solidargemeinschaft.[61] Abgabenrechtlich handelt es sich um eine nichtsteuerliche Abgabe, die verfassungsrechtlich zulässig ist.[62] Es wird vertreten, dass es sich bei diesen Beiträgen um öffentliche Lasten des Grundstücks handelt, so dass sie unter § 2 Nr. 1 BetrKV fallen.[63] Auch wenn die Einordnung als öffentliche Last des Grundstücks zutrifft, kann es mit dieser Feststellung nicht sein Bewenden haben. Zum einen steht diesen Abgaben eine Gegenleistung an den Grundstückseigentümer gegenüber, nämlich eine Wertsteigerung seines Grundstücks.[64] Zum anderen fehlt es für die Umlagefähigkeit am Merkmal des laufenden Entstehens der Kosten.[65] Die Beiträge werden nicht ständig erhoben, sondern jeweils im Hinblick auf demnächst anstehende Arbeiten beschlossen; ist der Finanzierungsbedarf gedeckt, entfällt der Beitrag. Die Kosten fallen daher nur zeitweilig an, weil sich die Erhebungsdauer nach dem Umfang der in Aussicht genommenen Maßnahmen, deren prognostizierter Kosten und der Zahl der beteiligten Grundstückseigentümer richtet. Der vorläufige Charakter der Beiträge wird zumal daran deutlich, dass bei Überzahlungen infolge geringer ausgefallener Kosten Rückerstattungen erfolgen und dass Gemeinden gelegentlich von ihren Vorhaben abgesehen und den Eigentümern die Zahlungen erstattet haben. In der Sache handelt es sich daher um Einmalleistungen, die der Eigentümer nicht wie bislang nach dem Entstehen der Kosten ggf. ratenweise erbringt, sondern vorschüssig vor ihrem Anfall.

Der Vermieter ist grundsätzlich berechtigt, die **Grundsteuer in voller Höhe** an die Mieter weiterzugeben (zu einer Ausnahme bei der Grundsteuererhöhung durch Aufteilung nach WEG s. Rdn. 44, zur Problematik, ob und ggf. wie sie bei gemischt genutzten Gebäuden zu verteilen ist, s. F Rdn. 202 ff.); ausgenommen sind Säumniszuschläge. Daran ändert sich nichts durch den Umstand, dass die Grundsteuer gem. § 79 BewG nach 43

---

[61] BVerfG NVwZ 2014, 1448, Thüringer Oberverwaltungsgericht Beschl. v. 30.4.2015 – 4 EO 52/15 LKV 2016, 90; *Ruff* WuM 2016, 595 (595).
[62] BVerfG DWW 2015, 27 = NVwZ 2014, 1448.
[63] LG Zweibrücken Urt. vom 5.10.2004 – 3 S 26/04 unter Hinweis auf §§ 10 Abs. 10, 7 Abs. 7 Kommunalabgabengesetz Rheinland-Pfalz a. F.
[64] AG Greiz WuM 1999, 133; *Ruff* DWW 2004, 48 (51).
[65] Thüringer Oberverwaltungsgericht Beschl. v. 30.4.2015 – 4 EO 52/15 LKV 2016, 90; AG Pirmasens Urt. vom 26.10.2005 – 2 C 110/05; *Ruff* WuM 2016, 595 (600).

der Jahresrohmiete zu berechnen ist, d. h. einschließlich der umgelegten Betriebskosten (jedoch ohne Heizkosten) und aller sonstigen Leistungen des Mieters. Trägt der Mieter die Schönheitsreparaturen, fließt diese Leistung mit einem pauschalen Betrag zusätzlich in die Jahresrohmiete ein. Es wird daher gelegentlich eingewandt, die Betriebskosten und der Zuschlag müssten bei der Umlage der Grundsteuer abgezogen werden, weil der Mieter anderenfalls nicht nur mit den Betriebskosten und den unmittelbaren Kosten der Schönheitsreparaturen belastet werde, sondern über die Grundsteuer mit allem nochmals; zudem werde der Zweck der Einbeziehung aller Leistungen des Mieters, den geldwerten Vorteil für den Vermieter abzuschöpfen, zunichte gemacht, wenn er die entsprechende Mehrbelastung wiederum auf den Mieter abwälzen könne. Es ist nicht zu verkennen, dass hier tatsächlich eine gewisse Doppelbelastung vorliegt. Gleichwohl sind Abzüge von der Grundsteuer, wie sie dem Vermieter berechnet wird, nicht geboten. § 2 Nr. 1 BetrKV gestattet trotz der beschriebenen Problematik die uneingeschränkte Umlage der Grundsteuer. Diese Festlegung des Verordnungsgebers ist vorrangig, mag sie auch auf fiskalischen Gründen beruhen. Hier gilt nichts anderes als in dem Fall, dass der Vermieter von Gewerberaum, der auf die Umsatzsteuer optiert hat und die Betriebskosten an den Mieter weitergibt, von diesem Umsatzsteuer auch auf die Kosten verlangen muss, die ihm selbst ohne Umsatzsteuer berechnet werden, weil er sie anderenfalls aus eigener Tasche an das Finanzamt abzuführen hätte (s. H Rdn. 218).

b) Grundsteuererhöhungen

44 Fraglich ist, ob der **Erhöhungsbetrag der Grundsteuer** umlagefähig ist, der durch die **Aufteilung** der Mietobjekte in Wohn-/Teileigentum **nach WEG** in oft erheblichem Maße anfällt. Betroffen sind entweder der Eigentümer, der nach der Umwandlung vorerst noch alle Eigentumsanteile hält, oder der Erwerber des Sondereigentums nebst Miteigentumsanteil.

45 Was den **Erwerber** betrifft, ist die Umlage der erhöhten Grundsteuer ohne weiteres möglich, wenn der Mietvertrag die Abwälzung dieser Betriebskostenart vorsieht.

46 **Anders** verhält es sich beim **umwandelnden Eigentümer bis zum Verkauf** des Wohnungs- oder Teileigentums. Bis dahin schuldet der Mieter, dessen Mietverhältnis schon vor der Umwandlung bestand, nur seinen Anteil an der ursprünglichen Grundsteuer. Zwar geht es hier um Betriebskosten im Sinne der Definition des § 1 Abs. 1 BetrKV, die dem Eigentümer durch das Eigentum am Grundstück entstehen, es liegt auch kein Verstoß des aufteilenden Eigentümers gegen das Wirtschaftlichkeitsgebot vor, weil die Umwandlung durchaus ordentlicher Geschäftsführung für eine zunächst nur vorgehaltene oder schon beabsichtigte Verwertung des Eigentums entspricht. Es ist indes nicht zu übersehen, dass die Maßnahme des Eigentümers ohne äußere Notwendigkeit einen Kostensprung verursacht; sie beruht auf einer selbstbestimmten Entscheidung zur Erhöhung des Veräußerungserlöses. Insbesondere ist zu verhindern, dass Eigentümer, wie es in der Praxis immer wieder zu beobachten ist, auch ohne konkrete Verkaufsabsicht die Aufteilung nach WEG vornehmen und über viele Jahre Eigentümer aller Anteile bleiben, sei es, um befürchteten Restriktionen bei der Umwandlung vermieteter Wohnungen und damit einer Verschlechterung gegenüber dem durch den Beschluss des GmSOGB vom 30.6.1992[66] geschaffenen Zustand vorzubeugen, sei es, um im Hinblick auf Basel II zu einem höheren Immobilienwert zu kommen. Zur Lösung der Problematik bietet es sich an, auf die Rechtslage bei öffentlich-gefördertem Wohnraum alter Art abzustellen.

Bei diesem Wohnraum ist eine Erhöhung der **Kostenmiete** infolge gestiegener laufender Aufwendungen, zu denen nach § 18 II. BV die Bewirtschaftungskosten und als Teil dieser die Betriebskosten (§ 24 II. BV) gehören, nur zulässig, wenn sie auf **Gründen** beruht, die der **Vermieter nicht zu vertreten** hat (§§ 8 Abs. 3 WoBindG, 4 Abs. 1 NMV). Wird Wohnungseigentum begründet, hat der Vermieter gem. § 5a Abs. 1 Satz 2 NMV unverzüglich eine Wirtschaftlichkeitsberechnung für die einzelnen Wohnungen aufzustellen. Bei der Berechnung der neuen Kostenmiete ist von den vorher maßgeblichen Gesamtkosten, Finanzierungsmitteln und laufenden Aufwendungen auszugehen.[67] Die Differenz zwischen der bisherigen Gesamtbelastung und der infolge der Umwandlung höheren hat mithin bis zum Verkauf der Wohnung der umwandelnde Eigentümer zu tragen, weil er den Kostenanstieg zu vertreten hat. Kommt es zum Verkauf, darf der meist höhere Kaufpreis nicht in die neue Kostenmiete einfließen,[68] der neue Eigentümer und damit Vermieter wird allerdings berechtigt sein, die – höhere – auf ihn entfallende Grundsteuer umzulegen. Er erwirbt die Wohnung mit der höheren Grundsteuerlast, den entsprechenden Zurechnungsbescheid nach §§ 10, 11 GrStG hat er nicht zu vertreten.

47

Kaum behandelt ist bisher die weitere Frage, wie bei **Grundsteuererhöhungen** auf Grund **Ausbaus des Dachgeschosses** zu verfahren ist, ob die Mehrbelastung anteilig auf alle Wohnungen des Hauses zu verteilen ist oder nur die neugeschaffenen Wohnungen zu belasten sind. Hierzu wird unter Hinweis auf den Rechtsgedanken des § 36 Abs. 2 II. BV vertreten, die Mehrkosten seien nur von den Mietern der Dachgeschosswohnungen zu tragen. Diese Differenzierung ist jedoch nicht erforderlich. Die Grundsteuer wird auch für neu geschaffenen Wohnraum auf den Einheitswert zum Zeitpunkt der letzten Hauptfeststellung per 1.1.1964 (§ 21 BewG) bzw. in den östlichen Bundesländern auf den 1.1.1935[69] zurückgerechnet (dazu F Rdn. 204). Zwar kommt es dabei aufgrund verschiedener Faktoren zu einem etwas höheren Wert für den

48

---

[66] BGH (GmSOGB 1/91) WuM 1992, 671.
[67] Fischer-Dieskau/*Heix* § 5a NMV Anm. 4.2.
[68] AG München WuM 1982, 159.
[69] § 129 BewG, dazu *Dieterich/Josten* WuM 1998, 531.

neuen Wohnraum, insgesamt aber wird es sich um eine so geringe Abweichung handeln, dass es vertretbar ist, die erhöhte Grundsteuer auf alle Wohnungen und auf der Grundlage der vergrößerten Wohnfläche umzulegen.

49 Ist zwischen den Parteien eines **Gewerbemietvertrags** vereinbart, dass der Mieter Erhöhungen der Grundsteuer zu tragen hat, bedarf es der Auslegung des jeweiligen Vertrags gem. § 157 BGB, ob der Vermieter, der das Grundstück vor der Vermietung bebaut hat, der aber erst danach den Grundsteuerbescheid für das nunmehr bebaute Grundstück erhält, bereits die Erhöhung auf Grund der ersten Anpassung der Grundsteuer auf den Mieter abwälzen darf oder ob dieser erst spätere Grundsteuererhöhungen übernehmen muss.[70]

2. Kosten der Wasserversorgung

Nr. 2: „die Kosten der Wasserversorgung, hierzu gehören die Kosten des Wasserverbrauchs, die Grundgebühren, die Kosten der Anmietung oder anderer Arten der Gebrauchsüberlassung von Wasserzählern sowie die Kosten ihrer Verwendung einschließlich der Kosten der Eichung sowie der Kosten der Berechnung und Aufteilung, die Kosten der Wartung von Wassermengenreglern, die Kosten des Betriebs einer hauseigenen Wasserversorgungsanlage und einer Wasseraufbereitungsanlage einschließlich der Aufbereitungsstoffe;"

a) Kosten des Wasserverbrauchs

aa) Grundsätze

50 Ob die Kosten des Wasserverbrauchs als privatrechtliches Entgelt oder als öffentlich-rechtliche Gebühr erhoben werden, ist ohne Einfluss auf die Umlagefähigkeit. Wichtig ist allein, dass es sich um Kosten handelt, die durch einen **Verbrauch seitens der Nutzer** verursacht wurden. Wasserkosten, die nicht hierauf beruhen, bleiben außer Ansatz. Wasserverbrauch infolge von Umbau- oder Instandsetzungsarbeiten durch den Vermieter geht daher allein zu seinen Lasten. Mehrkosten durch Defekte am Leitungssystem (Rohrbruch) oder an einer Verbrauchsstelle (Wasserhahn, Toilettenspülung[71]) gehören ebenfalls nicht zu den Verbrauchskosten, die auf alle Mietparteien umgelegt werden dürfen. Der Kostenansatz aus Wasserverbrauch ist in den vorgenannten Fällen entsprechend zu kürzen. Dabei handelt es sich um einen Vorwegabzug nicht umlagefähiger Kostenanteile (siehe H Rdn. 141), so dass auch eine Schätzung möglich ist. Betrifft der Verlust nur einen Mieter, da er hinter dem Einzelzähler aufgetreten ist, kann die Kürzung auf diese Abrechnung reduziert werden. Die Mehrkosten treffen auch dann den Vermieter, wenn der

---

[70] OLG Frankfurt NZM 2000, 243, OLG Celle ZMR 1990, 410, OLG Hamm ZMR 1986, 198.
[71] AG Hannover ZMR 2017, 403, WuM 2009, 178.

Schaden nicht auf fehlende Wartung und Instandsetzung, sondern auf Mieterverhalten zurückzuführen ist; er ist auf einen Schadensersatzanspruch gegen den Verursacher verwiesen s. Rdn. 51.

bb) Außergewöhnlicher Wasserverbrauch

Weist die Abrechnung des Wasserlieferanten einen deutlichen, aus dem Zustand des Hauses wie auch dem mehrjährigen Verbrauchsverhalten der Mieter **nicht nachvollziehbaren Anstieg** des Wasserverbrauchs auf, ist der Vermieter gehalten, nachhaltig nach der Ursache zu forschen, etwa durch Kontrolle der Wasserzähler, Hinweise an die Mieter mit der Aufforderung, den Wasserverbrauch zu überprüfen, ggf. durch Untersuchung der Wasserverbrauchsstellen in den Mietobjekten. Ist eine Druckerhöhungsanlage vorhanden, sollte sie in die Überprüfung einbezogen werden; bei sehr hoher Schalthäufigkeit kann es zu großen Änderungen der Fließgeschwindigkeit des Wassers im Rohrsystem kommen, welche die Messgenauigkeit des Hauptzählers beeinflussen. Bleibt der Vermieter untätig, erwächst den Mietern ein Schadensersatzanspruch aus schuldhafter Verletzung einer Nebenpflicht, der auf Freihaltung von den Kosten gerichtet ist, die das Übliche übersteigen;[72] dieses kann z.B. anhand eines langjährigen Verbrauchsvergleichs ermittelt werden. Führen die Kontrollen zu keinem Ergebnis, muss er jedenfalls vor dem Ausgleich der Rechnung auf deren Überprüfung durch den Wasserlieferanten dringen. Je nach dem Ort einer Leckage kommt eine Reduzierung des Rechnungsbetrages nach den Grundsätzen von Treu und Glauben gem. § 242 BGB in Betracht.[73] Zumindest sollte eine Kulanzregelung versucht werden (zur prozessualen Geltendmachung siehe J Rdn. 49). 51

Stellt sich eine **Schadstelle in einem Mietobjekt** heraus, steht dem Vermieter ein Schadensersatzanspruch in Höhe der zunächst zu seinen Lasten verbliebenen Differenz aus dem Mehrverbrauch gegen den Mieter zu, dem eine **Verletzung der Anzeige- oder Obhutspflicht** vorzuwerfen ist. Kommt ein Mieter seiner Anzeigepflicht aus § 536c Abs. 1 BGB nicht nach, kann er unter den Voraussetzungen des § 536c Abs. 2 BGB auf Schadensersatz in Anspruch genommen werden. Die Anzeigepflicht bezieht sich ohne weiteres auf Mängel, die das Mietobjekt selbst betreffen, wie Wasserverlust durch schadhafte Dichtungen an Wasserhähnen oder eine undichte Toilettenspülung.[74] Die Anzeigepflicht erstreckt sich aber 52

---

[72] LG Hamburg Urt. vom 12.6.1998 – 311 S 37/97.
[73] LG Karlsruhe NJW-RR 1990, 1271 für den Wasserverlust aus einem Rohrleck, das hinter der Wasseruhr, aber in der 1,2m tief im Erdreich liegenden Wasserleitung eintrat.
[74] Z.B. LG Hamburg Urt. vom 3.4.1998 – 311 S 132/96: Schadensersatzanspruch gegen den Mieter in Höhe von DM 11 512,07, weil er eine defekte Dichtung am WC-Spülkasten nicht angezeigt hatte; nach einer Mitteilung der Hamburger Wasserwerke: Wasserverbrauch in einem 6-Familienhaus von 28,5 m³ täglich, weil ein Mieter versucht hatte, den Mechanismus des Einlaufventils am Spülkasten des WC mit einem Zahnstocher zu blockieren.

auch auf mitbenutzte Teile des Hauses, wie Hausflur, Keller, Treppenhaus,[75] so dass ein Schaden an den Rohrleitungen, der etwa durch Feuchtigkeit an Wänden oder Decken erkennbar wird, gleichfalls dem Vermieter mitzuteilen ist. Die Schadensersatzpflicht des Mieters kann ferner aus einer Obhutspflichtverletzung resultieren, wenn er z. B. während eines längeren Urlaubs nicht für eine Kontrolle des Mietobjekts und seiner Einrichtungen sorgt oder auf ausreichenden Frostschutz im Winter achtet. Anzeige- und Obhutspflicht bestehen bis zum Ende der Mietzeit. Zieht der Mieter vorher aus, muss er gleichwohl den Zustand der Mieträume in angemessenen Abständen überprüfen.[76] Ist das Mietverhältnis beendet, hat der Vermieter die rasche Verjährung seines Schadensersatzanspruchs nach § 548 Abs. 1 BGB zu beachten.[77]

53 Die Wasserrechnung ist um den nicht ansatzfähigen Mehrverbrauch zu **kürzen**. Hat sich bei der Reparatur ein genau zu bestimmender Fehler herausgestellt, kann der Verlust von einem Sachverständigen ermittelt werden.[78] Meist ist dies jedoch nicht der Fall. Hier bleibt nur, den Abzug zu schätzen. Eine Schätzgrundlage bieten, in Anknüpfung an § 9a HeizKV, der Durchschnittsverbrauch mehrerer früherer Jahre[79] oder der Mindestverbrauch pro Person.[80] Der örtliche Wasserlieferant verfügt in der Regel über die entsprechenden Daten; ist dort nur ein Durchschnittsverbrauch bekannt, ist allerdings ein Sicherheitsabschlag angebracht.

b) Grundgebühren

54 Die **Grundgebühren** betreffen primär die Vorhaltekosten des Wasserwerks und die Kosten des Rohrnetzes. Häufig werden diese und die Entgelte für Wasserzähler, die dem Vermieter nicht gesondert vermietet sind, als einheitliche Grundgebühr zusammengefasst.

c) Zählerkosten

55 Das Wasserwerk kann die **Zählerkosten** auch separat erheben, als sog. Zählermiete oder Zählergebühr. Umlegbar sind ferner die Kosten der Anmietung oder anderer Arten der Gebrauchsüberlassung von Zwischen- und Einzelwasserzählern, gleichviel ob vom Wasserversorger

---

[75] Ebenso *Lützenkirchen* in Lützenkirchen § 556 Rdn. 86.
[76] Vgl. LG Lübeck WuM 1991, 482, das dem Vermieter einen Schadensersatzanspruch in Höhe von DM 7 193,75 zusprach, weil der ausgezogene Mieter einen Defekt am Spülkasten der Toilette nicht gemeldet hatte.
[77] Vgl. LG Gießen Urt. vom 23.3.2011 – 1 S 213/10.
[78] Bei einem Druck von 5 bar und einem Lochdurchmesser von z. B. nur 1mm fließen im Monat 41,6m³ Wasser aus, vgl. die Aufstellung der Wasserverluste je nach Lochgröße und Betriebsdruck von *Eisenhart-Rothe/Franke/Pawallek* in Kreuzberg/Wien 11.12.
[79] AG Hohenschönhausen ZMR 2003, 934; *Sternel* Mietrecht aktuell Rdn. V 43.
[80] AG Münden WuM 1990, 85.

III. Definitionen des Betriebskostenkatalogs gem. § 2 BetrKV

oder von privaten Firmen, nicht jedoch die Kosten aus dem Kauf der Zähler. Zwischenzähler sind für eine im Einzelfall gebotene Vorerfassung notwendig, Einzelwasserzähler für die verbrauchsabhängige Abrechnung. Zu den Mietkosten zählen auch die Zusatzkosten der Geräte, die eine **funkbasierte Ablesung** ermöglichen. Nach Ansicht des BGH hat der Mieter sogar den Austausch funktionsfähiger Wasserzähler gegen solche Geräte zu dulden.[81]

Streitig ist, wie die Kosten von Zählern, die nur für die Erfassung des **Verbrauchs einzelner Nutzer oder Nutzergruppen**, z.B. bei einem gemischt genutzten Grundstück, installiert wurden, zu verteilen sind. Da sämtliche Zähler der *„Berechnung und Aufteilung"* der Wasserkosten dienen, bedarf es keiner Differenzierung, vielmehr sind die Kosten ohne weiteres den Gesamtkosten zuzurechnen.[82] **56**

Bei der Verwendung von **Einzelwasserzählern** zur verbrauchsabhängigen Abrechnung nach § 556a Abs. 1 Satz 2 BGB ist zu beachten, dass nach § 6 MessEG[83] nur Messgeräte verwendet werden dürfen, bei denen eine Konformitätsbewertung erfolgreich durchgeführt wurde. Messgeräte, für die eine – nunmehr weggefallene - Ersteichung bis zum 31.12.2014 nach dem EichG erfolgte, können nach § 62 Abs. 1 MessEG bis zum Ablauf der Eichfrist weiter verwendet werden. Wie bisher nach § 2 Abs. 1 EichG dürfen Messgeräte gem. §§ 31 Abs. 1, Abs. 2 Nr. 3, 37 Abs. 1 MessEG **nicht ungeeicht** sein, sofern sie u.A. im geschäftlichen Verkehr verwendet werden; diese Voraussetzung ist erfüllt, wenn die Messergebnisse die Grundlage für die Verteilung von Kosten abgeben. **57**

Wer neue oder erneuerte Messgeräte verwendet, hat dies nach § 32 Abs. 1 MessEG der nach Landesrecht zuständigen Behörde spätestens sechs Wochen nach Inbetriebnahme anzuzeigen; die Anzeigepflicht besteht mithin nicht für Messgeräte, die vor dem 1.1.2015 in Betrieb genommen wurden. Die Anmeldung als solche ist kostenfrei. Häufig wird jedoch der Ablese- und Abrechnungsdienstleister für Wasser- und Heizkosten mit der Anmeldung beauftragt werden, der wegen des Aufwands **Kosten für die Anmeldung** berechnet.[84] Diese Kosten sind ebenso wie die **Kosten** für die **Eichung** der Zähler *„Kosten ihrer Verwendung"*.[85] Da Zwischen- und Einzelwasserzähler üblicherweise sog. Trockenläufer sind (dazu F Rdn. 106), erfolgt die Eichung durch den **Austausch der Messkapsel**. Auch wenn es sich dabei um eine Erneuerung handelt, sind die Austauschkosten in voller Höhe ansatzfähig, weil dadurch die Kosten **58**

---

[81] BGH (VIII ZR 326/10) GE 2011, 1550 (m. krit. Anm. *Bieber* S. 1518) = NZM 2011, 804 = WuM 2011, 625.

[82] Ebenso *Zehelein* in MünchKomm § 2 BetrKV Rdn. 5; a.A. *Kinne* ZMR 2001, 1 (2).

[83] Mess- und Eichgesetz v. 25.7.2013, BGBl. I 2722, zuletzt geändert durch Art. 1 Erstes Änderungsgesetz vom 11.4.2016, BGBl. I 718.

[84] Hierzu ausführlich *Pfeifer* DWW 2015, 242 (243).

[85] Ebenso *Pfeifer* DWW 2015, 242 (243).

für doppelte Anfahrt und Aus- und Einbau vermieden werden, so dass sie unter denen der Nacheichung der ursprünglichen Messkapsel liegen.[86] Muss der Zähler wegen eines Defekts ersetzt oder repariert werden, gehen die Kosten allein zu Lasten des Vermieters.

59 Nach der Eichordnung hatte die **Eichung in der Regel alle 6 Jahre** zu erfolgen; diese Frist gilt nach § 34 MessEG in Verbindung mit Anlage 7, Nr. 5.5 der MessEV[87] weiterhin. Die **Verwendung** von Zählern **nach Ablauf der Eichfrist** ist **unzulässig**, § 37 Abs. 1 Nr. 1, 3 MessEG (zur Folge für die Betriebskostenabrechnung siehe Rdn. 61). Nach § 60 Nr. 14 Mess EG kann ein Verstoß mit einer Geldbuße bis zu € 50 000 (§ 60 Abs. 2 MesseG) geahndet werden.

60 Ist die **Gültigkeitsdauer der Eichung überschritten** und werden die Geräte trotzdem weiter verwendet, ist **öffentlich-rechtlich** ohne weiteres eine Ordnungswidrigkeit des Vermieters zu konstatieren. Sie tritt mit Ablauf der Eichgültigkeitsfrist ein; ob der Zähler noch richtig arbeitet, ist irrelevant. Fraglich ist, wie **zivilrechtlich** auf die abgelaufene Eichfrist der Zähler zu reagieren ist.[88] Das Dilemma besteht darin, dass einerseits die Verwendung des Zählers verboten, andererseits der Vermieter gehalten ist, über die angefallenen Kosten primär nach Verbrauch abzurechnen. Hierzu hat der **BGH** entschieden, dass es allein darauf ankommt, ob der nicht mehr geeichte Zähler den Verbrauch richtig erfasste.[89] Während bei einem geeichten Messgerät eine tatsächliche Vermutung dafür spricht, dass der tatsächliche Verbrauch richtig wiedergegeben ist (§ 34 MessEG), müsse der Vermieter bei Verwendung eines nicht mehr geeichten Geräts nachweisen, dass das Messergebnis trotzdem zutrifft.

61 Die zu § 25 Abs. 1a EichG a.f. ergangene Rechtsprechung des BGH gilt auch unter dem MessEG und der Regelung des **§ 33 Abs. 1 MessEG** (Verwendungsverbot von Messwerten, die durch ungeeichte Erfassungsgeräte erlangt werden) fort.[90] Die Gegenauffassung[91] vermischt unzulässigerweise öffentlich-rechtliche Verbote mit zivilrechtlichen Handlungsbefugnissen. Deren Wirksamkeit ist jedoch nicht gegenseitig bedingt.[92] **§ 134 BGB** ist auf die Betriebskostenabrechnung nicht anwendbar, da diese kein Rechtsgeschäft i. S. der Norm ist (siehe H Rdn. 3).

---

[86] Z. B. AG Koblenz DWW 1996, 252; *Pfeifer* DWW 2015, 242 (245f.), *Wall* Rdn. 3209.
[87] Mess- und Eichverordnung – MessEV vom 11.12.2014, BGBl. I S. 2010, zuletzt geändert durch Artikel 1 der Verordnung vom 10.8.2017, BGBl. I S. 3098.
[88] Zur Unterscheidung der öffentlich-rechtlichen und der zivilrechtlichen Folgen *Geldmacher* MK 2011, 39, *Schmidt/Krüger* HKA 2010, 33.
[89] BGH (VIII ZR 112/10) GE 2011, 126 = NZM 2011, 117 = WuM 2011, 21 = ZMR 2011, 362.
[90] LG Limburg Urt. v. 31.8.2018 – 3 S 39/18, BeckRS 2018, 21522; *Zehelein* NZM 2017, 794.
[91] *Lammel* WuM 2015, 531, *Ruff* WuM 2016, 255.
[92] OVG Münster NZM 2016, 773 (774).

Eine analoge Anwendung scheidet nicht nur mangels einer planwidrigen Regelungslücke aus, das MessEG intendiert eine solche mit der Folge des durch die Flächenabrechnung einschließlich eines Abzuges von 15%[93] noch ungenaueren Abrechnungsergebnisses auch nicht. Nach der Gesetzesbegründung führt § 33 Abs. 1 MessEG zudem keine qualitative Erweiterung des Verbots etwa auf zivilrechtliche Vorgänge herbei. Die Norm soll lediglich klarstellend, und mit Blick auf die Bußgeldandrohung auch erforderlich, neben dem Verwender des Messgerätes (§ 31 Abs. 1 MessEG) auch den ggf. hiervon personenverschiedenen Verwender der Messwerte erfassen.[94] Der Befolgungsdruck wird zudem über die Bußgeldregelung des § 60 Abs. 1 Nr. 19 MessEG generiert. Weiterhin ist zu berücksichtigen, dass eine ausreichende Zuverlässigkeit von Wasserzählern für 15 bis 20 Jahre angenommen wird. Demgegenüber stehen die – auf den Mieter umlegbaren (s. Rdn. 58) – Kosten der durch die derzeitigen Eichfristen bedingten Zählerwechsel in keinem sinnvollen Zusammenhang. Das gilt auch dann, wenn eine Erfassungsungenauigkeit tatsächlich eintritt.[95] Auch vor diesem Hintergrund ist ein zivilrechtliches Verwendungsverbot weder der Sache nach noch wirtschaftlich geboten. Der Mieter kann, wenn die Richtigkeit der Messwerte ungeeichter Zähler erst im Prozess durch einen Sachverständigen festgestellt wird, sofort anerkennen (§ 93 ZPO).[96]

Zeigt das Messprotokoll **unzulässige Abweichungen** von der Verkehrsfehlergrenze, sind die **Zählerwerte nicht verwertbar. Dasselbe** gilt, wenn der Vermieter die **Befundprüfung** wegen der Kosten **verweigert.** Auch hier ist wiederum fraglich, wie der Vermieter die Kosten abrechnen soll. Nach Ansicht des **BGH** soll im Einzelfall eine **Schätzung** des Verbrauchs durch das Gericht nach § 287 ZPO möglich sein, z. B. anhand der Verbrauchswerte der letzten unbeanstandeten Abrechnungsperioden. Diese Auffassung ist **abzulehnen.** Es vermag keinen sachlichen Unterschied zu begründen, ob die vereinbarte Abrechnung nach Verbrauch unterbleiben muss, weil die Zähler nicht abgelesen wurden oder weil ihre Werte wegen Ablaufs der Eichfrist nicht verwendbar sind. Es ist mithin nach dem Flächenschlüssel abzurechnen mit einem Abzug von 15% zugunsten des Mieters (hierzu ausführlich F Rdn. 114 ff.).

Zum **Verfahren bei Zählerdifferenzen** s. F Rdn. 106 ff.

Hat der Vermieter einen **Servicevertrag** abgeschlossen, ist jeweils genau zu prüfen, was sich dahinter verbirgt. Die Abrechnungsunternehmen bieten insoweit unter zum Teil fantasievollen Namen unterschiedliche Leistungen an. Zum einen kann es sich um einen Vertrag handeln, nach

---

[93] BGH (VIII ZR 218/11) WuM 2012, 316 = ZMR 2012, 615, LG Berlin GE 2011, 1683, LG Kleve ZMR 2007, 620.
[94] BT-Drucks. 17/12727 S. 31.
[95] Studie des Hamburger Instituts vom 8.5.2017 „Wasser sinnvoll zählen – und weniger Zahlen" S. 11 f., 14/15.
[96] Umfassend hierzu *Zehelein* NZM 2017, 794 (795 ff.).

dem das Unternehmen nicht nur die regelmäßige Eichung übernimmt, sondern auch den Ersatz von Geräten, die während der Eichdauer funktionsunfähig geworden sind; zusätzlich berechnet es dem Vermieter Raten für den Kaufpreis des bei Ablauf der Eichfrist fälligen Austauschzählers (z.T. als „Garantie-Service" bezeichnet). Hier sind die Instandsetzungskosten und die Kaufpreisraten herauszurechnen. Zum anderen bieten manche Unternehmen eine „Systempflege" an, die aus der ständigen Beobachtung der maßgeblichen öffentlich-rechtlichen Vorschriften für Wasserzähler, der laufenden Kontrolle der Zähler und dem Ersatz bei Ablauf der Eichfrist besteht. Die Beobachtung der einschlägigen Vorschriften gehört indes zu den originären eigenen Aufgaben der Unternehmen, da sie ohnehin nur zugelassene Zähler verwenden dürfen, eine laufende Kontrolle der Zähler findet in der Praxis nicht statt, so dass wiederum nur die Eichkosten für die Umlage verbleiben. Schließlich begegnen Vollwartungsverträge, die mithin den Austausch funktionsunfähiger Geräte einschließen. Bei diesen ist wegen des einkalkulierten Reparaturkostenanteils ein Abzug geboten, der im Wege der Schätzung mit 30% veranschlagt wurde.[97] Dieser Anteil dürfte zu hoch angesetzt sein; statt einer Schätzung bietet es sich ohnehin an, die durchschnittlichen Kosten für den Austausch der Messkapsel zu ermitteln und sodann die konkreten Kosten in Abzug zu bringen.

d) Kosten der Berechnung und Aufteilung auf einzelne Nutzer

aa) Preisfreier Wohnraum und Gewerberaum

65 Dieser Teil der Bestimmung bezieht sich auf Gebäude, in denen **Einzelwasserzähler** vorhanden sind, die vom Vermieter oder mit seiner Zustimmung eingebaut wurden. Eigenmächtig von Mietern installierte Geräte bleiben außer Betracht. Da Einzelwasserzähler eine Einsparung von Wasser bewirken, können diese Kosten bei vermietetem Wohnraum nach § 559 BGB als Modernisierungsumlage geltend gemacht werden.

66 Bei der Verwendung von **Einzelwasserzählern** ist darauf zu achten, dass nur solche zum Einsatz kommen, welche die zulässigen Toleranzen einhalten (s. F 107). Sie sollten zudem einen eingebauten **Magnetschutz** enthalten. Sie sind sog. Trockenläufer, bei denen die Drehungen des Flügelrades mit einer Magnetkupplung auf das Zählwerk übertragen werden. Der Magnetschutz verhindert, dass die Übertragung mit Magneten gestört oder sogar aufgehalten werden kann.

67 Es besteht, sofern landesrechtlich nichts anderes geregelt ist, **grundsätzlich keine Pflicht zur Installation** von Einzelwasserzählern. Eine Ausnahme kann im Einzelfall gem. § 242 BGB eingreifen, wenn ein erheblicher Unterschied im Verbrauch der Nutzer vorliegt und dem Vermieter die Umstellung der Abrechnungsweise zumutbar ist.

---

[97] So LG Potsdam MM 2003, 143.

Ist im Mietvertrag über Gewerberaum vereinbart, dass nach Verbrauch **68** abgerechnet wird, oder hat der Wohnungsvermieter von der Möglichkeit des § 556a Abs. 2 BGB, dass die Kosten in Zukunft nach Verbrauch umgelegt werden, Gebrauch gemacht, kann er die **Kosten der Berechnung und Aufteilung** auf die einzelnen Nutzer umlegen, z. b. die Kosten eines hiermit beauftragten Abrechnungsunternehmens. § 2 Nr. 2 BetrKV gestattet daher die Abwälzung von Verwaltungskosten.

Fraglich ist, wie der Vermieter abzurechnen hat, wenn **nur** ein **Teil der** **69** **Mietobjekte mit Einzelwasserzählern** ausgerüstet ist. Die Problematik resultiert daraus, dass die Summe der Einzelverbräuche in aller Regel nicht dem Verbrauch nach dem Hauptwasserzähler entspricht, sondern darunter liegt (s. F Rdn. 106). Hierzu wird vertreten, der Messdifferenz sei dadurch Rechnung zu tragen, dass auf die Gesamtkosten nach den Wohnungswasserzählern ein Aufschlag von 10% gemacht wird.[98] Es gibt jedoch keinen Erfahrungssatz, dass mit dem Aufschlag von 10% die Nachteile für die Mieter, deren Wohnung keinen Wasserzähler hat, ausgeglichen werden. Der Vermieter hat daher im Zweifel nach dem Flächenschlüssel abzurechnen; der Mieter, dessen Wohnung mit einem Zähler ausgestattet war, hat keinen Anspruch gegen den Vermieter auf Abrechnung nach Verbrauch.[99]

Zum **Umlageschlüssel** im Einzelnen s. F Rdn. 99 ff., zum **Wirtschaft-** **70** **lichkeitsgrundsatz** s. H Rdn. 8 ff.

bb) Preisgebundener Wohnraum

Nach § 21 Abs. 2 Satz 3 NMV setzt die Umlage nach Verbrauch zwin- **71** gend voraus, dass er **in allen Wohnungen** mit Wasserzählern erfasst wird. Die Umlagefähigkeit der Kosten der Berechnung und Aufteilung auf die einzelnen Nutzer ist folglich nur unter dieser Bedingung gegeben.

e) Hauseigene Wasserversorgungsanlage

aa) Wassergewinnung

Die Kosten für den Betrieb eines **hauseigenen Brunnens, einer Pumpan-** **72** **lage oder eines kleinen Wasserwerks,** das eine Wohnanlage oder ein Gewerbeobjekt versorgt, sind umlagefähig. Hierzu zählen neben den Stromkosten für die Pumpe die Aufwendungen für die Wartung und die Gebühren für eine nach öffentlich-rechtlichen Bestimmungen notwendige regelmäßige Wasseruntersuchung,[100] nicht außerplanmäßige nach Eintritt von Störungen oder Zweifeln an der Qualität des Wassers. Repa-

---

[98] LG Kassel WuM 2006, 273.
[99] BGH (VIII ZR 188/07) GE 2008, 661 = NZM 2008, 444 = WuM 2008, 288.
[100] VG Koblenz Urt. vom 9.9.2015 – 2 K 1236/14.KO, AG Wesel WuM 1990, 443; *Seldeneck* Rdn. 2363.

raturkosten hat der Vermieter ebenso zu tragen wie Kosten, die im Zusammenhang mit den Wasserleitungen im Hause anfallen.

bb) Wasserverteilung

73 Unter den Begriff der hauseigenen Wasserversorgungsanlage fallen nicht nur solche Einrichtungen, welche die Wasserversorgung sicherstellen sollen, weil ein Anschluss an das örtliche Wasserleitungsnetz fehlt, sondern auf der Grundlage der im DIN-Normenwerk Wasserversorgung definierten Fachbegriffe auch die **Trinkwasser-Hausinstallation**.

74 Umlagefähig sind daher auch die Kosten von **Druckerhöhungsanlagen**. Sie sind notwendig, wenn der Wasserdruck im Netz des externen Lieferanten nicht ausreicht, um die Nutzer in den oberen Stockwerken eines Hochhauses auch dann ordnungsgemäß mit Wasser zu versorgen, wenn in den unteren Etagen ein größerer Verbrauch anfällt. Hier entstehen umlagefähige Stromkosten für die Pumpe(n) und Wartungskosten, insbesondere für den Druckwasserbehälter, der je nach seiner Größe gem. Anhang 2, Abschnitt 4 BetrSichV[101] regelmäßig zu überprüfen und zu warten ist; er wird eingebaut, damit der Wasserdruck nicht bei jeder Abnahme auch von kleinen Mengen abfällt, so dass die Pumpe ständig anspringen müsste, was zu übermäßigem Verschleiß führen würde.

75 Ferner gehören hierher die Kosten der Wartung von **Wassermengenreglern** (dazu Rdn. 283, auch zu Durchflussbegrenzern). Die Regler müssen regelmäßig gewartet werden, weil sie mit der Zeit z.B. durch Schmutzpartikel nicht mehr zuverlässig arbeiten. Die Wartung erfolgt in der Praxis dadurch, dass sie in jährlichem Turnus ausgetauscht werden. Da die Kosten der Erneuerung geringer sind als diejenigen, die bei Zerlegen und Reinigen der Geräte anfallen würden, ist es sinnvoll, ihren Austausch als Wartungskosten in voller Höhe ansatzfähig zu machen. Die Umlagefähigkeit bezieht sich nur auf Geräte, die von einer amtlichen Materialprüfanstalt überprüft wurden.

f) Wasseraufbereitungsanlage

76 Sowohl das vom örtlichen Wasserversorgungsunternehmen wie auch das von einer hauseigenen Anlage gelieferte Wasser kann **Inhaltsstoffe** aufweisen, die seine Behandlung notwendig machen. Bei großen Wasserversorgern handelt es sich meist um Kalk; hohe Wasserhärte schadet den Wasserleitungen, insbesondere der Heiz- und Warmwasseranlage, aber auch z.B. den Waschmaschinen der Nutzer,[102] die durch die zentrale Wasseraufbereitung den häufigen Einsatz von Entkalkern sparen. Bei hauseigenen Anlagen ist je nach der Beschaffenheit des Erdreichs an Schwebstoffe, Farb- und Geruchsbeeinträchtigungen zu denken. Strom-

---

[101] BetrSichV vom 3.2.2015 BGBl. I S. 49, zuletzt geändert durch Art. 5 Abs. 7 der Verordnung vom 18.10.2017, BGBl. I S. 3584.
[102] AG Steinfurt WuM 2004, 567.

kosten und Wartung der Anlage zählen zu den Betriebskosten; ferner die Aufbereitungsstoffe wie Filter oder chemische Zusätze wie Phosphat[103] und die Kosten einer regelmäßigen Überprüfung nach der TrinkwV.

Korrosionsschutzmittel hingegen führen nicht zu einer Verbesserung 77 der Genuss- und Gebrauchsfähigkeit des Wassers, sondern dienen allein der Vermeidung von Lochfraß (vgl. auch Rdn. 261).[104]

g) Überprüfung der Wasserqualität

Zur Überprüfung der Qualität von **Trinkwasser, das von Wasserversor-** 78 **gungsunternehmen** geliefert wird, kann es unter verschiedenen Aspekten kommen (zur regelmäßigen Überprüfung hauseigener Wassergewinnung s. Rdn. 72). Erfährt der Vermieter von Tatsachen, nach denen das Trinkwasser nicht mehr einwandfrei ist, hat er nach § 16 Abs. 3 TrinkwV[105] alle notwendigen Untersuchungen und Abhilfemaßnahmen zu veranlassen. Hier geht es um Kosten aus einem konkreten Schadensfall, die mithin nicht laufend anfallen und daher nicht umlagefähig sind.

Die Frage, ob die Kosten einer regelmäßigen **Wasserbeprobung auf** 79 **Blei** umlagefähig sind, hat sich faktisch erledigt. Nach § 6 Abs. 2 i. V. m. Anl. 2, Teil II Nr. 4 zu § 6 gilt seit 1.12.2013 ein Grenzwert von 0,01 mg/l. Wie den einschlägigen Veröffentlichungen zu entnehmen ist,[106] ist dieser Wert nicht zu erreichen, solange noch Bleileitungen im Haus vorhanden sind. Sie sind daher rechtzeitig durch anderes zugelassenes Rohrmaterial zu ersetzen. Erhält der Vermieter Kenntnis davon, dass (doch noch) Bleileitungen im Haus sind, hat er die betroffenen Verbraucher unverzüglich zu informieren (§ 21 Abs. 1a TrinkwV) und nach entsprechender Anordnung durch das Gesundheitsamt (vgl. § 9 Abs. 7 TrinkwV) für Abhilfe zu sorgen. Lässt der Vermieter vor dem 1.12.2013 eine Beprobung vornehmen, ggf. um herauszufinden, ob bleihaltige Rohre im Haus übersehen wurden, handelt es sich um nicht umlegbaren einmaligen Aufwand. Im Übrigen handelt es sich dabei ohnehin um eine Maßnahme, die vermeiden soll, dass die Mietsache ab Inkrafttreten des Grenzwertes Gesundheitsgefahren für die Mieter birgt und damit mangelhaft ist.[107]

Die nach § 14b Abs. 4 TrinkwV alle drei Jahre notwendige **Untersu-** 80 **chung auf Legionellen** betrifft nur den Vermieter von Wohnungen, die

---

[103] Vgl. AG Friedberg/Hessen WuM 1985, 369.
[104] AG Lörrach WuM 1995, 593; *Kinne* ZMR 2001, 1 (3), *Zehelein* in MünchKomm § 2 BetrKV Rdn. 9,*Seldeneck* Rdn. 2363; a. A. AG Dresden NZM 2001, 708 (als sonstige Betriebskosten); *Wall* Rdn. 3220.
[105] Verordnung über die Qualität von Wasser für den menschlichen Gebrauch (Trinkwasserverordnung – TrinkwV) in der Fassung vom 10.3.2016, BGBl. I S. 459, zuletzt geändert durch Art. 1 der Verordnung vom 3.1.2018, BGBl. I S. 99.
[106] Z. B. BR-Drucks. 530/10 S. 108 oder Merkblatt Landesamt für Gesundheit und Soziales in Berlin GE 2011, 510.
[107] BayObLG RE 4.8.1999 NZM 1999, 899 = WuM 1999, 568, vgl. BVerfG NZM 1999, 302 = WuM 1998, 657.

zentral mit Warmwasser versorgt werden. In der Wohnungseigentümergemeinschaft können die Kosten dennoch sämtlichen Eigentümern, nicht nur den vermietenden, auferlegt werden.[108] Die Kosten fallen nicht im Rahmen der Versorgung mit Frischwasser an. Ihre Umlage erfolgt über die Heizkostenabrechnung (s. K Rdn. 140 f.).

3. Kosten der Entwässerung

Nr. 3: „die Kosten der Entwässerung, hierzu gehören die Gebühren für die Haus- und Grundstücksentwässerung, die Kosten des Betriebs einer entsprechenden nicht öffentlichen Anlage und die Kosten des Betriebs einer Entwässerungspumpe".

81 Zu den Kosten der Entwässerung zählen zunächst die Gebühren für die **Haus- und Grundstücksentwässerung** durch eine **öffentliche Entwässerungseinrichtung,** die sog. Kanal- oder Sielgebühren; dass § 21 Abs. 3 Satz 1 NMV für preisgebundenen Wohnraum nur die *„Gebühren für die Benutzung einer öffentlichen Entwässerungsanlage"* ohne Differenzierung zwischen Haus- und Grundstücksentwässerung anführt, begründet keinen sachlichen Unterschied. Es ist mithin unerheblich, ob die Entwässerung von Haus- und Grundstück mit einer einheitlichen Gebühr berechnet wird oder ob die Kosten für die Hausabwässer (Schmutzwasser) getrennt von denjenigen für die Oberflächenabwässer (Regenwasser von Grundstücks- und Dachflächen) erhoben werden. Für die Fragen, welche Folgen die **Aufteilung** der Abwassergebühr in Gebühren für **Schmutzwasser und Niederschlagswasser** nach Abschluss des Mietvertrags hat und ob die Vereinbarung der Umlage von Wasserkosten auch die Kosten der Entwässerung einschließt, ist auf B Rdn. 26 ff. zu verweisen. Zum **Umlageschlüssel** s. Rdn. F 208 ff., zum **Wirtschaftlichkeitsgrundsatz** s. H Rdn. 62 f.

82 Probleme bereitet die von manchen Städten und Gemeinden auf der kommunalen Satzung beruhende Übung, die **Schmutzwasserkosten nach** dem **Frischwasserverbrauch der Vorperiode** zu berechnen. Dies kann dazu führen, dass nach einem Mieterwechsel und zumal zwischenzeitlichem Einbau von Wohnungswasserzählern der neue Mieter bei den Abwassergebühren mit weit höheren Kosten als nach seinem eigenen Frischwasserverbrauch belastet wird, weil der hohe Verbrauch des Vormieters maßgeblich ist. Hier bedürfen die Satzungen dringend der Anpassung an den Umstand, dass zunehmend zur Verbrauchseinsparung Wohnungswasserzähler installiert werden. Der Vermieter hat auf dieses kommunale Verfahren jedoch keinen Einfluss, so dass es zulässig ist, dass er die ihm in der Abrechnungsperiode berechneten Gebühren in seine Betriebskostenabrechnung einstellt.[109]

---

[108] LG Saarbrücken NJW-Spezial 2016, 291.
[109] AG Herne-Wanne Urt. vom 31.3.1995 – 3 C 693/94; *Wall* Rdn. 3386.

Gewähren die örtlichen Wasserwerke einen sog. **Sprengwasserabzug** 83
für die Bewässerung von Grünanlagen, muss ihn der Vermieter geltend machen; unterlässt er dies, ist die Differenz nicht umlagefähig.[110]
Sofern die Wasserwerke den Abzug von der Erfassung des Verbrauchs abhängig machen, wird der Vermieter aus den Grundsätzen einer ordnungsgemäßen Bewirtschaftung zur Installation eines Zwischenzählers verpflichtet sein,[111] jedenfalls dann wenn großflächige Grünanlagen vorhanden sind und damit nicht unerhebliche Bewässerungskosten anfallen können.

Ansatzfähig sind auch die Kosten des Betriebs einer entsprechenden 84
nicht öffentlichen Anlage. Bei einer **hauseigenen Abwasseranlage** kann es sich um eine Sammelgrube, Sickergrube oder biologische Kläranlage[112] handeln. Ansatzfähig sind die Entleerungskosten, d.h. der Abfuhr des gesammelten Schmutzwassers oder des Klärschlamms, zusätzliche Reinigungskosten und die Kosten der Wartung der Anlage.

Wird eine **Entwässerungspumpe** eingesetzt, sind die Strom- und War- 85
tungskosten umlegbar. Hierzu gehören hauseigene Hebeanlagen, mit denen die Abwässer entweder auf das höher gelegene Kanalnetz oder in die nicht öffentliche Abwasseranlage gefördert werden. Es kommen auch Entwässerungspumpen in Betracht, die je nach der Lage des Grundstücks notwendig sind, um etwa nach starken Regenfällen Überschwemmungen der Keller zu vermeiden.[113]

Keine Entwässerungskosten sind die Kosten der Beseitigung einer 86
Rohrverstopfung in den Fallleitungen des Hauses;[114] sie gehören zu den Instandsetzungskosten. Dasselbe gilt für die Kosten der Reparatur von hauseigenen Entwässerungsanlagen und Pumpen oder deren Erneuerung. Vorbeugende Rohrreinigungskosten sind nicht umlegbar (dazu Rdn. 261). Nicht zu den Betriebskosten zählen ohnehin einmalige Kanalanschlussgebühren (vgl. Rdn. 41).

Bei der Umlage der Entwässerungskosten stellen sich **zwei Sonder-** 87
probleme.
– Beim **ersten Problem** geht es um die Kosten für die **Überprüfung der Dichtigkeit von Grundstücksentwässerungsanlagen** und die Frage, ob diese Kosten umlagefähig sind. Die Überprüfung betrifft allein das Abwasserrohrnetz des Grundstücks bis zur Ableitung in den öffentlichen Kanal, um Undichtigkeiten, insbesondere infolge eingedrungener Baumwurzeln, festzustellen. Auf dieser Grundlage geht es um **Kosten aus dem**

---

[110] AG Brandenburg a.d.H. GE 2010, 1751 = WuM 2011, 190, AG Schöneberg GE 1998, 1343.
[111] AG Brandenburg a.d.H. GE 2010, 1751 = WuM 2011, 190; *Kinne* in Kinne/Schach/Bieber § 556 Rdn. 116.
[112] AG Bergisch Gladbach WuM 1985, 369.
[113] Fischer-Dieskau/*Heix* § 21 NMV Anm. 4.
[114] Z.B. OLG Hamm RE 19.5.1982 WuM 1982, 201, AG Hagen WuM 1990, 200.

nicht öffentlichen Teil der Abwasseranlage, die mithin grundsätzlich unmittelbar nach der Nr. 3 ansatzfähig sind.

88   Nach § 60 Abs. 1 Satz 1 WHG[115] sind Abwasseranlagen „... *so zu errichten, zu betreiben und zu unterhalten, dass die Anforderungen an die Abwasserbeseitigung eingehalten werden"*, nach Satz 2 dürfen sie *„nur nach den allgemein anerkannten Regeln der Technik errichtet, betrieben und unterhalten werden."* **Abwasseranlage** sind nicht etwa nur das städtische Kanalnetz und die Kläranlage. Die Vorschrift greift schon ein, sobald sich nur irgendeine Entwässerungsleitung auf dem Grundstück befindet, sie wird daher im Ergebnis für jedes bebaute Grundstück gelten. Nach § 61 Abs. 2 WHG gilt eine sog. Eigenüberwachungspflicht, d. h. dass jeder, der eine Abwasseranlage betreibt, deren Zustand selbst zu überwachen hat.

89   Nach **DIN EN 752-2** Abschnitte 5 und 6 sowie **DIN 1986-30**[116] sind Dichtigkeitsprüfungen grundsätzlich alle fünf Jahre, bei Anlagen, die ausschließlich häusliches Abwasser ableiten, im Einvernehmen mit der Überwachungsbehörde maximal alle zehn Jahre durchzuführen, wobei die **Erstprüfung** spätestens bis 2015 zu erfolgen hatte. Obwohl diese Vorgaben die nach § 60 Abs. 1 Satz 2 WHG einzuhaltenden *„anerkannten Regeln der Technik"* darstellen, finden sich in landesrechtlichen oder kommunalen Bestimmungen abweichende Regelungen. Was die **Wiederholungsprüfungen** betrifft, sind diese z. B. grundsätzlich zum Teil erst nach 20 Jahren (Hamburg, NRW) oder 30 Jahren (Hessen, Schleswig-Holstein) durchzuführen, Ausnahmen gelten für Wasserschutzgebiete.

90   Als **umlagefähige Betriebskosten** scheiden die Kosten der vorgeschriebenen **Erstprüfung für** *neue* **Abwasserleitungen** ohne weiteres aus, weil sie zu den nicht ansetzbaren Baukosten gehören. Was die Kosten der **Erstprüfung** *bestehender* **Anlagen** betrifft, geht es hierbei nicht wie bei der Gefährdungsbeurteilung von Aufzügen (s. dazu Rdn. 95) um eine bloße Bestandsaufnahme, sondern schon unmittelbar um die Feststellung von Undichtigkeiten, deren Beseitigung sodann zu den Instandsetzungskosten zählt. Sowohl die Kosten der Erstprüfung als auch der **Folgeprüfungen** können daher umlagefähig sein, aber nur, wenn es sich um *„laufende"* Aufwendungen handelt; fehlt es hieran, sind naturgemäß auch die Kosten der Erstprüfung nicht ansetzbar. Die Folgeprüfungen fallen nach den bisherigen Regelungen für die Regionen, die nicht in Wasserschutzgebieten liegen, erst nach 20 oder mehr Jahren an und damit in einem Zeitraum, der, wie es der BGH formuliert hat, nicht mehr als *„überschaubar"* angesehen werden kann,[117] ihre Kosten sind daher meist nicht umla-

---

[115] Gesetz zur Ordnung des Wasserhaushalts (Wasserhaushaltsgesetz – WHG) vom 31.7.2009, BGBl. I S. 2585, zuletzt geändert durch Gesetz vom 18.7.2017, BGBl. I S. 2771, m.W.v. 28.1.2018.
[116] Zitiert nach *Blöcker* DW 2007, 86, *Drasdo* NJW-Spezial 2016, 225.
[117] BGH (VIII ZR 221/08) GE 2010, 118 = NZM 2010, 79 = WuM 2010, 33 (m. Anm. *Dittert* WuM 2010, 285).

gefähig. Eine Ausnahme besteht für bestimmte Wasserschutzgebiete. So sind z. B. nach der Bekanntmachung für Schleswig-Holstein[118] Wiederholungsprüfungen in Wasserschutzgebieten der Schutzzone II schon nach jeweils 5 Jahren angeordnet und damit so oft, dass von einer laufenden Entstehung der Kosten gesprochen werden kann. Demgegenüber reicht der Turnus von 15 Jahren für Wasserschutzgebiete der Schutzzonen III und IIIA nicht aus.

– Die **zweite Problematik** resultiert daraus, dass, anders als in Nr. 2 für die Kosten der Wasserversorgung, bei der Entwässerung die **Kosten der Berechnung und Aufteilung** nicht explizit als umlagefähig aufgeführt sind. Es wird daher vertreten, dass sie nicht angesetzt werden dürfen, auch wenn der Frischwasserverbrauch, an dem die Entwässerungskosten festgemacht sind, durch Einzelwasserzähler ermittelt wird.[119] In der Begründung zur BetrKV findet sich nichts zu dieser Problematik. Es dürfte jedoch davon auszugehen sein, dass sie schlicht übersehen wurde, weil ansonsten, wie zumal § 556a Abs. 2 BGB zeigt, die verbrauchs- bzw. verursachungsabhängige Abrechnung Vorrang hat. Da die Gebühr für die Entwässerung von Schmutzwasser üblicherweise durch die bloße Multiplikation des Frischwasserverbrauchswerts mit dem Gebührensatz je m³ errechnet wird, fallen nur marginale Kosten für die Berechnung und Aufteilung an, die eine Ausgliederung zulasten des Vermieters nicht rechtfertigen.[120]

91

4. Kosten des Betriebs des Personen- oder Lastenaufzugs

Nr. 7: „die Kosten des Betriebs des Personen- oder Lastenaufzugs, hierzu gehören die Kosten des Betriebsstroms, die Kosten der Beaufsichtigung, der Bedienung, Überwachung und Pflege der Anlage, der regelmäßigen Prüfung ihrer Betriebsbereitschaft und Betriebssicherheit einschließlich der Einstellung durch eine Fachkraft sowie die Kosten der Reinigung der Anlage".

a) Betriebsstrom, Beaufsichtigung, Bedienung und Überwachung der Anlage

Generell zum **Umlageschlüssel** s. F Rdn. 221 ff., zum **Wirtschaftlichkeitsgrundsatz** s. H Rdn. 64 f. Zu den **Stromkosten** gehören die Kosten aus dem Betrieb des Aufzugs (Fördervorgang, Schaltungen) sowie die Beleuchtung der Kabine.

92

Für Aufzugsanlagen, die zu gewerblichen oder wirtschaftlichen Zwecken Personen befördern, gelten die Vorschriften der **Betriebssicher-**

93

---

[118] Bekanntmachung des Ministeriums für Landwirtschaft, Umwelt und ländliche Räume vom 5.10.2010, Amtsbl SH 2010 S. 905.
[119] *Wall* Rdn. 3372.
[120] *Zehelein* in MünchKomm § 2 BetrKV Rdn. 10, im Ergebnis ebenso *Wall* Rdn. 3372.

heitsverordnung (BetrSichV), § 2 Abs. 3 Satz 2 Nr. 1.[121] Nach Anhang 1 Nr. 4.1 BetrSichV muss der Betreiber einer Aufzugsanlage dafür sorgen, *„dass im Fahrkorb der Aufzugsanlage ein wirksames Zweiwege-Kommunikationssystem installiert ist, über das ein Notdienst ständig erreicht werden kann."* Dieses Ziel ist nur durch eine ständig besetzte **Notrufbereitschaft** zu erreichen. Die entsprechenden Kosten sind daher umlagefähig, und zwar einschließlich der Wartungs- und Betriebskosten der Notrufanlage,[122] nicht aber die Kosten aus deren Miete oder Leasing (vgl. Rdn. 37).[123]

b) Pflege und regelmäßige Prüfung der Betriebsbereitschaft und -sicherheit einschl. der Einstellung durch eine Fachkraft

94 Nach § 16 BetrSichV unterliegen Aufzugsanlagen *„wiederkehrenden Prüfungen"*. Die Prüfintervalle sind in Anhang 2, Abschnitt 2 Nr. 4 BetrSichV bestimmt; eine **Hauptprüfung** ist mindestens alle zwei Jahre und eine **Zwischenprüfung** im Zeitraum zwischen den Hauptprüfungen vorzunehmen. Alle Prüfungen haben durch eine zugelassene Überwachungsstelle zu erfolgen, so dass nunmehr nur noch insoweit zugelassene Wartungsfirmen zu beauftragen sind. Sowohl die bei den Haupt- wie auch den Zwischenprüfungen anfallenden Kosten des Sachverständigen und bei der Prüfung zusätzlich erforderlicher Fachkräfte nebst der Gestellung von Prüfgewichten sind umlagefähige Kosten.

95 **Nicht** ansatzfähig wären die Kosten für die sicherheitstechnische Bewertung der Anlage nach § 3 BetrSichV (**Gefährdungsbeurteilung**). Allerdings ist davon auszugehen, dass der **Vermieter hierzu ohnehin nicht verpflichtet** ist. Gem. § 3 Abs. 1 Satz 1 BetrSichV obliegt diese Pflicht dem Arbeitgeber, was nach § 2 Abs. 3 Satz 1 BetrSichV eine Bestimmung hierzu nach § 3 Abs. 2 Arbeitsschutzgesetz voraussetzt. Nur über Satz 2 Nr. 1 der Vorschrift wird der Betreiber einer überwachungsbedürftigen Anlage dem Arbeitgeber gleichgestellt. Allerdings verweist § 3 Abs. 1 Satz 3 BetrSichV insoweit für Aufzugsanlagen ausdrücklich nur auf § 2 Abs. 3 Satz 1 BetrSichV, so dass – andernfalls wäre diese Regelung obsolet – die Gleichstellung nach § 2 Abs. 3 Satz 2 BetrSichV nicht greifen kann. Der Sache nach darf die Gefährdungsbeurteilung nach § 3 Abs. 3 Satz 3 BetrSichV nur durch fachkundige Personen (zum Begriff s. § 2 Abs. 5 BetrSichV) erstellt werden. Hierbei werden alle sicherheitsrelevanten Aspekte des Aufzugs anhand einer in der europäischen Norm EN 81-80 festgelegten Prüfliste abgearbeitet, nach dem Ergebnis wird der Turnus für die Zwischenprüfungen festgesetzt. Selbst wenn die Verpflichtung auch für Vermieter gelten würde, handelt sich mithin um einen

---

[121] Vom 3.2.2015, BGBl. I S. 49, zuletzt geändert durch Art. 147 Gesetz vom 29.3.2017, BGBl. I S. 626.
[122] Z.B. Begründung zur BetrKV BR-Drucks. 568/03 S. 31, *Herlitz/Viehrig* S. 54/57, *Pfeifer* S. 68; a. A. allerdings ohne Differenzierung hinsichtlich der Kostenart AG Berlin-Charlottenburg WuM 2018, 208, BeckRS 2018, 5201.
[123] LG Heidelberg ZMR 2014, 987; *Wall* Rdn. 3707; a.A. LG Gera WuM 2001, 615.

III. Definitionen des Betriebskostenkatalogs gem. § 2 BetrKV 33

einmaligen Aufwand. Daran ändert sich nichts dadurch, dass die Gefährdungsbeurteilung nach § 3 Abs. 7 BetrSichV ihrerseits „*regelmäßig zu überprüfen*" ist. Nach der Begründung der Verordnung[124] bedeutet die regelmäßige Überprüfung nicht, dass sie vollständig zu wiederholen ist. Es muss lediglich überprüft werden, ob Änderungen eingetreten sind, die eine teilweise oder vollständige Aktualisierung notwendig machen. Derartige Änderungen beruhen in der Regel auf wesentlichen Änderungen oder Reparaturen der Anlage. Abgesehen davon, dass derartige Anlässe keine laufend entstehenden Kosten verursachen, sind die Kosten der neuen Gefährdungsbeurteilung dem Modernisierungs- oder Reparaturaufwand zuzurechnen. Wird festgestellt, dass die in der bisherigen Gefährdungsbeurteilung festgelegten Schutzmaßnahmen nicht wirksam oder ausreichend sind, ist durch ihre Aktualisierung allein ein Mangel der Beurteilung zu beheben. Etwaige Neubewertungen aufgrund einer Änderung des Stands der Technik lösen ebenfalls keine laufenden Kosten aus. Ferner sind die Kosten einer **außerordentlichen Prüfung** nach § 15 BetrSichV **nicht** umlagefähig, die vor der Wiederinbetriebnahme des Aufzugs nach prüfpflichtigen Änderungen durchzuführen ist.

Unabhängig von den regelmäßigen Prüfungen hat der Betreiber einer überwachungsbedürftigen Anlage nach §§ 6ff. BetrSichV „*dafür zu sorgen, dass sie sicher verwendet*" werden kann. Zur Erfüllung dieser Pflichten werden üblicherweise **Wartungsverträge** mit Fachunternehmen abgeschlossen, oft mit dem Kundendienst des Herstellers. Soweit sich diese Verträge auf die turnusmäßige Überprüfung aller Sicherheitsteile, der Schaltgeräte, Kabinenbeleuchtung, Anzeigegeräte und des Ölstands im Getriebe sowie die Wartung, insbesondere den Abschmierdienst beschränken (sog. einfacher Wartungsvertrag), sind die Kosten in voller Höhe ansatzfähig. Dass sie zum Teil beträchtlich schwanken, ergibt sich zum einen aus der Konstruktion der Anlage, ihrer Förderhöhe, Haltestellenzahl, Tragkraft, der Aufstellung der Aufzugsmaschine und dem Baujahr (ältere Anlagen, die noch nicht über eine Automatisierung mit Mikroprozessoren verfügen, sind wesentlich pflegeintensiver als moderne), zum anderen aus der Leistungsfähigkeit der Wartungsfirma, d.h. vor allem ob sie einen Tag- und Nachtservice bereit hält, der bei Störungen zur Befreiung Eingeschlossener kurzfristig hilft. Zum Wirtschaftlichkeitsgrundsatz beim Wartungsturnus s. H Rdn. 64. 96

Zu den **Wartungskosten** zählen ohne weiteres der Arbeitslohn für Wartung und Abschmierung, die Kosten von Schmier- und Reinigungsmitteln, Arbeitsaufwand und Materialverbrauch bei Ölwechseln in Motoren und Getrieben, Schrauben, Muttern, Splinten u.Ä. und die Kosten für den Ersatz sonstiger Kleinteile, die im Interesse der Betriebssicherheit vorsorglich ausgetauscht werden; auch beim Ersatz defekter Kleinteile, wie Kohlen und Kontakte, dürfte es sich um umlegbaren Aufwand han- 97

---

[124] BR-Drucks. 400/14 S. 81.

deln.[125] Zu den **Instandsetzungskosten** gehören die Kosten für Arbeitsaufwand und Materialverbrauch von Reparaturen sowie der Erneuerung von Verschleißteilen.

98 Auch der Austausch des **Öls bei Hydraulikaufzügen** zählt zu den **Instandsetzungskosten**.[126] Er erfolgt, um Schäden an der Hydraulikpumpe oder sogar deren Ausfall zu vermeiden; bei längerem Gebrauch bildet sich im Hydrauliköl infolge kondensierter Luftfeuchtigkeit Wasser, durch die Erwärmung beim Betrieb werden Additive freigesetzt und durch leichten Abrieb zirkulieren Verschleißstoffe. In der Sache erfüllt das Hydrauliköl die Aufgabe der Tragseile beim Seilaufzug, indem es über den Druck, mit dem es durch eine Pumpe in ein oder zwei Druckkolben gepresst wird, den Fahrkorb nach oben befördert. Sein Austausch geht mithin über einen Ölwechsel bei Motor oder Getriebe weit hinaus.

99 Häufig werden **Vollwartungsverträge** vereinbart, die je nach ihrer Ausgestaltung auch Instandsetzungsarbeiten in unterschiedlichem Umfang einschließen bis hin zu einer Art Vollkaskoversicherung. Letzteres ist für eine Wohnungseigentümergemeinschaft durchaus sinnvoll, weil hiermit alle Risiken aus Betrieb und Reparatur abgedeckt und keine Reparaturrücklagen zu bilden sind. Bei der Vermietung von Wohn- oder Gewerberaum sind indes die Instandsetzungskosten auszugliedern, weil sie keine Betriebskosten darstellen. Weist die Rechnung des Wartungsunternehmens die Kostenanteile getrennt aus, ergeben sich grundsätzlich keine Abgrenzungsschwierigkeiten.

100 Die Trennung der Kostenanteile anhand der **Instandhaltungsbegriffe nach DIN 31051** reicht jedoch nicht. Danach besteht die Instandhaltung aus Wartung, Inspektion und Instandsetzung, wobei die Instandsetzung nur auf die Reparatur größerer Anlagenteile bezogen wird. Auf der Basis der DIN 31051 wird der Instandsetzungsanteil lediglich mit 20% veranschlagt. Unter den betriebskostenrechtlichen Instandsetzungsbegriff fallen indes auch kleinere Reparaturen.

101 Bei einem **einheitlichen Rechnungsbetrag** für Wartung und Instandsetzung ist der **Reparaturkostenanteil** nach herrschender Ansicht zu **schätzen**; nur vereinzelt wurde vertreten, dass die Abrechnung um die gesamten Wartungskosten zu kürzen ist.[127] Die Ergebnisse der Schätzung fallen sehr unterschiedlich aus. Kann der Vermieter keine nachvollziehbare Grundlage für eine Schätzung darlegen, soll der Reparaturkostenanteil 50% der Wartungskosten betragen[128] oder jedenfalls 40%.[129] Nach anderer Ansicht liegt der Erfahrungswert bei einem Reparaturkosten-

---

[125] A. A. *Blank* in Blank/Börstinghaus § 556 Rdn. 58, *Wall* Rdn. 3726 f.
[126] Ebenso *Wall* Rdn. 3728.
[127] LG Berlin GE 2003, 257, AG Berlin-Tiergarten MM 2005, 191.
[128] LG Essen WuM 1991, 702, AG Rheinbach WuM 1988, 220.
[129] LG Braunschweig ZMR 2003, 114, LG Aachen DWW 1993, 42, LG Duisburg WuM 2004, 717: 40–50%.

anteil von 37%,[130] 30%[131] oder sogar nur 20%;[132] die beiden letztgenannten Werte erscheinen eher zu gering, da bei Reparaturen nicht nur die Materialkosten zu Buche schlagen, sondern auch der entsprechende, nicht unbeträchtliche Lohnanteil.

Die **Schätzung** sollte daher immer die **unterschiedlichen Leistungsbeschreibungen** der Wartungsverträge und bei den Angaben der Wartungsfirmen berücksichtigen, dass diese nicht selten für den Auftraggeber, den Vermieter, vor dem Hintergrund der DIN 31051 günstig kalkuliert sind. Wegen der Ungenauigkeiten von Schätzungen wird vertreten, der Instandsetzungsanteil sei konkret zu ermitteln, indem sämtliche im Abrechnungszeitraum angefallenen Material- und Arbeitskosten herausgerechnet werden.[133] Dies ist indes nur dann möglich, wenn das Wartungsunternehmen sämtliche Arbeiten am Aufzug im Einzelnen aufschlüsselt, was in der Regel wegen des Aufwands und der Aufdeckung der Preiskalkulation an dessen Widerstand scheitern wird. **102**

Streitig ist, wie bei den Kosten aus der Behebung von **Betriebsstörungen** zu verfahren ist. Nach zutreffender Auffassung sind die Kosten nicht umlagefähig, wenn die Beseitigung von Störungen über die regelmäßige Wartung hinaus geht,[134] es sei denn, die Beseitigungsarbeiten beschränken sich auf Wartung und ersetzen zugleich die nächstfällige, wobei keine übermäßige Verkürzung des Wartungsintervalls eintreten darf.[135] Zur Begründung ist anzuführen, dass der Vermieter verpflichtet ist, den Aufzug, der zum Mietgegenstand gehört, im vertragsgemäßen, mithin betriebsfähigen Zustand zu erhalten.[136] Hierzu dient die Wartung. Treten dennoch wiederholt Störungen auf, spricht einiger Anschein dafür, dass die Wartungsarbeiten entweder nicht ordnungsgemäß oder vollständig ausgeführt wurden, in diesem Fall muss sich der Vermieter an das Unternehmen halten,[137] oder dass Reparaturen überfällig sind. Lässt sich die Störung nur durch Ersatz verbrauchter Teile beheben, handelt es sich ohnehin um eine nicht umlegbare Instandsetzungsmaßnahme. Die abweichenden Ansichten, dass die Kosten umlagefähig sind, wenn zu ihrer Beseitigung nur Wartungsarbeiten erforderlich waren,[138] oder dass es **103**

---

[130] LG Hamburg NZM 2001, 806.
[131] LG Hamburg Urt. vom 8.10.1993 – 311 S 330/92.
[132] LG Düsseldorf DWW 1999, 354 (m. abl. Anm. *Geldmacher* DWW 1999, 357), LG Berlin GE 1987, 89 nach den Angaben der Wartungsfirma; LG Berlin GE 1987, 827 auf der Grundlage eines weiten Wartungsbegriffs; LG Berlin GE 1990, 655 ohne weitere Begründung.
[133] *Kinne* in Kinne/Schach/Bieber § 556 Rdn. 162, *Wall* Rdn. 3720.
[134] LG Hamburg GE 2001, 992 = NZM 2001, 806, LG Berlin GE 1988, 465, AG Bruchsal WuM 1988, 62.
[135] LG Duisburg WuM 2004, 717; *Wall* Rdn. 3723.
[136] *Zehelein* in MünchKomm § 2 BetrKV Rdn. 33, ausführlich *Weimar* ZMR 1982, 37.
[137] *Sternel* III Rdn. 298.
[138] *Lützenkirchen* in Lützenkirchen § 556 Rdn. 145.

darauf ankommen soll, ob der Monteur den Aufzug mit dem mitgeführten Bordwerkzeug wieder in Betrieb setzen konnte, ggf. unter Reparatur oder Austausch kleinerer Teile, oder ob der Ausbau und die Bearbeitung von Teilen in der Werkstatt notwendig war – im ersteren Fall handele es sich um Wartung, im anderen um Reparatur –[139] überzeugen demgegenüber nicht.

c) Reinigung der Anlage

104 Hierher gehören nur die Kosten der Reinigung von Teilen und Flächen **außerhalb des Fahrkorbs**, also dessen Außenflächen, des Fahrstuhlschachts, der Seile, Räder u. ä.[140] Die Reinigung des Inneren zählt zu den Kosten der Gebäudereinigung (§ 2 Nr. 9 BetrKV), die, wenn sie der Hausmeister vornimmt, im Rahmen der Hauswartskosten gem. Nr. 14 abzurechnen sind.

5. Kosten der Straßenreinigung und Müllbeseitigung

Nr. 8: „die Kosten der Straßenreinigung und Müllbeseitigung, zu den Kosten der Straßenreinigung gehören die für die öffentliche Straßenreinigung zu entrichtenden Gebühren und die Kosten entsprechender nicht öffentlicher Maßnahmen; zu den Kosten der Müllbeseitigung gehören namentlich die für die Müllabfuhr zu entrichtenden Gebühren, die Kosten entsprechender nicht öffentlicher Maßnahmen, die Kosten des Betriebs von Müllkompressoren, Müllschluckern, Müllabsauganlagen sowie des Betriebs von Müllmengenerfassungsanlagen einschließlich der Kosten der Berechnung und Aufteilung;"

a) Straßenreinigung

aa) Grundsätze

105 Die **öffentliche Straßenreinigung** ist landesrechtlich geregelt. Die Durchführung ist Sache der Kommunen, die allerdings berechtigt sind, die Aufgabe durch Satzung den Eigentümern der anliegenden Grundstücke zuzuweisen. Durch die Einbeziehung entsprechender nicht öffentlicher Maßnahmen sind die Reinigungskosten daher umlagefähig, gleichviel ob die Reinigung durch die Gemeinde, den Eigentümer oder einen von ihm beauftragten Dritten erledigt wird. Zu der Frage, ob die vereinbarte Umlage von Straßenreinigungskosten auch die Kosten der Fußwegreinigung erfasst, s. B Rdn. 31.

106 Soweit es um die Reinigung von **nicht dem öffentlichen Verkehr** dienende Plätze, Zugänge und Zufahrten geht, gehören deren Kosten als „Pflege" zu den (insoweit in der Überschrift ungenau gefassten) Kosten der Gartenpflege nach Nr. 10.

---

[139] LG Berlin GE 1987, 827.
[140] *Herlitz/Viehrig* S. 55.

Ansatzfähig sind die von der Gemeinde erhobenen Gebühren sowie   **107**
die dem Eigentümer entstehenden Kosten. Führt der Eigentümer die
Reinigung aus, ist er berechtigt, eine angemessene Vergütung zu verlangen (vgl. Rdn. 13 ff.). Nimmt er ein Unternehmen in Anspruch, sind dessen Kosten, soweit sie angemessen sind, umlagefähig. Erledigt der Hausmeister die Reinigung, scheidet der separate Kostenansatz nach Nr. 14 aus. Die Kosten für Reinigungsmittel sind ansetzbar.

bb) Übernahme durch Mieter

Übernimmt ein **Mieter die Reinigung,** richtet sich die Ansatzfähigkeit   **108**
der Kosten nach den örtlichen Gepflogenheiten und den vertraglichen Regelungen. Ist es üblich, dass die Reinigung von den Mietern, insbesondere den Erdgeschossmietern, ohne Kostenansatz vorgenommen wird, entstehen dem Vermieter keine umlegbaren Kosten; die Mieter haben auch für die Reinigungsmittel zu sorgen. Rechtlich handelt es sich dabei um ein zusätzliches Mietentgelt durch Erbringung von Werk- und Sachleistungen. Dasselbe gilt, wenn die Reinigungspflicht einem Mieter durch den Mietvertrag auferlegt wurde, was auch bei preisgebundenem Wohnraum nach § 9 Abs. 6 Satz 2 WoBindG zulässig ist. Erhält der Mieter indes zum Ausgleich für seinen Aufwand einen Mietnachlass, ist die Differenz umlegbar.

Will der Vermieter die Arbeiten **statt durch den Mieter durch ein Un-**   **109**
ternehmen besorgen lassen, ist **maßgeblich,** was zum Reinigungsdienst im **Mietvertrag** vereinbart ist. Ist die Reinigungspflicht den Mietern ausdrücklich durch den Mietvertrag, z. B. nach Maßgabe eines sog. Kehrplans, auferlegt, steht der Umlagefähigkeit der Fremdkosten grundsätzlich die spezielle vertragliche Regelung entgegen; der Vermieter verstößt durch die Einschaltung eines Reinigungsunternehmens gegen den Mietvertrag und hat daher keinen Anspruch auf Ersatz dessen Kosten.[141]

Anders verhält es sich, wenn die Reinigung zwar grundsätzlich durch   **110**
die Mieter erfolgen soll, der **Mietvertrag** jedoch einen **Vorbehalt** enthält, der den Vermieter berechtigt, aus sachlichen Gründen ein Fremdunternehmen einzuschalten. Ist die Umlagefähigkeit der Kosten in den Mietverträgen allgemein durch Bezugnahme auf den Kostenkatalog vereinbart, kann der Vermieter nach der Rechtsprechung des BGH von der Eigenleistung der Mieter auf Fremdleistung durch Dritte oder ein Unternehmen umstellen (dazu B Rdn. 43 ff.). Im Hinblick auf das Wirtschaftlichkeitsgebot ist allerdings der Grund für diesen Entschluss zu überprüfen, so dass die Fremdvergabe der Arbeiten zu höheren Kosten z. B. nur gerechtfertigt ist, etwa wenn es durch immer wieder unterlassene oder

---

[141] LG Karlsruhe WuM 1992, 368, AG Frankfurt/Oder WuM 1997, 432; ebenso für die Treppenhausreinigung AG Köpenick GE 2013, 819, AG Magdeburg WuM 2002, 576.

schlechte Reinigung seitens einzelner Mieter zu Unzuträglichkeiten im Hause kam.

111 Kommt der **Mieter schuldhaft seiner Verpflichtung nicht nach,** darf der Vermieter den Vertrag nach § 649 BGB ebenso wie nach § 314 BGB jederzeit kündigen[142] und die Arbeiten an ein Unternehmen vergeben. Die entsprechenden Kosten sind jedoch nicht auf alle Mieter umzulegen, sondern im Wege eines Schadensersatzanspruchs nur den betreffenden Mietern anzulasten.[143] Zur **schuldlosen dauernden Verhinderung des Mieters** s. Rdn. 116.

cc) Winterdienst

(a) Grundsätze

112 Die Straßenreinigung schließt nach den landesrechtlichen Regelungen den sog. **Winterdienst,** d. h. die Beseitigung von Schnee und das Streuen bei Glätte ein.[144] Hat der Vermieter hierfür ein Fremdunternehmen beauftragt, kann der Mieter nach einem schneearmen Winter nicht darauf verweisen, die Kosten seien zu hoch, da das Unternehmen kaum zum Einsatz gekommen sei; ihm entstehen Vorhaltungskosten, die es berechnen und die der Vermieter weiter belasten darf.

113 Die Kosten für die **Schneeräumung von Dächern** und das **Abschlagen von Eiszapfen** können weder nach Nr. 8 noch nach Nr. 10 des Betriebskostenkatalogs umgelegt werden. Diese Nummern betreffen ausschließlich Straßen, Plätze, Zufahrten und dergleichen. Es ist damit offensichtlich, dass dieser Aufwand nicht unter eine dieser Kostenarten eingeordnet und sodann ansetzbar ist. Zur Frage, ob die Umlage über die Sonstigen Betriebskosten nach Nr. 17 möglich ist, s. Rdn. 276, 321.

(b) Verwendung von Räumgeräten

114 Bei den Kosten aus der Verwendung von **Reinigungs- und Schneeräumgeräten** ist zu differenzieren. Die Erstanschaffung und auch die Ersatzbeschaffung verbrauchter Geräte ist Sache des Vermieters.[145] Bei der Nutzung manueller Schneeräumgeräte fallen nur die Kosten des Streuguts an, die umgelegt werden können. Beim Einsatz **motorgetriebener** Reinigungsgeräte, im Winter also der Schneeräumgeräte, sind die Kosten der Wartung und des Betriebs (z. B. Benzin) ohne weiteres umlagefähig.

115 Ein Streitpunkt beim Einsatz motorgetriebener Geräte sind die Kosten für **Reparaturen.** Die Frage stellt sich nur, wenn der Vermieter die Arbeiten selbst ausführt oder dafür eigene Leute, etwa den Hauswart, einsetzt,

---

[142] Palandt/*Sprau* § 649 Rdn. 13.
[143] Ebenso *Lützenkirchen* AZ „Kehrplan".
[144] Ausführlich zur Streupflicht *Gather* DWW 1990, 6.
[145] Vgl. LG Hamburg WuM 1985, 390, AG Lörrach WuM 1996, 628; *Blank* in Blank/Börstinghaus § 556 Rdn. 59, *Zehelein* in MünchKomm § 2 BetrKV Rdn. 39, *Wall* Rdn. 3805; a. A. LG Berlin GE 2000, 539, AG Schöneberg NZM 2001, 808.

III. Definitionen des Betriebskostenkatalogs gem. § 2 BetrKV 39

so dass der in § 1 Satz 2 BetrKV geregelte Bereich der **Eigenleistung** betroffen ist. Ist diese Vorschrift oder war § 27 II.BV in Bezug genommen, kann der Vermieter seine Kosten nach einem günstigen Vergleichsangebot in Ansatz bringen und dadurch mit der Zeit normale Reparaturen erstattet erhalten (s. Rdn. 14).

(c) Dauernde Verhinderung des Mieters

Ist der Mieter infolge von **Krankheit, Alter oder Gebrechlichkeit** auf längere Dauer oder endgültig nicht mehr in der Lage, seine Reinigungspflicht, insbesondere der Erdgeschossmieter den Winterdienst, zu erfüllen, wird er von seiner **Verpflichtung frei**.[146] Die früher zum Teil zulasten des Mieters herangezogene Vorschrift des § 613 BGB ist jedenfalls nicht einschlägig, weil es sich beim Winterdienstvertrag nicht um einen Dienst-, sondern einen Werkvertrag handelt.[147] Im Übrigen ist auf folgende Gesichtspunkte hinzuweisen. **116**

– Die Freistellung des Mieters kann sich bereits **aus dem Mietvertrag** selbst ergeben. So heißt es z. B. im „Hamburger Mietvertrag für Wohnraum" des Grundeigentümer-Verbands Hamburg: *„Bei vorübergehender Verhinderung (z. B. Krankheit, Ortsabwesenheit) hat der Mieter auf seine Kosten für Vertretung zu sorgen."* **117**

– Enthält der Mietvertrag keine entsprechende Regelung, ist streitig, ob sich die Leistungsfreiheit schon aus Gesetz (§ 275 BGB) ergibt.[148] Dies kann jedoch dahinstehen. **Zum einen** kann der Mieter die Winterdienstabrede nach § 314 BGB aus wichtigem Grund **fristlos kündigen**.[149] **Zum anderen** folgt seine **Entlastung** jedenfalls **aus ergänzender Vertragsauslegung**.[150] Es ist nach §§ 133, 157 BGB zu berücksichtigen, was sich die Parteien bei Abschluss des Mietvertrags bei der Abwälzung bzw. Übernahme des Winterdienstes als Normalfall vorstellten. Dabei ist die selbstverständliche Erwartung des Vermieters, dass der Mieter den Winterdienst selbst erledigt und bei vorübergehender Verhinderung für Ersatz sorgt. Dieselbe Vorstellung hat der Mieter, der seine Arbeit nicht finanziell durchrechnet, sondern sie für kostenfrei hält, weil er nur eigene Zeit und Kraft einsetzen muss. Ist er selbst verhindert, schaltet er kostenlosen Ersatz durch Familienangehörige, Nachbarn, Verwandte oder Freunde ein, die den Winterdienst zeitweise übernehmen. Für eine dauerhafte Belastung des Mieters mit **118**

---

[146] LG Münster WuM 2004, 193, AG Hamburg MJ 3/2011 S. 18, ausführlich LG Hamburg WuM 1989, 622 und *Hitpaß* WuM 2011, 662; a. A. LG Kassel WuM 1991, 580 (m. ausführl. abl. Anm. *Fuchs-Wissemann*), LG Düsseldorf WuM 1988, 400, LG Flensburg WuM 1987, 52.
[147] BGH (VII ZR 355/12) NZM 2013, 696.
[148] Dazu *Schmid* NZM 2013, 669 (670 f.).
[149] *Schmid* NZM 2013, 669 (671).
[150] *Blank* in Blank/Börstinghaus § 535 Rdn. 403.

nicht unerheblichen Fremdkosten fehlt daher auf beiden Seiten die Grundlage.

119 – Die **gegenteilige Meinung** lässt sich **auch nach AGB-Recht nicht** halten, wenn der Winterdienst durch Formularvertrag übertragen wurde, wie es meist der Fall ist; die Übertragung in der Hausordnung ist ohnehin unwirksam.[151] Nach § 307 Abs. 1 Satz 2 BGB müssen AGB klar und verständlich sein, sonst sind sie unwirksam. Dazu gehört nach allgemeiner Ansicht auch, dass sie die **wirtschaftlichen Folgen** für den Vertragspartner klar erkennen lassen.[152] Übliche Formularklauseln lauten z. B.: *„Der Mieter übernimmt die Wegereinigung des öffentlichen Gehwegs und der Zuwegung zum Haus und zu den Abfallbehältern ... Während der Wintermonate sind Schnee und Eis zu den üblichen Verkehrszeiten zu beseitigen."* Die Klausel enthält keinen Hinweis auf die finanzielle Belastung des Mieters, wenn er ohne Verschulden und auf Dauer seinen Verpflichtungen nicht mehr nachkommen kann. Sie kann daher den Mieter nicht verpflichten, ein Unternehmen auf seine Kosten einzuschalten oder dem Vermieter dessen Kosten zu erstatten.

120 Sind **andere Mieter nicht bereit,** die Reinigung zusätzlich zu übernehmen, darf der Vermieter die Arbeiten einem Unternehmen übertragen, die Kosten sind als neu eingeführte Betriebskosten auf alle Mieter umlegbar.[153] Die Kosten dürfen, wie ausgeführt, nicht etwa allein dem Mieter belastet werden, dem die Ausführung ohne Verschulden unmöglich geworden ist.[154]

b) Müllbeseitigung

121 Grundsätzlich ist es Sache der nach Landesrecht zuständigen Entsorgungsträger, neben der Verwertung für die Beseitigung von Abfällen zu sorgen.[155] Die von den Gemeinden für die Müllabfuhr in angemessener Höhe[156] erhobenen **Gebühren** sind in voller Höhe ansatzfähig. Zu den Kosten des Vermieters kann auch das Entgelt für ein Wegerecht gehören, wenn die Müllbeseitigung nur durch Inanspruchnahme des Nachbargrundstücks möglich ist. Ob die üblichen **Trinkgelder** umgelegt werden können, ist streitig,[157] der Vermieter wird diese Kosten in aller Regel jedenfalls nicht belegen können.[158] Beschränkt sich die öffentliche Müllab-

---

[151] Zutreffend AG Köln Urt. vom 27.1.2011 – 210 C 107/10 gegen OLG Frankfurt NJW-RR 1989, 41.
[152] Z. B. BGH (XII ZR 101/09) GuT 2011, 44.
[153] Ebenso AG Berlin-Köpenick GE 2009, 1558 für Hausreinigung; *Kinne* in Kinne/Schach/Bieber § 556 Rdn. 165, differenzierend *Schmid* NZM 2013, 669 (672).
[154] So aber AG Münster WuM 2005, 648; *Wali* Rdn. 3821.
[155] § 17 Abs. 1 KrW (Gesetz zur Neuordnung des Kreislaufwirtschafts- und Abfallrechts) vom 24.2.2012, BGBl. I S. 212, zuletzt geändert durch Gesetz vom 20.7.2017, BGBl. I S. 2808, m.W.v. 29.7.2017.
[156] KG GE 2008, 1491.
[157] Nein: LG Berlin GE 1981, 235; *Schmid* GE 2000, 164.
[158] *Seldeneck* Rdn. 2641.

fuhr auf eine bestimmte Müllart,[159] z.B. Hausmüll, gehören die Kosten für die **regelmäßige Entsorgung anderen Mülls** wie Schlacken aus Koksheizungen und Sperrmüll (Gerümpel, Grobmüll, hierzu Rdn. 124) ebenfalls zu den Betriebskosten; hierbei handelt es sich um die Abfuhrkosten, die dem Eigentümer aus eigenem Einsatz entstehen oder die ihm von einer Drittfirma belastet werden, und etwaige Gebühren für Deponien oder Müllverbrennungsanlagen. Die Kosten aus der Beseitigung von **Gartenabfällen** gehören zu denjenigen der Gartenpflege; werden sie im Rahmen der Müllabfuhr mit entsorgt, dürfen sie gegenüber dem Mieter nur in Ansatz gebracht werden, wenn die Gartenpflegekosten als umlagefähig vereinbart sind.[160] Die Kosten aus der Abfuhr von **Bauschutt** aus Umbau- oder Modernisierungsmaßnahmen oder im Zusammenhang mit **Entrümpelungsaktionen** z.B. von Dachböden oder Kellern sind keine umlegbaren Betriebskosten. Soweit der Hausmeister tätig wird, dürfen die Kosten nicht separat umgelegt werden. Das **Herausstellen** und Reinholen der Mülltonnen ist nach hiesiger Auffassung so eng mit der Müllbeseitigung verbunden, dass die hierfür ggf. anfallenden Kosten auch ohne ausdrückliche vertragliche Vereinbarung umlagefähig sind.[161] Zur Kostenumlage bei **Müllmanagement** s. H Rdn. 72, 76.

In den Gebühren des örtlichen Entsorgungsträgers sind die Kosten für die zur Verfügung gestellten **Müllbehälter** üblicherweise eingeschlossen. Die Kosten für den **Kauf** von Müllbehältern sind Investitionskosten und daher ohnehin nicht ansatzfähig.[162] Fraglich ist jedoch, ob die Kosten für die **Anmietung** zusätzlicher Abfallbehälter nach Nr. 8 umlegbar sind. Dies ist zu verneinen,[163] jedenfalls für den Regelfall (ausführlich zu Anmietkosten als Betriebskosten s. Rdn. 37). Ist **Wohnraum** vermietet, liefert der Entsorgungsträger die nach dem durchschnittlichen Umfang an Hausmüll erforderlichen Gefäße; für die Bereitstellung zusätzlich gemieteter Müllbehälter besteht daher keine Notwendigkeit. Aber auch wenn den Wohnungsmietern aufgrund von Besonderheiten im Einzelfall Zusatzgefäße zur Verfügung gestellt werden, scheidet die Umlage der Mietkosten aus. Die Möglichkeit, derartige Behälter zu nutzen, ist von vornherein Inhalt des Mietvertrags und folglich mit der Nettomiete abgegolten.[164] Der Vermieter kann sich daher die Investitionskosten nicht ersparen, indem er auf die Anmietung aus-

---

[159] Vgl. § 15 Abs. 3 KrW-/AbfG a.F.
[160] *Zehelein* in MünchKomm § 2 BetrKV Rdn. 44.
[161] AG Brandenburg GE 2010, 915, BeckRS 2010, 13871; *Sentek* NZM 2017, 721 (727); a. A. AG Frankfurt a. M. Urt. v. 16.12.2011 – 385 C 2425/11, BeckRS 2016, 12436; Staudinger/*Artz* § 556 Rdn. 33.
[162] OLG Naumburg ZMR 2007, 618.
[163] LG Neuruppin WuM 2003, 153; *Kinne* in Kinne/Schach/Bieber § 556 Rdn. 167, *Schmid* WuM 2009, 487 (489), *Wall* Rdn. 3859; a.A. LG Neuruppin Urt. v. 11.7.2012 – 4 S 101/11, BeckRS 2013, 07804, AG Oranienburg GE 2016, 735; zu Kosten der Anmietung als Betriebskosten *Zehelein* WuM 2016, 400 (407 f.).
[164] LG Neuruppin WuM 2003, 153.

weicht.[165] Anders kann es sich hingegen bei **gemischt genutzten** Objekten verhalten. Sind für den **Gewerberaum** je nach Art und Umfang des Mülls Zusatzbehälter erforderlich, ist es dem Vermieter bei entsprechender Vereinbarung möglich, auch die Mietkosten in Ansatz zu bringen.

123 Es ist gleichgültig, ob der Müll unsortiert oder **nach den Müllbestandteilen getrennt**, z.B. durch Wertstoff- oder Biotonnen und Tonnen für sonstigen Abfall, abgefahren wird. Auch wenn der Mietvertrag nur allgemein die Kosten der Müllabfuhr auf den Mieter abwälzt, ohne zwischen den sich aus der Mülltrennung ergebenden Müllarten zu unterscheiden, sind die Kosten der Abfuhr der verschiedenen Müllmaterialien in vollem Umfang umlagefähig.[166] Dass die unterschiedlichen Arten des Mülls in getrennten Gefäßen gesammelt und separat entsorgt werden, ändert nichts daran, dass es sich insgesamt nach wie vor um Müllabfuhr und demnach ansetzbare Kosten handelt. Mit der Wertstofftrennung stellt sich allerdings das nicht seltene Problem ein, ob Zusatzkosten infolge **fehlerhafter Trennung**[167] umlegbar sind. Bei nicht sortenreiner Befüllung der verschiedenen Tonnen werden diese als allgemeiner Hausmüll geleert; der Inhalt kann nicht dem Wirtschaftskreislauf zugeführt, sondern muss über Deponie oder Müllverbrennung und damit teurer entsorgt werden. Im Grundsatz handelt es sich um vertragswidriges Verhalten der Mieter, deren Folgen nicht der gesamten Mieterschaft auferlegt werden können.[168] Kommt dies in größerem Umfang und trotz wiederholter Hinweise des Vermieters vor, so dass eine Vielzahl von Mietern daran beteiligt sein muss, dürften die Zusatzkosten jedoch auf alle Mieter umlegbar sein. Geht es um seltene Einzelfälle, sind die Kosten nicht ansetzbar (vgl. nachfolgend zur Sperrmüllabfuhr).

124 Bei der Abfuhr von **Sperrmüll** kommt es für die Umlagefähigkeit der Kosten entscheidend darauf an, ob sie laufend erforderlich ist, weil andernfalls ein gem. § 1 Abs. 1 BetrKV wesentliches Merkmal für die Qualifikation als Betriebskosten fehlt.

125 – Die Kosten entstehen ohne weiteres dann laufend, wenn der Vermieter den Mietern eine **Lagermöglichkeit**, z.B. im Keller oder auf dem Grundstück (Schuppen, Container), zur Verfügung stellt, wo der Sperrmüll mehr oder weniger regelmäßig entfernt wird.

126 – Diese Voraussetzung ist nicht erfüllt, wenn sich einzelne Mieter **bei Bedarf** beim Vermieter melden können; hier sind nur diejenigen zu belasten, die diesen Service in Anspruch nehmen.[169]

127 – Fraglich ist, wie mit den Kosten zu verfahren ist, wenn die Mieter oder Dritte Sperrmüll **auf Gemeinschaftsflächen**, z.B. im Kellerflur oder

---

[165] *Schmid* WuM 2009, 487 (489).
[166] *Börstinghaus* NZM 1998, 62; unzutreffend AG Uelzen NZM 1998, 75.
[167] Vgl. DASS (Die Andere Systemtsorgungs-Gesellschaft mbH) GE 2000, 148.
[168] AG Münster WuM 2006, 192; *Lützenkirchen* in Lützenkirchen § 556 Rdn. 171.
[169] LG Berlin GE 2000, 126; *Wall* Rdn. 3851.

III. Definitionen des Betriebskostenkatalogs gem. § 2 BetrKV

neben den Müllgefäßen deponieren. Im Grundsatz liegt zwar ein vertragswidriges Verhalten der Mieter vor, für dessen Folgen die Verursacher einzustehen haben bzw., wenn diese nicht feststellbar sind, der Vermieter aufzukommen hat.[170] In der Sache handelt es sich nach dem BGH aber dennoch nicht um Kosten, die außerhalb des „*bestimmungsmäßigen Gebrauchs*" nach § 556 Abs. 1 Satz 2 BGB anfallen,[171] so dass die Kosten, wenn sie laufend entstehen, umlagefähig sind.[172] Der Vermieter ist jedoch im Interesse der Wirtschaftlichkeit verpflichtet, zuvor durch Rundschreiben o. ä. die Einhaltung der Hausordnung anzumahnen,[173] (s. auch H Rdn. 69). Ist die Sperrmüllabfuhr hingegen notwendig, weil nur einzelne Mieter gelegentlich und damit nicht laufend Sperrmüll unberechtigt abstellen, hat der Vermieter die Kosten zu tragen.[174] Eine Haftungsgemeinschaft aller Mieter für das vertragswidrige Verhalten einzelner besteht nicht.[175]

§ 2 Nr. 8 BetrKV hat gegenüber Nr. 8 der Anl. 3 zu § 27 II. BV **zwei** **128** **Neuerungen** gebracht. Zum einen sind nunmehr die Kosten des Betriebs von **Müllkompressoren, Müllschluckern und Müllabsauganlagen** umlagefähig. Diese Kosten waren bislang nur als sonstige Betriebskosten ansetzbar, weil sie nicht der unmittelbaren Müllbeseitigung, sondern der Müllsammlung dienen; die Einbeziehung in die Nr. 8 ist berechtigt, weil es sich um Anlagen zur Vorbereitung der Müllabfuhr handelt, so dass ein enger sachlicher Zusammenhang besteht. Allerdings ist darauf hinzuweisen, dass der Betrieb von Müllschluckern und Müllabsauganlagen häufig dem **Wirtschaftlichkeitsgrundsatz** widerspricht.

Zum anderen kann der Vermieter die „*Kosten des Betriebs*" von Müll- **129** mengenerfassungsanlagen einschließlich der Kosten der Berechnung und Aufteilung (mithin Verwaltungskosten) umlegen. Die Regelung ergänzt die durch § 556a Abs. 2 BGB geschaffene Möglichkeit des Vermieters, die Kosten der Müllabfuhr nach einem Maßstab umzulegen, welcher

---

[170] LG Berlin GE 1998, 681, LG Siegen WuM 1992, 630; *Fuchs-Wissemann* WuM 1993, 654, *Lützenkirchen* in Lützenkirchen § 556 Rdn. 171; a. A. LG Berlin GE 1986, 1121 mit der Begründung, die Sperrmüllabfuhr erfolge im Interesse der Mieter, AG Schöneberg GE 1989, 251, dass es schließlich die Mieter waren, die das Gerümpel dort abgestellt hatten.
[171] BGH (VIII ZR 33/15) GE 2016, 387 = NJW 2016, 1439 = NZM 2016, 353 = WuM 2016, 214 = ZMR 2016, 434.
[172] So bereits BGH (VIII ZR 137/09) NZM 2010, 274 = WuM 2010, 153, LG Itzehoe WuM 2009, 404; *Geldmacher* DWW 1997, 165, *Seldeneck* Rdn. 2647, vgl. LG Berlin GE 2001, 1469.
[173] *Kinne* in Kinne/Schach/Bieber § 556 Rdn. 168.
[174] Ebenso *Schmid* MietRB 2010, 120 (121); nach der vom BGH (VIII ZR 137/09) NZM 2010, 274 = WuM 2010, 153 bestätigten Ausgangsentscheidung des LG Itzehoe WuM 2009, 404 war die Sperrmüllabfuhr laufend notwendig.
[175] OLG Hamm RE 19.5.1982 NJW 1982, 2005 = WuM 1982, 201: Eine Kanal- oder Leitungsverstopfungsklausel mit anteiliger Haftung aller Mieter, wenn der Verursacher nicht zu ermitteln ist, ist unwirksam.

der unterschiedlichen Müllverursachung Rechnung trägt. Zu beachten ist, dass anders als z. B. bei der Ausstattung zur Verbrauchserfassung bei zentralen Heizanlagen nach § 2 Nr. 4a BetrKV die „*Kosten der Anmietung*" hier **nicht** aufgeführt sind. Es sind daher weder die unmittelbaren Kosten einer Anmietung durch den Vermieter noch die mittelbaren, weil von einem Dienstleister eingerechneten Kosten (s. H Rdn. 77) ansatzfähig. Insoweit wird allerdings nachvollziehbar vertreten, dass es sich hierbei um ein Versehen des Verordnungsgebers handelt, so dass von einer analogen Anwendung der vorstehend genannten Vorschriften zur Umlagefähigkeit der Anmietkosten auszugehen wäre.[176] Zu den Kosten des Betriebs gehören daher nur etwaige Strom- und Wartungskosten.

130 Mit der zunehmenden Verbreitung von Anlagen zur Erfassung der Müllmengen wird das Risiko eines kleinräumigen sog. **Mülltourismus** wachsen. Es ist zu hoffen, dass Wald- und andere Freiflächen davon verschont bleiben, die Gefahr, dass manche Mieter zur persönlichen Kostensenkung ihren Müll in den Müllgefäßen von Nachbarobjekten abladen, ist indes nicht von der Hand zu weisen.[177] Nimmt dies einen größeren Umfang zulasten einzelner Mietobjekte an, ist der Vermieter vor die Frage gestellt, ob er die zusätzlichen Kosten umlegen darf. Dies ist jedenfalls zunächst zu verneinen.[178] Der Vermieter wird in derartigen Fällen primär Maßnahmen zu ergreifen haben, die eine unbefugte Nutzung der zum Haus gehörenden Müllgefäße ausschließen. Allerdings hat der **BGH**[179] inzwischen ausdrücklich entschieden, dass der Betriebskostenanfall weder aus einer rechtmäßigen Handlung, noch einer solcher der Mieter herrühren muss, sondern auch **von Dritten verursacht** sein kann. Entsprechend der Rechtsprechung zum Sperrmüll (siehe Rdn. 127) sind die Kosten daher **bei regelmäßigem Anfall umlagefähig**. Die Duldung des Zustandes durch den Vermieter fällt in das Wirtschaftlichkeitsgebot. Das gilt ebenso für das Lagern von Müll neben den Müllbehältern.

131 Zum **Umlageschlüssel** s. F Rdn. 239 ff., zum **Wirtschaftlichkeitsgrundsatz** s. H Rdn. 71 ff.

6. Kosten der Gebäudereinigung und Ungezieferbekämpfung

Nr. 9: „zu den Kosten der Gebäudereinigung gehören die Kosten für die Säuberung der von den Bewohnern gemeinsam benutzten Gebäudeteile, wie Zugänge, Flure, Treppen, Keller, Bodenräume, Waschküchen, Fahrkorb des Aufzugs".

---

[176] *Langenberg* in Schmidt-Futterer § 556 Rdn. 147.
[177] *Both* NZM 1998, 460.
[178] LG Tübingen WuM 2004, 497.
[179] BGH (VIII ZR 33/15) GE 2016, 387 = NJW 2016, 1439 = NZM 2016, 353 = WuM 2016, 214 = ZMR 2016, 434.

a) Gebäudereinigung

132 Nach Nr. 9 können die Kosten umgelegt werden, die für die **Säuberung** der Räume anfallen, die als gemeinsam benutzte Gebäudeteile beispielhaft beschrieben sind. Vorrangig handelt es sich dabei um **Bodenpflege** in Form von Fegen und Putzen, je nach Bodenmaterial auch um das Aufbringen von Pflegesubstanzen und anschließendem Bohnern.[180] Auch das gelegentliche **Abfegen von Wänden und Decken** zur Beseitigung losen Schmutzes, das **Staubwischen** von Geländern und Fensterbrettern oder das **Putzen von Fenstern** fällt unter die Säuberung. Nicht zu den von den Bewohnern gemeinsam *benutzten* Gebäudeteilen zählen **Glasdächer**, z. B. für die Belichtung des Treppenhauses. Die Kosten ihrer Reinigung dürften aber als sonstige Betriebskosten i. S. von § 2 Nr. 17 BetrKV in Betracht kommen,[181] ihre Umlage setzt daher eine entsprechende Vereinbarung voraus.

133 Demgegenüber zählen die Kosten für die **Reinigung der Fassade**, auch von **Graffitis, nicht** mehr zu Pflegemaßnahmen, sondern zu den Instandhaltungskosten.[182] Sie sind daher auch nicht über § 2 Nr. 17 BetrKV umlegbar.[183] Daran ändert sich nichts dadurch, dass es durch die Graffitis nicht zu einer Sachbeschädigung, sondern nur zu Reinigungsaufwand kam, mit dem der Vermieter die Graffitis regelmäßig beseitigen ließ.[184] Abgesehen davon, dass die Fassade kaum als *„gemeinsam benutztes Gebäudeteil"* und ohnehin nicht im Sinne der aufgeführten Beispiele (*„Flure, Treppen, Keller, Bodenräume ..."*) zu verstehen ist, hat sich durch die Umbenennung der Haus- zur Gebäudereinigung nichts geändert, weil sie nur die Harmonisierung mit dem Ausbildungsberuf des Gebäudereinigers bezweckt. Dasselbe gilt daher für die Reinigung der Marmorverkleidung im Treppenhaus mit chemischen Mitteln[185] oder die Beschichtung des Treppenhausfußbodens mit PVC.[186]

134 Die Kosten der Reinigung des **Hausmeisterbüros** sind Verwaltungskosten. Die Kosten für die Reinigung von **Garagen** und deren Zufahrten sind nur auf die Garagenmieter zu verteilen[187] (dazu F Rdn. 247); diejenigen für die Reinigung von Außenanlagen (Höfe, Zuwege) gehören zu den Kosten der Gartenpflege.

---

[180] Z. B. *Blank* in Blank/Börstinghaus § 556 Rdn. 65.
[181] Ebenso *Schmid* GE 2013, 1242; a. A. AG Potsdam GE 2007, 917.
[182] So auch ausdrücklich die Begründung zur BetrKV, BR-Drucks. 568/03 S. 32; OLG Düsseldorf MDR 2012, 1025, LG Berlin GE 2016, 723, BeckRS 2016, 10999, AG Köln WuM 2001, 515; zu Schutzanstrichen für Fassaden s. *Lützenkirchen* AZ „Graffiti"; a. A. AG Neukölln GE 2017, 422 – Umlage nach § 2 Nr. 17 BetrKV.
[183] A. A. Staudinger/*Artz* § 556 Rdn. 34.
[184] So aber AG Berlin-Mitte GE 2007, 1529; *Kinne* in Kinne/Schach/Bieber § 556 Rdn. 171.
[185] AG Köln WuM 1985, 368.
[186] AG Hamburg MJ 1999, 10, WuM 1995, 652.
[187] LG Hamburg WuM 1989, 640; *Kinne* in Kinne/Schach/Bieber § 556 Rdn. 171.

135 Für die Kosten einer **Sonderreinigung,** etwa der Beseitigung von Farbschmierereien (zu Graffiti s. Rdn. 133), Hundedreck, Baudreck und -staub aufgrund von Umbaumaßnahmen u. Ä., gelten die Ausführungen zur Müllentsorgung (Rdn. 121) entsprechend.[188]

136 **Ansatzfähig** sind neben den **Personalkosten** – bei Ausführung durch den Hausmeister sind sie dort anzusetzen – die Kosten für die **Reinigungsmittel** und die **Reinigungsgeräte,** sofern es sich nicht um die Erst- bzw. Ersatzanschaffung handelt. Der Vermieter kann sich auch eines Reinigungsunternehmens bedienen. Hierzu wird im Einzelfall auch die Inspruchnahme eines Servicebetriebs für die Reinigung von Fußmatten gehören (s. dazu H Rdn. 79).[189]

137 Führen alle **Mieter** im Wechsel nach einem Kehrplan die Reinigung durch, scheidet der Ansatz von Kosten aus, zumal Reinigungsmittel und -geräte in diesem Fall üblicherweise von den Mietern selbst gestellt werden.

138 Für den Fall, dass der Vermieter die mit den Mietern vereinbarte **Reinigung durch** einen **Dritten** erledigen lassen will, ist auf die Darstellung unter Rdn. 109 zu verweisen, für den Fall, dass ein **Mieter nicht mehr in der Lage ist,** die Hausreinigung durchzuführen, auf Rdn. 116.

139 Zum **Umlageschlüssel** s. F Rdn. 244 f., zum **Wirtschaftlichkeitsgrundsatz** s. H Rdn. 78 ff.

b) Ungezieferbekämpfung

140 Zur Ansatzfähigkeit kann auf die vorstehenden Ausführungen zur Gebäudereinigung Bezug genommen werden. Bei dieser Kostenart ist allerdings in besonderem Maße darauf zu achten, dass **nur** die Kosten einer regelmäßigen und damit **laufenden Bekämpfung** umlegbar sind.[190] Der Ansatz von Kosten aus der Einschaltung eines Kammerjägers zur Beseitigung von Ungezieferbefall in einzelnen Mietobjekten scheidet aus, da die Bekämpfung auf Gemeinschaftsflächen vorausgesetzt ist; hat sich aus einem Mietobjekt Ungeziefer auf Gemeinschaftsflächen verbreitet, haftet der betreffende Mieter auch für die hier zur Bekämpfung aufgewandten Kosten.[191] Soweit für einzelne Mietobjekte eine turnusmäßige, prophylaktische Ungezieferbekämpfung notwendig ist, wie etwa bei Gaststätten, gehen die Kosten zu Lasten der betreffenden Mieter.

141 Die Kosten aus der **Holzbockbekämpfung** einschließlich Nachschau gehören zu den Instandhaltungskosten. Kommt es zum Befall mit **Schwalbenwanzen,** ist deren regelmäßige Bekämpfung umlagefähig,

---

[188] Herrschende Ansicht, z. B. LG Siegen WuM 1992, 630.
[189] LG Berlin MM 2007, 181.
[190] KG GE 2002, 801, LG München I WuM 2001, 245, LG Siegen WuM 1992, 630, AG Hamburg WuM 2002, 265, AG Oberhausen WuM 1996, 714, AG Köln WuM 1992, 630.
[191] Z. B. AG Köln WuM 2000, 213.

wenn die Schwalbennester aus Gründen des Naturschutzes nicht entfernt werden dürfen.[192] Ist das Haus oder eine Wohnung mit **Taubenzecken** befallen, ist die Bekämpfung schon aus gesundheitlichen Gründen dringend geboten.[193] Die Umlage der Bekämpfungskosten auf alle Mieter ist jedoch nicht ohne weiteres zulässig. Stammt die Ursache z. B. vom Balkon eines einzelnen Mieters, der seiner Obhutspflicht nicht nachkam, indem er Taubenkot und Taubenkadaver nicht entfernte, hat er allein für die Kosten einzustehen. Vernachlässigte der Vermieter einzelne Grundstücksteile mit entsprechenden Folgen, hat er die Kosten selbst zu tragen; er ist mithin nicht berechtigt, eine regelmäßige Bekämpfung auf Kosten der Mieter in Auftrag zu geben, statt die notwendige Pflege des Grundstücks nachzuholen und aufrecht zu erhalten. Bilden sich hinter einer Vorhangfassade **Motten- oder Ameisennester,** darf sich der Vermieter nicht auf regelmäßige Ungezieferbekämpfung und die Umlage der Kosten beschränken. Vorrangig ist er verpflichtet, alle baulichen Möglichkeiten zu ergreifen, mit denen das Eindringen der Motten oder Ameisen verhindert werden könnte. Die Kosten der Beseitigung eines **Bienennests** im Dachstuhl oder von **Wespennestern** auf Grundstücksteilen außerhalb des Hauses beziehen sich auf eine selten erforderliche Maßnahme, sie fallen nicht laufend an und sind schon deshalb nicht umlegbar.[194] Die Kosten der allgemeinen Bekämpfung von **Ameisen auf Flächen außerhalb des Gebäudes** gehören nicht zu den nach Nr. 9 umlagefähigen Betriebskosten. Dies zeigt sich zum einen an den Beispielen in Nr. 9, die sich zwar auf die Gebäudereinigung beziehen, jedoch ohne weiteres auf die Ungezieferbekämpfung übertragen werden können; zum anderen sind Ameisen nicht generell als Ungeziefer einzuordnen.[195]

Eine **Formularklausel,** nach der es **Sache des Mieters** ist, Ungeziefer **142** innerhalb der Wohnung zu bekämpfen[196] oder nach der er zu beweisen hat, dass der Ungezieferbefall nicht von ihm oder Personen, deren Verhalten ihm zuzurechnen ist, verursacht wurde, ist unwirksam; dasselbe gilt für eine Klausel, dass der Mieter auch für Schäden haftet, die durch das vom Vermieter veranlasste Beseitigen von Ungeziefer entstanden.[197]

7. Kosten der Gartenpflege

Nr. 10: „die Kosten der Gartenpflege, hierzu gehören die Kosten der Pflege gärtnerisch angelegter Flächen einschließlich der Erneuerung von Pflanzen und Gehölzen, der Pflege von Spielplätzen einschließlich der

---

[192] Vgl. OVG Lüneburg Beschl. vom 14.5.2004 – 8 ME 65/04 zur Verpflichtung, nach rechtswidrigem Entfernen von Nestern künstliche Nisthilfen anzubringen.
[193] LG Berlin GE 1997, 689: Kündigung des Mieters wegen Gesundheitsgefährdung nach § 569 Abs. 1 BGB.
[194] AG Freiburg WuM 1997, 471.
[195] LG Berlin GE 2000, 1687.
[196] LG Hamburg NZM 2001, 853.
[197] OLG Frankfurt WuM 1992, 57 (61).

Erneuerung von Sand und der Pflege von Plätzen, Zugängen und Zufahrten, die dem nicht öffentlichen Verkehr dienen".

a) Gärten

143 Ansatzfähig sind die gesamten Kosten, die für die Pflege und Unterhaltung einer Gartenfläche anfallen. Dazu gehören **Vorgärten** auch dann, wenn sie nicht von angrenzenden öffentlichen Flächen sichtbar abgetrennt sind, so dass der Eindruck einer „*einheitlichen öffentlichen Fläche*" entsteht, die auch von Passanten mitbenutzt wird.[198] Das Argument, es müsse sich um Flächen handeln, die nicht dem öffentlichen Verkehr dienen, verkennt, dass sich diese Einschränkung allein auf Plätze, Zugänge und Zufahrten bezieht und die Abgrenzung zur Straßenreinigung nach Nr. 8 ermöglicht.[199]

144 Hierzu zählen die **Pflege** des Rasens durch Mähen und Vertikutieren, die Beseitigung von Unkraut auf Rasen und Rabatten, Entfernen verblühter Blumen, Beschneiden von Sträuchern, Beschaffung und Ausbringen von Dünger, Abfuhr von Gartenabfällen, Wässern der Gartenflächen und Auffüllen des Wassers von Gartenteichen[200] in sommerlichen Trockenperioden. Die Pflege von **Bäumen** umfasst nicht nur das **Auslichten** (zum Fällen und Abtransport von Bäumen s. Rdn. 146),[201] sondern auch die sog. **Unterhaltungspflege**.[202] Unterhaltungspflege besteht aus der regelmäßigen Kontrolle, ob die Bäume noch stand- und bruchsicher sind, ob der Stammfuß von Pilzen befallen ist, der Stamm Kernfäule oder Wucherungen zeigt, sich Pilzfruchtkörper am Stamm oder Ästen befinden oder sich in der Krone Totholz ausgebildet hat.[203] Aus der Kontrolltätigkeit wird abgeleitet, dass damit keine Pflegemaßnahme, sondern die Verkehrssicherung im Vordergrund stehe, so dass die Kosten nicht unter § 2 Nr. 10 BetrKV[204] fallen, sondern nur unter § 2 Nr. 17 BetrKV.[205] Dabei wird indes nicht hinreichend berücksichtigt, dass die Kontrolle auch dazu dient festzustellen, ob Maßnahmen zur Erhaltung des Baums ergriffen werden müssen. Im Hinblick auf dieses zusätzliche Ziel der Kontrolle leuchtet es erst recht nicht ein, dass zwar die Kosten der regelmäßigen Kontrolle von Spielgeräten auf Verkehrssicherheit umlegbar sind (s. Rdn. 162), nicht aber derjenigen von Bäumen. Kosten, die dem Vermieter dadurch entstehen, dass der **Grundstücksnachbar** etwa herabfallendes **Laub, überwach-**

---

[198] A. A. LG Berlin GE 2004, 627.
[199] *Wall* Rdn. 4001.
[200] AG Tempelhof-Kreuzberg GE 2010, 1351.
[201] Z. B. LG Hannover WuM 2003, 450; nach LG Landshut DWW 2004, 126 auch die Kosten von Verspannarbeiten zur Sicherung und Entlastung der Baumkrone.
[202] S. DIN 18919.
[203] Im Einzelnen s. Baumkontrollrichtlinie der Forschungsgesellschaft Landschaftsentwicklung, Landschaftsbau e. V. – FLL.
[204] AG Bottrop WuM 2014, 568; *Wall* Rdn. 4020.
[205] *Wall* Rdn. 4020.

III. Definitionen des Betriebskostenkatalogs gem. § 2 BetrKV 49

sende Äste oder **Baumwurzeln entfernt**,[206] gehören an sich ebenfalls zu den Kosten der Gartenpflege. Denn die Rechtmäßigkeit der kostenauslösenden Maßnahme ist nicht erforderlich (siehe Rdn. 19) und es kommt auch nicht darauf an, wer diese vornimmt. Nicht umlegbar sind jedoch diejenigen Kosten, die gerade daraus resultieren, dass der Dritte die Maßnahme anstelle des Vermieters veranlasst, die also ausschließlich aus der Ersatzvornahme selbst resultieren (z. B. Verzugskosten).

Neben diesen Kosten sind aufgrund ausdrücklicher Bestimmung in Nr. 10 auch **Instandsetzungskosten** ansetzbar, nämlich diejenigen entsprechender **Neubepflanzung**, soweit Pflanzen, Sträucher und Bäume durch Alter, Witterungs- oder Umwelteinflüsse abgängig wurden. Ansatzfähig sind damit nicht nur die Kosten für die Ersatzbepflanzung von Blumen, sondern auch für die teilweise Erneuerung der Rasenfläche,[207] etwa wenn sie durch berechtigte Nutzung seitens der Mieter oder durch Witterungseinflüsse unansehnlich geworden ist. **145**

Streitig ist die Umlagefähigkeit der Kosten für das **Fällen** und den Abtransport **kranker oder morscher Bäume**. Nach **einer Ansicht** können diese Kosten in Ansatz gebracht werden, weil sie im Rahmen der **Pflege gärtnerisch angelegter Flächen** anfallen,[208] d. h. *„durch natürliche Vorgänge ausgelöst werden"*.[209] Dieser Auffassung ist **zuzustimmen**. Beim Fällen eines Baumes, der durch Alter oder z. B. Pilzbefall morsch oder durch Schädlinge krank geworden ist, handelt es sich um eine Maßnahme, die für die Erhaltung einer *gärtnerisch* angelegten Fläche notwendig ist, anderenfalls würde sie diesen Charakter verlieren. Auch wenn ein Baum im Verhältnis zur Gartenfläche schlicht zu groß geworden ist[210] oder inzwischen zu nah am Wohngebäude steht,[211] dürfte seine Entfernung zur ordnungsgemäßen Gartenpflege gehören. Einschränkend wird vertreten, dass die Kosten für das Fällen eines Baumes nur dann unter § 2 Nr. 10 BetrKV fallen, wenn zugleich ein neuer Baum gepflanzt wird, anderenfalls handele es sich sachlich um eine Umgestaltung des Gartens.[212] Hiergegen ist zum einen einzuwenden, dass ein Garten nicht schon durch das Fällen eines Baumes umgestaltet wird, wenn auf dem Grundstück mehrere Bäume stehen. Zum anderen steht immer noch die Pflege des Gartens im Vordergrund, auch wenn auf dem Grundstück nur ein einzelner kranker oder morscher Baum entfernt wird; dass dies im Ergebnis zu einer Umgestaltung des Gartens führt, wenn von der Neuanpflanzung abgesehen wird, ist demgegenüber **146**

---

[206] Vgl. BGH (V ZR 8/17) NZM 2018, 241 = ZMR 2018, 470.
[207] LG Hamburg WuM 1989, 191.
[208] LAG Frankfurt am Main WuM 1992, 545, AG Hamburg-Wandsbek ZMR 2014, 804, AG Köln NZM 2001, 41; *Blank* in Blank/Börstinghaus § 556 Rdn. 71, *Kinne* in Kinne/Schach/Bieber § 556 Rdn. 176, *Pfeifer* S. 73, *Zehelein* in Münch-Komm § 2 BetrKV Rdn. 53
[209] *Lützenkirchen* in Lützenkirchen § 556 Rdn. 203.
[210] AG Düsseldorf WuM 2002, 498.
[211] AG Sinzig ZMR 2004, 829.
[212] AG Potsdam GE 2012, 493 = WuM 2012, 203.

allein eine zwangsläufige Folge. Im Übrigen erweitert § 2 Nr. 10 BetrKV nur das Umlagerecht des Vermieters, verpflichtet ihn jedoch für die Ansatzfähigkeit der Kosten nicht dazu, entfernte Teile durch neue zu ersetzen. Die Frage der Umlagefähigkeit steht auch in keinem Zusammenhang mit dem Wirtschaftlichkeitsgebot dahingehend, ob die Gartenpflege vernachlässigt wurde,[213] weil das auf die Kostenumlage als solche zunächst grundsätzlich keine Auswirkung hat.

Anders liegt es auch dann nicht, wenn ein Baum nicht zur Pflege des Gartens, sondern deshalb entfernt wird, weil sich die Mieter des Nachbarhauses wegen des Sicht- und Lichtmangels beschwert haben,[214] oder wenn ein Baum infolge unfachlichen Rückschnitts eingeht.[215] Auch in diesen Fällen realisieren sich typische Risiken, die mit einer Anlage, welche Bäume beinhaltet, im Zusammenhang stehen, so dass sie in einer ausreichenden Regelmäßigkeit auftreten und somit absehbar und umlagefähig sind.[216] Anders aber, wenn alle Bäume auf dem Grundstück aufgrund einer Umgestaltung des Gartens gefällt werden, da hier der auf diesen bezogene Betriebskostencharakter nicht mehr besteht und es sich vielmehr um eine bauliche Maßnahme handelt.[217]

147 Nach **anderer Ansicht** scheidet die Umlage derartiger Kosten aus,[218] wobei, zum Teil unausgesprochen, die nicht selten hohen Kosten von Bedeutung sind. Es werden vornehmlich drei Gründe angebracht.

148 – Zum einen wird argumentiert, es handele sich **nicht um laufende Kosten**, weil sie jeweils erst nach Jahrzehnten anfallen.[219] Diese isolierte Betrachtung berücksichtigt nicht, dass es nicht auf die Intervalle ankommt, in denen bestimmte Arbeiten zu erledigen sind, sondern allein darauf, ob bestimmte Maßnahmen zu einer ordnungsgemäßen, laufend ausgeführten Gartenpflege gehören. Sachlich handelt es sich um den *aperiodischen Anstieg* von Kosten innerhalb periodisch anfallender Betriebskosten. Es kann daher auch keinen Unterschied machen, ob der kranke Baum auf eigenen Entschluss des Vermieters im Rahmen der Gartenpflege entfernt wird oder ob die Maßnahme wegen der Erkrankung des Baums von einer Behörde angeordnet wurde.[220]

---

[213] So aber LG Tübingen WuM 2004, 669, LG Hamburg WuM 1994, 695; Staudinger/*Artz* § 556 Rdn. 35b.
[214] A.A. AG Hamburg-Wandsbek WuM 1986, 123.
[215] *Kinne* in Kinne/Schach/Bieber § 556 Rdn. 176.
[216] A. A. noch in der Vorauflage vertreten von *Langenberg*, ebenso in Schmidt-Futterer § 556 Rdn. 156.
[217] AG Köln NZM 2001, 41.
[218] LG Krefeld WuM 2010, 357, LG Berlin GE 1988, 355, AG Potsdam GE 2012, 493 = WuM 2012, 203, AG Hamburg WuM 2016, 94 m. zust. Anm. *Scholz*, WuM 1989, 641; *Hertle* ZMR 1990, 407.
[219] Z.B. LG Krefeld WuM 2010, 357, AG Berlin-Schöneberg NZM 2010, 473, AG Dinslaken WuM 2009, 115, AG Hamburg WuM 1989, 641; *Bausch* NZM 2006, 366 (367).
[220] A. A. AG Oberhausen WuM 1990, 556.

– Zum anderen wird vertreten, die Wortwahl in Nr. 10 „*Pflanzen und* 149 *Gehölze*" schließe **nicht Bäume von mehreren Metern Höhe** ein.[221] Hierzu ist darauf hinzuweisen, dass die Bezeichnung Gehölz neutral ist und keinen Anhaltspunkt dafür bietet, es seien nur kleine bis mittlere Gewächse gemeint.[222] Es kommt hinzu, dass dieses Verständnis Streit darüber produziert, ob ein gefällter Baum im konkreten Fall noch ein mittleres Gewächs war, ob insoweit nur die Höhe oder bei geringer Höhe etwa sein Umfang maßgeblich ist; es fehlt jedes verlässliche Abgrenzungskriterium.

– Schließlich wird vertreten, § 2 Nr. 10 BetrKV sei im Hinblick auf die 150 Definitionen in § 1 BetrKV **restriktiv auszulegen**; so zähle § 1 Abs. 2 Nr. 2 BetrKV die Kosten zur Instandhaltung und Instandsetzung, die zur Beseitigung baulicher oder sonstiger Mängel aufgewandt wurden, die u.a. durch Alterung und Witterungseinwirkung entstanden waren.[223] Dieser Ansicht ist insoweit zuzustimmen, dass die Umlagefähigkeit von Erneuerungskosten nach Nr. 10 der Vorgabe in § 1 Abs. 2 Nr. 2 BetrKV offensichtlich widerspricht. Wird gleichwohl die Wirksamkeit der Regelung in Nr. 10 zugrunde gelegt, kann es keinen Unterschied begründen, ob es sich um die Erneuerung von Rasen, Blumen, Sträuchern oder Bäumen handelt.

Ebenso wie die Kosten infolge von Alterung sind diejenigen infolge 151 von Witterungseinwirkungen ansatzfähig, mithin auch solche aus **Sturmschäden,** also die **Aufräumkosten** nach Windbruch. Aus praktischer Sicht ist es erstaunlich, dass die Problematik der Aufräumkosten immer wieder die Gerichte beschäftigt. Mit einer Wohngebäudeversicherung, die einen entsprechenden Einschluss enthält, lässt sich die Problematik ohne weiteres vermeiden. Gegen die Umlage solcherart verursachter Kosten werden ebenfalls die vorbeschriebenen Argumente (Rdn. 147 ff.) angebracht, die hier gleichermaßen nicht überzeugen. Dies gilt auch für die ergänzende Unterscheidung, ob es sich um Schäden in Gegenden mit häufigen schweren Stürmen, z. B. Hamburg,[224] handelt oder um Gegenden, in denen schwere Stürme als „*ungewöhnliches Naturereignis*" zu beurteilen sind.[225]

Die **Häufigkeit** bestimmter pflegerischer Arbeiten stellt indes **kein** 152 **geeignetes Abgrenzungskriterium** dar. Gartenflächen sind den Witterungseinflüssen in vielfältiger Weise ausgesetzt. Es ist nicht absehbar und auch durch vorbeugende Maßnahmen nicht einzugrenzen, ob und inwieweit im Laufe eines Jahres Erneuerungen erforderlich werden. Gar-

---

[221] *Wall* Rdn. 4019.
[222] Ebenso *Pfeifer* DWW 2005, 205, *Schmid* DWW 2011, 49 (50).
[223] LG Krefeld WuM 2010, 357.
[224] LG Hamburg WuM 1989, 640.
[225] LG Krefeld WuM 2010, 357, AG Mönchengladbach DWW 2003, 262 = ZMR 2003, 198, AG Königstein/Ts. WuM 1993, 410.

tenflächen können gleichermaßen durch lange Trocken-, Regen- oder Frostperioden, durch Hagel- oder Blitzschlag Schaden nehmen wie durch Stürme. In allen diesen Fällen beruhen die Schäden und die daraus resultierenden Kosten auf einem Naturereignis.[226] Es macht keinen Unterschied, ob erfrorene, angefaulte oder entwurzelte Gehölze entfernt und durch Neuanpflanzung ersetzt werden müssen, so dass die hiermit zusammenhängenden Kosten als Betriebskosten zu behandeln sind.

153 Die Kosten für die **gärtnerische Erstausstattung**, also die Anlage und Bepflanzung, sind Baukosten (vgl. § 5 Abs. 3 II. BV). Die Kosten für eine **Grundüberholung** des Gartens, die wegen jahrelanger Vernachlässigung erforderlich ist, sind Instandsetzungskosten;[227] noch um Kosten eines intensiven Pflegeschnitts und damit normale Gartenpflegekosten wird es gehen, wenn eine Hecke von 4,0 m auf 2,50 m zurückgeschnitten wurde.[228] Um Kosten der **Erneuerung** von Pflanzen und Gehölzen handelt es sich nur, wenn dadurch der **natürliche Abgang** ausgeglichen wird,[229] daher nicht bei Ersatz wegen Schäden durch Menschen oder Tiere. Die Kosten für eine **zusätzliche Bepflanzung** sind keine Betriebskosten,[230] ebenso wenig die Kosten für die Bepflanzung einer bisher anders genutzten Fläche, etwa die Anlage eines Blumenbeetes in einer Rasenfläche oder die Umwandlung einer Hof- in eine Gartenfläche. Die Kosten für **Mietpflanzen** zur Verschönerung des Gewerbeobjekts zur Messezeit sind mangels ausdrücklicher Vereinbarung nicht umlagefähig, weil es sowohl an der Pflege gärtnerisch angelegter Flächen als auch an der Erneuerung abgängiger Bepflanzung fehlt.[231] Die Kosten aus der Pflege einer **Dachbegrünung** sind nicht umlagefähig, da es hierbei um die Verbesserung der Isolationseigenschaften eines Flachdachs geht; die Pflegekosten sind den Instandhaltungskosten für ein konventionelles Dach gleichzusetzen.[232] Anders wird es sich bei der Pflege der **Fassadenbegrünung** verhalten, jedenfalls wenn sie Teil einer Gartenanlage ist; sie dient der optischen Steigerung des Wohnwerts.

154 Ob sich ein **Nutzungsrecht** auf die Umlagefähigkeit der Gartenpflegekosten auswirkt, ist eine Frage des Einzelfalls. Hier sind **drei Varianten** zu unterscheiden.

155 – Besteht an den Gartenflächen ein **ausschließliches Nutzungsrecht** zugunsten des **Vermieters oder** sind sie **einem Mieter** mitvermietet,

---

[226] Vgl. LG Hamburg WuM 1989, 640.
[227] LG Tübingen WuM 2004, 669 (erster Baumschnitt nach 12 Jahren), LG Hamburg WuM 1994, 695, AG Neustadt a.d. Weinstr. NZM 2010, 41 (u.a. erster Baumschnitt nach 29 Jahren); *Hertle* ZMR 1990, 406, *Pfeifer* S. 73, *Sternel* Rdn. III 350; a.A. AG Münster WuM 1992, 258.
[228] AG Steinfurt WuM 2007, 41.
[229] AG Neuss DWW 1993, 296; *Sternel* PiG 28 (1988) S. 101 (109).
[230] LG Berlin GE 1999, 909.
[231] OLG Düsseldorf NZM 2000, 762.
[232] KG GE 2006, 845, LG Karlsruhe WuM 1996, 230, i. E. auch AG Köln Urt. v. 1.3.2016 – 206 C 232/15, BeckRS 2016, 124158.

III. Definitionen des Betriebskostenkatalogs gem. § 2 BetrKV

kommt die Umlage der Pflegekosten nicht in Betracht; der Blick in das von ihnen geschaffene Grün reicht nicht aus.[233] Dies gilt auch dann, wenn der Vermieter in dem Garten, dessen Pflege er dem Mieter übertragen hatte, selbst Gartenarbeiten vornahm; wenn er nicht zuvor die Voraussetzungen für eine Ersatzvornahme geschaffen hatte oder es sich um eine unaufschiebbare Maßnahme zur Gefahrenabwehr handelte, war er für diesen Aufgabenkreis nicht mehr zuständig, so dass er seinen Arbeitsaufwand nicht als Betriebskosten umlegen kann.[234]

– Stehen die Flächen **allen Mietern zur Nutzung**, etwa als Spiel- und Liegewiese, zur Verfügung, ist die Ansatzfähigkeit unstreitig. Die Möglichkeit zur Umlage der Kosten besteht ebenso, wenn **keinem Mieter ein Nutzungsrecht** eingeräumt ist.[235] Maßgeblich ist, dass sich die Pflege der Gartenflächen im Einzelfall auf die Wohnqualität auswirkt, was bei gepflegten Freiflächen wie auch gärtnerisch gestalteten Flächen und Zuwegungen offensichtlich ist. Zumal bei größeren Objekten macht es auch durchaus einen Sinn, die allgemeinen Flächen nicht für die Benutzung durch alle Mieter frei zu geben, sondern auf die Spiel- und/oder Bolzplätze, ggf. auch Grillplätze zu verweisen. Ein ansehnlicher Zustand der Gartenflächen ließe sich bei intensiver Nutzung für die verschiedenen Aktivitäten der Mieter nur mit großem Aufwand aufrechterhalten. Die entsprechend höheren Betriebskosten können zudem, wie die Praxis zeigt, bei der Umlage zu Streitigkeiten mit einzelnen Mietern führen, die meinen, der höhere Aufwand beruhe nicht mehr auf normaler Abnutzung, sondern z. B. auf unsachgemäßem Verhalten der Nutzer, die hierfür allein einzustehen hätten. **156**

– Sind Garten- oder Parkflächen durch bauplanerische Bestimmungen oder auch durch den Vermieter selbst für die **Nutzung der Öffentlichkeit gewidmet**, dürfen diese also zwar von allen Mietern aber auch sonstigen Personen genutzt werden, so fehlt der für eine Kostenumlage (nur) auf die Mieter erforderliche Bezug zur Mietsache. Denn es liegt kein für § 556 Abs. 1 Satz 2 BGB erforderlicher bestimmungsgemäßer Gebrauch vor. Die Kosten können nicht als Betriebskosten auf die Mieter umgelegt werden.[236] **157**

Die durch die Pflegearbeiten verursachten **Personalkosten** sind umlagefähig. Dies betrifft das Entgelt für einen Mieter, einen Dritten, ein Unternehmen, auch den Vermieter (s. Rdn. 13); erledigt der Hausmeister die Arbeiten, sind sie nicht separat anzusetzen. Zu den Fragen, die sich bei der Beauftragung eines Mieters ergeben können, s. Rdn. 108, 116; hat ein **158**

---

[233] BGH (VIII ZR 286/10) GE 2012, 402 = WuM 2012, 98 für Stellplätze; *Pfeifer* S. 73, *Sternel* III Rdn. 350.
[234] BGH (VIII ZR 124/08) GE 2008, 115 = NZM 2009, 27 = WuM 2009, 41.
[235] BGH (VIII ZR 135/03) DWW 2004, 224 = GE 2004, 959 = NZM 2004, 545 = WuM 2004, 399.
[236] BGH (VIII ZR 33/15) GE 2016, 387 = NJW 2016, 1439 = NZM 2016, 353 = WuM 2016, 214 = ZMR 2016, 434.

Mieter vertraglich die Gartenpflege übernommen, hat er sich das dazu notwendige Gerät zu beschaffen und es auf eigene Kosten instand zu halten.[237]

159 Zu den ansatzfähigen **Sachkosten** gehören zum einen die für die Pflege erforderlichen **Materialien** (Pflanzen, Dünger u. Ä.) sowie das **Sprengwasser.** Werden die Wasserkosten pauschal z. B. nach Fläche verteilt, wird dieser Wasserverbrauch im Rahmen der Frischwasserkosten nach Nr. 2 umgelegt, es sei denn, die Gemeinde gewährt einen Sprengwasserabzug. Hier und bei der Abrechnung nach Verbrauch durch Einzelwasserzähler ist der Verbrauch durch Sprengwasser mit einem Zwischenzähler zu ermitteln. Zum anderen zählen dazu die Betriebs-, Wartungs- und Reparaturkosten für **Geräte** im Fall der Eigenleistung, wie z. B. motorgetriebene Rasenmäher (s. Rdn. 114). Kosten für die Erstbeschaffung[238] scheiden ebenso aus wie für Ersatzanschaffung,[239] wobei für Letzteres eine Ausnahme für den Fall gemacht worden ist, dass die Ersatzbeschaffung kostengünstiger ist als die Reparatur.[240] Muss für einen Baumschnitt oder das Fällen eines Baumes eine behördliche Genehmigung eingeholt werden, sind deren Kosten umlegbar.

160 Übernahm ein **Mieter** vertraglich die **Gartenpflege,** wird er sich das dazu notwendige Gerät im Regelfall beschaffen und es auf eigene Kosten instand halten müssen. Stellte der Vermieter es ihm zur Verfügung, ist die laufende Instandhaltung und Instandsetzung daher Sache des Mieters, es sei denn, dass die Parteien insoweit weiterhin die Zuständigkeit des Vermieters vereinbarten.

161 Zum **Umlageschlüssel** s. F Rdn. 249, **Wirtschaftlichkeitsgrundsatz** s. H Rdn. 82.

b) Spielplätze

162 Zur **Pflege** von Spielplätzen gehören die Reinigung des Spielplatzes, die Pflege von Spielgeräten, die Pflege von Bänken und ähnliche Arbeiten. Zur Überprüfung des Zustandes ist eine regelmäßige Kontrolle erforderlich, deren Häufigkeit von der Lage, Größe und Ausstattung des Spielplatzes und dem Umfang seiner Nutzung abhängt.[241] Bei den Spielgeräten ist die Lockerung, Abnutzung oder Beschädigung von Bolzen, Schrauben etc. zu überprüfen, ferner der Verschleiß beweglicher Teile und die Festigkeit z. B. von Podesten und Treppen. Erledigt der Haus-

---

[237] AG Ebersberg WuM 1985, 258.
[238] LG Potsdam MM 2003, 143, AG Starnberg NZM 2002, 910; vgl. LG Hamburg WuM 1985, 390.
[239] Einschränkend *Herlitz/Viehrig* S. 70, wonach jedenfalls die Abschreibung im Rahmen der amtlichen AfA-Tabellen ansetzbar sein soll, dagegen OLG Naumburg ZMR 2007, 618.
[240] AG Lichtenberg NZM 2004, 96.
[241] Z. B. AG Hamburg-Altona ZMR 2014, 801; *Wall* Rdn. 4021; zu Kontrolle und Wartung im Einzelnen s. DIN EN 1176 Teil 7.

wart die Kontrolle, sind die Kosten im Rahmen der Nr. 14 anzusetzen. Verfügt er nicht über die hinreichende Sachkunde und geht es um eine stark frequentierte große Spielplatzanlage, kann auch ein fachkundiger Dienstleister eingesetzt werden. Zur Pflege gehört noch das Ölen von Scharnieren und ggf. die Einstellung von Ketten und Seilen. Die Kosten von Reparaturen sind nicht umlagefähig.

Zum ausdrücklich aufgeführten ansetzbaren Instandsetzungsaufwand zählen die Kosten für den turnusmäßigen **Austausch des Sandes** in Buddelkisten für kleine Kinder. Er hat mindestens alle zwei Jahre, in manchen Bundesländern[242] auch jährlich zu erfolgen, meist je nach Vorgabe der Empfehlungen des Landesgesundheitsamts. Nach dem vom Länder-Arbeitskreis zur Erstellung von Hygieneplänen nach § 36 Infektionsschutzgesetz erstellten Rahmen-Hygieneplan soll der Sandumtausch auf öffentlich zugänglichen Sandspielplätzen mindestens ein Mal jährlich vorgenommen werden. Bei mindestens ein Mal wöchentlich vorzunehmender intensiver Pflege des Sandes verlängert sich der Turnus auf zwei Jahre, bei wiederholter Kontamination durch Tierkot verkürzt sich der Turnus auf ein halbes Jahr, weil aus den Eiern des Hunde- bzw. Katzenspulwurms nach oraler Aufnahme noch nach Jahren Larven im Dünndarm schlüpfen und in verschiedene Organe wandern können. **163**

Die Kosten der **Instandsetzung** von Einfassungen, Neuanstrich von Geräten oder Bänken oder deren Reparatur sind nach § 1 Abs. 2 Nr. 2 BetrKV nicht umlagefähig. Die **Erstausstattung** gehört zu den Baukosten, die **Ersatzbeschaffung** zu den nicht umlagefähigen Instandsetzungskosten; dies gilt auch für die vollständige Erneuerung angrenzender Bodenplatten und Bänke.[243] **164**

Sind Arbeiten notwendig, die auf **vertragswidrigem Verhalten einzelner Mieter** beruhen, etwa bei mutwilliger Beschädigung von Spielgeräten, oder ist wegen Verunreinigungen durch Hunde- oder Katzendreck der Sand auszutauschen, sind die Kosten nicht umlagefähig. Der Vermieter muss sich an die Schädiger halten bzw., wenn diese nicht zu ermitteln sind, die Kosten selbst tragen. Anders verhält es sich bei der bloßen regelmäßigen Reinigung der Anlage von Glas, Dreck oder Kot von Tieren, deren Kosten zu denjenigen der Pflege gem. Rdn. 162 gehören.[244] **165**

c) Plätze, Zugänge, Zufahrten

Hierzu zählen die Kosten der **Pflege** von Plätzen, z.B. Höfe, Mülltonnen-, Teppichklopf- oder Wäschetrockenplätze, Zugängen und Zufahrten sowie dort aufgestellter Ausstattungsgegenstände, wie Bänke, Abfallkörbe, Teppichstangen u. Ä. Werden Gehwegplatten nur vereinzelt aufgenom- **166**

---

[242] Bayern, Hamburg, Niedersachsen, Nordrhein-Westfalen, Schleswig-Holstein.
[243] Vgl. AG Stuttgart-Bad Cannstatt WuM 1986, 481; a. A. LG Hamburg WuM 1989, 640 bei preisgebundenem Wohnraum.
[244] *Wall* Rdn. 4021.

men und ordnungsgemäß wieder verlegt, um z.B. Unebenheiten zu beseitigen, dürfte es sich um ansatzfähigen Aufwand handeln, nicht jedoch, wenn sie verbraucht sind und erneuert werden müssen; dabei geht es um Instandsetzungskosten.[245] Die Pflege umfasst die Reinigung einschließlich der Schnee- und Eisbeseitigung im Winter, wohl auch die Reinigung von Gullys,[246] Unkrautvernichtung und dergleichen.

167 Gehören zum Grundstück **Parkplätze**, hängt die Umlegbarkeit der Pflegekosten davon ob, ob sie allen Mietern überlassen oder nur bestimmten Mietern zugeordnet sind. Im ersten Fall können die Kosten in die allgemeine Abrechnung einfließen, im zweiten handelt es sich um Sonderaufwand für die berechtigten Mieter, der nur von ihnen zu tragen ist (s. F Rdn. 206).[247] Entsprechendes gilt für die Pflege von Garagenzufahrten.

Problematisch ist die Umlage von Reinigungs- und sonstigen Pflegekosten **privater Wege** über **Grundstücke verschiedener Eigentümer,** auf denen **mehrere Gebäude hintereinander** errichtet wurden; dies ist infolge der wachsenden Verdichtung innerstädtischer Bebauung zunehmend anzutreffen. Die Mieter der hinteren Häuser müssen oft den Gehweg über das erste Grundstück nutzen, um ihre Wohnung zu erreichen. Fordert der Eigentümer des Vordergrundstücks von den Eigentümern der Hinterliegergrundstücke, etwa im Rahmen eines Wegerechts, ein Entgelt für Reinigungskosten, zumal für den Winterdienst, und allgemeine Pflege, stellt sich die Frage, ob diese die Kosten als Betriebskosten an die Mieter weitergeben können. Hier ist zu differenzieren. Dient der Gehweg auf dem Vordergrundstück den dortigen Mietern als Zugang zum Haus, weil z.B. der Hauseingang auf der Rückseite des Hauses liegt, werden in der Regel keine zusätzlichen Betriebskosten aufgrund der Mitbenutzung durch die anderen Mieter anfallen; auch wenn sich die übrigen Eigentümer für verpflichtet halten, einen Anteil des Aufwands des Eigentümers des ersten Grundstücks zu übernehmen, weil er ihren Mietern ebenfalls zugute kommt, scheidet ein Ansatz der Kosten aus. Anders verhält es sich, wenn der Weg im Wesentlichen für die Mieter der hinteren Häuser bestimmt ist. Hier verursacht die Pflege des Weges originäre Betriebskosten, die in Ansatz gebracht werden dürfen, soweit der erste Eigentümer einen angemessenen Ausgleich erhält. Es gilt nichts anderes als für die Kosten, die unmittelbar bei den Eigentümern der hinteren Grundstücke entstehen, wenn sie im Einvernehmen mit dem Eigentümer des Vordergrundstücks selbst die Pflege des Weges veranlassen.

8. Kosten der Beleuchtung

Nr. 11: „die Kosten der Beleuchtung, hierzu gehören die Kosten des Stroms für die Außenbeleuchtung und die Beleuchtung der von den Be-

---

[245] AG Stuttgart-Bad Cannstatt WuM 1996, 481.
[246] A. A. AG Köln WuM 1985, 368.
[247] Z. B. LG Hamburg WuM 1989, 640.

III. Definitionen des Betriebskostenkatalogs gem. § 2 BetrKV

wohnern gemeinsam genutzten Gebäudeteile, wie Zugänge, Flure, Treppen, Keller, Bodenräume, Waschküchen".

Nach dieser Bestimmung sind **ausschließlich** die Stromkosten für die **Außenbeleuchtung** und die **Beleuchtung von Gemeinschaftsflächen** umlagefähig. Hierzu gehören nur die Beleuchtungen, die auf privatem Grund stehen, was insbesondere bei Zuwegungen zu beachten ist;[248] zu den Kosten der Beleuchtung im Rahmen eines Wegerechts s. Rdn. 167. Zur Außenbeleuchtung zählt auch die zum Teil öffentlich-rechtlich vorgeschriebene **Beleuchtung der Hausnummer**. **168**

Fraglich ist, wie es sich mit dem Strom der **Klingel- und Türöffneranlage** verhält. So wird vertreten, dass er insgesamt herauszurechnen ist.[249] Dieser Meinung ist jedenfalls hinsichtlich der Beleuchtung des Klingeltableaus nicht zuzustimmen. Der Begriff der Außenbeleuchtung enthält keine Beschränkung auf Lampen, sondern deckt alle Beleuchtungen ab, die, wie auch die beleuchtete Hausnummer, dem sicheren Zugang zum Haus und seinen Bewohnern dient; nicht hierher gehört daher die dekorative Beleuchtung z. B. eines Baums im Garten. Auf dieser Grundlage verbleibt als im Grundsatz nicht umlagefähiger Strom allein derjenige, den die Klingeln zu den einzelnen Mietobjekten bei ihrer Betätigung sowie die Mechanik zur Türöffnung verbrauchen. Er verursacht evident so geringe Kosten, dass seine Aussonderung entbehrlich ist, selbst wenn eine Gegensprech- oder Videoanlage aufgeschaltet ist. **169**

Die Flächen und Räume, die unter die **Beleuchtung von Gemeinschaftsflächen** fallen, sind bereits in Nr. 10 beispielhaft aufgeführt. Es fehlt der Heizungskeller. Obwohl er nicht zur allgemeinen Benutzung zur Verfügung steht, sind die Kosten seiner Beleuchtung nach Nr. 10 abzurechnen, da er allen Mietern zugutekommt (nicht über § 7 Abs. 2 HeizKV).[250] Der Ansatz von Stromkosten für Keller oder Bodenräume, die einzelnen Mietern mitvermietet sind, scheidet aus;[251] dasselbe gilt für die Beleuchtung einer Garagenzufahrt und der Garage selbst. Diese Kosten sind auf die jeweiligen Mieter zu verteilen. Sonderverbrauch, z. B. als Baustrom, ist vom Vermieter zu tragen. **170**

Die Stromkosten setzen sich aus den **Grundgebühren, Verbrauchskosten** und ggf. der Miete für die **Zähler** zusammen. Da eine der Nr. 10 entsprechende Regelung fehlt, sind die Kosten aus der Erneuerung der **Leuchtmittel** wie auch der Lichtschalter und Sicherungen als bloße Instandsetzungskosten nicht umlagefähig.[252] **171**

---

[248] LG Aachen DWW 1993, 42.
[249] AG Leipzig WuM 2007, 576; *Kinne* in Kinne/Schach/Bieber § 556 Rdn. 182, *Wall* Rdn. 4103.
[250] *Kinne* in Kinne/Schach/Bieber § 556 Rdn. 182, *Wall* Rdn. 4102.
[251] LG Mainz WuM 2003, 624.
[252] OLG Düsseldorf NZM 2000, 762, *Kinne* GE 1998, 846, *Sternel* III Rdn. 351, *Wall* Rdn. 4107; a. A. *Lützenkirchen* in Lützenkirchen § 556 Rdn. 215 bei Vereinbarung als Sonstige Betriebskosten.

172 Problematisch ist die in der Praxis immer wieder verwendete Kostenart „**Hausstrom**"[253] oder „**Allgemeinstrom**".[254] Sie entspricht nicht den Vorgaben der Nr. 11 und wird daher zur formellen Unwirksamkeit dieser Kostenposition führen. Sie ist zudem für den Mieter irreführend, weil manche Vermieter darüber auch z. b. den Stromverbrauch einer Entlüftungs- oder entgegen der HeizKV der Heizungsanlage abrechnen. Auf der anderen Seite entspringt z. B. die Bezeichnung Allgemeinstrom einem praktischen Bedürfnis. So kommt es auf vielen Grundstücken und Häusern immer wieder zu einzelnen geringen Stromverbräuchen, etwa durch einen Staubsauger bei der Reinigung des Treppenhauses, ein Laubgebläse bei der Gartenpflege, einen Hochdruckreiniger für Zuwege und Höfe usw. Im Grunde sind die Stromkosten bei der jeweiligen Betriebskostenart anzusetzen, was jedoch nur mit einigem technischen und verwaltungsmäßigen Aufwand zu realisieren ist, der zur Höhe der aufzuteilenden Gesamtkosten in keinem zumutbaren Verhältnis steht. Ist der Stromverbrauch ausschließlich im umlagefähigen Betriebskostenbereich angefallen, ist seine Umlage unter dem zusammenfassenden Begriff des Allgemeinstroms aus praktischen Gründen nicht zu beanstanden. Um der formellen Seite der Abrechnung Rechnung zu tragen, sollte die Bezeichnung Allgemeinstrom daher z. b. um den Zusatz „für Beleuchtung, Gebäudereinigung, Gartenpflege" ergänzt werden.

173 Zum **Umlageschlüssel** s. F Rdn. 253, zum **Wirtschaftlichkeitsgrundsatz** s. H Rdn. 85.

9. Kosten der Schornsteinreinigung

Nr. 12: „die Kosten der Schornsteinreinigung, hierzu gehören die Kehrgebühren nach der maßgebenden Gebührenordnung, soweit sie nicht bereits als Kosten nach Nummer 4 Buchstabe a berücksichtigt sind".

174 Obwohl es sich bei den Kehr- und Überprüfungspflichten nach § 1 SchfHwG[255] – soweit es um die Tätigkeit des Bezirksschornsteinfegermeisters geht – i. V. mit der nach § 1 Abs. 1 Satz 2 SchfHwG erlassenen bundeseinheitlichen KÜO[256] um eine **öffentliche Last** handelt, erfolgt die Umlage nicht nach Nr. 1, sondern der Spezialbestimmung in Nr. 12.

175 Die Vorschrift gilt für **Einzelfeuerstätten,** d. h. Einzelöfen, die an einen Schornstein angeschlossen sind, Kamine, Feuerstellen von **Etagenhei-**

---

[253] Z. B. AG Leipzig WuM 2007, 576.
[254] Z. B. AG Frankfurt am Main WuM 2010, 92, AG Wetzlar WuM 2001, 30.
[255] Schornsteinfeger-Handwerksgesetz vom 26.11.2008 BGBl. I S. 2242, zuletzt geändert durch Erstes Gesetz zur Änderung des Schornsteinfeger-Handwerksgesetzes vom 17.7.2017, BGBl. I 2495.
[256] Kehr- und Überprüfungsordnung vom 16.6.2009 BGBl. I S. 1292, zuletzt geändert durch Art. 1 V. v. 8.4.2013, BGBl. I 760.

zungen. Die aus dem Betrieb einer **zentralen Heizanlage** entstehenden Gebühren und Kosten fallen **nicht unter Nr. 12.** Zwar scheint es der Wortlaut zu gestatten, die Kehrgebühren, die „*nicht bereits*" unter Nr. 4a „*berücksichtigt sind*", unter Nr. 12 abzurechnen, der Vermieter hat indes **kein Wahlrecht.**[257] Die Gebühren und Kosten gehören zu denjenigen nach Nr. 4a *und* § 7 Abs. 2 HeizKV und sind daher nach den vorrangigen Vorschriften der HeizKV umzulegen.

Über die in Nr. 12 ausdrücklich genannten Kosten der Schornsteinreinigung hinaus sind nach dieser Bestimmung **auch diejenigen Prüf- und Reinigungskosten** umlegbar, die dem **Schornsteinfeger** durch Gesetz oder Verordnung **zwingend auferlegt** sind; bei der Neufassung der BetrKV mit der Einfügung der Nr. 4d) wurde es lediglich versäumt, Nr. 12 entsprechend anzupassen. Dies betrifft die in § 1 Satz 2 Nr. 1 SchfHwG genannten „*Lüftungsanlagen oder sonstige Einrichtungen*", die in gewissen Zeitabständen „*gereinigt oder überprüft werden müssen*". Es handelt sich auch insoweit um eine öffentliche Last, bei der es sich anbietet, sie nicht nach Nr. 1, sondern im Zusammenhang mit den Kosten des Schornsteinfegers abzurechnen. Aufgrund der Ermächtigung in § 1 Abs. 1 Satz 3 SchfHwG können die Bundesländer über die KÜO hinaus durch Rechtsverordnung weitere Anlagen bestimmen, die in bestimmten Zeitabständen zu reinigen oder zu überprüfen sind. So gilt z. B. im Land Berlin eine Überprüfungspflicht für bestimmte gewerblich genutzte Dunstabzugshauben und Lüftungsanlagen.[258]

Nach § 2 Nr. 4d) BetrKV zählen zu den umlagefähigen Kosten **176**
– die **Kehrgebühren,**
– die Gebühren der **Immissionsmessung** und
– die Gebühren der **Feuerstättenschau** (§ 14 Abs. 1 SchfHwG, Anl. 3 zu § 6 KÜO Nr. 2) nebst **Feuerstättenbescheid** (§ 14 Abs. 2 SchfHwG, Anl. 3 zu § 6 KÜO Nr. 1). Hierbei handelt es sich um Kosten der Prüfung der Betriebssicherheit.[259] Die Feuerstättenschau hat nach § 14 Abs. 1 SchfHwG zwingend zwei Mal innerhalb von sieben Jahren (vgl. § 10 Abs. 1 SchfHwG) mit einem Mindestabstand von zwei Jahren[260] zu erfolgen.

Nicht ansatzfähig sind die Kosten von Sonderprüfungen nach § 1 **177** Abs. 2 SchfHwG, d. h. nach Änderungen von Anlagen, dem Einbau neuer Anlagen oder der Inbetriebnahme stillgelegter Anlagen; dasselbe gilt für die Nachprüfung, ob z. B. bei einer Feuerstättenschau nach § 14 Abs. 1 SchfHwG festgestellte Mängel behoben wurden.

---

[257] Z. B. *Wall* Rdn. 4206.
[258] Überprüfungsverordnung vom 17.12.2009 GVBl. Berlin 2009, 886, dazu GE 2010, 229.
[259] Unzutreffend AG Soest DWW 2013, 340 = GE 2014, 129: öffentliche Last gem. § 2 Nr. 1 BetrKV.
[260] Entgegen *Wall* Rdn. 5946 nicht mit einem Abstand von drei Jahren: § 14 Abs. 1 Satz 2 SchfHwG: „*frühestens im dritten Jahr*".

178 Hinsichtlich der regelmäßig anfallenden Kosten ist es **unerheblich,** ob der Eigentümer eine **Aufteilung** der Arbeiten in diejenigen, die gesetzlich den Bezirksbevollmächtigten vorbehalten sind, d.h. den in § 3 KÜO aufgeführten, und anderen notwendigen Arbeiten vorgenommen hat, die auch von sog. freien Schornsteinfegern oder entsprechend qualifizierten sonstigen Betrieben durchgeführt werden dürfen. Die Gesamtkosten können einheitlich, ebenso wie bei der Vergabe der Arbeiten insgesamt an den bevollmächtigten Bezirksschornsteinfeger i.S. des § 8 Abs. 1 SchfHwG, umgelegt werden.

179 Zum **Umlageschlüssel,** insbesondere bei unterschiedlicher Nutzung des Schornsteins, s. F Rdn. 254, zum **Wirtschaftlichkeitsgrundsatz,** insbesondere im Hinblick auf den teilweisen Wegfall des Schornsteinfegermonopols ab 1.1.2013, H Rdn. 87.

10. Kosten der Sach- und Haftpflichtversicherung

Nr. 13: „die Kosten der Sach- und Haftpflichtversicherung, hierzu gehören namentlich die Kosten der Versicherung des Gebäudes gegen Feuer-, Sturm-, Wasser- sowie sonstige Elementarschäden, der Glasversicherung, der Haftpflichtversicherung für das Gebäude, den Öltank und den Aufzug".

180 Soweit der Vermieter von **Wohnraum** zur Einbeziehung des Betriebskostenkatalogs in den Mietvertrag auf §§ 556 Abs. 1 BGB oder die BetrKV (bzw. in älteren Verträgen auf § 27 II. BV oder dessen Anl. 3) Bezug nahm oder dem Vertrag die Aufstellung der Betriebskostenarten beifügte, ist es **nicht erforderlich,** die im einzelnen Mietverhältnis **tatsächlich anfallenden Versicherungsarten zu bezeichnen.** Der Verweis auf die Nr. 13 schließt sämtliche umlagefähigen Sach- und Haftpflichtversicherungen ein. Anders als bei den „sonstigen Betriebskosten" nach Nr. 17 (dazu B Rdn. 50) sind sie daher nicht ausdrücklich zu benennen, um dem Bestimmtheitsgebot Rechnung zu tragen. Dasselbe gilt bei der Vermietung von **Gewerberaum,** auch wenn die Umlage der Kosten der Sach- und Haftpflichtversicherung ohne weitere Spezifikation vereinbart ist.[261]

a) Sachversicherungen

181 Ansatzfähig sind die Kosten von **Sachversicherungen** für das Gebäude. Hierzu zählen die in der Bestimmung aufgeführten Versicherungsarten, die Umlage weiterer Sachversicherungen ist jedoch durch die Formulierung „namentlich" möglich, wie etwa einer Schwamm- und Holzbockversicherung[262] oder einer Versicherung von Schäden durch Rückstau von Abwasser.[263] Die Kostentragungspflicht des Mieters, die andernfalls

---

[261] OLG Brandenburg NZM 2000, 572.
[262] LG Hamburg WuM 1989, 191.
[263] Dazu ausführlich *Maass* GE 2003, 932.

ohnehin durch die Nettomietkalkulation jedenfalls dem Grunde nach bestünde, rechtfertigt sich dadurch, dass der Mieter hierüber ebenfalls geschützt ist, wenn er leicht fahrlässig einen Schaden der Mietsache verursacht. Er ist einerseits dem Vermieter gegenüber nicht zur Schadensbehebung verpflichtet. In ergänzender Auslegung des Gebäudeversicherungsvertrages besteht hierbei zugleich ein konkludenter Regressverzicht des Versicherers (sog. „versicherungsrechtliche Lösung").[264] Das gilt nach hiesiger Auffassung auch für die erhöhten Prämien eines Regressverzichts im Falle grober Fahrlässigkeit.[265]

182 Mit der Novellierung des Betriebskostenkatalogs wurden die Beispiele von Sachversicherungen um die Versicherung gegen **Elementarschäden** ergänzt. Deren Prämien waren bislang schon ohne weiteres umlegbar, zumal wenn sie landesrechtlich vorgeschrieben waren. Elementarschäden sind solche Schäden, die durch Naturereignisse hervorgerufen wurden, insbesondere Überschwemmungen, Erdbeben, Erdfall, Erdrutsch, Schneedruck, Lawinen und Vulkanausbruch. Im Hinblick auf die inzwischen sehr erheblich gestiegenen Prämien ist das Wirtschaftlichkeitsgebot im Einzelfall von besonderer Bedeutung.

183 Auch die Kosten für **Spezialversicherungen** sind grundsätzlich ansetzbar. Zur **Kostentrennung** bei der Versicherung spezieller Gefahren und bei gemischt genutzten Objekten s. F Rdn. 99, zur **Wirtschaftlichkeit** von besonderen Versicherungen, u.a. Extended Coverage-Versicherungen, s. H Rdn. 89.

184 In Betracht kommen **Glasversicherungen,** Versicherungen für Schäden an **Brandverhütungs- und -meldeanlagen,**[266] **Fernmelde-** und **Alarmanlagen,** wie etwa die Aufzugssprech- und Signalanlage für Notfälle, sowie sonstige **elektronische oder elektrotechnische Anlagen,** wie der der Starkstromleitung des Aufzugs.

185 Eine **Terrorschaden-Versicherung** ist umlagefähig, wenn konkrete Umstände vorliegen, welche die Gefahr eines Gebäudeschadens durch einen terroristischen Angriff begründen.[267] Es muss mithin ein nachvollziehbarer Anlass für die Annahme bestehen, ein Anschlag gerade auf das versicherte Gebäude sei in besonderer Weise wahrscheinlich,[268] weil es Symbolcharakter hat, in ihm staatliche Macht ausgeübt wird, es besonders viele Menschen anzieht oder in unmittelbarer Nähe von gefährdeten Objekten liegt,[269] z. B. US-staatlichen Einrichtungen.

---

[264] BGH (VIII ZR 38/17) GE 2018, 931 = NZM 2018, 714 = WuM 2018, 505.
[265] *Zehelein* NZM 2016, 849.
[266] OLG Düsseldorf GE 2012, 202 = ZMR 2012, 184: Elektronikversicherung der Brandmeldeanlage.
[267] BGH (XII ZR 129/09) GE 2010, 1679 = GuT 2010, 358 = NZM 2010, 864; a. A. *Neuhaus* NZM 2011, 65 (68 ff.).
[268] AG Pankow-Weißensee MM 2009, 314, AG Wetzlar ZMR 2008, 548; *Lattka* ZMR 2008, 929 (933 f.).
[269] *Günter* WuM 2012, 587 (595 f.).

186 Die Prämien für eine Versicherung gegen **Vandalismusschäden** sind umlegbar.[270] Es handelt sich dabei um die Versicherung des Aufwands, mit dem der Vermieter mutwillige Beschädigungen am Gebäude, seinen Anlagen oder Einrichtungen beseitigt, wie sie insbesondere bei Großwohnanlagen zu beobachten sind. Die Vandalismusschäden-Versicherung ist eine „*Versicherung des Gebäudes*" und damit eine echte Sachversicherung. Werden demgegenüber die Reparaturen in den Vordergrund gestellt, scheidet die Umlage aus;[271] Reparaturversicherungen sind nicht ansatzfähig. Gegen die Betonung des Reparaturaspekts spricht jedoch, dass jede Sachversicherung vorrangig die Kosten der Reparaturen deckt, die durch den Eintritt einer der versicherten Gefahren notwendig werden. Dieser Gesichtspunkt kann der Ansatzfähigkeit daher nicht entgegen gehalten werden.

187 Auch bei der Versicherung gegen die Kosten aus der **Beseitigung von Graffitis** geht es um eine Sachversicherung. Sie gehören weder zu den Kosten der Gebäudereinigung (s. Rdn. 133), noch sind sie als sonstige Betriebskosten umlagefähig, weil es eine Gesamthaftung der Mieter für Schäden, die – meist unbekannte – Dritte verursacht haben, nicht geben kann. Graffitischäden können im Rahmen einer Gebäudeversicherung mitversichert werden.[272] Im Hinblick auf den Wirtschaftlichkeitsgrundsatz wird im Einzelfall zu prüfen sein, ob eine Begrenzung, z. B. bis zur Höhe von 2,50 m ab Bodenniveau ausreicht.

188 Bei den **allgemeinen Wohngebäude-Versicherungen,** die verschiedene versicherte Gefahren (Brand, Blitzschlag, Explosion, Leitungswasser, Sturm, Hagel) verbinden, als auch bei entsprechenden Einzelversicherungen wird gelegentlich **problematisiert,** dass sie üblicherweise zum **Neuwert** abgeschlossen werden und dass sie je nach den maßgeblichen VGB eine Deckung von **Mietausfällen** für einen unterschiedlichen Zeitraum einschließen. So wird gelegentlich vertreten, der Mieter sei nur an den Kosten einer Versicherung des Zeitwerts zu beteiligen, die Versicherung des Mietausfalls sei ohnehin nicht umlagefähig.

189 – Auch wenn der Mieter dem Vermieter bei der **Neuwertversicherung** sowohl ersparten Instandsetzungsaufwand wie auch den der Regelabschreibung entsprechenden Wertverlust des Gebäudes finanziert, wäre es nicht sachgerecht, dem Vermieter die Umlage der Prämien einer Neuwertversicherung abzuschneiden.[273] Eine Versicherung zum Neuwert sichert die Beseitigung von Schäden auch dann, wenn der Vermieter aus eigener finanzieller Leistungskraft nicht zur Wiederherstellung in der Lage wäre, weil ihm die Mittel zur Auffüllung der Dif-

---

[270] AG/LG Braunschweig WuM 2010, 423; *Kinne* in Kinne/Schach/Bieber § 556 Rdn. 184, *Lützenkirchen* in Lützenkirchen § 556 Rdn. 231, *Zehelein* in MünchKomm § 2 BetrKV Rdn. 61, *Sternel* Mietrecht aktuell Rdn. V 93; a. A. *Wall* Rdn. 4318.
[271] *Jendrek* DWW 2003, 142 (143) = NZM 2003, 697 (698), *Wall* Rdn. 4318.
[272] *Roel* ZdWBay 2000, 370.
[273] A. A. AG Leipzig NZM 2009, 858.

III. Definitionen des Betriebskostenkatalogs gem. § 2 BetrKV

ferenz zwischen Zeit- und Neuwert fehlen. Dies ist ein Vorteil, der dem Mieter unmittelbar zugutekommt. Er ist zudem dadurch abgesichert, dass der Vermieter den Teil der Entschädigung, die den Zeitwert übersteigt, nur erhält, soweit und sobald er innerhalb eines bestimmten Zeitraums nach Eintritt des Versicherungsfalles sichergestellt hat, dass die Entschädigung zur Wiederherstellung oder Wiederbeschaffung verwendet wird Eine **Ausnahme** gilt allein dann, wenn es sich um die Neuversicherung eines ohnehin sanierungsbedürftigen Objekts handelt, die auch in der Regel zum Zeitwert erfolgt; hier ist die Schere zwischen Zeit- und Neuwert unangemessen groß.

– Hinsichtlich eines in der **Gebäudeversicherung mitversicherten Mietausfalls** hat der **BGH**[274] die hierauf entfallenden Kostenanteile jedenfalls dann für **umlagefähig** erklärt, wenn dieser nach den Vertragsbedingungen durch einen versicherten Sachschaden eintritt. Denn insoweit handelt es sich, anders als bei einer nicht umlagefähigen separaten Mietausfallversicherung, nicht um einen eigenständigen Versicherungsfall. Hinzu kommt, dass der Mieter, der leicht fahrlässig den Sachschaden verursacht, über die Grundsätze der „versicherungsrechtlichen Lösung" (s. Rdn. 181) auch von der Haftung für den Mietausfall des Vermieters befreit ist. Der Abschluss einer Gebäudeversicherung ohne den hierauf bezogenen mitversicherten Mietausfall ist ohnehin bei den Versicherern kaum durchsetzbar, weil sie eine Neukalkulation der Prämie notwendig macht. Wie manche „beitragsfrei" versicherbaren Zusatzleistungen zeigen, ist es zudem nicht einmal sicher, dass sich ein Ausschluss tatsächlich prämienmindernd auswirken würde. Es kommt hinzu, dass eine Entschädigung für Mietausfall vom Versicherer nur zu leisten ist, wenn der Vermieter die Möglichkeit der Wiederbenutzung nicht schuldhaft verzögert. Dies ist ein Korrektiv, das sich zugunsten des Mieters auswirkt. Im Unterschied zum „normalen" Mietausfall resultiert er zudem aus dem Sachschaden.[275]

Anders verhält es sich noch bei der Vermietung von **Gewerberaum**. Hier bedarf die Versicherung gegen Mietverlust der gesonderten Vereinbarung. Schließt sie der Vermieter ab, scheidet die Umlage grundsätzlich aus,[276] es sei denn, sie ist ausdrücklich vereinbart.

b) Haftpflichtversicherungen

Umlegbar sind ferner die Kosten betriebsbezogener Haftpflichtversicherungen. Als solche kommt insbesondere die **Gebäudehaftpflichtversicherung** in Betracht, mit welcher der Eigentümer seine Haftung für Schäden durch das Gebäude versichert. Als mögliche Einzel- oder Zu-

---

[274] BGH (VIII ZR 38/17) GE 2018, 931 = WuM 2018, 505, LG Hamburg Urt. vom 5.2.1998 – 333 S 117/97.
[275] *Zehelein* in MünchKomm § 2 BetrKV Rdn. 61.
[276] Allgemeine Ansicht, z. B. OLG Düsseldorf DWW 2000, 196 = WuM 2000, 435 (LS).

satzversicherung nennt die Bestimmung die Haftpflichtversicherung für den **Öltank** (nicht wenn er stillgelegt ist und nur aus Kostengründen im Grundstück verbleibt[277]) und den **Aufzug;** hierzu gehört auch die Versicherung der **Gemeinschaftsantenne,** sei es als Empfangsanlage für terrestrisch ausgestrahlte Programme, sei es als Parabolantenne.

193 Die Prämien für eine übliche Gebäudehaftpflichtversicherung sind **in vollem Umfang umlagefähig,** auch wenn sie zugleich die sog. **Grundbesitzerhaftpflicht**-Versicherung enthalten,[278] die immer Bestandteil der Gebäudehaftpflicht-Versicherung ist. Sie deckt die Schäden, die auf den ersten Blick weniger vom Gebäude oder Grundstück ausgegangen sind, als auf Unterlassungen des Eigentümers beruhen, etwa einem fehlenden Hinweis an die Mieter auf erhöhte Einbruchgefahr nach mehreren Einbrüchen in der Wohnanlage[279] bzw. durch Aufstellung eines Gerüsts[280] oder unzureichender Organisation des Hauswartsdienstes, die zu verspätetem Winterdienst und dem Sturz eines Mieters auf Glatteis führt. Bei genauerer Betrachtung zeigt sich jedoch, dass eine Differenzierung zwischen Grundstücks- und Grundbesitzerhaftpflicht nicht sachgerecht ist. Nach § 100 VVG[281] ist der Versicherer bei der Haftpflichtversicherung verpflichtet, *„den Versicherungsnehmer von Ansprüchen freizustellen, die von einem Dritten auf Grund der Verantwortlichkeit des Versicherungsnehmers für eine während der Versicherungszeit eintretende Tatsache geltend gemacht werden, und unbegründete Ansprüche abzuwehren".* Vom Vorsatz abgesehen geht es in der Praxis stets um schuldhafte Unterlassungen des Grundbesitzers, also um Vorgänge, für deren Folgen der Vermieter verantwortlich ist. Dabei macht es keinen Unterschied, ob sich eine Gefahr infolge fehlender Pflege des Hauses oder Grundstücks und dadurch bedingter Substanzschäden, etwa loser Dachziegel, brüchiger Mauerwerks- oder Balkonteile, verwirklicht, oder infolge nicht ausreichender Verkehrssicherung, die ebenfalls einen gefährdenden Zustand des Mietobjekts zur Folge hat; Letzteres betrifft die erwähnte erhöhte Einbruchgefahr oder das Glatteis vor dem Haus ebenso wie z.B. die fehlende Vorsorge gegen Schäden aus einem unzureichenden Bauteil wie der Verglasung einer Treppenhausaußenwand mit gewöhnlichem Fensterglas.[282] Allen vorgenannten Varianten ist gemeinsam, dass es sich letztlich um objektbezogene (vgl. Rdn. 18) Konstellationen handelt, die in den Verantwortungsbereich des Vermieters fallen.

194 Gegen den ungekürzten Ansatz der Haftpflichtversicherung wird gelegentlich eingewandt, sie enthalte auch Prämienanteile für die gem. § 101 VVG mitversicherten **Rechtsverfolgungskosten.** Da die Haft-

---

[277] *Pfeifer* S. 76.
[278] Vgl. BGH (VIII ARZ 1/01) NZM 2002, 116 (118).
[279] OLG Hamburg NJW-RR 1988, 1481 = WuM 1989, 68.
[280] LG Hamburg Urt. vom 5.4.1990 – 7 S 295/89.
[281] VVG vom 23.11.2007 BGBl. I S. 2631.
[282] BGH (VI ZR 233/93) WuM 1994, 480.

pflichtversicherung auch bei Schadensersatzansprüchen des Mieters gegen den Vermieter eintrittspflichtig ist, müsse der Mieter die Abwehr seiner eigenen Ansprüche durch den Vermieter mitfinanzieren; dies sei nicht angängig, so dass die Rechtsverfolgungskosten ausgeschlossen werden müssten oder ein Abschlag von der Prämie vorzunehmen sei. Diese Begründung ist zwar einleuchtend, gleichwohl ist ihr nicht zu folgen. Sie übersieht, dass es sich nicht um eine separate Rechtsschutzversicherung des Vermieters handelt, sondern um einen Bestandteil der Versicherung, der gesetzlich vorgegeben ist. Schon als die Nr. 13 der Vorgängerregelung in Anl. 3 zu § 27 II. BV geschaffen wurde, war der entsprechende frühere § 150 Abs. 1 Satz 1 VVG seit Jahrzehnten[283] in Kraft. Es ist nichts dafür erkennbar, dass die vorbeschriebene Problematik vom Verordnungsgeber übersehen wurde, mithin davon auszugehen, dass sie vom Mieter hinzunehmen ist. Ein gewisser Ausgleich liegt für den Mieter darin, dass er dem Regress des Versicherers auf Grund des gesetzlichen Forderungsübergangs nach § 86 VVG nur ausgesetzt ist, wenn er Schäden vorsätzlich oder grob fahrlässig verursachte,[284] also nicht z. B. bei nur leicht fahrlässigem unzureichendem Winterdienst[285] oder der Art der Treppenhausreinigung, die Glätte zur Folge hatte.

c) Sonstige Versicherungen

Nicht umlagefähig sind **Reparaturversicherungen**.[286] Sie sind z. B. als Versicherung haustechnischer Anlagen gegen Schäden durch fehlerhaftes Nutzerverhalten oder durch Fehlfunktionen sowie gegen Mängel der Anlage anzutreffen. Die fehlende Umlegbarkeit ergibt sich bereits daraus, dass die zugrunde liegenden Kosten aus Instandhaltung und Instandsetzung grundsätzlich keine Betriebskosten sind; sie können daher auch nicht durch Abschluss einer entsprechenden Versicherung auf den Mieter abgewälzt werden. **195**

Ebenfalls nicht ansetzbar sind die Prämien für die Versicherung **privater Interessen** des Eigentümers und/oder Vermieters. Hierunter fallen eine Haus- und Mietrechtsschutzversicherung,[287] eine separate Mietaus- **196**

---

[283] VVG vom 30.5.1908.
[284] BGH (VIII ZR 41/95) WuM 1996, 212 (IV ZR 298/99), NZM 2001, 108 = WuM 2001, 122 = ZMR 2001, 175; zur Beweislast des Versicherers BGH (IV ZR 298/99) NZM 2001, 108 = WuM 2001, 122 = ZMR 2001, 175, (VIII ZR 28/04) GE 2005, 123 = NZM 2005, 100 = WuM 2005, 57 = ZMR 2005, 116, OLG Düsseldorf GE 2004, 1231 = WuM 2004, 461 = ZMR 2004, 672; dazu im Einzelnen *Langenberg* in Schmidt-Futterer § 538 Rdn. 62.
[285] LG Stuttgart WuM 1998, 32.
[286] Z. B. AG Köln WuM 1990, 556; entgegen AG Hamburg WuM 2004, 202 bei vermietetem Wohnraum auch nicht aufgrund einer besonderen Vereinbarung, § 556 Abs. 4 BGB.
[287] AG Bonn WuM 1987, 274; OLG Düsseldorf ZMR 1995, 203 für Gewerberaum.

fallversicherung,[288] eine private Haftpflichtversicherung oder eine Vermögensschadenhaftpflicht-Versicherung des Vermieters.

d) Umlagefähige Kosten

197 Die jeweiligen Prämien sind, soweit sie einer ordnungsgemäßen, sparsamen Bewirtschaftung entsprechen, **in voller Höhe** umlegungsfähig. Es ist ohne Bedeutung, ob es sich um eine landesrechtliche Zwangsversicherung oder eine private Versicherung handelt. Ist der Versicherer ein Versicherungsverein auf Gegenseitigkeit (VVaG), kann es nach § 179 Abs. 2 VAG[289] bei entsprechendem Satzungsvorbehalt zu einer Nachschusspflicht des Vermieters kommen. Nachschüsse resultieren aus häufig niedrigen laufenden Prämien, die auch dem Mieter zugute kamen, und einer hohen Schadensquote. Auch derartige Nachschüsse sind daher als nachträgliche Prämien umlegbar.

198 „Beiträge" für einen **Eigenversicherungsfonds** darf der Vermieter jedoch **nicht** erheben. Dergleichen begegnet in der Praxis insbesondere zur Absicherung kleinerer Sachschäden. Die Versicherungssumme entspricht dabei der jährlichen Nettoprämie; die jährlichen Schadenszahlungen werden abgerechnet und der Saldo aus Schadens- und Prämienzahlungen auf das folgende Versicherungsjahr vorgetragen. Dies ist keine Versicherung im eigentlichen Sinne, was z.B. schon daran deutlich wird, dass es keinen Risikoausgleich durch die Bildung von Gefahrengemeinschaften gibt, sondern eher eine Ansparvariante.

199 **Prämien-Rückvergütungen,** zum Teil auch als Gewinnbeteiligung bezeichnet, hat der Vermieter den Mietern gutzubringen.[290] Sofern die Vergütung darauf beruht, dass im Versicherungsjahr keine Schäden eintraten, ist die Verpflichtung evident. Zum Teil resultiert sie auch daraus, dass manche Vermieter, zumal **bei kleineren Schäden,** darauf **verzichten,** den **Versicherer in Anspruch zu nehmen,** um sowohl die Vergütung zu erhalten als auch einen Prämienanstieg zu vermeiden. In diesem Fall argumentieren die Vermieter gelegentlich, dass sie von der Weitergabe der Rückvergütung in Form einer in der Abrechnung geringer angesetzten Prämie absehen könnten, weil die Rückvergütung bis zur Höhe der selbst bezahlten Kosten aus der Beseitigung von Schäden auch eine Art von Schadensregulierung seitens des Versicherers sei. Dies ist eine verständliche, gleichwohl unzulässige Betrachtungsweise. Diese Art der Refinanzierung seiner Ausgaben ist dem Vermieter verwehrt. Der Mieter darf nur mit den endgültigen Prämien belastet werden, also dem Vermieter tatsächlich entstandenen Kosten. Anderenfalls liegt ein Verstoß gegen

---

[288] Auch nicht bei Gewerberaum: OLG Düsseldorf NZM 2001, 588.
[289] Versicherungsaufsichtsgesetz vom 1.4.2015, BGBl. I S. 434, in Kraft seit 1.1.2016, zuletzt geändert durch Gesetz vom 17.8.2017, BGBl. I S. 3214, m.W.v. 1.1.2018.
[290] *Kinne* GE 2017, 870 (873), *Lützenkirchen* in Lützenkirchen § 556 Rdn. 235: ebenso Provisionen.

§ 556 Abs. 1 Satz 2 BGB vor (s. A Rdn. 24). Es kommt hinzu, dass es allein wirtschaftliche Überlegungen des Vermieters betrifft, ob und inwieweit er die Kosten aus der Beseitigung von Schäden selbst bezahlt, weil ständig steigende Prämienbelastungen ggf. den Spielraum für die Höhe der Nettomiete einengen. Um nicht in den Verdacht eines „kick-back"-Geschäfts[291] zu kommen, dürfte es im Übrigen auch im Hinblick auf das Wirtschaftlichkeitsgebot sinnvoller sein, den Versicherungsvertrag auf eine von vornherein günstigere Prämie umzustellen.

Selbstbeteiligungen (Selbstbehalte) des Vermieters sind Beträge, die der Vermieter entweder prozentual oder mit einer bestimmten Höhe bei jedem Schadenfall selbst zu tragen hat.[292] Sie sind mithin nicht unmittelbarer Teil der Versicherungsprämie, führen jedoch im Regelfall zu deren Reduzierung. Da die Mieter von dieser Ersparnis profitieren, wird vertreten, dass sich die Mieter zum Ausgleich auch an den Kosten der Selbstbeteiligung des Vermieters zu beteiligen haben.[293] Dieser Ansicht ist **nicht zuzustimmen**. Zwar lässt § 2 Nr. 13 BetrKV auch die Umlage anderer als der in der Bestimmung ausdrücklich genannten Versicherungsarten zu (s. Rdn. 181). Es muss sich aber um Versicherungen handeln, nicht um Eigenkosten des Vermieters; § 2 Nr. 13 BetrKV trägt die Ausweitung auf Selbstbehalte daher nicht.[294] In der Sache verhält es sich bei den Selbstbeteiligungen wie bei den oben behandelten Rückvergütungen, so dass hierauf verwiesen werden kann. Anders als bei der Wohnraummiete kann die Umlage von Selbstbeteiligungen jedoch bei der Vermietung von Gewerberaum mit einer ausdrücklichen, auch formularvertraglichen Regelung vereinbart werden.

Zum **Umlageschlüssel** s. F 255 ff., zum Rdn. **Wirtschaftlichkeits-** **200**
grundsatz S. H Rdn. 88.

11. Kosten für den Hauswart

Nr. 14: „die Kosten für den Hauswart, hierzu gehören die Vergütung, die Sozialbeiträge und alle geldwerten Leistungen, die der Eigentümer oder Erbbauberechtigte dem Hauswart für seine Arbeit gewährt, soweit diese nicht die Instandhaltung, Instandsetzung, Erneuerung, Schönheitsreparaturen oder die Hausverwaltung betrifft; soweit Arbeiten vom Hauswart ausgeführt werden, dürfen Kosten für Arbeitsleistungen nach den Nummern 2 bis 10 und 16 nicht angesetzt werden".

a) Inhalt der Hauswartstätigkeit

Aufgabe des Hauswarts ist es, für die Sicherheit und auch eine gewisse **201**
Ordnung im Mietobjekt zu sorgen.

---

[291] Dazu BGH (5 StR 129/07) NZM 2009, 152.
[292] *Zur Nieden* NZM 2013, 369 (370).
[293] *Zur Nieden* NZM 2013, 369 (372).
[294] A. A. *Zur Nieden* NZM 2013, 369 (373).

Zum **Sicherheitsbereich** gehört z. B. die Kontrolle, dass
- keine Rettungs- oder Fluchtwege zugestellt sind, z. B. durch Sperrmüll,
- keine gefährlichen Gegenstände (Standardfall: Moped im Keller) auf den Gemeinschaftsflächen des Hauses gelagert werden,
- Außentüren ordnungsgemäß schließen,
- Außentüren bei Fehlen einer Türöffneranlage nachts verschlossen sind, damit sich nicht beliebige Dritte im Hause einquartieren oder leichter Zugang zu den einzelnen Mietobjekten verschaffen,
- Abflüsse im Keller oder auf dem Grundstück frei liegen,
- die Beleuchtung von Gemeinschaftsflächen ordnungsgemäß funktioniert, ggf. auch die ausreichende Dauer zeitgeschalteter Beleuchtung,
- haustechnische Anlagen, zumal die elektrischen Einrichtungen, in ordnungsgemäßem Zustand sind,
- Glasbereiche keine Schäden aufweisen,
- Handwerker im Rahmen von umlagefähigen Wartungsarbeiten,[295] nicht bei Reparaturen, sowie
- Fremdfirmen, die umlagefähige Arbeiten erledigen, wie Reinigung, Gartenpflege, eingewiesen werden,[296] und
- der allgemeinen Verkehrssicherungspflicht des Vermieters genügt ist, z. B. durch Überwachung von Frostschutz, der Einhaltung des Brandschutzes, gefahrlosem Zustand von Bodenflächen im Innen- und Außenbereich (Stolperfallen).

Schließlich soll der Hauswart bei Notfällen erreichbar sein, um Abhilfe zu leisten oder zu organisieren.[297]

202 Der **Ordnungsbereich** betrifft im Wesentlichen die Einhaltung der Hausordnung, nicht einer allgemeinen Aufsicht (vgl. § 26 Abs. 1 II. BV).[298] Hierzu zählt z. B. die
- Überwachung der Treppenhausreinigung und ggf. des Winterdienstes durch (meist) den Erdgeschossmieter sowie der Sauberkeit des Wohnumfeldes,
- Einhaltung der Ruhezeiten,
- Kontrolle von Waschküche und Trockenboden, dass keine Lüftungen verhängt oder verschlossen sind, um Feuchteschäden zu verhindern,
- generelle Überprüfung von Gemeinschaftsanlagen auf ordnungsgemäße Nutzung, z. B. Kontrolle des Mülltonnenplatzes[299]
- Öffnung des Müllkellers für die regelmäßige Müllabfuhr.

Bei Verstößen einzelner Mieter gegen die Hausordnung wird er auch zu einem Hinweis auf deren Inhalt verpflichtet sein. Weitere Maßnahmen wie z. B. schriftliche Abmahnungen fallen in den Verwaltungsbereich.

---

[295] *Seldeneck* Rdn. 2339; a. A. LG München I WuM 2000, 258.
[296] S. vorstehende Fn.
[297] LG Köln WuM 1997, 230.
[298] LG Köln WuM 1989, 82.
[299] LG Berlin GE 2011, 612.

b) Abgrenzung der Hauswartstätigkeit zu anderen Arbeiten

aa) Grundsätze

Bei der Tätigkeit eines Hausmeisters kommt es immer wieder zu Überschneidungen mit Arbeiten, deren Kosten, wie in der Bestimmung ausdrücklich festgelegt, nicht umlagefähig sind. Zum einen handelt es sich dabei um **allgemeine Wartungs- und Reparaturmaßnahmen,** auch um Kleinreparaturen sowie Überwachungstätigkeiten,[300] einschließlich der darauf entfallenden Sachkosten. Wartungs- und Pflegekosten, die nach Nr. 2 bis 10 und 16 ansetzbar sind, müssen hingegen mit den Hausmeisterkosten abgerechnet werden; dies ist im Interesse der Klarheit und Überprüfbarkeit erforderlich, sofern die Kosten über eine Betriebskostenabrechnung geltend gemacht werden.[301]

203

Zum anderen sind **Verwaltungstätigkeiten** herauszurechnen, mit denen Hauswarte in vielfältiger Weise beauftragt werden.[302] Hierbei geht es um die Entlastung der Verwaltung, etwa durch Verteilung von Rundschreiben oder Abrechnungen, Abmahnung von Mietern, Einkassieren von Mieten u.Ä. oder um die Vertretung der Verwaltung vor Ort, wie bei Wohnungsabnahmen und Erstellung von Abnahmeprotokollen, Annahme und Weiterleitung von Schadensmeldungen, Terminabsprachen mit und Einweisung von Handwerkern, ggf. Abnahme ihrer Arbeiten.[303] Die Hausmeistertätigkeit ist mehr praktisch-technischer Natur als fürsorgend-verwaltender Art; die Abhaltung von Mietersprechstunden zählt daher zur Verwaltungstätigkeit.[304]

204

Soweit große Wohnungsunternehmen eine Art **Hausmeisterzentrale** unterhalten, die den Einsatz zahlreicher Hauswarte koordiniert, handelt es sich der Sache nach nicht um eine Hauswartstätigkeit, sondern ausgelagerte Verwaltung, die nicht umlegbar ist. Die bei Verwaltungstätigkeiten verursachten **Sachkosten** wie Telefongebühren oder der Aufwand für Schriftverkehr sind ebenfalls keine Betriebskosten.

205

bb) Ermittlung der nicht umlagefähigen Kosten

Die Ermittlung der vorgenannten nicht umlagefähigen Kosten erfolgt am besten durch **Stundenlisten.** Der Mieter hat zwar keinen Anspruch darauf, dass Stundennachweise angelegt werden,[305] da es Sache des Vermie-

206

---

[300] OLG Düsseldorf Urt. v. 9.7.2015 – I-10 U 126/14, NJOZ 2015, 1753, OLG Düsseldorf NZM 2000, 762, LG Berlin GE 2001, 923, LG Wuppertal WuM 1999, 342, 115, AG Köln WuM 1995, 120; *Kinne* in Kinne/Schach/Bieber § 556 Rdn. 196, *Zehelein* in MünchKomm § 2 BetrKV Rdn. 66, *Wall* Rdn. 4434; a. A. LG München I WuM 2000, 258.
[301] Herrschende Ansicht, z. B. LG Hamburg WuM 1990, 561.
[302] Einschränkend LG Gera WuM 2001, 615 für *„geringfügige Arbeiten".*
[303] Z. B. LG Köln DWW 1996, 51, AG Magdeburg MM 2002, 428, AG Lichtenberg MM 2002, 428.
[304] AG Dortmund WuM 1996, 561 = ZMR 1996, 387.
[305] LG Karlsruhe WuM 1996, 230, AG Ulm WuM 1999, 402.

ters ist, wie er die verschiedenen Kostenanteile ermittelt. Spätestens im Streitfall muss der Vermieter die Aufteilung jedoch nachvollziehbar darlegen,[306] was am ehesten durch Stundenzettel möglich ist.[307] Werden diese über mehrere Monate geführt, ergibt sich eine Verteilung der Arbeitszeit, die für den gesamten Abrechnungszeitraum zugrunde gelegt werden kann und auch für folgende Perioden, wenn sich die Aufgabengebiete nicht verschieben.[308]

207 Wird ein **Sachverständigengutachten** eingeholt, ist es methodisch mangelhaft, wenn es seiner Preisermittlung die Kosten bei großen Wohnungsunternehmen zugrunde legt, es im Einzelfall aber nur um den Bestand von sechs Wohnungen im Gebäude eines privaten Vermieters geht. Die Anzahl und die Größe der vom Vermieter insgesamt vermieteten Wohnungen sind mithin zu berücksichtigen.[309]

208 Ansonsten bleibt nur die **Schätzung** der jeweiligen Anteile. Der gebotene Abzug kann nicht generell durch die Heranziehung von Betriebskostentabellen erfolgen,[310] weil er sachgerecht nur anhand der Leistungsbeschreibung im Vertrag mit dem Hauswart und der von ihm tatsächlich in den einzelnen Kostenbereichen aufgewandten Zeit[311] zu ermitteln ist.[312] Als **allgemeiner Maßstab** soll ein Ansatz von 22,5% Instandhaltungskosten und 7,5% Verwaltungskosten angemessen sein.[313] In der Rechtsprechung wurden als angemessener Abzug für Instandhaltung und Verwaltung geschätzt
- 5% für Überwachung der gesamten haustechnischen Einrichtungen im Gemeinschaftsbereich und ggf. Behebung von kleineren Mängeln, Überprüfung und Wartung der mechanischen Einrichtungen wie Türschließautomaten, Zylinder, Federbänder, Schlösser und feuerhemmender Türen, Meldung von Störungen bei der Hausverwaltung und nach Anweisung bei zuständigen Fachfirmen, Vereinbarung von Terminen mit Wartungsfirmen, Überwachung der im Anwesen tätigen Firmen und Abzeichnung deren Regienachweise, Ausführung kleinerer Reparaturen im Gemeinschaftseigentum sowie Besorgung und Anbringung von einheitlichen Namensschildern an den Klingeln und Briefkastenanlagen;[314]

---

[306] BGH (VIII ZR 27/07) DWW 2008, 216 = GE 2008, 662 = NZM 2008, 403 = WuM 2008, 285.
[307] AG Köln WuM 2001, 515.
[308] Ebenso *Lützenkirchen* in Lützenkirchen § 556 Rdn. 259.
[309] LG Halle NZM 2007, 40.
[310] A. A. *Kinne* in Kinne/Schach/Bieber § 556 Rdn. 196.
[311] BGH (VIII ZR 27/07) DWW 2008, 216 = GE 2008, 662 = NZM 2008, 403 = WuM 2008, 285.
[312] LG Neuruppin WuM 2004, 49: Abzug von 25% anhand des Aufgabenkatalogs und der Stundenzettel von zwei Monaten
[313] *Herlitz/Viehrig* S. 90.
[314] AG München ZMR 2012, 202.

III. Definitionen des Betriebskostenkatalogs gem. § 2 BetrKV 71

– 10% für Wartung von Waschmaschine und Trockner, kleinere Reparaturen, Abstimmung von Handwerkerterminen, deren Einweisung und die Abnahme ihrer Arbeiten, Verteilung von Rundschreiben, Einkäufe im Bereich der Hausmeistertätigkeit und deren Abrechnung;[315]
– 20% für gelegentliche kleine Reparaturen und Verwaltungstätigkeiten;[316]
– 20% als Instandhaltungsanteil;[317]
– 20% als Verwaltungskostenanteil für die Meldung besonderer Vorkommnisse im Haus an den Eigentümer, Einweisung und Überwachung der fachlichen Kundendienste oder der zur Ausführung von Arbeiten herangezogenen Unternehmen, Entleerung der Münz- und Geldautomaten, Abrechnung der entnommenen Beträge mit Waschmaschinenabrechnungsblatt an die Hausverwaltung;[318]
– 50% für die die Überwachung und Wartung der Druckerhöhungsanlagen, Gartenarbeiten, Reparaturarbeiten, Schnee- und Eisbeseitigung für den Verwaltungsbereich und Sauberhalten der Sandkisten,[319] was jedoch im Hinblick auf den Einschluss der Gartenpflegearbeiten zu hoch erscheint;
– 66,6% für umfangreiche Instandhaltungs- und Verwaltungstätigkeit.[320]

Im **Prozess obliegt es allerdings dem Vermieter**, die im Wege der Schätzung vorgenommenen **Abzüge nachvollziehbar zu erläutern** und die Schätzgrundlagen ggf. darzulegen und zu beweisen. Das Gericht ist ohne Angaben des Vermieters zu der Schätzhöhe oder den Grundlagen der Schätzung weder gehalten noch befugt, die Schätzung gem. § 287 ZPO selbst vorzunehmen, da der Vermieter hierfür ausreichende Kenntnisse hat und daher zumindest greifbare Anhaltspunkte liefern muss. Kommt der Vermieter dieser Pflicht nicht nach, sind die Kosten insgesamt nicht umlegbar.[321]

cc) Abgrenzung durch getrennte Verträge

Um sich den Abgrenzungsaufwand in der Abrechnung zu ersparen, besteht eine Möglichkeit darin, **mit dem Hauswart separate Verträge** über die reine Hausmeistertätigkeit sowie die ihm daneben übertragenen Reparatur- und/oder Verwaltungsleistungen abzuschließen, wovon zunehmend Gebrauch gemacht wird.[322] Das im Rahmen des reinen Hauswartvertrags gezahlte Entgelt kann ungekürzt in die Abrechnung übernommen werden (dazu H Rdn. 141). Im Hinblick auf das Wirtschaft-

209

---
[315] LG Hamburg Urt. vom 15.1.1991 – 16 S 402/88.
[316] LG Berlin GE 2001, 923, AG Köln WuM 1995, 120.
[317] LG Berlin GE 1999, 1127.
[318] AG Köln WuM 1999, 466.
[319] AG Hamburg-St. Georg WuM 2007, 446.
[320] LG München I WuM 2000, 258.
[321] OLG Düsseldorf Urt. v. 9.7.2015 – I-10 U 126/14, NJOZ 2015, 1753.
[322] Vgl. LG Itzehoe NZM 2011, 406 = WuM 2011, 104.

lichkeitsgebot ist allerdings zu beachten, dass der Abschluss von Einzelverträgen mit demselben Beauftragten gelegentlich Vermieter dazu verführt, die Kosten aus dem Vertrag mit den nicht umlagefähigen Kosten zulasten des anderen Vertrags auffällig gering zu halten.

210 Hiervon zu trennen sind die Fälle, in denen ein **einheitlicher Vertrag** abgeschlossen wurde, sich der Vermieter aber vom Beauftragten **getrennte Rechnungen** über die Hauswartstätigkeit sowie die Instandsetzungs- und Verwaltungsarbeiten erteilen lässt. Dieses Verfahren wird nur dann als sachgerechte Abgrenzung anzusehen sein, wenn der Vertrag getrennte Leistungsbeschreibungen und entsprechende ausgewiesene Kostenanteile enthält.[323]

c) Ansatzfähige Kosten

aa) Personalkosten

211 Umlagefähig sind die **Personalkosten** eines vom Vermieter angestellten Hausmeisters. Darunter sind der Arbeitslohn (einschl. Weihnachtsgeld) und die Lohnnebenkosten (Sozialbeiträge einschließlich der Arbeitgeberanteile, Beiträge zur betrieblichen Altersversorgung, auch pauschale Lohnsteuerbeträge) und die zusätzlichen Kosten aus einer Krankheits- oder Urlaubsvertretung zu verstehen;[324] hält ein Wohnungsunternehmen sog. **Springer** vor, die bei Urlaub, Krankheit oder Überlastung tätig werden, sind deren Kosten ansetzbar, soweit und solange sie auch tatsächlich als Hauswarte eingesetzt werden.

212 Ferner gehören hierzu die **geldwerten Sachleistungen** an den Hauswart, wie die Kosten einer unentgeltlich überlassenen **Hausmeisterwohnung**[325] bzw. bei verringertem Mietzins die Differenz zur ortsüblichen Vergleichsmiete. Wohnt der Hauswart völlig mietfrei und zahlt er damit auch keine anteiligen Nebenkosten, sind diese dem Hauswartsentgelt hinzuzurechnen, da sonst dieses zusätzliche Entgelt nicht transparent wird. Bei einer Betriebskostenabrechnung darf die Hauswartswohnung daher nicht von der Umlage ausgenommen werden, indem die Gesamtkosten nur auf die Mieter verteilt werden. Die auf den Hauswart entfallenden anteiligen Gemeinkosten sind nicht ansetzbar.

213 Nimmt der Vermieter ein **Hausmeisterservice-Unternehmen** in Anspruch, sind die von ihm in Rechnung gestellten Kosten ansatzfähig; dasselbe gilt bei Beauftragung eines Regiebetriebs[326] (s. o. Rdn. 17). In beiden Fällen ist jedoch die Beschränkung auf reine Hausmeisterleistungen zu beachten; auch hier sind daher die Anteile, die auf Verwaltungs- und insbesondere Instandsetzungsarbeiten entfallen, herauszurechnen.[327]

---

[323] Ebenso LG Dresden WuM 2013, 671.
[324] LG Kassel WuM 2016, 740, BeckRS 2016, 109344.
[325] AG Köln WuM 1997, 273.
[326] LG Hamburg ZMR 1995, 32.
[327] LG Wuppertal WuM 1999, 342, LG Frankfurt am Main NJWE-MietR 1996, 267 = WuM 1996, 561.

III. Definitionen des Betriebskostenkatalogs gem. § 2 BetrKV

Fraglich ist, wie die Personalkosten während der **Freistellungsphase** 214
bei einer **Altersteilzeitvereinbarung** umzulegen sind. Die Problematik
beruht darauf, dass der Hauswart eine bestimmte Zeit seine volle Arbeitsleistung erbringt, jedoch nur einen Teil seines Lohns erhält, während
in der anschließenden Freistellungsphase die teilweise Lohnzahlung fortläuft, er indes nicht mehr tätig wird. Der Vermieter kann **entweder**
durchgehend über beide Phasen den verringerten Lohn mit der Abrechnung umlegen[328] **oder** in der vollen Arbeitsphase den vollen Lohn, so
dass in der Freistellungsphase kein Ansatz mehr erfolgt.

Die **bessere Lösung** geht dahin, auf die Mieter, zu deren Mietzeit der 215
Hausmeister in vollem Umfang arbeitete, den vollen Arbeitslohn umzulegen. Der Vermieter vermeidet damit von vornherein die Schwierigkeiten, die aus einem **Mieterwechsel während der Freistellungsphase** resultieren. Der Mieter, der in der Freistellungsphase einzieht, wird dem
Ansatz der anteiligen Kosten widersprechen: Er soll die vollen Kosten
des neuen Hausmeisters bezahlen und die anteiligen des alten, denen
während seiner Mietzeit keine Leistung gegenüber steht. Sein Standpunkt ist in der Sache zutreffend, weil die Fortzahlung des anteiligen
Entgelts ohne Leistung in der Sache eine Nachzahlung auf die zuvor bei
gekürztem Entgelt in vollem Umfang erbrachte Leistung darstellt.

Problematisch erscheint bei diesem Lösungsweg allein der Umstand, 216
dass für die Arbeitsphase **Zahlungsbelege nur über den anteiligen Lohn**
vorliegen. Dies ist indes unschädlich, weil der Vermieter gehalten ist,
Rückstellungen für die in der Freistellungsphase auszuzahlenden Lohnkosten zu bilden.[329] Es handelt sich damit insgesamt um Kosten, die bereits in voller Höhe angefallen sind, nicht teilweise um solche, die erst in
der Freistellungsphase entstehen werden. Es geht auch nicht um das unzulässige Ansparen von Raten auf zukünftige Kosten (s. Rdn. 24). Vielmehr erwirbt der Hausmeister mit seiner vollen Arbeitsleistung einen
Anspruch auf volle Vergütung, die ihm nur gestreckt ausgezahlt wird,
praktisch stundet er dem Vermieter jeweils den anteiligen Lohn. Die
rechtliche Verpflichtung des Arbeitgebers, diese Hälfte später auch tatsächlich auszuzahlen, ist offensichtlich.

Der **durchgehende Ansatz der anteiligen Lohnkosten** kommt daher 217
nur in Betracht, wenn die Mietverhältnisse mit den Mietern während der
gesamten Phasen bestanden, was zu Beginn der Altersteilzeit nicht abzuschätzen ist. Zudem führt dieses Verfahren gelegentlich zu Einwänden
der Mieter hinsichtlich des Kostenansatzes in der Freistellungsphase.
Dass dieser Einwand unberechtigt ist, folgt schon daraus, dass die Mieter
den Vorteil hatten, in der Zeit, als der Hausmeister die volle Leistung
zum gekürzten Entgelt lieferte, nur mit den anteiligen Kosten belastet zu
werden, so dass es sachgerecht ist, sie in der Freistellungsphase ebenfalls

---

[328] AG Berlin-Köpenick GE 2009, 199.
[329] Ebenso *Herlitz/Viehrig* S. 84/85.

mit den anteiligen Kosten zu belasten. Gleichwohl verursachen die Vorbehalte der Mieter zusätzlichen Verwaltungsaufwand.

bb) Sachkosten

218 **Sachkosten** sind im Rahmen der Bestimmung **grundsätzlich nicht** umlagefähig, weil Nr. 14 die Umlage von Arbeitskosten regelt.[330] Anteilige Gemeinkosten für das Hausmeisterbüro und dessen Ausstattung sind daher nicht ansetzbar.[331] Eine **Ausnahme** ist für die unmittelbar mit der Hausmeistertätigkeit zusammenhängenden Kosten anzunehmen,[332] wie anteilige Telefongebühren, die nicht auf Verwaltung entfallen,[333] oder Fahrtkosten[334] (nicht für die Fahrten zwischen verschiedenen betreuten Objekten), nicht aber Arbeitskleidung,[335] wie z. B. Arbeitsstiefel.[336] Die Kosten der Lohnbuchhaltung sind nicht umlagefähige Verwaltungskosten.[337]

219 Erledigt der Hauswart **Arbeiten, die zu anderen Betriebskostenarten** gehören, etwa Gebäudereinigung und Gartenpflege, sind die hierbei eingesetzten Sachmittel bei den betreffenden Kostenarten abzurechnen.[338]

d) Sonstiges

220 Zum **Umlageschlüssel** s. F Rdn. 264 f., zum **Wirtschaftlichkeitsgrundsatz** s. H Rdn. 95.

221 Gilt eine **Teilinklusivmiete** und sind die Hausmeisterkosten im Abrechnungsweg umlagefähig, ist jeweils zu prüfen, ob die vom Hauswart über die eigentliche Hausmeistertätigkeit hinaus übernommenen Arbeiten, z. B. Gebäudereinigung und Gartenpflege, ebenfalls als in dieser Weise umlegbar vereinbart wurden. Ist dies nicht der Fall, dürfen die Kostenanteile nicht mit abgerechnet werden.[339] Hier kommt für Altverträge aus der Zeit bis 31.8.2001 nur die Erhöhung des Betriebskostenanteils der Teilinklusivmiete über § 558 BGB oder (gem. Art. 229 § 3 Abs. 4 EGBGB) nach § 560 BGB in Betracht, für Verträge ab 1.9.2001 allein über § 558 BGB.

---

[330] *Schmid* GE 2009, 1472, *Wall* Rdn. 4448.
[331] LG Aachen DWW 1993, 41; *Kinne* in Kinne/Schach/Bieber § 556 Rdn. 199, *Pfeifer* S. 80, *Zehelein* in MünchKomm § 2 BetrKV Rdn. 68, *Wall* Rdn. 4446; a. A. *Blank* in Blank/Börstinghaus § 556 Rdn. 87.
[332] *Blank* in Blank/Börstinghaus § 556 Rdn. 87, generell a. A. *Schmid* GE 2009, 1472, *Wall* Rdn. 4448.
[333] AG Hannover WuM 1994, 435.
[334] *Sternel* III Rdn. 353.
[335] AG Brandenburg a. d. Havel GE 2010, 915; *Wolbers* ZMR 2009, 417 (418); a. A. *Schmid* GE 2009, 1472 (1474).
[336] AG Lörrach WuM 1996, 628.
[337] LG Kassel WuM 2016, 740, BeckRS 2016, 109344.
[338] *Wall* Rdn. 4506, *Wolbers* ZMR 2009, 417 (418), *Zehelein* in MünchKomm § 2 BetrKV Rdn. 68.
[339] A. A. AG Münster WuM 2013, 61 ohne nähere Begründung.

12. Kosten des Betriebs der Gemeinschaftsantennenanlage

Nr. 15a: „die Kosten des Betriebs der Gemeinschafts-Antennenanlage, hierzu gehören die Kosten des Betriebsstroms und die Kosten der regelmäßigen Prüfung ihrer Betriebsbereitschaft einschließlich der Einstellung durch eine Fachkraft oder das Nutzungsentgelt für eine nicht zur Wirtschaftseinheit gehörende Antennenanlage sowie die Gebühren, die nach dem Urheberrechtsgesetz für die Kabelweitersendung entstehen".

Umlagefähiger **Betriebsstrom** fällt für einen oder bei langen Signalwegen mehrere Verstärker an. Da die Kosten eines Zwischenzählers regelmäßig über denen des Betriebsstroms liegen,[340] reicht die Schätzung der Kosten, z. B. nach den Leistungsdaten der Verstärker. Im Hinblick auf die geringe Höhe erscheint es jedoch auch möglich, die **Kosten zusammen mit** denen der **Beleuchtung** nach Nr. 11 abzurechnen;[341] nach anderer Ansicht soll die Zulässigkeit der gemeinsamen Abrechnung davon abhängen, dass nach demselben Umlageschlüssel abgerechnet wird.[342]

Für die regelmäßige **Prüfung der Betriebsbereitschaft** und die Einstellung der Antenne kann der Vermieter einen **Wartungsvertrag** abschließen und die daraus resultierenden Kosten umlegen, sofern der Wartungsvertrag wirtschaftlich sinnvoll ist, was bei Kleinanlagen eher nicht der Fall ist. Die Kosten von Reparaturen oder dem Austausch von Teilen am Verstärker oder der Antenne sind nicht ansetzbar; der Vermieter ist auch nicht zum Ansatz einer Kleinpauschale mit der Begründung berechtigt, dass beim Leasing einer Anlage umlagefähige Instandhaltungskosten eingerechnet sind. Diese Kosten sind daher bei Vollwartungsverträgen herauszurechnen (s. z. B. Rdn. 99).

Nach der Bestimmung sind die Kosten einer **geleasten Anlage** umlegbar. Hier ist der gesamte Rechnungsbetrag ansatzfähig, eine Ausgliederung von Gewinn- oder Instandsetzungsanteilen findet nicht statt. Die Anlage gehört bereits dann nicht zur Wirtschaftseinheit, wenn sie im Eigentum eines Dritten steht;[343] ihre Aufstellung außerhalb des Gebäudes oder der Wirtschaftseinheit ist nicht erforderlich.[344] Umlagefähig sind auch die Kosten für den Anschluss an eine Antenne, die ein Dritter auf fremdem Grund errichtet hat und mit der eine Siedlung oder mehrere Wirtschaftseinheiten versorgt werden.

Beim Betrieb von Gemeinschaftsantennenanlagen fallen **keine Urheberrechtsgebühren** an.[345] Da der Vermieter die Signale ausschließlich an

---

[340] *Pfeifer* S. 83.
[341] *Zehelein* in MünchKomm § 2 BetrKV Rdn. 70.
[342] *Kinne* GE 2007, 337 (341), *Wall* Rdn. 4505.
[343] AG Haßfurt WuM 1990, 559.
[344] *Wall* Rdn. 4505.
[345] BGH (I ZR 228/14) GE 2015, 1589 = NZM 2016, 127 = WuM 2016, 51 bestätigt durch BVerfG NJW 2017, 147; OLG München GE 2014, 1335, jeweils für die Wohnungseigentümergemeinschaft, mit krit. Anm. *Poll* DWW 2015, 248.

die Mieter weiterleitet, fehlt es an einer öffentlichen Wiedergabe im Sinne von § 15 Abs. 3 UrhG. Im Grunde bündelt der Vermieter mit der Gemeinschaftsanlage allein den Empfang durch Einzelantennen der Mieter.

226 Die Kosten der **Erstausstattung** mit einer Gemeinschaftsantenne sind Baukosten. Bei preisfreiem Wohnraum sind sie ggf. als Modernisierungskosten nach § 559 BGB geltend zu machen. Bei preisgebundenem Wohnraum alter Art berechtigen sie zum Ansatz erhöhter laufender Aufwendungen, wenn die Bewilligungsstelle der Maßnahme zugestimmt hat; die Zustimmung gilt als erteilt, wenn die Modernisierung mit Mitteln öffentlicher Haushalte gefördert worden ist (§§ 6 Abs. 1 NMV, 11 Abs. 7 II. BV). Die Kosten für eine sog. **Set-Top-Box,** mit der das terrestrische digitale Fernsehen (DVB-T) empfangen werden kann, hat der Mieter zu tragen.[346]

13. Kosten des Betriebs der mit einem Breitbandnetz verbundenen privaten Verteilanlage

Nr. 15b: „die Kosten des Betriebs der mit einem Breitbandnetz verbundenen privaten Verteilanlage, hierzu gehören die Kosten entsprechend Buchstabe a, ferner die laufenden monatlichen Grundgebühren für Breitbandanschlüsse;"[347]

227 Soweit bei einem Breitbandanschluss **Kosten gem. Nr. 15a** anfallen, sind sie ansetzbar. **Nicht zu den Betriebskosten** zählen das einmalige Anschlussentgelt und die Kosten für die Installation der Verteilung im Gebäude, anders, wenn die Verteilanlage geleast ist. **Problematisch** ist die Umlagefähigkeit von **Durchleitungsentgelten,** die manche Vermieter von den Kabelnetzbetreibern für die Nutzung des hauseigenen Kabelnetzes (Netzebene 4) verlangen.

Hat der **Vermieter** den **Versorgungsvertrag** abgeschlossen, bestehen keine rechtlichen Beziehungen der Mieter zum Betreiber, sondern nur zum Vermieter. Er jedenfalls darf die Mieter nicht mit Kosten belasten, die keine Betriebskosten sind, sondern einen unzulässigen weiteren Mietzins darstellen. Verlangt der Vermieter dennoch, wie es gelegentlich anzutreffen ist, vom Netzbetreiber ein Entgelt, das dieser in seine üblicherweise ohne jede Aufschlüsselung berechneten Kosten einpreist und das mit den Betriebskosten umgelegt wird, liegt der Verdacht betrügerischen Vorgehens des Vermieters nahe (s. dazu H Rdn. 142).

Ob es sich anders verhält, wenn der **Kabelnetzbetreiber** den **Versorgungsvertrag** unmittelbar **mit den Mietern** abschließt, ist fraglich. Vertraglich verbunden sind nur die Mieter und der Betreiber, so dass es zulässig erscheint, dass der Vermieter dem Betreiber ein Entgelt für die Nutzung des hauseigenen Netzes in Rechnung stellt, das in dessen Kos-

---

[346] LG Berlin GE 2003, 1613; *Schach* GE 2003, 998 (1000).
[347] Nr. 15b geändert durch Art. 4 Gesetz zur Änderung telekommunikationsrechtlicher Regelungen vom 3. Mai 2012, BGBl. I S. 958 (Wegfall des Wortteils „kabel").

ten, die den Mietern berechnet werden, einkalkuliert wird. Bei genauerer Betrachtung wird indes deutlich, dass die hauseigene Anlage Teil des Mietobjekts ist. Wie bei Wasserrohren oder Elektrokabeln handelt es sich nicht um eine Zusatzausstattung, für die wie etwa bei Garagen- oder Stellplätzen ein gesondertes Mietentgelt vereinbart wird. Das Kabelnetz ist mithin mit der von den Mietern entrichteten Miete bereits bezahlt. Es ließe sich nun argumentieren, der Mietzins betreffe nur die Anlage als solche, nicht aber deren Nutzung wie durch einen Kabelnetzbetreiber. Eine derartige Trennung wäre schlichte Rabulistik, weil die Reduzierung des Mietgegenstands auf dessen bloßes Vorhandensein ohne Nutzungsmöglichkeit diesem jeden Sinn nähme; anders als z. B. bei den Einrichtungen zur Wäschepflege, bei denen der Mieter Wasser- und Stromkosten verursacht, die er folglich zu tragen hat, entstehen dem Vermieter aus der Nutzung der Netzebene 4 keine Kosten. Auch bei dieser Vertragsgestaltung generiert der Vermieter damit letztlich eine zusätzliche Miete, auf die er keinen Anspruch hat. Besonders augenfällig wird dies, wenn der Breitbandanschluss nachträglich installiert wurde und der Mieter hierfür schon einen Modernisierungszuschlag zu entrichten hat.

Die **laufenden** monatliche **Grundgebühren** für den Breitbandanschluss sind umlagefähig, bei preisgebundenem Wohnraum alter Art jedoch nur auf die Mieter, die dem Anschluss zugestimmt haben (§ 24a Abs. 2 Satz 2 NMV). Nicht zu den Grundgebühren gehören die öffentlich-rechtlichen Gebühren für den Rundfunk- und Fernsehanschluss. **228**

Ist die Wohnung **mit Breitbandanschluss vermietet,** gehört er zum Mietgegenstand. Schloss der Vermieter den Vertrag mit dem Versorger ab, ist der Mieter **nicht** zur **Kündigung des Anschlusses** berechtigt. Er hat die laufenden Kosten daher auch dann zu tragen, wenn er den **Anschluss nicht mehr nutzt,** etwa wegen der Umstellung auf den Empfang des terrestrischen digitalen Fernsehens, solange es nicht zu einer einvernehmlichen Vertragsänderung gekommen ist.[348] **229**

Wird ein Breitbandanschluss **nach Beginn des Mietverhältnisses** hergestellt, handelt es sich auch unter Berücksichtigung des terrestrischen Digitalfernsehens um eine duldungspflichtige **Modernisierung.**[349] Betriebskosten als Folgekosten aus einer Modernisierung sind umlegbar; der Mieter hat keinen Anspruch auf Verplombung des Breitbandanschlusses.[350] Erst recht hat der Mieter daher die laufenden Breitbandkosten zu tragen, wenn der Breitbandanschluss als Ersatz für eine Gemeinschaftsantenne eingerichtet wurde; die laufenden Kosten sind von ihm auch dann zu tragen, wenn er kein Fernsehgerät besitzt und den Anschluss daher nicht nutzt.[351] **230**

---

[348] AG Münster NZM 2007, 771.
[349] BGH (VIII ZR 253/04) NZM 2005, 697 = WuM 2005, 576.
[350] AG Berlin-Schöneberg GE 2004, 1595.
[351] BGH (VIII ZR 202/06) GE 2007, 1310 = NZM 2007, 769 = WuM 2007, 571.

231 Akzeptiert der Vermieter den Widerspruch des Mieters gegen den Neuanschluss an das Breitbandnetz, kann er von der Verlegung eines Anschlusses in die Wohnung absehen oder den Anschluss mit einem Sperrfilter versehen lassen. Je nach der Ausgestaltung fallen für den Mieter überhaupt keine Modernisierungskosten an oder er ist zumindest von den laufenden Kosten für den Breitbandanschluss befreit. Wenn überhaupt laufende Kosten für den Sperrfilter entstehen, treten diese an die Stelle der Kosten aus dem Betrieb der Gemeinschaftsantenne, weil es sich nur um eine technische Umstellung der Art und Weise handelt, wie die Programme geliefert werden, nicht um eine andere Betriebskostenart.[352] Zudem werden die verbliebenen Nutzer von den Betriebskosten entlastet, die durch den ohne Sperrfilter notwendigen weiteren Betrieb der Gemeinschaftsantenne entstehen würden (s. F Rdn. 268).

232 Entgegen dem Eindruck aufgrund der Fassung der **Nr. 15a)** „oder" b) darf der Vermieter die **Kosten auch nebeneinander** umlegen, wenn beide Einrichtungen im Hause vorhanden sind. Hierzu kann es kommen, wenn zunächst nur eine Gemeinschaftsantenne installiert war und später ein Breitbandanschluss hergestellt wurde. Da jedenfalls über Breitbandkabel Rundfunkempfang auf Lang-, Mittel- und Kurzwelle nicht möglich ist, ist der Vermieter nicht berechtigt, wegen des Anschlusses an das Breitbandkabelnetz die Gemeinschaftsantenne ohne Zustimmung aller Mieter zu entfernen.[353] Dasselbe gilt, wenn der Mieter über die Zimmerantenne keinen ausreichenden Empfang von DVB-T hat.[354]

233 Formularmäßige **Klauseln,** dass der Mieter auch nach Abschluss des Mietvertrags verpflichtet ist, die Installation einer Gemeinschaftsantenne oder eines Breitbandanschlusses **zu dulden,** sind unwirksam.[355] Entsprechendes dürfte für einen formularmäßigen Verzicht auf den Anschluss an die Gemeinschaftsantenne bei Anschluss an das Breitbandnetz gelten.

234 Zum **Umlageschlüssel bei Anlagen nach Nr. 15a) und b)** s. F Rdn. 266 ff., zum **Wirtschaftlichkeitsgebot** s. H Rdn. 99.

14. Kosten des Betriebs der Einrichtungen für die Wäschepflege

Nr. 16: „die Kosten des Betriebs der Einrichtungen für die Wäschepflege, hierzu gehören die Kosten des Betriebsstroms, die Kosten der Überwachung, Pflege und Reinigung der Einrichtungen, der regelmäßigen Prüfung ihrer Betriebsbereitschaft und Betriebssicherheit sowie die Kosten der Wasserversorgung entsprechend Nummer 2, soweit sie nicht dort bereits berücksichtigt sind".

---

[352] A. A. *Pfeilschifter* WuM 1987, 289.
[353] KG RE 27.6.1985 DWW 1985, 204 = WuM 1985, 248, AG Osnabrück WuM 1999, 34.
[354] AG Charlottenburg GE 2004, 1530.
[355] BGH (VIII ZR 38/90) DWW 1991, 212 = WuM 1991, 381 wegen der nach § 555d BGB zwingend erforderlichen Abwägung der Interessen der Parteien.

a) Gewerberaum und preisfreier Wohnraum

Die Neufassung der Nr. 16 stellt klar, dass nicht nur die Kosten der Waschmaschine selbst, sondern auch derjenigen Geräte, die beim **Reinigungsvorgang insgesamt** eingesetzt werden, also auch Wäscheschleudern, Trockengeräte und Bügelmaschinen, umgelegt werden dürfen, wie es bereits bisher allgemeiner Ansicht entsprach. **235**

Ansatzfähig sind die Kosten der vom Vermieter **für alle Mieter** gestellten Einrichtungen zur Wäschepflege. Die Kosten für eine **private Wascheinrichtung** haben die Mieter selbst zu tragen. Ist sie im Mietobjekt aufgestellt, wird der Stromverbrauch über den Wohnungsstromzähler abgerechnet, die Wasser- und Abwasserkosten werden nach Nr. 2 und 3 umgelegt, sofern der Verbrauch nicht über Einzelwasserzähler festgehalten wird. Ist sie in einem Gemeinschaftskeller eingerichtet, ist für jedes Mietergerät ein separater Strom- und ggf. Wasserzähler vorzuhalten. **236**

Umlegbar sind die Kosten des **Betriebsstroms**. Er ist durch einen Zähler zu erfassen.[356] Er lässt sich durch Schätzung anhand der Anschlusswerte der Geräte nicht ermitteln, weil schon die Waschmaschine durch ihre vielseitigen Programme sehr unterschiedliche Verbräuche verursacht. **237**

Die Kosten für **Pflege, Überwachung und Reinigung** dürfen umgelegt werden. Werden die Arbeiten vom Hauswart erledigt, sind sie unter den Kosten des Hauswarts nach Nr. 14 zu berechnen; die Lücke hinsichtlich der Nr. 16 in Nr. 14 der Anl. 3 zu § 27 II. BV ist in § 2 Nr. 14 BetrKV geschlossen. Die Überwachung wird zu den originären Pflichten des Hauswarts gezählt werden können, so dass keine separaten Kosten anfallen. Aus Pflege und Reinigung der Wascheinrichtung dürften im Regelfall nur marginale Kosten entstehen; die Kosten für die Reinigung des Waschkellers sind bei Nr. 9 zu berücksichtigen. **238**

Der Vermieter kann auch einen **Wartungsvertrag** für die regelmäßige Prüfung von Betriebsbereitschaft und Betriebssicherheit abschließen; Pflege und Reinigung der Einrichtungen werden dann bei der Wartung mit erledigt. Handelt es sich um einen Vollwartungsvertrag, sind die Kosten für Instandsetzungsarbeiten herauszurechnen (dazu z.B. Rdn. 99); die Kosten aus der Behebung von Betriebsstörungen sind im Regelfall nicht umlagefähig (dazu Rdn. 103). Eine Instandsetzungspauschale ist nur im preisgebundenen Wohnraum ansetzbar (dazu Rdn. 246). **239**

Die Kosten der **Wasserversorgung** dürfen unter Nr. 16 angesetzt werden, was allerdings einen separaten Wasserzähler voraussetzt. Fehlt ein Zähler und ist die Möglichkeit zur Nutzung der Einrichtun- **240**

---

[356] Ebenso *Zehelein* in MünchKomm § 2 BetrKV Rdn. 72; a.A. *Kinne* in Kinne/Schach/Bieber § 556 Rdn. 206, *Wall* Rdn. 4601.

gen zur Wäschepflege bei allen Mietern mietvertraglich vorgesehen, dürfen die Wasserkosten grundsätzlich in die Berechnung nach Nr. 2 einfließen.[357] Sind allerdings die Mietobjekte mit Einzelwasserzählern ausgestattet, ist auch der Wasseranschluss der Waschmaschine mit einem Zähler zu versehen,[358] die Verbrauchskosten sind unter Nr. 16 umzulegen.

241 Die **Abwasserkosten** sind in Nr. 16 nicht aufgeführt. Da sie üblicherweise zwangsläufig im Umfang des Frischwasserverbrauchs anfallen, sind sie als Teil der *„Kosten der Wasserversorgung"* erfasst. Für die Umlage gelten die vorstehenden Ausführungen entsprechend, so dass sie entweder im Rahmen der Nr. 16 oder der Nr. 3 anzusetzen sind.

242 **Heizkosten** können für den Waschkeller, insbesondere aber einen Trockenkeller entstehen. Sie sind in Nr. 16 nicht angeführt. Ihre Umlage erfolgt im Rahmen der Heizkostenabrechnung; es ist daher ein Heizkostenverteiler zu installieren.

243 Der Aufwand, der dem Vermieter aus der **Um- und Abrechnung der Kosten** aus dem Betrieb maschineller Wascheinrichtungen entsteht, gehört zu den nicht umlagefähigen Verwaltungskosten.[359]

244 Ist der Betrieb der Einrichtungen nur nach Bedienung eines **Münzautomaten** möglich, stellt sich die Frage, ob der Vermieter das Entgelt für einen Wasch-, Trocken- oder Bügelvorgang so berechnen darf, dass er neben den laufenden Kosten auch eine **Amortisation** erreicht, um die Kosten für Anschaffung und Installation neuer Geräte wegen Verschleißes der alten zu decken. Die Antwort richtet sich nach der Regelung im Mietvertrag.

– Ist im Mietvertrag **vereinbart,** dass das Benutzungsentgelt für die laufenden **Kosten und** die **Amortisation** zu entrichten ist, umfasst der vom Vermieter zur Verfügung gestellte Mietgebrauch allein die Möglichkeit, ohne den umständlichen Weg des Besuchs eines sog. Waschcenters bequem im Hause die Wäsche zu reinigen und zu pflegen. In diesem Fall begegnet die Umlage der vollen Kosten keinen Bedenken; die Höhe muss allerdings angemessen im Sinne des § 315 BGB sein,[360] d. h. kostenorientiert, sie darf keinen Gewinn des Vermieters enthalten, da das Vorhandensein der Einrichtung im Hause bereits mit dem Mietzins abgegolten ist.

– **Fehlt** eine entsprechende **Klarstellung im Mietvertrag,** darf der Mieter davon ausgehen, dass die Einnahmen aus dem Münzbetrieb nur zur Abdeckung der laufenden Kosten dienen.[361]

245 Zum **Umlageschlüssel** s. F Rdn. 280.

---

[357] *Schmid* DWW 1997, 68.
[358] *Herlitz/Viehrig* S. 96, Wall Rdn. 4605.
[359] AG Mühlheim/Ruhr WuM 2000, 424.
[360] AG Pinneberg WuM 1983, 21.
[361] AG Hamburg WuM 2003, 565.

b) Preisgebundener Wohnraum

Nach § 25 Abs. 1 Satz 2 NMV darf für die **Kosten der Instandhaltung** zusätzlich ein Erfahrungswert als Pauschbetrag[362] angesetzt werden; die Instandhaltungskosten für die maschinelle Wascheinrichtung werden mithin nicht durch die Pauschale nach § 28 II. BV erfasst. Erfolgt der Betrieb über Münzautomaten, ist der Vermieter daher berechtigt, den Pauschbetrag bei der Berechnung des Entgelts je Wasch- oder Trockenvorgang zu berücksichtigen. Er dient jedoch nicht dazu, dem Vermieter das Ansparen des für eine Neuanschaffung erforderlichen Betrages zu ermöglichen, sondern bezieht sich nur auf u. U. anfallende größere Reparaturen. Die Amortisation erfolgt über die erhöhte Sonderabschreibung nach § 25 Abs. 3 Nr. 8 II. BV. Zum **Umlageschlüssel** s. im Einzelnen F Rdn. 274 ff.

246

15. Sonstige Betriebskosten

Nr. 17: „sonstige Betriebskosten, hierzu gehören Betriebskosten im Sinne des § 1, die von den Nummern 1 bis 16 nicht erfasst sind."

a) Grundsätze

Die Bestimmung der Nr. 17 gestattet den Ansatz „*sonstiger*" Kosten. Es handelt sich dabei um einen **Auffangtatbestand**,[363] der es z. B. ermöglicht, Kosten aufgrund künftiger technischer Entwicklungen umzulegen; die nach dem Betriebskostenkatalog umlagefähigen Wartungskosten stellen mithin keine Ausnahme dar. Die **Umlage** derartiger Kosten **muss** ausdrücklich und **spezifiziert vereinbart** sein (s. B Rdn. 50).

247

Wie die Bezugnahme auf § 1 BetrKV zeigt, können bei vermietetem **Wohnraum** nur solche Kosten umlagefähig sein, die **mit** den **originären Betriebskosten** in der Aufstellung nach Nrn. 1 bis 16 **vergleichbar**[364] sind, d.h. der Definition in § 1 Abs. 1 Satz 1 BetrKV genügen und die nicht unter die nach § 1 Abs. 2 BetrKV ausgeschlossenen Kosten fallen. Es ist daher nicht zulässig, sonstige Kosten entgegen § 1 Abs. 2 BetrKV generell mit der Begründung umzulegen, dass auch der Katalog des § 2 BetrKV vereinzelt den Ansatz von Instandsetzungs- und Verwaltungskosten gestattet. Letzteres ist systemwidrig und im Übrigen durch die Ermächtigungsgrundlage in § 556 Abs. 1 Satz 2 BGB nicht gedeckt.[365]

248

Bei **Gewerberaummietverhältnissen** kann hingegen die Umlage anderer Kosten vereinbart werden. Enthält der Mietvertrag allerdings eine Verweisung auf die BetrKV, sind nur deren Bestimmungen in Bezug genommen; sonstige Betriebskosten können daher auch hier nur solche

249

---

[362] Zur Berechnung vgl. Fischer-Dieskau/*Heix* § 25 NMV Anm. 4.2.
[363] Z. B. OLG Celle NZM 1999, 501.
[364] *Schmidt* MDR 1999, 1296.
[365] *Langenberg* NZM 2004, 46, *Schmid* WuM 2002, 527.

sein, die bei der Vermietung von Wohnraum ebenfalls umlagefähig sind.[366]

250 Nicht umlagefähig sind zusammengefasst
- Anschaffungskosten, z.B. von Feuerlöschern;[367] sie gehören zu den Baukosten (Ausnahme: Erneuerungskosten bei der Gartenpflege gem. Nr. 10),
- Reparaturkosten, soweit sie in den einzelnen Nrn. des § 2 BetrKV nicht im Rahmen der Wartung als ansatzfähig bezeichnet sind; auch nicht die Instandhaltungsrücklage bei Eigentumswohnungen,
- Verwaltungskosten (Ausnahme: Kosten der Berechnung und Aufteilung des Wasserverbrauchs bei Verwendung von Einzelwasserzählern gem. Nr. 2, bei zentralen Heiz- und Warmwasseranlagen gem. Nrn. 4–6, und bei Müllmengenerfassungsanlagen gem. Nr. 8).

251 Ferner ist das **Gebot der Wirtschaftlichkeit** zu beachten; es ist bei den einzelnen sonstigen Betriebskosten (Rdn. 260 ff.) angesprochen.

b) Sonderproblem Wartungskosten

252 Besondere Probleme bereitete die Behandlung von Wartungskosten im Rahmen der sonstigen Betriebskosten, was sich aus der Schwierigkeit erklärt, den **Begriff der Wartung** zu definieren. Da sich inzwischen in der Praxis die **Definition des BGH** durchgesetzt hat, wird von der eingehenden Darstellung des Meinungsstands abgesehen.[368]

253 Nach Auffassung des **BGH** sind umlagefähige sonstige Betriebskosten solche wiederkehrenden Kosten **aus vorbeugenden Maßnahmen,** welche der **Überprüfung der Funktionsfähigkeit**[369] oder **Betriebssicherheit** einer technischen Anlage[370] dienen.[371] Erforderlich ist jedoch, dass der **Mietvertrag** diejenigen Einrichtungen, bzgl. derer die Wartungskosten umgelegt werden, **konkret bezeichnet.** Eine allgemeine Umlage von „Wartungskosten" ist unzulässig. Weder der Gewerbe-, noch der Wohnraummieter können hieraus erkennen, in welchem Umfang Kosten auf ihn aktuell oder zukünftig zukommen werden. Dem kann auch nicht mit dem Hinweis auf ein Interesse des Vermieters begegnet werden, die Kosten variabel auszuweisen, um bei einer Änderung der durchzuführenden Wartungsarbeiten oder der entstehenden Kosten diese ohne eine Ver-

---

[366] OLG Celle NZM 1999, 501.
[367] AG St. Goar DWW 1990, 152.
[368] Dazu ausführlich 7. Aufl. A Rdn. 255 ff.; *Zehelein* in MünchKomm § 2 BetrKV Rdn. 79.
[369] BGH (VIII ZR 167/03) NZM 2004, 417 = WuM 2004, 290 = ZMR 2004, 430.
[370] BGH (VIII ZR 123/06) GE 2007, 439 = NZM 2007, 282 = WuM 2007, 198 = ZMR 2007, 361.
[371] *Beyer* GE 2007, 950 (951 f.); vgl. LG Berlin WuM 2013, 614 für eine Trockensteigeleitung.

tragsanpassung umlegen zu können.³⁷² Das Problem der Umlage neuer nicht vereinbarter Betriebskosten liegt dem Betriebskostenrecht inne, da es sich um vertragliche Vereinbarungen handelt. (Umlagefähige) Wartungskosten, die durch Modernisierungen (Neueinbau oder Austausch) anfallen, sind i. d. R. umlagefähig (siehe C Rdn. 68 ff.). Im Übrigen ergeben sich die anfallenden Kosten aus dem Vertragszweck, der Ausstattung der Mietsache und – insb. in der Gewerberaummiete – vertraglichen Individualvereinbarungen, so dass sie bei Vertragsschluss absehbar und zu vereinbaren sind.

Keine sonstigen Betriebskosten sind daher **Kosten, die aus der Beseitigung von Mängeln** stammen **oder** aus **einmaligen Maßnahmen** mit konkretem Anlass, etwa notwendigen Vorarbeiten für eine Instandsetzung. Danach sind z. B. die Kosten der Dachrinnenreinigung umlegbar, wenn kein Mangel zu beheben war, etwa die Behebung einer Verstopfung der Regenrinne, und wenn die Arbeiten regelmäßig notwendig sind, z. B. wegen angrenzender hoher Bäume.³⁷³   254

Als Korrektiv zu diesen geringen Voraussetzungen ist der **Wirtschaftlichkeitsgrundsatz** im besonderen Maße zu beachten, weil der Vermieter dadurch in der Lage ist, alle regelmäßigen Kosten umzulegen, die ihm für eine reibungslose Durchführung der Vermietung sinnvoll erscheinen, und damit eine erhebliche wirtschaftliche Entlastung zu erreichen.³⁷⁴   255

Auf dieser Grundlage sind auch die Kosten von Maßnahmen aus der **Verkehrssicherungspflicht** des Vermieters ansatzfähig,³⁷⁵ zumal der Betriebskostenkatalog selbst mehrfach derartige Kosten einbezieht (*„Überprüfung der Betriebssicherheit"* in Nr. 4, 7 und 16, Winterdienst in Nr. 8, Reinigung von Treppen in Nr. 9, Beleuchtung gemeinsam genutzter Gebäudeteile in Nr. 11).   256

(einstweilen frei)   257

(einstweilen frei)   258

Aus der Definition folgt, dass die isolierte Überprüfung einer Anlage oder Einrichtung nicht ausreicht.³⁷⁶ Hierbei geht es nur um eine **Inspektion auf Funktionstüchtigkeit;** der Vorgang beschränkt sich auf bloße Sichtkontrolle, Kontrolle der Wirksamkeit durch einfache Betätigung oder Durchmessen bei elektrischen Anlagen und Einrichtungen. Es macht folglich auch keinen sachlichen Unterschied, ob die jeweilige Inspektion darauf beruht, dass der Vermieter freiwillig entsprechenden   259

---

³⁷² So aber OLG Frankfurt am Main GE 2016, 326 = NZM 2016, 264.
³⁷³ BGH (VIII ZR 167/03) NZM 2004, 417 = WuM 2004, 290 = ZMR 2004, 430.
³⁷⁴ BGH (VIII ZR 123/06) GE 2007, 439 = NZM 2007, 282 = WuM 2007, 198 = ZMR 2007, 361.
³⁷⁵ Ebenso *Derckx* WuM 2005, 690 (693 f.), *Wall* Rdn. 4709.
³⁷⁶ *Wall* WuM 1998, 527 ff.; a. A. *Hanke* PiG 55 (1998), S. 238 ff.

Empfehlungen des Herstellers der Anlage oder Einrichtung nachkommt, oder ob sie durch Verordnungen vorgeschrieben ist bzw. sich aus DIN-, TÜV-, VDI- oder VDE-Richtlinien ergibt. Dies gilt zumal deshalb, weil die Vorschriften bzw. Richtlinien im Grunde nur die Erfüllung der Verkehrssicherungspflicht des Vermieters betreffen.

c) Einzelne sonstige Betriebskosten

260 Nachfolgend werden sonstige Betriebskosten behandelt, die mehr oder weniger häufig begegnen; eine abschließende Übersicht ist nicht möglich, da in der Praxis immer wieder neue Arten erscheinen, sei es wegen der Findigkeit beteiligter Wirtschaftskreise, sei es wegen technischer Neuerungen.

261 − **Abflussrohre**
Die **vorbeugende Reinigung** von Wasserrohren, insbesondere Abflussrohren verursacht keine umlagefähigen sonstigen Betriebskosten.[377] Eine vorbeugende Reinigung ist technisch allenfalls in so langen Zeitabständen angezeigt, dass **keine laufenden Kosten** mehr vorliegen. Eine regelmäßige Durchführung in kürzeren Abständen ist daher mit dem Wirtschaftlichkeitsgebot nicht zu vereinbaren.

262 Handelt es sich um **alte Rohre,** die durch Verkrustungen und Ablagerungen schon so zugewachsen sind, dass das Wasser nur noch langsam abfließt, geht es um Mangelbeseitigung und damit Instandsetzung. Da trotz der Reinigung meist Anhaftungen in den Rohren verbleiben, kann ihre Leistungsfähigkeit nur durch häufige Wiederholung der Reinigung aufrechterhalten werden. Die Reinigung dient hier nur dazu, die Kosten einer überfälligen Erneuerung herauszuschieben. Der Vermieter kann sich diese Kosten jedoch nicht durch ständige Belastung der Mieter ersparen. Hier gilt nichts anderes als bei der vorbeugenden Instandhaltung des Rohrnetzes durch Erneuerung brüchiger Wasserleitungen, einer Erhaltungsmaßnahme im Sinne von § 555a Abs. 1 BGB.[378]

263 Soweit Rohre **aus besonderen Gründen,** etwa wegen der angeschlossenen Betriebe, regelmäßig vorsorglich gereinigt werden, etwa eines Imbisses, in denen, wie die gerichtliche Praxis zeigt, gern auch z. B. das Fett der Fritteuse in den Ausguss entsorgt wird, sind die Kosten allein auf die **potentiellen Verursacher** umzulegen.

264 − **Bank- und Kontogebühren**
Bank- und Kontogebühren sind Verwaltungskosten im Sinne des § 1 Abs. 2 Nr. 1 BetrKV. Sie sind nicht umlegbar.[379]

---

[377] AG Lörrach WuM 1995, 593; *Beuermann* § 4 MHG Rdn. 41, *Blank* in Blank/Börstinghaus § 556 Rdn. 26, *Wall* Rdn. 3369; a.A. AG Tiergarten GE 1996, 1435; *Derckx* WuM 2005, 690 (693), *Lützenkirchen* in Lützenkirchen § 556 Rdn. 120, *Pfeifer* ZMR 1993, 355.
[378] LG Hamburg WuM 1995, 267.
[379] Vgl. OLG Karlsruhe RE 6.5.1988 WuM 1988, 204.

III. Definitionen des Betriebskostenkatalogs gem. § 2 BetrKV

– **Bewachung** 265
Ob die Kosten der Bewachung des Gebäudes z. B. durch einen privaten **Sicherheitsdienst** (zum Bewachungseffekt bei Einrichtung eines Pförtnerdienstes s. Rdn. 300) umlagefähig sind, ist **streitig**. Nach einer Ansicht ist keine Ansatzfähigkeit gegeben, sei es, weil die Kosten nicht im Betriebskostenkatalog aufgeführt sind,[380] sei es, weil es primär um den vom Eigentümer gewünschten besseren Schutz seines Eigentums geht,[381] sei es, weil es sich um Verwaltungskosten handelt.[382] Die erstgenannte Begründung ist zu kurz gegriffen, da es nicht darum gehen kann, ob die Kosten in § 2 BetrKV ausdrücklich erwähnt sind; anderenfalls liefe der Auffangtatbestand der Nr. 17 leer. Die zweite Argumentation berücksichtigt die Verhältnisse im Einzelfall nicht hinreichend; die generelle Annahme, die Bewachung bezwecke primär den Schutz des Eigentums, ist nicht berechtigt. Gegen die dritte Ansicht spricht der Umstand, dass Bewachungskosten aus einem Aufwand stammen, der deutlich über die allgemeine Verwaltung hinausgeht. Nach anderer Meinung sind die Kosten generell umlagefähig;[383] hiergegen ist derselbe Einwand anzubringen, d.h. dass dem Einzelfall nicht Rechnung getragen wird.

Die Kernfrage ist, **wann** Kosten *„durch den bestimmungsgemäßen Ge-* 266
brauch des Gebäudes ..." (§ 1 Abs. 1 BetrKV) entstehen, d. h. **unmittelbar** mit der **Bewirtschaftung des Gebäudes** zusammen hängen. Dies ist von den Verhältnissen im **Einzelfall** abhängig.[384]

Steht für den Eigentümer im Vordergrund, mit der Bewachung **Schä-** 267
den am Grundstück oder Gebäude zu verhindern, geht es ihm vorrangig um den Schutz seines Eigentums. Eine Bewachung kann etwa geboten sein, wenn es sich um ein architektonisch aufwendig gestaltetes Grundstück oder auf Grund der verwendeten Materialien besonders wertvolles Gebäude handelt, zumal wenn es in einem gefährdeten Gebiet liegt. Sicherheitsprobleme können sich z. B. auch dann einstellen, wenn das Gebäude einen singulären Charakter innerhalb der umgebenden Bebauung hat und deshalb auf Ablehnung bei den Anliegern stößt; handelt es sich um einen Neubaukomplex, bei dessen Errichtung bereits offenkundige Sicherheitsprobleme vorlagen, dient die fortlaufende Bewachung auch nach der Eröffnung primär dem Schutz des Eigentums.[385] Dass die Bewachung als Reflex auch den Mietern zugutekommt, begründet keine Umlagefähigkeit. Verursachen Dritte Schäden am Gebäude, hat sie der Vermieter auf eigene Kosten zu beseitigen; es kann daher nichts

---
[380] OLG Düsseldorf DWW 1991, 283 = MDR 1991, 964 = NJW-RR 1991, 1354, LG Berlin MM 2004, 76, AG Berlin-Mitte MM 2004, 266.
[381] LG Hamburg ZMR 1997, 358.
[382] AG Köln ZMR 2003, 684.
[383] *Pfeifer* ZMR 1993, 357, 358.
[384] OLG Celle NZM 1999, 501 = WuM 2000, 130 = ZMR 1999, 238.
[385] So im Fall des LG Hamburg ZMR 1997, 358.

anderes gelten, wenn er vorsorgliche Maßnahmen wie durch eine Bewachung ergreift, um dem Eintritt von Schäden vorzubeugen.[386]

268 Auf der anderen Seite kann die Bewachung zum **Schutz des Eigentums der Mieter** angezeigt sein,[387] während Grundstück und Gebäude selbst keiner Gefährdung ausgesetzt sind. Dies ist bei **Gewerbemietern** evident,[388] die entweder aus der Art des Gewerbes bekanntermaßen hochwertig ausgestattet sind oder etwa als Ladenmieter besonders teure Waren anbieten. Sie kann ferner notwendig sein, um unerwünschte Dritte vom Objekt, z. B. einer Ladenpassage, fernzuhalten, die Mieter, Lieferanten und Besucher belästigen.[389]

269 Schutzbedürftig können jedoch auch **Wohnungsmieter** sein, wenn sie z. B. hochpreisigen Wohnraum angemietet haben. Es ist insoweit zu berücksichtigen, dass sich die Bestimmungen der BetrKV primär auf öffentlich geförderten Wohnraum beziehen. Der Umstand, dass sie über § 556 Abs. 1 BGB verbindlich sind, bedeutet nicht, dass Besonderheiten preisfreien Wohnraums, die für preisgebundenen Wohnraum eher nicht relevant sind, nicht Rechnung getragen werden darf. Die zunehmende Erscheinung, dass etwa die Bewohner exklusiver Wohnlagen private Sicherungsdienste einschalten, bestätigt diesen Unterschied. Je nachdem, wo der Hauptgrund für die Einschaltung eines Bewachungsdienstes liegt, sind die hierdurch entstehenden Aufwendungen mithin als Betriebskosten ansatzfähig oder vom Eigentümer allein zu tragen.

270 Sind hingegen **beide Aspekte,** Schutz des Eigentums des Vermieters und der Mieter, gleichrangiges Ziel, dürfte eine Aufteilung der Kosten in Betracht kommen, z. B. je zur Hälfte.[390] Im Übrigen ist eine Kontrolle der vom Vermieter umgelegten Kosten anhand des Wirtschaftlichkeitsgebots möglich.

271 – **Blitzschutzanlagen**
Auf der Grundlage der Ansicht des BGH (s. Rdn. 253) wie auch der vorherrschenden Ansicht[391] sind die Kosten der Überprüfung **umlagefähig,** wenn sie nicht zur Behebung von technischen Störungen erforderlich war. Sind Blitzschutzanlagen vorgeschrieben, wie z. B. nach den Bauordnungen für Hochhäuser, müssen sie regelmäßig alle sechs

---

[386] *Blank* WImmoT 2004, 95 (106).
[387] OLG Frankfurt ZMR 2004, 182 (Einbruchdiebstähle), LG Berlin WuM 2013, 612, AG Köln WuM 2002, 615.
[388] Vgl. OLG Frankfurt NZM 2006, 660.
[389] OLG Celle NZM 1999, 501: Obdachlose und Drogensüchtige in erheblicher Anzahl.
[390] So LG Köln WuM 2004, 400.
[391] AG Bremervörde WuM 1987, 198, AG Köln ZMR 1996, Heft 9, XII generell für Brandschutzkosten; *Beuermann* § 4 MHG Rdn. 37, *Derckx* WuM 2005, 690 (694), *Kinne* in Kinne/Schach/Bieber § 556 Rdn. 209, *Zehelein* in MünchKomm § 2 BetrKV Rdn. 78, *Seldeneck* Rdn. 2363, *Sternel* III Rdn. 356, *Wall* Rdn. 4727; a. A. AG Berlin-Mitte MM 2002, 186.

Jahre[392] entweder durch behördlich anerkannte Sachverständige oder geprüfte Sachkundige[393] überprüft werden. Auch für freiwillige installierte Blitzschutzanlagen empfiehlt sich zur Absicherung der Funktionsfähigkeit eine entsprechende regelmäßige Überprüfung. Die Überprüfung dient dem Erhalt des Gebäudes, vorrangig jedoch der Sicherheit seiner Bewohner und Nutzer.[394] Nach der hier vertretenen Ansicht (s. Rdn. 137) fehlt es an einer Wartung im eigentliche Sinne, weil sich die Überprüfung darauf beschränkt, die Erdleitung und die oberirdische Anlage durchzumessen sowie letztere einer Sichtkontrolle auf Beschädigungen zu unterziehen.

– **Brandmeldeanlagen** 272
Nach der Begriffsbestimmung des BGH (s. Rdn. 253) geht es bei der regelmäßigen Überprüfung und ggf. Wartung um die **umlagefähige** technische Kontrolle von Betriebsbereitschaft und Betriebssicherheit, nicht um die Beseitigung von Mängeln.[395] Entgegen der hier vertretenen Ansicht ist es danach nicht erforderlich, zwischen den verschiedenen Arten von Brandmeldern zu unterscheiden.

Bei **manuellen Brandmeldern** erfolgt die Überprüfung auf Funktions- 273
tüchtigkeit meist nur durch Auslösung eines Probealarms, die elektrischen Leitungen werden von Zeit zu Zeit zusätzlich durchgemessen. Auch dieser Aufwand für eine reine Funktionsprüfung ist ansatzfähig. Allerdings ist hierbei stets zu beachten, dass der bloße Probealarm unschwer vom Hausmeister oder einem Mitarbeiter der Verwaltung und damit ohne zusätzliche Kosten bewerkstelligt werden kann.

Bei automatischen, **elektronisch geregelten Meldern** ist nach DIN 274
VDE 0833 eine vierteljährliche Inspektion und davon eine jährliche Wartung vorgeschrieben, wobei die Anlage auf Funktion und Verschmutzung untersucht wird, zusätzlich ist in mehrjährigem Abstand der Austausch von Kleinteilen notwendig. Insbesondere Widerstände altern und arbeiten dadurch nicht mehr zuverlässig, was z.B. bei Aufschaltung der Anlage auf eine Telefonleitung zur Feuerwehr zu Fehlalarm führen kann.

– **Dachcheck** 275
Zur Erhaltung von Funktion und Sicherheit wird von Fachkreisen ein regelmäßiger Dachcheck zumal von Flachdächern, aber auch von Ziegeldächern empfohlen. Ob die Kosten der Kontrolle durch einen Fachhandwerker **umlagefähig** sind, ist **streitig**. Nach einer Ansicht handelt es sich allein um Verwaltungskosten.[396] Nach anderer Auffassung geht

---

[392] DIN V VDE 0185 Teil 3.
[393] Nach § 5 HaustechÜVO (Hamburg) „*Personen, die auf Grund ihrer fachlichen Ausbildung, Kenntnisse, Erfahrungen und Tätigkeiten die ihnen übertragenen Prüfungen sachgerecht durchführen und mögliche Gefahren erkennen und beurteilen können*".
[394] Vgl. AG Bremervörde WuM 1987, 198.
[395] Ebenso z.B. *Blank* WImmoT 2004, 95 (113), *Derckx* WuM 2005, 690 (695), *Zehelein* in MünchKomm § 2 BetrKV Rdn. 78.
[396] *Schmid* GE 2013, 1242 (1243).

es um eine vorsorgliche fachkundige Sichtkontrolle, deren Kosten nach der Rechtsprechung des BGH ansetzbar sind.[397] Aufgrund des weiten Wartungsbegriffs des BGH (s. Rdn. 253) wird dieser Ansicht zuzustimmen sein.

276 Bei der **Beseitigung von Schnee und Eiszapfen** im Winter (s. Rdn. 113, 321) handelt es sich **nicht** um gelegentliche **Zusatzkosten** zum Dachcheck. Zwar ist die Umlagefähigkeit von Sonderaufwand aus dem Bereich der Gartenpflege bekannt, wenn es z.B. um die Kosten der Neuanpflanzung einer im Winter erfrorenen Hecke geht. Diese Kostenerweiterung ist jedoch in § 2 Nr. 10 BetrKV ausdrücklich vorgesehen, eine Ausdehnung auf den Dachcheck verbietet sich daher.

277 – **Dachrinnenbeheizung**
Die kostenaufwändige Beheizung von Dachrinnen bei wechselndem Wetter mit Tauwetter und Frost dient der Vermeidung von Eiszapfen und damit der Gefährdung von Mietern und sonstigen Nutzern beim Betreten bzw. Verlassen des Gebäudes; zugleich schützt sie die Fassaden vor herab laufendem Schmelzwasser, das nachts durch Gefrieren Schäden verursachen kann. Für die Entscheidung über die Umlagefähigkeit bietet sich eine **Differenzierung** wie bei den Bewachungskosten an.

278 Soweit die Heizvorrichtung den relativ schmalen **Eingangsbereich** schützt, handelt es sich um eine technische Anlage zur Verkehrssicherung, so dass deren Betriebskosten (Strom) bei entsprechender Vereinbarung im Grunde umlagefähig sind. Ob das zusätzliche Tatbestandsmerkmal des laufenden Entstehens erfüllt ist, hängt von der regionalen Lage des Grundstücks ab, d.h. ob es regelmäßig im Winter notwendig ist, die Bildung von Eiszapfen zu verhindern.

279 Was den **übrigen Bereich** der Dachrinne betrifft, steht das Interesse des Vermieters am Erhalt der Bausubstanz im Vordergrund, so dass die hierauf entfallenden Kosten des Gemeinstroms nicht umlagefähig sind.[398]

280 – **Dachrinnenreinigung**
Die Kosten für die regelmäßige Reinigung von Dachrinnen sind **umlagefähig,** wenn nach Höhe und Art angrenzender Bäume turnusmäßig nach dem Herbst die Reinigung von Laub notwendig ist, um Schäden durch überlaufendes Regenwasser zu verhindern. Die Reinigung von Dachrinnen vermeidet unkontrolliertes, meist nur an wenigen Stellen in großer Menge herabstürzendes Regenwasser, das Gartenanlagen schädigen und Zuwege und Zufahrten unter Wasser setzen kann. Es

---

[397] *Wall* Rdn. 4729.
[398] Vgl. AG Lüdenscheid WuM 1987, 87 (m. Anm. *Eisenhuth*); *Beuermann* § 4 MHG Rdn. 37, *Derckx* WuM 2005, 690 (695), *Lammel* § 556 BGB Rdn. 109; a. A. *Lützenkirchen* in Lützenkirchen § 556 Rdn. 286, *Pfeifer* S. 85, *Zehelein* in MünchKomm § 2 BetrKV Rdn. 78, *Wall* Rdn. 4731.

handelt sich daher um Kosten aus ordnungsgemäßer Bewirtschaftung.[399]

Erfolgt die Reinigung nur **vorsorglich in langen,** unregelmäßigen **Abständen,** fehlt es bereits am Merkmal des *„laufenden"* Entstehens gem. § 1 Abs. 1 BetrKV, so dass die Umlage nicht in Betracht kommt. Dasselbe gilt, wenn eine Reinigung nur als **Vorbereitungsmaßnahme** vorgenommen wird, um anschließend Reparaturarbeiten ausführen zu können, etwa Ausbesserungs- und Anstricharbeiten.[400] 281

– Druckerhöhungsanlagen 282
Die Strom- und Wartungskosten werden von § 2 Nr. 2 BetrKV, **Kosten der Wasserversorgung,** erfasst. Dazu gehören auch die Kosten der Überprüfung nach der BetrSichV.

– Durchflussbegrenzer 283
Wartungskosten für Durchflussbegrenzer sind **nicht** ansetzbar. In § 2 Nr. 2 BetrKV sind nur die Wartungskosten der Wassermengenregler als umlagefähig anerkannt (s. Rdn. 75), was aufgrund ihres technischen Vorteils gegenüber Begrenzern sachgerecht ist. Wassermengenregler arbeiten druckunabhängig, sie liefern also unabhängig vom Wasserdruck konstant – mit einem Toleranzbereich – die voreingestellte Durchlaufmenge. Demgegenüber sind die Begrenzer auf einen bestimmten Wasserdurchlauf eingestellt. Ihr Nachteil liegt darin, dass sie den aktuellen Wasserdruck nicht berücksichtigen, so dass sich bei einem höheren Wasserdruck automatisch die Durchlaufmenge erhöht und sie sich bei niedrigerem Druck entsprechend verringert; im einen Fall schwindet das Einsparpotential, im anderen ist der Nutzer mit einem nicht zufrieden stellenden Wasserdurchlauf konfrontiert.

– Elektroleitungen 284
Wenn der Check nicht der Beseitigung von Mängeln dient, sondern allein der regelmäßigen Prüfung der Betriebssicherheit, sind die Kosten – wie bei der Dachrinnenreinigung (s. Rdn. 280) – **ansatzfähig.**[401] Der sog. E-Check ist im Hinblick auf ein Urteil des OLG Saarbrücken[402] von Bedeutung. Nach diesem Urteil ist der Vermieter *„im Rahmen der ihn treffenden Instandhaltungspflicht gehalten, die elektrotechnische Anlage des vermieteten Gebäudes nach Maßgabe der anerkannten Regeln der Technik, den VDE-Bestimmungen und den wegen der Prüffristen einschlägigen Unfallverhütungsvorschriften ‚Elektrische Anlagen und Betriebsmittel' (VGB 4) regelmäßig zu überprüfen".* Elektrische Anlagen und ortsfeste elektrische Betriebsmittel sind danach mindestens alle vier Jahre, Fehlerstrom- und Fehlerspannungs-Schutzeinrichtungen mindestens alle sechs Mo-

---

[399] BGH (VIII ZR 167/03) NZM 2004, 417 = WuM 2004, 290 = ZMR 2004, 430.
[400] LG Hamburg WuM 1989, 640.
[401] BGH (VIII ZR 123/06) GE 2007, 439 = NZM 2007, 282 = WuM 2007, 198 = ZMR 2007, 361.
[402] OLG Saarbrücken NJW 1993, 3077.

nate zu prüfen. Das OLG Saarbrücken erkannte dem Mieter einen Schadensersatzanspruch aus § 536a Abs. 1 2. Alt. BGB (zuvor § 538 Abs. 1 2. Alt. BGB) zu, weil der Vermieter durch Nichtbeachtung der Prüfvorschriften den schadensursächlichen Fehler der E-Installation zu vertreten habe.

285 – **Fenster**
Auf der Basis der Ansicht des BGH (s. Rdn. 253) dürfte die regelmäßige Wartung von Fenstern durch einen Handwerksbetrieb **umlagefähigen** Aufwand verursachen, solange es allein darum geht, die technische Funktionsfähigkeit zu erhalten. Hierbei werden die Fenster einer Sicht- und Funktionskontrolle unterzogen (Zargen, Verglasung, Profile), ggf. Schrauben an den Beschlägen nachgezogen, bewegliche Teile geölt und etwaiger Reparaturbedarf festgestellt; darüber hinaus gehende Arbeiten sind bereits als Reparatur zu bewerten.[403]

286 Insbesondere bei Wohnraummietverhältnissen ist allerdings zu prüfen, ob ein Verstoß gegen das **Wirtschaftlichkeitsgebot** vorliegt; es erscheint grundsätzlich wirtschaftlich günstiger, den Eintritt kleinerer Schäden abzuwarten und diese sodann zu beheben, als – zusätzlich – regelmäßige Kosten für die Durchsicht der Fenster zu produzieren. Ausnahmen können in Einzelfällen in Betracht kommen. So ist aus der Praxis bekannt, dass vereinzelte Fensterhersteller in den letzten Jahren Druckgussteile in den Schließmechanismus einbauten. Wird der Mechanismus nicht regelmäßig gewartet, insbesondere geölt, wird er schwergängig mit der Folge, dass die Druckgusselemente brechen können. Da die Hersteller derartige Elemente meist nur 10 Jahre lang als Ersatzteil vorhalten, führt ein Bruch dazu, dass das gesamte Fenster erneuert werden muss. Es macht daher evident Sinn, dieser Gefahr durch regelmäßige Wartung zu begegnen, wobei aus technischen und daher auch wirtschaftlichen Gründen ein Turnus von 5 Jahren ausreichen dürfte. Eine weitere Ausnahme betrifft z. B. große Fensterflächen in Erdgeschosswohnungen vor den Terrassen, wenn sie mit einem komplizierten Hebe- und Schiebmechanismus versehen sind. Dieser nimmt Schaden, wenn nicht durch regelmäßige Wartung in angemessenem Turnus von z. B. fünf Jahren für die Leichtgängigkeit gesorgt wird.

287 – **Feuerlöscher**
Die Kosten der regelmäßigen Überprüfung auf Funktion und Sicherheit sind sowohl auf der Grundlage der Rechtsprechung des BGH (Rdn. 253) wie auch der herrschenden Ansicht **umlegbar**.[404] Die Arbeiten füllen auch den hier vertretenen Wartungsbegriff aus. Bei der nach DIN 14406 alle zwei Jahre durch einen Sachkundigen vorzunehmen-

---

[403] Vgl. AG Hamburg HmbGE 1996, 255.
[404] Z. B. LG Berlin GE 2001, 63, AG Hamburg WuM 1998, 352; *Beuermann* § 4 MHG Rdn. 37, *Blank* WImmoT 2004, 95 (113), *Herlitz/Viehrig* S. 98, *Lammel* § 556 BGB Rdn. 108, *Pfeifer* S. 85, *Seldeneck* Rdn. 2363, *Wall* Rdn. 4739.

III. Definitionen des Betriebskostenkatalogs gem. § 2 BetrKV

den Überprüfung wird der Löscher in seine Einzelteile zerlegt. Der Behälter wird von innen auf Zustand und Befüllung untersucht, diese ggf. ergänzt oder ausgetauscht; die CO_2-Druckkapsel wird gewogen, um die Füllung zu kontrollieren; sämtliche weiteren Einzelteile werden auf Zustand und Leichtgängigkeit durchgesehen.

– **Gasleitungen** 288
Gasleitungen sind nach den Technischen Regeln für Gas-Installationen (DVGW-TRGI 2008) alle 12 Jahre **auf Dichtigkeit** zu überprüfen. Es handelt sich um eine Kontrolle auf Betriebssicherheit, deren Kosten nach der E-Check-Entscheidung des BGH (s. Rdn. 284) im Grundsatz gleichermaßen **umlagefähig** sind.

Für die Ansetzbarkeit der Kosten ist allerdings **nach der Funktion** der 289
Gasleitungen **zu differenzieren.** Versorgen die Gasleitungen **Gasheizgeräte** (Gasthermen; zu den Wartungskosten s. K 45) in den Wohnungen und ggf. zugleich Gasherde, dient die Dichtigkeitsprüfung der Betriebssicherheit i.S. von § 2 Nr. 4d BetrKV, so dass ihre Kosten ohne weiteres umlagefähig sind.[405] Versorgen die Gasleitungen allein **Gasherde,** setzt die Umlage der Kontrollkosten eine entsprechende Vereinbarung durch Spezifikation der sonstigen Betriebskosten im Mietvertrag voraus.[406]

Streitig ist, ob der jeweilige **lange zeitliche Abstand** den Kosten den 290
für die Umlegbarkeit notwendigen Charakter des laufenden Entstehens nimmt.[407] Dies ist indes jedenfalls für die Fälle zu verneinen, in denen wie hier durch technische Regelwerke andere Abstände vorgegeben sind.[408] Auf deren Grundlage ist grundsätzlich davon auszugehen, dass der Turnus noch eine überschaubare Läge hat.[409]

Eine **häufigere Dichtigkeitsprüfung,** etwa alle zwei Jahre, verstößt ge- 291
gen das **Wirtschaftlichkeitsgebot.**[410] Die fachverbandliche Empfehlung hat die Vermutung eines angemessenen und ausreichenden Turnus für sich.[411] Dies gilt auch bei hohem Alter eines Gebäudes; allein das Alter ist kein ausreichender Anlass, um von dem in den technischen Regeln vorgegebenen 12-Jahres Rhythmus abzugehen.[412]

---

[405] LG Hannover GE 2007, 1694 = ZMR 2007, 865, AG Bad Wildungen GE 2005, 365; a. A. AG Trier WuM 2008, 598, AG Kassel NZM 2006, 537 = WuM 2006, 149.
[406] Ebenso *Rave* InfoM 2011, 368.
[407] So *Sternel* Mietrecht aktuell Rdn. V 8, *Wall* Rdn. 4745. Nach OGH (5 Ob 169/17i) wobl 2018, 77 ist die Umlagefähigkeit in Österreich gänzlich ausgeschlossen, da die Dichtigkeitsprüfung in § 21 Abs. 1 MRG nur bei Wasserleitungen geregelt ist.
[408] *Blank* WImmoT 2004, 98.
[409] Vgl. BGH (VIII ZR 221/08) GE 2010, 118 = NZM 2010, 79 = WuM 2010, 33 (m. Anm. *Dittert* WuM 2010, 285).
[410] A. A. *Schach* GE 2005, 334 (335 f.).
[411] Ebenso AG Köln InfoM 2011, 368 (m. zust. Anm. *Rave*), AG Köln WuM 2010, 384.
[412] AG Köln ZMR 2011, 222 nach Einholung eines Sachverständigen-Gutachtens.

292 – **Gegensprechanlagen**
Die – auch regelmäßige – Überprüfung einer Gegensprechanlage verursacht **keine umlagefähigen** Wartungskosten.[413] Die Überprüfung auf Funktionsfähigkeit mag zwar die Voraussetzungen erfüllen, die der BGH an die Umlegbarkeit gestellt hat, der Ansatz der Kosten scheitert aber jedenfalls am Wirtschaftlichkeitsgebot. Die Notwendigkeit einer regelmäßigen Überprüfung hat sich bisher nicht erschlossen, weil die Funktionskontrolle ohnehin im täglichen Betrieb stattfindet. Die Kosten können zudem nicht mit denjenigen der Wartung und Einstellung von Antennenanlagen nach Nr. 15a des § 2 BetrKV verglichen werden, zumal es hier z.B. witterungsbedingt zu Störungen kommen kann.[414]

293 – **Gemeinschaftseinrichtungen**
Aus dem Bereich der Gemeinschaftseinrichtungen, die **allen Mietern** mietvertraglich zur Verfügung stehen, sind ansatzfähig die Kosten für den Betrieb eines Schwimmbades, einer Sauna, eines Fitnessraums, Hobby- oder Partykellers, soweit die Kosten nicht bereits nach den anderen Nummern des § 2 BetrKV umgelegt werden;[415] es kann sich aber auch um Kosten für den Betrieb eines Streichelzoos handeln, der auf dem Grundstück eines Pflegewohnheims für ältere Menschen eingerichtet wurde.[416]

294 – **Klingelanlagen**
Überprüfungskosten sind nicht umlegbar.[417] Zur Begründung s. vorstehend zu Gegensprechanlagen.

295 – **Lüftungsanlagen**
Soweit die **Überprüfung und Reinigung** von Lüftungsanlagen, zumal im Hinblick auf den Brandschutz, **öffentlich-rechtlich** vorgeschrieben ist, erfolgt die Umlage der Kosten bereits **nach Nr. 12**, Kosten der Schornsteinreinigung (s. Rdn. 175).

296 Ansonsten werden die Kosten der Wartung von Lüftungsanlagen und -geräten bei entsprechender Vereinbarung allgemein als sonstige Betriebskosten für **umlagefähig** gehalten.[418] Auf der Grundlage der Rechtsprechung des BGH gilt dies auch für **einfache Abluftanlagen,** die nur aus einem Lüfter zur Abführung verbrauchter Luft bestehen. Hier be-

---

[413] AG Hamburg WuM 1988, 308; *Beuermann* § 4 MHG Rdn. 37a; a.A. *Blank* WImmoT 2004, 112, *Lammel* § 556 BGB Rdn. 108.
[414] AG Hamburg WuM 1988, 308.
[415] Z.B. LG Osnabrück WuM 1995, 434 für Schwimmbad und Sauna; *Blank* in Blank/Börstinghaus § 556 Rdn. 97, *v. Brunn/Emmerich* in Bub/Treier III. A Rdn. 95 ff., 163 ff., *Seldeneck* Rdn. 2363, *Wall* Rdn. 4748.
[416] AG Berlin-Schöneberg MM 3/2013, 30.
[417] AG Hamburg WuM 1988, 308; *Seldeneck* Rdn. 2363.
[418] LG Frankenthal (Pfalz) NZM 1999, 958, AG Köln ZMR 1996, Heft 9, XII, AG Neukölln GE 1988, 523; *Beuermann* § 4 MHG Rdn. 37a, *Herlitz/Viehrig* S. 98, *Derckx* WuM 2005, 690 (694), *Lammel* § 556 BGB Rdn. 108, *Pfeifer* S. 85.

schränkt sich die Wartung zwar primär auf eine Funktionskontrolle, die ohnehin beim täglichen Betrieb vorgenommen wird. In der Praxis begegnen aber immer wieder Fälle, in denen das Lüftergitter weitgehend mit Staub zugesetzt ist, weil die Mieter es versäumten, das Gitter z. B. mit der Staubsaugerdüse zu reinigen, was die Betriebssicherheit gefährdet. Zudem ist bei Abluftanlagen in Nassräumen ggf. eine zusätzliche Sicherheitsprüfung angezeigt. Bei einfachen Anlagen ist allerdings der Wartungsturnus im Hinblick auf das Wirtschaftlichkeitsgebot zu prüfen.

Bei **komplexen Lüftungsanlagen** ist ohne weiteres eine regelmäßige Wartung auf Funktionstüchtigkeit und Betriebssicherheit erforderlich. Dies gilt insbesondere für die Lüftungsanlagen, wie sie für Niedrigenergie- und Passivhäuser vorgeschrieben sind, zumal wenn es sich um Kreuz-Gegenstrom-Anlagen mit Wärmerückgewinnung handelt. Hier sind Regler, z. B. für die Temperatur, zu überprüfen und justieren, Reinigungsarbeiten auszuführen und ggf. Filter wie Pollenfilter auszutauschen. **297**

- **Müllschlucker, Müllabsauganlagen, Müllkompressoren** **298**
Die Kosten, die dem Vermieter aus der laufenden Unterhaltung derartiger Anlagen entstehen, waren **schon bisher nach** allgemeiner Auffassung **ansetzbar,** weil sie mit der direkten Müllabfuhr in so enger Verbindung stehen, dass sie sachlich zu den sonstigen Betriebskosten zu zählen sind. Seit 1.1.2004 folgt die Umlagefähigkeit unmittelbar aus § 2 Nr. 8 BetrKV. Sowohl bei Alt-, wie auch bei Neuverträgen sind die jeweiligen Kosten daher umlegbar.

Es wird allerdings zunehmend das **Wirtschaftlichkeitsgebot** relevant. Sind die Mieter durch Ortssatzung verpflichtet, Glas, Papier, Biomüll und Plastik zu trennen, so dass für die genannten Anlagen nur noch Restmüll in relativ geringer Menge anfällt, stehen die laufenden Unterhaltungskosten möglicherweise nicht mehr in einem sinnvollen Verhältnis zu ihrem Vorteil, zumal die Mieter ohnehin zur sachgerechten Entsorgung der verschiedenen Müllanteile die beim Gebäude aufgestellten Behälter aufsuchen müssen und dabei unschwer den geringen Restanteil einwerfen können. Der Vermieter ist in derartigen Fällen gehalten, sich mit den Mietern über eine Stilllegung der Anlage zu verständigen; ihm dürfte auch ein Anspruch auf Zustimmung gegen einzelne Mieter, die an der Anlage festhalten, zustehen,[419] zumal wegen des geringen verbliebenen Nachteils eine Minderung gem. § 536 BGB ausgeschlossen ist.[420] **299**

- **Pförtnerdienst** **300**
Kosten für einen Pförtner sind **im Grundsatz umlagefähig**.[421] Seine Hauptaufgabe ist es, unbefugten Personen den Zutritt zum Gebäude zu verwehren. Was diesen Bewachungseffekt betrifft, zählt es zu den

---

[419] AG Lichtenberg GE 2000, 815.
[420] Vgl. LG Mainz NZM 1999, 758.
[421] BGH (VIII ZR 78/04) GE 2005, 607 = NZM 2005, 452 = WuM 2005, 336.

Kernaufgaben des Hauswarts, für eine gewisse Sicherheit im vermieteten Gebäude und dem dazugehörigen Grundstück zu sorgen. Beim Pförtnerdienst handelt es sich damit nur um eine partielle Verlagerung und Verselbstständigung der Hauswartstätigkeit. Im Unterschied zum Sicherheits- und Bewachungsdienst (s. Rdn. 265) stehen hier generell die Mieterinteressen im Vordergrund, nämlich die meist weitläufigen Gebäudeteile ungefährdet nutzen zu können und z. B. möglichst vor Tageswohnungseinbrüchen geschützt zu sein. Je nach den Verhältnissen im Einzelfall ist es daher gerechtfertigt, im Sicherheitsbereich trotz erheblicher Kosten einen Pförtnerdienst einzurichten.[422]

301 Im Hinblick auf das **Wirtschaftlichkeitsgebot** muss allerdings für die Einrichtung dieses Dienstes eine **konkrete praktische Notwendigkeit** bestehen.[423] Hierfür hat der BGH ein abstraktes Sicherheitsbedürfnis der Mieter nicht ausreichen lassen, allerdings auch nicht die Größe des Gebäudes mit hier 239 Einheiten. Letzteres begegnet Bedenken, weil schon die schiere Größe einer Mietanlage dazu führen kann, dass gelegentliche Kontrollgänge des Hauswarts nicht mehr genügen, ferner nicht seine telefonische Erreichbarkeit in Notfällen nur während der Woche und zu den üblichen Zeiten.

302 Von der Wahrnehmung von Sicherheitsaufgaben sind **zusätzliche Serviceleistungen** des Hauswarts zu trennen. Derartige Hilfestellungen sollen eine größere Mieterzufriedenheit schaffen und gerade in Problem- oder Leerstandsgebieten leichtere Vermietbarkeit sowie Mieterbindung bewirken. Auch wenn die Aufwendungen hierfür grundsätzlich den Verwaltungskosten i. S. von § 1 Abs. 2 Nr. 1 BetrKV zuzurechnen sind,[424] richtet es sich nach dem Umfang der Inanspruchnahme des Pförtners, ob eine Kostenabgrenzung erforderlich ist.

303 Zum einen kann es um **einfache Serviceleistungen** gehen, wie etwa die Entgegennahme von Briefpost- und Paketsendungen für berufstätige oder verreiste Mieter. Hier ist die zeitliche Belastung des Pförtners so gering, dass sie in Geld nur schwer zu bewerten ist. Eine **Kostenabgrenzung** erscheint daher **entbehrlich**.[425]

304 Anders verhält es sich bei **aufwändigem Service,** wenn der Pförtner z. B. die Pflege von Pflanzen oder Versorgung von Haustieren in den Wohnungen verreister Mieter übernimmt und dies während der Arbeitszeit erledigt. Hier liegt die einfachste Lösung darin, von denjenigen Mietern, welche den Service in Anspruch nehmen, ein Entgelt zu verlangen,

---

[422] Begründung zur BetrKV BR-Drucks. 568/03 S. 33, z. B. LG Potsdam GE 2003, 743, LG Köln DWW 1997, 125 = NJW-RR 1997, 1231 = WuM 1997, 230 für einen 24-stündigen Pförtnerdienst mit jährlichen Kosten von DM 250 000,00 in einer Anlage mit 515 Wohneinheiten.
[423] BGH (VIII ZR 78/04) GE 2005, 607 = NZM 2005, 452 = WuM 2005, 336.
[424] A. A. *Blank* WImmoT 2004, 106: Betriebskosten
[425] Im Ergebnis ebenso *Beyer* GE 2007, 950 (952).

dessen Höhe am Aufwand orientiert ist, und dieses allen Mietern im Rahmen der Abrechnung gutzubringen.

– **Rauch- und Wärmeabzugsanlagen (RWA-Anlagen)** 305
Die Wartung von **RWA-Anlagen** dient der Funktionsfähigkeit und zumal der Sicherheit der Mietparteien. Auf der Basis der Rechtsprechung des BGH sind die Kosten daher grundsätzlich **umlagefähig**. Es ist allerdings im Einzelfall nach der Art der Anlage zu unterscheiden.

Geht es um eine **manuell zu betätigende Anlage**, die z. B. auch zur 306 Lüftung des Treppenhauses genutzt werden kann, ist nur eine gelegentliche Überprüfung der Funktion durch Betätigung der Anlage erforderlich. Es verstieße gegen das **Wirtschaftlichkeitsgebot**, hierfür einen Wartungsdienst einzuschalten. Das Ein- und Ausschalten der Anlage kann der Hauswart, ein Mitarbeiter der Verwaltung oder auch kostenlos ein Mieter in deren Auftrag übernehmen. Auch bei Mietverträgen über Gewerberaum dürfte ein separater Ansatz mangels Wirtschaftlichkeit daran scheitern, dass derartige Kontrollen zum Pflichtenkreis des Hauswarts gehören.

Handelt es sich um eine **automatisch arbeitende Anlage**, ist die regel- 307 mäßige, mindestens jährliche Überprüfung durch eine anerkannte Fachfirma in der DIN 18232 festgelegt, zum Teil hat auf Grund öffentlichrechtlicher Vorschriften auch eine Überprüfung durch Sachverständige zu erfolgen.[426] Hierbei wird eine Simulation mit Rauchstäbchen oder Gas durchgeführt; die Funktion der Steuerelemente und Öffnungsaggregate wird ausprobiert, die elektrischen Leitungen und Teile werden durchgemessen. Die Kosten des – wie bei den Brandmeldern (s. Rdn. 272) – in mehrjährigem Turnus notwendigen Austauschs elektronischer Kleinteile sind ebenfalls umlegbar.

– **Rauchwarnmelder** 308
Zuständig für die Wartung von Rauchwarnmeldern ist zivilrechtlich der Vermieter (§ 535 Abs. 1 Satz 2 BGB).[427] Die Regelungen der Landesbauordnungen haben hierauf als Landesrecht keinen Einfluss und regeln ausschließlich das sonderpolizeirechtliche Verhältnis zwischen der Behörde und dem aus gefahrenabwehrrechtlichen Erwägungen bestimmten Adressaten.[428] Die Umlage ist daher auch dann nicht unzulässig, wenn der Mieter nach dem Landesrecht Adressat für die Sicherstellung der Betriebsbereitschaft ist.[429] Das aus seinem Eigentum herrührende Schutzinteresse gegenüber den Besitzern/Mietern wird hierdurch nicht zurückgedrängt. Allerdings ist der Vermieter nebenvertraglich zur Rücksichtnahme gegenüber dem Mieter verpflichtet,

---

[426] Z. B. nach der HaustechÜVO (Hamburg) alle drei Jahre in Hochhäusern.
[427] Ebenso *Cramer* ZMR 2016, 505 (505).
[428] *Cramer* ZMR 2016, 505 (507), *Zehelein* WuM 2016, 400 (407).
[429] A. A. ohne weitere Begründung AG Dortmund WuM 2017, 203, BeckRS 2017, 106752.

die Wartungen dem Inhalt und Umfang nach zumindest so vorzunehmen, dass dessen ggf. bestehende öffentlich-rechtliche Verpflichtung hierdurch erfüllt wird, will er die Kosten auf ihn umlegen. Die Wartung besteht aus einer Kontrolle von Betriebsfähigkeit und -sicherheit, so dass die Kosten nach der Rechtsprechung des BGH (s. Rdn. 253) **ansatzfähig** sind (s. aber B Rdn. 51 zu vergessenen Kosten). Rauchwarnmelder sind nach DIN 14676 Nr. 6 jährlich auf Beschädigungen und Funktion zu überprüfen und zu warten, d.h. Lufteintrittsöffnung und Fotooptik sind von Staub und z.B. Zigarettenrauch zu reinigen, das Gerät ist ggf. mit einer neuen Batterie zu versehen und es ist ein Probealarm auszulösen. Die Installation von Rauchwarnmeldern in den einzelnen Wohnungen ist für Neubauten fast in allen Landesbauordnungen vorgeschrieben, Wohnungen im Bestand sind nach den meisten Landesbauordnungen innerhalb unterschiedlicher Übergangsfristen nachzurüsten. Auch ohne diese öffentlich-rechtliche Verpflichtung ist die Installation zum Schutz der Mieter und des Gebäudes dringend zu empfehlen.[430]

Die Umlagefähigkeit gilt nach überwiegender Auffassung auch für die Kosten aus einem **Batteriewechsel**,[431] soweit es sich nicht um eine hochwertige Batterie handelt, die mindestens 10 Jahre hält. Nach DIN 14676 Nr. 6.5 sind Rauchwarnmelder ohnehin nach 10 Jahren und Ablauf einer Übergangsfrist von weiteren 6 Monaten auszutauschen oder im Werk mit Instandsetzung zu überprüfen. Instandsetzung wie auch die Anschaffung eines Ersatzgeräts lösen keine umlagefähigen Betriebskosten aus.[432] Streng genommen sind die Batteriekosten jedoch nicht umlagefähig. Die in ihnen enthaltene Energie unterfällt keiner Betriebskostenposition und die Batterie selbst einschließlich der Material- und Produktionskosten ist ebenfalls nicht von der Betriebskostendefinition erfasst.

309 Nicht umlegbar sind die Kosten aus der **Anmietung** der Geräte.[433] Mietkosten dürfen nur angesetzt werden, soweit es die BetrKV selbst zulässt,[434] wie z.B. nach § 2 Nr. 2 BetrKV für Wasserzähler. Es handelt sich dabei um Ausnahmeregelungen. Der Ausnahmecharakter verbietet es, im Rahmen der sonstigen Betriebskosten gem. § 2 Nr. 17 BetrKV

---

[430] *Zehelein* WuM 2016, 400 (408).
[431] AG Lübeck ZMR 2008, 302; *Riecke* ZMR 2011, 648, *Ruff* DWW 2006, 98 (103), *Schmidt/Breiholdt/Riecke* ZMR 2008, 341 (350f.), *Schumacher* NZM 2005, 641 (642f.), *Wall* WuM 2013, 3 (20).
[432] Ebenso *Wall* WuM 2013, 3 (20).
[433] Z.B. LG Hagen DWW 2016, 175 = ZMR 2016, 701, BeckRS 2016, 10499, AG Dortmund WuM 2017, 203, AG Schönebeck GE 2011, 1379 (m. zust. Anm. *Kinne* S. 1348) = ZMR 2011, 647; *Wall* WuM 2013, 3 (22), *Wüstefeld* WuM 2012, 133 (Besprechung von LG Magdeburg ZMR 2011, 957), *Cramer* ZMR 2016, 505 (510), *Zehelein* WuM 2016, 400 (408 f.); a.A. LG Magdeburg ZMR 2011, 957 (m. zust. Anm. *Riecke*), *Pistorius* ZMR 2011, 934.
[434] Vgl. BGH (VIII ZR 92/08) GE 2009, 258 = NZM 2009, 120 = WuM 2009, 115 = ZMR 2009, 354 (m. Anm. *Schmid*) für das Leasing von Brenner und Öltank.

Mietkosten etwa deshalb als umlagefähig anzusehen, weil es sich dabei um einen Auffangtatbestand handelt.[435]

Dass der Vermieter das **Wirtschaftlichkeitsgebot** zu beachten hat, versteht sich von selbst.

– Dies betrifft zunächst die Frage, **in welchen Räumen** die Geräte anzubringen sind. Da nach den Bauordnungen die Installation in einzelnen Räumen ausreicht,[436] wird die Ausstattung weiterer Räume zu unwirtschaftlichem Wartungsaufwand führen, sofern sie nicht durch verwinkelte Bauweise notwendig ist.

– Ob sich der Vermieter auf die **Wartung durch die Mieter** zur Kostensenkung einlassen muss, entscheidet sich nach der jeweiligen Landesbauordnung und den vertraglichen Absprachen. Ist die Betriebspflicht primär den Mietern zugewiesen,[437] bedarf es zur deren Übernahme einer entsprechenden Vereinbarung. Ist sie getroffen, hat der Vermieter aus seiner Verkehrssicherungspflicht dafür einzustehen, dass eine regelmäßige Prüfung erfolgt. Ihm ist es in diesen Fällen nicht zuzumuten, die Wartung aus Kostengründen doch wieder dem Mieter zu überlassen. Er müsste sonst sowohl im eigenen wie auch im Interesse aller Mieter des Hauses deren Ausführung kontrollieren, was ihm schon wegen des Aufwandes in der Regel nicht zuzumuten ist.[438] Jedenfalls bei stark verschmutzten Geräten muss, um eine einwandfreie Funktion sicherzustellen, die Fotooptik elektronisch nachreguliert werden, was mit zusätzlichen Kosten verbunden ist; hier wird es wirtschaftlich günstiger sein, ein geprüftes Austauschgerät einzusetzen,[439] dessen Kosten allerdings als Instandsetzungskosten zu qualifizieren und daher nicht umlagefähig sind.

– Auf schon **vorhandene mietereigene Geräte** muss sich der Vermieter im Allgemeinen nicht verweisen lassen. Ist er nach der jeweiligen Landesbauordnung Adressat der Einbauverpflichtung, kann er von den Mietern die Duldung der Nachrüstung auch dann verlangen, wenn sie ihre Wohnungen bereits mit Rauchwarnmeldern ausstatteten.[440] Eine Ausnahme besteht dann, wenn die jeweilige Landesbauordnung allein den Mieter zum Einbau verpflichtet.[441] Auch wenn in wenigen Landesbauordnungen keine Einbau- oder Nachrüstpflicht oder eine Einbaupflicht nur für Neubauten angeordnet ist, ist der Vermieter berechtigt, jedenfalls zusätzlich zu den mietereigenen Rauchwarnmeldern

---

[435] *Zehelein* WuM 2016, 400 (408 f.).
[436] Nach den Landesbauordnungen mit Einbaupflicht, z. B. § 45 Abs. 6 Hamburgische Bauordnung: in Schlaf- und Kinderzimmern sowie Fluren.
[437] Dazu ausführlich *Wall* WuM 2013, 3 (14).
[438] AG Lübeck NZM 2008, 929 = ZMR 2008, 302, vgl. AG Hamburg-Wandsbek ZMR 2009, 47.
[439] Vgl. DW 2008, 80.
[440] BGH (VIII ZR 290/14) NZM 2015, 587 = WuM 2015, 498.
[441] Dazu ausführlich *Wall* WuM 2013, 3 (5 ff.).

einheitlich im Haus eigene Geräte installieren zu lassen. Nur auf diesem Weg erreicht er ein hohes Maß an Sicherheit, zu der er aus seiner Verkehrssicherungspflicht gehalten ist.[442]

314 – Inzwischen werden auch Geräte mit einer **Fernwartung per Funk** angeboten. Ihr Einsatz ist unwirtschaftlich. Derartig ausgerüstete Geräte sind bislang erheblich teurer als herkömmliche. Es erscheint überdies fraglich, wie die nach DIN 14676 Nr. 6 (s. Rdn. 308) über die bloße Funktionsprüfung hinausgehenden Arbeiten per Funk sollten erledigt werden können.

315 – **Rohrleitungen** s. Abflussrohre

316 – **Rückstausicherung**
Rückstausicherungen sind von Zeit zu Zeit auf ihren Zustand zu überprüfen und ggf. zu reinigen. Auf der Grundlage der Ansicht des BGH (s. Rdn. 253) und der vorherrschenden Auffassung[443] handelt es sich um die Überprüfung auf Funktionsfähigkeit und damit umlagefähigen Aufwand. Rückstausicherungen verhindern das Eindringen von Wasser aus Kellerabläufen, wenn das öffentliche Siel z. B. durch heftige Regenfälle so überlastet ist, dass das Wasser nicht mehr ordnungsgemäß abfließen kann, sondern in die Grundstücksleitungen hinein drückt. Ohne funktionsfähige Sicherungen würden die Kellerflächen überschwemmt. Bei der Vermietung von Gewerberaum kommt die Vereinbarung einer Umlage dieser Kostenart insbesondere dann in Betracht, wenn z. B. zum Schutz von Mietern in sog. Basement-Flächen regelmäßige Kontrollen angezeigt sind.

317 – **Sauna, Schwimmbad** s. Gemeinschaftseinrichtungen

318 – **Schließanlagen**
Die Kosten eines Wartungsdienstes für Schließanlagen zählen zwar auf der Basis der Rechtsprechung des BGH zu den sonstigen Betriebskosten, sie sind indes im Hinblick auf das Wirtschaftlichkeitsgebot bei **Wohnraum** in aller Regel **nicht umlagefähig**. Bei der Überprüfung von Schließanlagen geht es primär um eine Funktionskontrolle durch Betätigung, die ohnehin im täglichen Betrieb stattfindet. Derartige Kontrollen gehören zu den üblichen Pflichten eines Hauswarts, der auch gelegentlich einige Tropfen Öl zugeben kann, ohne dass dies bereits als Instandhaltung zu werten wäre. Es erscheint ferner nicht erforderlich, je nach Außentemperatur die Schließer nachzustellen; hochwertige Öle behalten ihre Elastizität auch bei sehr unterschiedlichen Temperaturen.[444] Reparaturen sind ohnehin nicht ansetzbarer Instandsetzungsaufwand.

---

[442] AG Burgwedel ZMR 2011, 800, AG Hamburg-Wandsbek NZM 2009, 581 = ZMR 2009, 47, vgl. BGH (VIII ZR 216/14) NZM 2015, 588 = WuM 2015, 497.
[443] LG Braunschweig ZMR 1984, 243; *Lützenkirchen* AZ „Sielrückstau", *Pfeifer* ZMR 1993, 355, *Seldeneck* Rdn. 2363, *Wall* Rdn. 4786.
[444] AG Schöneberg GE 1998, 1343.

III. Definitionen des Betriebskostenkatalogs gem. § 2 BetrKV

Ist **Gewerberaum** vermietet, kann es bei großen Gebäuden, etwa Bürohochhäusern, im Hinblick auf die enorme Beanspruchung durch die hohe Anzahl der Nutzer und auch zu deren Sicherheit sinnvoll sein, die ordnungsgemäße Funktion durch eine regelmäßige Wartung sicherzustellen, so dass die Prüf- und Nachstellkosten bei entsprechender Vereinbarung ansetzbar sind.[445] Dem Mieter eines kompletten Gebäudes dürfte allerdings der Einwand fehlender Wirtschaftlichkeit zustehen, wenn sich nach einiger Zeit zeigt, dass es wirtschaftlich sinnvoller ist, bei Störungen einen Handwerker, ggf. einen Notdienst, zu rufen, statt regelmäßige Kosten der Kontrolle durch einen Fachbetrieb zu verursachen. **319**

– **Schmutzwasserhebeanlage** **320**
Die Strom- und Wartungskosten gehören bereits zu den **Kosten der Entwässerung** gem. Nr. 3 des § 2 BetrKV.

– **Schnee- und Eiszapfenbeseitigung** **321**
Geht es um ein **gewerblich genutztes Mietobjekt,** kann der Vermieter den Aufwand im Katalog der Kosten, die der Mieter anteilig übernehmen soll, bezeichnen und damit **umlagefähig** machen, jedenfalls **wenn** die umzulegenden **Kosten der Höhe nach begrenzt** werden.[446] Da es sich meist um Formularmietverträge handelt, sind die Arbeiten ausdrücklich anzuführen; pauschale Angaben führen oft zur Unklarheit mit der Folge, dass die Abwälzung nach § 307 Abs. 1 Satz 2 BGB unwirksam ist.

Bei der Vermietung von Wohnraum sind die Kosten **nicht ansetzbar.** Zwar ist der vorbeugende Charakter der Maßnahmen gegeben: Bei zu hoher Schneelast auf Flachdächern besteht Einsturzgefahr, herabhängende Eiszapfen gefährden die Mieter und ggf. auch Passanten. Je nach der Region werden die Maßnahmen auch einigermaßen regelmäßig notwendig sein. Trotz dieser Übereinstimmungen scheidet die Umlage des hier behandelten Aufwands aus, wie eine genauere Überprüfung zeigt. **322**

Allen vorbeugenden Maßnahmen, sei es z. B. die Dachrinnenreinigung, der E-Check, die Öltankreinigung, ist gemeinsam, dass es stets um die **Überprüfung der Einrichtung selbst** geht. Durch ihre Lage oder ihre Beschaffenheit kann es ohne die Kontrollmaßnahmen mit der Zeit dazu kommen, dass sie nicht mehr zuverlässig arbeitet, was verhindert werden soll. Bei der Beseitigung von Schneelasten und Eiszapfen fehlt es hingegen am Merkmal der vorbeugenden Untersuchung der Bestandteile des Daches selbst auf Funktion und Sicherheit. Diese erfolgt vielmehr allein durch einen Dachcheck (s. Rdn. 275). **323**

– **Sicherheits- und Notstrombeleuchtung** **324**
Neben der reinen Funktionskontrolle entstehen hier Kosten aus Abschmieren und ggf. Ersatz von Kleinteilen, anschließend ist die Anlage

---

[445] OLG Düsseldorf GE 2012, 202 = ZMR 2012, 184.
[446] Ebenso *Strauch* NZM 2011, 392 (397).

einzustellen, so dass es sich um typischen, **umlagefähigen** Wartungsaufwand handelt. Der bei Ausfall der Hauptbeleuchtung durch die Sicherheitsbeleuchtung verbrauchte Strom fällt unter die Kosten der Beleuchtung nach Nr. 11 des § 2 BetrKV, sei es, dass er noch aus dem öffentlichen Netz bezogen, sei es, dass er durch ein Notstromaggregat erzeugt wird; die durch das Notstromaggregat verursachten Kosten, insbesondere Brennstoffkosten, sind daher ohne weiteres Kosten der Beleuchtung gem. Nr. 11.[447] Das Aggregat selbst ist nach verbreiteten Unfallverhütungsvorschriften und, je nach der Art der Baulichkeit, nach öffentlich-rechtlichen Vorschriften regelmäßig auf seine Funktions- und Betriebssicherheit zu überprüfen. Dies ist z.B. bei Wohn-Hochhäusern, Verkaufs- und Gaststätten, Ladenstraßenbereichen der Fall.

325 Nach dem **Wirtschaftlichkeitsgebot** wird die Unterhaltung einer Anlage zur Sicherheitsbeleuchtung nur in Betracht kommen, wenn sie öffentlich-rechtlich vorgeschrieben ist. Dass sie auch bei kleineren Gebäuden im Einzelfall nützlich und angenehm ist, reicht nicht aus, zumal durch die Stromverbundnetze längere Stromausfälle inzwischen eher selten sind.[448]

326 – **Sprechanlagen** s. Gegensprechanlagen

327 – **Sprinkleranlagen**
Sprinkler, die nur in gewerblich genutzten Objekten installiert werden, sind nach Nr. 19 der DIN 14489 **regelmäßig zu warten**. Die Wartungskosten können nach entsprechender Vereinbarung umgelegt werden.

328 – **Sprühwasser-Löschanlagen**
Sprühwasser-Löschanlagen, die im Unterschied zu Sprinklern offene Düsen aufweisen und bei Auslösung nicht wie diese ggf. nur örtlich begrenzt, sondern sämtlich Wasser abgeben, um einer schnellen Brandausbreitung vorzubeugen, sind nach Nr. 9 der DIN 14494 ebenfalls **regelmäßig zu warten**. Sie finden sich nur im gewerblichen Bereich, die Umlage der Wartungskosten kann ohne weiteres vereinbart werden.

329 – **Türöffner** s. Klingelanlage

330 – **Türschließanlage** s. Schließanlagen

331 – **Urheberrechtsgebühren**
Urheberrechtsgebühren fallen gelegentlich beim Betrieb von Aufzügen an (zu den Gebühren bei Gemeinschaftsantennen s. Rdn. 225). Manche Aufzüge in Hochhäusern sind mit einer Musikberieselungsanlage ausgestattet, die sich automatisch beim Betreten des Fahrkorbs einschaltet. Da durch die Verträge der GEMA mit den Rundfunkanstalten allein deren Senderechte abgegolten werden, ist die öffentliche

---

[447] AG Koblenz NZM 2000, 238.
[448] A. A. *Pfeifer* ZMR 1993, 358.

Wiedergabe von Hörfunksendungen durch Dritte vergütungspflichtig; dasselbe gilt für die privaten Hörfunksender, insoweit ist die VG Media zuständig. Die Wiedergabe in einem Aufzug ist als öffentlich i.S. des § 15 Abs. 3 UrhG zu qualifizieren, weil er nicht nur von den Mietern, sondern z.B. auch von Besuchern benutzt wird.

Bei der **Umlage** der Lizenzgebühren ist zu **differenzieren**. Der Einsatz 332 von Musikberieselungsanlagen ist vor allem dann anzutreffen, wenn die ersten Stockwerke gewerblich genutzt werden. Erfolgt die Berieselung für die Kunden/Besucher der Gewerbemieter, handelt es sich allein um eine Einrichtung in deren Interesse, so dass die Umlage auf die Wohnraummieter ausscheidet; dass sie auch davon „profitieren", ist ein unbeachtlicher Nebeneffekt. Die Gebühren sind auf die Gewerbeeinheiten umlegbar, wenn es vereinbart wurde. Ist die Anlage in einem reinen Wohn(hoch)haus installiert, wird die Umlage der Gebühren jedenfalls am Wirtschaftlichkeitsgebot scheitern. Dabei ist zu bedenken, dass die Musikbeschallung primär einen Wohlfühleffekt bei den Mietern auslösen soll und damit vorrangig dem Ziel des Vermieters dient, Mieterbindung und leichtere Vermietbarkeit zu erreichen.

– **Werbegemeinschaft** 333
Kosten der Werbegemeinschaft eines Einkaufszentrums können in der Geschäftsraummiete, so der Mieter nicht zu deren Beitritt verpflichtet wird, auch als Betriebskosten umgelegt werden.[449]

---

[449] BGH (XII ZR 146/14) GE 2016,1081 = NJW 2016, 2489 = NZM 2016, 520 = ZMR 2016, 527.

B. Umlage der Betriebskosten

I. Notwendigkeit einer Vereinbarung

Nach § 535 Abs. 1 Satz 2 BGB hat der Vermieter dem Mieter den Gebrauch der Mietsache in vertragsgemäßem Zustand während des Mietverhältnisses ständig zu gewähren. Soweit er zur Erfüllung dieser Verpflichtung Kosten aufwenden muss, hat er sie aus dem Mietzins zu bestreiten. Die gesetzliche Regelung geht davon aus, dass der Vermieter sowohl die öffentlich-rechtlichen wie auch die privatrechtlichen Lasten in den Mietzins einkalkuliert und dem Mieter im Rahmen des vereinbarten einheitlichen Mietentgelts berechnet.[1] Ebenfalls hierunter fallen die **Versorgungspflichten** des Vermieters, die sich aus dem Mietvertrag ergeben. So schuldet der Vermieter auch die Versorgung mit Wärme – insb. Brennstoff – (s. auch K Rdn. 2) und Wasser.[2] Für die Heizkosten kann sich eine Kostenumlagepflicht aus der HeizKV ergeben. Hinsichtlich des Individualstroms muss er lediglich den Anschluss zur Verfügung stellen.[3] Die Vorschrift des § 535 Abs. 1 Satz 3 BGB, dass der Vermieter die *„auf der Mietsache ruhenden Lasten"* trägt, enthält nur eine klarstellende Wiederholung. Es ist daher keine Lücke im Gesetz, sondern entspricht diesem **Leitbild,** dass besondere Vorschriften fehlen, welche die Kostentragung hinsichtlich der weiteren durch das Grundstück oder seine Nutzung anfallenden Kosten regeln. Schon aus dieser Rechtslage ergibt sich, dass es **immer einer Vereinbarung** der Parteien bedarf, durch welche die Lasten des Grundstücks und die Betriebskosten ganz oder zum Teil auf den Mieter abgewälzt werden; diese Voraussetzung ist nunmehr in § 556 Abs. 1 BGB zusätzlich festgeschrieben.[4] Eine solche kann daher auch nicht im Wege ergänzender Vertragsauslegung hineingelesen werden.[5] Vereinbarungen über eine Betriebskostenumlage stellen ganz überwiegend **allgemeine Geschäftsbedingungen** i. S. d. § 305 Abs. 1 BGB dar. Sie unterliegen als Preisnebenabreden nicht der Ausschlussregelung des § 307 Abs. 3 Satz 1 BGB[6] und sind somit an § 307 BGB zu messen.[7]

1

---

[1] Vgl. die Gesetzesbegründung BT-Drucks. 14/4553 S. 50.
[2] OLG Rostock Urt. vom 10.12.2009 – 3 U 253/08, AG Hanau Urt. vom 26.6.2014 – 37 C 285/13; *Eisenschmid* in Schmidt-Futterer § 535 Rdn. 388, *Häublein* in MünchKomm § 535 Rdn. 76.
[3] BGH (XII ZR 161/91) NJW-RR 1993, 1159 = WuM 1993, 533.
[4] BT-Drucks. 14/4553 S. 50.
[5] LG Mannheim ZMR 1994, 22, LG Braunschweig WuM 1982, 300; *Langenberg* in Schmidt-Futterer § 556 Rdn. 33.
[6] Allg. BGH (XI ZR 335/17) Beschl. v. 24.4.2018, BeckRS 2018, 18297.
[7] BGH (VIII ZR 137/15) NJW 2016, 1308 = WuM 2016, 211 = ZMR 2016, 287.

2 Der früher häufig zu lesende Satz, die Lastenverteilung des BGB sei **abdingbar,** war in dieser Allgemeinheit allerdings nicht zutreffend. Es war und ist vielmehr zwischen Wohnraum- und Gewerberaummietverhältnissen zu differenzieren. Bei **Wohnraummietverträgen** fand die Abdingbarkeit nach § 556 Abs. 1 Satz 2 BGB bis zum 31.12.2003 ihre Grenzen an der Bestimmung des Begriffs der Betriebskosten in § 27 II. BV und dem dazugehörenden Betriebskostenkatalog in der Anl. 3 zu § 27 II. BV, seit dem 1.1.2004 ist der Katalog des § 2 BetrKV maßgeblich. Die Betriebskostendefinitionen können durch § 556 Abs. 1 i. V. mit Abs. 4 BGB bei allen Arten von Wohnraum nicht zum Nachteil des Mieters abgeändert, insbesondere erweitert werden. Dies galt bisher schon durch § 4 Abs. 1 i. V. mit § 10 Abs. 1 MHG für preisfreien,[8] durch § 20 Abs. 1 NMV für im Sinne der NMV 1970 preisgebundenen und durch § 14 Abs. 1 MHG – wie zuvor durch den Vortext zur Anlage zu § 1 BetrKostUV – für den preisgebundenen (Altbau-)Wohnraum in den östlichen Bundesländern.

3 Bei **Gewerberaummietverträgen** hingegen kann der Vermieter den Mieter durch individualvertragliche Regelungen ohnehin, aber auch weitgehend durch Formularklauseln mit Kosten belasten, die durch den Betriebskostenkatalog nicht gedeckt sind (dazu im Einzelnen Rdn. 90 ff.). Wird allerdings, wie oft, nur auf die Vorschriften zur Umlage von Betriebskosten bei Wohnraum Bezug genommen, bleibt es bei den nach dem Betriebskostenkatalog ansetzbaren auch dann, wenn für den jeweiligen Gewerberaum spezifische weitere anfallen.

II. Vereinbarungen zur Mietstruktur

1. Brutto(warm/Inklusiv)miete

4 Die Parteien können bestimmen, dass das gesamte **Mietentgelt,** bestehend aus Nettomietanteil, Betriebskosten- und ggf. Heizkostenanteil, **in einem Betrag** gezahlt wird [Brutto(warm/Inklusiv)miete]. Die an sich umlagefähigen **Betriebskosten** sind mit diesem Mietzins **abgegolten.**[9] Diese einfache Lösung hat etwa für den Kleinvermieter den Vorteil, dass er sich die Vorbereitungsarbeiten für die Abrechnung und die Mühe bei der Erstellung der Abrechnung selbst erspart. Der Mieter mag es als günstig ansehen, dass seine monatliche Mietbelastung fixiert ist, so dass er besser disponieren kann und Nachbelastungen nicht ausgesetzt ist. Bei dieser Struktur erfolgt die Ermittlung der Betriebskosten allein intern beim Vermieter, wenn er die Gesamtmiete kalkuliert.

5 Eine **Betriebskostenabrechnung** ist **grundsätzlich ausgeschlossen;** zur Ausnahme s. Rdn. 6. Erst wenn der Vermieter feststellt, dass entweder sein Kalkulationsansatz von Anfang an zu niedrig bemessen war oder

---
[8] OLG Koblenz RE 7.1.1986 WuM 1986, 50.
[9] OLG Stuttgart RE 13.7.1983 DWW 1983, 227 = NJW 1984, 2329 = WuM 1983, 285 = ZMR 1983, 389.

dass der Ansatz mit der Zeit zur Abdeckung der Betriebskosten aufgrund von Mehrbelastungen nicht mehr ausreicht, so dass sich der Nettomietanteil ständig verringert, stellt sich die Frage, **ob und ggf. wie** er die **Steigerungsbeträge** auf den Mieter **umlegen** kann (dazu C Rdn. 2 ff.).

Die Vereinbarung einer **Bruttomiete** ist allerdings **im Geltungsbereich der HeizKV nicht** anzuwenden.[10] Nach § 2 HeizKV gehen die Vorschriften dieser Verordnung rechtsgeschäftlichen Bestimmungen vor, soweit nicht die Verordnung selbst Ausnahmen vorsieht. Diese bestehen nach § 2 HeizKV nur für Gebäude mit nicht mehr als zwei Wohnungen, von denen der Vermieter eine selbst bewohnt, und unter den Voraussetzungen des § 11 HeizKV. Im Konfliktfall gilt die HeizKV unmittelbar, einer Umstellung der Mietstruktur für die Zukunft bedarf es nicht (s. zu allem K Rdn. 9 ff.). Diese Rechtsfolge gilt für Mietverhältnisse über preisfreien Wohnraum ebenso wie über Gewerberaum. Waren in den östlichen Bundesländern Bruttowarmmieten vereinbart, wurden sie spätestens mit dem 31.12.1995 unwirksam (§ 4 Abs. 2 BetrKostUV).

6

Bei **preisgebundenem Wohnraum** alter Art ist die Anwendung der HeizKV durch § 22 Abs. 1 NMV ohnehin verbindlich. Wird sie nicht beachtet und führt dies zu einer höheren Belastung des Mieters, liegt ein Verstoß gegen § 8 Abs. 1 WoBindG vor. Nach § 8 Abs. 2 Satz 1 WoBindG hat der Vermieter dem Mieter die Mehrbelastung zu erstatten.

7

2. Bruttokaltmiete

Bei dieser Gestaltung wird das Gesamtmietentgelt aufgespalten. Sie begegnet in zwei Varianten. Bei der **Variante 1** trägt der Mieter **in einem Betrag die Nettomiete und die Betriebskosten**, mit einem **gesondert** ausgewiesenen Betrag die **Heizkosten**. Eine Abrechnung der entstandenen Betriebskosten findet nicht statt. Reicht der Betriebskostenanteil der Bruttokaltmiete nicht mehr zur Deckung der Kosten aus, ergibt sich wie bei der Bruttomiete das Problem, ob der Vermieter die Mehrbelastung umlegen kann (dazu C Rdn. 2 ff.). Bei der **Variante 2** sind alle zur Zeit des Vertragsabschlusses anfallenden Betriebskosten in der Miete enthalten (also ein einheitlicher Betrag), Erhöhungen des in der Miete enthaltenen Sockelbetrages (Betriebskostenanteils) können jeweils umgelegt werden, daneben treten die Heizkosten.[11] Auch hier erfolgt ebenfalls keine Abrechnung der Betriebskosten, für Mehrbelastungen ist jedoch von vornherein vereinbart, dass der Vermieter diese im Wege der Differenzberechnung (s. C Rdn. 32) umlegen darf. Diese Vertragsgestaltung begegnet gemeinhin nur bei der Vermietung von Gewerberaum, sie ist aber auch bei der Vermietung von Wohnraum ohne Verstoß gegen § 556 Abs. 4 BGB zulässig.

8

---

[10] BGH (VIII ZR 212/05) NZM 2006, 652 = WuM 2006, 518; zuvor schon BGH (VIII ZR 133/85) WuM 1986, 214, OLG Schleswig neg. RE 15.1.1986 WuM 1986, 330, OLG Hamm RE 2.7.1986 DWW 1986, 69 = WuM 1986, 267.
[11] Vgl. OLG Düsseldorf GuT 2007, 34.

3. Teilinklusivmiete

9 Das Mietentgelt kann noch weiter gegliedert werden. Verpflichtet sich der Mieter, neben den gesonderten Heizkosten **einen Teil der anfallenden Betriebskosten separat** zu bezahlen, so entrichtet er die **übrigen Betriebskosten zusammen mit der Nettomiete** in einem Betrag, der als Teilinklusivmiete bezeichnet wird. Bei dieser Strukturierung setzen sich die gesondert abgewälzten Betriebskosten im Allgemeinen aus den weitgehend vom individuellen Verhalten des Mieters abhängigen verbrauchsbedingten Kosten zusammen. Sie werden meist im Abrechnungsweg mit Vorauszahlungen erhoben, können aber auch als Pauschale gezahlt werden; da sich der Vermieter vom Risiko der für ihn kaum beeinflussbaren Höhe der Verbrauchskosten frei halten will, wird eine Pauschale in diesem Zusammenhang nur selten vereinbart. Die teilweise separate Belastung des Mieters mit Betriebskosten erfordert immer eine entsprechende vertragliche Vereinbarung, die inhaltlich ausreichend bestimmt sein muss.

10 Wirtschaftlich besteht die Teilinklusivmiete aus **zwei Komponenten,** der Nettomiete und dem sog. Betriebskostenanteil, rechtlich handelt es sich um eine **einheitliche Leistung.** Gleichwohl kann es im Einzelfall erforderlich sein, sie getrennt zu betrachten. Soll z. B. die Nettomiete auf der Basis eines Mietspiegels mit Nettomieten nach § 558 BGB erhöht werden oder ist die ortsübliche Vergleichsmiete im Rahmen einer Überprüfung der vereinbarten Miete nach § 5 WiStG auf Nettobasis festzustellen, ist der Betriebskostenanteil für die notwendigen Berechnungen auszusondern. Nach deren Abschluss ist er wieder hinzuzusetzen, da er nur einen unselbstständigen Rechnungsposten[12] darstellt; anderenfalls ergäbe sich eine unzulässige Veränderung der Mietstruktur.

4. Nettomiete

11 Bei der Nettomiete setzt sich der Mietzins aus maximal **drei selbstständigen Komponenten** zusammen, die in der Summe das vom Mieter geschuldete Mietentgelt (z. B. im Sinne von § 543 Abs. 2 Nr. 3 BGB) ausmachen. Neben der Nettomiete für die Gebrauchsüberlassung und den Erhalt der vertragsgemäßen Nutzungsmöglichkeit sind die anteiligen Betriebskosten und, wenn der Mieter nicht selbst für die Beheizung zu sorgen hat, die anteiligen Heizkosten zu entrichten. Diese Mietstruktur hat sich bei **Gewerbe- und preisfreiem Wohnraum** inzwischen weitgehend durchgesetzt. Sie sichert dem Vermieter durchgehend den Bestand der Nettomiete. Er vermeidet die Risiken, die bei den anderen Mietstrukturen daraus resultieren, dass die Betriebskosten ständig, zum Teil erheblich steigen und der Höhe nach im Voraus kaum abzuschätzen sind. Die Vereinbarung **weiterer Mietkomponenten ist nicht möglich** und kann

---

[12] Vgl. LG München I WuM 1995, 113.

insbesondere in der Wohnraummiete nicht zu einer Umgehung der Vorgaben der BetrKV führen (§ 556 Abs. 4 BGB).[13] In der Gewerberaummiete können jedenfalls dann überraschende Klauseln i. S. des § 307c Abs. 1 BGB vorliegen, wenn die Miete zunächst in eine Grundmiete und Nebenkostenvorauszahlungen aufgeteilt wird, sich jedoch an anderer Stelle eine Nebenkostenpauschale befindet.[14]

Bei **preisgebundenem Wohnraum** alter Art gilt gem. § 8 Abs. 1 WoBindG die Kostenmiete, d.h. die Miete, die zur Deckung der laufenden Aufwendungen erforderlich ist. Nach §§ 8a Abs. 7 WoBindG, 24 Abs. 1 Satz 2 II. BV sind die Betriebskosten als Bewirtschaftungskosten Teil der Kostenmiete; die Erhöhung der Betriebskostenumlage hat über §§ 20 Abs. 4 Satz 1, 4 Abs. 7 und 8 NMV gem. § 10 Abs. 1 WoBindG zu erfolgen, ist mithin wie eine Mieterhöhung vom Vermieter geltend zu machen. Rechtlich ist die Kostenmiete daher als Inklusivmiete zu qualifizieren. Wirtschaftlich handelt es sich hingegen durch die Regelungen in §§ 20 Abs. 1 NMV, 27 Abs. 3 II. BV hinsichtlich der Betriebskosten und durch § 22 Abs. 1 NMV bezüglich der Heizkosten um eine Nettomiete. 12

Wie bei den separat erhobenen Betriebskosten der Teilinklusivmiete ist die **Umlage** der Betriebskosten ist in **zwei Varianten** möglich, nämlich als **Pauschale** und aufgrund einer **Abrechnung;** zur Pauschale s. Rdn. 81 ff. In der Praxis wird im **Regelfall** vereinbart, dass der Mieter neben der Nettomiete alle Betriebskosten auf der Grundlage einer **Abrechnung** des Vermieters über die konkret angefallenen Kosten zu tragen hat. Die Belastung des Mieters kann jeweils nach Ablauf des vereinbarten Abrechnungszeitraums in einer Summe erfolgen. Üblicherweise wird der Mieter jedoch verpflichtet, monatliche Vorauszahlungen (s. E Rdn. 1 ff.) auf die Abrechnung zu entrichten, weil diese Methode dem Vermieter die erhebliche Vorfinanzierung erspart und zudem den Mieter nicht mit beträchtlichen Einmalleistungen konfrontiert. 13

5. Änderung der Mietstruktur

Ist eine **Bruttomiete, Bruttokaltmiete oder Teilinklusivmiete** vereinbart, stellt sich die Frage, ob der Vermieter berechtigt ist, die Mietstruktur zu ändern, um üblicherweise zu einer Nettomiete zu kommen, die ihm die Möglichkeit verschafft, den Mieter mit allen umlagefähigen Betriebskosten zu belasten. 14

Die Änderung der mietvertraglich festgelegten Mietstruktur erfordert grundsätzlich eine entsprechende **Vereinbarung** der Parteien. **Formularklauseln,** die dem Vermieter die Umstellung der Mietstruktur, insbesondere von bruttokalt oder teilinklusiv auf netto, gestatten, sind un- 15

---

[13] LG Berlin GE 2017 = WuM 2017, 708 = ZMR 2018, 45, 1408, BeckRS 2017, 127960.
[14] OLG Hamm GE 2017, 1221 = NZM 2018, 337.

wirksam. Zum einen verstoßen sie gegen § 556 Abs. 4 BGB, da sie von § 556 Abs. 1 BGB zulasten des Mieters abweichen, weil die Umstellung auf eine Nettomiete zumindest in der Tendenz eine höhere Betriebskostenbelastung für den Mieter zur Folge hat.[15] Zugleich liegt eine verdeckte Mieterhöhung und damit eine Kollision mit § 557 Abs. 3 BGB vor; für Altverträge wurde dieses Ergebnis aus dem letztgenannten Grund zutreffend aus § 10 Abs. 1 MHG abgeleitet.[16] Zum anderen ist festzustellen, dass, auch wenn die Unterzeichnung des Mietvertrags durch den Mieter als antizipierte Zustimmung zur Vertragsänderung durch spätere Umstellung der Mietstruktur verstanden wird, derartige Formularklauseln wegen Verstoßes gegen § 307 Abs. 1 Satz 2 BGB keine Wirkung entfalten. Es ist für den Mieter nicht erkennbar, welche insbesondere wirtschaftlichen Folgen sich dahinter verbergen. Zur Problematik der stillschweigenden Änderung der Mietstruktur s. Rdn. 63 ff.

16 Eine **Ausnahme** ergibt sich aus § 556a Abs. 2 BGB, der die Bestimmung des § 4 Abs. 5 MHG in modifizierter Form übernommen hat. § 556a BGB betrifft nach seiner Überschrift zwar nur den Abrechnungsmaßstab für Betriebskosten, enthält jedoch in Abs. 2 u. a. das Recht des Vermieters, **einseitig** die vereinbarte Mietstruktur zu ändern. Sofern einzelne Betriebskosten **nach Verbrauch oder Verursachung** erfasst und entsprechend umgelegt werden sollen, kann der Vermieter insoweit von der vereinbarten Brutto-, Bruttokalt- oder Teilinklusivmiete abgehen, bei letzterer hinsichtlich derjenigen Betriebskosten, die nicht ohnehin separat erhoben werden; § 556a Abs. 2 BGB gestattet dem Vermieter mithin nicht, etwa die in einer Inklusivmiete enthaltenen Kosten in Zukunft nach Wohnfläche abzurechnen.[17] Die Mieter werden sodann mit den Kosten nach ihrem Anteil belastet; der Vermieter darf hierauf angemessene Vorauszahlungen verlangen. Zu den **Voraussetzungen der Umstellung** im Einzelnen **und** zum **Verfahren** s. F Rdn. 36 ff.

III. Vereinbarung einer Nettomiete/Teilinklusivmiete mit Vorauszahlungen

17 Die Parteien können vereinbaren, dass der Mieter bei der Teilinklusivmiete für bestimmte Betriebskostenarten oder bei der Nettomiete für alle Betriebskosten die konkret angefallenen Kosten auf der **Grundlage einer Abrechnung** des Vermieters zu tragen hat. Die Belastung des Mieters kann jeweils nach Ablauf des vereinbarten Abrechnungszeitraums in einer Summe erfolgen. Da diese Methode dem Vermieter eine erhebliche Vorfinanzierung abverlangt und den Mieter mit beträchtlichen Einmal-

---

[15] *Gather* DWW 2012, 362 (363).
[16] Z. B. AG Tempelhof-Kreuzberg MM 2002, 230, AG Hamburg-Blankenese WuM 1998, 418.
[17] Unzutreffend AG Köln ZMR 2004, 119; AG Augsburg WuM 2003, 566, korrigiert durch LG Augsburg WuM 2004, 148 = ZMR 2004, 269.

leistungen konfrontiert, wird der Mieter üblicherweise verpflichtet, **monatliche Vorauszahlungen** (s. E Rdn. 1 ff.) auf die Abrechnung zu entrichten.

1. Ausdrückliche Vereinbarung

a) Umlage und vom Mieter zu tragende Betriebskosten

aa) Preisfreier Wohnraum und Gewerberaum

Die Umlage von Betriebskosten als solches bedarf zunächst einer **inhaltlich bestimmten und eindeutigen Vereinbarung.**[18] Es gibt keine Vermutung oder allgemeine Verkehrssitte, dass Betriebskosten immer zusätzlich zu zahlen sind.[19] Außerhalb des preisgebundenen Wohnraums ist, wie erwähnt, keine gesetzliche Regelung vorhanden, die eine bestimmte Mietstruktur vorschreibt. Auch § 556 BGB enthält für Wohnraum nur eine Ermächtigungsgrundlage sowie ergänzende Verfahrensvorschriften; der allgemeine Grundsatz, dass der Vermieter die Betriebskosten zu tragen hat, ist durch diese Bestimmung nicht aufgehoben. Die separate Belastung des Mieters mit Betriebskosten setzt daher immer eine entsprechende vertragliche Vereinbarung voraus. Aus dem Mietvertrag muss sich ergeben, welche Betriebskostenarten der Mieter tragen soll, damit es ihm möglich ist, sich zumindest ein grobes Bild davon zu machen, welche zusätzlichen Kosten auf ihn zukommen. 18

Dies gilt **auch, wenn** der Mietvertrag zwar einen monatlichen **Betriebskostenvorschuss** festlegt, **aber keine weiteren Regelungen** zu den Betriebskosten enthält, die der Mieter zu tragen hat; der Mieter schuldet daher keine abrechenbaren Betriebskosten;[20] zu der Frage, wie mit diesem monatlichen Betrag zu verfahren ist, s. Rdn. 74 ff. 19

Im Regelfall werden die Betriebskosten **formularmäßig** auf den Mieter abgewälzt. Um Vertragsbestandteil zu werden, dürfen sie **nicht ungewöhnlich** formuliert sein **und** insbesondere nicht **in überraschendem Zusammenhang** stehen; anderenfalls liegt ein Verstoß gegen § 305c BGB vor. So ist die Belastung des Mieters mit den Kosten der Feuerversicherung für unwirksam gehalten worden, weil sie sich unter der Überschrift „*Gebrauch und Pflege der Mietsache, Schönheitsreparaturen*" befand.[21] 20

Es genügt, wenn die Kostenarten jedenfalls **bestimmbar** sind.[22] Hierfür ist es nach neuerer Rechtsprechung des **BGH**[23] ausreichend, wenn die 21

---

[18] BT-Drucks. 14/4553 S. 50; BGH (XII ZR 158/01) NZM 2005, 863; Bub/Treier/*v. Brunn/Emmerich* III. A Rdn. 95 ff., 282 ff.

[19] Staudinger/*Artz* § 556 Rdn. 50a.

[20] BGH (XII ZR 88/10) GE 2012, 822 = WuM 2012, 453 = ZMR 2012, 614, LG Konstanz ZMR 2014, 291, LG Berlin MM 2011, 29.

[21] KG GE 2008, 122.

[22] BGH (XII ZR 88/10) NZM 2012, 608 = WuM 2012, 453 = ZMR 2012, 614, OLG Düsseldorf ZMR 2003, 109; *Lützenkirchen* WuM 2001, 67 m. w. N.

Parteien vereinbaren, dass der Mieter „**die Betriebskosten**" zu tragen hat. Damit sind sämtliche in der bei Vertragsschluss gültigen BetrKV aufgeführten Kostenarten mit Ausnahme derjenigen, die nach § 2 Nr. 17 BetrKV vereinbart werden können, umgelegt. Für die Einbeziehung der sonstigen Betriebskosten bedarf es nach wie vor einer konkreten Nennung dieser im Mietvertrag.

22   Fraglich ist, wie in diesem Zusammenhang mit dem Begriff der „**Nebenkosten**" umzugehen ist. Hierbei wird vertreten, dass es einen durch **Verkehrssitte oder Handelsbrauch** anerkannten Begriff der Nebenkosten **nicht** gebe[24] und die Begriffsbestimmungen der preisgebundenen Miete ohne ausdrückliche Bezugnahme im Mietvertrag nicht zugrunde gelegt werden dürfen,[25] so dass eine entsprechende Klausel wegen unangemessener Benachteiligung des Mieters nach § 307 BGB unwirksam sei. Das erscheint aber jedenfalls in der **Wohnraummiete** unproblematisch. Denn gerade für den miet- und betriebskostenrechtlich unbedarften Mieter ist ein Unterschied zwischen Betriebs- und Nebenkosten nicht ersichtlich. Er stellt sich vielmehr unter beidem dasselbe vor. Die Grundsätze der BGH-Rechtsprechung zur Abwälzung aller in § 2 BetrKV aufgeführten Kosten (s. Rdn. 21) können hier also keine anderen sein. Gerade weil ein unterschiedliches Begriffsverständnis nicht ersichtlich ist, wäre hier eine abweichende Behandlung nicht gerechtfertigt. Somit genügt auch die Verwendung des Nebenkostenbegriffs für eine Umlage dieser Kosten.

Entsprechendes gilt auch bei **gewerblichen Mietverhältnissen**.[26] Bereits früher wurde vertreten, dass eine Klausel, nach der „*der Mieter alle anfallenden Nebenkosten – soweit gesetzlich zulässig – zu tragen hat*", ausreichend bestimmt ist, weil die Bedingung als Hinweis auf die Betriebskosten nach (vormals) § 27 II. BV zu verstehen sei.[27] Bedenken bestehen grundsätzlich dahingehend, dass der Nebenkostenbegriff keine gesetzes- oder verordnungsrechtlich vorgegebene Definition aufweist. Ihm können daher in der Gewerberaummiete auch solche Kosten unterfallen, die zwar von § 1 Abs. 1 BetrKV erfasst sind, jedoch nach Abs. 2 nicht den Betriebskosten zugehören, insbesondere also die Verwaltungs- sowie die Instandhaltungs- und Instandsetzungskosten. Deren Umlage ist hier möglich und auch durchaus üblich. Dem ist jedoch entgegenzuhalten, dass sich die Parteien bei der Verwendung des Nebenkostenbegriffs im Vertrag einerseits jedenfalls dahingehend einig sind, dass der Mieter die in § 2 Nr. 2–16 BetrKV genannten Kosten trägt. Selbst wenn also die

---

[23] BGH (VIII ZR 274/15) NZM 2016, 720 = WuM 2016, 498 = ZMR 2016, 682; (VIII ZR 137/15) NJW 2016, 1308 = WuM 2016, 211 = ZMR 2016, 287.
[24] OLG Düsseldorf ZMR 1984, 20, OLG Celle WuM 1983, 291, LG Mannheim ZMR 1994, 22.
[25] OLG Düsseldorf ZMR 1984, 20.
[26] OLG Frankfurt a.M. NZM 2018, 789; a.A. OLG Jena NZM 2002, 70, OLG Düsseldorf DWW 1991, 283, OLG Celle 9.11.18 – 2 U 81/18 (zu „Betriebskosten").
[27] OLG München ZMR 1997, 233.

Klausel wegen Verstoßes gegen § 307 Abs. 1 Satz 2 BGB unwirksam wäre, ergeben die Grundsätze der **ergänzenden Vertragsauslegung**,[28] dass jedenfalls eine Betriebskostenumlage gewollt war. Diese sind auch dann anzuwenden, wenn es wie hier zwar nicht an einer gesetzlichen Regelung fehlt (Inklusivmiete), der Vertrag jedoch auf Grund der besonderen Gestaltung und der konkreten Interessenlage Merkmale aufweist, die von dem Vorstellungsbild des Gesetzgebers wesentlich abweichen.[29] Das ist jedenfalls bei Verträgen, die auf längere Zeit fest geschlossen werden, der Fall. Wie bei dem schon von Gesetzes wegen auf langfristige bis potentiell unbegrenzte Dauer geschlossenen Wohnraummietvertrag besteht auch hier die vom Gesetzgeber mit der Regelung des § 556 BGB anerkannte Notwendigkeit, langfristig geschlossene Mietverträge durch das Abfangen von Kostenentwicklungen über die Betriebskosten zu ermöglichen. Auch und gerade in der Gewerberaummiete besteht hierfür ein hohes Bedürfnis, da geschäftsstrategische Entscheidungen sowie hiermit verbundene Investitionen von sicheren Vertragslaufzeiten abhängen. Das dispositive Gesetzesrecht mit der von § 535 Abs. 1 BGB vorgesehenen Inklusivmiete wird dem nicht gerecht. Zudem ist von einem im Geschäftsleben auftretenden Mieter zu erwarten, dass er sich vor Vertragsschluss oder im Streitfall Beratung einholt. Es kann also ein die Intransparenz ausschließendes **höheres Fachwissen** vorausgesetzt werden,[30] mit dem der Mieter erkennt, dass auch bei den Nebenkosten der Gewerberaummiete eine über den Katalog des § 2 Nr. 1 – 16 BetrKV hinausgehende Umlage wie bei § 2 Nr. 17 BetrKV einer ausdrücklichen Vereinbarung bedarf.

Damit dürfte die **Grenze des Transparenzgebotes** (§ 307 Abs. 1 Satz 2 BGB) jedoch **erreicht** sein. Eine weitergehende unklare Umschreibung ist unzulässig: **23**

Vereinbarungen wie z.B.
– *„... die Hausgebühren"*,[31]
– *„die Kosten „gem. Bescheid der Stadt/Gemeinde für das jeweilige Abrechnungsjahr"*,[32]
– *„Der Mieter trägt alle Zuschläge und Umlagen"*,
– *„Der Mieter trägt alle anfallenden öffentlichen und privaten Kosten."*,
– *„Der Mieter (einer Eigentumswohnung) trägt die Kosten gemäß der Verwalterabrechnung."*,[33]

erfüllen das **Bestimmtheitserfordernis nicht.** Allerdings soll die Klausel, wonach die *„Heiz- und Nebenkosten, die üblicherweise vom Mieter zu tragen*

---

[28] Vgl. BGH (VII ZR 6/16) NJW 2017, 662.
[29] *Basedow* in MünchKomm § 306 Rdn. 23 m. w. N.
[30] vgl. *Wurmnest* in MünchKomm § 307 Rdn. 62 m. w. N.
[31] LG Stuttgart WuM 1987, 161.
[32] AG Köln ZMR 1996, 269.
[33] Z. B. LG Hamburg WuM 2008, 727, LG Karlsruhe GuT 2002, 177; *Wall* Rdn. 1529.

sind", umgelegt werden, dann hinreichend bestimmt sein, wenn der Mieter in einem **Schriftwechsel unmittelbar nach Vertragsabschluss** um Bestätigung bat, dass es sich dabei um die Kosten handelt, die bisher auf andere Mieter umgelegt wurden, und der Vermieter dazu eine Betriebskostenabrechnung eines anderen Mieters übersandte.[34] Mit der Klausel, *„Der Mieter trägt die Grundbesitzabgaben"* oder *„die Gemeindeabgaben"*[35] hat der Vermieter die Abwälzung der Grundsteuer erreicht. In der Gewerberaummiete soll die Bezeichnung *„Bewirtschaftungs- und sonstigen Verbrauchsabgaben"* den *„Betriebskosten"* i.S. der Anl. 3 zu § 27 II. BV gleichstehen.[36] Soweit es sich um Verbrauchsabgaben handelt, mag diese Ansicht zutreffen, nicht aber hinsichtlich der *„Bewirtschaftungskosten"*. Bei ihnen handelt es sich um Abschreibung, Verwaltungskosten, Betriebskosten und Instandhaltungskosten (vgl. § 24 Abs. 2 II. BV) und daher eben nicht nur die Betriebskosten i.S. der Anl. 3 zu § 27 II. BV oder des § 2 BetrKV. Es fehlt daher insoweit an der gebotenen Transparenz.

24   Bei einem **individualvertraglich** abgeschlossenen Mietvertrag folgt die Unwirksamkeit aus §§ 133, 157 BGB; im Rahmen eines Dauerschuldverhältnisses ist ein besonders schutzwürdiges Interesse der Vertragspartei an der eindeutigen Festlegung der von ihr geschuldeten Leistung anzuerkennen. Unklarheiten gehen daher immer zu Lasten des Vermieters.[37] Die unzureichende Abwälzung der Betriebskosten darf auch nicht im Wege der ergänzenden Vertragsauslegung dahin verstanden werden, dass der Mieter jedenfalls verpflichtet ist, die ortsüblichen verbrauchsabhängigen Betriebskosten zu tragen;[38] einer derartigen Auslegung steht entgegen, dass es nach den Vorschriften des BGB Sache des Vermieters ist, die Betriebskosten aus der Gesamtmiete zu bestreiten. Vereinbarungen zur Abwälzung von Betriebskosten sind daher generell eng auszulegen. Soll der Mieter alle Kosten mit Ausnahme der Grundsteuer direkt tragen, folgt daraus z.B., dass er die Grundsteuer im Zweifel nicht übernommen hat.[39]

25   Enthält der Mietvertrag einen **Leerraum,** in dem die umzulegenden Betriebskosten eingetragen sind, einen **Kostenkatalog,** aus dem **nur einzelne** Kostenarten besonders kenntlich gemacht oder herausgehoben sind oder bei einigen Kostenarten die Angabe der **einzelnen Vorauszahlungsbeträge** nebst deren Summierung als Gesamtvorschuss, so beschränkt sich die Umlagefähigkeit auf die eingetragenen oder gekenn-

---

[34] OLG Karlsruhe ZMR 2009, 849.
[35] OLG Hamm ZMR 2005, 617.
[36] OLG Düsseldorf DWW 2000, 196 = GE 2000, 1028 = NZM 2001, 588 = ZMR 2000, 668.
[37] LG Mannheim ZMR 1994, 22.
[38] LG Mannheim ZMR 1994, 22, LG Braunschweig WuM 1982, 300; a.A. AG St. Wendel/LG Saarbrücken NZM 1999, 458 = WuM 1998, 722 bei Vermietung eines Einfamilienhauses.
[39] KG GE 2001, 849.

zeichneten Kostenarten (zum Zusammentreffen derartiger Regelungen mit der Bezugnahme auf die BetrKV oder § 27 II. BV s. ausführlich Rdn. 53 ff.).[40]

Fraglich ist, ob eine **konkret bezeichnete** Betriebskostenart eine **andere, nicht angeführte Kostenart einbezieht,** wenn beide in engem sachlichem Zusammenhang stehen. Die Frage stellt sich insbesondere im Zusammenhang mit der **Wasserversorgung/Entwässerung,** wenn der Betriebskostenkatalog nicht durch Bezugnahme auf die Anl. 3 zu § 27 II. BV oder die BetrKV in den Mietvertrag übernommen oder der Katalog nicht vollständig im Mietvertrag aufgeführt wurde. Dies begegnet insbesondere bei Mietverträgen über Gewerberaum, weil hier häufig ein eigenständiger Katalog verwendet wird, um die Umlagefähigkeit von Kostenarten zu erreichen, die bei Wohnraum nicht ansetzbar sind. Hier sind **mehrere Alternativen** zu unterscheiden. 26

– Die Kosten der **Wasserversorgung** sind ausdrücklich **umlagefähig,** eine Regelung zu den **Abwasserkosten** indes **fehlt.**[41] Hierzu wird vertreten, dass die Umlage von Wasserkosten diejenige der Abwasserkosten nicht einschließe.[42] Diese Meinung ist insoweit zutreffend, als es sich, auch ausweislich des Betriebskostenkatalogs, um verschiedene Kostenarten handelt. Gleichwohl dürfte es entscheidend auf die Verhältnisse im Einzelfall ankommen. Werden die Wasser- und Abwasserkosten vom örtlichen Leistungsträger **einheitlich abgerechnet,** so dass im Umfang des Frischwasserverbrauchs zugleich die Abwasserkosten in Rechnung gestellt werden, erscheint es im Wege der Vertragsauslegung nach §§ 133, 157 BGB zulässig anzunehmen, dass die Vereinbarung der Wasserumlage die Kosten der Abwasserbeseitigung umfasst.[43] Jedenfalls wird insoweit eine klarstellende Konkretisierung durch nachfolgende Abrechnung in Betracht kommen (s. u. Rdn. 60). 27

– Die Kosten der **Entwässerung** sind ausdrücklich **umlagefähig,** eine Regelung zum **Niederschlagswasser fehlt.** Nach dem Grundsatz in § 55 Abs. 2 WHG[44] soll „*Niederschlagswasser ortsnah versickern, verrieseln* 28

---

[40] OLG Brandenburg GE 2012, 1315 = ZMR 2013, 337, AG Hamburg-Blankenese ZMR 2013, 360.
[41] Vgl. *Kinne* GE 1998, 841 zum umgekehrten Fall, dass nur die Kostenumlage der „*Kanalbenutzung*" vereinbart wurde, nicht des Frischwasserverbrauchs.
[42] LG Köln WuM 1988, 307, AG Dortmund WuM 1987, 359; *Blank* in Blank/Börstinghaus § 556 Rdn. 106, *Wall* Rdn. 1536.
[43] AG St. Wendel/LG Saarbrücken NZM 1999, 458 = WuM 1998; 722, vgl. OLG Köln ZMR 1995, 69, AG Schöneberg GE 2003, 889.
[44] Gesetz zur Ordnung des Wasserhaushalts (Wasserhaushaltsgesetz – WHG) vom 31.7.2009, BGBl. I S. 2585, zuletzt geändert durch Art. 1 des Gesetzes zur Einführung einer wasserrechtlichen Genehmigung für Behandlungsanlagen für Deponiesickerwasser, zur Änderung der Vorschriften zur Eignungsfeststellung für Anlagen zum Lagern, Abfüllen oder Umschlagen wassergefährdender Stoffe und zur Änderung des Bundes-ImmissionsschutzG vom 18.7.2017, BGBl. I S. 2771.

oder über eine Kanalisation ohne Vermischung mit Schmutzwasser in ein Gewässer eingeleitet werden". Aufgrund der damit vorgesehenen Trennung von Schmutz- und Regenwasser gehen die Gemeinden zunehmend dazu über, **neben** der Gebühr für die Ableitung von **Schmutzwasser** eine gesonderte für die Ableitung des **Niederschlagswassers** zu erheben (zum Umlageschlüssel s. F Rdn. 212). Ihre Höhe richtet sich nach der bebauten, überdachten und befestigten Fläche, die zum Kanal entwässert wird.[45]

29 – Hat der Mieter nach dem Mietvertrag die **Kosten der Entwässerung** oder des *„Abwassers"*[46] zu tragen, fallen darunter ohne weiteres **beide Kosten** für die Ableitung des Schmutz- und des Niederschlagswassers. Stellt die Gemeinde während des Mietverhältnisses die Gebührenerhebung um und erhebt nunmehr eine nach dem Wasserverbrauch ermittelte Schmutzwassergebühr und daneben die neue Niederschlagsgebühr, handelt es sich um eine nachträglich entstandene Unter-Kostenart, die von der Vereinbarung im Mietvertrag gedeckt wird. Aus der Abrede wird deutlich, dass der Mieter sämtliche Kosten, die unter den Begriff Wasser und damit Entwässerung fallen, tragen soll.

30 – Hat der Mieter die Kosten von *„Wasser- und Kanalverbrauch"* zu tragen, gilt dasselbe, wenn zurzeit des Mietvertragsabschlusses nur eine einheitliche Gebühr nach dem Frischwasserverbrauch erhoben wurde. Wurde vom Leistungsträger jedoch schon zur Zeit des **Mietvertragsabschluss getrennt** abgerechnet, fehlt die Einbeziehung der Niederschlagsgebühr. Als Kosten aus *„Wasser- und Kanalverbrauch"* sind nur die Kosten ansetzbar, die mengenmäßig durch Zähler erfasst werden. Es handelt es sich um eine vergessene Kostenart, der zudem das Bindeglied der gemeinsamen Abrechnung nach Verbrauch fehlt. Die Einbeziehung der Kosten für die Ableitung des Niederschlagwassers in die Abrede kommt hier nicht in Betracht.[47]

31 Bei den Straßenreinigungskosten erfasst die Vereinbarung ohne weiteres die Kosten der **Fußwegreinigung**.[48] Bei einem gewerblichen Mietvertrag kann zu den Kosten der vom Mieter übernommenen *„Straßen- und Fußwegereinigung"* auch der Aufwand für die Reinigung der nicht auf öffentlichem Grund befindlichen Stellplätze und von den Kunden des Mieters benutzten Grundstücksflächen gehören.[49]

---

[45] OLG Düsseldorf WuM 2000, 591 und GE 2001, 488, LG Hannover NZM 2004, 343, LG Berlin GE 2003, 1159, LG Mannheim NZM 2003, 398, LG Aachen NZM 1998, 333 (LS).
[46] LG Mannheim NZM 2003, 398.
[47] OLG Naumburg GuT 2006, 131.
[48] AG Hannover WuM 1987, 275.
[49] LG Hannover MDR 1994, 796 für einen Supermarkt mit 60 Stellplätzen und einer straßenähnlichen Zuwegung.

Die vereinbarte Umlage der Kosten einer „Gebäudevielschutzver- 32
sicherung" schließt die Kosten einer Haftpflichtversicherung nicht ein.[50]

bb) Preisgebundener Wohnraum

Nach § 20 Abs. 1 Satz 3 NMV sind dem Mieter die geltend gemachten 33
Betriebskosten **nach Art und Höhe bei Überlassung der Wohnung bekannt zu geben.** Überlassung bedeutet hier nicht die Übergabe der Wohnung etwa durch Aushändigung der Schlüssel, sondern meint den Abschluss des Mietvertrags.[51]

Streitig war, **wie genau die Bekanntgabe** der Betriebskosten zu sein 34
hat. Nach Auffassung des BGH genügt es, wenn der Vermieter den Umfang der umzulegenden Betriebskosten durch Bezugnahme auf die Anlage 3 zu § 27 II. BV oder die BetrKV umschreibt und die Höhe der ungefähr zu erwartenden Kosten durch den Gesamtbetrag der geforderten Vorauszahlungen mitteilt; einer Aufschlüsselung der Vorauszahlungen auf die einzelnen Betriebskosten bedarf es nicht.[52]

Fehlen einzelne der anfallenden **Kostenarten** im mietvertraglichen Ka- 35
talog der umzulegenden Betriebskosten, ist eine **Teilinklusivmiete** vereinbart. Streitig war, ob sich der Vermieter auf Dauer daran festhalten lassen muss.[53] Nach Ansicht des BGH kann der Vermieter durch einseitige Erklärung – für die Zukunft – die **Umlage weiterer Betriebskosten** im Sinne des § 27 II.BV erreichen, indem er dem Mieter diese nach Art und Höhe bekannt gibt; dies kann auch **durch** eine – formell ordnungsgemäße – **Betriebskostenabrechnung** geschehen, die derartige Betriebskosten umfasst.[54] Voraussetzung ist, dass die Preisbindung noch besteht.[55]

Zu beachten ist, dass die Erklärung der Umstellung **erst für die Zu-** 36
kunft wirkt. Es ist zwar nicht erforderlich, zusätzlich zur Betriebskostenabrechnung noch eine Erklärung des Vermieters zu verlangen, dass in Zukunft so, wie aus der Abrechnung ersichtlich, abgerechnet werden solle;[56] der Vermieter macht schon durch Übersendung der Abrechnung unmissverständlich deutlich, dass und wie er abrechnen will. Eine **frühe separate Erklärung,** rechtzeitig dem Mieter zugeleitet, macht jedoch

---

[50] *Kinne* GE 1998, 841.
[51] Z. B. *Derleder* PiG 23 (1986), S. 31, *Hanke* PiG 23 (1986) S. 106, *Heitgreß* WuM 1984, 263, *Sternel* III Rdn. 380.
[52] BGH (VIII ZR 137/09) NZM 2010, 274 = WuM 2010, 153; a. A. OLG Oldenburg neg. RE 14.3.1997 WuM 1997, 609, LG Mannheim WuM 1994, 693; *Derleder* PiG 23 (1986), S. 15 (31 f.), *Heitgreß* WuM 1984, 264, *Sternel* III Rdn. 380.
[53] So AG Hildesheim WuM 1990, 557, AG Aachen DWW 1989, 332; *Derleder* PiG 23 (1986), S. 15 (32): Ausschluss der fehlenden Betriebskostenarten, *Heitgreß* WuM 1984, 264: genereller Ausschluss.
[54] BGH (VIII ZR 120/09) GE 2010, 757 = NZM 2010, 436 = WuM 2010, 364 =ZMR 2010, 599.
[55] BGH (VIII ZR 121/10) GE 2011, 687 = WuM 2011, 280.
[56] A. A. AG Lemgo Urt. vom 12.9.2005 – 17 C 446/04.

Sinn, um **schon** die **zweite Abrechnungsperiode** abrechnen zu können.[57] Da der Mieter die erste Abrechnung erst während des Laufs der zweiten Abrechnungsperiode erhält, darf der Vermieter nicht bereits diese, sondern erst die *zukünftige*, also die dritte Abrechnungsperiode vollständig abrechnen.[58] § 20 Abs. 1 Satz 3 NMV zielt auf eine Vorab-Unterrichtung des Mieters, auch nach etlichen anderen Bestimmungen wirken Erklärungen des Vermieters nur zum Beginn des folgenden Abrechnungszeitraums, z. B. § 556a Abs. 2 Satz 2 BGB. Auf dieser Grundlage hilft die dem Mieter übersandte Betriebskostenabrechnung erst für die sodann folgende Abrechnungsperiode.

37   Der vorbeschriebenen **Auffassung** des BGH zur Zulässigkeit der Änderung der Mietstruktur ist **zuzustimmen**. Der Ausschluss der Umlagefähigkeit eines Teils der Betriebskosten würde dazu führen, dass der Vermieter nur einen **unter der zulässigen Kostenmiete** im Sinne der §§ 8a Abs. 7, 8 Abs. 1 WoBindG liegenden Betrag erhält. Dieses Ergebnis wäre auf Dauer nur zu rechtfertigen, wenn die Bestimmung des § 10 Abs. 1 WoBindG für den Regelungsbereich der nachträglich eingeführten Vorschrift des § 20 Abs. 1 Satz 3 NMV hinfällig geworden wäre. Hierfür sind jedoch keine Anhaltspunkte ersichtlich, insbesondere nicht aus dem Wortlaut der Bestimmungen.[59] Sofern das einseitige Mieterhöhungsrecht des Vermieters aus § 10 Abs. 1 WoBindG nicht gem. § 10 Abs. 4 WoBindG durch eine ausdrückliche Vereinbarung oder aufgrund der Umstände ausgeschlossen ist, ist der Vermieter mithin befugt, die ihm zustehende Kostenmiete jedenfalls für die Zukunft geltend zu machen.

b) Pauschale Bezugnahme auf Vorschriften zu den Betriebskosten

38   In vielen Mietverträgen verzichteten die Parteien darauf, die für Grundstück und Gebäude anfallenden Betriebskostenarten konkret zu bezeichnen, sondern sie beschränkten sich früher auf die Angabe, dass *„die Betriebskosten gem. § 27 II. BV"* oder *„die Betriebskosten gem. Anl. 3 zu § 27 II. BV"*, nunmehr *„die Betriebskosten nach der BetrKV"*, *„die Betriebskosten nach § 2 BetrKV"* oder *„die Betriebskosten nach § 556 Abs. 1 BGB"* umgelegt werden sollen. Eine derartige Einbeziehung des Betriebskostenbegriffs und der Betriebskostenarten in den Mietvertrag ist bei Individualvereinbarungen problemlos möglich.[60] Der Streit, ob dieses auch formularvertraglich erfolgen kann, ist jedenfalls in der **Wohnraummiete** nicht nur durch die neuere Rechtsprechung des BGH dahingehend, dass alleine die Verwendung des Begriffs der „Betriebskosten" ausreichend ist, die in § 2 BetrKV konkret benannten Kostenarten einzubeziehen, **überholt**. Auch die Bezugnahme hatte der BGH bereits für

---

[57] Vgl. LG Mannheim WuM 1994, 693.
[58] A. A. LG Berlin GE 2010, 204: Heilung schon ab Zugang der Abrechnung.
[59] LG Köln WuM 1991, 259.
[60] *Sternel* III Rdn. 312; im Ergebnis ebenso *Blum* WuM 2010, 13 unter Bezug auf § 556 Abs. 4 BGB.

III. Vereinbarung einer Nettomiete/Teilinklusivmiete mit Vorauszahlungen

zulässig erklärt.[61] Für die **Gewerberaummiete** liegt noch keine höchstrichterliche Entscheidung vor. Da nach hiesiger Ansicht sogar die Verwendung des Begriffs der „Nebenkosten" für eine Katalogumlage geeignet ist (s. Rdn. 22), erscheint das für den Betriebskostenbegriff erst recht möglich. Es ist auch kaum zu erwarten, dass der für die Gewerberaummiete zuständige XII. Senat des BGH höhere Anforderungen als der VIII. Senat stellen wird. Insofern wird die in den Vorauflagen an dieser Stelle noch ausführlich diskutierte Thematik nachfolgend nur verkürzt wiedergegeben.

Nach dem **BGH genügt** auch im Hinblick auf § 307 Abs. 1 Satz 2 BGB **39** die **bloße Bezugnahme** entweder in Altverträgen auf § 27 II. BV oder auf die Anl. 3 zu § 27 II. BV oder in Neuverträgen auf § 556 Abs. 1 BGB, auf die BetrKV oder deren § 2 zu deren Einbeziehung in den Vertrag. Dasselbe galt für den Vermieter in Ostdeutschland, der von der Möglichkeit nach § 14 MHG bis 31.12.1997 Gebrauch machte, Betriebskosten im Sinne von § 27 II. BV durch einseitige Erklärung für die Zukunft auf die Mieter umzulegen; eine derartige Erklärung lag bereits in der Abrechnung von Betriebskosten und der Erhebung von Vorauszahlungen.[62] Hiergegen wird **eingewandt**, der Mieter könne entgegen § 305 Abs. 2 Nr. 2 BGB nicht in zumutbarer Weise von dem gesamten Inhalt der AGB Kenntnis nehmen. Zudem seien die Bezugnahme-Klauseln für den Durchschnittsmieter unverständlich.[63]

Diese **Bedenken überzeugen letztlich nicht.** Die Klauseln weichen **40** nicht gem. § 307 Abs. 2 Nr. 1 BGB vom Gesetz ab, sondern bedienen sich dessen Formulierung. Die Grundsätze der (unwirksamen) Abbedingung einer nur dem Paragrafen nach bestimmten gesetzlichen Vorschrift ohne nähere Angabe, was damit inhaltlich gemeint ist,[64] sind auf die umgekehrte Übernahme eine gesetzlichen Begriffsbestimmung nicht übertragbar. Das AGB-Recht lässt die Verwendung gesetzliche Rechtsbegriffe ohne Verstoß gegen das Transparenzgebot,[65] zumal der Betriebskosten-

---

[61] BGH (VIII ZR 202/06) GE 2007, 1310 = NZM 2007, 769 = WuM 2007, 571, (VIII ZR 167/03) DWW 2004, 188 = GE 2004, 613 (m. Anm. *Blümmel* GE 2004, 584) = MM 2004, 219 = NZM 2004, 417 = WuM 2004, 290 = ZMR 2004, 430, OLG Frankfurt RE 10.5.2000 DWW 2000, 193 = GE 2000, 890 = NZM 2000, 757 = WuM 2000, 411 = ZMR 2000, 607, OLG Hamm RE 22.8.1997 NZM 1998, 186 = WuM 1997, 542, BayObLG RE 26.2.1984 DWW 1984, 73 = NJW 1984, 1761 = WuM 1984, 104 = ZMR 1984, 203.
[62] BGH (VIII ZR 335/10) GE 2012, 543, BeckRS 2012, 06646.
[63] Kein Vertragsbestandteil wegen Unverständlichkeit: LG München I WuM 1984, 106; *Derleder* PiG 23 (1986), S. 15 (26 ff.), *Geldmacher* DWW 1994, 337 m. w. N., *Löwe* WuM 1984, 193, *Sternel* III Rdn. 312.
[64] OLG Schleswig RE 27.3.1995 NJW 1995, 2858 = WuM 1996, 85 zu einer unzureichenden formularmäßigen Abbedingung der Vorschrift des § 568 BGB a.F. (= § 545 BGB) (m. zu Unrecht abl. Anm. *Voelskow* ZMR 1996, 431; vgl. OLG Frankfurt NZM 2000, 130).
[65] Z. B. ausdrücklich BGH (VIII ZR 262/92) NJW 1994, 1004.

begriff weitgehend bekannt ist.[66] Der Vermieter ist zudem ohnehin zur ordnungsgemäßen Errechnung der Vorauszahlungen verpflichtet, so dass der Mieter die voraussichtliche Belastung neben der Nettomiete kennt. Der Mieter ist durch die Bezugnahme von Vorschriften zur Umlage von Betriebskosten bei Wohnraum vor solchen Kosten geschützt, die über den Betriebskostenkatalog, früher in der Anl. 3 zu § 27 II. BV, jetzt in § 2 BetrKV, hinausgehen.

c) Folgen für die Umlegbarkeit

41 Sowohl die schlichte Verwendung des Betriebskostenbegriffs als auch die generelle Bezugnahme auf den Katalog lassen es den Parteien **unbenommen, ausdrücklich weitere Betriebskosten,** die im Katalog nicht enthalten sind, als umlagefähig festzulegen. Geht es um ein Mietverhältnis über Wohnraum, muss es sich allerdings der Sache nach um umlagefähige sonstige Kosten handeln (dazu ausführlich A Rdn. 247 ff.), bei Gewerberaum sind auch andere Kosten durch Vereinbarung umlegbar (s. Rdn. 90 ff.).

42 Soweit der **Katalog** bei einzelnen Betriebskosten **verschiedene Ausführungsarten** nennt, dürfte dem Vermieter nunmehr die **Wahl** eröffnet sein, durch rechtzeitige Erklärung vor Beginn einer neuen Abrechnungsperiode von einer Ausführungsart auf eine andere, wenn auch teurere zu wechseln, z. B. die Umstellung der Hausreinigung durch die Mieter auf die Einschaltung einer externen Reinigungskraft.[67] Auf dieser Grundlage erfolgt die Kostenbegrenzung nur noch durch das Wirtschaftlichkeitsgebot.

43 Die Handhabung des Kostenkatalogs nach freier **Wahl des Vermieters scheidet** allerdings **aus,** wenn und soweit der **Mietvertrag** selbst **Festlegungen** enthält. Bei dem Beispiel der Gebäudereinigung ist dies jedenfalls dann der Fall, wenn der Mietvertrag die Treppenhausreinigung allein im Wechsel der Mieter vorsieht und keine Öffnungsklausel aufgenommen ist.

44 **AGB-rechtlich** löst diese Rechtsprechung nachhaltige **Bedenken** aus.[68] Der *„durchschnittliche, verständige Mieter"*[69] akzeptiert den durch die Verhältnisse des Einzelfalls konkretisierten Betriebskostenkatalog. Soweit der Katalog Wahlmöglichkeiten eröffnet, ist für ihn die Wahl durch das, was er auf Grundstück und Haus vorfand, getroffen, sei es als Einrichtung, die Folgekosten etwa durch Wartung produziert, sei es als übliches Verfahren, mit dem bestimmte Arbeiten erledigt werden, bei der Gebäudereinigung z. B. durch den Plan für die Treppenhausreinigung seitens der Mieter. Dass der Vermieter mit der Vereinbarung des Katalogs zugleich das Recht erhält,

---

[66] BGH (VIII ZR 274/15) NZM 2016, 720 = WuM 2016, 498 = ZMR 2016, 682, (VIII ZR 137/15) NJW 2016, 1308 = WuM 2016, 211 = ZMR 2016, 287.
[67] Vgl. AG Köln WuM 2008, 226.
[68] Ausführlich *Beyer* NZM 2008, 12 (15); a. A. *Milger* NZM 2008, 1 (5).
[69] Z. B. BGH (VIII ZR 106/05) NZM 2006, 620 = WuM 2006, 377.

mit den zahlreichen Kostenfacetten im Grunde nach Belieben umzugehen, erschließt sich ihm nicht, es wird für ihn erst recht nicht durch Vereinbarung im Wege der generellen Bezugnahme, aber auch nicht durch den Abdruck des Katalogs im Mietvertrag „*klar und verständlich*" (§ 307 Abs. 1 Satz 2 BGB). Hierbei ist auch zu berücksichtigen, dass der Mieter die Gesamtmiete bei der Anmietung nach finanzieller Tragbarkeit sowie örtlicher Angemessenheit bewertet und nicht mit Kosten rechnet, die aus der Vereinbarung eines allgemeinen Kostenkatalogs resultieren.

d) Bezugnahme auf veralteten Betriebskostenkatalog

Wurde zur Vereinbarung der umlagefähigen Betriebskosten auf einen **45** alten (bei Vertragsschluss gültigen) Kostenkatalog Bezug genommen, der **nicht alle inzwischen ansetzbaren Kosten** aufführt, soll es mit den bezeichneten sein Bewenden haben.[70] Auch wenn die Anl. 3 zu § 27 II. BV zum 31.12.2003 außer Kraft getreten ist, bleibt die Umlagevereinbarung weiterhin die Grundlage für den Umfang der vertraglich vereinbarten Betriebskosten.[71] Anders liegt der Fall wohl auch dann nicht, wenn der Mietvertrag auf einen **bei Vertragsschluss ungültigen Katalog** verweist, was insbesondere dann auftreten kann, wenn in einem nach dem 1.1.2004 (Inkrafttreten der BetrKV) begründeten Mietverhältnis auf Anlage 3 zu § 27 II. BV verwiesen wird. Hier scheitert die Umlagevereinbarung zunächst nicht daran, dass auf einen nicht mehr gültigen Katalog verwiesen wird.[72] Denn der Grundsatz der Vertragsfreiheit gewährt den Parteien, auch außer Kraft getretene Regeln dem Vertragsverhältnis durch Vereinbarung zugrunde zu legen, solange keine Benachteiligung des Mieters nach § 556 Abs. 4 BGB vorliegt. Erfolgt die Umlage jedoch durch vorformulierte Vertragsbedingungen, scheitert sie nach hier vertretener Auffassung am Transparenzgebot des § 307 Abs. 1 Satz 2 BGB, wenn nicht erkennbar ist, auf welche Version verwiesen wird.[73] Das sieht der **BGH**[74] jedoch anders. Auch der Verweis auf Anlage 3 zu § 27 II. BV in einem nach dem 31.12.2003 geschlossenen Mietvertrag reiche jedenfalls dann aus, die in der BetrKV enthaltenen Kostenarten umzulegen, wenn die Umlageklausel den Begriff der „Betriebskosten" enthält.

Diese **Auffassung** ist jedoch **nicht überzeugend**. Zwar ist dem BGH **46** zuzustimmen, dass die Verwendung des Betriebskostenbegriffs als solches ausreicht, die Umlageklausel bestimmbar zu machen. Denn der Mieter kann sich durch Einsichtnahme in die BetrKV die Kenntnis verschaffen, welche Kosten auf ihn zukommen. Durch den Verweis auf Anlage 3

---

[70] Vgl. BGH (VIII ZR 244/06) GE 2007, 1118 = WuM 2007, 445 = ZMR 2007, 768; *Lützenkirchen* in Lützenkirchen § 556 Rdn. 319.
[71] BGH (XII ZR 22/07) DWW 2010, 178 = GE 2010, 406 = GuT 2010, 26 = NZM 2010, 240.
[72] So *Blum* WuM 2013, 13, *Lützenkirchen* in Lützenkirchen § 556 Rdn. 319.
[73] AG Hanau NZM 2015, 47 = WuM 2014, 723.
[74] BGH (VIII ZR 137/15) NJW 2016, 1308 = WuM 2016, 211 = ZMR 2016, 287.

zu § 27 II. BV wird er jedoch von diesem Katalog ausgehen. Dabei weiß er zunächst nicht, welche Version gemeint ist, zudem erhält er unzureichende Informationen, da die BetrKV umfangreicher ist. Schließlich führt die Tatsache, dass die Anlage 3 zu § 27 II. BV nicht mehr in Kraft ist, zu weiteren Unsicherheiten, so dass sich der Mieter letztlich selbst erschließen muss, welche Kosten er zu tragen hat. Diese findet er dabei nur in einem Katalog, auf den in dem Vertrag gerade nicht verweisen wird. Das ist mit dem Transparenzgebot des § 307 Abs. 1 Satz 2 BGB nicht mehr zu vereinbaren, so dass die Umlagevereinbarung hier unwirksam ist oder zumindest auf der letzten Version der Anlage 3 zu § 27 II. BV basiert. Ausgenommen sind dann die Fälle, in denen durch eine **Modernisierung** neue Betriebskosten anfallen. Galt z. B. nach der Bezugnahme in einem Altvertrag noch die Nr. 15 der Anl. 3 zu § 27 II. BV ohne die Alternative b), so dass nur die Umlage der Kosten einer Gemeinschaftsantenne genannt war, kommt es durch den Anschluss des Mietobjekts an das Breitbandnetz zu einer Modernisierung und grundsätzlich umlegbaren Folgekosten.[75]

e) Sonderfall sonstige Betriebskosten

47 Ein Sonderproblem stellt sich im Zusammenhang mit Nr. 17 des Kostenkatalogs, zuvor der Anl. 3 zu § 27 II. BV, nunmehr des § 2 BetrKV. Sie gestattet den Ansatz *„sonstiger Kosten"* als Auffangtatbestand (hierzu A Rdn. 247). Hier genügt nach herrschender Ansicht die bloße Angabe „sonstige Betriebskosten" nicht,[76] sei es durch die bloße Umlage von „Betriebskosten", die generelle Verweisung auf die Grundnorm bzw. den dazugehörigen Kostenkatalog, sei es als abschließende Rubrik eines aufgeführten Betriebskostenkatalogs. Vielmehr sind die Kosten, die neben dem Katalog nach Nr. 1 bis 16 ansatzfähig sein sollen, **im Einzelnen zu bezeichnen**. Es fehlt sonst an der notwendigen Bestimmtheit der Abrede; der Mieter kann nicht erkennen, welche zusätzlichen Kosten auf ihn zukommen können.

48 Eine **Ausnahme** gilt nur, wenn die Betriebskosten nachträglich in zulässiger Weise neu eingeführt wurden (s. dazu C Rdn. 56). Diese Voraussetzung ist jedoch **nicht** erfüllt, wenn es sich um sog. **vergessene Betriebskosten** handelt, d.h. Kostenarten, die bei Abschluss des Mietvertrags bereits anfielen und deren Aufnahme in den Mietvertrag nur versäumt wurde,[77] etwa bei Rauchwarnmeldern[78] (s. auch Rdn. 30).

---

[75] BGH (VIII ZR 202/06) GE 2007, 1310 = NZM 2007, 769 = WuM 2007, 571.

[76] BGH (VIII ZR 137/15) NJW 2016, 1308 = WuM 2016, 211 = ZMR 2016, 287, (VIII ZR 123/06) GE 2007, 439 = NZM 2007, 282 = WuM 2007, 198 = GE 2007, 361, (VIII ZR 167/03) DWW 2004, 188 = GE 2004, 613 (m. Anm. *Blümmel* GE 2004, 584) = MM 2004, 219 = NZM 2004, 417 = WuM 2004, 290 = ZMR 2004, 430; für Gewerberaum KG GE 2002, 327.

[77] OLG Naumburg GuT 2006, 131 (zu den Kosten der Oberflächenentwässerung), LG Frankenthal (Pfalz) NZM 1999, 958, LG Hamburg ZMR 1997, 358.

[78] *Blank* NZM 2008, 745 (746), *Harsch* WuM 2008, 521 (522), *Kinne* GE 2008, 1029 (1032), *Wall* WuM 2013, 3 (20).

f) Kombination von genereller Bezugnahme und Angabe einzelner Betriebskostenarten

Keine Probleme bereiten diejenigen Mietverträge, in denen einerseits eine **49** Klausel mit genereller **Bezugnahme** enthalten ist, **und** in denen andererseits entweder im anschließenden Text oder in einer Anlage zum Mietvertrag die **Betriebskostenarten** gem. § 2 BetrKV bzw. früher der Anl. 3 zu § 27 II. BV **zumindest stichwortartig** aufgeführt sind.[79] Nach allgemeiner Auffassung[80] ist es unschädlich, wenn dabei auch Betriebskostenarten benannt würden, die im konkreten Fall nicht entstehen können,[81] wie etwa Fahrstuhlkosten bei einem Gebäude ohne Aufzug, oder die bislang noch nicht angefallen waren. Zur Bestimmung des Umfangs der Kosten, die bei der jeweiligen Betriebskostenart umlagefähig sind, kann auf die Beschreibung in § 2 BetrKV bzw. der Anl. 3 zu § 27 II. BV und die dazu ergangene Rechtsprechung abgestellt werden.

Hiervon ist die **Variante** zu unterscheiden, dass nach dem Mietvertrag **50** *„die folgenden Betriebskosten gem. § 2 BetrKV [früher § 27 II. BV]"* umgelegt werden **und** sodann eine **Aufzählung einzelner Betriebskostenarten** folgt. Dabei ist zu **differenzieren**. Handelt es sich erkennbar nur um eine **beispielhafte Aufzählung**, indem diese etwa mit *„insbesondere"* eingeleitet bzw. durch den Begriff *„etc."* beendet wird oder wenn der Mieter neben einzeln bezeichneter Betriebskosten *„alle hier nicht aufgeführten Kosten"* tragen soll, diente der Verweis auf die BetrKV bislang nicht einer generellen Bezugnahme, sondern nur der näheren Bestimmung, was unter den explizit angeführten Betriebskosten zu verstehen ist, insbesondere ihres Umfangs. Die Auflistung bzw. Kennzeichnung hatte insoweit aber abschließenden Charakter.[82] Diese Auffassung ist nach **neuerer Rechtsprechung des BGH**[83] wohl nicht mehr zugrunde zu legen. Zwar hat sich der BGH in der Entscheidung vom 10.2.2016[84] nicht ausdrücklich von der alten Rechtsprechung[85] distanziert, zumal diese Frage auch nicht relevant war. Er führt in dem Urteil jedoch aus (Rdz. 20):

„Auch die in § 4 des Mietvertrags enthaltene beispielhafte Aufzählung einzelner Betriebskosten mit dem Zusatz „etc" zeigt unabweisbar, dass eine umfassende Umlagevereinbarung im gesetzlich zulässigen Umfang gemeint war."

---

[79] OLG Karlsruhe RE 18.10.1985 DWW 1986, 70 = NJW-RR 1986, 91 = WuM 1986, 9 = ZMR 1986, 51.
[80] So auch BGH (VIII ZR 167/03) DWW 2004, 188 = GE 2004, 613 (m. Anm. *Blümmel* GE 2004, 584) = MM 2004, 219 = NZM 2004, 417 = WuM 2004, 290 = ZMR 2004, 430.
[81] A. A. *Pfeilschifter* WuM 2002, 76.
[82] BGH (VIII ZR 279/06) GE 2008, 46 = NZM 2008, 81 = WuM 2007, 694, OLG Hamburg HmbGE 1990, 98, weitergehend OLG Düsseldorf GuT 2002, 178 = NZM 2002, 700 – Klauselunwirksamkeit.
[83] BGH (VIII ZR 274/15) NZM 2016, 720 = WuM 2016, 498 = ZMR 2016, 682, (VIII ZR 137/15) NJW 2016, 1308 = WuM 2016, 211 = ZMR 2016, 287.
[84] BGH (VIII ZR 137/15) NJW 2016, 1308 = WuM 2016, 211 = ZMR 2016, 287.
[85] BGH (VIII ZR 279/06) GE 2008, 46 = NZM 2008, 81 = WuM 2007, 694.

Hieraus und mit Blick auf die generelle Tendenz gerade des VIII. Zivilsenats des BGH, die formalen Anforderungen an die Umlage und Abrechnung von Betriebskosten abzusenken, ist ersichtlich, dass auch eine beispielhafte Aufzählung einzelner Kostenarten der **Gesamtumlage nicht entgegensteht.**

Handelt es sich jedoch erkennbar um eine **abschließende Aufzählung,** bleibt es bei der alten Rechtslage, dass **nur die aufgeführten Kosten umgelegt** worden sind. Denn insoweit ist unklar, ob sämtliche umlegbare Betriebskosten oder nur einzelne Betriebskostenarten gemeint sind, was auch nach neuerer Rechtsprechung des BGH zu Lasten des Vermieters geht.[86] Zu den weiteren **rechtlichen Folgen,** auch der nachfolgenden Varianten s. Rdn. 74 ff.

51 Manche Mietverträge sind so beschaffen, dass ein **Betriebskostenkatalog vorhanden** ist, der entweder **nur bestimmte Betriebskostenarten** beinhaltet oder in dem nur wenige etwa durch Ankreuzen **hervorgehoben** sind. Fehlt die Bezugnahme auf § 2 BetrKV bzw. § 27 II. BV, sind ohne weiteres nur die bezeichneten Kostenarten umlagefähig.[87] Ist der Verweis auf § 2 BetrKV bzw. § 27 II. BV aufgenommen, gilt dasselbe, wie bei der Aufzählung einzelner Betriebskostenarten (s. Rdn. 53). Es macht keinen substantiellen Unterschied, ob bestimmte Kosten aufgeführt oder ob diese z. B. durch Ankreuzen einzelner in einem Katalog hervorgehoben wurden. Das Mietvertragsformular eröffnet dem Vermieter bei dieser Gestaltung ein Wahlrecht, von dem er in einer bestimmten Weise Gebrauch machte, so dass nur die in dieser Weise individualisierten Kostenarten im Rahmen einer Abrechnung angesetzt werden dürfen. Die Vorauszahlungen des Mieters beziehen sich nur auf die bezeichneten Betriebskosten, nur diese darf der Vermieter in die Abrechnung einstellen. Auch wenn er eine Vollumlage beabsichtigte, verbleibt lediglich eine Teilinklusivmiete.

52 Eine ähnliche Problematik ergibt sich, wenn der Mietvertrag die Betriebskostenarten in einer Liste beschreibt und sodann **nicht einen einheitlichen Vorauszahlungsbetrag** angibt, sondern in den Spalten hinter den Kostenarten für **einige,** zuweilen sogar bis auf den Cent genaue, **Beträge** anführt. Es ist **streitig,** ob die Umlagefähigkeit auf diese Kosten beschränkt ist, auch wenn der Mietvertrag eine Bezugnahme auf § 2 BetrKV bzw. § 27 II. BV enthält,[88] oder ob es die Bezugnahme dem Vermieter ermöglicht, auch andere der aufgelisteten, nicht mit einem Betrag versehenen Kostenarten auf Abrechnungsbasis umzulegen.[89] Die neue

---

[86] BGH (VIII ZR 137/15) NJW 2016, 1308 = WuM 2016, 211 = ZMR 2016, 287, Rdzn. 18/20.
[87] AG Berlin-Tempelhof-Kreuzberg GE 2017, 300, BeckRS 2016, 116669.
[88] LG Frankfurt am Main WuM 1986, 93, AG Münden WuM 1990, 32, AG Freiburg WuM 1990, 84; *Sternel* III Rdn. 313.
[89] AG Neuss DWW 1987, 298, AG Schwetzingen WuM 1987, 31.

Rechtsprechung des BGH (s. Rdn. 53) ist hier nicht weiterführend, weil es sich nicht um eine beispielhafte Benennung handelt.

Nach dem **Erscheinungsbild des Mietvertrags** stellt sich die Einfügung von Beträgen bei einzelnen Kostenarten nicht anders dar, als wenn sie (nicht beispielhaft) angekreuzt oder in anderer Weise hervorgehoben worden wären, so dass **im Grundsatz** wiederum **nur** die um die Beträge ergänzten Kostenarten ansatzfähig sind. Dies gilt insbesondere dann, wenn die Summe der Beträge genau den am Schluss der Liste bestimmten Vorauszahlungsbetrag ergibt oder die Vorauszahlung nur geringfügig über dieser Summe liegt; die Differenz ist als bloßer Sicherheitszuschlag für etwaige Kostensteigerungen zu werten. Wollte der Vermieter hier eigentlich eine Vollumlage der Kosten erreichen, wurde dies nicht unmissverständlich klar, Zweifel am formularmäßigen Erklärungsinhalt gehen zu seinen Lasten. Eine **Ausnahme** ist anzuerkennen, wenn die Vorauszahlung die Summe der Einzelbeträge deutlich übersteigt. Hier kann der Mieter erkennen, dass es bei den durch die Angabe der Beträge hervorgehobenen Kostenarten nicht sein Bewenden haben kann, dass die Bezifferung nur quasi nachrichtlich vorgenommen wurde. 53

Die **Gegenansicht,** dass der Vermieter infolge der Bezugnahme alle Betriebskostenarten umlegen dürfe, wird damit begründet, dass der Vermieter nicht verpflichtet sei, für alle umzulegenden Betriebskosten eine Vorauszahlung auszuwerfen, sondern dass es ihm unbenommen sei, einen Teil erst mit der Abrechnung geltend zu machen. Zwar trifft es zu, dass der Vermieter die Höhe der Vorauszahlungen – bei Wohnraum bis zur angemessenen Höhe, §§ 556 Abs. 2 Satz 2 BGB, 20 Abs. 3 NMV – frei bestimmen kann. Bei dieser Argumentation wird jedoch nicht hinreichend der beschriebene Erklärungswert der Regelung auch für einen verständigen Mieter berücksichtigt. 54

g) Umlage bei vermieteten Eigentumswohnungen

Bei vermieteten Eigentumswohnungen **gilt nichts anderes.** Maßgeblich sind die Regelungen im Mietvertrag zwischen Eigentümer und Mieter.[90] Diese müssen der Kontrolle nach den obigen Grundsätzen stand halten. Nimmt der Mietvertrag nur pauschal die Beschlüsse der Eigentümerversammlung oder die Abrechnung des Verwalters nach WEG in Bezug, liegt wegen fehlender inhaltlicher Bestimmtheit keine wirksame Betriebskostenabwälzung vor.[91] Dies gilt nach den obigen Grundsätzen auch für die Vermietung von Teileigentum zu gewerblichen Zwecken. 55

---

[90] Vgl. LG Berlin GE 1988, 1169.
[91] Z.B. LG Hamburg WuM 2008, 727, LG Karlsruhe GuT 2002, 177, LG Braunschweig NJW-RR 1986, 639.

2. Schlüssige Vereinbarung

56 Die Frage, welche Bedeutung dem Verhalten der Parteien beim Umgang mit Betriebskostenumlage und -abrechnung beizulegen ist, stellt sich in **zwei Hauptvarianten.** Die eine betrifft den Fall, dass der Mietvertrag eine unklare oder unvollständige Regelung enthält, die andere, ob eine zumindest einigermaßen klare Abrede durch nachträgliche stillschweigende Einigung, also letztlich hinsichtlich der Mietstruktur, geändert wurde.

57–59 *(einstweilen frei)*

a) Stillschweigende Konkretisierung

60 Handhaben die Parteien den Mietvertrag ab Mietbeginn über längere Zeit in einer bestimmten Weise, insbesondere durch **Abrechnung und Ausgleich des Saldos,** ist zu vermuten, dass sie die **unklaren Regelungen** des Mietvertrags einvernehmlich durch schlüssige Vereinbarung **konkretisiert** haben.[92] Es hat durch die Parteien selbst eine Auslegung des Vertragsinhalts stattgefunden (zur Darlegungs- und Beweislast für eine stillschweigende Konkretisierung s. J Rdn. 14). Dies kann sich auf die Umlageart beziehen, wenn etwa im Eingangstext der Vereinbarungen zu den Betriebskosten Alternativen *(„als Vorauszahlung/Umlage", „als Vorauszahlung/Pauschale")* nicht gestrichen wurden (vgl. E Rdn. 10), aber auch auf den Einschluss nahe liegender Kosten in eine vereinbarte Kostenart; dies kommt z. B. bei einer offensichtlich unvollständigen Regelung zu den Kosten aus Wasserversorgung und Entwässerung im Mietvertrag in Betracht, wenn der hierzu vertretenen Ansicht (s. o. Rdn. 26 ff.) nicht gefolgt wird.

61 Nicht mehr um **Konkretisierung** handelt es sich, **wenn abweichend** von der vertraglichen Regelung verfahren wird, sei es durch den Ansatz nicht als umlagefähig vereinbarter Kosten, sei es durch Abrechnung nur über einen Teil der ansetzbaren Kosten. In diesen Fällen ist die Mietstruktur selbst berührt, ihre Umstellung bedarf einer, ggf. stillschweigenden, Änderung des Mietvertrags.

62 Fraglich ist, **ab welchem Zeitraum** die **vermutete Konkretisierung** eingreift. Da es um eine Klarstellung zu bestehenden Vereinbarungen geht, reicht ein relativ kurzer Zeitraum aus. So wurde vertreten, dass die einem mündlich mit einer Nebenkostenvorauszahlung abgeschlossenen Mietvertrag alsbald schriftlich nachfolgende Aufstellung der umzulegenden Betriebskosten schon durch fortgesetzte, widerspruchslose Abschlagszahlungen des Mieters über einen Zeitraum von etwas über einem

---

[92] BGH (XII ZR 88/10) GE 2012, 822 = WuM 2012, 453 = ZMR 2012, 614, KG GE 2014, 1584, LG Darmstadt DWW 2005, 70, LG Koblenz WuM 1990, 312, vgl. BGH neg. RE 11.7.1990 WuM 1990, 415 = ZMR 1990, 449; *Landwehr* in Bub/Treier II Rdn. 2551.

Jahr verbindlich sei.[93] Auf jeden Fall wird die Konkretisierung bereits nach einer unbeanstandet gebliebenen Abrechnung anzunehmen sein.

b) Stillschweigende Vertragsänderung

Die Problematik, ob die **Mietstruktur** durch schlüssiges Verhalten geändert wurde, begegnet in verschiedenen Untervarianten: Der Vermieter fordert Betriebskostenzahlung im Wege einer Abrechnung, obwohl dies im Mietvertrag insgesamt nicht vorgesehen ist (Bruttokaltmiete, Betriebskostenpauschale) oder nur Vorauszahlungen auf einen Teil der anfallenden Betriebskosten festgesetzt wurden (Teilinklusivmiete), zu denen die nunmehr abgerechneten nicht zählen. In diesen Fällen könnte von der Bruttomiete oder Betriebskostenpauschale auf eine Teilinklusiv- oder Nettomiete übergegangen worden sein, von der Teilinklusivmiete auf weiter eingeschränkte Teilinklusiv- oder ebenfalls eine Nettomiete. Ferner ist es anzutreffen, dass der Vermieter bei einer vereinbarten Nettomiete überhaupt nicht oder nur über einen Teil der anfallenden und als umlagefähig vereinbarten Betriebskosten abrechnet. Hier könnte sich die Nettomiete in eine Brutto- oder eine Teilinklusivmiete geändert haben. **63**

Hervorzuheben ist, dass die vorgenannten Veränderungen zunächst nur wirtschaftliche Bedeutung haben, sei es, dass z.B. der Mieter über den vertraglich vereinbarten Rahmen hinaus Betriebskosten ausgleicht, sei es, dass der Vermieter die Betriebskosten ganz oder teilweise aus der Nettomiete bestreitet. Die **wirtschaftliche und die rechtliche Seite** können ohne weiteres auseinander fallen. Solange die Parteien die Divergenz einvernehmlich handhaben, ergeben sich keine Probleme. Im Streitfall ist jedoch allein von Bedeutung, welche Struktur im Mietvertrag bestimmt und ob sie später vertraglich geändert wurde. **64**

aa) Abrechnung ohne entsprechende Vereinbarung

Ein Änderungsvertrag kann grundsätzlich auch stillschweigend zustande kommen. Seine Wirksamkeit setzt jedoch wie bei jedem Vertrag immer einen entsprechenden **rechtsgeschäftlichen Willen** der Parteien voraus. Das gilt, so auf einer oder beiden Vertragsseiten mehrere Parteien stehen, für jede von ihnen einzeln, und zwar auch bei Ehegatten.[94] Auf Seiten des Vermieters mag bei Übersendung der Abrechnung durchaus ein rechtsgeschäftlicher Wille gegeben sein, vor allem wenn er feststellen musste, dass ihm die Regelung des ursprünglichen Mietvertrags nachteilig ist. In aller Regel kommt dieser Wille in der Betriebskostennachforderung jedoch nicht klar zum Ausdruck, da der Mieter nur ein Rechenwerk ohne Hinweis auf die Abweichung vom Mietvertrag erhält. Für ihn ist kein Angebot auf Abschluss eines Änderungsvertrages er- **65**

---

[93] LG Koblenz WuM 1990, 312, vgl. auch OLG Karlsruhe ZMR 2009, 849.
[94] BGH (VIII ZR 326/14) WuM 2016, 353 = ZMR 2016, 519.

kennbar.[95] Er gleicht die Forderung des Vermieters üblicherweise in der irrigen Ansicht kommentarlos aus, hierzu verpflichtet zu sein;[96] Erklärungsbewusstsein und rechtsgeschäftlicher Wille sind nicht vorhanden.[97]

66 Der **BGH** verlangt für einen stillschweigenden Änderungsvertrag, dass der Vermieter nach den Gesamtumständen davon ausgehen kann, der Mieter stimme einer Umlage der (hier) weiteren Betriebskosten zu. Dafür **reicht** es aber **im Grundsatz nicht** aus, dass der Mieter **Betriebskostenabrechnungen** unter Einbeziehung bisher nicht vereinbarter Betriebskosten lediglich **nicht beanstandet**.[98] Vielmehr ist die Sicht des Mieters einzubeziehen, der einer Betriebskostenabrechnung, die vom Mietvertrag abweicht, nämlich schon nicht ohne weiteres den Willen des Vermieters entnehmen kann, eine Änderung des Mietvertrags herbeizuführen. Selbst wenn der Mieter daraufhin eine Zahlung erbringt, kommt darin zunächst allein die Vorstellung des Mieters zu Ausdruck, hierzu verpflichtet zu sein. Der VIII. Senat des BGH[99] hat daher nunmehr einer konkludenten Vertragsänderung allein durch Abrechnung nicht umgelegter Betriebskosten und deren Bezahlung eine eindeutige Absage erteilt. Die Übersendung der **Abrechnung** sei **kein Angebot** des Vermieters auf Vertragsänderung[100] und deren Ausgleich keine Annahme, so keine weiteren besonderen Umstände vorliegen. Das gilt auch, wenn zuvor über 35 Jahre nicht vereinbarte Betriebskosten abgerechnet und dieses vom Mieter hingenommen wurde. Die früher vertretenen Auffassungen, die dritte,[101] fünfte,[102] sechste[103] oder achte[104] Bezahlung des Abrechnungssaldos könne für eine Vertragsänderung ausreichen, die zweite[105] oder vierte[106] jedoch nicht, sind damit jedenfalls für die Wohnraummiete obsolet. Diese Rechtsprechung ist durch das **Urteil des BGH vom 30.1.2018**[107] **nicht überholt**. Hiernach wurde die Annahme, der Mieter habe nach dreimaliger Zahlung auf das Mieterhöhungsverlangen des Vermieters (§ 558a

---

[95] BGH (VIII ZR 36/14) GE 2014, 1134 = NZM 2014, 748 = WuM 2014, 550 = ZMR 2014, 965, OLG Hamburg DWW 1988, 279 = WuM 1988, 347, LG Münster WuM 2001, 578.
[96] LG Waldshut-Tiengen WuM 2001, 245.
[97] LG München I WuM 2001, 361.
[98] BGH (VIII ZR 279/06) GE 2008, 46 = NZM 2008, 81 = WuM 2007, 694.
[99] BGH (VIII ZR 36/14) GE 2014, 1134 = NZM 2014, 748 = WuM 2014, 550 = ZMR 2014, 965, ebenso für eine Änderung des Umlageschlüssels: AG Saarbrücken Urt. v. 27.6.2016 – 124 C 248/15, BeckRS 2016, 124829.
[100] Ebenso *Langenberg* in Schmidt-Futterer § 556 Rdn. 58.
[101] LG Heilbronn NZM 2004, 459.
[102] LG Münster NZM 2004, 498.
[103] BGH (XII ZR 35/00) GE 2000, 1614 = NJW-RR 2000, 1463 = NZM 2000, 96, AG Pinneberg ZMR 2005, 371.
[104] AG Gießen GuT 2004, 231 = NZM 2005, 217 = ZMR 2004, 824.
[105] LG Karlsruhe GuT 2002, 177.
[106] AG Pinneberg NZM 2005, 16 = ZMR 2004, 595.
[107] BGH (VIII ZB 74/16) GE 2018, 325 = NZM 2018, 279 = WuM 2018 151 = ZMR 2018, 564.

Abs. 1 BGB) konkludent die Zustimmung zur Vertragsänderung erteilt, gebilligt. Anders als bei der Übersendung einer Betriebskostenabrechnung mit bislang nicht vereinbarten Kostenarten geht der BGH jedoch im Einklang mit der Literatur[108] ausdrücklich davon aus, dass es sich bei dem Erhöhungsverlangen um einen Antrag zur Vertragsänderung i. S. des § 145 BGB handelt. Dieser kann durch bloße Zahlung, und wie der BGH richtiger Weise angedeutet hat, auch schon bei ersten Mal, angenommen werden. Da der Abrechnung bereits die Angebotseigenschaft fehlt, ist die Entscheidung somit nicht übertragbar.

Der Auffassung des BGH ist **zuzustimmen**. Auch die Grundsätze von Treu und Glauben gem. § 242 BGB rechtfertigen kein anderes Ergebnis, zumal sowohl Vermieter als auch Mieter insoweit je nach ihrer Interessenlage argumentieren. Sie werten das jeweilige Vorgehen der Gegenseite, nach Jahren auf den ursprünglichen Mietvertrag zurückzugreifen, als unzulässiges widersprüchliches Verhalten. Dieser Bewertung ist entgegen zu halten, dass über Vertrauensschutzgesichtspunkte grundsätzlich nicht das fehlende rechtsgeschäftliche Erklärungsbewusstsein ersetzt werden kann. Der Vermieter, der vertragswidrig abrechnet, hat entweder seine eigene Vertragswidrigkeit nicht bemerkt oder sich bewusst über den Vertragsinhalt hinweggesetzt. Hat er seine vertragswidrige Abrechnung nicht erkannt, hat er schon selbst kein entsprechendes Angebot abgegeben, so dass er aus dem Verhalten der anderen Vertragsseite nicht auf eine Zustimmung zur Vertragsänderung schließen kann; ist dem Mieter die nicht vertragsgerechte Abrechnung aufgefallen und ist er tatsächlich bereit, sie nicht nur als solche, sondern weitergehend als Vertragsänderung zu akzeptieren, kommt dieses Erklärungsbewusstsein nicht schon in der kommentarlosen Zahlung zum Ausdruck, darüber hinaus fehlt es an der Annahme; § 151 BGB ist mangels jeglichen rechtsgeschäftlichen Bewusstseins des Vermieters nicht anzuwenden. Ist der Vermieter mit Absicht vom Vertrag abgewichen, scheitert sein Hinweis auf Treu und Glauben bereits daran, dass sich hierauf nicht berufen kann, wer sich selbst vertragswidrig verhalten hat; der Vermieter ist in einem solchen Fall nicht schutzwürdig. Umgekehrt kann der Mieter allein aufgrund der Nichtabrechnung einer vereinbarten Betriebsostenposition kein schutzwürdiges Vertrauen dahingehend entwickeln, dass dieses auch in Zukunft unterbleibt.[109]

Allerdings hat der BGH[110] die Auffassung geäußert, dass ein besonderer Umstand, der eine andere Wertung des Vorgangs rechtfertige, dann vorliegen könne, wenn der Vermieter dem Mieter vor der Übersendung der Betriebskostenabrechnung **(telefonisch oder schriftlich) die Umlage**

---

[108] Z. B. *Artz* in MünchKomm § 558a Rdn. 1, *Börstinghaus* in Schmidt-Futterer § 558a Rdn. 3, Staudinger/*Emmerich* § 558a Rdn. 2, *Zehelein* NZM 2015, 31 (38).
[109] AG Frankfurt am Main Urt. vom 8.9.2015 – 33 C 1729/15.
[110] BGH (VIII ZR 36/14) GE 2014, 1134 = NZM 2014, 748 = WuM 2014, 550 = ZMR 2014, 965.

neuer **Betriebskosten mitteilt** und der Mieter hierauf den Nachforderungsbetrag leistet. Dem ist, jedenfalls in dieser Allgemeinheit, **nicht zuzustimmen**. Die Übersendung einer Abrechnung mit vertraglich nicht vereinbarten Betriebskosten stellt auch dann kein Angebot i.S. des § 145 BGB dar, wenn der Vermieter das vorher ankündigt. Denn unter Berücksichtigung von Treu und Glauben (§ 157 BGB) ist ein Angebot objektiv[111] auszulegen und nur dann als solches zu verstehen, wenn es den Antragsgegner in die sogenannte Annahmeposition versetzt. Das bedeutet, dass es erkennbar von seinem Willen abhängt, ob der Vertrag zu den angebotenen Konditionen geschlossen (abgeändert) wird oder nicht.[112] Teilt der Vermieter dem Mieter jedoch lediglich mit, dass er neue Betriebskosten umlegt, wird der Mieter das in den meisten Fällen nicht als Angebot, sondern als Leistungsbestimmung nach § 315 BGB verstehen. Davon, dass es ihm freisteht, die neuen Betriebskosten zu tragen und dass er dem nur durch Zahlung der Nachforderung (oder Entgegennahme des Guthabens) zustimmt, hiervon aber auch absehen kann, wird er hingegen nicht ausgehen. So der Mieter diese Mitteilung tatsächlich als Angebot versteht, wird er auf dieses kaum eingehen, da er durch die Herausnahme der Betriebskosten aus der Nettomiete und deren Überführung in die Umlage nur Nachteile erhält, zumal hiermit eine Herabsetzung der Kaltmiete (bei gesetzlichem Wechsel nach § 556a Abs. 2 Satz 3 BGB vorgesehen) kaum verbunden sein wird. Weiterhin ist zu beachten, dass eine solche Mitteilung, insbesondere in fernmündlicher oder schriftlicher Form, möglicher Weise einer **Widerrufsbelehrung** (§ 312d BGB) bedarf.[113] Mietverträge können gem. § 312 Abs. 4 BGB einem Widerrufsrecht unterliegen,[114] hier in Form eines Fernabsatzvertrages (§ 312c BGB). Erforderlich dafür ist einerseits, dass der Vermieter in seinem Betrieb die personellen, sachlichen und organisatorischen Voraussetzungen geschaffen hat, die notwendig sind, um regelmäßig Geschäfte im Fernabsatz zu bewältigen **(Vertriebs- und Dienstleistungssystem)**. Das wird bei Vermietern jedenfalls hinsichtlich des Mieterhöhungsverlangens kritisch gesehen.[115] Dabei ist jedoch zu berücksichtigen, dass das Erhöhungsschreiben schon von der gesetzlichen Wertung her schriftlich und damit i. d. Regel postalisch erfolgt, so dass durch die Verwendung keine besonderen „Vertriebs"-Wege geschaffen werden. Insoweit besteht aufgrund des formalisierten Verfahrens durch das Begründungserfordernis und die Zustimmungsfrist (§ 558b Abs. 2 BGB) nach dem **BGH** auch kein weiteres Schutzbedürfnis in Form eines Widerrufsrechts.[116] Das ist für die

---

[111] Staudinger/*Reinhard Bork* § 145 Rdn. 4.
[112] Staudinger/*Reinhard Bork* § 145 Rdn. 33.
[113] So auch *Lützenkirchen* NJW 2015, 1740 (1741).
[114] LG Berlin GE 2017, 594 = WuM 2017, 280, AG Hanau ZMR 2015, 938.
[115] Vgl. z. B. LG Berlin GE 2017, 594 = WuM 2017, 280, AG Berlin-Spandau GE 2015, 1463, AG Berlin-Pankow/Weißensee Urt. v. 5.8.2016 – 6 C 64/16, BeckRS 2016, 118760; *Hau* NZM 2015, 435 (439), *Hinz* WuM 2016, 83.
[116] BGH (VIII ZR 94/17) NZM 2018, 1011 m. Anm. *Börstinghaus* = WuM 2018, 765.

oben dargestellte Vorgehensweise durch Übersendung der Betriebskostenabrechnung in Verbindung mit einer Mitteilung der erweiterten Kostenumlage nicht zu sehen. Der Vermieter benutzt ein postalisches und ggf. fernmündliches (bei vorheriger Mitteilung der Kostenerweiterung) System, um einen hierbei an sich nicht vorgesehenen Vertragsschluss herbeizuführen. Dieser Weg wird erfahrungsgemäß auch gezielt gewählt, um eine offene Anfrage bzgl. der Vertragsänderung, die in dieser Form meist abgelehnt würde, zu umgehen. Der Vermieter schafft also ein eigenes Vertriebssystem für die Vertragsänderungen. Der **Mieter** ist dabei auch **schutzwürdig**, da er in den allermeisten Fällen nicht einmal wissen wird, dass er durch die Zahlung ein Angebot annimmt. Erfolgt die Widerrufsbelehrung nicht, kann der Mieter, dem ein solches Widerrufsrecht zusteht, seine auf dem Ausgleich der Nachforderung basierende Zustimmung zu der Vertragsänderung gem. § 356 Abs. 2 Nr. 2, Abs. 3 Satz 2 BGB bis zum Ablauf von 1 Jahr und 14 Tagen widerrufen. Dadurch kann eine Kollision mit der Einwendungsfrist des § 556 Abs. 3 Satz 5, 6 BGB eintreten, welche bereits mit Erhalt der Betriebskostenabrechnung zu laufen beginnt.

Eine **weitere Ausnahme vom** oben beschriebenen **Grundsatz** greift ein, **69** wenn besondere **Umstände** gegeben waren, die für einen den Parteien **bewussten rechtsgeschäftlichen Vorgang** sprechen.[117] Wurde von den Parteien über viele Jahre im Widerspruch zum Mietvertrag verfahren, lassen sich oft Anhaltspunkte für die Entscheidung finden, ob die Änderung vom beiderseitigen Willen getragen war oder nicht. Haben die Parteien über die Mietstruktur oder die Betriebskostenbelastung korrespondiert, hat der Vermieter Erläuterungen gegeben o. Ä., können Indizien für einen bestimmten Vertragswillen vorhanden sein, z.B. wenn der Vermieter auf eine Erklärung des Mieters aus dem Jahre 1992 schwieg, der Umstand, dass seit Mietbeginn im Jahr 1977 noch nie abgerechnet wurde, werde als Änderung der Vorauszahlungen in eine Pauschale verstanden, und der Vermieter sodann erstmalig für 1997 eine Abrechnung präsentiert.[118] Berechnete der frühere Vermieter nur die Kosten für Heizung und Warmwasser, nach einem Vermieterwechsel der neue hingegen alle in Betracht kommenden Betriebskosten, wird für den Mieter hingegen deutlich, dass der neue Vermieter auf eine Vertragsänderung hinaus will.[119] Insbesondere kommt das Verhalten der Parteien im Rahmen von Mieterhöhungsverfahren nach § 558 BGB in Betracht.[120] Will der Vermieter von der Brutto- oder Teilinklusivmiete auf eine Nettomiete über-

---

[117] BGH (VIII ZR 279/06) GE 2008, 46 = NZM 2008, 81 = WuM 2007, 694, (XII ZR 22/07) DWW 2010, 178 = GE 2010, 406 = GuT 2010, 26 = NZM 2010, 240, LG Itzehoe WuM 2009, 741.
[118] A. A. LG Frankfurt am Main NZM 2001, 667.
[119] Vgl. BGH (VIII ZR 279/06) GE 2008, 46 = NZM 2008, 81 = WuM 2007, 694, KG GE 2015, 55.
[120] Vgl. LG Berlin ZMR 1998, 165.

gehen, muss er dem Mieter nämlich deutlich machen, inwieweit sein Mieterhöhungsverlangen auf eine Vertragsänderung gerichtet ist.

70 *(einstweilen frei)*

bb) Unterlassene Abrechnung/unterlassene Kostenansätze

71 Die vorgenannten **Probleme** stellen sich **spiegelbildlich** in den Fällen, in denen der Vermieter ganz oder zum Teil davon absah, über die als umlagefähig vereinbarten Betriebskosten abzurechnen, sei es, dass der Mieter über Jahre überhaupt keine Abrechnung erhielt, sei es, dass in der Abrechnung bestimmte der anfallenden Betriebskosten fehlten. Auch für diese umgekehrte Konstellation gelten die obigen Ausführungen.[121] Wie angeführt, reicht es z. b. ohne besondere Umstände nicht für die Änderung der Nettomietabrede, dass der Vermieter über zwanzig Abrechnungsperioden nicht abrechnete.[122]

72 Unterließ der Vermieter über lange Zeit ganz oder teilweise die Abrechnung der als umlagefähig vereinbarten Betriebskosten, ohne dass es zu einer Vertragsänderung kam, kann er jederzeit wieder auf sein Abrechnungsrecht zurückgreifen. Fraglich ist, ob er sich gegenüber den bis zum Aufleben des Abrechnungsverfahrens **verstrichenen Abrechnungszeiträumen** den Einwand der **Verwirkung** gefallen lassen muss mit der Folge, dass er nur über die Abrechnungsperiode abrechnen könnte, welche sich der Erklärung, in Zukunft abrechnen zu wollen, anschließt. Da Verwirkung nur beim Zusammentreffen des Zeit- und Umstandsmoments (s. I Rdn. 42) eingreift, bei schlichter beiderseitiger Untätigkeit aber gerade besondere Umstände fehlen, die im Übrigen schon zu einer stillschweigenden Vertragsänderung geführt hätten, kann der Vermieter vom Wohnraummieter den Ausgleich der Nachforderung aus einer rechtzeitigen Abrechnung über die Vorperiode verlangen,[123] vom Gewerberaummieter bis zur Grenze der ggf. erhobenen Einrede der Verjährung.[124]

73 *(einstweilen frei)*

3. Folgen einer unwirksamen Vereinbarung

a) Vollständig unwirksame Abwälzung

74 Ist im Mietvertrag ein vom Mieter monatlich zu zahlender Betrag auf die Betriebskosten vorgesehen, die Abwälzungsvereinbarung jedoch insge-

---

[121] Z. B. BGH (VIII ZR 326/14) WuM 2016, 353 = ZMR 2016, 519, (XII ZR 22/07) DWW 2010, 178 = GE 2010, 406 = GuT 2010, 26 = NZM 2010, 240.
[122] BGH (VIII ZR 14/06) DWW 2008, 175 = GE 2008, 534 = NZM 2008, 276 = WuM 2008, 225 = ZMR 2008, 443.
[123] BGH (VIII ZR 14/06) DWW 2008, 175 = GE 2008, 534 = NZM 2008, 276 = WuM 2008, 225 = ZMR 2008, 443.
[124] OLG Düsseldorf ZMR 2014, 441.

III. Vereinbarung einer Nettomiete/Teilinklusivmiete mit Vorauszahlungen

samt unwirksam, ist **streitig, wie** mit den **Vorauszahlungen** des Mieters zu verfahren ist.

Nach zutreffender Ansicht **behält** der Vermieter seinen **Anspruch auf** **regelmäßige Zahlung des** als Vorauszahlung ausgewiesenen **Betrags.** Er ist Teil der vom Mieter nach dem Mietvertrag geschuldeten Gesamtmiete, so dass ggf. eine Brutto- oder Teilinklusivmiete vorliegt.[125] Die Offenlegung der kalkulatorischen Elemente der Gesamtmiete durch den Vermieter kann nicht dazu führen, dass er einen Teil des Mietentgelts verliert, wenn sich herausstellt, dass das für ein Kostenelement vorgesehene Verfahren nicht durchführbar ist. Das Ergebnis wäre eine Mietzinsreduzierung, obwohl der Vermieter deutlich machte und der Mieter akzeptierte, dass neben der Nettomiete noch eine Leistung auf Betriebskosten erbracht wird. **75**

Entgegen einer zum Teil vertretenen Auffassung[126] steht dem Mieter wegen der zu Unrecht gezahlten Betriebskostenvorauszahlungen **kein Rückforderungsanspruch** aus ungerechtfertigter Bereicherung gem. §§ 812, 818 BGB zu. Zu ihrer Begründung wird angeführt, durch den Fortbestand der Zahlungsverpflichtung werde dem Mieter der Anspruch auf teilweise Rückzahlung seiner Leistungen abgeschnitten, wenn die tatsächlichen Kosten geringer ausfielen, als sie in den Vorauszahlungen veranschlagt worden waren. Dieser Effekt stellt sich in der Tat ein. Wird jedoch, wie überwiegend vertreten (s. Rdn. 78), zugrunde gelegt, dass der Betrag als Pauschale zu qualifizieren ist, unterscheidet sich das Ergebnis nicht von demjenigen bei der originären Vereinbarung einer Pauschale, die üblicherweise von vornherein mit einem geschätzten Sicherheitszuschlag für Kostensteigerungen angesetzt ist (vgl. Rdn. 83). Soweit es sich um Wohnraum handelt und eine Ermäßigung der Betriebskostenlast, z.B. bei den verbrauchsabhängigen Kosten durch sparsames Verhalten des Mieters, eintritt, ist der Vermieter ohnehin aus § 560 Abs. 3 BGB zur Herabsetzung der Pauschale verpflichtet (s. dazu D Rdn. 4f.). **76**

Fraglich ist, **wie der weiterhin zu zahlende Betrag zu behandeln** ist. Der Betrag kann gleichermaßen **entweder** als **Betriebskostenpauschale oder** als **Teil einer Bruttokaltmiete**[127] qualifiziert werden. Die jeweilige Einordnung entscheidet über die wirtschaftlich wichtige Frage, ob und ggf. wie der Vermieter Betriebskostenmehrbelastungen an den Mieter weiter geben kann. **77**

Nach vorherrschender Ansicht wandelt sich der unwirksame Vorauszahlungsbetrag im Wege der **Vertragsauslegung** nach §§ 133, 157 BGB **78**

---

[125] BGH (XII ZR 88/10) NZM 2012, 608 = WuM 2012, 453 = ZMR 2012, 614.
[126] OLG Dresden NZM 2000, 827 (m.abl. Anm. *Langenberg* NZM 2000, 801); Staudinger/*Artz* § 556 Rdn. 52.
[127] *Both* in Herrlein/Kandelhard § 556 Rdn. 16.

in eine **Betriebskostenpauschale**,[128] was der BGH bei unklarer Umlage zumindest billigt.[129] dies gilt z. B. auch dann, wenn die Parteien eine nach früherem Mietpreisrecht unzulässige Vorauszahlungsabrede getroffen hatten, die Vereinbarung einer Pauschale aber zulässig war.[130] Dieser Auffassung ist **zuzustimmen**. Sie trägt dem Umstand Rechnung, dass sich der Vermieter mit der Vorauszahlungsabrede ermöglichen wollte, den Mieter im Rahmen der Betriebskostenabrechnung auch mit den zusätzlichen Kosten aus dem beständigen Anstieg der Kosten zu belasten, *und* dass der Mieter dies akzeptierte. Es geht mithin darum, diese jedenfalls bei Abschluss des Mietvertrags übereinstimmende Vorstellung der Parteien fortwirken zu lassen. Ihr wird eine Handhabung am ehesten gerecht, die dem Vermieter ein angemessenes Erhöhungsverfahren zur Verfügung stellt, was mit der Annahme der Verschmelzung zu einer Bruttokaltmiete nicht mehr zu erreichen ist. Während der Vermieter bei einer Pauschale nach § 560 Abs. 1 BGB berechtigt ist, Erhöhungen der Betriebskosten durch einseitige Erklärung auf den Mieter umzulegen, soweit dieses Recht im Mietvertrag vereinbart ist, ist bei Neuverträgen die Möglichkeit für den Vermieter entfallen, den Betriebskostenanteil von Bruttokalt- oder Teilinklusivmieten separat zu erhöhen, er ist insoweit auf die allgemeine Mieterhöhung nach §§ 557 ff. BGB mit der auf 20 % reduzierten Kappungsgrenze verwiesen. Entgegen den anfänglichen wirtschaftlichen Vorstellungen beider Parteien würde der Vermieter mithin durch die Annahme einer Bruttokaltmiete deutlich schlechter gestellt. Anders kann sich das verhalten, wenn lediglich unklar ist, ob eine Vorauszahlung oder eine Pauschale vereinbart wurde (dazu siehe E Rdn. 14).

79 Der Vermieter von **Gewerberaum**, dessen Mietvertrag keinen Erhöhungsvorbehalt aufweist, hat keine Möglichkeit, die Kostensteigerungen weiterzugeben, er behält aber immerhin den auf die Betriebskosten angesetzten Betrag. Der Ausgleich für den Mieter besteht darin, dass ein vom Vermieter eingerechneter Sicherheitszuschlag zu dem ursprünglich als Vorauszahlung vorgesehenen Betrag infolge des üblichen Betriebskostenanstiegs mit der Zeit abschmilzt.

b) Teilweise unwirksame Abwälzung

80 Enthält der Mietvertrag einen Kostenkatalog, aus dem nur einzelne Betriebskosten als umlagefähig gekennzeichnet wurden, sind nur diese in einer Abrechnung ansatzfähig (s. Rdn. 25). Soweit weitere Kosten schon bei Abschluss des Mietvertrags anfielen, bilden sie den Betriebskostenan-

---

[128] OLG Düsseldorf GE 2002, 858 = GuT 2002, 136 = NZM 2002, 526 (gegen OLG Dresden NZM 2000, 827), AG Gießen Urt. vom 5.9.2012 – 48 C 312/11, AG Darmstadt WuM 2011, 597, AG München NZM 1999, 415, AG Neuss ZMR 1997, 305; *Kleffmann* WuM 1987, 160, *Sternel* Mietrecht aktuell Rdn. V 138.
[129] BGH (VIII ZR 274/15) NZM 2016, 720 = WuM 2016, 498 = ZMR 2016, 682.
[130] BGH (VIII ZR 132/10) GE 2011, 543 = NZM 2011, 400 = WuM 2011, 214 = ZMR 2011, 536.

teil der dadurch entstandenen **Teilinklusivmiete**. Zur Erhöhung der Teilinklusivmiete s. C Rdn. 50 ff.

IV. Vereinbarung einer Nettomiete/Teilinklusivmiete mit Pauschale

Die bewusste Vereinbarung von Betriebskostenpauschalen **im Zusammenhang mit einer Nettomiete** begegnet in der Praxis nicht sehr häufig; meist resultiert diese Umlageform aus der gescheiterten Abrede einer Nettomiete mit Vorauszahlungen auf eine Abrechnung. Nur ganz selten ist sie bei einer **Teilinklusivmiete** für die Umlage der Betriebskosten anzutreffen, die nicht in dem unselbständigen Teil der Teilinklusivmiete enthalten sind (Teilpauschale). 81

Die Umlage der Betriebskosten im Wege einer Pauschale ist bei **Gewerberaum** ohne weiteres zulässig, ausgenommen sind die Heiz- und zentralen Warmwasserkosten, wie es für **preisfreien Wohnraum** in § 556 Abs. 2 BGB ausdrücklich wiederholt ist (*„vorbehaltlich anderweitiger Vorschriften"*). Bei Wohnraum betrifft der Vorbehalt zusätzlich die Fälle, in denen gem. § 556a Abs. 1 Satz 2 BGB nach Verbrauch oder Verursachung abzurechnen ist. Bei **preisgebundenem Wohnraum** alter Art ist die Vereinbarung einer Pauschale unzulässig.[131] 82

Die **Pauschale** ist **vom Begriff her ein Betrag,** der sich nicht aus genau errechneten einzelnen Positionen zusammensetzt, sondern in den entweder die einzelnen Ansätze nach oben gerundet einfließen oder der von vornherein aufgrund einer überschlägigen Berechnung ermittelt wird. Um Steigerungen der Betriebskosten aufzufangen, enthält er ferner einen geschätzten Sicherheitszuschlag. Die Pauschale erspart dem Vermieter die genaue Betriebskostenabrechnung. Der Mieter kann, zumindest vorerst, von einem auch für die Zukunft gleichbleibenden, festen Betrag ausgehen. Da der Mieter die Kalkulation des Vermieters nicht kennt und der Vermieter diese auch grundsätzlich nicht offen zu legen braucht, sind Streitigkeiten über die vom Vermieter einkalkulierten Betriebskostenarten oder über eine kostenorientierte Bewirtschaftung durch den Vermieter ausgeschlossen. Differenzen treten im Allgemeinen erst auf, wenn die Pauschale die Betriebskosten nicht mehr deckt, und sich, wie bei der Brutto-, Bruttokalt- und dem Betriebskostenanteil der Teilinklusivmiete, die Frage stellt, ob und ggf. in welcher Weise sie erhöht werden kann (s. C Rdn. 62 ff.). 83

Der sich mit der Zeit verringernde **Sicherheitszuschlag** ist ein **verdeckter zusätzlicher Nettomietanteil.**[132] Auch wenn die Vereinbarung einer derartigen Pauschale, wie § 556 Abs. 2 Satz 1 BGB zeigt, ohne wei- 84

---

[131] *Sternel* III Rdn. 339.
[132] Ausführlich *Langenberg* ZMR 1982, 65.

teres zulässig ist, können sich je nach der Höhe des Überschusses des Vermieters allerdings bei Wohnraummietverhältnissen im Rahmen einer Mieterhöhung nach § 558 BGB oder einer Überprüfung der Miethöhe nach § 5 WiStG Probleme bzw. § 138 Abs. 2 BGB[133] ergeben. Bei einem sehr hohen Überschuss setzt sich der Vermieter der Gefahr aus, dass die gesamten Nettomieteinnahmen in den Regelungsbereich des § 5 WiStG fallen. Bei der Beurteilung, ob ein Entgelt im Sinne des § 5 WiStG unangemessen hoch ist, sind Nettomiete und sonstige Nebenleistungen zusammenzurechnen.[134] Auf Grund dieses Korrektivs ist ein **Anspruch** des Mieters auf **Herabsetzung einer unangemessen hohen Pauschale,** etwa nach den Grundsätzen des Wegfalls der Geschäftsgrundlage, **abzulehnen.**[135] Solange Nettomiete und in der Pauschale versteckter Nettomietanteil nicht die Grenzen des § 5 WiStG übersteigen, der Vermieter i. E. also nicht mehr erhält als 120% oder maximal 150%[136] der ortsüblichen Vergleichsmiete, ist keine Grundlage ersichtlich, auf der ihm die Mieteinnahmen sollten gekürzt werden können; ebenso wenig hat der Mieter einen Anspruch auf Auskunft über die tatsächliche Höhe der bei Abschluss des Mietvertrags in der Pauschale enthaltenen Betriebskosten, seine anfängliche Kalkulation muss der Vermieter grundsätzlich nicht offenlegen.[137] Eine **Ausnahme** gilt nach § 560 Abs. 3 BGB nur für den Fall, dass sich die **Betriebskosten selbst ermäßigen** (s. D Rdn. 4 ff.). Die Regelung in § 556 Abs. 2 Satz 2 BGB, nach der Vorauszahlungen nur in angemessener Höhe vereinbart werden dürfen, ist auf Pauschalen nicht übertragbar.

85 Da es sich bei der Pauschale **nur** um eine **Umlageform** handelt, ist auch für ihre Wirksamkeit eine Vereinbarung gem. § 556 Abs. 1 BGB erforderlich. **Fraglich** ist, ob hinsichtlich der in die Pauschale einbezogenen Betriebskostenarten dieselben **Anforderungen an die Bestimmtheit** gelten, wie sie für die für die Vereinbarung einer Nettomiete mit Vorauszahlungen auf eine Abrechnung dargestellt wurden (s. Rdn. 21 ff.). Hier ist zwischen einer Vollpauschale und einer Teilpauschale zu differenzieren.

86 Handelt es sich um eine **Vollpauschale,** mit der alle anfallenden Betriebskosten abgegolten sind, reicht z. B. die allgemeine Formulierung „Pauschale für Betriebskosten" aus.[138] Die Abrede ist hinreichend bestimmt, weil der Mieter hieraus ersehen kann, dass alle Betriebskosten, gleichviel welcher Art, mit der Pauschale abgegolten sind. Um welche

---

[133] LG Berlin NZM 2016, 97 m. Anm. *Ludley.*
[134] OLG Stuttgart RE 26.2.1982 NJW 1982, 1160 = WuM 1983, 129.
[135] *Wall* Rdn. 2706, *Zehelein* in MünchKomm § 560 Rdn. 11, *Wetekamp* Kap. 6 Rdn. 16.
[136] OLG Hamburg RE 5.8.1992 WuM 1992, 527; OLG Stuttgart RE 30.9.1988 WuM 1988, 395.
[137] BGH (VIII ZR 106/11) GE 2011, 1677 = NZM 2012, 20 = WuM 2011, 688.
[138] A. A. *Geldmacher* in Fischer-Dieskau § 560 Anm. 6.3., *Lützenkirchen* in Lützenkirchen/Dickersbach § 556 Rdn. 308.

Betriebskostenarten es sich dabei im Einzelnen handelt, ist für ihn vorerst ohne Belang. Dass der Vermieter bei einer Erhöhung der gesamten Betriebskostenlast unter den Voraussetzungen des § 560 Abs. 1 bis 3 BGB die Möglichkeit hat, den Mieter mit den Mehrkosten zu belasten, macht es nicht erforderlich, dem Mieter schon bei Vertragsabschluss mitzuteilen, welche Betriebskosten von der Pauschale erfasst sind. Die Erhöhung erfolgt im Wege einer Differenzberechnung, in der ohnehin alle relevanten Betriebskostenarten anzugeben sind (s. dazu im Einzelnen C Rdn. 32).

Anders verhält es sich bei einer **Teilpauschale**. Sie muss für den Mieter deutlich machen, welche Betriebskosten von ihr betroffen sind. An die Bestimmtheit der Abrede sind daher dieselben Anforderungen zu stellen, wie sie für die Vereinbarung einer echten Nettomiete gelten. Ohne die genaue Angabe der von der Teilpauschale erfassten Betriebskosten kann der Mieter bei einer Erhöhung nicht überprüfen, ob die Differenzberechnung sachlich richtig ist. **87**

V. Mietstruktur und Preisbindung

1. Laufende Preisbindung

Bis zur Verordnung vom 5.4.1984[139] waren die Betriebskosten bis auf die Kosten für Wasser, Entwässerung, Aufzug und maschinelle Wascheinrichtungen in die Wirtschaftlichkeitsberechnung zur Ermittlung der Kostenmiete einzustellen. Nach § 25b NMV hatte der Vermieter die Betriebskosten aus der Wirtschaftlichkeitsberechnung bis zum 31.12.1986 herauszurechnen, d.h. die **Mietstruktur entsprechend umzustellen**. Machte er hiervon innerhalb der Übergangsfrist keinen Gebrauch, konnte und kann er die Umstellung nachholen,[140] allerdings nur so lange, wie die Preisbindung noch bestand oder besteht.[141] Die Umstellung hat durch eine Erklärung gem. § 10 WoBindG zu erfolgen, wobei dem Mieter nicht nur eine neue oder fortgeschriebene Wirtschaftlichkeitsberechnung übermittelt werden muss, in der die bisher als Teil der laufenden Aufwendungen in der Kostenmiete angesetzten Betriebskosten abgezogen sind (§ 5 NMV), sondern auch die Berechnung und Erläuterung der Vorschüsse, des Abrechnungszeitraums und des Umlageschlüssels mitzuteilen sind.[142] Allein dadurch, dass der Mieter die vom Vermieter für separat umgelegte Betriebskosten verlangten Vorschüsse zahlt, kommt die Änderung der Mietstruktur nicht zustande.[143] **88**

---

[139] BGBl. I S. 546.
[140] LG Koblenz WuM 1996, 560.
[141] BGH (VIII ZR 121/10) GE 2011, 687 = WuM 2011, 280.
[142] A. A. LG Koblenz WuM 1996, 560.
[143] LG Lüneburg DWW 1999, 96.

2. Beendete Preisbindung

89 Da die Vorschriften zum preisgebundenen Wohnraum keine Sanktion für den Vermieter vorsehen, der die Umstellung unterließ oder preisrechtswidrig eine andere Struktur vereinbarte, stellt sich die Frage, von welcher Struktur nach Auslaufen der Preisbindung auszugehen ist. Nach herrschender Meinung **bleibt die während der Preisbindung praktizierte Struktur** nach deren Beendigung zwischen den Parteien **verbindlich**, bis aufgrund einer ausdrücklichen Vereinbarung eine Veränderung wirksam wird; die zuletzt geschuldete Kostenmiete – einschließlich etwaiger Zuschläge nach § 26 NMV – ist nunmehr als „Marktmiete" zu zahlen.[144] Ohne eine Änderungsabrede ist der Vermieter nicht berechtigt, die zuvor in der Kostenmiete enthaltenen Betriebskosten gesondert abzurechnen.

VI. Besonderheiten bei der Vermietung von Gewerberaum

1. Grundsätze

90 Bei der Vermietung von Gewerberaum ist, grundsätzlich auch formularvertraglich, die Umlage von Betriebs- bzw. Nebenkosten möglich, die **nicht im Betriebskostenkatalog** des § 2 BetrKV ausdrücklich aufgeführt sind. In der Sache entsprechen sie zum einen denjenigen, die bei Wohnraum unter § 2 Nr. 17 BetrKV fallen, zum anderen kann es sich, anders als nach § 1 Abs. 2 BetrKV, auch um Instandhaltungs- und Verwaltungskosten sowie um öffentliche Beiträge, die keine öffentliche Last des Grundstücks i.S. von § 2 Nr. 1 BetrKV sind, wie etwa eine Fremdenverkehrsabgabe,[145] handeln.

91 Für die **Vereinbarung** als solche gelten die oben, zum Teil ausdrücklich auch für Gewerberaum, dargestellten Voraussetzungen. Dies bedeutet zwar auch hier, dass die Abrede einen **klaren Inhalt** haben muss, damit die auf den Mieter zukommende Belastung deutlich ist.[146] Wie bei Wohnraum (vgl. Rdn. 50) genügt daher die bloße Angabe „*Sonstige Kosten*" nicht, um die spezifischen Kosten der jeweiligen gewerblichen Nutzung auf den Mieter abwälzen zu können.[147] Die Abwälzung „der Betriebskosten" stellt sich in der Gewerberaummiete jedoch nunmehr als Ausreichend dar, nachdem dieses für die Wohnraummiete anerkannt ist[148] (s. Rdn. 21). Auch die Umlage der „Nebenkosten" ist nach hiesiger

---

[144] BGH (VIII ZR 258/09) GE 2010, 1051 = NZM 2010, 736 = WuM 2010, 490 = ZMR 2010, 847, OLG Oldenburg neg. RE 23.11.1983 WuM 1984, 274.
[145] OLG Schleswig ZMR 2012, 866.
[146] Hierzu umfassend *Streyl* NZM 2014, 409.
[147] Z. B. OLG Düsseldorf GE 2012, 202 = ZMR 2012, 184.
[148] BGH (VIII ZR 137/15) NJW 2016, 1308 = WuM 2016, 211 = ZMR 2016, 287; a.A. aber den BGH missverstehend: OLG Celle 9.11.2018 – 2 U 81/18, BeckRS 2018, 28517.

Auffassung unproblematisch jedenfalls hinsichtlich der Kosten nach § 2 Nr. 1–16 BetrKV[149] (s. Rdn. 22). Unklar ist jedoch die Vereinbarung, dass der Mieter die „*Nebenabgaben und Kosten, die mit dem Betrieb des Mietgegenstands zusammenhängen*" zu tragen hat, das auch dann, wenn es sich bei dem Mieter um einen bundesweit tätigen Filialisten handelt.[150] Problematisch ist, dass die Umlage von Verwaltungs-, ebenso wie Instandhaltungs- und Instandsetzungskosten in der Gewerberaummiete üblich ist. Diese stellen zwar Bewirtschaftungskosten i. S. des § 28 Abs. 1 II. BV, nach § 1 Abs. 2 BetrKV aber keine Betriebskosten dar. Ist im Mietvertrag vereinbart, dass „*Nebenkosten … in ihrer tatsächlichen nachgewiesenen Höhe ohne Beschränkung auf die in der Anl. 3 zu § 27 Abs. 1 der II. Berechnungsverordnung aufgeführten Kosten* auf die Mieter umgelegt" werden, ist die Übertragung der Kosten für „*Versicherungen*" unwirksam. Zur Ausfüllung des Begriffs kann nicht auf die Bestimmungen der Anl. 3 zu § 27 II. BV bzw. § 2 WoFlV zurückgegriffen werden, weil die daraus resultierenden Beschränkungen im Mietvertrag ausdrücklich ausgeschlossen wurden. Aus denselben Gründen ist die Überbürdung der Kosten für „*Hausmeister*" unwirksam. Eine solche Regelung ermöglicht es dem Vermieter zudem, über die Umlage der Hausmeistervergütung auch einen Teil der Kosten für Instandhaltung und Instandsetzung von Gemeinschaftsflächen auf den Mieter abzuwälzen; sie ist nur dann wirksam, wenn der Mieter insgesamt durch eine Kostenobergrenze gegen die „uferlose" Übertragung der Erhaltungslast für Allgemeinbereiche geschützt ist.[151]

Unproblematisch ist die **konkrete Abwälzung** besonderer Kosten. **92** Hierzu gehören z. B. **Reinigungskosten** (Kosten der regelmäßigen Reinigung von Glasfassaden, von Flaggenschmuck,[152] Fahnen/Fahnenmasten, Hinweisschildern,[153] Sperrmüllentsorgung von Gemeinschaftsflächen[154]) oder die Kosten der **Wartung technischer Einrichtungen** (Rolltreppen, Sicherheitstechnik, Verkehrssicherung, Klima/Be- oder Entlüftungsanlagen[155]). Verweist ein Formularvertrag bei den „Mietnebenkosten" allerdings auf eine Klausel oder Anlage, in der Nebenkosten mit einem **Pauschalbetrag** angesetzt sind, kann es sich um eine **überraschende Klausel** im Sinne von § 305 c Abs. 1 BGB handeln.[156]

2. Umlage von Instandhaltungs- und Instandsetzungskosten

Die Frage, inwieweit die Kosten aus Instandhaltung und Instandsetzung **93** umlegbar sind, betrifft im hier behandelten Zusammenhang allein ge-

---

[149] OLG Frankfurt a. M. NZM 2018, 789; a. A. OLG Jena NZM 2002, 70, OLG Düsseldorf DWW 1991, 283.
[150] OLG Schleswig InfoM 2012, 272 (m. Anm. *v. Seldeneck*).
[151] BGH (XII ZR 112/10) GE 2012, 1696 = NZM 2013, 85 = WuM 2012, 662.
[152] *Gather* DWW 2011, 362 (367).
[153] *Pfeifer* DWW 2000, 14, *Schmidt* MDR 1999, 1296.
[154] LG Berlin GE 2012, 1316.
[155] *Beyerle* in Lindner-Figura/Oprée/Stellmann Kap. 11 Rdn. 116.
[156] OLG Hamm NZM 2018, 337.

meinschaftlichen Anlagen und Einrichtungen.[157] Hiervon zu trennen ist die Abwälzung des Aufwands zur Erhaltung des einzelnen Mietobjekts, die als Pflicht des Mieters ausgestaltet sein kann, Instandhaltungen und Instandsetzungen durchzuführen, oder als Verpflichtung, dem Vermieter daraus entstandene Kosten zu erstatten.

a) Allgemeine Abwälzung

94   Sind im Mietvertrag **nur allgemein** die Kosten der **Instandhaltung** abgewälzt, wird dem Mieter **nicht *„klar und verständlich"*** (§ 307 Abs. 1 Satz 2 BGB), in welchem Umfang er soll belastet werden können. Hier liegt ein Verstoß gegen das Transparenzgebot vor: *„Damit werden dem Mieter auch Kosten übertragen, die nicht durch seinen Mietgebrauch veranlasst sind und die nicht in seinen Risikobereich fallen. Ihm werden dadurch, dass er die gemeinschaftlich benutzten Flächen und Anlagen in dem bei Mietbeginn bestehenden, i.d.R. gebrauchten Zustand vorfindet, die Kosten für die Behebung anfänglicher Mängel bzw. bereits vorhandener Abnutzungen durch Reparatur oder Erneuerung überbürdet, deren Höhe für ihn nicht überschaubar ist. Darüber hinaus werden ihm Kosten für Schäden auferlegt, die von Dritten verursacht worden sind, für deren Handeln er keine Verantwortung trägt, so dass auch insoweit ihm nicht zurechenbare und der Höhe nach nicht vorhersehbare Kosten auf ihn übertragen werden."*[158]

95   **Klauseln,** nach denen der Mieter
*„Sämtliche Nebenkosten des Einkaufszentrums, insbesondere die Kosten des Betriebes, der **Instandhaltung** und der **Gemeinschaftsanlagen** einschließlich der Verkehrsflächen",*[159] oder
„die Kosten für Hausmeister/Betriebsabteilung"[160] anteilig nach dem Flächenschlüssel tragen soll, sind daher **unwirksam, sofern** sie **nicht** eine **Beschränkung der Höhe nach** enthalten. Dem Vermieter ist es auch verwehrt, dasselbe Ergebnis über die formularmäßige Umlage einer Instandhaltungsrücklage zu erreichen, in welche der Aufwand für Gemeinschaftsanlagen eingerechnet ist.[161] Die **Grenze** für eine noch zulässige Beteiligung des Mieters an derartigen Kosten hat der BGH offen gelassen. Sie wird bei 10 % der Jahresnettomiete gezogen.[162] Um der Transparenz-

---

[157] Zur Kostenumlage innerhalb der Mietsache siehe *Streyl* NZM 2014, 409 (413).
[158] BGH (XII ZR 158/01) DWW 2005, 372 = GE 2005, 1185 = GuT 2005, 213 = NZM 2005, 863 = ZMR 2005, 844.
[159] BGH (XII ZR 158/01) DWW 2005, 372 = GE 2005, 1185 = GuT 2005, 213 = NZM 2005, 863 = ZMR 2005, 844; enger OLG Hamburg Urt. vom 20.1.1988 – 4 U 230/86: zulässig nur, wenn sich die Belastung deutlich in einem geringeren Mietzins niederschlägt.
[160] OLG Düsseldorf ZMR 2008, 45.
[161] KG NZM 2003, 395.
[162] *Fritz* Rdn. 229, *Hoff* ZMR 2006, 415 (417), *Ingendoh* in Bieber/Ingendoh § 5 Rdn. 22, vorsichtiger *Schultz* S. 175: 8 %.

problematik zu begegnen, sollten auch derartige eingeschränkte Klauseln verständlich angeben, welche Erhaltungsmaßnahmen betroffen sind.[163]

b) Konkrete Abwälzung

Um dem Mieter den Umfang seiner Kostenbeteiligung deutlich zu machen, ist es daher erforderlich, die **Anlagen und Einrichtungen,** deren Unterhaltungsaufwand als Betriebskosten umgelegt werden soll, **konkret zu bezeichnen.** Auf diesem Weg werden ohne weiteres die Kosten ansetzbar, die als **Inspektions- und Wartungskosten** auch bei Wohnraum umlagefähig sind. Dasselbe gilt z. B. für die anteiligen laufenden Kosten von Befahranlagen für Glasdächer und Fassaden oder die nach § 12 Abs. 1 EnEV 2009 vorgeschriebene aufwendige energetische Inspektion von Klimaanlagen.[164] **96**

Im Regelfall sind die Vermieter von Gewerberaum jedoch daran interessiert, nicht nur die Kosten der bei einer Wartung anfallenden Erneuerung von Kleinteilen (vgl. z. B. zum Aufzug A Rdn. 97) anzusetzen, sondern auch größerer Teile der Anlage. Vorrangig handelt es sich dabei um die Ersetzung sog. **Verschleißteile;** hierdurch soll ihr Ausfall, ebenso aber verhindert werden, dass sich ihre unzureichend werdende Funktion auf andere Anlagenteile negativ auswirkt.[165] Ihre Einbeziehung in die umlagefähigen Kosten kommt nach dem **Transparenzgebot** jedoch nur in Betracht, wenn dies bei der jeweiligen Betriebskostenart vermerkt ist (z. B. *„einschließlich der Kosten des Austauschs von Verschleißteilen an der Wasserversorgungsanlage"*[166]) *und* deutlich wird, was (noch) als Verschleißteil zu verstehen ist. Zu deren näherer Bestimmung wird vorgeschlagen, dass diese bestimmte **Voraussetzungen** einhalten müssen:[167] **97**

- Die planmäßige Lebensdauer des Verschleißteils beträgt nicht mehr als 25 % der rechnerischen Nutzungsdauer der übergeordneten Anlage gemäß VDI 2067-1 Tabellen A2-A4.
- Das Verschleißteil ist wegen regulärer Abnutzung auszutauschen und nicht wegen eines Mangels bei der Herstellung oder Montage, wegen eines Bedienungs- oder Wartungsfehlers, eines Unfalls oder höherer Gewalt.
- Der Turnus des Austauschs entspricht dem normal zu erwartenden Verschleiß.

3. Umlage von Verwaltungskosten

Es ist inzwischen häufig anzutreffen, dass der Mieter mit einem Anteil der **Verwaltungskosten** des Vermieters belastet wird, so z. B. den Ver- **98**

---

[163] *Hoff* ZMR 2006, 415 (417).
[164] Dazu ausführlich *Borrmann/Günther* GE 2013, 1254.
[165] Vgl. die Definition von Verschleißteilen in DIN 31 051.
[166] Vgl. Richtlinie GEFMA/gif 210 Anhang A.
[167] Richtlinie GEFMA/gif 210, Dezember 2006, S. 6.

waltungskosten bei der Vermietung bei Teileigentum[168] oder den Kosten einer rechtlich nicht mit dem Vermieter identischen Hausverwaltung.[169] Ebenso können die Parteien auch eine Verwaltungspauschale zur Abgeltung des Verwaltungsaufwands des Vermieters vereinbaren. Nach Ansicht des **BGH** kann die Abwälzung auch durch eine Formularklausel erfolgen, soweit die Kosten ortsüblich sind (dort 5,5 % der Bruttomiete).[170] Der Ansatz eigener Kosten der Hausverwaltung soll allerdings nicht in Betracht kommen, wenn die tatsächliche Übernahme der Verwaltung eines Grundstücks durch die Komplementärin des Vermieters nicht auf einem Verwaltungsvertrag beruht, sondern auf der umfassenden Übertragung der Geschäftsführung nach innen und außen, für deren Erledigung die Parteien eine *„Vergütungsvereinbarung"* getroffen hatten.[171] Da sich mit dem Begriff der Betriebskosten, hier der Verwaltungskosten, primär die Vorstellung der Umlage von Fremdkosten verbindet, dürfte in der Tat eine entsprechende Klarstellung im Mietvertrag notwendig gewesen sein.

99   Im Hinblick auf das **Transparenzgebot** aus § 307 Abs. 1 Satz 2 BGB genügen **schlagwortartige Bezeichnungen** für die Umlage von Verwaltungskosten **nicht, solange** sie mehrdeutig oder ungenau sind und sich jedenfalls in den beteiligten Wirtschaftskreisen kein eindeutiger Inhalt herausgebildet hat.[172]

100 Streitig ist, ob der Mieter aus der **bloßen Angabe** des Begriffs *„Verwaltungskosten"* hinreichend ersehen kann, welche Belastungen damit auf ihn zukommen, mithin, ob dem Transparenzgebot aus § 307 Abs. 1 Satz 2 BGB Rechnung getragen ist. Nach einer Ansicht fehlt es mangels Erläuterung an der notwendigen inhaltlichen Bestimmtheit.[173] Nach anderer Ansicht, der sich der **BGH** angeschlossen hat,[174] ist zur Ausfüllung des Begriffs auf die hinreichend geläufige Definition in § 26 Abs. 1 II. BV und § 1 Abs. 2 Nr. 1 BetrKV zurückzugrei-

---

[168] OLG Frankfurt WuM 1985, 91.
[169] OLG Hamburg NZM 2002, 388, OLG Nürnberg WuM 1995, 308.
[170] Z. B. BGH (XII ZR 69/08) GE 2010, 482 = GuT 2010, 96 = NZM 2010, 279; zustimmend *Streyl* NZM 2014, 409 (414); a. A. *Lehmann-Richter* ZMR 2012, 837 (840) wegen unangemessener Belastung des Mieters (§ 307 Abs. 1 Satz 1 BGB).
[171] KG DWW 2010, 264 = GE 2010, 1268 = GuT 2011, 199 = ZMR 2011, 35.
[172] BGH (XII ZR 205/09) GE 2011, 1301 = GuT 2011, 268 = ZMR 2011, 946, (XII ZR 158/01) DWW 2005, 372 = GE 2005, 1185 = GuT 2005, 213 = NZM 2005, 863 = ZMR 2005, 844 für die Formulierung: *„alle für den Betrieb, die Unterhaltung, Bewachung und Verwaltung notwendigen Kosten einschließlich der Gestellung und Unterbringung des hierfür erforderlichen Personals"*.
[173] OLG Rostock DWW 2008, 220 = GuT 2008, 200, OLG Köln (22. ZS) NZM 2008, 368 = ZMR 2008, 449 (m. Anm. *Lützenkirchen*), KG GE 2002, 327 = NZM 2002, 954; *Lützenkirchen* GE 2006, 614 (615 ff.), *Seldeneck* Rdn. 6221, *Wolf/Eckert/Ball* Rdn. 512.
[174] BGH (XII ZR 69/08) GE 2010, 482 = GuT 2010, 96 = NZM 2010, 279.

fen,[175] so dass der Mieter erkennen könne, mit welcher Belastung er zu rechnen habe. Die schlagwortartige Angabe „*Verwaltungskosten*" **reicht** danach für deren Abwälzung **aus**, sofern sie nicht an systemwidriger und damit überraschender Stelle im Vertrag erscheint (§ 305c Abs. 1 BGB); es genügt, sie z. B. unter der Überschrift „Aufstellung der Betriebskosten" aufzuführen.

Auch die Umlage der „*kaufmännischen und technischen Hausverwaltung*" in allgemeinen Geschäftsbedingungen eines Mietvertrags über Geschäftsräume ist weder überraschend im Sinne von § 305c BGB, noch verstößt sie gegen das Transparenzgebot gemäß § 307 Abs. 1 Satz 2 BGB.[176] Unter technischer Verwaltung ist die Vergabe von Instandhaltungs- und Instandsetzungsaufträgen an Handwerker, ihre Überwachung und Bezahlung zu verstehen,[177] so dass es sich in der Sache nicht um eine Erweiterung des Verwaltungsbegriffs handelt, sondern um die Angabe der relevanten Bereiche unter dem Oberbegriff der Verwaltung. Soweit bei der technischen Hausverwaltung **Überschneidungen zum Hauswart** und ggf. zur Instandhaltung in Betracht kommen, betrifft dies nicht die Wirksamkeit der Abwälzung, sondern ist bei der Betriebskostenabrechnung sorgfältig zu prüfen.[178]

101

Soll mit technischer Hausverwaltung allerdings der Begriff des **Gebäudemanagements gem. DIN 32736**[179] gemeint sein, wäre er viel zu weit gefasst, weil er weitgehend auf die originären Interessen des Eigentümers abzielt,[180] und damit überraschend (§ 305c Abs. 1 BGB), jedenfalls aber intransparent ist.[181] Dasselbe gilt für die DIN EN 15221-1 zum **Facility Management,** zum dem unter anderem „*Konzeption, Planung, Vermarktung, Betrieb/Nutzung, Umbau/Sanierung, Leerstand und Verwertung der Immobilie*" gehören.[182]

Intransparente Bezeichnungen begegnen vor allem bei der Vermietung von Flächen in **Einkaufszentren**. Werden hier die „*Kosten des Center-Manager*" ohne nähere Beschreibung und Aufschlüsselung im Mietvertrag genannt, ist die formularmäßige Umlagevereinbarung unwirksam.[183] Soll der Mieter die Kosten für „*Center-Manager und Verwal-*

102

---

[175] So OLG Köln (1. ZS) GuT 2008, 31 = NZM 2008, 366, OLG Hamburg NZM 2002, 388, *Fritz* Rdn. 127a, *Ludley* NZM 2006, 851 (852) unter Verweis auf § 27 WEG.
[176] BGH (XII ZR 109/08) DWW 2010, 101 = GE 2010, 261 = GuT 2010, 23 = NZM 2010, 123 = ZMR 2010, 352 (m. Anm. *Schmid*); anders LG Köln ZMR 2010, 966 für „kaufmännische und technische Objektbetreuung".
[177] OLG Rostock DWW 2008, 220 = GuT 2008, 200.
[178] BGH (XII ZR 109/08) DWW 2010, 101 = GE 2010, 261 = GuT 2010, 23 = NZM 2010, 123 = ZMR 2010, 352; *Schmid* GuT 2008, 15.
[179] Dazu *Schmidt* NZM 2008, 563 (564 f.), *Schultz* PiG 85 (2009) S. 105 (118).
[180] *Joachim* NZM 2008, 563 (564 f.).
[181] Z. B. *Schultz* PiG 85 (2009) S. 105 (113).
[182] *Schultz* PiG 85 (2009) S. 105 (107 f.).
[183] BGH (XII ZR 205/09) GE 2011, 1301 = GuT 2011, 268 = NZM 2012, 24, OLG Rostock NZM 2005, 507, KG GE 2002, 327 = NZM 2002, 954, KG GE 2004, 234; *Schultz* S. 117.

tung" tragen, scheitert die Umlage der Kosten des Center-Managers an Intransparenz, während die Verpflichtung des Mieters zur Übernahme der anteiligen Kosten der Verwaltung bestehen bleibt.[184] Anders verhält es sich, wenn in der vereinbarten Umlage der *„Kosten für das Management"* auch Verwaltungskosten eingerechnet sind. Die Klausel ist intransparent sowie nach Grund und Höhe unbestimmt; sie darf nicht im Wege der geltungserhaltenden Reduktion auf einen wirksamen Teil (Verwaltungskosten) reduziert werden.[185]

103 **Der Höhe nach** wird häufig ein Anteil von 3% bis 5% der *Nettomiete* vereinbart, er kann jedoch darunter, bei hochpreisigen Objekten auch darüber liegen.[186] Jedenfalls regional kann auch der Bezug auf die *Bruttomiete* üblich sein, z. B. in Höhe von 5,5%.[187] Die Brutto*soll*miete scheidet als Bezugsgröße aus,[188] weil sie dem Vermieter bei Leerstand ermöglicht, z. B. die zuletzt gültige Miete zugrunde zu legen, und damit einen Teil des Vermietungsrisikos auf den Mieter abzuwälzen.[189] Sowohl bei Fremd- wie auch bei Eigenkosten sind wegen des Wirtschaftlichkeitsgrundsatzes die ortsüblichen und notwendigen Konditionen maßgebend,[190] was z. B. den Ansatz ungewöhnlicher Stundenhonorare oder Sondervergütungen sperrt; einen Verstoß gegen das Wirtschaftlichkeitsgebot kann der Mieter nicht mit den geringeren Kosten der völlig anders strukturierten Verwaltung von Wohnungs- oder Teileigentum begründen.[191]

4. Umsatzsteuer auf die Betriebskosten

104 Vermietet ein **Unternehmer Gewerberaum an einen anderen Unternehmer** für dessen Unternehmen, kann er nach § 9 Abs. 1 UStG auf die Steuerfreiheit seiner Mieteinnahmen (§ 4 Nr. 12a UStG) verzichten, wenn der Mieter eine vorsteuerabzugsfähige Nutzung (§ 15 UStG) ausübt (§ 9 Abs. 2 UStG).[192] Macht er von dieser Option Gebrauch und vereinbaren die Parteien, dass der Mieter neben der Nettomiete auch auf die Betriebskosten Umsatzsteuer zu zahlen hat, ergeben sich keine Probleme; zur Verpflichtung des Mieters zur Zahlung von Umsatzsteuer auf den vollen Saldo einer Betriebskostenabrechnung s. H Rdn. 217.

---

[184] BGH (XII ZR 112/10) GE 2012, 1696 = NZM 2013, 85 = WuM 2012, 662, (XII ZR 205/09) GE 2011, 1301 = GuT 2011, 268 = NZM 2012, 24.
[185] OLG Düsseldorf DWW 2012, 172 = ZMR 2012, 438.
[186] *Seldeneck* Rdn. 6221.
[187] BGH (XII ZR 112/09) GE 2011, 946 = NZM 2012, 83.
[188] A. A. BGH (XII ZR 109/08) GE 2010, 261 = GuT 2010, 23 = NZM 2010, 123 = ZMR 2010, 352 (m. Anm. *Schmid*), KG ZMR 2013, 879.
[189] Dazu *Lützenkirchen* GE 2006, 614 (618).
[190] BGH (XII ZR 112/09) GE 2011, 946 = NZM 2012, 83 (XII ZR 109/08) = GE 2010, 261 = GuT 2010, 23 = NZM 2010, 123 = ZMR 2010, 352 (m. Anm. *Schmid*).
[191] OLG Rostock WuM 2013, 375.
[192] Dazu ausführlich *Herrlein* NZM 2013, 404 (412 f.), *Schütz* NZM 2014, 417, *Weitemeyer* NZM 2006, 881.

Fraglich ist, wie es sich rechtlich verhält, wenn zwar die **Nettomiete** der **Umsatzsteuer** unterworfen wurde, eine entsprechende Bestimmung hinsichtlich der **Betriebskosten** jedoch **fehlt**. Nach überwiegender Auffassung ist der Vertrag ergänzend (§ 157 BGB) dahin auszulegen, dass sich die Verpflichtung des Mieters zur Zahlung von Umsatzsteuer auch auf die Betriebskosten erstreckt.[193] Dieser Auffassung ist zuzustimmen, weil der Vermieter den Teil der Umsatzsteuer, der auf die Betriebskosten entfällt und den er an das Finanzamt abzuführen hat, sonst aus der Nettomiete bestreiten müsste. Es ist offensichtlich, dass dies von den Parteien bei Abschluss des Mietvertrags nicht beabsichtigt war. Die gegenteilige Meinung, es fehle dann an der notwendigen eindeutigen Regelung, die erst die Verpflichtung des Mieters begründe,[194] berücksichtigt nicht ausreichend, dass die Betriebskosten Teil des vom Mieter zu zahlenden Gesamtmietzinses sind, es sich also um einen einheitlichen steuerbaren Umsatz handelt (s. ausführl. H Rdn. 218); ein isolierter Verzicht auf die Steuerfreiheit nur bezogen auf die Nettomiete ist nicht möglich. **105**

Haben die Parteien die Zahlung von **Umsatzsteuer vereinbart,** obwohl die in Rdn. 104 beschriebenen **Voraussetzungen nicht** vorliegen, macht diese Abrede die nach dem Gesetz steuerfreien Umsätze nicht etwa steuerpflichtig.[195] Ob der Vermieter die auf die Miete nebst Betriebskosten gezahlte Umsatzsteuer aus ungerechtfertigter Bereicherung an den Mieter herauszugeben hat, ist eine Frage des Einzelfalls.[196] War der Mieter mit dem Gesamtmietzins, d.h. einschließlich des auf die Umsatzsteuer entfallenden Betrags einverstanden und es ihm gleichgültig, ob der Vermieter tatsächlich Umsatzsteuer abzuführen hat, erfolgte die Leistung mit Rechtsgrund, so dass ein Rückzahlungsanspruch des Mieters ausscheidet.[197] **106**

---

[193] OLG Schleswig GE 2001, 851 = ZMR 2001, 618, OLG Düsseldorf DWW 1996, 251 = ZMR 1996, 82 und ZMR 2000, 603, LG Hamburg Urt. vom 2.7.1999 – 311 S 80/99, LG Karlsruhe WuM 1989, 66 = ZMR 1989, 178; Bub/Treier/*Bub* II Rdn. 1231, *Fritz* Rdn. 99b, *Weitemeyer* NZM 2006, 881 (890), *Westphal* ZMR 1998, 264, 265, *Wolf/Eckert/Ball* Rdn. 514.
[194] OLG Düsseldorf WuM 1993, 411, LG Bochum WuM 1997, 210, LG Berlin GE 1995, 497.
[195] BGH (XII ZR 79/07) NZM 2009, 237, (XII ZR 292/02) GuT 2004, 159.
[196] BGH (XII ZR 292/02) NZM 2004, 785.
[197] BGH (XII ZR 79/07) GE 2009, 840 = GuT 2009, 22, KG GE 2012, 1316 = ZMR 2012, 860.

C. Umlage erhöhter oder neuer Betriebskosten

Bei jedem nicht nur sehr kurzfristigen Mietverhältnis treten **Veränderungen der Betriebskostenbelastung** auf. Diese können sich sowohl aus Verbrauchsschwankungen bei den verbrauchsabhängigen Kosten ergeben als auch aus einer Erhöhung oder Ermäßigung der Sockelbeträge (z. B. des Einheitswertes, Hebesatzes, Grundpreises, der Grundgebühr). Schließlich kann die Veränderung darauf beruhen, dass neue Betriebskostenarten eingeführt wurden, etwa durch die Einstellung eines Hausmeisters oder die Vergabe von Gartenpflege- oder Reinigungsarbeiten, die bisher von den Mietern erledigt wurden, an Dritte. Ob der Vermieter die Mieter mit den Mehrkosten aus erhöht anfallenden oder neuen Betriebskosten belasten darf, richtet sich nach der vereinbarten Mietstruktur und ggf. ergänzenden Vereinbarungen; die Einzelheiten sind zum Teil sehr streitig. Zur Umlage von **Mehrkosten** infolge einer **Modernisierung** s. Rdn. 68 f.

I. Brutto(warm/Inklusiv)miete/Bruttokaltmiete

1. Grundsätze

Bei der Bruttomiete weist der Mietvertrag nur einen einheitlichen Betrag, bei der Bruttokaltmiete nur eine Differenzierung zwischen den zusammengefassten Anteilen für Nettomiete und Betriebskosten einerseits, den Heizkosten andererseits auf. Die **Wirksamkeit von Vereinbarungen,** ob und ggf. in welchem Umfang Veränderungen der Betriebskosten Rechnung getragen werden soll, richtet sich nach der **Art des Mietobjekts.** Es ist zwischen Gewerberaum und Wohnraum zu differenzieren, bei diesem zusätzlich danach, ob es sich um Altmietverträge aus der Zeit bis einschließlich 31.8.2001 handelt oder um Neuverträge.

Die Erhöhung des Betriebskostenanteils einer Brutto- oder Bruttokaltmiete scheidet aus, wenn der Mietvertrag einen **generellen Erhöhungsausschluss** enthält, der sich gleichermaßen auf die Erhöhung des rechnerischen Nettomietanteils wie auch auf Betriebskostenmehrbelastungen bezieht. In diesem Fall ist jegliche Mieterhöhung ausgeschlossen. Die Parteien haben aber auch die Möglichkeit, eine Erhöhung des Nettomietanteils zuzulassen, indes durch einen **speziellen Erhöhungsausschluss** festzulegen, dass der Vermieter gestiegene Betriebskosten nicht auf den Mieter abwälzen darf, es also bei der anfänglichen Betriebskostenlast bleiben soll. Auch bei der Vermietung von Wohnraum ist es den Parteien nach § 557 Abs. 3 BGB unbenommen, den jeweiligen Umfang eines Erhöhungsausschlusses durch Vereinbarung zu bestimmen.

4 Die für Wohnraum früher sehr umstrittene Frage, ob bzw. wann über § 1 Satz 3 MHG ein **Erhöhungsausschluss durch Vermutung** anzunehmen war, ist durch die Neuregelung seit dem 1.9.2001 **überholt**. Zwar knüpft § 557 Abs. 3 BGB mit der Formulierung *„oder sich der Ausschluss aus den Umständen ergibt"* an § 1 Satz 3 MHG an. Es kommt jedoch nicht mehr auf eine negative Auslegung an, die zu einem Ausschluss eines an sich bestehenden Erhöhungsrechts führt, sondern durch § 560 Abs. 1 BGB bedarf es stets einer positiven Regelung, d. h. einer Vertragsbestimmung, die Erhöhungen ausdrücklich gestattet.

5 Gelegentlich vereinbaren die Parteien eine Bruttokaltmiete, bei der die **Betriebskosten mit dem Stand des Vertragsabschlusses im Mietzins** enthalten sind, während die Steigerungen im Wege der Abrechnung erhoben werden können (Bruttokaltmiete 2, s. B Rdn. 8). Als Variante dazu kommt der Fall vor, dass bei jeder Mieterhöhung die aktuellen Betriebskosten eingerechnet sind, so dass sich das Recht zur Umlage von Mehrkosten nur auf die Zeit zwischen zwei Mieterhöhungen bezieht. Hier gehört zu einer ordnungsgemäßen Abrechnung die **Angabe des jeweils relevanten Sockelbetrages** und des zwischenzeitlichen Kostenanstiegs. Der Vermieter muss mithin die Grundlagen seiner **Differenzberechnung** offen legen; die bloße Angabe des Differenzbetrages reicht nicht (zur Differenzberechnung s. auch Rdn. 32).[1]

2. Gewerberaum

6 Die Weitergabe von Betriebskostenerhöhungen an den Mieter erfordert eine entsprechende vertragliche Vereinbarung **(Mehrbelastungsabrede)**. Bei gewerblichen Mietverhältnissen sind die Parteien weitgehend frei, wie sie eine entsprechende Abrede gestalten. Regelungen durch **Formularklauseln** sind jedoch anhand der **Inhaltskontrolle** nach § 307 BGB zu überprüfen. Die Mehrbelastungsklausel ist daher so zu fassen, dass der Mieter erkennen kann, welche zusätzlichen Belastungen auf ihn während der Dauer des Mietvertrages zukommen können. Dies ist schon nicht der Fall, wenn der Vermieter berechtigt wird, jedwede neue Betriebskostenart umzulegen,[2] erst recht nicht bei der zusätzlichen Verpflichtung des Mieters, die neu eingeführten Betriebskosten schon ab Entstehung anteilig zu übernehmen.[3]

7 Mehrbelastungsklauseln müssen für ihre Wirksamkeit daher **verständlich formulierte Einschränkungen** enthalten, die dem Schutz des Mieters vor unliebsamen Überraschungen Rechnung tragen, was auf zwei Wegen zu erreichen ist. Zum einen kann die Klausel auf unvermeidbare neue Kosten beschränkt werden,[4] mithin solche, die für den Vermieter nicht

---

[1] AG Köln ZMR 1994, 336.
[2] Z. B. *Beyerle* in Lindner-Figura/Oprée/Stellmann Kap. 11 Rdn. 74.
[3] *Fritz* Rdn. 126a.
[4] *Bub* in Bub/Treier II 1006 ff., 1036 ff.

vorhersehbar waren[5] und für die ordnungsgemäße Bewirtschaftung zwingend sind. Zum anderen verschafft eine Begrenzung des möglichen Kostenanstiegs, z. B. auf 10% der vereinbarten Betriebskosten,[6] dem Mieter die notwendige Kalkulationsgrundlage.

Fehlt eine Vereinbarung über die Umlage erhöhter oder neu eingeführter Betriebskosten, ist der Vermieter für die Dauer des Mietvertrags an die festgelegte Gesamtmiete gebunden, sofern sich die Parteien nicht im Wege der Vertragsänderung auf eine dem Vermieter günstigere Regelung einigen. Bei einem Mietvertrag auf unbestimmte Zeit bleibt dem Vermieter neben einer einverständlichen Änderung des Vertrags die Möglichkeit der sog. Änderungskündigung; bei ihr wird die Kündigung des Mietverhältnisses sogleich mit dem Angebot verbunden, einen neuen Mietvertrag mit den erstrebten, teilweise geänderten Konditionen abzuschließen. Zur Ausnahme für Betriebskosten infolge einer Modernisierung s. Rdn. 71. 8

3. Preisfreier Wohnraum

Bei preisfreien Wohnraummietverhältnissen ist seit der Mietrechtsreform zu differenzieren; bei öffentlich-gefördertem Wohnraum gilt nach § 20 NMV faktisch ohnehin die Struktur der Nettomiete. Es ist zwischen Altverträgen aus der Zeit vor dem 1.9.2001 und Verträgen, die nach diesem Zeitpunkt abgeschlossen wurden, zu unterscheiden. 9

Nur bei **Altverträgen,** die **vor dem** 1.9.2001 abgeschlossen wurden, hat der Vermieter durch Art. 229 § 3 Abs. 4 EGBGB i. V. mit § 560 BGB ausdrücklich das Recht behalten, den Mieter im Wege einer **einseitigen Erhöhungserklärung** anteilig mit den gestiegenen Kosten zu belasten. Dass der Vermieter den Mieter auch über § 560 Abs. 1 BGB nur mit den Steigerungsbeträgen solcher Betriebskostenarten belasten darf, die im Katalog des § 2 BetrKV bzw. der Anl. 3 zu § 27 II. BV aufgeführt sind, versteht sich von selbst. 10

Bei **Neuverträgen** besteht dieses einseitige Umlagerecht nicht mehr. Hier ist der Vermieter darauf beschränkt, den Betriebskostenanteil innerhalb der Brutto- oder Bruttokaltmiete im Rahmen einer allgemeinen Mieterhöhung nach § 558 BGB zu erhöhen. Da die Kappungsgrenze in § 558 Abs. 3 BGB auf 20% reduziert wurde, führt die Berücksichtigung der oft erheblich gestiegenen Betriebskosten beim Betriebskostenanteil dazu, dass dem Vermieter u. U. nur ein geringer Spielraum für die Erhöhung der Nettomiete verbleibt, auch wenn die Kappungsgrenze auf die gesamte Brutto- oder Bruttokaltmiete[7] zu berechnen ist. Durch die gesetz- 11

---

[5] *Beyerle* in Lindner-Figura/Oprée/Stellmann Kap. 11 Rdn. 75.
[6] *Beyerle* in Lindner-Figura/Oprée/Stellmann Kap. 11 Rdn. 75.
[7] BGH (VIII ZR 160/03) GE 2004, 349 = NZM 2004, 218 = WuM 2004, 153 für Teilinklusivmiete.

liche Neuregelung soll dem Umstand Rechnung getragen werden, dass der Mieter bei einer Brutto- oder Bruttokaltmiete keine Information über die auf die Wohnung entfallende Betriebskostenbelastung hat, er also auch nicht abschätzen kann, welcher Mietanteil auf die Nettomiete und welcher auf die Betriebskosten entfällt. Er hat mithin keine Anhaltspunkte, welche Kostensteigerungen im Verlauf des Mietverhältnisses anfallen können. Durch die Neuregelung ist er vor nicht kalkulierbaren Überraschungen geschützt.

a) Einseitige Umlage von Mehrbelastungen bei Altverträgen

aa) Zulässigkeit der Umlage

12 Durch die Verweisung in Art. 229 § 3 Abs. 4 EGBGB auf § 560 Abs. 1 BGB setzt die einseitige Weitergabe von Mehrbelastungen **nunmehr immer** voraus, dass ein **entsprechendes Erhöhungsrecht im Mietvertrag** vereinbart ist.[8] Die Neuregelung übernimmt damit die frühere Rechtsprechung der Rechtsentscheide.

13 Diese Rechtsprechung leitete aus § 1 Satz 3 MHG als speziellem Erhöhungsausschluss ab, dass eine Bruttomiete[9] oder eine Bruttokaltmiete[10] nicht wegen gestiegener Betriebskosten nach § 4 Abs. 2 MHG erhöht werden kann, wenn der Mietvertrag keinen Erhöhungsvorbehalt enthält. Aufgrund der pauschalen Einbeziehung der nicht bezifferten Betriebskosten in die Bruttomiete oder Bruttokaltmiete sei das Erhöhungsrecht ausgeschlossen. Diese Meinung **verkannte** sowohl den **historischen Hintergrund** des § 4 Abs. 2 MHG[11] als auch, dass § 4 MHG den **Besonderheiten der verschiedenen Mietstrukturen** Rechnung trug. Das jetzt festgeschriebene Erfordernis eines Erhöhungsvorbehalts im Mietvertrag nimmt jedenfalls den Vermietern, die in Altverträgen aus der Zeit seit dem Inkrafttreten des MHG am 1.1.1975 kein Erhöhungsrecht im Mietvertrag festgelegt hatten, die nach der Funktion des § 4 Abs. 2 MHG gegebene einseitige Erhöhungsmöglichkeit. Es ist allerdings einzuräumen, dass dieser Verlust in der Praxis nur geringe Bedeutung haben dürfte, weil die meisten Formularmietverträge ohnehin einen Erhöhungsvorbehalt aufwiesen. Was die Zeit nach etwa Ende 1980 betrifft, hatte es der Vermieter bei Neuabschlüssen im Übrigen selbst in der Hand, sich das Erhöhungsrecht durch entsprechende Vertragsgestaltung zu sichern.

---

[8] AG München ZMR 2014, 893.
[9] OLG Stuttgart RE 13.7.1983 NJW 1983, 2329 = WuM 1983, 285 = ZMR 1983, 389, OLG Zweibrücken RE 21.4.1981 NJW 1981, 1622 = WuM 1981, 153 = ZMR 1981, 116, OLG Karlsruhe RE 4.11.1980 NJW 1981, 1051 = WuM 1981, 56 = ZMR 1981, 59; vgl. OLG Karlsruhe neg. RE 22.4.1993 NJW-RR 1993, 977 = WuM 1993, 257 = ZMR 1993, 331.
[10] OLG Hamm RE 3.12.1992 DWW 1993, 40 = WuM 1993, 29 = ZMR 1993, 112, RE 4.4.1984 NJW 1985, 2034 = WuM 1984, 121 = ZMR 1984, 283, neg. RE 3.10.1983 WuM 1983, 312.
[11] Ausführlich *Blank* PiG 40 (1993) S. 143 (146).

Zur Umlage von **Betriebskostenmehrbelastungen,** die aus einer **Mo-** 14
dernisierung stammen, s. Rdn. 68 f.

(einstweilen frei) 15

bb) Inhalt der Mehrbelastungsabrede

Viele Formularmietverträge enthalten seit Jahrzehnten Mehrbelastungs- 16
klauseln.[12] Da nach § 557 Abs. 4 BGB Vereinbarungen, die zum Nachteil
des Mieters u. a. von § 560 BGB abweichen – sofern es sich nicht um eine
während des Bestehens des Mietverhältnisses getroffene Einzelabrede
oder um Wohnraum der in § 549 Abs. 2, 3 BGB genannten Art handelt –,
unwirksam sind, ist immer die **Verträglichkeit** einer Klausel **mit den
Vorschriften des § 560 Abs. 1, 2 BGB** zu prüfen. Die Überprüfung bezieht sich vor allem darauf, ob die Klausel die rechtlichen Möglichkeiten
des Vermieters zur Durchsetzung von Mehrbelastungen in unzulässiger
Weise ausdehnt. Verstößt die Klausel gegen diese Bestimmungen, ist sie
unwirksam. Zwei Klauselgestaltungen sind besonders häufig anzutreffen.

Die eine **Klausel** geht mit unterschiedlichem Wortlaut dahin, dass der 17
Vermieter

„einen **unmittelbaren Zahlungsanspruch** *auf gesetzlich oder behördlich zugelassene Mieterhöhungen"*

hat. Diese Klausel ist **für preisgebundenen Wohnraum** alter Art von Bedeutung, und zwar als Vereinbarung im Sinne des § 4 Abs. 8 NMV. Stellte der Vermieter bis zum Ablauf der Übergangsfrist bis zum 31.12.1986
(vgl. B Rdn. 88) die Mietstruktur nicht um, kann er nach dieser Gleitklausel auch rückwirkend eine Anpassung der Kostenmiete wegen gestiegener Betriebskosten geltend machen,[13] sofern die Preisbindung noch besteht. Gliederte er die Betriebskosten aus, läuft die Klausel leer, da er die
Mehrbelastungen ohnehin im Rahmen der Betriebskostenabrechnung
ansetzen kann; die rückwirkende Erhöhung der Vorauszahlungen ist
durch § 20 Abs. 4 Satz 2 NMV gesperrt.

Bei **preisfreiem Wohnraum** ist die Klausel im Grunde **gegenstands-** 18
los, da die Parteien die Geltung von Vorschriften zum preisgebundenen Wohnraum, jedenfalls soweit sie einseitige Mieterhöhungsrechte
des Vermieters betreffen, für preisfreien nicht wirksam vereinbaren können. Wurde sie bei preisfreiem Wohnraum ausdrücklich in den Mietvertrag aufgenommen, scheitert sie an § 557 Abs. 4 BGB (wie zuvor an
§ 10 Abs. 1 MHG[14]) und wegen der undifferenzierten Rückwirkungsmöglichkeiten zusätzlich an § 560 Abs. 2 BGB (wie zuvor an § 4 Abs. 3
MHG).

---

[12] Vgl. *Schulz* ZMR 1987, 472.
[13] BGH (VIII ZR 103/80) WuM 1981, 276.
[14] *Sternel* III Rdn. 521.

19 Die zweite, häufig verwandte **Klausel** lautet wörtlich oder sinngemäß:

„*Soweit zulässig, ist der Vermieter bei Erhöhung bzw. Neueinführung von Betriebskosten berechtigt, den entsprechenden Mehrbetrag vom Zeitpunkt der Entstehung an umzulegen.*"

Diese Klausel ist **unwirksam**.[15] Sie gestattet die Umlage von Betriebskosten, die nicht in § 2 BetrKV bzw. der Anl. 3 zu § 27 II. BV genannt sind, was gegen § 556 Abs. 1 BGB verstößt;[16] die Einschränkung „*soweit zulässig*" bezieht sich nur auf den Zeitpunkt, ab dem die Umlage möglich sein soll. Sie begegnet im Übrigen auch Bedenken im Hinblick auf das Transparenzgebot aus § 307 Abs. 1 Satz 2 BGB, weil sie verschleiert, dass § 560 Abs. 2 BGB die unbeschränkte rückwirkende Geltendmachung von Betriebskostensteigerungen generell ausschließt.

20 Die **Klausel**,

„*Erhöhen sich nach Abschluss dieses Mietvertrags die Betriebskosten gem. § 27 der II. Berechnungsverordnung, so ist der Vermieter berechtigt, durch schriftliche Erklärung, die Grund und Berechnung erhält, die jährlich entstehende Mehrbelastung auf die beteiligten Mieter im Verhältnis der Wohnflächen in qm umzulegen. Die Zahlung der Umlage hat monatlich mit der Miete im Voraus zu erfolgen.*",

ist **unwirksam**.[17] Zwar bezieht sich die Klausel durch die Verweisung nur auf umlagefähige Kosten und entspricht im Verfahren § 560 Abs. 1, 2 BGB. Es fehlen jedoch die Beschränkungen des § 560 Abs. 2 BGB zur rückwirkenden Geltendmachung von Kostensteigerungen.[18]

21 Demgegenüber ist die **Klausel**,

„*Werden öffentliche Abgaben neu eingeführt oder entstehen Betriebskosten neu, so können diese vom Vermieter im Rahmen der gesetzlichen Vorschriften umgelegt und angemessene Vorauszahlungen festgesetzt werden.*",

wirksam; dem Mieter wird klar aufgezeigt, mit welchen neu hinzutretenden Betriebskosten er zu rechnen hat.[19] Außerdem ist die Umlage an die Einhaltung der einschlägigen Vorschriften gebunden.

---

[15] BGH (VIII ZR 101/03) GE 2004, 229 = WuM 2004, 151 bzw. (VIII ZR 99/03) MM 2004, 163 (m.abl. Anm. *Maciejewski* MM 2004, 165), (VIII ZR 10/92) DWW 1993, 74 = WuM 1993, 109; so schon OLG Frankfurt WuM 1992, 56 (62), OLG Celle WuM 1990, 103 (108).
[16] Ebenso zu Altverträgen AG München ZMR 2014, 893.
[17] A. A. OLG Karlsruhe RE 22.4.1993 WuM 1993, 257.
[18] AG München ZMR 2014, 893; ebenso *Geldmacher* in Fischer-Dieskau § 560 Anm. 4.2.
[19] BGH (VIII ZR 80/06) NZM 2006, 896 = WuM 2006, 612 = ZMR 2007, 25.

cc) Weitere Voraussetzungen für die Umlage

(a) Kostenanstieg

Das Umlagerecht erfasst **alle Steigerungen der Betriebskosten**. Diese können sowohl auf einer Anhebung der Grundgebühren oder Hebesätze beruhen wie auch auf gestiegenem Verbrauch. Es kann sich um die Neueinführung öffentlich-rechtlicher Gebühren ebenso handeln wie um vom Vermieter neu eingeführte Kostenarten,[20] sofern sie als umlagefähig vereinbart wurden[21] und einer ordnungsgemäßen, sparsamen Bewirtschaftung entsprechen. Gleichgültig ist, ob die Betriebskostensteigerung schon bei Abschluss des Mietvertrags vorhersehbar war, wie etwa bei einem Wegfall der Grundsteuervergünstigung.[22] Ebenso kommen neue Kostenarten aufgrund einer Modernisierung in Betracht (s. Rdn. 68 f.).

22

Die Berechtigung zur Umlage besteht, sobald eine Erhöhung der **gesamten Betriebskostenbelastung** eingetreten ist. Haben sich einzelne Betriebskostenarten erhöht, andere hingegen ermäßigt, so dass die Summe unverändert geblieben ist, scheidet die Umlage der jeweils erhöhten Beträge aus.[23] Dies kann z.B. der Fall sein, wenn sich die nicht verbrauchsabhängigen oder die Grundgebühren der verbrauchsabhängigen Betriebskosten erhöhten, die Verbrauchskosten jedoch deutlich reduzierten haben, weil die Zahl der Bewohner, etwa durch Wegzug erwachsen gewordener Kinder, abnahm.

23

Die Erhöhung ergibt sich aus der **Differenz** zwischen dem zuletzt in der Brutto- oder Bruttokaltmiete enthaltenen Betriebskostenanteil und der derzeitigen Kostenhöhe. Ist seit Abschluss des Mietvertrags keine Mieterhöhung erfolgt, ist die zu diesem Zeitpunkt bestehende Betriebskostenbelastung als Ausgangswert für die Berechnung der Erhöhung maßgeblich, bei späterer Erhöhung der Brutto- oder Bruttokaltmiete nach § 558 BGB der nunmehr eingerechnete Betriebskostenanteil.[24] Eine rückwirkende Umlage der Betriebskostensteigerung ist nur nach Maßgabe des § 560 Abs. 2 BGB zulässig (s. Rdn. 26). Das Erhöhungsrecht bezieht sich nur auf Mehrbelastungen, die dem Vermieter bereits entstanden sind; es erstreckt sich nicht auf nur von der Gemeinde oder einem Versorgungsträger angekündigte Kostensteigerungen, so dass z.B. geschätzte Erfahrungswerte, über die später genau abgerechnet werden soll, noch nicht zu einer Erhöhungserklärung berechtigten.[25]

24

---

[20] *Geldmacher* in Fischer-Dieskau § 560 Anm. 5.1, Palandt/*Weidenkaff* § 560 Rdn. 8.
[21] BGH (VIII ZR 80/06) NZM 2006, 896 = WuM 2006, 612 = ZMR 2007, 25.
[22] OLG Karlsruhe RE 4.11.1980 WuM 1981, 56.
[23] BGH (VIII ZR 106/11) NZM 2012, 20; *Both* in Herrlein/Kandelhard § 560 Rdn. 5, *Sternel* III Rdn. 813.
[24] KG RE 5.8.1997 GE 1997, 1097= NZM 1998, 68 = WuM 1997, 540 = ZMR 1997, 590.
[25] Ebenso *Sternel* III Rdn. 815.

25 Ist dem Vermieter, z. B. nach einem **Eigentumswechsel,** die Höhe des zuletzt eingeflossenen Betriebskostenanteils nicht bekannt, kann er die von ihm für die Zeit des Eigentumserwerbs errechneten Betriebskosten zur Grundlage einer späteren Umlage von Erhöhungen machen. Dieses Vorgehen wird gelegentlich unter dem Gesichtspunkt angegriffen, dass hierdurch zwischenzeitliche Veränderungen des Betriebskostenanteils unberücksichtigt bleiben. Dies ist indes unschädlich, da es den Mieter nicht belastet. Der Erwerber kann die erhöhte Umlage nur für die Zukunft geltend machen. Die Folge aus § 566 BGB wird zwar allgemein dahin beschrieben, dass der Erwerber in den Mietvertrag des Veräußerers „eintritt", rechtlich handelt es sich indes um einen neuen Mietvertrag zu identischen Konditionen;[26] der Erwerber kann daher nur solche Forderungen erheben, die *„während der Dauer seines Eigentums"* entstehen, solche aus Betriebskostensteigerungen – und damit der Sache nach Mietzinsansprüche – verbleiben bis zum Eigentumswechsel dem Veräußerer. Im Übrigen spiegeln sich Veränderungen aus der Zeit des Mietverhältnisses mit dem Vorvermieter in dem vom Erwerber ermittelten Ausgangswert: Hatte die Betriebskostenbelastung in der Zwischenzeit abgenommen, ist der Ausgangswert für die Erhöhung entsprechend niedriger, hatten sich die Betriebskosten inzwischen erhöht, spart der Mieter die Mehrkosten für die Zeit bis zur Geltung der erhöhten Umlage.

(b) Rückwirkende Mehrbelastungen

26 Für den Regelfall genügt es, dass der Vermieter die Möglichkeit hat, den Mehrbetrag aus der Betriebskostenerhöhung umzulegen, sobald er von ihr Kenntnis erlangt, also für die Zukunft. Gelegentlich sieht sich allerdings der Vermieter selbst einer **rückwirkenden Mehrbelastung** gegenüber, etwa wenn er einen Grundsteuerbescheid mit einer Nachforderung erhält oder wenn die Jahresabrechnung des Versorgungsträgers eine zwischenzeitliche Erhöhung der Grundkosten ausweist. Für diesen Fall gestattet § 560 Abs. 2 Satz 2 BGB die eingeschränkte Abwälzung der in der Vergangenheit aufgelaufenen Mehrbeträge. Die Einschränkung bezieht sich zum einen auf die Länge des zurückliegenden Zeitraums. Dieser reicht höchstens bis zum Beginn des der Erklärung vorausgehenden Kalenderjahres. Sie resultiert zum anderen daraus, dass die Information des Mieters vom Erhöhungstatbestand innerhalb von drei Monaten ab Kenntnis des Vermieters erfolgen muss; versäumt er diese Frist, sind wiederum nur die zukünftigen Erhöhungsbeträge umlegbar.

27 **Kenntnis von der Mehrbelastung** erhält der Vermieter mit Zugang des entsprechenden Bescheids. Es ist **positive Kenntnis** notwendig, so dass es nicht genügt, wenn der Vermieter nur mit einer Nachbelastung rechnet, etwa wenn die Gemeinde eine Erhöhung bislang nur angekün-

---

[26] Z. B. BGH (VIII ZR 22/88) WuM 1989, 141.

digt hat[27] oder der Wegfall einer Grundsteuervergünstigung zu erwarten ist. Wendet sich der Vermieter mit Rechtsmitteln gegen den Bescheid, erlangt er positive Kenntnis erst mit Zugang des endgültigen, rechtskräftigen Bescheids.[28] Ist der erste Bescheid offensichtlich fehlerhaft, ist der Vermieter aus mietvertraglicher Nebenpflicht gehalten, Rechtsmittel einzulegen.

Streitig ist, ob der Vermieter zur nachträglichen Geltendmachung auch dann noch berechtigt ist, wenn ihn die Mehrbelastung erst **nach Ende des Mietvertrags** erreicht. Während dies überwiegend bejaht wird, wenn es um die nachträgliche Erhöhung des Saldos einer Betriebskostenabrechnung geht,[29] wird das Recht zur Erhöhung einer Pauschale weitgehend **abgelehnt**.[30] Unter Aufgabe der in der Vorauflage vertretenen Ansicht ist der letztgenannten Auffassung zuzustimmen. Der Grund ergibt sich aus einer genaueren Betrachtung der Unterschiede zwischen der Nachbelastung zu einer Betriebskostenabrechnung und der Anforderung einer erhöhten Pauschale. Bei der Nachbelastung geht es um offenen Mietzins aus der Zeit des Mietverhältnisses. Mit der letzten Betriebskostenabrechnung des Mietverhältnisses konnte der Vermieter noch nicht abschließend feststellen, ob die vom Mieter geschuldete Bruttomiete im Abrechnungszeitraum vollständig entrichtet worden war, weil ihm im Zeitpunkt ihrer Erstellung die definitive Höhe der Gesamtkosten unbekannt war. Diese Unvollständigkeit der Abrechnung korrigiert er mit der Nachbelastung aus Gründen, die er in den hier behandelten Fällen nicht zu vertreten hat, und errechnet allein das tatsächliche Bruttomietsoll des Mieters. Demgegenüber hat der Mieter mit der Pauschale erst einmal alle anfallenden Betriebskosten bezahlt, also sein Bruttomietsoll. Reicht die Pauschale zur Abdeckung der Betriebskosten nicht mehr aus, räumt § 560 Abs. 1, 2 BGB dem Vermieter zu ihrer Erhöhung ein Gestaltungsrecht ein,[31] das er mit einer Erklärung nach § 560 Abs. 1 BGB gesondert geltend machen muss. Dieses Recht endet indes mit dem Auslaufen des Mietvertrags; er verfügt nicht mehr über eine Grundlage, aus welcher er die Erhöhung anfordern kann.

28

Maßgeblich für die Einhaltung der **Frist und** den **Umfang** der Rückwirkung ist die **Kenntnis des Vermieters**.[32] Mehrbelastungen für die Zeit

29

---

[27] Staudinger/*Artz* § 556c Rdn. 19, *Zehelein* in MünchKomm § 560 Rdn. 5.
[28] *Kinne* in Kinne/Schach/Bieber § 560 Rdn. 57, *Zehelein* in MünchKomm § 560 Rdn. 20, *Schultz* in Bub/Treier III. A. Rdn. 2107ff.; a. A. *Sternel* III Rdn. 822 für den Fall eines erfolglosen Rechtsmittels.
[29] LG Rostock WuM 2009, 232, LG Berlin GE 2005, 737; *Both* WuM 2009, 727 (728), *Wall* Rdn. 3146; a. A. LG Frankfurt/M. NZM 2002, 336.
[30] *Blank* in Blank/Börstinghaus § 560 Rdn. 13, *Geldmacher* in Fischer-Dieskau § 560 Anm. 11.1.3, *Kinne* in Kinne/Schach/Bieber § 560 Rdn. 59, *Bub* in Bub/Treier III. A Rdn. 2111ff., *Sternel* III Rdn. 824.
[31] *Sternel* Mietrecht aktuell Rdn. IV 426a.
[32] A. A. Staudinger/*Artz* § 560 Rdn. 30; *Langenberg* in Schmidt-Futterer § 560 Rdn. 36.

vor dem Beginn des der Erklärung vorangehenden Kalenderjahres sind vom Vermieter zu tragen; der Vermieter kann sich z. B. gegen die rückwirkende Grundsteuerbelastung nicht mit dem Argument wenden, die späte Zusendung des Bescheides habe ihm die nachträgliche Geltendmachung der Erhöhung gegenüber dem Mieter zum Teil unmöglich gemacht.[33] Wurden z. B. die Grundsteuern von der Gemeinde per 1.6.2008 erhöht und erhält der Vermieter den Gebührenbescheid erst im August 2010, ist die rückwirkende Umlage nur für die Zeit ab 1.1.2009 möglich und dies auch nur, wenn, wie erwähnt, der Vermieter die dreimonatige Mitteilungsfrist beachtete.

dd) Verfahren bei der Umlage

(a) Form

30   Die Umlage der Erhöhung erfolgt durch **Erklärung in Textform** gem. § 126b BGB. Sie wirkt gestaltend, so dass die Zustimmung des Mieters nicht erforderlich ist. Sie muss von allen Vermietern[34] gegenüber allen Mietern[35] abgegeben werden. Dies gilt im Regelfall[36] auch dann, wenn einer von mehreren Mietern ausgezogen ist (zu Vollmachtsklauseln s. ausführlich H Rdn. 118).[37]

(b) Inhalt

31   Die Erklärung ist nach § 560 Abs. 1 Satz 2 BGB **nur wirksam, wenn** in ihr der Grund für die Umlage *„bezeichnet und erläutert"* wird. Das Schreiben muss so aufgemacht sein, dass der Zweck dieser Bestimmung, dem Mieter die Nachprüfung ohne vorherige Belegeinsicht zu ermöglichen, erreicht wird. Anders als nach § 559b Abs. 1 Satz 2 BGB ist eine Berechnung entbehrlich,[38] in der Praxis jedoch jedem Vermieter anzuraten. Wegen des Meinungsstreits, was unter Bezeichnung und Erläuterung zu verstehen ist, hätte es nahe gelegen, mit dem MRRG für Klarheit durch eine Harmonisierung der Vorschriften zu sorgen.[39]

---

[33] BVerwG NJW 1982, 2682; *Hermsdörfer* ZMR 1986, 390 hält die durch § 4 Abs. 3 MHG (jetzt § 560 Abs. 2 BGB) – und ebenso für den preisgebundenen Wohnraum durch § 10 Abs. 2 Satz 3 WoBindG – angeordnete Beschränkung der nachträglichen Geltendmachung von Betriebskostensteigerungen für verfassungswidrig; dem Vermieter wurde allerdings auch schon ein Erlass der nicht umlegbaren Grundsteuer aus Billigkeit gewährt, vgl. *Gather* DWW 2000, 299 (302) m. w. N.

[34] Allg. Ansicht, vgl. LG Hannover WuM 1992, 441.

[35] BVerfG WuM 1989, 279, OLG Celle neg. RE 20.1.1982 WuM 1982, 102.

[36] Anders z. B. im Fall BGH (VIII ZR 124/03) DWW 2004, 148 = GE 2004, 615 = MM 2004, 263 = NJW 2004, 1797 = NZM 2004, 419 = WuM 2004, 280 = ZMR 2004, 492.

[37] BayObLG RE 21.2.1983 DWW 1983, 71 = WuM 1983, 107.

[38] Hierzu kritisch *Sternel* III Rdn. 818 (zu § 3 Abs. 3 Satz 2 MHG).

[39] *Langenberg* NZM 2001, 215.

Während nach allgemeiner Ansicht die bloße Mitteilung des Er- **32** höhungsbetrages nicht genügt,[40] ist streitig, **welche Einzelangaben** für eine befriedigende Bezeichnung und Erläuterung notwendig sind. Aus der vorgeschriebenen **Bezeichnung** wird gefolgert, dass z. B. ein Bescheid der Gemeinde mit erhöhten Gebühren, etwa der Grund- und/oder der Verbrauchskosten, eine höhere Prämienbelastung des Versicherers oder Rechnung eines Dritten (Hausmeister, Wartungsfirma etc.) zumindest stichwortartig[41] anzuführen ist, z. b. in einer tabellarischen Übersicht.[42] Für die **Erläuterung** ist der Grund der Erhöhung anzugeben,[43] soweit er sich nicht bereits aus der Bezeichnung ergibt. Ferner sind im Wege einer **Differenzberechnung** die **alte und neue Gesamtbelastung** und der **Verteilungsschlüssel** anzugeben.[44]

Fraglich ist, wie genau die **alte und** die **neue Belastung aufzuschlüs-** **33** **seln** sind. Hierzu wird vertreten, dass alte und neue Betriebskostenbelastung im Einzelnen und vollständig einander gegenübergestellt, der Verteilerschlüssel, die hierauf beruhende Berechnung und ein bestimmter Erhöhungsbetrag mitgeteilt werden müssen,[45] so dass die Erklärung praktisch einer ordnungsgemäßen Abrechnung zu entsprechen hat.[46] Für diese Auffassung spricht zwar, dass die Erhöhung gestaltende Wirkung hat, so dass der Mieter klare und nachvollziehbare Angaben erwarten kann. Wenn auch die Grenze zwischen Erläuterung und Berechnung fließend ist, ist jedoch festzustellen, dass diese Ansicht auf eine weitgehende Berechnung hinausläuft, welche das Gesetz gerade nicht verlangt.

Der **Meinungsstreit** ist **nicht** etwa nur **akademischer Natur.** Zwar **34** überlässt es der Vermieter in aller Regel nicht der Rechenfertigkeit des Mieters auszurechnen, welchen zusätzlichen Betrag er in Zukunft entrichten soll, zumal er zur Kontrolle der zukünftigen Mieteingänge selbst den konkreten Betrag ermitteln muss. Auch spart der Vermieter durch eine knappe Erläuterung oft nur wenig Verwaltungsaufwand, da sie Nachfragen der Mieter provoziert, die im Einzelnen zu beantworten sind. Der Unterschied liegt vielmehr in den **Rechtsfolgen.** Eine nicht ausreichend begründete Erhöhung ist unwirksam (s. Rdn. 36), so dass es für das Wirksamwerden der Erklärung, d. h. den Zeitpunkt, ab dem der Mieter die erhöhte Umlage zu zahlen hat, von großer Bedeutung ist, ob schon knappe Angaben, die ggf. auf Nachfrage des Mieters zu ergänzen sind,

---

[40] Z. B. *Both* in Herrlein/Kandelhard § 560 Rdn. 11.
[41] *Kinne* ZMR 2001, 868 (875), *Zehelein* in MünchKomm § 560 Rdn. 15.
[42] S. das ausführliche Muster Anl. II 2 oder knapper *Blank* in Blank/Börstinghaus § 560 Rdn. 10.
[43] LG Berlin GE 1999, 575 = ZMR 1999, 401; *Geldmacher* in Fischer-Dieskau § 560 Anm. 8.6.2.
[44] AG Berlin-Charlottenburg MM 12/2013 S. 29; *Both* in Herrlein/Kandelhard § 560 Rdn. 11.
[45] *Sternel* III Rdn. 819; so wohl auch LG Kiel WuM 1995, 546.
[46] *Wall* Rdn. 2708.

die Zahlungspflicht auslösen, oder ob bei höheren Anforderungen die gesamte Erklärung mit entsprechend späterem Zahlungsbeginn neu aufgemacht werden muss. Da der Vermieter zur Vorbereitung des Erhöhungsschreibens ohnehin eine Differenzberechnung durchführen muss, wobei er die bisherige Betriebskostenbelastung und die neue im Einzelnen zu vergleichen und den Anteil des Mieters anhand eines Umlageschlüssels zu ermitteln hat, bietet es sich an, dem Mieter nicht nur knapp das Ergebnis der Saldierung mitzuteilen, sondern ihm die ohnehin vorhandene Berechnung zukommen zu lassen.[47]

35 Die Erhöhung ist gem. § 560 Abs. 1 Satz 1 BGB **anteilig** auf den Mieter umzulegen. Vertragliche Vereinbarungen haben Vorrang.[48] Bestehen solche nicht, ist dem Vermieter nach dem Rechtsgedanken der Entscheidung des BGH vom 5.11.2014[49] ein einmalig auszuübendes pflichtgemäßes Ermessen für die Bestimmung der Umlage einzuräumen. Zum Teil wird auf § 556a abgestellt.[50]

36 Genügt das Erhöhungsschreiben nicht den gesetzlichen Anforderungen an Form und Inhalt, ist es unwirksam. **Nichtigkeit** liegt etwa vor, wenn die Gegenüberstellung von alter und neuer Betriebskostenbelastung oder die Mitteilung des Umlageschlüssels fehlt oder nur ein Erhöhungsbetrag angeführt wird;[51] die Prüfung der Frage, ob die Erklärung wirksam ist, ist eine Rechtsfrage, die das Gericht von Amts wegen, nicht nur auf Einrede des Mieters vorzunehmen hat.[52] Eine unwirksame Erklärung kann nicht durch Erläuterungen nachgebessert werden, vielmehr ist nach allgemeiner Ansicht die Neuvornahme notwendig, die jederzeit möglich ist, allerdings mit entsprechend späterem Beginn der Zahlungspflicht des Mieters. Schreib- oder Rechenfehler, welche die Verständlichkeit der Erklärung im Übrigen nicht berühren, führen noch nicht zur Unwirksamkeit.[53] Der Vermieter kann hier durch Ergänzungen abhelfen. Der Mieter hat das Recht, die zugrunde liegenden Belege einzusehen (s. H Rdn. 281 ff.).

ee) Fälligkeit der Umlage

37 Eine ordnungsgemäße Erhöhungserklärung bewirkt nach § 560 Abs. 2 Satz 1 BGB, dass der Mieter die Umlage **mit Beginn des auf die Erklärung folgenden übernächsten Monats** schuldet. Abgabe ist dabei nicht als Zeitpunkt der Absendung durch den Vermieter, sondern des **Zu-**

---

[47] Vgl. AG Hamburg WuM 1981, 21; *Langenberg* ZMR 1982, 68 (69), *Sternel* III Rdn. 819.
[48] *Zehelein* in MünchKomm § 560 Rdn. 14.
[49] BGH (VIII ZR 257/13) GE 2015, 50 = NJW 2015, 952 = NZM 2015, 130 m. Anm. *Langenberg* = WuM 2015, 33 = ZMR 2015, 207.
[50] Staudinger/*Artz* § 560 Rdn. 20.
[51] Vgl. BayObLG RE 9.2.1982 WuM 1982, 105.
[52] BayObLG RE 9.2.1982 WuM 1982, 105.
[53] *Kinne* in Kinne/Schach/Bieber § 560 Rdn. 50, *Sternel* III Rdn. 820.

gangs beim Mieter zu verstehen. Fraglich ist, ob der vorgenannte Monatsbeginn nur den **Wirkungszeitpunkt** der Erhöhungserklärung regelt **oder** auch die **Fälligkeit** der Zahlung bestimmt. Das Problem wird in den Fällen relevant, dass die Parteien, was gelegentlich bei Abschluss eines Mietvertrags zur Monatsmitte vorkommt, Zahlung zum 15. eines Monats vereinbart haben; bei der Annahme einer selbständigen Zahlungspflicht zum Monatsbeginn hätte der Mieter in Zukunft zwei Zahlungstermine zu beachten. Wird in den Vordergrund gestellt, dass auch die Pauschale allein ein Teil des einheitlichen Mietzinses ist, tritt die Fälligkeit abweichend von der hier zuvor vertretenen Ansicht zu dem Zeitpunkt ein, zu dem die gesamte Miete nach den vertraglichen Abreden zu entrichten ist, bei Fehlen einer Vereinbarung mithin nach Maßgabe des § 556b Abs. 1 BGB.[54]

An § 4 Abs. 8 NMV orientierte **Klauseln,** die auch dem Vermieter von preisfreiem Wohnraum einen sofortigen Zahlungsanspruch auf gesetzliche Mieterhöhungen oder Erhöhungen der Bewirtschaftungskosten geben sollen, sind nach § 560 Abs. 6 BGB unwirksam.[55] Sie weichen zum Nachteil des Mieters von der eingeschränkten Zulässigkeit rückwirkend geltend gemachter Betriebskostenerhöhungen in § 560 Abs. 2 BGB ab. **38**

Mit der Fälligkeit der erhöhten Pauschale kommt der Mieter bei nicht rechtzeitiger Leistung ohne zusätzliche Mahnung in **Verzug** (§ 286 Abs. 2 BGB). Ist der Mieter mit seinen Zahlungen bereits zu diesem Zeitpunkt in Rückstand, kann der Vermieter, um einen nach § 543 Abs. 2 Nr. 3 BGB zur Kündigung wegen Zahlungsverzugs berechtigenden Rückstand zu erhalten, den nicht gezahlten Erhöhungsbetrag den ausstehenden Leistungen addieren, ohne an die Voraussetzungen des § 569 Abs. 3 Nr. 3 BGB – Ablauf der Zweimonatsfrist nach Rechtskraft des Zahlungsurteils gebunden zu sein.[56] **39**

b) Umlage von Mehrbelastungen im Rahmen einer Mieterhöhung bei Alt- und Neuverträgen

Die vorbeschriebene Möglichkeit der einseitigen Mehrbelastung des Mieters wegen gestiegener Betriebskosten besteht nur bei Altverträgen mit Mehrbelastungsabrede. Bei **Altverträgen ohne Erhöhungsvorbehalt oder mit unwirksamer Mehrbelastungsabrede und Neuverträgen** besteht dieses einseitige Umlagerecht **nicht** mehr. Hier ist der Vermieter darauf beschränkt, den inklusiven Betriebskostenanteil innerhalb der Brutto- oder Bruttokaltmiete im Rahmen einer allgemeinen Mieterhöhung nach **40**

---

[54] *Both* in Herrlein/Kandelhard § 560 Rdn. 15, *Geldmacher* in Fischer-Dieskau § 560 Anm. 8.8.2, *Kinne* in Kinne/Schach/Bieber § 560 Rdn. 56, *Lammel* § 560 Rdn. 23, *Wall* Rdn. 2718.
[55] Wie zuvor nach § 10 Abs. 1 MHG: BGH (VIII ZR 10/92) WuM 1993, 109 (110), OLG Celle WuM 1990, 103 (108).
[56] BGH (VIII ZR 1/11) NZM 2012, 676 = WuM 2012, 497.

§ 558 BGB zu erhöhen. Da die Kappungsgrenze in § 558 Abs. 3 BGB auf 20% reduziert wurde, führt die Berücksichtigung der oft erheblich gestiegenen Betriebskosten beim Betriebskostenanteil dazu, dass dem Vermieter u. U. nur ein geringer Spielraum für die Erhöhung der Nettomiete verbleibt, auch wenn die Kappungsgrenze auf die gesamte Brutto- oder Bruttokaltmiete[57] zu berechnen ist. Durch die gesetzliche Neuregelung soll dem Umstand Rechnung getragen werden, dass der Mieter bei einer Brutto- oder Bruttokaltmiete keine Information über die auf die Wohnung entfallende Betriebskostenbelastung hat, er also auch nicht abschätzen kann, welcher Mietanteil auf die Nettomiete und welcher auf die Betriebskosten entfällt. Er hat mithin keine Anhaltspunkte, welche Kostensteigerungen im Verlauf des Mietverhältnisses anfallen können. Durch die Neuregelung ist er vor nicht kalkulierbaren Überraschungen geschützt.

41 Sowohl bei Alt- als auch bei Neuverträgen bezieht sich das **Erhöhungsrecht** gleichermaßen auf **Betriebskostenmehrbelastungen** aus einer Erhöhung der Verbrauchskosten – wegen angehobener Sockelbeträge oder gestiegenen Verbrauchs – wie auf die **Neueinführung** von Betriebskosten.

42 Bei einer Brutto- oder Bruttokaltmiete stellt sich die Frage, **ob** der Vermieter die **Wahl** hat, die bisherige Miete **pauschal** auf das ortsübliche Niveau von Brutto- oder Bruttokaltmieten zu erhöhen **oder** zwischen Nettomietanteil und Betriebskostenanteil zu differenzieren, um die **tatsächlich anfallenden** Betriebskosten im Rahmen der erhöhten Brutto- oder Bruttokaltmiete zu erhalten.

aa) Pauschale Erhöhung mit Durchschnittskosten

43 Nach der ständigen Rechtsprechung des **BGH** ist eine pauschale Erhöhung auf das Niveau der ortsüblichen Betriebskosten **nicht** möglich. Zwar scheitert eine derartige Erhöhung auf eine **ortsübliche Brutto- oder Bruttokaltmiete** inzwischen praktisch daran, dass es an hinreichendem **Vergleichsmaterial fehlt**, aber auch eine Erhöhung auf die **ortsübliche Nettomiete nebst ortsüblicher Betriebskosten**, die in etlichen Mietspiegeln ausgewiesen sind, ist danach nicht zulässig. Vielmehr darf der Vermieter **nicht** auf ortsübliche **Durchschnittswerte für Betriebskosten** zurückgreifen, sondern er hat die im Zeitpunkt des Zugangs des Zustimmungsverlangens anfallenden tatsächlichen Betriebskosten für die Bestimmung des Betriebskostenanteils der Brutto- oder Bruttokaltmiete zugrunde zu legen.[58] Der BGH hat seine Auffassung insbesondere mit

---

[57] BGH (VIII ZR 160/03) GE 2004, 349 = NZM 2004, 218 = WuM 2004, 153 für Teilinklusivmiete.
[58] BGH (VIII ZR 331/06) GE 2008, 1357 = NZM 2008, 124 = WuM 2007, 707 = ZMR 2008, 190, (VIII ZR 4/08) GE 2008, 1488, (VIII ZR 215/05) NZM 2006, 864 = WuM 2006, 569, (VIII ZR 41/05) GE 2006, 46 = NZM 2006, 101 = WuM 2006, 39 = ZMR 2006, 110.

dem Gesichtspunkt begründet, dass es dem Zweck des § 558 Abs. 1 BGB zuwiderlaufen würde, könnte der Vermieter die ortsüblichen Betriebskosten auch dann in Ansatz bringen, wenn die tatsächlich anfallenden darunter liegen; auf diesem Weg würde er einen die ortsübliche Nettomiete übersteigenden Nettomietanteil erhalten.[59]

Auch wenn es sich um eine inzwischen gefestigte Rechtsprechung handelt, sei angemerkt, dass sie den **historischen Hintergrund** nicht hinreichend berücksichtigt. Der Anspruch des Vermieters auf die ortsübliche Vergleichsmiete wurde in Art. 1 § 3 I. WRKSchG[60] eingeführt, weil dem Vermieter in Art. 1 § 1 Abs. 4 die zuvor mögliche Kündigung zum Zweck der Mieterhöhung (sog. Änderungskündigung) verboten wurde. Diese Rechtslage wurde durch das II. WRKSchG[61], das als Art. 3 das Gesetz zur Regelung der Miethöhe (MHG) enthielt, Dauerrecht; § 1 Satz 1 MHG enthielt dasselbe Verbot, das sich nunmehr in § 573 Abs. 1 Satz 2 BGB findet. Im Jahre 1971 und auch längere Zeit danach waren Bruttomieten und insbesondere Bruttokaltmieten allgemein verbreitet, was zumal auf der Geltung der AMVO[62] beruhte, die in § 6 die Grundmiete als Stichtagsmiete abzüglich der Kosten für Wasserverbrauch, zentrale Heizung und Warmwasserbereitung und verschiedene Mehrbelastungen seit dem 1.3.1945 gem. §§ 21 ff. festsetzte. Dementsprechend gab es in der Folgezeit etliche Mietspiegel, deren Mietpreise alle Nebenkosten bis auf Heizung und Warmwasser enthielten, mithin Bruttokaltmieten,[63] oder die alle Betriebskosten mit Ausnahme der verbrauchsabhängigen, also Teilinklusivmieten, wiedergaben.[64]

§ 2 MHG enthielt folgerichtig **keine Festlegung** auf eine **bestimmte Mietstruktur**,[65] was im Übrigen auch für § 558 BGB gilt. Die ortsübliche Brutto- oder Bruttokaltmiete setzt sich zwar wirtschaftlich aus dem ortsüblichen Nettomietanteil und dem ortsüblichen Betriebskostenanteil zusammen, rechtlich ist es eine einheitliche Miete. Auf dieser Grundlage ist es daher nicht zu beanstanden, wenn der Vermieter diese einheitliche Miete pauschal auf die entsprechende ortsübliche Miete zu erhöht,[66] wozu er ggf. der ortsüblichen Nettomiete die ortsüblichen Betriebskosten hinzusetzen darf. Er erhält auch auf diesem Weg nur das, was ortsüblich

---

[59] BGH (VIII ZR 41/05) GE 2006, 46 = NZM 2006, 101 = WuM 2006, 39 = ZMR 2006, 110.
[60] Gesetz über den Kündigungsschutz für Mietverhältnisse über Wohnraum vom 25.11.1971, BGBl. I S. 1839.
[61] Zweites Gesetz über den Kündigungsschutz für Mietverhältnisse über Wohnraum vom 18.12.1974, BGBl. I S. 3603.
[62] Verordnung über den Mietpreis für den bis zum 31. Dezember 1949 bezugsfertig gewordenen Wohnraum vom 23.7.1958, BGBl. I S. 549.
[63] Z.B. Mietspiegel für Marburg WuM 1978, 57.
[64] Z.B. Mietspiegel für Nürnberg WuM 1977, 265.
[65] OLG Stuttgart RE 13.7.1983 DWW 1983, 227 = NJW 1984, 2329 = WuM 1983, 285 = ZMR 1983, 389.
[66] OLG Hamm RE 4.4.1984 WuM 1984, 121.

ist, selbst wenn ihm durch unter dem Durchschnitt liegende Betriebskosten ein höherer *rechnerischer* Nettomietanteil zuwächst, der für die maßgebliche ortsübliche Brutto- oder Bruttokaltmiete jedoch irrelevant ist; auf der anderen Seite muss er, wenn er das pauschale Verfahren wählt, höhere Betriebskosten als die üblichen aus der Nettomiete bestreiten.

bb) Differenzierte Erhöhung mit konkreten Kosten

46 Nach der Rechtsprechung des **BGH** hat der Vermieter mithin im Zustimmungsverlangen zur Erhöhung der Brutto- oder Bruttokaltmiete die erhöhte Nettomiete und die **tatsächlich auf die Wohnung entfallenden Betriebskosten** anzusetzen; deren Höhe bestimmt sich nach dem Zeitpunkt des Zugangs des Zustimmungsverlangens.[67] Es sind die konkret anfallenden Betriebskosten maßgeblich, auch wenn der Vermieter dadurch ggf. die bisher gezahlte Nettomiete herunterrechnen kann. Ob die Kostenaufstellung des Vermieters zutreffend ist, betrifft nicht die formelle Ordnungsmäßigkeit des Erhöhungsverlangens, sondern allein dessen materielle Berechtigung.[68]

47 Der Forderung, dass die Kosten den **Rahmen des Üblichen** nicht überschreiten dürfen,[69] ist daher erst in einem nachfolgenden Schritt, ggf. in einem anschließenden Rechtsstreit, nachzugehen. Hierzu ist anzumerken, dass dem Vermieter einerseits nur die Erhöhung auf die ortsübliche Vergleichsmiete zusteht, so dass er mit unwirtschaftlich hohen Betriebskosten ausfallen muss, andererseits kann **nicht** auf die „üblichen" Kosten allein nach den **undifferenzierten Durchschnittswerten** abgestellt werden, die zum Teil in Mietspiegeln auf Nettomietbasis oder Betriebskostenspiegeln aufgeführt sind. So ist es evident, dass die Betriebskostenbelastung bei einem Mehrfamilienhaus mit vielen Kleinwohnungen höher ausfällt als bei einem Haus mit wenigen Großwohnungen; Entsprechendes gilt bei Häusern mit oder ohne Aufzug, mit geringen Gartenflächen oder großen begrünten Freiflächen. Je nach den Verhältnissen des Einzelfalls liegen die tatsächlichen Kosten zu Recht deutlich über den „üblichen".

48 Der so geltend gemachte Betriebskostenanteil muss aufgeschlüsselt werden, z. B. durch Beifügung einer **Kostenaufstellung,** aus der sich der auf den Mieter entfallende Anteil nachvollziehbar ersehen lässt; er muss den Mieter jedenfalls in die Lage versetzen, vom Vermieter eine Erläuterung zur Höhe des zuletzt in der Miete enthaltenen Betriebskostenanteils

---

[67] BGH (VIII ZR 331/06) GE 2008, 1357 = NZM 2008, 124 = WuM 2007, 707 = ZMR 2008, 190, (VIII ZR 215/05) NZM 2006, 864 = WuM 2006, 569, (VIII ZR 41/05) GE 2006, 46 = NZM 2006, 101 = WuM 2006, 39 = ZMR 2006, 110.

[68] Z. B. BGH (VIII ZR 41/05) GE 2006, 46 = NZM 2006, 101 = WuM 2006, 39 = ZMR 2006, 110; *Schultz* PiG 83 (2008) S. 39 (49).

[69] OLG Hamm RE 3.12.1992 WuM 1993, 29, OLG Stuttgart RE 13.7.1983 DWW 1983, 227 = NJW 1984, 2329 = WuM 1983, 285 = ZMR 1983, 389.

zu verlangen.⁷⁰ Da die Erklärung des Vermieters auf eine Erhöhung der einheitlichen Brutto- oder Bruttokaltmiete gerichtet ist, innerhalb derer der Betriebskostenanteil nur einen unselbstständigen Rechnungsposten ausmacht, umfasst die nach § 558a BGB notwendige Begründung des Mieterhöhungsverlangens auch die verständliche Darstellung der Schritte, wie die erstrebte erhöhte Miete errechnet wurde. Dieses Erfordernis darf nicht damit verwechselt werden, dass der Vermieter hinsichtlich der zur Begründung angegebenen Vergleichsobjekte keine genaue Aufschlüsselung der dort vereinbarten Betriebskostenanteile mitteilen muss; dies würde den Vermieter bei Objekten, die nicht aus dem eigenen Bestand stammen, vor kaum überwindbare Schwierigkeiten stellen und sein Mieterhöhungsbegehren faktisch nicht durchsetzbar machen.⁷¹ Im vorliegenden Zusammenhang geht es vielmehr allein darum, dass der Vermieter die ihm ohnehin bekannten Betriebskosten offen legt, was seine Rechtsposition nicht unzulässig verkürzt.

Soweit die vom Vermieter beanspruchte erhöhte Brutto- oder Brutto- **49** kaltmiete schon die **ortsübliche Nettomiete nicht übersteigt,** sind **Angaben zum Betriebskostenanteil entbehrlich.**⁷² In diesem Fall ist es auch nicht erforderlich, etwaigen Einwänden des Mieters zu den geltend gemachten Betriebskosten nachzugehen, vielmehr ist das Erhöhungsverlangen im Grundsatz ohne weiteres materiell begründet.

II. Teilinklusivmiete

Bei einer Teilinklusivmiete wird **ein Teil** der anfallenden Betriebskos- **50** tenarten, meist die verbrauchsabhängigen, **gesondert** erhoben, die anderen Kosten sind in dem übrigen einheitlichen Mietzinsbetrag enthalten. Die gesonderte Erhebung kann über eine jährliche Betriebskostenabrechnung, in der Regel in Verbindung mit monatlichen Vorauszahlungen, erfolgen. Soweit sich die Höhe der Betriebskosten ändert, ergeben sich keine Probleme; sie werden in ihrer jeweiligen Höhe in die Abrechnung eingestellt und entsprechend umgelegt.⁷³ Die gesonderte Geltendmachung kann auch in der Weise geschehen, dass der Mieter auf diese Betriebskosten eine monatliche Pauschale entrichtet. Zur Möglichkeit der Erhöhung einer Betriebskostenpauschale im Einzelnen Rdn. 62 ff.

Hinsichtlich des **Betriebskostenanteils** der Teilinklusivmiete gelten in **51** vollem Umfang die obigen Ausführungen zu einer Veränderung der Be-

---

⁷⁰ Z.B. BGH (VIII ZR 41/05) GE 2006, 46 = NZM 2006, 101 = WuM 2006, 39 = ZMR 2006, 110.
⁷¹ BVerfG WuM 1994, 137.
⁷² BGH (VIII ZR 331/06) GE 2008, 1357 = NZM 2008, 124 = WuM 2007, 707 = ZMR 2008, 190.
⁷³ Z.B. LG Bochum NJW-RR 1991, 270.

triebskostenbelastung bei Vereinbarung einer Brutto- oder Bruttokaltmiete. Dies betrifft sowohl Alt- wie auch Neuverträge.

52 Eine **praktische Besonderheit** folgt bei **Altverträgen** gelegentlich aus den zeitlichen Beschränkungen des § 560 Abs. 2 Satz 2 BGB. Anders als bei Vereinbarung einer Brutto- oder Bruttokaltmiete rechnet der Vermieter bei einer Teilinklusivmiete periodisch über die separat umlagefähigen Betriebskosten ab. Nimmt er die Abrechnung zum Anlass, zugleich den Betriebskostenanteil wegen zwischenzeitlicher Mehrbelastungen zu erhöhen, scheitert die rückwirkende Geltendmachung an § 560 Abs. 2 Satz 2 BGB, wenn er nicht innerhalb von drei Monaten nach Kenntnis von der Erhöhung dem Mieter jedenfalls eine Erklärung hatte zukommen lassen, dass eine Erhöhung eingetreten ist und dass deren Umlage erst im Zusammenhang mit der Abrechnung erfolgen werde.[74]

III. Nettomiete

1. Grundsätze

53 Die Parteien können den vom Mieter zu zahlenden Gesamtmietzins in der Weise aufspalten, dass er einen Betrag für die reine Gebrauchsüberlassung und -erhaltung zahlt und daneben alle entstandenen Betriebskosten, deren Höhe durch eine Betriebskostenabrechnung ermittelt wird. Diese Vertragsgestaltung ermöglicht es dem Vermieter von **Wohnraum, erhöhte Betriebskosten** ohne Einhaltung eines besonderen Verfahrens im Rahmen der Betriebskostenabrechnung zu berücksichtigen, es ist allein § 556 Abs. 3 BGB einschlägig. Für den Vermieter von **Gewerberaum** folgt die Umlagefähigkeit erhöhter Betriebskosten schon aus der Vorauszahlungsabrede (s. E Rdn. 1, 15).

2. Ansatz neuer Betriebskosten

54 Ist **Gewerberaum** mit einen **eigenständigen Katalog der umlagefähigen Betriebskosten** vermietet, kommt der Ansatz neuer Betriebskostenarten nur bei wirksamer Vereinbarung einer Mehrbelastungsklausel in Betracht; ausgenommen sind nur solche Betriebskosten, die ihrer Art nach im Mietvertrag aufgeführt sind.[75] Ob die neuen Kosten ihrer Art nach tatsächlich schon zu den im Mietvertrag genannten gehören, ist im Einzelfall genau zu prüfen. So hat es der BGH z. B. ausdrücklich abgelehnt, die Kosten der Dachrinnenreinigung zu denjenigen der Entwässerung oder Hausreinigung zu zählen.[76] Enthält der Mietvertrag über **Gewerbe-**

---

[74] Ausführlich *Langenberg* ZMR 1982, 68.
[75] Z. B. OLG Schleswig ZMR 2012, 866; Staudinger/*Artz* § 556 Rdn. 63.
[76] BGH (VIII ZR 167/03) DWW 2004, 188 = GE 2004, 613 (m. Anm. *Blümmel* GE 2004, 584) = MM 2004, 219 = NZM 2004, 417 = WuM 2004, 290 = ZMR 2004, 430.

III. Nettomiete

raum oder **Wohnraum** eine **Bezugnahme auf den Kostenkatalog** nach Anl. 3 zu § 27 II.BV bzw. § 2 BetrKV oder sind zumindest „**die Betriebskosten**" umgelegt, sind nach der Rechtsprechung des BGH alle darin aufgeführten Betriebskostenarten **als umlagefähig vereinbart** (s. ausführlich B Rdn. 38 f.). Soweit erst nach Vertragsabschluss Betriebskosten tatsächlich anfallen, darf der Vermieter sie daher in der Betriebskostenabrechnung ansetzen;[77] **ausgenommen** sind **sonstige Betriebskosten**, wenn nur generell auf die Nr. 17 des Betriebskostenkatalogs verwiesen wurde (dazu B Rdn. 50).

Das Recht zur Umlage vereinbarter aber erst später anfallender Kostenarten folgt **bei der Bezugnahme** auf den Betriebskostenkatalog schon aus der Vereinbarung, so dass eine **Mehrbelastungsklausel nicht notwendig** ist. Diese Rechtslage hat sich durch den Leitsatz eines späteren Urteils des BGH[78] nicht geändert. Danach scheint zwar ein derartiger Erhöhungsvorbehalt die Voraussetzung für die Umlage neuer Kosten zu sein, es war jedoch keine Abkehr von der vorbeschriebenen Maßgeblichkeit der Vereinbarung beabsichtigt. Der Leitsatz führte die Mehrbelastungsabrede nur an, weil sie im konkreten Mietverhältnis vereinbart war,[79] was in der Praxis allerdings zu Missverständnissen führte, indem die Klage auf Zahlung der neuen Betriebskosten mangels Erhöhungsvorbehalts abgewiesen wurde.[80] Der Verweis auf den Vorbehalt ist vielmehr nur dahin zu verstehen, dass hier die Umlage der neuen Kosten erst recht zulässig ist; in der Sache hat er nur deklaratorische Bedeutung.[81] Hat der Vermieter die Positionen in **§ 2 Nr. 1–16 BetrKV nur teilweise in dem Mietvertrag umgelegt,** kann er an sich im laufenden Mietverhältnis keine neue Betriebskosten geltend machen. Für die Frage, ob eine **Mehrbelastungsklausel** dieses ermöglicht, ist zu differenzieren. Legte der Vermieter Positionen nicht um, weil sie bei Vertragsschluss nicht anfielen, darf er den Mieter aufgrund einer Mehrbelastungsklausel mit neuen Kosten belasten, wenn diese später entstehen.[82] Er ist dabei allerdings an den Umfang des Betriebskostenkatalogs gebunden, der zu der Zeit des Vertragsschlusses bestand, da er auch bei einem Verweis auf die BetrKV nicht mehr hätte vereinbaren können. Hat er die Umlage bestehender Kosten versehentlich unterlassen oder ist diese unwirksam, kann er dies über eine Mehrbelastungsklausel nicht heilen.

55

---

[77] BGH (VIII ZR 167/03) DWW 2004, 188 = GE 2004, 613 (m. Anm. *Blümmel* GE 2004, 584) = MM 2004, 219 = NZM 2004, 417 = WuM 2004, 290 = ZMR 2004, 430 für die Hauswartkosten, allerdings unter unzutreffender Bezugnahme auf § 4 Abs. 2 MHG/§ 560 Abs. 1 BGB, da diese Regelungen auf die Vorauszahlung keine Anwendung finden.
[78] BGH (VIII ZR 80/06) NZM 2006, 896 = WuM 2006, 612 = ZMR 2007, 25.
[79] *Milger* NZM 2008, 1 (5).
[80] Z.B. AG Berlin-Neukölln NZM 2008, 127.
[81] *Beyer* GE 2007, 950 (954), *Blank* NZM 2007, 233.
[82] BGH (VIII ZR 167/03) DWW 2004, 188 = GE 2004, 613 (m. Anm. *Blümmel* GE 2004, 584) = MM 2004, 219 = NZM 2004, 417 = WuM 2004, 290 = ZMR 2004, 430.

56 Ist im Mietvertrag nur allgemein und damit unwirksam auf die **sonstigen Betriebskosten** nach Nr. 17 des Betriebskostenkatalogs Bezug genommen, stellt sich die **Frage, ob** der Vermieter mit einer **Mehrbelastungsklausel** jedenfalls die Umlagefähigkeit neuer sonstiger Betriebskosten erreichen kann. Die Problematik resultiert daraus, dass für den Mieter nicht erkennbar ist, inwieweit er im Verlauf des Mietverhältnisses zusätzlich belastet werden könnte. Nach hier vertretener Auffassung ist die **Umlage** aufgrund eines wirksam formulierten Erhöhungsvorbehalts **möglich,** wenn es sich sachlich um sonstige Betriebskosten im Sinne der Rechtsprechung des BGH handelt (s. A Rdn. 247).[83] Einschränkend wird vertreten, dass der Ansatz neuer Kosten nur aufgrund einer Klausel zulässig ist, welche die Umlage der Kosten von der Einhaltung des Wirtschaftlichkeitsgebots abhängig macht und den Vermieter zusätzlich verpflichtet, dem Mieter eine Umlageerklärung ähnlich § 560 Abs. 1 Satz 2 BGB zukommen zu lassen, in welcher der Grund für die Umlage bezeichnet und erläutert ist.[84] Der danach erforderlichen Umlageerklärung wird aber nur die Funktion einer spezifizierten Mitteilung an den Mieter zukommen dürfen; es erschiene wenig praktikabel, es bei einer Umlage zu belassen, die neben den Vorauszahlungen auf die Abrechnung erhoben wird und bei der gestiegene Kosten nur entsprechend § 560 Abs. 2 BGB geltend gemacht werden dürften.

57 Nach **gegenteiliger Ansicht** verschafft im Hinblick auf das Transparenzgebot auch die Vereinbarung einer Mehrbelastungsklausel dem Vermieter keine Möglichkeit, im Mietvertrag nicht bezeichnete neue Kosten auf den Mieter umzulegen.[85] Hiergegen ist einzuwenden, dass sie das Transparenzproblem einseitig zulasten des Vermieters löst. Ihm wird die Umlage der neuen Kosten auch dann abgeschnitten, wenn er sich – in der Praxis nicht selten überraschend – vor die Notwendigkeit gestellt sieht, z. B. in Zukunft bestimmte regelmäßige Wartungsarbeiten zu veranlassen.

3. Ansatz rückwirkender Mehrbelastungen

58 Fraglich ist, **ob** der Vermieter von **Wohnraum** aus § 556 Abs. 1, 3 BGB berechtigt ist, auch dann **Mehrbelastungen in vollem Umfang in die** folgende **Betriebskostenabrechnung** einzustellen, wenn sie sich **auf einen längeren zurückliegenden Zeitraum** beziehen, wie es etwa bei der Grundsteuer (zu deren Abrechnung s. H Rdn. 177 ff.) der Fall sein kann. Auf den ersten Blick erscheint dies unproblematisch. Es ist jedoch nicht zu übersehen, dass der Mieter hierbei mit erheblichen Zusatzkosten belastet wird, die ihn in aller Regel unerwartet treffen; üblicherweise verfügt er nicht wie der Vermieter über die Information, dass Nachbelastungen ausstehen. Demgegenüber wird der Mieter, der eine Betriebskosten-

---

[83] *Zehelein* WuM 2016, 400 (403).
[84] *Blank* NZM 2007, 233 (234).
[85] *Beyer* GE 2007, 950 (954).

pauschale oder nach einem Altmietvertrag eine Brutto-, Bruttokalt- oder Teilinklusivmiete zu zahlen hat, durch die zeitliche Begrenzung rückwirkender Belastungen in § 560 Abs. 2 Satz 2 BGB vor zu großen finanziellen Überraschungen geschützt. Da die **Lage für** den **Mieter** in beiden Fällen **identisch** ist, erscheint es gerechtfertigt, das Ergebnis nicht davon abhängig zu machen, welche Umlageart oder Mietstruktur der Vermieter im Einzelfall gerade gewählt hat. Aus § 560 Abs. 2 Satz 2 BGB ist, wie zuvor aus § 4 Abs. 3 MHG, vielmehr zum Schutz des Mieters allgemein abzuleiten, dass er **rückwirkende Belastungen** des Vermieters **nur in einem angemessenen Umfang** zu tragen hat, wobei die angemessene Grenze der gesetzlichen Wertung zu entnehmen ist.[86]

Die rechtsanaloge Anwendung des § 560 Abs. 2 Satz 2 BGB hat allerdings die **Besonderheiten einer Vereinbarung nach § 556 Abs. 2 BGB** zu berücksichtigen. Es wäre nicht sachgerecht, den Rückwirkungszeitraum auf den Beginn des dem Zugang der Abrechnung vorausgehenden Kalenderjahres zu beschränken, wie es § 560 Abs. 2 BGB für die Erhöhung der Pauschale vorsieht. Die Rückwirkungssperre ergreift daher nur solche Nachbelastungen, die über den **Beginn des vorletzten Abrechnungsjahres** hinausgehen. Der Vermieter, der über die Betriebskosten im Regelfall jährlich abrechnet, wartet den Eingang aller Rechnungen aus der Abrechnungsperiode ab, er erhält sie zum Teil erst mit erheblicher Verspätung. Wäre für die Berechnung der Rückwirkungsgrenze der Zeitpunkt maßgeblich, zu dem der Vermieter schließlich dem Mieter die Abrechnung übermittelt, würde ein nicht unbedeutender Rechtsverlust beim Vermieter eintreten, obwohl er aus § 556 Abs. 2 BGB keine Veranlassung hatte, den Mieter sogleich von der Mehrbelastung zu unterrichten, um sich seine Rechte zu erhalten. **59**

Demgegenüber dürfte der Vermieter von **Gewerberaum** das Recht haben, auch für länger zurückliegende Zeiträume Kostensteigerungen umzulegen, sofern der Vertrag eine Mehrbelastungsklausel enthält. Der Rechtsgedanke aus § 560 Abs. 2 Satz 2 BGB ist auf die Umlage der Betriebskosten bei Gewerbemietverhältnissen nicht anwendbar.[87] Geht es um einen sehr lange zurückreichenden Zeitraum, wird der Mieter allerdings zum Teil Verwirkung einwenden können, wenn es der Vermieter unterließ, ihn z.B. in zwischenzeitlichen Abrechnungen auf die ausstehende Nachbelastung hinzuweisen. **60**

IV. Erhöhung bei Pauschalen

Die Aufspaltung des Gesamtmietzinses kann zum anderen in der Weise erfolgen, dass der Vermieter eine **Teilinklusivmiete oder** eine **Netto-** **61**

---

[86] Im Ergebnis ebenso LG Frankfurt am Main NZM 2001, 583, AG Gardelegen WuM 2003, 237; a.A. LG Düsseldorf Urt. vom 8.4.2003 – 24 S 407/02, *Blank* in Blank/Börstinghaus § 560 Rdn. 13.
[87] OLG Düsseldorf GuT 2008, 34; *Schmidt* MDR 1999, 1297.

miete erhält **und** daneben einen **pauschalen Betrag,** mit dem die anfallenden Betriebskosten teilweise oder insgesamt beglichen sind; derartige Abreden sind ohne weiteres zulässig. Zu der Frage, ob bei unklarer Vertragslage, etwa wenn eine im Vertragsformular enthaltene Lücke nicht ausgefüllt oder eine der angeführten Alternativen Vorauszahlung/Pauschale nicht gestrichen wurde, von der Vereinbarung einer Vorauszahlung oder einer Pauschale auszugehen ist, wird auf E Rdn. 10ff. verwiesen.

1. Wohnraum

62 Da bei einer Pauschale schon begrifflich die Umlage der Betriebskosten im Wege einer Abrechnung ausgeschlossen ist, stellte sich bei Wohnraum bis zum 1.9.2001 das Problem, ob der Vermieter Kostensteigerungen überhaupt und, wenn ja, auf welche Weise er sie umlegen durfte. Die Beantwortung der vorgenannten Fragen war höchst umstritten, es wurden hierzu alle nur denkbaren Ansichten vertreten. Der Streit beruhte auf dem allgemeinen Sprachgebrauch, wonach unter einer Pauschale ein Betrag verstanden wird, dessen Zusammensetzung nicht spezifiziert ist und durch dessen Zahlung alle jeweils in Frage kommenden Aufwendungen abgegolten sind.[88] Dieser **Streit** ist **seit dem 1.9.2001 erledigt.** Dasselbe gilt für den Streit, ob die Erhöhung einer Pauschale ein entsprechendes vertraglich vorgesehenes Erhöhungsrecht voraussetzt.

63 Die Umlage von Betriebskosten durch eine Pauschale ist nunmehr in § 556 Abs. 2 BGB, ihre Erhöhung in § 560 Abs. 1, 2 BGB ausdrücklich vorgesehen. Das **Erhöhungsrecht** besteht nach der klaren gesetzlichen Vorgabe seit dem 1.9.2001 **nur,** wenn der Mietvertrag einen entsprechenden Vorbehalt, z.B. in Form einer **Mehrbelastungsabrede** enthält. Eine Ausnahme ist für den Fall vertreten worden, dass die Pauschale verbrauchsabhängige Kosten einschließt und diese erheblich höher ausfallen als kalkuliert. So soll bei hohem Mehrverbrauch, hier von Strom, eine Vertragsverletzung des Mieters vorliegen, die den Vermieter berechtige, von ihm die tatsächlichen Kosten erstattet zu verlangen.[89] Ob eine Vertragsverletzung gegeben ist, hängt von den Umständen des Einzelfalls ab; sie wird voraussetzen, dass die Kalkulation mit dem Mieter erörtert wurde und er sich schuldhaft darüber hinwegsetzte.

64 Es ist jeweils im Einzelfall **zu prüfen, welche Betriebskosten in der Pauschale** erfasst sind. Ist der gesamte Betriebskostenkatalog z.B. durch Bezugnahme auf die BetrKV als umlagefähig vereinbart, sind alle Betriebskostenarten in der Differenzberechnung zu berücksichtigen. Anders liegt es, wenn nur einzelne Betriebskosten genannt oder etwa durch Ankreuzen im Katalog ansetzbar sind (s. dazu B Rdn. 53f.). Hier beschränkt sich die Mehrumlage wegen gestiegener Kosten allein auf die bezeichne-

---

[88] Ausführlich *Langenberg* ZMR 1982, 65.
[89] LG Oldenburg ZMR 2002, 200.

ten Betriebskosten. Die weiteren anfallenden Betriebskosten machen den Betriebskostenanteil der tatsächlich vereinbarten Teilinklusivmiete aus, der bei Neuverträgen seit 1.9.2001 allein im Rahmen einer allgemeinen Mieterhöhung nach § 558 BGB angehoben werden kann.

Zu den **weiteren Einzelheiten** ist zur Vermeidung von Wiederholungen vollen Umfangs auf die **Ausführungen in Rdn. 12 ff.** zu verweisen, da sich die einseitige Umlage von Mehrbelastungen bei Altmietverträgen gem. Art. 229 § 3 Abs. 4 EGBGB ebenfalls nach § 560 BGB richtet. **65**

2. Gewerberaum

Enthält der Mietvertrag über Gewerberäume **keine Mehrbelastungsklausel,** die Erhöhungen der Pauschale bei Kostensteigerungen ermöglicht, ist die Weiterbelastung der Mehrkosten ausgeschlossen.[90] Bei einem Mietverhältnis auf feste Zeit ist der Vermieter auf eine gesonderte Vereinbarung angewiesen, bei einem Mietvertrag auf unbestimmte Zeit kann er sich mit der Änderungskündigung behelfen. Eine **Ausnahme** betrifft den Fall, dass in der Pauschale auch die Kosten für **Heizung und ggf. Warmwasser** eingeschlossen sind, sofern auf das Mietverhältnis die HeizKV anzuwenden sind. Deren Vorschriften gehen rechtsgeschäftlichen Bestimmungen vor (§ 2 HeizKV), so dass der Vermieter den Kostenanstieg im Rahmen einer Heizkostenabrechnung berücksichtigen kann. **66**

Ist eine **Mehrbelastungsklausel vereinbart,** ist zunächst zu prüfen, ob sie der Inhaltskontrolle nach § 307 BGB stand hält. Klauseln, die dem Vermieter das Recht einräumen, jedwede neue Kostenart umzulegen, sind z.B. unwirksam.[91] Unproblematisch sind auf jeden Fall Klauseln, die auch bei Wohnraum wirksam vereinbart werden können (s. Rdn. 21). Das Verfahren, das vom Vermieter bei der Durchsetzung von Erhöhungen zu beachten ist, richtet sich nach den vertraglichen Absprachen. Enthält der Vertrag hierzu keine Regelungen, kann die Vorschrift des § 560 Abs. 1 Satz 2 BGB entsprechend herangezogen werden. Der Vermieter hat eine Differenzberechnung der alten und erhöhten neuen Betriebskosten anzufertigen und dem Mieter den Grund für die Mehrbelastung zu bezeichnen und zu erläutern. **67**

V. Erhöhung infolge Modernisierung

Während sich in den bisher behandelten Varianten die Zulässigkeit der Belastung des Mieters mit den Mehrkosten aus erhöht anfallenden oder neuen Betriebskosten nach der vereinbarten Mietstruktur und ggf. ergänzenden Vereinbarungen richtet, besteht eine **Ausnahme** bei Betriebskos- **68**

---
[90] Z. B. *Wolf/Eckert/Ball* Rdn. 518.
[91] *Beyerle* in Lindner-Figura/Oprée/Stellmann Kap. 11 Rdn. 74.

tenmehrbelastungen, die aus einer **Modernisierung** stammen. Für das **alte Recht** ist davon auszugehen, dass der Vermieter **auch ohne entsprechende Vereinbarung** im Mietvertrag berechtigt ist, die Mehrkosten auf die Mieter umzulegen,[92] allerdings selbstverständlich nicht entgegen einer klaren anderweitigen Abrede. Die Berechtigung hat ihren Grund darin, dass der Vertragsgegenstand selbst geändert und etwas partiell Neues geschaffen wurde, das Folgekosten auslöst. Es geht mithin nicht darum, bei im Übrigen unveränderten Verhältnissen von Grundstück oder Wohnung höhere Kosten bei Betriebskostenarten, die bisher schon anfielen, oder neue Kostenarten umzulegen.

69 Für das seit dem seit 1.7.2013 geltende **neue Recht** gilt im Ergebnis **nichts anderes.** Zwar hat der Vermieter dem Mieter in der **Modernisierungsankündigung** nach § 555c Abs. 1 Satz 2 Nr. 3 BGB die **voraussichtlichen künftigen Betriebskosten** mitzuteilen. Da es sich nur um eine Kostenprognose handeln kann, insbesondere wenn verbrauchsabhängige Kosten entstehen, ist eine Schätzung zulässig; hierzu kann der Vermieter z. B. auf die Werte eines aktuellen Betriebskostenspiegels zurückgreifen[93] oder die Erfahrungswerte vergleichbarer Bauten (vgl. § 24 Abs. 2 Satz 3 II.BV).[94] Bei einem **Verstoß** entfällt aber nur die Duldungspflicht des Mieters, es sei denn, es geht nur um eine unerhebliche Einwirkung auf die Mietsache, die nur eine unerhebliche Mieterhöhung zur Folge hat (§ 555c Abs. 4 BGB). Führt der Vermieter die Modernisierung ohne Duldungspflicht des Mieters durch, hat der **Mieter gleichwohl** die modernisierungsbedingten **Betriebskosten zu tragen.**[95] Dies ergibt sich zum einen daraus, dass er das nunmehr verbesserte Mietobjekt nutzt. Zum anderen zeigt sich dies bei einem Vergleich mit den Folgen einer unterlassenen oder unzureichenden Ankündigung für die Mieterhöhung wegen der Modernisierungsmaßnahme nach § 559 BGB. Der Verstoß gegen die Ankündigungspflichten aus § 555c BGB hat nach § 559b Abs. 2 BGB nur die Wirkung, dass der Mieter den Mieterhöhungsbetrag nicht schon mit Beginn des dritten Monats nach Zugang der Erhöhungserklärung schuldet (§ 559b Abs. 2 Satz 1 BGB), sondern erst sechs Monate später (§ 559b Abs. 2 Satz 2 BGB). Die Verpflichtung des Mieters zur Zahlung des Modernisierungszuschlags wird mithin zwar zeitlich verschoben, bleibt aber inhaltlich unverändert. Auf diesem Wege kann der Vermieter auch die durch den Einbau von **Rauchwarnmeldern,** wobei es sich um eine duldungspflichtige Modernisierung handelt,[96] neu entstehenden Betriebskosten auf den Mieter umlegen[97] (zu dem Umfang der umlegbaren Kosten s. A Rdn. 308). Aus der insoweit in Bezug genommene Ent-

---

[92] BGH (VIII ZR 101/03) GE 2004, 229 = WuM 2004, 151, (VIII ZR 99/03) MM 2004, 163 (m. Anm. *Maciejewski*).
[93] *Dickersbach* WuM 2013, 575 (576).
[94] *Pfeifer* MietRB 2013, 94 (98).
[95] Ebenso *Dickersbach* WuM 2013, 575 (576).
[96] BGH (VIII ZR 216/14) NZM 2015, 588 = WuM 2015, 497 = ZMR 2015, 760.
[97] LG Magdeburg GE 2012, 131 = NZM 2012, 305.

V. Erhöhung infolge Modernisierung

scheidung des BGH[98] vom 27.6.2007 folgt das zwar nicht unmittelbar, da der Senat sich dort auf den Wechsel innerhalb einer Betriebskostenart bezogen hat, deren neue Kostenart nicht von der bestehenden Regelung erfasst war (Ersetzung einer Gemeinschaftsantenne durch ein Breitbandkabelnetz). Ihr wird jedoch richtiger Weise entnommen, dass grundsätzlich im Zuge einer duldungspflichtigen Modernisierung neu anfallende und an sich umlegbare Betriebskosten in das laufende Mietverhältnis aufgenommen und umgelegt werden können.[99]

70 Die sich ggf. aus einer Modernisierung ergebenden Konflikte können die Parteien durch Abschluss einer **Modernisierungsvereinbarung** umgehen; sie ist nunmehr in § 555f BGB ausdrücklich angesprochen. In der Vereinbarung ist es den Parteien möglich, zugleich Regelungen zu den künftigen Betriebskosten zu treffen. Aber auch wenn Absprachen dazu fehlen, sind erhöhte Betriebskosten vom Mieter auszugleichen. Der Vermieter, der sich mit dem Mieter auf eine Modernisierung einigt, erhält dadurch das Recht, in das Mietobjekt einzugreifen, d.h. den Vertragsgegenstand zu ändern und je nach den Maßnahmen zugleich Folgekosten zu produzieren. Die Modernisierungsabrede schließt nach §§ 133, 157 BGB die Möglichkeit für den Vermieter ein, diese notwendigen Folgekosten beim Mieter anzusetzen. Es ist zudem für den Regelfall ohne weiteres zu unterstellen, dass der Vermieter die aus einer Modernisierung resultierenden Folgekosten nicht aus der Nettomiete bestreiten will und dass der Mieter dies auch nicht erwartet.

71 Die vorbeschriebene Rechtslage gilt **auch für Gewerberaum**. Zum alten Recht ist hier ebenfalls davon auszugehen, dass der Vermieter die durch die Modernisierung entstehenden Betriebskosten, etwa nach Einbau einer Zentralheizung oder eines Aufzugs, umlegen darf.[100] Das neue Recht ist nach § 578 Abs. 2 Satz 1 BGB auf Gewerberaum entsprechend anzuwenden. Eine Ausnahme betrifft § 555c Abs. 5 BGB. Während Vereinbarungen, die zum Nachteil des Wohnraummieters von § 555c Abs. 1–4 BGB abweichen, unwirksam sind, können sich die Parteien eines Gewerberaummietvertrags auf andere Modalitäten verständigen.

---

[98] BGH (VIII ZR 202/06) GE 2007, 1310 = DWW 2007, 368 = NZM 2007, 769 = WuM 2007, 571 = ZMR 2007, 851.
[99] LG Magdeburg GE 2012, 131 = NZM 2012, 544 = ZMR 2011, 957, LG Berlin GE 2011, 1161 (sogar gänzlich ohne Umlagevereinbarung), AG Duisburg Urt. v. 29.5.2012 – Aktenzeichen, 49 C 287/12 BeckRS 2013, 06805, AG Pinneberg Urt. v. 13.4.2011 – 83 C 309/10, BeckRS 2011, 08524, AG Lübeck NZM 2008, 929 = ZMR 2008, 302; *Langenberg* in Schmidt-Futterer § 556 Rdn. 46, *Wall* Rdn. 1581; a. A. Staudinger/*Artz* § 556 Rdn. 65.
[100] *Bub* in Bub/Treier III. A Rdn. 1837 ff.

D. Ermäßigung von Betriebskosten und Kostenausgliederung durch Direktabrechnung

I. Vorbemerkung

Obwohl die Betriebskosten generell ständig steigen, kann es im Einzelfall zu einer **Ermäßigung** kommen, sei es einzelner Betriebskosten, sei es in ihrer Summe. Dies ist z.B. der Fall, wenn die Mieter im Kosteninteresse die bisher von einem Reinigungsbetrieb besorgte Treppenhausreinigung selbst vornehmen oder wenn sie die Beschäftigung eines Hausmeisters dadurch überflüssig machen, dass sie dessen Aufgaben in eigener Regie erledigen. Der Kostenaufwand des Vermieters verringert sich und entsprechend der auf den Mieter entfallende Anteil. Es kann jedoch auch eine Reduzierung der Kosten beim Vermieter ohne eine korrespondierende Entlastung des Mieters eintreten. Diese Folge resultiert aus einer **Verlagerung** von Betriebskosten, indem sie vom Leistungsträger nicht mehr über den Vermieter, sondern im Wege der Direktabrechnung vom Mieter eingezogen werden. Wie bei Ermäßigung und Verlagerung von Betriebskosten zu verfahren ist, richtet sich nach der jeweils vereinbarten Mietstruktur. 1

Werden die Betriebskosten **auf Abrechnungsbasis** erhoben, fließen die Ermäßigungen beim Aufwand des Vermieters ohne weiteres in die nächste Abrechnung ein. Sind die bisherigen Vorauszahlungen dadurch zu hoch geworden, ist der Vermieter zu deren Herabsetzung verpflichtet, da Vorauszahlungen in unangemessener Höhe unzulässig sind (§ 556 Abs. 1 Satz 2 BGB). 2

Handelt es sich bei den betroffenen Betriebskosten entweder um solche, die zum **Betriebskostenanteil** einer Brutto-, Bruttokalt- oder Teilinklusivmiete gehören, oder die Teil einer **Pauschale** sind, fehlt es an dem vorgenannten Korrektiv, weil hier keine Abrechnung erfolgt. Für diese Bereiche sind die Regelungen in § 560 Abs. 3 BGB (Pauschale) und Art. 229 § 3 Abs. 4 EGBGB (Betriebskostenanteil bei Altverträgen aus der Zeit vor 1.9.2001), der wiederum auf § 560 Abs. 3 BGB verweist, relevant. 3

II. Ermäßigung von Pauschalen nach § 560 Abs. 3 BGB

Nach § 560 Abs. 3 BGB ist eine **Betriebskostenpauschale** vom Zeitpunkt der Ermäßigung von Betriebskosten an entsprechend **herabzusetzen und** die Ermäßigung **dem Mieter** unverzüglich **mitzuteilen.** Da die Vorschrift die Regelung des § 4 Abs. 4 MHG, von der Beschränkung auf Betriebskostenpauschalen sowie einer geringfügigen sprachlichen Änderung ab- 4

5   Ein **Meinungsstreit**, der zu § 4 Abs. 4 MHG bestand und nun für § 560 Abs. 3 BGB fort gilt, bezieht sich auf die Frage, ob die Vorschrift nur für die Herabsetzung derjenigen Beträge anzuwenden ist, um die der Vermieter zuvor einmal von seinem Erhöhungsrecht aus § 4 Abs. 2 MHG = § 560 Abs. 1 BGB Gebrauch machte,[1] oder ob sie generell für alle Fälle gültig ist, in denen der Mieter die Betriebskosten nicht im Abrechnungsweg zahlt.[2]

gesehen, inhaltlich und insbesondere ohne zusätzliche Vorgaben übernommen hat, sind die bei § 4 Abs. 4 MHG aufgetretenen Streitfragen unverändert erhalten geblieben.

6   Schon aus dem **Wortlaut** der Bestimmung folgt **keine Beschränkung** auf Erhöhungsbeträge gem. § 560 Abs. 1 BGB. Die Herabsetzungspflicht des Vermieters ist darüber hinaus als Korrektiv zu seinem Erhöhungsrecht aus § 560 Abs. 1 BGB zu verstehen. Wenn die vom Vermieter in die Betriebskostenpauschale eingerechneten Betriebskostenanteile nicht mehr ausreichen, kann er den Steigerungsbetrag umlegen; sinkt die Betriebskostenlast, soll er diesen Vorteil an den Mieter weiter geben. § 560 Abs. 3 BGB schafft mithin einen Ausgleich.

7   Zwar wird angeführt, dass die Herabsetzung des Betriebskostenanteils den Vermieter benachteilige, weil ihm ein Teil des vereinbarten Mietzinses oder immer dann, wenn er den Mietzins ausschließlich nach § 558 BGB anpasst, ein Teil des ortsüblichen Entgelts abgeschnitten werde.[3] Dieser Einwand ist jedoch nur auf den ersten Blick berechtigt. Die **nähere Überprüfung** zeigt, dass dem Vermieter **kein wirtschaftlicher Schaden** entsteht. Die Herabsetzung betrifft nur die tatsächlich weggefallenen Kosten, vom Vermieter angesetzte Sicherheitszuschläge bleiben unberührt,[4] sie bleiben als rechnerischer Nettomietanteil in vollem Umfang erhalten. Der Sache nach reduziert sich die Miete allein in dem Maße, wie sich auch die Ausgaben des Vermieters verringern. Würde nicht nach § 560 Abs. 3 BGB korrigiert, wüchse dem Vermieter durch den Wegfall der Kosten bei gleichbleibender Miete eine Erhöhung des Nettomietanteils zu, auf den er ohne Mieterhöhungsvereinbarung keinen Anspruch hat. Ergänzend ist darauf hinzuweisen, dass der hier vertretene Standpunkt der generellen Anwendbarkeit des § 560 Abs. 3 BGB mit der durch die Vorschrift des § 556a Abs. 2 BGB geschaffenen Rechtslage harmoniert. Auch hier sind die rechnerischen Betriebskostenanteile bei einer Brutto-, Bruttokalt- oder Teilinklusivmiete insoweit zu reduzieren, als ihnen in Zukunft durch verbrauchsabhängige Abrechnung keine Kosten mehr

---

[1] *Schultz* in Bub/Treier III. A Rdn. 726 ff., *Sternel* III Rdn. 825.
[2] *Blank* in Blank/Börstinghaus § 560 Rdn. 15, *Both* in Herrlein/Kandelhard § 560 Rdn. 18, *Dickersbach* in Lützenkirchen § 560 Rdn. 42, *Geldmacher* in Fischer-Dieskau § 560 Anm. 13.1, *Seldeneck* Rdn. 4252; vgl. auch BayObLG RE 5.10.1995 WuM 1995, 694.
[3] *Schultz* in Bub/Treier III. A Rdn. 726 ff.
[4] *Lützenkirchen* in Lützenkirchen § 556 Rdn. 312.

II. Ermäßigung von Pauschalen nach § 560 Abs. 3 BGB

gegenüber stehen. Dass hier nur eine Kostenausgliederung stattfindet und kein Kostenwegfall, macht keinen sachlichen Unterschied.

Wie bei § 560 Abs. 1 BGB für die Umlage von Betriebskostensteigerungen allgemein anerkannt, gilt auch für die Herabsetzung nach § 560 Abs. 3 BGB, dass es zu einer **Veränderung der gesamten Betriebskostenlast** gekommen sein muss. Die Ermäßigung der Kosten einzelner Betriebskostenarten ist daher irrelevant, wenn sie durch die Erhöhung anderer ausgeglichen wird.[5] Aus diesem Grund kommt die Vorschrift in der Praxis nur selten zur Anwendung. **8**

Nach § 560 Abs. 3 Satz 1 BGB ist *„der Mietzins vom Zeitpunkt der Ermäßigung ab entsprechend herabzusetzen"*. Die Ermäßigung gibt nur den Anlass für die Senkung des Betriebskostenanteils, es bedarf zusätzlich der **Umsetzung** durch eine entsprechende Erklärung des Vermieters. Die Ermäßigung ist dem Mieter gem. § 560 Abs. 3 Satz 2 BGB *„unverzüglich"* im Sinne des § 121 Abs. 1 BGB mitzuteilen; da die bloße Information über eine Kostenverringerung ohne Angabe des auf den Mieter konkret entfallenden Minderbetrages für ihn nur von wenig Wert wäre, ist **Ermäßigung als Herabsetzung** zu lesen. **9**

Eine besondere **Form** ist für die **Herabsetzungserklärung** nicht vorgeschrieben, so dass eine mündliche Mitteilung ausreicht,[6] wovon indes zur Vermeidung späterer Konflikte dringend abzuraten ist. Auch ein bestimmter Inhalt ist nicht festgelegt, es genügt daher die Angabe des Differenzbetrages ohne weitere Begründung.[7] **10**

Um die **Richtigkeit der Herabsetzungserklärung** nach Zeitpunkt und Umfang überprüfen zu können, steht dem Mieter nach allgemeiner Ansicht ein **Auskunftsanspruch** zu;[8] auf diesen ist er insbesondere bei Fehlen einer Begründung schon für eine allgemeine Plausibilitätskontrolle angewiesen (zum Anspruch auf Auskunft, ob sich die Betriebskosten überhaupt ermäßigt haben, s. J Rdn. 101). Zur Vermeidung von Konflikten empfiehlt es sich für den Vermieter, dem Mieter Grund und Berechnung der Ermäßigung schon in der Herabsetzungserklärung offen zu legen. **11**

Der Vermieter ist verpflichtet, die **Ermäßigung ab** dem Zeitpunkt ihres Entstehens *„unverzüglich"* an den Mieter weiterzugeben.[9] Dies wird dem Vermieter aber in der Praxis erst möglich sein, wenn er die angefallenen Betriebskosten nach Ablauf eines internen, meist jährlichen Turnus **12**

---

[5] BGH (VIII ZR 106/11) GE 2011, 1677 = NZM 2012, 20 = WuM 2011, 688.
[6] *Blank* in Blank/Börstinghaus § 560 Rdn. 16; a. A. *Kinne* in Kinne/Schach/Bieber § 560 Rdn. 63: Textform.
[7] *Zehelein* in MünchKomm § 560 Rdn. 24; a. A. *Kinne* in Kinne/Schach/Bieber § 560 Rdn. 64.
[8] Z. B. *Both* in Herrlein/Kandelhard § 560 Rdn. 19.
[9] AG Schöneberg MM 2004, 222.

zusammengestellt hat;[10] erst zu diesem Zeitpunkt weiß er verlässlich, ob sich die Kosten überhaupt insgesamt reduziert haben.

13 Da die **Herabsetzungserklärung** mithin im Regelfall dem Zeitpunkt der **Ermäßigung** der Kosten **nachfolgt,** begründet sie einen Anspruch des Mieters auf **Erstattung des überzahlten Betrages** aus Bereicherungsrecht, §§ 812, 818 BGB. Ist die Herabsetzungserklärung unrichtig, weil sie den Zeitpunkt der Ermäßigung nicht ausreichend berücksichtigt oder zu gering ausfällt, kann der Mieter eine Korrektur verlangen (s. Rdn. 14).

14 Die **Herabsetzungserklärung** wirkt **rechtsgestaltend** auf den vom Vermieter angegebenen Zeitpunkt.[11] Der Mieter ist daher nicht schon aus § 560 Abs. 3 BGB berechtigt, den sich bei richtiger Berechnung des Wirkungszeitpunktes oder der Höhe der Ermäßigung zu seinen Gunsten ergebenden Differenzbetrag sogleich endgültig etwa von der laufenden Miete abzusetzen. Ihm ist insoweit allerdings ein Zurückbehaltungsrecht zuzuerkennen.[12] Ferner kann er Klage auf Vornahme einer berichtigten Herabsetzungserklärung gegen den Vermieter erheben.[13] Die nicht ordnungsgemäße Erfüllung der Herabsetzungspflicht ist im Übrigen zugleich eine Vertragsverletzung des Vermieters,[14] die einen Anspruch des Mieters auf Ersatz eines Schadens, z.B. durch Zinsverluste[15] oder Anwaltskosten[16] auslöst.

III. Ermäßigung von Betriebskostenanteilen bei Altverträgen nach Art. 229 § 3 Abs. 4 EGBGB

15 Wie bereits dargelegt (s. C Rdn. 10) hat der Vermieter, der in der Zeit vor dem 1.9.2001 Mietverträge mit der Mietstruktur einer Brutto-, Bruttokalt- oder Teilinklusivmiete abschloss, durch Art. 229 § 3 Abs. 4 EGBGB die Möglichkeit behalten, Steigerungen der im Betriebskostenanteil enthaltenen Kostenarten auf die Mieter umzulegen, soweit dies im Vertrag vereinbart ist. Mit diesem einseitigen Erhöhungsrecht korrespondiert die ausdrücklich in Art. 229 § 3 Abs. 4 2. Halbs. EGBGB aufgeführte **Verpflichtung, entsprechend § 560 Abs. 3 BGB auch Ermäßigungen** an den Mieter weiterzugeben. Zu Voraussetzungen und Verfahren kann daher auf die obige Darstellung verwiesen werden.

---

[10] *Zehelein* in MünchKomm § 560 Rdn. 24.
[11] *Blank* in Blank/Börstinghaus § 560 Rdn. 16, *Sternel* III Rdn. 826; a. A. *Schultz* in Bub/Treier III. A Rdn. 726 ff.
[12] *Both* in Herrlein/Kandelhard § 560 Rdn. 18, *Zehelein* in MünchKomm § 560 Rdn. 27; vgl. BayObLG RE 5.10.1995 WuM 1995, 694.
[13] *Seldeneck* Rdn. 4422.
[14] *Schultz* in Bub/Treier III. A Rdn. 726 ff., *Seldeneck* Rdn. 4424; *Sternel* III Rdn. 826.
[15] *Wall* Rdn. 2729.
[16] *Dickersbach* in Lützenkirchen § 560 Rdn. 45.

IV. Kostenausgliederung durch Direktabrechnung

Grundsätzlich hat der Vermieter dem Mieter die Ver- und Entsorgungsleistungen zur Verfügung zu stellen, die für eine vertragsgemäße Nutzung des Mietobjekts notwendig sind, also auch für Frischwasser, Strom, Gas, Wärme sowie Entwässerung und Müllabfuhr zu sorgen (s. B Rdn. 1). Während es bei Strom und Gas, die im Mietobjekt verbraucht werden, allgemein üblich ist, dass entsprechende Einzelzähler vorhanden sind und der Mieter basierend auf einer entsprechenden (Ausgliederungs-)Vereinbarung mit dem Vermieter den Versorgungsvertrag unmittelbar mit dem Versorger abschließt, nimmt die Zahl der Mietobjekte mit Einzelwasserzählern, über die auch die Kosten für die Ableitung des Schmutzwassers abgerechnet werden können, sowie mit individuellen Müllmengenerfassungsanlagen, von regionalen Unterschieden abgesehen,[17] erst allmählich zu. Sobald die **technischen Voraussetzungen für eine Einzelerfassung** geschaffen sind, stellt sich für den Vermieter die Frage, ob er sich von seiner Leistungspflicht und den daraus resultierenden Betriebskosten auch einseitig befreien kann, indem er den Mieter auf den Abschluss eines unmittelbaren Ver- und Entsorgungsvertrags mit dem jeweiligen Leistungsträger, also auf Direktabrechnung, verweist. **Weitere Voraussetzung** ist, dass der Leistungsträger die Möglichkeit der Umstellung auf Direktabrechnung anbietet. Allein aus einer entsprechenden Vereinbarung mit dem Mieter kann er einen Anspruch gegen den Ver- und Entsorger hierauf nicht ableiten.[18]

1. Einseitige Erklärung des Vermieters

Mit § 4 Abs. 5 Satz 1 Nr. 2 MHG hatte der Vermieter das Recht erhalten, durch eine einseitige Erklärung zu bestimmen, dass die Kosten der Wasserversorgung, Entwässerung und Müllabfuhr unmittelbar zwischen den Mietern und den Leistungserbringern abgerechnet werden. Diese **Option der Direktabrechnung** ist in § 556a Abs. 2 BGB, der im Übrigen § 4 Abs. 5 Satz 1 Nr. 1 MHG übernimmt und erweitert, **nicht mehr** enthalten. In der Begründung des RegE ist hierzu ausgeführt, die bisherige Regelung habe sich in der Praxis nicht bewährt, von ihr sei auch kaum Gebrauch gemacht worden.[19] Die Streichung wurde im weiteren Gesetzgebungsverfahren kritisiert, auch der Hinweis, dass schon 2001 allein in Norddeutschland etwa 240 000 Haushalte in die Direktabrechnung einbezogen waren,[20] blieb ohne Wirkung. Die geänderte Rechtslage hat zur Folge, dass dem Vermieter die **einseitige Umstellung** auf Direktabrechnung seit dem 1.9.2001 **nicht mehr** möglich ist.

---

[17] Z. B. ist in Hamburg der Einbau von Einzelwasserzählern seit langem vorgeschrieben.
[18] BGH (VIII ZR 279/02) NZM 2003, 551 = WuM 2003, 460.
[19] BT-Drucks. 14/4553 S. 129.
[20] *Hannig* NZM 2001, 318 (320).

2. Vereinbarung durch Formularklausel

a) Grundsätze

18 Den Parteien bleibt es unbenommen, sich durch ein **zweiseitiges** Rechtsgeschäft, d. h. eine entsprechende Vereinbarung, auf Direktabrechnung zu verständigen. Wird die Abrede **im Verlauf des Mietverhältnisses** aus konkretem Anlass getroffen, ergeben sich keine rechtlichen Schwierigkeiten.

19 Fraglich ist, ob sie auch **schon bei Abschluss des Mietvertrags** und damit im Regelfall formularvertraglich für den Fall wirksam ist, dass die jeweiligen Leistungserbringer die Direktabrechnung irgendwann einmal ermöglichen. Es ist an einen Verstoß gegen § 308 Nr. 4 BGB zu denken, weil die Klausel dem Vermieter erlauben soll, später einseitig die ursprünglich versprochene Leistung zu ändern. Außerdem ergeben sich Gewährleistungsfragen, die streitig sind (s. Rdn. 30 f.).

20 Trotz dieser Gesichtspunkte ist auch die in einer **Formularklausel** antizipierte Zustimmung des Mieters zu einer späteren Umstellung auf Direktabrechnung **jedenfalls dann wirksam,** wenn sie sich auf die Sachverhalte beschränkt, die bisher in § 4 Abs. 5 MHG erfasst wurden, nämlich Wasser, Entwässerung und Müllabfuhr.[21] Der Grund liegt darin, dass die nunmehr vertragliche Festlegung einer Möglichkeit, die derjenigen entspricht, wie sie zuvor vom Gesetz als sachgerecht und angemessen eingeräumt war, schwerlich beanstandet werden kann. Zudem sind Änderungsvorbehalte hinsichtlich der geschuldeten Leistung nach § 308 Nr. 4 BGB wirksam, wenn *„die Abweichung unter Berücksichtigung der Interessen des Verwenders für den anderen Vertragsteil zumutbar ist"*. Dies ist der Fall, weil auch etliche sonstige leitungsgebundene Versorgungsleistungen vom Mieter direkt und nicht über den Vermieter bezogen werden, wie Strom, Gas, Telekommunikationsleistungen.[22] Bei den genannten Kostenarten geht es in der Sache um Lebenshaltungskosten des Mieters, die nur deshalb zum Leistungsumfang des Vermieters gehören, weil sie der Mieter mangels technischer Möglichkeiten und zum Teil wegen landes- oder kommunalrechtlicher Beschränkungen nicht selbst unmittelbar in Anspruch nehmen kann. Entfallen die Hinderungsgründe, ist es akzeptabel, dass es zur Sache des Mieters gemacht wird, selbst für die zu seiner Lebenshaltung notwendigen Leistungen zu sorgen.

21 Zum **weiteren notwendigen Inhalt der Klausel** kann auf § 4 Abs. 5 Satz 2 MHG zurückgegriffen werden. Danach war die Erklärung über die Umstellung nur für künftige Abrechnungszeiträume zulässig und nur mit Wirkung zum Beginn eines Abrechnungszeitraums. Eine Klausel ist daher nur dann nicht zu beanstanden, wenn sie diese Kriterien enthält.[23]

---

[21] LG Hamburg WuM 2006, 96; *Milger* NZM 2008, 757 (759).
[22] AG Hamburg Urt. vom 27.1.2005 – 49 C 503/04.
[23] A. A. AG Hamburg Urt. vom 27.1.2005 – 49 C 503/04.

b) Finanzieller Ausgleich für den Mieter

aa) Nettomiete mit Vorauszahlungen

Vereinbarten die Parteien eine Nettomiete mit Vorauszahlungen auf alle 22
Betriebskosten, erfolgt der wirtschaftliche **Ausgleich** entweder sogleich in der laufenden Abrechnungsperiode durch **Reduzierung der Vorauszahlungen** in Höhe der Entlastung, die beim Vermieter eingetreten ist, **oder** spätestens im Rahmen der folgenden **Betriebskostenabrechnung** mit einer Anpassung der Vorauszahlungen.

bb) Nettomiete mit Pauschale

Ist die Vereinbarung einer Nettomiete mit der Zahlung der Betriebskos- 23
ten in Form einer Pauschale kombiniert, ist der Vermieter aus **§ 560 Abs. 3 BGB** verpflichtet, sie in Höhe der verlagerten Betriebskosten herabzusetzen. Zum Verfahren ist auf Rdn. 4 ff. zu verweisen.

Zur Zeit der Geltung des § 4 Abs. 5 MHG war umstritten, **nach wel-** 24
chem Kostenstand sich der **Ermäßigungsbetrag** zu richten hatte, ob nach den Kosten zurzeit der letzten Mietzinsvereinbarung oder Erhöhung nach § 4 Abs. 2 MHG oder ob nach dem aktuellen Stand. Wird die Rechtsprechung des BGH herangezogen, dass der Vermieter im Zustimmungsverlangen zur Erhöhung der Brutto- oder Bruttokaltmiete die erhöhte Nettomiete und die tatsächlich auf die Wohnung entfallenden Betriebskosten anzusetzen hat (s. C Rdn. 46),[24] hat sich der Streit erledigt. Es können auch hier nur die im Zeitpunkt der Umstellung auf Direktabrechnung konkret anfallenden Betriebskosten maßgeblich sein, berechnet nach dem letzten Jahresbetrag.

cc) Betriebskostenanteil der Teilinklusivmiete

– **Altmietvertrag:** Sind die von der Direktabrechnung betroffenen Be- 25
triebskostenarten Teil des Betriebskostenanteils einer **Brutto-, Bruttokalt- oder Teilinklusivmiete** in einem Altmietvertrag, greift über Art. 229 § 3 Abs. 4 EGBGB die Vorschrift des § 560 Abs. 3 BGB ein (s. Rdn. 15), so dass der Vermieter ebenfalls ohne weiteres den Betriebskostenanteil zu ermäßigen hat.

– **Neumietvertrag:** Geht es um einen Neuvertrag **mit einer Brutto-,** 26
Bruttokalt- oder Teilinklusivmiete, ist eine **Abrede** der Parteien über die Reduzierung des Betriebskostenanteils notwendig. Einigen sich die Parteien **individualvertraglich** auf die Umstellung auf Direktabrechnung, ist es ihre Sache, insbesondere diejenige des Mieters, sich über einen finanziellen Ausgleich zu seinen Gunsten zu verständigen.

---

[24] BGH (VIII ZR 41/05) GE 2006, 46 = NZM 2006, 101 = WuM 2006, 39 = ZMR 2006, 110, (VIII ZR 215/05) NZM 2006, 864 = WuM 2006, 569, (VIII ZR 331/06) GE 2008, 1357 = NZM 2008, 124 = WuM 2007, 707 = ZMR 2008, 190.

27 Anders liegt es bei der **formularvertraglich** vereinbarten Zulässigkeit des Übergangs zur Direktabrechnung. Hier ist zu berücksichtigen, dass der Mieter ohne Ermäßigung des Betriebskostenanteils die Kosten der betroffenen Betriebskostenarten doppelt bezahlen müsste, was in der Sache auf eine verdeckte Mieterhöhung nach § 557 Abs. 1 BGB hinausläuft. So war auch der Vermieter nach § 4 Abs. 5 Satz 3 MHG verpflichtet, den Mietzins, soweit ausgegliederte Kosten in ihm enthalten waren, entsprechend zu reduzieren. Bei diesen Mietstrukturen wird eine **Formularklausel** mit der Zustimmung zu einer später u. U. möglichen Umstellung auf Direktabrechnung daher **nur wirksam** sein, wenn sie, etwa mit einem an § 4 Abs. 5 Satz 3 MHG angelehnten Passus, ausdrücklich die mit den beim Vermieter wegfallenden Betriebskosten korrespondierende Herabsetzung des Betriebskostenanteils vorsieht. Anderenfalls ist von einer unangemessenen Benachteiligung des Mieters auszugehen, welche die Klausel nach § 307 BGB unwirksam macht.

28 Die hier vertretene Ansicht zum **notwendigen Inhalt** einer **Formularklausel,** mithin bei Brutto-, Bruttokalt- oder Teilinklusivmieten einschließlich einer Regelung zum finanziellen Ausgleich für den Mieter, **kollidiert nicht mit** der Rechtsprechung des **BGH** zum Übergang von der Wärmeerzeugung durch den Vermieter auf Wärmelieferung. Dazu ist der Vermieter berechtigt, der im Mietvertrag, wenn auch nur generell, auf die Anl. 3 zu § 27 II. BV oder § 2 BetrKV Bezug nahm (s. K 98); eine Verpflichtung des Vermieters, infolge seiner reduzierten Kosten für Instandhaltung und Instandsetzung auch die Grundmiete herabzusetzen, besteht hingegen nur, wenn dies im Mietvertrag vorgesehen war.[25] Diese Rechtslage greift hier nicht, weil es sich bei der Umstellung auf Direktabrechnung um einen Vorgang handelt, der im Betriebskostenkatalog nicht angesprochen und zu dem mithin kein Wahlrecht des Vermieters eröffnet ist.

3. Tatsächliche Inanspruchnahme von Leistungen

29 Sind die technischen Voraussetzungen für eine Einzelabrechnung gegeben und ist der Leistungsträger zur Übernahme der Direktabrechnung bereit, kann es zur **Direktabrechnung auch dadurch** kommen, dass der Vermieter seine Ver- und Entsorgungsverträge kündigt und den Mieter auf direkte Verträge mit dem Leistungsträger verweist. Auch wenn der Mieter hiermit nicht einverstanden ist und z. B. die ihm vom Leistungsträger übersandten Entwürfe für einen unmittelbaren Vertrag nicht unterzeichnet, **stimmt** er **dem Vertragsangebot konkludent** bereits dadurch **zu,** dass er die entsprechenden **Leistung tatsächlich in Anspruch** nimmt.[26]

---

[25] BGH (VIII ZR 202/06) GE 2007, 1310 = NZM 2007, 769 = WuM 2007, 571.
[26] BGH (VIII ZR 253/17) NZM 2018, 819 = WuM 2018, 560, (VIII ZR 235/08) WuM 2010, 89 = ZMR 2010, 350, (VIII ZR 279/02) NZM 2003, 551 = WuM 2003, 460.

4. Gewährleistungsfolgen

Die Umstellung auf Direktabrechnung führt zu einer **Einschränkung der Gewährleistungsansprüche** des Mieters, die der Mieter bei wirksamer Vereinbarung jedoch ebenso hinzunehmen hat wie zuvor bei der nach § 4 Abs. 5 MHG gesetzlich möglichen einseitigen Umstellung. Solange der Vermieter für die jeweilige Lieferung zuständig ist, mindert sich die vom Mieter geschuldete Miete nach § 536 Abs. 1 BGB automatisch auch dann, wenn ohne Verschulden des Vermieters einzelne Leistungen, etwa die Wasserversorgung oder die Müllabfuhr, ausbleiben. Bei der Direktabrechnung beruhen die Leistungen des Ver-/Entsorgers hingegen nicht mehr auf einem Vertrag zwischen ihm und dem Vermieter, sondern zwischen ihm und dem Mieter. Der Vermieter scheidet aus, an seine Stelle tritt der Mieter. Seine Lage ist mit derjenigen vergleichbar, die allgemein hinsichtlich der Strom- und Gaskosten besteht, die der Mieter im Mietobjekt verursacht; kommt es zu Strom- oder Gasausfällen, die zulasten des Strom-/Gaslieferanten gehen und dadurch zu Schäden, richten sich etwaige Ansprüche des Mieters allein gegen den Lieferanten. Mietminderung scheidet aus, selbst dann, wenn dadurch keine Beheizung, etwa im Winter, mehr möglich ist. Bei der Direktabrechnung anzunehmen, es handele sich nur um eine Umlagemodalität, welche die vom Vermieter geschuldete Leistung nicht berühre,[27] erscheint im Hinblick auf die beschriebene grundlegend geänderte Vertragssituation nicht überzeugend. Vielmehr ist davon auszugehen, dass auch die Direktabrechnung eine teilweise Haftungsbefreiung des Vermieters zur Folge hat.[28]

30

Die Enthaftung des Vermieters bezieht sich allerdings nur auf Gründe, die aus der Sphäre des Ver- oder Entsorgungsunternehmens stammen. **Unberührt bleibt die Verpflichtung des Vermieters,** für den ordnungsgemäßen Zustand der Ver- und Entsorgungsleitungen und -einrichtungen zu sorgen.[29] Kommt es z.B. zur Unterbrechung der Wasserzufuhr infolge eines Rohrbruchs, tritt Mietminderung gem. § 536 BGB ein, wenn es sich nicht um eine unwesentlich kurze Beeinträchtigung des vertragsgemäßen Gebrauchs handelt (§ 536 Abs. 1 Satz 3 BGB); dasselbe gilt, wenn keine Müllabfuhr stattfindet, weil der Zutritt zum Mülltonnenraum etwa durch Versäumnisse des Hauswarts nicht ermöglicht wird. Unter den Voraussetzungen des § 536a Abs. 1 BGB hat der Mieter einen Schadensersatzanspruch gegen den Vermieter auf Erstattung der überflüssigen Kosten, die ihm der Leistungsträger in Rechnung stellt.

31

5. Besonderheiten bei Gewerberaum

Vermieter von Gewerberaum verwenden teilweise Vertragsklauseln, nach denen Nebenleistungen, die üblicher Weise den Betriebs- bzw. Ne-

32

---

[27] Vgl. *Eisenschmid* WuM 1998, 449 (452f.).
[28] Vgl. *Wüstefeld* WuM 1996, 736 (737).
[29] LG Hamburg WuM 2006, 96.

benkosten zugehörig sind, entfallen oder auf Dritte ausgelagert werden. Hierbei ist zwischen mehreren Varianten zu unterscheiden, die auch nebeneinander bestehen.

a) Auslagerung von Ver- und Entsorgungsleistungen auf Dritte

33   Hierbei enthält der Vertrag entweder unmittelbar eine Regelung dahingehend, dass bestimmte Leistungen auf eine dritte Person ausgelagert werden, oder der Vermieter behält sich dieses vor. Maßgeblich ist, dass es sich nicht um eine Klausel dahingehend handelt, durch wen der Vermieter seine eigene vertragliche Pflicht erbringen lässt. Vielmehr erfolgt eine vollständige Extrahierung dieser aus dem Vertragsverhältnis zwischen dem Vermieter und dem Mieter. Nicht selten wird die Leistungspflicht lediglich auf die eigene Hausverwaltung übertragen. Dieses erfolgt entweder dadurch, dass der Vermieter eine **Schuldübertragung** auf eine andere Person i. S. des § 414 BGB vornimmt. Die gem. § 415 Abs. 1 Satz 1 BGB erforderliche Zustimmung des Mieters wird über die Klausel entweder bereits hierbei als an sich mögliche Einwilligung i. S. des § 183 Satz 1 BGB[30] erteilt. Alternativ verpflichtet sich der Mieter, mit dem von dem Vermieter benannten Dritten einen Ver- bzw. Entsorgungsvertrag abzuschließen.

34   Mit Ausnahme derjenigen Leistungen, die bereits von § 4 Abs. 5 MHG erfasst wurden und deren Auslagerung daher auch formularvertraglich unbedenklich sind (siehe Rdn. 20), ist gegen die Wirksamkeit solcher Klauseln erhebliche Kritik anzubringen. So im Einzelfall keine weiteren Aspekte hinzutreten, die eine andere Wertung bedingen, sind sie **als unwirksam anzusehen**. Da es sich schon dem Zweck der Klausel nach um Pflichten handelt, die an nach § 535 Abs. 1 BGB dem Vermieter zukommen, haben sich die Klauseln an § 307 Abs. 2 Nr. 1 BGB zu messen. Aber auch einer Prüfung nach § 307 Abs. 1 BGB halten sie nicht stand. Der Vermieter befreit sich hierbei von einer Vertragspflicht, weil deren Erfüllung für ihn wirtschaftlich unerwünscht ist, was kein Kriterium für eine angemessene Lastenverteilung gegenüber dem Vertragspartner darstellt. Insbesondere dann, wenn die Leistungen auf die eigene Hausverwaltung ausgelagert werden, wird auch **kein** für beide Parteien vorteilhafter Weise **sachnäherer Leistungserbringer** in Anspruch genommen. Auch die etwa bei der Abwälzung von Instandhaltungspflichten anzuerkennende Sachnähe des Mieters besteht nicht. Das folgt schon daraus, dass die Pflichten nicht auf ihn, sondern Dritte übertragen werden. Zudem ist eine solche etwa bei Bewachungstätigkeiten, allgemeinen Beschilderungen, Versicherungen (die nicht die Mietnutzung betreffen) oder Ungezieferbekämpfung auf den Gemeinschaftsflächen nicht anzunehmen. Nicht erkennbar ist auch häufig, ob mit der Pflichtenübertragung, etwa bei Vertragsschluss durch den Mieter mit Dritten, **weitere Kosten** anfal-

---

[30] BGH (II ZR 33/96) NJW 1998, 1645.

len. So hierzu keine Regelung besteht, die eine Kostenfreiheit oder -übernahme durch den Vermieter beinhaltet, wird der Mieter grundsätzlich davon ausgehen müssen, dass der Dritte ein Entgelt verlangt. In diesem Fall muss sichergestellt sein, dass der an sich hierfür **in der Miete enthaltene kalkulatorische Anteil** vorab herausgenommen wurde und die mit dem Neuabschluss verbundenen Kosten diesem entsprechen. Alleine hieran wird die Wirksamkeit der meisten Klauseln wohl bereits scheitern.

Demgegenüber ergeben sich durch die Leistungsauslagerung erhebliche **Nachteile für den Mieter**. Da er sich den neuen Vertragspartner nicht selbst gewählt hat, ist er weder über dessen **Leistungsfähigkeit** noch **Solvenz** in Kenntnis. Gerade bei der Schuldübertragung hat er auch keinen Einfluss auf die Entgelthöhe. Desweiteren erfährt der Mieter in zweifacher Hinsicht eine **Einschränkung der Minderung** nach § 536 Abs. 1 BGB. Einerseits führt eine Schlechtleistung des Dritten nicht zwingend zu einer Vergütungsreduzierung diesem gegenüber, insbesondere dann nicht, wenn es sich um ein Dienstleistungsverhältnis handelt. Zudem erschöpfen sich die Folgen einer nicht vertragsgemäßen Ver- oder Entsorgungsleistung aus dem Mietvertrag häufig nicht darin, dass der Mieter keinen adäquaten Gegenwert für den hierauf aufgewendeten Miet- bzw. Betriebskostenanteil erhält. Da diese Nebenleistungen der bestimmungsgemäßen Nutzung der Mietsache selbst dienen, wird diese meist ebenfalls affektiert. Die **Tauglichkeitsbeeinträchtigung** i. S. des § 536 Abs. 1 BGB, nach der sich der Umfang der Minderung richtet, ist somit höher. Da die Nebenleistung jedoch nicht von dem Vermieter aus dem Mietvertrag geschuldet wird, kommt eine weitergehende Minderung ggf. nicht in Betracht. Gerade nach der neueren Rechtsprechung des BGH zur Minderung bei durch Dritte verursachten Beeinträchtigungen,[31] die nicht auf bestimmten Arten von Mängeln begrenzt ist, bestehen hier erhebliche Probleme. Schließlich erfassen auch sonstige mangelbedingte Minderungen den auf die ausgelagerten Nebenleistungen entfallenden Kostenanteil nicht mehr. Solange es sich um Pflichten aus dem Mietvertrag handelt, denen Betriebs- bzw. Nebenkostenzahlungen des Mieters gegenüberstehen, werden diese als Teil der Miete i. S. des § 535 Abs. 2 BGB von der Minderung mit erfasst.[32] Ist dieses Pflichtenverhältnis ausgelagert, verliert der Mieter den Minderungsanteil, da die **Bruttomiete geringer** ausfällt. Schließlich kann der Mieter dem Vermieter nicht mehr den Einwand eines **Verstoßes gegen das Wirtschaftlichkeitsgebot** (siehe H Rdn. 8 ff.) entgegenhalten. Da es sich hierbei um eine Nebenpflicht zum Mietvertrag handelt, kommt diese bei Auslagerung auf Dritte nicht mehr in Betracht. Ist der Mieter zudem nicht frei in der Auswahl des

---

[31] BGH (VIII ZR 197/14) DWW 2015, 250 = GE 2015, 849 = NJW 2015, 2177 = NZM 2015, 481 = WuM 2015, 478 = ZMR 2015, 697.
[32] BGH (VIII ZR 223/10) NJW 2011, 1806 = NZM 2011, 453 = WUM 2011, 284 = ZMR 2011, 704.

Dritten, kann er hierüber auch selbst keine Kostenkontrolle vornehmen.

b) Pflicht des Mieters zur Anbietersuche und hilfsweise Übernahme durch den Vermieter

36 Eine andere häufig verwendete Variante ist die Herausnahme von Ver- und -entsorgungsleistungen aus dem Mietervertrag verbunden mit der Verpflichtung des Mieters zu einem entsprechenden Vertragsschluss mit einem Dritten. Erst, wenn sich hierfür kein Vertragspartner findet, tritt der Vermieter in die Pflichten ein. Diese Klausel ist ebenfalls aus mehreren Gründen **unwirksam**. Eine derart einseitige Pflichtenbefreiung ohne Kompensation und/oder sachlichen Grund ist formularvertraglich per se höchst bedenklich.[33] Insoweit wird auf die Ausführungen in Rdn. 34 verwiesen. Ebenso gelten die dortigen Erörterungen hinsichtlich der unangemessenen Benachteiligung des Mieters aufgrund der **Einschränkung der Minderung** nach § 536 Abs. 1 BGB und der Geltendmachung eines Verstoßes gegen das Wirtschaftlichkeitsgebot. Auch wenn der Mieter mit einem Drittanbieter einen entsprechenden Vertrag abschließt, ändert sich die Gewährleistungsstruktur ebenso wie bei der Übertragung der Pflichten durch den Vermieter auf einen anderen Schuldner. Das wird auch nicht dadurch kompensiert, dass der Vermieter ersatzweise die Pflichten übernimmt. Je unspezifischer die Klausel diesbezüglich formuliert ist dahingehend, **unter welchen Voraussetzungen der Vermieter die Pflichten (wieder) übernimmt**, desto eher verstößt sie nicht nur gegen § 307 Abs. 1 Satz 1, § 307 Abs. 2 Nr. 1 BGB sondern auch gegen das Transparenzgebot. Meist wird die Streitfrage darüber entstehen, ob der **Vertragsschluss mit dem Dritten zumutbar** ist, was sowohl Leistungsinhalt, Preis als auch Entfernung zur Liegenschaft betrifft. So es hierfür keine unmissverständlichen Vorgaben gibt, ist der Mieter schon aus diesem Grunde benachteiligt. Denn er hat keine Kenntnis darüber, wann er den Vertrag schließen muss. Dass er nur angemessene Anbieter auszuwählen braucht, ist zwar selbstverständlich, AGB-rechtlich ohne Konkretisierung aber weder inhaltlich noch hinsichtlich der Transparenz ausreichend. Ergibt sich zudem aus der Klausel zumindest die Möglichkeit, dass der **Mieter beweisbelastet** dahingehend ist, dass es **keinen Dritten i. S. des Regelung gibt**, scheitert deren Wirksamkeit auch hieran. Denn dass der Mieter aufgrund der Vertragsbedingungen des Vermieters, der sich Pflichten aus seinem Verantwortungsbereich zu entledigen versucht, beweisen müsste, dass es keinen dritten Leistungserbringer gibt, um die Leistungspflicht wieder auf den Vermieter zu übertragen, benachteiligt ihn nach dem Rechtsgedanken des § 309 Nr. 12a) BGB grundsätzlich unangemessen.

---

[33] BGH (VIII ZR 135/00) MDR 2001, 926 = NJW 2001, 2331.

E. Erhebung von Betriebskostenvorauszahlungen

I. Vereinbarung der Vorauszahlungspflicht

1. Grundsätze

Vereinbaren die Parteien eine Nettomiete, hat der Mieter die daneben anfallenden Betriebskosten zu tragen; dasselbe gilt bei einer Teilinklusivmiete hinsichtlich der nicht im eingerechneten Betriebskostenanteil enthaltenen Kosten. Der **Vermieter** ist gehalten, über die Betriebskosten turnusmäßig abzurechnen, den Saldo hat der Mieter auszugleichen. Bis zur Fälligkeit des Saldos tritt der Vermieter mit den Kosten in Vorlage. Dies stellt eine nicht unerhebliche wirtschaftliche Belastung dar, die mit dem Risiko verknüpft ist, ob die ggf. beträchtliche Nachforderung realisierbar ist; je nach der finanziellen Lage des Mieters kann die Forderung uneinbringlich sein oder eine Ratenzahlungsabrede notwendig machen. Für den **Mieter** besteht die Gefahr, dass einmalige hohe Nachforderungen seine finanziellen Möglichkeiten übersteigen.[1] Es ist daher üblich, dass die Parteien Vorauszahlungen auf die Abrechnung vereinbaren. Zur Verpflichtung des Mieters, **Umsatzsteuer** auf die Betriebskosten und damit auch auf vereinbarte Vorauszahlungen zu entrichten, ist auf die Darstellung unter B Rdn. 104 ff. zu verweisen.

Trotz der Üblichkeit und trotz der auch dem Mieter erkennbaren Nachteile für den Vermieter bei fehlenden Abschlagszahlungen bedarf es grundsätzlich einer entsprechenden **eindeutigen Vereinbarung**.[2] Es ist im Regelfall nicht zulässig, dem Vermieter Vorauszahlungen im Wege der Vertragsauslegung[3] oder richterlicher Vertragsergänzung[4] zuzuerkennen. Dies gilt auch im Verhältnis eines Eigentümers zu einem Wohnungsberechtigten; der Gesichtspunkt der Gleichbehandlung der Mieter im Wohngebäude vermag die fehlende Vereinbarung nicht zu ersetzen.[5] Auf der anderen Seite darf das Fehlen einer Vorauszahlungsabrede aber auch nicht dahin verstanden werden, dass der Vermieter auf das vereinbarte Recht zur regelmäßigen Abrechnung über die angefallenen Betriebskosten verzichtete.[6]

---

[1] BayObLG RE 5.10.1995 GE 1995, 1413 = NJW-RR 1996, 207 = WuM 1995, 694.
[2] BayObLG RE 5.10.1995 GE 1995, 1413 = NJW-RR 1996, 207 = WuM 1995, 694; *Geldmacher* DWW 1997, 7, *Pfeifer* S. 88, *Seldeneck* Rdn. 3901, *Sternel* III Rdn. 323, *Wall* Rdn. 1615.
[3] Vgl. OLG Oldenburg neg. RE 23.11.1983 WuM 1984, 274.
[4] OLG Düsseldorf ZMR 1988, 97.
[5] BGH (V ZR 196/09) NZM 2010, 666.
[6] KG NZM 2008, 129, vgl. LG Potsdam GE 2004, 690.

3 Die **Notwendigkeit einer Vereinbarung gilt für alle Mietverhältnisse,** für gewerbliche ebenso wie für preisfreie oder preisgebundene. § 556 Abs. 2 Satz 1 BGB regelt wie § 20 Abs. 3 Satz 1 NMV die Zulässigkeit einer entsprechenden Abrede, ersetzt sie indes nicht. Die einzige, durch eine Vorschrift geregelte Ausnahme betraf Mietverträge in den östlichen Bundesländern, auf welche die BetrKostUV anzuwenden war (§ 14 Abs. 1 MHG). Eine Vertragsänderung durch Vereinbarung war daher nur hier entbehrlich.

4 Eine **generelle Ausnahme** besteht bei **Modernisierungen,** sei es aufgrund einer Vereinbarung, sei es wegen der Duldungspflicht des Mieters, wenn durch die Art der Maßnahme laufende Betriebskosten ausgelöst wurden. Diese notwendigen Folgekosten darf er auf den Mieter abwälzen, aus den oben (Rdn. 1) dargelegten Gründen ist ihm auch ein Anspruch auf Zahlung angemessener Vorauszahlungen zuzuerkennen,[7] die er mit einer einseitigen Erklärung geltend machen kann.

5 Die **Auslegung** führt nur in seltenen Einzelfällen zu einem Anspruch des Vermieters. Wird z. B. der vom gewerblichen Zwischenvermieter an den Eigentümer zu zahlende Mietzins allein als feste Nettomiete vereinbart, hat er gleichwohl die Betriebskostenzahlungen des Endmieters an den Eigentümer weiterzuleiten.[8]

6 Vorauszahlungen können bei Wohnraum **nur** für **umlagefähige Betriebskosten** und generell **nur** auf solche Kosten verlangt werden, die **im Mietvertrag als umlagefähig** bezeichnet wurden, sofern sie nicht nachträglich entstanden sind.

7 Hat der Vermieter den **gesamten Betriebskostenkatalog** aus § 2 BetrKV bzw. der Anl. 3 zu § 27 II. BV in den Mietvertrag übernommen, bezieht sich die Vorauszahlungspflicht ohne weiteres auf alle im konkreten Mietverhältnis entstehenden Kosten. Der Vorauszahlungsbetrag muss daher nicht für die jeweils anfallenden Betriebskostenarten einzeln ausgewiesen sein, sondern es reicht aus, einen **einheitlichen Betrag** für die unter die Umlage fallenden Kosten anzugeben.[9] Beabsichtigt der Vermieter, über einzelne Kostengruppen getrennt abzurechnen, z.B. über die nicht verbrauchsabhängigen nach dem Kalenderjahr, über die verbrauchsabhängigen nach Erhalt der Rechnung des jeweiligen Versorgungsträgers, kann die Zuordnung pauschal geleisteter Vorauszahlungen problematisch sein, ohne jedoch die Wirksamkeit der Abrede zu berühren.[10]

---

[7] LG Berlin WuM 1992, 444, AG Hamburg WuM 2000, 82; *Pfeifer* S. 93, *Seldeneck* Rdn. 2715, *Sternel* III Rdn. 323.

[8] OLG Hamburg DWW 1988, 105.

[9] Z. B. AG Schwetzingen WuM 1987, 31; *Blank* in Blank/Börstinghaus § 556 Rdn. 129, *Seldeneck* Rdn. 3903, *Sternel* III Rdn. 324.

[10] Vgl. *v. Brunn/Emmerich* in Bub/Treier III. A Rdn. 90 ff.; a.A. *Sternel* III Rdn. 324.

Enthält der Mietvertrag nur **Angaben zu einigen Betriebskostenarten** 8
oder ist bei Verwendung eines Formulars nur ein Teil gekennzeichnet,
beziehen sich die Vorauszahlungen nur auf diese; darüber hinaus anfallende Kosten sind im übrigen Mietzins enthalten, so dass es sich nicht
mehr um eine Nettomiete, sondern um eine Teilinklusivmiete handelt;
Entsprechendes gilt, wenn Streichungen im Formularkatalog erfolgt sind
(vgl. B Rdn. 53 ff.).

Während der **Vorenthaltungszeit** nach Beendigung des Mietverhält- 9
nisses schuldet der ehemalige Mieter Vorauszahlungen als Entschädigung gem. § 546 Abs. 1 BGB. Insoweit gelten dieselben Grundsätze (insb.
Abrechnungspflicht, Anspruchswegfall) wie im laufenden Mietverhältnis.[11]

2. Unklare Vereinbarung

Es ist immer wieder festzustellen, dass Formularverträge nicht sorgfältig 10
ausgefüllt werden. In dem Abschnitt über die Betriebskostenumlage
werden insbesondere entweder **Lücken oder Alternativen** nicht entsprechend den Bearbeitungshinweisen im Formular geschlossen bzw. teilweise gestrichen. Andererseits können handschriftliche Einschübe zu widersprüchlichen Regelungen führen, etwa die Aufnahme des Begriffs
„pauschal" hinter den vorstehend als Vorauszahlung bezeichneten Betrag.
Die Umlageabrede wird dadurch mehrdeutig; sie kann bedeuten, dass
der für die aufgeführten Kostenarten ausgeworfene Betrag als **Vorauszahlung oder** als **Pauschale** gemeint ist.[12] In diesen Fällen ist zu versuchen, durch Auslegung nach §§ 133, 157 BGB die tatsächliche Absicht der
Parteien zu ermitteln. Enthält der Mietvertrag keine Regelung zum Umlageschlüssel, kann dies schon für sich genommen die Vereinbarung einer Pauschale nahe legen.

Rückschlüsse auf den Willen der Parteien ermöglicht die Art, wie der 11
Betriebskostenkatalog ausgefüllt wurde. Wurde hinter jeder Kostenart
ein **genauer Betrag,** gelegentlich auf den Cent genau, vermerkt und entspricht die Betriebskostenbelastung der genauen Summe, ist von einer
Vorauszahlungsabrede auszugehen.[13] Da Pauschalen üblicherweise eher
großzügig kalkuliert werden, um Kostensteigerungen zumindest für einen gewissen Zeitraum aufzufangen, würde es keinen Sinn machen, sie
nach dem genauen Betrag zur Zeit des Vertragsabschlusses zu beziffern.
Entsprechendes gilt daher, wenn Einzelbeträge fehlen, aber ein centgenauer Gesamtbetrag angegeben ist. Anderenfalls würde zudem der Vermieter, der sich in besonderem Maß um Transparenz bemüht, indem er
für den Mieter die Betriebskostenbelastung genau aufschlüsselt, unan-

---

[11] LG Hamburg ZMR 2011, 878, BeckRS 2011, 25640; *Bieber* in MünchKomm
§ 546a Rdn. 43; *Blank* NZM 2018, 57 (62), *Streyl* in Schmidt-Futterer § 546a Rdn. 57.
[12] BGH (VIII ZR 274/15) NZM 2016, 720 = WuM 2016, 498.
[13] *Seldeneck* Rdn. 3907; a. A. KreisG Cottbus WuM 1994, 66; *Sternel* III Rdn. 315.

gemessen benachteiligt. Sind die **Einzelbeträge** oder der Gesamtbetrag dagegen **gerundet,** erscheint eher eine Pauschale beabsichtigt, zumal aus der Sicht des Mieters nicht erkennbar ist, inwieweit die Beträge die aktuellen Kosten berücksichtigen oder auch der Höhe nach unbekannte Zuschläge enthalten.

12 Haben die Parteien bei Abschluss des Vertrags die **Betriebskostenbelastung erörtert** und ist dabei deutlich geworden, dass sich der Vermieter von den umlagefähigen Kosten freihalten will, ist eine Vorauszahlung auch dann anzunehmen, wenn im Mietvertrag der Ausdruck Pauschale gewählt wurde;[14] für die vom Mieter akzeptierte Vorstellung des Vermieters können auch **sonstige Formulierungen** im Vertrag herangezogen werden, etwa wenn *„über die monatlichen Pauschalen ... am Ende jeder Periode entsprechend dem tatsächlichen Verbrauch abgerechnet"*[15] werden soll, der Mieter auf die Abrechnung eine monatliche *„Vorauspauschale"* zu entrichten hat[16] oder es sich bei den angegebenen Beträgen nur um diejenigen *„z. Zt."*[17] handelt. Umgekehrt liegt eine Pauschale vor, wenn der Vermieter bei den Vertragsverhandlungen z. B. zu erkennen gegeben hat, dass er sich die Mühe von Abrechnungen ersparen will.

13 Ist bei einem längeren Mietverhältnis entweder immer oder nie abgerechnet worden, kann aus dieser **Handhabung** auf den ursprünglichen Willen der Parteien geschlossen werden.[18] Hierbei handelt es sich um die Konkretisierung des mehrdeutigen Vertragsinhalts durch die Parteien selbst.

14 Führt die Auslegung zu keinem Ergebnis, soll nach der **Unklarheitenregel** des § 305c Abs. 2 BGB von der Vereinbarung einer Pauschale auszugehen sein,[19] was der BGH zumindest billigt.[20] Der Vermieter könnte hier höhere Kosten nur über das umständlichere Verfahren gem. § 560 Abs. 1 BGB erreichen, wobei zusätzlich Nachbelastungen gem. § 560 Abs. 2 BGB nur eingeschränkt zulässig sind.[21] Eine allgemeine Aussage dahingehend, ob für den Mieter die Pauschale oder die Abrechnung günstiger ist, lässt sich jedoch letztlich nicht treffen. Die monatlichen Zahlungen müssen zudem in beiden Fällen geleistet werden. Da das Gericht hier eine **AGB-Prüfung** vornimmt, kann es die für den Vertrags-

---

[14] *Sternel* III Rdn. 315.
[15] AG Landsberg DWW 1986, 19.
[16] BGH (VIII ZR 14/06) DWW 2008, 175 = GE 2008, 534 = NZM 2008, 276 = WuM 2008, 225 = ZMR 2008, 443.
[17] AG Bochum ZMR 1987, 340.
[18] OLG Hamburg DWW 1988, 105, vgl. LG Koblenz WuM 1990, 312; *Blank* in Blank/Börstinghaus § 556 Rdn. 130, *Sternel* III Rdn. 315.
[19] LG Wiesbaden WuM 1987, 274, AG Hamburg-Altona WuM 1988, 66; *Seldeneck* Rdn. 3908; vgl. LG Berlin ZMR 2001, 188 zur gleichzeitigen Vereinbarung einer Bruttokaltmiete und von Vorauszahlungen.
[20] BGH (VIII ZR 274/15) NZM 2016, 720 = WuM 2016, 498 = ZMR 2016, 682.
[21] *Langenberg* in Schmidt-Futterer § 556 Rdn. 264.

partner **günstigste Auslegung nur im Einzelfall feststellen.** Somit hängt es davon ab, ob für den konkreten Abrechnungseitraum der Mieter eine **Nachzahlung** leisten müsste **oder ein Guthaben** erhält. Im ersteren Fall ist eine Pauschale anzunehmen, andernfalls eine Abrechnungsvereinbarung. Das kann sich in jedem weiteren Prozess anders darstellen. Liegen der Klage mehrere Abrechnungen zugrunde, ist im Zuge einer einheitlichen Klauselauslegung der Durchschnitt zu ermitteln. Dabei sind die Parteien nicht gehindert, weitere für sie günstige Abrechnungseiträume in den Prozess einzuführen, auch im Wege der Aufrechnung, und hierüber die Gesamtrechnung zu beeinflussen. Eine Feststellung dahingehend, wie die Klausel auszulegen ist, dürfte aufgrund der auch zukünftig hieraus resultierenden Ansprüche und Pflichten, die einen relevanten Teil eines Rechtsverhältnisses darstellen, möglich sein.[22]

II. Höhe der Vorauszahlungen

1. Vereinbarung der Höhe

a) Grundsätze

Bei **Wohnraummietverhältnissen** sind Vorauszahlungen nach §§ 556 Abs. 2 Satz 2 BGB, 20 Abs. 3 Satz 1 NMV **nur in angemessener Höhe** zulässig. Die **Beschränkung** auf eine angemessene Höhe gilt **auch** für Mietverträge über **Gewerberäume.** Ob sie aus Treu und Glauben gem. § 242 BGB[23] oder einer vertraglichen Nebenpflicht herzuleiten ist, bedarf keiner Entscheidung; in jedem Falle wohnt der Vorauszahlungsabrede die Vorstellung des Mieters inne, der von ihm geschuldete Betrag stelle kein verdecktes, partiell zinsloses Darlehen für den Vermieter dar.[24] Die Vereinbarung des über der Grenze der Angemessenheit liegenden Anteils der Vorauszahlungen ist hier zwar nicht unwirksam, der Mieter wird aber aus den vorgenannten Gründen ihre Reduzierung verlangen können.[25]

15

Angemessen ist die Höhe, wenn die Summe der Vorauszahlungen zur **Deckung der Kosten** erforderlich ist. Bei der **erstmaligen Festsetzung** der Höhe der Vorauszahlungen darf diesem Betrag ein **Sicherheitszuschlag** in moderater Höhe hinzugefügt werden, der z. B. auf 10% zu veranschlagen ist, ohne die Angemessenheit der Vorauszahlungen zu überschreiten. Der BGH[26] untersagt einen solchen Zuschlag lediglich bei der Vorauszahlungserhöhung gem. § 560 Abs. 4 BGB (siehe Rdn. 40). Zur

16

---

[22] Vgl. BAG (5 AZR 526/11) NZA 2013, 376
[23] KG MDR 2010, 1311, AG Hamburg-Altona WuM 1996, 28.
[24] BayObLG RE 5.10.1995 GE 1995, 1413 = NJW-RR 1996, 207 = WuM 1995, 694; *Langenberg* ZMR 1982, 65, *Warbeck* GE 1981, 996.
[25] Weitergehend *Beyerle* in Lindner-Figura/Oprée/Stellmann Kap. 11 Rdn. 93: Kürzungsrecht des Mieters.
[26] BGH (VIII ZR 294/10) GE 2011, 1547 = NZM 2011, 880 = WuM 2011, 686.

angemessenen Erhöhung der Vorauszahlungen nach einer Abrechnung s. Rdn. 39 ff.

b) Zu hohe Vorauszahlungen

17 Zu hohe Vorauszahlungen sind **unwirksam,** weil sie die Angemessenheit überschreiten (§ 556 Abs. 2 Satz 2, Abs. 4 BGB i. V. mit § 134 BGB).[27] Allerdings ist nicht die gesamte Erklärung unwirksam, sondern nur **hinsichtlich des überschießenden Betrags.**[28] Der Mieter kann sie daher ohne weiteres durch eine Erklärung gem. § 560 Abs. 4 BGB der angemessenen Höhe anpassen.

c) Zu niedrige Vorauszahlungen

18 Die Bestimmung des § 556 Abs. 2 Satz 2 BGB, dass bei der Vermietung von **Wohnraum** Vorauszahlungen *„nur in angemessener Höhe vereinbart"* werden dürfen, wirkt nach ihrem Wortlaut in beide Richtungen, also sowohl gegen eine zu große Überdeckung als auch eine zu große Unterdeckung der Kosten. Der **BGH** hat sie indes dahin verstanden, dass sie nur *„unangemessen überhöhte"* Vorauszahlungen verbietet.[29] Er hat dabei die Argumentation übernommen, dass der Vermieter überhaupt von der Erhebung von Vorauszahlungen absehen und sich daher auch auf deutlich nicht deckende beschränken könne,[30] zumal das Gesetz (§ 556 Abs. 2 Satz 2 BGB) nur überhöhte Vorauszahlungen verbiete.

19 Auch bei der Vermietung von **Gewerberaum,** für den § 556 Abs. 2 Satz 2 BGB nicht gilt, ist der Vermieter nicht verpflichtet, überhaupt oder in gewisser Höhe Vorauszahlungen auf die Betriebskostenabrechnung zu verlangen.[31]

20 Die Auffassung des BGH **überzeugt nicht,** weil es einen **wesentlichen Unterschied** ausmacht, **ob** überhaupt **keine** Vorauszahlungen angesetzt wurden **oder zu niedrige.** Wenn Vorauszahlungen ausgewiesen sind,

---

[27] BayObLG RE 5.10.1995 GE 1995, 1413 = NJW-RR 1996, 207 = WuM 1995, 694.
[28] Vgl. BayObLG RE 5.10.1995 GE 1995, 1413 = NJW-RR 1996, 207 = WuM 1995, 694.
[29] BGH (VIII ZR 195/03) DWW 2004, 125 = GE 2004, 416 = MDR 2004, 624 = MM 2004, 121 = NJW 2004, 1102 = NZM 2004, 251 = WuM 2004, 201 (m. Anm. *Eisenschmid*) = ZMR 2004, 347.
[30] So OLG Stuttgart RE 10.8.1982 WuM 1982, 272 in einem Fall, in dem monatlichen Vorauszahlungen von DM 90,00 (= DM 1080,00 jährlich) für Betriebs-, Heiz- und Warmwasserkosten Gesamtkosten von DM 2332,33 gegenüberstanden; sie wären mit monatlichen Vorauszahlungen von DM 194,36 (= 216% mehr als vereinbart) gedeckt gewesen; die monatliche Nettomiete betrug DM 420,00.
[31] BGH (XII ZR 21/02) GE 2004, 958 = GuT 2004, 160 = MDR 2004, 1177 = NJW 2004, 2674 = NZM 2004, 619 = ZMR 2004, 653.

löst dies beim Mieter die selbstverständliche Erwartung aus, dass sie ungefähr am erwarteten Abrechnungsergebnis orientiert sind.[32] Dies ist keine einseitig auf seinen Vorteil bedachte Vorstellung des Mieters. Er darf vielmehr voraussetzen, dass der Vermieter mit den Vorauszahlungen das Ziel verfolgt, nicht mit ggf. beträchtlichen Beträgen in Vorleistung treten zu müssen (s. dazu Rdn. 1).

Die **Folgen** erheblich zu niedrig angesetzter Vorauszahlungen unterscheiden sich für den Vermieter bzw. den Mieter erheblich. Für den **Vermieter** resultiert daraus zunächst nur, dass er mit der Kostendifferenz in Vorlage treten muss. Er hat allerdings das Risiko, ob die ggf. beträchtliche Nachforderung überhaupt realisierbar ist. Je nach der finanziellen Lage des Mieters kann die Forderung uneinbringlich sein oder eine Ratenzahlungsabrede notwendig machen. Erreicht die Abrechnung den Mieter zu spät, fällt der Vermieter mit der gesamten und damit hohen Nachforderung aus. Für den **Mieter** werden deutlich zu niedrige Vorauszahlungen erst problematisch, wenn er sich einer unerwartet hohen Nachforderung aus der Betriebskostenabrechnung gegenüber sieht. Er wird sich für grob benachteiligt halten und versuchen, die Nachforderung zu reduzieren. Es ist hoch streitig, unter welchen Voraussetzungen und mit welchen Konsequenzen dies möglich ist. Die Problematik wird im Rahmen der Betriebskostenabrechnung erörtert (s. H Rdn. 239 ff.). **21**

2. Erhöhungsrecht des Vermieters

Zumal bei einem längeren Mietverhältnis reichen die Vorauszahlungen trotz eines moderaten anfänglichen Sicherheitszuschlags (s. Rdn. 16) nach einiger Zeit nicht mehr zur Kostendeckung aus. Für den Vermieter stellt sich sodann die Frage, ob er die Vorauszahlungen überhaupt, ggf. unter welchen Voraussetzungen und in welcher Höhe er sie anheben darf. Hier ist zwischen vermietetem **Gewerberaum und Wohnraum zu differenzieren,** weil nur bei Wohnraum die Vorschrift des § 560 Abs. 4 BGB eingreift. **22**

a) Gewerberaum

Enthält der Mietvertrag eine **Erhöhungsklausel,** ist der Vermieter nach allgemeiner Ansicht zur Anhebung der Vorauszahlungen berechtigt.[33] Nach einer Meinung soll ihm das Erhöhungsrecht allerdings auch nur in diesem Fall zustehen. Da eine Vereinbarung über die Zahlung von Vorauszahlungen vorausgesetzt ist, bedürfe auch das Recht zu deren Erhö- **23**

---

[32] Z. B. *Derckx* NZM 2004, 321; zur Kritik an den Entscheidungen des BGH s. auch *Artz* NZM 2004, 328, *Eisenschmid* WuM 2004, 202, *Lehmann-Richter* WuM 2004, 254, *Schumacher* WuM 2004, 507 (509); a. A. *Schmid* DWW 2004, 288.
[33] Z. B. *Gather* DWW 2011, 362 (365).

hung einer vertraglichen Abrede;[34] eine Ausnahme soll nach § 242 BGB nur bestehen, wenn die Summe der Vorauszahlungen inzwischen so niedrig ist, dass eine Anpassung nach den Grundsätzen über den Wegfall der Geschäftsgrundlage geboten ist, d.h. wenn sie die entstehenden Kosten nur noch zu einem geringen Teil abdecken.[35] Nach anderer Auffassung **schließt die Vorauszahlungsvereinbarung bereits das Erhöhungsrecht** ein.[36] Wie oben ausgeführt (s. Rdn. 1) dient die Vereinbarung von Vorauszahlungen den Interessen beider Vertragsparteien. Ihre Funktion für Vermieter wie auch Mieter bleibt auf Dauer nur erhalten, wenn sie erhöht werden können; ohne die Erhöhungsmöglichkeit träten nach längerer Vertragslaufzeit die negativen Folgen für beide Seiten ein, die durch die Abrede gerade vermieden werden sollen. Die Auslegung der Vereinbarung nach §§ 133, 157 BGB ergibt daher, dass das Erhöhungsrecht des Vermieters inbegriffen ist.

24 Haben die Parteien eine **Erhöhungsklausel** vereinbart, richtet sich die **Durchführung der Erhöhung** nach ihrem jeweiligen Inhalt. In der Regel räumt sie dem Vermieter ein einseitiges Leistungsbestimmungsrecht ein, das bei Gewerberaum gem. §§ 315, 316 BGB, mithin nur bis zur angemessenen Höhe, auszuüben ist.[37] Die Parteien können jedoch ebenso festlegen, dass die Erhöhung z.B. einer entsprechenden ausdrücklichen Vertragsänderung bedarf, die der Vermieter notfalls gerichtlich durchsetzen muss, dass sie nur möglich ist, wenn die Betriebskosten um einen bestimmten Prozentsatz gestiegen sind oder dass sie nur auf der Grundlage einer Betriebskostenabrechnung erfolgen darf.

25 **Fehlt eine Erhöhungsklausel** oder gestattet sie zwar die einseitige Erhöhung durch den Vermieter, ohne aber deren weitere Modalitäten zu beschreiben, ist die Erhöhungserklärung nur wirksam, wenn Grund und Höhe der Anhebung dem Mieter nachvollziehbar erläutert sind. Diese Voraussetzung ist allerdings ohne weiteres erfüllt, wenn die Erklärung auf einer Betriebskostenabrechnung beruht. Zur Frage der Fälligkeit der erhöhten Vorauszahlungen s. Rdn. 63.

b) Preisfreier Wohnraum
aa) Anpassungsrecht

26 Hier hat sich der Streit, unter welchen Voraussetzungen die Erhöhung der Vorauszahlungen in Betracht kommt, seit dem 1.9.2001 erledigt.

---

[34] LG Köln WuM 1983, 59 (LS), AG Neuss ZMR 1997, 305; *Beyerle* in Lindner-Figura/Oprée/Stellmann Kap. 11 Rdn. 320, *Blank* in Blank/Börstinghaus § 560 Rdn. 60, *Both* NZM 2009, 896 (897), *Fritz* Rdn. 134, *Geldmacher* DWW 1997, 10, *Hentschel* GE 1984, 1042, Palandt/*Weidenkaff* § 535 Rdn. 92, *Sonnenschein* NJW 1992, 266.
[35] *Beyerle* in Lindner-Figura/Oprée/Stellmann Kap. 11 Rdn. 320, *Geldmacher* DWW 1997, 10, *Sonnenschein* NJW 1992, 266.
[36] AG Karlsruhe DWW 1993, 21; *Börstinghaus* PiG 62 (2002), S. 201 (202), *Kinne* GE 1990, 1175, *Schultz in* Bub/Treier III. A Rdn. 726 ff., *Seldeneck* Rdn. 3934, *Sternel* III Rdn. 326, *Warbeck* GE 1981, 995.
[37] BGH (XII ZR 112/10) GE 2012, 1696 = NZM 2013, 85 = WuM 2012, 662.

Nach **§ 560 Abs. 4 BGB** kann **jede Partei des Mietvertrags** nach einer Abrechnung **durch** eine **einseitige Erklärung** die Vorauszahlungen einer angemessenen Höhe **anpassen** (zur Anpassung durch den Mieter s. Rdn. 54 ff.). Das Gesetz hat damit die zuvor herrschende Ansicht übernommen, dass eine Vorauszahlungsabrede letztlich nur Sinn macht, wenn sie auch den jeweiligen Kosten entsprechend angepasst werden kann. Den Vermieter trifft allerdings keine Verpflichtung, vom Erhöhungsrecht tatsächlich Gebrauch zu machen, selbst wenn eine Erhöhungsklausel vereinbart wurde.[38]

Da es allein um die Anpassung unzureichender Vorauszahlungen geht, setzt deren Angleichung an die tatsächlichen Kosten **keine Veränderung bei den Betriebskosten selbst** vor, wie es bei der Erhöhung einer Pauschale nach § 560 Abs. 1 BGB erforderlich ist.[39] Der Vermieter kann die Höhe der Vorauszahlungen daher nicht nur dann korrigieren, wenn er sie z. B. bei erstmaliger Vermietung zu hoch kalkuliert hatte, sondern auch bei bewusst niedrigem Ansatz. 27

bb) Voraussetzungen

(a) Grundsätze

Die Anpassung ist **nur wirksam**, wenn dem Mieter eine **formell und inhaltlich korrekte Abrechnung** zuging;[40] die fristlose Kündigung wegen Nichtzahlung des Erhöhungsbetrags ist daher nur dann gerechtfertigt, wenn die Anpassung auf einer inhaltlich richtigen Abrechnung beruht.[41] 28

Ob sie den Mieter **innerhalb der Abrechnungsfrist** gem. § 556 Abs. 3 Satz 2 BGB erreichte, ist irrelevant.[42] Dies überzeugt, weil es sich um zwei nicht zueinander gehörende Aspekte handelt. Die Ausschlussfrist entscheidet über das Nachforderungsrecht des Vermieters, die Höhe der rechnerischen Nachforderung über die künftige Unterdeckung bei unterbleibender Anpassung. Ist die zu geringe Höhe der aktuellen Vorauszahlungen mit der Abrechnung belegt, greift daher auch das Erhöhungsrecht ein.[43] 29

Die **Anpassung** greift, **soweit** die **Abrechnung materiell** wirksam, d. h. inhaltlich richtig ist. Inhaltliche Fehler vernichten mithin **nicht die gesamte Anpassung, sondern** wirken sich allein **auf ihre Höhe** aus, soweit 30

---

[38] LG Bonn WuM 1981, 282; *Sternel* III Rdn. 327.
[39] *Derckx* NZM 2004, 321 (325), *Haas* § 560 Rdn. 9, *Wall* Rdn. 2732; a. A. *Geldmacher* in Fischer-Dieskau § 560 Anm. 14.10, Palandt/*Weidenkaff* § 560 Rdn. 16.
[40] BGH (VIII ZR 246/11) DWW 2012, 211 = GE 2012, 826 = NZM 2012, 455 = WuM 2012, 321 = ZMR 2012, 683; anders (formelle Richtigkeit genügt) noch BGH (VIII ZR 145/07) GE 2008, 114 = NZM 2008, 121 = WuM 2008, 31 = ZMR 2008, 196, (VIII ZR 322/08) GE 2010, 477 = NZM 2010, 315 = WuM 2010, 156.
[41] BGH (VIII ZR 360/11) GE 2012, 1554.
[42] BGH (VIII ZR 258/09) NZM 2010, 736 = WuM 2010, 490 = ZMR 2010.
[43] *Derckx* NZM 2004, 321 (325).

diese wegen der Fehler gem. § 560 Abs. 4 BGB nicht mehr angemessen ist.[44]

31 **Maßgeblich** hängt die Höhe des Erhöhungsbetrags mithin davon ab, **ob** sich der Mieter überhaupt **und** ggf. **mit welchen Einwänden** gegen die Ansätze der Betriebskostenabrechnung wendet. Nach § 560 Abs. 4 BGB die Anpassung auf eine angemessene Höhe der Vorauszahlungen beschränkt.[45]

32 Zum **Inhalt und** den **Folgen der Einwände** des Mieters für die angemessene Höhe der Vorauszahlungen ist auf die ausführliche Darstellung in Rdn. 59 ff. zu verweisen.

(b) Zeitpunkt der Anpassung

33 Die Verknüpfung des Anpassungsrechts mit einer Abrechnung bedeutet **nicht,** dass das Recht **sogleich** ausgeübt werden muss, auch wenn dies in der Praxis die Regel ist. Die Abrechnung setzt einen Anfangstermin, jedoch **keinen Endtermin.**[46] Sie eröffnet dem Vermieter damit die Möglichkeit der Anpassung, bis die Abrechnung über die Folgeperiode an ihre Stelle getreten ist. Selbst wenn bereits die folgende Periode abgelaufen, aber noch nicht abgerechnet ist, kann daher noch eine Anpassung erfolgen.[47] Da die Anpassung von Betriebskostenvorauszahlungen nur für die Zukunft möglich ist,[48] tritt keine Kollision mit der Abrechnungsreife durch Ablauf des Abrechnungsturnus ein.[49]

(c) Weitere Anpassung

34 Streitig ist, ob der Vermieter nach einer ersten Anpassung bis zum Vorliegen der Folgeabrechnung eine *weitere* **Anpassung** wegen zwischenzeitlich eingetretener **Kostensteigerungen** vornehmen darf. Hierzu wird vertreten, dass die Anpassung nur einmal möglich ist.[50] Nach der hier vertretenen Auffassung ist ein wiederholtes Erhöhungsrecht des Vermieters **im Grundsatz nicht zu beanstanden,**[51] wenn die im Folgenden beschriebenen Voraussetzungen erfüllt sind.[52]

35 **Erste Voraussetzung** ist eine, auch formularmäßig zulässige, **Vereinbarung.** § 560 Abs. 4 BGB gestattet die Anpassung der Vorauszahlungen

---

[44] BGH (VIII ZR 322/08, II. 3.) GE 2010, 477 = WuM 2010, 156, vgl. BayObLG RE 5.10.1995 GE 1995, 1413 = NJW-RR 1996, 207 = WuM 1995, 694; a. A. *Blank* NZM 2008, 745 (756), dazu kritisch *Milger* PiG 83 (2008) S. 235 (247).
[45] BGH (VIII ZR 322/08) NZM 2010, 315 = WuM 2010, 156; *Geldmacher* in Fischer-Dieskau § 560 Anm. 14.16.2, *Zehelein* in MünchKomm § 560 Rdn. 33.
[46] *Börstinghaus* PiG 62 (2002) S. 201 (206), *Bub* NZM 2011, 644 (646).
[47] BGH (VIII ZR 271/10) GE 2011, 881 = NZM 2011, 544 = WuM 2011, 424.
[48] BGH (VIII ZR 271/10) GE 2011, 881 = NZM 2011, 544 = WuM 2011, 424.
[49] A. A. *Blank* in Blank/Börstinghaus § 560 Rdn. 31.
[50] *Blank* in Blank/Börstinghaus § 560 Rdn. 30, *Both* in Herrlein/Kandelhard § 560 Rdn. 23, *Derckx* NZM 2004, 321 (326).
[51] *Haas* § 560 Rdn. 9.
[52] *Zehelein* in MünchKomm § 560 Rdn. 30.

auch ohne eine entsprechende Vereinbarung der Parteien im Mietvertrag, allerdings nur in Anknüpfung an eine Abrechnung. Damit ist zugleich klargestellt, dass die weitere Erhöhung der Vorschüsse nur in Betracht kommen kann, wenn die Parteien dies gesondert vereinbart haben.

Abweichungen von § 560 Abs. 4 BGB sind zulässig, sofern sie den Mieter nicht benachteiligen. Eine derartige Vereinbarung führt jedoch zu **keiner Benachteiligung des Mieters.** Sie begünstigt nämlich nicht nur den Vermieter, sondern hat für den Mieter den Vorteil, dass er durch eine zwischenzeitliche Anhebung der Vorauszahlungen nicht mit einer unerwartet hohen Nachforderung konfrontiert wird. Es wird ihm leichter fallen, sich auf höhere Vorauszahlungen einzustellen als auf den deutlich negativen Saldo aus einer Abrechnung. 36

Als **zweite Voraussetzung** darf sich die Anpassung **nur auf die Zukunft** beziehen.[53] Vorauszahlungen werden allein auf die folgende Abrechnung geleistet. Die rückwirkende Geltendmachung wäre der Sache nach eine Nachbelastung, die sich allein aus einer Abrechnung ergeben kann. 37

Schließlich muss die Anpassung als **dritte Voraussetzung** auf eine **angemessene Höhe** beschränkt sein. Hierzu ist zur Vermeidung von Wiederholungen auf Rdn. 39 ff. zu verweisen. 38

cc) Berechnung

Bei der Berechnung des Erhöhungsbetrags ist die **Grenze** der *„angemessenen Höhe"* im Sinne des § 556 Abs. 2 Satz 2 BGB zu beachten. Hierzu wird die Nachforderung des Vermieters aus der Abrechnung durch zwölf Monate, dem grundsätzlich maximalen Abrechnungszeitraum (§ 556 Abs. 3 Satz 1 BGB), geteilt. 39

Streitig ist, ob im Hinblick auf die ständig steigenden Betriebskosten sodann ein **Sicherheitszuschlag** hinzu gesetzt werden darf,[54] der auf 10 % zu veranschlagen ist.[55] Nach Ansicht des **BGH** ist der Ansatz eines „abstrakten" Sicherheitszuschlags auf die zuletzt abgerechneten Betriebskosten nicht zulässig; es dürfen nur konkrete – bereits eingetretene – Umstände berücksichtigt werden, welche die im laufenden Jahr entstehenden Kosten voraussichtlich beeinflussen.[56] Dies ist z. B. der Fall, wenn in der Zeit zwischen dem Ende der Abrechnungsperiode und der Erstellung der Abrechnung bereits eine Tariferhöhung mit entsprechend höhe- 40

---

[53] Z. B. BGH (VIII ZR 271/10) GE 2011, 881 = NZM 2011, 544 = WuM 2011, 424.
[54] So z. B. BayObLG RE 5.10.1995 GE 1995, 1413 = NJW-RR 1996, 207 = WuM 1995, 694 = ZMR 1996, 20 m. w. N.; *Börstinghaus* PiG 62 (2002) S. 201 (207), *Kinne* in Kinne/Schach/Bieber § 560 Rdn. 73, *Sternel* III Rdn. 325, a. A. *Blank* in Blank/Börstinghaus § 560 Rdn. 33, *Both* NZM 2009, 896 (898), *Eisenhardt* WuM 2011, 200.
[55] Z. B. *Börstinghaus* PiG 62 (2002) S. 201 (207), *Kinne* in Kinne/Schach/Bieber § 560 Rdn. 73.
[56] BGH (VIII ZR 294/10) GE 2011, 1547 = NZM 2011, 880 = WuM 2011, 686.

ren, vom Vermieter zu begleichenden Abschlagszahlungen eingetreten ist. Andererseits dürfen bloße erwartete, etwa in den Medien angekündigte Preisanstiege nicht in die Berechnung einfließen.[57] Derart prognostizierte Kostenanstiege sind nicht verlässlich genug, um eine Zahlungspflicht des Mieters zu rechtfertigen.

41 Die Auffassung des **BGH widerspricht dem Interesse der Parteien** an einer möglichst einfachen Handhabung. Der bislang weithin für zulässig gehaltene Zuschlag verschafft beiden Parteien einen Puffer,[58] ohnehin dem Vermieter, aber auch dem Mieter, für den der Nachforderungsbetrag aus der Abrechnung aufgrund der ständigen Kostensteigerungen geringer ausfällt. Der Mieter wird durch die moderate Höhe von 10% nicht unangemessen belastet. Zudem liefert gerade die abstrakte Berechnung den Parteien eine klare Grundlage. Demgegenüber verursacht die konkrete Berechnung deutliches Streitpotential, weil sie den Vermieter dazu zwingt, dem Mieter im Einzelnen zu beschreiben, warum und wie er den Zuschlag berechnete;[59] weil es meist nur um den Anstieg einer Betriebskostenart geht, ist dessen Einwand zu erwarten, es sei z.B. nicht abzusehen, ob die verbrauchsabhängigen Kosten nicht geringer würden, so dass kein Anlass für die Anhebung der Kosten bestehe.

42 **Der so errechnete Anpassungsbetrag bleibt maßgeblich, auch wenn** er zu **keiner Kostendeckung** führt, weil die Abrechnungen den Mietern üblicherweise erst im Laufe der folgenden Abrechnungsperiode zugehen.[60] Es wird zwar vertreten, dass bei einer Nachforderung von € 600, die den Mieter im April erreicht, Vorauszahlungen nicht nur von € 50, sondern von € 75 monatlich möglich seien.[61] Hiergegen ist einzuwenden, dass dieses Verfahren auf eine unzulässige, teilweise auf die Vormonate rückwirkende Belastung hinauslaufen würde. Sie hätte für den Mieter zudem die Wirkung, sich einer überraschenden Forderung in oft beträchtlicher Höhe gegenüber zu sehen.[62] Insbesondere aber wäre der Mieter verpflichtet, in der Folgeperiode während der u.U. langen Zeit bis zur Erstellung der nächsten Abrechnung unangemessen hohe Vorauszahlungen zu leisten, die zumal dann extrem überhöht wären, wenn die Nachforderung nicht wie im Rechenbeispiel auf acht Monate verteilt wird, sondern auf z.B. nur noch zwei oder drei bis zum Ablauf des Abrechnungszeitraums. Auf die vorbeschriebene Weise tritt ein Entlastungseffekt für beide Seiten ein, ohne dass die erhöhten Vorauszahlungen den

---

[57] *Blank* in Blank/Börstinghaus § 560 Rdn. 39, *Both* NZM 2009, 896 (898), *Derckx* NZM 2004, 321 (326), *Zehelein* in MünchKomm § 560 Rdn. 37 auch für sicher feststehende Erhöhungen.
[58] *Bub* NZM 2011, 644 (648).
[59] Vgl. *Schröter* InfoM 2011, 461.
[60] *Blank* in Blank/Börstinghaus § 560 Rdn. 36, *Both* NZM 2009, 896 (898), *Kinne* in Kinne/Schach/Bieber § 560 Rdn. 73, *Wall* Rdn. 2748.
[61] *Blümmel* GE 2000, 1234 (1235).
[62] Vgl. die Beispiele bei *Sonnenschein* NJW 1992, 265 (268).

Mieter evtl. finanziell überfordern; ihm verbleibt ein Zeitraum bis zur Abrechnung, in dem er sich auf die verbleibende Nachforderung einstellen kann.

dd) Form

Die Erklärung muss zumindest in **Textform** gem. § 126b BGB abgegeben werden. Eine **Begründung** ist für die Erhöhung **nicht** vorgesehen. Durch die regelmäßige Verknüpfung mit einer Betriebskostenabrechnung sind Form und Begründung im Grundsatz vorgegeben. Ob sich der Vermieter darauf beschränken darf, dem Mieter nur die erhöhte neue Gesamtmiete mitzuteilen, wird vom Einzelfall abhängen. Ist unschwer zu erkennen, dass die Erhöhung auf dem Ergebnis der Betriebskostenabrechnung und – entgegen der Rechtsprechung des BGH – einem leichten Sicherheitszuschlag für künftige Betriebskostensteigerungen beruht, ist der Mieter bei der Kontrolle der Anhebung nicht überfordert. Anders liegt es, wenn der Mieter nicht ohne weiteres nachvollziehen kann, wie der Vermieter die Erhöhung ermittelt hat, so dass hier für eine wirksame Erhöhungserklärung die Rechenschritte offen zu legen sind. Üblicherweise wird auch bisher schon die Anhebung der Vorauszahlungen entweder im Anschreiben zur Abrechnung oder im Anschluss an die Berechnung der Nachforderung aufgeschlüsselt.

43

Zur **Fälligkeit** der erhöhten Vorauszahlungen s. Rdn. 63 ff., zum **Zusammentreffen** einer **Erhöhungserklärung** des Vermieters und einer **Ermäßigungserklärung** des Mieters s. Rdn. 58 ff.

44

c) Preisgebundener Wohnraum

Bei öffentlich gefördertem Wohnraum im Sinne von § 1 NMV konnte der Vermieter nach §§ 20 Abs. 4 NMV, 4 Abs. 7, Abs. 8 i. V. m. § 10 WoBindG bisher schon die Vorauszahlungen erhöhen, **auch wenn** es **vertraglich nicht** vorgesehen war. § 20 Abs. 4 NMV gilt für *„Erhöhungen der Vorauszahlungen und ... die Erhebung des durch die Vorauszahlungen nicht gedeckten Umlegungsbetrages sowie für die Nachforderung von Betriebskosten"*. Der Wortzusammenhang von Erhöhung der Vorauszahlungen und Erhebung einer Nachforderung macht deutlich, dass die **Erhöhung** die Erteilung einer **Abrechnung voraussetzt**.[63] Für alle **Förderungen seit dem 1.1.2002** gilt hingegen das WoFG. Es bestimmt in § 28 Abs. 4 Nr. 1 WoFG, dass der Vermieter *„eine Leistung zur Abgeltung von Betriebskosten nur nach Maßgabe der §§ 556, 556a und 560 des Bürgerlichen Gesetzbuchs fordern, sich versprechen lassen oder annehmen"* darf. Die **folgenden Ausführungen** betreffen daher allein den **preisgebundenen Wohnraum alter Art**.

45

Zum **Verfahren** enthält § 20 Abs. 4 NMV zwei weitere besondere Regelungen. Nach Satz 1 gilt § 4 Abs. 7 und 8 NMV entsprechend, nach

46

---

[63] *Sonnenschein* NJW 1992, 265 (269), *Sternel* III Rdn. 327.

Satz 2 kann der Vermieter keine Erhöhung von Vorauszahlungen für einen zurückliegenden Zeitraum verlangen. § 4 Abs. 7 Satz 1 NMV verweist für die Durchführung der Erhöhung und ihren Wirkungszeitpunkt auf § 10 WoBindG, der das Verfahren für einseitige Mieterhöhungen generell festlegt. Nach § 10 Abs. 1 Satz 2 WoBindG ist die Mieterhöhungserklärung nur wirksam, wenn in ihr die Erhöhung berechnet und erläutert wird. Ergänzend hierzu bestimmt § 4 Abs. 7 Satz 2 NMV, dass bei der Erläuterung die Gründe, aus denen sich die einzelnen laufenden Aufwendungen erhöht haben, und die auf die einzelnen laufenden Aufwendungen entfallenden Beträge anzugeben sind.

aa) Erläuterung und Berechnung

47   Der Vermieter hat die Erhöhung entsprechend § 4 Abs. 7 Satz 2 NMV zu erläutern und zu berechnen. Soweit sich die **Erhöhung** der Vorauszahlungen an dem **Ergebnis der Betriebskostenabrechnung** orientiert, ist eine spezielle Erläuterung der Gründe für die Erhöhung nicht erforderlich.[64] Anders verhält es sich, wenn der Vermieter spätere **Kostensteigerungen,** die ihm erst später zwischen dem Ende der abgerechneten Periode und der Übersendung der Abrechnung an den Mieter bekannt geworden sind, bei der Höhe der künftigen Vorauszahlungen berücksichtigen will. Allgemein gehaltene Prognosen über die zukünftige Kostenentwicklung reichen als Erläuterung nicht aus;[65] eine Berechnung stellen sie ohnehin nicht dar. Hier hat der Vermieter den **Grund für die Mehrbelastung** anzugeben, etwa einen Bescheid über neu eingeführte Gebühren der öffentlichen Hand, Nachbelastung der Grundsteuer oder Sonderbelastungen durch die Leistungsträger, z.B. eine Gebührenerhöhung oder Änderung der Tarifstruktur bei den Kosten der Müllbeseitigung.

48   Den primär für die Weiterbelastung anderer laufender Aufwendungen geltenden **strengen Anforderungen an die Erläuterung** muss der Vermieter **nicht** Rechnung tragen. Hierfür ließe sich zwar anführen, dass die Betriebskosten einen Teil der Kostenmiete darstellen, mithin des *„zulässigen Entgelts"* im Sinne des § 10 Abs. 1 WoBindG, so dass für sie nichts anderes gelten kann als für sonstige Teile des Entgelts. Trotz dieser Sachlage soll § 4 Abs. 7 und 8 NMV nicht unmittelbar, sondern nur *„entsprechend"* gelten. Für diese differenzierte Behandlung der Erhöhung von Betriebskosten einerseits und der sonstigen laufenden Aufwendungen andererseits sprechen sachliche Gründe. Trotz des sog. Einfrierungsgrundsatzes ist die Kostenmiete keine starre Größe. Außer den Fällen einer Veränderung der laufenden Aufwendungen infolge von Modernisierung und baulichen Änderungen kommt die Anpassung der Kosten-

---

[64] Vgl. BGH (VIII ZR 199/10) NZM 2011, 545 für die Mieterhöhung infolge des Wegfalls einer öffentlichen Förderung.
[65] AG Köln WuM 1988, 436.

miete vor allem in Betracht, wenn sich – bei unveränderten Ansätzen –
die Kosten geändert haben. Diese sind nach §§ 8a Abs. 3 Satz 2 WoBindG,
4 Abs. 1 NMV nur relevant, wenn sie auf Umständen beruhen, die der
Vermieter nicht zu vertreten hat. Ob diese Voraussetzung zutrifft, etwa
bei der Umschuldung oder Ersetzung von Finanzierungsmitteln, kann
der Mieter ohne Erläuterung nicht erkennen. Demgegenüber richtet sich
die Höhe der Betriebskosten primär nach den dem Vermieter von dritter
Seite aufgegebenen Kosten und dem Verbrauchsverhalten der Mieter.
Schließlich ist darauf hinzuweisen, dass aufgrund der nur entsprechenden Anwendung die Bestimmungen in § 10 Abs. 1 Satz 3 und 4 WoBindG
obsolet sind. Es lässt sich daher vertreten, dass die Vorschrift des § 4
Abs. 7 NMV nur insoweit im vorliegenden Zusammenhang von Bedeutung ist, wie eine Erläuterung für die Nachvollziehbarkeit der Erhöhung
seitens des Mieters erforderlich ist.

bb) Verbot rückwirkender Erhöhungen

Nach § 20 Abs. 4 Satz 2 NMV ist dem Vermieter die **rückwirkende Erhö-** 49
hung von Betriebskostenvorauszahlungen nicht gestattet. Diese Vorschrift geht der Regelung in § 4 Abs. 8 NMV vor, nach welcher der Vermieter unter bestimmten Umständen auch Nachforderungen für einen
länger zurückliegenden Zeitraum geltend machen kann, wenn die jeweils
zulässige Miete im Mietvertrag als vertragliche Miete vereinbart wurde.
§ 20 Abs. 4 Satz 2 NMV verbietet damit sowohl die von der Vorauszahlungsabrede ohnehin nicht gedeckte Erhöhung für bereits abgelaufene
Abrechnungszeiträume, als auch die Erhöhung für die verstrichenen
Monate der laufenden Abrechnungsperiode; der Vermieter ist daher
nicht berechtigt, den Erhöhungsbetrag auf zwölf Monate umzurechnen
und den sich für die vergangenen Monate ergebenden Fehlbetrag als
Einmalbetrag einzufordern.[66]

Fraglich ist, ob er die Vorauszahlungen für den verbleibenden Ab- 50
rechnungszeitraum **in der Weise erhöhen** darf, dass der aus dem Kostenanstieg **prognostizierte Jahresfehlbetrag** ausgeglichen wird. Dies
wird mit dem Hinweis, die erhöhten Vorauszahlungen seien kostenorientiert und damit angemessen im Sinne des § 20 Abs. 3 NMV, bejaht, und
zwar selbst für den Fall, dass von dem laufenden Abrechnungszeitraum
nur noch ein Monat übrig ist.[67] Diese Meinung erscheint nicht ausgewogen. Eine derartige Umlage bedeutet für den Mieter eine unerwartete
Mehrbelastung, auf die er z.B. bei engem finanziellem Spielraum nur
unter Schwierigkeiten reagieren kann. Hiergegen lässt sich nicht einwenden, es werde allein eine noch höhere Nachbelastung aus der Abrechnung vermieden, so dass sich das gleiche Problem nur in zeitlich verla-
gerter Form stelle.[68] Die Argumentation verkennt, dass eine geringer

---

[66] Ebenso *Sonnenschein* NJW 1992, 270.
[67] *Sonnenschein* NJW 1992, 270 ff.
[68] *Sonnenschein* NJW 1992, 270 (272).

berechnete Erhöhung dem Mieter eine Vorlaufzeit von einigen Monaten bis zur Abrechnung verschafft, in der er sich auf die Nachforderung einstellen kann. Zur Berechnung eines für beide Seiten zumutbaren Ergebnisses s. Rdn. 39 ff.

cc) Anforderung und Wirkungszeitpunkt der Erhöhung

51 Die Erhöhungserklärung ist **schriftlich** abzugeben (§ 20 Abs. 4 Satz 1 NMV i. V. m. §§ 4 Abs. 7, 10 Abs. 1 Satz 1 WoBindG), so dass die Formvorschrift des § 126 BGB zu beachten ist. Bei einer mit Hilfe automatischer Einrichtungen erstellten Erklärung ist nach § 10 Abs. 1 Satz 5 WoBindG die eigenhändige Unterschrift entbehrlich. Eine derart gefertigte Erklärung liegt auch vor, wenn ein Computerprogramm die manuell eingegebenen Daten verarbeitet hat.[69] Soweit auch nach der hier vertretenen Ansicht eine Erläuterung beizufügen ist, gilt dies nach § 4 Abs. 7 Satz 3 NMV ebenfalls für Erklärungen, die auf die vorgenannte Weise gefertigt wurden.

52 Die Regelung in **§ 10 Abs. 1 Satz 1 WoBindG,** dass für die Erklärung, die Umlage werde erhöht, die Angabe eines bestimmbaren Betrages ausreiche, ist im vorliegenden Zusammenhang **nicht relevant.** Anderenfalls wäre das Erfordernis der Berechnung sinnlos. Die Bestimmung betrifft vielmehr den Fall, dass der Vermieter, der die Umlage von Betriebskosten nicht bereits im Vertrag festgelegt hat, dies im Wege der einseitigen Erklärung nach § 10 WoBindG nachholen kann; die definitive Höhe der Umlage ist in diesem Zeitpunkt noch nicht bekannt, sondern erst nach der Abrechnung, so dass zunächst die Angabe eines bestimmbaren Betrages genügt.

53 Die **Erhöhungserklärung wirkt,** wenn sie bis zum 15. eines Monats abgegeben wurde, zum 1. des folgenden Monats, sonst zum 1. des übernächsten Monats (§ 10 Abs. 2 WoBindG). Wurde gem. § 4 Abs. 8 NMV die zulässige Miete als vertragliche vereinbart, wirkt die Erhöhung immer schon zum 1. des Folgemonats.

3. Kürzungsrecht des Mieters

a) Grundsätze

54 Auch der Mieter hat gem. § 560 Abs. 4 BGB nunmehr das Recht, nach einer Abrechnung **durch einseitige Erklärung in Textform** die Anpassung der Vorauszahlungen auf eine angemessene Höhe vorzunehmen; ist die Form nicht gewahrt, ist die Erklärung unwirksam.[70] Zum **Verfahren** der Anpassung s. Rdn. 60 ff.

Ist **Gewerberaum** vermietet, greift § 560 Abs. 4 BGB nicht ein. Ein einseitiges Kürzungsrecht des Mieters besteht daher nur, wenn es ihm im

---

[69] BGH (VIII ZR 341/03) GE 2004, 1388 = WuM 2004, 666 = ZMR 2004, 901.
[70] AG Lichtenberg MM 2003, 245.

Mietvertrag eingeräumt ist, es sei denn, die Vorauszahlungen sind ausweislich einer Betriebskostenabrechnung unzumutbar hoch; hier wird der Mieter aus Treu und Glauben gem. § 242 BGB vom Vermieter eine Herabsetzung verlangen können.[71]

Die Ermäßigung ist **allerdings nicht in dem Umfang** vorzunehmen, dass die noch fällig werdenden Vorauszahlungen unter Einschluss der bis zur Vorlage der Abrechnung gezahlten zu hohen Abschläge ein in etwa ausgeglichenes Ergebnis erwarten lassen. Dieses Verfahren hätte zur Folge, dass die ab Beginn der neuen Abrechnungsperiode geschuldeten Vorauszahlungen erheblich zu niedrig ausfallen, so dass der Vermieter, um eine Kostendeckung zu erreichen, zu diesem Zeitpunkt wiederum höhere Vorauszahlungen anfordern müsste. Dem Vermieter ist dieser zusätzliche Verwaltungsaufwand nicht zumutbar, zumal die Korrektur mit der folgenden Abrechnung ohnehin zu erfolgen hat. Werden die in der restlichen Abrechnungsperiode fälligen Vorauszahlungen an dem Saldo der Abrechnung ausgerichtet, hat der Mieter zwar zuvor zu viel bezahlt, ein Nachteil, der jedoch im Hinblick auf die in aller Regel moderate Zuvielzahlung akzeptabel erscheint. Es ist daher wie im umgekehrten Fall der Erhöhung der Vorauszahlungen durch den Vermieter zu verfahren (s. Rdn. 39 ff.). **55**

Da sowohl das Erhöhungsrecht des Vermieters wie auch das Kürzungsrecht des Mieters nach § 556 Abs. 4 BGB an einer Abrechnung festgemacht ist, besteht grundsätzlich **kein Kürzungsrecht,** wenn z. B. **während des laufenden Abrechnungszeitraums Leistungen wegfallen,** auf die sich die Vorauszahlungen beziehen. Dieser Sachverhalt ist, wie schon mehrfach erwähnt, z. B. gegeben, wenn die Mieter kostenlos bestimmte Arbeiten übernehmen und dadurch die Beschäftigung eines Hausmeisters oder Unternehmens überflüssig machen oder wenn der Vermieter mit dem Mieter vereinbart, dass bestimmte Leistungen durch unmittelbaren Vertrag mit dem Ver-/Entsorger erbracht und direkt mit ihm abgerechnet werden. Ein weiteres Kürzungsrecht besteht wie das Recht des Vermieters zur weiteren Anpassung (s. Rdn. 34 ff.) nur bei entsprechender vertraglicher Vereinbarung. In aller Regel fehlen derartige Abreden zugunsten des Mieters. **56**

Die vorbeschriebenen Grundsätze gelten **gleichermaßen,** wenn es zur **Nicht- oder Schlechterfüllung von Leistungen** kommt. Sie begegnet in der Praxis vor allem im Zusammenhang mit Reinigungs-, Pflege- und Hauswartsarbeiten. Der Ausschluss von Kürzungen durch den Mieter ist auch deshalb gerechtfertigt, weil der Vermieter oft die Möglichkeit hat, noch während der Abrechnungsperiode auf Missstände zu reagieren. Er kann durch sofortige Abmahnung eines Unternehmens oder des mit den Arbeiten betrauten Mieters die Zeit der Nicht- oder Schlechterfüllung kurz halten, ggf. auch einem anderen Dritten die Arbeiten übertragen. **57**

---

[71] *Beyerle* in Lindner-Figura/Oprée/Stellmann Kap. 11 Rdn. 323.

Der zeitweilige Wegfall von Kosten hält sich dann in engen Grenzen, es können sogar für die restliche Periode höhere Kosten entstehen. Der Minderwert von Leistungen während des Abrechnungszeitraums lässt sich daher in aller Regel nicht abschließend quantifizieren, so dass die Kostenkontrolle der Abrechnung vorzubehalten ist.[72] Im Regelfall steht dem Mieter folglich weder ein Zurückbehaltungsrecht zur Durchsetzung seines Erfüllungsanspruchs zu, noch kommt die Reduzierung der Vorauszahlungen in Betracht.[73]

b) Kollision von Vermieter- und Mietererklärungen zur Höhe der Vorauszahlungen

58 Da beide Parteien das Recht zur Anpassung haben, kann es zu **einander widersprechenden Anpassungserklärungen** kommen. So könnten dem Mieter die vom Vermieter verlangten Vorauszahlungen zu hoch erscheinen, weil er sich an seinem Guthaben aus der letzten Abrechnung orientiert, so dass er eine entsprechend herabsetzende Anpassung erklärt. Der Vermieter hatte es indes, etwa im Hinblick auf zwischenzeitlich erfolgte Betriebskostenerhöhungen, bei den hohen Vorauszahlungen belassen, so dass ihm die vom Mieter reduzierten Abschläge nicht ausreichen und er seinerseits mit einer Anpassung auf erhöhte Abschläge reagiert. Diese Korrespondenz ließe sich fast beliebig fortsetzen mit dem Ergebnis völliger Konfusion. Es darf auch nicht derjenige zum Zug kommen, der zufällig das „letzte Wort" behält, mit der Gefahr, dass bei mehreren wechselnden Erklärungen immer unsicherer würde, welche nun tatsächlich gilt.

59 Im Hinblick darauf, dass § 560 Abs. 4 BGB die Anpassung auf eine angemessene Höhe der Vorauszahlungen beschränkt, ist diejenige **Erklärung maßgeblich,** welche der **Angemessenheit am nächsten kommt.**[74] Nach anderer Ansicht soll es bei sich widersprechenden Erklärungen schlicht bei den unveränderten Vorauszahlungen bleiben, bis ggf. das Gericht entschieden hat.[75] Dagegen ist einzuwenden, dass der Mieter danach die deutlich zu hohen Vorauszahlungen weiter zu entrichten hätte und sein Anpassungsrecht praktisch leer laufen würde.

60 Zur **Abklärung, welche Anpassung** am ehesten **angemessen** erscheint, ist zunächst festzustellen, **ob** der **Vermieter eine Begründung** für die auf den ersten Blick überhöhten Abschläge lieferte, etwa zwischenzeitlich eingetretene Mehrbelastungen. Fehlt diese, wie meist, sind **Grund und Inhalt der Anpassungserklärung** des Mieters zu **überprüfen.** Bringt der

---

[72] Vgl. AG Frankfurt am Main WuM 1996, 778.
[73] *Sternel* III Rdn. 330; a. A. *Seldeneck* Rdn. 3945.
[74] BGH (VIII ZR 322/08) NZM 2010, 315 = WuM 2010, 156; *Geldmacher* in Fischer-Dieskau § 560 Anm. 14.16.2, *Zehelein* in MünchKomm § 560 Rdn. 33.
[75] *Blank* in Blank/Börstinghaus § 560 Rdn. 21.

Mieter nur **unspezifizierte** Beanstandungen[76] an, bleibt es bei dem vom Vermieter verlangten Erhöhungsbetrag.

- **Akzeptiert der Mieter die Abrechnung als solche** und wendet er sich allein gegen die vom Vermieter geltend gemachte Erhöhung der künftigen Vorauszahlungen, darf er sich nicht kommentarlos darauf beschränken, einfach die Vorauszahlungen in der alten Höhe weiterzuzahlen oder einen anderen, ihm richtig erscheinenden geringeren Erhöhungsbetrag. Vielmehr muss er dem Vermieter mitteilen, auf welcher Grundlage seine Anpassung erfolgt. Hierzu genügt in derartigen Fällen eine kurze Erklärung, aufgrund welcher Zahlen er die Anpassung vornimmt. Damit ist zugleich eine Grundlage vorhanden, auf der sich die Angemessenheit beurteilen lässt. **61**
- **Anders** verhält es sich, wenn der Mieter die Anpassung auf **inhaltliche Fehler der Abrechnung** stützt. Sofern sich die Fehler nicht schon aus der Abrechnung selbst ergeben, etwa bei Rechenfehlern oder Zahlendrehern, bei denen ein Hinweis auf die Fehler genügt, kann er die Angemessenheit der von ihm angepassten Vorauszahlungen durch eine Gegen-Abrechnung darlegen.[77] Wählt er diese Verfahrensweise, wird er nicht umhin können, zuvor von seinem Recht auf Einsicht in die Belege Gebrauch zu machen. Seine Korrekturberechnung hat er dem Vermieter mit der Anpassungserklärung zukommen zu lassen.
- Wandte sich der **Mieter mit Substanz** gegen die vom Vermieter verlangten erhöhten Vorauszahlungen, ist jedenfalls **einstweilen** davon auszugehen, dass **seine** Anpassung ihrer **Angemessenheit am Nächsten** kommt; zu einer eigenständigen korrigierten Gegen-Abrechnung ist er nicht verpflichtet, weil die Abrechnungspflicht den Vermieter trifft.[78] Nachfolgende Anpassungserklärungen seitens des Vermieters entfalten keine Wirkung mehr. Jedenfalls steht dem Mieter hinsichtlich der streitigen Kostenansätze das **Zurückbehaltungsrecht** aus § 273 BGB zu. Der **BGH** hat entschieden,[79] dass der Mieter einen eigenständigen materiellen Gegenanspruch auf eine inhaltlich richtige Abrechnung hat, den er ggf. auch gezielt gerichtlich geltend machen kann. Das hieraus stammende Verweigerungsrecht beschränkt sich zwangsläufig nicht nur auf den Saldo, sondern auch auf die aus ihm abgeleitete Anpassung. Ein anderes Ergebnis wäre auch widersprüchlich, wenn der Mieter einerseits wegen falscher Abrechnung zumindest vorerst keine Nachzahlung schuldet, andererseits aber sogleich die auf **62**

---

[76] So im Fall BGH (VIII ZR 145/07) GE 2008, 114 = NZM 2008, 121 = WuM 2008, 31 = ZMR 2008, 196; dazu kritisch *Lammel* jurisPR-MietR 5/2008 Nr. 3, *Rave* ZMR 2008, 199.
[77] BGH (VIII ZR 184/12) NZM 2013, 357 = WuM 2013, 235 (m. Anm. *Kunze* WuM 2013, 410) = ZMR 2013, 422.
[78] Anders wohl *Hinz* ZMR 2013, 414.
[79] BGH (VIII ZR 115/04) DWW 2005, 18 = GE 2005, 50 = NZM 2005, 13 = WuM 2005, 61 = ZMR 2005, 121, dazu *Milger* NJW 2009, 625 (630).

dieser unrichtigen Grundlage berechneten erhöhten Vorauszahlungen; schließlich könnte sich der Vermieter durch phantasievolle Gestaltung der Erhöhung einen Zahlungsrückstand des Mieters verschaffen. Einigen sich die Parteien nicht und zahlt der Mieter nur die geringeren Vorauszahlungen, muss der Vermieter ggf. seine Mehrforderung gerichtlich geltend machen. Hierzu dürfte es immer wieder kommen, weil sowohl der Vermieter wie auch die Mieter üblicherweise auf der Basis ihres jeweiligen Ansatzes der festen Überzeugung sind, dass nur ihre Anpassung zu einem angemessenen Ergebnis führt.

III. Fälligkeit

63 Die **Fälligkeit** der **laufenden Vorauszahlungen** richtet sich nach den vertraglichen Absprachen. Sie sind Teil der Miete und werden üblicherweise zusammen mit dem übrigen Mietzins entrichtet, in aller Regel monatlich (so § 20 Abs. 3 Satz 1 NMV für den preisgebundenen Wohnraum). Ist der weitere Mietzins monatlich im Voraus zu zahlen, erfasst diese Regelung daher auch die Vorauszahlungen, sofern der Mietvertrag keine abweichende Bestimmung enthält; die Parteien können sich z. B. auf zweimonatlich oder quartalsweise zu zahlende Abschläge einigen. Der Anspruch des Vermieters besteht bis zum endgültigen Wegfall der Vorauszahlungspflicht (s. Rdn. 67 ff.).

64 Streitig ist, ab wann **erhöhte Vorauszahlungen erstmals fällig** sind. Mangels abweichender gesetzlicher Vorgabe gilt nach dem Grundsatz des § 271 Abs. 1 BGB, dass der erhöhte Betrag **ab der nächsten fälligen Miete** zu entrichten ist.[80] Bedenken hiergegen ergeben sich nicht nur für den Fall, dass die Abrechnung mit der Anforderung höherer Vorauszahlungen den Mieter erst kurz vor Monatsende erreicht, so dass er hierauf bei seiner Zahlung nicht mehr reagieren kann, sondern für einen Monat rückwirkend zahlen müsste; die rückwirkende Erhöhung von Vorauszahlungen ist unzulässig. Auf der Grundlage der herrschenden Ansicht, auch des BGH,[81] dass die Anpassung von Vorauszahlungen nicht nur eine formell, sondern auch **inhaltlich ordnungsgemäße Abrechnung** voraussetzt, sollte dem Mieter vielmehr eine **Frist** zustehen, innerhalb derer er die **Abrechnung überprüfen** kann, bevor er die Erhöhungsbeträge zu zahlen hat. Es wäre nicht überzeugend, ihn zur Leistung der erhöhten Beträge für verpflichtet zu halten, ohne dass er zuvor hinreichend Zeit und Gelegenheit hatte, die Grundlage für die Erhöhungserklärung des Vermieters zu überprüfen. Ist z. B. die Grundlage mangelhaft, etwa die Abrechnung nicht nachvollziehbar, schuldet der Mieter

---

[80] So *Blank* in Blank/Börstinghaus § 560 Rdn. 34, *Bub* NZM 2011, 644 (645), *Derckx* NZM 2004, 321 (325), *Haas* § 560 Rdn. 10, *Palandt/Weidenkaff* § 560 Rdn. 17, *Zehelein* in MünchKomm § 560 Rdn. 35.
[81] BGH (VIII ZR 246/11) DWW 2012, 211 = GE 2012, 826 = NZM 2012, 455 = WuM 2012, 321 = ZMR 2012, 683.

auch keine erhöhten Vorauszahlungen.[82] Es kommt hinzu, dass die regelmäßigen Vorschüsse auf die Abrechnung zur Miete i.S.d. § 543 Abs. 2 Satz 1 Nr. 3 BGB zählen, ihr Ausbleiben mithin vom Vermieter im Rahmen einer fristlosen Kündigung wegen Zahlungsverzugs herangezogen werden kann. Diese gravierende Folge wäre nicht vertretbar, wenn der Mieter schon alsbald nach Erhalt einer Abrechnung und der Erhöhungserklärung mit der Zahlung der höheren Beträge in Verzug kommen könnte, bevor er die Begründetheit der Forderung hat überprüfen können.

Im Hinblick auf die beiden vorgenannten Gesichtspunkte erscheint es **65** sachgerecht, dem Mieter einen gewissen **zeitlichen Spielraum** zuzugestehen. Da es nicht um die gründliche Prüfung der abschließenden Betriebskostenabrechnung, sondern um eine kursorische Überprüfung auf grobe Fehler geht, bietet es sich an, auf die frühere Regelung in § 4 Abs. 3 Satz 1 MHG zurückzugreifen. Danach schuldet der Mieter die erhöhten Vorauszahlungen zum Beginn des Folgemonats, wenn ihm die Erklärung bis zum **15. eines Monats** zugeht, sonst mit Beginn des übernächsten Monats.[83]

IV. Wegfall der Vorauszahlungspflicht

1. Zeitweiser Wegfall

Der Mieter kann vorübergehend berechtigt sein, die Leistung der laufen- **66** den Vorauszahlungen einzustellen. So soll ein Anspruch auf Zahlung von Heizkostenvorauszahlungen z.B. nicht gegeben sein, wenn die Heizanlage nicht funktionsfähig ist.[84] Insbesondere kommt die Aussetzung der Zahlungen in Betracht, wenn dem Mieter ein **Zurückbehaltungsrecht** aus § 273 BGB zusteht. Dies ist zumal dann der Fall, wenn der Vermieter trotz Abrechnungsreife (s. G Rdn. 79 ff.) über die in der verstrichenen Abrechnungsperiode entstandenen Betriebskosten nicht abrechnet[85] oder die Einsicht in die Abrechnungsbelege nicht gewährt.[86]

2. Endgültiger Wegfall

Vorauszahlungen beziehen sich immer auf einen bestimmten Abrech- **67** nungszeitraum. Ist er ablaufen, kann der Vermieter folgende Abschlags-

---

[82] So z.B. schon OLG Dresden NZM 2002, 437 = ZMR 2002, 416, AG Hamburg-Bergedorf NZM 2002, 435.
[83] Ebenso *Kinne* in Kinne/Schach/Bieber § 560 Rdn. 73.
[84] KG DWW 2010, 375.
[85] Z.B. BGH (VIII ZR 191/05) NZM 2006, 533 = WuM 2006, 383 zu Wohnraum, (VIII ZR 310/82) 1984, 127 zu Gewerberaum, (VIII ARZ 16/83) RE 11.4.1984 WuM 1984, 185 zu preisgebundenem Wohnraum, LG Hamburg WuM 1990, 150.
[86] BGH (VIII ZR 189/07) GE 2018. 577 = NJW 2018, 1599 = NZM 2018, 458 m. Anm. *Zehelein* = WuM 2018, 288 = ZMR 2018, 573.

zahlungen nicht zusätzlich auf die verstrichene Periode anrechnen. War der Mieter, ohne dazu berechtigt zu sein, mit dem gesamten Mietzins oder den Vorauszahlungen ganz oder zum Teil in Rückstand geraten, besteht der **Erfüllungsanspruch** des Vermieters einstweilen fort. Er **endet** jedoch endgültig **mit Eintritt der Abrechnungsreife**.[87] Mit diesem Zeitpunkt wandelt sich der Anspruch auf Leistung von Vorauszahlungen in einen Anspruch auf Ausgleich eines etwaigen Saldos aus der Betriebskostenabrechnung (hierzu im Einzelnen G Rdn. 79 ff.). Für die Nachforderung von Betriebskostenvorauszahlungen ist die **Verjährung** mithin nicht relevant, obgleich es sich auch hierbei um Miete handelt. Der Dreijahreszeitraum für die Verjährung (s. I Rdn. 31) wird nie erreicht.

68 Mit der **Beendigung des Mietverhältnisses** endet die Verpflichtung des Mieters zur Zahlung von Mietzins und Vorauszahlungen, sofern er bis dahin vollständig geleistet hatte. Der Vermieter kann auch dann keine Fortzahlung der Vorschüsse verlangen, wenn die bisher gezahlte Summe zum Ausgleich des prognostizierten Saldos aus der Abrechnung nicht ausreichen wird. Zur Problematik, ob der Mieter die **Rückforderung von Vorauszahlungen** geltend machen kann, wenn der Vermieter **keine Abrechnung** vorlegt, siehe G Rdn. 11 ff.

69 Fraglich ist, wie bei einem **Auszug des Mieters vor dem Vertragsende** zu verfahren ist. Obwohl der Mieter durch seinen Auszug keine verbrauchsabhängigen Kosten mehr verursacht, ist **keine Kürzung** um die hierauf entfallenden Anteile der Vorauszahlungen angezeigt. Ein derartiges Verlangen des Mieters überstiege aufgrund des Verwaltungsaufwands die Zumutbarkeitsgrenze für den Vermieter.[88]

70 **Nach anderer Ansicht** soll der Vermieter bei diesen Kostenarten zur Kürzung verpflichtet sein, wenn sicher ist, dass ein Verbrauch durch den Mieter nicht mehr stattfindet; dieses Ergebnis wird daraus abgeleitet, dass dem Zahlungsbegehren des Vermieters der Einwand der unzulässigen Rechtsausübung aus § 242 BGB entgegenstehe, da er die fortgezahlten Vorschüsse im Rahmen der Abrechnung ohnehin erstatten müsse.[89] Diese Ansicht ist **nicht überzeugend,** da ein unmittelbarer Zusammenhang zwischen Verbrauch und Kosten nicht zwangsläufig besteht. Selbst bei verbrauchsabhängiger Abrechnung können dem geringeren Verbrauch höhere Grundkosten gegenüberstehen. Auf die Höhe der Müllgebühren wirkt sich der Auszug eines Mieters jedenfalls in einem Mehrparteienhaus üblicherweise nicht aus, dasselbe gilt für die Kosten der Stromversorgung von Gemeinschaftseinrichtungen. Wird im Rahmen

---

[87] BGH (VIII ZR 84/17) NZM 2018, 454 = WuM 2018, 278 = ZMR 2018, 575, (VIII ZR 68/17) WuM 2018, 373, (XII ZR 112/10) GE 2012, 1696 = NZM 2013, 85 = WuM 2012, 662, OLG Naumburg BeckRS 2017, 140960; *Zehelein* WuM 2014, 3 (4 f.).

[88] Ebenso *Seldeneck* Rdn. 3950, 3951.

[89] AG Dortmund DWW 1989, 205, AG Arnsberg DWW 1988, 213; *Geldmacher* DWW 1997, 9, Staudinger/*Artz* § 556 Rdn. 77, *Sternel* III Rdn. 328 und Mietrecht aktuell (2009) Rdn. V 265.

der Wasser-/Entwässerungskosten auch die Oberflächenentwässerung berechnet, laufen diese Kosten weiter. Handelt es sich um Wasser/Entwässerungskosten, die nach dem Frischwasserverbrauch abgerechnet werden, steht allenfalls dann fest, dass sich mit dem Auszug eines Mieters die Kosten entsprechend verringern, wenn die übrige Mieterschaft unverändert bleibt und darüber hinaus über Jahre ein nahezu konstantes Verbrauchsverhalten gezeigt hat. Hat sich der Mieter an den nicht verbrauchsabhängigen Kosten zu beteiligen, müsste der Vermieter die Vorauszahlungen nach verbrauchs- und nicht verbrauchsabhängigen Kosten aufteilen, um den verbrauchsabhängigen Anteil zu ermitteln, der überschlägig als Vorschuss nicht mehr benötigt wird, obgleich er möglicherweise durch einen Anstieg bei den nicht verbrauchsabhängigen Kosten zumindest zum Teil kompensiert wird.

Das verhält sich anders i. R. des **Mietausfallschadens** (insb. Kündigungsfolgeschaden). Zwar sind die vom Mieter zu tragenden Betriebskosten als Teil der Miete vom Schadenersatz erfasst und orientieren sich, da hier eine Abrechnung nicht erfolgt, gem. § 287 ZPO an den Vorauszahlungen. Der Vermieter muss sich jedoch zugleich dasjenige anrechnen lassen, was er infolge der Nichtvermietung erspart, und daher verbrauchsbezogene Anteile abziehen. Hierzu muss er im Prozess substantiiert vortragen.[90] **71**

V. Abtretung/Aufrechnung/Pfändung von Vorauszahlungen

Nach allgemeiner Ansicht können Mietforderungen gem. § 398 BGB abgetreten, mit ihnen und gegen sie kann nach § 387 BGB aufgerechnet und sie können nach § 829 ZPO gepfändet werden. Nach herrschender Auffassung **gilt für die Vorauszahlungen** des Mieters **nichts anderes.**[91] Dieser Ansicht ist zuzustimmen, weil die Vorauszahlungen kein Sonderentgelt des Mieters sind, sondern Teil der von ihm geschuldeten Gesamtmiete. **72**

Nach einer **Mindermeinung**[92] sollen die Betriebskostenvorschüsse (und ebenso die Nachforderungen des Vermieters aus einer Betriebskostenabrechnung) demgegenüber weder abtretbar, noch pfändbar sein. Nach § 394 BGB hätte dies zur Folge, dass auch die Aufrechnung gegen diese Forderungen unzulässig ist, also nur der Vermieter mit ihnen gegen Ansprüche des Mieters aufrechnen dürfte. Auch beim Verkauf des **73**

---

[90] KG Urt. v. 13.1.2003 – 8 U 238/01, BeckRS 2003, 30300809 = KGR Berlin 2004, 131; BeckOK BGB/*Wiederhold* § 543 Rdn. 58a.
[91] Z. B. auch für die Pfändung *Belz/Lüke* in Bub/Treier VIII. A Rdn. 34 ff., *Schmid* ZMR 2000, 144, *Sternel* III Rdn. 87.
[92] OLG Celle GE 1999, 1579 = ZMR 1999, 679 (m. zust. Anm. *Lützenrath*), LG Frankfurt am Main Rpfleger 1989, 294.

Grundstücks ergeben sich für die Parteien des Kaufvertrags Probleme, wenn sie, wie üblich, einen Verrechnungstag festlegen, mit dem alle Lasten und Nutzungen auf den Erwerber übergehen sollen (sog. wirtschaftlicher Übergangsstichtag). Diese Abrede enthält nach herrschender Ansicht eine Zession der Mietansprüche des Veräußerers,[93] – der Mieter dürfte gleichwohl nach der Mindermeinung nur die Nettomiete an den Erwerber zahlen, die Vorauszahlungen wären bis zur Eigentumsumschreibung noch an den Veräußerer zu entrichten, bei einer Brutto-, Bruttokalt- oder Teilinklusivmiete wäre der Nebenkostenanteil zu schätzen.[94]

74   Ausgangspunkt ist die Bezugnahme in § 851 ZPO auf § 399 BGB, wonach eine Forderung nicht abtretbar ist, wenn die Leistung des Schuldners (hier des Mieters) an einen anderen als den ursprünglichen Gläubiger (hier den Vermieter) nicht ohne Veränderung des Inhalts der Leistung erfolgen kann oder wenn die Abtretung durch Vereinbarung mit dem Schuldner ausgeschlossen ist. Denn bei den Vorauszahlungen handele es sich um eine zweckgebundene Leistung zur Abgeltung der Betriebskosten. Dieser Leistungszweck werde bei Zahlung an einen Dritten nicht erreicht.

75   Zwar entzieht die Abtretung, Aufrechnung oder Pfändung der Vorauszahlungen dem Vermieter Mittel, dennoch ist der Meinung **aus mehreren Gründen nicht zu folgen.** Der Mieter hat nicht immer gesondert ausgewiesene Betriebskostenvorauszahlungen zu zahlen (und nach der Abrechnung einen für ihn negativen Saldo auszugleichen). Nach § 535 Abs. 1 Satz 3 BGB schuldet er eine einheitliche Miete, aus welcher der Vermieter alle Kosten, insbesondere alle Bewirtschaftungskosten zu bestreiten hat, also eine Bruttomiete bzw. bei Beachtung des § 2 HeizKV eine Bruttokaltmiete. In der Kalkulation des Vermieters gliedert sich die Miete in verschiedene Positionen, etwa Kapitaldienst, Instandhaltungsrücklage und Nebenkosten, wie es in § 24 II. BV aufgeführt ist. Wählt der Vermieter eine andere Mietstruktur (vgl. Abschn. B), legt er einen Teil seiner Kalkulation offen, ohne dass dies etwas daran ändern würde, dass die Gesamtleistung die vom Mieter geschuldete Miete darstellt. Es ist daher verfehlt, nur einen Teil des Gesamtentgelts zu betrachten und ihm ein eigenes rechtliches Schicksal zuzuweisen. Konsequenterweise hätte die Mindermeinung auch den in einer Brutto-, Bruttokalt- oder Teilinklusivmiete zu schätzenden Nebenkostenanteil von Abtretung und Pfändung ausnehmen müssen.

76   **Gegen die Mindermeinung** spricht ferner, dass bei ihrem Verständnis des § 399 BGB und damit auch des § 851 ZPO die Bestimmung des § 851b ZPO zu einem nicht unwesentlichen Teil schlicht überflüssig ist. Danach kann der Schuldner (Vermieter) beantragen, dass die Pfändung von Miet- oder Pachteinnahmen insoweit aufgehoben wird, wie er die Einkünfte

---

[93] Z. B. LG Berlin GE 1998, 617.
[94] Vgl. *Lützenrath,* Anm. zum Urteil des OLG Celle in GE 1999, 1538.

zur laufenden Unterhaltung des Grundstücks benötigt, insbesondere zur Bezahlung der Nebenkosten. Die Bestimmung bestätigt einerseits, dass Miete und Pacht ohne weiteres pfändbar (und damit abtretbar und aufrechenbar) sind[95] und begründet andererseits einen eigenen Vollstreckungsschutz, was insbesondere Instandhaltung und Nebenkosten betrifft, ohne den die Nettoeinnahmen alsbald versiegen würden. Nach der Mindermeinung bezieht sich die Regelung des § 851b ZPO nur auf nicht gesondert ausgeworfene Nebenkosten.[96] Sie unterstellt damit eine Regelung, die verschiedenen Mietstrukturen Rechnung tragen will, wofür das Gesetz nichts hergibt. Diese Unterstellung ist auch historisch unzutreffend. § 851b ZPO wurde durch Gesetz vom 20.8.1953[97] in die ZPO aufgenommen. Damals galt nicht einmal das Erste Bundesmietengesetz,[98] sondern noch die Preisstoppverordnung vom 26.11.1936 in Verbindung mit der Verordnung PR 71/51 über Maßnahmen auf dem Gebiete des Mietpreisrechts,[99] welche die Umlage einzelner Mehrbelastungen des Vermieters, vor allem der Kosten des Wasserverbrauchs, im Rahmen der vom Mieter geschuldeten Gesamtmiete zuließ. Demgegenüber beruht die Strukturierung der Miete bis hin zur Nettomiete nebst Vorauszahlung auf alle anfallenden Betriebskosten erst auf dem ständigen, viele Jahre später einsetzenden Anwachsen der Betriebskostenlast.

Nicht überzeugend ist schließlich, dass Abtretung und Pfändung dem Inhalt der Leistung des Mieters gem. § 399 BGB widersprechen würden, weil auch der Vermieter selbst nur berechtigt sei, die vereinnahmten Vorauszahlungen zweckbestimmt zu verwenden. Damit macht sie die Vorauszahlungen beim Vermieter entgegen dem Leitbild des BGB zu einem fremdnützigen Treuhandvermögen und rückt sie in die Nähe der Kaution. Die Folge wäre, dass sich der Vermieter, der die Vorauszahlungen nicht separat verwahrt und nicht nur zweckbestimmt einsetzt, dem Vorwurf der Untreue gem. § 266 StGB aussetzt, ein Gesichtspunkt, der bislang nie ernsthaft erwogen wurde. Nach dem bisherigen Rechtsstand kann sich der Mieter vielmehr nicht dagegen schützen, dass der Vermieter mit den Mieteinnahmen andere Forderungen als diejenigen z. B. der Versorger durch unmittelbare Zahlung ausgleicht. Dass dasselbe Ergebnis im Wege der Abtretung unmöglich sein soll, erschließt sich nicht, bei der Pfändung ist der Mieter ohnehin mittelbar durch § 851b ZPO gesichert. **77**

---

[95] BGH (IXa ZB 228/03) ZMR 2005, 288.
[96] OLG Celle GE 1999, 1579 = ZMR 1999, 697.
[97] BGBl. I S. 952.
[98] Vom 27.7.1955, BGBl. I S. 458.
[99] Vom 29.11.1951, BGBl. I S. 920.

F. Umlageschlüssel

I. Vorbemerkung

Sobald das Grundstück von mehreren Mietparteien genutzt wird, die in ihren Mietverträgen die Verpflichtung zur Zahlung von Betriebskosten übernommen haben, ist der Vermieter verpflichtet, die Kosten **angemessen zu verteilen**. Das Postulat ist einfach, seine praktische Umsetzung bereitet hingegen nicht selten erhebliche Schwierigkeiten; in vielen gerichtlichen Betriebskostenstreitigkeiten geht es entweder allein oder jedenfalls auch um den Umlageschlüssel. Die Probleme liegen in der in Einzelbereichen höchst streitigen Frage der Angemessenheit des Umlageschlüssels. 1

Seit dem 1.9.2001 gilt bei **preisfreiem Wohnraum** im **Grundsatz** der **Flächenschlüssel** als regelmäßiger Umlagemaßstab, vorbehaltlich anderweitiger Vorschriften oder einer anderweitigen Vereinbarung der Parteien (§ 556a Abs. 1 Satz 1 BGB). Der Vorbehalt anderweitiger Vorschriften bezieht sich zum einen auf alle Mietobjekte, die in den **Geltungsbereich der Heizkostenverordnung** fallen; danach sind die Bestimmungen in §§ 7 ff. HeizKV, die im Kapitel K behandelt werden, maßgeblich. Zum anderen betrifft er **preisgebundenen Wohnraum,** bei dem gem. § 20 Abs. 2 Satz 1 NMV zwar ebenfalls nach der Wohnfläche umzulegen ist, jedoch zwingend, so dass es den Parteien nicht frei steht, sich auf einen anderen Umlageschlüssel zu verständigen. Für **Gewerberaum** bestehen keine Regelungen. Hier wie auch bei Wohnraum außerhalb der vorgenannten Ausnahmen können die Parteien grundsätzlich einen anderen Umlagemaßstab vereinbaren. 2

Der vorbeschriebene Grundsatz ist durch zwei weitere **Ausnahmen** eingeschränkt. Bei **preisgebundenem Wohnraum** gilt der Flächenschlüssel nur, soweit in §§ 21 bis 25 NMV nichts anderes bestimmt ist. Bei **preisfreiem Wohnraum** sind nach § 556a Abs. 1 Satz 2 BGB die Kosten ausgenommen, die entsprechend dem jeweiligen **Verbrauch** bzw. der jeweiligen **Verursachung** durch die Mieter erfasst werden. Zwar können die Parteien auch in diesen Fällen Abweichendes vereinbaren, weil § 556a Abs. 3 BGB die Bestimmungen in § 556a Abs. 1 BGB nicht zwingend ausgestaltet hat. Derartige Abreden widersprächen jedoch der Wertung des Gesetzes zur Umlagegerechtigkeit bei erfasstem Verbrauch bzw. erfasster Verursachung. Für den Regelfall ist daher davon auszugehen, dass andere Umlageschlüssel keine gerechte Verteilung der Kosten im Sinne des § 315 BGB bewirken. Trotz der fehlenden Einbeziehung in Abs. 3 ist die Regelung damit faktisch zwingend. Diese gesetzliche Wertung wird bei **Gewerberaum** gleichermaßen zu beachten sein. 3

II. Festlegung im Mietvertrag

1. Grundsätze

4 Der Umlageschlüssel kann in den Mietvertrag aufgenommen sein. Seine Geltung ist damit zwischen den Parteien vereinbart. An dieser Vereinbarung müssen sich beide Seiten festhalten lassen, es sei denn, er entspricht nicht zwingendem Recht, wie bei der Vermietung von preisgebundenem Wohnraum oder der Umlage von Heiz- und Warmwasserkosten, oder er ist unbillig. Die Zustimmung des Mieters zu dem im Mietvertrag vorgesehenen Verteilungsmaßstab beruht auf der Vorstellung, dass er zu einer **gerechten Aufteilung der Kosten** führt.[1] Insbesondere der Mieter, der die Verhältnisse auf dem Grundstück bei Abschluss des Mietvertrags nicht kennt, erwartet, dass er nur mit Kosten belastet wird, die mit dem Gebrauch seines Mietobjekts zusammenhängen; diese Erwartung muss bei Abschluss des Vertrags nicht zum Ausdruck kommen, sie ist selbstverständlich.

5 In Altverträgen aus der Zeit vor dem 1.9.2001 konnte sich der Vermieter das Recht zur **nachträglichen Bestimmung des Verteilerschlüssels nach billigem Ermessen** gem. §§ 315, 316 BGB vorbehalten; sobald er davon Gebrauch machte, war er mietvertraglich vereinbart. Da die entsprechenden Formularklauseln zu zahlreichen gerichtlichen Auseinandersetzungen über ihre Wirksamkeit geführt hatten, wollte der Gesetzgeber das Streitpotential nach der Begründung des § 556a Abs. 1 Satz 1 BGB erklärtermaßen ausräumen; deshalb *„legt Absatz 1 nunmehr bei fehlender vertraglicher Vereinbarung den Umlagemaßstab gesetzlich fest"*.[2] Entgegen dieser Absicht lässt der **BGH** weiterhin auch für Neuverträge die Vereinbarung eines einseitigen Leistungsbestimmungsrechts nach billigem Ermessen des Vermieters zu. Er behandelt die Regelung des Umlageschlüssels in der Form eines Leistungsbestimmungsrecht des Vermieters als vorrangige *„vertragliche Vereinbarung"*, die wegen der Abdingbarkeit des § 556a Abs. 1 Satz 1 BGB zulässig sei,[3] und stellt damit den Rechtszustand aus der Zeit vor der Mietrechtsreform 2001 wieder her. Richtigerweise ist die Formulierung des Gesetzes allerdings nicht dahin zu verstehen, dass schon irgendeine Regelung, also auch die nachträgliche Festlegung nach billigem Ermessen, ausreicht, um den Vorrang des Flächenschlüssels aufzuheben. Vielmehr sollte dieser Verteilungs-

---

[1] OLG Düsseldorf DWW 2016, 215, BeckRS 2016, 9630; *Blank* DWW 1992, 65 (68): *„Vertragsimmanenter Grundsatz der Umlagegerechtigkeit"*; *Kraemer* NZM 1999, 156 (162): *„Fürsorgepflicht des Vermieters"* zur sachgerechten Verteilung der Betriebskosten.

[2] BT-Drucks. 14/4553 S. 51; ausführlich *Langenberg* NZM 2015, 152.

[3] BGH (VIII ZR 257/13) DWW 2015, 54 = NZM 2015, 130 (m. Anm. *Langenberg* NZM 2015, 152) = WuM 2015, 33 (m. krit. Anm. *Lammel* WuM 2015, 70) = ZMR 2015, 207.

maßstab nur dann zurücktreten, wenn im Mietvertrag ein *konkreter* anderer Umlageschlüssel vereinbart war.[4] Zu **Neuverträgen** im Übrigen s. Rdn. 2, 3.

Machte der Vermieter in den **ostdeutschen Bundesländern** von der BetrKostUV Gebrauch, waren die Betriebskosten nach § 2 Abs. 2 BetrKostUV gemäß §§ 3 bis 9 BetrKostUV umzulegen, sofern der Vermieter nicht einen anderen Umlagemaßstab mit allen Mietern vereinbart hatte. Die in §§ 3 bis 9 BetrKostUV bestimmten Verteilerschlüssel galten nach Aufhebung der BetrKostUV durch Art. 6 Abs. 2 Mietenüberleitungsgesetz[5] als vereinbart fort.[6]

6

2. Fehlende Bestimmung

a) Wohnraum

Fehlt die Bestimmung des Umlageschlüssels im Mietvertrag, ist nach der **Art des Mietobjekts** zu differenzieren. Bei **preisgebundenem Wohnraum** gelten ohne weiteres die zwingenden Vorschriften der §§ 20 ff. NMV. Bei **preisfreiem Wohnraum** greift der gesetzliche Regelmaßstab nach § 556a Abs. 1 Satz 1 BGB ein, der Flächenschlüssel. Weist der Mietvertrag zum Verteilungsmaßstab eine Lücke auf, wird sie durch § 556a Abs. 1 Satz 1 BGB geschlossen, so dass eine spätere Abrechnung des Vermieters etwa nach dem Personenschlüssel nicht ordnungsgemäß wäre. Haben die Parteien allerdings schon vor dem 1.9.2001 die Lücke durch einverständliche Handhabung geschlossen, bleibt es auch in Zukunft dabei. In diesen Fällen liegt eine anderweitige Vereinbarung im Sinne des § 556a Abs. 1 Satz 1 BGB vor.[7]

7

Im Einzelfall kann es **fraglich** sein, **ob** durch die Vereinbarung im Mietvertrag schon eine **vorrangige Regelung** getroffen wurde, so dass der Regelmaßstab aus § 556a Abs. 1 BGB nicht eingreift. Ist die **Abrede unklar,** so dass der Mieter nicht erkennen kann, wie nun die Kosten verteilt werden sollen, gilt § 556a Abs. 1 BGB.[8]

8

Die **Klausel,**

9

„Bei vermieteten Eigentumswohnungen trägt der Mieter den Betriebskostenanteil, den die Verwalterabrechnung vorgibt."

ist **keine wirksame Festlegung** des Umlageschlüssels. Die Formulierung erlaubt dem Vermieter die Verwendung jedes beliebigen, vom Verwalter verwandten Maßstabs, was den Mieter unangemessen i. S. des § 307 BGB

---

[4] Ebenso *Blank* in Blank/Börstinghaus § 556a Rdn. 50; ausführlich *Langenberg* NZM 2015, 152.
[5] Mietenüberleitungsgesetz vom 6.6.1995 BGBl. I S. 748.
[6] LG Berlin ZMR 2005, 713.
[7] Z. B. LG Darmstadt NZM 2005, 453, Revision zurückgewiesen durch BGH (VIII ZR 52/05) NZM 2006, 11 = WuM 2005, 774.
[8] LG Lemgo Urt. vom 25.10.2006 – 10 S 76/06.

belastet.⁹ Es reicht also nicht, dass der Vermieter dem Mieter den Umlageschlüssel erst in der Abrechnung erläutert.¹⁰

b) Gewerberaum

10   Bei Gewerberaum gilt die Bestimmung des § 556 Abs. 1 Satz 1 BGB nicht.¹¹ Es ist hier bei dem **Recht** des Vermieters **zur nachträglichen Bestimmung** des Umlageschlüssels nach billigem Ermessen¹² geblieben. Sieht der Mietvertrag die Umlage von Betriebskosten vor, ohne den Verteilungsmaßstab zu regeln, muss er zwangsläufig bei der ersten Umlagenerhöhung oder Abrechnung festgesetzt werden; die Befugnis des Vermieters zu seiner Bestimmung folgt entweder aus einer Formularklausel mit einem entsprechenden Vorbehalt oder ohne weiteres aus ergänzender Vertragsauslegung, da anderenfalls das vereinbarte Umlagerecht leer liefe. Der Billigkeit entspricht ein Maßstab, der bei den verbrauchsunabhängigen Kosten möglichst objektorientiert und bei den verbrauchsabhängigen möglichst verbrauchsorientiert ist und der alle Nutzer soweit wie möglich gleich behandelt. Auch eine Formularklausel mit Vorbehalt muss diesen Vorgaben entsprechen, anderenfalls ist sie unwirksam (vgl. Rdn. 8).

11   **Gewisse Ungenauigkeiten** und damit „Ungerechtigkeiten", die in der Natur eines anerkannten Umlageschlüssels liegen, hat der Mieter zu akzeptieren. Auch wenn ein anderer Maßstab sachnäher wäre, ist dessen Anwendung dem Vermieter nicht zumutbar, wenn sich daraus für ihn ein unangemessener Verwaltungsaufwand ergäbe.

III. Änderung des Umlageschlüssels

1. Vorbemerkung

12   **Trotz der Bindung durch die Vertragsabrede** kann allerdings im Einzelfall eine **Korrektur** notwendig sein. Sie kommt aber nur unter **zwei Voraussetzungen** in Betracht. **Zum einen** muss es sich um einen erheblichen Unterschied in der Belastung handeln; die Zuvielbelastung einer Partei muss **übermäßig** erscheinen.¹³ **Zum anderen** muss der neue Umlagemaßstab für den Vermieter **zumutbar** sein.¹⁴ Sie ist daher **nicht schon**

---

⁹ LG Hamburg WuM 2008, 727.
¹⁰ A. A. LG Frankfurt am Main WuM 2011, 100.
¹¹ Z. B. *Both* in Herrlein/Kandelhard § 556a Rdn. 4.
¹² Vgl. BGH (VIII ZR 137/03) WuM 2004, 150, OLG Hamm RE 27.9.1983 WuM 1983, 315; *Blank* DWW 1992, 65 (69), *Sternel* III Rdn. 357.
¹³ BGH (VIII ZR 159/05) NZM 2006, 655 = WuM 2006, 440 (m. Anm. *Wall*) *(„krasse Unbilligkeit"),* LG Mannheim NJW-RR 1999, 884, LG Aachen DWW 1991, 284 = WuM 1991, 503, LG Wuppertal WuM 1989, 520 *("grob unbillig"); Sternel* III Rdn. 361.
¹⁴ *Blank* DWW 1992, 65 (69), *Sternel* III Rdn. 357; LG Aachen WuM 1993, 410 mit einer Beschränkung der Korrekturpflicht auf Extremfälle im Hinblick auf den Verwaltungsaufwand des Vermieters.

geboten, wenn der Umlageschlüssel eine **gewisse Ungleichbehandlung** der Mieter zur Folge hat. Z.B. lässt sich bei den verbrauchsabhängigen Betriebskosten eine gleichmäßige Belastung der Mieter vor allem mit den Kosten aus Wasserverbrauch und Müllbeseitigung nur erreichen, wenn Einzelwasserzähler und separate Müllgefäße vorhanden sind; ansonsten sind Ungerechtigkeiten bei der Verteilung unvermeidlich.

2. Änderungsrecht des Vermieters

a) Grundsätze

Der Wechsel des vereinbarten Verteilungsschlüssels bedarf einer **Vertragsänderung**. Der Vermieter ist nicht berechtigt, den Schlüssel einseitig zu ändern. Da zumindest hinsichtlich der einzelnen Betriebskostenarten ein einheitlicher Maßstab auf alle Mietverhältnisse anzuwenden ist,[15] genügt die Umstellung im Verhältnis zu einer Mietpartei nicht, vielmehr sind notfalls alle Verträge zu ändern. 13

Zu einer **stillschweigenden Vertragsänderung** nach einseitiger Änderung des Umlageschlüssels durch den Vermieter kommt es nur, wenn besondere Umstände die Annahme rechtfertigen, der Mieter habe die Umstellung bewusst akzeptiert. Für die Anforderungen an die konkludente Zustimmung des Mieters kann im Grundsatz nichts anderes gelten als bei der Änderung der Mietstruktur (dazu im Einzelnen B Rdn. 63 f.). Allerdings ist zu bedenken, dass es hier nicht um die Frage geht, ob und ggf. inwieweit die Betriebskosten wirksam auf den Mieter abgewälzt wurden, sondern um die Verteilung der Kosten auf die Mieter, so dass es vertretbar erscheint, nicht so strenge Anforderungen an den Eintritt einer stillschweigenden Vertragsänderung zu stellen. So kann z.B. eine Änderung des mietvertraglich vereinbarten Abrechnungsmaßstabs von „Wohnfläche" auf „Personentage" durch die über sieben Jahre erfolgte, unbeanstandete Abrechnung nach Personentagen zustande gekommen sein.[16] 14

Die Vertragsänderung wirkt **grundsätzlich nur für die Zukunft.** Die Klausel, 15

„Der Vermieter ist berechtigt, den Verteilerschlüssel für die Betriebskosten auch im laufenden Jahr einseitig zu ändern, wenn dies sachgerecht ist.",

ist **unwirksam.** Ein Wechsel des Maßstabs schon für die laufende Abrechnungsperiode ist nicht zulässig,[17] auch wenn die Änderungsbefugnis an das Vorliegen sachgerechter Gründe geknüpft ist,[18] für bereits

---

[15] *Hanke* PiG 13 (1983) S. 167.
[16] AG Wetzlar ZMR 2011, 565.
[17] OLG Hamburg WuM 1992, 76, LG Bautzen WuM 2001, 88, LG Düsseldorf WuM 1996, 777.
[18] OLG Rostock GE 2009, 324.

abgelaufene Perioden ohnehin nicht.[19] Eine Ausnahme gilt nur bei einer entsprechenden Vereinbarung des Vermieters mit allen Mietern.

b) Änderungsrecht durch Formularklausel

16 Der Anspruch des Vermieters auf Zustimmung der Mieter zur Vertragsänderung kann sich aus einer entsprechenden **Klausel** ergeben. Wurde sie so gestaltet, dass der Vermieter den Umlagemaßstab durch eine einseitige Erklärung ändern darf, ist die notwendige Zustimmung des Mieters bereits im Vorwege erteilt. Eine derartige Klausel ist jedoch nur wirksam, wenn in ihr zum Ausdruck kommt, dass das Änderungsrecht allein dann eingreift, wenn aufgrund sachlicher Veränderungen eine im Sinne von §§ 315, 316 BGB angemessene Neuverteilung erreicht werden soll.[20]

17 Die **Klausel,** dass der Vermieter, wenn

„*... in der Spalte „Verteilungsschlüssel" ein solcher nicht eingesetzt* [ist], *... einen geeigneten, auch unterschiedlichen Umlagemaßstab* **bestimmen** *..."*

kann, ist **unwirksam**. Sie verstößt gegen § 556a Abs. 1 BGB. Enthält der Mietvertrag keine konkrete Regelung, ist nach dem Flächenschlüssel umzulegen (vgl. aber Rdn. 5).

18 Die **Klausel**, die dem Vermieter die Umstellung

„*auf einen* **geeigneten Maßstab** *unter Berücksichtigung der Gleichbehandlung der Mieter"*

gestattet, ist **unwirksam**. Die Verwendung eines nur „*geeigneten*" Umlegungsmaßstabs erfüllt nicht die Anforderungen einer Bestimmung nach „*billigem Ermessen"* gem. § 315 Abs. 1 BGB. Diese erfordert die Analyse und Bewertung der Interessenlage *beider* Parteien und schränkt dadurch das Bestimmungsrecht ein. Bei einem lediglich „*geeigneten"* Umlageschlüssel ist allein die Bewertung des Bestimmenden maßgeblich, so dass die Interessenlage der anderen Seite nicht notwendig berücksichtigt wird.[21] Es fehlt zudem der Vorbehalt, dass die Änderungsbefugnis an das Vorliegen sachlicher Gründe gebunden ist.[22]

19 Die **Klausel,**

„*Der Vermieter kann während der Mietzeit zu Anfang eines neuen Berechnungszeitraums,* **soweit zulässig**, *den Verteilungsschlüssel angemessen neu bilden."*

ist **unwirksam**. Die Regelung ist intransparent, weil der Zusatz die Rechtsposition des Mieters im Einzelfall nicht klar erkennen lässt.[23]

---

[19] OLG Frankfurt ZMR 2004, 182, LG Bonn WuM 1998, 353, LG Düsseldorf WuM 1996, 777; *Blank* DWW 1992, 65 (68), *Sternel* III Rdn. 362.
[20] LG Berlin GE 1999, 907; Staudinger/*Artz* § 556a Rdn. 13.
[21] BGH (VIII ZR 10/92) DWW 1993, 74 = WuM 1993, 109.
[22] LG Hamburg ZMR 1998, 36 (98).
[23] OLG Frankfurt WuM 1992, 56.

Ohnehin sind **alle Klauseln unwirksam,** die nicht **zwischen den** 20
Heiz- und Betriebskosten differenzieren.[24] Soweit die HeizKV eingreift, hat die Abrechnung der Heiz- und Warmwasserkosten nach deren zwingenden Vorschriften zu erfolgen. Die Klausel muss daher deutlich machen, dass sich das Änderungsrecht nicht auf deren Bestimmungen bezieht.

Nach den **Vorgaben des BGH** kommt die Abänderung daher nur unter **vier Voraussetzungen** in Betracht, wenn nämlich 21
– sachliche Gründe hierfür vorliegen,
– die Bestimmung des neuen Maßstabs an billiges Ermessen i.S. des § 315 BGB gebunden ist,
– sie vor der neuen Abrechnungsperiode erfolgt und
– die Heizkosten ausgenommen sind.

Eine **wirksame Klausel** könnte daher lauten: 22

„Der Vermieter ist aus sachlichen Gründen berechtigt, den Umlageschlüssel für die Betriebskosten – nicht der Heiz- und Warmwasserkosten – nach billigem Ermessen zu ändern. Die vorgesehene Änderung ist dem Mieter vor Ablauf der laufenden Abrechnungsperiode mitzuteilen, dabei sind die sachlichen Gründe für die Änderung und der neue Umlageschlüssel anzugeben. Die Änderung wirkt zum Beginn der neuen Abrechnungsperiode."

c) Änderungsrecht ohne vertraglichen Vorbehalt

Ist die Klausel **unwirksam oder fehlt eine entsprechende Abrede** im 23
Vertrag, kann sich der Änderungsanspruch des Vermieters aus den Bestimmungen über eine **Störung der Geschäftsgrundlage (§ 313 BGB)** ergeben, die eine unzumutbare, krasse Unbilligkeit voraussetzt;[25] es ist also nicht auf die weicheren Voraussetzungen der Grundsätze von Treu und Glauben gem. § 242 BGB zurückzugreifen. Der Anspruch ist daher nicht gegeben, wenn der vereinbarte Verteilungsmaßstab nur vorübergehend unbillig ist.[26] Bei Gewerberaum ist eine Störung der Geschäftsgrundlage z.B. bejaht worden, wenn für die Verteilung der Stromkosten für die Gewerbeobjekte der Flächenschlüssel vereinbart war, 47% der Gewerbefläche aber dauerhaft leer standen.[27] Auf eine schlichte Fehlkalkulation bei Vertragsschluss kann sich der Vermieter hingegen nicht berufen.[28]

Kündigt der Vermieter nur an, in Zukunft einen anderen Umlage- 24
schlüssel zu verwenden, ist von einer **konkludenten Vertragsänderung** auszugehen, **wenn** der Wechsel im Umlagemaßstab sachlich gerechtfertigt ist, so dass der Mieter ein ordnungsgemäßes Angebot hätte akzep-

---

[24] BGH (VIII ZR 10/92) DWW 1993, 74 = WuM 1993, 109.
[25] BGH (VIII ZR 159/05) NZM 2006, 655 = WuM 2006, 440.
[26] *Riecke* GuT 2011, 5 (8).
[27] OLG Düsseldorf GE 2011, 689.
[28] OLG Düsseldorf DWW 2016, 215, BeckRS 2016, 9630.

tieren müssen, **und** der Mieter in der Folgezeit die – bei einer Brutto-, Bruttokalt- oder Teilinklusivmiete – erhöhten Umlagebeträge rügelos entrichtet bzw. bei einer Nettomiete die neu festgesetzten Vorauszahlungen, soweit sie auf der Änderung beruhen, zahlt oder die folgende Abrechnung nicht moniert; der Streit zu konkludenten Vertragsänderungen (s. B Rdn. 63 ff.) ist hier nicht relevant, weil es vorliegend z. B. nicht um die grundsätzliche Umlegbarkeit von Betriebskosten geht, sondern allein darum, dass der Vermieter einen ihm zustehenden Anspruch nicht in der richtigen Weise geltend machte. Zumindest ist dem Mieter der später angebrachte Einwand, es sei nicht vertragsgemäß verfahren worden, wegen rechtsmissbräuchlichen Verhaltens abgeschnitten,[29] zumal der Vermieter die Mindereinnahme infolge einer Korrektur in der Regel nicht mehr durch Nachforderungen gegenüber den anderen Mietern kompensieren kann.

25 Ob vor einer Klage über eine **Anpassung** zwischen den Parteien verhandelt sein muss, wenn der Vermieter vom Änderungsrecht wegen einer Störung der Geschäftsgrundlage Gebrauch machen will, ist streitig.[30] Lehnt der Mieter von vornherein jede Anpassung ab, liefe es allerdings auf die Einhaltung einer bloßen Förmelei heraus, vom Vermieter vorab Verhandlungen zu fordern.[31] Die **Klage** soll **nach einer Ansicht** nicht auf Zustimmung zur entsprechenden Vertragsänderung zu richten sein, sondern unmittelbar auf die danach geschuldete Leistung.[32] **Nach anderer Auffassung** besteht ein Wahlrecht.[33] Danach kann der Vermieter entweder auf Zustimmung zur Anpassung klagen oder sogleich auf Leistung.

d) Bedeutung für den vermietenden Wohnungseigentümer

26 Der vermietende Wohnungseigentümer hat naturgemäß ein Interesse daran, die jeweilige Kostenverteilung innerhalb der Eigentümergemeinschaft mit dem Umlageschlüssel im Mietvertrag zu synchronisieren. Zwar hat jeder Wohnungseigentümer die Kosten aus dem gemeinschaftlichen Eigentum grundsätzlich nach seinem Miteigentumsanteil zu tragen (§ 16 Abs. 2 WEG), die Wohnungseigentümer können jedoch nach § 16 Abs. 3 WEG hiervon *„abweichend durch Stimmenmehrheit beschließen"*, dass Betriebskosten *„nach einem anderen Maßstab verteilt werden, soweit dies ordnungsgemäßer Verwaltung entspricht"*.[34] Bei der Änderung des Umlageschlüssels steht ihnen ein weiter Gestaltungsspielraum zu,[35] was auch bei der Änderung des Kostenverteilungsschlüssels auf Grund einer in der

---

[29] *Blank* DWW 1992, 65 (69).
[30] Dazu Palandt/*Grüneberg* § 313 Rdn. 41.
[31] OLG Düsseldorf GE 2011, 689.
[32] BGH (VIII ZR 41/04) NZM 2005, 144 (146); a. A. *Schmid* WuM 2011, 453 (454).
[33] BGH (V ZR 17/11) GuT 2011, 263.
[34] Hierzu ausführlich *Riecke* GuT 2011, 5 (9 ff.).
[35] BGH (V ZR 162/10) GE 2011, 761 (m. Anm. *Briesemeister* GE 2011, 736) = MietRB 2011, 211 (m. Anm. *Jennißen*) = WuM 2011, 381.

Teilungserklärung enthaltenen Öffnungsklausel gilt.[36] Wenn kein Wirtschaftsplan besteht, können sie eine Änderung des Umlageschlüssels z.B. von Wohnfläche auf Einheiten sogar rückwirkend beschließen.[37] Im Regelfall entspricht eine Rückwirkung allerdings nicht ordnungsgemäßer Verwaltung.[38]

An die Änderung des Kostenverteilungsschlüssels sollen nicht zu strenge Anforderungen gestellt werden. Sachliche Gründe sind nicht mehr vorausgesetzt, sondern die Änderung darf lediglich **nicht willkürlich** sein; bei Willkür verstößt die Regelung gegen die Grundsätze einer ordnungsgemäßen Verwaltung.[39]

27

Die vorbeschriebene Rechtslage macht deutlich, dass auf den vermietenden Wohnungseigentümer erhebliche **Schwierigkeiten bei der Umlage** der Betriebskosten **auf den Mieter** der Wohnung zukommen können. Meist wird ihnen mit einem Änderungsvorbehalt (s. Rdn. 16 ff.) begegnet, nachdem der Vermieter etwa „*berechtigt ist, bei Änderung des Verteilungsschlüssels für die WEG-Abrechnung den Verteilungsschlüssel für die Betriebskostenabrechnung anzupassen*". Eine derartige Klausel ist jedoch wegen unangemessener Benachteiligung des Mieters **unwirksam**.[40] Die Bestimmung der Umlageschlüssel ist in den Grenzen des § 16 Abs. 3, 4 WEG weitgehend frei (s. Rdn. 26). Sie muss lediglich ordnungsgemäßer Verwaltung entsprechen, sich aber nicht an den Anforderungen an eine mietrechtliche Betriebskostenabrechnung orientieren. Darüber hilft auch nicht hinweg, dass eine Anpassung im konkreten Fall unwirksam sein kann, wenn sie nicht den Anforderungen der §§ 315, 316 BGB entspricht,[41] da die Klauselkontrolle – auch im Individualprozess – abstrakt-generell vorzunehmen ist.[42] Aber auch eine in die Klausel aufgenommene Beschränkung auf solche Änderungen des Verteilungsschlüssels, die auch im Verhältnis zwischen dem Vermieter und dem Mieter einen sachlichen Grund i.S. der §§ 315, 316 BGB haben, ist nicht ausreichend, da diese Vorgaben viel zu unbestimmt sind (§ 307 Abs. 1 Satz 2 BGB). Dem kann zwar entgegengehalten werden, dass derjenige Mieter, der einen Mietvertrag hinsichtlich Wohnungseigentum schließt, um die Möglichkeit der Kostenänderung weiß. Das alleine rechtfertigt indes kein Abweichen von den gesetzlichen Vorgaben in dem Maß, dass der Mie-

28

---

[36] BGH (V ZR 2/10) NZM 2011, 589 = WuM 2011, 480.
[37] BGH (V ZR 162/10) GE 2011, 761 (m.Anm. *Briesemeister* GE 2011, 736) = MietRB 2011, 211 (m.Anm. *Jennißen*) = WuM 2011, 381.
[38] BGH (V ZR 202/09) GE 2010, 1127 = NZM 2010, 622 = WuM 2010, 524 (m. Bespr. *Lammel* WuM 2010, 735).
[39] BGH (V ZR 162/10) GE 2011, 761 (m.Anm. *Briesemeister* GE 2011, 736) = MietRB 2011, 211 (m.Anm. *Jennißen*) = WuM 2011, 381.
[40] Anders noch die bislang an dieser Stelle vertretene Auffassung von *Langenberg*.
[41] Hierzu *Engelhardt* in MünchKomm § 16 WEG Rdn. 49.
[42] BGH (I ZR 77/12) NJW 2014, 2180; *Wurmnest* in MünchKomm § 307 Rdn. 37, *Graf v. Westphalen* NZM 2016, 10 (11).

ter nunmehr der Entscheidung der Eigentümer ausgesetzt sein müsse, wie hoch seine jährlichen Betriebskosten ausfallen. Das, zumal der BGH[43] in Bezug auf die Bestimmung der in der Betriebskostenabrechnung einzusetzenden Fläche eine Einwirkung auf den Umlageschlüssel durch Vereinbarungen Dritter gerade ausschließt (siehe Rdn. 82). Diese Fallkonstellation kann nur in Extremfällen über §§ 313, 242 BGB gelöst werden.

3. Änderungsanspruch des Mieters

29 Der Vereinbarung eines Umlageschlüssels wohnt nach §§ 133, 157 BGB inne, dass die Verteilung der Kosten nach sachlichen Gesichtspunkten und angemessen zu erfolgen hat. Kommt es zu tatsächlichen Veränderungen auf dem Grundstück, kann **der Mieter** aus dem Mietvertrag **verlangen,** dass ihnen durch Veränderung des Verteilungsmaßstabs Rechnung getragen wird.[44] Der Anspruch ist dem Mieter jedoch **nur** unter den bereits oben (Rdn. 22) **erwähnten zwei Voraussetzungen** zuzubilligen. Der Mieter hat seinen Anspruch auf Vertragsänderung in derselben Weise geltend zu machen wie der Vermieter.

30 Einen **Anhaltspunkt,** dass die Änderung sachlich geboten ist, kann der Umstand liefern, dass sich die **Mehrheit der Mieter** für einen anderen Umlagemaßstab ausgesprochen hat.[45] Auch in diesem Fall muss aber hinzu kommen, dass die Anwendung des neuen Schlüssels für den Vermieter zumutbar ist, insbesondere im Hinblick auf seinen Verwaltungsaufwand;[46] für den Übergang der Abrechnung vom Flächenmaßstab auf den Personenschlüssel ist dies deshalb allenfalls für Kleinobjekte zu bejahen.[47] Soweit es sich um Kosten handelt, bei denen der unterschiedliche Verbrauch oder die unterschiedliche Verursachung seitens der Mieter **bereits erfasst** wird, wie insbesondere den Kosten der Wasserversorgung, Entwässerung und Müllabfuhr, kann der **Mieter** aus § 556a Abs. 1 Satz 2 BGB **verlangen,** dass die Kosten auch tatsächlich entsprechend umgelegt werden. Der Anspruch auf eine teilweise Abänderung des Flächenschlüssels ist für den Fall anerkannt worden, dass eine Mietpartei eines Mehrfamilienhauses in gewerblicher Art praktisch rund um die Uhr Wäsche in ihrer Wohnung wäscht; der Vermieter wurde verpflichtet, dort eine Wasseruhr installieren zu lassen;[48] als Alternative wäre allerdings auch daran zu denken, dass der Vermieter verpflichtet ist, gegen die vertragswidrige Nutzung der Wohnung vorzugehen.

---

[43] BGH (VIII ZR 220/17) GE 2018, 869 = NJW 2018, 2317 = NZM 2018, 671 = WuM 2018, 425.
[44] LG Düsseldorf WuM 1996, 777; *Seldeneck* Rdn. 3383.
[45] Vgl. LG Wuppertal WuM 1989, 520; *Sternel* III Rdn. 361.
[46] Vgl. LG Wuppertal WuM 1989, 520.
[47] A. A. AG Weimar WuM 1997, 119 für ein Haus mit 9 Mietparteien und insgesamt 24 Personen.
[48] LG Stuttgart WuM 2013, 361.

III. Änderung des Umlageschlüssels

Auch ein Änderungsverlangen des Mieters wirkt sich **grundsätzlich nur für die Zukunft** aus. Fordert der Mieter, was in der Praxis die Ausnahme ist, aufgrund von Veränderungen noch während der laufenden Abrechnungsperiode, dass sie in der nächsten Abrechnung beim Umlageschlüssel berücksichtigt werden, kann der Vermieter, will er nicht wirtschaftliche Nachteile in Kauf nehmen, das Änderungsangebot nur annehmen, wenn auch die anderen Mieter mit der Veränderung schon jetzt einverstanden sind. Da zumindest die einzelnen Betriebskostenarten in derselben Weise umgelegt werden müssen und der Anspruch des Mieters auf Änderung nicht weiter gehen kann als das, was dem Vermieter rechtlich möglich ist (vgl. Rdn. 15), bleibt es bei Widerspruch einzelner Mieter zunächst bei der bisherigen Umlageweise.[49]

31

In der Regel tritt der Mieter indes mit dem **Einwand** unangemessener **Kostenverteilung erst nach Erhalt der Abrechnung** hervor. Zu diesem Zeitpunkt ist dem Vermieter die Korrektur wegen des Rückwirkungsverbots erst recht nicht mehr möglich, zumal wenn die Ausschlussfrist nach § 556 Abs. 3 Satz 3 BGB eingreift (s. G Rdn. 83 ff.); einen Ausweg bietet lediglich die einvernehmliche Regelung mit allen Mietern. Würde der verspäteten Kritik des Mieters am Verteilungsschlüssel Rechnung getragen, müsste der Vermieter die vom Mieter beabsichtigte Verringerung seiner Belastung ausgleichen. Dies ist jedoch nur sachgerecht, wenn dem Vermieter vorzuwerfen ist, dass er die Anwendung eines angemessenen Umlagemaßstabs versäumt hat; ihn trifft die selbstverständliche Nebenpflicht, die Angemessenheit des Verteilungsschlüssels zu überprüfen und insbesondere entsprechenden Hinweisen der Mieterschaft, die rechtlich als Angebot zur Vertragsänderung verstanden werden können, nachzugehen. Verletzt der Vermieter seine Pflicht schuldhaft, steht dem Mieter ein Schadensersatzanspruch zu, der auf Freihaltung von der unberechtigten Mehrbelastung gerichtet ist. Hat der Mieter den bisherigen Verteilungsschlüssel einmal oder mehrfach unbeanstandet gelassen, hat er mit seinem nach Erhalt der Abrechnung erhobenen Einwand wegen widersprüchlichen und damit rechtsmissbräuchlichen Verhaltens keinen Erfolg.[50]

32

4. Wiederholte Änderung

Erweist sich der Umlageschlüssel aufgrund von sachlichen Veränderungen als unbillig, kann er vom Vermieter **erneut geändert** werden. Dieses Recht folgt entweder aus einer entsprechenden Klausel oder aus den Grundsätzen bei Störung der Geschäftsgrundlage (s. Rdn. 23). Ebenso können die Mieter eine Neubestimmung verlangen. Die Änderung ist nur für die Zukunft zulässig.

33

---

[49] A. A. *Blank* DWW 1992, 65 (69), wonach eine Erklärung des Mieters noch bis zur Abrechnungsreife ausreichen soll.
[50] LG Düsseldorf DWW 1990, 240; *Blank* DWW 1992, 65 (69).

34 Zum Teil wird allerdings vertreten, dass die Ausübung des Bestimmungsrechts **nur einmal** möglich und damit für alle Zukunft bindend sei, sofern sich nicht die Mieter mit der Änderung einverstanden erklären.[51] Dieser Meinung ist insoweit zuzustimmen, dass der Vermieter mit der Bestimmung ein Gestaltungsrecht ausübt; es tritt eine Konkretisierung des Leistungsinhalts des Vertrags ein, die nach allgemeiner Ansicht einseitig nicht mehr widerrufen werden kann. Gleichwohl ist diese Meinung **nicht überzeugend**. Sie berücksichtigt nicht, dass die Bestimmung immer nur die Umlage- oder Abrechnungsperiode betrifft, auf die sie sich bezieht, d. h. im Regelfall die kommende, als Ausnahme bei der erstmaligen Erhöhung oder Abrechnung nach Abschluss des Mietvertrags die vergangene. Die Besonderheit des Verteilungsschlüssels und damit der Leistungspflicht des Mieters liegt in der Abhängigkeit von den tatsächlichen Gegebenheiten; ob diese den gewählten Maßstab noch rechtfertigen, stellt sich insbesondere erst bei der jährlichen Abrechnung heraus. Wie bereits erwähnt, ist der Vermieter gehalten, jede Abrechnung zum Anlass für eine Überprüfung zu nehmen, ob dem Gerechtigkeitsgebot noch Rechnung getragen ist. Dementsprechend bedarf der Umlageschlüssel jeweils der erneuten Bestimmung, diese wirkt nur für den folgenden Abrechnungszeitraum. Dass die Neubestimmung wiederum billigem Ermessen entsprechen muss, versteht sich von selbst. Da sich beide Seiten auf den zunächst bestimmten Verteilungsmaßstab eingerichtet haben und auf eine gewisse Kontinuität vertrauen dürfen, ist die Neubestimmung allerdings nur bei erheblichen Veränderungen angezeigt.

35 *(einstweilen frei)*

5. Umstellung auf Umlage nach Verbrauch oder Verursachung

a) Grundsätze

36 Mit § 556a Abs. 2 BGB wurde dem Vermieter von preisfreiem Wohnraum, wie zuvor nach § 4 Abs. 5 Satz 1 MHG, das Recht erhalten, **einseitig** den vereinbarten Umlagemaßstab zu ändern, nunmehr allerdings nicht mehr beschränkt auf die Kosten der Wasserversorgung und der Entwässerung sowie die Kosten der Müllabfuhr. **Voraussetzung** ist, dass die Kosten **entsprechend dem Maß des Verbrauchs oder der Verursachung** umgelegt werden; es handelt sich um eine Angleichung an §§ 21 Abs. 2 Satz 3, 22a NMV für preisgebundenen Wohnraum.[52] Soweit diese Voraussetzung erfüllt ist, darf der Vermieter mithin z. B. vom bisherigen Flächen- oder Personenschlüssel abgehen.

---

[51] AG/LG Wiesbaden WuM 1992, 630; *Blank* DWW 1992, 65 (69); *Kinne* GE 1998, 843, einschränkend *Sternel* III Rdn. 361.
[52] Und (bis zum Wegfall der Verordnung) an §§ 3 Abs. 2 Satz 2, 3a BetrKostUV für Altbauwohnraum in den östlichen Bundesländern.

Ist eine **Brutto- oder Bruttokaltmiete** vereinbart, kann nach dieser Vor- **37** schrift die Mietstruktur durch Einführung einer separaten Umlage geändert werden; dasselbe gilt für die Kosten, die bislang im Betriebskostenanteil einer **Teilinklusivmiete** enthalten waren. Die Vorschrift des § 556a Abs. 2 BGB gilt uneingeschränkt auch für Mietverhältnisse, die am 1. September 2001, also vor dem Inkrafttreten der Mietrechtsreform, bereits bestanden.[53] Da die nunmehr gesondert erhobenen Kosten bislang Teil der vom Mieter entrichteten Miete waren, ist diese nach § 556a Abs. 2 Satz 3 BGB entsprechend herabzusetzen. Eine Steigerung von anderen Betriebskosten, die die Umstellung nicht betrifft, bleibt unberücksichtigt.[54]

Das **Änderungsrecht** besteht **nur**, wenn der Vermieter durch **techni-** **38** **sche Einrichtungen** oder auf ähnlich zuverlässige Weise die Voraussetzungen dafür geschaffen hat, dass die Kosten nach dem Verbrauchs- oder Verursachungsprinzip umgelegt werden können (s. im Einzelnen Rdn. 118 ff.). Der **bloße Wechsel eines allgemeinen Umlageschlüssels** reicht **nicht** aus.[55] Hier wird das Ziel des Gesetzes, die Ressourcen zu schonen, nicht erreicht, so dass es sich verbietet, dem Vermieter den einseitigen Eingriff in die Mietstruktur zu ermöglichen. Dies gilt auch für den Übergang von der Abrechnung nach dem Verhältnis der Wohnflächen zur Abrechnung nach Personenzahl[56] oder vom Übergang von der Abrechnung nach Miteigentumsanteilen auf den Personenschlüssel.[57] Damit soll zwar die Umlage dem Verbrauch bzw. der Müllverursachung angenähert werden (oft nur in geringem Umfang, vgl. Rdn. 92), die Umstellung wirkt sich jedoch nicht auf das individuelle Verbrauchs- bzw. Nutzerverhalten aus. Nach wie vor wird der verschwenderische Umgang mit Wasser bzw. die sorglose Produktion von Müll nicht durch eine Mehrbelastung des Verursachers sanktioniert oder sparsames Verhalten durch eine Kostenentlastung belohnt; die übermäßig vom einzelnen Mieter verursachten Kosten hat die Mietergemeinschaft wie bisher mitzutragen.

Aus § 556a Abs. 2 BGB ist nach allgemeiner Ansicht **keine Pflicht** des **39** Vermieters **zu Investitionen** abzuleiten, die eine Umlage nach Verbrauch oder Verursachung ermöglichen.[58] Das steht nicht im Widerspruch zu § 556a Abs. 1 Satz 2 BGB, der mangels einer Abweichungsmöglichkeit,

---

[53] BGH (VIII ZR 97/11) GE 2011, 1549 = NZM 2012, 152 = WuM 2011, 682 = ZMR 2012, 89.
[54] AG Brandenburg NJOZ 2018, 857; *Langenberg* NZM 2001, 791; *Zehelein* in MünchKomm § 556a Rdn. 42.
[55] Z. B. LG Hamburg ZMR 1998, 36 (98), AG Münster WuM 1994, 613; Palandt/ *Weidenkaff* § 556a Rdn. 7, *Zehelein* in MünchKomm § 556a Rdn. 39, *Seldeneck* Rdn. 3372, 3373.
[56] Z. B. LG Hamburg ZMR 1998, 36.
[57] AG Saarbrücken HKA 2012, 28.
[58] Z. B. *Both* in Herrlein/Kandelhard § 556a Rdn. 14.

die in Satz 1 vorgesehen ist, zwingend ist (siehe Rdn. 100). Denn Abs. 1 setzt eine Umlagevereinbarung voraus und bezieht sich lediglich auf den anzusetzenden Verteilungsmaßstab. Das gilt auch dann, wenn dem Vermieter die Kosten vom Leistungsträger nach Verursachung berechnet werden, z. B. infolge eines Beschlusses der Kommune, den Müll künftig nach Gewicht oder Volumen zu erfassen. Der Beschluss hat nur die Folge, dass der Müll des gesamten Hauses in dieser Weise abgerechnet wird; die Mieter können vom Vermieter nicht verlangen, nun entsprechende zusätzliche technische Einrichtungen zu schaffen, dass auch in ihrem Verhältnis zueinander verursachungsgerecht abgerechnet werden kann.

40 Sofern der Vermieter zur **Direktabrechnung** mit dem Leistungserbringer übergehen will, bedarf es einer entsprechenden Vereinbarung mit dem Mieter; die früher in § 4 Abs. 5 MHG enthaltene Option ist weggefallen (dazu im Einzelnen D Rdn. 16 ff.).

b) Abrechnung nach Verbrauch

41 Der Vermieter kann von der Befugnis aus § 556a Abs. 2 BGB Gebrauch machen, um die Kosten der **Wasserversorgung und Entwässerung von Schmutzwasser** ganz oder teilweise nach dem erfassten unterschiedlichen Verbrauch umzulegen. Die Verbrauchserfassung setzt die Installation von **Einzelzählern in allen Mietobjekten** voraus.[59] Diese Notwendigkeit beruht auf den unvermeidlichen Zählerdifferenzen zwischen dem Wasserverbrauch, den der Hauptzähler anzeigt, und der Summe der Verbräuche nach den Wohnungswasserzählern. Die Differenz ginge anderenfalls zulasten derjenigen Mieter, deren Mietobjekt nicht mit Einzelzählern ausgestattet ist (dazu ausführlich Rdn. 106, 110 f.). Sie hätten den im Regelfall gegenüber der Summe der Einzelzählerwerte höheren Wert nach der Anzeige des Hauptwasserzählers allein zu tragen, was zu einer im Sinne des § 315 BGB unbilligen Aufteilung führt. Ergänzend ist auf § 21 Abs. 2 Satz 3 NMV hinzuweisen. Die Vorschrift gestattet die Umlage nach Verbrauch nur, wenn er bei allen Wohnungen eines Gebäudes durch Wasserzähler erfasst wird; dasselbe galt nach § 3 Abs. 2 Satz 2 BetrKostUV.

42 Zur **Umlage der Kosten bei verbrauchsabhängiger Abrechnung im Einzelnen** s. Rdn. 99 ff.

c) Abrechnung nach Verursachung

43 § 556a Abs. 2 BGB gestattet **allgemein** die Umstellung auf eine Umlage **nach erfasster Verursachung.** Es ist daher in Zukunft nicht nur möglich, die Müllgebühren entsprechend umzulegen, sondern auch andere Betriebskostenarten. Aus dem Betriebskostenkatalog des § 2 BetrKV dürfte vor allem die Umlage der Aufzugskosten in Betracht kommen, wenn Fahrtdauer und -häufigkeit z. B. durch eine Chipkarte erfasst werden.

---

[59] BGH (VIII ZR 188/07) GE 2008, 661 = NZM 2008, 444 = WuM 2008, 288.

III. Änderung des Umlageschlüssels

Hauptanwendungsfall sind indes bis auf weiteres die Kosten der **44**
Müllbeseitigung. Wie bereits erwähnt, ist die Voraussetzung der erfassten Verursachung nicht erfüllt, wenn der Vermieter etwa nur von der Umlage nach dem Verhältnis der Wohnflächen zur Umlage nach Personenzahl wechseln will. Erforderlich ist vielmehr, dass durch geeignete Maßnahmen, insbesondere technischer Art, der produzierte Müll **den einzelnen Mietparteien zugeordnet** wird; eine Erfassung, etwa nach genauem Volumen oder Gewicht, ist – anders als bei der Wasserversorgung und Entwässerung – nicht vorgeschrieben. Als Lösung kommt z. B. in Betracht, den Mietern jeweils verschließbare Müllgefäße zur Verfügung zu stellen[60] oder darüber hinaus, jede Leerung der den einzelnen Mietern überlassenen Mülltonnen zu registrieren.[61] Inzwischen werden auch Presscontainer angeboten, die nur mit einer Magnetkarte zu bedienen sind; der eingeworfene Müll wird gewogen und der entsprechende Wert der Karte zugebucht. Die Kosten der Berechnung und Aufteilung bei Betrieb derartiger Müllmengenerfassungsanlagen sind nach § 2 Nr. 8 BetrKV umlagefähig. Mit der Einrichtung derartiger Anlagen einhergehende Kostensteigerungen, etwa bei der Umstellung von Müllgroßgefäßen auf Einzeltonnen[62] – aus Kostengründen wurden in den letzten Jahren umgekehrt zunehmend Einzeltonnen durch Großgefäße ersetzt – sind im Hinblick auf die klare Rechtslage und im übergeordneten Umweltinteresse hinzunehmen.

Zur **Umlage der Kosten bei verursachungsabhängiger Abrechnung** s. **45**
Rdn. 118 ff.

d) Form und Inhalt der Änderungserklärung

Die Änderung erfolgt nach § 556a Abs. 2 Satz 1 BGB durch **Erklärung in** **46**
Textform gem. § 126b BGB. Bestimmte **Fristen** sind nicht zu beachten. Die Erklärung kann nach § 556a Abs. 2 Satz 2 BGB jedoch nur für zukünftige Abrechnungszeiträume abgegeben werden, sie wirkt also nie in der laufenden Abrechnungsperiode; auch eine Klausel, die den Vermieter zur Umstellung im laufenden Jahr aus sachgerechten Gründen berechtigen soll, ist daher unwirksam.[63] Wurden die Betriebskosten bereits ganz oder zum Teil im Wege einer Abrechnung erhoben, steht die Abrechnungsperiode fest. Bei der teilweisen Umstellung der Mietstruktur einer Brutto- oder Bruttokaltmiete kann der Vermieter den Beginn des Abrechnungszeitraums frei festlegen, sollte aber die Fristen gem. § 560

---

[60] Z. B. LG Augsburg WuM 2004, 148 = ZMR 2004, 269, AG Brandenburg a. d. H. WuM 2010, 423.
[61] Nach Ausrüstung der Müllfahrzeuge und Müllgefäße mit einem Scannersystem, vgl. AG Moers WuM 1996, 96.
[62] AG Brandenburg a. d. H. WuM 2010, 423: Erhöhung der Kosten auf etwa das Doppelte.
[63] OLG Rostock GE 2009, 324.

Abs. 2 BGB einhalten; es bietet sich an, dem Abrechnungsturnus des Leistungsträgers Rechnung zu tragen.[64]

47 Für den **Inhalt** kann es nicht mit einer schlichten Erklärung sein Bewenden haben, denn der Mieter muss erkennen können, in welcher Weise der Vermieter von seinem Bestimmungsrecht Gebrauch macht.[65] Der Umfang der Erläuterung hängt von der bisherigen **Mietstruktur** ab.

48 Gilt eine **Nettomiete,** genügt die nachvollziehbare Mitteilung, welche Betriebskostenart betroffen ist; der Wirkungszeitpunkt sollte zur Klarstellung angegeben sein, auch wenn er sich schon aus dem bislang geltenden Abrechnungsturnus ergibt.

49 Ist eine **Brutto- oder Bruttokaltmiete** vereinbart oder eine **Teilinklusivmiete,** bei der die betroffene Kostenart im Betriebskostenanteil enthalten ist, oder wurden die Betriebskosten insgesamt durch eine **Pauschale** bezahlt, sind ebenso die jeweiligen Kostenarten und der Umlageschlüssel zu bezeichnen, darüber hinaus bei der Brutto- oder Bruttokaltmiete der Wirkungszeitpunkt und der erstmalige Abrechnungszeitraum; ferner sind gem. § 556a Abs. 2 Satz 3 BGB die bisher abgegoltenen Betriebskosten aus dem Mietzins herauszurechnen und die Vorauszahlungen für die in Zukunft abgerechneten Kosten zu beziffern.[66] Diese ergeben sich zunächst aus der Höhe des bisherigen Inklusivmietenanteils. Der Vermieter kann jedoch bei Vorliegen von Anhaltspunkten für die Notwendigkeit eines höheren Kostenanfalls (Kostensteigerungen, Verbrauchsverhalten) auch angemessene Vorauszahlungen ansetzen.

50 Ist das **Bestimmungsrecht nicht wirksam** ausgeübt worden, verbleibt es bei der zuvor geltenden Regelung, es sei denn, dass sich aus den Umständen die konkludente Zustimmung des Mieters ergibt. Dass der Mieter den Einbau von Einzelwasserzählern akzeptierte, soll zwar seine einseitige Erwartung wecken, es werde in Zukunft verbrauchsabhängig abgerechnet, aber noch keinen rechtsgeschäftlichen Erklärungswert im Sinne einer entsprechenden Verpflichtung des Vermieters haben.[67] Eine konkludente Zustimmung wirkt nach § 556a Abs. 2 Satz 2 BGB zwar nicht rückwirkend für die abgelaufene oder laufende Periode, aber für die folgende.

IV. Einzelne Umlageschlüssel

51 Dem Vermieter stehen **verschiedene Möglichkeiten** für die Verteilung der Kosten zur Verfügung, die aber mit Ausnahme des Flächenschlüssels

---

[64] *Blank* WuM 1993, 503 (508).
[65] *Zehelein* in MünchKomm § 556a Rdn. 41.
[66] Staudinger/*Artz* § 556a Rdn. 43; *Langenberg* NZM 2001, 783 (791).
[67] BGH (VIII ZR 188/07) GE 2008, 661 = NZM 2008, 444 = WuM 2008, 288; a. A. *Blank* WuM 1993, 503 (509).

IV. Einzelne Umlageschlüssel

bei Wohnraum jeweils vereinbart werden müssen; fehlt eine Bestimmung im Mietvertrag, gilt nach § 556a Abs. 1 BGB der Flächenmaßstab. Er kann je nach den Verhältnissen im Einzelfall einen einheitlichen Maßstab für alle Betriebskostenarten zugrunde legen oder nach den Kostenarten differenziert unterschiedliche Schlüssel verwenden. Entscheidend ist, dass die Auswahl von sachbezogenen Gesichtspunkten bestimmt ist und zu einem billigen Ergebnis führt; den Verwaltungsaufwand, der zum Teil beträchtliche Unterschiede aufweist, darf er bei seiner Entscheidung berücksichtigen. Als Verteilungsschlüssel kommen vor allem in Betracht:
– die Zahl der Mietobjekte,
– das Verhältnis der Nutz-/Wohnflächen oder des umbauten Raums,
– die Zahl der Nutzer,
– der unterschiedliche Verbrauch,
– die unterschiedliche Nutzung,
– das Verhältnis der Mieten.

1. Umlage nach der Zahl der Mietobjekte

Die **generelle Umlage** der Kosten nach der Zahl der Mietobjekte ist **52** grundsätzlich nicht zulässig.[68] Als **Ausnahme** ist sie **zum einen geboten,** wenn es um Kosten von Einrichtungen geht, deren Nutzwert für jedes Mietobjekt unabhängig von seiner Fläche identisch ist, wie bei Anschlüssen für den Rundfunk- und Fernsehempfang,[69] **zum anderen,** wenn Grundgebühren zu verteilen sind, die schon vom Rechnungssteller nach der Zahl der Wohneinheiten erhoben werden, wie es z.B. bei Wasser-[70] und Müllgebühren anzutreffen ist. Würde hier etwa nach dem Flächenschlüssel umgelegt, hätten die Wohnungen mit größerer Wohnfläche ohne sachlichen Grund einen höheren Kostenanteil zu tragen.

Ansonsten könnte dieser Umlagemaßstab sachlich noch zu rechtferti- **53** gen sein, wenn die Wohnungen **etwa gleich groß und** in der **gleichen Weise ausgestattet** sind. Die vermieterseitig gestellte Ausstattung darf dann aber nicht durch zusätzlich oder ersatzweise von den Mietern angeschaffte Einrichtungen verändert sein; dies bezieht sich nicht auf z.B. strombetriebene Geräte, deren Verbrauch der Mieter unmittelbar mit dem Leistungsträger abrechnet, jedoch auf solche, die sich auf die allgemeine Kostenumlage etwa von Wasser/Entwässerung auswirken.

Gelegentlich begegnet die Erwägung, (nur) bei den verbrauchsabhän- **54** gigen Kosten nach der Zahl der Mietobjekte abzurechnen, wenn zwar die Wohnungen eine unterschiedliche Fläche, aber alle die **gleiche Zimmerzahl** aufweisen, wobei die Zimmer im Prinzip derselben Nutzung zu-

---

[68] Z.B. LG Berlin GE 2002, 1492 bei der Umlage der Kosten von Hauswart und Hausreinigung.
[69] Vgl. BGH (VIII ZR 202/06) GE 2007, 1310 = NZM 2007, 769 = WuM 2007, 571; so auch bei der Verteilung unter Wohnungseigentümern: OLG Hamm NZM 2004, 914 (LS).
[70] AG Medebach DWW 2003, 190.

gänglich sein müssen. Anknüpfung ist dabei die potentielle Belegung der Wohnungen. Gehören zu einzelnen Wohnungen nur halbe Zimmer, scheidet diese Umlageweise jedoch in jedem Fall aus.[71]

2. Umlage nach dem Verhältnis der Nutz-/Wohnflächen oder des umbauten Raums

a) Grundsätze

aa) Verteilung nach Flächenanteilen

55 Die Umlage nach dem Verhältnis der Nutz-/Wohnflächen ist der **hauptsächlich praktizierte Verteilungsschlüssel**, der nunmehr durch § 556a Abs. 1 BGB auch als **Regelmaßstab** vorgesehen ist, wie es bisher bereits für preisgebundenen Wohnraum nach § 20 Abs. 2 Satz 1 NMV der Fall war; für Altbauwohnraum in den östlichen Ländern war er während des Geltungszeitraums der BetrKostUV nach § 9 BetrKostUV zugrunde zu legen. Im Bereich der HeizKV ist er für die Umlage der nicht verbrauchsabhängig abzurechnenden Kosten der Heizung und der Warmwasserversorgung gem. §§ 7 Abs. 1 Satz 2, 8 HeizKV vorgeschrieben. Der Vorteil liegt in der leichten Handhabung durch den Vermieter und der Transparenz für den Mieter; solange nicht Um-, An- oder Ausbauten erfolgen, steht er ein für alle Mal fest.

56 Die **Umlage verbrauchsunabhängiger Kosten** hat **ohnehin nur** nach dem **Flächenmaßstab** zu erfolgen.[72] Der Anteil der Wohn- oder Nutzfläche korreliert unmittelbar mit der Gesamtfläche des Gebäudes,[73] d.h. z.B. den insoweit anfallenden Versicherungskosten bzw. den Kosten des Grundstücks wie Grundsteuer, Gartenpflege u.Ä. Die Verwendung des Personenschlüssels wäre bei diesen Kosten evident sachwidrig (s. Rdn. 91). Der Flächenschlüssel muss sich grundsätzlich auf **sämtliche Einzelflächen** beziehen, also die Kosten auf diese insgesamt umlegen, unabhängig davon, ob sie **vermietet sind oder nicht**. Entsprechend ist in der Wohnraummiete grundsätzlich und in der Geschäftsraummiete jedenfalls formularvertraglich vereinbart eine Umlage der Kosten auf tatsächlich vermietete Flächen unwirksam. Es gilt stattdessen die Kostenumlage auf alle Flächen.[74]

57 Was die Umlage **verbrauchsabhängiger** Betriebskosten betrifft, bedeutet die gesetzliche Festlegung des Flächenschlüssels als Regelmaßstab, dass der Vermieter von **Wohnraum,** der dieses Verteilungsprinzip zugrunde legt, einen **sachgerechten Umlageschlüssel** verwendet. Hieraus folgt ohne weiteres seine grundsätzliche Billigkeit auch für Mietverhältnisse über **Gewerberaum.** Sind in einem Gebäude mit **preis-**

---

[71] LG Hamburg Beschl. vom 17.4.1998 – 311 S 3/98.
[72] Ebenso *Blank* in Blank/Börstinghaus § 556a Rdn. 14, 17.
[73] AG Neuss DWW 1988, 54.
[74] KG GE 2016, 971 = NZM 2017, 368 = ZMR 2016, 971.

gebundenen Wohnungen Gewerbeflächen vermietet, ist, wenn der Vorwegabzug der auf die Gewerbeflächen entfallenden Kosten nicht möglich ist, gem. § 20 Abs. 2 Satz 2 NMV nach dem Verhältnis des umbauten Raums oder der Wohn- und Nutzflächen umzulegen.

Die Umlage verbrauchsabhängiger Betriebskosten nach diesem Schlüssel ist durch § 556a Abs. 1 BGB **auch dann sachgerecht,** wenn die Mietobjekte von einer **unterschiedlichen Anzahl von Personen** genutzt werden,[75] eine **verschiedene Ausstattung** aufweisen oder zu **unterschiedlichen Zeiten** benutzt werden.[76] **58**

Zur **Begründung** der Billigkeit des Flächenmaßstabs ist zudem anzuführen, dass **Wohnfläche und Anzahl der Bewohner** einer Wohnung häufig zueinander in Bezug stehen. Trifft dies im Einzelfall nicht zu, ist dadurch die generelle Angemessenheit des Flächenmaßstabs nicht berührt, was durch die Regelung in § 20 Abs. 2 Satz 1 NMV für preisgebundenen Wohnraum alter Art bestätigt wird. Nach ihr erfolgt die Umlage der Betriebskosten grundsätzlich nach dem Verhältnis der Wohnflächen. Dies korrespondierte mit den Belegungsvorgaben nach §§ 39 II. WoBauG, 5 Abs. 2 WoBindG a. F., nach denen bei Abschluss des Mietvertrags ein enger Zusammenhang zwischen Wohnungsgröße und Nutzerzahl bestand. Beim Flächenschlüssel blieb und bleibt es jedoch auch dann, wenn sich anschließend im Laufe der Nutzungszeit die Belegung der Wohnung deutlich ändert, sei es durch Familienzuwachs, sei es durch Auszug erwachsen gewordener Kinder. Der Verordnungsgeber sah selbst bei gravierenden Veränderungen keinen Bedarf für eine Korrektur des Umlageschlüssels. **59**

In die Betrachtung ist zusätzlich immer der für den Vermieter zumutbare **Verwaltungsaufwand** einzubeziehen, der sich bei einem Wohnhaus mit wenigen Mietparteien völlig anders darstellt als bei einem Wohnblock mit vielen Wohnungen.[77] Während die Umlage nach den Flächenanteilen auch bei Großanlagen unschwer erfolgen kann, bereitet die von manchen favorisierte Umlage nach Personenzahl hier häufig beträchtliche Probleme. Gegen die Umlage nach Personenzahl spricht darüber hinaus, dass es maßgeblich auf das individuelle Nutzerverhalten ankommt, wodurch die Prämisse der größeren Umlagegerechtigkeit nachhaltig in Frage gestellt ist (s. Rdn. 92). Was die Ausstattung betrifft, hat der Vermieter kaum Einfluss darauf, ob sich die Mieter zusätzlich oder als Ersatz z.B. in besonderem Umfang Wasser verbrauchende Geräte anschaffen; er ist zudem nicht berechtigt, insoweit ständig Kontrollen durchzuführen. **60**

---

[75] Dagegen *Kox* ZMR 1980, 293, wonach die Umlage nach Fläche alles so verfälsche, dass man auch die Schuhgröße der Bewohner als Messgröße nehmen könne.
[76] OLG Hamm NJW-RR 1987, 969 für die Lüftungsanlage in einem großen Gewerbeobjekt.
[77] OLG Hamm RE 27.9.1983 WuM 1983, 315 (316).

bb) Verteilung nach umbauter Fläche

61 Bei der Umlage nach umbauter Fläche handelt es sich um eine **Modifikation des Flächenschlüssels.** Dieser Verteilungsmaßstab ist anzuwenden, wenn die strikte Beibehaltung des reinen Flächenschlüssels zu unbilligen Ergebnissen führen würde. Dies kann insbesondere der Fall sein, wenn zur Wohn- oder Nutzfläche Freiflächen gehören, auf die keine Betriebskosten und zumal keine Heizkosten entfallen (s. Rdn. 80). Durch seine Verwendung werden zudem Abrechnungsstreitigkeiten zum Umlageschlüssel von vornherein vermieden.

cc) Verteilung nach umbautem Raum

62 Die Vereinbarung der Umlage nach umbautem Raum, der allgemein nach der Anl. 2 zur II. BV ermittelt werden kann, ist bei preisfreien Wohngebäuden und Gewerbeobjekten **kaum anzutreffen,** weil sich unterschiedliche Raumhöhen, in Altbauten z.B. Deckenhöhen von 4,50 m und mehr in den Vollgeschossen und eine Deckenhöhe von 2,50 m im ausgebauten Dachgeschoss, auf die Verursachung von Betriebskosten praktisch nicht auswirken, allenfalls marginal etwa auf die Kosten eines Aufzugs oder der Treppenhausreinigung.

b) Flächenberechnung

aa) Grundsätze

63 Die **Wohnflächenberechnung** hat bei **preisgebundenem Wohnraum** nach §§ 42 bis 44 II. BV zu erfolgen, wenn sie vor dem 31.12.2003 nach diesen Bestimmungen ermittelt wurde und nach diesem Stichtag keine Neuberechnung aufgrund baulicher Änderungen erforderlich wird (§ 5 WoFlV), ansonsten seit dem 1.1.2004 nach der WoFlV.[78]

Im Regelfall wurden auch für **preisfreien Wohnraum** die Vorschriften der II. BV herangezogen, was zulässig war;[79] dasselbe gilt seit dem 1.1.2004 für die WoFlV.[80] Die WoFlV wurde aufgrund der Ermächtigung in § 19 Abs. 1 Satz 2 WoFG a.F. durch die Bundesregierung erlassen. Dass die Ermächtigung durch § 19 Satz 2 WoFG n.F. auf die Landesregierungen übergegangen ist,[81] ändert gem. Art. 125a Abs. 1 GG nichts an der **Fortgeltung als Bundesrecht,** bis und soweit sie durch Landesrecht ersetzt ist.

64 Ein **Vergleich der §§ 42–44 II. BV und der WoFlV** zeigt folgende Unterschiede. § 1 WoFlV enthält allgemeine Angaben zur Anwendung der Verordnung, die für die §§ 42–44 als IV. Teil der II. BV entbehrlich wa-

---

[78] Verordnung vom 25.11.2003, BGBl. I S. 2346; dazu z.B. *Grundmann* NJW 2003, 3745, *Langenberg* NZM 2004, 41.
[79] BGH (VIII ZR 44/03) DWW 2004, 183 = GE 2004, 680 = NZM 2004, 454 = WuM 2004, 337 = ZMR 2004, 501.
[80] BGH (VIII ZR 231/06) NZM 2007, 595 = WuM 2007, 441 = ZMR 2007, 764.
[81] Art. 9 Nr. 3 Föderalismusreform-Begleitgesetz vom 5.9.2006, BGBl. I S. 2098 (2101).

ren. **§ 2 Abs. 1 WoFlV** bestimmt, welche Räumlichkeiten überhaupt zur Wohnfläche gehören und welche auszunehmen sind. Er übernimmt in Abs. 1 sprachlich knapper und deutlicher die bisherige Regelung in § 42 II.BV. **§ 2 Abs. 2 WoFlV** führt verschiedene Grundflächen an, die zur Wohnfläche zählen, sofern sie ausschließlich zur Wohnung bzw. dem Wohnheim gehören. Diese Regelung ist klarer als die bisherige in § 44 II. BV, aus der sich die Zulässigkeit des Ansatzes derartiger Flächen nur dadurch ergab, dass sie im Rahmen der Bestimmung der anrechenbaren Grundflächen aufgeführt waren. **§ 2 Abs. 3 WoFlV** scheidet wie bisher § 42 Abs. 4 II. BV bestimmte Räumlichkeiten aus der Wohnfläche aus. So werden insbesondere Zubehörräume außerhalb der Wohnung (§ 2 Abs. 3 Nr. 1a): Kellerräume und Abstellräume, b) Kellerersatzräume außerhalb der Wohnung, c) Bodenräume) ausgenommen; auch das Treppenpodest vor der Wohnungstür ist daher auch dann nicht anzusetzen, wenn es zum Abstellen von Gegenständen genutzt werden darf.[82] Schuppen (Holzlegen) sind weggefallen ebenso Wirtschaftsräume, die gegenüber den Verhältnissen zur Zeit der Schaffung der II. BV im Jahr 1957 keine Bedeutung mehr haben. Die Grundfläche von Heizungsräumen gehört, klarstellend neu im Beispielkatalog, nicht zur Wohnfläche. **§ 3 WoFlV** entspricht weitgehend § 43 II.BV. Zwischen Rohbau- und Fertigmaßen wird nicht mehr differenziert, vom Putzabzug wurde wegen der veränderten Bautechniken abgesehen. Es ist generell von der Vorderkante der Bekleidung der Bauteile an zu rechnen; sofern begrenzende Bauteile fehlen, etwa bei Terrassen, vom baulichen Abschluss. **§ 3 Abs. 2 WoFlV** nennt beispielhaft einige Grundflächen, die einzubeziehen sind. Die bisherige, recht pauschale Regelung in § 43 Abs. 2 II. BV wurde aufgegliedert und modernisiert. **§ 3 Abs. 3 WoFlV** führt die Flächen an, die nicht anzusetzen sind. Die Regelung ist übersichtlicher als § 43 Abs. 5 II.BV. **§ 3 Abs. 4 WoFlV** beschreibt die beiden Möglichkeiten für die Ermittlung der Grundfläche. Die Bestimmungen in **§ 4 Nr. 1 und 2 WoFlV** zur Anrechnung von Flächen je nach ihrer lichten Höhe stimmen mit § 44 Abs. 1 Nr. 1 und 2 II. BV überein. Der weitere Text in § 44 Abs. 1 Nr. 2 II. BV wurde in die neue **Nr. 3** des § 4 übernommen. Wintergärten waren bisher generell nur zur Hälfte anzusetzen, nach der Neuregelung gilt dies allein für unbeheizbare Wintergärten, beheizbare fließen mit ihrer vollen Fläche ein (vgl. § 2 Abs. 2 Nr. 1 WoFlV). Hintergrund ist, dass Wintergärten 1957 im Wesentlichen für die Haltung und Aufbewahrung von Pflanzen und nur während der wärmeren Jahreszeit als zeitweiliger Aufenthaltsraum genutzt wurden, während sie inzwischen häufig beheizbar sind und, wie Medienberichte zeigen, bei entsprechender Möblierung einen vollwertigen Wohnraum darstellen.

§ 42 Abs. 2 II. BV und § 4 Nr. 4 WoFlV regeln die **Anrechnung von** **65** **Balkonen, Loggien, Dachgärten und Terrassen.** Vorauszuschicken ist, dass der **BGH** für deren Anrechnung klargestellt hat, dass **Lage, Aus-**

---

[82] LG Frankfurt am Main ZMR 2011, 382; *Blank* MietRB 2011, 325 (326).

richtung und **Nutzbarkeit** der Freifläche **nicht** zu berücksichtigen sind. Die gegenteilige Meinung[83] verknüpfte in unzutreffender Weise qualitative, subjektiv beeinflusste Kriterien (Wohnwert) mit rein quantitativen, objektiven Kriterien (Wohnfläche); der Wohnwert hat jedoch schon begrifflich nur Einfluss auf den Vergleichsmietzins, nicht auf die Wohnungsgröße.

Um eine **Terrasse** handelt es sich **nicht,** wenn sie nicht an den vermieteten Wohnraum angrenzt, weil es sich z. B. nur um eine „Sitzecke auf dem Hof" handelt, die 20 m von der Wohnung entfernt ist.[84] Dasselbe gilt für einen ebenerdigen Platz, der nicht mit einem festen Bodenbelag versehen und zum Aufstellen von Stühlen und Tischen nicht geeignet ist; ein Bodenbelag aus Bruchsandsteinplatten mit unterschiedlichen Maßen, die nicht fest verfugt sind und deren Fugen Abstände von 2–5 cm aufweisen, genügt daher nicht.[85]

66 § 4 Nr. 4 WoFlV hat die dem Duden unbekannten *„Freisitze"* zutreffend dem allgemeinen sprachlichen Verständnis entsprechend Terrassen genannt, der Zusatz *„gedeckte"* ist entfallen. § 4 WoFlV bestimmt die **Regelanrechnung** zu einem **Viertel,** ausweislich der Begründung soll die Anrechnung zur Hälfte nur noch in Ausnahmefällen möglich sein, deren Vorliegen der Bauherr im Einzelnen darlegen muss; sein Wahlrecht ist entfallen. Die Begründung zur Verordnung[86] liefert den Förderstellen hierzu Aspekte, wobei sie weitgehend die Gründe nach dem Rechtsentscheid des BayObLG[87] (s. Rdn. 78) übernahm. Letztlich entscheidet die Bestimmung des Anrechnungsmodus in der Förderzusage, die bei Nachteilen der Freifläche auch die Anrechnung von weniger als einem Viertel festlegen kann. Die Begründung richtet sich mithin allein an die Förderstellen der Länder, denen Anhaltspunkte gegeben werden, die auf preisfreien Wohnraum nicht übertragbar sind. So führt die Begründung als Beispiele für ein Abgehen von der Anrechnung zu einem Viertel auch die Aufstockung des Gebäudes oder die Zusammenlegung von Wohnungen an. Diese Besonderheiten greifen bei preisfreiem Wohnraum nicht ein, so dass es dort beim Regelmaßstab, der Anrechnung zu einem Viertel, zu verbleiben hat, wie es vordem § 27 I. BV[88] bestimmte und weiterhin nach DIN 283 gilt. Im Verhältnis von **Wohnungseigentümern** untereinander stellt die WoFlV allerdings nur eine Richtlinie dar, von der sie in einzelnen Punkten (hier: Terrasse zu 50% statt 25%) abweichen können.[89]

---

[83] BayObLG RE 20.7.1983 WuM 1983, 254.
[84] BGH (VIII ZR 218/08) GE 2009, 1118 = NZM 2009, 659 = WuM 2009, 514 = ZMR 2009, 838.
[85] LG Landau in der Pfalz WuM 2014, 740.
[86] BR-Drucks. 568/03 S. 26, 27.
[87] BayObLG RE 20.7.1983 WuM 1983, 254.
[88] I. BV v. 20.11.1950 (BGBl. I S. 753).
[89] LG Berlin ZWE 2014, 269.

Demgegenüber konnten nach § 44 Abs. 2 II. BV *„Balkone, Loggien,* **67**
Dachgärten und gedeckte Freisitze ... bis zur Hälfte" angesetzt werden.
Die jeweilige Bestimmung des Ansatzes war dem Bauherrn überlassen:
Während der Bauherr öffentlich geförderten Wohnraums an einer möglichst großen und damit geförderten Fläche interessiert war, ging es dem
Bauherrn im (schon lange weggefallenen) steuerbegünstigten Wohnungsbau darum, diese Flächen überhaupt nicht in Ansatz zu bringen,
weil er, um die steuerliche Vergünstigung nicht zu verlieren, die vorgeschriebenen Höchstflächen nicht überschreiten durfte (§§ 82, 39 Abs. 1
II. WoBauG). Der jeweilige Umfang der Anrechnung nach § 44 II. BV
wurde daher vom Bauherrn je nach Interessenlage selbst bestimmt. Mit
einer unterschiedlichen Nutzbarkeit dieser Außenflächen hatte die Formulierung *„bis zur Hälfte"* daher nie etwas zu tun.[90] *„Gedeckt"* i. S. d. § 44
Abs. 2 II. BV ist der **Freisitz**, wenn er Sichtschutz gewährt, sei es durch
Bauteile oder durch Pflanzen;[91] bedeckt, d. h. mit einer Bedachung versehen, muss die Terrasse nicht sein, was immer wieder übersehen wird.[92]
Ohne diesen Sichtschutz scheidet der Ansatz der Terrassenfläche mithin
aus.

Die **DIN 283** ist nach wie vor anwendbar. Dies ergibt sich aus der Be- **68**
gründung des Normenausschusses Bauwesen für die Zurückziehung des
Regelwerks.[93] Er war der Meinung, *„der Wohnungsbau, der heute noch
völlig frei finanziert wird, d. h. der weder öffentliche Mittel noch steuerliche Begünstigungen in Anspruch nimmt, ist in seinem Umfang verschwindend gering";* für *„solche Wohnungen wie auch bestehenden Altwohnungsbau* (könne)
*das Ermittlungsverfahren der II. BV vereinbart werden, das in seinem Wortlaut
mit der DIN 283 Teil 2 fast identisch"* sei. Es ist evident, dass diese Begründung falsch ist. Sie zeigt aber zugleich, dass die DIN 283 nicht
etwa zurückgezogen wurde, weil sie nicht oder nicht mehr richtig
war.[94] In einigen Regionen ist die Berechnung nach DIN 283 üblich.[95]

Mit Stand vom 1. Mai 2012 hat der Arbeitskreis Flächendefinitionen **69**
der Gesellschaft für immobilienwirtschaftliche Forschung e. V. (gif e. V.)[96]
eine **Richtlinie zur Berechnung der Mietfläche für Wohnraum (MF/W)**
veröffentlicht. Sie orientiert sich zwar an den Grundflächenarten der
DIN 277, legt aber darüber hinausgehend fest, welche Grundfläche als
Mietfläche ansetzbar ist. Statt des Begriffs der Wohnfläche verwendet sie

---

[90] Vgl. auch LG Hamburg WuM 1987, 354; *Blümmel* DWW 1984, 18.
[91] BGH (VIII ZR 164/08) DWW 2010, 18 = GE 2010, 54 = NZM 2010, 36 = WuM 2009, 733, BVerwG ZMR 1977, 349, LG Hamburg NJWE-MietR 1996, 173 = WuM 1996, 278.
[92] Z. B. LG Rostock WuM 2006, 247.
[93] Schreiben des Normenausschusses vom 21.11.1983 an den Deutschen Mieterbund e. V. WuM 1984, 113.
[94] LG Mannheim WuM 1989, 11.
[95] So z. B. in München: LG München I WuM 2006, 91.
[96] Mosbacher Straße 9, 65187 Wiesbaden, von der die Richtlinie erworben werden kann.

den Begriff der Mietfläche, den sie in **Wohnungsflächen und Nebenflächen** aufteilt; dadurch wird die unscharfe Bezeichnung „Wohn- und Nutzfläche" vermieden, die in vielen Mietvertragsformularen anzutreffen ist und immer wieder zu gerichtlichen Auseinandersetzungen führt. Zusätzlich **differenziert** sie bei den Wohnungsflächen zwischen **vollständigem und anteiligem Nutzungsrecht des Mieters,** was es erstmals ermöglicht, in den sog. neuen Wohnformen mit Aufenthalts- und Gemeinschaftsräumen, z. B. in Mehr-Generationshäusern und Seniorenresidenzen,[97] zu einer sachgerechten Flächenberechnung zu kommen.

Die Richtlinie nimmt zunächst als MF/W-0 bestimmte Flächen aus, die **nicht zur Mietfläche** zählen, nämlich Nutzflächen (Kraftfahrzeugabstellflächen, Zivilschutzräume), technische Funktionsflächen, Verkehrsflächen außerhalb der Wohneinheiten und Konstruktionsgrundflächen. Sodann nimmt sie eine **Mietflächentypisierung** vor und unterscheidet exklusiv genutzte Mietflächen, die keinen räumlichen Nutzungsbeschränkungen unterliegen (MF/W-1a), Mietflächen, die überdeckt, aber nicht allseitig geschlossen sind (MF/W-1b) oder die nicht überdeckt sind (MF/W-1c), Mietflächen unter einer lichten Raumhöhe unter 1,50 m (MF/W-1d) und Nebenflächen, die nach der Landesbauordnung und/oder einem Bebauungsplan nicht für Wohnzwecke zugelassen sind (MF/W-1e). Anschließende graphische Erläuterungen (Reihenhaus, Mehrfamilienhaus, neue Wohnform) erleichtern den Zugang zu den Typisierungen.

Ein **Vergleich mit den** oben unter b) (Rdn. 4 ff.) aufgeführten **Verordnungen** zeigt zum einen, dass Terrassenflächen generell nur mit ¼ anzusetzen sind (wie schon immer nach DIN 283), zum anderen, dass Flächen unter 1,50m lichter Höhe überhaupt nicht, Flächen mit höherer lichter Höhe voll angerechnet werden; die Einführung nur einer Höhengrenze soll die Berechnung z. B. in Dachgeschosswohnungen erleichtern. Auch wenn sich damit im Ergebnis eine weitgehende Übereinstimmung mit den anderen Regelwerken ergibt, liegt der Vorteil der MF/W darin, dass sie eine **transparente Flächenermittlung** erleichtert. Sie verlangt, dass alle zum Mietobjekt gehörenden Flächen separat ausgewiesen sind, mithin auch solche, die nicht in die Berechnung einfließen, damit jeder Mieter (und Käufer) genau ersehen kann, wie die schließlich zugrunde gelegte Flächenangabe zustande kam. Wegen des damit verbundenen Aufwands dürfte es längere Zeit dauern, bis sich die Richtlinie am Markt etabliert hat, auch wenn gerade die erzielbare Transparenz späteren Streitigkeiten in besonderem Maße vorbeugt.

70 Die Bezeichnung der **DIN 277** in der Fassung 2005 lautet *„Ermittlung von Grundflächen und Rauminhalten von Bauwerken".* Sie dient der Flächenermittlung für die Baugenehmigung sowie als Grundlage für die Kostenermittlung und -analyse nach DIN 276.[98] Sie liefert allein eine **Flächenty-**

---

[97] *Hörndler* MietRB 2012, 249 (251).
[98] *Hörndler* MietRB 2012, 249 (252), *Isenmann* ZMR 1986, 114.

pisierung, indem sie die verschiedenen Flächenarten (s. Rdn. 71) beschreibt. Anders als die DIN 283, die WoFlV bzw. zuvor § 44 II. BV und die MF/W enthält sie daher **keine Bewertung** der jeweiligen Flächen nach ihrem Nutzwert für den Mieter;[99] Reduktions- oder Bewertungsfaktoren für eine unterschiedliche Nutzbarkeit der Grundflächen sind nicht Sache des Erstellers der Flächenberechnung, sondern des *„immobilienwirtschaftlichen Verwerters".*[100] Der Unterschied wird z.B. auch an Tabelle 2 Nr. 1.1 *„Wohnräume"* deutlich, die unterschiedslos als Beispiele *„Wohn- und Schlafräume in Wohnungen, Wohnheimen, Internaten, Beherbergungsstätten, Unterkünften; Wohndielen, Wohnküchen, Wohnbalkone, -loggien, -veranden; Terrassen"* aufführt.

Fraglich ist daher, wie mit **Formularklauseln** zu verfahren ist, die auf die **DIN 277** Bezug nehmen. **Nach einer Ansicht** scheitert ihre formularvertragliche Vereinbarung bereits daran, dass sie den Mieter **unangemessen** belastet (§ 307 BGB).[101] Sie kürzt z.B. die Grundfläche nicht um solche Flächen, die ohne erkennbaren Nutzwert sind,[102] etwa bei Fehlen einer gewissen lichten Mindesthöhe, wie es bei den echten Flächendefinitionen der Fall ist, nämlich sowohl in der DIN 283 als auch in § 44 II. BV bzw. § 4 WoFlV und in der gif-Richtlinie MF/W (s. Rdn. 69) ebenso wie in der zunehmend verwendeten gif-Richtlinie MF/G (s.u. Rdn. 71) für Gewerberaum; so wurde sogar die getrennte Ermittlung von Grundflächen unter Schrägen über bzw. unter 1,5 m in der neuen DIN 277 aufgegeben. Demgegenüber soll **nach anderer Meinung** die Vereinbarung, es werde eine Maisonettewohnung mit einer Größe von **ca. 176 m² gemäß DIN 277** vermietet, wirksam sein.[103] Sie bezieht sich auf die Rechtsprechung des BGH, dass nach der Art der Wohnung ein *„anderer Berechnungsmodus naheliegender"* sein kann.[104] So hat er es für eine Maisonettewohnung mit Dachschrägen im ausgebauten Spitzboden für *„denkbar"* gehalten, *„als Wohnfläche die reine Grundfläche der Wohnung nach der DIN 277 anzusetzen, ohne dabei einen Abzug von Flächen mit einer lichten Höhe unter 2 Meter vorzunehmen".*[105] Dieser Verweis auf die Rechtsprechung des BGH ersetzt indes nicht die Prüfung der Formularvereinbarung auf ihre hinreichende **Transparenz,** die hier aus zwei Gründen **fehlt. Zum einen** ist die **schlichte Angabe „DIN 277" nicht ausreichend.**[106] Die Be-

---

[99] OLG Hamm NJW-RR 1997, 1551.
[100] Merkblatt 687 der Architektenkammer Baden-Württemberg zur neuen DIN 277, S. 8.
[101] *Eisenschmid* in Eisenschmid/Wall Betriebskosten-Kommentar, 3. Aufl., Rdn. 4026.
[102] *Häublein* PiG 92 (2012) 81 (99).
[103] AG Charlottenburg/LG Berlin GE 2012, 1318.
[104] BGH (VIII ZR 231/06) NZM 2007, 595 = WuM 2007, 441 = ZMR 2007, 764: DIN 283, (VIII ZR 44/03) NZM 2004, 454 = WuM 2004, 337 = ZMR 2004, 501: DIN 277.
[105] BGH (VIII ZR 44/03) NZM 2004, 454 = WuM 2004, 337 = ZMR 2004, 501.
[106] *Börstinghaus* Rdn. 188.

zugnahme auf eine bloße Flächentypisierung zur Berechnung der Wohnfläche ist überraschend, so dass die Formularklausel nach § 305c Abs. 1 BGB schon nicht Vertragsbestandteil wird.[107] Zudem soll die DIN 277 nach ihrem Zweck schon keine Bewertung schaffen,[108] sondern sie hat eine völlig andere Funktion.[109] **Zum anderen** hat der Vermieter als Verwender der Formularklausel den Mieter über deren Inhalt aufzuklären, also die **Grundlagen und Folgen zu erläutern**.[110] Anders als bei Gesetzen oder Verordnungen, wie etwa der WoFlV, reicht die Bezugnahme auf ein technisches Regelwerk insoweit nicht aus. Selbst wenn die Klausel einige erläuternde Zusätze, etwa die Bezeichnung Netto-Grundfläche (NGF), enthält, wird sie meist unwirksam sein, weil der Mieter kaum erkennen kann, worauf er sich letztlich einlässt. Handelt es sich nicht um eine originäre Formularklausel, sind ggf. die Einschränkungen nach § 310 Abs. 3 BGB zu beachten und darüber wiederum die Anwendbarkeit des § 307 BGB, da der Mietvertrag über Wohnraum i. d. R. einen Verbrauchervertrag darstellt. Die Vereinbarung der Flächenberechnung nach der DIN 277 dürfte daher **nur** dann rechtliche Relevanz haben, wenn sie **individualvertraglich** getroffen wurde.[111]

71 Für **Gewerberaum** existieren keine speziellen Vorschriften zur Flächenberechnung. Hier werden zunehmend die *„Richtlinien zur Berechnung der Mietfläche bei Gewerberaum* **(MF-G)"** der Gesellschaft für immobilienwirtschaftliche Forschung e. V. (gif e. V.) vertraglich zugrunde gelegt.[112] Ziel der Richtlinien ist es, eine Bewertung der Mietflächen unter wirtschaftlichen Kriterien zu ermöglichen; dazu wird auch der Nutzwert der Flächen berücksichtigt. So wird z. B. hinsichtlich der Funktionsflächen danach unterschieden, ob sie primär dem Gebäudebetrieb dienen oder individuelle Nutzungsanforderungen des Mieters unterstützen, Erstere sind nicht anzusetzen; bei den Konstruktionsgrundflächen wird festgelegt, dass nur solche in die Berechnung einfließen, die der Mieter für seine spezielle Raumaufteilung in Anspruch genommen hat; bei den Verkehrsflächen wird zwischen solchen unterschieden, die sich innerhalb des Mietobjekts selbst befinden, und denen, die gemeinschaftlich genutzt werden, wobei bei Letzteren Vorschläge zur Aufteilung zwischen den beteiligten Mietern gemacht werden; Räume oder Raumteile unter 1,50 m lichter Höhe sollen außer Ansatz bleiben.

Eine **Berechnung** nach den Regelungen für Wohnraum wird der Mieter von **Gewerberaum** grundsätzlich nicht erwarten können; es wäre auch wenig einleuchtend, wenn etwa der Mieter einer Gaststätte mit Terrasse nur deren Ansatz zu einem Viertel verlangen dürfte, obwohl es sich

---

[107] *Häublein* PiG 92 (2012) 81 (99).
[108] *Schul/Wichert* ZMR 2002, 633 (634).
[109] OLG Düsseldorf WuM 2002, 42.
[110] Z. B. *Fuchs* in Ulmer/Brandner/Hensen § 307 BGB Rdn. 335 m. w. N.
[111] BGH (VIII ZR 44/03) WuM 2004, 337; *Hinz* WuM 2008, 633 (641).
[112] Vgl. auch LG Hildesheim GE 2010, 623; *Durst/v.Zitzewitz* NZM 1999, 605, *Hörndler* MietRB 2012, 249 (250), *Schul/Wichert* ZMR 2002, 633.

um eine voll nutzbare Betriebsfläche handelt.[113] Es ist den Parteien daher dringend anzuraten, die maßgebliche Berechnungsmethode zu vereinbaren.[114] Der nicht selten anzutreffende schlichte **Verweis auf DIN 277 ist nicht aussagekräftig,**[115] was sich daraus erklärt, dass die DIN 277 eine völlig andere Zielrichtung hat (s. Rdn. 70). Sie enthält zudem eine Vielzahl verschiedener möglicher Flächen. DIN 277-1 setzt die Begriffe für die einzelnen Flächen fest, Brutto-Grundfläche (BGF), Konstruktions-Grundfläche (KGF), Netto-Grundfläche (NGF), Nutzfläche (NF), Technische Funktionsfläche (TF), Verkehrsfläche (VF) sowie Konstruktions-Grundfläche (KGF) und deren Berechnung. Auf dieser Grundlage nimmt DIN 277-2 eine genauere Bestimmung und Untergliederung der NGF, NF, FF und VF vor, die in der dazugehörigen Anlage 1 nach Nutzungsarten weiter aufgeschlüsselt werden. Die Tabelle 2 ordnet anhand von Beispielen Räume und Grundflächen bestimmten Nutzungsarten zu, allerdings, und dies ist der entscheidende Nachteil, ohne Bewertung des Nutzwerts. Wird auf die DIN 277 Bezug genommen, ist es daher erforderlich, in einem Zusatz zu erläutern, ob z. B. die BGF, die NGF oder die NF zugrunde gelegt wurde. Haben die Parteien eines Gewerbemietvertrags die Höhe der Miete an die nach Fertigstellung endgültig aufzumessende Nettogrundfläche nach DIN 277 geknüpft und sind sie bei Vertragsschluss davon ausgegangen, dass die gesamte in dem Gebäude nutzbare Fläche einschließlich der Flächen unter nicht tragenden Innenwänden die Nettogrundfläche nach DIN 277 darstellt, ist diese Fläche für die Höhe der an die Mietfläche geknüpften Miete maßgeblich.[116] Enthält der Mietvertrag über Gewerberaum eine Angabe über die Größe der Nutzfläche, umfasst diese auch die als „Zubehör" mitvermieteten Kellerräume.[117] Auch ein stets freizuhaltender Fluchtweg, der mitten in der vermieteten Produktions- und Bürofläche liegt, der ohne Weiteres zugänglich und für die Mitarbeiter des Mieters als Wegefläche nutzbar ist, kann zur vermieteten Fläche gehören.[118]

bb) Maßgebliche Fläche

(a) Ausdrückliche Vereinbarung

Haben die Parteien eine ausdrückliche **Vereinbarung** zur Fläche des Mietobjekts und der Berechnungsmethode getroffen, hat die Abrede den **Vorrang**.[119] Dies gilt auch, wenn sie dem Vermieter nachteilig ist.[120] Ist

72

---

[113] KG GE 2006, 53.
[114] *Hübner/Griesbach/Fuerst* in Lindner-Figura/Oprée/Stellmann Kap. 14 Rdn. 251.
[115] *Fritz* Rdn. 269.
[116] KG ZMR 2010, 951.
[117] LG Hildesheim DWW 2010, 104 = GE 2010, 623.
[118] KG GE 2009, 516.
[119] Z. B. BGH (VIII ZR 86/08) GE 2009, 773 = NZM 2009, 477 = WuM 2009, 344.
[120] BGH (VIII ZR 218/08) GE 2009, 1118 = NZM 2009, 659 = WuM 2009, 514 = ZMR 2009, 838.

eine Berechnungsmethode vereinbart oder ortsüblich, ist die **gesamte Wohnfläche** nach ihren Vorgaben zu berechnen. Eine gemischte Anwendung ist nicht zulässig.[121]

Wann tatsächlich eine **Vereinbarung** zur Flächenberechnung vorliegt, ist eine Frage des Einzelfalls; sie kann auch konkludent zustande kommen (s. Rdn. 74 f.). Das ist nicht der Fall, wenn eine **Wohnflächenangabe** ausdrücklich nicht zur Festlegung des Mietgegenstandes dienen soll.[122] Auch einseitige Vorstellungen bei Vertragsschluss genügen nicht.[123] Demgegenüber ist die Bestimmung im Mietvertrag wirksam, *„Die Wohn-/Hobbyfläche ist mit 81,89 m² vereinbart. Sollte sich nachträglich herausstellen, dass die tatsächliche Wohn-/Hobbyfläche von der vorstehend vereinbarten Fläche abweicht, so soll keine der Parteien berechtigt sein, aus dieser Tatsache eine Anpassung der Miete zu verlangen. Die beheizte Fläche beträgt 81,89 m².";* die Parteien wollten hier die Unsicherheit einer unterschiedlichen Berechnungsweise außer Streit stellen.[124]

73 Zu einer ausdrücklichen Vereinbarung kann es auch dadurch kommen, dass dem Mieter **Exposés und Grundrisse vor Abschluss des Vertrags** ausgehändigt wurden. Stellten sie das Mietobjekt vollständig und mit richtigen Maßen dar, konnte der Mieter genau ersehen, welche Flächen der Vermieter für die Größe des Mietobjekts zugrunde legte, so dass er mit Abschluss des Mietvertrags diese Berechnungsmethode ersichtlich billigte. Ebenso soll es liegen, wenn der Mieter nur einen Grundriss mit dem „Kernbereich" von drei Zimmern und Küche erhielt, die Nebenräume nicht nach ihrer Fläche beschrieben waren und zur Freifläche nur *„sehr große, sonnige Dachterrasse"* angeführt war.[125] Ob der Mieter tatsächlich ernsthaft eine bestimmte Berechnungsweise akzeptiert, wenn ein wesentlicher Flächenanteil im Dunkeln bleibt und nur durch Mutmaßungen aufgefüllt werden kann, erscheint allerdings fraglich.

(b) Stillschweigende Vereinbarung

74 Enthält der **Mietvertrag,** wie meist, **keine Regelung** zur Berechnungsmethode, ist das **jeweils ortsübliche Verfahren** stillschweigend vereinbart.[126] Dieser Ansatz des BGH überzeugt, weil der Mieter auch gegenüber den zum Teil recht eigenwilligen Formulierungen mancher

---

[121] Vgl. BGH (VIII ZR 231/06) NZM 2007, 595 = WuM 2007, 441 = ZMR 2007, 764.
[122] BGH (VIII ZR 306/09) GE 2011, 49 = NZM 2011, 70 = WuM 2011, 11 = ZMR 2011, 205.
[123] BGH (VIII ZR 244/08) GE 2010, 119 = NZM 2010, 80 = WuM 2010, 27; *Langenberg* NZM 2009, 76.
[124] LG Berlin GE 2005, 995; dazu BGH (VIII ZR 150/05) GE 2006, 1165: *„ein berechtigter Ausnahmefall"* zu BGH (VIII ZR 44/03) GE 2004, 680 = NZM 2004, 454 = WuM 2004, 337 = ZMR 2004, 501.
[125] BGH (VIII ZR 219/04) NZM 2006, 375 = WuM 2006, 245 (m. Anm. *Wiek*).
[126] BGH (VIII ZR 231/06) NZM 2007, 595 = WuM 2007, 441 = ZMR 2007, 764.

Vermieter zur Mietfläche voraussetzen darf, dass ohne eindeutige entgegenstehende Hinweise die Flächenberechnung zugrunde gelegt wurde, die im weiteren Wohnbereich üblich ist.

Auch **aus den Umständen,** die den Abschluss des Mietvertrags begleiten, kann sich eine stillschweigende Vereinbarung über die Wohnfläche der Mietwohnung ergeben, namentlich in Fällen, in denen der verwendete Formularvertrag insoweit kein Feld für Angaben vorsieht; in allen derartigen Fällen ist nach der Rechtsprechung des BGH die regional übliche Berechnungsmethode zur Ermittlung der Wohnfläche maßgeblich. Dies ist z. B. der Fall bei einer gemeinsamen Vorstellung zur Wohnungsgröße aufgrund der Angaben in der Zeitungsannonce einer Maklerin und in einer vor Vertragsabschluss überreichten *„Wohnflächenberechnung".*[127] Ob sich der Vermieter an Angaben in Zeitungsinseraten festhalten lassen muss,[128] ist hinsichtlich des Rechtsbindungswillens fraglich. Die Angaben in einer sog. Vermieterbescheinigung, die bei der Inanspruchnahme von Sozialleistungen vom Mieter vorzulegen ist, genügen nach allgemeiner Auffassung nicht, um eine konkludente Flächenvereinbarung anzunehmen.[129] **75**

Was die **Ortsüblichkeit** betrifft, ist allgemein anerkannt, dass z. B. **Mietspiegeln** insoweit eine besondere Bedeutung zukommt. Die in ihnen ausgewiesenen Mietwerte müssen sich an den Vorgaben des § 558 Abs. 2 Satz 1 BGB ausrichten, zu denen die Größe der Wohnungen gehört. Um die Vergleichbarkeit sicherzustellen, enthalten sie in aller Regel Hinweise, nach welcher Methode die ausgewiesenen Flächen ermittelt wurden. So soll etwa in **Berlin** für Verträge, die nach dem 31.12.2003 geschlossen wurden, die WoFlV mit der Maßgabe anerkannt sein, dass Wintergärten, Balkone und Terrassen nur mit einem Viertel ihrer Grundfläche zu berücksichtigen sind.[130] In München ist die Anwendung der DIN 283 durchaus üblich.[131] **76**

(c) Zeitlicher Geltungsbereich

War die Berechnung nach §§ 42–44 II.BV ausdrücklich oder stillschweigend vereinbart, stellt sich die Frage, ob die Regelungen **nach dem 1.1.2004** fortgelten oder ob seitdem die WoFlV anzuwenden ist, was insbesondere für die Berechnung von Freiflächen von Bedeutung ist (dazu Rdn. 79). Nach der Rechtsprechung des **BGH** sind die Bestimmungen entscheidend, die **im Zeitpunkt des Abschlusses des Mietvertrags** galten bzw. gelten.[132] **77**

---

[127] BGH (VIII ZR 256/09) GE 2010, 1047 = NZM 2010, 614 = ZMR 2010, 938.
[128] *Fetten* InfoM 2009, 112; a. A. AG München ZMR 2014, 552.
[129] Z. B. AG Bad Segeberg WuM 2014, 475 (m. Anm. *Börstinghaus); Börstinghaus*, Rdn. 261 ff.
[130] LG Berlin GE 2018, 256 = MDR 2018, 662 = ZMR 2018, 503.
[131] Z. B. LG München I WuM 2006, 91.
[132] BGH (VIII ZR 86/08) GE 2009, 773 = NZM 2009, 477 = WuM 2009, 344.

78 Geht es um Freiflächen wie **Balkone, Loggien, Terrassen,** hat die vorbeschriebene zeitliche Zuordnung zur Folge, dass in Verträgen aus der **Zeit vor dem 1.1.2004** § 44 Abs. 2 II. BV einschlägig ist. Die Bestimmung gestattete die flexible Anrechnung der Flächen *„bis zur Hälfte"* aus Gründen, die für den preisfreien Wohnraum irrelevant sind (s. Rdn. 67). Nach Ansicht des **BGH** konnten die Flächen bei preisfreiem Wohnraum **generell bis zur Hälfte** angesetzt werden.[133] Er stellt damit den Vermieter preisfreien Wohnraums demjenigen Vermieter gleich, dem an einer möglichst großen Fläche des öffentlich geförderten Wohnraums gelegen ist. Diese Gleichstellung überzeugt, weil die Interessenlage identisch ist, nämlich eine höchst mögliche Vermietungsfläche zu erhalten. Die Reduzierung der ansetzbaren Fläche bis hin zu null durch den Vermieter steuerbegünstigten Wohnraums – diese Förderform ist seit langem gegenstandslos –[134] hatte demgegenüber eine völlig anders liegende Motivation, die mithin für eine Verallgemeinerung nicht taugt.

Für die Berechnung von Balkonen, Loggien, Terrassen in Mietverträgen aus der **Zeit nach dem 1.1.2004** gilt § 4 WoFlV mit dem Regelansatz von **einem Viertel** und dem Höchstsatz der Hälfte (s. dazu Rdn. 65). Nach § 5 Satz 2 WoFlV ist auch bei Altverträgen die WoFlV maßgeblich, wenn die Fläche **wegen baulicher Änderungen** am Mietobjekt, etwa durch Aus- oder Umbau, nach dem 1.1.2004 **neu zu berechnen** ist. Es fragt sich, **ob** diese Regelung **für preisfreien Wohnraum** zu übernehmen ist. Werden derartige Baumaßnahmen nicht im laufenden Mietverhältnis durchgeführt, gilt für den neuen Mietvertrag ohnehin die WoFlV. Geht es um Maßnahmen bei fortbestehendem Mietvertrag, wird es sich im Interesse einer klaren Rechtslage grundsätzlich empfehlen, weiterhin an das Datum des Abschlusses dieses Mietvertrags anzuknüpfen; so wäre es **nicht sachgerecht,** dem Vermieter, der z.B. im Küchen- und Badbereich einen Umbau mit einer geringen Flächenabweichung vornahm, die zur Wohnung gehörende Freifläche durch eine Neuberechnung von der Hälfte auf ein Viertel zu kürzen. Eine **Ausnahme** betrifft **neue** Freiflächen, die im Rahmen von Modernisierungen zunehmend insbesondere in Form von Vorbaubalkonen geschaffen werden.

(d) Verstoß gegen Bauordnungsrecht

79 Sowohl nach § 42 Abs. 4 Nr. 3 II. BV als auch nach § 2 Abs. 3 Nr. 2 WoFlV gehören Räume **dann nicht** zur **anrechenbaren** Wohnfläche, **wenn** sie *„den an ihre Nutzung zu stellenden Anforderungen des Bauordnungsrechts der Länder"* nicht genügen. Der **BGH** hat darauf abgestellt, ob die betroffenen Räume einverständlich als Wohnräume vermietet wurden und als solche genutzt werden können. Ist dies der Fall, sind ihre Flächen anzurechnen, solange die Nutzbarkeit nicht durch Einschreiten der zuständigen Behör-

---

[133] BGH (VIII ZR 86/08) GE 2009, 773 = NZM 2009, 477 = WuM 2009, 344.
[134] Im Einzelnen *Langenberg* NZM 2003, 177 (178).

den eingeschränkt ist.[135] Es hätte allerdings auch die Möglichkeit bestanden, über die Anrechenbarkeit der Räume nach dem im Zeitpunkt der Errichtung des Hauses maßgeblichen Bauordnungsrecht zu entscheiden. Wohnraum, der danach zum dauernden Aufenthalt für Menschen geeignet war und entsprechend vermietet werden durfte, verliert seine Qualifizierung nicht durch spätere bauordnungsrechtliche Einschränkungen. Auf diesem Weg hätte auch der Unterscheidung zwischen Vorschriften des formellen Baurechts und solchen, die aus Gründen des Gesundheitsschutzes oder der Sicherheit von Wohnräumen resultieren, Rechnung getragen werden können; liegt ein Verstoß gegen die letztgenannten Vorschriften vor, sollte die Anrechnung der betroffenen Flächen ausscheiden.[136]

cc) Einheitlichkeit der Berechnung

Die Fläche muss für alle Mietobjekte des Gebäudes **nach einheitlichen Kriterien ermittelt** werden; anderenfalls ist ihre Berechnung unbillig. Obwohl es sich hierbei um eine selbstverständliche Bedingung für die Anwendung des Umlageschlüssels handelt, begegnen in der Praxis immer wieder Fälle, in denen sie nicht hinreichend beachtet wurde. Insbesondere ist die nicht korrekte Handhabung dann anzutreffen, wenn die Wohnungen des Hauses **unterschiedliche Freiflächen** aufweisen. So sind zumal in Altbauten Wohnungen zum Teil mit, zum Teil ohne Balkon versehen oder mit Balkonen unterschiedlicher Größe; Entsprechendes gilt für Loggien, Terrassen, Dachgärten. Da durch diese Flächen üblicherweise **keine** verbrauchsabhängigen **Betriebskosten** produziert und keine besonderen verbrauchsunabhängigen Kosten verursacht werden, ist die Umlage nach dem Flächenmaßstab nur dann rechnerisch richtig, wenn die Flächen je Mietobjekt auf die **umbaute Fläche** oder auf die Fläche reduziert werden, welche die Wohnung mit dem kleinsten Balkon etc. aufweist. Anderenfalls würden die Mieter von Wohnungen mit großen Freiflächen diejenigen Mieter bei den Betriebskosten subventionieren, deren Wohnung nur eine kleine oder überhaupt keine Freifläche aufweist.

80

c) Differenz zwischen vereinbarter und tatsächlicher Nutz-/Wohnfläche

Es ist streitig, welche Nutz-/Wohnfläche bei einer Abweichung der vereinbarten von der tatsächlichen Fläche maßgeblich ist. Nach einer Meinung hat die vereinbarte Fläche Vorrang,[137] jedenfalls wenn sie für den Mieter günstiger ist,[138] nach herrschender und zutreffender Ansicht kommt es **allein** auf die **objektive Fläche** an.[139]

81

---

[135] BGH (VIII ZR 275/08) GE 2009, 1425 = NZM 2009, 814 = WuM 2009, 661 = ZMR 2010, 101, LG Itzehoe ZMR 2007, 40, a. A. LG Frankfurt am Main NZM 2009, 81.
[136] Vgl. LG Mannheim NZM 1999, 406.
[137] Z. B. LG Köln WuM 1993, 362.
[138] Z. B. LG Hannover WuM 1990, 228.
[139] Z. B. AG Trier WuM 2006, 168; *Beyer* NZM 2010, 417 (422), *Blank* in Blank/Börstinghaus § 556a Rdn. 36, *Hinz* WuM 2008, 633 (635), *Kraemer* NZM 1999, 156 (162), *Seldeneck* Rdn. 3151, *Sternel* III Rdn. 408, *Wiese* ZMR 1990, 85.

82 Der **BGH** hat seine frühere an die Minderung bei Flächenabweichungen[140] angelehnte Rechtsprechung[141] nunmehr aufgegeben[142] und entschieden, dass sofern und soweit Betriebskosten ganz oder teilweise nach Wohnflächenanteilen umgelegt werden, für die Abrechnung im Allgemeinen der jeweilige Anteil der **tatsächlichen Wohnfläche** der betroffenen Wohnung maßgebend ist.

83 Das ist zutreffend. Die unmittelbar zwischen den Mietvertragsparteien vereinbarte Beschaffenheit liefert keinen Anhalt, dass der Mieter bis zu 10% von den auf seine Wohnung entfallenden Betriebskosten entlastet wird, die nunmehr die anderen Mieter zu tragen haben oder dass auf ihn im umgekehrten Fall bis zu 10% Mehrkosten entfallen, was bei einem Zweifamilienhaus bis zu einer Differenz von 20% führen kann.[143] Wirtschaftlich wirkt sich die Flächenangabe im Mietvertrag bei einer Minderfläche von bis zu 10% letztlich wie ein unserem Recht unbekannter Vertrag zulasten Dritter aus, bei einer nicht vorhandenen Mehrfläche von bis zu 10% als Vertrag zugunsten Dritter. Die Anwendung der Rechtsprechung zum Gewährleistungsrecht auf die Verteilung der Betriebskosten war daher verfehlt,[144] weil die Frage der für die Umlage relevanten Fläche des einzelnen Mietobjekts zugleich alle anderen Mieter des Hauses betrifft. Obwohl sich der Leitsatz der BGH-Entscheidung auf diejenigen Fälle bezieht, in denen die Umlage nach den gesetzlichen Vorgaben (§§ 556a Abs. 1 Satz 1 BGB; 7 Abs. 1 HeizKV) nach Fläche erfolgt, gibt es keinen Grund, die vertragliche vereinbarte Umlage anders zu behandeln. Zu beachten ist jedoch, dass eine für den Abrechnungszeitraum bestehende **Minderung** nach § 536 Abs. 1 BGB sich zwar zugleich auf die Betriebskostenabrechnung auswirkt.[145] Allerdings wird sich diese aufgrund der auf die tatsächliche Fläche bezogenen Abrechnung bereits realisiert haben, so dass eine weitergehende Minderung des Abrechnungsergebnisses nicht gerechtfertigt ist.

84 Erfolgt während des Mietverhältnisses eine **(Neu)Vermessung**, ist deren Ergebnis in **ausstehenden und zukünftigen Betriebskostenabrechnung** für alle Mieter (Außenverhältnis) anzusetzen.[146] Zeigt sich bei der

---

[140] BGH (VIII ZR 295/03) DWW 2004, 182 = GE 2004, 682 = NJW 2004, 1947 = NZM 2004, 453 = WuM 2004, 336 = ZMR 2004, 495 (m. Anm. *Schul/Wichert*), (VIII ZR 133/03) DWW 2004, 148 = GE 2004, 683 = NZM 2004, 456 = WuM 2004, 268 = ZMR 2004, 500.

[141] BGH (VIII ZR 261/06) DWW 2008, 18 = GE 2007, 1686 = NZM 2008, 35 = WuM 2007, 700 = ZMR 2008, 38 (m. Anm. *Schmid*), dazu kritisch Beyer NJW 2010, 1025 (1029 f.).

[142] BGH (VIII ZR 220/17) GE 2018, 869 = NJW 2018, 2317 = NZM 2018, 671 = WuM 2018, 425.

[143] *Schmid* WuM 2008, 9 (10) = ZMR 2008, 42 (43).

[144] *Beyer* NZM 2010, 417 (422).

[145] BGH (VIII ZR 223/10) GE 2011, 749 = NJW 2011, 1806 = NZM 2011, 453 = WuM 2011, 284 = ZMR 2011, 704.

[146] *Beyer* NZM 2010, 417 (422).

Vermessung eine größere Fläche als vereinbart, ist der Vermieter auch im Innenverhältnis zum einzelnen Mieter befugt, die richtige Fläche bei seinen Abrechnungen zugrunde zu legen; er kann ihn aber auch nur entsprechend der vereinbarten Fläche belasten und die Kostendifferenz selbst übernehmen.

Bei älteren Betriebskostenabrechnungen ist zu differenzieren. Im Hinblick auf die weite Anwendung der Ausschlussfrist für Einwendungen des Mieters nach § 556 Abs. 3 Satz 5 BGB durch den BGH (s. H Rdn. 272 ff.) ist davon auszugehen, dass der Mieter aus einer kleineren als der im Mietvertrag ausgewiesenen Fläche nach Beginn der Ausschlussfrist keine Ansprüche herleiten kann, wenn er den Einwand der falschen Fläche verspätet anbrachte.[147] Machte er seinen Einwand rechtzeitig geltend, kann er vom Vermieter eine neue Abrechnung auf der Grundlage der richtigen Fläche verlangen; hatte er den Abrechnungssaldo bereits ausgeglichen, steht ihm ein **Rückzahlungsanspruch** hinsichtlich der überzahlten Beträge zu, der sich aus ungerechtfertigter Bereicherung gem. §§ 812, 818 BGB ergibt. Für den Vermieter wird es mit den erteilten Abrechnungen sein Bewenden haben. **85**

Gelegentlich haben die Parteien **im Mietvertrag ausdrücklich** geregelt, dass es **in jedem Fall bei der zugrunde gelegten Fläche sein Bewenden** haben solle, um spätere Streitigkeiten ein für alle Mal auszuschließen,[148] etwa durch die Regelung „*ist die Größe des Mietgegenstands dem Mieter bekannt und gilt mit 206 m² als vereinbart*".[149] Da im Grundsatz zu vermuten ist, dass sich die Umlage nach den tatsächlich bestehenden Verhältnissen richten soll,[150] bedarf diese Ausnahme einer klaren, **individualvertraglichen** Abrede.[151] Liegt eine entsprechende Vereinbarung vor, ist gleichwohl zu beachten, dass sie sich nur im Innenverhältnis der Vertragsparteien auswirkt. Dies wird relevant, wenn die tatsächliche Fläche größer ist als vereinbart. Hier hat der Vermieter in der Gesamtabrechnung die richtige Fläche anzusetzen und nur in der Einzelabrechnung mit dem betreffenden Mieter die vereinbarte. Anderenfalls würde sich die Vereinbarung mit diesem wirtschaftlich als Vertrag zulasten Dritter auswirken. Die Differenz zwischen den Kosten der vereinbarten zur tatsächlichen Fläche hat der Vermieter zu tragen; dieses Ergebnis darf er nicht dadurch umgehen, dass er gegenüber allen Mietern auf der Grundlage vereinbarter Flächen abrechnet. **86**

(einstweilen frei) **87–89**

---

[147] AG Berlin-Tempelhof-Kreuzberg GE 2014, 1345.
[148] KG NZM 2006, 296 = WuM 2006, 35 = ZMR 2006, 284.
[149] OLG Düsseldorf GE 2000, 888.
[150] *Wiese* ZMR 1990, 85.
[151] Ebenso *Beyer* NZM 2010, 417 (423).

d) Fläche einer Hausmeisterwohnung oder eines Verwalterbüros

90 Gehört zum Gewerbeobjekt oder Wohngebäude eine Hausmeisterwohnung oder ein Verwalterbüro, ist dessen Fläche **bei der Ermittlung der Gesamtfläche einzubeziehen**. Die Betriebskosten des Verwalterbüros zählen zu den Verwaltungskosten, für die der Vermieter aufzukommen hat. Bei einer Hausmeisterwohnung ist die Berücksichtigung der Fläche geboten, weil anders die hier angefallenen Kosten nicht transparent werden. Ist die Umlage der Hauswartskosten im Einzelfall nicht vereinbart, würde der Mieter vertragswidrig belastet. Können die Hausmeisterkosten umgelegt werden, handelt es sich bei den Betriebskosten für die Wohnung, zumal wenn der Hausmeister „mietfrei" wohnt, um einen Teil des Hausmeisterentgelts, der im Rahmen dieser Betriebskostenart anzusetzen ist. Auf diese Weise werden zudem die praktischen Schwierigkeiten vermieden, die sich einstellen, wenn der Hausmeister seine Tätigkeit aufgibt oder wenn die Wohnung nach seinem Auszug zeitweise leer steht.

3. Umlage nach der Zahl der Nutzer

a) Grundsätze

91 Den Parteien steht es frei, bei den **verbrauchsabhängigen** Kosten die Umlage nach der **Zahl der Nutzer** (Personen-/Kopfschlüssel) zu vereinbaren, es sei denn, dass die Umlage nach dem Anteil der Flächen vorgeschrieben ist (s. Rdn. 55). Die Umlage **verbrauchsunabhängiger** Kosten hat **ohnehin** nach dem **Flächenmaßstab** zu erfolgen.[152] Der Anteil der gemieteten Wohn- oder Nutzfläche korreliert unmittelbar mit der Gesamtfläche des Gebäudes,[153] d. h. z. B. den insoweit anfallenden Versicherungskosten bzw. den Kosten des Grundstücks wie Grundsteuer, Gartenpflege u. Ä. Die Umlage nach Personenzahl würde im Regelfall ersichtlich zu grob unbilligen Ergebnissen führen,[154] wenn im Hause nicht ausschließlich kleine Einzimmerwohnungen vorhanden sind, die im Grunde nur von einer Person bewohnt werden können; schon eineinhalb Zimmer große Wohnungen werden nicht selten von zwei Personen genutzt. Es wäre nicht nachvollziehbar und damit unbillig, wenn auf diese trotz identischer Wohnfläche der anderen Wohnungen der doppelte Anteil der verbrauchsunabhängigen Kosten entfiele. Entsprechendes gilt für die Umlage nach dem Anteil des Mieters an ermittelten Verbrauchskosten.[155]

---

[152] Z. B. *Blank* in Blank/Börstinghaus § 556a Rdn. 14, 17.
[153] AG Neuss DWW 1988, 54.
[154] A. A. für den Personenschlüssel AG Karlsruhe DWW 1993, 21.
[155] Vgl. OLG Hamburg DWW 1987, 222 zur unzulässigen Umlage des Wärmeverbrauchs für die Beheizung von Allgemeinräumen wie Treppenhaus, Waschküche, Trockenraum nach dem individuell erfassten Wärmeverbrauchsanteil der einzelnen Mieter.

b) Nachteile des Personenschlüssels

Die Umlage nach Personen hat **nur den Anschein der größeren Verteilungsgerechtigkeit** für sich. Der angenommene größere Gerechtigkeitsgehalt beruht allein auf der **Unterstellung,** die Unterschiede im Nutzerverhalten lägen innerhalb einer schmale Bandbreite; ohne diese Prämisse machte es wenig Sinn, diesen Umlageschlüssel zu bevorzugen. Wie die Praxis zeigt, ist diese Annahme nicht begründet. Es gibt Wohnungsmieter, die als Einzelmieter mehr Wasser verbrauchen als eine ökologisch motivierte mehrköpfige Familie, die sparsam duscht und sämtliche Verbrauchsstellen mit Wasserspareinrichtungen versehen hat. Entsprechendes gilt für den Umfang der Müllverursachung.[156] Es kommt hinzu, dass der Wasserverbrauch von der Zahl und Art der Wasser verwendenden Geräte erheblich mitbestimmt wird. Die Nutzerzahl ist daher schon dann nicht aussagekräftig, wenn nicht alle Wohnungen in derselben Weise mit technischen Großgeräten, z.B. mit Waschmaschinen, ausgestattet sind, wobei auch hier der individuelle Umgang beträchtliche Unterschiede im Verbrauch produziert. Schließlich versagt die Personenzahl als Anknüpfung vollends, wenn, wie oft in einfachen Altbauten, in den Wohnungen zum Teil Vollbäder, zum Teil Duschen und immer noch gelegentlich zum Teil nur Waschbecken vorhanden sind.

92

Die Umlage nach Personenzahl stellt den Vermieter vor **erhebliche praktische Probleme,** weil er versuchen muss, ständig die aktuelle Belegung festzuhalten. Dies ist für den Vermieter einer größeren Wohnanlage kaum verlässlich erreichbar, auch wenn er den Mietern z.B. Fragebögen zukommen lässt, in denen sie die Belegung und deren Dauer eintragen sollen oder wenn er einen Angestellten beauftragt, bei den einzelnen Mietparteien nachzufragen, wie viele Personen dort wohnen und ob eine Wasch- und/oder Geschirrspülmaschine vorhanden ist.[157] Bei der Abrechnung ist er nicht selten mit dem Problem konfrontiert, dass einzelne Mieter mit den Angaben anderer nicht einverstanden sind; es schließen sich gerichtliche Verfahren an, in denen in einer umfangreichen Beweisaufnahme zahlreiche Mitmieter darüber vernommen werden müssen, ob die Angaben mancher Mieter korrekt waren oder ob etwa längere Besuche oder das tatsächliche Datum eines Zuzugs verschwiegen wurden.[158] Kleinvermieter versuchen zum Teil, den Schwierigkeiten dadurch zu begegnen, dass sie z.B. in alle Mietverträge eine Klausel aufnehmen, dass jede Veränderung in der Belegung, die über eine Woche hinausgeht, gemeldet werden muss; eine derartige Klausel dürfte unangemessen und

93

---

[156] *Both* NZM 1998, 459.
[157] AG Hannover WuM 1987, 227 mit der Problematik, dass der Mieter auf Nachfrage erklärt hatte, eine Geschirrspülmaschine sei vorhanden, ohne darauf hinzuweisen, dass sie nicht angeschlossen war.
[158] Vgl. AG Bad Iburg WuM 1986, 234: Der Mieter hatte den Index von 109 Personen bestritten. Vom Vermieter wurde verlangt, dezidiert anzugeben, in welchem konkreten Monat wie viele Personen im Haus wohnten.

nach § 307 BGB unwirksam sein. Übler Nachrede zwischen den Mietern wird der Boden bereitet. Gelegentlich weiß sich der Vermieter nicht anders zu helfen, als den Hausmeister mit Detektivaufgaben zu betrauen. Diesen Belastungen seines Verhältnisses zu den Mietern und der Mieter untereinander muss sich ein Vermieter nicht aussetzen. Schließlich stellen sich Detailfragen, die teilweise *„skurrile Züge"*[159] annehmen: Ab welcher Aufenthaltsdauer sind Besucher anzusetzen,[160] genügt es, wenn sie über längere Zeit abends kommen und morgens gehen,[161] oder ist häufiger Besuch unschädlich,[162] solange er nicht zum Dauerbesuch wird, also die Wohnung Tag und Nacht nutzt?[163] Sind für gelegentliches Autowaschen,[164] einen Säugling[165] oder einen Hund[166] volle Anteile oder Zuschläge (in welcher Höhe?) in Ansatz zu bringen? Ist hier zwischen Wasserverbrauch und Müllverursachung (Wegwerfwindeln, Tierfertignahrung) zu differenzieren? Allerdings ist es dem Vermieter unbenommen, für die Umlage der Wasserkosten die Verteilung nach *„Personen, Waschmaschinen und Geschirrspülmaschinen"* zu vereinbaren.[167]

c) Verwendung des Personenschlüssels

94 Der Vermieter ist **grundsätzlich nicht verpflichtet,** die Verteilung der Betriebskosten nach Personen vorzunehmen. Zwar wird dieser Umlageschlüssel zum Teil für allein sachgerecht gehalten[168] und zum Beleg auf eine Gegenüberstellung der Abrechnungsergebnisse auf der Basis der Flächen einerseits und der Nutzerzahlen andererseits verwiesen, aus der sich die Ungerechtigkeit des Flächenmaßstabs ergebe.[169] Eine Verpflichtung des Vermieters scheitert jedoch im Allgemeinen schon daran, dass ihm der **Aufwand** für die Erstellung einer Abrechnung nach dem Nutzermaßstab **nicht zuzumuten** ist; hierzu kann auf Rdn. 93 verwiesen werden. Dies gilt auch dann, auch wenn sich dadurch eine Einsparung für einzelne Mieter um 50% ihres Anteils ergeben würde.[170] Selbst bei derart gravierender ungleicher Kostenverteilung können die betroffenen Mieter daher die Umstellung des Flächen- auf den Personenschlüssel

---

[159] *Blank* DWW 1992, 68.
[160] Nach *Herrlein* ZMR 2007, 247 (249) ab einer Besuchsdauer von vier bis sechs Wochen.
[161] AG Frankfurt am Main WuM 1985, 373.
[162] AG Ahaus WuM 1997, 232: *„mehr oder weniger"* häufige Besuche sind unerheblich.
[163] AG Homburg WuM 1987, 359.
[164] Nein: AG Dortmund WuM 1986, 262.
[165] Ja: AG Wuppertal DWW 1988, 282.
[166] Nein: AG Paderborn DWW 1988, 151; ja: *Kox* ZMR 1981, 164.
[167] AG Hannover WuM 2001, 469.
[168] Vehement *Kox* ZMR 1980, 292 und insbesondere ZMR 1981, 163.
[169] *Kox* ZMR 1981, 164.
[170] LG Frankfurt am Main NZM 1999, 1003, LG Aachen WuM 1993, 410, vgl. LG Mannheim NJW-RR 1999, 884; a. A. *Kinne* in Kinne/Schach/Bieber § 556a Rdn. 1.

allenfalls bei Objekten mit wenigen Wohneinheiten verlangen. Nur unter dieser Voraussetzung muss der Vermieter darauf eingehen, dass alle Mieter die Umstellung fordern.[171]

Eine **Verpflichtung** zur Abrechnung nach Nutzerzahl ist für den **Sonderfall** angenommen worden, dass der Vermieter ohnehin die jeweiligen Bewohner durch Erhebungsbögen erfasst, die Mieter gehalten sind, Zu- und Abgänge in der Bewohnerschaft einer Wohnung dem Vermieter mitzuteilen[172] und die Abrechnung nach dem Flächenmaßstab zu einem grob nachteiligen Ergebnis für einen Mieter führt, etwa wenn er als Einzelmieter ebenso viel für Wasser und Abwasser wie eine vier- bis fünfköpfige Familie zahlen soll; Praktikabilitätsprobleme für den Vermieter bestehen hier nicht, weil ihm die notwendigen Angaben vorliegen. 95

Der Vermieter ist auch **nicht** verpflichtet, von dem mietvertraglich vereinbarten Flächenmaßstab abzugehen, weil Wasser/Abwasserkosten und Müllgebühren **vom Leistungsträger nach Kopfteilen** berechnet werden.[173] Auf die dadurch ausgelösten Schwierigkeiten braucht er sich nicht einzulassen. So können Probleme z. B. bereits dadurch entstehen, dass die vom Leistungsträger zugrunde gelegte Personenzahl nicht mit seiner eigenen übereinstimmt, sodass er gehalten wäre, etwa durch Unterschriftenlisten und Mieterbefragung die Richtigkeit seiner vom Gebührenbescheid abweichende Belegungszahl nachzuweisen.[174] Zu diesen Differenzen kommt es insbesondere dadurch, dass manche Leistungsträger nur auf die **Meldedaten** des zuständigen Einwohnermeldeamts zurückgreifen und ihre Kosten nach den zu einem bestimmten Stichtag gemeldeten Personen berechnen. Da sich etliche Mieter nicht sogleich an- bzw. abmelden, sondern mit zum Teil erheblicher Verspätung, ist der Streit mit dem Vermieter über die korrekte Belegungszahl im Abrechnungszeitraum vorprogrammiert. 96

Haben die Parteien die Umlage nach Nutzerzahl vereinbart, sollten die **Modalitäten,** nach denen die Anzahl ermittelt wird, schon im Mietvertrag geregelt sein. Allerdings ist es dem Vermieter auch bei einer entsprechenden Vereinbarung verwehrt, der Personenzahl die im Register nach dem Melderechtsrahmengesetz erfassten Bewohner zugrunde zu legen.[175] Diese Ermittlung der Personenzahl benachteiligt den Mieter aus den vorbeschriebenen Gründen (s. Rdn. 96) und ist daher unwirksam.[176] Um Streitigkeiten vorzubeugen und auch den Verwaltungsaufwand in 97

---

[171] A. A. AG Weimar NJWE-MietR 1997, 147 für ein Haus mit neun Mietparteien und sehr unterschiedlicher Wohnungsbelegung.
[172] So im Fall LG Aachen NJW-RR 1992, 274 = WuM 1991, 503; dazu kritisch *Beuermann* § 4 MHG Rdn. 23c.
[173] AG Siegburg WuM 1995, 120; *Kinne* GE 1998, 843, *Pfeifer* S. 111.
[174] Vgl. AG Siegburg WuM 1995, 120 bei 136 Wohneinheiten.
[175] BGH (VIII ZR 82/07) DWW 2008, 94 = GE 2008, 401 = NZM 2008, 242 = WuM 2008, 151.
[176] *Milger* NZM 2008, 757 (758); a. A. *Schmid* GE 2010, 1589.

Grenzen zu halten, ist dem Vermieter anzuraten, ein grobes Raster zu verwenden. Hierzu bietet sich die Ermittlung der Belegung der Wohnungen nach **Stichtagen** an. Im Hinblick auf die auch diesem Umlageschlüssel ohnehin immanenten Ungenauigkeiten dürfte die Feststellung der Personenzahl jedenfalls zu viertel- oder halbjährlichen Stichtagen ausreichen;[177] ob ein jährlicher Stichtag genügt,[178] erscheint fraglich, weil er die Ungenauigkeiten noch vergrößert. Der Vermieter vermeidet auf diese Weise auch den Verdacht der *„Schnüffelei".*[179] Anders verhält es sich bei der Umlage nach sog. **Personenmonaten.** Hier muss monatlich ermittelt werden, wie viele und wie lange Bewohner in den Wohnungen wohnten.[180]

98 Zur Behandlung des Personenschlüssels bei **Leerstand** s. Rdn. 193.

4. Umlage nach dem unterschiedlichen Verbrauch

a) Vorbemerkung

99 Die Umlage nach Verbrauch ist die wichtigste Möglichkeit, eine **unmittelbare Verknüpfung von Nutzerverhalten und Kosten** herzustellen. Sie ist eine besonders gerechte Lösung, da die Subventionierung verschwenderischen Verbrauchsverhaltens durch sparsame Mieter entfällt. Zudem schont sie Ressourcen und Umwelt. Ihre Anwendung setzt allerdings entsprechende zuverlässige technische Einrichtungen voraus. Zur Ermittlung der Wasser- und Abwasserkosten sind Einzelwasserzähler in *allen* Mieteinheiten notwendig (s. Rdn. 110). Auch wenn die Abrechnung auf Verbrauchsbasis an sich möglich ist, muss sie dem Vermieter im Einzelfall zumutbar sein. Daran fehlt es z. B. bei einer Belüftungsanlage in einem großen Gewerbeobjekt oder Einkaufszentrum; dem Vermieter kann nicht angesonnen werden, ständig bei den Mietern zu kontrollieren, wie lange und zu welchen Zeiten sie die Anlage in ihrem Mietobjekt nutzen, um daraus den jeweiligen Anteil an den Betriebskosten der Anlage zu ermitteln.[181]

b) Umlageschlüssel

aa) Grundsätze

100 Das Gesetz gibt vor, dass der Vermieter die Kosten aus dem erfassten Verbrauch auch entsprechend und nicht verbrauchsunabhängig umlegt. Nach § 556a Abs. 1 Satz 2 BGB **„sind"** die Kosten, *„die von einem erfassten Verbrauch durch die Mieter abhängen, ... nach einem Maßstab umzulegen, der*

---

[177] *Seldeneck* Rdn. 3158, wohl auch *Milger* NZM 2008, 757 (758); a. A. *Lützenkirchen* in Lützenkirchen/ § 556a Rdn. 97 und *Schmid* GE 2010, 1589 (1590): monatlich.
[178] *Seldeneck* Rdn. 3158 für größere Wohnanlagen.
[179] *Pfeifer* S. 110.
[180] AG Saarbrücken WuM 2018, 428; dazu *Both* in Herrlein/Kandelhard § 556a Rdn. 29.
[181] OLG Hamm NJW-RR 1987, 969.

dem unterschiedlichen Verbrauch Rechnung trägt." Nach der Gesetzesbegründung ist der **Vermieter hierzu verpflichtet**.[182] Daher steht Abs. 1 Satz 2, anders als Satz 1, nicht unter dem Vorbehalt einer anderweitigen Parteivereinbarung. Der **BGH** scheint das unter Bezugnahme auf § 560 Abs. 3 BGB jedoch anders zu sehen.[183] Zwar gilt das Abweichungsverbot nicht für Abs. 1. Mit Blick auf den Gesetzeszweck zu Abs. 1 Satz 2 ist zumindest eine abweichende Vereinbarung durch Allgemeine Geschäftsbedingungen, welche Betriebskostenregelungen praktisch immer darstellen, ausgeschlossen.[184] Tatsächlich enthält Abs. 1 Satz 2 aber selbst aus der Gesetzessystematik heraus ein Abweichungsverbot. Denn der Gesetzgeber hat die Zulässigkeit einer anderweitigen Parteivereinbarung ausdrücklich für Satz 1, nicht aber für Satz 2 geregelt,[185] was dem in der Gesetzesbegründung niedergelegten Willen entspricht. Hieran schließt zudem das Recht aus Abs. 2 an, auch entgegen der vertraglichen Vereinbarung verbrauchs- bzw. verursachungsbezogen abzurechnen, wenn durch die Schaffung einer entsprechenden Ausstattung Verbrauch bzw. Verursachung nunmehr „erfasst" werden können. Sowohl die gesetzgeberische Intension zur zwingenden verbrauchs- bzw. verursachungsbezogenen Abrechnung nach Abs. 1 Satz 2 als auch das einseitige Umstellungsrecht nach Abs. 2 gehen von einem einheitlichen Begriff der „Erfassung" aus. Dieser Vorrang besteht jedoch nur für die Umlagevereinbarung bei Vertragsschluss. Für die nachträgliche Ausstattung mit Erfassungsgeräten gilt § 556a Abs. 2 Satz 1 BGB. Dieser bestimmt für den Fall einer abweichenden Regelung im Mietvertrag, *„dass die Betriebskosten zukünftig abweichend von der getroffenen Vereinbarung ganz oder teilweise nach einem Maßstab umgelegt werden dürfen, der dem erfassten unterschiedlichen Verbrauch Rechnung trägt".*

Die Formulierung in § 556a BGB, dass nach einem Maßstab umzulegen ist, *„der dem unterschiedlichen Verbrauch Rechnung trägt"*, erlaubt jedoch, dass **neben** den reinen **Verbrauchskosten** auch **Mindestmengen** zugeordnet werden können (s. Rdn. 103) oder zusätzlich **verbrauchsunabhängige** Kosten anfallen (s. Rdn. 104). Diesem Kostenmix ist Rechnung zu tragen. 101

Zu beachten ist, dass **§ 556a Abs. 2 BGB** von einem **Wechsel der Umlageart** ausgeht. Hat der Vermieter bisher schon nach Verbrauch abgerechnet, gibt ihm die Neuregelung nicht das Recht, den Umlageschlüssel einseitig im Sinne der Varianten in Rdn. 104 zu verändern.[186] 102

---

[182] BT-Drucks 14/4553 S. 51.
[183] BGH (VIII ZR 257/13) DWW 2015, 54 = NZM 2015, 130 m. Anm. *Langenberg* NZM 2015, 152 = WuM 2015, 33 m. krit. Anm. *Lammel* WuM 2015, 70 = ZMR 2015, 207.
[184] *Zehelein* in MünchKomm § 556a Rdn. 34; ähnlich unter Bezugnahme auf § 315 BGB *Blank* in Blank/Börstinghaus § 556a Rdn. 10; *Langenberg* in Schmidt-Futterer § 556a Rdn. 81; a. A. LG Leipzig ZMR 2017, 810; BeckRS 2017, 128579.
[185] A. A. Staudinger/*Artz* § 556a Rdn. 15/36.
[186] *Zehelein* in MünchKomm § 556a Rdn. 45.

bb) Verbrauchsabhängige Kosten

103 Soweit es um die **reinen Verbrauchskosten** geht, ist ein **gemischter Verteilungsmaßstab in Grenzen zulässig**. Grundsätzlich soll eine **rein verbrauchsbezogene** Abrechnung erfolgen. Da die Verbrauchskosten den Hauptanteil ausmachen, wären die sparsamen Mieter durch die teilweise Umlage der Verbrauchskosten z.B. nach Fläche evident benachteiligt, was zudem die ökologische Zielrichtung des Gesetzes unterlaufen würde. Der vereinzelt in Anlehnung an § 7 Abs. 1 HeizKV vertretenen Meinung, es sei nicht zu beanstanden, z.B. die erfassten Kosten zu 50% nach Verbrauch und zu 50% nach Wohnfläche anzusetzen,[187] ist entschieden zu widersprechen, weil ein derartiger Verstoß gegen die Umlagegerechtigkeit auch aus technischen Gründen nicht gerechtfertigt ist. Der Verweis auf die Regelung in der HeizKV ist sachlich falsch: Der gemischte Maßstab ist bei der Umlage von Heiz- und Warmwasserkosten sachgerecht, weil es stets zu Energieverlusten im Rohrleitungsnetz kommt. Hier wird Energie ans Haus abgegeben, bevor das Heiz- und Warmwasser überhaupt den Verbraucher erreicht, so dass ein Verlustausgleich angezeigt ist. Demgegenüber findet ein Verbrauch an Wasser und die entsprechende Produktion von Abwasser nur statt, wenn die Zapfstelle bedient wird. Bei intaktem Leitungsnetz verschwindet kein Wasser. Der Verbraucher hat es allein in der Hand, wie viel Wasser er verwendet. Zudem soll das Betriebskostenrecht auch außerhalb der HeizKV den Mieter zu sparsamem Verbrauch bzw. (etwa bei Abfall) sparsamer Verursachung durch eine direkte Kostenbelastung anhalten.[188] Dennoch ist es in Sonderfällen auch bei rein verbrauchsbezogenem Kostenanfall zulässig, den Mietern vorab **Mindestmengen** zuzuschreiben. Das kann etwa dann gerechtfertigt sein, wenn Mieter ihrer Erfassung durch Manipulation der Zähler oder unzulässige (Müll-)Entsorgung (s. Rdn. 119 ff.) entgehen.[189]

cc) Verbrauchsunabhängige Kosten

104 Geht es hingegen um verbrauchsunabhängige Kosten, wie Grundgebühren, Eichgebühren, Wartungskosten, kommen **zwei Umlageverfahren** in Betracht.
– Zum einen ist es ohne weiteres zulässig, diese Kosten **nach festem Maßstab,** etwa der Wohnfläche, zu verteilen.[190]
– Zum anderen ist es **grundsätzlich** zulässig, auch die verbrauchsunabhängigen Kosten ausschließlich **nach** dem jeweiligen **Verbrauch** umzu-

---

[187] AG Berlin-Schöneberg GE 2009, 271; *Kinne* in Kinne/Schach/Bieber § 556a Rdn. 14.
[188] So die Gesetzesbegründung: BT-Drucks. 14/4553 S. 51.
[189] BGH GE DWW 2016, 172 = GE 2016, 718 = NZM 2016, 437 = WuM 2016, 537 = ZMR 2016, 521; *Langenberg* in Schmidt-Futterer § 556a Rdn. 134, *Wall* Rdn. 3868.
[190] *Blank* WuM 1993, 503 (507), *Kinne* in Kinne/Schach/Bieber § 556a Rdn. 13.

legen.¹⁹¹ Dies führt zwar bei hohem Einzelverbrauch zu einer Mehrbelastung aus den Festkosten, was jedoch wegen der im Verhältnis zu den reinen Verbrauchskosten meist nur geringen Zusatzbelastung und im Hinblick auf die Abrechnungsvereinfachung für den Vermieter hinzunehmen ist; die „Ungerechtigkeit" ist zudem im Vergleich zur Umlage nach dem Flächenschlüssel marginal.
– Eine **Ausnahme** betrifft die Fälle, zumal in Ostdeutschland, in denen die Wasserversorger zwar die Mengenpreise nur wenig erhöhten, aber die Grundpreise in erheblichem Umfang. Hier führt die Umlage der verbrauchsunabhängigen Kosten entsprechend dem Verbrauch in der Praxis bei Mehrverbrauchern wie Familien zu einer bis zu 20 % höheren Belastung gegenüber den Mietern mit geringem Verbrauch. In derartigen Fällen sind die verbrauchsunabhängigen Kosten nach dem Flächenschlüssel umzulegen.

Eine **weitere Ausnahme** von dem vorbeschriebenen zweiten Verfahren besteht allerdings bei erheblichem Wohnungsleerstand. Auch mit einer Vereinbarung dieses Verfahrens ist es dem Vermieter verwehrt, den Mietern die Festkosten anzulasten, die auf die nicht vermieteten Wohnungen entfallen.¹⁹²

c) Zulässigkeit einer Verbrauchsschätzung

Die auf Basis eines erfassten Verbrauchs oder einer erfassten Verursachung (§ 556a Abs. 1 Satz 2 BGB) zu erstellende Abrechnung basiert in der Praxis häufig auf Schätzungen (auch „Hochrechnung" genannt). Beispiele sind der Ausfall von Erfassungsgeräten, unterlassene Ablesung, Ermittlungsfehler wegen eines Geräteaustauschs oder Zugangsverweigerung durch den Mieter. Diese Vorgehensweise wird nicht selten unkritisch akzeptiert.¹⁹³ Dem hat auch eine unglücklich gewählte Formulierung des BGH¹⁹⁴ Vorschub geleistet, nach welcher der Vermieter eine gerichtliche Schätzung nach § 287 ZPO durch die Vorlage der Verbrauchswerte der letzten unbeanstandeten Abrechnungsperiode ermöglichen könne, obwohl in dem dortigen Fall tatsächlich der Nachweis der Richtigkeit des von einem nicht mehr geeichten Wasserzähler erfassten Verbrauchs im Streit stand (hierzu siehe A Rdn. 59 ff.).

Verbrauchsschätzungen sind jedoch im Betriebskostenrecht **als Grundsatz unzulässig.**¹⁹⁵ Das bezieht sich sowohl auf den Um-

---

¹⁹¹ BGH (VIII ZR 183/09) GE 2010, 1615 = NZM 2010, 855 = WuM 2010, 685 = ZMR 2011, 195.
¹⁹² BGH (VIII ZR 183/09) GE 2010, 1615 = NZM 2010, 855 = WuM 2010, 685 = ZMR 2011, 195, LG Leipzig WuM 2017, 530.
¹⁹³ Z. B. Staudinger/Artz § 556a Rdn. 18; *Schmid* WuM 2011, 331 (336), *Streyl* WuM 2010, 545 (546).
¹⁹⁴ BGH (VIII ZR 112/10) GE 2011, 126 = NJW 2011, 598 = WuM 2011, 21 = ZMR 2011 362; zur Fortgeltung dieser Rechtsprechung nach dem neuen MessEG umfassend *Zehelein* NZM 2017, 794.
¹⁹⁵ AG Leipzig ZMR 2004, 595.

lageschlüssel als auch die Vorgehensweise bei Erfassungsfehlern. § 556a Abs. 1 BGB bestimmt die zulässigen Umlagemaßstäbe. Diese sind vertragliche Vereinbarung, nicht erfasster (Satz 1) und erfasster (Satz 2) Verbrauch. Eine Schätzung ist nicht vorgesehen und wäre als Umlageschlüssel jedenfalls formularvertraglich auch nicht zu vereinbaren. Allerdings stellt sich das Problem meist nicht hier, sondern im Nachhinein, wenn die an sich vereinbarte Verbrauchserfassung nicht möglich war. Damit aber ist die Voraussetzung des Abs. 1 Satz 2 nicht erfüllt, so dass die gesetzlich vorgesehene Alternative der Flächenumlage greift.

Dass in diesen Fällen **grundsätzlich** eine Schätzung vorgenommen werden könnte, kann auch **nicht** einer **ergänzenden Vertragsauslegung** entnommen werden. Dabei ist einerseits zu sehen, dass dieses Verfahren erhebliche Unsicherheiten birgt, gerade wenn die Schätzgrundlage unzureichend ist, was den erfassten Zeitraum betrifft. Andererseits hat der Gesetzgeber mit **§ 9a HeizKV** die Zulässigkeit einer Schätzung bei Erfassungshindernissen ausdrücklich geregelt und auf die HeizKV beschränkt,[196] was in unmittelbarem Zusammenhang mit dem Verordnungszweck steht (s. K Rdn. 193 ff.). Zu berücksichtigen ist allerdings, dass § 9a HeizKV dem Vermieter eine Schätzpflicht auferlegt. Dennoch fehlt eine für ein Schätzrecht vergleichbare Regelung in § 556a BGB, wofür außerhalb der mit der HeizKV verfolgten gesamtgesellschaftlichen Regelungsinteressen auch gute Gründe bestehen. Zwar fordert das Betriebskostenrecht **keine absolute Verteilungsgerechtigkeit**.[197] Das bezieht sich jedoch auf die Abwicklung zulässiger Umlageverfahren (z. B. Mindestmengenzuordnung; siehe Rdn. 119) und Zumutbarkeitserwägungen zugunsten des Vermieters bei der Abrechnungserstellung (Abrechnung nach dem Abflussprinzip; siehe G Rdn. 108 ff.).

Es kann auch **keine Analogie zu § 9a HeizKV** gebildet werden.[198] Hierfür fehlt bereits die Regelungslücke. Der Gesetzgeber hat mit § 556a Abs. 1 BGB die zulässigen Umlageverfahren geregelt und hierbei auch die ganze oder teilweise Nichterfassung, die unter § 556a Abs. 1 Satz 1 BGB fällt und zudem einen Schadenersatz bedingten Abzug begründen kann (s. Rdn. 116). Die Norm ist daher nicht lückenhaft oder unvollständig und bedarf keiner zwingenden Ergänzung.[199] Die Nichtregelung basiert auf der gesetzgeberischen Entscheidung und ist auch nicht planwidrig. Der Gesetzgeber hat bei der Schaffung des § 556a BGB die

---

[196] *Schmid* WuM 2011, 331 (336).
[197] Z. B. *Streyl* WuM 2017, 560 (561) unter Verweis auf BGH (VIII ZR 49/07) GE 2008, 471 = NZM 2008, 277 = WuM 2008, 223 = ZMR 2008, 444.
[198] A. A. ohne dogmatische Begründung AG Charlottenburg, Urteil vom 24. November 2017 – 73 C 47/17; *Lammel* jurisPR-MietR 2/2018 Anm. 2.
[199] Vgl. zur Regelungslücke in der Analogielehre BVerfG (1 BvR 2327/07) NJW 2008, 2167; *Bork*, Allgemeiner Teil des Bürgerlichen Gesetzbuches, 4. Aufl. 2016, Rdn. 142.

Regelungen der HeizKV gesehen und auf deren Einbindung in das BGB ausdrücklich verzichtet,[200] so dass er um die Möglichkeit nachträglicher Schätzungen wusste. Schließlich besteht auch keine vergleichbare Interessenlage zu § 9a HeizKV, weil das am Verbrauch ansetzende Schätzverfahren die Nutzer entsprechend der Zielsetzung der HeizKV zu energiesparendem Verhalten animieren soll.[201] Dieser Regelungszweck liegt zwar auch § 556a Abs. 1 BGB zugrunde,[202] ist gegenüber der Verteilungsgerechtigkeit jedoch deutlich nachrangig und hat den Gesetzeber nicht zu einer entsprechenden Regelung veranlasst. Das haben die Gerichte zu respektieren.[203]

Neuerdings wird angedacht, eine Betriebskostenschätzung über **§ 287 Abs. 2 ZPO** zu begründen.[204] Der Vermieter habe Unkenntnis über Tatsachen, so dass das Prozessrecht insoweit der Durchsetzung materiellrechtlicher Ansprüche diene. Dieser Ansatz kann jedoch nicht überzeugen. Da der **BGH** schon bei **§ 9a HeizKV** eine **gerichtliche Schätzung untersagt**,[205] kann das ohne eine Schätzgrundlage erst recht nicht möglich sein. § 287 ZPO dient ohnehin nur der Beweiserleichterung,[206] die Schätzung von Verbrauch oder Verursachung bei Betriebskosten ist jedoch Teil der materiell-rechtlichen Anspruchsvoraussetzung, da es sich um die Vorgehensweise bei der Verteilung der Gesamtkosten auf die Mieter handelt. Ein Rückgriff auf das Prozessrecht würde daher die materiell-rechtliche Norm unzulässig überlagern. Das gilt ebenso in § 287 Abs. 2 ZPO. Die Regelung erweitert lediglich den Anwendungsbereich des Abs. 1 über Schadenersatzansprüche hinaus auf alle vermögensrechtlichen Streitigkeiten.[207] Zudem stellt sich auch hier § 9a HeizKV als eine Sonderregelung für die Schätzung bei einem Erfassungsausfall dar. Die fehlende Übertragbarkeit auf § 556a BGB kann somit auch nicht über das Prozessrecht erfolgen. Die **Zugangsverweigerung** des Mieters zum Zwecke der Ablesung begründet zwar ebenfalls keine materielle oder gerichtliche Schätzbefugnis. Das Gericht kann aber die klägerische Behauptung als wahr unterstellen.[208]

Auf der anderen Seite ist jedoch anzuerkennen, dass ein ausnahmsloses Verbot der Schätzung dem Interesse des Vermieters nicht gerecht und eine verbrauchs- bzw. verursachungsbezogene Umlage unzumutbare Risiken mit sich ziehen würde. Denn die Alternative ist die Flächenum-

---

[200] BT-Drucks. 14/4553 S. 35/50.
[201] Fischer-Dieskau/*Pfeifer* § 9a HeizKV Anm. 2.
[202] BT-Drucks 14/4553 S. 51.
[203] Zuletzt BVerfG NJW 2012, 3081.
[204] LG Stuttgart NJOZ 2018, 417 = WuM 2017, 589 m. abl. Anm. *Lammel* jurisPR-MietR 2/2018 Anm. 2; *Heilmann* NZM 2018, 698; *Streyl* WuM 2017, 560.
[205] BGH (VIII ZR 310/12) GE 2013, 680 = WuM 2013, 305 m. zust. Anm. *Wall* WuM 2013, 411 = NZM 2013, 676 = ZMR 2013, 793.
[206] *Prütting* in MünchKommZPO § 287 Rdn. 2.
[207] *Prütting* in MünchKommZPO § 287 Rdn. 19.
[208] LG Berlin GE 2014, 1199 = ZMR 2014, 793.

lage für den jeweiligen Mieter. Diese kann bereits als solche dazu führen, dass die Gesamtkosten zum Teil vom Vermieter zu tragen sind, hinzu kommt ein möglicher schadenersatzbedingter Abzug von i. d. Regel 15% oder mehr (s. Rdn. 116). Das steht auch den Zielen des Betriebskostenrechts entgegen, durch eine erfassungsbasierte Umlage Kostengerechtigkeit herbeizuführen und zugleich die Mieter zu ressourcensparendem Verhalten anzuhalten. Insofern muss bei einem Erfassungsausfall eine **Hochrechnung ausnahmsweise zulässig** sein, wenn diese an dem voraussichtlichen Ergebnis keine merkliche Änderung herbeiführt. Die Grundlage hierfür findet sich jedoch ausschließlich in der **ergänzenden Vertragsauslegung (§§ 133, 157 BGB)**. So die Parteien für diese Fälle keine angemessene Vereinbarung getroffen haben, besteht eine ausfüllungsbedürftige Vertragslücke. Ohne die Möglichkeit des Vermieters, Verbrauch oder Verursachung in zumindest begrenztem Umfang zu schätzen, ist der Vertragszeck gefährdet,[209] da der Vermieter langfristige Mietverträge nur dann abschließen und durchführen kann, wenn ihm hinsichtlich derjenigen Betriebskosten, die an sich vollständig umgelegt werden sollen und können, ein kalkulierbares Kostenrisiko zukommt. Der Mieter muss daher redlicher Weise hinnehmbare Schwankungen in Ausnahmefällen zur Erreichung dieses Zwecks zu akzeptieren. Ausnahmsweise Schätzungen sind daher in den nachfolgenden Fällen zulässig:

aa) Verfahren bei Zählerdifferenzen

106 Mit der zunehmenden Verwendung von Wohnungswasserzählern gewinnt das Problem an Bedeutung, dass die **Summe der Verbräuche nach den Einzelwasserzählern nicht dem Verbrauch nach dem Hauptzähler** entspricht. Es handelt sich hierbei um eine technische Erscheinung, die zur Irritation der Mieter und nicht selten zu gerichtlichen Auseinandersetzungen führt. Sie hat ihren Grund zunächst in den technischen Unterschieden zwischen Haupt- und Einzelwasserzählern. **Hauptwasserzähler** sind immer Mehrstrahl-Flügelradzähler, bei denen der Wasserstrom über mehrere Einlasskanäle auf das Flügelrad gelenkt und über mehrere Auslasskanäle wieder zusammengeführt wird und weiter fließt. Zudem sind sie Nassläufer, bei denen zwischen der Flügelradachse und dem Getriebe des Zählwerks eine direkte Verbindung besteht. Sie werden horizontal eingebaut und verfügen über eine frühe Ansprechempfindlichkeit (ab einem Durchfluss von 7l/h[210]). Als **Wohnungswasserzähler** kommen praktisch nur Einstrahl-Flügelradzähler zum Einsatz, bei denen das Wasser in einem Strom durchfließt und das Rad antreibt. Sie sind Trockenläufer, bei denen die Drehbewegung der Radachse mit einer Magnetkupplung auf das Getriebe des Zählwerks übertragen wird. Sie sind technisch einfacher und dadurch billiger, haben

---

[209] Hierzu *Busche* in MünchKomm § 157 Rdn. 44.
[210] *Peters* S. 178, *ders.* NZM 2000, 696 ff.

jedoch eine geringere Ansprechempfindlichkeit; sie erfassen den Verbrauch nicht exakt,[211] sondern aufgrund des sog. Schlupfs zu wenig. Dieser Schlupf differiert noch je nach der Art des Einbaus, bei horizontalem Einbau muss die Durchflussmenge über 12 l/h liegen, bei vertikalem Einbau über 20 l/h.[212]

Ein weiterer Grund für die Messdifferenzen liegt in den **Toleranzen**, welche die Geräte aufweisen dürfen. Hierbei handelt es sich zum einen um die **Eichfehlergrenze,** die bei der Prüfung des Wasserzählers auf dem Prüfstand nicht überschritten werden darf. Sie kann bei Einstrahlzählern +/– 2 % im oberen Bereich[213] und +/– 5 % im unteren Bereich betragen. Zum anderen geht es um die **Verkehrsfehlergrenze,** d.h. die maximale Toleranz des Geräts im eingebauten Zustand, § 3 Nr. 21 MessEG. Sie beläuft sich auf das Doppelte der Eichfehlergrenze (§ 22 Abs. 2 MessEV), so dass im unteren Bereich Fehlmessungen von bis zu 10 % zulässig sind. Diese Toleranzen lassen sich minimieren, indes nur mit wirtschaftlich nicht vertretbarem Aufwand. **107**

Gravierende Messdifferenzen können auch durch **Manipulation** der Einzelwasserzähler auftreten. Da die Bewegungen des Flügelrades mit einer magnetischen Kupplung auf das Zählwerk übertragen werden, kann die Kupplung mit Magneten gestört oder ganz unterbrochen werden. Vorbeugung ist mit Zählern möglich, die mit einem **Magnetschutz** versehen sind, wie sie von manchen Herstellern schon serienmäßig und ohne Zusatzkosten angeboten werden.[214] **108**

Diese systembedingten **Ungenauigkeiten** stellen **keinen Mangel** dar,[215] zumal die Bedingungen bei allen Nutzern gleich sind, wenn, wie vorgeschrieben, nur geeichte Geräte installiert wurden. **Ungeeichte Zähler oder** Zähler, bei denen die **Eichfrist überschritten** ist, können durch Verkalkung oder Verschmutzung (Rost oder Schwebstoffe nach Reparaturen am Rohrnetz) fehlerhafte Ergebnisse anzeigen, indem sie schneller oder langsamer gelaufen oder schlicht stehen geblieben sind. Zu ihrer Verwendung s. im Einzelnen A Rdn. 59 ff.; zum Verfahren bei nicht mehr verwendbaren Zählern s. Rdn. 117. **109**

Diese Ungenauigkeiten haben **aber** zur **Folge,** dass die **Abrechnung nach Verbrauch nur** wirksam ist, wenn **alle Mietobjekte mit Einzelwasserzählern** ausgerüstet sind.[216] Auf die Einhaltung der Eichfrist kommt es nicht an, da der Vermieter den Richtigkeitsbeweis führen kann (siehe **110**

---

[211] *Lange* HKA 1993, 35, *Peters* S. 177, *ders.* NZM 2000, 696 ff., *Roth* DW 1993, 616, *Wall* WuM 1998, 69.
[212] *Peters* S. 178, *ders.* NZM 2000, 696 ff.
[213] Bei Warmwasserzählern sogar +/– 3 %; *Peters* S. 179.
[214] *Peters* S. 162.
[215] Ebenso BGH (VIII ZR 133/85) WuM 1986, 214 zu den weitaus ungenaueren Heizkostenverteilern nach dem Verdunstungsprinzip.
[216] Staudinger/*Artz* § 556a Rdn. 15.

A Rdn. 61).[217] So sieht auch § 21 Abs. 2 Satz 3 NMV für preisgebundenen Wohnraum eine Abrechnungspflicht des Vermieters nach Verbrauch erst vor, wenn alle Wohnungen mit Wasserzählern ausgestattet sind. Der Vermieter eines Hauses, in dem nicht alle Wohnungen mit Einzelwasserzählern ausgerüstet sind, ist daher nicht verpflichtet, zumindest gegenüber denjenigen Mietern, in deren Wohnung der Verbrauch erfasst wurde, auch nach Verbrauch abzurechnen; dies gilt selbst dann, wenn die Kosten bei der Umlage nach Flächenschlüssel das Doppelte der Kosten des erfassten Verbrauchs betragen.[218]

111 Wegen der Ungenauigkeiten wäre es daher **nicht sachgerecht,** den Mietern **ohne Wohnungswasserzähler** schlicht **im Wege der Subtraktion die Differenz** der Summe der Verbräuche nach den Einzelwasserzählern zum Verbrauch nach dem Hauptwasserzähler aufzuerlegen.[219] Der BGH hat diese Differenzmethode zwar für die Abgrenzung des von einem Gewerbeobjekt verbrauchten Wassers zum Wasserverbrauch der nicht mit Einzelwasserzählern ausgestatteten Wohnungen gebilligt.[220] Er hat dabei aber die beschriebenen technischen Ungenauigkeiten nicht berücksichtigt (s. Rdn. 218). Außerdem ist zu beachten, dass diese bei der Verwendung nur eines Zwischenzählers nicht erheblich sein mögen, sie sich indes durch den größeren Schlupf bei mehreren Einzelwasserzählern gravierend addieren. Auch ein Aufschlag von 10% auf die Gesamtkosten nach den Wohnungswasserzählern scheidet aus;[221] es gibt keine empirischen Anhaltspunkte, dass ein derartiger Zuschlag die Mehrbelastung ausgleicht. Gegen die Überlegung, die Wasserkosten der noch nicht mit Wohnungswasserzählern ausgestatteten Wohnungen nach dem Flächenschlüssel auf diese umzulegen und die verbleibenden Kosten sodann auf die anderen nach den jeweiligen Zählerständen,[222] ist einzuwenden, dass es sich hierbei nicht um eine Vorerfassung, sondern um die unzulässige Verwendung verschiedener Umlagemaßstäbe handelt, die zu verzerrten Ergebnissen führt.[223]

112 Ergibt sich eine **erhebliche Differenz** zwischen der Anzeige des Hauptzählers und der Summe der Einzelwasserzähler, sollten die Parteien nachprüfen, ob tatsächlich alle Zapfstellen mit Zählern ausgestattet sind. So kann ein Zähler etwa am Handwaschbecken eines Gemein-

---

[217] LG Limburg Urt. v. 31.8.2018 – 3 S 39/18, BeckRS 2018, 21522 ; a. A. LG Kleve ZMR 2007, 620; Staudinger/Artz § 556a Rdn. 15.
[218] BGH (VIII ZR 188/07) GE 2008, 661 = NZM 2008, 444 = WuM 2008, 288.
[219] So LG Berlin GE 2010, 1742; dies gilt entgegen AG Erkelenz ZMR 1997, 245 auch dann, wenn dem Mieter Gelegenheit gegeben wurde, die Stände aller Einzelzähler der anderen Mietparteien zu kontrollieren; unzutr. ferner AG Ibbenbüren WuM 2000, 83, das den Vermieter mit der Zählerdifferenz belastet.
[220] BGH (VIII ZR 69/09) DWW 2010, 20 = GE 2010, 117 = NZM 2010, 195 = WuM 2010, 35, (VIII ZR 334/08) ZMR 2010, 282 (m. Anm. *Schmid*).
[221] So LG Kassel WuM 2006, 273; ähnlich *Wall* Rdn. 3308 f.
[222] *Milger* NZM 2008, 757 (760).
[223] *Lammel* § 556a Rdn. 32.

schaftsraums fehlen, an einer Zapfstelle im Keller, in Garagen oder an Gartenleitungen. Lässt sich eine derartige Fehlerquelle nicht ausmachen, scheidet die Umlage der Differenzmenge auf die Nutzer nach herrschender Ansicht aus, wenn sie mehr als 20% beträgt.[224] Hier spricht der Anschein dafür, dass sie auf mangelhafter Instandhaltung des Rohrleitungsnetzes durch den Vermieter beruht. Auf keinen Fall darf einem Mieter ein unplausibel hoher Wasserverbrauch aufgrund bloßer Vermutungen auferlegt werden, z. B. könne der hohe Verbrauch auch auf häufigen Vollbädern beruhen.[225] Zu beachten ist, dass es auf die Messdifferenz zwischen Hauptwasserzähler und der Summe der Einzelzähler ankommt, nicht auf den Unterschied zwischen dem Wasser-Einstandspreis für den Vermieter und dem den Mietern berechneten Endpreis.[226] Der Einstandspreis ist der bloße Lieferpreis der Stadtwerke, er erhöht sich um die umlagefähigen weiteren Kosten der Wasserversorgung gem. § 2 Nr. 2 BetrKV wie z.B. Gerätemiete, Ablesung und Abrechnung.[227] Die Preisdifferenz besagt daher nichts dazu, ob die Toleranzgrenze überschritten wurde.

Bei **geringeren Differenzen** erfolgt die Umlage der Differenzmenge **113** nicht nach der Anzahl der Wohnungen oder dem Flächenmaßstab, sondern entsprechend dem Verhältnis der bei den Wohnungswasserzählern angezeigten Verbrauchsmengen zum Gesamtverbrauch.[228] Dazu werden die Gesamtkosten durch die Summe aller Einzelwasserzähler dividiert und das Ergebnis mit den einzelnen Verbrauchswerten multipliziert, so dass jeder Nutzer einen proportionalen Anteil an den Differenzen trägt.

bb) Verfahren bei unterlassener Ablesung

Ein Sonderproblem stellt sich, wenn die vorhandenen Einzelwasserzähler **114** nicht abgelesen wurden oder ihre Zählerstände wegen Ablaufs der Eichfrist (s. A Rdn. 59 ff.) nicht mehr verwendet werden dürfen; geht es nur um einen übersehenen oder nicht mehr verwendbaren Zähler s. Rdn. 117. In derartigen Fällen ist der Vermieter nicht in der Lage, entsprechend dem Mietvertrag oder gem. § 556a Abs. 1 Satz 2 BGB nach Verbrauch abzurechnen. Ihm bleibt **nur die Umlage nach** dem Regelmaßstab gem. § 556a Abs. 1 Satz 1 BGB, dem **Flächenschlüssel.**

---

[224] LG Duisburg WuM 2006, 199, LG Berlin GE 2002, 193, LG Darmstadt WuM 2001, 515, AG Rheine WuM 2015, 388, AG Münster WuM 2000, 152, AG Salzgitter WuM 1996, 285; weitergehend AG Schöneberg GE 2000, 1623 (20%–25%), AG Dortmund DWW 1992, 180 (mehr als 25%); Staudinger/*Artz* § 556a Rdn. 17, *Wall* Rdn. 3297: 25% unter Bezug auf eine Richtlinie des VDI.
[225] BVerfG WuM 1997, 27.
[226] So aber LG Braunschweig WuM 1999, 294: Einstandspreis DM 6,84, den Mietern berechneter Preis DM 8,90, damit eine Differenz von mehr als 30%.
[227] Z.B. *Both* in Herrlein/Kandelhard § 556a Rdn. 16, *Lefèvre* HKA 1999, 31 f., *Peters* S. 177.
[228] LG Braunschweig WuM 1999, 294, AG Salzgitter WuM 1996, 285, AG Dortmund DWW 1992, 180; *Wall* WuM 1998, 69.

115 Fraglich sind die **Folgen der sachwidrigen Abrechnung** für den Mieter, d.h. ob er diese so akzeptieren muss. Für den Bereich der Heizkosten sieht § 12 Abs. 1 HeizKV vor, dass der Mieter den auf ihn entfallenden Anteil um 15% kürzen darf. Es handelt sich dabei um einen Erfahrungswert zur Kostendifferenz zwischen verbrauchsabhängiger und -unabhängiger Abrechnung. Das ökologische Ziel und die Interessen des Mieters liegen bei der Abrechnung der Wasserkosten gleich, so dass der Vermieter verpflichtet ist, den Mieter auch hier **von einem Teil der** auf ihn nach dem Flächenschlüssel entfallenden **Kosten freizuhalten**.

116 **Dieser Anteil** wird zum Teil in Anlehnung an § 12 Abs. 1 HeizKV mit ebenfalls 15% angesetzt.[229] Beim Wasserverbrauch besteht allerdings die Besonderheit, dass im Unterschied zur Beheizung kein Grundverbrauch aus der allgemeinen Erwärmung des Gebäudes stattfindet, sondern sich das jeweilige Verbrauchsverhalten unmittelbar auswirkt. Eine gemeinsame Untersuchung der Hamburger Umweltbehörde und der Hamburger Wasserwerke aus der Mitte der neunziger Jahre des letzten Jahrhunderts zeigte eine Einsparung an Frischwasser zwischen 18,9% und 39,6%, eine Untersuchung der Hamburger Wasserwerke aus 1999 eine mittlere Einsparung von rund 26%.[230] Diese enorme Einsparquote kann jedoch nicht hier nicht (mehr) zugrunde gelegt werden. Zum einen ist, wie bei dem Abzug nach § 12 Abs. 1 HeizKV, ein mittlerer Wert anzusetzen: Aus anderen Untersuchungen ist bekannt, dass die Größe der Gebäude und damit die Zahl der Bewohner einen signifikanten Einfluss auf den durchschnittlichen, nicht erfassten Wasserverbrauch hat.[231] Zum anderen ist zu berücksichtigen, dass seitdem viele Vermieter, insbesondere Wohnungsunternehmen, aber auch Mieter wegen der Höhe der Wasser- und der damit verbundenen Entsorgungskosten Wasserspareinrichtungen insbesondere in den Toiletten einbauten und z.B. Waschmaschinen mit sparsamem Wasserverbrauch kauften. Im Hinblick auf diese veränderten Umstände geht das Ministerium nunmehr von einer Einsparung in Höhe von rund 15% aus.[232] Dieser Wert entspricht demjenigen aus anderen Untersuchungen,[233] auch die Hamburger Wasserwerke geben ihn als erfahrungsgemäßes Einsparpotential an.[234] Auf dieser Grundlage ist es unter dem Gesichtspunkt eines Schadensersatzanspruchs aus Vertragsverletzung zulässig, **generell einen Abzug von 15%** vorzunehmen,[235] der, das ist wegen zahlreicher Missverständnisse in der Praxis zu betonen, auf

---

[229] LG Itzehoe InfoM 2011, 371 (m. zust. Anm. *Flatow*); *Lefèvre* HKA 1999, 33, *Lützenkirchen* in Lützenkirchen § 556a Rdn. 109.
[230] *Sommer/Hartung* HKA 1999, 9 (11).
[231] *Roth* DW 1993, 616.
[232] *Fabig* HKA 2004, 25.
[233] *Wege/Sommer* BBauBl 1999, 63 (65).
[234] Undatierte Informationsbroschüre „*Wasserzähler für Hamburgs Wohnungen*".
[235] BGH (VIII ZR 218/11) GE 2012, 827 = WuM 2012, 316 = ZMR 2012, 615, LG Berlin GE 2011, 1683, LG Kleve ZMR 2007, 620, AG Neukölln GE 2009, 384; a. A. *Brückner* GE 2012, 42.

umfangreichen spezifischen Untersuchungen und eben **nicht auf der Übernahme des Abzugs aus § 12 Abs. 1 HeizKV** beruht. Zwar werden durch diese schematische Verfahrensweise Besonderheiten des Einzelfalls nicht berücksichtigt. Dies ist indes unschädlich, was sich eindrucksvoll daran zeigt, dass die Umlage nach dem Flächenschlüssel nunmehr durch § 556a Abs. 1 Satz 1 BGB ausdrücklich als sachgerechter Verteilungsschlüssel anerkannt ist, obwohl ihm „Ungerechtigkeiten" im Einzelfall immanent sind.

cc) Verfahren bei defekten Zählern

Fallen Einzelwasserzähler aus, **fehlen** die jeweiligen **Verbrauchsdaten für die** Verhältnisrechnung in der **Gesamtabrechnung.** Im Grundsatz ist daher die verbrauchsabhängige Abrechnung insgesamt nicht mehr möglich. Dass der Vermieter sodann im Zweifel insgesamt nach dem Flächenschlüssel abrechnen muss, wenn für diesen Fall keine Vereinbarung getroffen wurde,[236] erscheint jedoch fraglich. Es wird eher sachgerecht sein, nach der Anzahl der ausgefallenen Zähler zu differenzieren. Handelt es sich um **mehrere Geräte,** bleibt nur die verbrauchsunabhängige Abrechnung. Geht es, wie meist, nur um **einen defekten Zähler,** sollte kann dessen Anzeige geschätzt werden. Dass hierzu nicht die Differenz zwischen der Summe der Verbräuche nach den übrigen Einzelwasserzählern zum Hauptzähler dienen kann, ist evident (s. Rdn. 111). Es bietet sich jedoch an, als Schätzgrundlage auf die Verbrauchsanzeigen aus anderen Abrechnungsperioden zurückzugreifen, also zwei Vorperioden, und, wenn möglich, zusätzlich die Anzeige des Zählers zu berücksichtigen, der nach der Entdeckung des Defekts eingebaut wurde. Dieser erfasst zwar den Verbrauch der laufenden Periode, ermöglicht aber Rückschlüsse, ob ein ungefähr konstantes Verbrauchsverhalten vorlag. Alternativ muss von der Differenz der übrigen Einzelzähler zu dem Hauptzähler ein angemessener Abschlag vorgenommen werden, um die Messdifferenzen (s. Rdn. 106) auszugleichen. Dieser ist eher großzügig anzusetzen, da die Funktion der Zähler im Risikobereich des Vermieters liegt.

117

5. Umlage nach der unterschiedlichen Verursachung

Das **Korrelat** zur Abrechnung nach Verbrauch ist die Abrechnung nach dem Umfang der Verursachung. Sie betrifft vorrangig die Kosten der **Müllbeseitigung,** kommt aber auch in Betracht bei den Betriebskosten, die sich sowohl aus verbrauchsabhängigen als auch verbrauchsunabhängigen Kosten zusammensetzen, wie es bei den Kosten des **Aufzugs** und von Einrichtungen zur **Wäschepflege** der Fall ist.

118

a) Müllbeseitigung

Die verursachergerechte Umlage der Kosten der Müllbeseitigung setzt separate abschließbare Müllgefäße voraus oder sonstige Vorrichtungen

119

---

[236] So *Schmid* WuM 2011, 331 (335).

zur Einzelerfassung (s. Rdn. 44). Die **erfasste Abfallmenge** ist grundsätzlich in vollem Umfang nach Verursachung umzulegen. Der BGH erlaubt es jedoch in Ausnahmefällen, den Mietern vorab **Mindestmengen** zuzuschreiben. Das etwa dann, wenn ausreichende Anhaltspunkte dafür bestehen, dass Mieter der Erfassung entgehen, indem sie Abfall unzulässiger Weise fremd bzw. „wild" entsorgen.[237] (s. Rdn. 103).

120 Erhebt der Entsorger neben den Kosten aus der Abfuhr des erfassten Mülls bestimmte **Festkosten,** richtet sich deren Verteilung nach den Verhältnissen im Einzelfall. So ist zum Teil eine gesonderte Grundgebühr je Wohneinheit zu zahlen, zum Teil wird unabhängig vom tatsächlich angefallenen Müll eine z.B. in Litern ausgewiesene Mindestmüllmenge je Nutzeinheit berechnet. Hier ist allein die entsprechende Umlage auf die Mieter sachgerecht. Anders verhält es sich, wenn der Entsorger die Festkosten an der Personenzahl festmacht, etwa nach den Daten des Einwohnermeldeamts zu einem bestimmten Stichtag. Dem Vermieter ist die Verwendung des Personenmaßstabs nicht zumutbar, so dass er nach dem Flächenschlüssel abrechnen darf, es sei denn, er verteilt die verbrauchsabhängigen Kosten ohnehin nach dem Personenschlüssel. Ob der Vermieter die Festkosten statt nach dem Flächenschlüssel auch nach der erfassten Verursachung abrechnen darf, ist fraglich. Zwar ist dieses Verfahren nach der Rechtsprechung des BGH zur Umlage der Festkosten bei verbrauchsabhängiger Abrechnung zulässig (s. Rdn. 104), es besteht indes ein gravierender sachlicher Unterschied. Während der Verbrauch von Wasser im Mietobjekt unvermeidlich ist, ist in der Praxis bereits zu beobachten, dass manche Mieter keinerlei (erfassten) Müll produzieren, weil sie ihn anderweitig entsorgen (vgl. A Rdn. 130). Sie dürfen nicht zulasten der anderen Mieter von den Festkosten entlastet werden.

b) Aufzug

121 Die Aufzugskosten werden nach verschiedenen Methoden verteilt, die aber sämtlich nur Annäherungen darstellen (s. Rdn. 225). Ein unmittelbarer Zusammenhang zwischen Verursachung und Kosten ist wiederum nur mit Hilfe **technischer Zusatzausstattungen** erreichbar. Er könnte etwa dadurch hergestellt werden, dass die Mieter je nach Stockwerk des Mietobjekts eine kodierte Karte erhalten, die den Zugang zum Aufzug freigibt und die Zahl der Nutzungen sowie der Fahrstrecke speichert.[238]

---

[237] BGH (VIII ZR 78/15) DWW 2016, 172 = GE 2016, 718 = NZM 2016, 437 = WuM 2016, 537 = ZMR 2016, 521; *Langenberg* in Schmidt-Futterer § 556a Rdn. 134, *Wall* Rdn. 3868.

[238] Entsprechende Softwaremodule in Verbindung mit z.B. berührungslosen Zutrittsberechtigungen (Transpondern) können auch nachträglich installiert werden, vgl. GE 2003, 1010.

c) Maschinelle Wascheinrichtungen

Für die verursachergerechte Verteilung der Wasser- und Stromkosten stehen verschiedene Verfahren zur Verfügung. Hier bietet sich insbesondere die Verwendung von **Münzzählern** an (s. Rdn. 274 ff.). **122**

6. Umlage nach dem Verhältnis der Mieten

Die Umlage des Wasserverbrauchs und der Mehrbelastungen durch Grundsteuer, Gebühren und Versicherungskosten hatte im Geltungsbereich der Verordnung über den Mietpreis für den bis zum 31.12.1949 bezugsfertig gewordenen Wohnraum (AMVO)[239] nach dem Verhältnis der Grundmieten zu erfolgen (§ 23 Abs. 1 AMVO).[240] Mit Ausnahme Berlins trat die AMVO nach § 18 2. BMietG[241] am 31.12.1974 außer Kraft. Dieser Verteilungsmaßstab hat seitdem keine Bedeutung mehr, was auch daran liegt, dass er für den Vermieter sehr unpraktisch ist, da er sich mit jeder Mieterhöhung ändert. Gleichwohl soll er in der Form der **Leerraummiete** von den Parteien vereinbart werden können.[242] Diese Meinung ist nicht überzeugend. Da der Umlageschlüssel keinen Bezug zur Entstehung der Betriebskosten aufweist[243] und zudem Mieter von Objekten, die allein aufgrund ihrer Lage im Haus oder auf dem Grundstück ein höheres Mietniveau erreichen, ohne sachlichen Grund benachteiligt, ist er nicht mehr als billiger Maßstab im Sinne der §§ 315, 316 BGB anzusehen.[244] **123**

V. Kostenumlage in Misch- und Sonderfällen

1. Verteilung bei Abrechnungseinheiten

a) Preisgebundener Wohnraum

Nach **altem Recht** war gem. § 2 Abs. 1 Satz 1 II. BV die Wirtschaftlichkeitsberechnung für das Gebäude, das den Wohnraum enthält, aufzustellen, nach Satz 2 für eine Mehrheit solcher Gebäude, wenn sie eine **Wirtschaftseinheit** bilden. Nach der Definition in Satz 3 ist eine Wirtschaftseinheit die Mehrheit von Gebäuden, die demselben Eigentümer gehören,[245] in örtlichem Zusammenhang stehen und deren Errichtung ein einheitlicher Finanzierungsplan zugrunde gelegt wurde oder zugrunde **124**

---

[239] Vom 23.7.1958, BGBl. I S. 549, mit zahlreichen späteren Änderungen.
[240] Vgl. LG Berlin ZMR 1977, 303.
[241] Vom 23.6.1960, BGBl. I S. 389, mit zahlreichen späteren Änderungen.
[242] AG/LG Köln WuM 1989, 583.
[243] Vgl. AG Görlitz ZMR 2003, 269.
[244] Vgl. *Kinne* in Kinne/Schach/Bieber § 556a Rdn. 22.
[245] Diese Voraussetzung erfüllt die Eigentümergemeinschaft eines in Wohnungseigentum aufgeteilten Gebäudes nicht, wenn die einzelnen Wohnungen im Namen der jeweiligen Wohnungseigentümer vermietet wurden, KG neg. RE 29.1. 1987 WuM 1987, 181.

gelegt werden soll. Die Definition der Betriebskosten in § 27 Abs. 1 Satz 1 II. BV bezog die Wirtschaftseinheit ein, sie waren nach der Regel in § 20 Abs. 2 NMV entsprechend dem Verhältnis der Flächen der gesamten Wirtschaftseinheit umzulegen.

125 Sofern die Bewilligungsstelle zustimmte, konnte der Vermieter nach §§ 8b Abs. 2 WoBindG, 2 Abs. 6 II. BV auch **nachträglich** Wirtschaftseinheiten bilden, wenn die bisherigen Gebäude oder Wirtschaftseinheiten in örtlichem Zusammenhang standen und die Wohnungen keine wesentlichen Unterschiede in ihrem Wohnwert aufwiesen. Machte er hiervon Gebrauch, war die neue Gesamtfläche für die Umlage der Betriebskosten maßgeblich. Nach **Beendigung der Preisbindung** bleibt eine ursprüngliche oder nachträglich zulässig gebildete Wirtschaftseinheit bestehen.[246]

126 Zum **neuen Recht** ist festzustellen, dass das am 1.1.2002 in Kraft getretenen WoFG in § 19 Abs. 2 Satz 1 WoFG a.F. die Definition der Betriebskosten aus § 27 Abs. 1 Satz 1 II. BV übernahm, allerdings bis auf den Passus „oder der Wirtschaftseinheit". Auch im Übrigen wird das Wort Wirtschaftseinheit im WoFG nicht mehr verwendet. § 1 Abs. 1 Satz 1 der seit 1.1.2004 geltenden BetrKV wiederholt die Definition aus § 19 Abs. 2 Satz 1 WoFG. Der Begriff Wirtschaftseinheit findet sich damit seit dem 1.1.2002 generell nicht mehr in den einschlägigen Vorschriften.

127 Nach § 46 Abs. 1 WoFG sind die **neuen Bestimmungen** nur auf Maßnahmen der sozialen Wohnraumförderung anzuwenden, für welche die **Förderzusage nach dem 31.12.2001** erteilt wurde. Für preisgebundenen Wohnraum alter Art ist es ohne weiteres bei der Möglichkeit der Abrechnung nach Wirtschaftseinheit geblieben, sofern sie zuvor in zulässiger Weise nach dem bisherigen Recht gebildet wurde; auf den Zeitpunkt des Abschlusses des jeweiligen einzelnen Mietvertrags kommt es nicht an. Was Förderzusagen nach dem 31.12.2001 betrifft, die mithin unter das WoFG fallen, soll eine sachliche Änderung nach der Begründung der Verordnung[247] damit nicht verbunden sein. Dies ist im Hinblick auf den Wortlaut des Gesetzes nicht überzeugend, jedenfalls soweit es um die einseitige Festlegung von Wirtschaftseinheiten durch den Vermieter geht. Gleichwohl dürfte die Rechtsprechung des BGH zum Recht des Vermieters preisfreien Wohnraums, Abrechnungseinheiten zu bilden (s. Rdn. 131), auch hier zum Zuge kommen.

b) Preisfreier Wohnraum

128 Will der Vermieter preisfreien Wohnraums aus Gründen der **Verwaltungsvereinfachung** oder z.B. nach Erwerb der Nachbargrundstücke über die Betriebskosten mehrerer Grundstücke einheitlich abrechnen, also eine Verwaltungs- und Abrechnungseinheit bilden, ist zu **differenzieren**.

---

[246] AG Dortmund GE 2018, 201 = WuM 2018, 44, AG Köln ZMR 2005, 629.
[247] BR-Drucks. 568/03 S. 28.

V. Kostenumlage in Misch- und Sonderfällen

Maßgeblich ist zunächst **der Mietvertrag.**[248] Ist in ihm festgelegt, dass eine Einzelabrechnung für das Gebäude erfolgt, in dem die Wohnung liegt, ist die Abrechnung nach einer weitergehenden Verwaltungseinheit ausgeschlossen. **129**

Fraglich ist, ob eine derartige Festlegung schon dann vorliegt, wenn in der notwendigen Beschreibung des Mietobjekts lediglich angegeben ist, es erfolge die Vermietung einer Wohnung in X-Straße, **Hausnr.** ... Nach einer Ansicht beziehen sich aufgrund der Angabe der Hausnummer alle folgenden Vereinbarungen auch über die Nebenkosten allein auf die gemietete Wohnung und das erwähnte Haus.[249] Nach überwiegender Ansicht ist der bloßen Objektbeschreibung in den ersten Abschnitten eines Mietvertrags eine derart weitreichende Wirkung **nicht** beizulegen.[250] Sie hindert die Bildung einer Abrechnungseinheit daher nicht. **130**

Enthält der **Mietvertrag keine Festlegung,** ist der Vermieter preisfreien Wohnraums nach der Rechtsprechung des **BGH** regelmäßig weiterhin berechtigt, bei der Abrechnung der umlagefähigen Betriebskosten mehrere von ihm verwaltete und der Wohnnutzung dienende zusammenhängende Gebäude vergleichbarer Bauweise, Ausstattung und Größe zu einer Abrechnungseinheit zusammenzufassen.[251] Dies hatte der BGH bisher schon für die Fälle angenommen, in denen einer hausbezogenen Abrechnung faktische oder jedenfalls unzumutbare technische Hindernisse entgegenstehen, z.B. eine einheitliche Versorgungsanlage,[252] was ggf. der Vermieter darzutun hat.[253] Dem Hinweis des Vermieters auf unzumutbare technische Hindernisse wurde allerdings für den Fall nicht gefolgt, dass zwar für drei Gebäude nur ein Hauptwasserzähler vorhanden war, nach der einschlägigen Landesbauordnung aber innerhalb einer längeren Übergangszeit ohnehin Wohnungswasserzähler einzubauen sind.[254] **131**

Bedenken gegenüber dieser Rechtsprechung ergeben sich **zum einen** aus der Rechtsentwicklung der einschlägigen Vorschriften. § 4 MHG nahm § 27 II. BV in Bezug und damit dessen Definition der Betriebskosten einschließlich des Begriffs Wirtschaftseinheit. Hierbei blieb es durch **132**

---

[248] BGH (VIII ZR 73/10) GE 2010, 1682 = NZM 2010, 895 = WuM 2010, 742 = ZMR 2010, 198, OLG Koblenz, neg. RE 8.5.1987 WuM 1987, 208; *Blank* DWW 1992, 66.
[249] LG Itzehoe ZMR 2003, 842, LG Köln WuM 1991, 281.
[250] BGH (VIII ZR 290/09) GE 2010, 1415 = NZM 2010, 781 = WuM 2010, 629 = ZMR 2011, 24, LG Itzehoe ZMR 2009, 369 (klarstellend zu LG Itzehoe ZMR 2003, 842), LG Darmstadt WuM 2000, 311, LG Bonn WuM 1998, 353 (m. zust. Anm. *Schönhardt*); Staudinger/*Artz* § 556a Rdn. 27, *Blank* DWW 1992, 66, *Kinne* in Kinne/Schach/Bieber § 556a Rdn. 27.
[251] BGH (VIII ZR 73/10) GE 2010, 1682 = NZM 2010, 895 = WuM 2010, 742 = ZMR 2010, 198.
[252] BGH (VIII ZR 371/04) DWW 2005, 328 = GE 2005, 1118 = NZM 2005, 737 = WuM 2005, 579.
[253] LG Itzehoe ZMR 2004, 198.
[254] LG Itzehoe ZMR 2006, 779.

§ 556 Abs. 1 BGB a.F. ab 1.9.2001 „*bis zum Erlass der Verordnung nach § 19 Abs. 2 Satz 2 des Wohnraumförderungsgesetzes*". In der nachfolgenden Definition der Betriebskosten in § 1 BetrKV, der Verordnung nach § 19 Abs. 2 Satz 2 WoFG (a.F.), fehlt, wie erwähnt (s. Rdn. 126), die Wirtschaftseinheit. Seit dem Wegfall von § 19 Abs. 2 WoFG befindet sich dessen Definition unverändert, d.h. ohne den Textteil Wirtschaftseinheit, in § 556 Abs. 1 Satz 2 BGB. Die Umlage nach Wirtschaftseinheiten ist mithin nach dem Wortlaut des Gesetzes nicht mehr vorgesehen. **Zum anderen** kann gegen die Zulässigkeit der Abrechnung nach Abrechnungseinheiten generell eingewandt werden, dass diese Abrechnungsweise dem Mieter im Einzelfall durchaus günstig, ebenso gut aber auch ungünstig sein kann, was mit dem Verbot ihn benachteiligender Regelungen aus § 556 Abs. 4 BGB kollidiert. Diese Kollision wird indes durch die Einschränkungen für die Zulässigkeit der Umlage nach Abrechnungseinheit relativiert (dazu Rdn. 133ff.). Sind diese Beschränkungen beachtet, dürfte sich die Gefahr einer Benachteiligung des Mieters auf ein vertretbares Maß reduzieren, auch wenn aus dem Betriebskosten-Benchmarking bekannt ist, dass sogar ähnlich beschaffene Gebäude eine deutliche Kostenspreizung aufweisen können.

133 Die Bildung von **Abrechnungseinheiten** ist **nur unter bestimmten Voraussetzungen zulässig**. Fehlt eine der nachfolgend beschriebenen Voraussetzungen, gilt uneingeschränkt der allgemeine Grundsatz der Umlage nach der kleinstmöglichen Einheit.[255] Dieser Grundsatz hat seine Berechtigung darin, dass sich kostenbewusstes, sparsames Verhalten der Mieter nur hier unmittelbar auswirkt. Die **einzelnen Voraussetzungen** sind:

134 – Die Gebäude müssen **einheitlich verwaltet** sein. Da es auf die einheitliche Verwaltung ankommt, können die Gebäude, anders als bei Wirtschaftseinheiten im öffentlich geförderten Wohnungsbau (s. Rdn. 124), verschiedenen Eigentümern gehören. Dieser Unterschied gestattet die Bildung auch sehr großer Abrechnungseinheiten. Die Zusammenfassung einer Vielzahl von Gebäuden dürfte jedoch jedenfalls dann ausscheiden, wenn sie dem Mieter faktisch keine Kontrolle der Abrechnung mehr ermöglicht.[256]

135 – Sie müssen in **unmittelbarem örtlichen Zusammenhang** stehen. Dieser erfordert keine unmittelbare Nachbarschaft, aber ein zusammenhängendes Bau- und Wohngebiet.[257] Kein Zusammenhang ist mehr gegeben bei größerer räumlicher Entfernung der Gebäude und dazwischen liegenden Häuserzeilen, die anderen Verwaltungen unterliegen,[258] erst

---

[255] AG Mülheim/Ruhr WuM 1998, 39, AG Köln WuM 1997, 232, AG Siegen WuM 1996, 426, AG Kassel WuM 1995, 442.
[256] AG Leipzig WuM 1999, 467: Bei Zusammenfassung von 107 Gebäuden.
[257] OLG Koblenz RE 27.2.1990 WuM 1990, 268 = ZMR 1990, 297.
[258] LG Bautzen WuM 2002, 497.

recht nicht durch die allgemeine Lage der Gebäude im Stadtgebiet, auch wenn hier für die Gartenpflege ein einheitlicher Pauschalauftrag vergeben wurde.[259] Bei Streubesitz ist die Bildung von Abrechnungseinheiten mithin unzulässig.

- Die Gebäude müssen **gleichartiger Nutzung** dienen.[260] Dass sie ganz oder zum Teil gemischt genutzt werden, wird der Bildung einer Abrechnungseinheit nicht entgegen stehen.[261] Unzulässig ist hingegen eine Abrechnungseinheit aus Gebäuden mit reiner Gewerbenutzung, gemischter Nutzung und reiner Wohnnutzung.[262] **136**

- Die Gebäude dürfen **keine wesentlichen Unterschiede** im **bautechnischen Bestand**, in der **Bauweise**, der **Ausstattung** und der **Größe** aufweisen.[263] Das Erfordernis ist aus §§ 8b Abs. 2 WoBindG, 2 Abs. 6 II. BV übernommen worden. Der Vermieter preisgebundenen Wohnraums ist verpflichtet, für die neu geschaffene Wirtschaftseinheit eine neue Wirtschaftlichkeitsberechnung aufzustellen, um die neue Durchschnittsmiete zu ermitteln; ihre Berechnung ist bei erheblichen Unterschieden im Wohnwert der Wohnungen kaum möglich, der Vermieter müsste mit einer Vielzahl von Vergütungen im Sinne von § 27 Satz 2 NMV arbeiten. Bei der Bildung einer Verwaltungseinheit im preisfreien Wohnraum sind diese speziellen Gesichtspunkte ohne Bedeutung. **137**

Gleichwohl ist diese **Voraussetzung berechtigt**. Dass auch bei Wohnungen innerhalb desselben Hauses, die zumal bei Altbau sehr unterschiedlich beschaffen und ausgestattet sein können, die einheitliche Umlage nach dem Flächenmaßstab zulässig ist, bildet keinen Widerspruch, weil es sich um die kleinstmögliche Abrechnungseinheit handelt. Werden hingegen mehrere Gebäude zusammengefasst, besteht bei unterschiedlichem bautechnischem Standard, unterschiedlicher Bauweise, Ausstattung und Größe generell die Gefahr, dass dem Mieter Kosten zuwachsen, die aus der Einbeziehung besser gestalteter oder ausgestatteter Gebäude stammen. Die Verwaltungsvereinfachung für den Vermieter ginge sonst zu Lasten des Mieters. **138**

Die Bildung einer **Abrechnungseinheit** ist daher z. B. zu Recht abgelehnt worden, wenn **139**
- wesentliche Unterschiede im Wohnwert von Außenanlagen vorliegen, wie z. T. gepflasterter Parkplatz, z. T. dichte Bepflanzung, vorwiegend mit Bäumen, z. T. Grünfläche als Rondell gestaltet, z. T. mit Spiel-

---

[259] AG Dortmund GE 2018, 201 = WuM 2018, 44, AG Siegen WuM 1996, 426.
[260] OLG Koblenz RE 27.2.1990 WuM 1990, 268 = ZMR 1990, 297; *Sternel* III Rdn. 358, dazu kritisch *Seldeneck* Rdn. 2202 ff.
[261] LG Bonn WuM 1998, 353, AG Charlottenburg GE 2013, 1523.
[262] LG Köln NZM 2001, 617.
[263] BGH (VIII ZR 73/10) GE 2010, 1682 = NZM 2010, 895 = WuM 2010, 742 = ZMR 2010, 198, OLG Koblenz RE 27.2.1990 WuM 1990, 268 = ZMR 1990, 297.

platz, z.T. Rasen, alles mit jeweils völlig unterschiedlichem Pflegeaufwand;[264]
- ein Einfamilienhauses von 85 m² und ein Mehrfamilienhauses von 218 m²[265] oder
- ein siebenstöckiges Hochhaus und weitere, nur zweistöckige Häuser[266] oder
- bei einer querenden Straßenfront Reihenhäuser mit Gartenteil, mehrgeschossige Mehrfamilienhäuser, unbebaute Grünflächen, Kinderspiel- und Stellplatz gemeinsam abgerechnet werden sollen.[267]

140 Lässt sich die **bessere Ausstattung** eines Hauses problemlos **ausgliedern**, wie z.B. bei Aufzügen, dürfte die Einbeziehung dieses Objekts in eine Abrechnungseinheit hingegen zulässig sein.[268] Bei der Abrechnung ist sodann aber darauf zu achten, dass nur die Objekte mit der entsprechenden Ausstattung belastet werden.

141 Dasselbe gilt, wenn **bestimmte Kosten nur** deshalb **für einzelne Einheiten** anfallen, weil die Mieter der anderen Einheiten die Arbeiten selbst erledigen, etwa die Gebäudereinigung[269] oder die Gartenpflege.[270] Die Bildung einer Abrechnungseinheit berechtigt den Vermieter nicht zur undifferenzierten Umlage der Kosten.

2. Verteilung bei Wohn- und Teileigentum

142 Bei vermietetem Wohnungseigentum ist zwischen den Kosten zu **unterscheiden,** die auf **alle Einheiten** des Gebäudes zu verteilen sind, und denjenigen, die allein auf die **vermietete Wohnung** entfallen.

a) Kosten aller Einheiten

143 Die Kosten, die auf allen Einheiten entfallen, werden üblicherweise nach dem **Flächenschlüssel oder Miteigentumsanteilen** verteilt; **ausgenommen** sind die Kosten nach § 2 Nr. 15 BetrKV, die Kosten von Gemeinschafts-Antennenanlagen oder der mit einem Breitbandnetz verbundenen privaten Verteilanlage, die in aller Regel auch bei Wohnungseigentum nach Nutzeinheiten aufgeteilt werden, und die Kosten von zentraler Beheizung und Lieferung von Warmwasser, deren Umlage sich nach der HeizKV richtet.

144 Es hat **keinen Einfluss** auf den mietvertraglich festgelegten Umlageschlüssel, wenn die Betriebskosten zwischen den Mitgliedern einer **Wohnungseigentümergemeinschaft** nach einem **anderen Maßstab** verteilt

---

[264] LG Bautzen WuM 2002, 497.
[265] LG Hamburg WuM 2004, 498.
[266] AG Köln WuM 2000, 152.
[267] AG Hamburg-Wandsbek WuM 2008, 409.
[268] *Pistorius* GW 1987, 126, *Blank* DWW 1992, 66; vgl. LG Köln NZM 2001, 617.
[269] AG Stuttgart WuM 2004, 475.
[270] AG Mülheim/Ruhr WuM 1998, 39.

werden. Hierzu kann es insbesondere kommen, wenn die Wohnungseigentümer von der Möglichkeit aus § 16 Abs. 3 WEG Gebrauch machen und mit Stimmenmehrheit einen anderen als den bisherigen Umlageschlüssel beschließen.[271] Will der Vermieter hierauf durch Anpassung des mietvertraglichen Verteilungsmaßstabs reagieren, braucht er einen entsprechenden Änderungsvorbehalt im Mietvertrag (s. dazu Rdn. 16 ff., 26 ff.). Zu beachten ist jedoch, dass der Änderung auch bei wirksamem Vorbehalt Grenzen gesetzt sind. Verteilerschlüssel, die den Eigentümern sinnvoll oder auch nur besonders praktisch erscheinen, dürfen nicht dazu führen, dass der Mieter darüber überproportional an den Gesamtbewirtschaftungskosten beteiligt wird. So dürfte ein Beschluss, nach dem alle Kosten unterschiedslos gemäß der Zahl der Wohnungen umzulegen sind, im Regelfall schwerlich ordnungsgemäßer Verwaltung i.S. des § 16 Abs. 3 WEG entsprechen; ist er jedoch mangels rechtzeitiger Anfechtung bestandskräftig geworden, hat der Eigentümer die entsprechende Abrechnung zu akzeptieren, nicht jedoch der Mieter. Dasselbe gilt, wenn die Wohnungseigentümer z.B. alsbald nach Beginn des Wirtschaftsjahres beschließen, dass die Abrechnung über das laufende Jahr nach einem anderen Umlageschlüssel aufgemacht werden soll; für den Mieter sind nur Änderungen relevant, die vor Beginn der Abrechnungsperiode beschlossen wurden, für ihn gilt der neue Maßstab daher erst ab dem folgenden Abrechnungszeitraum.

Es soll **formell nicht zu beanstanden** sein, wenn der Vermieter trotz vereinbarten Flächenschlüssels nach Miteigentumsanteilen abrechnet (s. aber H Rdn. 201).[272] Materiell ist dies sachgerecht, sofern diese, wie im Regelfall, identisch sind, wobei der Vermieter den Mieter auf diesen Umstand hinweisen sollte, um Nachfragen zu vermeiden. Die unterschiedlichen Verteilungsschlüssel dürfen nicht dazu führen, dass der Vermieter dem Mieter höhere Kosten belastet, als er selbst an die Eigentümergemeinschaft zu zahlen hat.[273] **145**

aa) Zulässigkeit der Umlage nach Mit-/Teileigentumsanteilen

Die Umlage nach Mit-/Teileigentumsanteilen ist **zulässig**,[274] weil sie – jedenfalls im Regelfall – billigem Ermessen gem. §§ 315, 316 BGB entspricht. Zur Begründung wird angeführt, der Mieter werde damit nicht anders gestellt als der Wohnungseigentümer.[275] Dieses Argument über- **146**

---

[271] Zur Problematik ausführlich *Drasdo* ZMR 2008, 421.
[272] BGH (VIII ZR 115/04) DWW 2005, 18 = GE 2005, 50 = NZM 2005, 13 = WuM 2005, 61 = ZMR 2005, 121.
[273] LG Berlin GE 1988, 1169.
[274] Vgl. BGH (VIII ZR 169/03) DWW 2004, 261 = GE 2004, 879 = NZM 2004, 580 = WuM 2004, 403 = ZMR 2004, 662, (VIII ZR 115/04) DWW 2005, 18 = GE 2005, 50 = NZM 2005, 13 = WuM 2005, 61 = ZMR 2005, 121; a.A. LG München I ZMR 2003, 431, weil die Miteigentumsanteile „ggf. willkürlich festgelegt sein" könnten.
[275] LG Düsseldorf DWW 1988, 210.

zeugt nicht, da es nicht um eine vergleichende Betrachtung geht. Die Angemessenheit folgt vielmehr aus dem grundsätzlichen Interesse der Eigentümer, dass Sondereigentum und Anteil am gemeinschaftlichen Eigentum – und damit das Verhältnis der nutzbaren Flächen – übereinstimmen, zumal sich gem. § 16 Abs. 2 WEG sowohl die Nutzungen wie auch die Lasten und Kosten grundsätzlich nach dem Verhältnis der Miteigentumsanteile bestimmen.

147 Auch wenn die Verteilung nach Miteigentumsanteilen nach herrschender Auffassung zulässig ist, können sich im Einzelfall **Probleme** ergeben, weil die **Übereinstimmung von Sondereigentum und Anteil am gemeinschaftlichen Eigentum nicht zwingend** ist (vgl. § 10 Abs. 2 Satz 2 WEG).[276] **Im Einzelfall** ist es vielmehr möglich, dass die Umlage nach Miteigentumsanteilen **nicht mehr billigem Ermessen** entspricht,[277] sondern dass die Nutzflächen ins Verhältnis zu setzen sind.

148 Die **Bestimmung der Miteigentumsanteile** ist nämlich den Beteiligten überlassen; ein bestimmtes Verhältnis zwischen Sondereigentum und dem damit verbundenen Miteigentumsanteil muss nicht bestehen.[278] Die Beteiligten können daher die Anteile etwa nach dem Nutzwert der Sondereigentumsflächen oder dem Nutzen aus einzelnen Einrichtungen unterschiedlich festlegen. Während der Nutzwert einzelner Einrichtungen auch bei der Umlage von Betriebskosten berücksichtigt werden kann (z. B. beim Aufzug, s. Rdn. 225), ist der Nutzwert der vermieteten Sondereigentumsfläche für den Flächenmaßstab ohne Bedeutung; er wirkt sich allein bei der Höhe der gewerblichen oder ortsüblichen Miete aus. Insbesondere wenn Wohnungseigentum nicht gem. § 3 WEG dadurch begründet wird, dass sich die Beteiligten gegenseitig Sondereigentum auf der Grundlage des Bruchteilsmiteigentums am Grundstück einräumen, sondern durch einseitige Aufteilung seitens des Eigentümers nach § 8 WEG, kann es zu Abweichungen kommen, weil der einzelne Eigentümer die Miteigentumsordnung allein gestalten und ändern darf. An der notwendigen Übereinstimmung von Nutzfläche und Miteigentumsanteil fehlt es ferner, wenn Teilflächen des gemeinschaftlichen Eigentums von einem Sondereigentümer, möglicherweise mit Zustimmung der anderen Miteigentümer, vereinnahmt werden, etwa durch Einbeziehung benachbarter Räume in sein Teil- oder Wohnungseigentum, solange sie ihm nicht nach § 4 WEG zugeordnet wurden.

bb) Vereinbarung der Umlage nach Eigentumsanteilen

149 Bei vermietetem Wohnraum handelt es sich bei der Umlage nach Miteigentumsanteilen um eine **Abweichung vom Regelmaßstab** nach § 556

---

[276] *Drasdo* in Bub/Treier VII. Rdn. 1 ff.
[277] Vgl. die Berechnungsbeispiele bei *Drasdo* ZMR 2008, 421 (427) mit Abweichungen von zum Teil mehr als 50 % bei der Abrechnung nach Miteigentumsanteilen bzw. Wohnfläche.
[278] BGH (IX ZR 260/97) WuM 1999, 422 (424).

Abs. 1 BGB, so dass diese Verteilungsart eine entsprechenden Vereinbarung erfordert, die schon ausdrücklich im Mietvertrag getroffen sein kann.

Die in manchen Mietverträgen enthaltene **Klausel,** **150**

„Bei vermieteten Eigentumswohnungen trägt der Mieter den Betriebskostenanteil, den die Verwalterabrechnung vorgibt."

ist **unwirksam.**[279] Sie ist völlig unbestimmt, der Verwalter könnte jeglichen Umlageschlüssel, den die Eigentümer für praktisch halten, verwenden. Es fehlt zudem die Bindung an das erforderliche billige Ermessen, was den Mieter unangemessen i.S. des § 307 BGB benachteiligt. Schließlich gestattet sie dem Vermieter, jeden nach § 16 Abs. 3 WEG geänderten Verteilungsmaßstab zugrunde zu legen und damit die Anforderungen, die an die Zulässigkeit eines Wechsels des Umlageschlüssels zu stellen sind (s. ausführlich Rdn. 16ff.), zu unterlaufen. Aus der Unwirksamkeit folgt, dass für die allgemeinen Kosten gem. § 556a Abs. 1 BGB der Flächenschlüssel maßgeblich ist. Was die unmittelbaren Kosten der Mieteinheit betrifft, s. Rdn. 151.

b) Kosten der einzelnen Eigentumswohnung

Für die Kosten, die allein auf das Mietobjekt entfallen, ist der **allgemeine** **151** **Umlageschlüssel irrelevant.** Der Rückgriff auf den allgemeinen Flächenschlüssel verbietet sich, weil es sich nicht um Kosten für alle Mieteinheiten im Gebäude handelt. Es gibt keine Gesamtkosten, die nach anteiliger Fläche aufzuteilen wären.[280] Bei diesen unmittelbaren Kosten richtet sich die Zulässigkeit der Belastung des Mieters **allein** danach, **ob** sie **wirksam** auf ihn **abgewälzt** wurden. Soweit dies der Fall ist, hat der Mieter die Kosten in voller Höhe zu tragen.

In manchen Mietverträgen ist durch eine **Klausel** geregelt, **152**

*„Bei vermieteten Eigentumswohnungen trägt der Mieter den Betriebskostenanteil, den die Verwalterabrechnung vorgibt, sowie die **weiteren Betriebskosten**, die außerhalb dieser Abrechnung **unmittelbar auf die Wohnung** entfallen (z.B. Grundsteuer).".*

Während der **erste Teil** der Klausel **unwirksam** ist (s. Rdn. 150), regelt der **zweite Teil zulässig** den Abrechnungsmodus für die direkten Kosten. Der zum Teil vertretenen Meinung, die Unwirksamkeit des ersten Teils erfasse auch den zweiten Teil, weil die Aufrechterhaltung des zweiten Teils eine unzulässige geltungserhaltende Reduktion darstelle,[281] ist nicht zu folgen. Die Klausel enthält zwei verschiedene Regelungsbereiche, die sich trennen lassen, ohne dass ein Teil durch die Trennung seinen Sinn verlieren oder sich eine Unklarheit einstellen würde. Es geht

---

[279] LG Hamburg WuM 2008, 727.
[280] Ebenso LG Hamburg WuM 2011, 23 (m. Anm. *Eßling*).
[281] LG Hamburg WuM 2008, 727.

hier nicht um Varianten der Abwälzung, wie z.B. bei den Schönheitsreparaturen hinsichtlich der Anfangs-, laufenden oder Endrenovierung, sondern die Betriebskosten sind z.B. sämtlich durch Bezugnahme auf § 27 II. BV in Verbindung mit der Anl. 3 oder auf die BetrKV dem Mieter übertragen. Gegenstand der Regelung ist vielmehr allein die Zuordnung der Betriebskosten, getrennt nach allgemeinen und unmittelbaren Kosten.

153 Fraglich ist, wie mit den unmittelbaren Kosten zu verfahren ist, wenn ein **Gebäude nachträglich in Wohnungs- oder Teileigentum** aufgeteilt wurde. Da vor der Umwandlung keine Veranlassung bestand, zwischen Gesamt- und wohnungsbezogenen Kosten zu differenzieren, bestimmen die Mietverträge oft lediglich, dass die Kosten – in der Regel – nach dem Verhältnis der Mietflächen zur Gesamtfläche umgelegt werden. Daraus wird zum Teil das Problem abgeleitet, ob der Vermieter abweichend vom vereinbarten Umlageschlüssel die unmittelbaren Kosten des Mietobjekts in vollem Umfang beim Mieter geltend machen kann oder ob er verpflichtet ist, möglichst auch alle direkten Kosten der anderen Mieteinheiten zu erfassen und die so ermittelten Gesamtkosten nach dem Flächenmaßstab umzulegen.

154 Die **Lösung** ergibt sich unschwer aus der **Auslegung** der Vereinbarung zum Flächenschlüssel nach §§ 133, 157 BGB.[282] Auch von einem durchschnittlichen Mieter kann durchaus erwartet werden, dass er die Regelung, die Umlage richte sich nach dem Verhältnis der Wohn- und Nutzflächen des Hauses, nur auf solche Kosten bezieht, die für das Gesamtobjekt anfallen, weil eine Umrechnung nach dem Flächenschlüssel bei rein wohnungsbezogenen Kosten nicht notwendig ist, eben weil hier keine Anteile zu ermitteln sind. Gehören einzelne Kosten nicht mehr zu den Gesamtkosten, sind sie daher direkt mit dem Mieter abzurechnen (zur Grundsteuer s. Rdn. 200). Hier gilt nichts Anderes als in den Fällen, in denen bei einem nicht in Wohnungs- oder Teileigentum aufgeteilten Gebäude besondere Kosten, die nur für ein Mietobjekt entstehen, auch nur diesem zuzurechnen sind.

155 *(einstweilen frei)*

3. Verteilung bei gemischt genutzten Objekten
a) Preisgebundener Wohnraum

156 Nach § 20 Abs. 2 Satz 2 NMV sind bei preisgebundenem Wohnraum *„Betriebskosten, die nicht für Wohnraum entstanden sind, ... vorweg abzuziehen."* Der Vermieter ist mithin **grundsätzlich zur Aufteilung** der entstandenen Kosten auf die Wohn- und Gewerbeobjekte **verpflichtet** und ggf. die zur Aufteilung nach Verbrauch oder Verursachung notwendigen Einrichtungen zu schaffen. **Fehlt** die erforderliche Kostentrennung, ist die **Abrech-**

---

[282] Ebenso LG Berlin ZMR 2003, 738.

nung gleichwohl **formell wirksam**.[283] Ist eine sachliche Differenzierung bei einzelnen Betriebskostenarten nicht möglich, scheidet die Kostentrennung aus; hier sind die Kosten im Verhältnis des umbauten Raums oder der Wohn- und Nutzflächen umzulegen. Wann die Differenzierung nicht möglich ist, richtet sich nach den Verhältnissen im Einzelfall; im Hinblick auf das Gebot aus § 20 Abs. 2 Satz 2 NMV wird Unmöglichkeit aus wirtschaftlichen Gründen nur in Ausnahmefällen vorliegen.[284] Zu weiteren Einzelheiten s. nachfolgend bei den einzelnen Betriebskostenarten Rdn. 199 ff.

b) Preisfreier Wohnraum und Gewerberaum

Hat sich der Vermieter **im Mietvertrag** zur Kostentrennung verpflichtet, muss er sich daran festhalten lassen.[285] Bemerkt er nachträglich, dass ihm die Trennung einen gewissen Verwaltungsaufwand abfordert, muss er diesen hinnehmen, solange sich die Parteien nicht auf eine Vertragsänderung verständigt haben. Da ein Vorwegabzug für den Mieter im Zweifel vorteilhaft ist, ist auch eine entsprechende Formularklausel nicht zu beanstanden.[286] **157**

Formularklauseln, welche die **generelle** Aufteilung **nach Wohn- und Nutzflächen** vorsehen, sind indes **unwirksam**.[287] Sie sollen dem Vermieter die Kostentrennung auch in den Fällen ersparen, wenn sie wegen des unterschiedlichen Kostenanfalls evident angezeigt ist, was den Mieter unangemessen benachteiligt (§ 307 BGB). Die Unwirksamkeit hat zur Folge, dass der Vermieter eine Aufteilung der auf den Wohnraum und den Gewerberaum entfallenden Kosten jedenfalls nach Maßgabe der nachfolgend beschriebenen Grundsätze des BGH (Rdn. 160) vorzunehmen hat. **158**

Fehlt eine Regelung im Mietvertrag, sind die Betriebskosten gem. § 556a Abs. 1 BGB *„nach dem Anteil der Wohnfläche"* umzulegen. Auf die Wohnfläche dürfen indes nur Kosten verteilt werden, die ihren Grund in der Wohnnutzung haben. Nach der **hier vertretenen Ansicht** (s. aber Rdn. 160) sind daher alle Kosten, die z. B. auf gewerbliche Nutzflächen oder fremdgenutzte Garagen entfallen, jedenfalls dann vorweg abzuziehen, wenn einiger Anschein dafür spricht, dass durch den Umfang oder die Art der gewerblichen Nutzung in diesem Bereich höhere Kosten anfallen als bei den Wohnungen;[288] ist von maximal gleich hohen Anteilen für Wohn- und Gewerberaum auszugehen, ist die Vorerfassung schon wegen des Verwaltungsaufwands für den Vermieter entbehrlich. **159**

---

[283] BGH (VIII ZR 118/11) GE 2012, 123 = NZM 2012, 155 = WuM 2012, 22.
[284] Vgl. LG Berlin WuM 2001, 412 = ZMR 2001, 111.
[285] BGH (VIII ZR 251/05) NZM 2007, 83 = WuM 2006, 684 = ZMR 2007, 101.
[286] *Pfeifer* MietRB 2011, 24 (25).
[287] Vgl. LG Hamburg GE 2001, 992.
[288] Vgl. z. B. AG Hamburg WuM 2002, 265, AG Düren WuM 2001, 46.

Die Begründung liegt darin, dass der Wohnungsmieter nicht mit Kosten belastet werden darf, die allein aus nicht gleichartiger Nutzung des Gebäudes entstehen. Dass der zum Teil erhobenen Forderung, die Vorschrift des § 20 Abs. 2 Satz 2 NMV im Rahmen der Mietrechtsreform sicherheitshalber in das neue BGB zu übernehmen,[289] nicht entsprochen wurde, steht der hier vertretenen Auslegung des § 556a Abs. 1 BGB nicht entgegen. Die Begründung des Regierungsentwurfs[290] behandelt die Problematik nicht, sie hindert mithin das am Wortlaut der Bestimmung orientierte Verständnis nicht.

160 Demgegenüber vertritt der BGH die Auffassung, dass der Vermieter, soweit die Parteien nichts anders vereinbart haben, zum Vorwegabzug der auf Gewerbeflächen entfallenden Kosten für alle oder einzelne Betriebskostenarten jedenfalls dann nicht verpflichtet ist, wenn diese Kosten *„nicht zu einer ins Gewicht fallenden Mehrbelastung der Wohnraummieter"* führen;[291] zur Kritik an seiner Argumentation, die ausschließlich auf den regelmäßigen Flächenschlüssel gem. § 556a Abs. 1 BGB Bezug nimmt, s. ausführlich Rdn. 229 f. Der BGH hat damit den früheren Ausnahmefall zum Regelfall gemacht.[292] Der Vorwegabzug scheidet auf dieser Basis nicht nur dann aus, wenn eine Mehrbelastung der Wohnungsmieter ausgeschlossen erscheint,[293] sondern auch dann, wenn eine gewisse Mehrbelastung zu vermuten ist. Nicht erforderlich ist er ohnehin, wenn die auf die Gewerbeeinheiten entfallenden Kosten separat ermittelt werden, z. B. durch getrennte Wasserzähler.[294]

161 Wann die Mehrbelastung nicht *„ins Gewicht"* fällt, ist bislang nicht geklärt. Vorab ist der **Referenzwert** zu bestimmen, ob nämlich das Gewicht nach der **Gesamtbelastung** aus der Abrechnung **oder** der Belastung **je Betriebskostenart** zu berechnen ist. Der **BGH** hat ausgeführt, dass zur Ermittlung, ob eine relevante Mehrbelastung vorliegt, *„die konkreten Gegebenheiten des Gebäudekomplexes einerseits und die Art der gewerblichen Nutzung andererseits"* zu beurteilen sind und dabei *„hinsichtlich der einzelnen Betriebskosten zu differenzieren"* ist.[295] Für die Maßgeblichkeit der einzelnen Kostenarten spricht, dass die Anbindung an die Gesamtkosten auch bei geringen prozentualen Zuschlägen[296] häufig schon für sich genommen zu einer Mehrbelastung des Mieters führt, die schwerlich noch als unerheblich einzustufen ist.

---

[289] Z. B. *Hinz* NZM 2001, 264 (268).
[290] BT-Drucks. 14/4553.
[291] BGH (VIII ZR 78/05) GE 2006, 502 = NJW 2006, 1419 = NZM 2006, 340 = WuM 2006, 200 = ZMR 2006, 358.
[292] *Both* in Herrlein/Kandelhard § 556a Rdn. 5.
[293] AG Hamburg WuM 2002, 265 für Reisebüro und Juwelier; LG München II NZM 2002, 286 für die Kosten der Müllbeseitigung bei vier Läden, acht Büros und Wohnungen, wenn der Papiermüll der Gewerbeobjekte kostenlos entsorgt wird.
[294] BGH (VIII ZR 207/11) GE 2012, 954 = WuM 2012, 405.
[295] BGH (VIII ZR 46/10) NZM 2011, 118 = WuM 2010, 741.
[296] So LG Aachen WuM 2006, 615: 3%; dagegen *Lammel* WuM 2007, 118 (119).

Fraglich ist, **ab welchem Prozentwert** eine nicht ins Gewicht fallende **162** Mehrbelastung der Wohnungsmieter anzunehmen ist. Hier bietet es sich an, auf den Rechtsgedanken des § 651a Abs. 5 Satz 2 BGB zurückzugreifen, dass ein Reisender vom Reisevertrag zurücktreten kann, wenn eine *„Erhöhung des Reisepreises um mehr als 5 vom Hundert oder eine erhebliche Änderung einer wesentlichen Reiseleistung"* eintritt. Eine **Erhöhung um 5%** ist danach einer erheblichen Änderung gleichgesetzt. Auf die hier behandelte Problematik übertragen fallen damit Mehrbelastungen des Wohnraummieters aus der teilgewerblichen Nutzung des Hauses von mehr als 5% *„ins Gewicht"*.[297] Zwar könnte anknüpfend an die 10%-Rechtsprechung des BGH (s. Rdn. 82) auch ein Zuschlag von 10% in Betracht kommen. Ein derartiger Zuschlag bei einzelnen Betriebskostenarten wird indes nicht selten zu einer Mehrbelastung in erheblicher Höhe führen, zumal wenn die Kosten der Wasserversorgung/Entwässerung, der Müllbeseitigung und des Hausmeisters betroffen sind.

Die Abrechnungsvereinfachung für den Vermieter kann allerdings **163** dann **nicht** in Betracht kommen, wenn es um **schlichte Rechenvorgänge** geht. Zum Meinungsstreit bei einzelnen Betriebskostenarten, ob der Vermieter zur Kostentrennung verpflichtet ist, wenn er von dritter Seite nur eine undifferenzierte Kostenfestsetzung erhält, wie auch zum Verfahren bei notwendiger Kostentrennung s. die Ausführungen Rdn. 199 ff.

Die **Darlegungs- und Beweislast** für eine erhebliche Mehrbelastung **164** der Wohnraummieter trifft den Mieter (s. dazu J Rdn. 54).[298] Allerdings bedarf es entsprechender Einwände seinerseits nicht, wenn die Mehrbelastung evident ist.[299]

Soweit es um die **Gewerbemieter** geht, kann der Mieter von Handels- **165** oder Büroflächen ebenfalls die Vorerfassung der Betriebskosten verlangen, die z.B. auf Produktionsflächen in einem anderen gewerblich genutzten Objekt in besonders hohem Maße entstehen. Gegenüber den Wohnungsmietern wird die Kostentrennung in der Praxis äußerst selten gefordert; üblicherweise akzeptieren die Gewerbemieter die Vereinbarung, dass nach Wohn- und Nutzflächen gemeinsam abgerechnet wird. Gleichwohl wird der Mieter von Büro- oder z.B. überwiegenden Ausstellungsflächen etwa bei den Kosten des Wasserverbrauchs einschl. Entwässerung deutlich mehr belastet als die Wohnungsmieter. In aller Regel wird in Büros u. Ä. weder gebadet, Wäsche gewaschen noch in größerem Umfang gekocht. Während es sich von selbst versteht, dass dem Gewerberaummieter grundsätzlich nicht Kosten auferlegt werden dürfen,

---

[297] *Beyer* NJW 2010, 1025 (1030), *Pfeifer* MietRB 2011, 25 (28).
[298] BGH (VIII ZR 340/10) WuM 2011, 513, (VIII ZR 251/05) GE 2006, 1544 = NZM 2007, 83 = WuM 2006, 684 = ZMR 2007, 101.
[299] Vgl. LG Berlin WuM 2007, 576 für gewerblichen Müll eines größeren Lokals, LG Berlin WuM 2001, 412 = ZMR 2001, 111 für den Wasserverbrauch eines Friseurgeschäfts; *Blank* in Blank/Börstinghaus § 556a Rdn. 25.

die ausschließlich für die Wohnungen anfallen,[300] ist fraglich, ob er auch schon bei einer nicht unerheblichen Mehrbelastung auf einer Vorerfassung bestehen kann. Die Entscheidung des BGH[301] gibt dazu nichts her, weil sie den umgekehrten Fall und damit den Schutz des Wohnungsmieters vor Mehrkosten aus der gewerblichen Nutzung betraf.[302] Einer Anwaltskanzlei, die auf ein im Hause tätiges Internet-Café, eine Arztpraxis und einen türkischen Imbiss hinwies, wurde der Anspruch auf Vorerfassung ihres Wasserverbrauchs versagt.[303]

166 Zur **Kostentrennung bei den einzelnen Betriebskostenarten** ist zur Vermeidung von Wiederholungen auf Rdn. 199 ff. zu verweisen.

4. Verteilung bei Leerstand

a) Grundsätze

167 Stehen Gewerbeobjekte oder Wohnungen nach Beendigung des Mietverhältnisses und Auszug des Mieters leer, weil sich z.B. die Neuvermietung schwierig gestaltet oder der Vermieter wegen eines beabsichtigten Umbaus vorerst überhaupt nicht neu vermieten will, sind die auf diese Flächen entfallenden **Kosten vom Vermieter zu tragen**.[304] Das Vermietungsrisiko fällt ebenso allein in die Sphäre des Vermieters wie der Entschluss, aus anderen Gründen von der Neuvermietung abzusehen.

168 Dem Vermieter kann daher auch **nicht** auf einen **Änderungsvorbehalt zum Umlageschlüssel** im Mietvertrag zurückgreifen, um darüber das Vermietungsrisiko auf die Mieter zu verlagern. Die Anwendung und das Ergebnis derartiger Vorbehalte müssen billigem Ermessen entsprechen. Hieran fehlt es, wenn sie dem Vermieter erlauben, das Vermietungsrisiko einseitig auf den Mieter abzuwälzen.[305] Der Mieter wird mit einem unkalkulierbaren Risiko und damit unangemessen belastet.[306]

169 Der Vermieter **preisgebundenen Wohnraums** erhält zur Abdeckung der Verluste aus uneinbringlichen Rückständen von Betriebskosten oder aus Leerstand gem. § 25a NMV stets ein **Umlageausfallwagnis** von 2% der im Abrechnungszeitraum auf den Wohnraum entfallenden Betriebskosten. Auch er wird unter den unten (Rdn. 174 ff.) für preisfreien Wohnraum dargelegten Voraussetzungen eine Störung der Geschäftsgrundlage

---

[300] OLG Düsseldorf DWW 2000, 54 (m. Anm. *Geldmacher*); *Pfeifer* DWW 2000, 16.
[301] BGH (VIII ZR 78/05) GE 2006, 502 = NJW 2006, 1419 = NZM 2006, 340 = WuM 2006, 200 = ZMR 2006, 358.
[302] KG GuT 2006, 232.
[303] KG GuT 2006, 232.
[304] BGH (VIII ZR 30/03) DWW 2003, 302 = GE 2003, 1207 = NZM 2003, 756 = WuM 2003, 503, (VIII ZR 159/05) NZM 2006, 655 = WuM 2006, 440 (m. Anm. *Wall*); *Sternel* WuM 2003, 243 (245).
[305] *Sternel* WuM 2003, 243 (247).
[306] *Both* in Herrlein/Kandelhard § 556a Rdn. 10, *Langenberg* WuM 2002, 589.

geltend machen können. Hier soll die Grenze schon bei einem Leerstand 10% liegen, weil dies das Umlageausfallwagnis von 2% deutlich übersteige.[307] Zu bedenken wäre allerdings, ob der Vermieter, der zuvor bei längerer Vollvermietung das Umlageausfallwagnis vereinnahmte, zunächst auf diesen Kapitalstock zurückzugreifen hat.

Der Vermieter **preisfreien Wohnraums** darf zu seiner Entlastung hingegen **nicht** auf die Vereinbarung eines Mietausfallwagnisses zurückgreifen, auch nicht durch ausdrückliche Regelung im Mietvertrag.[308] Er kann zwar einen separaten Betrag für Betriebskostenausfälle im Mietvertrag ausweisen, jedoch nur in fester Höhe. Dabei handelt es sich allein um einen offen gelegten Teil seiner Mietkalkulation, der Teil der Gesamtmiete ist und z.B. bei einer Mieterhöhung nach § 558 BGB in der erhöhten neuen Miete aufgeht. Sieht die Abrede hingegen vor, dass es sich um einen Betrag handelt, der sich nach den jeweiligen Verhältnissen im Haus richten und daher flexibel sein soll, bleibt es zwar beim Ausgangsbetrag, im Übrigen ist die Vereinbarung indes unwirksam, weil sie insoweit gegen § 558 Abs. 6 BGB verstößt. 170

b) Umlage nach Flächenschlüssel

aa) Grundsätze

Ist der Flächenschlüssel – sei es vereinbart, sei es über § 556a Abs. 1 Satz 1 BGB – Inhalt des Mietvertrags, **gilt** er auch bei Eintritt größerer und/oder längerer Leerstände im Grundsatz **fort**, so dass der Vermieter die Kosten, welche nach ihrer Fläche auf die leer stehenden Wohnungen entfallen, selbst zu tragen hat. Der Vermieter darf daher zu einzelnen Betriebskostenarten nicht darauf verweisen, deren Kosten entstünden ausschließlich im Interesse der noch vorhandenen Mieter,[309] wie die Kosten der Hausbeleuchtung, Treppenhausreinigung oder des Aufzugs. 171

Der Vermieter darf die **Gesamtfläche nicht** um diejenige der nicht vermieteten Objekte **reduzieren**.[310] Er würde dadurch das Vermietungsrisiko vollständig auf die Mieter verlagern. Auf dieses Ergebnis läuft indes die **Klausel** 172

„*Die Kostenverteilung erfolgt im Verhältnis der vermieteten Flächen zueinander.*"

hinaus, die folglich **unwirksam** ist.[311] Dem Mieter wird ein nicht kalkulierbares Kostenrisiko auferlegt, was ihn unangemessen belastet (§ 307

---

[307] Maaß ZMR 2006, 760 (761).
[308] A.A. *Lefèvre* HKA 2001, 26 unter Bezug auf LG Essen HKA 1988, 39.
[309] AG Zwickau NZM 2001, 467 = ZMR 2002, 205 (m. Anm. *Maaß*); *Sternel* III Rdn. 359, a. A. zum Teil *Stellwag* DWW 1987, 36.
[310] AG Weißenfels WuM 2004, 24; vgl. BGH (VIII ZR 137/03) DWW 2004, 124 = GE 2004, 351 = NZM 2004, 254 = ZMR 2004, 343.
[311] OLG Hamburg WuM 2001, 343; a. A. AG Halle-Saalkreis WuM 2004, 24.

BGB). Eine entsprechende Individualvereinbarung scheitert bei der Vermietung von Wohnraum an §§ 557 Abs. 4, 558 Abs. 6 BGB, weil es sich in der Sache nicht um eine bloße Modifizierung des Umlageschlüssels,[312] sondern um eine variable Mieterhöhung handelt.[313]

173 Auch für die *nicht erfassten* Kosten aus Verbrauch oder Verursachung bleibt es beim Flächenschlüssel.[314] Der allgemeine, für die Umlage innerhalb des ganzen Hauses vereinbarte Flächenschlüssel bietet keine Handhabe, bei den Wasser/Abwasserkosten nach den Grundkosten, an denen alle Flächen beteiligt werden, und den Verbrauchskosten, die nur den bewohnten Wohnungen zugeordnet werden, zu differenzieren.[315] Der Vorrang des vertraglich festgelegten Verteilungsmaßstabs gilt bei den Müllkosten auch dann, wenn der Entsorger die Kosten nach Personenzahl berechnet (s. Rdn. 96).[316]

bb) Störung der Geschäftsgrundlage

(a) Grundsätze

174 Meist wird die **Abänderung** des vertraglichen Flächenmaßstabs zugunsten des Vermieters daher **nur** in Betracht kommen, wenn er durch die für die unvermieteten Flächen entstehenden Kosten in unzumutbarer, krasser Weise so belastet wird, dass eine Störung der Geschäftsgrundlage (§ 313 BGB) zu konstatieren ist (s. auch Rdn. 23).[317] Hierzu stellen sich mehrere Probleme.

175 **Ab welchem Leerstand** eine Störung der Geschäftsgrundlage überhaupt in Betracht kommt, wird verschieden beurteilt. Der BGH[318] hat sie für einen Vermieter verneint, aus dessen Wohnungsbestand von 35 Wohnungen 3 leer standen, mithin bei einer Quote von 8,6 %. Nach einer Ansicht wird nur ein dauerhafter, struktureller Leerstand „*nicht unter 20 %, eher 30 %*"[319] oder „*weit über 20 %*"[320] eine unzumutbare Belastung auslösen, nicht aber ein konjunktureller, vorübergehender; differenzierend wird vertreten, dass ein Leerstand von 20–30 % nur für Gebäude oder Wirtschaftseinheiten mit nicht unter 100 Wohneinheiten ausreichen wird, bei kleineren Wohngebäuden mit bis zu 10 Wohneinheiten aber bei 70–80 % zu liegen habe.[321] Nach anderer Ansicht kann auf den erhebli-

---

[312] So *Both* in Herrlein/Kandelhard § 556a Rdn. 10.
[313] Ausführlich *Langenberg* WuM 2002, 589, ebenso *Blank* in Blank/Börstinghaus § 556a Rdn. 11; a. A. *Kinne* in Kinne/Schach/Bieber § 556a Rdn. 2.
[314] BGH (VIII ZR 159/05) NZM 2006, 655 = WuM 2006, 440 (m. Anm. *Wall*).
[315] AG/LG Braunschweig ZMR 2003, 490; a. A. AG Zwickau NZM 2001, 467 = ZMR 2002, 205 (m. Anm. *Maaß*).
[316] A. A. AG Zwickau NZM 2001, 467 = ZMR 2002, 205 (m. Anm. *Maaß*).
[317] BGH (VIII ZR 159/05) NZM 2006, 655 = WuM 2006, 440.
[318] BGH (VIII ZR 159/05) NZM 2006, 655 = WuM 2006, 440.
[319] *Blank* in Blank/Börstinghaus § 556a Rdn. 27.
[320] *Kinne* in Kinne/Schach/Bieber § 556a Rdn. 2.
[321] *Sternel* NZM 2006, 811 (812).

chen Leerstand nach § 1 Altschuldenhilfeverordnung zurückgegriffen werden, der ab 15% eingreift.[322] Diese Grenze erscheint indes zu niedrig. Verlangt der Miteigentümer einer WEG nach § 10 Abs. 2 Satz 3 WEG eine Änderung des Kostenverteilungsschlüssels von Miteigentumsanteilen auf Verteilung nach Wohn- oder Nutzflächen, kann dies grundsätzlich nur Erfolg haben, wenn „*das Festhalten an der geltenden Regelung aus schwerwiegenden Gründen ... unbillig erscheint*". Der Schwellenwert muss dabei mindestens 25% betragen.[323] Eine über die Unbilligkeit hinausgehende unzumutbare und krasse Benachteiligung wird auf dieser Grundlage eher erst bei einem Leerstand von 30% erreicht sein. Leerstand zur Vorbereitung einer Sanierung des Gebäudes oder infolge dessen grober Vernachlässigung scheidet ohnehin aus.[324]

Aus dem Leerstand muss eine **unzumutbare, krasse finanzielle Belastung** des Vermieters resultieren. Sie wird bei entsprechender Leerstandsquote im Regelfall anzunehmen sein, zwingend ist dies jedoch nicht. So sorgen die Mieter in manchen Häusern z. B. selbst für Beheizung und Warmwasser sowie die Lieferung von Gas, Strom und Wasser durch direkte Versorgungsverträge, sie erledigen die Treppenhausreinigung, der Erdgeschossmieter die Gartenpflege und für den Hauswart verbleibt nur noch ein geringes Aufgabengebiet, so dass die besonders kostenintensiven Betriebskostenarten schon nicht anfallen. Hier kann es an einer krassen Belastung des Vermieters fehlen, zumal unter dem Gesichtspunkt, dass etliche Kosten schon aufgrund ihrer Art nicht allein den verbliebenen Mietern auferlegt werden dürfen (s. Rdn. 180 ff.). 176

Ist im Einzelfall eine Störung der Geschäftsgrundlage zu bejahen, ist zu entscheiden, **welcher Umlageschlüssel als Ersatz** vom Vermieter angewendet werden darf. Er kann zum einen auf den Personenschlüssel übergehen, der ihm jedoch keineswegs die gewünschte Entlastung von allen Kosten der unvermieteten Flächen verschafft (s. Rdn. 197 f.) und der ohnehin wegen des Verwaltungsaufwands nicht empfehlenswert ist (s. Rdn. 93). Da der Flächenschlüssel in § 556a Abs. 1 Satz 1 BGB gesetzlich als angemessener Verteilungsmaßstab vorgegeben ist, bietet es sich vielmehr an, den vertraglichen Flächenschlüssel nur zu modifizieren, indem die Kosten **nach vermieteter Fläche** umgelegt werden. 177

Zur **Geltendmachung der Anpassung** durch den Vermieter s. Rdn. 25. 178

(b) Folgen

Auch wenn der Vermieter wegen einer Störung der Geschäftsgrundlage den Verteilerschlüssel auf die Umlage nach vermieteter Fläche ändern darf, bedeutet dies **nicht** etwa, dass **alle Betriebskosten** auf dieser Basis **umlagefähig** sind. 179

---

[322] *Maaß* ZMR 2006, 760 (761).
[323] BGH (V ZR 174/09) NZM 2010, 624 = WuM 2010, 520, (V ZR 131/10) GuT 2010, 460 = ZMR 2011, 485.
[324] *Sternel* WuM 2003, 243 (246), *ders.* NZM 2006, 811 (812 f.).

(aa) Verbrauchsunabhängige Kosten

180 Im Grundsatz hat es vielmehr bei den *verbrauchsunabhängigen* **Kosten** bei der Umlage auf die **Gesamtfläche,** also einschließlich der unvermieteten Flächen, zu verbleiben, weil sie zwangsläufig das gesamte Gebäude betreffen: Dies ist bei der Grundsteuer evident. Die Kosten der Straßenreinigung fallen aufgrund kommunaler Satzung an, gleichviel ob sie von der Gemeinde durchgeführt und mit Gebühren erhoben oder privat erledigt wird. Die Ungezieferbekämpfung dient dem Schutz des gesamten Gebäudes und der Wiedervermietbarkeit der freien Objekte; zum Teil ist sie auch öffentlich-rechtlich zum Schutz Dritter vorgeschrieben. Die Gartenpflege soll die allgemeine Wohnqualität erhalten. Die Außenbeleuchtung ist ohnehin beizubehalten, die Beleuchtung von Zugängen, Fluren, Treppen etc. dient der Verkehrssicherung für die verbliebenen Mieter.[325] Bei der Schornsteinreinigung gehen die Kosten der wegen des Leerstandes ungenutzten Schornsteine ebenso zulasten des Vermieters wie es bei den Mietern der Fall ist, die sich bis zur endgültigen Stilllegung der Schornsteine auch dann an den Kosten zu beteiligen haben, wenn sie die Schornsteine in ihrer Wohnung nicht mehr nutzen. Die Versicherungen gegen Sach- und Haftpflichtschäden laufen unvermindert weiter, weil sie an das Gebäude, dessen Schutz oder von ihm ausgehende Gefahren anknüpfen. Die Installation einer Gemeinschaftsantenne dient dem gesamten Haus, im Übrigen sind die Kosten im Regelfall so gering, dass sie vernachlässigt werden können. Abweichend von der hier früher vertretenen Ansicht[326] kann bei den vorgenannten Betriebskostenarten auch deshalb so verfahren werden, weil sich anderenfalls für den Vermieter ein sehr hoher Verwaltungsaufwand ergibt, dem auf Seiten des Mieters nur eine marginale Ersparnis gegenüber steht.[327]

181 Eine erste **Ausnahme** besteht bei den **Aufzugskosten.** Zwar werden auch diese zu den verbrauchsunabhängigen Kosten gezählt, bei ihnen stammen jedoch die wesentlichen Kosten aus der laufenden Nutzung. Die Kosten des Aufzugs gliedern sich in den Betriebsstrom,[328] der bei der jeweiligen Benutzung durch die verbliebenen Mieter verbraucht wird, und die Kosten aus der Beaufsichtigung, Bedienung und Überwachung der Anlage sowie der regelmäßigen Wartung. Mit Ausnahme der Wartungskosten[329] dürfen diese Kosten allein auf die Nutzer verteilt werden, weil sie nur von ihnen verursacht werden. An den Wartungskosten hat sich der Vermieter entsprechend dem Leerstand zu beteiligen, weil sie aus dem Risiko stammen, die betreffenden Wohnungen nicht vermieten zu können oder zu wollen.

---

[325] KG DWW 2010, 264 = GE 2010, 1268 = GuT 2010, 199 = ZMR 2011, 35.
[326] S. dazu *Langenberg* WuM 2002, 589.
[327] Zutreffend *Sternel* WuM 2003, 243 (247); vgl. auch z. B. BGH (VIII ZR 78/05) NZM 2006, 340 = WuM 2006, 200.
[328] Vgl. *Maaß* ZdwBay 2002, 309.
[329] *Seldeneck* Rdn. 3144.

Eine **weitere Ausnahme** greift ein, **sobald** der Vermieter, auch durch das Wirtschaftlichkeitsgebot gehalten, die **Kosten dem Bedarf angepasst** hat, so dass es eines Abzugs für die leerstehenden Flächen nicht bedarf. Dies kann die Gebäudereinigung, Beleuchtung und ggf. auch den Hauswart betreffen.

(bb) Nicht erfasste verbrauchsabhängige Kosten

Bei den nicht erfassten verbrauchs- und verursachungsabhängigen Kosten ist eine **Aufteilung** in Grund- und Verbrauchskosten **nur** notwendig, soweit es nicht nur marginale Kosten angeht, die in das Vermietungsrisiko des Vermieters fallen.

Auch wenn der Vermieter berechtigt ist, die **Wasserkosten** nach vermieteter Fläche umzulegen, haben **Grundkosten,** die auf die Leerstandsflächen entfallen, bei ihm zu verbleiben. Dabei handelt es sich um die Kosten, die nach hier vertretener Auffassung auch dann von ihm zu tragen sind, wenn nach erfasstem Verbrauch abgerechnet wird (s. Rdn. 187 ff.).

Bei den Kosten der **Entwässerung** gilt nichts anderes. Eine Ausnahme betrifft die Entwässerungskosten, die nicht am Frischwasserbezug festgemacht sind, d. h. den Kosten der Oberflächenentwässerung (Regenwasserabgabe). An ihnen haben stets auch die Leerstände teil.

Erhebt die Gemeinde eine Grundgebühr für die **Müllbeseitigung** je Wohnung, auch für leerstehende, hat der Vermieter die entsprechenden Kosten mit zu tragen. Werden die Müllgebühren ohne Grundgebühr erhoben, kann grundsätzlich nach vermieteter Fläche abgerechnet werden, weil nur dort Müll produziert wird. Dies gilt allerdings erst, wenn dem durch Auszug von Mietern weniger anfallenden Müll eine entsprechende Kostenreduzierung gegenüber steht. Der Entsorger benötigt immer eine gewisse Vorlaufzeit, bis er durch Verringerung der Müllgefäße auf die Mitteilung, sie seien in diesem Umfang nicht mehr erforderlich, reagiert. An den während dieser Übergangszeit entstehenden Kosten hat sich der Vermieter zu beteiligen, so dass die volle Umlage der Kosten auf die verbliebenen Mieter erst zulässig ist, wenn die Reduzierung des Volumens der insgesamt vorgehaltenen Müllgefäße erfolgt ist.

c) Umlage nach erfasstem Verbrauch/erfasster Verursachung

Werden die Kosten von **Wasser/Abwasser und Müllabfuhr** nicht schon nach Verbrauch oder Verursachung umgelegt, hat der Vermieter die Möglichkeit, nach § 556a Abs. 2 BGB durch Installation der notwendigen technischen Einrichtungen vom Flächenschlüssel auf die Umlage nach Verbrauch und Verursachung überzugehen und sich dadurch von einem Teil der Leerstandskosten zu befreien.

Auch hier ist er jedoch **nicht** berechtigt, etwaige **Festkosten,** die auf die unvermieteten Wohnungen entfallen, den Mietern anzulasten. Eine solche Umlegung würde zu einer unzumutbaren Mehrbelastung der Mieter mit Fixkosten führen, die auf die leerstehenden Wohnungen nicht nach Verbrauch oder Verursachung umgelegt werden können, weil in ihnen aufgrund des Leerstands kein Wasserverbrauch entfällt oder Müll produziert wird.

189 So ist die **Klausel,**

„Frisch/Kaltwasser wird, soweit der Verbrauch über Messeinrichtungen erfasst wird, nach dem Ergebnis der Messungen abgerechnet. Entsprechendes gilt für die Grundgebühr (sie wird im Verhältnis der je Wohnung erfassten Verbrauchsmenge umgelegt).",

unwirksam.[330] Sie hält der Inhaltskontrolle nach § 307 Abs. 1 Satz 1, Abs. 2 Nr. 1 BGB nicht stand, weil sie es dem Vermieter ermöglicht, die Grundgebühren ausschließlich auf die vermieteten Wohnungen umzulegen.

190 Bei **Wasser/Abwasser** sind davon nicht nur die schon vorstehend behandelten Grundgebühren betroffen, wozu die Zählergebühren für in den leeren Objekten verbliebene Einzelzähler nebst Kosten für deren Ablesung und Aufteilung[331] und etwaige Eichkosten zählen, sondern auch z. B. die Wartungskosten für eine Druckerhöhungsanlage und die Kosten für die Oberflächenentwässerung.

191 Bei den **Müllgebühren** geht es um etwaige Festbeträge oder Mindestmüllvolumina je Wohnung im Haus, jedenfalls solange der Entsorger bei seinen Gebühren nicht auf den Umfang des Leerstandes reagiert hat.

192 Der Streit, **ob** der Vermieter den verbliebenen Mietern die **vollen Kosten** nach den bei ihnen ermittelten Daten in der Abrechnung belasten darf, ist **durch** die Entscheidung des **BGH** (s. Rdn. 189) **erledigt.** Die Grundkosten dürfen nicht zulasten der verbliebenen Mieter vernachlässigt werden.[332]

d) Umlage nach Personenschlüssel

aa) Grundsätze

193 Beim Personenschlüssel kann **nichts anderes** gelten als bei der Verwendung des Flächenschlüssels. In beiden Fällen geht das Vermietungsrisiko zulasten des Vermieters.[333] Es ist irrelevant, ob der Personenschlüssel

---

[330] BGH (VIII ZR 183/09) GE 2010, 1615 = NZM 2010, 855 = WuM 2010, 685 = ZMR 2011, 195.
[331] AG Rathenow WuM 2004, 342.
[332] Z. B. AG Köln Urt. vom 3.7.1997 – 201 C 609/95; *Both* in Herrlein/Kandelhard § 556a Rdn. 12, *Kinne* in Kinne/Schach/Bieber § 556a Rdn. 2.
[333] Z. B. LG Krefeld WuM 2010, 357.

von vornherein im Mietvertrag festgelegt oder nachträglich eingeführt wurde.

Gelegentlich stehen Vermieter – zumal bei Mietverträgen, in denen die Umlage der Kosten **nach Personen schon im Vertrag** festgeschrieben wurde – auf dem Standpunkt, sie seien in jedem Fall berechtigt, alle Kosten allein auf die tatsächlich vorhandenen Mieter umzulegen, weil sie dies so akzeptiert hätten. Dabei wird **zweierlei verkannt.** Zum einen verstößt die Vollumlage gegen den Grundsatz der Umlagegerechtigkeit, weil die Mieter auch für Kosten herangezogen werden, die nicht aus ihrer Sphäre stammen. Sie ist nicht mehr vom billigen Ermessen i.S. des § 315 BGB gedeckt. Zum anderen verbinden die Mieter mit ihrer Zustimmung zur Umlage nach Personen die selbstverständliche Erwartung, dass sie nur für Kosten einzustehen haben, die ihnen zuzurechnen sind. Hierzu bedarf es keiner ausdrücklichen Erklärung im Mietvertrag, vielmehr folgt dies ohne weiteres aus dessen verständiger Auslegung nach §§ 133, 157 BGB.

194

bb) Verbrauchsunabhängige Kosten

Soweit es sich um **verbrauchsunabhängige Kosten** handelt, hat die Umlage ohnehin **allein** nach dem **Flächenschlüssel** zu erfolgen, weil die Höhe der Kosten nicht von der Anzahl der im Abrechnungsobjekt wohnenden Personen abhängt. (s. dazu Rdn. 56). Zu dem Fall, dass der Vermieter gleichwohl nach Personen abrechnet, hat der **BGH** entschieden, dass es für die Frage, ob und wie der Vermieter an den Kosten des Leerstands zu beteiligen ist, auf die jeweiligen Umstände des Einzelfalls ankommt, insbesondere den Umfang und die Dauer des Leerstands sowie die Höhe der streitigen Kosten; dem Leerstand darf durch eine fiktive Personenzahl für die Dauer des Leerstands zu Lasten des Vermieters Rechnung getragen werden.[334] Dasselbe gilt, wenn eine Mieteinheit entsprechend dem Mietvertrag nicht zum Aufenthalt von Personen genutzt wird.[335] Zu der Frage, wie die fiktive Personenzahl zu ermitteln ist, äußert der BGH nur allgemein, dass es in Betracht kommen könne, bei den verbrauchsunabhängigen Kosten eine fiktive Person anzusetzen. Diese Angabe darf jedoch nicht verallgemeinert werden. Im entschiedenen Fall handelte es sich um ein Dreifamilienhaus, der Leerstand einer Wohnung dauerte 2 Monate, die streitigen Kosten betrugen € 7,95.[336] Hier mögen die vom BGH herausgestellten Umstände des Einzelfalls ausschlaggebend gewesen sein. Im Grundsatz ist das Problem der fehlen-

195

---

[334] BGH (VIII ZR 180/12) GE 2013, 411 = NZM 2013, 264 = WuM 2013, 227.
[335] AG Saarbrücken WuM 2018, 428.
[336] Zur Höhe der auf den Leerstand entfallenden Kosten schlägt *Kinne* GE 2013, 525 (526) vor, dass der Vermieter diese auf die verbliebenen Mieter umlegen darf, wenn die Kosten bei einer fiktiven Abrechnung nach Personenzahl unter 10% liegen.

den Personen vielmehr durch den Ansatz hypothetischer Nutzer zu lösen. Dabei ist eine sachgerechte Beteiligung des Vermieters auf der Grundlage der **durchschnittlichen Belegung** der Wohnungen zu erzielen,[337] wodurch im Ergebnis ein systematischer Gleichlauf mit der Behandlung des Leerstandes bei der Abrechnung nach dem Flächenmaßstab hergestellt wird. Die Meinung, die leerstehenden Wohnungen seien nur mit jeweils einer Person in Ansatz zu bringen, weil dies unabhängig von der Wohnungsgröße dem tatsächlichen Verhältnis aus der Nichtvermietung am nächsten komme,[338] übersieht, dass dieses Verfahren deutlich zulasten der verbliebenen Mieter ginge, sofern es sich nicht um ein Gebäude mit kleinen Einzimmerwohnungen handelt, die tatsächlich durchweg nur von einer Person bewohnt werden.

196 Wie bei der Behandlung des Leerstands beim Flächenschlüssel ausgeführt, bleibt es bei diesem Verfahren grundsätzlich auch dann, wenn im Einzelfall eine **Störung der Geschäftsgrundlage** zu konstatieren ist (s. Rdn. 180), soweit es sich um Kosten handelt, die sich zwangsläufig auf das gesamte Gebäude beziehen. Eine Ausnahme gilt unter den dort dargelegten Gründen für die verbrauchsunabhängigen Kosten, sobald der Vermieter durch Anpassung an den tatsächlichen Bedarf eine Kostenreduzierung erreicht hat; hier kann er sodann nach den Personen in den vermieteten Einheiten abrechnen.

cc) Verbrauchsabhängige Kosten

197 Bei den **Kosten aus nicht erfasstem Verbrauch oder nicht erfasster Verursachung** wird die Umlage mit **Ansatz einer Person** je leerstehendem Mietobjekt zu billigen Ergebnissen führen, weil auf diese nur die Grundkosten entfallen. Bei den Wasser- und Abwasserkosten ist, so auch der BGH, die Aufteilung nach Grund- und Verbrauchskosten denkbar. Bei den Müllgebühren kommt die alleinige Belastung der verbliebenen Mieter in Betracht, sobald der Vermieter auf den geringeren Bedarf an Müllbehältern und/oder Leerungshäufigkeit reagiert hat; dies gilt indes icht, wenn die Gemeinde z.B. einen Festbetrag je Wohnung erhebt, den der Vermieter für die leerstehenden Objekte zu tragen hat.

198 Auch bei den Kosten aus **erfasstem Verbrauch oder erfasster Verursachung** ist der Vermieter mit einer fiktiven Person je leerstehender Wohnung so lange zu belasten, wie noch Kosten für Messeinrichtungen (Wasser/Abwasser) in den Leerständen vorhanden sind, aber auch im Hinblick auf Eichkosten etc., bei den Kosten der Müllbeseitigung, solange noch Festbeträge für Müllgebühren in den leeren Objekten anfallen. Die Kosten der Oberflächenentwässerung sind, da verbrauchsunabhängig, ohnehin nach Fläche zu verteilen.

---

[337] Ebenso AG Köln WuM 2002, 285; *Seldeneck* Rdn. 3159, *Sternel* NZM 2006, 811 (813), *Wall* Rdn. 1944.
[338] AG Köln WuM 1998, 290.

5. Mehrere Mietverträge innerhalb einer Mietsache

Haben mehrere Mieter einer Wohnung oder anderen Mietsache jeweils **198a**
eigene **Mietverträge** mit dem Vermieter in Bezug auf separate Bereiche
(Zimmer) **einschließlich einer Betriebskostenumlage** (z.B. **Wohngemeinschaft**), stellt sich die Frage, wie der Vermieter die Kostenverteilung innerhalb der Wohnung bzw. der gesamten Liegenschaft vornimmt. Für die Mieter der anderen Einheiten darf hierdurch kein Nachteil entstehen. Das ist jedoch in deren Abrechnung bei der Umlage nach dem Flächen- oder Personenschlüssel bzw. Einheiten oder Verbrauch nicht der Fall, da der Gesamtumfang, von dem aus umgelegt wird, keine Änderung erfährt. Innerhalb der Wohnung sind **zwei Vorgehensweisen** denkbar. Der Vermieter erstellt **einerseits** zunächst eine **Abrechnung für die Liegenschaft**, aus der die Kosten für die einzelne Einheit hervorgehen. Sodann erfolgt eine **weitere Abrechnung innerhalb dieser**, wobei die aus der Liegenschaftsabrechnung umgelegten Kosten wiederum die Gesamtkosten darstellen, von denen aus auf die einzelnen Mieter umgelegt wird. Für die Kostenzuordnung kommt es hierbei entweder auf die konkrete vertragliche Regelung an. Existiert insoweit keine besondere Vorgabe für die wohnungsinterne Umlage, wird der vereinbarte Schlüssel (für die Liegenschaft) erneut angewendet. Die Umlage nach Personen ist hier unproblematisch. Bei der Flächenumlage kann wie ansonsten auch zwischen den zugeordneten Räumen einerseits und den Gemeinschaftsflächen (z.B. Flur, Küche, Bad/WC) andererseits unterschieden werden, so dass die Flächen der jeweils einzeln zugeordneten Räume in das Verhältnis gesetzt werden. Für den Verbrauch wird es meist keine separate Zählererfassung geben, so dass nach § 556a Abs. 1 Satz 1 BGB auf die Fläche abzustellen ist. Das gilt auch für die Heizkosten. Die HeizKV ist hier auch nicht vorranging, weil die Mieter einerseits einen einheitlichen Nutzer i.S. des § 1 Abs. 1 HeizKV darstellen und andererseits (ebenso wie beim Wasserverbrauch) der Anreiz zu sparsamem Verbrauchsverhalten intern durch die Nutzerschaft generiert wird, wie es auch der Ausnahme in § 2 HeizKV zugrunde liegt. **Anderseits** kann der Vermieter auch für **jeden Einzelmieter eine separate Abrechnung für die gesamte Liegenschaft** erstellen. Hier ist alleine die Umlage nach der Anzahl der Personen unproblematisch. Eine verbrauchsbezogene Abrechnung ist ohne Einzelerfassung nicht möglich. Denkbar wäre hier, eine sonst an sich unzulässige Schätzung (siehe Rdn. 105 ff.) dahingehend vorzunehmen, dass der Verbrauch der Wohnung durch die Mieter geteilt wird. Bei dem Flächenschlüssel muss ebenfalls einen Aufteilung der gesamten Wohnungsfläche erfolgen, entweder durch schlichte Nutzerdivision oder im Wege anteiliger Aufteilung auf Basis der vertraglich zugeordneten Bereiche, was mit Blick auf die jeweilige Miethöhe angemessener ist. Bei der Umlage nach Wohneinheiten gilt dasselbe.

VI. Umlageschlüssel bei den einzelnen Betriebskostenarten

1. Grundsteuer

a) Grundsatz

199 Die Grundsteuer wird bei **Wohnraum** allgemein nach dem **Verhältnis der Wohnflächen** umgelegt. Für preisgebundenen Wohnraum ist dieser Maßstab in § 20 Abs. 2 Satz 1 NMV vorgeschrieben. Auch bei **Gewerberaum** ist die Umlage nach Nutzflächen üblich. Allerdings kann dieser Umlageschlüssel ebenfalls im Verhältnis von Geschäftsraummietern untereinander unbillig sein, wenn die Miethöhen erheblich differieren.[339]

200 Ist ein Gebäude **nachträglich in Wohnungs- oder Teileigentum** umgewandelt worden (s. dazu auch Rdn. 153f.), sollte der meist vereinbarte Flächenschlüssel nach einer ersten Entscheidung des **BGH** für die Altmieter weiterhin auch für die Betriebskosten gelten, die wie die Grundsteuer nunmehr wohnungsbezogen erhoben werden, selbst wenn er dem Wohnungs- oder Teileigentümer die vollständige Abwälzung der Grundsteuer nicht ermöglicht.[340] Nach einer zweiten Entscheidung kann der Vermieter die Kosten unmittelbar in der Abrechnung an den Mieter weitergeben, wenn die Grundsteuer von der Kommune direkt für die Eigentumswohnung erhoben wird.[341] Da er auf das frühere Urteil jedoch überhaupt nicht einging, blieb unklar, ob er seine frühere Rechtsprechung tatsächlich aufgeben wollte. Die notwendige Klarstellung erfolgte durch eine dritte Entscheidung, in der er die zweite bestätigte, dass für die Anwendung eines gesetzlichen oder vertraglich vereinbarten **Umlageschlüssels** hier **kein Raum** ist; zugleich hielt er an der im ersten Urteil vertretenen Ansicht nicht mehr fest.[342]

201 *(einstweilen frei)*

b) Umlage bei gemischt genutzten Objekten

202 Ob der Vermieter zur Kostentrennung auch dann verpflichtet ist, wenn er einen **einheitlichen Grundsteuerbescheid** erhält, ist streitig. Nach einer Meinung ist der Mieter ohne weiteres entsprechend seinem Anteil an dem Betrag zu beteiligen, den der Vermieter an die Gemeinde abzuführen hatte,[343] nach herrschend gewordener Auffassung hat indes aus

---

[339] KG GE 2001, 850.
[340] BGH (VIII ZR 169/03) DWW 2004, 261 = GE 2004, 879 = NZM 2004, 580 = WuM 2004, 403 = ZMR 2004, 662; dagegen LG Berlin WuM 2006, 34.
[341] BGH (VIII ZR 45/11) WuM 2011, 684.
[342] BGH (VIII ZR 252/12) GE 2013, 680 = NZM 2013, 457 = WuM 2013, 358.
[343] AG Siegburg WuM 1997, 629 (m. abl. Anm. *Windisch*), AG Essen-Steele WuM 1993, 198, AG Hamburg HmbGE 1989, 143, AG Frankfurt am Main WuM 1987,

Gerechtigkeitsgründen eine **Aufteilung nach** der unterschiedlichen Nutzung der **Flächen** zu erfolgen.[344] Hierbei handelt es sich um einen schlichten Rechenvorgang (s. Rdn. 203). Von ihm kann im Hinblick auf die Entscheidung des BGH zur Verteilung der Betriebskosten in gemischt genutzten Gebäuden (s. Rdn. 160) allerdings dann abgesehen werden, wenn ein Gebäude nur zu einem geringen Teil gewerblich genutzt wird, so dass eine etwaige Mehrbelastung der Wohnungsmieter marginal ist. Nach der Auffassung des **BGH**[345] ist ein **Vorwegabzug** der auf den gewerblichen Anteil des gemischt genutzten Grundstücks **nicht erforderlich**. Bei der Grundsteuer handele es sich um eine ertragsunabhängige Objektsteuer, die nicht von den erzielten Erträgen und ihrer Verteilung auf die jeweilige Nutzung abhinge. Sie werde auf der Basis des Einheitswertbescheides und des Grundsteuermessbetrages sowie des durch Satzung festgelegten Hebesatzes ermittelt. Zwar finde gem. §§ 36 ff. BewG bei der Festsetzung des Einheitswertes für ein gemischt genutztes Gebäude das Ertragswertverfahren Anwendung, ein in der Vergangenheit festgesetzter Einheitswert werde jedoch anlässlich eines Eigentümerwechsels in der Regel nicht aktualisiert, sondern wirke auch gegenüber dem Rechtsnachfolger (§ 182 Abs. 2 AO). Zudem erfolge die Festsetzung des Einheitswertes bezogen auf die Wertverhältnisse zu einem weit zurückliegenden Zeitpunkt. Daher bestehe kein direkter Zusammenhang zwischen der im Abrechnungsjahr anfallenden Grundsteuer einerseits und der konkreten Nutzungsaufteilung bzw. Ertragssituation andererseits. Für einen erforderlichen Vorwegabzug erheblicher Mehrkosten sei daher nichts ersichtlich.

Diese Entscheidung **überzeugt nicht**. Der Einheitswert gibt die aktuelle Belastung mit der auf die Gewerbeflächen entfallende Grundsteuer vor, weshalb die gewerbliche Nutzung im jeweiligen Abrechnungsjahr deutlich höheren Kosten verursachen. Die **sachliche Berechtigung der Pflicht zum Vorwegabzug** ergibt sich aus dem Verfahren der Grundsteuerfestsetzung.[346] Basis für die Festsetzung ist der Einheitswert. Für Miet-, Geschäfts- und gemischt genutzte Grundstücke ist er grundsätzlich nach dem **Ertragswertverfahren** zu ermitteln (§ 76 Abs. 1 BewG).[347] Er ist das Produkt, das sich aus der Multiplikation der nach

203

360; *Both* in Herrlein/Kandelhard § 556 Rdn. 28, *Sternel* III Rdn. 346, *Teitge* ZMR 1986, 261.

[344] LG Hamburg NZM 2001, 806, LG Frankfurt am Main NZM 1998, 434 = WuM 1997, 630 = ZMR 1997, 642, AG Köln WuM 1990, 32, AG Gütersloh WuM 1995, 660; *Beuermann* § 4 MHG Rdn. 24a, *Blank* DWW 1992, 67, *Laug* WuM 1993, 171, *Lützenkirchen* in Lützenkirchen § 556 Rdn. 71, *Ruff* WuM 2003, 379 (380 f.).

[345] BGH (VIII ZR 79/18) DWW 2017, 216 = GE 2017, 773 = NZM 2017, 520 = WuM 2017, 399 = ZMR 2017, 877.

[346] Dazu ausführlich *R. Both* in Herrlein/Kandelhard § 556 Rdn. 30 ff.

[347] Ist der Einheitswert im Einzelfall nach dem Sachwertverfahren ermittelt worden, ist der Vermieter nach AG Erfurt WuM 2011, 564 verpflichtet, die Grundsteuer auf das für die Wohnungsmieter deutlich günstigere Ertragswertver-

dem Ertragswertverfahren ermittelten Jahresrohmiete (§ 79 BewG) mit dem Vervielfältiger (§ 80 BewG) ergibt, der wiederum aus den dem BewG beigefügten Tabellen ersichtlich ist und von Grundstücksart, Bauart und Bauausführung, Baujahr und Einwohnerzahl der Belegenheitsgemeinde im Hauptfeststellungszeitpunkt abhängt. Der Einheitswert wird sodann mit dem einheitlichen Grundsteuermessbetrag von grundsätzlich 3,5 ‰ (§ 15 GrStG) multipliziert, das Produkt mit dem von der Gemeinde festgelegten Hebesatz (§ 25 GrStG). Das Ergebnis ist die zu zahlende Grundsteuer. Entgegen einer zum Teil vertretenen Ansicht[348] ist es daher nicht sachgerecht, allein auf die Messzahl und den Hebesatz abzustellen und, da diese nicht zwischen Wohn- und Gewerberaum differenzieren, vom Vorwegabzug für Gewerberaum abzusehen. Messzahl und Hebesatz besagen nichts darüber, mit welchen Anteilen die unterschiedlichen Rohmieten in den Einheitswert eingeflossen sind, vielmehr wirken sich höhere Gewerbemieten nur dort und unmittelbar aus. Der Vermieter hat daher die jeweiligen Anteile für Wohn- und Gewerberaum, wie sie aus dem Einheitswertbescheid zu ersehen sind, zueinander ins Verhältnis zu setzen und die Wohnungsmieter nach dem Flächenmaßstab nur mit den für sie relevanten Kosten zu belasten.[349] Zwar bleibt hierbei der Vervielfältiger außer Betracht,[350] was indes hinzunehmen ist.

204 Da für die Ermittlung des Einheitswertes die Verhältnisse im Zeitpunkt der **letzten Hauptfeststellung** (§ 21 BewG) zum 1.1.1964[351] bzw. in den östlichen Bundesländern der 1.1.1935[352] maßgeblich sind, sind spätere Veränderungen in aller Regel unbeachtlich. Es kommt mithin nicht auf die Nutzung der Gewerbeflächen im Abrechnungszeitraum an, ob z.B. zwischenzeitlich aus einem bescheidenen Laden mit geringer Miete ein hochpreisiges Geschäft mit hohem Mietniveau hergerichtet wurde, ebenso wenig wie darauf, ob etwa wegen Veränderung des Umfelds die früher hohen Mieten nicht mehr zu erzielen sind oder ob sich diese nach aufwendiger Modernisierung der Wohnungen von den dort erreichten Mieten kaum noch unterscheiden.

205 Bei einem **Eigentümerwechsel** erhält der neue Eigentümer nur einen Zurechnungsbescheid, mit dem ihm das Grundstück steuerlich zugerechnet wird (§§ 10, 11 GrStG). Der Einheitswertbescheid wird ihm nicht erneut zugestellt, er liegt ihm daher oft nicht vor. Dies entbindet ihn jedoch nicht von einem im Einzelfall gebotenen Vorwegabzug. Er ist gehalten, eine Kopie des Einheitswertbescheids von der Finanzverwaltung

---

fahren umzurechnen und die Wohnungs- und Gewerbemieter nach dem jeweiligen Prozentanteil zu belasten.
[348] LG Berlin GE 1998, 1027.
[349] Vgl. *Laug* WuM 1993, 172.
[350] *Teitge* ZMR 1986, 264.
[351] Art. 2 Abs. 1 BewGÄndG vom 13.8.1965 BGBl. I S. 851.
[352] § 129 BewG.

anzufordern, die ihm aufgrund seines evidenten rechtlichen Interesses problemlos erteilt wird.

Gehören zum Grundstück vermietete **Garagen oder Stellplätze,** ist 206 danach zu differenzieren, ob jedem Mieter einer der Abstellplätze mitvermietet ist oder ob sie nur für einen Teil der Mieter ausreichen bzw. zum Teil vom Vermieter **an Dritte vermietet** sind. Während im ersten Fall kein **Vorwegabzug** notwendig ist, sind in den weiteren Fällen auch die bloßen Garagen- oder Stellplatzmieter an den Kosten zu beteiligen.[353] Dabei sind die oben beschriebenen Grundsätze anzuwenden. Der Vermieter ist nicht etwa berechtigt, zur Vereinfachung der Abrechnung vom Vorwegabzug abzusehen.[354] Der Gesichtspunkt der Verfahrensvereinfachung gibt keine Grundlage, die Anforderungen an eine ordnungsgemäße Abrechnung zu reduzieren.[355]

Für **preisgebundenen Wohnraum** gelten keine Besonderheiten. Will 207 der Vermieter den Aufwand für die Ausgliederung einzelner an Dritte vermietete Garagen vermeiden, kann er auch allen Mietern die Erträge aus dieser Vermietung durch die entsprechende Verringerung der Kostenmiete gutbringen (§ 31 II. BV).[356]

2. Wasser und Entwässerung

a) Gewerberaum

Die Wasser- und Abwasserkosten werden bei **reinen Gewerberaumobjekten** 208 üblicherweise nach dem Flächenmaßstab umgelegt, wenn nicht ohnehin Einzelwasserzähler vorhanden sind. Der Flächenmaßstab ist allerdings dann problematisch, wenn einerseits Büroflächen vermietet sind, andererseits Flächen an Gaststätten oder Betriebe mit hohem Wasserverbrauch, wie z. B. Friseurgeschäfte, Fleischereien u. Ä. m. Der Büromieter wird die Installation von Wasserzählern bei den Großverbrauchern verlangen können, da er grob unbillig belastet wird.[357]

b) Preisgebundener Wohnraum

Nach § 21 Abs. 2 NMV sind stets zunächst die **Wasserkosten abzuzie-** 209 **hen,** die nicht mit der üblichen Benutzung der Wohnungen zusammenhängen. Dabei handelt es sich nicht nur um die Kosten für Gewerbe- und preisfreie Wohnräume oder Garagen, die nach Möglichkeit entsprechend ihrem Verbrauch zu ermitteln, notfalls aber auch nach § 20 Abs. 2 Satz 2

---

[353] BGH (VIII ZR 286/10) WuM 2012, 98, AG Schöneberg GE 2013, 880; vgl. *Blank* in Blank/Börstinghaus § 556 Rdn. 75, *Hertle* ZMR 1990, 407.
[354] So AG Mönchengladbach ZMR 2003, 198 als Ausfluss des Bestimmungsrechts des Vermieters.
[355] Vgl. BGH (VIII ZR 298/80) NJW 1982, 573 = WuM 1982, 207 zur Abrechnung über ein Objekt mit mehreren hundert Mietparteien.
[356] LG Dortmund NZM 1998, 573.
[357] Vgl. KG GE 2001, 850.

NMV zu berechnen sind. Zu trennen sind auch die Kosten für Gemeinschaftseinrichtungen wie Gartenflächen oder eine Waschanlage; dieser Kostenanteil ist gem. § 20 Abs. 2 Satz 1 NMV nach Wohnfläche umzulegen.[358] Die verbleibenden Kosten dürfen nach dem Flächenmaßstab oder einem Schlüssel verteilt werden, der dem unterschiedlichen Wasserverbrauch Rechnung trägt. Der Vermieter ist daher berechtigt, nach Nutzerzahl oder einem gemischten Schlüssel umzulegen. Sind alle Wohnungen mit Einzelwasserzählern ausgestattet, hat die Umlage gem. § 21 Abs. 2 Satz 3 NMV nach Verbrauch zu erfolgen.

210 Die Umlage der **Entwässerungskosten** richtet sich nach dem vom Vermieter für die Wasserumlage gewählten Maßstab (§ 21 Abs. 3 Satz 2 NMV). Er hat hier kein eigenständiges Wahlrecht, sondern ist an den Schlüssel für die Wasserumlage gebunden.

c) Preisfreier Wohnraum

aa) Grundsätze

211 Der Vermieter kann nach freiem Ermessen **jeden billigen Umlageschlüssel** schon im Mietvertrag zugrunde legen; fehlt hierzu eine Vereinbarung, sind die Kosten gem. § 556a Abs. 1 BGB nach dem Flächenschlüssel zu verteilen. Er hat die Möglichkeit, auch bei verschieden großen Wohnungen oder unterschiedlicher Belegung nach dem Flächenmaßstab umzulegen (s. Rdn. 57 f.) oder sich für die Verteilung nach Personenzahl oder der Zahl der Wasserzapfstellen[359] zu entscheiden; eine Verpflichtung zur Umlage nach Nutzerzahl ist grundsätzlich nicht gegeben (s. Rdn. 11, 29). Ebenso wie im preisgebundenen Wohnraum sind gemischte Maßstäbe zulässig, wegen des zusätzlichen Verwaltungsaufwands jedoch unüblich. Sofern es vertraglich vorgesehen ist, kann er den Mieter auf die direkte Abrechnung mit dem Leistungsträger verweisen (s. dazu D Rdn. 16 ff.).

212 Das **Niederschlagswasser** ist **allein nach Fläche** umzulegen. Dies gilt **auch, wenn** das **Frischwasser** (und damit zugleich das Schmutzwasser) **nach Verbrauch** abgerechnet wird. Die versiegelten Flächen gehören zum Grundstück, in dem das Mietobjekt liegt. Das Mietobjekt belegt mit seiner Wohn- oder Nutzfläche einen bestimmten festen Anteil am Grundstück. Dementsprechend sind Kosten, die verbrauchsunabhängig auf das Grundstück entfallen, dem Mietobjekt nach seinem Anteil zuzuordnen, also nach Fläche abzurechnen.[360] Die individuell verur-

---

[358] Fischer-Dieskau/*Heix* § 21 NMV Anm. 2.
[359] LG Düsseldorf DWW 1990, 240; *v.Brunn/Emmerich* in Bub/Treier III. A Rdn. 90 ff.
[360] LG Berlin GE 2003, 1159; OLG Hamburg DWW 1987, 222 zur unzulässigen Umlage des Wärmeverbrauchs für die Beheizung von Allgemeinräumen wie Treppenhaus, Waschküche, Trockenraum nach dem individuell erfassten Wärmeverbrauchsanteil der einzelnen Mieter; a. A. LG Mannheim NZM 2003, 398 für Gewerberaum.

sachten Kosten haben darauf keinen Einfluss, ihnen fehlt jeder Bezug zur Bemessungsgrundlage für die Kosten der Oberflächenentwässerung.

Zur **Umlage der verbrauchsabhängigen und verbrauchsunabhängigen Kosten bei Verbrauchserfassung** s. Rdn. 100 ff., zum Verfahren bei **Zählerdifferenzen** s. Rdn. 106.   213

bb) Umlage bei gemischt genutzten Objekten

Bei gemischt genutzten Objekten ist eine **Kostentrennung** erforderlich, nach hier vertretener Ansicht schon dann, wenn nicht auszuschließen ist, dass auf die Gewerbeflächen ein höherer Verbrauch entfällt, nach Meinung des **BGH** erst, wenn eine nicht unerhebliche Mehrbelastung durch den gewerblichen Verbrauch zu konstatieren ist (s. Rdn. 160). Im Unterschied zum preisgebundenen Wohnraum beschränkt sich die Aufteilung auf gewerblich genutzte Räume; Gemeinschaftseinrichtungen, die alle Mieter betreffen, nehmen an der allgemeinen Umlage teil, etwa eine Gartenfläche, die im Sommer gesprengt wurde. Sonderverbräuche, die zwar in Gemeinschaftseinrichtungen anfallen, aber nur von einzelnen Mietern verursacht werden, z. B. in der Waschküche oder an einem Autowaschplatz, sind hingegen vorweg abzuziehen.   214

Einen **Anhaltspunkt** für die Erforderlichkeit einer Kostentrennung bietet die **Art der** jeweils im Gebäude vorhandenen **Gewerbebetriebe**. Handelt es sich bei den gewerblich genutzten Flächen z. B. um Büros oder Ladenverkaufsgeschäfte ohne sonderlichen Wasserverbrauch u. Ä., kann weiterhin einheitlich nach dem Flächenmaßstab verfahren werden.[361] So beträgt der Wasserverbrauch durchschnittlich bei Büros je Beschäftigtem 10 bis 40 Liter/Tag, der Kaltwasserverbrauch bei Wohnungen je Erwachsenem etwa 128 Liter/Tag,[362] wenn keine Einzelwasserzähler installiert sind. Geht es um Betriebe mit üblicherweise weit höherem Wasserverbrauch, wie z. B. bei Friseurgeschäften, Fleischereien, Gaststätten,[363] Arztpraxen, Dentallabors,[364] muss getrennt umgelegt werden.   215

Auf der anderen Seite wird der Mieter einer **Gewerbefläche** grundsätzlich verlangen können, nur nach seinem Verbrauch belastet zu werden, wenn das Mietobjekt etwa nur aus großen Ausstellungsräumen mit Personal- und Kunden-WC besteht, während im übrigen Haus zahlreiche   216

---

[361] Z. B. LG Berlin GE 2002, 1124 für Obdachlosenpension und Kindergarten, LG Frankfurt am Main ZMR 1999, 764 für einen Optikerladen, LG Berlin GE 1999, 1127 für eine Heilpraktikerschule, AG Wedding GE 2007, 525 für einen normal frequentierten Hundesalon, AG Hamburg WuM 2002, 265 für Reisebüro und Juwelier.
[362] Angaben nach *Pfeifer* S. 45.
[363] LG Berlin MM 10/2010, 29.
[364] Vgl. *Seldeneck* Rdn. 3213.

Wohnungen vorhanden sind, zumal wenn sie eine hohe Belegung aufweisen, wie es insgesamt betrachtet bei 1- oder $1^1/_2$-Zimmerwohnungen der Fall ist; eine Ausnahme gilt, wenn der Mietvertrag hierzu eine anderweitige ausdrückliche Regelung enthält.

217 Ist eine Kostentrennung geboten, fragt es sich, **wie viele Zähler** für die richtige Erfassung des Verbrauchs installiert sein müssen. Zwischenzähler sprechen im Regelfall wegen ihrer einfachen Bauweise im Unterschied zum Hauptzähler auf den Durchfluss geringer Mengen nicht an. Aufgrund des darauf beruhenden Schlupfs bleibt die Summe der Verbräuche nach den Zwischenzählern unter der Anzeige des Hauptzählers (s. im Einzelnen Rdn. 106 f.). Hieraus folgt, dass der Verbrauch der Gewerbeeinheiten und der Wohnungen mit jeweils einem Zwischenzähler zu erfassen ist, um nicht nur eine Seite mit dem Schlupf zu belasten.[365]

218 Demgegenüber hat der **BGH** entschieden, dass der Vermieter bei der Abrechnung der Wasserkosten mangels entsprechender Vereinbarungen nicht verpflichtet ist, verschiedene Nutzergruppen durch jeweils gesonderte Zähler zu erfassen; der Verbrauch der Wohneinheiten könne danach in der Weise ermittelt werden, dass der mittels Zwischenzähler gemessene Verbrauch eines gewerblichen Mieters von dem Gesamtverbrauch laut Hauptwasserzähler abgezogen wird.[366] Nachvollziehbar ist dies nicht,[367] zumal der BGH selbst für die Vorerfassung im Sinne von § 5 Abs. 2 Satz 1 HeizKV fordert, dass der Anteil jeder Nutzergruppe am Gesamtverbrauch durch einen gesonderten Zähler erfasst wird; das gilt auch dann, wenn nur zwei Nutzergruppen vorhanden sind, so dass es ebenfalls in diesem Fall nicht genügt, dass nur der Anteil einer Nutzergruppe am Gesamtverbrauch gemessen wird und der Anteil der anderen Nutzergruppe am Gesamtverbrauch in der Weise errechnet wird, dass vom Gesamtverbrauch der gemessene Anteil der einen Nutzergruppe abgezogen wird.[368] Es ist nicht ersichtlich, warum für eine gleichermaßen verbrauchsabhängige Abrechnung die Differenzmethode ein Mal zulässig, das andere Mal unzulässig sein soll. Eine Erklärung könnte sich daraus ergeben, dass die Mehrbelastung der Wohnungsmieter im konkreten Fall nicht erheblich war (s. Rdn. 160), wozu sich aus den Urteilsgründen indes kein Anhalt erschließt.

219 **Fehlen Zwischenzähler,** dürfte es zu in etwa angemessenen Ergebnissen führen, die auf das Gewerbeobjekt entfallenden Wasserkosten an-

---

[365] *Langenberg* NZM 2010, 186.
[366] BGH (VIII ZR 69/09) DWW 2010, 20 = GE 2010, 117 = NZM 2010, 195 = WuM 2010, 35, (VIII ZR 334/08) ZMR 2010, 282 (m. Anm. *Schmid*).
[367] Ebenso *Schmid* WuM 2011, 331 (335).
[368] BGH (VIII ZR 57/07) GE 2008, 1120 (m. Anm. *Blümmel* GE 2008, 1092) = NZM 2008, 767 = WuM 2008, 556 (m. Anm. *Wall*) = ZMR 2008, 885 (m. Anm. *Schmid*).

hand eines vergleichbaren Objekts zu schätzen.[369] Lediglich pauschale Schätzungen werden allerdings unzulässig sein.[370]

cc) Umlage bei Objekten mit Garagen/Stellplätzen

Auch die Mieter von Garagen oder Stellplätzen sind an den Betriebskosten zu beteiligen, soweit sie auf diese Objekte entfallen. Wie bereits ausgeführt (s. Rdn. 206), ist eine **Kostentrennung** entbehrlich, wenn nur und alle Wohnungsmieter zugleich Mieter der Abstellflächen sind. Soweit dies nicht der Fall ist, insbesondere also bei nicht für alle ausreichender Anzahl der Abstellflächen oder bei teilweiser Fremdvermietung durch den Vermieter, haben nur die Mieter der Abstellflächen die relevanten Kosten zu tragen. **220**

Während das Problem der Kostentrennung bei der Wasserversorgung (Wasserzapfstellen) nicht häufig auftreten dürfte, ist es für die Regionen von erheblicher Bedeutung, in denen eine separate **Niederschlagsgebühr** erhoben und zumal neu eingeführt wird. Im letztgenannten Fall waren die Kosten für die Ableitung des Regenwassers bislang in den Kosten der Entwässerung enthalten. Da die Stellplätze, sei es in einer Garage, sei es im Freien, meist keinen Wasseranschluss aufweisen, wurden deren Mieter nie mit Wasser- und Abwasserkosten belastet, sondern allein die Wohnungsmieter. In den wohl meisten Mietverträgen über Stellplätze fehlt daher auch eine Regelung zu Abwasserkosten. Dies rechtfertigt es indes nicht, weiterhin allein die Wohnungsmieter mit den Kosten der Regenwasserabgabe zu belasten. Die Gebühr wird nach den ganz- oder teilversiegelten Flächen berechnet. Stellplätze und die Vor- sowie Dachflächen separater Garagengebäude gehören zu den versiegelten Flächen. Diese Flächen lösen mithin Gebühren aus, mit denen die Wohnungsmieter nichts zu tun haben, sofern sie nicht selbst Stellplatzmieter sind. Soweit es sich um Tiefgaragen handelt, sind auch deren Stellplatzmieter an der Niederschlagsgebühr zu beteiligen, weil die Kosten aus der Ableitung des Regenwassers vom für alle Mieter gemeinsamen Dach stammen. Sollte der Stellplatzmietvertrag keine Öffnungsklausel enthalten, muss der Vermieter bis zu einer entsprechenden Vereinbarung mit den Mietern die anteiligen Kosten selbst tragen.

3. Aufzug

a) Gewerberaum

Die Parteien können den Umlageschlüssel frei vereinbaren, wegen der Praktikabilität ist die Umlage nach dem **Flächenmaßstab** in der Praxis allerdings **die Regel**. Soweit ein Aufzug nur für andere Gewerbeobjekte **221**

---

[369] LG Berlin GE 2001, 698.
[370] A. A. LG Düsseldorf DWW 1990, 240: pauschaler Vorwegabzug von 25 % für ein Dentallabor bei der Umlage nach Zapfstellen.

oder nur für Wohnungen im Haus vorhanden ist, sind allerdings allein deren Flächen anzusetzen.[371]

b) Preisgebundener Wohnraum

222 Nach § 24 Abs. 2 NMV dürfen die Kosten nach dem **Verhältnis der Wohnflächen oder einem anderen Maßstab** umgelegt werden, sofern über diesen im Einvernehmen mit allen Mietern eine Vereinbarung getroffen wurde. Der Vermieter, der vom Flächenmaßstab abweichen will, ist hierzu nur bei einer entsprechenden Abrede berechtigt, ein einseitiges Bestimmungsrecht genügt nicht.[372] Im Wege allseitiger Vereinbarung ist es z. B. möglich, die Wohnungen je nach ihrer Lage im Haus und damit der Länge des Beförderungsweges gestaffelt zu belasten.

223 Wohnraum im Erdgeschoss *„kann"* von der Umlegung nach § 24 Abs. 2 Satz 2 NMV ausgenommen werden. Die Formulierung der Vorschrift spricht dafür, dass eine Vereinbarung mit dem Erdgeschossmieter über seine Beteiligung an den Aufzugskosten den Regelfall darstellt.[373] Die Herausnahme der Erdgeschosswohnung kommt in Betracht, wenn der Aufzug für den Mieter ohne jeden Nutzen ist, etwa wenn dem Mieter nur Abstellräume im Keller mitvermietet sind, die Fahrt in den Keller mit dem Aufzug jedoch nicht möglich ist; ist ein Bodenraum überlassen, macht der Aufzug immerhin das oberste Wohnungsgeschoss bequem erreichbar. Ein Anspruch des Mieters, nicht mit den anteiligen Kosten belastet zu werden, besteht indes nicht.[374] Ein **Ausgleich** für die Kostenbelastung des Mieters trotz fehlender Vorteile durch den Aufzug ist vom Vermieter bei der Bestimmung der Einzelmiete gem. § 3 Abs. 3 NMV zu schaffen, die sich an der Billigkeit gem. §§ 315, 316 BGB zu orientieren hat.[375]

c) Preisfreier Wohnraum

aa) Grundsätze

224 Der Vermieter kann einen **beliebigen, billigen Umlagemaßstab** vereinbaren. Die Kosten können daher z. B. nach anteiliger Fläche, gestaffelt nach der Lage im Haus oder einem gemischten Maßstab verteilt werden, **nicht** jedoch nach **Personenzahl** (s. Rdn. 56). Dies gilt auch für die Stromkosten; ein separater Zähler ist nur nötig, wenn nicht alle Mieter mit den Aufzugskosten belastet werden können, so dass Kostenkreise zu bilden sind.

225 Auch die Aufteilung nach dem **Nutzungsumfang** ist möglich, jedoch in der Sache nicht überzeugend, weil auch dieser Umlageschlüssel

---

[371] OLG Düsseldorf DWW 2000, 54.
[372] Fischer-Dieskau/*Heix* § 24 NMV Anm. 3.3.
[373] LG Berlin WuM 1990, 559, AG Leverkusen WuM 1988, 436.
[374] A. A. LG Berlin MM 2002, 333.
[375] Vgl. LG Hamburg WuM 1987, 422.

allenfalls tendenziell eine größere Umlagegerechtigkeit bietet. Die Verteilung richtet sich nach der Geschosslage: Der Erdgeschossmieter wird nicht beteiligt, auf den Mieter im 1. Obergeschoss entfallen 10%, im 2. Obergeschoss 20% usw.[376] Sie erscheint nur auf den ersten Blick besonders plausibel, weil die längere Fahrt, um ein oberes Geschoss zu erreichen, auch höhere Kosten auslöst. Nicht beachtet wird jedoch, dass die Nutzungshäufigkeit weitaus mehr von Bedeutung ist; alleinstehende, zumal berufstätige Mieter in den Obergeschossen werden weniger Kosten produzieren als etwa eine Familie in den unteren Stockwerken.[377]

Die Umlage nach der **Zahl der Mietobjekte** ist zulässig, wenn sie eine weitgehend identische Größe haben. Anderenfalls ist dieser Verteilungsmaßstab unbillig, weil er keinen Bezug zur potentiellen Belegung und damit dem Umfang der Kostenverursachung hat, z.B. bei Gebäuden mit kleinen Wohnungen für ein bis zwei Nutzer und größeren, familiengerechten. **226**

bb) Beteiligung des Erdgeschossmieters

Nach der Rechtsprechung des **BGH** benachteiligt die Einbeziehung des Erdgeschossmieters diesen generell nicht unangemessen.[378] Der Mieter habe die in der Betriebskostenaufstellung des Mietvertrags aufgeführten Aufzugskosten akzeptiert; da er den Aufzug im Hause nicht habe übersehen können, handele es sich auch nicht um eine überraschende Klausel im Sinne von § 305c Abs. 1 BGB. Obwohl der Aufzug für ihn keinerlei Nutzen habe, liege keine unangemessene Benachteiligung vor. Maßgeblich sei, dass die Beteiligung des Erdgeschossmieters dem Grundgedanken des § 556a Abs. 1 Satz 1 BGB entspreche, dem Flächenschlüssel. Einrichtungen eines Hauses würden in unterschiedlichem Umfang genutzt, eine nach der tatsächlichen Nutzung differierende Umlage sei nicht praktikabel, gewisse Ungenauigkeit bei der Verteilung der Betriebskosten daher nicht zu vermeiden. Zu einer **Einschränkung** dieser Rechtsprechung in Sonderfällen s. Rdn. 232. **227**

Dieses Ergebnis war zuvor zum Teil im Hinblick auf die Vorschrift des § 24 Abs. 2 Satz 2 NMV vertreten worden;[379] es handele sich um eine Gemeinschaftseinrichtung, deren Kosten von allen Mietern anteilig zu **228**

---

[376] LG Nürnberg-Fürth ZMR 2009, 638 (Bestätigung eines entsprechenden Eigentümerbeschlusses einer WEG), vgl. AG München WuM 1986, 91 für die Umlage der Modernisierungskosten gem. § 3 MHG (= § 559 BGB) nach Einbau eines Aufzugs.
[377] Ebenso *Hausding* WE 2009, 169 mit ironischem Kommentar anhand von Beispielen.
[378] BGH (VIII ZR 103/06) GE 2006, 1398 = NZM 2006, 895 = WuM 2006, 613 = ZMR 2006, 919; dazu *Timme* NZM 2007, 29.
[379] LG Duisburg WuM 1991, 597, AG Freiburg WuM 1993, 745, AG Frankfurt am Main NJW-RR 1989, 1359.

tragen seien.[380] Den **Bezug auf § 24 NMV** hat der BGH **nicht** vorgenommen, weil es sich um auslaufendes Recht handelt. Diese Meinung übersah ohnehin einen bereits angesprochenen (s. Rdn. 84), gravierenden Unterschied zur Situation bei preisgebundenem Wohnraum, den Ausgleich bei der Festsetzung der Einzelmiete.

229 Die Argumentation des **BGH vermag nicht zu überzeugen.** Zunächst besagt das Vorhandensein einer Einrichtung im Hause auch dann nichts zur Umlegbarkeit der jeweiligen Kosten, wenn die entsprechende Kostenart im Mietvertrag angegeben ist. Sind etwa die Kosten der Gartenpflege aufgeführt, hat der Mieter gleichwohl keinen Anteil zu tragen, wenn der Garten einem Mieter zur Alleinnutzung überlassen ist; ist ein nicht zu übersehender Aufzug vorhanden, der, was in der Praxis schon begegnet ist, jedoch allein in die Dachgeschosswohnung führt, weil der Eigentümer diese zunächst selbst bewohnte, sie aber später vermietete, muss sich der Erdgeschossmieter an den Kosten nicht beteiligen. Gegenüber einer anteiligen Belastung unter Bezug auf den Mietvertrag kann er sich auf § 305c Abs. 1 BGB berufen.

230 **Vorrangig** ist daher – wie stets – zu prüfen, **ob** die **Umlagevereinbarung** nach § 556 Abs. 1 BGB überhaupt die anteilige Belastung des Mieters abdeckt. Die vom BGH herausgestellte Vorschrift des **§ 556a Abs. 1 BGB** betrifft **erst den zweiten Schritt,** wie nämlich Kosten zu verteilen sind, wenn der Mieter an deren Entstehung teilhat. Fehlt es hieran, ist jeglicher Umlageschlüssel für ihn irrelevant, weil es auf ihn nichts zu verteilen gibt. Hierzu ist festzustellen, dass der **Erdgeschossmieter,** dem kein Dachboden- oder Kellerraums oder Tiefgaragenstellplatz mitvermietet ist, schon bauseitig und damit originär **nicht** zum Kreis der **Kostenverursacher** zählt. Wie bei den Gartenflächen handelt es sich um eine bauseitige Anlage, die jedoch hier nicht für alle Mietobjekte des Hauses geschaffen wurde, sondern für die Mieter der oberen Geschosse. Deren Mietobjekte gehören folglich durch die Lage im Haus zum Kostenkreis, innerhalb dessen gem. § 556a Abs. 1 BGB nach den Flächenanteilen umzulegen ist. Das Mietobjekt auf der Erdgeschossfläche zählt nicht zum Kostenkreis, so dass es nicht an den Kosten zu beteiligen ist, wenn der Erdgeschossmieter nicht in unbilliger Weise zur Subventionierung der Annehmlichkeiten für andere Mieter gezwungen werden soll.

231 Andererseits wurde vertreten, dass die Umlage ausscheide, wenn der **Mieter** den Aufzug **in sinnvoller Weise nicht** nutzen kann,[381] wenn ihm

---

[380] AG Köln WuM 1998, 233, AG Düsseldorf DWW 1991, 373; vgl. OLG Düsseldorf NJW-RR 1986, 95 für eine Wohnungseigentumsanlage, allerdings im Hinblick auf § 16 Abs. 2 WEG; LG Berlin MDR 1990, 1016 mit dem überraschenden Argument, dass sonst derjenige, der seine Wohnung ohnehin schon leichter erreichen könne, auch noch weniger bezahlen müsse.

[381] AG Wuppertal WuM 1996, 284, AG Hamburg WuM 1988, 170; *Seldeneck* Rdn. 3324, *Sternel* III Rdn. 347; AG Frankfurt am Main NZM 2000, 906 auch für die Herausnahme der Mieter im 2. Obergeschoss, wenn der Aufzug vom Erdgeschoss erst wieder im 3. Obergeschoss hält.

also weder Boden- noch Kellerräume zur Verfügung stehen; bei der Benutzung, um andere Hausbewohner aufzusuchen, stehe er einem nicht im Hause wohnenden Besucher gleich.[382] Die **Nutzungsmöglichkeit** ist indes **unerheblich**. Wie ausgeführt, geht es nicht um die individuelle Nutzung, sondern um eine Einrichtung des Hauses, die allein für andere Nutzer hergestellt wurde. Der Einwand mancher sportlichen Mieter in den oberen Geschossen, auch sie nähmen den Aufzug nicht in Anspruch und seien daher ebenfalls von den anteiligen Kosten freizustellen, liegt mithin neben der Sache.

Immerhin hat der **BGH** selbst gewisse **Grenzen für die Einbeziehung des Erdgeschossmieters** gesetzt. So hat er die Mieter, die in einem Seitenflügel des Gebäudes mit separatem Eingang wohnen, nicht an den Kosten des Aufzugs im Vorderhaus beteiligt.[383] Dasselbe gilt für Mieter, die in einem Gebäude ohne Aufzug wohnen, das mit anderen zu einer Abrechnungseinheit zusammengefasst wurde, in denen zum Teil Aufzüge vorhanden sind oder solche Mieter, denen die Nutzung des Aufzugs untersagt ist.[384] 232

cc) Umlage bei gemischt genutzten Objekten

Die Mieter der im Erdgeschoss liegenden Gewerbeflächen können (nach hier vertretener Ansicht: sollen) von der Umlage der Aufzugskosten ausgenommen werden, wenn ihnen nicht mit dem Aufzug erreichbare Stellplätze in einer Tiefgarage oder Kellerräume mitvermietet sind; sie würden durch die formularmäßige Beteiligung an den Aufzugskosten allerdings nicht unangemessen benachteiligt.[385] Den Mietern der Wohnungen in den Obergeschossen ist es verwehrt, zur Reduzierung ihrer Kostenanteile vom Vermieter zu verlangen, dass die Gewerbeflächen gleichwohl an den Kosten zu beteiligen sind.[386] 233

Ob Mietern von Gewerberäumen in einem gemischt genutzten Objekt ein **höherer Anteil** an den Kosten des Aufzugs aufzuerlegen ist, ist eine Frage des Einzelfalls. Nach der Rechtsprechung des BGH ist dies nur notwendig, wenn durch den Gewerbebetrieb nicht nur unerheblich höhere Kosten produziert werden. Handelt es sich z.B. um **Gewerbeobjekte mit** einem **regen Publikumsverkehr**, wie etwa Arztpraxen, oder mit etlichen Angestellten, die im ersten oder einem höheren Geschoss liegen, wäre die gleichmäßige Belastung aller Mietparteien etwa nach 234

---

[382] LG Braunschweig WuM 1990, 558.
[383] BGH (VIII ZR 128/08) DWW 2009, 220 = GE 2009, 711 = NZM 2009, 478 = WuM 2009, 351 = ZMR 2009, 675 (m. Anm. *Schmid*); *Kinne* ZMR 2001, 1 (5), s. ausführlich auch *Langenberg* NJW 2008, 1269 (1274f.).
[384] OLG Köln NZM 2008, 806 für die Umlage der Kosten der Treppenhausreinigung.
[385] OLG Düsseldorf ZMR 2015, 544 (rkr. durch BGH XII ZR 114/12).
[386] AG Erfurt InfoM 2013, 380.

dem Flächenmaßstab evident grob unbillig.[387] Dem entgegen zu halten, der starke Besuch der Gewerbeobjekte wirke sich nur wenig auf den Stromverbrauch aus, außerdem finde er, anders als die Wohnraumnutzung, nicht abends und am Wochenende statt,[388] überzeugt nicht. Zum einen geht es nicht nur um höheren Stromverbrauch, sondern wegen der hohen Beanspruchung auch um kürzere Wartungsintervalle mit entsprechenden Kosten. Zum anderen wird ein täglicher Strom von Besuchern, etwa bei Allgemeinarztpraxen zum Teil im dreistelligen Bereich, durch die Ruhezeiten abends und am Wochenende ersichtlich nicht ausgeglichen, wenn es sich nicht gerade um ein Hochhaus mit einer Vielzahl von Wohnungen handelt. Die Wohnungsmieter können zumindest dann verlangen, dass der jeweilige Nutzungsumfang durch technische Einrichtungen erfasst wird, die einen Vorwegabzug erlauben, wenn dies mit vertretbaren Kosten zu realisieren ist. Anderenfalls sind die Kostenanteile vom Vermieter zu schätzen. Eine Schätzgrundlage ist durch kurze Nachfrage nach den üblichen Besucherströmen bei den Gewerbemietern und die überschlägige Zahl der Wohnungsnutzer unschwer zu ermitteln, ggf. ist ein Sicherheitsabschlag zugunsten der Wohnungsmieter vorzunehmen.

4. Straßenreinigung und Müllbeseitigung

a) Straßenreinigung

235 Die Umlage erfolgt **in der Regel nach dem Flächenmaßstab,** die Umlage nach **Personenzahl** ist **nicht zulässig** (s. Rdn. 56). Dieser Umlageschlüssel ist jedoch nicht immer sachgerecht.

236 Besteht z.B. ein **Baukomplex** aus einem Gebäudeteil nur mit Wohnungen und einem daneben liegenden Gebäudeteil mit gewerblicher Nutzung, sind die Kosten für die Reinigung von Straßenflächen, die ausschließlich vor den Gewerbeobjekten oder den Wohnungen liegen, nur diesen anzulasten. Dasselbe gilt jedenfalls bei deutlich unterschiedlichen Kosten, wenn Zuwege oder Zufahrten allein zu Gewerbeflächen oder Wohnungen zu reinigen sind.[389]

237 Weist ein Grundstück **Vor- und Hinterbebauung** auf, sind die Mieter des Hinterhauses in demselben Maße wie die vorderen Mieter an den Kosten zu beteiligen, die aus der Reinigung der Straßenflächen vor dem Vorderhaus resultieren, da sie in demselben Umfang von ihnen genutzt werden;[390] ob die Mieter des Hinterhauses in die kommunale Gebührenbelastung einbezogen sind, ist irrelevant.[391] Demgegenüber sind die Rei-

---

[387] AG Hamburg-Wandsbek MJ 2006, 84: Abzug 50%; *Seldeneck* Rdn. 3223.
[388] So LG Braunschweig ZMR 2003, 114 bei Facharztpraxis im ersten und Allgemeinarztpraxis im zweiten Stock.
[389] *Seldeneck* Rdn. 3241.
[390] LG Berlin GE 2005, 1197, LG Hamburg Beschl. vom 17.4.1998 – 311 S 3/98.
[391] A. A. *Wall* Rdn. 3809.

nigungskosten, die ausschließlich die zum hinteren Haus gehörenden Flächen betreffen, bei den vorderen Mietern nur ansetzbar, wenn sie diese nutzen, weil dort z. B. die Müllgefäße aufgestellt sind.

Zur Frage der Kostenverteilung, wenn dem **Erdgeschossmieter** die **238** Straßenreinigung einschließlich des Winterdienstes übertragen wurde und er dieser z. B. aus gesundheitlichen Gründen nicht mehr nachkommen kann, s. A Rdn. 116.

b) Müllbeseitigung

Bei **Gewerberäumen** werden die Kosten der Müllabfuhr üblicherweise **239** **nach der anteiligen Fläche** oder der **Anzahl der** dem jeweiligen Mietobjekt zugeordneten **Müllgefäße** umgelegt.

Dieselben Umlageschlüssel kann der Vermieter sowohl beim preis- **240** gebundenen wie auch beim preisfreien **Wohnraum** verwenden, zusätzlich den bei Gewerberaum unüblichen Personenschlüssel. Eine Verpflichtung, vom Flächenmaßstab auf den Personenschlüssel überzugehen, hat der Vermieter auch bei unterschiedlicher Belegung der Miträume nicht.[392] Der Flächenschlüssel ist ein in § 556a Abs. 1 BGB normierter billiger Umlagemaßstab, zudem führt der Personenschlüssel nur der Tendenz nach zu mehr Abrechnungsgerechtigkeit (vgl. Rdn. 92).

Sobald die auf die einzelnen Mieter entfallende **Müllverursachung** er- **241** **fasst** wird (s. Rdn. 119), sind die Kosten nach § 556a Abs. 1 Satz 2 BGB entsprechend der Verursachung umzulegen. Zwar ist diese Bestimmung nicht zwingend ausgestaltet, so dass sie auch das Festhalten am Flächen- oder Personenschlüssel gestatten würde; das Gesetz enthält indes eine Wertung zur Umlagegerechtigkeit mit der Folge, dass die Weiterverwendung der anderen Verteilungsmaßstäbe unbillig im Sinne der §§ 315, 316 BGB wäre. Berechnet der Entsorger allerdings feste **Grundgebühren** je Nutzeinheit, sind diese allein nach der Zahl der beteiligten Einheiten zu verteilen.

Der Vermieter kann sich schließlich mit dem Mieter auf die **Direktab-** **242** **rechnung** zwischen Mieter und Leistungsträger verständigen.

Müllgebühren, die in **gemischt genutzten Objekten** nicht für Wohn- **243** raum entstanden sind, sind nach § 20 Abs. 2 Satz 2 NMV bei **preisgebundenen** Wohnungen stets auszusondern. Bei **preisfreiem** Wohnraum besteht die Pflicht zum Vorwegabzug nur, wenn dort nicht unerheblich mehr Müll als bei den Wohnungen anfällt.[393] Hierzu kann auf die obigen Ausführungen zur Kostentrennung bei den Wasser- und Entwässerungskosten (s. Rdn. 214 f.) verwiesen werden.

---

[392] A. A. AG Halle-Saalkreis ZMR 2006, 212.
[393] Vgl. die Aufstellung bei *Seldeneck* Rdn. 3230 f.

5. Gebäudereinigung und Ungezieferbekämpfung

244 Für preisgebundenen Wohnraum gilt für die Kosten der **Gebäudereinigung** gem. § 20 Abs. 2 Satz 1 NMV der **Regelmaßstab** der Umlage **nach anteiliger Fläche**. Er wird auch bei preisfreiem Wohnraum und Gewerbeobjekten allgemein angewandt. Die Umlage nach dem Personenschlüssel scheidet aus (s. Rdn. 56).

245 Bei **gemischt genutzten Objekten** ist eine **Kostentrennung** notwendig, wenn preisgebundener Wohnraum beteiligt ist, § 20 Abs. 2 Satz 2 NMV. Bei preisfreiem Wohnraum hat sie nach der Rechtsprechung des BGH zu erfolgen, wenn nach der Art des Gewerbebetriebs nicht unerheblich höherer Aufwand entsteht als bei reiner Wohnungsnutzung.

246 Offensichtlich ist ein erheblicher **Mehraufwand** bei den **Hausreinigungskosten** z.B., wenn Betriebe einen hohen Publikumsverkehr aufweisen, etwa Ladenlokale oder Arztpraxen, die nur über das allgemeine Treppenhaus zugänglich sind. Muss das Treppenhaus hier, um einen gepflegten Zugangsbereich zu erhalten, häufiger gereinigt werden, sind die durch die zusätzlichen Reinigungsintervalle anfallenden Kosten leicht auszugliedern und nur den Gewerbemietern anzulasten. Der Vermieter kann auch die Reinigung bis zur gewerblich genutzten Ebene vollständig den Gewerbemietern selbst auferlegen oder sie verpflichten, durch eigene Kräfte in zusätzlichen Intervallen reinigen zu lassen. Notfalls sind die Mehrkosten zu schätzen. Auf der anderen Seite nehmen diejenigen Mieter an der Umlage nicht teil, die das Treppenhaus nicht benutzen, weil sie als Ladenmieter oder Mieter einer Erdgeschosswohnung einen separaten Eingang zu ihrem Mietobjekt haben und ihnen keine nur über das Treppenhaus erreichbaren Dachboden- oder Kellerräume mitvermietet sind; in diesen Fällen dient das Treppenhaus schon bauseitig allein dem Zugang zu den angrenzenden Wohnungen.

247 Soweit Reinigungskosten auf **Garagen,** vor allem Tiefgaragen entfallen, dürfen die Kosten nur auf die jeweiligen Mieter umgelegt werden (s. Rdn. 206).[394] Zur Kostenverteilung bei **unzureichender Reinigung** durch die Mieter selbst s. A Rdn. 111.

248 Die Kosten regelmäßiger **Ungezieferbekämpfung** werden üblicherweise nach den Flächenanteilen auf die Mieter verteilt. Geht es um spezielle, auch wiederkehrende Ungezieferbekämpfung, hat die Kosten als Schadensersatz der Mieter zu tragen, der sie verursachte, also derjenige, in dessen Mietobjekt es originär zu einem Befall kam. Sind in einem gemischt genutzten Objekt aufgrund der Art des Betriebes regelmäßige Vorsorgemaßnahmen erforderlich, wie bei Gaststätten, sind die Kosten allein bei diesem Mieter anzusetzen. Die Einführung des Flächenschlüssels als regelmäßigem Umlagemaßstab in § 556a Abs. 1 BGB hat hieran nichts geändert.

---

[394] Z.B. BGH (VIII ZR 286/10) WuM 2012, 98, LG Berlin GE 2010, 983.

6. Gartenpflege

Die Kosten der Gartenpflege sind bei preisgebundenem Wohnraum nach dem **Flächenmaßstab** umzulegen (§ 20 Abs. 2 Satz 1 NMV), ansonsten nach einem **beliebigen, billigen Maßstab,** nicht jedoch nach dem Personenschlüssel (s. Rdn. 56). Wird die Gartenpflege bei einzelnen Einheiten einer größeren Siedlung, die der Vermieter als Verwaltungseinheit bewirtschaftet, von den Mietern selbst erledigt, ist es nicht gerechtfertigt, sie mit dem ihrer Einheit entsprechenden Anteil der Gesamtkosten zu belasten.[395] **249**

Im Grundsatz sind die Kosten auf alle Mietobjekte des Gebäudes zu verteilen; ob die Mieter die Gartenflächen nutzen können, ist ohne Belang (s. A Rdn. 157). Kosten für die Pflege von Flächen, die **einzelnen Mietern** zur Nutzung überlassen wurden, fließen jedoch nicht in die allgemeine Umlage ein. Sie sind auszusondern und nur dem Kostenkreis der beteiligten Mieter aufzuerlegen. **250**

Bei **Hofflächen, Zufahrten** von Tiefgaragen, **Stellplätzen** im Freien zählen zu den Pflegekosten auch die Reinigung und im Winter die Schnee- und Eisbeseitigung. Bei allgemeinen Hofflächen haben alle Mieter diese Kosten zu tragen, bei gesondert zugewiesenen Flächen (Stellplätze auf dem Hof/in der Tiefgarage) gehen die Kosten allein zulasten dieser Mieter (s. Rdn. 220). **251**

Handelt es sich um **gemischt genutzte** Gebäude, sind Kosten, die entweder allein auf den Wohn- oder den Gewerberaum entfallen, nach der Rechtsprechung des BGH vorweg abzuziehen, wenn sie eine nicht unerhebliche Höhe erreichen. Der Gewerbemieter wird daher nicht von den Kosten der Pflege von Spielplätzen auf dem Grundstück auszunehmen sein. Anders verhält es sich z. B. bei einer gepflegten Gartenfläche auf der Rückseite des Gebäudes: Liegen die Gewerbeflächen praktisch alle zur Vorderseite und sind die hinteren Gartenflächen nicht von außen einsehbar, so dass deren Pflegezustand dem Gewerbemieter in keiner Weise zugutekommt, wäre es nicht sachgerecht, ihn nach Flächenanteil mit Kosten zu belasten. **252**

7. Beleuchtung, Schornsteinreinigung

Es gelten die **vorstehenden Ausführungen** zu den Gartenpflegekosten, auch hinsichtlich der Kostentrennung. Was die Kosten der **Beleuchtung** bei gemischt genutzten Objekten betrifft, nimmt z. B. der Mieter eines Ladens im Erdgeschoss mit eigenem Zugang nicht an den Kosten der Treppenhausbeleuchtung teil, der Wohnungsmieter nicht an den Kosten für die Beleuchtung von Zufahrt und Hof eines im hinteren Grundstücksteil gelegenen Gewerbeobjekts. Geht es um die Beleuchtung von **253**

---

[395] AG Mülheim/Ruhr WuM 1998, 39.

Tiefgaragen- oder sonstigen Stellplätzen ist ggf. eine Kostentrennung erforderlich (s. Rdn. 206, 220).

254 Entsprechend ist bei den Kosten für die **Reinigung von Schornsteinen** zu verfahren, die nur einzelnen Mietern zur Verfügung stehen. Maßgeblich ist, ob ein Schornstein noch offen ist; auch wenn einzelne Mieter die Schornsteinzüge ihres Mietobjekts nicht mehr nutzen, weil sie Gasaußenwandheizer oder Nachtstromspeicherheizgeräte installiert haben oder mit Fernwärme versorgt werden, entfallen Schornsteinfegerkosten erst mit der endgültigen Stilllegung der Züge, vorher sind sie immer noch zu prüfen und ggf. zu reinigen.[396]

8. Sach- und Haftpflichtversicherung

255 Zu den **Grundsätzen** ist auf die vorangehende Darstellung zu verweisen; die Umlage nach Personen ist nicht zulässig (s. Rdn. 56). An den Versicherungskosten für Garagen oder Stellplätze sind nur die Mieter dieser Flächen zu beteiligen (s. Rdn. 206, 220).

a) Glasbruchversicherung

256 Für die Kosten einer **Glasbruchversicherung** wird vertreten, dass sie nach den anteiligen Fensterflächen umzulegen sind. Geht es um ein reines Wohngebäude, ist diese Aufteilung überflüssig, weil die Fensterzahl und -fläche in aller Regel mit der Wohnfläche korrespondiert.[397] Ob das Risiko, dass die Scheiben durch Dritte eingeworfen werden, bei den Fensterflächen einer Dachgeschosswohnung geringer ist, so dass sie nur mit einem Abschlag zu berücksichtigen sind,[398] ist empirisch nicht abgesichert und kann daher außer Betracht bleiben.

b) Versicherung gemischt genutzter Objekte

257 Problematisch ist die Frage der Kostentrennung bei **gemischt genutzten Objekten**. Einigkeit herrscht darüber, dass in der Police oder der Prämienrechnung ausgewiesene **Zuschläge aufgrund besonderer Risiken** aus der Nutzung gewerblicher Flächen von den betreffenden Mietern allein zu tragen sind, etwa im Rahmen der Feuer- oder der Haftpflichtversicherung, aber auch der Glasbruchversicherung hinsichtlich der Schaufensterscheiben eines Ladengeschäfts im Erdgeschoss.

258 Ein Meinungsstreit bezieht sich jedoch darauf, ob der Vermieter zur Aussonderung der Kosten für die Gewerbeflächen auch dann verpflichtet ist, wenn er eine **einheitliche Prämienrechnung** erhält; es ist derselbe, der schon bei der Grundsteuerumlage bei einheitlichem Steuerbescheid

---

[396] LG Düsseldorf DWW 1999, 354 (m. zust. Anm. *Geldmacher*), AG Charlottenburg GE 2001, 775; *Herlitz/Viehrig* S. 75, *Wall* Rdn. 4208.
[397] *Kinne* in Kinne/Schach/Bieber § 556 Rdn. 193
[398] LG Stuttgart WuM 1989, 521.

behandelt wurde (s. Rdn. 202). Wie dort kommt es auf die Verhältnisse des Einzelfalls an, insbesondere die betroffene Versicherungsart und, nach der Rechtsprechung des BGH, die Frage, ob die Versicherung der Gewerbefläche nicht unerhebliche Mehrkosten verursacht.

Bei den **Sachversicherungen**, d.h. insbesondere der Feuer-, Leitungswasser- und Sturmversicherung, schlagen die verschiedenen Nutzungsarten praktisch nicht zu Buche.[399] Der Versicherer hat zwei Möglichkeiten, die Prämie zu errechnen. Zum einen kann er sie nach dem abstrakten Gebäudewert ermitteln; auf der Grundlage der Ausstattungsklasse des Gebäudes und der Richtpreise je nach Gebäudeart errechnet sich die Versicherungssumme 1914, die zusammen mit dem Baupreisindex bzw. Neuwertfaktor, beide veröffentlicht vom Statistischen Bundesamt, und seinem jeweiligen Prämiensatz die Prämie ergibt. Zum anderen kann er die Prämie am konkreten Gebäudewert ausrichten. Bei beiden Methoden erfolgt mithin eine pauschalierte Bewertung, bei der sich die unterschiedliche Nutzungsart nicht auswirkt. Eine Ausnahme kommt allenfalls dann in Betracht, wenn in die Versicherungssumme 1914 Nebengebäude einfließen, die allein gewerblich genutzt werden und die aufgrund ihrer Ausstattungsklasse einen höheren Richtpreis verursachen; insgesamt dürfte sich dadurch jedoch im Regelfall nur eine unbedeutende Abweichung ergeben, so dass es vertretbar erscheint, bei den oben angeführten Sachversicherungen von einer Differenzierung nach der Nutzungsart abzusehen. **259**

Bei der **Grundeigentümer-Haftpflichtversicherung** verwenden die Versicherer unterschiedliche Grundlagen für die Prämienberechnung. So kann eine Mischbetrachtung von Mietfläche, Anzahl der Mietobjekte und Höhe der Mieteinnahmen stattfinden, die Berechnung allein nach dem Bruttokaltmietwert erfolgen oder auch unabhängig von Zahl der Mietobjekte und dem Mietwert zu einer festen jährlichen Prämie. Es kommt mithin auf das jeweilige Berechnungsverfahren im **Einzelfall** an, ob sich die gemischte Nutzung in einer höheren Prämie niederschlägt. **260**

Zur Prämienberechnung verwenden viele Versicherer einen **Prämiensatz**, der sich **nach** der Höhe der **Jahresbruttokaltmiete** richtet;[400] die Nutzungsart selbst wirkt sich dabei auf den Prämiensatz nicht aus. Dieses Verfahren begegnet in **zwei Varianten**. **261**
– Die Versicherer legen einen **prozentualen Prämiensatz** fest, der anfangs hoch ist, sich jedoch mit steigender Miete verringert. Ist die Summe der Wohnungsmieten gering, greift damit der hohe Anfangssatz, der sich durch Einbeziehung einer hohen Miete für Gewerberäume reduziert, so dass keine Mehrbelastung der Wohnungsmieter eintritt.[401]

---

[399] *Teitge* ZMR 1986, 261 (263).
[400] *Teitge* ZMR 1986, 261 (263).
[401] S. das Berechnungsbeispiel bei *Teitge* ZMR 1986, 261 (263).

– Andere Versicherer berechnen die Prämie nach einem **festen Prämiensatz** z. B. je € 1000,00 Bruttomietwert, so dass es zu der vorbeschriebenen Entlastung der Wohnungsmieter nicht kommen kann. Hier tritt eine deutliche Mehrbelastung der Wohnungsmieter ein, wenn nur wenige Wohnungen in einem im Übrigen gewerblich genutzten Gebäude vorhanden sind oder es sich bei zwar überwiegender Wohnnutzung um besonders hochpreisig vermietete Gewerbeflächen handelt. In diesem Fall sind die durch die Gewerberäume verursachten Kosten auszusondern. Dem Vermieter ist der dadurch verursachte Verwaltungsaufwand durchaus zuzumuten,[402] zumal er in der Regel nur in längeren Abständen anfällt.

262 Manche Versicherer, die eine **feste jährliche Prämie** je Wohneinheit ohne Bezug auf Flächen und Mietwerte berechnen, machen die Vereinbarung davon abhängig, dass mindestens 51 % der Objekte im Haus Wohnraum sind. Die bis zu 49 % gewerblich genutzten Mieteinheiten lösen damit keine Zusatzkosten aus.

c) Sammelversicherungen

263 Besondere Probleme bereiten **Sammelversicherungen,** sei es dass sie als verbundene Versicherungen etliche Risiken bündeln, sei es dass sie einen größeren Bestand unterschiedlich genutzter Gebäude betreffen. Sie werden gemeinhin abgeschlossen, um eine günstigere Prämie als bei der Einzelversicherung zu erzielen, und dienen damit zugleich der Umsetzung des Wirtschaftlichkeitsgebots. Soweit die Sammelversicherung entweder durch Einschluss bestimmter Risiken, z. B. Schäden durch innere Unruhen, Streik oder Aussperrung, oder durch ein deutliches Übergewicht einbezogener Gewerbeobjekte eine nicht unerhebliche Mehrbelastung der Wohnungsmieter bewirkt, ist im Grundsatz eine Kostentrennung erforderlich. Die Auskünfte eines Versicherungsmaklers reichen hier nicht für die notwendige Aufschlüsselung.[403] Eine Lösung dürfte dadurch zu erreichen sein, dass die Prämie für eine Versicherung der üblichen Risiken eines Wohngebäudes ermittelt und mit der Belastung aus der Sammelversicherung verglichen wird. Ist diese günstiger, kann es beim Ansatz dieser Kosten bleiben, anderenfalls ist die Vergleichsprämie maßgeblich.

9. Hauswart

264 Sowohl bei Gewerbe- wie bei Wohnraum können **angemessene Umlageschlüssel** vereinbart werden, nicht jedoch der Personenmaßstab (s. Rdn. 56). Ist der Hauswart allerdings für mehrere örtlich nicht zusammen liegende Häuser zuständig, können seine Kosten nicht in der Weise umgelegt werden, dass auf die jeweiligen Häuser der Mittelwert der prozentualen Anteile an der Wohnfläche, der Grundstücksfläche und der An-

---

[402] LG Berlin GE 1991, 935.
[403] OLG Brandenburg NZM 2000, 572.

zahl sämtlicher vom Hauswart betreuter Grundstücke verteilt wird.[404] Soweit der Hausmeister Arbeiten für den Vermieter (Verwaltungstätigkeiten, Instandsetzungsarbeiten) oder gesondert für einzelne Mieter erledigt, fließen die jeweiligen Kosten nicht in die allgemeine Umlage ein.

Bei **gemischt genutzten Objekten** ist eine Kostentrennung entbehrlich, wenn der Hauswart für die gewerblich vermieteten Objekte nicht erheblich mehr in Anspruch genommen wird als für den Wohnraum. Andernfalls sind z. B. durch Stundenzettel die Grundlagen für eine Aufteilung der Kosten zu schaffen. **265**

Soweit Arbeitsanteile des Hausmeisters auf **Garagen- oder Stellplätze** entfallen, ist eine Kostentrennung notwendig (s. Rdn. 220). So kann zu seinen Aufgaben die Kontrolle der elektrischen und mechanischen Funktion des Garagentors gehören, die Überprüfung von Abluftanlagen und evtl. Notausgänge, die Reinigung.

10. Gemeinschaftsantenne und Breitbandanschluss

a) Gemeinschaftsantenne

Für die Umlage der Kosten aus dem Betrieb einer Gemeinschaftsantenne gelten die **allgemeinen Regeln**. Soweit in **einzelnen Wohnungen schon kein Antennenanschluss vorhanden** ist, sind deren Mieter nicht an der Kostenumlage zu beteiligen. Bei preisgebundenem Wohnraum ist gem. § 20 Abs. 2 Satz 1 NMV nach dem Flächenmaßstab umzulegen, solange nicht „*im Einvernehmen mit allen Mietern ein anderer Umlagemaßstab vereinbart ist*", der sodann maßgeblich ist. Der Vermieter preisfreien Wohnraums kann den Umlageschlüssel nach billigem Ermessen wählen; vorrangig ist die Umlage nach Wohneinheiten,[405] da der Nutzwert nicht von der Fläche abhängt. **266**

Nutzen einzelne Mieter den Antennenanschluss **nicht**, weil sie kein Rundfunk- und/oder Fernsehgerät besitzen oder sich auf die Nutzung einer Einzelantenne verlegen,[406] sind sie gleichwohl an den Antennenkosten zu beteiligen, wenn ihnen die Antennenkosten im Mietvertrag auferlegt wurden. Ihr Kostenanteil hat seine Berechtigung daraus, dass der Vermieter eine vertraglich geschuldete Einrichtung auch für sie vorhält. **267**

Ein **besonderes Umlageproblem** stellt sich ein, wenn die **Gemeinschaftsantenne** nach Installierung von Breitbandanschlüssen oder infolge des digitalen terrestrischen Fernsehens **nur noch von einigen Mietern benutzt** wird; der Vermieter ist nicht berechtigt, diese mitvermietete Gemeinschaftseinrichtung ohne Zustimmung aller Mieter zu beseitigen (s. A Rdn. 232). Solange der Anschluss an die Gemeinschaftsantenne **268**

---

[404] AG Schöneberg GE 2005, 58.
[405] Vgl. BGH (VIII ZR 202/06) GE 2007, 1310 = NZM 2007, 769 = WuM 2007, 571 = ZMR 2007, 851.
[406] AG Münster NZM 2007, 771.

noch in allen Wohnungen funktionsfähig vorhanden ist, sind alle Mieter an den Betriebskosten zu beteiligen. Wird der Anschluss indes in den Wohnungen nach und nach entfernt oder unbrauchbar gemacht, schrumpft die Zahl der Nutzer der Antenne, bis im Extremfall nur noch eine Mietpartei verbleibt. Hier stellt sich die Frage, ob die Betriebskosten für die Antenne weiterhin von allen Mietern oder nur vom verbliebenen Nutzer zu tragen sind.

269 Zur Begründung für die **fortbestehende Kostentragungspflicht** aller Mieter kann **nicht** angeführt werden, es handele sich anderenfalls um eine Vertragsänderung des Vermieters und der Mieter mit verkabelten oder für DVB-T mit Zimmerantennen versehenen Wohnungen zulasten des verbliebenen Antennennutzers.[407] Diese Argumentation berücksichtigt nicht, dass den anderen Mietern nicht Kosten für eine Einrichtung auferlegt werden dürfen, die sie nicht mehr nutzen können.

270 Geht es um eine Einrichtung, die nur noch zum Nutzen ggf. eines einzelnen Mieters unterhalten wird, kann nichts anderes gelten als in sonstigen Fällen, in denen der Vermieter dem Mieter eine besondere Einrichtung oder Ausstattung zur Verfügung stellt. Notfalls hat also der **letzte Nutzer alle Kosten** zu tragen.[408] Dieser Belastung steht auf der Seite des Vermieters gegenüber, dass er weiterhin für den ordnungsgemäßen Zustand der Antenne zu sorgen, als auch etwaige Reparaturen zu bezahlen hat. Der Vermieter hat im Übrigen dem Mieter zu gestatten, auf eigene Kosten eine Einzelantenne zu installieren, um so die Kosten der Gemeinschaftsantenne einzusparen, wodurch sich die Investition des Mieters je nach der Höhe der bisherigen Betriebskosten in vertretbarer Zeit amortisiert.

271 Sind **alle Wohnungen** an die Antenne **angeschlossen,** ist es zulässig, den **Betriebsstrom** gemeinsam mit dem Strom für die Hausbeleuchtung abzurechnen, ansonsten ist er anhand der Verbrauchsdaten zu ermitteln und nur auf die Nutzer umzulegen.

b) Breitbandanschluss

aa) Preisgebundener Wohnraum

272 Nach § 24a Abs. 2 NMV dürfen die Kosten gem. § 24a Abs. 1 Satz 1 NMV, d.h. die Betriebskosten – ohne die laufenden monatlichen Grundgebühren – nach dem Verhältnis der Wohnflächen umgelegt werden, der Vermieter kann aber auch mit allen Mietern einen anderen Umlageschlüssel vereinbaren. Von der Umlage betroffen sind nur diejenigen Mieter, deren Wohnungen an den Übergabepunkt angeschlossen sind

---

[407] So *Pfeilschifter* WuM 1987, 289.
[408] Vgl. AG Karlsruhe-Durlach DWW 1987, 165, das dem Mieter allerdings zu Unrecht die Kosten für die Wiederherstellung des zwischenzeitlich entfernten Antennenanschlusses in der Wohnung auferlegte.

und die von der Einrichtung Gebrauch machen können. Wurden zwar die entsprechenden Steckdosen in allen Wohnungen verlegt, auf Wunsch einzelner Mieter jedoch stillgelegt, scheiden diese bei der Umlage aus.[409] Sind nicht alle Wohnungen angeschlossen, darf der Stromverbrauch nicht über die Kosten des Hausstroms allgemein umgelegt werden.[410] Die laufenden monatlichen **Grundgebühren** sind demgegenüber nach § 24a Abs. 2 Satz 2 NMV immer zu gleichen Teilen umzulegen, und zwar nur auf diejenigen Mieter, mit deren Zustimmung der Anschluss erfolgte.

bb) Preisfreier Wohnraum

Für preisfreien Wohnraum bestehen **keine besonderen Vorschriften**, so dass wiederum auf die allgemeinen Regeln zurückzugreifen ist. Wie bei preisgebundenem Wohnraum erfolgt die Umlage nur auf die Mieter, deren Wohnungen an das Netz angeschlossen sind. Ist der Anschluss an das Breitbandnetz vertraglich vorgesehen, bleiben sie an den Kosten auch dann beteiligt, wenn sie auf den Empfang über DVB-T übergehen (s. Rdn. 267). 273

11. Einrichtungen für die Wäschepflege

a) Preisgebundener Wohnraum

Die Betriebs- und Instandhaltungskosten dürfen gem. § 25 Abs. 2 Satz 1 NMV **nur auf die Benutzer** der Einrichtung umgelegt werden, wobei der Umlegungsmaßstab nach Satz 2 dem **Gebrauch Rechnung** tragen muss. Der Vermieter ist daher zu einer doppelten Kostenabgrenzung verpflichtet, zum einen muss er sicherstellen, dass nur die Benutzer mit Kosten belastet werden, zum anderen muss er die Kosten zwischen diesen nach dem Gebrauch verteilen. Auch wenn die Anlage dadurch nicht mehr kostendeckend betrieben werden kann, dass immer mehr Mieter eine eigene Waschmaschine in ihren Wohnungen aufstellen, ist der Vermieter nicht berechtigt, alle Mieter etwa durch eine Grundgebühr an den festen Kosten zu beteiligen. Hier bleibt ihm nur, durch eine Reduzierung der Geräte eine Kostensenkung zu erreichen oder mit Zustimmung aller Mieter die Anlage stillzulegen.[411] 274

Die Betriebskosten sind daher **getrennt zu ermitteln,** d. h. insbesondere der Strom- und Wasserverbrauch ist durch eigene Zähler zu erfassen. Sind alle Wohnungen des Hauses mit Einzelwasserzählern ausgestattet, wird die Notwendigkeit eines separaten Wasserzählers bereits aus § 21 Abs. 2 Satz 3 NMV herzuleiten sein. Die Kosten dürfen nicht im Rahmen des allgemeinen Hausstrom- oder Wasserverbrauchs umgelegt werden, 275

---

[409] Fischer-Dieskau/*Heix* § 24a NMV Anm. 5.2, *Wienicke* GE 1984, 607.
[410] A. A. *Wienicke* GE 1984, 608.
[411] *Herlitz/Viehrig* S. 158.

weil sonst auch die Mieter, welche die Einrichtung nicht benutzen, belastet würden.[412] Ein derartiges Verfahren verstieße gegen die Bestimmung in Satz 2, dass der Umlegungsmaßstab dem Gebrauch Rechnung tragen muss. Fehlen Zwischenzähler und können die Einrichtungen zur Wäschepflege nur über Münzautomaten in Betrieb genommen werden, liegt ein Ausweg zur Entlastung der Mieter, die sich der Anlage nicht bedient haben, darin, bei den Hausstrom- und Wasserkosten die Münzeinnahmen gut zu bringen,[413] allerdings gekürzt um den Instandhaltungspauschbetrag nach § 25 Abs. 1 Satz 2 NMV und die weiteren hier ansatzfähigen Kosten.

276 **Innerhalb der Zahl der Benutzer** der Wascheinrichtung ist die vorgenannte zweite Kostenabgrenzung vorgeschrieben. Die Auswahl der Methode, die zu einer Umlage nach Billigkeit führt, ist dem Vermieter überlassen. Es wird nicht ausreichen, den Maßstab danach auszurichten, ob die Mieter ständig oder nur gelegentlich im Hause wohnen,[414] vielmehr ist eine individuelle Verteilung geboten.

277 Der Vermieter kann den Gebrauch über sog. **Waschbücher** o. Ä. erfassen, die, obgleich verwaltungsaufwendig, allerdings nur bedingt zuverlässig sind, oder über **Münzautomaten**, die von Wohnungsunternehmen überwiegend eingesetzt werden. Sind Zwischenzähler für Strom- und Wasserverbrauch installiert, erfolgen bei der Verwendung von Münzautomaten beide Kostenabgrenzungen in einem Schritt, da einerseits die Verbrauchswerte vom Gemeinschaftsverbrauch abgezogen werden können, andererseits nur die tatsächlichen Nutzer belastet werden. Die Automaten sind **kostenorientiert** einzustellen. Ergeben sich Mehreinnahmen oder eine Unterdeckung, ist der Preis für jeden Wasch- oder Trockenvorgang für die Folgezeit zu korrigieren.

278 Ein praktisches **elektronisches Zugangs- und Abrechnungssystem** wird z. B. von der Aareal First Financial Solutions AG angeboten, Paco unlimited. Es besteht zunächst aus dem sog. pacomat, der Datenzentrale. Diese wird vom Mieter mit dem sog. pacoclip aktiviert (Zugangssicherung) und speichert die von ihm verbrauchten Nutzungseinheiten als Abrechnungsgrundlage. Der Datenspeicher wird periodisch mit dem sog. pacopilot abgelesen, die Weitergabe der Ableseergebnisse an die Bank erfolgt sodann drahtlos. Die Bank erstellt die Abrechnung und bucht den Saldo beim Vermieter oder Mieter ab. Das System stellt für den Vermieter eine erhebliche Verwaltungserleichterung dar, weil es ihm die Abrechnungsaufwand abnimmt, wie er bei der Verwendung von Münzautomaten anfällt. Für den Mieter ist es nur insoweit vorteilhaft, als er nicht darauf angewiesen ist, die für einen Münzautomaten passenden Geldstücke zur

---

[412] A. A. *Herlitz/Viehrig* S. 73.
[413] AG Hamburg WuM 1993, 619, AG Pinneberg ZMR 2003, 121 mit der Aufteilung von 70 % bei den Wasser- und 30 % bei den Allgemeinstromkosten.
[414] A. A. Fischer-Dieskau/*Heix* § 25 NMV Anm. 5.

Hand zu haben. Die Zugangssicherung ist allein durch das System selbst erforderlich, um die Belastung des Kontos des Mieters mit Kosten Dritter auszuschließen; beim Betrieb mit Münzautomaten bedarf es einer derartigen Sicherung nicht, weil die angeschlossenen Geräte ohnehin nur arbeiten, wenn zuvor die entsprechenden Münzen eingeworfen wurden.

Die technischen Voraussetzungen für eine nutzergerechte Abrechnung werden erfüllt, indes **nicht besser als durch einen Münzautomaten**, weil die Einrichtung **kein elektronisches Erfassungssystem** ist. Es erfolgt weder eine genaue Ermittlung des verbrauchten Wassers, weil keine Verbindung zum Wasserzähler besteht, noch die Umsetzung des erfassten Stromverbrauchs. Der pacomat ist zwar zugleich ein Stromzähler. Insoweit handelt es sich jedoch nur um eine Sicherheitskomponente, um Fehlbelastungen des Mieters, der das Gerät mit dem pacoclip aktiviert hat, zu vermeiden, wenn er das angeschlossene Gerät dann doch nicht in Gebrauch nimmt; möglicherweise gestattet es damit auch, im Nachhinein das Verhältnis von Stromverbrauch und Nutzungsentgelt zu überprüfen. **Maßgeblich** für die Kostenbelastung des Mieters ist vielmehr **weiterhin allein das Nutzungsentgelt**, auf das der pacomat eingestellt ist. Dessen Höhe wird dem Lieferanten des Geräts durch den Vermieter vorgegeben. Wie beim Münzautomaten entscheidet daher die gewissenhafte Kostenermittlung und -kontrolle durch ihn darüber, dass die Anlage nur kostendeckend betrieben wird. Der Vermieter ist weder berechtigt, die Kosten für die Geräte und deren Montage einzurechnen noch die Kosten für die Erstellung der Abrechnungen, welche die Bank ausweislich ihrer Preisliste separat in Rechnung stellt; bei Letzteren handelt es sich um nicht umlagefähigen Verwaltungsaufwand ebenso wie bei den Kosten für das Auslesen des Geräts und den Datentransfer, die z. B. durch den Hausmeister vorgenommen werden können. **279**

b) Preisfreier Wohnraum

Auch wenn die Regelung in § 25 Abs. 2 NMV eine Ausprägung des Gebots der Umlagegerechtigkeit ist,[415] können dessen Umlagegrundsätze nicht ohne weiteres auf preisfreien Wohnraum übertragen werden. Vielmehr sind die **mietvertraglichen Absprachen** maßgeblich. **280**

Ist die **Umlage** der Kosten der Wäschepflege **vereinbart** und stehen die entsprechenden Einrichtungen allen Mietern im Haus zur Verfügung, sind die **Kosten auf alle** zu verteilen. Es handelt sich um eine Einrichtung, die bauseitig für alle Mieter geschaffen wurde und dementsprechend für alle vorgehalten wird; anders als nach hier vertretener Auffassung beim Aufzug hinsichtlich des Erdgeschossmieters ohne mitvermieteten Dachboden- oder Kellerraum oder Tiefgaragenstellplatz (s. dazu Rdn. 229 f.) sind daher keine Kostenkreise zu bilden. So kann, wie ausgeführt, z. B. auch der Mieter einer Wohnung mit Anschluss an die **281**

---

[415] *Blank* DWW 1992, 67.

Gemeinschaftsantenne gegen seine Kostenbelastung nicht einwenden, er habe überhaupt kein Rundfunk- oder Fernsehgerät. Auf dieser Grundlage ist es eine persönliche Entscheidung des Mieters, von der Nutzung der Einrichtungen der Wäschepflege abzusehen, weil ihm z. B. die Einbindung in einen Waschplan lästig und die Wäschepflege in seiner Wohnung ohne lange Wege angenehmer ist. Sind die Wascheinrichtungen hingegen vertraglich **nur für einzelne Mieter** bestimmt, ist wie bei preisgebundenem Wohnraum zu verfahren.

G. Abrechnungspflicht, Abrechnungsfrist und Abrechnungszeitraum

I. Abrechnungspflicht

1. Grundsätze

Haben die Parteien vereinbart, dass der Mieter alle oder einige Betriebskosten übernimmt und hierüber eine Abrechnung erstellt wird, **ohne Vorauszahlungen** hierauf leisten zu müssen, steht es dennoch nicht im Belieben des Vermieters, ob er eine Kostenzusammenstellung vornimmt und den Mieter mit seinem Anteil belastet. Denn dieser hat ein berechtigtes Interesse, binnen einer angemessenen Zeit zu erfahren, welchen Betrag er für den Zeitraum zu entrichten hat. § 556 Abs. 3 BGB beinhaltet insoweit einen allgemeinen Rechtsgedanken[1] (zur Auswirkung auf die Abrechnungsfrist s. aber Rdn. 35). Der Mieter kann gegen die Belastung aus der Abrechnung hingegen nicht einwenden, es seien keine Vorschüsse vereinbart worden.[2]

1

Hat der Mieter indes bei Vereinbarung einer Nettomiete oder einer Teilinklusivmiete, meist monatliche, **Vorauszahlungen geleistet,** ist der Vermieter ebenfalls **zur Abrechnung verpflichtet.** Diese Pflicht folgt bei der Vermietung von Gewerberaum aus der Vorauszahlungsabrede,[3] von Wohnraum aus § 556 Abs. 3 Satz 1 BGB, bei preisgebundenem Wohnraum zusätzlich aus § 20 Abs. 3 Satz 2 NMV. Der Vermieter hat zugleich ein – wenn auch in der Praxis weniger bedeutendes, da selten streitiges – **Abrechnungsrecht.** Dieses entfällt weder durch Ablauf der Abrechnungsfrist des § 566 Abs. 3 Satz 2 BGB, noch unterliegt es den Verjährungsregelungen der §§ 194 ff. BGB, da es kein Recht des Vermieters darstellt, von einem anderen ein Tun oder Unterlassen zu verlangen.[4]

2

Der Vermieter **schuldet** eine **formell und materiell richtige Abrechnung.** Auch wenn die Abrechnung materiell richtig ist, aber formelle Fehler aufweist, ist die Abrechnungspflicht nicht erfüllt.[5] Andererseits hat der Vermieter seiner Abrechnungspflicht *grundsätzlich* genügt, wenn die Abrechnung formell ordnungsgemäß ist, obwohl sie inhaltliche Fehler hat.[6]

3

---

[1] BGH (V ZR 60/17) GE 2018, 708 = NZM 2018, 675 = WuM 2018, 432 für das dingliche Wohnrecht, LG Köln NZM 2017, 763.
[2] KG NZM 2008, 129.
[3] BGH (VIII ZR 310/82) WuM 1984, 127.
[4] LG Berlin GE 2014, 749.
[5] BGH (VIII ZR 243/10) WuM 2011, 281.
[6] LG Hamburg WuM 1998, 727 zu preisgebundenem Wohnraum.

4 Ist die Abrechnung **formell richtig,** kann der Mieter daher **im Regelfall keine neue Abrechnung** verlangen, die seine materiellen Einwände berücksichtigt.[7] Der Mieter hat, ggf. nach Einsicht in die Abrechnungsbelege, seine Einwendungen zu konkretisieren und, soweit unschwer möglich, die betroffenen Positionen zu korrigieren; zu einer Gegen-Abrechnung ist er nicht verpflichtet.[8] Bleiben die Beanstandungen des Mieters streitig, erfolgt die Klärung ggf. in einem anschließenden Rechtsstreit. Hiervon gibt es **zwei Ausnahmen.** Einerseits kann die Abrechnung inhaltliche Fehler enthalten, die der **Mieter nicht selbst korrigieren** kann, weil ihm die entsprechenden Bezugsdaten unbekannt sind. Dies ist z. B. der Fall, wenn der Vermieter einen anderen als den vertraglich vereinbarten Umlageschlüssel verwandte. Hier kann der Mieter *„vom Vermieter gezielt eine Neuberechnung* (hier: auf der Grundlage des vereinbarten Umlageschlüssels) *verlangen".*[9] Den Gesamtverbrauch (z. B. Warmwasser) muss der Mieter jedoch aus den Belegen in Erfahrung bringen, ein Neuberechnungsanspruch besteht hier nicht.[10] Der Anspruch wird insbesondere relevant, wenn der Mieter ein Guthaben erwartet und sich der Vermieter weigert, eine erneute und nun richtige Abrechnung aufzumachen. Zur Durchsetzung des Anspruchs auf Neuabrechnung kann der Mieter das Zurückbehaltungsrecht nach § 273 BGB an der Nachforderung geltend machen.[11] Zahlt der Mieter auf die Betriebskosten Umsatzsteuer, so hat er ebenfalls einen Anspruch auf Rechnungserstellung gem. **§ 14 Abs. 4 UStG.**[12] Dies bedingt, dass die ausgewiesenen Kosten auch inhaltlich richtig sind.

5 **Auch nach Ablauf der Abrechnungsfrist** bleibt der Vermieter zur Abrechnung verpflichtet, obwohl er keine Nachforderung mehr geltend machen kann (zu den Folgen einer verspäteten Abrechnung s. Rdn. 83).[13] Selbst in dem Fall, dass die letzte Abrechnung mit einer deutlichen Nachforderung zulasten des Mieters schloss, die Vorauszahlungen dem Saldo nicht angepasst wurden und sich die Sachlage hinsichtlich der anfallenden Betriebskosten nicht änderte, bleibt das Interesse des Mieters an einer Abrechnung grundsätzlich erhalten. Bei fortbestehendem Mietverhältnis kann er nur anhand der laufenden Abrechnungen die Kostenentwicklung verfolgen und bei der nächsten, rechtzeitigen Abrechnung

---

[7] BGH (VIII ZR 73/10) DWW 2011, 158 = GE 2010, 1682 = NJW 2011, 368 = NZM 2010, 895 = WuM 2010, 742 = ZMR 2011, 198, OLG Düsseldorf Urt. v. 9.7.2015 – I-10 U 126/14, NJOZ 2015, 1753.
[8] Anders wohl *Hinz* ZMR 2013, 414 (416).
[9] BGH (VIII ZR 73/10) DWW 2011, 158 = GE 2010, 1682 = NJW 2011, 368 = NZM 2010, 895 = WuM 2010, 742 = ZMR 2011, 198, (VIII ZR 115/04) DWW 2005, 18 = GE 2005, 50 = NZM 2005, 13 = WuM 2005, 61 = ZMR 2005, 121.
[10] LG Itzehoe Urt. vom 28.4.2015 – 1 S 99/14.
[11] Dazu auch *Hinz* ZMR 2013, 414, *Schmid* WuM 2006, 481.
[12] OLG Düsseldorf Urt. v. 9.7.2015 – I-10 U 126/14, NJOZ 2015, 1753; *Schütz* NZM 2014, 417 (419).
[13] Ebenso z. B. *Both* in Herrlein/Kandelhard § 556 Rdn. 74.

I. Abrechnungspflicht

Plausibilitätsüberlegungen anstellen. Ohne die nachträgliche Abrechnung entstünde bei ihm eine Informationslücke, die er nicht hinnehmen muss. Eine Ausnahme ist nur dann zu erwägen, wenn die Ausschlussfrist die letzte Abrechnungsperiode des Mietverhältnisses betrifft und zusätzlich die vorgenannten Umstände erfüllt sind.

2. Verstoß gegen die Abrechnungspflicht

Bei **unterlassener Abrechnung** besteht die Möglichkeit, dass der Vermieter einen Überschuss vereinnahmte, der durch die Mietzinsabrede nicht gedeckt war. Gerade bei hohen Vorauszahlungen ist der Mieter daran interessiert, eine Abrechnung zu erhalten, weil er aus ihr ein Guthaben erwartet. Es war lange streitig, wie der Mieter auf diesen Verstoß gegen die Abrechnungspflicht reagieren kann. **6**

Zur **Lösung** bietet es sich an, danach **zu differenzieren**, welche rechtlichen Möglichkeiten dem Mieter als Gläubiger des Abrechnungsanspruchs zu Gebote stehen. Dabei zeigen sich gravierende Unterschiede, je nachdem ob es sich um ein **fortbestehendes oder ein beendetes Mietverhältnis** handelt. Läuft der Mietvertrag weiter, kann der Mieter sogleich Gegenrechte geltend machen, welche einen Anspruch auf Rückzahlung der Vorauszahlungen entbehrlich erscheinen lassen. Anders verhält es sich, wenn der Mietvertrag ausgelaufen ist. **7**

a) Fortlaufendes Mietverhältnis

Bei fortdauerndem Mietverhältnis ist der Mieter dadurch geschützt, dass er bis zur Vorlage der ordnungsgemäßen Abrechnung über den vergangenen Zeitraum das **Zurückbehaltungsrecht** nach § 273 BGB an den weiterlaufenden Vorauszahlungen ausüben kann.[14] Rechnet der Vermieter sodann auf dieses Druckmittel hin über die abgelaufene Periode ab, entfällt zwar das Zurückbehaltungsrecht, der Mieter hat damit aber zugleich eine Grundlage, auf der sich die Kosten für frühere nicht abgerechnete Perioden abschätzen lassen, so dass er sich überlegen kann, ob die weitere Durchsetzung des Abrechnungsanspruchs wirtschaftlich Sinn macht. Legt der Vermieter bis zum Ende des Mietvertrags keine Abrechnung vor, läuft das zuvor ausgeübte Zurückbehaltungsrecht weiter, den finanziellen Interessen des Mieters ist dadurch Rechnung getragen. Alleine das Bestehen des Zurückbehaltungsrechts **verhindert nicht den Verzugseintritt** des Mieters mit dem hierauf entfallenden Anteil der Miete, was insb. für das Kündigungsrecht des Vermieters aus § 543 Abs. 2 Nr. 3 BGB relevant ist.[15] Anders als bei der Einrede des nicht erfüllten Vertrages (§ 320 BGB) muss sich der Schuldner auf das Zurückbehal- **8**

---

[14] BGH (VIII ZR 261/15) GE 2016, 1272 = NZM 2016, 765 = WuM 2016, 658 = ZMR 2017, 30, (VIII ZR 191/05) NZM 2006, 533 = WuM 2006, 383.
[15] LG Berlin GE 2015, 974, BeckRS 2015, 13664.

tungsrecht vor Verzugseintritt gegenüber dem Gläubiger berufen. Die nachträgliche Geltendmachung beseitigt die Verzugsfolgen nicht.[16]

9 Zum anderen kann der Mieter **Klage** auf Erteilung einer Abrechnung erheben, wenn ihm das Zurückbehaltungsrecht wegen der Höhe der Vorauszahlungen nicht ausreichend erscheint. Die **Vollstreckung** soll sich nach Meinung des BGH nach den Vorschriften über die Zwangsvollstreckung nicht vertretbarer Handlungen (§ 888 ZPO) richten, mithin durch Festsetzung eines Zwangsgelds, notfalls Zwangshaft, gegen den Vermieter.[17] Zur Begründung führt er an, dass die Rechnungslegung hier seine besonderen Kenntnisse erfordere, so dass sie folglich nur von ihm erfolgen könne. Wie aus der instanzgerichtlichen Rechtsprechung bekannt, trifft diese Prämisse nicht zu; mit der Sammlung der Unterlagen und der Erstellung einer Abrechnung beauftragte Sachverständige waren in der Lage, in vertretbarer Zeit eine ordnungsgemäße Abrechnung zu präsentieren, obwohl der Vermieter ihnen keine Unterlagen geben wollte oder konnte, weil sie z. B. durch Brand vernichtet waren. Es ist zudem für den Mieter erheblich effektiver, wenn der als Zwangsgeld festgesetzte Betrag nicht in die Landeskasse fließt, sondern wenn er ihn als Vorschuss auf die Kosten nach § 887 Abs. 2 ZPO erhält, der sodann für die Erstellung der Abrechnung verwendet wird; dies gilt zumal im Hinblick darauf, dass die Zwangsvollstreckung nach § 888 ZPO erfolglos bleiben kann, weil das Zwangsgeld nicht einzutreiben ist.[18] Der Durchsetzung des Anspruchs auf Abrechnung als vertretbarer Handlung im Wege der Ersatzvornahme nach § 887 ZPO[19] ist daher weiterhin der Vorzug zu geben (s. J Rdn. 91 ff.).

10 *(einstweilen frei)*

b) Beendetes Mietverhältnis

11 Bei beendetem Mietverhältnis ist die Sachlage für den Mieter problematisch, weil ihm das Druckmittel des Zurückbehaltungsrechts nicht mehr zur Verfügung steht. Soll dem Mieter der langwierige Weg einer Klage auf Abrechnung mit anschließender Zwangsvollstreckung erspart werden, bleibt nur, ihm einen **Anspruch auf Rückzahlung aller Vorauszahlungen** zuzuerkennen. Der **BGH**[20] hat dieses Ergebnis der ergänzenden Auslegung des Mietvertrags entnommen und dabei entscheidend darauf abgestellt, dass keine überzeugenden Gesichtspunkte zu erkennen sind, den Vermieter in irgendeiner Weise von seiner Abrechnungspflicht frei-

---

[16] *Ernst* in MünchKomm § 286 Rdn. 29.
[17] BGH (I ZB 94/05) NZM 2006, 639 = WuM 2006, 401.
[18] Vgl. LG München II WuM 1991, 158.
[19] OLG Hamm RE 26.6.1998 DWW 1998, 279 = NZM 1998, 568 = WuM 1998, 476 = ZMR 1998, 624, LG Berlin GE 2005, 1127.
[20] BGH (VIII ZR 261/15) GE 2016, 1272 = NZM 2016, 765 = WuM 2016, 658 = ZMR 2017, 30, (VIII ZR 57/04) NZM 2005, 373, ebenso für Gewerberaum: KG GE 2010, 764 = GuT 2010, 200 = ZMR 2010, 600, OLG Düsseldorf GE 2011, 751.

zustellen, indem der Mieter, wie es nach einem Rechtsentscheid des OLG Braunschweig notwendig sein sollte,[21] hypothetische Überlegungen zu einem Mindestverbrauch anstellen und beweisen muss. Selbiges soll auch im laufenden Mietverhältnis bei einem **Vermieterwechsel** gegenüber dem zur Abrechnung verpflichteten früheren Vermieter gelten.[22] Hieraus folgt jedoch nicht, dass der Mieter berechtigt wäre, die laufenden Vorauszahlungen gegenüber dem insoweit nicht abrechnungsverpflichteten Erwerber zurückzuhalten.[23] Auch für eine Analogie zu § 404 BGB[24] besteht keine Grundlage. Der Rückzahlungsanspruch **verjährt** nach § 195 BGB, die Verjährung beginnt mit dem Tag, welcher dem letzten Tag der Abrechnungsfrist folgt.[25] Da der vertragliche Abrechnungszeitraum maßgeblich ist, muss das nicht dem Kalenderjahr entsprechen.

Eine **Einschränkung** der ergänzenden Vertragsauslegung betrifft die Fälle, in denen es um nicht abgerechnete Zeiträume geht, für welche die Abrechnungsfrist noch während des Bestehens des Mietvertrags abgelaufen war. Hier sei der Mieter nicht schutzwürdig, weil er während der Dauer des Mietverhältnisses die **Möglichkeit hatte**, den Abrechnungsanspruch durch Geltendmachung eines **Zurückbehaltungsrechts** an den laufenden Vorauszahlungen durchzusetzen.[26] Soweit es der Mieter versäumte, während des bestehenden Mietvertrags seine Rechte wahrzunehmen, soll er sie mithin nach Mietende jedenfalls nicht durch die Rückforderung der Vorauszahlungen nachholen können. Dabei ist für **jede Vorauszahlung einzeln festzustellen**, ob der Mieter für diese vor der Beendigung des Mietverhältnisses ein Zurückbehaltungsrecht hätte geltend machen können. Endet das Mietverhältnis innerhalb eines (Abrechnungs-)Jahres, so hatte der Mieter bis zu dem Beendigungsdatum eine Anzahl monatlicher Vorauszahlungen, die er hätte einbehalten können, wenn über den vorletzten Abrechnungszeitraum nicht abgerechnet wurde. In diesem Umfang kann er die Vorauszahlungen aus diesem Abrechnungszeitraum nicht zurückfordern, im Übrigen besteht der Anspruch (**Beispiel**: Rechnet der Vermieter über das Abrechnungsjahr 2018 nicht ab, kann der Mieter ab Januar 2020 die Vorauszahlungen gem. § 273 BGB zurückhalten. Leistet er sie dennoch und endet das Mietverhältnis Ende April 2020, besteht der Rückforderungsanspruch nur in Höhe von 8 Vorauszahlungen, da der Mieter 4 Vorauszahlungen hätte einbehalten können).

---

[21] OLG Braunschweig RE 8.7.1999 NZM 1999, 751 = WuM 1999, 511 = ZMR 1999, 694 (m. abl. Anm. *Schmid*).
[22] OLG Naumburg Urt. v. 16.8.2011 – 9 U 16/11, BeckRS 2012, 01599; LG Berlin WuM 2015, 735, BeckRS 2015, 20371.
[23] So wohl Staudinger/*Artz* § 556 Rdn. 99a mit allerdings unzutreffendem Verweis auf OLG Naumburg Urt. v. 16.8.2011 – 9 U 16/11, BeckRS 2012, 01599.
[24] Staudinger/*Artz* § 556 Rdn. 99a m. w. N.
[25] LG Berlin GE 2017, 720, BeckRS 2017, 114970.
[26] BGH (VIII ZR 315/11) GE 2012, 1556 = NZM 2012, 832 = WuM 2012, 620 (m. krit. Anm. *Zehelein*).

Jedenfalls für den Gewerbemieter soll die fortlaufende Leistung der Betriebskostenvorauszahlungen als Nutzugsentschädigung während der **Vorenthaltungszeit** gem. § 546a Abs. 1 BGB der Fortführung des Mietverhältnisses insoweit gleichstehen, als dass er sein Zurückbehaltungsrecht nicht ausgeübt hat und daher insoweit den Vorauszahlungsrückforderungsanspruch ebenfalls verliert.[27]

12 Der **unterlassenen Abrechnung** ist der Fall **gleichzustellen,** dass der Vermieter dem Mieter nur eine schon **formell ungenügende Abrechnung** zukommen ließ (dazu H Rdn. 125 ff.).[28] **Anders** verhält es sich, wenn der Vermieter zwar abgerechnet hat, aber die **materielle Richtigkeit** der Abrechnung mangels Zumutbarkeit der Belegeinsicht durch den Mieter **noch offen** ist.[29] Auch bei einfachen, insbesondere inhaltlichen Fehlern kommt der Anspruch des Mieters nicht in Betracht.[30]

13 Lässt sich der Vermieter auch von der Gefahr, alle Vorauszahlungen auskehren zu müssen, nicht dazu bewegen, jedenfalls im Rückzahlungsprozess eine Abrechnung zu präsentieren, stellt sich das **Problem,** dass die Entscheidung zugunsten des Mieters in **Rechtskraft** erwächst. Bliebe es dabei, würde die nicht haltbare Folge eintreten, dass dem Vermieter auf Dauer abgeschnitten wäre, den Mieter auf seinen Anteil an den evident angefallenen, wenngleich in der Höhe noch unbekannten Betriebskosten in Anspruch zu nehmen. Der **BGH**[31] löst den Konflikt dadurch, dass die Klage des Mieters nur *„zurzeit begründet"* ist, so dass es dem Vermieter offen steht, auch später noch abzurechnen.

14 **Holt der Vermieter die Abrechnung schließlich nach,** greift zugunsten des Mieters die Ausschlussfrist gem. § 556 Abs. 3 Satz 3 BGB ein, soweit es sich um eine Nachforderung über die Summe der Vorauszahlungen hinaus handelt. Ihm bleibt jedoch, einen Ausgleich in Höhe der ausweislich der Abrechnung verbrauchten Vorauszahlungen vom Mieter zu verlangen.[32]

15 Macht der Mieter den **Rückzahlungsanspruch im Wege der Aufrechnung,** z.B. gegenüber Mietzinsansprüchen, geltend, so entfällt die Wirkung der Aufrechnung ex nunc, wenn der Vermieter nachträglich eine wirksame Betriebskostenabrechnung erteilt und der Mieter hiernach Betriebskosten schuldet.[33] Ist die Abrechnung allerdings teilweise formell

---

[27] OLG Düsseldorf Urt. vom 21.11.2013 – I-10 U 37/13.
[28] Ebenso z. B. AG Gelsenkirchen ZMR 2008, 978.
[29] BGH (VIII ZR 288/09) GE 2010, 1534 = NZM 2010, 857 = WuM 2010, 630 = ZMR 2011, 21.
[30] KG GE 2009, 516.
[31] BGH (VIII ZR 57/04) DWW 2005, 230 = GE 2005, 543 = NZM 2005, 373 = WuM 2005, 337 = ZMR 2005, 439.
[32] BGH (VIII ZR 57/04) DWW 2005, 230 = GE 2005, 543 = NZM 2005, 373 = WuM 2005, 337 = ZMR 2005, 439.
[33] BGH (VIII ZR 285/09) GE 2010, 1613 = NZM 2010, 858 = WuM 2010, 688 (m. Anm. *Tholl* WuM 2010, 748 und *Knabbe* WuM 2011, 108) = ZMR 2011, 112.

I. Abrechnungspflicht 313

unwirksam und greift die Aufrechnung des Mieters deshalb ihrerseits immerhin teilweise, stellt sich die Frage, ob die Rechtskraft eines entsprechenden Urteils eine Klage des Vermieters hindert, die auf Zahlung des noch offen gebliebenen Restbetrags aus einer nunmehr auch insoweit formell richtigen Abrechnung gerichtet ist.[34] Da die Aufrechnung nur als *„zurzeit begründet"* Erfolg hatte, ist die Leistungsklage des Vermieters auf der Grundlage der Rechtsprechung des BGH zulässig, jedenfalls wenn die Vorläufigkeit der der Aufrechnung zugrunde liegenden Forderung aus dem Urteil ersichtlich ist.[35]

Erhebt der Vermieter gegen den Mieter eine **Vollstreckungsabwehr-** **16** **klage** nach § 767 ZPO, nachdem dem Mieter der Anspruch auf Rückzahlung der Betriebskostenvorauszahlungen rechtskräftig zuerkannt worden war, ist der Vermieter mit seinem Einwand, er habe inzwischen abgerechnet, nicht nach § 767 Abs. 2 ZPO ausgeschlossen, wenn die Abrechnung erst nach dem Schluss der mündlichen Verhandlung im Vorprozess erfolgte und die sich daraus ergebende Nachforderung auch nicht mehr durch Einspruch hätte geltend gemacht werden können.[36]

(einstweilen frei) **17**

c) Anspruch des Mieters auf Abrechnung

Die Verpflichtung des Vermieters begründet einen entsprechenden **An-** **18** **spruch des Mieters auf Erteilung einer Abrechnung.** Dieser Anspruch wird sowohl bei vermietetem Wohnraum als auch Gewerberaum mit Ablauf der Abrechnungsfrist **fällig,** dem Eintritt der sog. Abrechnungsreife; er kann ihn im Wege der Klage geltend machen (s. im Einzelnen Rdn. 79 ff.).

Sein Anspruch **verjährt** gem. § 195 BGB in drei Jahren nach Ablauf der **19** Abrechnungsfrist.[37] Ein späterer Verjährungsbeginn kommt in Betracht, wenn der Vermieter von Wohnraum entschuldigt erst nach Ablauf der Frist abrechnen kann (§ 556 Abs. 3 Satz 3 BGB); hier beginnt die Verjährung erst mit der Behebung des Abrechnungshindernisses.[38]

Ist das **Mietverhältnis beendet,** ist der Mieter berechtigt, vom Vermie- **20** ter sogleich alle Vorauszahlungen zurückzuverlangen (s. Rdn. 11 ff.). Der **Rückzahlungsanspruch** wird mit Ablauf der Abrechnungsfrist **fällig,** wenn diese mit dem Mietende zusammenfällt oder erst danach eintritt.[39] Zu diesem Zeitpunkt beginnt daher die regelmäßige **Verjährungsfrist.**

---

[34] Dazu *Tholl* WuM 2011, 3.
[35] *Tholl* WuM 2011, 3 (4).
[36] BGH (VIII ZR 319/09) GE 2010, 1414 = NZM 2010, 783 = WuM 2010, 631.
[37] BGH (VIII ZR 315/11) GE 2012, 1556 = NZM 2012, 832 = WuM 2012, 620 (m. Anm. *Zehelein*), LG Neubrandenburg WuM 2007, 390.
[38] Ebenso *Schmid* GE 2009, 298.
[39] BGH (VIII ZR 57/04) DWW 2005, 230 = GE 2005, 543 = NZM 2005, 373 = WuM 2005, 337 = ZMR 2005, 439.

21 Geht es um **länger zurückliegende Abrechnungsperioden,** kann es dazu kommen, dass der **Abrechnungsanspruch** im Zeitpunkt der Beendigung des Mietverhältnisses bereits **verjährt** ist. Der Vermieter ist jedoch **nicht** berechtigt, den Anspruch des Mieters auf **Rückzahlung aller Vorauszahlungen** mit dem Hinweis auf die Verjährung des Abrechnungsanspruchs abzuwehren. Der Rückzahlungsanspruch setzt das Mietende voraus, wird also erst zu dessen Zeitpunkt fällig. Seine Verjährung beginnt daher erst mit Ablauf des Jahres, in dem das Mietverhältnis beendet wurde.[40]

22 Ist der Anspruch auf **Rückzahlung aller Vorauszahlungen verjährt,** stellt sich die Frage nach dem Schicksal des Anspruchs des Mieters auf **Auszahlung des Guthabens** aus einer schließlich doch noch erteilten Abrechnung. Auch diesem Anspruch kann der Vermieter nicht die Einrede der Verjährung entgegen halten. Der Rückzahlungsanspruch und derjenige aus der Abrechnung haben eine völlig verschiedene Grundlage.[41]

3. Vermieterwechsel im Abrechnungszeitraum

23 Findet **während des Abrechnungszeitraums ein Vermieterwechsel** statt, fragt es sich, ob der Erwerber für die Abrechnung über die gesamte Periode zuständig ist oder ob Veräußerer und Erwerber jeweils für die Zeit ihres Eigentums abzurechnen haben.

24 Die Verpflichtung, über die in einer Abrechnungsperiode als Teil des Mietzinses geleisteten Vorauszahlungen abzurechnen, bezieht sich auf den gesamten Abrechnungszeitraum. Sie geht nach § 566 BGB auf den Erwerber über. Er ist daher als **neuer Vermieter** gehalten, **einheitlich** über alle Kosten abzurechnen;[42] dies gilt auch für den Erwerber im Wege der Zwangsversteigerung, der nach § 57 ZVG an die Stelle des Vorvermieters getreten ist.[43] Soweit er nicht im Besitz der notwendigen Belege ist, muss er sich um sie bemühen, notfalls im Wege einer Klage gegen den Veräußerer[44] oder indem er sich Rechnungskopien beschafft. Ob der Erwerber die Vorauszahlungen für die Zeit vor seinem Eigentumserwerb erhalten hat, ist für die Einheitlichkeit der Abrechnungspflicht ohne Bedeutung; diese Frage betrifft allein die Problematik des Forderungsausgleichs zwischen Veräußerer und Erwerber, zu dem sich Regelungen schon im Kaufvertrag empfehlen[45] (s. auch Rdn. 25 f.).

---

[40] KG Info M 2010, 222 (m. Anm. *Schweitzer*).
[41] *Neumann/Spangenberg* NZM 2005, 576 (578).
[42] BGH (III ZR 211/99) GE 2000, 1471 = NZM 2001, 158 = WuM 2000, 609, LG Berlin GE 2005, 433.
[43] BGH (IX ZR 156/06) GuT 2007, 445 = WuM 2007, 698.
[44] AG Hamburg WuM 1992, 380.
[45] *Wolbers* in Hinz/Junker/v. Rechenberg/Sternel 4.2.1, 1.

Zu beachten ist, dass die vorbeschriebene **Rechtsfolge nur** eintritt, **25** wenn der **Vermieterwechsel** tatsächlich in den **abzurechnenden Zeitraum** fiel. Die bloße Vereinbarung zwischen den Kaufvertragsparteien im notariellen Kaufvertrag über den Eintritt des Erwerbers in das Mietverhältnis lässt die Vermieterstellung des Veräußerers unberührt;[46] dem sog. „wirtschaftlichen Besitzübergang" kommt nur die Wirkung einer Zession hinsichtlich der Mietzinsansprüche des Veräußerers zu. Zur rechtsgeschäftlichen Übertragung des Mietverhältnisses bedarf es immer eines dreiseitigen Vertrages, also der Beteiligung des Mieters. Der nach § 566 BGB maßgebliche Stichtag ist die Eintragung des Erwerbers als neuer Eigentümer im Grundbuch; er darf nicht auf den Zeitpunkt der Eintragung einer Auflassungsvormerkung vorverlegt werden.[47]

Endet das Mietverhältnis vor der Eintragung des Erwerbers im **26** Grundbuch **und** ist der **Mieter** noch vor diesem Zeitpunkt aus dem Mietobjekt **ausgezogen,** kommt es daher schon nicht mehr zu einem Vermieterwechsel. Die Verpflichtung, über den bis zum Auszug des Mieters verstrichenen Teil des Abrechnungszeitraums abzurechnen, bleibt folglich beim Veräußerer.[48] Dies dürfte ihn nicht selten vor Probleme stellen, insbesondere beim Auszug des Mieters und der Eintragung des Erwerbers in der Anfangszeit der Abrechnungsperiode, weil die für die Abrechnung benötigten Unterlagen meist an den Erwerber gehen, der sie bei einer Neuvermietung seinerseits für die Abrechnung benötigt. Hierüber eine Einigung zu erzielen, ist Sache der Kaufvertragsparteien.

Fraglich ist, wie es sich verhält, wenn der Mieter **trotz der Beendigung** **27** des Mietverhältnisses **im Zeitpunkt der Eintragung noch nicht geräumt** hat. Hier tritt der Erwerber in das Rückabwicklungsverhältnis ein, das ihm jedoch nur die Ansprüche auf Räumung nach § 546 Abs. 1 BGB und Ersatz des Vorenthaltungsschadens nach § 546a BGB verschafft;[49] ein weitergehender Eintritt findet nicht statt.[50] Der Erwerber wird daher einerseits nicht Vermieter, andererseits entstehen ihm fortlaufende Betriebskosten. Diese sind jedoch ein Teil des Vorenthaltungsschadens, fallen mithin in das Rückabwicklungsverhältnis. Durch den partiellen Eintritt in das Abwicklungsverhältnis hat der Erwerber die Abrechnung über die gesamte Abrechnungsperiode vorzunehmen.

4. Vermieterwechsel nach Ablauf des Abrechnungszeitraums

Der Wechsel des Vermieters nach Ablauf der Abrechnungsperiode be- **28** rührt die **Abrechnungspflicht** des früheren Vermieters **nicht;** es kommt

---

[46] LG Hamburg WuM 1993, 46, LG Münster WuM 1991, 105, LG Ellwangen WuM 1991, 489.
[47] BGH (VIII ZR 22/88) WuM 1989, 141.
[48] BGH (VIII ZR 219/06) NZM 2007, 441 = WuM 2007, 267.
[49] BGH (VIII ZR 139/77) BGHZ 72, 147 = NJW 1978, 2148; *Streyl* in Schmidt-Futterer § 546 Rdn. 61.
[50] BGH (VIII ZR 219/06) NZM 2007, 441.

nicht darauf an, wann der Zahlungsanspruch fällig geworden ist.[51] Da der alte Mietvertrag mit dem Eintritt des Erwerbers endet und mit diesem eigenständig, wenn auch zu identischen Konditionen, fortgesetzt wird, kann der Mieter vom Vorvermieter bei fehlender Abrechnung alle Vorauszahlungen zurückverlangen.[52]

29 Der Mieter kann daher **vom Erwerber** für die vor seinem Eigentum liegenden Abrechnungszeiträume **keine Abrechnung** verlangen, auch dann nicht, wenn der Veräußerer seine Abrechnungspflicht nicht mehr erfüllen kann.[53] Dass dem Mieter das Zurückbehaltungsrecht aus § 273 BGB hinsichtlich der an den Erwerber zu entrichtenden laufenden Vorauszahlungen abgeschnitten ist,[54] wenn der Veräußerer nicht abrechnet, vermag ein anderes Ergebnis nicht zu rechtfertigen. Es kann nicht zulasten des Erwerbers gehen, wenn der ursprüngliche Vertragspartner des Mieters seinen Verpflichtungen nicht nachkommt. Der Mieter ist zudem dadurch geschützt, dass er, wie erwähnt, den Vorvermieter auf Rückzahlung aller Vorauszahlungen in Anspruch nehmen kann.

30 Demgegenüber soll es **nach einer Minderansicht** darauf ankommen, ob der Vermieterwechsel in die Zeit der Abrechnungsfrist fällt, die zwölf Monate seit dem Ende der Abrechnungsperiode beträgt (s. Rdn. 34). Entscheidend sei die Fälligkeit der Abrechnung, die erst mit Ablauf der Abrechnungsfrist, dem Zeitpunkt der sog. Abrechnungsreife (s. Rdn. 79), eintrete.[55] Diese Ansicht ist zwar konsequent, soweit sie ausschließlich auf die Fälligkeit der Abrechnung abstellt und daraus die Abrechnungspflicht des Erwerbers ableitet. Sie berücksichtigt indes nicht hinreichend, dass es bei der Abrechnung über Zeiträume, die vor dem Eigentümerwechsel abgeschlossen waren, darum geht, dass der Veräußerer Pflichten erfüllt, die aus der Zeit *seines* Eigentums stammen. Da Vorauszahlungen Bestandteil des Mietzinses sind, stellt die Abrechnung rechnerisch fest, ob der Veräußerer noch einen Anspruch auf vollständige Erfüllung des ihm geschuldeten Mietzinses, also eine Nachforderung, hat, oder ob er zu viel vereinnahmt hat, dem Mieter also ein Guthaben zusteht. Mit all dem hat der Erwerber nichts zu tun. Zudem hat diese Meinung etliche Unzuträglichkeiten zur Folge.[56] So müsste sich der Erwerber die Abrechnungsunterlagen vom Veräußerer beschaffen und z.B. Guthaben an den Mieter auskehren, obwohl er die Vorauszahlungen nicht erhielt.

---

[51] BGH (III ZR 211/99) GE 2000, 1471 = NZM 2001, 158 = WuM 2000, 609, (VIII ZR 168/03) DWW 2004, 54 = GE 2004, 292 = NZM 2004, 188 = WuM 2004, 94 = ZMR 2004, 250, (XII ZR 148/02) DWW 2004, 329 = GE 2004, 1522.
[52] LG Magdeburg ZMR 2011, 289.
[53] A. A. *Derleder* NZM 2009, 8 (10f.).
[54] *Weitemeyer* FS Blank (2006) S. 445 (452).
[55] OLG Naumburg NZM 1998, 806; *Schenkel* NZM 1999, 5, 6, *Weitemeyer* FS Blank (2006) S. 445 (451).
[56] BGH (VIII ZR 168/03) DWW 2004, 54 = GE 2004, 292 = NZM 2004, 188 = WuM 2004, 94 = ZMR 2004, 250.

Anschließend müsste er mit dem Veräußerer einen Ausgleich herbeiführen, so dass er letztlich nur als Abrechnungsdienst für diesen tätig würde.

Zur Abrechnungspflicht des **Zwangsverwalters** s. Rdn. 60, H 206 ff., 31 des **Insolvenzverwalters** s. H Rdn. 210.

5. Mieterwechsel im Abrechnungszeitraum

Endet das Mietverhältnis während der Abrechnungsperiode, ist der 32 Vermieter nach allgemeiner Ansicht **nicht zu einer Zwischenabrechnung** verpflichtet. Der Anspruch des Mieters auf Erteilung einer Abrechnung entsteht vielmehr erst, wenn über den gesamten Zeitraum abgerechnet werden kann. Hiervon zu trennen ist eine etwaige Ablesepflicht bei verbrauchsabhängiger Umlage einzelner Kostenarten (s. H Rdn. 189).

II. Abrechnungsfrist

Mit Abrechnungsfrist wird die **Frist** bezeichnet, **innerhalb derer** der 33 Vermieter nach Ablauf des Abrechnungszeitraums dem Mieter eine Abrechnung vorzulegen hat. Sie ist nicht mit dem Abrechnungszeitraum zu verwechseln.

1. Dauer der Frist

a) Grundsätze

Nach § 556 Abs. 3 Satz 2 BGB hat der Vermieter von **Wohnraum,** wie 34 zuvor ausdrücklich nach § 20 Abs. 3 Satz 4 NMV der Vermieter preisgebundenen Wohnraums, dem Mieter die Abrechnung spätestens bis zum Ablauf des zwölften Monats nach dem Ende des Abrechnungszeitraums zuzuleiten. Die Frist ist auch bei vermietetem **Wohnungseigentum** im Verhältnis zwischen Vermieter und Mieter maßgeblich. Auf die Erstellung der Jahres- und Einzelabrechnung durch den Verwalter sowie eine Beschlussfassung der Wohnungseigentümer kommt es hierbei nicht an.[57]

Die Abrechnungsfrist gilt **auch,** wenn der Mieter **keine Vorauszah-** 35 **lungen** zu leisten hatte.[58] Zwar regelt § 556 Abs. 3 S. 1 BGB nach seinem Wortlaut nur die jährliche Pflicht des Vermieters, der Vorauszahlungen

---

[57] BGH (VIII ZR 249/15) GE 2017, 345 = NZM 2017, 216 = WuM 2017, 138 = ZMR 2017, 303, (VIII ZR 50/16) GE 2017, 723 = ZMR 2017, 630.

[58] BGH (V ZR 60/17) GE 2018, 708 = NZM 2018, 675 = WuM 2018, 432 für das dingliche Wohnrecht, LG Berlin GE 2007, 1252 unter Ansatz einer „*Vorschusshöhe Null*"; ausführlich *R. Breiholdt* DMT-Bilanz S. 523 (527 f.); *Schmid* NZM 2012, 855; a. A. LG München II NZM 2012, 342 = ZMR 2012, 777 (m. zust. Anm. *Hausding*); AG/LG Potsdam ZMR 2011, 48, AG Neuruppin WuM 2011, 565, AG Berlin-Köpenick GE 2006, 1411.

auf die Abrechnung erhielt. Der in der Praxis exotische Fall, dass der Mieter die Betriebskosten zu tragen hat, ohne darauf Abschläge entrichten zu müssen, wurde indes im Gesetzgebungsverfahren schlicht übersehen.[59] Dies hindert jedoch nicht die Anwendung der Abrechnungsfrist auch auf diesen Fall, weil der Zweck, der Schutz des Mieters, gleichermaßen gegeben ist.[60] Die Abrechnungsfrist zielt darauf, dem Mieter in angemessener Zeit mitzuteilen, welche finanzielle Belastung aus der Übernahme der Betriebskosten auf ihn entfällt; er soll nicht über einen ggf. langen Zeitraum Rückstellungen bilden müssen.[61]

36 Für **Gewerberaum** fehlt nach wie vor eine entsprechende Regelung. Nach allgemeiner Ansicht galt die vorgenannte Frist in Anlehnung an § 20 Abs. 3 Satz 4 NMV aber bislang schon für diesen Mietbereich,[62] was durch die Neuregelung eine zusätzliche Unterstützung erfahren hat; zur Begründung ist zudem anzumerken, dass jede Vertragspartei gehalten ist, alsbald für Klarheit über die gegenseitigen Ansprüche zu sorgen.[63] Da die vorgenannten Bestimmungen einschließen, dass eine Frist von einem Jahr ausreichend bemessen ist, steht der Anwendung dieser Frist auf Gewerberaum auch nach der Rechtsprechung des **BGH** nichts entgegen.[64]

37 Es ist daher eine **einheitliche Abrechnungsfrist für alle Arten der Raummiete** zugrunde zu legen, sofern die Parteien bei der Vermietung von Gewerberaum nicht im Einzelfall eine andere Abrechnungsfrist vereinbarten.

b) Verlängerung der Frist

38 Eine **Verlängerung** der Abrechnungsfrist ist bei **preisgebundenem Wohnraum** grundsätzlich nicht zulässig, bei **preisfreiem Wohnraum** jedoch nach § 556 Abs. 4 BGB nur, wenn sie für den Mieter von Nachteil ist. Hiervon ist in aller Regel auszugehen.[65] Zum einen hat der Mieter, wie erwähnt, ein nachvollziehbares Interesse daran, dass über die jedenfalls in ihrer Summe oft beträchtlichen Vorauszahlungen auch abgerechnet wird, sobald dies technisch möglich ist; sie sollen dem Vermieter weder als zinsloses Darlehn noch als sonstige finanzielle Manövriermasse zur Verfügung stehen. Zum anderen kann ihm eine längere Abrechnungsfrist die Kontrolle der Abrechnung erschweren. War es in der Ab-

---

[59] Ausführlich LG Berlin GE 2007, 1252.
[60] LG Berlin GE 2007, 1252; *Kinne* GE 2006, 1338 (1339), *Schmid* GE 2012, 1597.
[61] *Wall* Rdn. 2044.
[62] OLG Düsseldorf GuT 2005, 53 und ZMR 1998, 219, OLG Hamburg DWW 1988, 379 = MDR 1989, 162 = WuM 1989, 150.
[63] BGH (V ZR 36/09) NZM 2009, 904 = WuM 2009, 672.
[64] BGH (XII ZR 22/07) DWW 2010, 178 = GE 2010, 406 = NZM 2010, 240, (XII ZR 124/09) GE 2011, 128 = NZM 2011, 121 = WuM 2011, 220 = ZMR 2011, 365.
[65] Immer unzulässig: *Blank* in Blank/Börstinghaus § 556 Rdn. 258, *Zehelein* in MünchKomm § 556 Rdn. 48, *Wall* Rdn. 2043.

rechnungsperiode z.B. zu Besonderheiten gekommen, etwa Bauarbeiten oder Rohrbrüchen, ist es ihm mit zunehmendem Zeitablauf immer schwieriger, diese Vorgänge der richtigen Periode zuzuordnen und damit die Plausibilität der Kostenansätze zu überprüfen.

Bei der Vermietung von **Gewerberaum** ist eine Verlängerung der Abrechnungsfrist zulässig.[66] Formularklauseln mit einer erheblich längeren Frist werden allerdings im Regelfall an § 307 BGB scheitern, weil sie den Mieter unangemessen benachteiligen. Die Überschreitung der Frist kommt nur in Betracht, wenn die Abrechnung dem Vermieter aus Gründen, die er nicht zu vertreten hat, nicht früher möglich ist; der Rechtsgedanke dieser in § 556 Abs. 3 Satz 3 BGB festgelegten Regelung ist auf die anderen Mietbereiche übertragbar.[67]

39

c) Verkürzung der Frist

Die – auch formularvertragliche – Vereinbarung einer kürzen Frist ist zulässig.[68] Was den Mieter betrifft, ist jedoch § 556 Abs. 4 BGB zu beachten. Zu seinem Nachteil würde ausschlagen, dass die Kostenkontrolle insgesamt erschwert wird. Dies gilt für die verbrauchsabhängigen Kosten, über welche die Versorger jährlich abrechnen, so dass die Abrechnung in kürzeren Abständen immer dazu zwingt, bei jeder zweiten Abrechnung nicht den konkreten Verbrauch, sondern z.B. allein die Abschlagszahlungen zugrunde zu legen, aber auch für manche verbrauchsunabhängigen Kosten, die wie die Versicherungskosten meist jährlich anfallen. Zudem könnten bei unregelmäßigem Eingang der Rechnungen beim Vermieter manche Kosten in zwei Abrechnungen hintereinander, dann aber auch für einen längeren Zeitraum überhaupt nicht aufgeführt sein, was beim Mieter zusätzliche Verwirrung auslöst. Ob hiermit zugleich ein **Nachforderungsausschluss** (Abs. 3 Satz 3) verbunden ist, hängt von den konkreten Umständen des Einzelfalles ab. Im Zweifel und insbesondere bei sog. Altverträgen (Abschluss vor dem 1.9.2001) ist das nicht anzunehmen.[69]

40

Die Vereinbarung einer kürzeren Frist für einen **Einzelfall** ist ohne weiteres zulässig, wenn sie auf sachlichen Gründen beruht.[70] Will der Vermieter z.B. bei einem Neubau nach dem Erstbezug den Zeitraum bis zum Beginn der von ihm vorgesehenen regelmäßigen Abrechnungsperi-

41

---

[66] Z.B. *Zehelein* in MünchKomm § 556 Rdn. 48.
[67] So früher schon OLG Hamburg Urt. vom 30.6.1989 – 4 U 86/88 aus § 20 Abs. 3 Satz 4 NMV.
[68] BGH (VIII ZR 152/15) GE 2016, 321 = NZM 2016, 307 = WuM 2016, 164 = ZMR 2016, 284.
[69] BGH (VIII ZR 152/15) GE 2016, 321 = NZM 2016, 307 = WuM 2016, 164 = ZMR 2016, 284.
[70] H.M., z.B. AG Tempelhof-Kreuzberg GE 2009, 119; *Lützenkirchen* AZ „Rumpfperiode", *Sternel* PiG 55 (1998) S. 95; a.A. LG Berlin GE 1991, 935, AG Waldshut-Tiengen WuM 1985, 349; *Eisenschmid* PiG 23 (1986) S. 48.

ode überbrücken, bei sachlichen Veränderungen in der Abrechnungsperiode wie der Umstellung der Müllbeseitigung auf Mülltrennung oder für die Zukunft generell auf einen anderen Turnus umstellen, kann er eine **Rumpfperiode** einschieben.[71] Nach der Rechtsprechung des **BGH** hat er allerdings auch die Möglichkeit, durch eine Einzelfallvereinbarung den Abrechnungszeitraum zu verlängern, um sich den zusätzlichen Abrechnungsaufwand zu ersparen (s. Rdn. 102).

42 Ein **Anspruch** des Mieters **auf vorzeitige Abrechnung** besteht **grundsätzlich nicht**; das auch dann nicht, wenn er aufgrund eines hohen Guthabens aus der vorangegangenen Abrechnung wieder ein Guthaben erwartet, weil der Vermieter entgegen § 560 Abs. 4 BGB die Vorauszahlungen nicht auf eine angemessene Höhe reduzierte. Dadurch würde ein erheblicher zusätzlicher Verwaltungsaufwand ausgelöst, weil einige Zeit später die turnusmäßige Abrechnung folgen müsste. Anders mag es sich verhalten, wenn der Wohnungseigentümer bereits gegenüber dem Zwischenvermieter abrechnete, dieser die Abrechnung jedoch ohne erkennbaren Grund nicht an den Endmieter weiterleitet und der Endmieter ein berechtigtes Interesse daran hat, die Abrechnung möglichst schnell zu erhalten, z. B. nach Auszug.

2. Einhaltung der Frist

a) Anforderungen an die Abrechnung

43 Zur Einhaltung der Abrechnungsfrist muss der Vermieter dem Mieter nach der inzwischen ständigen Rechtsprechung des BGH fristgemäß eine **formal ordnungsgemäße** Abrechnung zukommen lassen.[72] Hat die Abrechnung formelle Mängel, hindert auch die noch innerhalb der Abrechnungsfrist erhobene Klage aus Ausgleich des Abrechnungssaldos nicht das Eingreifen der Ausschlussfrist. Die Vorschrift des § 204 Abs. 1 Nr. 1 BGB – **Hemmung der Verjährung** durch Rechtsverfolgung – ist, auch **nicht** analog, anwendbar.[73]

44 Auch wenn das Gesetz bezweckt, den Vermieter zu einer zügigen Abrechnung anzuhalten, **reicht** es **nicht,** dem Mieter noch fristgemäß **irgendein** als Abrechnung bezeichnetes **Schriftstück** (sog. Alibi- oder Fantasieabrechnung), eine Abrechnung mit den Werten des Vorjahres[74] oder eine unverständliche Abrechnung zu übermitteln.[75] Hier fehlt es

---

[71] Z. B. LG Berlin GE 2009, 780.
[72] BGH (VIII ZR 115/04) DWW 2005, 18 = GE 2005, 50 = NZM 2005, 13 = WuM 2005, 61 = ZMR 2005, 121, (VIII ZR 1/06) NZM 2007, 244 = WuM 2007, 196 = ZMR 2007, 359, (VIII ZR 84/07) GE 2008, 795 = NZM 2008, 477 = WuM 2008, 351.
[73] BGH (VIII ZR 295/07) GE 2009, 189 = NZM 2009, 78 = WuM 2009, 42.
[74] LG Bonn WuM 2015, 358.
[75] BGH (VIII ZR 115/04) DWW 2005, 18 = GE 2005, 50 = NZM 2005, 13 = WuM 2005, 61 = ZMR 2005, 121; a. A. AG Dortmund NZM 2004, 782; *Lützenkirchen* NZM 2005, 8.

schlicht an der Prüffähigkeit für das Abechnungsjahr. Zudem könnte der Vermieter die Ausschlussfolge beliebig umgehen.[76] Aus diesem Grund ist der Meinung nicht zu folgen, die nachträgliche Berichtigung der Abrechnung sei jedenfalls dann zulässig, wenn die Nachforderung dabei reduziert wird.[77] Wann eine Alibi- oder Fantasieabrechnung vorliegt, ist schwierig zu beurteilen, da es auf die inhaltliche Richtigkeit nicht ankommt. Fraglich ist etwa, ob die Einstellung von gänzlich glatten Gesamtbeträgen überzeugend ist. Jedenfalls die Verwendung bewusst falscher Angaben (diejenigen der letzten Abrechnung) ist für die Fristwahrung nicht ausreichend.[78]

Zu den **Anforderungen, die an den notwendigen formellen Inhalt** einer Abrechnung zu stellen sind, ist auf die **ausführliche Darstellung in H Rdn. 125 ff.** zu verweisen. **45**

b) Rechtzeitigkeit der Abrechnung

aa) Grundsätze

Nach § 556 Abs. 3 Satz 2 BGB ist die Abrechnung *„dem Mieter* **spätestens** **46** *bis zum Ablauf des zwölften Monats nach Ende des Abrechnungszeitraums mitzuteilen"*. Gilt das Kalenderjahr als Abrechnungszeitraum, endet die Frist daher am 31.12. des Folgejahres. Ist der Abrechnungszeitraum z. B. an den Beginn des Mietverhältnisses mitten im Monat gekoppelt, verlängert er sich um die Zeit bis zum Ablauf des Monats (§ 192 BGB).[79] Fällt der letzte Tag der Frist auf einen Sonnabend, Sonntag oder Feiertag, tritt an dessen Stelle der nächste Werktag (§ 193 BGB). Die früher z. T. streitige Frage, ob die Abrechnungsfrist bei einem Abrechnungsturnus, der im Verlauf des Jahres, mit dem 30.4. oder 30.6., endet, erst mit Ende des folgenden Kalenderjahres abläuft, ist durch die Vorschrift erledigt.

Nach § 20 Abs. 3 Satz 4 NMV ist die Abrechnung dem Mieter innerhalb **47** der Abrechnungsfrist *„zuzuleiten"*, woraus abgeleitet wurde, dass die rechtzeitige Absendung ausreicht.[80] Demgegenüber stellt § 556 Abs. 3 Satz 2 BGB auf die Mitteilung an den Mieter innerhalb der Frist ab, so dass es nicht auf deren Absendung, sondern auf den **Zugang** beim Mieter ankommt.[81] Auch eine geringfügige Überschreitung der Frist ist daher nur dann unschädlich, wenn sie der Vermieter nicht zu vertreten hat; zum Zugang bei **Versendung** der Abrechnung **auf dem Postweg** s. Rdn. 62. Zur Fristwahrung reicht es **nicht** aus, dass der Vermieter unmit-

---

[76] AG Köln WuM 2001, 290; *Sternel* ZMR 2001, 937 (939).
[77] So LG Berlin GE 2001, 923.
[78] LG Bonn WuM 2015, 358.
[79] Ebenso LG Frankfurt (Oder) WuM 2013, 40 zum Ablauf der Einwendungsfrist für den Mieter.
[80] AG Bremen WuM 1995, 593.
[81] BGH (VIII ZR 107/08) DWW 2009, 146 = GE 2009, 509 = NZM 2009, 274 = WuM 2009, 236.

telbar vor deren Ablauf dem Mieter **telefonisch** den Inhalt der Abrechnung durchsagt (s. H Rdn. 108 f.).

48 Zieht der **Vermieter** die **Abrechnung** auf Einwände des Mieters **zurück** und lässt dem Mieter eine neue zukommen, ist auf diese abzustellen; sofern sie den Mieter erst nach Fristablauf erreicht, ist sie verspätet.[82] Es wird allerdings vertreten, dass es nicht zu beanstanden ist, wenn der Vermieter statt einer Korrektur einzelner Betriebskostenpositionen dem Mieter eine vollständig neue Abrechnung übersendet, sofern er ausdrücklich darauf hinweist, dass diese nunmehr an die Stelle der früheren Abrechnung tritt.[83]

bb) Entschuldigte Verspätung

49 Bei der Frage, ob der Vermieter die **Verspätung zu vertreten** hat, ist zwischen **zwei Bereichen** zu **differenzieren**. Zum einen geht es um die Zeit bis zur Absendung der Abrechnung an den Mieter, zum anderen um den anschließenden Zeitraum, sei es bis zu ihrem Zugang, sei es bis zu dem Zeitpunkt, in dem feststeht, dass sie den Mieter nicht erreicht hat. Eine, den Vermieter entschuldigende, Pflicht des Mieters, ihn auf den drohenden Fristablauf hinzuweisen, existiert hingegen nicht.[84]

(a) Erstellung der Abrechnung

(aa) Beschaffung der Abrechnungsunterlagen

50 Der **erste Bereich** betrifft die **Sammlung** der für die Abrechnung notwendigen **Unterlagen**. Ohne weiteres nicht zu vertreten hat der Vermieter die ihm z. T. erst nach Jahren zugehenden **Grundsteuerbescheide**,[85] weil er hier wie jeder Steuerpflichtige der Finanzverwaltung weitgehend ausgeliefert ist. Nach ihrem Eingang hat er sie allerdings alsbald (s. Rdn. 56) umzulegen (zur Abrechnung bei nachträglichen Grundsteuerbescheiden s. im Einzelnen H Rdn. 177 ff.).

51 Um **originär eigenes Verschulden** des Vermieters geht es, wenn z. B. Sachbearbeiter der eigenen Hausverwaltung Belege zu spät zur Verfügung stellten, Hauswarte Stundenzettel nicht lieferten oder Mitarbeiter von Gartenpflege- oder Reinigungsabteilungen nicht rechtzeitig Übersichten über Arbeits- und Materialeinsatz anfertigten. Dasselbe gilt, wenn die Belege unvollständig waren und es zu Verzögerungen bei deren Korrektur kam.

52 Darüber hinaus kommt auch die **Zurechnung von Fremdverschulden** in Betracht. Nach § 278 BGB hat ein Schuldner das Verschulden von Personen, deren er sich zur Erfüllung seiner Verbindlichkeiten bedient **(Er-**

---

[82] AG Bergheim WuM 1993, 686 zu § 20 Abs. 3 Satz 4 NMV.
[83] AG Berlin-Köpenick GE 2011, 1025.
[84] LG Berlin GE 2015, 1553.
[85] BGH (VIII ZR 220/05) GE 2006, 1160 = NZM 2006, 740 = WuM 2006, 516.

füllungsgehilfen), in gleichem Umfang zu vertreten wie eigenes. Auf dieser Grundlage muss sich der Vermieter grundsätzlich das Verschulden Dritter zurechnen lassen, die er mit der Abrechnung beauftragte wie die externe Hausverwaltung[86] (nicht aber der Wohnungseigentumsverwalter[87]) oder Abrechnungsdienste;[88] so entlastet es den Vermieter nicht, wenn sich ein Abrechnungsunternehmen Verbrauchsdaten vom Versorgungsunternehmen aufgeben ließ, diese für die Abrechnung verwendete, ohne zu bemerken, dass sie unschlüssig waren, und die Korrektur dem Mieter verspätet mitteilte.[89]

Ausgenommen sind mithin nur die Fälle, in denen den **Erfüllungsgehilfen selbst kein Verschulden** trifft. Insoweit kommen als Entschuldigungsgründe z. B. in Betracht 53
- längerer Ausfall der EDV oder Softwareprobleme,[90] nach einschränkender Meinung nur, wenn sie unvorhersehbar eintraten und mit zumutbaren Mitteln keine Abhilfe geschaffen werden konnte;[91]
- hoher Krankenstand beim gewerblichen Vermieter oder der Hausverwaltung,[92] nach einschränkender Ansicht nur unter den vorbeschriebenen Voraussetzungen;[93] der private Kleinvermieter wird durch Krankheit entschuldigt sein;[94]
- Poststreik;[95]
- Verweigerung des Zutritts durch den Mieter zur Ablesung von Zählern.[96]

Streitig ist, ob auch **Fremdfirmen** z. B. für Gebäudereinigung, Garten- 54 pflege etc. oder der Lieferanten von Wasser und Wärme im hier behandelten Zusammenhang als **Erfüllungsgehilfen** anzusehen sind, deren Verschulden sich der Vermieter zurechnen lassen muss. Während dies nach einer Meinung zu bejahen ist,[97] ist nach zutreffender Ansicht darauf abzustellen, ob sie generell Erfüllungsgehilfen des Vermieters sind. Soweit es um die auf sie übertragenen Aufgaben geht, mit denen der Vermieter seinen Nebenpflichten aus dem Mietvertrag nachkommt, haben

---

[86] Z. B. LG Düsseldorf WuM 2007, 132.
[87] BGH (VIII ZR 249/15) GE 2017, 345 = NZM 2017, 216 = WuM 2017, 138 = ZMR 2017, 303.
[88] Z. B. *Zehelein* in MünchKomm § 556 Rdn. 54, *Sternel* ZMR 2001, 937 (939), *Wall* Rdn. 2077.
[89] LG Köln WuM 2008, 560.
[90] *Blank* in Blank/Börstinghaus § 556 Rdn. 205.
[91] *Zehelein* in MünchKomm § 556 Rdn. 53, *Sternel* Mietrecht aktuell Rdn. V 412.
[92] *Blank* in Blank/Börstinghaus § 556 Rdn. 205, *Pfeifer* S. 125, vgl. *Herlitz/Viehrig* S. 131.
[93] *Lützenkirchen* in Lützenkirchen § 556 Rdn. 669.
[94] *Flatow* WuM 2010, 606 (610).
[95] *Pfeifer* S. 126.
[96] *Blank* in Blank/Börstinghaus § 556 Rdn. 205.
[97] *Gies* NZM 2002, 514.

sie diese Stellung, **nicht** aber **bei** der Erfüllung seiner **Abrechnungspflicht.**[98]

55 Liefern die vorgenannten **Fremdfirmen ihre Unterlagen nicht rechtzeitig** an den Vermieter, kann allerdings wiederum **unmittelbares eigenes Verschulden** des Vermieters an der verspäteten Abrechnung vorliegen. Der Vermieter muss versuchen, sie rechtzeitig zu erhalten. Nur intensive Bemühungen um den rechtzeitigen Eingang von Rechnungen entschuldigen ihn,[99] mithin Mahnungen, ggf. unter Ankündigung von Schadensersatzansprüchen bei verspäteter Rechnungserstellung, die Androhung einer Klage oder sogar deren Erhebung. Hat er schlicht zugewartet, dass die Rechnungen irgendwann bei ihm eingehen, hat er die Verspätung in jedem Fall zu vertreten.[100] Erhält er die Unterlagen erst so kurz vor Fristablauf, dass er nicht mehr rechtzeitig abrechnen kann, soll ihn dies entlasten,[101] was aber, wenn überhaupt, nur in Betracht kommt, wenn er sich nicht darauf beschränkte, die jeweiligen Rechnungen erst „in letzter Minute" anzumahnen.[102]

56 **Nach Eingang aller Rechnungen** ist der Vermieter gehalten, nunmehr so schnell wie möglich abzurechnen, **spätestens innerhalb von drei Monaten.**[103] Die Fristverlängerung greift nur so lange, wie er den verspäteten Zugang der Abrechnung nicht zu vertreten hat. Die zunächst entschuldigte Verspätung wird daher zu einer verschuldeten, wenn er sich nach Vorliegen aller Belege unnötig viel Zeit bis zur Erstellung der Abrechnung lässt.

(bb) Anfertigung der Abrechnung

57 Auch wenn die Abrechnungsunterlagen dem Vermieter vollständig vorliegen, kann die verspätet erstellte Abrechnung **aus verschiedenen Gründen entschuldigt** sein. Um späteren Auseinandersetzungen vorzubeugen, sollte der Vermieter die Mieter rechtzeitig vor Fristablauf über derartige Umstände informieren.[104] Mögliche Gründe sind z. B.
– die vorstehend angeführten, wie Ausfall der EDV oder Softwareprobleme, wobei dieselben Einschränkungen zu beachten sind. So soll eine große Wohnungsverwaltung, die computergestützt arbeitet, die verspätete Abrechnung jedoch nicht damit begründen können, dass wenige Wochen vor Fristablauf ein Blitzschlag zum Absturz der Computer geführt habe und eine gewisse Zeit zur Neuinstallation und Rekonstruktion aller Daten erforderlich gewesen sei;[105] sie muss sich vorhal-

---

[98] *Flatow* WuM 2010, 606 (611).
[99] A. A. *Lützenkirchen* in Lützenkirchen § 556 Rdn. 654.
[100] Z. B. AG Berlin-Köpenick WuM 2007, 577.
[101] *Zehelein* in MünchKomm § 556 Rdn. 54.
[102] *Wall* Rdn. 2077.
[103] BGH (VIII ZR 220/05) GE 2006, 1160 = NZM 2006, 740 = WuM 2006, 516.
[104] *Seldeneck* Rdn. 5223.
[105] AG Annaberg NZM 2008, 696 = WuM 2007, 131.

ten lassen, dass sie die selbstverständliche separate Datensicherung versäumt hat.[106]
- hoher Krankenstand bei den eigenen Angestellten ohne zumutbare Abhilfemöglichkeit,
- Streitigkeiten mit den Ausstellern der Rechnungen über deren Inhalt,[107]
- je nach Einzelfall ein Streit mit Mietern über die Vorjahresabrechnung, die zur Grundlage für die aktuelle Abrechnung dienen soll.

Streiten sich Vermieter und Mieter **vor Gericht** über die **Richtigkeit der Vorjahresabrechnung,** soll der Vermieter eine verspätete Abrechnung nicht zu vertreten haben, solange das Gericht über die streitigen Fragen noch nicht entschieden hat.[108] Nach anderer Ansicht ist es allein das **Risiko des Vermieters,** ob seine Abrechnung den gerichtlichen Anforderungen genügt.[109] Dieser Auffassung ist zuzustimmen, auch wenn hochstreitige Fragen oder eine unterschiedliche Rechtsprechung innerhalb des Gerichts im Vordergrund stehen. Dem Vermieter ist es ohne weiteres zuzumuten, auch die Folgeabrechnung auf der Grundlage seiner Rechtsauffassung vorzunehmen und ggf. den Hinweis aufzunehmen, dass je nach dem Ergebnis des Prozesses eine Korrektur erfolgen werde. Der Vermieter kann sich daher auch nicht mit dem Argument entlasten, **Verzögerungen durch das Gericht** seien nicht von ihm zu vertreten, etwa wenn er sich auf Hinweise des Gerichts veranlasst sieht, eine neue Abrechnung zu erstellen. Es ist nicht erkennbar, aus welchem Grund der Vermieter, der eine Forderung aus einer Abrechnung, die erhebliche formelle Defizite aufweist, einklagt, sich sollte z. B. mit dem Verweis auf die lange Terminierungsdauer des Gerichts entschuldigen können. Die Fehler der Abrechnung stammen aus seiner Sphäre, sie sind nicht vom Gericht geschaffen, sondern nur aufgedeckt.[110] Er kann sein Risiko, eine nicht durchsetzbare Forderung gerichtlich zu verfolgen, nicht über den Verweis auf das Gericht auf den Mieter verlagern.[111]

58

(cc) Abrechnung durch WEG-Verwalter

Kommt der **WEG-Verwalter** seiner Pflicht zur zügigen Abrechnung nicht nach, stammt die Ursache für die Verzögerung der Abrechnung gegenüber dem Mieter aus der Sphäre des Vermieters, weil der WEG-Verwalter, anders als der Verwalter des Sondereigentums,[112] nicht dessen

59

---

[106] *Lützenkirchen* in Lützenkirchen § 556 Rdn. 668.
[107] *Heix* WuM 1993, 329.
[108] So generell *Gies* NZM 2002, 514 (515).
[109] *Blank* in Blank/Börstinghaus § 556 Rdn. 207.
[110] Vgl. BGH (VIII ZR 295/07) GE 2009, 189 = NZM 2009, 78 = WuM 2009, 42.
[111] A. A. *Gies* NZM 2002, 514 (515), weil der Mieter ausweislich des Prozesses wisse, dass der Vermieter Nachforderungen gelten macht, so dass er nicht schutzwürdig sei.
[112] Vgl. BGH (VIII ZR 57/04) GE 2005, 543 = DWW 2005, 230 = NZM 2005, 373 = WuM 2005, 337 = ZMR 2005, 439.

Erfüllungsgehilfe i. S. des § 278 BGB[113] ist. Gleichwohl wird der Vermieter nach dem **BGH**[114] die Verspätung nicht zu vertreten haben, wenn er sich nachdrücklich bemüht hat, die Betriebskostenabrechnung herbeizuführen, was er im Prozess zu seiner Entlastung konkret vortragen muss. Etwas **unklar** ist, was der BGH meint, wenn er sagt:

„Hierzu gehörte insbesondere die Darlegung der Bemühungen, die er unternommen hat, um eine rechtzeitige Abrechnung sicherzustellen"

Diese Aussage müsste sich auf die von ihm zu erstellende **Betriebskostenabrechnung** beziehen, nicht auf die **Wohngeldabrechnung**. Nachfolgend führt der BGH jedoch aus, dass der Vermieter die Abrechnung der Hausverwaltung als *„Grundlage für die Betriebskostenabrechnung"* benötige. Daraus könnte man folgern, dass sich der Vermieter hinsichtlich der Abrechnungsverfristung entlastet, wenn er sich ausreichend um die Herbeiführung des Eigentümerbeschlusses über die Wohngeldabrechnung der Hauseigentümer bemüht. So wird die Entscheidung auch durchaus verstanden,[115] woraus zugleich geschlossen wird, der vermietende Wohnungseigentümer habe die verspätete Abrechnung auch im Fall einer Beschlussanfechtung nicht zu vertreten, er dürfe den Ausgang bis zur Erstellung der Betriebskostenabrechnung abwarten.[116] Es ist jedoch fraglich, ob sich das Bemühen des Vermieters tatsächlich auf die Erstellung der Hausgeldabrechnung bezieht und nicht vielmehr darauf, dass er sich selbst um die Belege bemühen und hierüber die Betriebskostenabrechnung erstellen muss.[117] Für diese Auffassung streiten die dogmatische Stringenz aufgrund der Trennung von Wohngeld- und Betriebskostenabrechnung sowie die dem WEG-Verwalter abgesprochene Erfüllungsgehilfeneigenschaft hinsichtlich der Erstellung der Betriebskostenabrechnung. Aus den Entscheidungsgründen ist allerdings eher zu vermuten, dass der BGH es ausreichen lassen will, wenn der Vermieter auf die Wohngeldabrechnungs hinwirkt. Dafür spricht jedenfalls in praktischer Hinsicht auch, dass dem Wohnungseigentumsvermieter die eigene Abrechnungserstellung gerade bei großen Liegenschaft kaum möglich sein und sich im Ergebnis auch nicht als brauchbar erweisen wird. Ob beiden Mietvertragsparteien mit einer solchen Abrechnung besser gedient ist als mit einem Abwarten auf die Hausgeldabrechnung als Abrechnngsgrundlage, ist daher fraglich.

---

[113] BGH (VIII ZR 249/15) GE 2017, 345 = NZM 2017, 216 = WuM 2017, 138 = ZMR 2017, 303; *Drasdo* NZM 2004, 372 (374) m. w. N., *Flatow* WuM 2010, 606 (611).
[114] BGH (VIII ZR 249/15) GE 2017, 345 = NZM 2017, 216 = WuM 2017, 138 = ZMR 2017, 303.
[115] *Becker* in Bärmann Wohnungseigentumsgesetz 14. Aufl. 2018 § 28 WEG Rdn. 106, *Blank* in Blank/Börstinghaus § 556 Rdn. 209, *Langenberg* in Schmidt-Futterer § 556 Rdn. 467, BeckOK BGB/*Wiederhold* § 556 Rdn. 128.
[116] LG München WuM 2018, 427, BeckRS 2018, 7759.
[117] Hügel/Elzer § 28 Rdn. 122b.

(dd) Abrechnung durch Zwangsverwalter

Der **Zwangsverwalter** tritt nach § 152 Abs. 2 ZVG in alle Rechte und Pflichten des Vermieters aus dem Mietvertrag ein, wenn das Grundstück vor der Beschlagnahme einem Mieter überlassen war; er hat daher auch über alle Betriebskostenvorauszahlungen abzurechnen.[118] Die Verspätung der Abrechnung hat er daher auch dann zu vertreten, wenn die Zwangsverwaltung erst kurz vor Ablauf der Abrechnungsfrist angeordnet wurde und ihm der ursprüngliche Vermieter die notwendigen Unterlagen nicht aushändigte.[119]

(b) Zugang beim Mieter

Der **zweite Bereich** betrifft den **rechtzeitigen Zugang** der Abrechnung beim Mieter. Hier sind **drei Konstellationen** zu unterscheiden: Die Abrechnung hat den Mieter, wenn auch verspätet, immerhin erreicht, der Mieter bestreitet oder er vereitelt den Zugang.

(aa) Verspäteter Zugang

Den Meinungsstreit, ob der Vermieter **Verzögerungen auf dem Postweg** oder anderen Beförderungswegen bei rechtzeitiger Absendung zu vertreten hat, hat der **BGH** dahin entschieden, dass die Post als Erfüllungsgehilfe des Vermieters anzusehen ist, dessen auch fahrlässige Fehler ihm daher zuzurechnen sind.[120] Dass der Vermieter keinen Einfluss auf den Erfüllungsgehilfen Post hat, ist nach herrschender Rechtsprechung und Literatur irrelevant.[121] Anders als nach lange vorherrschender Ansicht ist der Vermieter bei unerwarteten Verzögerungen auf dem Postweg daher nicht entschuldigt, wenn die Abrechnung rechtzeitig abgesandt wurde.[122] Er hat die verspätete Zustellung daher nur dann nicht zu vertreten, wenn das Beförderungsunternehmen selbst nicht schuldhaft gehandelt hat, etwa bei witterungsbedingten Verzögerungen.

Eine Variante stellt die Mitteilung der Betriebskostenabrechnung durch **Einschreiben mit Rückschein** dar. Veranlasste der Vermieter zwar die rechtzeitige Zustellung der Abrechnung, traf der Postbote den Mieter jedoch nicht an, so dass er einen Benachrichtigungsschein in den Briefkasten des Mieters einlegte, dieser die Einschreibesendung indes nicht abholte, ist die Abrechnung verfristet, wenn der davon benachrichtigte Vermieter eine erneute Zustellung unternimmt, die jedoch erst nach dem Jahreswechsel Erfolg hat.[123]

---

[118] BGH (VIII ZR 168/05) NZM 2006, 581 = WuM 2006, 402.
[119] LG Dortmund NZM 2012, 400, AG Dortmund WuM 2007, 697.
[120] BGH (VIII ZR 107/08) DWW 2009, 146 = GE 2009, 509 = NZM 2009, 274 = WuM 2009, 236.
[121] Ausführlich LG Berlin GE 2008, 411; *Schmid* MietRB 2008, 342 (343).
[122] LG Berlin GE 2006, 1407; *Kinne* GE 2008, 362 m.w.N.
[123] LG Berlin GE 2010, 1345.

64 Soll die Abrechnung dem Mieter noch **am letzten Tag** der Abrechnungsfrist mitgeteilt werden, stellt sich die weitere Frage, **bis wann** dies erfolgt sein muss, um wirksam zu sein. Nach herrschender Auffassung kommt es auf den Zugang, nicht den Eingang der Abrechnung beim Mieter an. Während der Eingang im Empfangsbereich des Mieters, z. B. seinem Briefkasten, bis 24.00 Uhr möglich ist, entscheidet beim Zugang, ob der Mieter unter normalen Verhältnissen noch am selben Tag vom Inhalt der Sendung Kenntnis nehmen kann (§ 130 BGB). Wird z. B. ein Schriftstück erst am 31.12. nachmittags in den Briefkasten eines Bürobetriebs geworfen, in dem branchenüblich Silvester nachmittags – auch wenn dieser Tag auf einen Werktag fällt – nicht mehr gearbeitet wird, geht es erst am nächsten Werktag zu.[124] An anderen Tagen wird als Regel angenommen, dass der Mieter nach 18.00 Uhr nicht mit dem Eingang von Post rechnet und daher nicht mehr in seinen Briefkasten sieht,[125] was z. B. bei berufstätigen Mietern häufig nicht zutrifft, aber bei der notwendigen Generalisierung hinzunehmen ist.[126] In diesen Fällen tritt der Zugang erst am folgenden Tag ein.

65 Streitig ist, ob es der Vermieter zu vertreten hat, wenn ihm nach **Auszug des Mieters** dessen **neue Anschrift unbekannt** ist. Sie muss erst ermittelt werden mit der Folge, dass die Abrechnung den Mieter zum Teil erst erheblich verspätet erreicht. Endet die Abrechnung mit einer Nachforderung des Vermieters, dreht sich die Kontroverse um die Frage, wessen Sphäre die Verspätung letztlich zuzurechnen ist.

66 – Ist **vertraglich vereinbart,** dass ein Vertragspartner jeden Wechsel der Wohnadresse der Gegenseite unverzüglich mitzuteilen hat, liegt bei einem Verstoß des Mieters ein schuldhaft vertragswidriges Verhalten vor, aus dem er keinen Vorteil ziehen kann.[127]

67 – **Fehlt** eine derartige **Vereinbarung,** ergibt sich die Lösung der Problematik aus § 556 Abs. 3 BGB. Danach trifft den Vermieter die **Verpflichtung,** über die Vorauszahlungen **abzurechen** *und* die Abrechnung dem Mieter **mitzuteilen**. Er ist mithin **Schuldner** der entsprechenden Maßnahmen und hat daher alles zu veranlassen, was zur Erfüllung der Schuld, dem Eingang der Abrechnung beim Mieter, notwendig ist. Er muss sich nach § 556 Abs. 3 BGB wegen der Verspätung entlasten, so

---

[124] BGH (XII ZR 148/05) GE 2008, 261 = GuT 2008, 28 = NZM 2008, 167, AG Köln NZM 2005, 740 = ZMR 2005, 543 (Faxeingang bei der Anwaltskanzlei des Mieters um 19.11 Uhr); a. A. *Schmid* GE 2008, 455 (456).
[125] Z. B. LG Hamburg GE 2017, 1223 = NZM 2017, 597 = WuM 2017, 464 = ZMR 2017, 738, AG Ribnitz-Damgarten WuM 2007, 18; Staudinger/*Artz* § 556 Rdn. 108.1.
[126] Palandt/*Ellenberger* § 130 Rdn. 6.
[127] BGH (XI ZR 248/03) WuM 2004, 676 (678); einschränkend *Streyl* ZMR 2011, 188 (190), weil es hier nicht, wie im Fall des BGH, um den Kreditgeber, sondern um den Vermieter gehe, der in der Regel Kenntnis vom Auszug habe; a. A. *Lützenkirchen* in Lützenkirchen § 556 Rdn. 680: keine Entlastung des Vermieters.

dass ihm **nicht einmal Fahrlässigkeit** vorgeworfen werden darf. Diese ist indes gegeben, wenn er sich nicht sofort bei Auszug die neue Anschrift des Mieters geben lässt oder jedenfalls eine Anfrage an das Einwohnermeldeamt richtet;[128] weitergehend wird vertreten, er müsse ggf. eine öffentliche Zustellung veranlassen.[129] Hat ihm der Mieter zunächst nur z. B. eine Telefonnummer mitgeteilt, unter der er nach Auszug zu erreichen ist, hat er daher zu versuchen, hierüber eine zustellfähige Anschrift zu erhalten. Die Adressierung der Abrechnung an die alte Anschrift des Mieters reicht jedenfalls nicht zur Entlastung des Vermieters aus,[130] ebenso wenig der Einwurf in den Briefkasten einer Wohnung, aus welcher der Mieter ausgezogen[131] oder die bekanntermaßen untervermietet ist.[132] Ausgenommen sind die Fälle, in denen es der Mieter dem Vermieter bewusst unmöglich macht, mit ihm über eine neue Anschrift oder auf sonstige Weise Kontakt aufzunehmen (s. dazu Rdn. 71 ff.).

Nach anderer Ansicht ist in den Vordergrund zu stellen, dass es um **68** eine Nachforderung geht. Hier sei der **Vermieter als Gläubiger** dafür verantwortlich, die zustellfähige Anschrift des Schuldners zu kennen, um einen fristgerechten Zugang bewirken zu können; die einstweilige Unkenntnis der neuen Anschrift sei daher seinem alleinigen Verantwortungsbereich ohne Exkulpationsmöglichkeit zuzuordnen.[133] Die Verpflichtung des Vermieters hängt jedoch nicht davon ab, ob die Abrechnung mit einer Nachforderung des Vermieters oder einem Guthaben des Mieters endet, auch wenn es in der Praxis meist um eine Nachforderung geht; bei einem Guthaben warten manche Vermieter schlicht so lange ab, bis sich der Mieter, ggf. auch wegen der Rückzahlung der Kaution, bei ihm meldet.

Nach einer weiteren Meinung ist die Problematik über **Treu und** **69** **Glauben** zu lösen. Diese Ansicht **überzeugt nicht,** weil sie die vorbeschriebene, dem Vermieter in § 556 Abs. 3 BGB auferlegte Verpflichtung nicht hinreichend berücksichtigt. So soll sich der Mieter auf die Versäumung der Ausschlussfrist für die Abrechnung der Betriebskosten dann nicht berufen können, wenn er dem Vermieter nach Auszug aus der Wohnung seine neue Anschrift nicht (rechtzeitig) mitteilte.[134] Der Vermieter habe die Verspätung auch dann nicht zu vertreten, wenn der Mieter nach Beendigung des Mietverhältnisses keinen Nachsendeantrag bei der vom Vermieter beauftragten PIN AG

---

[128] AG Hannover/LG Hannover WuM 2007, 629; ausführlich *Langenberg* WuM 2010, 115, *Streyl* ZMR 2011, 188.
[129] *Lützenkirchen* in Lützenkirchen § 556 Rdn. 682, *Streyl* ZMR 2011, 188 (189).
[130] AG Siegburg WuM 2005, 775.
[131] AG Bergheim WuM 2013, 253.
[132] LG München I NZM 2008, 166.
[133] AG Lemgo Urt. vom 9.9.2009 – 20 C 144/09.
[134] AG Neukölln GE 2009, 1323, AG Bad Neuenahr-Ahrweiler NZM 2008, 205; *Kinne* GE 2007, 191.

stellte.[135] Selbst die Übergabe eines Zettels bei der Rückgabe der Wohnung, auf dem der Mieter die Telefonnummer seines Arbeitgebers notierte, soll den Vermieter nicht einmal zu dem Versuch verpflichten, über ein Telefonat den Mieter zu erreichen und dessen neue Anschrift zu erfragen, weil er ihm nicht die Möglichkeit verschaffe, dem Mieter ohne weiteres auch schriftliche Erklärungen wie die Betriebskostenabrechnung zukommen zu lassen;[136] bei der Kontaktaufnahme über den Arbeitgeber sei es dem Zufall überlassen, ob der Vermieter den Mieter selbst spreche, so dass es einer Beweisaufnahme über den streitigen Vortrag des Vermieters, er habe mehrfach vergeblich versucht, den Mieter über die Telefonnummer zu erreichen, schon nicht bedürfe.[137]

(bb) Bestrittener Zugang

70 Behauptet der Mieter, er habe überhaupt **keine Abrechnung** erhalten, greifen die dargestellten Gesichtspunkte für die Behandlung verspäteten Zugangs der Abrechnung nicht ein. Vielmehr muss die Abrechnung dem Mieter bis zum Ablauf der Abrechnungsfrist **beweisbar zugegangen** sein;[138] der Anscheinsbeweis ist auch bei der Versendung als Einwurf-Einschreiben nicht anwendbar.[139] Der Einwand, es könne dem Vermieter nicht zugemutet werden, die Abrechnungen sicherheitshalber stets per Boten oder Einschreiben zuzustellen, liegt neben der Sache. Hierzu besteht in der Praxis nur Veranlassung, wenn es entweder um Mieter geht, die z.B. bekanntermaßen nie Sendungen des Vermieters erhalten, oder wenn die verbleibende Frist äußerst knapp ist und ihr Ablauf auf das Ende des Kalenderjahres fällt, eine Zeit, in der – ebenfalls bekanntlich – großes Postaufkommen Verzögerungen nahe legt.

(cc) Vereitelter Zugang

71 Der Vermieter hat die **verspätete Mitteilung** der Betriebskostenabrechnung **nicht zu vertreten,** wenn der Mieter den Zugang der Betriebskostenabrechnung vereitelt. Vereitelung erfordert die bewusste und gewollte Verzögerung des Zugangs. Vereitelung ist daher nur anzunehmen, wenn der Mieter es darauf anlegt, für den Vermieter nicht mehr erreichbar zu sein, meist wegen offener Mieten oder auch einer erwarteten Nachforderung aus der Betriebskostenabrechnung oder bei einem Auszug „bei Nacht und Nebel". In diesen Zusammenhang werden auch die Fälle gehören, dass der Mieter zwar seine neue Anschrift bekannt gibt, jedoch einen weiteren Wohnungswechsel innerhalb der Abrechnungsfrist dem Vermieter nicht mitteilt.[140]

---

[135] AG Lichtenberg GE 2009, 1503.
[136] AG Detmold Urt. vom 8.12.2008 – 7 C 484/08.
[137] LG Detmold Urt. vom 9.12.2009 – 10 S 22/09.
[138] BGH (VIII ZR 107/08) GE 2009, 509 = NZM 2009, 274 = WuM 2009, 236, LG Düsseldorf NZM 2007, 328 = WuM 2007, 132, AG Meißen WuM 2007, 628.
[139] AG Köln WuM 2008, 483.
[140] *Schmid* DWW 2010, 14 (15).

In der Praxis mehren sich diese Fälle der Zugangsvereitelung durch **72**
Mieter, indem sie z. B. ihr Namensschild vom Briefkasten entfernen oder
den Namen verändern. Leitet der Zusteller den Brief an den Vermieter
zurück, kommt die erneute Übersendung möglicherweise zu spät. Derartige Verfahren des Mieters **verhindern den rechtzeitigen Zugang nicht.**
Erreicht die Abrechnung den Mieter aufgrund eines weiteren Mitteilungsversuchs erst nach Fristablauf, hat der Vermieter die Verspätung
gem. § 556 Abs. 3 Satz 3 BGB schon nicht zu vertreten; ohnehin greift zu
seinen Gunsten eine Rechtzeitigkeitsfiktion ein.[141] Bleibt der Brief wegen
der arglistigen Manipulation des Mieters verschwunden, ist der Zugang
als Sanktion zu fingieren.[142]

Eine Variante ist die **Vereitelung des rechtzeitigen Zugangs.** Zwar **73**
können die Parteien die Verlängerung der Abrechnungsfrist nicht vereinbaren, weil dies gegen § 556 Abs. 4 BGB verstößt (s. Rdn. 38).[143] Lässt sich
der Mieter jedoch auf sachliche Gründe beim Vermieter ein, etwa die
schlechten Wetterverhältnisse am letzten Tag der Abrechnungsfrist, und
ist er daher mit dem Zugang sogleich im Folgejahr einverstanden, scheitert der Einwand der Verspätung an Treu und Glauben gem. § 242 BGB.[144]

c) Teilabrechnung über einzelne Betriebskosten

Nach § 556 Abs. 3 Satz 4 BGB ist der Vermieter zu Teilabrechnungen **74**
nicht verpflichtet. Er ist mithin nicht gehalten, aufgrund einzelner ihm
schon vorliegender Belege teilweise abzurechnen (zur Teilabrechnung
über einen kürzeren Zeitraum s. Rdn. 103). Wenn ihm aus Gründen, die
er nicht zu vertreten hat, die gesamte Abrechnung innerhalb der Abrechnungsfrist nicht möglich ist, darf er warten, bis das Abrechnungshindernis beseitigt ist, hat sodann aber innerhalb von höchstens drei Monaten
die Abrechnung nachzuholen.[145] Er verliert in diesem Fall sein Nachforderungsrecht auch nicht hinsichtlich derjenigen Kosten, die ihm schon
innerhalb der Frist bekannt waren. Auf der anderen Seite ist er zu Teilabrechnungen berechtigt, was für ihn je nach den Umständen des Einzelfalls dann von Interesse sein kann, wenn die wesentlichen Kosten erfasst
sind und sich aus ihnen z. B. schon eine deutliche Nachforderung ergibt.

Ein **Sonderproblem** betrifft die **Heizkostenabrechnung.** Auch wenn in **75**
der Praxis häufig zwischen Betriebskosten und Heizkosten differenziert
wird, bezieht sich die Ausschlussfrist des § 556 Abs. 3 Satz 3 BGB auf
beide Kostengruppen. Die Unterscheidung beruht auf einer wirtschaftlichen Betrachtungsweise, rechtlich handelt es sich einheitlich um Betriebskosten, was sich aus sowohl aus § 24 Abs. 1 Satz 2 II. BV als auch

---

[141] BGH (XII ZR 164/03) GE 2007, 1550.
[142] BGH (XII ZR 164/03) GE 2007, 1550.
[143] A. A. LG Koblenz WuM 2011, 564.
[144] LG Koblenz WuM 2011, 564.
[145] BGH (VIII ZR 220/05) NZM 2006, 740 = WuM 2006, 516.

aus § 2 BetrKV ergibt, der Regelungen zu den Heizkosten in Nrn. 4 bis 6 des Katalogs enthält. Fraglich ist, ob der Vermieter auch die Heizkostenabrechnung zurückhalten darf, solange ihm einzelne Belege zur Betriebskostenabrechnung entschuldigt fehlen, oder **ob** hier **zwei verschiedene Abrechnungsfristen** laufen. Zur Lösung ist auf den Inhalt des Mietvertrags abzustellen.

76   Zahlt der Mieter einen **einheitlichen Vorauszahlungsbetrag** auf Heiz- und Betriebskosten, ist von einer einheitlichen Abrechnungsfrist auszugehen. Sie beginnt mit dem Ablauf des Turnus für die maßgebliche „*Gesamtabrechnung*".[146] Haben die Parteien z. B. die Abrechnung der Betriebskosten nach dem Kalenderjahr, die Abrechnung der Heizkosten aber nach einem anderen Zeitraum, z. B. vom 1.7. bis zum 30.6. des Folgejahres vereinbart, beginnt die Abrechnungsfrist mit Ablauf des kalenderjährlichen Abrechnungszeitraums für die Betriebskosten, in den die nach der jährlichen Heizperiode aufgemachte Heizkostenabrechnung einbezogen ist. Dieses Ergebnis beruht auf der Überlegung, dass über einheitliche Vorauszahlungen sinnvollerweise auch nur einheitlich abgerechnet wird. Der Vermieter wäre zudem mit der Schwierigkeit konfrontiert, welchen Anteil der einheitlichen Abschläge er ggf. auf die Heizkosten- oder die Betriebskosten verrechnen soll oder darf.

77   Enthält der Mietvertrag, wie häufig, **getrennte Vorauszahlungen** für Heiz- und Betriebskosten, sind vertraglich **zwei Abrechnungskreise** festgelegt, die mithin – auch hinsichtlich der Abrechnungsfrist – unterschiedlich zu behandeln sind.[147] Dies wird besonders an dem in der Praxis nicht seltenen Fall deutlich, dass für beide Kostengruppen verschiedene Abrechnungszeiträume festgelegt sind (vgl. Rdn. 76). Soweit der **BGH** die verbindliche Festlegung auf zwei Abrechnungskreise in Frage zu stellen scheint,[148] würde nicht hinreichend berücksichtigt, dass die Parteien selbst im Mietvertrag die ausdrückliche Aufteilung in die Betriebs- und die Heizkosten vorgenommen und den getrennt ausgewiesenen Vorauszahlungen jeweils eine genaue Zweckbestimmung beigelegt haben. Es wäre daher z. B. vertragswidrig, wenn der Vermieter die gesamten Vorauszahlungen nur auf einen Bereich anrechnen würde oder wenn er einzelne Betriebskostenarten in die Heizkostenabrechnung zieht, auch wenn z. B. die Abrechnung der Wasser- und Abwasserkosten in der Heizkostenabrechnung diese insoweit nicht formell unwirksam macht (s. auch K Rdn. 132);[149] dies darf aber nicht bedeuten, dass er auf diesem Weg die Ausschlussfrist umgehen kann.

---

[146] BGH (VIII ZR 240/07) GE 2008, 853 = NZM 2008, 520 = WuM 2008, 404; dagegen mit Nachdruck AG Kerpen ZMR 2012, 878.
[147] Z. B. AG Ludwigsburg WuM 2015, 429, AG Melsungen WuM 2009, 459; *Dickersbach* in Lützenkirchen § 560 Rdn. 72; a. A. *Lützenkirchen* in Lützenkirchen § 556 Rdn. 306.
[148] BGH (VIII ZR 268/10) GE 2012, 162 = NZM 2012, 153 = WuM 2012, 25.
[149] BGH (VIII ZR 268/10) GE 2012, 162 = NZM 2012, 153 = WuM 2012, 25.

Bei getrennt ausgewiesenen Vorauszahlungen bezieht sich die **Erleichterung aus § 556 Abs. 3 Satz 4 BGB daher nicht auf den Abrechnungskreis**, für den dem Vermieter innerhalb der Frist alle Unterlagen vorliegen. Hat er etwa die vollständige Heizkostenabrechnung des Ablese- und Abrechnungsdienstes in Händen, wäre es auch sachlich nicht nachvollziehbar, dass er sie zurückhalten dürfte, bis ihm der letzte Beleg zur Betriebskostenabrechnung zugegangen ist. In der Sache geht es hier nicht um eine nicht notwendige Teilabrechnung, sondern um zwei verschiedene Abrechnungen, so dass für jede die Ausschlussfrist selbstständig läuft.[150] Rechnet der Vermieter hier über die Betriebs- und Heizkosten gemeinsam ab, ist zu beachten, dass die Gesamtabrechnung dem Mieter innerhalb eines Jahres nach Ablauf der Abrechnungsperiode für die Heizkosten mitgeteilt wird, wenn der Ausschluss von Nachforderungen aus der Heizkostenabrechnung vermieden werden soll. Fasst der Vermieter die getrennt vereinbarten Vorauszahlungen zusammen und bucht er sie insgesamt auf eine rechtzeitig vorgelegte Abrechnung und ermittelt dadurch ein Guthaben des Mieters, ist die Verrechnung mit einer kalkulatorischen Nachforderung aus einer nach Ablauf der Ausschlussfrist vorgelegten Abrechnung daher nicht zulässig. Zugunsten des Mieters ist der Vermieter daher an die dem Guthaben zugrunde liegende Abrechnung der gesamten Vorauszahlungen gebunden und zur Auskehrung des Guthabens verpflichtet.[151]

78

3. Folgen des Fristablaufs

Mit Ablauf der Abrechnungsfrist tritt zugleich die sog. **Abrechnungsreife** ein. Mit ihr sind **verschiedene Rechtswirkungen** für die Parteien verbunden.

79

a) Grundsätze

Mit Eintritt der Abrechnungsreife **wandelt sich der Anspruch des Vermieters** auf Entrichtung der Vorauszahlungen in einen Anspruch auf **Ausgleich** des sich aus einer Abrechnung ergebenden **Saldos** zulasten des Mieters. Der Anspruch auf Zahlung der vereinbarten **Vorauszahlungen geht mithin unter**;[152] allerdings stehen dem Vermieter gleichwohl die Verzugszinsen auf die nicht gezahlten Abschläge bis zur Abrechnungsreife zu.[153]

80

---

[150] Ebenso *Wetekamp* Kap. 6 Rdn. 135.
[151] AG Melsungen WuM 2009, 459.
[152] BGH (VIII ZR 84/17) NZM 2018, 454 = WuM 2018, 278 = ZMR 2018, 575, (VIII ZR 68/17) WuM 2018, 373, (XII ZR 112/10) GE 2012, 1696 = NZM 2013, 85 = WuM 2012, 662, OLG Naumburg NZM 2002, 957, LG Berlin GE 2018, 194, BeckRS 2017, 141478; *Geldmacher* NZM 2001, 921 (922), *Wall* Rdn. 1771, *Zehelein* WuM 2014, 3 (4).
[153] BGH (XII ZR 112/10) GE 2012, 1696 = NZM 2013, 85 = WuM 2012, 662, OLG Düsseldorf GE 2000, 537 = ZMR 2000, 287; *Eupen* MietRB 2008, 246 (249).

81 Der Vermieter, der den Mieter **gerichtlich** auf Nachzahlung von Mietzinsrückständen einschließlich der periodisch geschuldeten Vorauszahlungen in Anspruch nimmt, muss daher die Klage, soweit sie sich auf die Betriebskostenvorschüsse bezieht, **auf den Saldo umstellen.**[154] Rechnete er pflichtwidrig in der Zwischenzeit nicht ab, ist der auf die Vorauszahlungen gerichtete Teil der Forderung abzuweisen.[155] Liegt die Abrechnung während des Prozesses vor, hat der Vermieter zwei Möglichkeiten. Er kann den Rechtsstreit hinsichtlich der Vorauszahlungen in der Hauptsache für erledigt erklären und den infolge ihres Ausbleibens hohen Saldo geltend machen, er kann aber auch auf Basis der schon eingeklagten Sollvorauszahlungen abrechnen und die Klage nur in Höhe des ggf. zulasten der Mieters verbliebenen restlichen Saldos erhöhen.[156] Letzteres ist allerdings nur zulässig, wenn die Abrechnung noch innerhalb der Abrechnungsfrist erteilt ist, anderenfalls greift die Ausschlussfrist gem. § 556 Abs. 3 Satz 3 BGB ein; sie lässt nur die nicht gezahlten Vorauszahlungen unberührt (s. Rdn. 87). Ergibt die Abrechnung nach den Sollvorauszahlungen ein Guthaben des Mieters, hat er die auf Zahlung der Bruttomiete gerichtete Klage insoweit in der Hauptsache für erledigt zu erklären, wodurch er dem Mieter das Guthaben gutbringt.[157]

82 Kündigt der Vermieter gestützt auf Rückstände des Gesamtmietzinses, also einschließlich der Vorauszahlungen, gem. § 543 Abs. 2 Satz 1 Nr. 3 BGB **fristlos**, verliert die Kündigung nicht dadurch ihre Grundlage, dass während des Räumungsrechtsstreits Abrechnungsreife (und damit bei Wohnraum zugleich der Ausschluss von Nachforderungen) eintritt.[158] **Ob dies nur** für den Fall gilt, dass der Vermieter die Kündigung schon vor Eintritt der Abrechnungsreife ausgesprochen hatte, ist **streitig**. Nach einer Meinung scheitert die nach deren Eintritt ausgesprochene Kündigung daran, dass die Vorauszahlungen ab diesem Zeitpunkt nicht mehr verlangt werden können.[159] Demgegenüber ist nach anderer Auffassung darauf abzustellen, dass ein einmal entstandenes Kündigungsrecht nur unter den Voraussetzungen des § 543 Abs. 2 Satz 2 BGB, also bei Ausgleich des Rückstands vor dem Zugang der Kündigung, erlischt.[160] Entscheidend ist daher, ob die aus dem Schuldnerverzug des Mieters folgenden Rechte dem Vermieter grundsätzlich auch nach dem Eintritt der Abrechnungsreife erhalten bleiben, was der BGH bejaht hat.[161] Auf dieser Grundlage kann der Vermieter die bis zur Abrechnungsreife ausgebliebenen Vorauszah-

---

[154] OLG Hamburg DWW 1988, 379 = MDR 1989, 162 = WuM 1989, 150.
[155] KG DWW 2014, 296 = GE 2014, 1137 = WuM 2014, 551 = ZMR 2014, 973.
[156] BGH (VIII ZR 108/02) GE 2003, 250 = GuT 2003, 61 = NZM 2003, 196 = ZMR 2003, 334 (m. Anm. *Schmid*).
[157] BGH (VIII ZR 244/02) NZM 2003, 277 (278).
[158] LG Berlin MDR 1986, 412.
[159] *Sternel* WuM 2009, 699 (702).
[160] *Blank* in Schmidt-Futterer § 543 Rdn. 86b.
[161] BGH (XII ZR 112/10) GE 2012, 1696 = NZM 2013, 85 = WuM 2012, 662.

lungen auch noch nach deren Eingreifen bei der Berechnung, ob ein kündigungsrelevanter Rückstand besteht, berücksichtigen.

Nachforderungen aus der Abrechnung zählen nicht zum laufenden Mietzins im Sinne des § 543 Abs. 2 Satz 1 Nr. 3 BGB und berechtigen auch dann nicht zur fristlosen Kündigung, wenn der Mieter mit ihrem Ausgleich in Verzug ist.[162]

b) Ausschluss von Nachforderungen bei Wohnraum

aa) Grundsätze

Nach § 556 Abs. 3 Satz 3 BGB (gleichlautend § 20 Abs. 3 Satz 4 NMV für preisgebundenen Wohnraum) ist die **Abrechnungsfrist eine Ausschlussfrist**, es sei denn, der Vermieter hat die Geltendmachung erst nach Ablauf der Jahresfrist nicht zu vertreten. Sie gilt entsprechend, wenn bei der Bestellung eines dinglichen Wohnungsrechts schuldrechtlich vereinbart wurde, dass der Berechtigte bestimmte Betriebskosten anteilig zu tragen und Vorauszahlungen zu leisten hat.[163] Ob mit der **Vereinbarung einer kürzeren Abrechnungsfrist** zugleich ein Nachforderungsausschluss verbunden ist, hängt von den konkreten Umständen des Einzelfalles ab (s. Rdn. 40). 83

Der Ausschluss von Nachforderungen hat zur Folge, dass der Vermieter **nie mehr** einfordern kann, als er selbst **in der Abrechnung** angesetzt hat;[164] er ist folglich nicht berechtigt, mit einer errechneten Nachforderung gegen Ansprüche des Mieters aufzurechnen.[165] Es scheidet daher zunächst das **Nachschieben** vergessener Positionen aus, d.h. nicht angesetzter Betriebskostenarten oder Rechnungen zu einzelnen Posten, als auch die **Ersetzung** einer unbegründeten Position durch eine andere, die in der Abrechnung noch nicht berücksichtigt war.[166] So ist es z.B. nicht zulässig, Kosten, die in der abgerechneten Periode nicht angesetzt wurden, mit der Begründung des unverändert bestehenden Mietverhältnisses in die Folgeabrechnung zu übernehmen, weil sie insoweit zu spät kommt.[167] 84

Ferner ist die **Korrektur von Rechenfehlern** ausgeschlossen, die **bei der Ermittlung der jeweiligen Ansätze** anhand der Belege auftraten und dann in der falschen, zu niedrigen Höhe in die Abrechnung übernommen wurden. Eine Ausnahme vom Korrekturausschluss kommt nach § 242 BGB bei einem offensichtlichen Versehen in Betracht, etwa wenn 85

---

[162] OLG Koblenz RE 26.7.1984 WuM 1984, 269 = ZMR 1984, 351.
[163] BGH (V ZR 60/17) GE 2018, 708 = NZM 2018, 675 = WuM 2018, 432, (V ZR 36/09) NZM 2009, 904.
[164] BGH (VIII ZR 115/04) DWW 2005, 18 = GE 2005, 50 = NZM 2005, 13 = WuM 2005, 61 = ZMR 2005, 121.
[165] AG Siegburg WuM 2001, 245.
[166] *Sternel* ZMR 2001, 937 (939).
[167] Unzutreffend daher LG Gießen Urt. vom 3.8.2005 – 1 S 357/04.

die Heizkosten mit Null statt dem rechnerisch richtigen Betrag angesetzt wurden[168] (s. hierzu auch die Ausnahme des BGH in Rdn. 86).

86 Darüber hinaus hat die Ausschlussfrist nach der Rechtsprechung des BGH zur Folge, dass der Vermieter die Betriebskostenabrechnung nach Beginn der Ausschlussfrist grundsätzlich **auch aus anderen Gründen nicht mehr zum Nachteil des Mieters** korrigieren kann. Eine nachträgliche Korrektur ist daher auch dann ausgeschlossen, wenn der Vermieter zugunsten des Mieters **irrtümlich höhere als die tatsächlichen Vorauszahlungen** ansetzte und deshalb zu Unrecht ein Guthaben des Mieters oder eine zu geringe Nachforderung errechnete.[169] Selbst wenn nach der Korrektur immer noch ein gewisses Guthaben verbleibt, scheidet dessen Reduzierung aus.[170] Der Vermieter kann einen irrtümlich errechneten Guthabenbetrag nach Ablauf der Abrechnungsfrist auch nicht zurückfordern oder mit einem bereicherungsrechtlichen Erstattungsanspruch in Höhe des Guthabens gegen den Kautionsrückzahlungsanspruch aufrechnen.[171] Der BGH räumt der Abrechnungssicherheit und dem Beschleunigungszweck der Ausschlussfrist den Vorrang ein. Eine **Ausnahme** hat er für den Fall gemacht, dass der Fehler der zu hoch angesetzten Vorauszahlungen dem Mieter auf den ersten Blick erkennbar war, zumal erst kurz zuvor ein Rechtsstreit um die Erhöhung der Vorauszahlungen rechtskräftig abgeschlossen worden war und die Korrektur nur einen Monat nach Fristablauf erfolgte; hier hat er dem Mieter die Berufung auf die Ausschlussfrist nach Treu und Glauben versagt.[172] Gleiches soll für offensichtliche Rechenfehler gelten.[173] Eine erst spätere Korrektur ist jedoch auch dann nicht mehr möglich.[174] Hat der Vermieter z. B. die **Sollvorauszahlungen** statt der tatsächlich geleisteten Vorschüsse in die Nebenkostenabrechnung eingestellt, ohne dies deutlich zu machen, kann er nach Ablauf der Abrechnungsfrist die nicht geleisteten Vorauszahlungen nicht mehr verlangen.[175]

87 Demgegenüber steht sich der **Vermieter, der überhaupt erst verspätet abrechnet,** nach der Rechtsprechung des BGH **besser,** wenn der Mieter während der Abrechnungsperiode die **Vorauszahlungen ganz oder zum Teil nicht entrichtete.** Ergibt die Abrechnung einen Saldo zulasten des Mieters, fällt er umso höher aus, je weniger Vorauszahlungen der Mieter

---

[168] AG Köpenick GE 2013, 555.
[169] BGH (VIII ZR 133/10) GE 2011, 814 = NZM 2011, 478 = WuM 2011, 370 = ZMR 2011, 710, LG Berlin GE 2017, 194.
[170] BGH (VIII ZR 190/06) NZM 2008, 204 = WuM 2008, 150.
[171] BGH (VIII ZR 139/10) GE 2011, 1013 = WuM 2011, 421 (ebenso VIII ZR 133/10).
[172] BGH (VIII ZR 133/10) GE 2011, 814 = NZM 2011, 478 = WuM 2011, 370 = ZMR 2011, 710.
[173] LG Berlin GE 2014, 123.
[174] LG Berlin GE 2017, 194.
[175] LG Berlin GE 2013, 421, LG Krefeld GE 2011, 408 = WuM 2011, 368 = ZMR 2011, 641; *Lützenkirchen* in Lützenkirchen § 556 Rdn. 634, *Zehelein* WuM 2014, 3 (4).

zahlte. Bei dem Differenzbetrag aufgrund nicht gezahlter Vorauszahlungen handelt es sich **nicht** um eine **Nachforderung aus einer Abrechnung** im Sinne des § 556 Abs. 3 Satz 3 BGB.[176] Der Vermieter kann mithin den Ausgleich des Saldos verlangen, der Höhe nach allerdings begrenzt durch die Summe der ausgebliebenen Abschläge.[177] Waren die Vorauszahlungen sehr hoch und blieben sie nur für kurze Zeit aus, kann der Saldo z. B. unter der Summe der nicht gezahlten Vorauszahlungen bleiben, so dass der Vermieter den vollen Saldo erhält; waren die Vorauszahlungen zu niedrig, so dass auch bei voller Zahlung der Vorauszahlungen ein Saldo zulasten des Mieters verblieben wäre, hat es mit der Nachforderung in Höhe der nicht entrichteten Abschläge sein Bewenden.

Als **Ergebnis der Rechtsprechung des BGH** ist damit festzustellen, 88 dass der Vermieter, der rechtzeitig abrechnete und sich nach der Ausschlussfrist an einem ausgewiesenen Guthaben grundsätzlich festhalten lassen muss, gegenüber demjenigen deutlich benachteiligt wird, der die Abrechnung verspätet erteilte und der trotzdem den Saldo bis zur Höhe der geschuldeten Vorschüsse verlangen kann.[178] Ein stimmiges Resultat wäre dadurch erreicht worden, dass der BGH den Begriff der *„Nachforderung"* generell in den Vordergrund gestellt hätte. Nachforderungen beziehen sich begrifflich nur auf den über die Vorauszahlungen des Mieters hinausgehenden Betrag,[179] also auf Kosten, die durch (ordnungsgemäß geleistete) Vorauszahlungen nicht gedeckt sind. Ein Guthaben des Mieters beruht hingegen auf überzahlten Vorschüssen. Bei deren Korrektur geht es folglich nicht um eine Nachforderung im Sinne des § 556 Abs. 3 Satz 3 BGB. Diese tritt erst ein, wenn das Guthaben aufgebraucht und ein weiterer Betrag vom Vermieter reklamiert wird.

bb) Ausschluss bei der Ausgabenabrechnung

Eine besondere **Problematik** resultiert aus der **Abrechnung nach dem** 89 **Abfluss/Ausgabenprinzip,** das auch der Vermieter von Wohnraum nach den Entscheidungen des BGH ohne besondere mietvertragliche Vereinbarung seinen Berechnungen zugrunde legen darf.[180] Sie betrifft die Fälle, in denen der Vermieter **Rechnungen erst nach langer Zeit bezahlt** und dementsprechend spät in einer Abrechnung ansetzt. Die Problematik

---

[176] BGH (VIII ZR 261/06) DWW 2008, 18 = GE 2007, 1686 = NZM 2008, 35 = WuM 2007, 700 = ZMR 2008, 38 (m. Anm. *Schmid*), LG Berlin GE 2018, 194, BeckRS 2017, 141478; a. A. *Hinkelmann* PiG 65 (2002) S. 247 (260), *Ritzmann* WuM 2006, 487.
[177] LG Berlin GE 2005, 57.
[178] LG Berlin GE 2017, 194; *Kinne* GE 2011, 373.
[179] BGH (VIII ZR 261/06) DWW 2008, 18 = GE 2007, 1686 = NZM 2008, 35 = WuM 2007, 700 = ZMR 2008, 38 (m. Anm. *Schmid*).
[180] BGH (VIII ZR 49/07) DWW 2008, 143 = GE 2008, 471 = NZM 2008, 277 = WuM 2008, 223 = ZMR 2008, 444, (VIII ZR 27/07) DWW 2008, 216 = GE 2008, 662 = NZM 2008, 403 = WuM 2008, 285.

stellte sich bis jetzt nicht in dieser Weise, weil sich der bisherige Streit über die Zulässigkeit des Abflussprinzips im Wesentlichen auf die Abrechnung von vermietetem Wohnungseigentum bezog. Der WEG-Verwalter sorgt in aller Regel dafür, dass in Rechnung gestellte Kosten alsbald abfließen, weil dies ordnungsgemäßer Verwaltung entspricht. In der Praxis begegnen jedoch immer wieder Vermieter, die ein sehr schleppendes Zahlungsverhalten an den Tag legen und den Gläubiger über Monate und länger auf den Ausgleich der Rechnung warten lassen. In derartigen Fällen fragt es sich, wie z.B. mit dem Mittelabfluss für eine Rechnung etwa des Gartenpflegeunternehmens aus dem Herbst eines Jahres umzugehen ist, die erst im Laufe des Folgejahres oder sogar erst im übernächsten Jahr bezahlt wird.

90 Dass der Vermieter den Rechnungsbetrag erst im Jahr der Bezahlung in die Abrechnung einzustellen hat, versteht sich von selbst, weil es allein auf den Mittelabfluss ankommt. **Auch periodengerecht** angesetzte Mittelabflüsse sind jedoch **in der Sache Nachforderungen** im Sinne des § 556 Abs. 3 Satz 3 BGB, wenn ihnen die **Bezahlung von Rechnungen** zugrunde liegt, die **aus früheren Abrechnungsperioden** stammen.[181] Sie unterliegen daher nur dann nicht dem Nachforderungsausschluss, wenn die späte Bezahlung auf unverschuldeten sachlichen Gründen beruhte. Der Mieter muss den späten Kostenansatz daher nicht hinnehmen. Anders verhält es sich, wenn die Abflussabrechnung allein auf das Rechnungsdatum bezogen wird; hier bleibt es bei der klaren Zuordnung zur Abrechnungsperiode.

91 Ein anderes Ergebnis widerspräche § 556 Abs. 3 Satz 3 BGB. **Über die Auswahl des Abrechnungssystems** darf es dem Vermieter **nicht** möglich sein, Kosten in Ansatz zu bringen, die sachlich aus früheren Abrechnungsperioden stammen; anderenfalls hätte er einen einfachen Weg, sich **folgenlos von den Auswirkungen der Ausschlussfrist** zu befreien.[182] Der BGH hat wiederholt[183] betont, dass die Vorschrift eine Abrechnung gewährleisten soll, die zeitnah zur abgelaufenen Abrechnungsperiode dem Mieter vorliegt, damit er alsbald entweder über ein sich ergebendes Guthaben verfügen kann oder Gewissheit erlangt, ob und in welcher Höhe eine Nachforderung besteht. Aus diesem Grund hat er den Vermieter sogar mit solchen Nachforderungen ausgeschlossen, die zu einem Abzug von dem Guthaben des Mieters aus einer bereits erteilten Abrechnung führen,[184] obwohl also die Gesamtkosten nach der ersten Abrechnung noch unter der Summe der Vorauszahlungen des Mieters blieben und trotz der Nachbelastung weiterhin darunter bleiben.

---

[181] *Ebenso* AG Bremen WuM 2009, 671; *Schach* GE 2008, 444 (445).
[182] AG Bremen WuM 2009, 671.
[183] Z. B. BGH (VIII ZR 49/07) DWW 2008, 143 = GE 2008, 471 = NZM 2008, 277 = WuM 2008, 223 = ZMR 2008, 444.
[184] BGH (VIII ZR 190/06) NZM 2008, 204 = WuM 2008, 150.

cc) Rückzahlungsanspruch des Mieters

Hat der Mieter die Ausschlussfrist übersehen und die **Nachforderung ausgeglichen**, steht ihm **ein Rückzahlungsanspruch** aus ungerechtfertigter Bereicherung (§§ 812 Abs. 1 Satz 1, 818 BGB) zu.[185] Der Rechtsgedanke der Vorschrift des § 214 Abs. 2 Satz 1 BGB, welche die Rückforderung verjährter, aber z. B. versehentlich trotzdem bezahlter Forderungen sperrt (s. I Rdn. 41), greift hier nicht ein: Bei der Verjährung bleibt die Forderung des Gläubigers bestehen, der Schuldner muss sich gegen sie mit der Einrede der Verjährung wehren, bei einer Ausschlussfrist erlischt jedoch bereits die Forderung. 92

Ebenso kommt nach der Rechtsprechung des BGH **die analoge Anwendung der Vorschrift des § 212 Abs. 1 Nr. 1 BGB nicht** in Betracht, nach der die Verjährung erneut beginnt, wenn der Schuldner den Anspruch des Gläubigers anerkannt hat. Gab der Mieter z. B. kurz vor Beginn der Ausschlussfrist ein **Anerkenntnis** ab, dass er den Saldo einer verspäteten Abrechnung ausgleichen werde, hindert dies nicht den Ausschluss Nachforderung aus der schließlich erteilten Abrechnung.[186] **Ausgenommen** sind die Fälle, in denen der Mieter durch seine Erklärung arglistig vereitelte, dass der Vermieter doch noch rechtzeitig abrechnete. 93

c) Folgen für den Vermieter von Gewerberaum

Die **Ausschlussfrist** des § 556 Abs. 3 Satz 3 BGB gilt nicht für vermieteten Gewerberaum.[187] Auch wenn der Vermieter die Abrechnungsfrist erheblich überschreitet, verliert er grundsätzlich nicht den Anspruch auf Ausgleich einer schließlich erstellten Abrechnung. Da für den Beginn der Verjährung seiner Nachforderung der Zeitpunkt maßgeblich ist, zu welchem dem Mieter die Abrechnung zugeht,[188] kann dem Anspruch des Vermieters nur der Einwand der Verwirkung entgegenstehen (s. I Rdn. 42 ff.). 94

Eine **Ausnahme** greift dann ein, wenn die Parteien vertraglich eine bindende Abrechnungsfrist in der Weise festgelegt haben, dass bei ihrer Überschreitung ein Nachforderungsausschluss angenommen werden kann. Mit **Klauseln** wie 95

„Die Abrechnung erfolgt bis spätestens zum 30.9. des folgenden Jahres."[189]

---

[185] BGH (VIII ZR 94/05) DWW 2006, 113 = GE 2006, 246 = NZM 2006, 222 = WuM 2006, 150 = ZMR 2006, 268.
[186] BGH (VIII ZR 84/07) GE 2008, 795 = WuM 2008, 351.
[187] BGH (XII ZR 22/07) DWW 2010, 178 = GE 2010, 406 = GuT 2010, 26 = NZM 2010, 240, (XII ZR 124/09) GE 2011, 128 = GuT 2010, 438 = NZM 2011, 121 = WuM 2011, 220 = ZMR 2011, 365, OLG Düsseldorf Urt. vom 9.7.2015 – I-10 U 158/14.
[188] BGH (VIII ARZ 5/90) RE 19.12.1990 WuM 1991, 150.
[189] OLG Köln ZMR 2007, 115.

oder

„... muss die Abrechnung jährlich bis zum 30. Juni erfolgen."[190]

ist diese weitreichende Abrede **noch nicht** getroffen.

Die Klausel,

> „Der Vermieter ist verpflichtet, innerhalb eines Jahres nach Ablauf des Abrechnungszeitraums über die Betriebskosten abzurechnen. Die Parteien sind diesbezüglich einig, dass es sich hierbei darüber hinaus um eine Ausschlussfrist handelt. Rechnet der Vermieter nicht fristgerecht ab, ist der Mieter zum Einbehalt der Betriebskostenvorauszahlung gem. § 4 Nr. 9 berechtigt."

enthält zwar einen ausdrücklichen Nachforderungsausschluss, sie ist indes nach § 307 BGB **unwirksam,** weil der Ausschluss auch dann eintreten soll, wenn den Vermieter kein Verschulden an der Verspätung trifft.[191]

d) Folgen für den Mieter

96   Mit der Abrechnungsreife wird der **Anspruch des Mieters auf Erteilung einer Abrechnung** durch den Vermieter **fällig.** Der Mieter kann auf Erteilung einer Abrechnung **klagen;**[192] rechnet er mit einem Guthaben, kann er die Klage auf Rechnungslegung im Wege der Stufenklage gem. § 254 ZPO mit der Klage auf Auszahlung des sich aus der Abrechnung ergebenden Guthabens verbinden. Zur Verjährung des Abrechnungsanspruchs s. Rdn. 20 ff. Der Mieter kann jedoch im Fall einer verspätet erstellen Abrechnung keine **Verzugszinsen** aus § 288 hinsichtlich eines sich ergebenden Guthabens geltend machen, da der Vermieter nicht mit der Auszahlung des erst über die Abrechnung begründeten Guthabens in Verzug gerät.[193] Möglich ist es jedoch, den Zins- über den Verzugsschaden nach §§ 280 Abs. 2, 286 Abs. 1, 249 BGB unmittelbar geltend zu machen, wenn eine Verzinsung tatsächlich angefallen wäre.

97   Dem Mieter steht zur Durchsetzung seines Anspruchs zusätzlich ein **Zurückbehaltungsrecht** gem. § 273 BGB an den laufenden Betriebskostenvorauszahlungen zu,[194] das aber insgesamt nicht über die Voraus-

---

[190] LG Limburg WuM 1997, 120 gegen AG Diez DWW 1994, 25; vgl. LG Nürnberg-Fürth ZMR 2008, 800.

[191] OLG Jena NZM 2012, 642.

[192] Z. B. BGH (VIII ZR 57/04) DWW 2005, 230 = GE 2005, 543 = NZM 2005, 373 = WuM 2005, 337= ZMR 2005, 439, OLG Hamm RE 26.6.1998 NZM 1998, 568 m.w.N.

[193] BGH (IX ZR 267/16) NJW 2018, 1006, (XII ZR 44/11) DWW 2013, 138 = GE 2013, 199 = NZM 2013, 188 = WuM 2013, 168 = ZMR 2013, 195.

[194] Z. B. BGH (VIII ZR 191/05) NZM 2006, 533 = WuM 2006, 383; nach OLG Düsseldorf WuM 2000, 678 = ZMR 2002, 37 und OLG Koblenz WuM 1995, 154 soll sich das Zurückbehaltungsrecht aber nicht auf die Nettomiete beziehen; dagegen *Lützenkirchen* WuM 2003, 63 (68) mit dem Hinweis, dass die Abrechnung die vom Mieter geschuldete Jahresmiete festlegt.

zahlungsbeträge hinausgeht, die im nicht abgerechneten Zeitraum geleistet wurden.[195] Dass er auch die Einrede des nicht erfüllten Vertrages gem. § 320 BGB geltend machen kann, die dazu führt, dass der Vermieter Mietzahlungen nur Zug um Zug gegen die Erstellung der Betriebskostenabrechnung durchsetzen könnte,[196] ist abzulehnen. Als Druckmittel hat der Mieter bereits das Zurückbehaltungsrecht an den Vorauszahlungen, welches ihm diese wirtschaftlich wieder zuführt. Darüber hinaus besteht kein Anlass, dem Vermieter die Durchsetzbarkeit seiner Mietforderungen zu beschränken, zumal es hier auch am Synallagma fehlt.

Für die vorgenannten Rechte ist es **unerheblich,** dass mit der Abrechnungsreife zugunsten des Wohnungsmieters **zugleich die Ausschlussfrist** nach § 556 Abs. 3 Satz 3 BGB eingreift. Damit steht für den Mieter nicht fest, dass die Abrechnung kein Guthaben für ihn ergeben könnte, außerdem kann er aus weiteren Gründen eine Abrechnung verlangen, s. Rdn. 5. Zu der Frage, ob er die auf die abzurechnende Periode geleisteten Vorauszahlungen zurückverlangen kann, s. Rdn. 11 ff. **98**

Klage- und Zurückbehaltungsrecht bestehen allerdings grundsätzlich **nur bis zur Vorlage** einer formell ordnungsgemäßen Abrechnung, wobei das Recht des Vermieters zur Abrechnungserstellung nicht der Verjährung unterliegt;[197] eine Ausnahme besteht, wenn der Mieter im Einzelfall seinen Anspruch auf eine auch inhaltlich richtige Abrechnung durchsetzen will (s. Rdn. 4). Hat der Mieter sachliche Einwendungen, ist sodann zu differenzieren. Bei Gewerberaum geht es im folgenden Streit um die Berechtigung einer Nachforderung bzw. eines Guthabens, bei Wohnraum infolge der Ausschlussfrist allein noch um die Höhe eines Guthabens. **99**

III. Abrechnungszeitraum

Mit Abrechnungszeitraum wird der **Zeitraum** bezeichnet, **über den** die Abrechnung zu erteilen ist. Zum Teil wird auch der Begriff Abrechnungsfrist (dazu Rdn. 33 ff.) verwandt, was jedoch zu Verwechslungen führt. **100**

1. Maßgeblicher Zeitraum

Der Abrechnungszeitraum beträgt nach § 556 Abs. 3 Satz 1. Halbs. BGB bei **Wohnraum ein Jahr,** wie zuvor nach § 20 Abs. 3 Satz 2 NMV für preisgebundenen und nach § 4 Abs. 1 Satz 2 MHG für preisfreien Wohnraum (so früher auch § 1 Abs. 2 Satz 2 BetrKostUV). Der Abrechnungs- **101**

---

[195] KG GE 2002, 129, LG Lübeck NJOZ 2017, 911, AG Chemnitz Urt. vom 30.8.2013 – 18 C 1977/11; *Sternel* PiG 40 (1993) S. 83 (96).
[196] AG Chemnitz Urt. vom 30.8.2013 – 18 C 1977/11.
[197] LG Berlin GE 2014, 749.

zeitraum muss nicht mit dem Kalenderjahr identisch sein. Als Beginn des Zeitraums kann ein beliebiger Stichtag gewählt werden, z. B. das Datum des Einzugs des jeweiligen Mieters, was allerdings zu großem Verwaltungsaufwand führt.

102 Streitig ist, ob die Formulierung in § 556 Abs. 3 Satz 1 BGB, dass „*über die Vorauszahlungen für Betriebskosten jährlich abzurechnen*" ist, für **preisfreien Wohnraum** einen **Höchstzeitraum** für die Abrechnungsperiode vorgibt. Nach Ansicht des **BGH** steht § 556 Abs. 3 Satz 1, Abs. 4 BGB einer einmaligen einvernehmlichen Verlängerung der jährlichen Abrechnungsperiode zum Zweck der Umstellung auf einen anderen Abrechnungszeitraum, hier auf kalenderjährliche Abrechnung, nicht entgegen.[198] Von diesem Grund abgesehen dürfte es aber weiterhin bei der bislang völlig herrschenden Ansicht verbleiben, dass die Abrechnung über einen längeren Zeitraum jedenfalls inhaltlich nicht ordnungsgemäß ist,[199] so dass der Vermieter im Zweifel eine neue Abrechnung aufzumachen hat; Verlängerungsvereinbarungen im Mietvertrag verstoßen ohne Weiteres gegen § 560 Abs. 4 BGB. So wurde auch schon für die Vorgängerregelung in § 4 Abs. 1 Satz 2 i. V. mit § 10 Abs. 1 MHG eine vertragliche Verlängerung nicht für zulässig gehalten.[200] § 556 Abs. 4 BGB verbietet zwar nur solche Vereinbarungen, die zum Nachteil des Mieters von dem in Abs. 3 bezeichneten Abrechnungszeitraum abweichen. Längere Abrechnungszeiträume bergen aber für den Mieter die Gefahr, dass die Abrechnungen unübersichtlich werden und dass sie ihm ohnehin die Plausibilitätskontrolle erschweren. Die entsprechende Bestimmung des § 20 Abs. 3 Satz 2 NMV für **preisgebundenen Wohnraum** alter Art hat zwingenden Charakter.

103 Der Vermieter ist **ohne sachlichen Grund auch nicht berechtigt**, eine Abrechnung über einen **kürzeren Zeitraum** zu erstellen. Über die Betriebskosten ist gem. § 556 Abs. 3 Satz 1 BGB jährlich abzurechnen. Das Prinzip der Abrechnungseinheit gebietet es, dass über den gesetzlich vorgesehenen Abrechnungszeitraum von einem Jahr nur eine Abrechnung erstellt wird, die alle in dieses Jahr einzustellenden Gesamtkosten beinhaltet. Diese werden als Ganzes anteilig auf die Mieter umgelegt, zwischen Vor- und Nachmieter aufgeteilt oder, so ein Nachmieter nicht oder nicht sofort vorhanden ist, zwischen Mieter und Vermieter. Hiervon darf nicht abgewichen werden, es sei denn, zwingende Gründe bedingen

---

[198] BGH (VIII ZR 316/10) DWW 2011, 335 = GE 2011, 1153 = NZM 2011, 624 = WuM 2011, 511 = ZMR 2011, 941.

[199] Z. B. AG Frankfurt am Main ZMR 2010, 43; *Blank* NZM 2008, 745 (749), *Both* in Herrlein/Kandelhard § 556 Rdn. 67, *Zehelein* in MünchKomm § 556 Rdn. 62, *Wall* Rdn. 1982; a. A. (schon formeller Fehler) LG Gießen DWW 2009, 189 = NZM 2009, 581, LG Bremen WuM 2006, 199, AG Berlin-Charlottenburg GE 2008, 1566.

[200] Vgl. LG Düsseldorf ZMR 1998, 167 für 13 Monate, AG Köln WuM 1997, 232 für 18 Monate, AG Waiblingen WuM 1987, 323 für eine Abrechnung über zwei Jahre.

dies. **Kein ausreichender Grund** ist hierbei der **Vermieterwechsel**, insbesondere nicht die Vereinbarung zwischen Käufer und Verkäufer der Liegenschaft zum wirtschaftlichen Besitzübergang (s. Rdn. 104 und H Rdn. 196). **Zulässig** ist es nach **BGH**[201] bei einem Eigentumsübergang während des Jahres, dass die Jahresgesamtabrechnung sodann **allein die Kostenanteile** der Mieter in zwei sich ergänzende Zeitabschnitte des Abrechnungsjahres aufgliedert. Aufgrund der Abrechnung über die gesamte Abrechnungsperiode handelt es sich damit nicht um eine unzulässige Teilabrechnung über die Betriebskostenvorauszahlungen, sondern lediglich um eine Aufteilung der Kosten, welche die interne Abrechnung der Betriebskosten zwischen dem alten und neuen Vermieter ermöglicht. Bei einem **Mieterwechsel** muss gleichwohl eine Abrechnung über das volle Jahr erstellt werden unter Reduzierung der Kostenumlage auf die jeweiligen Nutzungszeiträume, da nur hierüber die Kosten der jährlichen Abrechnung ordnungsgemäß aufgeteilt werden. Anders liegt es, wenn kein Nachmieter einzieht. Hier wäre eine unterjährige Abrechnung zwar möglich, dürfte jedoch in aller Regel an einer ordnungsgemäßen Kostenansetzung scheitern. Gerade bei den verbrauchsbezogenen Kosten ist die Jahresabrechnung des Versorgers maßgeblich und ermöglicht die Berücksichtigung von Kostenänderungen, die sich auf das gesamte Abrechnungsjahr auswirken. Die Parteien haben jedoch in Grenzen die Möglichkeit, **kürzere Abrechnungsintervalle zu vereinbaren**,[202] etwa einen Rumpfzeitraum z. B. für die Zeit nach Einzug eines Mieters bis zum Ende des allgemein für das Haus geltenden Abrechnungszeitraums oder entsprechend in der Abrechnungsperiode bei der Umstellung der Müllabfuhr auf Mülltrennung.[203] Ob sie sich generell auf einen kürzeren Abrechnungszeitraum verständigen können, ist streitig. Während dies von der herrschenden Ansicht abgelehnt wird, ist nach anderer Meinung eine Abrede möglich, dass die Kostenumlage jeweils sogleich nach Eingang einer Rechnung vorgenommen wird[204] oder über einen halb- oder vierteljährlichen Zeitraum.[205] Wegen der Unpraktikabilität dürfte das Problem nur für Kleinvermieter von Bedeutung sein. In der Sache selbst in nicht recht zu erkennen, worin die Benachteiligung des Mieters, welche nach § 556 Abs. 4 BGB die Regelung sperren könnte, liegen soll.

Von der Abrechnung über kürzere Abrechnungszeiträume zu trennen ist die **Aufspaltung des Abrechnungsjahres** in mehrere Betriebskosten-

---

[201] BGH (VIII ZR 227/09) GE 2010, 1191 = NZM 2010, 781 = WuM 2010, 493 = ZMR 2010, 933.
[202] Z. B. LG Berlin GE 2009, 780; a. A. *Blank* in Blank/Börstinghaus § 556 Rdn. 258.
[203] H. M., z. B. AG Tempelhof-Kreuzberg GE 2009, 119; *Kinne* in Kinne/Schach/Bieber § 556 Rdn. 78, *Pfeifer* S. 121, *Zehelein* in MünchKomm § 556 Rdn. 62, *Sternel* PiG 55 (1998) S. 95, *Wall* Rdn. 1980; a. A. LG Berlin GE 1991, 935; *Eisenschmid* PiG 23 (1986) S. 48.
[204] *Sternel* III Rdn. 366.
[205] Palandt/*Weidenkaff* § 556 Rdn. 10.

abrechnungen. Diese ist unzulässig, denn der Vermieter schuldet eine einheitliche Abrechnung, so dass er zu derartigen Teilabrechnungen nicht berechtigt ist,[206] auch nicht mit dem Argument, die Einzelrechnungen seien dann eben als Einheit zu betrachten.[207] Hingegen handelt es sich **nicht** um eine unzulässige Teilabrechnung, wenn der Vermieter über die Vorauszahlungen eine jährliche Gesamtabrechnung erstellt und nur bei bestimmten Betriebskostenpositionen sich zeitlich ergänzende Aufgliederungen des Abrechnungsjahres vornimmt, etwa wegen Preissteigerungen in der Abrechnungsperiode.[208]

105 Bei **Gewerberaum** richtet sich der Abrechnungszeitraum nach den Abreden der Parteien;[209] ob ein formularvertraglicher, erheblich über ein Jahr hinausgehender Zeitraum wirksam ist, erscheint unter dem Aspekt fraglich, dass dem Mieter die sachliche Berechtigung der Kostenansätze um so weniger nachprüfbar ist, je länger die Abrechnungsintervalle sind, was ihn unangemessen benachteiligen kann.

106 Der Vermieter kann für **verschiedene Betriebskostenarten** aber auch **unterschiedliche Abrechnungszeiträume** zugrunde legen. Dieses Wahlrecht ist dem Vermieter preisgebundenen Wohnraums in § 20 Abs. 3 Satz 3 NMV ausdrücklich eingeräumt, es gilt auch für preisfreien Wohnraum und Gewerberaum, allerdings nur, wenn es **vereinbart** ist. Ist im Mietvertrag die jährliche Abrechnung über alle Kosten vorgesehen, darf er diese Abrechnungsperiode nicht durch Teilabrechnungen aufspalten,[210] auch nicht mit dem Argument, die Einzelrechnungen seien dann eben als Einheit zu betrachten.[211] Hingegen handelt es sich **nicht** um eine unzulässige Teilabrechnung, wenn der Vermieter über die Vorauszahlungen eine jährliche Gesamtabrechnung erstellt und nur bei bestimmten Betriebskostenpositionen sich zeitlich ergänzende Aufgliederungen des Abrechnungsjahres vornimmt, etwa wegen Preissteigerungen in der Abrechnungsperiode.[212]

Während Wohnungsunternehmen in der Regel kalenderjährlich abrechnen, trennen private Vermieter zum Teil die Abrechnungszeiträume, insbesondere für die Betriebskosten nach dem Kalenderjahr und die Heizkosten z. B. für die Zeit vom 1.7. eines Jahres bis zum 30.6. des Folgejahres. Zu den Folgen für die Abrechnungsfrist, je nachdem ob einheitliche oder getrennte Vorauszahlungen vereinbart sind, s. ausführlich Rdn. 76 ff.

---

[206] BGH (VIII ZR 227/09) GE 2010, 1191 = NZM 2010, 781 = WuM 2010, 493 = ZMR 2010, 933, OLG Düsseldorf ZMR 2002, 46 (10. ZS).
[207] So OLG Düsseldorf ZMR 2008, 45 (24. ZS).
[208] BGH (VIII ZR 227/09) GE 2010, 1191 = NZM 2010, 781 = WuM 2010, 493 = ZMR 2010, 933.
[209] *Beyerle* in Lindner-Figura/Oprée/Stellmann Kap. 11 Rdn. 182, *v. Brunn/ Emmerich* in Bub/Treier III. A Rdn. 90 ff.
[210] BGH (VIII ZR 227/09) NZM 2010, 781 = WuM 2010, 493 = ZMR 2010, 933; OLG Düsseldorf ZMR 2002, 46 (10. ZS).
[211] So aber OLG Düsseldorf ZMR 2008, 45 (24. ZS).
[212] BGH (VIII ZR 227/09) NZM 2010, 781 = WuM 2010, 493 = ZMR 2010, 933.

2. Ansatzfähige Kosten
a) Grundsätze

Über die Betriebskosten ist zwar nach § 556 Abs. 3 Satz 1 BGB jährlich abzurechnen, es ist jedoch **nicht bestimmt, welche Kosten in die Abrechnung** aufgenommen werden dürfen. Rechnungen über Leistungen, die der Vermieter als Betriebskosten geltend machen kann, gehen ihm zu unterschiedlichen Zeitpunkten zu. Dementsprechend betreffen sie oft auch verschiedene Abrechnungsperioden. In der Regel ist der Vermieter schon durch den Mietvertrag gehindert, jede Rechnung sogleich umzulegen, und ohnehin sieht er hiervon allein wegen des Verwaltungsaufwands und der mit der Übermittlung an die Mieter verbundenen Kosten ab, aber auch wegen der Schwierigkeit, die Vorauszahlungen jeweils zu berücksichtigen. Vielmehr ist es üblich, über alle oder die meisten Betriebskosten nach Ablauf eines Abrechnungszeitraums abzurechnen. **107**

Für die Zuordnung der Betriebskosten stehen sachlich **drei Verfahren** zur Verfügung. **108**
- In der Abrechnung werden nur die Kosten für die im Abrechnungszeitraum in Anspruch genommenen bzw. verbrauchten Leistungen angesetzt **(Leistungsabrechnung)**. Überschneiden sich Verbrauchs- und Abrechnungszeitraum, ist danach eine Kostenabgrenzung und zeitanteilige Berechnung erforderlich; aus diesem Grund wird das Verfahren auch Zeitabgrenzungsprinzip genannt.
- In die Abrechnung fließen alle Kosten ein, über die in der Abrechnungsperiode eine Rechnung erteilt wurde **(Abrechnung nach Rechnungen)**. Hierzu gibt es drei Varianten: Die Kosten können nach dem Datum der Rechnung,[213] dem Zeitpunkt, zu dem der Vermieter sie erhielt[214] oder dem Zeitpunkt ihrer Fälligkeit[215] in Ansatz gebracht werden. In allen Varianten kommt es nicht darauf an, ob und ggf. wann die Rechnungen bezahlt wurden.
- Schließlich kann auf den Zeitpunkt abgestellt werden, in dem der Vermieter die Rechnungen bezahlt **(Ausgabenabrechnung)**. Danach fließen alle im Abrechnungszeitraum ausgeglichenen Rechnungen in die Abrechnung ein, wiederum ohne Bezug zu der dem Vermieter berechneten Leistungsperiode, maßgeblich sind allein die tatsächlichen Zahlungsausgänge. Diese Methode gilt für den Verwalter nach WEG.[216]

Unter **betriebswirtschaftlichem Blickwinkel** ist die **Leistungsabrechnung** maßgeblich. Die Abrechnung erfolgt über Betriebs**kosten**. Nach dem betriebswirtschaftlichen Begriff sind Kosten diejenigen Belastungen, **109**

---
[213] *Blank* DWW 1992, 65 f.
[214] So wohl LG Wiesbaden NZM 2002, 944.
[215] *Schmid* DWW 2008, 162, *ders.* NZM 2008, 918.
[216] Z. B. BayObLG WuM 1992, 448 und NZM 1999, 133, PfälzOLG Zweibrücken ZMR 1999, 66; *v. Brunn/Emmerich* in Bub/Treier III. A. Rdn. 371 ff.

die aus dem Verbrauch von Gütern materieller und immaterieller Art stammen. Sie sind unabhängig von Ausgaben;[217] es ist daher irrelevant, ob der Vermieter die ihm erteilten Rechnungen bereits bezahlt hat.[218] Entscheidend ist, inwieweit Güter, die schon vor dem Abrechnungszeitraum oder während seiner Dauer angeschafft wurden, bis zu seinem Ende verbraucht waren.

110 Rechtlich gesehen ist diese Definition nicht zwingend, weil, wie erwähnt, weder durch Gesetz noch durch Verordnung ein bestimmtes Zuordnungsverfahren vorgegeben ist. Der **BGH** hält vor diesem Hintergrund auch die **Abflussabrechnung** für **zulässig,** wobei dem Vermieter ein Wahlrecht zusteht, nach welchem Verfahren er abrechnet.[219] Er darf mithin diese Abrechnungsmethode auch dann anwenden, wenn er sich das Verfahren nicht vorbehalten hat, sondern wenn der Mietvertrag, wie meist, dazu schweigt. Ist ausnahmsweise eine bestimmte Abrechnungsmethode im Mietvertrag festgelegt, hat es ohnehin dabei sein Bewenden.

111 Es fragt sich allerdings, **über welche Methode der BGH** eigentlich entschieden hat. Nach dem Leitsatz der Entscheidung VIII ZR 49/07 ist *„auch eine Abrechnung nach dem Abflussprinzip grundsätzlich zulässig".* In den Gründen hat er von *„Abrechnung nach dem so genannten Abflussprinzip (auch Abrechnung nach Rechnungen oder Ausgabenabrechnung)"* gesprochen, nach dem *„der Vermieter alle Kosten, mit denen er selbst im Abrechnungszeitraum belastet wird, in die Abrechnung einstellen"* darf. Als Vorteil des Abflussprinzips für den Mieter hat er ausgeführt, dass *„er anhand des Fälligkeitsdatums der Rechnung des Versorgers leicht feststellen [kann], ob ein in die Abrechnung eingestellter Betrag zum Abrechnungszeitraum gehört".* Die Entscheidungsgründe enthalten damit eine terminologische Unschärfe, die befürchten lässt, dass über den Begriff Abflussprinzip Streit entsteht. Die Unschärfe besteht darin, dass die Abrechnung nach Rechnungen keineswegs identisch sein muss mit einer Ausgabenabrechnung; dasselbe gilt für Kosten, mit denen der Vermieter im Abrechnungszeitraum belastet wurde, weil schon der Eingang einer Rechnung als Belastung gewertet werden kann, erst recht ihre Fälligkeit.

112 Für die **beiden ersten Varianten,** die Maßgeblichkeit des Rechnungsdatums oder des Zeitpunkts ihres Eingangs beim Vermieter, wird betont, dass der Mieter die Richtigkeit der Zuordnung so besonders leicht überprüfen könne, für die **dritte,** dass durch die Anbindung an die Fälligkeit Zufälle und Manipulationsmöglichkeiten vermieden werden. Letzteres spricht zwar für die dritte Methode, die indes ihrerseits den Nachteil hat, dass es im Einzelfall schwierig sein kann festzustellen, wann denn nun

---

[217] *Gabler,* Wirtschafts-Lexikon, „Kosten", *Kox* ZMR 1980, 292, 293 m. w. N.
[218] Z. B. LG Düsseldorf DWW 1999, 354 (m. zust. Anm. *Geldmacher).*
[219] BGH (VIII ZR 49/07) DWW 2008, 143 = GE 2008, 471 = NZM 2008, 277 = WuM 2008, 223 = ZMR 2008, 444, (VIII ZR 27/07) DWW 2008, 216 = GE 2008, 662 = NZM 2008, 403 = WuM 2008, 285.

genau Fälligkeit eingetreten ist. Mit dem eigentlichen Abflussprinzip, also dem Kostenansatz nach bezahlten Rechnungen, haben diese Techniken indes nichts gemein.

Zur **Lösung des Problems** bietet es sich an, auf den Passus zurückzugreifen, in dem der BGH das Abflussprinzip beschrieben hat. Hier nennt er zwar die Abrechnung nach Rechnungen, aber eben ausdrücklich auch die Ausgabenabrechnung. Die Gleichstellung mit der Ausgabenabrechnung macht jedoch nur Sinn, wenn es nicht auf Datum, Eingang oder Fälligkeit einer Rechnung ankommt, sondern **allein auf den Zeitpunkt ihrer Bezahlung.** Auf dieser Grundlage dürfte der BGH das Abflussprinzip gemeint haben, wie es aus dem WEG-Recht geläufig und für die Einnahme-Ausgabe-Abrechnung des WEG-Verwalters vorgeschrieben ist. Es gibt keinen Anhalt, dass er eine neue Begriffsbestimmung schaffen wollte, bei der entgegen dem Namen eben noch nichts abgeflossen ist. Seine Formulierung *„Abrechnung nach Rechnungen"* wird daher als *„Abrechnung nach* **bezahlten** *Rechnungen"* zu verstehen sein. 113

b) Abrechnung bei unterschiedlichem Verbrauchs- und Abrechnungszeitraum

Soweit es um den Ansatz regelmäßig anfallender Kosten geht, die zumal viertel-, halb- oder jährlich entstehen, ist die Einordnung im Abrechnungszeitraum einfach. Problematisch ist indes, auf welche Weise bei Auseinanderfallen von Leistungs- und Abrechnungszeitraum zu verfahren ist, d.h. **wie die für verschiedene Perioden berechneten Leistungen dem Abrechnungszeitraum zuzuordnen** sind. Eine derartige Standardsituation lag z.B. der Entscheidung des BGH[220] zugrunde, indem der vom Leistungsträger berechnete Verbrauchszeitraum weiter in die Abrechnungsperiode hineinreichte: Der Versorger hatte am 31.8.2004 über den Verbrauchszeitraum vom 24.9.2003 bis 19.7.2004 abgerechnet, die Vermieterin ihrerseits unter dem 28.11.2005. Sie setzte dabei die Nachforderung des Versorgers und die ab dessen Rechnung an ihn gezahlten Abschläge bis zum Jahresende 2004 an. Der BGH akzeptierte die Abrechnung unter Hinweis auf die Zulässigkeit der Abflussabrechnung. 114

Bei genauerer Betrachtung zeigt sich, dass der **Übergang zur Abflussabrechnung** für die Abrechnung **verbrauchsabhängiger Betriebskosten nicht notwendig** ist, sondern dass die Leistungsabrechnung sogar in Teilen zu klareren Verhältnissen führt. Es wird dem Vermieter oder Verwalter ohnehin empfohlen, sich nicht kurzerhand durch die scheinbare Leichtigkeit künftiger Abrechnungen vom „sicheren Weg", nämlich der Leistungsabrechnung, abbringen zu lassen,[221] zumal der Abflussabrech- 115

---

[220] BGH (VIII ZR 49/07) DWW 2008, 143 = GE 2008, 471 = NZM 2008, 277 = WuM 2008, 223 = ZMR 2008, 444.
[221] *Derckx* NZM 2008, 394 (395), *Milger* NZM 2008, 757 (762), *Schach* GE 2008, 444.

nung Ungenauigkeiten eigen sind.[222] Es sind **zwei Fälle zu unterscheiden.**

116 **Endet** der dem Vermieter durch den Lieferanten in Rechnung gestellte **Verbrauchszeitraum alsbald nach Ablauf der mietvertraglichen Abrechnungsperiode,** kann der Vermieter den Rechnungsbetrag bei der Leistungsabrechnung über das Vorjahr in voller Höhe in die Abrechnung einstellen. Die Abrechnungsvereinfachung ist aus dem Gesichtspunkt berechtigt, dass ein im Verhältnis zum Gesamtverbrauch nennenswerter Verbrauch aus dem laufenden Abrechnungszeitraum nicht in die Rechnung eingeflossen ist.[223] Bei der Abflussabrechnung ist der Vermieter gehalten, die Rechnung erst in die im folgenden Jahr anzusetzen.

117 Reicht der **Verbrauchszeitraum weiter in die folgende Abrechnungsperiode,** sind das **Ergebnis der Vorjahresabrechnung** *und* **die Abschläge an den Versorger bis zum Ende des Abrechnungsjahres** maßgeblich. Abschläge beziehen sich nicht auf zukünftigen Verbrauch, sondern sie spiegeln die Kosten für tatsächlich bezogene Leistungen. Sie stellen eine Bewertung der laufenden Kosten dar, denn ihre Höhe ist an der Vorabrechnung orientiert, so dass eine Relation zum prognostizierten Verbrauch besteht. Die konkrete Ermittlung der Kosten ist nicht erforderlich, weil schon mit der Bewertung ein der Kostendefinition (s. Rdn. 109) entsprechendes Ergebnis zu erzielen ist, zumal dem Vermieter die Ablesung aller in Frage kommenden Zähler zum Zeitpunkt des Wechsels der Abrechnungsperiode nach allgemeiner Ansicht nicht zuzumuten ist. Die **Abschläge** dürfen daher **auch bei der Leistungsabrechnung berücksichtigt** werden.[224] Auf dieser Grundlage hatte die Vermieterin im Fall Rdn. 114 schon eine wirksame Leistungsabrechnung erstellt, eine Entscheidung zur Zulässigkeit der Ausgabenabrechnung war nicht veranlasst. Dies ist für die Nachforderung des Versorgers aus seiner Rechnung vom August 2004 offensichtlich, gilt aber ebenfalls für die jeweiligen Abschläge. Die Einbeziehung des Verbrauchs anhand der Abschläge an den Versorger hat zur Folge, dass der Verbrauch vom September bis Ende 2003 bereits mit der Abrechnung über 2003 periodengerecht abgerechnet war, dasselbe gilt für 2004 mit der Abrechnung, die 2005 erfolgte.

c) Probleme bei der Ausgabenabrechnung

aa) Offene Fragen

118 Der BGH hat dem Vermieter ein **Wahlrecht** zwischen der Leistungsabrechnung und der Abflussabrechnung zuerkannt. Daraus resultieren **neue Fragen.**

---

[222] Ausführlich *Milger* NZM 2008, 757 (761).
[223] OLG Schleswig RE 4.10.1990 WuM 1991, 333 für Heizkosten, AG Hannover WuM 1994, 435 für einen Verbrauchszeitraum von zwei Wochen bei Wasser und Entwässerung.
[224] Im Ergebnis ebenso schon *Hanke* PiG 23 (1986) S. 116, *Pistorius* GW 1987, 126.

III. Abrechnungszeitraum

– Die erste Frage geht dahin, ob der Vermieter nun **beide Abrechnungsprinzipien in derselben Abrechnung** benutzen darf. Nach einer Meinung ist dies zulässig,[225] hiergegen sind jedoch nachhaltige Bedenken anzubringen.[226] Kann der Vermieter zwischen den Methoden hin und her wechseln, eröffnet sich ihm die Möglichkeit zur Manipulation des Abrechnungsergebnisses jedenfalls dann, wenn der hier vertretenen Ansicht zu den Auswirkungen der Ausschlussfrist auch bei der Abflussabrechnung (s. Rdn. 89 ff.) nicht gefolgt wird. Ferner dürfte die Nachvollziehbarkeit der Abrechnung für den Mieter bei einem Methodenmix leiden,[227] so dass der Vermieter Gefahr läuft, eine unverständliche und damit formell unwirksame Abrechnung zu produzieren sowie bei verspäteter Neuabrechnung mit Nachforderungen ausgeschlossen zu sein. 119

– Des Weiteren fragt sich, ob der Vermieter das **Abrechnungsprinzip** auch ohne sachlichen äußeren Anlass **immer wieder ändern** darf, im Extremfall von Jahr zu Jahr. Nach der Rechtsprechung des BGH müsste dies zulässig sein. Zum einen hat der Vermieter ein Wahlrecht, zum anderen schaden selbst deutliche jährliche Schwankungen in den Kosten je abgerechneter Betriebskostenart nicht, weil es allein auf die Verständlichkeit der einzelnen Abrechnung ankommt; dass die Kostenunterschiede beim Mieter Ratlosigkeit auslösen, zumal wenn er die Vorjahresabrechnung zum Vergleich heranzieht, ist irrelevant.[228] Nach anderer Ansicht ist der Vermieter überhaupt nicht zum Wechsel der Abrechnungsmethode berechtigt, nachdem jahrelang nach einem Prinzip verfahren wurde; es sei dadurch Vertragsbestandteil geworden.[229] Für den Vermieter ist auf jeden Fall zu bedenken, dass sich die mit der Abflussabrechnung hier erstrebte Abrechnungserleichterung in das Gegenteil verkehren kann. Der Mieter wird den Verdacht von Manipulationen haben, was Nachfragen und ggf. Korrespondenz auslöst. 120

– Ob auch die **Heiz- und Warmwasserkosten** nach dem Abflussprinzip abgerechnet werden dürfen, ist nach völlig herrschender Ansicht zu Recht zu verneinen (s. auch K Rdn. 257).[230] Nach §§ 7 Abs. 2, 8 Abs. 2 HeizKV gehören zu den Kosten der zentralen Heizungs- und Warmwasserversorgungsanlage *„die Kosten der verbrauchten Brennstoffe"*. 121

---

[225] *Geldmacher* MK 2008, 93 (94), *Schach* GE 2008, 444 (445).
[226] AG Hamburg-Blankenese ZMR 2010, 613: unzulässig.
[227] *Wall* Rdn. 2021.
[228] BGH (VIII ZR 261/07) GE 2008, 855 = WuM 2008, 407.
[229] *Blank* NZM 2008, 745 (754), *Wall* Rdn. 2023: nur in Ausnahmefällen.
[230] Z. B. BGH (VII ZR 156/11) DWW 2012, 91 = GE 2012, 401 = GuT 2012, 36 = NZM 2012, 230 = WuM 2012, 143 = ZMR 2012, 341, BayObLG NZM 1999, 133; *Derckx* NZM 2008, 394 (395), *Geldmacher* MK 2008, 93 (95), *Jennißen* MietRB 2006, 203 (205), *Milger* NZM 2008, 757 (761), *v. Seldeneck* InfoM 2008, 107, *Strobel* WE 1997, 247; a. A. LG Berlin ZMR 2011, 871, wohl auch *Schmid* DWW 2008, 162 (163).

Während § 556a Abs. 1 Satz 2 BGB nur die Umlage nach erfasstem Verbrauch vorschreibt, ohne eine feste Verbindung mit dem Abrechnungszeitraum herzustellen, sind hier ausschließlich die in der Abrechnungsperiode *verbrauchten* Brennstoffe umlagefähig, so dass eine Leistungsabrechnung zu fertigen ist.

bb) Verfahren bei Mieterwechsel

122 Schließlich bleibt zu klären, wie bei einem Mieterwechsel zu verfahren ist. Mit der Formulierung, *„Ob der Vermieter in besonders gelagerten Fällen eines Mieterwechsels nach Treu und Glauben (§ 242 BGB) gehindert sein könnte, Betriebskosten nach dem Abflussprinzip abzurechnen, bedarf im vorliegenden Fall keiner Entscheidung",*[231] **scheint der BGH** das Abflussprinzip grundsätzlich auch dann zu akzeptieren, wenn es zu sachlich nicht berechtigten Kostenansätzen beim Vor- oder Nachmieter kommt, solange kein *„besonders gelagerter Fall"* gegeben ist und kein Verstoß gegen Treu und Glauben. Auf dieser Grundlage wird z. B. vertreten, dass der am 1.1.2008 eingezogene Nachmieter einer Wohnung in einem Zweifamilienhaus anteilig die beträchtlichen Kosten zu tragen habe, die aus Gartenarbeiten im Jahre 2004 stammen und die wegen eines Rechtsstreits mit dem Gartenbauunternehmen erst im Jahre 2008 bezahlt wurden.[232] Dies **überzeugt nicht,** weil der Vermieter über die Wahl des Abrechnungsprinzips nicht dazu kommen kann, folgenlos schlichte Rechenvorgänge zu unterlassen. Nach hier vertretener Auffassung ist der wesentliche Gesichtspunkt der Entscheidung des BGH einzubeziehen, die Vereinfachung der Abrechnung für den Vermieter. Der Vermieter soll **nicht zu feinsinnigen und** damit **aufwendigen Kostenabgrenzungen** gezwungen sein.[233] Die zeitgerechte Verteilung feststehender Kosten auf zwei Mietparteien ist indes ein derartiger schlichter Rechenvorgang. So überfordert es den Vermieter auch nicht, z. B. bei Versicherungsprämien, die im Voraus erhoben worden sind, dem früheren Mieter eine Gutschrift für die Zeit nach Mietende zu erteilen.

123 Aus der **gesetzlich vorgegebenen Prüfungsfolge** ist ohnehin **beim Mieterwechsel** grundsätzlich **weiterhin eine Leistungsabrechnung notwendig.**[234] Nach dem gesetzlichen Leitbild in § 535 Abs. 1 Satz 3 BGB trägt der Vermieter die Betriebskosten. Will er sie dem Mieter übertragen, braucht er hierzu nach § 556 Abs. 1 BGB eine Vereinbarung. In einem ersten Schritt ist daher zu prüfen, welchen Inhalt die Vereinbarung zur

---
[231] BGH (VIII ZR 49/07) DWW 2008, 143 = GE 2008, 471 = NZM 2008, 277 = WuM 2008, 223 = ZMR 2008, 444.
[232] *v. Seldeneck* InfoM 2008, 107; dagegen z. B. *Milger* NZM 2008, 757 (762).
[233] Die Gegenmeinung von *Schmid* in NZM 2015, 572 (576) übersieht, dass der BGH in der Entscheidung vom 20.2.2008 die Frage der Zumutbarkeit einer komplexen Abrechnung für den Vermieter in Abwägung mit den (nicht anerkannten) schutzwürdigen Interessen des Mieters ausdrücklich für die Möglichkeit einer Abrechnung nach dem Abflussprinzip hervorhebt (Rdn. 24).
[234] Ebenso z. B. *Drasdo* ZMR 2008, 421 (429 f.).

Abwälzung der Betriebskosten hat. Unabhängig von ihrer konkreten Ausgestaltung ist der Grundsatz der Umlagegerechtigkeit ein selbstverständlicher Bestandteil jeder Abwälzungsvereinbarung, d. h. dass die Kosten auf die beteiligten Nutzer der Mietobjekte im Gebäude entsprechend der jeweiligen Verursachung sachgerecht zu verteilen sind.[235] Führt das bloße Abstellen auf den Zeitpunkt der Bezahlung einer Rechnung zu einem Verstoß gegen diesen Grundsatz, liegt eine Verletzung der Abwälzungsvereinbarung vor, welche die Abrechnungsmethode unzulässig macht. Die Betriebskostenabrechnung und damit das Abrechnungsprinzip stellen demgegenüber erst den zweiten Schritt dar, der den Vorrang der Vereinbarung folglich nicht aushebeln kann.

d) Vermietung von Wohnungs- oder Teileigentum

aa) Vermietung von Wohnungseigentum

Soweit der Eigentümer über **Betriebskosten des Sondereigentums** abrechnet, bestehen keine Unterschiede zu der oben beschriebenen Sachlage. Es handelt sich um Kosten, die ausschließlich für die vermietete Wohnung anfallen. Der Eigentümer ist daher gehalten, selbst über die Grundsteuer (s. dazu F Rdn. 153, 200) und z. B. die Betriebskosten für im Sondereigentum stehende Warmwassergeräte oder Antennen eine Abrechnung zu erstellen. 124

Anders verhält es sich bei den **Betriebskosten des Gemeinschaftseigentums,** über die der Verwalter abrechnet. Die Jahresabrechnung des Verwalters hat grundsätzlich nach den tatsächlichen Einnahmen und Ausgaben im Wirtschaftsjahr zu erfolgen (Ein- und Ausgabenabrechnung).[236] Ausgenommen ist – wegen der zwingenden Vorschriften der HeizKV – die Abrechnung über die Heizkosten[237] und die Abrechnung über die Instandhaltungsrücklage;[238] ferner können die Eigentümer eine zeitanteilige Abrechnung, eine sog. erweiterte Jahresabrechnung,[239] vereinbaren.[240] Der Eigentümer erhält daher in aller Regel eine Abrechnung, die keine periodengerechte Aufteilung der Kosten ausweist. 125

Es war streitig, wie die **Problematik der verschiedenen Abrechnungswege** zu lösen ist. Dieser Streit ist durch die Entscheidungen des **BGH** zur Zulässigkeit von Abrechnungen nach dem Abflussprinzip erle- 126

---

[235] Ausführlich *Langenberg* NJW 2008, 1269 (1274 f.).
[236] Z. B. BayObLG WuM 1992, 448 und NZM 1999, 133, PfälzOLG Zweibrücken ZMR 1999, 66; *v. Brunn/Emmerich* in Bub/Treier III. A Rdn. 371 ff., *Köhler* ZMR 1998, 328, *Seuß* WE 1993, 71.
[237] BGH (V ZR 251/10) GE 2012, 551 = GuT 2012, 61 = NZM 2012, 344 = WuM 2012, 222 = ZMR 2012, 372.
[238] PfälzOLG Zweibrücken ZMR 1999, 66.
[239] *Seuß* WE 1993, 71.
[240] PfälzOLG Zweibrücken ZMR 1999, 66.

digt (s. Rdn. 110).[241] Der Eigentümer ist daher weder verpflichtet, die Ausgabenabrechnung in eine Leistungsabrechnung umzurechnen,[242] noch darf er nur dann mit den Beträgen aus der Ausgabenabrechnung des Verwalters abrechnen, wenn es vereinbart ist.

127 Auch wenn der Vermieter die anteiligen Kosten an den Mieter auf der Grundlage der Ausgabenabrechnung des Verwalters weitergeben darf, hat er zu beachten, dass die **Voraussetzungen für die formelle Wirksamkeit** der Abrechnung erfüllt sind. Im Verhältnis des Eigentümers zum Mieter gelten die allgemeinen formellen Anforderungen (s. H Rdn. 125 ff.).

128 Eine **unzulängliche Abrechnung des WEG-Verwalters,** die der Eigentümer selbst nicht zu akzeptieren hätte, braucht auch der Mieter nicht gegen sich gelten zu lassen (s. H Rdn. 200); dabei ist es irrelevant, ob die Erstellung einer von der Verwalterabrechnung abweichenden Einzelabrechnung für den Vermieter mit erheblichem Aufwand verbunden wäre.[243]

129 Der WEG-Verwalter rechnet über die Einnahmen und Ausgaben ab und differenziert bei den Ausgaben nicht zwischen Betriebskosten und Kosten aus Instandhaltung und Instandsetzung. Diese Kostentrennung muss der vermietende Wohnungseigentümer vornehmen (s. auch H Rdn. 204), in der Abrechnung dürfen allerdings **nicht nur** die **bereinigten Kosten** angesetzt werden (s. H Rdn. 140). Vielmehr sind die Gesamtkosten auszuweisen und der nicht umlagefähige Kostenanteil anzugeben.

130 Der Vermieter kann die Einhaltung der formellen Voraussetzungen für eine wirksame Abrechnung **nicht** dadurch vermeiden, dass er schon im Mietvertrag **die Bindung** des Mieters **an die Beschlüsse der Miteigentümer** festlegt. Eine derartige Vereinbarung ist nach § 556 Abs. 4 BGB unwirksam, weil sie generell geeignet ist, den Mieter zu benachteiligen, für preisgebundenen Wohnraum folgt dies unmittelbar aus §§ 8 Abs. 2 WoBindG, 20 NMV.[244] Es kommt daher nicht darauf an, ob die Abrede formularvertraglich oder individuell zustande kam. Ebenso wenig kann er darauf verweisen, bei der ihm selbst vom Verwalter präsentierten Abrechnung handele es sich um die nach § 28 Abs. 5 WEG von der Eigentümergemeinschaft beschlossene Abrechnung. Der Beschluss bindet zwar im Verhältnis der Miteigentümer zueinander, nicht aber im Ver-

---

[241] BGH (VIII ZR 49/07) DWW 2008, 143 = GE 2008, 471 = NZM 2008, 277 = WuM 2008, 223 = ZMR 2008, 444, (VIII ZR 27/07) DWW 2008, 216 = GE 2008, 662 = NZM 2008, 403 = WuM 2008, 285.

[242] LG Düsseldorf DWW 1988, 210; *Geldmacher* DWW 1997, 167, *Riecke* WE 2002, 220, 221, *Schmid* DWW 1990, 351.

[243] Vgl. BGH (VIII ZR 298/80) GE 1982, 135 = NJW 1982, 573 = WuM 1982, 207 gegen OLG Hamm WuM 1981, 62.

[244] AG Wuppertal WuM 1990, 560.

hältnis des Eigentümers zum Mieter. Die mietvertragliche Vereinbarung wird durch den Beschluss der Eigentümer nicht berührt, soweit er von den Abreden abweicht. Dies ergibt sich bereits daraus, dass der Mieter an der Beschlussfassung nicht beteiligt war.

bb) Vermietung von Teileigentum

Bei der Vermietung von Teileigentum wurde es bisher schon allgemein als zulässig angesehen, dass die Abrechnung im Mietverhältnis **der Abrechnung nach WEG folgt.** Zu den formellen Anforderungen an die Abrechnung gelten die vorstehenden Ausführungen entsprechend, soweit sie sich nicht auf die Ausschlussfrist gem. § 556 Abs. 3 Satz 3 BGB beziehen. Sie ist auf Gewerberaummietverhältnisse nicht anzuwenden. **131**

e) In mehrjährigem Turnus anfallende Betriebskosten

Bei manchen Betriebskostenarten fallen Kostensteigerungen in mehrjährigem Turnus an, etwa bei den Wasserkosten durch die Eichgebühren, den Gartenpflegekosten durch das Auswechseln des Sandes in Sandkästen für Kleinkinder. Es fragt sich, **wie** der Vermieter diese **Mehrkosten umzulegen** hat. Hierzu wird vertreten, dass er diese zusätzlichen Kosten in der Abrechnungsperiode anzusetzen hat, in der sie entstanden sind,[245] und zwar in voller Höhe,[246] dass er berechtigt ist, sie über mehrere Jahre verteilt umzulegen,[247] und dass er sogar zur mehrjährigen Umlage verpflichtet ist.[248] Einigkeit besteht darüber, dass z. B. der Vermieter von Objekten in einem Neubau keinen jährlichen Beitrag zu den geschätzten, erst in Zukunft bei Ablauf eines langfristigen Turnus sich ergebenden Kosten erheben darf.[249] **132**

Der **BGH** hat hierzu entschieden, dass Betriebskosten, die nicht jährlich, sondern in größeren zeitlichen Abständen wiederkehren, grundsätzlich **in dem Abrechnungszeitraum** umgelegt werden *können,* **in dem sie entstehen.**[250] Dieses Recht folgt im Übrigen schon aus der Zulässigkeit der Abflussabrechnung; was dort rechtlich wirksam ist, kann bei einer Leistungsabrechnung nicht anders beurteilt werden. Es besteht mithin keine Verpflichtung zur mehrjährigen Verteilung der Kosten; zu dem Argument, nur so könne ggf. auch ein Nachmieter an den Kosten beteiligt werden s. Rdn. 135 f. **133**

Der Vermieter ist auf dieser Grundlage **nicht** zum **sofortigen Ansatz** der Kosten **in voller Höhe** verpflichtet. Die Begründung, anderenfalls **134**

---

[245] *Geldmacher* DWW 1997, 166, *Sternel* III Rdn. 302.
[246] LG Berlin GE 1992, 385.
[247] AG Neuss DWW 1988, 284; *v. Brunn/Emmerich* in Bub/Treier III. A Rdn. 90 ff., *Wall* WuM 1998, 67.
[248] LAG Frankfurt am Main WuM 1992, 545 (547).
[249] Z. B. AG Neuss DWW 1988, 284.
[250] BGH (VIII ZR 221/08) GE 2010, 118 = NZM 2010, 79 = WuM 2010, 33 (m. Anm. *Dittert* WuM 2010, 285).

leide die Transparenz der Abrechnung,[251] ist nicht überzeugend, weil sich aus einer ordnungsgemäßen Abrechnung ohnehin die Gesamtkosten und der Umlagemodus ergeben. Der Vermieter darf die Kosten aber **auch über mehrere Jahre** verteilen, z. B. dem Turnus entsprechend, um die aktuelle Belastung der Mieter zu begrenzen. Rechtlich handelt es sich dabei um eine Stundung des jeweiligen Restbetrages.

135 Verteilt der Vermieter die Kosten über **mehrere Abrechnungsperioden,** hat er allerdings zu beachten, dass er **bei einem Mieterwechsel** dem ausziehenden Mieter den **gestundeten Restbetrag** berechnet. Er allein hat für die Betriebskosten, die während seiner Wohn- oder Nutzungszeit angefallen sind, einzustehen; es ist nicht zulässig, den neuen Mieter zu den Restkosten heranzuziehen. Soweit zugunsten der mehrjährigen Verteilung angeführt wird, dass diese den Vorteil biete, nicht nur den Mieter zu belasten, der zufällig im Zeitpunkt des Kostenanfalls Mieter gewesen sei,[252] wird der Stundungscharakter der Umlage über mehrere Jahre übersehen.

136 Über die rechtliche Unzulässigkeit hinaus würde die Beteiligung von Vor- und Nachmieter(n) **erheblichen Verwaltungsaufwand** beim Vermieter auslösen. Er hätte ständig Listen zu erstellen und fortzuschreiben, aus denen sich die etlichen verschiedenen Turnus der Maßnahmen zwischen einem und zwölf Jahren ersehen lassen und korrespondierend dazu die Mieter nebst ihrer jeweiligen Wohndauer; es wäre zusätzlich zu klären, ob die Verteilung nach Jahren oder monatsgenau zu erfolgen hat. Schließlich wäre es nur schwer verständlich, wenn das Verteilungssystem nicht auch auf die aperiodisch entstehenden Betriebskostensteigerungen (dazu Rdn. 137) übertragen würde. Bei diesen Kostensteigerungen ergäbe sich das zusätzliche Problem, über welchen Zeitraum die Kosten verteilt werden sollen, weil sich hierzu auch nur einigermaßen zuverlässige Prognosen nicht anstellen lassen.

f) Aperiodisch anfallende Betriebskostensteigerungen

137 Die vorgenannten Grundsätze gelten auch bei aperiodisch anfallenden Kostensteigerungen, z. B. den Kosten aus der Beseitigung von Sturmschäden oder unregelmäßig notwendigem Gehölzschnitt im Rahmen der Gartenpflege. Es handelt sich hierbei allein um **unregelmäßig entstehenden Kostenanstieg innerhalb periodisch sich ergebender umlagefähiger Betriebskostenarten.** Es geht mithin nicht, wie häufig formuliert, um aperiodisch anfallende Betriebskosten, die nicht umlagefähig wären, weil ihnen das Merkmal der laufenden Entstehung im Sinne von § 1 Abs. 1 BetrKV fehlt.

---

[251] So *Sternel* III Rdn. 302.
[252] LAG Frankfurt am Main WuM 1992, 545 (547); *v. Brunn/Emmerich* in Bub/Treier III. A Rdn. 90 ff., *Hanke* PiG 23 (1986) S. 113.

IV. Kautionsabrechnung vor Fristablauf

Nach der Beendigung des Mietverhältnisses tritt regelmäßig das Problem auf, dass der **Vermieter zwar verpflichtet** ist, **über die Kaution abzurechnen** und diese, so er keine aus deren Verwertung zu befriedigende Ansprüche gegen den Mieter hat, insoweit herauszugeben. Zugleich steht aber noch die Betriebskostenabrechnung über das Abrechnungsjahr aus, innerhalb dessen das Vertragsende fällt. Hinsichtlich des vorgehenden Abrechnungszeitraums ist die **Abrechnungsfrist** häufig ebenfalls noch **nicht abgelaufen**. Ist das (mit der Rückgabe der Mietsache identische) Vertragsende z. B. der 31.3., so hat der Vermieter ausgehend von der jedenfalls als „Fausformel" anzusetzenden Frist von 6 Monaten[253] bis zum 30.9. Zeit, über die Kaution abzurechnen. Zu diesem Zeitpunkt ist aber das (ausgehend von dem Kalenderjahr) laufende Abrechnungsjahr noch nicht beendet. Der Vermieter muss erst zum 31.12 des Folgejahres abrechnen oder jedenfalls dann, wenn er tatsächlich abrechnen kann.[254] Auch hinsichtlich des Vorjahres muss die Abrechnung erst spätestens zum Ende des laufendes Jahres erfolgen. Es besteht **keine Pflicht zur vorzeitigen Abrechnung** gegenüber dem ausziehenen Mieter (siehe G Rdn. 32). Der Vermieter ist daher berechtigt, einen **angemessenen Teil der Kaution einzubehalten** im Hinblick auf die ausstehenden Abrechnungen.[255] Die hiergegen erhobene Kritik, dass ein solches Zurücbehaltungsrecht § 273 BGB aus dem Grunde nicht entnommen werden könne, weil hierfür die eigene Forderung bereits bestehen müsse und das wirtschaftliche Interesse des Mieters vernachlässigt werde,[256] greift jedenfalls im Ergebnis nicht. Da die Regelung des § 273 BGB letztlich auf die Grundsätze von Treu und Glauben (§ 242 BGB) zurückgeht,[257] soll der Schuldner einer Leistung auch dann nicht vorleistungspflichtig sein, wenn der Gläuber seinereits ihm gegenüber zur Leistung verpflichtet sein wird und hierfür jedenfalls ausreichend konkrete Anhaltspunkt bestehen, der Anspruch etwa dem Grunde nach feststeht, aber die Höhe noch festzustellen ist.[258] Zumindest aber wäre ein solches Recht aus der Sicherungsabrede herzuleiten. Denn der Sicherungszweck der Kaution

138

---

[253] Das wird angelehnt an BGH (VIII ZR 71/05) DWW 2006, 376 = GE 2006, 510 = NJW 2006, 1422 = NZM 2006, 343 = WuM 2006, 197 = ZMR 2006, 431; vgl. *Bieber* in MünchKomm § 556 Rdn. 17, *Blank* in Schmidt-Futterer § 551 Rdn. 97 jew. m. w. N.
[254] OLG Düsseldorf WuM 2003, 621.
[255] BGH (VIII ZR 71/05) DWW 2006, 376 = GE 2006, 510 = NJW 2006, 1422 = NZM 2006, 343 = WuM 2006, 197 = ZMR 2006, 431, KGH MDR 2013, 510, LG München WuM 2018, 427; *Bieber* in MünchKomm § 556 Rdn. 17.
[256] *Blank* in Schmidt-Futterer § 551 Rdn. 99.
[257] BeckOK BGB/*Lorenz* § 273 Rdn. 1.
[258] BGH (II ZR 83/72) NJW 1974, 899; Ermann/*Artz* 15. Aufl. 2017 § 273 BGB Rdn. 10.

erfasst die während der Vertragslaufzeit geschuldeten Mieten gem. § 535 Abs. 2 BGB, denen die Betriebskosten zugehörig sind, und somit auch das Abrechnungsergebnis.[259] Es ist nicht ersichtlich, dass und warum der Vermieter alleine aufgrund der späteren Abrechnung diese Sicherung verlieren solle. Dabei darf auch nicht übersehen werden, dass das Betriebskostenrecht und der hierdurch ermöglichte Auffang von Verbrauchsvarianzen und Kostensteigerungen eine langfristige Vermietung und damit insbesondere diejenige von Wohnraum maßgeblich ermöglicht. Ein vorgehendes wirtschaftliches Interesse des Mieters ist demgegenüber nicht ersichtlich und ohnehin dann nicht relevant, wenn die Kaution nicht durch die Hingabe von Bargeld oder eines Kautionssparbuches erfolgt. Schließlich verfängt auch der Verweis auf § 548 BGB nicht. Die kurze Verjährungsfrist dient nicht der Wahrung wirtschaftlicher Interessen, sondern der Beweissicherung.[260] Ein Zurückbehaltungsrecht des Vermieters soll dann nicht bestehen, wenn aufgrund der finanziellen Situation des Mieters etwaige Betriebskostennachzahlungen ohnehin vom **Jobcenter** „getragen würden",[261] was mehr als zweifelhaft ist.

139 Streitig ist die **Höhe des Einbehalt**s, den der Vermieter geltend machen kann. Zum Teil wird **vertreten**, dass hierfür ein verhältnismäßiger (und somit für das Auszugsjahr kürzerer) **Anteil der Vorausahlungen** anzusetzen sei, der auf ca. 3 Monate bestimmt wird.[262] **Richtiger Weise** muss jedoch darauf abgestellt werden, ob **mit einer Nachforderungen zu rechnen** ist, wozu der Vermieter konkret vortragen muss.[263] Die Höhe hat sich zumindest an der **letzten Abrechnung** zu orientieren,[264] bei mehreren Abrechnungen ist ein Schnitt zu bilden. Eine hierdurch bestimmte Nachforderung kann der Vermieter von der Kaution einbehalten. Für einen Sicherheitszuschlag von 10-15%[265] ist nach der Rechtsprechung des BGH zu § 560 Abs. 4 BGB[266] (siehe E Rdn. 40) kein Raum mehr. Zu berücksichtigen sind jedoch eventuelle Vorauszahlungserhöhungen. Gab es bei kurzer Mietdauer bislang noch keine Abrechnung, ist ein Einbehalt an sich ausgeschlossen. Da der Vermieter gem. § 556 Abs. 2 Satz 2 BGB angemessene Vorauszahlungen erheben muss, geht das Risiko der Kalkulation zu seinen Lasten. Er kann jedoch Umstände vortragen, die begründen, dass im konkreten Fall mit einer Nachfoderung zu rechnen ist (z. B. unerwartete Preissteigerungen, hoher Verbrauch).

---

[259] BGH (VIII ZR 71/05) DWW 2006, 376 = GE 2006, 510 = NJW 2006, 1422 = NZM 2006, 343 = WuM 2006, 197 = ZMR 2006, 431.
[260] Z. B. *Streyl* in Schmidt-Futterer § 548 Rdn. 2
[261] AG Saarbrücken WuM 2017, 634 (ohne jede Tatsachenfeststellung hierzu).
[262] Z. B. KG MDR 2013, 510 (nur ersatzweise, wenn keine Schätzung möglich ist), AG Hamburg WuM 1997, 213; *Sternel* Mietrecht aktuell III. Rdn. 196.
[263] Z. B. AG Hamburg-Barmbek WuM 2010, 153.
[264] *Horst* MDR 2007, 697 (700); *Manger* GE 2006, 483 (484).
[265] Z. B. *Hinz* WuM 2006, 347.
[266] BGH (VIII ZR 294/10) GE 2011, 1547 = NZM 2011, 880 = WuM 2011, 686.

H. Abrechnung

I. Grundlagen

1. Rechtsnatur der Abrechnung

Die Rechtsnatur der Abrechnung ist **streitig**. Das mag auf den ersten Blick überraschen, geht es doch „nur" darum, die entstandenen Kosten aufzulisten und in möglichst gerechter Weise auf die Mieter zu verteilen, wobei die Schwierigkeiten wie immer im Detail liegen, was schon bei der Darstellung der Umlageschlüssel deutlich wurde. Auf den Streit ist einzugehen, da er nicht bloß akademischer Art ist; vielmehr ergeben sich aus den verschiedenen Standpunkten zum Teil unterschiedliche rechtliche und praktische Folgen.

1

Nach einer Ansicht ist die Abrechnung eine Wissenserklärung,[1] ein **Rechenvorgang** im Sinne des § 259 BGB.[2] Ihr komme kein rechtsgeschäftlicher Erklärungswert im Sinne einer Willenserklärung zu; es handelt sich, anders als etwa bei der Aufrechnung, auch nicht um ein Gestaltungsrecht. Der Rechenvorgang schaffe die materielle Voraussetzung dafür, dass dem Vermieter die Vorauszahlungen, soweit durch das Abrechnungsergebnis gerechtfertigt, endgültig verbleiben und ein etwaiger Nachforderungsanspruch fällig werde[3] oder dass er dem Mieter bei einer Überzahlung das Guthaben auszukehren habe.

2

Nach **zutreffender Ansicht** ist die Abrechnung als **geschäftsähnliche Handlung** zu qualifizieren,[4] weil sie über die bloße Mitteilung von Tatsachen hinaus Rechtsfolgen auslöse, die über die bloße Fälligkeit des Saldos hinausgehen.[5] Zum einen führe die verspätete Abrechnung grundsätzlich zum Nachforderungsausschluss,[6] insbesondere aber könne sie den Mieter zu vertraglich nicht vorgesehenen Leistungen verpflichten, wenn er

3

---

[1] BGH (XII ZR 62/12) GE 2013, 1130 = NZM 2013, 648.
[2] BGH (VIII ZR 263/14) GE 2016, 1146 = NJW 2016, 3231 = NZM 2016, 762 = WuM 2016, 620 = ZMR 2016, 768, (VIII ZR 298/80) GE 1982, 135 = NJW 1982, 573 = WuM 1982, 207; *Both* in Herrlein/Kandelhard § 556 Rdn. 69, *Dickersbach* WuM 2008, 439 (440), *Lammel* WuM 2014, 387 (388), *Schach* GE 2000, 1678, *Zehelein* WuM 2014, 3; differenzierend *Blank* DWW 2009, 91 (94): nur bei der Abrechnung über Gewerberaum.
[3] BGH (VIII ZR 319/09) GE 2010, 1414 = NZM 2010, 783 = WuM 2010, 631.
[4] AG Köln NZM 2005, 740; *Blank* DWW 2009, 91 (95), *Dickersbach* WuM 2008, 439 (440), *Jacoby* ZMR 2017, 781, *Langenberg* in Schmidt-Futterer § 556 Rdn. 326.
[5] *Schmid* DWW 2006, 59, anders wohl BGH (VIII ZR 263/09) DWW 2010, 263 = GE 2010, 760 (m. Anm. *Schach* GE 2010, 723) = NZM 2010, 577 = WuM 2010, 356 = ZMR 2010, 749.
[6] *Dickersbach* WuM 2008, 439.

mit seinen Einwänden gegen die Abrechnung zu spät kam (§ 556 Abs. 3 Satz 6 BGB; dazu ausführlich Rdn. 253 ff.), so dass sie durch den Fristablauf als richtig fingiert werde.[7] Dass der Vermieter trotz gewisser materieller Mängel den vollen Saldo durchsetzen kann, dürfte die Vorschrift des § 556 Abs. 3 Satz 6 BGB jedoch noch nicht zu einer eigenständigen Anspruchsgrundlage machen. Diese liefert vielmehr allein der Mietvertrag, wobei die Ausschlussfristen zulasten des Vermieters (§ 556 Abs. 3 Satz 3 BGB) und des Mieters (§ 556 Abs. 3 Satz 6 BGB) nur zu einer Beschränkung in der Ausübung der aus ihm folgenden Rechte führen. Dementsprechend ist der Mieter trotz Ablaufs der Einwendungsfrist nicht etwa verpflichtet, Kosten anteilig zu tragen, die keine Betriebskosten i. S. des § 2 BetrKV sind. In den **rechtlichen Folgen** unterscheidet sich diese Einordnung der Abrechnung indes nicht von der vorbeschriebenen herrschenden Auffassung. Zwar sind auf geschäftsähnliche Handlungen häufig die Vorschriften über Willenserklärungen anzuwenden, die jeweilige Eigenart der geschäftsähnlichen Handlung und die Interessenlage müssen jedoch berücksichtigt werden.[8] Die vollständige Einbeziehung der Vorschriften über Willenserklärungen kommt daher hier nicht Betracht. Anwendbar sind vorrangig die Vorschriften über den Schutz derjenigen, die eine Erklärung abgeben oder empfangen, also die §§ 164–185 BGB, daraus insbesondere § 174 BGB (s. Rdn. 116). Diese gelten aber jedenfalls analog auch für Wissenserklärungen.[9]

4 Nach **einer weiteren Ansicht**[10] stellt die Abrechnung eine **Leistungsbestimmung** im Sinne des § 315 BGB dar. Die Vorauszahlungen des Mieters seien Abschlagszahlungen auf das nach der Verbrauchsperiode zu bestimmende Entgelt. Durch die Berechnung, ob und was der Vermieter vom Mieter noch zu bekommen habe oder ob eine Überzahlung durch den Mieter vorliege, erfolge die endgültige Bestimmung der Leistungspflicht des Mieters.

5 Diese Meinung **überzeugt aus zwei Gründen nicht.** Zum einen kommt die Leistungsbestimmung nur in Betracht, wenn der bestimmenden Partei ein Beurteilungsspielraum eingeräumt ist.[11] Der abrechnende Vermieter hat jedoch **keinen Beurteilungsspielraum.** Vorauszahlungen sind ein durch den Verwendungszweck beschriebener Teil des gesamten Mietentgelts, das der Mieter laufend schuldet. Die Höhe des Gesamtmietzinses und dessen jeweilige Zweckbestimmung richten sich nach den Absprachen, welche die Parteien vor oder ggf. auch während des Zeitraums, auf den sich die Vorauszahlungen beziehen, getroffen haben. Die Höhe der Betriebskosten ergibt sich aus der Addition der zuvor als umlagefä-

---

[7] *Blank* DWW 2009, 91 (95).
[8] Palandt/*Ellenberger* § 104 Rdn. 7.
[9] *Blank* in Blank/Börstinghaus § 556 Rdn. 157.
[10] LG Hamburg ZMR 1995, 32 (33); *Eisenhardt* WuM 2011, 143, *Sternel* PiG 40 (1993) S. 86.
[11] Palandt/*Grüneberg* § 315 Rdn. 4.

hig bestimmten Kosten und dem Anteil des Mieters. Weder hinsichtlich der Umlagefähigkeit von Betriebskosten noch hinsichtlich ihrer auf den Mieter entfallenden Höhe besteht folglich ein Wahlrecht des Vermieters. Zum anderen zeigen die **Schwierigkeiten bei einer Korrektur der Abrechnung,** dass die Annahme einer Leistungsbestimmung rechtlich nicht passt. Nach herrschender Auffassung ist die Leistungsbestimmung eine Gestaltungserklärung.[12] Die dem Vertragspartner zugegangene Erklärung kann weder widerrufen noch einseitig abgeändert werden. Hat der Vermieter Kostenpositionen übersehen oder sich verrechnet, wäre eine Nachberechnung (zur Korrektur von Abrechnungen s. Rdn. 226 ff.) ohne Einschaltung des Gerichts nicht möglich, weil eine zweite Bestimmungserklärung nicht nachgeschoben werden kann. Weist die Abrechnung nach Meinung des Mieters sonstige Mängel auf, die das Gericht bei einem Rechtsstreit bestätigt, würde das Gericht für den Vermieter dessen Leistungsbestimmung nach billigem Ermessen ersetzen. Auch soweit sich diese Meinung schließlich auf die Regelung in § 20 Abs. 4 NMV stützt, wonach der Abrechnungssaldo bei preisgebundenem Wohnraum wie eine Mieterhöhung anzufordern ist, überzeugt sie nicht.[13]

2. Fragen des Datenschutzes

Der Vermieter benötigt für die Erstellung der Betriebskostenabrechnung **6** **Daten des Mieters**, die Rückschlüsse auf sein Verhalten in der Mietsache geben (z. B. Heizverhalten, Wasserverbrauch, Verursachung von Müll). Hierbei handelt es sich um personenbezogene und damit **datenschutzrelevante Daten** i. S. des Art. 4 Nr. 1 der EU-Datenschutz-Grundverordnung[14] (DS-GVO). Private Vermieter sind gem. Art. 2 Abs. 1 DS-GVO von dem Anwendungsbereich erfasst und unterliegen somit den Vorgaben der Verordnung, da eine Unterscheidung zwischen öffentlichen und nicht öffentlichen Stellen hier nicht getroffen wird.[15] Die Erfassung und Speicherung dieser Daten stellt einen Datenverarbeitungsvorgang i. S. des Art. 4 Nr. 2 DS-GGVO dar.[16] Die DS-GVO statuiert in Art. 6 das Prinzip des **Verbots mit Erlaubnisvorbehalt**.[17]

Gemäß Art. 6 Abs. 1 lit. a DS-GVO i. V. mit Art. 7 DS-GVO kann die **7** Einwilligung der betroffenen Person vorliegen, wobei die Anforderungen des Art. 4 Nr. 11 i. V. mit Art. 7 DS-GVO zu beachten sind. In der allge-

---

[12] Z. B. Palandt/*Grüneberg* § 315 Rdn. 10.
[13] Dazu ausführlich 7. Aufl. H Rdn. 7.
[14] Verordnung (EU) 2016/679 des Europäischen Parlaments und des Rates vom 27.5.2016 zum Schutz natürlicher Personen bei der Verarbeitung personenbezogener Daten, zum freien Datenverkehr und zur Aufhebung der Richtlinie 95/46/EG (ABl. Nr. L 119 S. 1, ber. ABl. Nr. L 314 S. 72 und ABl. 2018 Nr. L 127 S. 2). Celex-Nr. 3 2016 R 0679.
[15] Ehmann/Selmayr/*Ehmann/Selmayr* Art. 2 Rdn. 11.
[16] Ehmann/Selmayr/*Ehmann/Selmayr* Art. 4 Rdn. 19, BeckOK BGB/*Zehelein* § 535 Rdn. 187.
[17] Ehmann/Selmayr/*Heberlein* Art. 6 Rdn. 1, Gola/*Schulz* Art. 6 Rdn. 2.

meinen Vertragspraxis wird das aufgrund der hohen Einwilligungsanforderungen kaum eine Rolle spielen, zumal die Einwilligung nach Art. 7 Abs. 3 Satz 1 jederzeit widerrufbar ist. Als weitere (alternative) Voraussetzung ist die Verarbeitung von Daten zulässig, welche für die **Erfüllung eines Vertrags,** dessen Vertragspartei die betroffene Person ist, erforderlich sind (**Art. 6 Abs. 1 lit. b Alt. 1 DS-GVO**). Hierunter fallen sowohl Haupt-, als auch Nebenleistungspflichten.[18] Ausreichend ist jede Einigung der Parteien im Rahmen der Privatautonomie, nach der die Datenerhebung Vertragsgegenstand wird.[19] Damit sind diejenigen Daten erfasst, die der Vermieter benötigt, um das Mietverhältnis durchführen zu können. Die Datenverarbeitung muss für den Vertragszweck erforderlich sein,[20] wobei sich dieser nach dem Vertragsinhalt sowie den für das Vertragsverhältnis geltenden gesetzlichen Regelungen bestimmt.[21] Erfasst ist auch die Erhebung von **Nutzung- bzw. Abrechnungsdaten** zum Zweck der Entgeltabrechnung im laufenden Vertragsverhältnis.[22] Das beinhaltet im Mietverhältnis etwa die Erhebung der Verbrauchswerte für Wasser, Warmwasser und Heizung sowie Müll bei dem Mieter, um die **Betriebskostenabrechnung** zu erstellen.[23] Bedient sich der Vermieter eines **Abrechnungsunternehmens**, so handelt es sich bei diesem um einen Auftragsverarbeiter i. S. des Art. 4 Nr. 8, 28 DS-GVO.[24] Hierunter fallen alle Arten von Tätigkeiten aufgrund von z. B. Dienst-, Werk- oder Geschäftsbesorgungsverträgen.[25] Die Rechte und Pflichten des Auftragsverwalters richten sich nach denjenigen des Vermieters sowie den in Art. 28 ff. DS-GVO enthaltenen Vorgaben. Die **Einsichtnahme des Mieters** in die Verbräuche anderer Mieter ist im Rahmen der Belegprüfung zulässig, soweit dieses für die Prüfung der Abrechnung erforderlich ist.[26] Das EU-Datenschutzrecht erlaubt somit ebenso wie bereits das nationale zuvor (vgl. § 28 Abs. 1 Nr. 1 BDSG a. F.) die Datenverarbeitung durch den Vermieter und die Einsichtnahme des Mieters innerhalb der gerelten Vorgaben, es tritt nicht, wie zum Teil etwas missverständlich formuliert wird,[27] hinter deren Interessen im Rahmen einer Abwägung zurück.

Hinsichtlich der **gerichtlichen Verwertung** von personenbezogenen Daten durch **Parteivortrag** und als **Beweismittel** ist zu unterscheiden. So dies der Durchsetzung von Ansprüchen dient, welche dem Erhebungszweck zugrunde liegen, ergibt sich die Zulässigkeit unmittelbar aus

---

[18] Gola/*Schulz* Art. 6 Rdn. 27.
[19] *Ziegenhorn/v. Heckel* NVwZ 2016, 1585 (1588).
[20] Ehmann/Selmayr/*Heberlein* Art. 6 Rdn. 13.
[21] Gola/*Schulz* Art. 6 Rdn. 35.
[22] Gola/*Schulz* Art. 6 Rdn. 32.
[23] BeckOK BGB/*Zehelein* § 535 Rdn. 189.
[24] *Lammel* jurisPR-MietR 12/2018 Anm. 3.
[25] Gola/*Schulz* Art. 4 Rdn. 76.
[26] BGH (VIII ZR 189/17) GE 2018, 577 = NJW 2018, 1599 = NZM 2018, 458 (m. zust. Anm. *Zehelein*) = WuM 2018, 288.
[27] Z. B. Staudinger/*Artz* § 556 Rdn. 112.

Art. 6 Abs. 1 lit. b Art. 1 DS-GVO, weil die Übermittlung und Verwendung von dem Verarbeitungsbegriff erfasst sind. Allerdings kann es auch Situationen geben, in denen der Vermieter erhaltene Daten für einen anderen Zweck verwenden möchte (z.B. Verbrauchsdaten der Heizung oder Zugangsdaten der elektronischen Schließanlage für den Beweis, dass der Mieter mangels ausreichender Beheizung oder Lüftung Schimmelbildungen verursacht hat). Hier erlaubt § 24 Abs. 1 Nr. 2 BDSG 2018 die Datenverarbeitung zu einem anderen als dem Erhebungszweck, wenn das für die Geltendmachung, Ausübung oder Verteidigung rechtlicher Ansprüche erforderlich ist. Das allerdings nur, soweit nicht die Interessen des Betroffenen an dem Ausschluss der Verarbeitung überwiegen. Hier wird derselbe **Abwägungsprozess** vorgenommen werden müssen, wie er auch für die Abwägungslehre bei **Verwertung rechtswidrig erlangter Beweise** im Gerichtsprozess gilt.[28] Dabei wird es am Vermieter liegen, darzulegen, dass die Interessen des Mieters nicht entgegenstehen, da er gem. Art. 5 Abs. 2 DS-GVO für die Einhaltung der Vorgaben für die Datenverarbeitung auch beweispflichtig ist. Die Vorschrift statuiert zwar an sich keine Beweislastregel, sondern regelt die Rechenschaftspflicht. Ihr ist jedoch eine vollständige Verantwortlichkeit des Verwenders personenbezogener Daten für das Vorliegen der Voraussetzungen der Erhebung und Speicherung relevanter Daten zu entnehmen, die auf das Prozessrecht ausstrahlt.[29] Zudem darf nicht übersehen werden, dass auch das **Gericht an die DS-GVO gebunden** ist, Art. 55 Abs. 3 DS-GVO statuiert insoweit lediglich eine Selbstkontrolle.[30] Seine Verarbeitungsbefugnis basiert nicht auf einer Einwilligung der Partei, sondern richtet sich über die Öffnungsklausel in Art. 6 Abs. 1 lit. e DS-GVO und wird durch die ZPO ausgestaltet, deren Anwendung jedoch nicht über die Erlaubnisse der DS-GVO hinausgehen dürfen.[31] Eine Datenverarbeitung unterliegt daher immer dem **Gebot der Erforderlichkeit**.[32]

II. Grundsatz der Wirtschaftlichkeit

Haben die Parteien eine Brutto-, Bruttokalt- oder Teilinklusivmiete vereinbart, ist es grundsätzlich allein dem Vermieter überlassen, wie er mit dem in diesen Mieten enthaltenen Betriebskostenanteil verfährt. Eine Ausnahme gilt nach Art. 229 § 3 Abs. 4 EGBGB für Altverträge, wenn er den Anteil wegen zwischenzeitlicher Kostensteigerungen gem. § 560 Abs. 1, 2 BGB entsprechend dem konkreten Kostenanstieg erhöhen will. Hier wie auch bei der Abrechnung über Vorauszahlungen im Rahmen der Netto- oder Teilinklusivmiete darf der Vermieter nur solche Kosten

8

---

[28] Vgl. BVerfG NJW 2002, 3619 (3624), BGH (VI ZR 378/01) NJW 2003, 1123; hierzu BeckOK BGB/*Zehelein* § 535 Rdn. 188.
[29] Gola/*Schulz* Art. 5 Rdn. 34.
[30] Ehmann/Selmayr/*Heberlein* Art. 55 Rdn. 13.
[31] *Becker-Eberhard* DGVZ 2018, 129 (132); *Ory/Weth* NJW 2018, 2829 (2831).
[32] AG Hanau Beschl. v. 17.7.2018 – 94 C 182/17, BeckRS 2018, 21662.

in Ansatz bringen, die sich aus **ordentlicher Bewirtschaftung** des Gebäudes oder Grundstücks ergeben.

1. Geltungsbereich des Wirtschaftlichkeitsgrundsatzes

9 Bei der Vermietung von **Wohnraum** ist gem. § 556 Abs. 3 Satz 1, 2. Halbs. BGB im Rahmen der Betriebskostenabrechnung der Grundsatz der Wirtschaftlichkeit zu beachten, ebenso gem. § 560 Abs. 5 BGB generell bei der Veränderung von Betriebskosten. Nach dem Wortlaut dieser Vorschriften bezieht sich der Grundsatz allein auf Veränderungen in der Höhe der Betriebskosten, sie betreffen mithin unmittelbar nur einen Aspekt der Wirtschaftlichkeit. Zu dem Fall, dass bereits die Entstehung einzelner Kosten unwirtschaftlich ist, fehlt eine ausdrückliche Bestimmung. Aus beiden Vorschriften ist jedoch die **allgemeine Regel** abzuleiten, dass der Vermieter den Mieter immer nur mit solchen Kosten belasten darf, die wirtschaftlich angemessen sind. Für preisgebundenen Wohnraum folgte die Einschränkung der Umlagefähigkeit bislang schon unmittelbar aus §§ 20 Abs. 1 Satz 2 NMV, 24 Abs. 2 II.BV. Bei **gewerblichen Mietverhältnissen** ist die Umlagefähigkeit von Betriebskosten nach Treu und Glauben gem. § 242 BGB in demselben Maße beschränkt.[33]

10 Auch für preisfreien Wohnraum war die Geltung des vorgenannten Grundsatzes vor der Mietrechtsreform unumstritten.[34] Zur Begründung wurden unterschiedliche Gesichtspunkte angeführt, die jedoch zum Teil, wie z.B. die Annahme eines Treuhand- oder Auftragsverhältnisses nicht überzeugten. Dieser Meinungsstreit ist durch die Regelung des BGB nicht mehr relevant.

2. Inhalt des Wirtschaftlichkeitsgrundsatzes

a) Grundsätze

11 Die **Definition** des Grundsatzes findet sich in § 20 Abs. 1 Satz 2 NMV, § 24 Abs. 2 II. BV, wonach nur solche Kosten umgelegt werden dürfen, die „*bei gewissenhafter Abwägung aller Umstände und bei ordentlicher Geschäftsführung gerechtfertigt sind*". Maßgeblich ist damit der Standpunkt eines „*vernünftigen Wohnungsvermieters*", der ein „*vertretbares Kosten-Nutzen-Verhältnis im Auge behält.*"[35] Als **Kontrollüberlegung** bietet es sich an, jeweils im Einzelfall danach zu fragen, ob ein verständiger **Vermieter** die Kosten **auch** veranlasst hätte, **wenn er sie selbst tragen müsste**.[36] Eine **starre Grenze** von z.B. 10%,[37] **ab der** überhaupt ein **Verstoß** gegen die

---

[33] Z. B. BGH (XII ZR 129/09) GE 2010, 1679 = GuT 2010, 358 = NZM 2010, 864; KG GE 2008, 122; *Beyer* NZM 2007, 1 (2).

[34] Z. B. *Sternel* III Rdn. 345.

[35] BGH (VIII ZR 243/06) DWW 2008, 143 = GE 2008, 116 = NZM 2008, 78 = WuM 2008, 29 = ZMR 2008, 195, OLG Karlsruhe RE 20.9.1984 WuM 1985, 17 = ZMR 1984, 412.

[36] LG Berlin GE 1987, 517; *Zehelein* in MünchKomm § 556 Rdn. 117.

[37] *Milger* NZM 2008, 1 (11).

Wirtschaftlichkeit in Betracht kommt, ist abzulehnen.[38] Der Vermieter ist durch sein Auswahlermessen (s. Rdn. 13) hinreichend geschützt.

Der Wirtschaftlichkeitsgrundsatz löst damit **keine Beschränkung der** **12** **Privatautonomie** des Vermieters aus.[39] Er ist nicht gehindert, nach freiem Belieben Betriebskosten jeglicher Art und Höhe entstehen zu lassen, insbesondere Leistungen in Anspruch zu nehmen, die ihm z.B. die Verwaltung und Erhaltung des Mietobjekts angenehmer gestalten. An den Mieter weitergeben darf er sie jedoch nur, soweit sie von einem ordnungsgemäßem Kostengrund und angemessener Kostenhöhe gedeckt sind. Der Vermieter darf nicht ohne sachlichen Grund ein günstigeres Angebot ausschlagen.[40]

Zum anderen folgt aus der Definition, dass der Vermieter durchaus ei- **13** nen **gewissen Ermessensspielraum** hat.[41] Er bedeutet indes nicht, dass ein Verstoß gegen die Wirtschaftlichkeit schon dann ausscheidet, wenn der Vermieter die höheren Kosten sachlich rechtfertigen, also ihren wirtschaftlichen Sinn darlegen kann.[42] Der Ermessensspielraum richtet sich nach den konkreten Verhältnissen des Einzelfalls.[43] Hierzu gehören insbesondere die Größe und Art sowie die Lage des Mietobjekts. Nur bei Überschreitung des Ermessens ist die Umlage der insoweit entstandenen Kosten nicht gerechtfertigt, sondern der Vermieter muss sie aus der Nettomiete bestreiten.

Der Wirtschaftlichkeitsgrundsatz gibt dem Mieter **keinen Anspruch** **14** auf **Modernisierung**.[44] Er kann daher vom Vermieter nicht verlangen, noch ordnungsgemäß funktionierende Anlagen und Einrichtungen durch neue, wirtschaftlich besser arbeitende zu ersetzen; zu einer ggf. erforderlichen Optimierung einer Anlage s. Rdn. 49.

Der Vermieter darf nur **betriebswirtschaftlich sinnvolle Betriebskos-** **15** **tenarten bzw. Kostenteile** generieren; §§ 556 Abs. 3 Satz 1, 560 Abs. 5 BGB wiederholen letztlich nur das Gebot der Rücksichtnahme auf die berechtigten Belange des Vertragspartners, das allein die Umlage solcher Kosten rechtfertigt, die für eine ordnungsgemäße und sparsame Bewirtschaftung erforderlich sind. Wann dies der Fall ist, lässt sich bei den Kostenarten gem. Nr. 1 bis 16 des § 2 BetrKV nicht generell feststellen, sondern richtet sich nach den Verhältnissen im Einzelfall. Eine verstärkte

---

[38] Ebenso *Kinne* GE 2003, 711 (712).
[39] Z.B. LG Berlin GE 2016, 723, BeckRS 2016, 10999; *Artz* PiG 92 (2012) S. 174 (176).
[40] AG Köln WuM 2014, 369.
[41] BGH (XII ZR 170/13) NJW 2015, 855 = NZM 2015, 132, OLG Düsseldorf GE 2013, 1273 = ZMR 2014, 31, AG Steinfurt WuM 2014, 369; *Beyer* WuM 2013, 77 (81), *Seldeneck* Rdn. 2618 ff., *Sternel* III Rdn. 345.
[42] So *Neuhaus* ZMR 2011, 845 (847).
[43] Z.B. *Streyl* NZM 2006, 125 (126).
[44] BGH (VIII ZR 261/06) DWW 2008, 18 = GE 2007, 1686 = NZM 2008, 35 = WuM 2007, 700 = ZMR 2008, 38 (m. Anm. *Schmid*).

Prüfung ist jedoch bei den Kosten nach Nr. 17, den Sonstigen Betriebskosten, angezeigt.

16 Bei den **meisten Arten** ist der Anfall von Kosten **ohnehin** (öffentliche Lasten, Wasserversorgung, Entwässerung, Straßenreinigung, Müllabfuhr, Hausreinigung, Ungezieferbekämpfung, Versicherungen) vorgegeben. Bei **weiteren Arten** folgen die Betriebskosten schon aus dem Vorhandensein einer bestimmten **Ausstattung** (Aufzug, Garten, Beleuchtung, Schornstein, Antennen, Wascheinrichtung). Aus dem Katalog des § 2 BetrKV sind daher im vorliegenden Zusammenhang primär die Hausmeisterkosten von Bedeutung. Hier mag es zwar bequem sein, auch für eine kleines Anwesen einen teuren Hausmeister einzustellen, wirtschaftlich betrachtet ist es nicht plausibel.[45] In zweiter (und eher theoretischer) Linie kommt die Neuschaffung von Ausstattungen in Betracht, die überflüssig sind, wie etwa die Einrichtung maschineller Wascheinrichtungen, für die kein Bedarf gegeben ist.

17 Der **wesentliche Anwendungsbereich** des Wirtschaftlichkeitsgrundsatzes liegt in der Beschränkung der **Kostenhöhe**. Auch bei dem Grunde nach wirtschaftlich sinnvollen Betriebskostenarten bzw. Kostenteilen ist der Vermieter gehalten, sie der Höhe nach soweit wie möglich und zumutbar zu begrenzen. Ein hoher Aufwand, den der Vermieter z. B. aufgrund persönlicher Vorstellungen für unverzichtbar hält, kann bei objektiver Betrachtung übertrieben sein.

18 Der Betriebskostenanstieg lässt sich durch verschiedene weitere Maßnahmen verhindern oder jedenfalls reduzieren, die zum Teil unter dem Begriff Betriebskostenoptimierung,[46] überwiegend unter der Bezeichnung **Betriebskostenmanagement**[47] zusammengefasst werden. Bemerkenswert ist, dass der Vermieter, der Betriebskostenmanagement und -benchmarking betreibt, **zwei jeweils eigennützige Interessen** der Vertragsparteien **gleichermaßen bedient:** sein Interesse, die bei Neuvermietung oder Mieterhöhung erzielbare Nettomiete zu erhöhen sowie generell seine Marktchancen zu steigern, und das Interesse des Mieters, mit möglichst geringen „Neben"kosten belastet zu werden. Wer als Vermieter ernsthaft und nachhaltig im eigenen Interesse an der Kostensenkung arbeitet, erfüllt spiegelbildlich zugleich den Anspruch des Mieters aus dem Wirtschaftlichkeitsgebot.

19 – Zum einen geht es darum, schon in der **Planungsphase** für Neubauten Betriebskostengesichtspunkte zu berücksichtigen, etwa bei einem mehrseitigen Wohnblock, in dessen Mitte ein Spielplatz eingerichtet werden soll, sicher zu stellen, dass der Innenhof für Fahrzeuge erreichbar ist, um nicht bei Gartenabfällen oder Sandaustausch zeit- und da-

---

[45] AG Erfurt WuM 2003, 358 bei einem Wohnhaus mit nur vier Wohneinheiten.
[46] *Herlitz/Viehrig* S. 139 ff.
[47] Z. B. *Richter* PiG 58 (1999) S. 125.

mit kostenaufwendig per Hand mit kleinen Geräten arbeiten zu müssen.

– Zum anderen beziehen sich die Überlegungen auf **vorhandenen Baubestand,** bei dem technische Veränderungen der vorgenannten Art nicht mehr durchführbar sind. In diesen Zusammenhang gehört der Zukauf von know how durch Inanspruchnahme spezialisierter Dienstleister. Infolge des Grundsatzes der Wirtschaftlichkeit ist der Vermieter jedenfalls bei größeren Wohnanlagen im Geschosswohnungsbau verpflichtet, sich Angebote zur Realisierungsmöglichkeit und prognostizierten Kostenersparnis einzuholen, zumal sich im Einzelfall beachtliche Kosteneinsparungen erzielen lassen. 20

Die **Kosten der Betriebskostenoptimierung** hat der Vermieter zu tragen. Die Unterhaltung einer effizienten und kostenorientierten Verwaltung ist Sache des Vermieters, Verwaltungskosten sind keine Betriebskosten (§ 1 Abs. 2 Nr. 1 BetrKV). Die entsprechenden Kosten muss der Vermieter aus der Nettomiete bestreiten. Auf der Verwaltungsebene nachhaltige Einsparungen zu erzielen, dient seinen **eigenen Geschäftsinteressen.** Hohe Betriebskosten sind in Bereichen mit einem Überangebot an Wohnraum für Nachfrager ein Grund, von der Anmietung abzusehen; ihre Reduzierung verbessert die Wettbewerbschancen bei der Neuvermietung und führt zugleich zur Kundenbindung bei bestehenden Mietverhältnissen. Zudem engen sie den Spielraum für Erhöhungen der Nettomiete ein.[48] Bei der Betriebskostenoptimierung geht es daher vorrangig nicht um eine Dienstleistung gegenüber dem Mieter, sondern die Kostensenkungen sind nur ein Reflex zu seinen Gunsten aus dem übergeordneten wirtschaftlichen Interesse des Unternehmens. 21

Dasselbe gilt für die Kosten des sog. **Betriebskosten-Benchmarking.** Die Anfertigung und Fortschreibung von Statistiken über die Betriebskostenbelastung der zum Bestand des Unternehmens gehörenden Gebäude, aufgeteilt nach den verschiedenen Kostenarten und -flächen, ist originäre Verwaltungstätigkeit. 22

Betriebskosten sind nur solche Kosten, die laufend entstehen. Die gelegentliche Hinzuziehung eines **externen Instituts zur Optimierung bei Einzelmaßnahmen,** z. B. der Ausschreibung von Leistungen (Fremdvergabe von Leistungen), verursacht nur einmaligen Aufwand; selbst wenn er sich gelegentlich wiederholen sollte, fehlt es an dem Kriterium des laufenden Entstehens. Dasselbe gilt für den Aufwand einer Neustrukturierung von Arbeitsabläufen oder für die Inanspruchnahme Dritter zur Vorbereitung oder Begleitung größerer Umstrukturierungen. 23

Die **Ermittlung** von **Kostensenkungspotentialen** bei **einzelnen Betriebskostenarten** (dazu im Einzelnen Rdn. 54 ff.) fällt ebenfalls in die normale Zuständigkeit der Verwaltung. Anreize für alle Mitarbeiter kön- 24

---

[48] *Schmidt* MDR 1999, 1293.

nen z.B. durch die Einführung eines betrieblichen Vorschlagwesens geschaffen werden, weil es (auch) um die Positionierung des Unternehmens am Markt geht. Soweit an Ort und Stelle Kontrollen angezeigt sind, um Möglichkeiten der Kostensenkung festzustellen, ist es Sache des **Hauswarts,** diese zu ermitteln. Ggf. ist er entsprechend zu schulen, damit er bei seinen Gängen durch das Mietobjekt gezielt Beobachtungen anstellen kann.

b) Varianten zur Höhe der Kosten

aa) Fremdvergabe von Leistungen

25 Der Vermieter muss sich vor der Vergabe von Aufträgen an Fremdfirmen einen Marktüberblick verschaffen.[49] Ob er hierzu **Vergleichsangebote** einzuholen hat, bestimmt sich zum einen nach dem betroffenen Volumen an Mietobjekten des Vermieters, zum anderen nach dem Kostengewicht der Betriebskostenart. Während dem Kleinstvermieter ein derartiger Aufwand im Regelfall nicht zumutbar sein dürfte,[50] hat sich der Vermieter z.B. eines größeren Mehrfamilienhauses drei Angebote[51] seriöser Anbieter geben zu lassen und ein Wohnungsunternehmen jedenfalls bei den kostenintensiven Betriebskostenarten eine Ausschreibung vorzunehmen.[52] Sowohl bei der Einholung von Vergleichsangeboten als auch insbesondere bei Ausschreibungen ist auf die nachfolgend beschriebenen Kriterien zu achten.

26 Hierbei wird in der Literatur empfohlen, der Vermieter solle nicht eine genaue **Leistungsbeschreibung** vorgeben, sondern nur die Leistungsaufgabe, die zu erledigen ist, damit die Anbieter Gelegenheit erhalten, auf Grund ihrer Sachkenntnis kostengünstige Alternativen aufzuzeigen; zudem kann es bei zu knapp vereinbartem Leistungskatalog notwendig werden, einzelne Arbeiten separat und dann teuer zu vergeben.[53] Aus der Wohnungswirtschaft kommt demgegenüber die Forderung, eine möglichst genaue und gründliche Leistungsbeschreibung zur Basis zu machen.[54] Hintergrund ist, dass es sich bei bloßer Vorgabe der Leistungsaufgabe sehr schwierig und aufwändig gestalten kann, die einzelnen Angebote sachlich zu vergleichen. Da die Anforderungen an den Vermieter nicht überspannt werden dürfen, wird eine klar definierte Leistungsbeschreibung ausreichen, die je nach Einzelfall mit der Aufforderung verbunden werden kann, Alternativen anzugeben. Sie ist sachgerecht, wenn sie sich auf den unbedingt erforderlichen Rahmen beschränkt.

---

[49] AG Dortmund WuM 2015, 26 (auch bei Eigenleistung).
[50] *Börstinghaus/Lange* WuM 2010, 538 (539).
[51] Z.B. AG Zossen WuM 2012, 555.
[52] Vgl. *Milger* NZM 2008, 1 (10).
[53] *Seldeneck* NZM 2002, 547 = ZMR 2002, 395.
[54] *Blöcker* DW 2004, Beilage Betriebskosten aktuell, S. 4.

Die Angebote sollten **alternative Berechnungen** für **unterschiedliche** 27
Vertragszeiten enthalten. Eine längerfristige Vergabe kann zu Kostensenkungen führen, weil der Anbieter in der Lage ist, seinen Material- und Personaleinsatz anders zu kalkulieren als nur bei relativ kurzer Vertragslaufzeit.[55] Andererseits ist zu bedenken, dass die Bindung durch sehr lange Vertragslaufzeiten den Wechsel zu wirtschaftlich günstigeren Anbietern verhindert;[56] automatische Vertragsverlängerungen sind daher zu vermeiden.[57] Um jedenfalls Qualitätsdefiziten bei längerer Laufzeit vorzubeugen, wird die Vereinbarung einer Vertragsstrafe vorgeschlagen.[58] Es erscheint jedoch, um die Schwierigkeiten zu vermeiden, sie im Ernstfall auch durchzusetzen, günstiger, dass sich der Vermieter ein außerordentliches Kündigungsrecht vorbehält, das z. B. an die Einhaltung eines bestimmten Vorverfahrens geknüpft ist.[59]

Um bei längerfristigen Verträgen zu vermeiden, dass der **Einsatz tech-** 28
nischer Neuerungen mit Kostensenkungseffekt unterbleibt, ist es sinnvoll, diese von vornherein zuzulassen[60] und mit einer Verpflichtung zu verbinden, dass das Entgelt dann neu zu verhandeln ist.

Der Vermieter sollte vor der Einholung von Angeboten die **betriebs-** 29
kostenrelevanten Mengengerüste überprüfen und auf deren Grundlage entscheiden, welches Los er ausschreibt. Bei einem zu großen Los melden sich u. U. kaum Wettbewerber, bei einem zu kleinen nicht die größeren Anbieter.[61]

Bei größerem Gebäudebestand lassen sich Preisnachlässe erzielen, 30
wenn **Sammelanbieter oder Generalunternehmer**[62] tätig werden oder gebündelte Großaufträge, etwa bei der Stromlieferung, ggf. über die wohnungswirtschaftlichen Verbände,[63] vergeben werden.[64] Auch hier sind Vergleichsangebote notwendig, die zudem hinreichend aufgeschlüsselt sein sollten. Anderenfalls begibt sich der Vermieter in beträchtliche Darlegungsschwierigkeiten, wenn er sich im Streitfall gegen den Vorwurf unangemessener Preise wehren muss, z. B. bei Vergabe der Versicherungen für alle Mietobjekte zu einer Pauschalprämie[65] (dazu F Rdn. 263).

Sind in dem Gebiet, in dem das Grundstück liegt, bereits Firmen, z. B. 31
für den Winterdienst oder die Gartenpflege tätig, kann es sinnvoll sein, auch diese gezielt zur Abgabe von Angeboten aufzufordern. Die **Erwei-**

---

[55] *Seldeneck* NZM 2002, 547 = ZMR 2002, 395.
[56] *Wall* Rdn. 1136.
[57] *Herlitz/Viehrig* S. 142.
[58] *Seldeneck* NZM 2002, 547 = ZMR 2002, 395.
[59] Vgl. *Herlitz/Viehrig* S. 143.
[60] *Seldeneck* NZM 2002, 547 = ZMR 2002, 395.
[61] *Seldeneck* NZM 2002, 547 = ZMR 2002, 395.
[62] Dazu *Seldeneck* NZM 2002, 547 = ZMR 2002, 395.
[63] *Bub* NZM 2001, 461.
[64] *Herlitz/Viehrig* S. 143.
[65] *Mühlemeier* WuM 2007, 111 (113).

terung ihres **Arbeitsbezirks** ermöglicht ihnen den rationelleren Einsatz von Personal und Material.

32 Die Angebote sollten **keine automatischen Preiserhöhungen** vorsehen, etwa die Anbindung an Indizes. Ändern sich die Kalkulationsgrundlagen, ist es günstiger, dies nur als Anlass für Preisverhandlungen zu nehmen.[66]

33 Der Vermieter darf auch berücksichtigen, ob ein Unternehmen bekanntermaßen **besonders zuverlässig** arbeitet und z.B. in Eilfällen zügig zur Verfügung steht („bekannt und bewährt").[67] Unter diesem Gesichtspunkt muss sich der Vermieter nicht stets auf den billigsten Anbieter einlassen.[68]

34 Es sollten **keine Vollwartungsverträge** ausgeschrieben werden. Es mag zwar für den Vermieter praktisch sein, mit Hilfe eines nur geringen Vorwegabzugs einen Teil der Instandsetzungskosten umzulegen. Spätestens im Prozess muss er allerdings deutliche Abschläge befürchten, wenn er die richtige Höhe des Abzugs nicht darlegen kann.

bb) Organisatorische Veränderungen

35 Gelegentlich lassen sich durch **Umstrukturierungen im externen Bereich** Kostensenkungen erreichen, etwa durch einen neuen Zuschnitt der Hauswartsbezirke, die Übernahme zusätzlicher Arbeiten durch den Hauswart u.Ä.m. **Im internen Bereich** ist eine Veränderung des Betriebsablaufs geboten, wenn sich z.B. bei Stichproben oder aufgrund von Beschwerden zeigte, dass es zur Bezahlung verjährter Rechnungen und insbesondere solcher gekommen war, bei denen die berechneten Leistungen nicht oder unvollständig durchgeführt worden waren, so dass die Kosten nicht oder nur teilweise umgelegt werden dürfen (dazu s. Rdn. 44f.).

36 Bei der Auswahl der **Bewirtschaftungsform** – eigene Leute oder Fremdfirma – ist der Vermieter im Grundsatz weitgehend frei. Hier stellen sich Fragen zur Wirtschaftlichkeit häufig erst beim Übergang von einer Form zur anderen, zumal wenn dadurch ein Kostensprung ausgelöst wird wie meist beim Übergang von der Erledigung durch eigene Mitarbeiter, z.B. den Hauswart, zur Einschaltung von Fremdunternehmen.

37 Mit besonderem Misstrauen begegnen die Mieter solchen Rechnungen, die von **Tochterfirmen** des Vermieters oder **Regiebetrieben**, die ihm ganz oder teilweise gehören, stammen,[69] zumal wenn der jeweilige Ver-

---

[66] *Herlitz/Viehrig* S. 143.
[67] LG Berlin GE 2016, 1513.
[68] Z.B. LG Hannover WuM 2003, 450; *Both* in Herrlein/Kandelhard § 556 Rdn. 102.
[69] Vgl. *Wall* Rdn. 1153ff.

II. Grundsatz der Wirtschaftlichkeit 369

trag vom Vermieter als Auftraggeber und zugleich als Geschäftsführer der Auftragnehmerin unterzeichnet wurde.[70] Zwar wird vertreten, dass die Geltendmachung der (höheren) Kosten nach Übertragung der Arbeiten an ein gewinnorientiertes Tochterunternehmen möglich sei, wenn Vermieter und Mieter sich darauf verständigt, also einen entsprechenden Abänderungsvertrag geschlossen haben.[71] Dabei wird jedoch übersehen, dass Vereinbarungen, die zum Nachteil des Mieters vom Wirtschaftlichkeitsgrundsatz abweichen, unwirksam sind (§§ 556 Abs. 4, 560 Abs. 6 BGB); der Vermieter kann sich mithin auch nicht auf diesem Weg vom Wirtschaftlichkeitsgebot befreien. Da bei der Vergabe von Aufträgen an verbundene Unternehmen die am Markt herrschenden Preisbildungsmechanismen nicht funktionieren,[72] hat auch der Vermieter, der Leistungen an eine ihm gehörende, selbstständige Firma vergeben will, zunächst **Angebote von Drittfirmen** einzuholen und seine Preisvorstellung anhand der von ihnen aufgegebenen Preise zu überprüfen.[73]

Der Vermieter kann zur Einsparung periodischer Betriebskosten **externe Dienstleister** in Anspruch nehmen und sodann nicht nur die durch den Zusatzaufwand reduzierten Kosten umlegen, sondern zusätzlich diejenigen des Dienstleisters. Grundlage ist die Überlegung, dass er, würde er insoweit eigenes Personal einstellen und beschäftigen, dessen Kosten nach § 1 Abs. 1 Satz 2 BetrKV als Eigenleistung in angemessener Höhe ansetzen könnte, d.h. mit dem Betrag, den ein Unternehmer für eine gleichwertige Leistung verlangen würde, allerdings nur ohne Umsatzsteuer. Dabei geht es nicht um die Verlagerung einer Betriebskostenart auf außenstehende Dritte wie etwa beim Outsourcing der Beheizung durch sog. Wärme-Contracting mit den daraus resultierenden Problemen insbesondere bei bestehenden Mietverträgen. Vielmehr handelt es sich darum, dass der Vermieter den Sachverstand eines Dritten bei der Erfüllung seiner Verpflichtung einbindet, für eine geordnete und zugleich kostengünstige Bewirtschaftung des Mietobjekts zu sorgen. Obgleich dadurch neue Kosten entstehen, ist der Zukauf von Know-how gerechtfertigt. Zum Müllmanagement s. Rdn. 72, 76. **38**

cc) Kostenkontrolle

(a) Grundsätze

Aus dem Wirtschaftlichkeitsgebot ist der Vermieter verpflichtet, von Zeit zu Zeit zu überprüfen, **ob** die dem Mieter berechneten Leistungen dem Umfang nach **rechtmäßig, notwendig und** der Höhe nach **angemessen** sind. Erforderlich aber auch ausreichend ist es im Allgemeinen, wenn der Vermieter die in einschlägigen Medien regelmäßig veröffentlichen **39**

---

[70] Vgl. AG Köln WuM 2007, 264.
[71] AG Nürnberg WuM 2003, 449.
[72] AG Kiel Urt. vom 17.6.2003 – 114 C 31/03.
[73] Vgl. AG Rostock WuM 2012, 274.

Durchschnittspreise kontrolliert.⁷⁴ Handelt es sich um ein Unternehmen, kommt auf höherer Firmenebene die regelmäßige Überprüfung aller Verträge in Betracht, ggf. deren Kündigung und die Neuausschreibung der Leistungen, jedenfalls die Nachverhandlung unter Hinweis auf andere günstigere Anbieter. Auf der Ebene der Sachbearbeiter gehört dazu z.B. der Vergleich der Kostenhöhe der jeweiligen Betriebskostenart in verschiedenen Mietobjekten; ggf. muss der Vermieter ihnen eine Schulung angedeihen lassen.

Der Vermieter muss auch die Rechtmäßigkeit der Kosten beachten. Nimmt etwa der **Versorger** aufgrund der Vertragsbedingungen eine **Preiserhöhung** vor, muss er deren Wirksamkeit prüfen und ihr andernfalls widersprechen,⁷⁵ wofür ihm ein Zeitraum von 3 Jahren nach Zugang der Jahresabrechnung zusteht.⁷⁶ Tut er dieses nicht, muss er dem Mieter die erhöhten weitergegebenen Kosten ersetzen. Die Frage, inwieweit dieses erkennbar war, ist eine solche des Verschuldens.

40   Die Kostenkontrolle bezieht sich nicht nur auf **Fremdfirmen**.⁷⁷ Auch die Arbeitszeit und -leistung der **eigenen Angestellten** des Vermieters, etwa des Hauswarts oder von Kräften zur Gartenpflege, ist von Zeit zu Zeit zu überprüfen; in der Praxis sind Fälle nicht selten, in denen eine genauere Kontrolle von Stundenzetteln oder die zeitweilige Einführung von Stundenzetteln erstaunliche Leerzeiten zu Tage förderten.

41   Die Annehmlichkeit, dass der **„Haushandwerker"** sich in den Mietobjekten auskennt und zuverlässig ist, so dass wenig Verwaltungsaufwand für Einweisung und Überwachung anfällt, gestattet nicht, ihn auch dann beizubehalten, wenn er deutlich teurer abrechnet als andere Firmen; der Vermieter hat von Zeit zu Zeit abzugleichen, ob die Leistungen am Markt günstiger zu haben sind.⁷⁸ Hier ist sodann entweder zu versuchen, durch Verweis auf die niedrigeren Preise anderer Unternehmen eine Kostenreduzierung zu erreichen, oder mit vereinzelten Aufträgen die Arbeitsweise anderer Firmen zu testen und diese ggf. in Zukunft vermehrt einzusetzen.

42   Es ist zu prüfen, ob bei der **Beschaffung von Materialien** Sonderpreise zu erzielen sind. Soweit nach Art der Güter möglich und je nach Lagerkapazität sind Preisvorteile durch Einkauf größerer Mengen wahrzunehmen,⁷⁹ z.B. bei Reinigungsmitteln, Material für den Winterdienst und die Gartenpflege.⁸⁰

---

⁷⁴ LG Berlin GE 2016, 1513.
⁷⁵ LG Itzehoe WuM 2015, 436, AG Pinneberg NZM 2014, 390 = WuM 2013, 731; umfassend: *Hinz* ZMR 2014, 501.
⁷⁶ BGH (VIII ZR 59/14) NJW 2015, 2566; kritisch hierzu *Kühne* NJW 2015, 2546.
⁷⁷ *Seldeneck* Rdn. 2635 ff.
⁷⁸ Vgl. AG Kiel Urt. vom 17.6.2003 – 114 C 31/03.
⁷⁹ OLG Koblenz DWW 1986, 244 = WuM 1986, 282 für Heizöl.
⁸⁰ *Wall* Rdn. 1126.

Schließlich ist darauf zu achten, ob unnötige Kosten darauf beruhen, **43**
dass **Instandhaltungs- und Instandsetzungspflichten** aus § 535 Abs. 1
Satz 2 BGB nicht genügt wurde. Anstehende bauliche Maßnahmen oder
technische Veränderungen sind, soweit sie sich auf die laufenden Kosten
auswirken, alsbald auszuführen zu lassen.

(b) Überprüfung berechneter Leistungen

In den Bereich der Kostenkotrolle gehört ferner zu überprüfen, **ob** die **44**
von eigenen Angestellten erbrachten oder von Dritten in Rechnung gestellten Leistungen **ordnungsgemäß** erbracht wurden. Hier können Mieterbeschwerden über die Arbeitsweise des eigenen oder fremden Personals Hinweise darauf liefern, dass eine Überprüfung von Kosten und geleisteter Arbeit notwendig ist.[81]

Es wird allerdings vertreten, dem Vermieter sei es nicht zuzumuten, **45**
vor der Begleichung von Rechnungen bei den Mietern Rückfrage zu halten, ob die berechneten Leistungen in vollem Umfang erbracht wurden
oder Beanstandungen der Mieter wegen Bagatellbeträgen nachzugehen.[82]
Diese Argumentation wird der Problematik nicht gerecht. Sie übersieht,
dass ein verständiger Vermieter **Schlechtleistungen** nicht oder nicht
in voller Höhe bezahlen würde, wenn er sie selbst tragen müsste (s.
Rdn. 11). Bei eigener Kostentragung würde der Vermieter grundsätzlich
selbst, durch seine Verwaltung, den Hauswart oder Dritte prüfen, ob die
jeweiligen Arbeiten vertragsgemäß ausgeführt wurden, insbesondere
wenn es um einen neu engagierten Dienstleister geht; wäre ihm dies z. B.
wegen größerer räumlicher Distanz nicht möglich, würde er bei einem
Vertreter vor Ort oder auch bei Mietern nachfragen. Arbeitete der
Dienstleister über einen gewissen Zeitraum zuverlässig, würde er sich
auf Stichproben beschränken, ebenso wenn es um eine geringe Kostenposition geht. Ob der Mieter tatsächlich Bagatellbeträge moniert, richtet sich
zudem nicht nach dem einzelnen Mieteranteil, sondern den Gesamtkosten; je nach Mieterzahl können sich auch marginale Einzelbeträge zu beträchtlichen Kosten summieren und Kontrollbedarf auslösen.

Die **Bezahlung nicht oder unvollständig erbrachter Leistungen** ist ein **46**
Verstoß gegen das Wirtschaftlichkeitsgebot. Bei Verschulden des Vermieters steht dem Mieter daher ein Schadensersatzanspruch auf Freihaltung
von den überflüssigen Kosten zu (s. Rdn. 102). Entgegen einer zum Teil
vertretenen Meinung,[83] ist Schlechtleistung **nicht** über **Mietminderung**
zu berücksichtigen, weil es sich um zwei rechtlich völlig verschiedene
Aspekte handelt. Wird etwa die Treppenhausreinigung schlecht erledigt,
ist das Entgelt dafür zumindest zu kürzen; ob Mietminderung gem. § 536

---

[81] *Streyl* NZM 2006, 125 (127).
[82] AG Hannover WuM 2007, 408.
[83] So AG Zossen WuM 2012, 555, AG Dresden NZM 2006, 741 = WuM 2007, 8
(m. Anm. *Wall*).

BGB eingreift, hängt davon ab, ob der Zustand so nachteilig ist, dass der vertragsgemäße Gebrauch nicht nur unerheblich beeinträchtigt ist. Ist dies der Fall, tritt Mietminderung *zusätzlich* zur Entgeltreduzierung ein.

dd) Betrieb unwirtschaftlicher Anlagen

47 Der Betrieb unwirtschaftlicher Anlagen und Einrichtungen hat deutlich über dem Durchschnitt liegende Betriebskosten zur Folge. **Fraglich** ist, **ob** sich der Mieter mit dem Hinweis auf einen **Verstoß gegen den Wirtschaftlichkeitsgrundsatz** gegen die Belastung mit diesen Mehrkosten wehren kann.

48 Wie bereits erwähnt, ist die Problematik nach der Rechtsprechung des **BGH** irrelevant, wenn die Unwirtschaftlichkeit schon **bei Abschluss des Mietvertrags** bestand.[84] Danach muss der Mieter die negativen Auswirkungen hinnehmen, es sei denn, die laufenden Kosten aus dem Betrieb der Anlage(n) wurden bei den Vertragsverhandlungen erörtert und der Vermieter machte schuldhaft falsche Angaben.

49 Aber auch wenn die Unwirtschaftlichkeit **im Laufe des Mietverhältnisses** eintritt, kann der Mieter **aus dem Wirtschaftlichkeitsgebot** grundsätzlich **keinen Anspruch** auf Reduzierung der umgelegten Kosten herleiten, weil das Gebot nach allgemeiner Ansicht keinen Anspruch des Mieters **auf Modernisierung** der Anlage begründet.[85] **Anders** verhält es sich, wenn der Vermieter die **Pflicht zur Optimierung** von Anlagen nach § 11 Abs. 3 EnEV 2014[86] nicht erfüllt. Die Verletzung dieser Pflicht löst zwar keine Gewährleistungsfolgen aus, weil sie auf die fortlaufende Erhöhung energetischer Standards zielt.[87] Der fortgesetzte suboptimale Betrieb stellt jedoch einen Verstoß gegen das Wirtschaftlichkeitsgebot dar.[88] Dennoch hindert das Wirtschaftlichkeitsgebot den Vermieter nicht daran, den nicht erfassten Rohrwärmeverlust über § 7 Abs. 1 Satz 3 HeizKV nach Maßgabe der **VDI Richtlinie 2077 Blatt 3.5** (vormals Beiblatt „Verfahren zur Berücksichtigung der Rohrwärmeabgabe", dazu K Rdn. 175 ff.) zu berechnen und als erfassten Verbrauch auf die Mieter umzulegen.[89] Der Verordnungsgeber sieht § 7 Abs. 1 Satz 3 HeizKV als Regelung zur Herstellung einer Verteilungsgerechtigkeit zwischen den

---

[84] BGH (VIII ZR 243/06) DWW 2008, 143 = GE 2008, 116 = NZM 2008, 78 = WuM 2008, 29 = ZMR 2008, 195; dazu kritisch *Wall* Rdn. 1105 ff.

[85] BGH (VIII ZR 193/14) GE 2015, 781 = NJW-RR 2015, 778 = WuM 2015, 423; (VIII ZR 261/06) DWW 2008, 17 = GE 2007, 1686 = NZM 2008, 35 = WuM 2007, 700 = ZMR 2008, 38 (m. Anm. *Schmid*).

[86] Dazu ausführlich *Beyer* GE 2008, 1472, *Blank* WuM 2008, 311 (315 f.).

[87] Vgl. *Friers* WuM 2008, 255 (257).

[88] *Blank* WuM 2008, 311 (315), *Milger* NZM 2008, 1 (8), *Sternel* PiG 73 (2006) S. 1 (7).

[89] *Zehelein* NZM 2015, 913 (923); a. A. LG Neubrandenburg WuM 2013, 541; *Wall* in jurisPR-MietR 22/2013 Anm. 3.

Mietern, bzw. Vermieter und Mieter an.[90] Die HeizKV ist jedoch richtlinienumsetzendes Recht,[91] deren vorrangiges Ziel darin besteht, den tatsächlichen Verbrauch in möglichst umfangreichem Maße den Nutzern zuzuordnen, um deren Verbrauchsverhalten hierüber zu steuern.[92] Fragen der Verteilungsgerechtigkeit sind hierbei untergeordnet. Das Absehen von einer Verbrauchszuordnung, meist verbunden mit einer in diesen Fällen bei einzelnen Mietern eintretenden Erhöhung des nach Fläche umgelegten Anteils der Heizkosten, steht diesem Ziel diametral entgegen.

50 Ein Schadensersatzanspruch des Mieters auf Freihaltung von dem unwirtschaftlichen Kostenanteil kann **im Einzelfall** allerdings aus **Gewährleistungsrecht** gegeben sein. Dies kommt **zum einen** in Betracht, wenn der hohe Verbrauch auf einem unmittelbaren technischen Mangel beruht, dessen Beseitigung der Vermieter, meist aus Kostengründen, verschleppt; insoweit kommt auch der Einbau einer Heizanlage in Betracht, die schon bei ihrem Einbau nicht dem Stand der Technik entsprach.[93] **Zum anderen** ist an die Fälle zu denken, dass den Vermieter aus Vorschriften in Gesetzen oder Verordnungen die Verpflichtung zu einer modernisierenden Instandsetzung traf *und* er dieser Pflicht bis zum Ablauf festgelegter Übergangsfristen nicht nachkam, wie bei den Nachrüstpflichten bei bestimmten Heizkesseln und der Wärmedämmung von Geschossdecken nach § 9 EnEV 2004[94] und § 10 EnEV 2014,[95] oder bei einem Verstoß gegen das Verbot des Betriebs nach § 10 Abs. 1 Satz 2 EnEV 2014. Mit Ablauf der Frist unterschreitet die Anlage die gesetzlichen energetischen Mindeststandards und wird damit mangelhaft im Sinne der Gewährleistungsvorschriften der §§ 536 ff. BGB,[96] so dass der Mieter auch entsprechende Maßnahmen verlangen kann.[97]

51 Außerhalb des Bereichs der Energieeinsparung fehlen jedoch spezielle Vorschriften, die den Vermieter zu wirtschaftlichem Vorgehen anhalten sollen. Unter Gewährleistungsgesichtspunkten bliebe dem Mieter zur Abwehr der übermäßigen Kosten im laufenden Mietverhältnis nur noch der Rückgriff auf die **Unterschreitung eines Mindeststandards.** Der BGH hat zu Wohnraum entschieden, dass er eine Mindestausstattung,[98]

---

[90] BR-Drucks. 570/08, S. 14; krit. hierzu *Lammel* NZM 2015, 325 (327).
[91] RL 2006/32/EG vom 5.4.2006.
[92] Vgl. u. a. Erwägungsgrund Nr. (12) der Richtlinie.
[93] OLG Düsseldorf GuT 2011, 273.
[94] In der Fassung der Bekanntmachung vom 2.12.2004, BGBl. I S. 3146.
[95] Vom 18.11.2013, BGBl. I S. 3951.
[96] *Artz* WuM 2008, 259 (263), *Eisenschmid* in Schmidt-Futterer § 535 Rdn. 131; offen gelassen von BGH (VIII ZR 261/06) DWW 2008, 17 = GE 2007, 1686 = NJW 2008, 142 = NZM 2008, 35 = WuM 2007, 700 = ZMR 2008, 38.
[97] A. A. *Blank* WuM 2008, 311 (315).
[98] BGH (VIII ZR 281/03) DWW 2004, 292 = GE 2004, 1090 = NZM 2004, 736 = WuM 2004, 527 = ZMR 2004, 807 (m. Anm. *Schläger*); vgl. auch zum Trittschall BGH (VIII ZR 355/03) GE 2004, 1586 = NZM 2005, 60 = WuM 2004, 715 = ZMR 2005, 108.

hier hinsichtlich der Elektroanlage, aufzuweisen hat, die nach Alter, Ausstattung, Art, Miethöhe und Ortssitte vergleichbaren Objekten entsprechen muss. Ob diese Rechtsprechung z. B. auf einen Aufzug oder bei Gewerberaum auf eine Lüftungsanlage mit übermäßigem Stromverbrauch übertragen werden kann, ist zweifelhaft. Zu denken wäre allenfalls an Anlagen, die zwar ordnungsgemäß funktionieren, aber beim Betrieb aufgrund von Planungs- oder Konstruktionsfehlern übermäßige Kosten verursachen. Auch hier dürfte ein Schadensersatzanspruch des Mieters nur in Betracht kommen, wenn die laufenden Kosten aus dem Betrieb der Anlagen bei den Vertragsverhandlungen erörtert wurden und der Vermieter schuldhaft unzutreffende Angaben machte.

52 Nach anderer Ansicht steht dem Mieter hingegen ein Schadensersatzanspruch aus Gewährleistungsrecht (§ 536a Abs. 1 BGB) zu, weil ein **unwirtschaftlicher Betrieb als Fehler der Mietsache** zu beurteilen sei.[99] Der Mieter sei deshalb von dem aus der Unwirtschaftlichkeit stammenden Kostenanteil freizuhalten.[100] Diese Korrekturlösung setzt jedoch voraus, dass der Fehlerbegriff des § 536 Abs. 1 BGB nicht nur die technische Gebrauchsmöglichkeit betrifft, sondern auch die wirtschaftlichen Folgen aus dem Gebrauch.

53 Diese **Ausweitung des Fehlerbegriffs ist abzulehnen**.[101] Maßgeblich ist vielmehr, dass der tatsächliche Zustand des Mietobjekts nicht von der aus dem Vertragszweck definierten Sollbeschaffenheit abweicht,[102] wenn die Anlagen und Einrichtungen funktionieren und der Mieter damit die Gebrauchsmöglichkeiten erhält, die ihm der Vermieter aus § 535 Abs. 1 Satz 2 BGB schuldet. Dass hier kein Fehler im Sinne des § 536 Abs. 1 BGB vorhanden ist, macht auch die Gegenprobe deutlich. Wäre ein Fehler gegeben, hätte der Mieter aus § 535 Abs. 1 Satz 2 BGB einen selbstständigen Anspruch auf Beseitigung der Unwirtschaftlichkeit, sei es durch Reduzierung der Anlage, sei es durch Modernisierung. Ein derartiger Anspruch steht ihm indes bei einer ordnungsgemäß gewarteten und einwandfrei laufenden Anlage nicht zu.[103] Zu Ende gedacht würde die Annahme eines Fehlers auch die Entschließungsfreiheit des Vermieters partiell in Frage stellen. Es ist seine Sache z. B. zu entscheiden, mit welchen Anlagen und Einrichtungen ein Mietobjekt ausgestattet

---

[99] OLG Hamm NJW-RR 1987, 969 = ZMR 1987, 300 für eine überdimensionierte Lüftungsanlage, OLG Düsseldorf MDR 1983, 229 unter – undogmatischer – Zuhilfenahme der Grundsätze von Treu und Glauben bei einer überdimensionierten Heizungsanlage, LG Berlin WuM 1996, 156 für eine wegen hohen Bedienungsaufwands extrem unwirtschaftliche Anlage zur Warmwasserbereitung.
[100] Vgl. OLG Hamm ZMR 1987, 300.
[101] KG GE 2012, 1227 = ZMR 2012, 858, ZMR 2008, 892, OLG Düsseldorf GE 2011, 132; *Beyer* GE 2008, 1472 (1476), *Flatow* NZM 2008, 785 (792).
[102] Vgl. OLG Celle neg. RE 19.7.1984 WuM 1985, 9 = ZMR 1985, 10.
[103] KG ZMR 2008, 892, *Börstinghaus/Lange* WuM 2010, 538 (540), *Sternel* PiG 73 (2006) S. 1 (6 f.).

wird.[104] Es muss ihm möglich sein, etwa eine Anlage installieren zu lassen, die so große Leistungsreserven aufweist, dass die ordnungsgemäße Versorgung des Mietobjekts auch noch unter nur theoretisch ungünstigsten Verhältnissen sichergestellt ist, ohne sich dem Vorwurf ausgesetzt zu sehen, sie sei fehlerhaft, weil ihr Betrieb mit hohen Kosten verbunden sei.[105]

c) Einzelne Betriebskostenarten

aa) Grundsteuer

Gelegentlich wird die Grundsteuer in die Behandlung des Wirtschaftlichkeitsgrundsatzes einbezogen, insbesondere im Hinblick auf § 33 Abs. 1 GrStG. In der Sache betrifft die Frage eines möglichen **Grundsteuererlasses** indes nicht das Verhältnis vom Vermieter zum Mieter, sondern es geht um eine Reduzierung der auf den Vermieter entfallenden Kosten bei Leerständen; auch bei krassen wirtschaftlichen Nachteilen durch den Leerstand, welche die Annahme einer Störung der Geschäftsgrundlage rechtfertigen, bleiben die Leerstandsflächen an der Grundsteuer beteiligt (s. ausführlich F Rdn. 180). Der jahrelange Streit zwischen dem BVerwG und dem BFH, ob § 33 Abs. 1 GrStG auch bei strukturellem Leerstand in Betracht kommt, ist inzwischen beendet, das BVerwG hat sich dem BFH[106] angeschlossen,[107] so dass nunmehr auch die Vermieter in Regionen, in denen nicht die Finanzämter, sondern die Gemeinden für die Grundsteuer zuständig sind, mit Aussicht auf Erfolg einen Erlassantrag stellen können. Zu beachten ist die Veränderung durch das JStG 2009,[108] nach dem ab 1.1.2008 nur ein Ausfall von mehr als 50% des Rohertrags relevant ist. Bei der Bestimmung des Rohertrags ist eine Vereinfachung eingetreten, weil nicht mehr zwischen vermieteten und leer stehenden Gebäuden differenziert wird; es gilt stets die nach den Verhältnissen zu Beginn des Erlasszeitraums geschätzte übliche Jahresrohmiete, wobei vermutet wird, dass eine tatsächlich gezahlte Miete der Üblichen entspricht. § 33 Abs. 1 Satz 4 Nr. 2 GrStG verweist insoweit für die Ermittlung des normalen Rohertrags bei bebauten Grundstücken auf § 79 Abs. 1 und 2 BewG.[109] Ein durch Modernisierungs- und/oder Sanierungsmaßnahmen verursachter Leerstand liefert allerdings keine Grund-

54

---

[104] So darf z.B. der Klagantrag bei einer Instandsetzungsklage des Mieters nicht auf eine bestimmte Abhilfemaßnahme gerichtet sein.
[105] Auch bei der Modernisierung ist es das Recht des Vermieters zu entscheiden, in welcher Qualität die Arbeiten erfolgen; die luxuriöse Ausführung nimmt der Maßnahme weder den Effekt der Modernisierung, noch ist sie etwa deshalb fehlerhaft oder nicht – in Grenzen – umlagefähig, vgl. *Langenberg* PiG 40 (1993) S. 72 (76) m.w.N.
[106] Vgl. BFH (II R 5/05) NZM 2008, 537.
[107] BVerwG Beschl. vom 24.4.2007 – GmS-OBG 1.07 ZMR 2007, 738 (LS).
[108] Jahressteuergesetz 2009 vom 19.12.2008 (BGBl. I S. 2794).
[109] OVG Münster Beschl. v. 10.7.2018 – 14 A 1106/16, BeckRS 2018, 16543.

lage für den teilweisen Grundsteuererlass.[110] Bei der Geltendmachung einer Verletzung des Wirtschaftlichkeitsgebots wegen Unterlassung der Inanspruchnahme des Grundsteuererlasses ist einerseits zu beachten, dass dieser für das Kalenderjahr erteilt wird und daher nicht mit dem vertraglichen Abrechnungsjahr übereinstimmen muss. Der Schadenersatzanspruch besteht daher ggf. für zwei Abrechnungszeiträume jeweils nur zum Teil. Maßgeblich ist dabei, wie lange das Mietverhältnis innerhalb des Erlassjahres bestand. Zudem ist der Antrag durch den Vermieter (Eigentümer) bis zum 31.3. des Folgejahres zu stellen. Ist das Mietverhältnis zwischenzeitlich beendet, bestünde zum Zeitpunkt der Pflichtverletzung keine erforderliche Nebenpflicht, worauf der BGH an sich abstellt (siehe Rdn. 101).[111] Insofern ist hier jedoch von einer gleichwertigen nachvertraglichen Pflicht auszugehen, zumal der Ablauf der Antragsfrist zeitlich ausreichend vor dem Ablauf der Abrechnungsfrist liegt, so der Abrechnungszeitraum das Kalenderjahr ist.

bb) Wasserversorgung

55 Bei **Tarifänderungen** des Wasserversorgers ist der Vermieter zum einen verpflichtet, Anhaltspunkten zu Fehlern bei der Installierung der neuen Tarife durch die Kommune oder den Zweckverband nachzugehen; eine gerichtliche Auseinandersetzung mit dem Versorger ist ihm im Hinblick auf das Kostenrisiko jedoch nur zuzumuten, wenn der Prozess eine hinreichende Erfolgsaussicht hat,[112] nach einschränkender Ansicht nur bei offenkundiger Rechtswidrigkeit.[113] Zum anderen hat er ihre korrekte Umsetzung im Einzelfall zu kontrollieren.[114]

56 Einen **überdurchschnittlich hohen Gesamtwasserverbrauch** hat der Vermieter umgehend beim Versorgungsunternehmen zu reklamieren; hier obliegt dem Versorger die Beweislast dafür, dass ein technisch einwandfreier Zähler installiert war und er ordnungsgemäß abgelesen wurde.[115] Gewähren die örtlichen Wasserwerke einen sog. **Sprengwasserabzug**, muss ihn der Vermieter geltend machen; unterlässt er dies, ist die Differenz nicht umlagefähig.[116] Ggf. ist er wegen der Höhe der Frischwasserkosten und der damit verbunden Kosten für das Abwasser verpflichtet, einen Zwischenzähler setzen zu lassen, um den Umfang des Sprengwassers zu ermitteln.

57 **Überdimensionierte Hauptwasserzähler** führen zu unnötig hohen Grundkosten. Die für eine einwandfreie Messung des Wasserverbrauchs

---

[110] OVG NRW DWW 2008, 108 = NZM 2008, 536 = WuM 2008, 241.
[111] BGH (VIII ZR 243/06) DWW 2008, 143 = GE 2008, 116 = NZM 2008, 78 = WuM 2008, 29 = ZMR 2008, 195.
[112] *Beyer* NZM 2007, 1 (4).
[113] *Wall* Rdn. 1176.
[114] AG Demmin WuM 2008, 337.
[115] Ausführlich KG GE 2013, 746.
[116] AG Brandenburg NZM 2011, 361, AG Schöneberg GE 1998, 1343.

und eine sichere Versorgung aller Mieteinheiten erforderlich Zählerbemessung hängt von der Zahl und Ausstattung der angeschlossenen Wohnungen ab. So genügt z. B. ein Nenndurchfluss Qn 2,5 des Zählers für bis zu 15 Wohnungen, die mit Druckspülern am WC ausgestattet sind, und für bis zu 30 Wohnungen mit Spülkästen am WC.[117] Häufig sind indes Zähler mit einem Nenndurchfluss von Qn6 oder sogar Qn10 eingebaut. Die DIN 1988-3 gingen von einem Anstieg des personenbezogenen Wasserverbrauchs aus, der jedoch durch höhere Wasserpreise und damit einhergehendes verändertes Nutzerverhalten sowie wassersparende Haushaltsgeräte nicht eingetreten, sondern im Gegenteil rückläufig ist; die neuere DIN EN 806-3 legt einen Spitzendurchfluss von nur noch 5,44 m³/h zugrunde.[118] Stellt der **Vermieter** anhand der Rechnung der Wasserwerke fest, dass der Zähler überdimensioniert ist, ist er **verpflichtet**, auf Einbau eines Wasserzählers mit angemessenem Normaldurchfluss dringen. Ist ein kleinerer Zähler ausreichend, hat das Wasserwerk eine neue Ermessensentscheidung dahingehend zu treffen, ob ein Austausch des eingebauten Wasserzählers unter Berücksichtigung des aktuellen Standes der Technik im Interesse des Kunden vorzunehmen ist,[119] d. h. im Regelfall einen Zähler mit geringerem Nenndurchfluss zu installieren.

58 Zumal in **Ostdeutschland** ist die Überprüfung des Nenndurchflusses angezeigt. Hier wurde in manchen Kommunen der Verbrauchspreis in den letzten Jahren aus optischen Gründen nicht erhöht, sondern sämtliche gestiegenen Kosten wurden in den dadurch erheblich gestiegenen Grundpreis eingerechnet. Liegt das Gebäude in einem Gebiet mit strukturellem Leerstand oder handelt es sich um einen prognostizierten langfristigen Leerstand, ist der Hauptwasserzähler dem geringeren Bedarf anzupassen.

59 Treten im veralteten Leitungsnetz immer wieder **Rohrbrüche** auf, darf der Vermieter den daraus resultierenden Wassermehrverbrauch nicht auf die Mieter abwälzen. Für die Kostenfolgen aus unterlassener Instandsetzung hat er selbst aufzukommen. Aus einer Messdifferenz zwischen Gesamt- und Einzelzähler lassen sich jedoch keine allgemeinen Schlüsse auf Wasserverlust ziehen, welche das Gericht von Amts wegen zu berücksichtigen hätte.[120]

60 Bei den **Kosten der Berechnung und Aufteilung** auf einzelne Nutzer erscheint die Einschaltung eines Unternehmens nur sachgerecht, wenn die Anzahl der Wasserzähler und daher der mit Ablesung und Abrechnung verbundene Aufwand die zusätzlichen Kosten rechtfertigen. Handelt es sich nur um wenige Verbrauchsstellen, ist auch ein Laie in der

---

[117] Nachweis bei *Ruff* DWW 2014, 42 (43), Tabelle in GE 2010, 744.
[118] *Pfeifer* DWW 2010, 327 (328).
[119] BGH (VIII ZR 97/09) GE 2010, 762 = NZM 2010, 558 = WuM 2010, 373.
[120] Unzutreffend daher AG Rheine WuM 2015, 388.

Lage, die Abrechnung zu erstellen,[121] so dass die Kosten eines Abrechnungsdienstes ebenso wenig umlagefähig sind, wie schon bisher die Ablesung von Haupt- und (vor allem bei gemischter Nutzung) Zwischenzählern nebst der anschließenden Abrechnung. Der Vermieter, der auf die Einschaltung eines externen Unternehmens verzichtet, darf seinen eigenen, angemessenen Zeitaufwand in Ansatz bringen.

61 Der Vermieter muss Einsparpotentiale durch sog. Betriebskostenmanagement (zum Begriff s. Rdn. 18) nutzen. Im Bereich der Wasserkosten gehört dazu, den Einsatz von **Wassermengenreglern** (dazu A Rdn. 75) zu prüfen, zumal die Kosten ihrer Wartung bisher schon und erst recht durch die seit 1.1.2002 geltende Ergänzung der Nr. 2 der Anl. 3 zu § 27 II. BV umlagefähig sind (zur Abgrenzung von Wasserdruckbegrenzern s. A Rdn. 282). Sie werden im Bad eingebaut und reduzieren die Wasserdurchlaufmenge druckunabhängig auf 6 l/min. bei der Waschtisch- bzw. nach Wahl auf 9 oder 12 l/min. bei der Duscharmatur. Da die Durchlaufmenge bei den Wascharmaturen im Durchschnitt 13 l/min. und den Duscharmaturen 19 l/min. beträgt, ergibt sich eine Einsparung von 40–50% an diesen beiden Wasserentnahmestellen, was zu einer Gesamteinsparung an Wasser von im Schnitt mehr als 12% führt. Durch die übliche Koppelung der Abwassergebühren an den Frischwasserbezug sowie den geringeren Verbrauch an Energie für die Warmwasserbereitung erhöht sich das Einsparpotential deutlich. Das Wartungsentgelt wird aus einem relativ geringen Anteil der Einsparung bestritten. Um eine zuverlässige Einsparung sicherzustellen, sind nur von den öffentlichen Materialprüfanstalten nach Funktion und Geräusch geprüfte Mengenregler zu verwenden.

cc) Entwässerung

62 Zur Überprüfung von **Tarifänderungen** des Entsorgers gelten die Ausführungen in Rdn. 55 gleichermaßen. Bei **erstmaliger Umstellung** auf **eine Trennung** des Abwassers zwischen Schmutz- und Niederschlagswasser ist zu kontrollieren, ob die jeweiligen Flächen richtig angesetzt wurden; während vollversiegelte Flächen mit 100% angesetzt werden, entfallen z. B. auf teilversiegelte Flächen oder Flächen mit Versickerung nur 50%.[122]

Bei den Kosten der Entwässerung zeigt sich zum Teil ein Einsparpotential im Bereich der sog. **Regenwasserabgabe,** die zunehmend neben den Gebühren für Abwasser erhoben wird. Hier kann es sich empfehlen, zunächst den Versiegelungsgrad festzustellen, um sodann z. B. mit Steinbelag versehene oder bituminös gebundene Flächen, die etwa für Stellplätze nicht benötigt werden, durch Rasen oder Rasenpflaster[123] zu erset-

---

[121] Vgl. für den Bereich der verbrauchsabhängigen Heizkostenabrechnung *Lammel* HeizKV § 7 Rdn. 63.
[122] Gebührensplitting der Hamburger Wasserwerke.
[123] *Kirchhoff* GE 2000, 1675 f.

zen. Der Vermieter wird jedenfalls gehalten sein zu überprüfen, ob derartige Maßnahmen mit wirtschaftlich vertretbarem Aufwand durchzuführen sind.

Stellt der Vermieter die Entwässerung auf eine neue **Abwassergrube** um, kann er die dadurch ausgelösten, dreifach höheren Kosten nicht umlegen, wenn ihm die Wiederherstellung des bei Vertragsabschluss bestehenden Anschlusses zumutbar war.[124] Ebenso gehen die Kosten einer **übermäßigen Leerungshäufigkeit** aufgrund unzureichender Dimensionierung der Grube zulasten des Vermieters.[125]   **63**

dd) Aufzug

Wartungskosten gehören zum umlagefähigen Aufwand. Zur Ermittlung angemessener Kosten sind mehrere Angebote einzuholen, weil die **Kostenspanne** für eine durchschnittliche Aufzugsanlage bei vier Wartungen jährlich von etwa € 800 bis € 2 500 reicht; hat die Aufzugsanlage nämlich keine codierte oder geblockte Steuerung, kann jedes Fachunternehmen die Regelwartung ausführen.[126] Der **Wartungsturnus** darf zudem nicht unwirtschaftlich kurz sein, wie es z. B. bei monatlicher Wartung eines Aufzugs mit sieben Haltepunkten und fünf Mietparteien der Fall ist.[127] Ein derartiger Turnus ist nur bei hochfrequentierten Anlagen, wie z. B. bei Behörden, in Supermärkten, Büro- und Warenhäusern gerechtfertigt. Bei Wohnhäusern mit z. B. nur acht Wohneinheiten reicht zumindest ein Turnus von drei Monaten, bei modernen Anlagen auch ohne weiteres ein längerer.   **64**

Ein hoher Anteil des **Stromverbrauchs** fällt **beim Stillstand** des Aufzugs an. Er wird auf 60 % des gesamten Energiebedarfs geschätzt, wovon ein Drittel durch eine ständig eingeschaltete Kabinenbeleuchtung verursacht wird und ein weiteres Drittel auf die Motorleistung des Türantriebs, der die Schachttüren ständig geschlossen hält.[128] Hier kann durch Einbau eines Frequenzumrichters Abhilfe geschaffen werden, der die Energieversorgung auf das jeweils benötigte Maß reduziert. Ebenso kann Energie dadurch eingespart werden, dass sich die Kabinenbeleuchtung zeitgesteuert ausschaltet[129] und stromsparende LED-Leuchtmittel eingesetzt werden. Während bei Neuanlagen eine erhebliche Stromeinsparung mit Hilfe eines Wechselrichters möglich ist, der bei der Abwärtsfahrt die Bremsenergie als Strom zurückgewinnt, scheidet eine Umrüstung bestehender Anlagen wegen der hohen Kosten im Regelfall aus.   **65**

---

[124] LG Berlin GE 2006, 449.
[125] *Wall* Rdn. 3382.
[126] *Witt* GE 2008, 594.
[127] AG Köln WuM 1987, 274.
[128] *Meyer* GE 2009, 1030.
[129] *Meyer* GE 2009, 1030 (1031).

ee) Straßenreinigung

66 Bei der kommunalen Straßenreinigung werden die Gebühren nach der Einordnung der Straße in die jeweilige Reinigungsklasse nach dem örtlichen Straßenreinigungsverzeichnis erhoben. Erfolgt die **Reinigung nicht nach** den Vorgaben der **Reinigungsklasse,** also entweder überhaupt nicht oder wird der Reinigungszweck verfehlt, steht die Gebühr in einem offensichtlichen Missverhältnis zur Leistung des zur Straßenreinigung Verpflichteten; nur geringfügige Nicht- oder Schlechterfüllung der Reinigung mindert den Entgeltanspruch in der Regel noch nicht.[130] In Fällen des offensichtlichen Missverhältnisses ist der Vermieter aus dem Wirtschaftlichkeitsgebot verpflichtet, gegen die Gebührenbelastung, ggf. gerichtlich, vorzugehen.

ff) Müllbeseitigung

(a) Grundsätze

67 Wegen der beachtlichen Höhe der Müllbeseitigungskosten ist das Wirtschaftlichkeitsgebot von besonderer Bedeutung. Es bezieht sich sowohl auf die **Anzahl**[131] und **Größe der Müllbehälter**[132] wie auch auf die **Häufigkeit der Leerung.**[133] Der Vermieter ist gehalten, das Volumen bzw. die Anzahl der Müllbehälter am Bedarf auszurichten, ggf. bis zur Grenze der von der Kommune je Haushalt festgesetzten Mindestmüllmenge. Übersteigt die Kapazität der Gefäße die anstehende Müllmenge in nicht nur geringfügigem Umfang, gehen die unnötigen Kosten zu Lasten des Vermieters;[134] es ist auf den durchschnittlichen Bedarf abzustellen, nicht etwa auf den z.B. zu Weihnachten anfallenden Müllberg. Ist ein Hausmeister vorhanden, gehört es zu seinen Pflichten, hierzu gelegentlich Feststellungen zu treffen. Ansonsten können die Mieter mit dem Einwand unwirtschaftlichen Verhaltens des Vermieters nur gehört werden, wenn sie den Vermieter oder die Hausverwaltung zuvor auf das Missverhältnis hingewiesen haben.

68 Auch die **Art der Müllbehälter** ist unter dem Gesichtspunkt des Wirtschaftlichkeitsgrundsatzes zu beachten. Ist es nach den örtlichen Gegebenheiten möglich, Wertstoff- und Papiertonnen zusätzlich aufzustellen, ist der Vermieter verpflichtet, von dieser Möglichkeit der Reduzierung der kostenpflichtigen Restmüllmenge Gebrauch zu ma-

---

[130] KG DWW 2009, 117 (LS).
[131] LG Berlin GE 2016, 723, BeckRS 2016, 10999; *Beyer* GE 2008, 1472 (1477).
[132] LG Berlin GE 2016, 723, BeckRS 2016, 10999, AG Gelsenkirchen ZMR 2014, 127: Vorhaltung eines Gefäßes von 1100 Litern statt von ausreichenden 240 Litern, AG Dortmund WuM 2002, 54: Vorhaltung eines Gefäßes von 1,1 m³ statt von ausreichend 450 l, AG Köln WuM 2007, 409: vorgehaltene Müllkapazität 6,6 m³ statt nur erforderlicher 3,05 m³.
[133] AG Münster WuM 2001, 46.
[134] AG Dortmund WuM 2002, 54, AG Dannenberg WuM 2000, 381.

chen.[135] Gestattet die Ortssatzung die **Freistellung** vom Anschluss- und Benutzungszwang bei eigenhändiger Abfallbeseitigung durch die Mieter, hat der Vermieter an der Gebührenbefreiung (hier für die Bio-Tonne) zugunsten der Mieter mitzuwirken.[136] Andererseits ist es allein Sache der Mieter, bei der zuständigen Stelle der Gemeinde ein **Antrag auf Begrenzung der Kosten** der Müllbeseitigung zu stellen, wenn die Müllabfuhr nach Personen berechnet wird und die Gemeinde zur Begünstigung kinderreicher Familien für diese eine Obergrenze festgesetzt hat.[137]

Geht es um die Kosten der **Sperrmüllabfuhr**, weil Mieter ständig in nicht unerheblichem Umfang ihren Sperrmüll auf dem Grundstück „entsorgen", ist vom Vermieter im Kosteninteresse jedenfalls der Versuch zu verlangen, z.B. durch Rundschreiben die vertragswidrige und bei der Lagerung in Kellerfluren auch feuerschutzrechtlich unzulässige Übung abzustellen,[138] auch wenn dies in der Praxis immer wieder wenig Wirkung zeigt. Versuche des Vermieters, den Verursacher ausfindig zu machen, sind keine Voraussetzung für die Umlage der Kosten, weil derartige Bemühungen ohnehin in aller Regel fruchtlos bleiben; dies gilt erst Recht, wenn die Sperrmüllentsorgung von Gemeinschaftsflächen im **Gewerberaummietvertrag** ausdrücklich vereinbart ist.[139] **69**

(b) Kosten externer Dienstleister

Bei den Kosten der Müllbeseitigung besteht ein **erhebliches Einsparpotential**, das der Vermieter im Rahmen des Wirtschaftlichkeitsgrundsatzes nutzen muss, wenn und soweit es die örtlichen Verhältnisse erlauben. In der Praxis wird die Einsparung vornehmlich durch den Einsatz externer Dienstleister realisiert. **70**

(aa) Varianten

– *Transport von Abfallsammelbehältern zur Straße* **71**

Je nach der Gebührenstruktur sind die Kosten der kommunalen Müllabfuhr z.B. bei **langen oder schwierigen Transportwegen** vom Standort der Müllgefäße bis zur Straße sehr hoch. Durch die Bereitstellung der Sammelbehälter bereits an der Straße ist die Einstufung in eine niedrigere Gebührenklasse zu erreichen und damit eine deutliche Kostenreduzierung. Mit der Durchführung des rechtzeitigen Transports werden zunehmend externe Dienstleister beauftragt.[140]

---

[135] LG Berlin GE 2016, 723, BeckRS 2016, 10999, LG Köln ZMR 2013, 636, AG Köln WuM 2013, 253, AG Dortmund WuM 2002, 54, AG Frankfurt am Main WuM 2001, 631.
[136] LG Neubrandenburg WuM 2001, 130.
[137] AG Gummersbach WuM 2000, 381: vier Personen.
[138] Vgl. LG Berlin GE 2001, 1469.
[139] LG Berlin GE 2012, 1316.
[140] *Gabriel* DWW 2005, 366 (368 f.), *Hasucha/Hartig* GE 2004, 579.

72 **– Müllmanagement**

Ferner wird vermehrt sog. Müllmanagement angeboten, das zu einer deutlichen Kosteneinsparung führen kann[141] und daher teilweise umlagefähig ist.[142] Das Müllmanagement erledigt üblicherweise ein Dienstleistungsunternehmen. Es übernimmt die funktionale Standplatzplanung und -gestaltung sowie die Bewirtschaftung der Standplätze, z.B. Reinigung, die Überprüfung der Behälterbestände und insbesondere der Müllgefäße im Hinblick auf durch kommunale Satzungen vorgeschriebene Wertstofftrennung. Die Kontrolle der Müllgefäße mit ggf. notwendiger Nachsortierung des Mülls zur Wertstofftrennung verstößt nicht gegen ein kommunales Müllbeseitigungsmonopol; Haushaltsabfälle werden dem öffentlich-rechtlichen Entsorgungsträger nicht schon mit dem Einwurf in das Müllgefäß, sondern erst mit dessen Abholung zur Entleerung in das Sammelfahrzeug überlassen.[143]

– Müllmengenerfassungsanlagen

73 Als besonders effektiv gelten Müllmengenerfassungsanlagen (Abfallschleusen), durch die es möglich ist, die Kosten den jeweiligen Müllverursachern unmittelbar zuzurechnen. Die Kosten des *Betriebs* derartiger Anlagen sind nunmehr in § 2 Nr. 8 BetrKV genannt, sie waren aber auch zuvor schon umlagefähig, und zwar nach der Umstellung auf verursacherbedingte Abrechnung gem. § 556a Abs. 2 BGB. Verschiedene Dienstleister bieten über das Müllmanagement hinaus auch den Einsatz von Müllmengenerfassungsanlagen an.

(bb) Umlagefähige Kosten

74 Wird der Dienstleister, wie üblich, aus einer Beteiligung an den eingesparten Entsorgungskosten finanziert, erhält er also nur ein **erfolgsorientiertes Entgelt,** entstehen Zusatzkosten über die bisherige Gebührenbelastung hinaus nicht, vielmehr verbleibt im Ergebnis immer noch eine nicht unerhebliche Entlastung der Mieter. Obgleich entsprechende Maßnahmen damit für alle Beteiligten von Vorteil sind, fragt es sich, **welchen Betrag der Vermieter ansetzen darf.** Es kann sich dabei um die Gesamtsumme aus den verbliebenen Betriebskosten und dem – aus einem Teil der Einsparung stammenden – Entgelt des Dienstleisters handeln oder auch allein um den Ansatz der reduzierten Kosten; wird keine Einsparung erzielt, sind die Kosten des Dienstleisters ohnehin nicht ansatzfähig.[144] Hierzu wird vertreten, dass Kosten, die selbst keine Betriebskosten

---

[141] Vgl. den Bericht der Rhein-Lippe Wohnstättengesellschaft mbH DW 2001, 54 zur Reduzierung des Müllvolumens um mehr als die Hälfte infolge der Einschaltung von Müllmanagement; zum Müllmanagement als Unterfall des Betriebskostenmanagements *Zehelein* NZM 2014, 649 (652).

[142] AG Frankfurt am Main Urt. v. 23.6.2017 – 33 C 430/16, BeckRS 2017, 130649; *Sentek* NZM 2017, 721 (725 f.).

[143] BVerwG DWW 2008, 108 = WuM 2008, 241.

[144] *Wall* WuM 2005, 393 (394).

sind, auch dann nicht umgelegt werden dürfen, wenn sie für Maßnahmen geleistet wurden, welche Betriebskosten ersparten.[145] Dieser Auffassung ist in ihrer generellen Geltung indes nicht zuzustimmen. Allerdings kann der Zukauf von Know-how als eine außerhalb der eigentlichen Verwaltung liegende Maßnahme nicht über den Eigenleistungsbegriff des § 1 Abs. 1 Satz 2 BetrKV umgelegt werden. Denn dieser stellt keine Rechtsgrundlage für die Umlage solcher Kosten dar, die nicht vereinbart wurden bzw. überhaupt nicht umlagefähig sind, sondern setzt dieses vielmehr voraus (siehe A Rdn. 11). Der Vermieter kann lediglich die selbst erbrachte Leistung auf der Grundlage eines Kostenvergleichs mit Drittanbietern als Betriebskosten geltend machen.[146] Es ist auch fraglich, ob dem Mieter nach § 242 BGB Treuwidrigkeit vorzuwerfen wäre, wenn er einerseits den Vorteil geringerer Betriebskosten entgegen nimmt, die hierfür notwendigen Kosten aber nicht zu tragen bereit ist.[147] Die – in jedem Fall erforderliche – Vereinbarung einer solchen Leistung über § 2 Nr. 17 BetrKV verstößt jedoch nicht gegen § 556 Abs. 4 BGB, da diese, solange die Betriebskosten hierbei insgesamt geringer ausfallen, den Mieter nicht benachteiligen.[148] Zu beachten ist allerdings bei den Maßnahmen aus dem Bereich der Müllbeseitigung die **Neufassung in § 2 Nr. 8 BetrKV** zu berücksichtigen. Nunmehr zählen auch die Kosten des Betriebs von Müllkompressoren, Müllschluckern u. Ä. zu den umlagefähigen Kosten; bislang ließen sie sich nur als Sonstige Betriebskosten nach Nr. 17 der Anl. 3 zu § 27 II. BV umlegen, weil es sich um die Vorbereitung, nicht jedoch um die eigentliche Müllabfuhr handelt. Der Begriff der Müllbeseitigung wurde damit substantiell erweitert. Anders als bei einer Eigenleistung des Vermieters im Sinne von § 1 Abs. 1 Satz 2 BetrKV gehört daher auch die Umsatzsteuer zum umlagefähigen Aufwand.

Gleichwohl ist sowohl zu prüfen, ob die Einschaltung eines externen Dienstleisters mit dem **Wirtschaftlichkeitsgebot** zu vereinbaren ist, als auch, ob die von ihm berechneten Kosten zu den umlagefähigen Betriebskosten gehören, was insbesondere beim Müllmanagement notwendig ist (s. Rdn. 76). Zur wirtschaftlichen Seite ist daher jeweils zu fragen, **ob eigene Maßnahmen** des Vermieters **kostengünstiger** gewesen wären. Dies lässt sich nicht mit dem Argument beantworten, an den durch den Dienstleister ersparten Kosten zeige sich ja, dass zuvor unwirtschaftlich gearbeitet worden sei, dessen Kosten seien daher nicht umlagefähig.[149] Vielmehr kommt es entscheidend auf die **Gegebenheiten im Einzelfall** an, zu denen vor allem die Zahl der Wohnungen auf dem Grundstück bzw. bei Wirtschaftseinheiten den Grundstücken und im Hinblick auf die

---

[145] AG Uelzen GE 2014, 808 (m.abl. Anm. *Blümmel* GE 2014, 777) = ZMR 2014, 216; *Schmid* WuM 2009, 487 (490).
[146] *Zehelein* NZM 2014, 649 (652); a. A. LG Mainz Urt. vom 8.10.2003 – 3 S 138/03, AG Mainz WuM 2003, 450.
[147] So aber LG Lüneburg GE 2015, 58; *Wall* Rdn. 1143.
[148] *Zehelein* NZM 2014, 649 (558 f.).
[149] So AG Berlin-Mitte MM 2005, 75.

Mülltrennung die Zusammensetzung der Mieterschaft[150] gehört. Bei kleineren Objekten soll die Einschaltung des Hauswarts in Betracht kommen,[151] wobei allerdings zu bedenken ist, dass er hier oft überflüssig ist und die Einstellung eines Hausmeisters im Hinblick auf Maßnahmen zur Reduzierung der Kosten der Müllbeseitigung deutlich unwirtschaftlich wäre. Bei größeren Wohneinheiten soll die Beauftragung vorhandenen oder auch neu einzustellenden Personals geprüft werden.[152] Dessen Kosten sind zwar als Eigenleistung bei der Müllbeseitigung ansatzfähig, sie können aber durch den Wegfall von Gewinnspanne und Umsatzsteuer unter denen der Dienstleister liegen. Aufgrund des ihm zustehenden Ermessensspielraums ist der Vermieter jedoch nicht verpflichtet, allein nach Kostengesichtspunkten zu entscheiden. Er darf auch die Überlegung einbeziehen, ob das vorhandene Personal noch ausreichenden Freiraum für die Zusatzaufgaben hat, ob für neu eingestelltes neben dem Bereich Müllbeseitigung hinreichende Beschäftigung im eigenen Bestand vorhanden ist und zumal, ob deren Kompetenz zuverlässig zu geringeren Kosten als bei Einschaltung eines externen spezialisierten Dienstleisters führen würde. Da dieser aus der Kostenersparnis finanziert wird, hat er ein evidentes eigenes Interesse an deren Realisierung.

76 – *Besonderheiten beim Müllmanagement*

Es ist notwendig, das **Spektrum** der Arbeit der Mülldienstleister **genauer zu betrachten.**

– **Standplatzplanung und -gestaltung** sind jedenfalls architektenähnliche Tätigkeiten, die sachlich zu den Baukosten zu zählen sind. Baukosten sind keine Betriebskosten.[153] Dasselbe gilt für die Kosten der Anschaffung bzw. den Ersatz von Schlössern oder ähnlichen Verschlusseinrichtungen für herkömmliche Abfallgefäße oder Müllboxen.

– Die **notwendigen Vorkosten** aus der Erfassung der örtlichen Verhältnisse, Bewirtschaftungsplanung etc. sind ansatzfähig.

– Der aufwändige **Sortierdienst nebst Kontrolle** der Wertstoffbehälter zur sachgerechten Müllabfuhr ist ohne weiteres in den umlagefähigen Kostenbereich einzubeziehen.

– Was die **Müllplatzreinigung** betrifft, handelt es sich ohnehin um Kosten der Gartenpflege nach Nr. 9, zu der auch die Reinigung von Plätzen etc., die nicht dem öffentlichen Verkehr dienen, gehört.[154]

– Der Anteil, den der Dienstleister aus den ersparten Kosten erhält, muss **mit den örtlichen Verhältnissen korrespondieren.** Es versteht sich von selbst, dass das Abfallverhalten der Mieter nicht nur inner-

---

[150] *Gabriel* DWW 2005, 366 (368).
[151] *Gabriel* DWW 2005, 366 (370), *Wall* WuM 2005, 393 (394); dagegen AG Mainz WuM 2003, 450.
[152] *Gabriel* DWW 2005, 366 (370), *Wall* WuM 2005, 393 (394).
[153] *Sentek* NZM 2017, 721 (726); A. A. wohl AG Frankfurt am Main Urt. v. 23.6.2017 – 33 C 430/16, BeckRS 2017, 130649.
[154] *Sentek* NZM 2017, 721 (726).

halb eines Objekts, sondern von Objekt zu Objekt sehr verschieden ausfallen kann. Der Vermieter hat daher darauf zu achten, dass **keine Mischkalkulation** des Anbieters zu seinen Lasten zugrunde gelegt wird.
- Im Hinblick auf die sachliche Erweiterung in Nr. 8 werden auch die **sonstigen Aktivitäten** der Mülldienstleister (z. B. Verteilung von Broschüren an die Mieter, um ein Bewusstsein für den Umgang mit Müll, die damit verbundenen Kosten und die sachgerechte Mülltrennung zu wecken) nunmehr unter den Passus *„Kosten entsprechender nicht öffentlicher Maßnahmen"* subsumiert werden können.
- Bei erfolgreicher Motivation der Mieter sollte sich der **geringer werdende Aufwand des Dienstleisters in seinem Entgelt widerspiegeln.** Etliche Verträge sehen einen für die Vertragslaufzeit durchgehenden Anteil des Dienstleister an den ersparten Kosten in Höhe mehr als von 50 %,[155] zum Teil sogar 80 % vor. Der Vertrag des Vermieters mit dem Dienstleister sollte jedoch flexibel gestaltet sein. Die Reduzierung des Entgelts des Dienstleisters führt zu einer Erhöhung der Ersparnis für die Mieter, was deren Akzeptanz der Maßnahme nachhaltig fördert. In der Praxis scheitert die Flexibilisierung des Entgelts allerdings nicht selten daran, dass es den Vermietern praktischer erscheint, stets nur mit einem festen gleich bleibenden Anteil rechnen zu müssen. Dass es im übrigens grob unwirtschaftlich wäre, eine in der Anfangsphase z. B. notwendige tägliche Kontrolle von Standplatz und Müllgefäßen auch dann noch beizubehalten, wenn eine zwei Mal wöchentliche Kontrolle ersichtlich ausreicht, ist offensichtlich.

– *Besonderheiten bei Müllmengenerfassungsanlagen*   77

Der Vermieter darf daher die **Kosten gemieteter Müllschleusen nicht umlegen** (s. A Rdn. 37), die Kosten des Kaufs derartiger Geräte ohnehin nicht. Dies ist bei der Einschaltung eines externen Dienstleisters zu beachten, wenn er neben dem Müllmanagement die Aufstellung von Müllmengenerfassungsanlagen anbietet, da er diese zusätzlichen Kosten einpreisen muss. Auch wenn er allein aus den ersparten Müllgebühren bezahlt wird, sind die Zusatzkosten herauszurechnen, was durch einen Vergleich der Kosten des Managements mit und ohne Müllschleusen unschwer möglich ist. Die Zusatzkosten sind vom Vermieter zu tragen.

gg) Gebäudereinigung

Generell ist festzustellen, dass die Umlage nicht auf die „üblichen" Kosten beschränkt ist,[156] da dem Vermieter ein gewisses **Ermessen** hinsichtlich **Reinigungsfrequenz und -intensität** zusteht. Es kommt hinzu, dass das, was „üblich" ist, von der Art des Gebäudes mitbestimmt wird und von Wohnquartier zu Wohnquartier verschieden sein kann. Handelt es sich z. B. um ein besonders gehobenes und gepflegtes Wohngebiet, wäre   78

---
[155] *Wall* WuM 2005, 393 (394).
[156] *Sternel* III Rdn. 349.

es nicht sachgerecht, nur einen Standardaufwand anzuerkennen. Dasselbe gilt für Gewerbeimmobilien.

79 Das Ermessen berechtigt den Vermieter jedoch **nicht, subjektive** hygienische oder optische **Vorstellungen** zum Maßstab zu machen.[157] Die Mieter haben nur für objektiv angemessene Kosten einzustehen. Den Mehraufwand aus seinen übertriebenen Reinlichkeitsvorstellungen hat der Vermieter daher selbst zu tragen. So ist z. B. die Reinigung des Treppenhauses eines kleineren Mehrfamilienhauses drei Mal in der Woche deutlich überzogen.[158] Auch bei einer Vielzahl von Mietern wird die Reinigung des Treppenhauses ein Mal in der Woche und die Reinigung der Fenster zwei Mal im Jahr ausreichen.[159] Nach diesen Kriterien ist auch zu bewerten, ob der Aufwand für einen **Fußmatten**-Reinigungsservice für die regelmäßige Reinigung ansatzfähig ist. Großflächige Fußmatten werden häufig in Gewerbe- und gemischt genutzten Objekten, zunehmend aber auch in Wohnhäusern in guten Wohnlagen genutzt, um die Verschmutzung des Treppenhauses zu verringern und dadurch geringere Kosten der sonstigen Reinigung zu erzielen. Jedenfalls für gehobenen Wohn- und Gewerberaum dürfte er in der Regel wirtschaftlich nicht zu beanstanden sein.

80 Beauftragt der Vermieter eine ungelernte Reinigungskraft, darf er nur den **üblichen Stundenlohn** für ungelernte Kräfte ansetzen.[160] Ersetzt er zwei Reinigungskräfte durch ein wesentlich teureres Reinigungsunternehmen, muss er dartun, warum er diese Umstellung vorgenommen hat, insbesondere wo konkret die Defizite ihrer Leistung lagen; ließen sie es nur an gründlicher Arbeit fehlen, waren primär zunächst eine Abmahnung und ggf. der Austausch durch zwei andere Kräfte angezeigt.[161]

81 Bei der Einschaltung eines **Reinigungsunternehmens** sind nur die angemessenen Kosten ansatzfähig. So kann ein Verstoß gegen das Wirtschaftlichkeitsgebot naheliegen, wenn sich die Reinigungskosten nahezu verdoppeln, nachdem der Vermieter eine eigene Reinigungs-GmbH beauftragte.[162]

hh) Gartenpflege

82 Wie bei der Hausreinigung hat der Vermieter einen gewissen **Ermessensspielraum** hinsichtlich der **Ausgestaltung** des Gartens. Da die jeweilige Gestaltung entsprechende Folgekosten bei Pflegehäufigkeit und -intensität produziert, muss sie sich am örtlich Üblichen orientieren. Be-

---

[157] LG Hamburg GE 2001, 992 = NZM 2001, 806.
[158] LG Hamburg GE 2001, 992 = NZM 2001, 806.
[159] AG Regensburg WuM 2006, 110.
[160] AG Köln NZM 1998, 305; AG Schöneberg MM 2008, 299: nicht € 55,38/h für die Tochter des Vermieters.
[161] AG Hamburg MJ 1999, 10.
[162] AG Köln WuM 2007, 264.

sonderheiten der Wohnlage sind daher zu berücksichtigen;[163] insoweit ist auf die vorstehenden Ausführungen zu verweisen. Sofern nach den örtlichen Verhältnissen und der Mieterstruktur möglich, kann es sich anbieten, den **Erdgeschossmietern Gartenteile** vor ihren Wohnungen zur Pflege zu überlassen.

Bei der **Erneuerung** abgängiger Bepflanzung bietet es sich an, **Sträucher** nachzupflanzen, die eine leichte Pflege zulassen und die nur eine geringe **maximale Wuchshöhe** aufweisen. Dies gilt zumal an Wegekreuzungen oder Ausfahrten, bei denen auch Verkehrssicherungsaspekte zu beachten sind, so dass u. U. nur ein seltener Beschnitt notwendig ist. Rasen sollte in größeren Flächen angelegt werden,[164] ohne Mulden oder Kuppen sowie bei angrenzenden Mauern mit Mähkante. Sandflächen in der Nähe von Hofabläufen sind zu vermeiden. **83**

Zu den Kosten der Gartenpflege gehört auch der Aufwand zur Beseitigung von Schäden aus Naturereignissen, insbesondere von **Windbruch**. Je nach den Verhältnissen des jeweiligen Baumbestands kann es für den Vermieter geboten sein, wegen der zunehmenden Häufigkeit und Intensität der Stürme den Schutz vor den Kosten aus der Entfernung entwurzelter Bäume in eine Sachversicherung aufzunehmen. **84**

ii) Beleuchtung

Die Beleuchtungsanlage ist den **objektiven Notwendigkeiten entsprechend** zu betreiben. Zusatzkosten einer besonders aufwendigen Anlage sind nicht umlagefähig;[165] so wird die Unterhaltung einer Anlage zur **Sicherheitsbeleuchtung** nur in Betracht kommen, wenn sie öffentlich-rechtlich vorgeschrieben ist. Dass sie auch bei kleineren Gebäuden im Einzelfall nützlich und angenehm ist, reicht nicht aus, zumal durch die Stromverbundnetze längere Stromausfälle eher selten sind. Die Beibehaltung einer **Dauerbeleuchtung** mit zahlreichen Brennstellen ist unwirtschaftlich, wenn eine Zeitschaltung oder die Auslösung durch Bewegungsmelder technisch einfach installiert werden kann. Schließlich sind die Möglichkeiten zu prüfen, die sich durch die Liberalisierung des Strommarkts ergeben haben, wenn der örtliche Anbieter deutlich teurer ist. **85**

Bei **gewerblich genutzten Objekten** ist gelegentlich ein verschwenderischer Einsatz von Beleuchtung der Fassade, Innenhöfe, Passagen etc. zu beobachten. Sofern hierfür keine sicherheitstechnischen Aspekte maßgeblich sind, gebietet der Wirtschaftlichkeitsgrundsatz jedenfalls eine Verringerung oder teilweise Abschaltung der Beleuchtung zu Zeiten, in denen Publikumsinteresse nicht mehr zu erwarten ist.[166] **86**

---

[163] Z. B. AG Ahrensburg ZMR 2011, 880: Stadtbild, das durch überdurchschnittlich gepflegte Wohnsiedlungen mit großen Gärten geprägt ist.
[164] Vgl. *Herlitz/Viehrig* S. 154/155.
[165] Vgl. LG Berlin GE 1992, 989.
[166] *Wall* Rdn. 1115.

jj) Schornsteinreinigung

87 Mit dem neuen SchfHwG[167] wurde das **Schornsteinfegerwesen** ab 1.1.2013 in Teilbereichen **liberalisiert,** das Kehrmonopol des Bezirksschornsteinfegers in mehreren Schritten eingeschränkt, zugleich u.a. das Verbot von Nebentätigkeiten und die Residenzpflicht aufgehoben.[168] Dem Vermieter wird es zunächst möglich sein, einen preisgünstigeren Schornsteinfeger in einem anderen Bezirk auszusuchen; das beim Bundesamt für Wirtschaft und Ausfuhrkontrolle geführte Schornsteinfegerregister wird im Internet veröffentlicht, so dass darüber eine Auswahlentscheidung ermöglicht ist. Seit dem 1.1.2013 können auch Mitarbeiter des Sanitär-, Heizungs- und Klimahandwerks nach entsprechender Qualifizierung in weiten Teilen die Tätigkeit eines Schornsteinfegers ausüben; weiterhin ausgenommen sind die Kontrollen zur Betriebs- und Brandsicherheit. Gleichzeitig wird es den Schornsteinfegerbetrieben durch den Wegfall des Verbots von Nebentätigkeiten erlaubt, ihrerseits gewerbliche Wartungsarbeiten durchzuführen. Die Beachtung des Wirtschaftlichkeitsgebots ist daher nunmehr auch im Bereich der Schornsteinreinigung möglich und durch Einholung entsprechender Angebote realisierbar. Gem. § 16 SchfHwG wird die Bescheinigung über die Tauglichkeit und sichere Benutzbarkeit, soweit diese nach Landesrecht vorgesehen ist, von bevollmächtigten Schornsteinfegern ausgestellt. Eine Einschränkung gilt insoweit nach § 18 Abs. 2 SchfHwG für Anlagen, welche durch diesen selbst, Familien- oder Betriebsangehörige verkauft, eingebaut oder überlassen wurden. Ebenso bei Beteiligungen der genannten Personen an entsprechenden Gesellschaften.

kk) Versicherungen

88 Der Grundsatz der Wirtschaftlichkeit ist in mehrfacher Hinsicht zu beachten.[169] Zunächst ist der Vermieter verpflichtet, vor Abschluss einer neuen Versicherung **Vergleichsangebote** einzuholen[170] und, soweit im Hinblick auf die unübersichtliche Materie möglich, Leistungsvergleiche anzustellen. Hierbei kann die Unterstützung durch einen **Versicherungsmakler** hilfreich sein, wenn er nicht schon von vornherein eingeschaltet wird, was ohne Zusatzkosten möglich ist. Durch seine Tätigkeit lassen sich nicht selten Einsparungen erzielen. Es wird allerdings vertreten, dass auf die Einholung von Kostenangeboten von Konkurrenzunternehmen auch dann nicht verzichtet werden darf, wenn ein Versiche-

---

[167] Schornsteinfeger-Handwerksgesetz vom 26.11.2008, BGBl. I 2242 (Art. 1 des Gesetz zur Neuregelung des Schornsteinfegerwesens vom 26.11.2008, BGBl. I S. 2242), zuletzt geändert durch Art. 1 Gesetz v. 17.7.2017, BGBl. I S. 2495.
[168] Zu allem ausführlich: Allgemeiner Teil der Begründung des Gesetzes BT-Drucks. 16/9237 S. 20ff.
[169] Vgl. OLG Düsseldorf BB 1991, 98.
[170] Z.B. KG GuT 2011, 145 = WuM 2011, 367 und GE 2008, 122, AG Aachen WuM 2011, 515; a.A. *Neuhaus* NZM 2011, 65 (67).

rungsmaklers hinzugezogen wurde, weil die Gefahr bestehe, dass er nicht die günstigste, sondern diejenige Versicherung anbietet, bei der er am meisten verdient.[171] Dieses generelle Misstrauen erscheint jedoch nicht gerechtfertigt. Zudem haftet der Makler bei Falschberatung.

Sodann hindert der Grundsatz die Umlage von Prämien für **sinnlose** **Versicherungen**. So ist die Versicherung der Aufzugssprech- und Signalanlage weder zum Schutz des Gebäudes noch der Nutzer erforderlich.[172] Dasselbe gilt für Versicherungen, die zwar für den Vermieter **praktisch, jedoch nicht notwendig** sind.[173] Hierzu gehören zumal die All-Risk-Versicherungen mit Extended Coverage, welche Schutz bei inneren Unruhen, böswilligen Beschädigungen, Streik, Aussperrung, Diebstahl, Rohrverstopfungen bieten.[174] 89

Die Kosten einer **Terrorversicherung** können nur angesetzt werden, wenn das Gebäude von einer Gefahrenlage betroffen ist (s. A Rdn. 185);[175] eine darin enthaltene Betriebsunterbrechungsversicherung ist indes keine Sachversicherung, ihre Kosten sind nicht umlagefähig.[176] Ebenso verhält es sich bei Versicherungen gegen **Elementarschäden**, wenn Überschwemmungen, Erdbeben, Erdfall, Erdrutsch, Schneedruck, Lawinen und Vulkanausbruch nicht zu erwarten sind. 90

Ob die Kosten einer **Vandalismusschäden**-Versicherung (dazu A Rdn. 186) sachgerecht sind, ist eine Frage des Einzelfalls; hiernach richtet sich auch der angemessene Umfang. Bei der Versicherung gegen **Graffiti-Schäden** (dazu A Rdn. 187) kann es z. B. auch ausreichen, die Versicherung auf eine bestimmte Höhe der Wände zu beschränken. 91

Eine Überprüfung auf Wirtschaftlichkeit ist geboten, wenn „**beitragsfrei**" **zusätzliche Versicherungsleistungen** eingeschlossen sind. Auch wenn deshalb im Einzelfall kein Prämienzuschlag zu zahlen sein sollte, ist ein Prämienvergleich zu einer Versicherung ohne diese Zusatzleistungen angezeigt. So erstreckt sich der Versicherungsschutz der Haus- und Grundbesitzerhaftpflichtversicherung, die durch die **Hausverwaltung** abgeschlossen wurde, häufig auf Personen, die seitens der Verwaltung für Instandhaltung oder Reinigung eingesetzt werden,[177] so dass der Mie- 92

---

[171] KG DWW 2011, 262 = GE 2011, 545 = NZM 2011, 487 = ZMR 2011, 711, dagegen *Neuhaus* ZMR 2011, 845 (846).
[172] LG Berlin WuM 1986, 187; a. A. LG Berlin GE 1987, 517 unter Aufgabe der bisherigen Rechtsprechung im Hinblick auf die geringen Kosten der Versicherung.
[173] Vgl. AG Mönchengladbach-Rheydt WuM 2007, 128 (m. Anm. *Springer* sowie Anm. *Schach* WuM 2007, 369): Kostenanstieg um 84% durch erweiterten Versicherungsschutz, u. a. Deckung von Telefonkosten bis € 300,00 und von Wasserlust bis € 500,00, Ersatz von Rückreisekosten aus dem Urlaub.
[174] *Mühlemeier* WuM 2007, 111 (112), anders *Neuhaus* NZM 2011, 65 (69).
[175] A. A. *Neuhaus* NZM 2011, 65 (69).
[176] *Geldmacher* MK 2010, 201 (202).
[177] *Mühlemeier* WuM 2007, 111 (112).

ter ggf. mit den Kosten aus Risiken der Verwaltung belastet wird. Versicherungspakete, die im gewerblichen Versicherungsbereich abgeschlossen werden, enthalten zum Teil Versicherungen für den Betrieb oder den Betriebsinhaber, etwa im Rahmen einer Haus- und Grundbesitzerhaftpflichtversicherung eine private Haftpflicht- und Hundehalterversicherung;[178] in die Haftpflichtversicherung der WEG ist allgemein die persönliche Haftpflicht des Verwalters eingeschlossen.[179]

93 Der Grundsatz hat ferner zur Folge, dass der Vermieter Versicherungen **möglichst günstig** abzuschließen hat. Dies bedeutet **nicht, dass stets der billigste** Versicherer zu wählen wäre, wenn bekannt ist, dass sein Regulierungsverhalten nicht zufriedenstellend ist. Insbesondere hat der Vermieter, der die üblichen Gefahren durch getrennte Versicherungen deckt, zu prüfen, ob nicht eine verbundene Gebäudeversicherung günstiger ist. Wohnungsunternehmen wird geraten, die Schaden- und Prämienverläufe der letzten fünf Jahre zu analysieren, um Prämienerhöhungen durch den Hinweis auf Reserven aus früheren Jahren begegnen zu können.[180]

94 Schließlich ist der Vermieter nicht berechtigt, den Mieter mit **Prämienerhöhungen** zu belasten, die darauf beruhen, dass sich **durch bauliche Mängel** die versicherte Gefahr häufiger verwirklicht. Traten z. B. wiederholte Wasserrohrbrüche auf, weil das Mietobjekt mangelhaft instand gehalten wurde und Schadstellen immer nur kostengünstig geflickt wurden, sind die Mehrkosten infolge der dem Schadenverlauf angepassten Erhöhung der Prämie einer Leitungswasserversicherung nicht umlagefähig.[181] Kommt es durch Brandstiftung zu einem Brand im Haus außerhalb der einzelnen Mietobjekte, muss der Vermieter schon nach dem ersten Fall sorgfältig prüfen, welche Sicherheitsmaßnahmen ergriffen werden können, um eine Wiederholung zu verhindern.

II) Hauswart

95 Unter wirtschaftlichen Gesichtspunkten dürfen die Kosten eines Hausmeisters nur umgelegt werden, wenn dessen **Beschäftigung sachlich gerechtfertigt** ist.[182] War bei Abschluss des Mietvertrags die Betreuung durch einen Hausmeister weder vorhanden noch vorgesehen, sind die Kosten eines später eingestellten Hauswarts nur umlegbar, wenn sachli-

---

[178] *Neuhaus* NZM 2011, 65 (67).
[179] Dazu ausführlich *Dötsch* ZMR 2013, 785.
[180] *Raasch* ModMag 2011, 64.
[181] AG Köln WuM 2000, 37, AG Hamburg Urt. vom 28.6.1996 – 43b C 366/95.
[182] Z. B. **ja**: LG Köln WuM 1992, 258 = ZMR 1992, 115 für eine tägliche vierstündige Arbeitszeit bei einer Gesamtwohnfläche von 3098 m^2; LG Wiesbaden NZM 2002, 944 für zwei Hausmeister bei einem Komplex von zehn Gebäuden mit 124 Wohnungen und 130 PKW-Abstellplätzen; **nein**: AG Erfurt WuM 2003, 358 bei einem Wohnhaus mit nur vier Wohneinheiten; zu den Kosten eines Hausmeisterunternehmens auch *Westphal* WuM 1998, 329.

II. Grundsatz der Wirtschaftlichkeit

che Veränderungen dies erforderlich machten.[183] Hat der Vermieter die Gartenpflege, die Treppenhausreinigung und die Schneebeseitigung anderweitig vergeben, bleibt je nach der Größe des Gebäudes bzw. der Zahl der Mieteinheiten kaum noch ein Aufgabengebiet, das zur Beschäftigung eines Hausmeisters berechtigt;[184] gelegentliche Kontrollgänge sind dem Vermieter oder seiner Hausverwaltung zumutbar.[185] So begegnen in der gerichtlichen Praxis immer wieder Fälle, in denen der Vermieter eines Mehrfamilienhauses mit nur wenigen Mietparteien abweichend von jahrelanger Handhabung einen nahen, meist studierenden Verwandten als Hausmeister einsetzt. Andererseits können die angemessenen Kosten der Hauswartstätigkeit eines Familienangehörigen auch dann angesetzt werden, wenn die Gestaltung seines Vertrags steuerlich bedenklich ist.[186]

Ist die Beschäftigung eines Hauswarts sachlich berechtigt, kann es zu unwirtschaftlichen Kosten immer noch durch einen **überzogenen Turnus** kommen, in dem er die Betriebsfähigkeit von Einrichtungen und die Verkehrssicherheit überprüfen soll. So wird vertreten, dass für den ersten Bereich jedenfalls eine monatliche, für den zweiten eine wöchentliche Überprüfung ausreicht.[187]

Ist die Beschäftigung eines Hauswarts sachlich berechtigt, unterliegt **96** die **Höhe der Vergütung** dem Wirtschaftlichkeitsgebot. Sie muss angemessen sein, d.h dem Üblichen entsprechen.[188] Dies ist z.B. fraglich, wenn die Hauswartstätigkeit an einen Dienstleister vergeben wurde und dadurch doppelt so hohe Kosten anfallen, obwohl der bisherige Hausmeister freigesetzt wurde.[189] Entscheidend sind die **Umstände des Einzelfalls,** etwa Lage des Objekts oder die Mieterstruktur,[190] und damit zusammenhängend der Aufgabenkatalog des Hauswarts. Dies hat eine gewisse Bandbreite des jeweils angemessenen Entgelts zur Folge, die aber vom Vermieter einzuhalten ist.[191] Beauftragt der Vermieter z.B. eine ungelernte Reinigungskraft, darf er nur den üblichen Stundenlohn für ungelernte Personen und auch nur im üblichen Leistungsumfang einsetzen.[192] Bei Vandalismuserscheinungen in der Wirtschaftseinheit sollen die Hausmeisterkosten auch über dem Lohnniveau für normale Häuser liegen können.[193]

---

[183] AG Hamburg-Harburg Urt. vom 24.6.1999 – 644 C 21/99, AG Hamburg MJ 1996, 10, vgl. AG Wuppertal ZMR 1994, 372.
[184] AG Hamburg WuM 1988, 308; *Streyl* NZM 2006, 125 (126).
[185] AG Hannover WuM 1984, 168.
[186] AG Hamburg-Blankenese/LG Hamburg ZMR 2006, 287.
[187] *Von der Lieth* PiG 90 (2011) S. 165 (172).
[188] Vgl. AG Köln WuM 2006, 568, AG Leipzig WuM 2003, 452, AG Suhl WuM 2003, 452.
[189] AG Annaberg WuM 2007, 131.
[190] Vgl. AG Köln WuM 2000, 680.
[191] LG München II NZM 2002, 286, AG Wetzlar WuM 2004, 339.
[192] AG Köln WuM 1996, 778.
[193] AG Köln WuM 2000, 680.

97 In **gemischt genutzten** Objekten ist zu beachten, dass die Mieter der Wohnungen nicht an den Kosten einer intensiven Tätigkeit des Hauswarts für die Gewerberäume zu beteiligen sind, auch wenn ihnen dies mittelbar zugutekommt.

Im Einzelfall kann es gerechtfertigt sein, die verschiedenen Zuständigkeiten des Hausmeisters aufzuteilen, indem z. B. im Sicherheitsbereich trotz erheblicher Kosten ein ständiger **Pförtnerdienst** eingerichtet wird (dazu im Einzelnen A Rdn. 300).

mm) Antennen, Breitbandanschluss

98 Zwar darf der Vermieter für die regelmäßige Prüfung der Betriebsbereitschaft und die Einstellung der **Antenne** grundsätzlich einen **Wartungsvertrag** abschließen und die daraus resultierenden Kosten umlegen. Handelt es sich jedoch um eine **Kleinanlage,** wird es wirtschaftlich sinnvoller sein, die ständigen Wartungskosten einzusparen und nur dann einen Fachtechniker hinzuzuziehen, wenn wirklich einmal eine Störung auftritt.

Es ist zunehmend zu beobachten, dass Vermieter den Dienstleistern von kabelgebundenen **Breitbandanschlüssen** Kosten für **Durchleitungsrechte,** Angabe der Mieteranschriften u. Ä. in Rechnung stellen. Die Betreiber preisen die Kosten in die Kabelgebühr ein, so dass der Vermieter über diesen Umweg ein zusätzliches Entgelt von den Mietern erhält, auf das er nach dem Mietvertrag keinen Anspruch hat (dazu ausführlich A Rdn. 227). Jedenfalls bei vergleichsweise hohen Kabelgebühren empfiehlt sich daher die Überprüfung des Vertrags mit dem Dienstleister.

nn) Heizöl

Erforderlich aber auch ausreichend ist es im Allgemeinen, wenn der Vermieter die in einschlägigen **Medien regelmäßig veröffentlichten Durchschnittspreise** kontrolliert.[194]

oo) Sonstige Betriebskosten

100 Die regelmäßige Pflege und Überprüfung einer Anlage muss **erforderlich** sein, um ihre Betriebsbereitschaft und -sicherheit aufrecht zu erhalten; je nach der Art und Bedeutung der Anlage kann es völlig ausreichen, bei Schadenfällen einen Reparaturdienst einzuschalten. Die Frage der Wirtschaftlichkeit stellt sich insbesondere bei nachträglich neu eingeführten Betriebskosten. S. im Übrigen bei den einzelnen sonstigen Betriebskosten A Rdn. 247 ff.

3. Verletzung des Wirtschaftlichkeitsgrundsatzes

a) Grundsätze

101 Die Einstellung tatsächlich angefallener, aber unwirtschaftlicher Kosten in die Betriebskostenabrechnung führt nur im preisgebundenen Wohn-

---

[194] LG Berlin GE 2016, 1513.

raum dazu, dass die Kosten nicht umlegbar sind (§ 20 Abs. 1 Satz 2 NMV). Im **preisfreien Wohnraum** ist die Abrechnung **nicht inhaltlich fehlerhaft.** Dass sie unwirtschaftliche Kosten beinhaltet, ändert zunächst nichts daran, dass der Mieter diese zu tragen hat.[195] Daher besteht auch kein Anspruch auf Neuabrechnung.[196] Die **Gegenauffassung**, die dafür plädiert, dass nur solche Betriebsknosten überhaupt umlagefähig wären, die dem Wirtschaftlichkeitsgebot entsprechen,[197] **überzeugt nicht.** Das folgt aus der – für die Gewerberaummiete als Leitbild ebenso heranzuziehenden – Formulierung des Wirtschaftlichkeitsgebots in § 556 Abs. 3 Satz 1 BGB. Der **Gesetzgeber** hat sich gerade nicht dafür entschieden, die Wirtschaftlichkeit der Kosten als Tatbestandsmerkmal für ihre Umlagefähigkeit zu normieren. Das wäre durch die schlichte Übernahme der Formulierung aus § 20 Abs. 1 Satz 2 NMV bei Schaffung der Norm möglich gewesen. Stattdessen wurde hierauf verzichtet und der Begriff des „Beachtens" des Gebots bei der Abrechnung gewählt. Dieser statuiert eine nebenvertagliche Pflicht zur Wahrung (Beachtung) der Interessen des Mieters und somit im Fall des Verstoßes einen Schadenersatzanspruch. Der Vermieter begeht, wenn er Handlungen vornimmt, die zu unnötigen Kosten führen, eine **Vertragsverletzung** gem. §§ 280 Abs. 1, 282, 241 Abs. 2 BGB,[198] die ihn zum Schadensersatz verpflichtet. Da die Nebenpflichtverletzung das Bestehen eines Vertrages voraussetzt, sind solche Kosten ausgenommen, die aus unwirtschaftlichen Verträgen resultieren, welche bei Abschluss des Mietvertrags bereits bestanden.[199] Sobald der Vermieter während des weiteren Verlaufs des Mietverhältnisses allerdings die Möglichkeit hat, sich von diesen Verträgen zu lösen und günstiger zu kontrahieren, ist er hierzu verpflichtet.

Der Schadensersatzanspruch geht auf **Freihaltung von** den **unnötigen Kosten.** Die Betriebskostenabrechnung ist daher um die unwirtschaftlichen Kosten zu bereinigen, was sowohl überflüssige Betriebskostenarten als auch diejenigen Kosten aus den ansatzfähigen Kostenarten betrifft, die bei sorgfältigem, wirtschaftlichem Vorgehen nicht angefallen wären.[200] Dasselbe gilt, wenn die Mehrkosten nicht auf einem Verhalten des Vermieters beruhen, sondern auf den Zustand des Gebäudes, seiner Anlagen und Einrichtungen zurückzuführen sind. **102**

Neben dem Schadensersatzanspruch kommt **zusätzlich Minderung** gem. § 536 BGB in Betracht. Sie greift jedoch nur ein, wenn der Gebrauch **103**

---

[195] OLG Rostock NJW 2015, 885 = NZM 2015, 132.
[196] OLG Düsseldorf Urt. v. 9.7.2015 – I-10 U 126/14, NJOZ 2015, 1753.
[197] Z. B. Staudinger/*Artz* § 556 Rdn. 94, *Blank* in Blank/Börstinghaus § 556 Rdn. 151.
[198] BGH (VIII ZR 243/06) DWW 2008, 143 = GE 2008, 116 = NZM 2008, 78 = WuM 2008, 29 = ZMR 2008, 195, OLG Düsseldorf GE 2013, 1273 = ZMR 2014, 31.
[199] BGH (VIII ZR 243/06) DWW 2008, 143 = GE 2008, 116 = NZM 2008, 78 = WuM 2008, 29 = ZMR 2008, 195; a. A. *Beyer* WuM 2013, 77 (81).
[200] Z. B. OLG Düsseldorf ZMR 2011, 861, AG Aachen GE 2011, 1489, AG Hamburg-Blankenese ZMR 2011, 885.

der Mietsache selbst beeinträchtigt wurde. Führt z.B. nachlässige Reinigung dazu, dass das Gebäude, in dem das Mietobjekt liegt, einen sehr ungepflegten Eindruck macht, kann Mietminderung gegeben sein.[201] Die Korrektur überflüssiger Kosten erfolgt mithin nicht über Minderung, sondern allein über den Schadensersatzanspruch.

b) Verschulden des Vermieters

104 Nach § 280 Abs. 1 Satz 2 BGB setzt der Schadensersatzanspruch des Mieters **Verschulden des Vermieters** voraus. Hat der Mieter mit spezifizierten Einwänden dargetan, dass der Vermieter **objektiv** gegen den Wirtschaftlichkeitsgrundsatz **verstoßen** hat (zu den Schwierigkeiten hierbei für den Mieter durch die Rechtsprechung des BGH s. J Rdn. 59 ff.), kann **grundsätzlich** auf eine **Pflichtverletzung** des Vermieters geschlossen werden, so dass er zur Abwehr des Anspruchs gehalten ist, sich zu entlasten. Das Entlastungserfordernis bezieht sich auch auf das Verschulden von Erfüllungsgehilfen. Der Vermieter muss es sich daher z.B. zurechnen lassen, wenn der Hauswart etwa ständig überzählige Müllgefäße nicht zur Kenntnis nahm und die gebotene Information der Hausverwaltung unterließ.

105 Dass der Vermieter **Hinweisen der Mieter** auf überflüssige Kosten **nachgehen** muss, versteht sich im Grundsatz von selbst. Zuweilen reagiert er gleichwohl überhaupt nicht oder erst nach langer Zeit auf derartige Informationen. Ob dies ohne weiteres als Verschulden gewertet werden kann, hängt von den Umständen des Einzelfalls ab. Monieren etwa nur einige Mieter einer großen Wohnanlage eine Überkapazität der Müllgefäße,[202] wird dem Vermieter ein auch längerer Zeitraum zugebilligt werden müssen, um zu überprüfen, ob die Hinweise sachlich berechtigt sind, und je nach dem Ergebnis auch von einer Veränderung absehen können.

106 Problematisch sind die Fälle, in denen, wie nicht selten, die Mieter mit der **Rüge** fehlender Wirtschaftlichkeit einzelner Positionen **erst nach Vorlage der Betriebskostenabrechnung** hervortreten. Auch hier entscheiden die Besonderheiten des Einzelfalls. Handelt es sich um ein Objekt, zu dessen Betreuung ein Hauswart angestellt ist, kommt ein berechtigter Hinweis der Mieter nicht zu spät, wenn er deutlich erkennbare Mängel nicht dem Vermieter oder Hausverwalter meldete. Ist bei einem kleineren Mietobjekt nur eine ortsansässige Verwaltung eingeschaltet, dürften ihr gelegentliche Kontrollen zuzumuten sein. Unterlassungen der genannten Personen muss sich der Vermieter zurechnen lassen. Wird demgegenüber bei einem kleineren Mietobjekt aus Kostengründen auf den Hauswart verzichtet und wohnt der Vermieter nicht am selben Ort, werden sich die Mieter die unterlassene Information des Vermieters bei

---

[201] Vgl. KG neg. RE 19.12.1983 WuM 1984, 42, AG Kiel WuM 1991, 343.
[202] AG Wennigsen WuM 2003, 90: 8 Mieter von 158.

ihrem Schadensersatzanspruch als Mitverschulden gem. § 254 BGB anrechnen lassen müssen, und zwar als so überwiegendes, dass ein Schadensersatzanspruch ausscheidet.

III. Form und Inhalt der Mitteilung der Abrechnung

Von der eigentlichen Abrechnung mit Angabe der Kostenarten und Gesamtkosten, des Umlageschlüssels und der konkreten Saldierung der Betriebskostenvorauszahlungen sind **Form und notwendiger Inhalt der** nach § 556 Abs. 3 Satz 2 BGB gebotenen **Mitteilung** der Abrechnung zu trennen. 107

1. Form

Bei **preisfreiem Wohnraum** ist die Abrechnung dem Mieter „*mitzuteilen*" (§ 556 Abs. 3 Satz 2 BGB), ohne dass bestimmt wäre, in welcher Form diese Mitteilung zu erfolgen hat. Nach dem Wortlaut des Gesetzes könnte die Abrechnung auch **mündlich** erteilt werden.[203] Da der Vermieter kaum das gesamte Rechenwerk auswendig gelernt haben dürfte, bliebe nur, dass er es dem Mieter vorliest, etwa am Telefon.[204] Diese Art der Mitteilung ist indes **unwirksam**.[205] Nach herrschender Ansicht ist die Abrechnung nach Maßgabe des § 259 BGB aufzumachen (s. Rdn. 2). Auch nach § 259 BGB hat der Verpflichtete durch die *Mitteilung* einer geordneten Rechnung „*Rechenschaft abzulegen*". Er hat mithin eine in sich verständliche und übersichtliche Zusammenstellung der Einnahmen und Ausgaben zu liefern.[206] Dabei wird nicht problematisiert, sondern offensichtlich als selbstverständlich zugrunde gelegt, dass dies schriftlich zu erfolgen hat.[207] Es kommt hinzu, dass eine nur mündliche Mitteilung mit den Überprüfungsrechten des Mieters nicht zu vereinbaren ist. Wie dieser nun den gesamten Inhalt der Abrechnung behalten, sogleich auf Plausibilität nachprüfen und alles bis zur nächsten Abrechnung im Gedächtnis speichern soll, ist nicht nachvollziehbar. 108

Sowohl die Abrechnungspflicht als auch die Rechte des Mieters sind daher nur gewahrt, wenn ihm die Abrechnung **schriftlich** erteilt wird;[208] jedenfalls fehlende wesentliche Bestandteile der Abrechnung können daher nicht durch eine mündliche Erläuterung ersetzt werden.[209] Aus diesem Grund reicht z.B. die Auslage zur Einsicht beim Hausmeis- 109

---

[203] *Both* in Herrlein/Kandelhard § 556 Rdn. 94, *Lützenkirchen* DWW 2002, 200.
[204] *Lützenkirchen* DWW 2002, 200.
[205] Z.B. *Schmid* DWW 2010, 14; vgl. BGH Urt. vom 16.7.2009 – III ZR 299/08.
[206] Palandt/*Grüneberg* § 259 Rdn. 8.
[207] Vgl. Palandt/*Grüneberg* § 259 Rdn. 8.
[208] Z.B. Staudinger/*Artz* § 566 Rdn. 103, *Kinne* in Kinne/Schach/Bieber § 556 Rdn. 68a, *Seldeneck* Rdn. 3400, *Sternel* III Rdn. 341, *Wall* Rdn. 1851, *Wolbers* in Hinz/Junker/v. Rechenberg/Sternel 4.2.1.1.
[209] LG Düsseldorf WuM 1980, 164; *Blank* NZM 2008, 745 (749).

ter ebenfalls nicht. Vielmehr hat der Mieter einen Anspruch auf eine Einzelabrechnung, die ihm verbleibt, so dass er sie zu seinen Unterlagen nehmen und zum Kostenvergleich heranziehen kann.[210] Zur Abrechnung bei vermieteten **Eigentumswohnungen** ist auf Rdn. 197 ff. zu verweisen.

110 Da Schriftlichkeit allerdings nicht vorgeschrieben ist, greift die Formvorschrift des § 126 BGB nicht ein,[211] so dass eine **eigenhändige Unterschrift entbehrlich** ist.[212] Es **genügt** daher auch, wenn der Vermieter die Abrechnung per **Telefax** oder **E-Mail** übersendet. Ist im Mietvertrag **Schriftlichkeit vereinbart**, gilt § 127 BGB, der wiederum auf § 126 BGB – mit dem Erfordernis einer eigenhändigen Unterschrift – verweist, sofern die Parteien, wie in der Regel, die Ausgestaltung der Schriftform nicht näher präzisiert haben. Ein maschinenschriftlicher Namenszug dürfte auch in diesem Fall ausreichen, denn § 127 Satz 2 BGB lässt zur Wahrung der Form auch ein Telegramm genügen.

111 Für die Abrechnung gegenüber dem Mieter von **Gewerberaum** gilt nichts anderes. Er hat in gleichem Maße einen Anspruch darauf, eine Abrechnung zu erhalten, die er selbst überprüfen oder durch Dritte kontrollieren lassen kann. Anders als in Mietverträgen über Wohnraum ist hier gelegentlich die Schriftlichkeit der Abrechnung vereinbart.

112 Bei **preisgebundenem Wohnraum** gelten für die Erhebung des durch die Vorauszahlungen nicht gedeckten Umlagebetrags nach § 20 Abs. 4 Satz 1 NMV die Bestimmungen in § 4 Abs. 7 und 8 NMV entsprechend. Diese verweisen auf § 10 WoBindG, der eine schriftliche Erklärung verlangt. Hier ist mithin die Schriftform nach § 126 BGB zu beachten, so dass die Abrechnung vom Ersteller eigenhändig zu unterzeichnen ist.[213]

113 Ausgenommen ist nach § 10 Abs. 1 Satz 5 WoBindG der Fall, dass die *„Erklärung mit Hilfe automatischer Einrichtungen"* gefertigt wurde. Hier genügt die Angabe des Namens der juristischen Person; der Nennung der natürlichen Person, die die Erklärung abgefasst oder veranlasst hat, bedarf es nicht.[214] Während früher hierunter die weitgehend automatische Erstellung der Betriebskostenabrechnung verstanden wurde, reicht es nach einer Entscheidung des BGH zudem aus, wenn ein Computerprogramm die manuell eingegebenen Daten verarbeitete.[215]

---

[210] *Sternel* III Rdn. 341.
[211] Z. B. LG Berlin GE 1998, 1025, AG Schöneberg GE 2000, 475; *v. Brunn/ Emmerich* in Bub/Treier III. A Rdn. 90 ff.
[212] Z. B. *Gies* in Hannemann/Wiegner § 24 Rdn. 155.
[213] LG Essen ZMR 2010, 603: Die Unterzeichnung mit „i. A. S." reicht nicht.
[214] BGH (VIII ZR 321/09) NZM 2010, 734 = WuM 2010, 502.
[215] BGH (VIII ZR 341/03) GE 2004, 1388 = WuM 2004, 666 = ZMR 2004, 901.

2. Inhalt

a) Berechtigung zur Mitteilung

Aus der Mitteilung muss zu ersehen sein, dass sie **von einem Berechtigten** abgegeben wurde. Dies ist unproblematisch, wenn die Mitteilung **vom Vermieter selbst** stammt, sei es als Privatperson, sei es als Personenmehrheit oder juristische Person. Hier weiß der Mieter aus dem Mietvertrag, dass die Abrechnung vom Vertragspartner stammt. Bei der Abrechnung durch eine Personenmehrheit oder eine juristische Person braucht daher kein Vertretungsberechtigter angegeben zu sein.[216] Gleichwohl sollte der Sachbearbeiter benannt sein; auf diese Weise wird deutlich, wer für das Schreiben verantwortlich ist und an wen sich der Mieter bei Nachfragen wenden kann. Die Abwicklung wird dadurch erheblich vereinfacht.

114

Lässt der Vermieter die **Abrechnung durch Dritte**, etwa die Hausverwaltung, erledigen, muss aus dem Anschreiben jedenfalls deutlich werden, dass für den Vermieter abgerechnet wird. Ist die Hausverwaltung dem Mieter z. B. durch die Angabe im Mietvertrag oder aufgrund längerer Mietdauer als Bevollmächtigte des Vermieters bekannt, ist die Beifügung einer Vollmacht entbehrlich.[217] Anders verhält es sich, wenn der Vermieter die Verwaltung ausgetauscht oder der Erwerber sie gewechselt hat. Nicht zwingend erforderlich ist nach **BGH**[218] hingegen, dass die konkrete Person des Vermieters angegeben wird, da dieses für den Mieter insbesondere dann, wenn eine Hausverwaltung für den Vermieter tätig wird, nicht von Interesse sei. Jedenfalls aber muss das Vertretungsverhältnis durch einen entsprechenden Zusatz ausreichend deutlich werden.[219] Beide Voraussetzungen sind mit dem Hinweis erfüllt, dass die Abrechnung *„namens und in Vollmacht"* des Vermieters erstellt und zugesandt wird.[220]

115

Wird mit der Abrechnung **keine Vollmacht** präsentiert, kann sie der Mieter nach **§ 174 Satz 1 BGB** zurückweisen,[221] wobei die Beifügung einer Kopie der Vollmacht der Vorlage der Originalurkunde nicht gleich steht.[222] Hat der Mieter unverzüglich, d. h. im Regelfall bis spätestens

116

---

[216] Ebenso z. B. *Kinne* GE 2004, 1572 (1573), *Schmid* DWW 2010, 14.
[217] Z. B. LG Hamburg WuM 1987, 209.
[218] BGH (VIII ZR 22/13) GE 2013, 1651 = NZM 2014, 26 (m. Anm. *Zehelein* NZM 2015, 31 (37 ff.)) = WuM 2013, 734 = ZMR 2014, 198; a. A. *Kinne* GE 2003, 504.
[219] Vgl. BGH (XII ZR 187/00) DWW 2002, 302 = NZM 2002, 950 = WuM 2002, 601 = ZMR 2002, 907.
[220] *Kinne* in Kinne/Schach/Bieber § 556 Rdn. 68.
[221] Z. B. *Blank* in Blank/Börstinghaus § 556 Rdn. 157, *Dickersbach* WuM 2008, 439 (440), *Kinne* in Kinne/Schach/Bieber § 556 Rdn. 68; a. A. *Both* in Herrlein/Kandelhard § 556 Rdn. 104, *Lützenkirchen* in Lützenkirchen § 556 Rdn. 610.
[222] OLG Hamm NJW 1991, 1185 = WPM 1991, 1715, LG Berlin NJWE-MietR 1996, 220.

innerhalb von zwei Wochen,[223] die Zurückweisung erklärt, entfaltet die gesamte Abrechnung keine Wirkungen mehr. Der Vermieter muss sie neu vornehmen, nicht selten mit der Folge, dass sie den Mieter erst nach Beginn der Ausschlussfrist erreicht, so dass eine Nachforderung nicht mehr durchgesetzt werden kann.

b) Adressat der Mitteilung

117 Die Mitteilung muss **an den Mieter** gerichtet sein; die Übersendung an den Untermieter reicht nicht aus. Bei häufigen Namen ist jedenfalls in großen Mietanlagen der Vorname mit anzugeben.

118 **Vollmachtsklauseln,** mit denen sich **mehrere Mieter** gegenseitig zur Abgabe und Annahme von Erklärungen mit Wirkung für und gegen jeden Mitmieter bevollmächtigen, sind unwirksam, nicht jedoch Klauseln, mit denen sich Mieter gegenseitig lediglich eine **Empfangsvollmacht** für Erklärungen des Vermieters erteilen; diese sind grundsätzlich zulässig.[224] Zieht ein Mieter aus und teilt er dem Vermieter seine neue Anschrift mit, ist dies allerdings als Widerruf der formularmäßigen Vollmacht zu verstehen;[225] in diesem Fall sind die Erklärungen des Vermieters den Mietern unter ihrer jeweiligen Anschrift zu übermitteln.

119 Die Erklärung kann aber **nur demjenigen** zugehen, **an den** sie **adressiert** ist;[226] dies gilt für Willenserklärungen, aber auch für Wissenserklärungen wie die Abrechnung. Ob sich der Mitmieter die Abrechnung durchliest und sie damit ebenfalls zur Kenntnis nimmt, ist irrelevant, weil sie an ihn nicht gerichtet ist. Zu den **Auswirkungen** einer unvollständigen Adressierung s. Rdn. 122.

c) Angabe des Abrechnungsobjekts

120 Der Mieter muss aus der Mitteilung ersehen können, dass sie über das **korrekte Mietobjekt** ergeht. Handelt es sich um eine größere Anlage, sollten das Stockwerk und ggf. zusätzlich die Lage im Stockwerk angegeben sein; in der Praxis sind schon Fälle begegnet, in denen eine derartige Konkretisierung des Mietobjekts fehlte und die Mieter immerhin anhand der zugrunde gelegten Wohnfläche nachweisen konnten, dass sich die Abrechnung nicht auf ihre Wohnung bezog.

121 Hat der Vermieter aus mehreren Abrechnungsobjekten eine **Wirtschafts- und Abrechnungseinheit** gebildet, muss die Mitteilung ersehen lassen, welche Objekte zu der Abrechnungseinheit zusammengefasst

---

[223] Vgl. OLG Düsseldorf ZMR 2000, 170, LG München I WuM 1995, 478, LG Hagen WuM 1991, 79.
[224] BGH (VIII ARZ 1/97) RE 10.9.1997 NZM 1998, 22 = WuM 1997, 599.
[225] BGH (VIII ARZ 1/97) RE 10.9.1997 NZM 1998, 22 = WuM 1997, 599.
[226] Z. B. LG Frankfurt am Main NZM 2009, 481 = ZMR 2009, 365, LG Berlin GE 2000, 281; *Schach* GE 2000, 1677.

wurden. Fehlt die Angabe, handelt es sich nach Ansicht des BGH allerdings nicht um einen formellen Fehler.[227]

3. Folgen einer fehlerhaften Mitteilung

Fehlt es an der Form oder insbesondere, wie in der Praxis nicht selten, am notwendigen Inhalt, ist bereits die **Mitteilung grundsätzlich unwirksam;** die Qualität der eigentlichen Abrechnung ist irrelevant. Dies betrifft die nur mündliche Mitteilung oder eine Mitteilung von bislang unbekannten Dritten ohne Vertretungszusatz. Enthält sie einen Vertretungszusatz ohne beigefügte Vollmacht, bleibt sie wirksam, wenn nicht der Mieter rechtzeitig die Zurückweisung nach § 174 BGB erklärt (s. auch Rdn. 116). Ebenso ist die Mitteilung unwirksam, wenn ihre Angaben eine Zuordnung der Abrechnung nicht zulassen. Der Mieter erhält in derartigen Fällen rechtlich nur eine Art qualifizierter Postwurfsendung. 122

IV. Inhalt der Abrechnung

1. Vorbemerkung

Wie bereits eingangs (Rdn. 1 ff.) ausführlich behandelt, ist die Abrechnung, auch wenn sie als geschäftsähnliche Handlung zu qualifizieren ist, der Sache nach die Feststellung eines Rechenergebnisses und daher **nach den Grundsätzen des § 259 BGB** aufzumachen. Diese Vorschrift gilt nicht unmittelbar, weil sie die Verpflichtung betrifft, über eine mit Einnahmen oder Ausgaben verbundene Verwaltung Rechenschaft abzulegen. Der Vermieter erhält die Betriebskostenvorauszahlungen nicht zur Verwaltung, sondern als Teil des ihm zustehenden, vom Mieter meist periodisch geschuldeten Mietzinses. Er rechnet also nicht über fremdes Geld ab. Da zwar – für Wohnraum gesetzlich angeordnet – eine Pflicht zur Abrechnung besteht, andererseits aber keine Vorschriften vorhanden sind, in denen ihr Inhalt festgelegt wäre, ist insoweit auf die Bestimmung des § 259 BGB zurückzugreifen. 123

Nach **§ 259 Abs. 1 BGB** ist dem Berechtigten eine **„die geordnete Zusammenstellung der Einnahmen oder der Ausgaben enthaltende Rechnung"** mitzuteilen. Das verlangt eine **detaillierte** und **verständliche** Darstellung, die es dem Berechtigten ermöglicht, die gegen ihn gerichteten Ansprüche zu prüfen.[228] Das Element der „geordneten Zusammenstellung" ist ein wertendes. Seine Anforderungen gehen über die hierin enthaltene bloße (tatsachenbezogene) Informationspflicht hinaus,[229] so dass die Bejahung der Anforderungserfüllung nicht über eine Subsumtion 124

---

[227] BGH (VIII ZR 228/11) WuM 2012, 97 = ZMR 2012, 344.
[228] Grundlegend: BGH (VIII ZR 298/80) GE 1982, 135 = NJW 1982, 573 = WuM 1982, 207.
[229] Staudinger/*Bittner* § 259 Rdn. 2.

sondern eine Wertung und Abwägung erfolgt.[230] Der Gesetzgeber[231] geht selbst davon aus, dass das Gesetz „bei der großen Verschiedenheit der in Betracht kommenden Fälle" keine konkreten Vorgaben über die „Art" der Erfüllung machen kann, Umfang und Inhalt also im konkreten Fall zu bestimmen sind. Das kann nur durch das Gericht erfolgen, ebenso wie die Feststellung der ordnungsgemäßen Erfüllung. Nach dem Gesetzsmotiv[232] bestimmt hieran anknüpfend auch nur das Gericht den Umfang der erforderlichen Belegeinsicht. Da es sich also nicht um Tatsachen handelt, kann die ordnungsgemäße Rechnungslegung nach § 259 BGB nicht durch Parteivortrag oder mangelndes Bestreiten unstreitig werden. In rechtstechnischer Hinsicht handelt es sich dabei zunächst um einen **unbestimmten Rechtsbegriff**. Dieser ist zwar auf der Rechtsfolgenseite der Norm angesiedelt, stellt jedoch zugleich die tatbestandliche Voraussetzung für die Erfüllung der Rechnungslegungspflicht nach § 362 Abs. 1 BGB einerseits sowie im Betriebskostenrecht die Fälligkeit des Nachforderungsanspruchs[233] (siehe I Rdn. 7) andererseits dar. Unbestimmte Rechtsbegriffe bedingen die Bestimmung und Abwägung konkreter Vorgänge unter Berücksichtigung aller relevanten Umstände.[234] Ob eine Zusammenstellung also i. S. des § 259 Abs. 1 BGB geordnet, detailliert und verständlich ist, folgt erst aus der Wertung, ob hierüber der Zweck der Rechnungslegungspflicht, die Herstellung von Prüffähigkeit, erfüllt wurde. Das Wesen der allgemeinen Rechnungslegungspflicht nach § 259 Abs. 1 BGB unterliegt weiterin dem **Prinzip der höchstmöglichen Normbefolgung** dahingehend, dass Verständlichkeit und damit Prüffähigkeit unter Abwägung der Interessen beider Parteien im optimalen Sinn herzustellen sind.[235] Damit steht die Erfüllung nicht zur Disposition der Parteien. Die Parteien können zwar vereinbaren, dass zwischen ihnen das Abrechnungsergebnis bindend sein soll. Die Einhaltung der Anforderungen aus der Rechnungslegung können sie dem **Gericht** jedoch nicht vorgeben, so dass es die **formellen Voraussetzungen einer Betriebskostenabrechnung immer von Amts wegen zu prüfen** hat.[236]

---

[230] Näher BeckOGK BGB/*Röver* § 259 Rdn. 27–27.2.
[231] Mugdan, Die gesamten Materialien zum Bürgerlichen Gesetzbuch für das deutsche Reich, Band II S. 300.
[232] Mugdan Die gesamten Materialien zum Bürgerlichen Gesetzbuch für das deutsche Reich, Band II S. 301.
[233] BGH (VIII ZR 189/17) GE 2018, 577 = NJW 2018, 1599 = NZM 2018, 458.
[234] Grundlegend z. B.: Huck/Müller/*Müller*, VwVfG Kommentar 2. Aufl. 2016, § 40 Rdn. 37; vgl. für das Mietrecht *Zehelein* NZM 2015, 761 (768).
[235] BeckOGK BGB/*Röver* § 259 Rdn. 27-27.2 unter Abstellung auf den sog „Proportionalbegriff".
[236] LG Bonn WuM 2012, 155, LG Frankfurt am Main Urt. vom 15.2.2008 – 2-11 S 109/07; *Langenberg* in Schmidt-Futterer § 556 Rdn. 537, *Schmid* MDR 2015, 187 (188); a. A. unter unzutreffender Gleichstellung mit inhaltlichen Fehlern OLG Düsseldorf Urt. v. 9.7.2015 – I-10 U 126/14, NJOZ 2015, 1753.

2. Notwendiger Inhalt
a) Grundsätze

Zum notwendigen, formell ordnungsgemäßen Inhalt einer Abrechnung müssen **fünf Voraussetzungen** erfüllt sein.[237] Sie muss enthalten:[238]
- die Zusammenstellung der Gesamtkosten,
- die Angabe und Erläuterung der zugrunde gelegten Umlageschlüssel,
- die Berechnung des Anteils des Mieters,
- den Abzug der Vorauszahlungen des Mieters und
- die **gedankliche und rechnerische** Verständlichkeit. Die Abrechnung hat dem durchschnittlichen Verständnisvermögen eines juristisch und betriebswirtschaftlich nicht geschulten Mieters zu entsprechen.[239] Das gilt für die Heizkostenabrechnung nur eingeschränkt, da der Vermieter sich hier einer gesetzlichen Methode bedient, die daher nicht erläutert werden muss (s. im Einzelnen K Rdn. 244).[240]

125

Zu den **Folgen der formellen Richtigkeit** im Hinblick auf die Ausschlussfrist **für Einwendungen des Mieters** gegen die Abrechnung s. im Einzelnen Rdn. 253 ff.

In seiner ersten Entscheidung zur Problematik stellte der **BGH** zunächst nur mehr allgemein gehalten fest, dass eine Abrechnung, die den Mieter in die Lage versetzt, den Anspruch des Vermieters gedanklich und rechnerisch nachzuvollziehen, indem die beschriebenen Mindestanforderungen nachprüfbar erfüllt sind, für die formelle Seite einer Abrechnung ausreicht.[241] In einem weiteren Urteil formulierte der BGH die Anforderungen genauer. Danach ist entscheidend,

126

„ob der Mieter in der Lage ist, die zur Verteilung anstehenden Kostenpositionen zu erkennen und anhand des ihm mitgeteilten Verteilerschlüssels den auf ihn entfallenden Anteil an diesen Kosten rechnerisch nachzuprüfen".[242]

Dieses, so der BGH schließlich, soll derart gestaltet sein,

„dass die Einsichtnahme in dafür vorgesehene Belege nur noch zur Kontrolle und zur Beseitigung von Zweifeln erforderlich ist".[243]

---

[237] BGH (VIII ZR 189/17) GE 2018, 577 = NJW 2018, 1599 = NZM 2018, 458 (m. zust. Anm. *Zehelein*) = WuM 2018, 288, (VIII ZR 1/06) NZM 2007, 244 = WuM 2007, 196 = ZMR 2007, 359; *Gies* NZM 2002, 514, 515.

[238] BGH (VIII ZR 193/14) GE 2015, 781 = NJW-RR 2015, 778 = WuM 2015, 423, ständ. Rspr. seit BGH (VIII ZR 298/80) GE 1982, 135 = NJW 1982, 573 = WuM 1982, 207, KG GE 2014, 1584, LG Frankfurt am Main NJOZ 2014, 973; *Beyer* WuM 2013, 77 (78).

[239] BGH (VIII ZR 298/80) GE 1982, 135 = NJW 1982, 573 = WuM 1982, 207, (VIII ZR 115/04) DWW 2005, 18 = GE 2005, 50 = NZM 2005, 13 = WuM 2005, 61 = ZMR 2005, 121; *Lammel* NZM WuM 2014, 387 (390).

[240] BGH (VIII ZR 268/10) GE 2012, 126 = NZM 2012, 153 = WuM 2012, 25 = ZMR 2012, 263; *Lammel* WuM 2014, 387 (390).

[241] BGH (VIII ZR 115/04) NZM 2005, 13 = WuM 2005, 61 = ZMR 2005, 121.

[242] BGH (VIII ZR 3/17) NZM 2017, 732 = WuM 2017, 529 = ZMR 2017, 875.

[243] BGH (VIII ZR 3/17) NZM 2017, 732 = WuM 2017, 529 = ZMR 2017, 875.

127 Sind die abgerechneten Positionen in verständlicher Form in die Abrechnung eingestellt, betrifft die Frage, **ob** sie dem **Ansatz oder** der **Höhe** nach **zu Recht** bestehen oder ob sonstige Mängel der Abrechnung vorliegen, **nur** noch die **inhaltliche Richtigkeit** der Abrechnung; etwaige inhaltliche Fehler können dann auch noch nach Ablauf der Ausschlussfrist korrigiert werden.[244] Das ist auch bei **Kostensteigerungen** gegenüber der letzten Abrechnung der Fall. Der Vermieter muss diese in der Abrechnung nicht erläutern.[245] Die Abrechnung über eine **längere** als einjährige **Abrechnungsperiode** (s. G Rdn. 102) oder die Verwendung eines **falschen Umlageschlüssels** (s. Rdn. 151) sind danach nur inhaltliche Fehler. Ebenso betrifft die Frage, ob der Vermieter mehrere Gebäude zu einer **Abrechnungseinheit** zusammenfassen durfte, nicht die formelle Wirksamkeit, sondern die materielle Richtigkeit der Betriebskostenabrechnung; in formeller Hinsicht soll die nähere Bezeichnung der von der Abrechnungseinheit erfassten Gebäude nicht geboten sein,[246] so dass es z. B. formell auch nicht schade, wenn der Vermieter bei der Bezeichnung der Wirtschaftseinheit die Hausnummern einiger Gebäude vergisst.[247] Dasselbe soll für den Ansatz nicht als umlagefähig vereinbarter Kostenarten oder -teile gelten, etwa aus dem Betriebskostenanteil einer Teilinklusivmiete oder den pauschal abgegoltenen Kosten (s. dagegen im Einzelnen Rdn. 274).

128 Nach diesen Kriterien ist eine Abrechnung formell ordnungsgemäß, wenn sie **nach ihrer äußeren Aufmachung** die beschriebenen Mindestangaben enthält und sich das Zahlenwerk nachrechnen lässt. Streng genommen wäre eine Abrechnung daher nur dann formell wirksam, wenn sie auch für einen Dritten aus sich selbst heraus verständlich ist, besondere Kenntnisse des Mieters über die der Abrechnung zugrunde liegenden Verhältnisse und Modalitäten wären ohne Belang. Diese Fixierung auf den äußeren Inhalt der Abrechnung hat der BGH indes nicht vorgenommen.

129 Auch wenn außerhalb der Abrechnung gewonnene Erkenntnisse grundsätzlich außer Betracht zu bleiben haben, sind **Erläuterungen zu berücksichtigen,** die der Vermieter dem Mieter vor Ablauf der Abrechnungsfrist außerhalb der Abrechnung erteilte, zum Beispiel im Mietvertrag, in einer vorausgegangenen Abrechnung oder auf Nachfrage des Mieters.[248] So bedarf eine Abrechnung zur formellen Seite z. B. nicht einer Erläuterung, warum die angesetzten Flächen im Vergleich zur Vorjahresabrechnung Unterschiede aufweisen oder abgelesene Verbrauchswerte

---

[244] BGH (VIII ZR 322/08) GE 2010, 477 = NZM 2010, 315 = WuM 2010, 156.
[245] OLG Düsseldorf ZMR 2014, 441.
[246] BGH (VIII ZR 207/11) GE 2012, 954 = WuM 2012, 405, (VIII ZR 228/11) WuM 2012, 97 = ZMR 2012, 344.
[247] BGH (VIII ZR 291/11) GE 2012, 824 = WuM 2012, 345.
[248] BGH (VIII ZR 45/10) NZM 2010, 784 = WuM 2010, 627 = ZMR 2011, 26, OLG Düsseldorf ZMR 2014, 441.

auffällige Schwankungen zeigen;[249] ebenso ist irrelevant, ob die der Abrechnung zugrunde gelegten unterschiedlichen Bezugspunkte für die einzelnen Betriebskosten maßgeblich sind und ob die insoweit angesetzten Flächenangaben zutreffen.[250] Eine aus sich heraus vollständige Überprüfbarkeit dieser Angaben auf ihre materielle Richtigkeit ist nicht erforderlich.[251]

Was die **Nachvollziehbarkeit** betrifft, kann ihr im Regelfall durch eine **übersichtliche Gliederung und klare** Abfolge der einzelnen **Rechenschritte** Rechnung getragen werden.[252] Es ist jedoch nicht zu übersehen, dass Abrechnungen über Objekte mit zahlreichen Einheiten, zumal wenn unterschiedliche Umlageschlüssel zur Anwendung kommen, wie insbesondere bei gemischt genutzten Gebäuden, aus der Natur der Sache nur mit einiger Mühe nachvollziehbar sind. Auch wenn sie daher das Verständnisvermögen eines „durchschnittlichen" Mieters auf eine harte Probe stellen oder es sogar übersteigen, sind sie gleichwohl wirksam (s. auch Rdn. 158).[253] Jedenfalls als solches ist es auch nicht unzumutbar, wenn der Mieter zur Herstellung der gedanklichen Nachvollziehbarkeit innerhalb einer **mehrseitigen Abrechnung** zurückblättern und die auf mehreren Seiten enthaltenen Angaben gedanklich zusammenführen muss.[254]

130

Der **BGH** hat die an eine Betriebskostenabrechnung zu stellenden formellen **Anforderungen kontinuierlich abgesenkt.** Beispielhaft seien genannt der Verzicht auf die Ausweisung eines Vorwegabzuges (s. Rdn. 139),[255] die nicht mehr erforderliche Angabe bei der Umlage nach Personenmonaten, für welchen Zeitraum wie viele Personen pro Wohnung berücksichtigt worden sind (s. Rdn. 146)[256] oder auch die Verlagerung der Erläuterung von Schätzgrundlagen in die durch den Mieter vorzunehmende inhaltliche Prüfung (s. Rdn. 173).[257] Hierzu wird angeführt, die Abrechnung solle durch zu viele Angaben nicht „überfrachtet" werden bzw. der Mieter bevorzuge selbst eine möglichst übersichtlich gestaltete und nicht mit Details ohne wesentlichen Erkenntniswert verse-

131

---

[249] BGH (VIII ZR 261/07) GE 2008, 855 = NZM 2008, 567 = WuM 2008, 407 = ZMR 2008, 777 (m. Anm. *Rave*).
[250] BGH (VIII ZR 227/09) GE 2010, 1191 = NZM 2010, 781 = WuM 2010, 493 = ZMR 2010, 933.
[251] BGH (VIII ZR 322/08) GE 2010, 477 = NZM 2010, 315 = WuM 2010, 156.
[252] *Beyer* WuM 2013, 77 (78).
[253] BGH (VIII ZR 133/85) WuM 1986, 214 (216).
[254] BGH (VIII ZR 3/17) NZM 2017, 732 = WuM 2017, 529 = ZMR 2017, 875.
[255] BGH (VIII ZR 93/15) GE 2016, 253 = NZM 2016, 192 (mit Anm. *Zehelein*) = WuM 2016, 170; anders noch BGH (VIII ZR 1/06) NZM 2007, 244 = WuM 2007, 196 = ZMR 2007, 359.
[256] BGH (VIII ZR 97/14) GE 2014, 1645 = NZM 2014, 902 = WuM 2014, 722 = ZMR 2015, 110.
[257] BGH (VIII ZR 261/15) DWW 2016, 330 = GE 2016, 1272 = NJW 2016, 3437 = NZM 2016, 765 = WuM 2016, 658 = ZMR 2017, 30; (VIII ZR 112/14) NJW 2015, 406.

hene Abrechnung.[258] Hierbei **darf jedoch nicht übersehen werden**, dass formale Anforderungen an rechtsgestaltende oder anspruchsbegründende Handlungen keinen Selbstzweck darstellen. Sie dienen, wie etwa das Begründungserfordernis einer Kündigung nach §§ 543, 573 BGB, dazu, dem Erklärungsgegner ausreichende **Klarheit** dahingehend zu verschaffen, warum er mit Ansprüchen konfrontiert wird und inwieweit es sinnvoll erscheint, sich hiergegen **zur Wehr zusetzen**.[259] Dieses Prinzip liegt auch der für die Betriebskostenabrechnung herangezogenen Vorschrift des § 259 BGB zugrunde.[260] Je geringer die aus der Abrechnung hervorgehenden Informationen sind, desto weniger kann der Mieter abschätzen, ob diese zutreffend sein könnten. Zugleich sind **Fehlerquellen nicht zu erkennen**. Das führt einerseits zu einer deutlichen Schwächung der Position des Mieters. Umgekehrt, und das zeigt die gerichtliche Praxis, werden Mieter gerade weil ihnen jedenfalls eine **Plausibilitätskontrolle kaum noch möglich** ist, zur Belegeinsicht gezwungen, um sich überhaupt ein nachvollziehbares Bild der Kostenumlage zu verschaffen. Das führt abgesehen von Großvermietern fast zwangsläufig zu erheblichen **Spannungen im Mietverhältnis**, die kaum reversibel sind. Einerseits ist der Mieter alleine aufgrund der Abrechnung meist im Ungewissen, ob diese jedenfalls im Wesentlichen zutrifft. Andererseits lässt sich der für den Vermieter bei dem Begehren nach Belegprüfung praktisch immer mitschwingende unterschwellige Verdacht eines Abrechnungsbetruges oder jedenfalls einer Verhaltenskontrolle kaum vermeiden. Der schrittweise **Abbau formeller Anforderungen** an die Betriebskostenabrechnung ist daher sowohl hinsichtlich einer zumutbaren Prüffähigkeit als auch der praktischen Auswirkungen auf das Mietverhältnis **kritisch zu sehen**.

b) Einzelne Anforderungen

aa) Gesamtkosten

(a) Angabe aller Kostenarten

132 Der Forderung des BGH,[261] der Mieter müsse in der Lage sein, *„die zur Verteilung anstehenden Kostenpositionen zu erkennen"*, wird nur die Bezeichnung aller umgelegten Kostenarten gerecht. Kann der Mieter sie nur durch eine Rückrechnung feststellen, fehlt es an der erforderlichen Angabe der Gesamtkosten.[262] Es stellt einen **formellen Fehler** dar, wenn die **eigenständigen Hauptkostenarten nur unvollständig getrennt** wurden. Die Angabe nur eines Gesamtbetrages für alle Kosten ist auch bei kleinen Mieteinheiten

---

[258] Z. B. BGH (VIII ZR 93/15) GE 2016, 253 = NZM 2016, 192 (mit Anm. *Zehelein*) = WuM 2016, 170.
[259] Zur Kündigungsbegründung vgl. z. B. *Blank* in Schmidt-Futterer § 573 Rdn. 216.
[260] Staudinger/*Bittner* § 259 Rdn. 26 m. w. N.
[261] BGH (VIII ZR 3/17) NZM 2017, 732 = WuM 2017, 529 = ZMR 2017, 875.
[262] LG Münster WuM 2014, 146.

nicht zulässig.²⁶³ Nach der Auffassung des **BGH**²⁶⁴ ist die Nachvollziehbarkeit der Kostenzusammenstellung gewahrt,

„wenn der Vermieter eine Aufschlüsselung vornimmt, die den einzelnen Ziffern des Betriebskostenkatalogs in § 2 der Betriebskostenverordnung entspricht. Eine weitere Aufschlüsselung nach einzelnen Positionen innerhalb einer Ziffer ist dann nicht erforderlich."

Obwohl der Grundsatz einer getrennten Kostenaufstellung zu bejahren ist, kann der Entscheidung **nicht umfassend zugestimmt** werden. Grundlage für die Betriebskostenabrechnung und damit Prüfungsmaßstab für den Mieter ist in erster Linie der **Mietvertrag**. Die Abrechnung muss sich daher primär an den Kostenarten, wie sie dem Mieter in diesem auferlegt sind, orientieren,²⁶⁵ damit er verlässlich und auf einfache Weise erkennen kann, ob nur die vereinbarten Kosten in der Abrechnung angesetzt wurden. Der Vermieter kann daher eine Kostenposition auch dann nicht separat in die Betriebskostenabrechnung einstellen, wenn diese zwar unter eine der vereinbarten Umlagepositionen fällt, das aber aus der Bezeichnung selbst nicht ersichtlich ist.²⁶⁶ Geht es um die Abrechnung für Wohnraum, ist daher grundsätzlich die Differenzierung nach den einzelnen Kostenarten des in § 2 BetrKV enthaltenen Betriebskostenkatalogs erforderlich (zur Zusammenfassung der nach ihrem Entstehungsgrund gleichartigen Kosten s. Rdn. 136), zumal wenn die Vereinbarung der umlagefähigen Betriebskosten nur durch Bezugnahme auf Anlage 3 zu § 27 II. BV, die BetrKV bzw. deren § 2 oder die bloße Verwendung des Begriffs „Betriebskosten"²⁶⁷ erfolgte. Das gilt auch für die Heizkostenabrechnung. Hier ist allerdings die Angabe der auf den Mieter entfallenden Kosten unter Verweis auf die anliegende aber zwingend mit zu übersendende Heizkostenabrechnung möglich.²⁶⁸

Im Übrigen beruht die Zusammenfassung der Kostenpositionen unter den jeweiligen Ziffern nicht zwingend auf einer dem Wesen nach einheitlichen Kostenart. Die **notwendige Erkennbarkeit** der umgelegten Kostenarten betrifft **etwa die in Nr. 8 und 9 des Betriebskostenkatalogs** genannten Kostenarten. Hier sind zwar Straßenreinigung und Müllabfuhr sowie Gebäudereinigung und Ungezieferbekämpfung jeweils gemeinsam in der Überschrift genannt, ihr Entstehungsgrund ist indes nicht gleichartig. Dass sie schon in § 21 Abs. 1 Satz 1 I. BV²⁶⁹ zusammen angeführt wurden, ändert nichts am unterschiedlichen Kostengrund, sondern wird sich allein dadurch erklären, dass sie durch die grobe Klammer der Reinigung außer-

133

---

²⁶³ LG Münster WuM 2014, 146.
²⁶⁴ BGH (VIII ZR 285/15) GE 2017, 471 = WuM 2017, 205 = ZMR 2017, 464.
²⁶⁵ OLG Düsseldorf GE 2009, 1489.
²⁶⁶ AG Lüdenscheid WuM 2014, 421 (Biggebeiträge).
²⁶⁷ BGH (VIII ZR 137/15) GE 2016, 385 = NZM 2016, 235 = WuM 2016, 211 = ZMR 2016, 287.
²⁶⁸ *Lammel* WuM 2014, 387 (390).
²⁶⁹ BGBl. I 1950 S. 753.

halb des Grundstücks/kommunale Müllabfuhr und innerhalb des Grundstücks zusammengehalten werden. Für eine formell ordnungsgemäße Abrechnung sind sie daher getrennt in die Abrechnung aufzunehmen.[270]

134 Die Bezeichnung aller umgelegten Kostenarten ist **auch notwendig, wenn die Arbeiten oder Leistungen von** *einem* **Unternehmen** erbracht wurden.[271] Bei der vom BGH zugelassenen Ausnahme für die Abrechnung der Kosten der Be- und Entwässerung handelte es sich zwar um die Abrechnung eines Unternehmens, vorrangig aber war der Umstand, dass nur ein Zähler für das Frischwasser vorhanden war, dessen Verbrauchsanzeige gleichzeitig zur Berechnung des Abwassers diente.[272] Die Abrechnung etwa der Kosten für Gemeinschaftsstrom, Wasser, Entwässerung und Müll in einer Position genügt daher den formellen Anforderungen nicht, auch wenn die Leistungen einheitlich von einem Unternehmer, z. B. „Stadtwerke" erbracht wurden, wobei eine derartige bloße Position ohnehin nicht ausreicht, weil sie den Bezeichnungen im Betriebskostenkatalog nicht entspricht.[273]

135 Enthält **eine Kostenposition zugleich andere Kostenarten,** ist das **nur bei eng zusammenhängenden Kosten** zulässig,[274] andernfalls ist lediglich die angeführte Position prüffähig, nicht aber die nicht erkennbar eingerechnete.[275] Dies ist der Fall bei der Zusammenfassung unterschiedlicher Kosten in einigen wenigen Positionen, z. B. „*Wasserversorgung/Strom*", „*Straßenreinigung/Müllbeseitigung/Schornsteinreinigung*", „*Hausmeister/Gebäudereinigung*", „*Hausmeister/Gebäudereinigung/Gartenpflege*",[276] (es sei denn, der Hauswart erledigt auch die mit angeführten Arbeiten, § 2 Nr. 14 BetrKV), unter der Position „*Heizungskosten*" die Heizkosten sowie Kosten der Klimaanlage und Wasserversorgung,[277] unter „*Instandhaltung*" 32 als umlagefähig vereinbarte Kostenarten,[278] unter der Position „*Strom allgemein*" die Kosten für Beleuchtung, Entwässerung, Hei-

---

[270] BGH (VIII ZR 322/08) GE 2010, 477 = NZM 2010, 315 = WuM 2010, 156.
[271] A. A. *Kinne* GE 2010, 450 (452).
[272] BGH (VIII ZR 285/15) GE 2017, 471 = WuM 2017, 205 = ZMR 2017, 464, (VIII ZR 340/08) DWW 2009, 332 = GE 2009, 1037 = NZM 2009, 698 = WuM 2009, 516 = ZMR 2009, 839.
[273] Vgl. LG Mannheim InfoM 2009, 322 (m. Anm. *Möhrle*).
[274] BGH (VIII ZR 285/15) GE 2017, 471 = WuM 2017, 205 = ZMR 2017, (VIII ZR 285/09) GE 2010, 1613 = NZM 2010, 858 = WuM 2010, 688 (m. Anm. *Tholl* WuM 2010, 748 und *Knabbe* WuM 2011, 108) = ZMR 2011, 112, zu weitgehend LG Berlin GE 2013, 547 = ZMR 2015, 299 (gemeinsame Veranschlagung von Heiz- und Warmwasserkosten).
[275] Ebenso *Gies* in Hannemann/Wiegner § 24 Rdn. 176, *Milger* NJW 2009, 625 (628); vgl. OLG Dresden GE 2002, 994 = ZMR 2002, 416.
[276] BGH (VIII ZR 285/09) GE 2010, 1613 = NZM 2010, 858 = WuM 2010, 688 (m. Anm. *Tholl* WuM 2010, 748 und *Knabbe* WuM 2011, 108) = ZMR 2011, 112.
[277] OLG Dresden GE 2002, 994 = ZMR 2002, 416.
[278] KG GE 2012, 751 = WuM 2012, 273.

zung[279] oder Positionen wie „*Lieferungen und Leistungen*" oder „*Personalkosten*".[280] Zu den nicht genannten Kostenarten fehlt es hier schon an jeglicher erkennbarer Abrechnung, so dass zwar die korrekt bezeichnete Betriebskostenart in ihrer richtigen Höhe umlagefähig ist, nicht jedoch die eingerechnete. Anders verhält es sich, wenn der Nebenkostenabrechnung eine Einzelabrechnung beigefügt war, aus der sich ergab, dass sich die Position „*Heizkosten*" aus den Einzelpositionen „*Warmwasserkosten*", „*Kaltwasser*" und „*Abwasser*" zusammensetzte und dass die Position „*Heizkosten*" mit einem Kostenanteil von „*0*" in Ansatz gebracht wurde.[281]

Die **nach ihrem Entstehungsgrund gleichartigen Kosten** dürfen jedoch summenmäßig zusammengefasst werden.[282] So ist es z. B. für die formelle Wirksamkeit der Abrechnung nicht notwendig, zwischen kommunaler und privater Straßenreinigung (z. B. Winterdienst) oder Sach- und Haftpflichtversicherung zu unterscheiden, weil beide Kostenarten denselben Entstehungsgrund haben, auch wenn hierüber getrennte Rechnungen erteilt wurden. Geboten ist allerdings entgegen der Rechtsprechung des BGH,[283] in die Abrechnung nicht nur die Position „Versicherungen" aufzunehmen. Eine allgemeine Kostenart „Versicherungen" gibt es im Betriebskostenkatalog nicht, sondern in Nr. 13 des Betriebskostenkatalogs sind ausschließlich die „*Kosten der Sach- und Haftpflichtversicherung*" angeführt. Wenn, wie oben ausgeführt, die Übernahme der Kostenarten aus dem Betriebskostenkatalog genügt, dann sind auch deren Bezeichnungen zu verwenden. Dies gilt zumal deshalb, weil nur durch deren Verwendung dem Mieter nachvollziehbar wird, dass ausschließlich umlagefähige Kosten, hier diejenigen der Nr. 13, angesetzt wurden.[284] **136**

Noch nicht entschieden ist, wie es sich mit der **Angabe der sonstigen Betriebskosten** nach Nr. 17 des Betriebskostenkatalogs verhält. Hierzu wird vertreten, dass diese im Einzelnen in der Abrechnung aufzuführen sind.[285] Richtig ist, dass zumal Großvermieter unter dieser Position zahlreiche Kosten abrechnen, vornehmlich eine Vielzahl von Wartungsarbeiten. Auf der anderen Seite setzt schon die Vereinbarung zur Umlage sonstiger Betriebskosten voraus, dass sie im Einzelnen im Mietvertrag bezeichnet sind.[286] Dem Mieter ist daher bekannt, aus welchen Kosten die **137**

---

[279] Anders OLG Hamburg WuM 2003, 416.
[280] OLG Düsseldorf GE 2009, 1489.
[281] KG GE 2009, 1493 = WuM 2009, 670.
[282] BGH (VIII ZR 322/08) GE 2010, 477 = NZM 2010, 315 = WuM 2010, 156; *Milger* NJW 2009, 625 (627).
[283] BGH (VIII ZR 346/08) DWW 2009, 384 = GE 2009, 1428 = NZM 2009, 906 = WuM 2009, 669 = ZMR 2010, 102; dazu kritisch *Schmid* ZMR 2010, 103, *v. Seldeneck* InfoM 2009, 427.
[284] Ebenso *Schmid* NZM 2010, 264.
[285] *Kinne* GE 2010, 450 (452), *Schach* GE 2010, 161 (162), *Schmid* NZM 2010, 264 (265).
[286] BGH (VIII ZR 167/03) DWW 2004, 188 = GE 2004, 613 (m. Anm. *Blümmel* GE 2004, 584) = MM 2004, 219 = NZM 2004, 417 = WuM 2004, 290 = ZMR 2004, 430; *Blank* NZM 2004, 651.

in die Abrechnung eingesetzte Belastung stammt. Auf der Grundlage der Rechtsprechung des BGH erscheint daher die genaue Kennzeichnung der Unterkostenarten und ihrer Höhe entbehrlich.

(b) Angabe der Gesamtkosten je Kostenart

138 Die Mindestangabe *„Zusammenstellung der Gesamtkosten"* erfordert zusätzlich die Angabe der Gesamtkosten je Betriebskostenart – nicht jedoch zwingend des Gesamtverbrauchs,[287] es sei denn, dass dies für die Berechnung des Einzelanteils des Mieters relevant sind.[288] Nicht erforderlich ist eine Darstellung der erfolgten Leistungen (etwa des Hauswarts) und der hierfür jeweils angefallenen Einzelkosten.[289] Die Rechenschritte, die zu dem angesetzten Betrag führen, wenn sich dieser aus **kalenderübergreifenden Rechnungen** eines Dritten ergibt, muss der Vermieter nicht offen legen.[290] Zulässig ist es auch, bei den Gesamtkosten Einzelbeträge (z.B. von Rechnungen) anzugeben, da der Mieter diese selbst zusammenrechnen und somit den Gesamtbetrag ermitteln kann.[291]

139 **Fraglich** war, **ob** es sich um die **zusammengefassten Kosten einer Kostenart** handeln muss, gleichviel ob umlegbar oder nicht, **oder** ob darunter auch die **Angabe der gesamten umlagefähigen Kosten** zu verstehen ist, die mithin um die nicht umlegbaren bereinigt sind, weil diese für die Kostenlast des Mieters irrelevant sind. Der **BGH** hat diese Frage dahin entschieden, dass die Betriebskostenabrechnung dann **formell ordnungsgemäß ist**, wenn der Vermieter bei den Gesamtkosten denjenigenn **Gesamtbetrag angibt, den er auf die Wohnungsmieter der gewählten Einheit umlegt**. Damit hat er die notwendigen Angaben von der Frage, woher die angesetzten Kosten resultieren, gänzlich gelöst und stellt alleine auf die Vorstellung des Vermieters ab, welche Kosten er insgesamt über die Abrechnung erstattet haben möchte. Der **Ansatz bereits bereinigter Kosten führt nicht mehr zur formellen Unwirksamkeit**.[292]

140 *(einstweilen frei)*

141 Zweckdienlich für die Herstellung einer ausreichenden Prüffähigkeit der Abrechnung ist die Ausweisung eines Vorwegabzuges nach wie vor bei **folgenden Gruppen:**
 – Liegt das Mietobjekt in einem **gemischt genutzten Gebäude,** sind die nicht auf die Wohn- bzw. andere Nutzung entfallenden Kosten aus-

---

[287] LG Itzehoe ZMR 2015, 313.
[288] LG Frankfurt am Main NJOZ 2014, 973.
[289] Unzutreffend oder jedenfalls missverständlich daher AG Duisburg WuM 2015, 427.
[290] BGH (VIII ZR 201/13) DWW 2014, 182 = GE 2014, 659 = NZM 2014, 384 = WuM 2014, 420 = ZMR 2014, 624.
[291] BGH (VIII ZR 237/16) GE 2017, 830 = WuM 2017, 402.
[292] BGH (VIII ZR 93/15) GE 2016, 253 = NZM 2016, 192 (mit Anm. *Zehelein*) = WuM 2016, 170, anders noch BGH (VIII ZR 1/06) NZM 2007, 244 = WuM 2007, 196 = ZMR 2007, 359.

zugliedern, wenn auf sie nach der Rechtsprechung des BGH nicht nur unerhebliche Kosten entfallen. Dass dies sachgerecht erfolgte, ist für den Mieter bei dem Ansatz der nach Herausrechnen der auf die Gewerbeflächen entfallenden Kosten[293] nicht erkennbar.
- Dasselbe gilt für **gemischte Kosten**, d.h. die Fälle, in denen die dem Vermieter in Rechnung gestellten Kosten auch solche enthalten, die schon **nicht zu den Betriebskosten** gehören, z.B. Instandsetzungskosten im Rahmen von Vollwartungsverträgen für Aufzüge und Antennen oder Verwaltungskosten als Teil des Hausmeisterentgelts; es ist bereits in der Abrechnung darzustellen, um welchen Anteil die Gesamtkosten insoweit bereinigt wurden.
- Bei der **Abrechnung über eine Wirtschaftseinheit** fehlt die vorangestellte Angabe über die Kosten der gesamten Einheit. Ausgangspunkt dürfen jedoch nicht die Werte sein, die schon auf das abgerechnete Einzelobjekt herunter gerechnet sind.[294]
- Bei einem **Mieterwechsel** innerhalb der Abrechnungsperiode ist dem Vor- und Nachmieter nicht nur das Ergebnis der Kostenaufteilung zwischen ihnen mitzuteilen, sondern die rechnerische Herleitung des jeweiligen Anteils.
- Sind **nicht umlagefähige Mehrkosten** eingetreten, etwa infolge von Bauarbeiten oder technischer Defekte (z.B. etwa erhöhter Wasserverbrauch in der Wohnung wegen defekter Toilettenspülung) eingetreten, dürfen die Gesamtkosten nicht vorab um den nicht umlagefähigen Anteil bereinigt werden.[295] Dabei ist es irrelevant, ob die Mehrkosten vom Vermieter zu tragen sind oder ob er einen Schadensersatzanspruch gegen den Mieter durchsetzen kann.

Zulässig hingegen ist nach dem BGH ausdrücklich die Angabe der durch den Vermieter selbst ermittelten und bereits bereinigten auf das Abrechnungsjahr entfallenden Kosten aus **kalenderübergreifenden Rechnungen des Versorgers.** Hier muss der Vermieter die Zwischenschritte, aus denen er die für das Abrechnungsjahr eingestellten Kosten ermittelt hat, nicht offenlegen.[296] Ebenso kann der Vermieter bei einem Gesamthauswartvertrag für eine Wirtschaftseinheit ohne Vorwegabzug von den Gesamtkosten eine von dem Unternehmen nur für die **konkrete Liegenschaft separat erstelle Rechnung** einstellen.[297]

Manche Vermieter und Verwalter sind inzwischen dazu übergegangen, mit dem **Hauswart separate Verträge** über die reine Hausmeistertätigkeit sowie die ihm daneben übertragenen Reparatur- und/oder Verwaltungsleistungen abzuschließen, um sich den Abgrenzungsaufwand in der Abrechnung zu ersparen. Der Ansatz nur der Kosten

---

[293] AG Köln WuM 2003, 153, AG Hamburg Urt. vom 16.3.2005 – 46 C 86/04.
[294] Anders bei separaten Rechnungen: BGH (VIII ZR 22/13) WuM 2013, 734.
[295] A.A. AG Hannover WuM 2009, 178.
[296] BGH (VIII ZR 2013/13) DWW 2014, 182 = GE 2014, 659 = NZM 2014, 384 = WuM 2014, 420 = ZMR 2014, 624.
[297] LG Berlin GE 2014, 1655.

aus dem Hausmeistervertrag ist **keine Vorwegbereinigung**.[298] Der Vermieter ist nicht etwa verpflichtet, die Gesamtkosten aus beiden Verträgen in die Abrechnung einzustellen, weil es rechtlich um zwei verschiedene Verträge mit unterschiedlichem Leistungsinhalt geht, die dementsprechend separat zu behandeln sind, wie es auch bei Verträgen mit verschiedenen Dritten der Fall ist. Der andere separate Vertrag betrifft Kosten der Verwaltung, die der Vermieter nicht offenbaren muss.[299] Dass der Abschluss von Einzelverträgen mit demselben Dienstleister in der Praxis gelegentlich Vermieter dazu verführt, die Kosten aus dem Vertrag mit den nicht umlagefähigen Kosten zulasten des anderen Vertrags auffällig gering zu halten, betrifft allein die inhaltliche Richtigkeit.

142 Obwohl der BGH nunmehr auch die Angabe der nicht durch einen Vorwegabzug bereinigten Gesamtkosten in der Abrechnung für die Wahrung der formellen Anforderungen zulässt (siehe Rdn. 139), ist indes dringend von einem derartigen Verfahren abzuraten, weil es strafrechtliche Konsequenzen auslösen kann. Der **BGH** hat zum Tatbestand des **Betrugs** gem. § 263 StGB entschieden, dass eine Täuschungshandlung auch konkludent erfolgen kann, wenn der Täter die Unwahrheit zwar nicht ausdrücklich zum Ausdruck bringt, sie aber nach der Verkehrsanschauung durch sein Verhalten mit erklärt.[300] Welcher Inhalt einer Erklärung zukommt, bestimmt sich *„ganz wesentlich"* durch die Erwartungen des Empfängers der Erklärung, d.h. den Horizont seines Verständnisses, der durch den Gesamtzusammenhang geprägt ist, in dem die Erklärung steht. Der Mieter entnimmt der Betriebskostenabrechnung die vom Vermieter konkludent mit erklärte Aussage, sie sei nach den geltenden Rechtsvorschriften erstellt, also auch unter Beachtung der Definition der Betriebskosten in § 556 Abs. 1 Satz 2 BGB.[301] Hinsichtlich des fehlenden Abzugs nicht umlagefähiger Kosten unterliegt der Mieter mithin einem Irrtum. Ein Irrtum i.S. des Betrugstatbestands des § 263 StGB liegt schon dann vor, wenn derjenige, der aus einer Abrechnung verpflichtet wird, tatsächlich davon ausgeht, eine Abrechnung sei ordnungsgemäß vollzogen worden, auch wenn er deren Grundlagen im Einzelnen nicht kennt.[302] Der Vermieter, der die von ihm einzuhaltenden Regeln nicht beachtet, setzt sich damit jedenfalls einem Betrugsverdacht aus.[303] Dies gilt zumal dann, wenn er sich das in der Praxis allgemein zu beobachtende Verhalten der Mieter zunutze macht, die Abrechnung nicht näher zu prüfen, wenn der Saldo ein Guthaben ausweist.

---

[298] Vgl. BGH (VIII ZR 137/09) NZM 2010, 274 = WuM 2010, 153; a.A. *Wolbers* ZMR 2009, 417 (421 f.)
[299] LG Berlin MM 12/2012, 29.
[300] BGH (5 StR 394/08) NZM 2009, 673.
[301] *Schmid* ZMR 2010, 507 (508).
[302] BGH (5 StR 394/08) NZM 2009, 673.
[303] *Bittmann* NZM 2009, 644 (645), *Bub/Bernhard* NZM 2008, 513 (515).

bb) Umlageschlüssel

(a) Unzureichende Angaben

Der Umlageschlüssel ist immer anzugeben, auch dann, wenn die Verteilung offensichtlich ist.[304] Ob er inhaltlich zutrifft, ist für die formellen Abrechnungsanforderungen ohne Relevanz.[305] Hier zeigen sich formelle Fehler vornehmlich in **zwei Varianten**. Der **erste Fehler** resultiert aus der **unzureichenden Angabe** des Verteilungsmaßstabs[306] (s. Rdn. 144 ff.), der **zweite** beruht auf **unverständlichen Verteilungsmaßstäben** (Rdn. 153). Der Vermieter muss offen legen, auf welcher Grundlage er die Quote ermittelt hat.[307] Bei einem **Mieterwechsel** innerhalb der Abrechnungsperiode (s. auch Rdn. 187) muss aus der Abrechnung zu ersehen sein, nach welchem Maßstab der Vermieter die Kosten zuordnete. **143**

Die Verwendung eines der **allgemein bekannten Verteilerschlüssel** wie Fläche oder Wohnfläche, Personenanzahl, Miteigentumsanteil, Wohneinheit, bedarf nach dem BGH[308] **keiner weiteren Erläuterung** (zu Prozentsätzen s. Rdn. 146); nur bei ungewöhnlichen Umlageschlüsseln ist eine Erläuterung angezeigt, damit der Mieter die Abrechnung rechnerisch nachprüfen kann,[309] wobei die Erläuterung nicht in der Abrechnung selbst enthalten sein muss, sie kann dem Mieter auch auf andere Weise mitgeteilt worden sein/werden (s. Rdn. 129). Vorstehendes ist nach hiesiger Auffassung für die Umlage nach Miteigentumsanteilen, so diese nicht vereinbart wurden, unzutreffend, da insoweit keine Prüffähigkeit besteht (s. Rdn. 201). **144**

Hat die Umlage nach dem Mietvertrag gemäß der anteiligen „*Wohn- und Nutzfläche*" zu erfolgen, soll die Abrechnung formell unwirksam sein, wenn die jeweilige Wohn- und Nutzfläche eines gemischt genutzten Gebäudes nicht ersichtlich ist.[310] Da allerdings die Angabe „Fläche" selbsterklärend ist, wird auch dann ein nur inhaltlicher Fehler anzunehmen sein, wenn der Vermieter von der im Mietvertrag vorgesehenen Trennung der Flächen absah. Äußerlich betrachtet ist die Abrechnung prüffähig, zudem kann der Mieter wie bei der Verwendung eines anderen als des mietvertraglich vereinbarten Verteilerschlüssels den Fehler anhand des Mietvertrags feststellen und eine Korrektur verlangen. **145**

---

[304] LG Münster WuM 2014, 146.
[305] LG Berlin GE 2016, 396, BeckRS 2016, 05787.
[306] Vgl. AG Dortmund WuM 2012, 450: Fehlen der Rechenschritte für die Verteilung der Kosten auf 189 Gebäude.
[307] BGH (VIII ZR 298/80) GE 1982, 135 = NJW 1982, 573 = WuM 1982, 207, KG GE 2002, 327.
[308] BGH (VIII ZR 295/07) GE 2009, 189 = NZM 2009, 78 = WuM 2009, 42, (VIII ZR 89/10) NZM 2011, 546 = WuM 2011, 367, OLG Düsseldorf ZMR 2014, 441; *Milger* NJW 2009, 625 (628).
[309] Z.B. BGH (VIII ZR 295/07) GE 2009, 189 = NZM 2009, 78 = WuM 2009, 42, (VIII ZR 84/07) GE 2008, 795 = NZM 2008, 477 = WuM 2008, 351.
[310] *Kinne* GE 2010, 450 (453).

146 Innerhalb des **Verteilerschlüssels** sind jedoch die **Bezugsdaten** anzugeben. **Unverzichtbar** ist daher **grundsätzlich** neben der Angabe der Einzeleinheit die Angabe der **Gesamteinheiten;** ihr Fehlen wird im Regelfall als formeller Fehler zu werten sein. Eine **Ausnahme** soll die Umlegung nach **Prozentsätzen** betreffen,[311] weil bereits der aufzuteilende Kostenansatz die Gesamteinheit liefert, so dass weitere Angaben entbehrlich sind. Diese Ausnahme gilt jedoch nicht, wenn es sich um ein großes, unterschiedlich genutztes Mietobjekt handelt, bei dem Abrechnungskreise gebildet wurden; ohne Bezeichnung des jeweiligen Abrechnungskreises ist die bloße Angabe von Prozentsätzen unverständlich.[312] Bei der Umlage nach dem **Flächenmaßstab** ist nicht nur die Fläche des Mietobjekts, sondern auch die Gesamtfläche auszuweisen. Ihre Angabe genügt, auch wenn sie sich verändert hat, etwa durch An- oder Ausbau oder infolge einer Neuvermessung, was bei zuvor nur nach Bauzeichnungen ermittelten Flächen zu beträchtlichen Abweichungen führen kann; eine Erläuterung der neuen Werte ist daher nicht erforderlich, allerdings materiell sinnvoll, um Nachfragen der Mieter zu vermeiden. Ebenso sind bei der Abrechnung nach **Kopfteilen** die Gesamtzahl der Personen, ggf. nach zeitlichen Abschnitten gegliedert, und die Zahl der für das einzelne Mietobjekt zugrunde gelegten Personen anzuführen.[313] Die Umlage nach Personenmonaten muss nicht erläutert werden, es bedarf in der Abrechnung keiner zusätzlichen Angabe, für welchen Zeitraum wie viele Personen pro Wohnung berücksichtigt worden sind.[314]

147 Die **unvollständige** Angabe der **Bezugsdaten** begegnet in der Praxis **insbesondere, wenn zwei oder mehr Differenzierungen** z. B. beim Flächenschlüssel vorzunehmen waren. Verwendete der Vermieter verschiedene Flächenschlüssel oder gemischte Maßstäbe, müssen die jeweiligen Abweichungen von der Gesamtfläche bzw. die verwendeten unterschiedlichen Schlüssel angeführt sein.[315] Enthält die Abrechnung unterschiedliche Gesamtflächen, von denen aus die einzelnen Positionen auf die Wohnung des Mieters umgelegt werden, so entspricht der Umlageschlüssel nicht den formalen Anforderungen, wenn nicht erkennbar ist, worauf sich die jeweiligen Flächen beziehen (z. B. Gesamtfläche der Wirtschaftseinheit oder Fläche der Liegenschaft ohne Erdgeschosswohnung). Der Vermieter hat daher **bei jeder Kostenart** zu vermerken, **welcher Verteilungsmaßstab** angewandt wurde.[316] Ein formeller Fehler liegt ebenfalls vor, wenn die Flächenangaben zwar nachvollziehbar sind (z. B. Wohnfläche und Nutzfläche), der Mieter aber den Grund für die Anset-

---

[311] BGH (VIII ZR 286/10) GE 2012, 402 = WuM 2012, 98.
[312] BGH (VIII ZR 298/80) GE 1982, 135 = NJW 1982, 573 = WuM 1982, 207.
[313] LG Berlin GE 2009, 980: Die pauschale Angabe „*Personen x Tage*" reicht formell nicht; *Schmid* GE 2010, 1589 (1590).
[314] BGH (VIII ZR 97/14) GE 2014, 1645 = NZM 2014, 902 = WuM 2014, 722 = ZMR 2015, 110.
[315] OLG Nürnberg WuM 1995, 308; LG Frankfurt am Main ZMR 2015, 307.
[316] OLG Düsseldorf ZMR 2014, 441.

IV. Inhalt der Abrechnung 413

zung unterschiedlicher Größen nicht kennt.[317] Denn hier kann er die inhaltliche Prüfung ohne eine entsprechende Erläuterung nicht vornehmen.

Diese Pflicht bezieht sich **nicht nur** darauf, bei den **verbrauchsabhängigen Kosten** diejenigen für die einzelnen Mietobjekte auszuweisen und von den Gesamtkosten abzuziehen (sog. Vorerfassung). **Auch bei einheitlich verwendetem Flächenmaßstab** ist danach zu differenzieren, inwieweit die jeweiligen Einheiten an den Kosten teilhaben,[318] so dass ggf. mehrere Flächenschlüssel zur Anwendung kommen; allerdings müssen die jeweiligen Abweichungen von der Gesamtfläche bzw. die verwendeten unterschiedlichen Schlüssel nicht erläutert werden.[319] Auch wenn die Abrechnung dadurch aufwendiger wird, etwa bei einem Gebäudekomplex mit Supermarkt, Läden, Arztpraxen und Wohnungen, wo mehrere hundert Mietparteien betroffen sind, ist dem Vermieter die Offenlegung und nachvollziehbare Darlegung der unterschiedlichen Umlageschlüssel zuzumuten.[320]

148

Entfallen z. B. bei der Abrechnung nach **Wirtschaftseinheit** manche Betriebskosten nur auf einzelne Häuser oder nehmen die beteiligten Häuser in unterschiedlichem Umfang an denselben Kosten teil, sind die Kosten nach Angabe der Gesamtkosten entsprechend zuzuordnen; dies ist am besten durch die jeweils ausgewiesenen relevanten Flächen zu erreichen, was jedoch keine Bedingung für die formelle Wirksamkeit ist.

149

Dasselbe gilt für die Kostenverteilung in **gemischt genutzten Objekten,** wenn die Gewerbeflächen nicht unerhebliche Mehrkosten verursachen. Bei der Umlage der Müllgebühren z. B. dürfte es auf der Grundlage der Rechtsprechung des BGH zur formellen Seite genügen, die Kosten nach dem Wohnungs- bzw. Teileigentum zu verteilen. Nach anderer Ansicht muss im Einzelnen dargelegt werden, wie die Müllgefäße dem jeweiligen Teileigentum zugeordnet sind, damit ersichtlich ist, dass etwa Wohnungen nicht an den auf eine Gaststätte entfallenden höheren Gebühren beteiligt werden.[321]

150

Widerspricht der Verteilungsmaßstab dem Mietvertrag oder ist er **falsch angewandt,** betrifft dies ohne weiteres nur die materielle Richtig-

151

---

[317] LG Leipzig ZMR 2017, 810; BeckRS 2017, 128579.
[318] BGH (VIII ZR 27/10) InfoM 2011, 106 (m. Anm. *Beyer*) = NZM 2011, 401 = WuM 2011, 101 = ZMR 2011, 454.
[319] BGH (VIII ZR 227/09) GE 2010, 1191 = NZM 2010, 781 = WuM 2010, 493 = ZMR 2010, 933.
[320] BGH (VIII ZR 27/10) InfoM 2011, 106 (m. Anm. *Beyer*) = NZM 2011, 401 = WuM 2011, 101 = ZMR 2011, 454, so ausdrücklich schon BGH (VIII ZR 298/80) GE 1982, 135 = NJW 1982, 573 = WuM 1982, 207 zu einem Objekt mit mehreren hundert Mietparteien (vgl. die abgeänderte Entscheidung des OLG Hamm WuM 1981, 62).
[321] OLG Braunschweig WuM 1999, 173.

keit der Abrechnung. Eine widersprüchliche Abrechnung zum Teil mit 34, zum Teil mit 35 Wohneinheiten[322] hat ebenso nur einen inhaltlichen Fehler zur Folge wie eine Abrechnung nach Personen mit z.B. der Angabe „20,39 Personen",[323] auch wenn ein derartiger Wert nur durch die Einbeziehung eines Zeitfaktors erklärlich wird und der Mieter bei der Umlage nach Personen nur mit der Angabe „ganzer" Personen rechnete. Fehler der Abrechnung bezüglich der Aufteilung der Heizkosten und der Warmwasserkosten berühren die Wirksamkeit der Abrechnung gleichfalls nicht.[324]

(b) Bereinigte Angaben

152 Als Unterfall der Angabe unvollständiger Bezugsdaten war früher die Abrechnung **bereinigter Angaben innerhalb des verwendeten Verteilerschlüssels** anzusehen. Wie beim Ansatz bereits bereinigter Gesamtkosten (s. Rdn. 139) ist auch hier folgerichtig keine formelle Unwirksamkeit mehr gegeben. Dies betrifft z.B. die Fälle, dass der Vermieter eine schon um die Gewerbefläche bereinigte Fläche zugrunde legt oder „korrigierte" Flächen, etwa nach Herausnahme leer stehender Flächen.[325] In derartigen Fällen fehlt es zwar an der notwendigen Anführung der Gesamtgröße des jeweils eingesetzten Umlagemaßstabs. Allerdings dürfte auch dieses Problem nach der Rechtsprechungsänderung des BGH hinsichtlich der Angabe bereinigter Gesamtkosten überholt sein (s. Rdn. 139).

(c) Unverständliche Umlageschlüssel

153 Der **zweite Fehler** betrifft die Verwendung von Umlageschlüsseln, die **ohne Erläuterung nicht verständlich** sind *(„O3 Umlage nach Quadratmeter Wohnfläche * Monate 3816,00 1176,00 12")*,[326] *„366 Tage Gesamtfläche des Hauses in qm-Wohnfläche x Tage bewohnt. Gesamt: 376 649,52",[327] HB-Kosten"* und *„AUFZ. 51,8",*[328] *„Menge",*[329] unterschiedlich angesetzte *„MEA"*[330] oder *„8000 DIREKT"* bei der Angabe des Kaltwasser, wenn andererseits *„3.809.618 GesWasser"* entsorgt wurden.[331] Die Angabe „ME-Anteil" ist hingegen zwar ausreichend verständlich dahingehend, dass der Vermieter nach Miteigentumsanteilen umlegt.[332] Die Abrechnung ist nach hiesi-

---

[322] BGH (VIII ZR 295/07) GE 2009, 189 = NZM 2009, 78 = WuM 2009, 42.
[323] BGH (VIII ZR 181/09) NZM 2010, 859 = WuM 2010, 683 = ZMR 2011, 108.
[324] BGH (VIII ZR 151/10) WuM 2011, 159.
[325] AG Leipzig ZMR 2004, 120.
[326] BGH (VIII ZR 84/07) GE 2008, 795 = NZM 2008, 477 = WuM 2008, 351.
[327] AG Leipzig ZMR 2004, 120.
[328] BGH (VIII ZR 295/07) GE 2009, 189 = NZM 2009, 78 = WuM 2009, 42.
[329] AG Aschaffenburg ZMR 2015, 33.
[330] LG Leipzig NZM 2005, 14.
[331] LG Essen ZMR 2010, 603.
[332] LG Karlsruhe NZM 2014, 388 = ZMR 2014, 796.

ger Ansicht aber dennoch dann formal nicht ordnungsgemäß, wenn eine Umlage nach Miteigentumsanteilen nicht ausdrücklich vereinbart wurde, da der Mieter den tatsächlichen Verteilungsmaßstab, also die Grundlage der Zuteilung der Miteigentumsanteile, nicht kennt und daher die Richtigkeit der Umlage nicht prüfen kann (s. Rdn. 201). Dasselbe gilt, wenn die Abrechnung nicht erklärbare und zum Teil widersprüchliche Flächenangaben zu einzelnen Positionen enthält.[333] Unverständlichkeit kann ferner gegeben sein, wenn mehrere Kostenarten (hier: Gebäude- und Haftpflichtversicherung sowie Gartenpflege und Hauswart) aus einer Vielzahl (hier: über 200) von Gebäuden – ohne dass eine Wirtschaftseinheit vorliegt – zusammengefasst werden, die Umlage der jeweiligen vier Gesamtkosten auf die einzelne Mietpartei aber nicht nachvollziehbar dargestellt ist.[334]

cc) Berechnung des Anteils des Mieters

Der Mieter muss aus der Abrechnung schließlich ersehen können, in welcher Höhe er mit Betriebskosten belastet wird. Üblicher Weise werden die von den Gesamtkosten jeder Umlageposition auf den Mieter verteilten Kosten einzeln angegeben. Es ist jedoch ebenso zulässig, dass der Vermieter Einzelkosten, deren Umlage auf identischem Flächenmaßstab basiert, als Gesamtbetrag bezeichnet.[335] Obwohl der BGH in dem Leitsatz der Entscheidung den Flächenmaßstab ausdrücklich benennt, kann für andere gleichartige und verbrauchsunabhängige Umlageschlüssel (z. B. Wohneinheiten) nichts Gegenteiliges angenommen werden. Bei der Berechnung des auf den Mieter entfallenden Kostenanteils werden **nur Rechenfehler** in Betracht kommen, die allein die inhaltliche Richtigkeit betreffen.[336] Sie können vom Mieter bei der Prüfung der Abrechnung in aller Regel ohnehin leicht bemerkt werden.

154

dd) Abzug der Vorauszahlungen

Der Vermieter schuldet eine **Abrechnung, mithin die Saldierung** mit den vom Mieter entrichteten Vorauszahlungen. Wenn kein Abrechnungsergebnis unter Berücksichtigung der Vorauszahlungen im Anschreiben oder auf einem Beiblatt ausgewiesen ist, erhält der Mieter keine Abrechnung, sondern nur eine Zusammenstellung der Kosten. Der Mieter hat einen Anspruch auf eine einheitliche Abrechnung, nicht eine solche auf Raten. Diese Voraussetzung ist auch dann erfüllt, wenn der Vermieter dem Mieter eine Abrechnung über die „kalten" Betriebskosten ohne Ansatz der Wasser- und Entwässerungskosten erteilt, in der die Vorauszahlungen berücksichtigt sind, und die nach den Wohnungswasserzählern erstellte verbrauchsabhängige Einzelabrechnung der Stadt-

155

---

[333] OLG Düsseldorf ZMR 2014, 441, AG Köln ZMR 2013, 816.
[334] AG Dortmund WuM 2011, 473.
[335] BGH (VIII ZR 237/16) GE 2017, 830 = WuM 2017, 402.
[336] *Milger* NJW 2009, 625 (628).

werke über die entsprechenden Kosten schlicht als weitere Forderung beifügt.[337] Sind in dem Mietvertrag die Vorauszahlungen für die kalten Betriebskosten einerseits, sowie die Heiz- und Warmwasserkosten andererseits getrennt ausgewiesen, so sind diese auch separat auf diese Kosten zu verrechnen.[338]

156 Während **mit Null angesetzte Vorauszahlungen** für den Mieter eine klare Aussage enthalten, so dass die Abrechnung formell wirksam ist,[339] soll dies nunmehr nach Ansicht des **BGH auch** für eine Betriebskostenabrechnung gelten, in der **keine Vorauszahlungen** des Mieters in Ansatz gebracht worden sind, weil die Forderung der Angabe Null auf eine bloße Förmelei hinauslaufe.[340] In der Konsequenz hieße dies, dass der BGH die Angabe der Vorauszahlungen gänzlich aus den formalen Anforderungen herausgenommen hätte, da deren Fehlen dann jedenfalls auf der formalen Ebene immer bedeuten würden, dass der Vermieter von „Null" Vorauszahlungen ausgeht.[341] Das ist indes nicht anzunehmen und ergibt sich auch nicht aus der Senatsrechtsprechung, die nach wie vor die Aufführung der Vorauszahlungen in der Betriebskostenabrechnung fordert.[342] Zudem mag zwar argumentiert werden, dass der fehlende Ansatz von Vorauszahlungen bedeutet, dass keine geleistet wurden. Dies ist indes nicht zwingend. In der Praxis begegnen z. B. immer wieder Fälle, in denen der Mieter nicht die volle Miete zahlte, weil er sich zur Mietminderung berechtigt sah, und der Vermieter als Ausgleich die Vorauszahlungen ganz oder zum Teil als nicht gezahlt verbuchte, weil er die Minderung für unberechtigt hielt. Es ist daher keineswegs eine bloße Förmelei zu verlangen, dass der Vermieter jedenfalls eine Null bei den Vorauszahlungen ansetzt, damit der Mieter Klarheit erhält.

157 Fraglich ist, welche Folge **falsch angesetzte Vorauszahlungen** auslösen, zumal beim Unterfall der Abrechnung auf der Basis der zwischen den Parteien vereinbarten Vorauszahlungen **(Sollvorauszahlungen)**. Nach einer **ersten Entscheidung des BGH** hat der Vermieter grundsätzlich die vom Mieter im Abrechnungszeitraum *„tatsächlich geleisteten Vorauszahlungen"* in Abzug zu bringen;[343] eine Ausnahme ließ er im konkreten Fall für den Ansatz von Sollvorschüssen zu, weil der Mieter überhaupt keine Vorauszahlungen geleistet und die Vermieterin die Bruttomiete bereits eingeklagt hatte. Danach war der Ansatz falscher

---

[337] BGH (VIII ZR 75/07) GE 2008, 730 = NZM 2008, 442 = WuM 2008, 350 = ZMR 2008, 702.
[338] AG Berlin-Mitte WuM 2015, 158.
[339] BGH (VIII ZR 286/10) GE 2012, 402 = WuM 2012, 98.
[340] BGH (VIII ZR 197/11) GE 2012, 609 = NZM 2012, 416 = WuM 2012, 278 (m. krit. Anm. *Knabbe* WuM 2012, 679) = ZMR 2012, 525 (m. abl. Anm. *Schmid*).
[341] So zutreffend *Börstinghaus* in jurisPR-BGHZivilR 8/2012 Anm. 3.
[342] Zuletzt BGH (VIII ZR 193/14) NJW-RR 2015, 778 = WuM 2015, 423.
[343] BGH (VIII ZR 108/02) GE 2003, 250 = NZM 2003, 196 = WuM 2003, 216 = ZMR 2003, 334.

Vorauszahlungen und damit auch der Sollvorauszahlungen ein formeller Fehler. Hiervon ist der BGH inzwischen abgerückt. **Nunmehr** hat er ausdrücklich entschieden, dass auch eine Abrechnung mit derartigen Fehlern jedenfalls **formell wirksam** ist.[344] Die Mindestangabe *„Abzug der Vorauszahlungen"* ist nach der Systematik des BGH erfüllt; der Mieter kann ersehen, mit welchen Werten der Vermieter rechnete und ggf. eine Korrektur verlangen. Aus Vermietersicht wird jedoch zur Verminderung des Streitpotentials dringend empfohlen, in der Abrechnung klarzustellen, welche Vorauszahlungen zugrunde gelegt wurden, insbesondere also, wenn sie der Mieter nicht in der vereinbarten Höhe leistete, wenn aufgrund der letzten Abrechnung die Abschläge erhöht wurden und wenn es zur Mietminderung kam.[345] Zudem läuft der Vermieter bei einer Abrechnung nach Sollvorauszahlungen Gefahr, die fehlenden Vorauszahlungen überhaupt nicht mehr zu erhalten, da die Abrechnung **inhaltlich falsch** ist.[346] Die Betriebskostenabrechnung weist den Differenzbetrag nicht aus und der Anspruch auf Zahlung der vertragliche geschuldeten Vorauszahlungen fällt mit Abrechnungserstellung, spätestens mit Ablauf der Abrechnungsfrist von Gesetzes weg (s. J Rdn. 47).[347]

ee) Verständlichkeit

Was die **Nachvollziehbarkeit** betrifft, kann ihr im Regelfall durch eine **übersichtliche Gliederung und klare** Abfolge der einzelnen **Rechenschritte** Rechnung getragen werden (s. Rdn. 130). Es ist eine Bewertungsfrage, was einem durchschnittlichen Mieter abverlangt werden kann und was darüber hinausgeht. Kein formeller Fehler wird vorliegen, wenn sich Zahlendreher oder Rechenfehler einschlichen, die bei der Kontrolle mit einem Taschenrechner sogleich auffallen.[348] Ferner soll die Nachvollziehbarkeit der Gesamtabrechnung nicht betroffen sein, wenn der Vermieter dem Mieter fünf Einzelabrechnungen für die fünf im Mietvertrag gemieteten Einzelflächen zukommen ließ.[349] 158

Ist die **Abrechnung unverständlich** wegen unüblicher Bezeichnung der Kostenarten oder wegen Fehlern bei der Gliederung und Abfolge der Rechenschritte, ist sie formell unwirksam. Letzteres ist etwa der Fall bei verwinkelten oder verwickelten Rechenschritten oder beim Fehlen we- 159

---

[344] BGH (VIII ZA 2/08) GE 2009, 1489 = NZM 2009, 906 = WuM 2009, 671 = ZMR 2010, 272, (VIII ZR 240/10) GE 2011, 949 = NZM 2011, 627 = WuM 2011, 420 = ZMR 2011, 784.
[345] *Brückner* GE 2011, 1062 (1064), vgl. auch *Jablonski* GE 2011, 801 (802).
[346] BGH (VIII ZR 240/10) DWW 2011, 295 = GE 2011, 949 = NZM 2011, 627 = WuM 2011, 420 = ZMR 2011, 784, LG Aachen WuM 2016, 289, BeckRS 2016, 08708; LG Bonn NZM 2014, 387 = ZMR 2014.
[347] LG Aachen WuM 2016, 289, BeckRS 2016, 08708; Staudinger/*Artz* § 556 Rdn. 78a.
[348] AG Witten ZMR 2005, 209.
[349] AG Hamburg-Altona ZMR 2009, 764.

sentlicher rechnerischer Zwischenschritte,[350] die dazu führen, dass die einzelnen Ergebnisse einer Nachprüfung nicht zugänglich sind und damit zugleich das Gesamtergebnis nicht nachvollziehbar ist. Eine Abrechnung, die auch für einen durchschnittlichen Mieter erkennbar falsch ist, lässt sich mithin nicht mit dem Argument halten, der Mieter habe gezielt Aufklärung verlangen können.[351] Hierdurch würden eine Risikoverlagerung auf den Mieter stattfinden und die Mindestanforderungen an eine ordnungsgemäße Abrechnung unterlaufen. Der Mieter ist daher nicht etwa verpflichtet, gegenüber dem Vermieter die Unvollständigkeit der übersandten Abrechnung zu rügen.[352] **Erläuterungen** sind **nur** zwingend, wenn sie sich auf den Verteilerschlüssel auswirken, also nicht, wenn die Erläuterung nur der Plausibilitätskontrolle dient, etwa zur Erklärung eines Kostenanstiegs bei einer Betriebskostenart (s. Rdn. 129). Zu Beispielen notwendiger Erläuterungen s. Rdn. 153.

ff) Heizkostenabrechnung

160 Die Heizkostenabrechnung (Heiz- und Warmwasserkosten) ist Teil der Betriebskostenabrechnung (§ 2 Nrn. 4–6 BetrKV) und unterliegt **denselben formellen Anforderungen**. Sie muss also die notwendigen Mindestinhalte aufweisen, um prüffähig zu sein (s. K Rdn. 244 ff.). Es ist daher nicht ausreichend, in der allgemeinen Betriebskostenabrechnung lediglich die Position „Heizkosten" bzw. „Warmwasserkosten" aufzunehmen und den auf den Mieter entfallenden Betrag ohne weitere Angaben auszuweisen.[353] Es kann zwar auf die Heizkostenabrechnung Bezug genommen werden, sie muss jedoch beiligen und dem Mieter binnen der Abrechnungsfrist zugehen. Andernfalls ist der Vermieter mit den aus ihr resultierenden Nachforderungen ausgeschlossen.

c) Folge von Fehlern

aa) Grundsätze

161 Hält die Abrechnung **eines dieser fünf Erfordernisse nicht** ein, ist zu den Folgen zu differenzieren. Zieht sich der **Fehler** durch **alle Positionen,** ist die Abrechnung ohne weiteres insgesamt formell unzureichend. Hierzu kann es kommen, wenn sich unklare Umlagemaßstäbe auf alle oder fast alle Kostenansätze beziehen. Dies begegnet in der Praxis insbesondere bei gemischt genutzten Objekten, bei denen nachprüfbare Kostenkreise zu ziehen sind.

---

[350] AG Leipzig Urt. vom 11.5.2004 – 168 C 12 477/03.
[351] So aber LG Dortmund NZM 2005, 583 = WuM 2005, 454 (m. abl. Anm. *Warnecke*), wie ein Vergleich mit der Ausgangsentscheidung des AG Dortmund NZM 2004, 220 = WuM 2004, 148 = ZMR 2004, 589 („Heizkostenquiz") zeigt.
[352] AG Oranienburg WuM 2009, 401.
[353] LG Nürnberg-Fürth WuM 2016, 739, BeckRS 2016, 109343; *Langenberg* in Schmidt-Futterer § 556 Rdn. 339.

Die Abrechnung kann aber **auch nur hinsichtlich einzelner Kostenpo-** 162
sitionen unwirksam sein.[354] Sind nur einzelne Positionen betroffen und
können diese unschwer herausgerechnet werden, entscheidet sich die
Qualifizierung der Abrechnung danach, ob die verbleibenden, ordnungsgemäß abgerechneten noch eine teilweise Nachforderung tragen;
ist dies nicht der Fall, ist die Abrechnung ebenfalls insgesamt formell
unwirksam, ansonsten verbleibt der formell richtig abgerechnete Restbetrag zu seinen Gunsten.[355] Diese vom BGH aufgezeigte Verfahrensweise
ist sehr praktikabel und systematisch überzeugend, weil im Rahmen der
Ausschlussfrist nur die Nachforderung zu überprüfen ist. Zu den formell
unwirksam angesetzten Positionen kann der Mieter im Übrigen nach wie
vor eine Abrechnung einfordern, weil sich bei richtiger Abrechnung
möglicherweise ein Guthaben zeigt.

Da dem Vermieter im Grundsatz (zur Ausnahme bei einem Guthaben 163
des Mieters aus rechtzeitiger Abrechnung s. G Rdn. 86) eine Nachberechnung der Kosten bis zur Höhe der Vorauszahlungen möglich ist, wird
vertreten, dass ihm der in den formell unwirksamen Positionen enthaltene **Vorauszahlungsanteil** erhalten bleiben müsse; er könne anhand des
Verhältnisses der unwirksamen zu den wirksamen Ansätzen geschätzt
werden.[356] Abgesehen von der praktischen Schwierigkeit für den Vermieter, die entsprechenden Rechenschritte klar darzustellen, und für den
Mieter sie nachzuvollziehen, muss der Mieter derart pauschal geschätzte
Belastungen nicht hinnehmen.

bb) Schadensersatzansprüche des Vermieters gegen Dritte

Beauftragt der Vermieter professionelle Dritte, die Betriebskostenabrech- 164
nung für ihn zu erstellen, handelt es sich rechtlich um einen **Werkvertrag**
i. S. des § 611 BGB,[357] aus dem sie einen konkreten Erfolg, nämlich eine
ordnungsgemäße und damit bei Nachforderungen auch durchsetzbare
Abrechnung schulden.[358] Diese Verpflichtung ist bei der Einschaltung
eines Abrechnungsunternehmens stets anzunehmen, zumal wenn es
unmittelbar gegenüber dem Mieter abrechnet. Werkverträge begegnen
im Übrigen auch in anderem Zusammenhang, z. B. bei dem Auftrag an
einen Kurier für die rechtzeitige Zustellung der Abrechnung[359] oder bei
dem Auftrag an eine Sanitärfirma, zum Jahresende den Inhalt im Heizöltank zu messen.

---

[354] BGH (VIII ZR 27/10) InfoM 2011, 106 (m. Anm. *Beyer*) = NZM 2011, 401 = WuM 2011, 101 = ZMR 2011, 454.
[355] BGH (VIII ZR 84/07) GE 2008, 795 = NZM 2008, 477 = WuM 2008, 351, (VIII ZR 1/06) NZM 2007, 244 = WuM 2007, 196 = ZMR 2007, 359; *Milger* NJW 2009, 625 (626).
[356] *Derckx* NZM 2007, 385 (386), *Rave* GE 2008, 36.
[357] Ebenso AG Krefeld ZMR 2013, 48.
[358] BGH (VII ZR 355/12) NZM 2013, 696 zum Winterdienstvertrag.
[359] LG Berlin ZMR 2009, 36.

165 Häufig nimmt der **Hausverwalter** die Abrechnung für den Vermieter vor. Der Verwaltervertrag ist ein Geschäftsbesorgungsvertrag i. S. des § 675 BGB mit zum Teil dienstvertraglichen, zum Teil werkvertraglichem Inhalt.[360] Soweit es um die Anfertigung der Betriebskostenabrechnung geht, steht der schon erwähnte Erfolg seiner Bemühungen, die formell und inhaltlich richtige Abrechnung, im Vordergrund, so dass insoweit das werkvertragliche Element des Vertrags überwiegt (vgl. § 631 Abs. 2 BGB);[361] aber auch für den Fall, dass der dienstvertragliche Charakter in den Vordergrund gestellt wird, hat der Hausverwalter seine Tätigkeit ordnungsgemäß zu verrichten und greifbare Ergebnisse zustande zu bringen.[362] Unterlaufen dem Hausverwalter formelle Fehler, die infolge des Beginns der Ausschlussfrist nicht mehr behoben werden können, oder inhaltliche, etwa aus übersehenen Rechnungen, ist er dem Vermieter aus §§ 675, 633, 280 BGB zum Schadensersatz verpflichtet.[363] Er haftet nach § 280 Abs. 1 Satz 2 BGB zwar nur bei **Verschulden,** hat jedoch jede Fahrlässigkeit, also auch sog. einfache Fahrlässigkeit zu vertreten (§ 276 BGB), wobei er für die *„Sorgfalt eines ordentlichen Kaufmanns"* einzustehen hat (§ 347 HGB). So muss es ihm z. B. auffallen, wenn die ihm vom Versorgungsunternehmen aufgegebenen Verbrauchsdaten unschlüssig sind, so dass er auf deren Basis nicht abrechnen darf.[364] Der Verwalter der Wohnungseigentümergemeinschaft ist kein Erfüllungsgehilfe[365] (siehe G Rdn. 59).

166 Der Anspruch des Vermieters geht auf **Ersatz der** durch die Fehler Dritter entstandenen **Schäden.** Die Hauptfälle resultieren aus formell unzureichenden Abrechnungen, insbesondere durch Verwendung unverständlicher Verteilerschlüssel, aus erst kurz vor Ende der Abrechnungsfrist erteilten Abrechnungen, bei denen eine Korrektur wegen des Beginns der Ausschlussfrist zu spät kommt, aus rechtzeitig erstellten, aber dem Mieter zu spät zugegangenen Abrechnungen[366] und durch verspätete Abrechnungen. Den Verlust der Nachforderung hat der Hausverwalter auszugleichen. Bei zwar frühzeitig angefertigten, aber fehlerhaften Abrechnungen, die noch im Laufe der Abrechnungsfrist, aber erst in einem gerichtlichen Verfahren korrigiert werden, gehen ggf. die Prozesskosten zu seinen Lasten.

d) Besonderheiten bei preisgebundenem Wohnraum

167 Die Abrechnung bei preisgebundenem Wohnraum richtet sich ebenfalls nach den oben für preisfreien Wohnraum und Gewerberaum dargelegten

---

[360] Z. B. OLG Saarbrücken NZM 2006, 878; *Blank* PiG 90 (2011) S. 85 (86), *Bub* NZM 2000, 1202.
[361] Z. B. *Blank* PiG 90 (2011) S. 85 (86), *Bub* NZM 2000, 1202.
[362] OLG Saarbrücken NZM 2006, 878.
[363] Z. B. *Blank* PiG 90 (2011) S. 85 (97 f.), *v. Seldeneck* GE 2000, 792 (793).
[364] Vgl. LG Köln WuM 2008, 560.
[365] BGH (VIII ZR 249/15) GE 2017, 345 = NZM 2017, 216 = WuM 2017, 138 = ZMR 2017, 303.
[366] Z. B. durch Fehler eines Kuriers: LG Berlin ZMR 2009, 36.

Anforderungen. Eine **Besonderheit** resultiert allerdings daraus, dass nach § 20 Abs. 4 Satz 1 NMV für die Erhebung des durch die Vorauszahlungen nicht gedeckten Umlegungsbetrags die Vorschriften des § 4 Abs. 7 und 8 entsprechend gelten. Nach beiden Absätzen gilt wiederum die Vorschrift des § 10 Abs. 1 WoBindG entsprechend. Die Nachforderung des Vermieters ist daher wie eine Mieterhöhung beim Mieter geltend zu machen. Sowohl § 4 Abs. 7 Satz 2 NMV wie auch § 10 Abs. 1 Satz 2 WoBindG verlangen eine **Erläuterung** der Mieterhöhung.

Es ist **streitig, wie ausführlich die Erläuterung** zu erfolgen hat. **168** Nach der Rechtsprechung des **BGH** genügt im Regelfall eine Abrechnung, aus welcher der Mieter im Einzelnen die Gesamtkosten, deren Verteilung auf die Mieter und die Berechnung der Nachforderung ersehen kann.[367] Dieser Auffassung ist zuzustimmen. Die Meinungen, es sei notwendig, dass die Abrechnung eine Gegenüberstellung mit den Kosten des Vorjahres enthält[368] oder dass die einzelnen Rechnungsdaten sowie die entsprechenden Versorger in der Abrechnung aufgeführt sind,[369] überzeugen durch ihre zu hohen Anforderungen an die Erläuterung nicht.

Auch aus § 10 Abs. 1 WoBindG, der im Unterschied zum früheren § 4 **169** Abs. 1 MHG eine Erläuterung vorschreibt, lässt sich **keine Pflicht zur umfänglichen Erläuterung** ableiten, wenn die erste Verweisungsnorm der Kette, § 20 Abs. 4 Satz 1 NMV, hinreichend beachtet wird. Maßgeblich ist, dass nach § 20 Abs. 4 Satz 1 NMV die Bestimmungen in § 4 Abs. 7 und 8 NMV und damit auch die Vorschrift des § 10 Abs. 1 WoBindG nur *entsprechend* gelten. Der Verordnungsgeber hätte ohne weiteres auch ohne diesen Zusatz auf § 4 Abs. 7 und 8 NMV verweisen und damit eine unmittelbare Anwendung vorschreiben können. Schon nach dem Wortlaut des § 20 Abs. 4 Satz 1 NMV ist mithin eine einschränkende Handhabung der in Bezug genommenen Vorschriften geboten. Es kommt hinzu, dass auch sachliche Gründe dahinter stehen, dass § 4 Abs. 7 und 8 NMV, § 10 Abs. 1 WoBindG nur entsprechend anzuwenden sind, nämlich nur insoweit, wie es für eine verständliche Abrechnung notwendig ist. § 4 Abs. 7 und 8 NMV gilt unmittelbar nur für sonstige Veränderungen der Kostenmiete, d.h. die Fälle des § 4 Abs. 1 bis 4 NMV. Trotz des sog. Einfrierungsgrundsatzes ist die Kostenmiete keine starre Größe. Zur Veränderung der laufenden Aufwendungen kann es infolge von Modernisierungen und baulichen Änderungen wie auch dadurch kommen, dass sich – bei unveränderten Ansätzen – die Kosten geändert haben; Letzteres ist nach §§ 8a Abs. 3 Satz 2 WoBindG, 4 Abs. 1 NMV nur relevant, wenn es auf Umständen beruht, die der Vermieter nicht zu vertreten hat. Ob diese

---

[367] BGH (VIII ZR 137/09) NZM 2010, 274 = WuM 2010, 153, (VIII ZR 118/11) NZM 2012, 155 = WuM 2012, 22: auch ohne Vorwegabzug bei gemischter Nutzung.
[368] LG Berlin MM 2002, 333 = ZMR 2002, 666.
[369] LG Berlin GE 1998, 1277; a.A. LG Berlin GE 2001, 209.

Voraussetzung zutrifft, etwa bei der Umschuldung oder Ersetzung von Fremdmitteln, kann der Mieter ohne Erläuterung ebenso wenig verstehen wie bei Änderungen auf Grund von baulichen Maßnahmen. Es besteht daher hier ein offensichtlicher Erläuterungsbedarf des Mieters.

170–171 *(einstweilen frei)*

3. Ergänzender Inhalt

a) Angabe der Rechnungsdaten

172 Rechnungsdaten müssen in der Abrechnung **nicht** aufgeführt werden.[370] Ihre Angabe hat für den Mieter keinen besonderen Informationswert, sie ist auch im Hinblick auf die Prüfungsrechte des Mieters nicht angebracht. Bei Zweifeln an der Richtigkeit kann er alle Belege einsehen, die ihm in geordneter Form zu präsentieren sind, oder sie sich ggf. in Kopie gegen Auslagenerstattung aushändigen lassen. Die generelle Vorverlagerung der sich aus den Kontrollrechten des Mieters ergebenden Pflichten des Vermieters auf den Inhalt schon der Abrechnung ist daher für den Mieter nicht erforderlich und würde den Vermieter über Gebühr belasten. Dies gilt auch für ehemals preisgebundenen Wohnraum in den östlichen Bundesländern nach der Betriebskostenumlageverordnung.[371] Es wird allerdings gleichwohl empfohlen, die Rechnungsdaten anzugeben, weil sie es dem Sachbearbeiter erleichtern, auf Nachfrage des Mieters eine bestimmte Rechnung herauszusuchen.[372]

b) Angabe der Verbrauchsdaten

173 Rechnet der Vermieter **nicht verbrauchsabhängig** ab, ist er grundsätzlich nicht verpflichtet, die Verbrauchsdaten in der Abrechnung mitzuteilen.[373] Der Mieter würde dadurch zwar in die Lage versetzt, mit einem Blick die Plausibilität des abgerechneten Verbrauchs zu überprüfen, zumal der Rechnungsbetrag allein nicht erkennen lässt, inwieweit ein Kostenanstieg auf erhöhtem Verbrauch und/oder auf erhöhten Gebühren beruht. Auf der anderen Seite ist zu berücksichtigen, dass die Versorger ihre Leistungen üblicherweise nur mit einer Jahresabrechnung in Rechnung stellen, so dass bei Aufklärungsbedarf des Mieters die kurze Einsicht in den Beleg ausreicht. Dieser Aufwand ist dem Mieter zuzumuten. Auch bei einer zulässigen (hierzu F Rdn. 105 ff.) Schätzung müssen die **Schätzgrundlagen** für die Wahrung der formellen Voraussetzun-

---

[370] KG neg. RE 28.5.1998 DWW 1998, 244 = GE 1998, 796 = NZM 1998, 620 = WuM 1998, 474 = ZMR 1998, 627, LG Berlin GE 2016, 723, BeckRS 2016, 10999, LG Hamburg WuM 1997, 180; *Blank* DWW 1992, 70, *Schmid* ZMR 1996, 415.
[371] BrdbgOLG neg. RE 15.7.1998 GE 1998, 1271.
[372] *Pfeifer* MietPrax Fach 2 Rdn. 1557.
[373] A. A. *Schläger* ZMR 1999, 443.

gen **nicht angegeben werden**,³⁷⁴ zumindest aber, dass eine solche vorliegt.³⁷⁵

Bei **verbrauchsabhängiger Abrechnung** sollte es für den Vermieter selbstverständlich sein, dass die einzelnen Verbrauchsdaten einschließlich der Zählerstände aufgeführt sind. Die bloße Angabe „*lt. Zähler*" provoziert im Zweifel nur Nachfragen der Mieter sowie die Geltendmachung der Einsicht in die Belege und damit nur erhöhten Verwaltungsaufwand. Nach dem **BGH**³⁷⁶ bedarf es jedoch **keiner Angabe des Anfangs- und Endbestandes** des Brennstoffs. Da die Prüfbarkeit für den Mieter grundsätzlich dann gegeben sei, wenn der Vermieter die Verbrauchswerte und die hieraus resultierenden Kosten in die Abrechnung einstellt, muss das auch für die übrigen Erfassungsgeräte gelten. **174**

Zum Verfahren bei **unterlassener Ablesung von Einzelzählern** s. F Rdn. 114 ff. **175**

c) Erläuterung der Abrechnung

Im Unterschied zur Erhöhung einer Betriebskostenpauschale gem. § 560 Abs. 1 BGB sieht § 556 Abs. 3 BGB für die jährliche Abrechnung **keine generelle Erläuterungspflicht** vor.³⁷⁷ Für die formelle Wirksamkeit der Abrechnung sind daher Erläuterungen grundsätzlich nicht erforderlich (s. Rdn. 129). Gleichwohl bleibt es aber dabei, dass eine von vornherein auch materiell wirksame Abrechnung im Einzelfall Erläuterungen erfordert.³⁷⁸ Nur sie ermöglicht es dem Vermieter im Übrigen, zeitaufwendige Nachfragen der Mieter zu vermeiden. **176**

– Entstanden Kosten (z. B. Hauswartskosten) für **mehrere Objekte** des Vermieters, sind die Grundlagen für die nach Angabe der Gesamtkosten notwendige Umrechnung auf das abgerechnete Objekt zu bezeichnen.

– Entfallen auf einen Abrechnungsposten nur **Teile einer Gesamtausgabe,** sind sie nach Angabe der Gesamtkosten herauszurechnen, z. B. der Anteil nur teilweise umlagefähigen Stromverbrauchs,³⁷⁹ der Instandhaltungsanteil bei einem Vollwartungsvertrag etwa für einen Aufzug³⁸⁰ oder die Anteile, zu denen der Hauswart Reparatur- und/oder Verwaltungsarbeiten erledigt.³⁸¹ Hier sollten die Grundla-

---

³⁷⁴ BGH (VIII ZR 261/15) DWW 2016, 330 = GE 2016, 1272 = NJW 2016, 3437 = NZM 2016, 765 = WuM 2016, 658 = ZMR 2017, 30, (VIII ZR 112/14) NJW 2015, 406.
³⁷⁵ *Langenberg* in Schmidt-Futterer § 556 Rdn. 334; *Streyl* WuM 2017, 560 (567).
³⁷⁶ BGH Urt. v. 25.11.2009 – VIII ZR 323/08, BeckRS 2010, 003344; Staudinger/*Artz* § 556 Rdn. 83; a. A. für den Ölstand LG Stuttgart NJOZ 2018, 417 = WuM 2017, 589.
³⁷⁷ LG Berlin GE 2016, 723, BeckRS 2016, 10999.
³⁷⁸ AG Wiesbaden ZMR 2014, 380, BeckRS 2014, 10233.
³⁷⁹ KG neg. RE 28.5.1998 NZM 1998, 620.
³⁸⁰ LG Berlin GE 1999, 777.
³⁸¹ AG Kerpen WuM 2000, 37.

gen für die Berechnung erläutert werden. Wurde ein Kostenansatz nur geschätzt, sollten diese Tatsache und ihre Grundlagen offen gelegt werden.[382]
- Wird über gemischt genutzte Objekte abgerechnet, empfiehlt es sich, die Gründe anzugeben, aus denen die **Vorerfassung** der Verbrauchswerte für die Gewerbeflächen unterlassen wurde[383] oder nicht möglich war,[384] jedenfalls wenn nicht ohne weiteres deutlich ist, dass dort allenfalls unerhebliche Mehrkosten verursacht wurden.
- Ist bei einer Kostenart im Unterschied zu den Vorjahren ein sonst nicht nachvollziehbarer **Kostenanstieg** zu verzeichnen, etwa bei den Strom-,[385] Wasser-,[386] Gartenpflege- oder Hausmeisterkosten,[387] scheidet zwar ein formeller Fehler aus;[388] zur materiellen Seite ist eine Erläuterung indes angebracht, um die Plausibilität der Abrechnung darzutun.[389]
- Erhält der **Hausmeister** ein beträchtliches Entgelt und werden daneben weitere hohe Kosten für Winterdienst und Gebäudereinigung abgerechnet,[390] lassen sich Einwände der Mieter vermeiden, wenn der Grund für diese hohe Belastung deutlich gemacht ist.
- Werden **Sperrmüllkosten** umgelegt, sollte der Vermieter erläutern, welche Anstrengungen er unternommen hat, um die Entstehung von Sperrmüll zu verhindern.[391]
- Rechnet der Vermieter die Heizkosten gem. § 7 Abs. 1 Satz 3 HeizKV nach den anerkannten Regeln der Technik, also nach VDI Richtlinie 2077 Blatt 3.5 ab, so bedarf es weder einer Erläuterung der technischen Anwendungsvoraussetzungen der Richtlinie noch der Benennung der Standardabweichung.[392]

4. Abrechnung rückwirkend erhöhter Grundsteuer

177 Haben sich im Besteuerungsverfahren nachträglich neue Tatsachen ergeben oder ist der Hebesatz der Gemeinde erhöht worden, ergeht ein **geänderter Grundsteuerbescheid,** den der Vermieter zum Teil **für etliche Jahre rückwirkend erhält.**[393] Zu diesem Zeitpunkt ist die Abrechnungs-

---

[382] AG Hamburg WuM 1991, 50, AG Brühl WuM 1996, 628.
[383] LG Berlin GE 2000, 1032, GE 2003, 190, AG Köln ZMR 2003, 684.
[384] AG Wiesbaden WuM 1996, 96; *Lützenkirchen* MDR 1998, 136.
[385] AG Brühl WuM 1991, 121.
[386] AG Hamburg Urt. vom 26.3.1996 – 43b C 1900/95.
[387] LG Kiel WuM 1996, 628, AG Köln WuM 1996, 628, 629.
[388] BGH (VIII ZR 261/07) GE 2008, 855 = NZM 2008, 567 = WuM 2008, 407.
[389] AG Gelsenkirchen ZMR 2015, 41, allerdings missverständlich, da sich die Erläuterungspflicht auch dort nicht auf die formalen Anforderungen an die Betriebskostenabrechnung bezieht.
[390] AG Berlin-Mitte NZM 2002, 523.
[391] LG Berlin GE 2001, 1469.
[392] BGH (VIII ZR 193/14) GE 2015, 781 = NZM 2015, 589 = WuM 2015, 423 = ZMR 2015, 704, LG Ellwangen WuM 2016, 497, BeckRS 2016, 18144.
[393] Dazu ausführlich *R. Both* in Herrlein/Kandelhard § 556 Rdn. 34 ff.

frist des § 556 Abs. 3 Satz 2 BGB für mehrere Abrechnungsperioden häufig verstrichen. Die daraus resultierende Verspätung der Abrechnung der erhöhten Kosten hat er jedoch nicht zu vertreten. Er ist nicht etwa verpflichtet, sich, im Zweifel vergeblich, um eine beschleunigte Festsetzung der Grundsteuer zu bemühen.[394] Er hat vielmehr das Recht, dem Mieter den auf ihn entfallenden Anteil nachzubelasten.

Was das **Verfahren** der Nachbelastung betrifft, ist zwischen den Mietverhältnissen zu **differenzieren,** die während des gesamten Rückwirkungszeitraums bestanden, die zwischenzeitlich beendet wurden und denjenigen, in denen ein Mieterwechsel eintrat. In jedem Fall ist der Vermieter allerdings gehalten, die Nachforderung **innerhalb von drei Monaten** nach Wegfall des Abrechnungshindernisses, hier dem Zugang des Grundsteuerbescheids, zu erheben;[395] auch die Verwendung des Abflussprinzips entbindet ihn nicht von der Einhaltung der Zeitspanne, weil es sich in der Sache um eine Nachbelastung aus früheren Abrechnungsperioden handelt (s. G Rdn. 90).

a) Fortlaufendes Mietverhältnis

Der Vermieter hat **zum einen** die Möglichkeit, die **früheren Abrechnungen zu korrigieren,** also nach dem System der Leistungsabrechnung zu verfahren.[396] Zum anderen wird es hier zulässig sein, die Nachforderung in die **aktuelle Abrechnung** einzustellen, d. h. das Abflussprinzip anzuwenden,[397] weil sich das Ergebnis für den Mieter gleich bleibt.[398] Zwar ist ein Systemmix innerhalb derselben Abrechnung nach der hier vertretenen Ansicht unzulässig (s. G Rdn. 119), es handelt sich indes um einen Sonderfall zu einer Betriebskostenart, der das Verständnisvermögen des Mieter nicht überfordert.

b) Beendetes Mietverhältnis

Auch nach beendetem Mietvertrag kann der Vermieter die Nachbelastung geltend machen.[399] In der Sache geht es dabei um **offenen Mietzins aus der Zeit des Mietverhältnisses.** Mit der wirksamen Abwälzung der Betriebskosten ist der Mieter dem Grunde nach verpflichtet, die angefallenen Kosten anteilig zu tragen. Ließen sie sich während der Mietzeit der Höhe nach noch nicht bestimmen, ändert dies nichts am Rechtsgrund für seine Zahlungspflicht.

---

[394] Z. B. LG Rostock WuM 2009, 232.
[395] BGH (VIII ZR 220/05) GE 2006, 1160 = NZM 2006, 740 = WuM 2006, 516.
[396] BGH (VIII ZR 220/05) GE 2006, 1160 = NZM 2006, 740 = WuM 2006, 516.
[397] BGH (VIII ZR 49/07) DWW 2008, 143 = GE 2008, 471 = NZM 2008, 277 = WuM 2008, 223 = ZMR 2008, 444, (VIII ZR 27/07) DWW 2008, 216 = GE 2008, 662 = NZM 2008, 403 = WuM 2008, 285.
[398] *Ruff* DWW 2010, 322 (325).
[399] Z. B. *Wall* Rdn. 3146.

c) Abrechnung bei Mieterwechsel

181 Hat in der Zeit, auf die sich der Grundsteuerbescheid bezieht, ein Mieterwechsel stattgefunden, darf der neue Mieter nicht für einen Zeitraum mit Kosten belastet, für den er nach seinem Mietvertrag noch keine Betriebskosten übernommen hatte.[400] Der Vermieter hat die **Kosten** daher **aufzuteilen**. Gegenüber dem früheren Mieter ist ausschließlich nach dem Prinzip der Leistungsabrechnung eine korrigierte Abrechnung für seine Mietzeit mitzuteilen (s. dazu G Rdn. 123), gegenüber dem neuen Mieter kann er für dessen Mietzeit ebenso verfahren oder ihm eine Ausgabenabrechnung zukommen lassen.[401]

d) Zeitraum der Nachbelastung

182 Fraglich ist, **ob** der Vermieter den Mieter mit der **gesamten,** ggf. mehrjährigen **erhöhten Grundsteuer** belasten darf oder ob im Hinblick auf die Regelung in § 560 Abs. 2 BGB eine Einschränkung der rückwirkenden Umlage angezeigt ist. Nach der hier vertretenen Ansicht ist es sachgerecht, dass der Vermieter auch den Mieter, mit dem nicht eine Pauschale, sondern Vorauszahlungen auf eine Abrechnung vereinbart sind, nur bis zum Beginn des vorletzten Abrechnungsjahres in Anspruch nehmen darf. Zur Vermeidung von Wiederholungen ist auf C Rdn. 58 f. zu verweisen.

183 Hielt der Vermieter zwar die 3-Monats-Frist für die Nachforderung der Grundsteuer ein, wartete er sodann jedoch längere Zeit bis zu deren gerichtlicher Geltendmachung, stellt sich die Frage, **ab wann** sich der Mieter auf **Verjährung** berufen und damit nach § 214 BGB die Nachzahlung verweigern kann. **Frühester Zeitpunkt** für den **Beginn** der Verjährungsfrist ist nach Ansicht des **BGH** gem. § 199 Abs. 1 Nr. 2 BGB der Zugang des Grundsteuerbescheids beim Vermieter, weil er mit ihm erst die erforderliche Kenntnis von den Umständen hat, die den Anspruch begründen; der Lauf der Verjährungsfrist fängt nicht etwa schon mit der Erteilung der Abrechnungen an, in welche zuvor die Grundsteuer in ihrer alten Höhe eingestellt worden waren.[402] Auch ist der Ansicht nicht zu folgen, dass es auf die Schuldlosigkeit an der rechtzeitigen Abrechnung nicht ankomme, sondern darauf, ob der Vermieter im Zeitpunkt der früheren Abrechnungen mit der Möglichkeit rechnen konnte, es werde eine Nachbelastung der Grundsteuer geben; war dies, wie meist, der Fall, müsse es sich der Vermieter zurechnen lassen, dass er keine verjährungs-

---

[400] *Milger* NZM 2008, 757 (762).
[401] *Ruff* DWW 2010, 322 (325).
[402] BGH (VIII ZR 264/12) GE 2013, 202 = NZM 2013, 84 = WuM 2013, 108 = ZMR 2013, 268 (m. Anm. *Schmid*) gegen LG Rostock GE 2009, 1253 = WuM 2009, 232 (m. Anm. *Both* WuM 2009, 727) = ZMR 2013, 268 (m. Anm. *Schmid*), LG Düsseldorf GE 2011, 695 (m. Anm. *Bieber* GE 2011, 653) = InfoM 2011, 111 (m. Anm. *Both*) = WuM 2010, 749 (m. Anm. *Streyl* WuM 2011, 99).

hemmenden Maßnahmen ergriff.[403] Gegen diesen Ansatz spricht, dass § 556 Abs. 3 Satz 3 BGB generell unverschuldet verspätete Abrechnungen von der Sanktion der Ausschlussfrist ausnimmt.

Diese Meinung **überzeugt,** weil sie berücksichtigt, dass der Vermieter **184** nach § 556 Abs. 3 Satz 4 BGB zwar zu Teilabrechnungen nicht verpflichtet, dazu aber berechtigt ist (s. G Rdn. 74). In der Sache handelt es sich bei den früheren Abrechnungen auf der Basis der seinerzeit geltenden Grundsteuerfestsetzung um eine Teilabrechnung.

Was den **spätesten Beginn der Verjährungsfrist** betrifft, soll, wenn **185** dem Vermieter die Korrektur erlaubt ist, konsequenterweise die Verjährungsfrist für die neue Position nicht vor der Erteilung der neuen Abrechnung beginnen können, zumal die Nachforderung erst mit der Abrechnung fällig und damit nach § 199 Abs. 1 Nr. 1 BGB erst entstanden ist.[404] Dieser Ansatz ist für erstmalig angesetzte, also neue Positionen einleuchtend. Im vorliegenden Zusammenhang geht es allerdings um die Berichtigung von Kostenansätzen in bereits erteilten Abrechnungen.[405] Gleichwohl ist dieser Auffassung zu folgen, weil die Abrechnung aufgrund des geänderten Grundsteuerbescheids nicht als bloße Korrektur der früheren Teilabrechnung, sondern als maßgebliche Endabrechnung zu qualifizieren ist. Die Verjährungsfrist für die Nachforderung beginnt daher erst mit Ablauf des Kalenderjahres, in dem sie dem Mieter zuging.[406]

Fraglich ist, welche Bedeutung der Formulierung des Leitsatzes der **186** Entscheidung des BGH zukommt, dass sich der Vermieter *„bei der Betriebskostenabrechnung die* **Nachberechnung** *einzelner Positionen* **vorbehalten"** kann. Im Hinblick auf die beschriebene Rechtslage – kein Verschulden an der verzögerten Geltendmachung der Kosten, rechtzeitige Belastung des Mieters – ist die Nachberechnung der Grundsteuer ohne weiteres **auch ohne Vorbehalt** möglich.[407] Die im Zweifel in der Praxis zu Missverständnissen führende Formulierung ist im Kontext mit dem zweiten Satzteil zu lesen, dass sich ein Vorbehalt nur auswirkt, soweit der Vermieter ohne Verschulden an der rechtzeitigen Abrechnung verhindert war. Es handelt sich mithin um eine Klarstellung, dass ein Vorbehalt in anderen Fällen die Ausschlussfrist nicht berührt. Gleichwohl ist

---

[403] *Streyl* WuM 2010, 99 (100).
[404] *Flatow* WuM 2010, 606 (613) unter Bezug auf BGH (VIII ARZ 5/90) RE 19.12.1990 WuM 1991, 150; offen gelassen in BGH (VIII ZR 264/12) GE 2013, 202 = NZM 2013, 84 = WuM 2013, 108.
[405] Vgl. den Fall BGH (VIII ZR 220/05) GE 2006, 1160 = NZM 2006, 740 = WuM 2006, 516 mit dem Betreff im Schreiben der Vermieterin „*Grundsteuernachberechnung für abgelaufene Kalenderjahre*".
[406] Ebenso *Bieber* GE 2011, 653 und insbesondere *Both* WuM 2009, 727 (728).
[407] AG Berlin-Wedding Urt. vom 16.5.2011 – 22a C 101/11, LG Berlin Hinweisbeschl. vom 15.8.2011 – 67 S 317/11; *Zühlke* Info M 2012, 519.

die Einfügung eines Vorbehalts sinnvoll, um dem Einwand der Verwirkung vorzubeugen.

5. Abrechnung bei Mieterwechsel in der Abrechnungsperiode

a) Umlage nach festem Maßstab

187 Bei einem Mieterwechsel innerhalb der Abrechnungsperiode muss die Abrechnung erkennen lassen, **in welcher Weise Vor- und Nachmieter** belastet werden. Dazu ist es notwendig, den Gesamtbetrag der Betriebskosten und den Umlageschlüssel anzugeben. Teilt der Vermieter nur den schon auf die jeweils verbliebene Mietzeit im Abrechnungszeitraum umgerechneten Betrag oder den Verteilungsmaßstab nicht mit, ist die Abrechnung bereits formell unwirksam (s. Rdn. 132).

188 Üblich ist die Verteilung nach den **Zeitanteilen** der Nutzung. Gegen sie bestehen auch bei verbrauchsabhängigen Kosten keine Bedenken. Sollte während der Mietzeit des Nachmieters eine Gebührenerhöhung eingetreten sein, ist es wegen der immanenten Ungenauigkeiten der Umlage nach festem Maßstab grundsätzlich nicht erforderlich, Umrechnungen vorzunehmen. Eine Ausnahme wird allenfalls dann eingreifen, wenn die Mietzeit des Vormieters im Abrechnungszeitraum nur kurz war und die Erhöhung alsbald nach seinem Auszug vorgenommen wurde. Hat der Vermieter bei den in mehrjährigem Turnus oder aperiodisch anfallenden Betriebskostensteigerungen die Belastung des Mieters durch die Verteilung der Kosten auf mehrere Jahre gestreckt, ist der noch offene Restbetrag allein dem Vormieter anzulasten (s. G Rdn. 135).

b) Umlage nach Verbrauch

189 Werden Betriebskosten nach erfasstem Verbrauch abgerechnet, hat der ausziehende Mieter einen **Anspruch auf Zwischenablesung**. Dies folgt bei der Umlage der Kosten aus Beheizung und Warmwasserbereitung unmittelbar aus § 9b Abs. 1 HeizKV, bei den Kosten der Wasserversorgung und Entwässerung mittelbar aus § 556a Abs. 1 Satz 2 BGB; je nach der technischen Ausstattung von Müllerfassungsgeräten gilt dies entsprechend bei der Umlage nach erfasster Verursachung.[408]

190 Die Parteien können allerdings eine **abweichende Vereinbarung** treffen (vgl. § 9b Abs. 4 HeizKV),[409] die sich jedoch an der Billigkeit im Sinne des § 315 BGB orientieren muss; Formularklauseln, die sich unangemessen für den Vor- oder Nachmieter auswirken können, scheitern an der Inhaltskontrolle nach § 307 BGB. Da die Gradtagszahlentabelle bei der Verteilung der Wasser- und Entwässerungskosten nicht anwendbar ist, könnte die Aufteilung z.B. auf der Grundlage der Vorjahresabrechnung erfolgen oder nach der jeweiligen Nutzerzahl. Fehlt eine derartige Abre-

---

[408] Ebenso Staudinger/*Artz* § 556a Rdn. 32.
[409] A. A. *Seldeneck* Rdn. 3350.

de und unterbleibt die Zwischenablesung aus Gründen, die nicht dem Mieter zuzurechnen sind, ist ihm das empirisch ermittelte Kürzungsrecht von 15 % zuzuerkennen (s. F Rdn. 116).

Da die Umlage nach genauem Verbrauch ohne Zwischenablesung nicht möglich ist, gehören die **Ablesekosten** schon systematisch zu den Verwaltungskosten, die nach § 2 Nr. 2 BetrKV und damit kraft ausdrücklicher Abweichung von § 1 Abs. 2 Nr. 1 BetrKV umgelegt werden dürfen. Der **BGH** hat allerdings entschieden, dass es sich mangels laufenden Anfalls nicht um Betriebskosten handelt, so dass sie nicht umlagefähig sind, wenn im Mietvertrag keine abweichende Regelung getroffen wurde.[410] Dies gilt daher auch im Gewerberaummietverhältnis,[411] zumal eine Umlage von Kosten, die nicht von der BetrKV als Betriebskosten angesehen werden, in der Wohnraummiete nicht möglich ist. Die Belastung des Mieters mit einem bestimmten Betrag als Verwaltungskosten ist nach hiesiger Auffassung jedoch unproblematisch, weil es sich hierbei in der Sache um ein zusätzliches Mietentgelt handelt, das nicht nach Betriebskostengrundsätzen auf verschiedene Mieter zu verteilen ist.[412]

191

Bei **Altverträgen** kann die fehlende **Vereinbarung nachgeholt** werden. Während im laufenden Mietverhältnis nur selten ein Anlass hierzu bestehen dürfte, bietet es sich an, dies im Rahmen der Beendigung des Mietverhältnisses nachzuholen, z. B. im Rückgabeprotokoll, das der Mieter unterschreibt. Da hier von der Situation eines Haustürgeschäfts i.S. des § 312 BGB auszugehen ist,[413] muss das Protokoll grundsätzlich eine Belehrung enthalten, dass der Mieter die Vereinbarung innerhalb von zwei Wochen (§ 355 BGB) widerrufen darf, weil der Widerruf sonst jederzeit bis zum Eintritt der Verjährung erfolgen kann. Die Belehrung lässt sich vermeiden, indem der Mieter schon rechtzeitig vor dem Rückgabetermin über alle beim Termin in Betracht kommenden Absprachen informiert wird, etwa durch Zusendung eines Protokollmusters. Hiermit hat der Mieter die Information, was ggf. alles zur Sprache kommen wird, so dass er nicht in einer Haustürsituation überrumpelt wird, was § 312 BGB verhindern will. Eine andere Möglichkeit ist, den neuen Mieter mit den Kosten zu belasten.

192

Der frühere intensive Streit, ob die Ablesekosten auf alle Mieter verteilt werden dürfen oder müssen oder ob sie stets oder nur unter Ausnahmen dem weichenden Mieter zu belasten sind, hat sich damit erledigt. Die **Kosten** hat nun **nur ein Mieter** zu tragen, was auch formularmäßig vereinbart werden kann; es wird allerdings ein Verstoß gegen das Übermaßverbot aus § 307 BGB vorliegen, wenn ein Mieter sowohl die vollen Kosten der Ablesung bei Einzug wie auch bei Auszug tragen soll.[414]

193

---

[410] BGH (VIII ZR 19/07) GE 2008, 193 = NZM 2008, 123 = WuM 2008, 85.
[411] AG Charlottenburg GE 2013, 1345.
[412] Ebenso *Bub/Bernhard* NZM 2008, 513 (514), *Schmid* NZM 2008, 762 (763).
[413] *Bub/Bernhard* NZM 2008, 513 (514).
[414] *Schmid* NZM 2008, 762 (764).

194 Eine **Formularklausel** in **Neuverträgen** könnte z. B. lauten

„*Endet das Mietverhältnis innerhalb des Abrechnungszeitraums, werden die Wohnungswasserzähler gesondert abgelesen. Die dadurch entstehenden Kosten von zurzeit € ... trägt der Mieter, sofern er das Mietverhältnis nicht begründet fristlos nach §§ 543, 569 Abs. 1 BGB kündigte.*"

Mit dem nicht zwingenden, aber empfohlenen Hinweis auf die im Zeitpunkt des Mietvertragsabschlusses gültigen Kosten wird dem Transparenzgebot aus § 307 Abs. 1 Satz 2 BGB Rechnung getragen, weil der Mieter so ersehen kann, um welche Kostenlast es sich überhaupt handelt. Der Zusatz zur Ausnahme bei berechtigter fristloser Kündigung des Mieters ist indes nach § 307 Abs. 1 BGB erforderlich.[415] Ohne ihn kann der Mieter bei der gebotenen kundenfeindlichsten Auslegung von Formularklausel den Eindruck haben, er habe die Ablesekosten auch dann zu tragen, wenn das Verhalten des Vermieters Anlass zur fristlosen Kündigung gab. Der Ansicht, dem Mieter stehe schließlich auch ohne den Zusatz ein Schadensersatzanspruch aus Vertragsverletzung zu,[416] der auf Freihaltung von den kündigungsbedingten Kosten geht, zu denen diejenigen einer Zwischenablesung zählen, steht das Transparenzgebot entgegen.

6. Abrechnung bei Vermieterwechsel in der Abrechnungsperiode

195 Wie bereits ausgeführt hat der **Erwerber** grundsätzlich über den **gesamten Abrechnungszeitraum abzurechnen** (s. G Rdn. 24, 29), wenn die Eintragung seines Eigentums im Grundbuch innerhalb einer laufenden Abrechnungsperiode erfolgte. Es ist daher sachgerecht, ihm den Ansatz **aller Vorauszahlungen** in der Abrechnung aufzuerlegen, gleichviel ob sie an den alten oder neuen Vermieter geleistet wurden.[417] Allerdings ist es nach einer neueren Entscheidung des BGH[418] bei einem Eigentumsübergang während des Jahres zulässig, dass die Jahresgesamtabrechnung sodann **allein die Kostenanteile** der Mieter in zwei sich ergänzende Zeitabschnitte des Abrechnungsjahres aufgliedert. Aufgrund der Abrechnung über die gesamte Abrechnungsperiode handelt es sich damit nicht um eine unzulässige Teilabrechnung (s. G Rdn. 103).

196 Eine **Klausel** im Mietvertrag, nach der sich der Vermieter bei einem Verkauf des Grundstücks vorbehält, **nur** für die Zeit bis zum **Verrechnungstag**, mit dem die Rechte und Pflichten auf den Erwerber übergehen sollen, abzurechnen, während der **Erwerber für die Folgezeit** des Abrechnungszeitraums abzurechnen hat, ist **unwirksam**.[419] Sie belastet den

---

[415] AG Schopfheim WuM 2000, 331; *Sternel* PiG 55 (1998) S. 96; a. A. AG Frankfurt am Main InfoM 2013, 172.
[416] So *Rave* Anm. zu AG Frankfurt am Main InfoM 2013, 172.
[417] BGH (III ZR 211/99) GE 2000, 1471 = NZM 2001, 158 = WuM 2000, 609.
[418] BGH (VIII ZR 227/09) GE 2010, 1191 = NZM 2010, 781 = WuM 2010, 493 = ZMR 2010, 933.
[419] Vgl. *Sternel* PiG 55 (1998) S. 95.

Mieter unangemessen i.S. des § 307 BGB mit zahlreichen Unzuträglichkeiten. Zum einen sähe er sich gezwungen, ein Guthaben gegen zwei Schuldner durchzusetzen. Da die Betriebskosten Teil des Gesamtmietzinses sind, müsste der Mieter bei einem Abrechnungsguthaben den alten Vermieter aus ungerechtfertigter Bereicherung gem. §§ 812, 818 BGB in Anspruch nehmen, da er diesem ohne Rechtsgrund mehr gezahlt hatte, als ihm nach der abschließenden Berechnung zusteht. Er wäre aber ggf. dem Einwand des alten oder des neuen Vermieters ausgesetzt, das Guthaben sei gerade nicht während der Zeit seines Eigentums entstanden. Bei einer Nachforderung stünden dem alten und dem neuen Vermieter bei nicht ausreichenden Vorauszahlungen restliche Mietzinsansprüche aus § 535 BGB zu. Der Mieter sähe sich zwei Gläubigern gegenüber, die ihn bei Beanstandungen an der Abrechnung ggf. beide gerichtlich in Anspruch nehmen könnten. Zum anderen stellt sich das Problem der Aufteilung der jeweiligen Forderung. Während bei den verbrauchsunabhängigen Kosten eine zeitanteilige Aufteilung zu gerechten Ergebnissen führt, versagt sie bei den verbrauchsabhängigen Kosten, bei denen ohne Zwischenablesung – sofern überhaupt Einzelzähler vorhanden sind – nicht feststellbar ist, während welcher Eigentumszeit welcher Verbrauch angefallen ist. Bei Nachforderungen könnte er nach Ausgleich einer Teilforderung mit der Erklärung eines der Eigentümer konfrontiert sein, diese habe zum Teil eigentlich ihm zugestanden.

7. Abrechnung für Wohnungs- und Teileigentum

a) Grundsätze

Die nach dem Gesamt- und Einzelwirtschaftsplan vom Eigentümer zu entrichtenden **Wohngeldvorschüsse** können **nicht** als Grundlage der Abrechnung dienen, da sie nur auf einer Schätzung der Einnahmen und Ausgaben der Gemeinschaft beruhen.[420] Der Eigentümer von Wohnungs- oder Teileigentum darf aber auch nicht schon auf der Grundlage der Jahresabrechnung des Verwalters, die dieser den Eigentümern zur Vorbereitung der Eigentümerversammlung übermittelt, abrechnen.[421] Es handelt sich dabei um eine **Beschlussvorlage**, die nur vorläufigen Charakter hat und daher zur Bestimmung des Guthabens des Mieters oder von Nachforderungen des Vermieters nicht geeignet ist.

197

Der **Streit, ob** der Vermieter bereits nach Maßgabe der **beschlossenen Abrechnung** abrechnen kann bzw. muss[422] **oder** erst, nachdem die Gesamt- und Einzelabrechnungen **bestandskräftig**[423] geworden sind, ist

198

---

[420] *Geldmacher* DWW 1997, 167, *Riecke* WuM 2003, 309 (310).
[421] A.A. *Riecke* WE 2002, 220.
[422] LG Itzehoe ZMR 2003, 38; *Drasdo* NZM 2001, 13, 16, *Jennißen* NZM 2002, 236, *Riecke* ZMR 2001, 79 f.
[423] So OLG Düsseldorf ZMR 2000, 453, AG Offenbach Urt. vom 7.7.2015 – 37 C 29/15, *Geldmacher* DWW 1997, 167.

durch durch den **BGH**[424] entschieden worden. Abrechnungspflicht und Abrechnungsrecht sind von der Beschlussfassung unabhängig (s. G Rdn. 34).

199 Eine **praxisgerechte Lösung** bestünde darin, dem Vermieter die Abrechnung auch dann nach dem Beschluss der Eigentümerversammlung zu gestatten, wenn er angefochten wurde. Er sollte auf diesen Umstand hinweisen, um nicht über Vertrauensschutzgesichtspunkte etwaige Nachforderungen zu verlieren. Es wird sich daher empfehlen, die Anfechtungsfrist von einem Monat (§ 46 Abs. 1 Satz 2 WEG) vor Erteilung der Abrechnung abzuwarten. Die Ausschlussfrist des § 556 Abs. 3 Satz 3 BGB steht einer späteren Korrektur und einem dadurch ggf. höheren Saldo zulasten des Mieters nicht entgegen, weil der Vermieter die verspätete zutreffende Abrechnung jedenfalls dann nicht zu vertreten hat, wenn er sich hinreichend um eine fristgemäße Abrechnung bemühte (s. G Rdn. 59).

b) Fehlerhafte Verwalterabrechnung

200 Nach § 28 Abs. 3 WEG hat der Verwalter nach Ablauf des Kalenderjahres eine Abrechnung über die Ausgaben und Einnahmen aufzustellen. Er muss sie so erstellen, dass die Miteigentümer in der Lage sind, ihre Prüfungsbefugnisse auszuüben. Der Vermieter kann daher an den Verwalter die gleichen Anforderungen stellen wie ein Mieter an den Vermieter.[425] Ist die **Abrechnung des Verwalters nicht ordnungsgemäß,** darf sich der Vermieter nicht darauf zurückziehen, er habe keine bessere erhalten,[426] sondern er hat eine nachgebesserte, spezifizierte Abrechnung durchzusetzen.

c) Ordnungsgemäße Verwalterabrechnung

201 Ist die Verwalterabrechnung ordnungsgemäß, kann sie der Vermieter, **bereinigt um** die **nicht umlagefähigen Kosten,** an den Mieter **weiterreichen.**[427] Die fehlende Umlagefähigkeit bezieht sich nicht nur auf die Verwaltungs- und Instandhaltungskosten. Da im Verhältnis der Mietparteien nur die Kosten weitergegeben werden dürfen, die im Mietvertrag als umlagefähig vereinbart sind, sind ggf. weitere Kosten herauszunehmen. Ist z.B. die Umlagevereinbarung nur teilweise wirksam oder sind nur einzelne Betriebskostenarten als umlegbar angeführt, hat es bei diesen im Verhältnis zum Mieter sein Bewenden. Zudem müssen die

---

[424] BGH (VIII ZR 249/15) GE 2017, 345 = NZM 2017, 216 = WuM 2017, 138 = ZMR 2017, 303, (VIII ZR 50/60) GE 2017, 723 = ZMR 2017, 630.
[425] BGH (VIII ZR 298/80) GE 1982, 135 = NJW 1982, 573 = WuM 1982, 207.
[426] BGH (VIII ZR 298/80) GE 1982, 135 = NJW 1982, 573 = WuM 1982, 207, LG Düsseldorf DWW 1990, 207, AG Tiergarten WuM 1989, 86; *Geldmacher* DWW 1990, 208, *Schmid* DWW 1990, 351.
[427] *Beyer* WuM 2013, 77 (78 f.), *Blank* NZM 2004, 365 (371).

Vorauszahlungen des Mieters und nicht die Wohngeldzahlungen des Vermieters abgezogen werden.

Problematisch ist hierbei jedoch in formaler Hinsicht, dass die Einzelabrechnung als **Umlageschlüssel Miteigentumsanteile** ausweist. Der BGH[428] hält eine solche Abrechnung für **formal unbedenklich,** wobei das eigentliche Problem der dortigen Entscheidung in der Frage lag, ob der Schlüssel überhaupt erkennbar war. Die Prüffähigkeit einer solchen Abrechnung wegen der Abstraktheit des Schlüssels hat der BGH nicht als relevant angesehen, da der Mieter den Vermieter hierüber befragen oder eine Neuabrechnung verlangen kann. Das **überzeugt** jedoch **nicht.** Wurde diese Umlageart vertraglich vereinbart, was zulässig ist,[429] bestehen keine Bedenken in formeller Hinsicht. Anders jedoch, wenn dieses nicht der Fall ist. Hierbei liegt nach dem Mietvertrag i. d. Regel ein Flächenschlüssel zugrunde. Die Akzeptanz der Umlage nach Miteigentumsanteilen folgt hier in inhaltlicher Hinsicht daraus, dass das Verhältnis dieser, also des Anteils des vermietenden Wohnungseigentümers zu den Gesamtmiteigentumsanteilen (meist 1000), dem Verhältnis der Wohnungs- zu der Gesamtwohnungsfläche der Eigentümer entspricht. Der Umlageschlüssel nach Miteigentumsanteilen ist hierbei jedoch **nicht prüffähig** und damit **formell unwirksam.** Das jedenfalls dann, wenn der Vermieter keine weiteren Erläuterungen tätigt.[430] Die Teilungserklärung muss sich bei der Zuordnung der Miteigentumsanteile zu den einzelnen Wohnungen nicht nach den Flächenanteilen richten. Zudem sind die Wohnungseigentümer nach dem Wohnungseigentumsrecht in deren Gestaltung ganz überwiegend frei.[431] Der Mieter weiß also aufgrund der Abrechnung nicht, welcher Maßstab der Verteilung tatsächlich zugrunde liegt und kann diesen somit auch nicht prüfen. Es handelt sich zwar häufig um die Flächenanteile, das ist jedoch nicht immer so und zudem nicht zwingend.[432] Aber selbst wenn die Miteigentumsanteile tatsächlich aus den Flächenverhältnissen resultieren, genügt das für die Prüffähigkeit nicht. Der Zweck der formalen Anforderungen an die Abrechnung liegt darin, dass diese aus sich heraus verständlich ist und den Mieter in die Lage versetzt, ihre inhaltliche Richtigkeit zu prüfen. Liegt der Abrechnung der Flächenmaßstab zugrunde, kann der Mieter nur aufgrund der Miteigentumsanteile keine Gegenrechnung vornehmen. Er ist zwar in der Lage, seine Wohnfläche auszumessen, weiß aber nicht, ob die Abrechnung auch hiervon ausgeht. Zudem kennt er die Gesamtfläche nicht, obwohl er eben diese aber substantiiert bestreiten müsste.[433] Auch eine

---

[428] BGH (VIII ZR 295/07) GE 2009, 189 = NZM 2009, 78 = WuM 2009, 42.
[429] BGH (VIII ZR 116/04) GE 2005, 360.
[430] AG Berlin-Mitte GE 2015, 327 = WuM 2015, 158; *Becker* WuM 2013, 77 (80), jedoch ohne Differenzierung zwischen formellem und materiellem Mangel.
[431] Z. B. BayObLG NZM 2000, 301.
[432] *Beyer* WuM 2013, 77 (80).
[433] BGH (VIII ZR 41/14) GE 2014, 1649 = NZM 2015, 44 = WuM 2014, 744 = ZMR 2015, 205.

überschlägige Prüfung ist nicht möglich. Dass der Mieter nach dem BGH einen Anspruch auf Neuabrechnung hat, steht damit in keinem Zusammenhang. Das Recht auf Abrechnungsneuerstellung, welches möglicher Weise überhaupt nicht ausgeübt werden soll, ist zu trennen von der Frage, ob der Vermieter seiner Abrechnungspflicht durch Erstellung tatsächlich nachgekommen ist. Auch ein Fragerecht dahingehend, wie sich der Verteilungsschlüssel der Miteigentumsanteile errechnet, kann nichts anderes begründen, weil die formalen Anforderungen es gerade bedingen, dass der Mieter ohne weitere Informationseinholung in die Prüfung der inhaltlichen Richtigkeit eintreten kann.

202 Zur Weitergabe der Kosten kann der Vermieter z. b. eine **Fotokopie** anfertigen, die ihm als Eigentümer verbleibenden Kosten streichen und den auf den Mieter entfallenden Betrag – bei entsprechender Vereinbarung mit Zusatz der ihm separat berechneten Grundsteuer – unter Berücksichtigung der Vorauszahlungen errechnen. Einer Erläuterung der separat eingestellten Grundsteuer bedarf es nicht, da diese getrennt ausgewiesen und daher lediglich an den Mieter weiter zu leiten ist.[434] Da eine bestimmte Form für die Betriebskostenabrechnung nicht vorgeschrieben ist, überzeugt es nicht, dass der Vermieter, der die umzulegenden Kosten durch Unterstreichen auf der Jahresabrechnung des WEG-Verwalters kennzeichnete und die entsprechende Summe handschriftlich hinzusetzte, keine formell wirksame Abrechnung produziert haben soll.[435] Entspricht der aus der Verwalterabrechnung ersichtliche Miteigentumsanteil der Wohn-/Nutzfläche (dazu F Rdn. 146 ff.), erhält der Mieter auch auf diesem einfachen Weg eine ordnungsgemäße Abrechnung.

203 Nimmt der Vermieter die Abrechnung des Verwalters als Grundlage für eine **eigenständige Abrechnung** gegenüber dem Mieter, sind nur die ihm tatsächlich berechneten Kosten weiterzugeben. Er ist nicht berechtigt, die bei den einzelnen Kostenarten für die Eigentumsanlage angefallenen Gesamtkosten zugrunde zu legen und auf diese Weise, etwa wegen besonderer Abrechnungsregelungen der Eigentümer untereinander, dem Mieter einen höheren Betrag zu belasten, als er ihn selbst nach seiner Jahresabrechnung zu zahlen hat.[436] Es wird daher verlangt, dass er in seiner Mieterabrechnung auch den Betrag angibt, den er nach der Verwalterabrechnung auszugleichen hat.[437] Er darf ferner nicht Kosten in die Abrechnung gegenüber dem Mieter einstellen, die ihm in der Verwalterabrechnung zu Unrecht auferlegt wurden. Dies gilt auch dann, wenn die Verwalterabrechnung durch Eigentümerbeschluss bestandskräftig ist.

---

[434] BGH (VIII ZR 252/12) DWW 2013, 223 = GE 2013, 680 = NZM 2013, 457 = WuM 2013, 358 = ZMR 2014, 108, a. A. LG Berlin Urt. vom 20.11.2013 – 65 S 73/13.
[435] So LG Mannheim Urt. vom 21.11.2007 – 4 S 11/07 zit. nach *Möhrle* InfoM 2008, 222.
[436] AG Tiergarten WuM 1989, 86.
[437] LG Berlin MM 1994, 102.

IV. Inhalt der Abrechnung

Da die Abrechnung des WEG-Verwalters nicht zwischen den im Mietverhältnis umlagefähigen Betriebskosten und dem Aufwand für Instandhaltung, Instandsetzung und Anschaffungen trennt, hat der Vermieter seine besondere Aufmerksamkeit auf die Betriebskosten zu richten, bei denen **Reparatur- oder Anschaffungskosten** enthalten sein können. So differenziert die Abrechnung des Verwalters bei den Aufzugskosten häufig nicht zwischen Wartung und Instandsetzung; vielmehr werden die Kosten eines Vollwartungsvertrags in voller Höhe und in einem Betrag angesetzt, da im Verhältnis der Miteigentümer zueinander eine Spezifikation nach Kostenanteilen entbehrlich ist. Allenfalls größere Reparaturen fallen in der Abrechnung auf, weil sie einen Kostensprung verursachen. Dasselbe gilt z. B. für die Position Gartenpflege, in der die Kosten für die Anschaffung von Geräten, etwa eines Rasenmähers, enthalten sein können. Soweit der Vermieter nicht schon aus den Eigentümerversammlungen über die entsprechenden Informationen verfügt, ist er gehalten, entweder selbst durch Einsicht in die Belege den Grund für Kostenveränderungen zu ermitteln oder ihn sich vom Verwalter erklären zu lassen. Dies betrifft auch den **Kostenanstieg aufgrund sachlicher Veränderungen,** etwa die Prämienrechnung des Gebäudeversicherers, die nicht nur wegen der allgemeinen Teuerung höher ausfiel, sondern weil der Versicherungsschutz ausgeweitet wurde, wobei der Vermieter zusätzlich das Wirtschaftlichkeitsgebot zu beachten hat. Für eine inhaltlich plausible Abrechnung sollten die vorgenannten Abweichungen und Veränderungen zumindest knapp bezeichnet werden. Für den Mieter ist wichtig, dass er die Unzulässigkeit einer solchen Kostenumlage **binnen der Einwendungsfrist rügen** muss (s. Rdn. 269). **204**

d) Mieterwechsel

Beim Mieterwechsel hat der Vermieter sorgfältig zu prüfen, ob es bei der Aufteilung der Kosten nach der Mietzeit sein Bewenden haben kann oder **ob zusätzliche Abgrenzungen** erforderlich sind. Da zumal der Vermieter von Wohnungs- oder Teileigentum für seine Abrechnung im laufenden Mietverhältnis die Ansätze des WEG-Verwalters, die auf dem Abflussprinzip beruhen, übernehmen darf, kann es zur unberechtigten Inanspruchnahme des alten wie des neuen Mieters kommen. Dies ist z. B. beim alten Mieter der Fall, wenn der Verwalter noch kurz vor dem Ende des Wirtschaftsjahres Forderungen ausgleicht, die sich auf das folgende beziehen, etwa Versicherungsprämien oder Entgelte für den Hausmeister oder Dritte, und der Mieter alsbald im neuen Wirtschaftsjahr auszieht. Der neue Mieter ist betroffen, wenn das Gemeinschaftskonto mit Nachforderungen aus früheren Abrechnungsperioden und damit der Zeit vor seinem Einzug belastet wird. Zu allem s. ausführlich G Rdn. 122 f. **205**

8. Abrechnung bei Zwangs- und Insolvenzverwaltung

a) Zwangsverwaltung

206 Besteht zu dem Zeitpunkt, zu dem die Anordnung der Zwangsverwaltung wirksam wird, ein **Mietverhältnis**, hat der Zwangsverwalter nicht nur die Abrechnung über die laufende Periode zu erstellen, sondern auch die noch offenen Abrechnungen über frühere Vorauszahlungen des Mieters nachzuholen.[438] Die zeitliche Begrenzung des § 152 Abs. 1 Satz 2 ZVG greift wegen der vorgehenden Spezialvorschrift des § 152 Abs. 2 ZVG nicht ein, so dass die Abrechnungspflicht auch solche Zeiträume erfasst, bei denen nach § 556 Abs. 3 Satz 3 BGB Nachforderungen ausgeschlossen sind.[439] Vielmehr tritt der Verwalter nach § 152 Abs. 2 ZVG in alle Pflichten des Vermieters aus dem Mietvertrag ein, so dass er selbst dann Guthaben an den Mieter auszahlen muss, wenn er die betreffenden Vorauszahlungen nicht unmittelbar erhielt. Dementsprechend kann der Mieter gegen Mietforderungen des Zwangsverwalters mit dem Guthaben aus einer Abrechnungsperiode aufrechnen, die zwar vor der Beschlagnahme beendet war, die aber erst nach Beschlagnahme fällig wurde.[440]

207 War das **Mietverhältnis** im Zeitpunkt der Anordnung **beendet,** so dass es zum Eintritt in den Mietvertrag nicht kam, richtet sich die Abrechnungspflicht des Zwangsverwalters nach § 152 Abs. 1 Satz 2 ZVG. Er ist daher gehalten, noch über solche Abrechnungsperioden abzurechnen, auf die sich die Beschlagnahme des Grundstücks durch die Anordnung der Zwangsverwaltung erstreckt (§ 1123 Abs. 2 Satz 1 BGB, §§ 21, 148 Abs. 1 Satz 1 ZVG), weil anders evtl. Nachzahlungsansprüche nicht erkennbar sind. Ergibt sich bei der Abrechnung ein Guthaben des Mieters, hat er dieses unabhängig davon auszuzahlen, ob ihm die Vorauszahlungen des Mieters noch in irgendeiner Weise zuflossen.[441]

208 Wird das Grundstück im laufenden Abrechnungszeitraum **zwangsversteigert** und dauert die Zwangsverwaltung noch eine Zeit darüber hinaus an, hat der Zwangsverwalter dem Ersteher die noch nicht verbrauchten Nebenkostenvorauszahlungen, auch aus der Zeit vor dem Zuschlag, auszukehren, weil der Ersteher die Abrechnung über die laufende Periode schuldet.[442] Er darf nicht etwa den Ersteher mit den im laufenden Abrechnungszeitraum bis zum Zuschlag verauslagten, durch die Vorauszahlungen des Mieters nicht gedeckten Betriebskosten belasten, z. B.

---

[438] BGH (VIII ZR 168/05) NZM 2006, 581 = WuM 2006, 402, (VIII ZR 333/02) GE 2003, 945 = NJW 2003, 2320 = NZM 2003, 473 = WuM 2003, 390 = ZMR 2004, 568.
[439] *Derleder* NZM 2009, 8 (14).
[440] OLG Rostock NZM 2006, 520.
[441] BGH (VIII ZR 333/02) GE 2003, 945 = NJW 2003, 2320 = NZM 2003, 473 = WuM 2003, 390 = ZMR 2004, 568.
[442] BGH (IX ZR 156/06) GuT 2007, 445 = NZM 2008, 100 = WuM 2007, 698.

durch Abzug von den dem Ersteher zustehenden, nach dem Zuschlag vereinnahmten Mieten.[443]

Ist die **Zwangsverwaltung beendet,** ist für die Abrechnung wieder der Eigentümer zuständig, auch wenn dem Zwangsverwalter die Vorauszahlungen zugeflossen waren.[444] Die Begründung neuer Forderungen wie einer Betriebskostennachforderung durch Erstellung der Abrechnung und deren erst dadurch ausgelöste Fälligkeit gehören nicht mehr zur ordnungsgemäßen Abwicklung der Verwaltung,[445] wie z. b. die Schlussabrechnung über die Verwaltung; der Zwangsverwalter ist nach der Aufhebung der Zwangsverwaltung nur noch befugt, anhängige Prozesse über Nutzungen aus der Zeit seiner Bestellung fortzuführen.[446]

209

b) Insolvenzverwaltung

Aus §§ 80, 108 Abs. 1 InsO folgt ohne weiteres die **Pflicht des Insolvenzverwalters,** über die Betriebskostenvorauszahlungen des Mieters abzurechnen, wenn die Abrechnungsperiode noch in die Zeit nach Eröffnung des Verfahrens reicht.[447] Da es zu seinen Aufgaben gehört, etwaige Ansprüche gegen den Mieter für die Masse geltend zu machen, hat er auch sämtliche offenen Abrechnungen nachzuholen.[448]

210

9. Einzelfragen

a) Minderung und Betriebskostenabrechnung

Weist das Mietobjekt einen **Mangel** auf, der die **Tauglichkeit** zum vertragsgemäßen Gebrauch **ganz oder nicht nur unerheblich aufhebt,** so hat das zunächst **keinen Einfluss auf die inhaltliche Richtigkeit** der Abrechnung und der angesetzten Kosten. Führen etwa Defekte eines Heizungsthermostats oder am Spülkasten zu höherem Verbrauch, ist der hieraus resultierende Mehrverbrauch tatsächlich angefallen und in die Abrechnung einzustellen.[449] Der Mieter kann sich jedoch auf zwei Gegenrechte berufen. Unterlässt der Vermieter eine **Reparatur** trotz Kenntnis oder Anzeige des Mieters, so kommt ein **Verstoß gegen das betriebskostenrechtliche Wirtschaftlichkeitsgebot** in Betracht, der zu einem auf Freistellung gerichteten Schadenersatzanspruch in Höhe der Mehrkosten führt. Ein solcher kann sich zudem aus § 536a BGB ergeben (s. Rdn. 50),

211

---

[443] BGH (V ZB 34/11) GE 2012, 201.
[444] LG Potsdam GE 2013, 875, LG Berlin GE 2004, 691, AG Hanau Urt. vom 4.5.2011 – 91 C 212/10.
[445] So aber AG Köln WuM 2013, 109.
[446] BGH (XII ZR 125/91) WuM 1993, 61.
[447] A. A. *Lützenkirchen* in Lützenkirchen § 556 Rdn. 613: auch bei früher beendeten Abrechnungsperioden.
[448] Z. B. *Blank* in Blank/Börstinghaus § 556 Rdn. 254, *Derleder* NZM 2009, 8 (15), *Wolf/Eckert/Ball* Rdn. 1522.
[449] AG Münster WuM 2014, 368.

setzt dann aber wegen § 536c Abs. 2 Satz 2 Nr. 2 BGB zwingend die Anzeige nach § 536c Abs. 1 BGB voraus. Zudem tritt bei jedem Mangel nach § **536 BGB** die **Minderung** der geschuldeten Miete ein. Die Minderung ist ihrer rechtlichen Natur nach, anders als beim Kauf, kein Anspruch, sondern bewirkt **kraft Gesetzes** eine Änderung der Vertragspflichten.[450] Nach der Rechtsprechung des BGH müsste dennoch die **Einwendungsfrist des § 556 Abs. 3 Satz 5, 6 BGB** anwendbar sein. Zwar schuldet der Mieter von vornherein die Miete nicht in der ausgewiesenen Höhe. Nach Ansicht des BGH[451] wird jedoch das Gesetzesrecht durch die Einwendungsfrist überlagert. Da der Vermieter über eine unwidersprochene Betriebskostenabrechnung einen Nachforderungsanspruch auch dann generieren kann, wenn der Vertrag keine Umlagevereinbarung enthält und er daher die Betriebskosten von Gesetzes wegen nach § 535 Abs. 1 BGB trägt (s. Rdn. 270f.), kann er folgerichtig auch Ansprüche begründen, die ihm nach § 536 Abs. 1 BGB versagt wären. Da die Abrechnung keine Vereinbarung zwischen den Parteien ist und die Kostentragungspflicht aus § 556 Abs. 3 Satz 5, 6 BGB herrührt, steht dem auch § 536 Abs. 4 BGB nicht entgegen.

212 **Bemessungsgrundlage** der Minderung ist die **Bruttomiete** (Mietzins einschließlich aller Nebenkosten). Dabei ist unerheblich, ob die Nebenkosten als Pauschale oder Vorauszahlung geschuldet werden.[452] Damit stellt erst die Betriebskostenabrechnung fest, welche Bruttomiete der Mieter für den abgerechneten Zeitraum schuldete. Eines besonderen Vorbehalts des Mieters gem. § 814 BGB, um sich die Minderung auch hinsichtlich des Saldos zu sichern, bedarf es nicht.[453]

213 Zum **Verfahren** ist der BGH der Ansicht, dass eine etwaige Nachforderung des Vermieters am einfachsten durch eine Gegenüberstellung der vom Mieter im Abrechnungszeitraum insgesamt geleisteten Zahlungen einerseits und der von ihm insgesamt geschuldeten Jahresbruttomiete abzüglich des Minderungsbetrages zu errechnen ist.[454] Für die EDV-Abrechnungspraxis wird es sich indes nicht um den einfachsten Weg handeln. Hier dürfte es günstiger sein, die Sollvorauszahlungen als fiktiv geleistete Zahlungen in die Abrechnung einzustellen, wodurch dem Mieter die Differenz zwischen der geminderten und der vereinbarten Miete gutgebracht ist.[455] Sodann ist der **Saldo um die Minderungsquote zu**

---

[450] BGH (XII ZR 47/90) WuM 1991, 544.
[451] BGH (VIII ZR 83/13) GE 2014, 661 = WuM 2014, 336, (VIII ZR 279/06) GE 2008, 46 = NZM 2008, 81 = WuM 2007, 694 = ZMR 2008, 107 (m. Anm. *Schmid*).
[452] BGH (XII ZR 225/03) NZM 2005, 455 = WuM 2005, 384, (VIII ZR 347/04) WuM 2005, 573.
[453] Vgl. BGH (VIII ZR 223/10) NZM 2011, 453 = WuM 2011, 284.
[454] BGH (VIII ZR 223/10) NZM 2011, 453 = WuM 2011, 284; ebenso *Bieber* NZM 2006, 683 (685).
[455] Vgl. *Wiek* WuM 2005, 575.

kürzen, und zwar gleichermaßen, ob es sich um ein Guthaben oder eine Nachforderung handelt. Letzteres macht die **nachfolgende Aufschlüsselung** deutlich:

- Weist die Abrechnung ein **Guthaben** des Mieters aus, z.B. € 120,00, lag die tatsächliche Bruttomiete zuvor nicht bei monatlich € 1010,00, sondern bei € 1000,00. Minderte er um 60%, bezog sich dies auf € 1010,00; er hat damit um € 606,00 gemindert, berechtigt waren aber nur € 600,00. Er minderte daher um € 72,00 zu viel. Der Vermieter darf daher das Guthaben um 60% = € 72,00 kürzen. **214**

- Weist die Abrechnung eine **Nachforderung** in Höhe von € 300,00 aus, bedeutet dies, dass die tatsächliche Bruttomiete zuvor nicht nur, wie vertraglich vereinbart, € 1000,00 betrug, sondern € 1025,00. Durch die Abrechnung hat sich mithin die Bruttomiete für den abgerechneten Zeitraum entsprechend erhöht. Hat der Mieter 60% von € 1000,00, also € 600,00 monatlich gemindert, hat er ex post betrachtet zu wenig einbehalten; richtig wäre ein Einbehalt von € 615,00 gewesen, insgesamt von € 180,00 p.a. zusätzlich. Von der Nachforderung von € 300,00 darf er daher noch 60% = € 180,00 einbehalten, € 120,00 muss er nachzahlen. **215**

- **Ändert sich die Minderungsquote** während des Abrechnungszeitraums, ist die durchschnittliche Quote p.a. zu ermitteln, z.B. Minderung Januar bis April 15%, Mai bis Juli 100%, August 80% und September bis Dezember wiederum 100%. Insgesamt ergeben sich 840% : 12 Monate = 70% monatlich. Bei tageweiser Minderung, die meist wegen nur *„unerheblicher Minderung der Tauglichkeit"* (§ 536 Abs. 1 Satz 3 BGB) nicht in Betracht kommt, wäre mit 365 zu dividieren. **216**

b) Ansatz von Umsatzsteuer

Wird **Gewerberaum an einen Unternehmer** vermietet, kann der Vermieter nach § 9 Abs. 1 UStG auf die Steuerfreiheit seiner Mieteinnahmen verzichten. Machte er von dieser Option Gebrauch und vereinbarten die Parteien, dass der Mieter auf den Mietzins und damit auch auf die Betriebskosten (s. B Rdn. 61) Umsatzsteuer entrichten soll, ist der Saldo zuzüglich Umsatzsteuer vom Mieter auszugleichen.[456] Hierbei stellt der Vermieter die abzurechnenden Kosten zunächst als Nettokosten ein und schlägt gegenüber dem Mieter sodann immer die **Umsatzsteuer von 19%** auf. Das auch unabhängig von der Besteuerung der Drittleistung, da sich der Steuersatz von 19% auf die Betriebskosten als Nebenleistungen zur Überlassung der Mietsache bezieht und mit diesem einheitlich ist.[457] Bei einer zulässigen Option unterliegen alle Neben- **217**

---

[456] Zur Berechnung der gesamten auf die Betriebskosten anfallenden Umsatzsteuer *Schütz* NZM 2014, 417 (418).
[457] *Beck* GE 2017, 1270 (1272).

kosten der Umsatzsteuer, unabhängig davon, ob sie mit Vorsteuer belastet sind wie die Leistungen der Versorger oder nicht wie bei öffentlichen Lasten.[458]

218 Bei den **Betriebskosten** handelt es sich um ein **Entgelt im Sinne der Legaldefinition** in § 10 Abs. 1 Satz 2 UStG, sie stellen keine durchlaufenden Posten im Sinne von § 10 Abs. 1 Satz 5 UStG dar.[459] Diese liegen nur dann vor, wenn der Unternehmer, der die Beträge vereinnahmt und verauslagt, im Zahlungsverkehr lediglich die Funktion einer Mittelsperson ausübt, ohne selbst einen Anspruch auf den Betrag gegen den Leistenden zu haben und auch nicht zur Leistung an den Empfänger verpflichtet zu sein.[460] Der Vermieter schuldet indes Dritten die ihm in Rechnung gestellten Beträge; er rechnet zudem nicht über Fremdvermögen ab. Der Mieter kann hiergegen nicht einwenden, der Vermieter erhalte im Ergebnis höhere Umsatzsteuerbeträge auf die Betriebskosten als Vorsteuer anfalle. Würde die vom Mieter zu tragende Umsatzsteuer entsprechend reduziert, müsste der Vermieter die Differenz wegen seiner uneingeschränkten Steuerpflicht selbst tragen, wozu er nach der Vereinbarung nicht verpflichtet ist.[461]

219 Auch wenn der Mietvertrag für die Miete und die Betriebskostenvorauszahlungen als „Dauerrechnung" dienen kann, sofern er die **Angaben gem. § 14 Abs. 4 UStG** enthält,[462] sind dessen Anforderungen bei der Betriebs- und Heizkostenabrechnung gesondert zu beachten. Nach § 14 Abs. 4 UStG hat die Rechnung die Namen von Vermieter und Mieter, die dem Vermieter vom Finanzamt erteilte Steuernummer oder die vom Bundeszentralamt für Steuern erteilte Umsatzsteuer-Identifikationsnummer, Ausstellungsdatum, Beschreibung der Leistung nach Menge, Art und Zeitpunkt sowie die betragsmäßig ausgewiesene Umsatzsteuer[463] anzuführen. Die Steueridentifikationsnummer auf dem Anschreiben zur Abrechnung dürfte nach § 14 Abs. 4 UStG nicht ausreichen. Fehlt es an einer der Angaben, hat der Mieter ein Zurückbehaltungsrecht bis zur Aushändigung einer vollständigen Abrechnung,[464] jedenfalls an der Umsatzsteuer.[465]

---

[458] Verfügung der OFD Köln vom 11.9.1985, Verwaltungsentscheidungen UR 2/1986, BFH DWW 2000, 132 = GE 2000, 543.
[459] BFH Urt. vom 18.6.1993 – V R 5/92.
[460] Umsatzsteuerrichtlinien 1996 Anm. 152.
[461] LG Hamburg ZMR 1998, 294; *Sontheimer* NJW 1997, 694, *Westphal* ZMR 1998, 264 f.
[462] OLG Köln Beschl. v. 17.10.2017 – 22 U 60/16, BeckRS 2017, 131822, OLG Düsseldorf GE 2005, 989; *Kahlen* ZMR 2006, 506, *Streyl* NZM 2012, 751 (752); einschränkend *Herrlein* NZM 2013, 409 (413).
[463] BGH (XII ZR 292/02) NZM 2004, 785.
[464] OLG Düsseldorf Urt. vom 15.12.2011 – I-10 U 96/11, insoweit in ZMR 2012, 184 nicht abgedruckt.
[465] *Herrlein* NZM 2005, 648 (649).

IV. Inhalt der Abrechnung

c) Ausweis haushaltsnaher Dienst- und Handwerkerleistungen

Nach § 35a EStG kann der Steuerpflichtige einen Antrag auf Verminderung der tariflichen Einkommensteuer stellen, wenn er haushaltsnahe Dienstleistungen (§ 35a Abs. 2 Satz 1 EStG) und/oder haushaltsnahe Handwerkerleistungen (§ 35a Abs. 3 EStG) in Anspruch genommen und unbar bezahlt hat. Obwohl das an sich nur für den Auftraggeber gilt, kann auch der Mieter die Kosten absetzen, wenn er sie über die Betriebskosten trägt. Begünstigter Aufwand sind der Bruttoarbeitslohn, Maschinen- und Fahrtkosten; Rechnungen von Dienstleistern oder Handwerkern müssen daher zwischen diesen Kosten und den im Grundsatz nicht ansatzfähigen Materialkosten differenzieren. Die Steuerermäßigung beträgt jeweils 20 %, höchstens jedoch € 4 000,00 (haushaltsnahe Dienstleistungen) bzw. € 1 200,00 (Handwerkerleistungen). Die für die Umsetzung der Vorschrift maßgeblichen Einzelheiten folgen aus dem Anwendungsschreiben zu § 35a EStG des BMF v. 9.11.2016,[466] welches die vorangehenden ersetzt.

220

Aus dem Betriebskostenkatalog des § 2 BetrKV kommen etliche Betriebskostenarten in Betracht, die entweder vollständig oder in Teilen haushaltsnahe Tätigkeiten darstellen. Zu den **haushaltsnahen Dienstleistungen** gehören, soweit diese nicht im Rahmen öffentlich-rechtlicher Daseinsvorsorge erfolgen,[467]
– Nr. 2: Wasserversorgung: kein Abrechnungsservice für Einzelwasserzähler; nach Nr. 29 des Anwendungsschreibens sind Verwaltergebühren ausgenommen.[468]
– Nr. 3: Entwässerung: kein Abrechnungsservice wie Nr. 2
– Nr. 4–6: Heizung und Warmwasser: Abrechnungsservice: s. Nr. 2
– Nr. 7: Aufzug: Reinigung des Fahrkorbs; Betrieb des Notrufs (als unselbständiger Wartungsvertragsbestandteil)[469]
– Nr. 8: Straßen- und Wegereinigung einschl. Winterdienst, auch soweit nicht auf dem Privatgrund[470]
– Nr. 8: Müllbeseitigung: Abrechnungsservice bei Erfassung: s. Nr. 2, Behältertransport zur Straße, soweit hierfür Sonderzuschläge erhoben werden,[471] Abfallmanagement,[472] Entsorgungen als Nebenleistungen (z. B. Schutt bei Handwerksleistungen)[473]
– Nr. 9: Gebäudereinigung

221

---

[466] BMF IV C 8 – S 2296-b/07/1003:008.
[467] *Beck* GE 2017, 1453 (1454), *Heine/Trinks* NJW 2016, 1429 (1430).
[468] A. A. *Beck* GE 2007, 1540 (1541), weil die Servicekosten einen unmittelbaren Bezug zur Wohnung des Mieters haben.
[469] *Beck* GE 2017, 1453 (1455).
[470] BFH (VI R 55/12) ZMR 2014, 843; *Beck* GE 2017, 1453 (1455).
[471] *Beck* GE 2007, 1540 (nicht in den Anwendungsschreiben aufgeführt).
[472] *Beck* GE 2017, 1453 (1454); a. A. *Heine/Trinks* NJW 2016, 1429 (1430), da die Aufgabe der Müllabfuhr darin bestehe, den Müll außerhalb des Haushalts zu sammeln.
[473] *Beck* GE 2017, 1453 (1454).

- Nr. 9: Ungezieferbekämpfung
- Nr. 10: Gartenpflege: Pflege inkl. Bewässerung; nicht: Neuanpflanzungen, die als Ersatzbepflanzung zu den Betriebskosten gehören
- Nr. 14: Hauswart ohne Verwaltungs- und Instandsetzungskostenanteil

Verbrauchsmaterial wie z.B. Reinigungs- oder Spülmittel und Streugut für den Winterdienst müssen nach Nr. 29 des Anwendungsschreibens nicht herausgerechnet werden.[474]

222 Zu den begünstigten **haushaltsnahen Handwerkerleistungen** gehören
- Nr. 2: Wasserversorgung: Wartung der hauseigenen Wasserversorgungsanlage, Wartung von Wassermengenreglern, nicht: Gutachten über die Untersuchung der Wasserqualität, Prüfung auf Legionellen.
- Nr. 3: Entwässerung: Wartung der privaten Abwasserentsorgungsanlage, Wartung einer privaten Entwässerungspumpe, auch: Dichtigkeitsprüfung[475]
- Nr. 4–6: Heizung und Warmwasser: Kosten der Versorgung (= Bedienung, Überwachung, Pflege, Wartung, Messungen, Eichkosten)
- Nr. 7: Aufzug: Reinigungs- und Wartungskosten, nicht: laufende Kosten des Betriebs[476]
- Nr. 8: Wartung z.B. von Müllkompressoren oder Müllerfassungsgeräten
- Nr. 10: Gartenpflege: Wartung von Spielgeräten, Gartenpflegegeräten, Grünschnittabfuhr als Nebenleistung
- Nr. 12: Schornsteinfegerkosten nunmehr umfassend (auch Mess- und Prüfarbeiten einschließlich Feuerstättenschau, Reinigungs- und Kehrarbeiten)[477]
- Nr. 15: Betrieb von Antennen: Wartung und Einstellung
- Nr. 16: Einrichtungen der Wäschepflege: Kosten des Betriebs (= Überwachung, Pflege, Wartung)
- Nr. 17: Sonstige Betriebskosten: ja, soweit Wartung oder Reinigung durch Handwerker (z.B. Wartung von Blitzschutzanlagen und Feuerlöschern, Überprüfung von Rauchmeldern, Wartung von Abwasser-Rückstausicherungen)

Auch hier gilt, dass Verbrauchsmaterial wie Schmiermittel u.Ä. nicht abgezogen werden muss.[478]

223 Der **Nachweis der Kosten** gem. § 35a Abs. 2, 3 EStG erfolgt für den Mieter nach Nr. 19 des Anwendungsschreibens **entweder** in der **Betriebs- und Heizkostenabrechnung oder** einer gesonderten **Bescheinigung** des Vermieters gem. Rdn. 18. Entgegen dem in § 11 EStG geregelten Abflussprinzip kann der Mieter nach Rdn. 33 des Anwendungs-

---

[474] *Heine/Trinks* NJW 2016, 1429 (1431).
[475] BFH (VI R 1/13) DWW 2015, 69 = NZM 2015, 310 = ZMR 2015, 174.
[476] *Heine/Trinks* NJW 2016, 1429 (1431).
[477] *Beck* GE 2017, 1453 (1455).
[478] *Heine/Trinks* NJW 2016, 1429 (1431).

schreibens die gesamten begünstigten Kosten in dem Jahr geltend machen, in dem er die Abrechnung erhalten hat;[479] die komplizierte Zuordnung von Vorauszahlungen bei nicht kalenderjährlichem Abrechnungsturnus ist entfallen.

Der Vermieter ist **nicht verpflichtet**, eine **Bescheinigung** gem. Rdn. 18 auszustellen. Hiervon wird zum Teil sogar dringend abgeraten, weil sich für den Vermieter Haftungsrisiken ergeben können.[480] Dies kommt z.B. in Betracht, wenn er den Aufwand z.B. falsch zuordnete und dadurch die Höchstgrenze bei einer haushaltsnahen Tätigkeit überschritten, die Höchstgrenze bei der anderen ansatzfähigen Tätigkeit aber nicht erreicht wurde, oder wenn er zu wenig oder zu viel an Aufwand bescheinigte. Erstellt er die Bescheinigung, kann er **keinen Ersatz** für seinen Aufwand verlangen, weil es sich um Verwaltungskosten handelt.[481] **224**

Belässt es der Vermieter bei der **Nebenkostenabrechnung,** ist sie so aufzumachen, dass der Mieter in seinem Antrag den **steuerrelevanten Aufwand beziffern** kann.[482] Da Verwaltungs- und Instandsetzungskosten schon in der Betriebskostenabrechnung grundsätzlich nicht ansatzfähig und daher nach Angabe der Gesamtkosten als nicht ansatzfähiger Kostenanteil auszusondern sind, bereitet ihm dies bei einer formell und materiell richtigen Abrechnung im Allgemeinen keine Probleme. Eine Ausnahme betrifft die Kosten der Gartenpflege, weil hier die Kosten z.B. für Ersatzbepflanzung, obwohl Instandsetzungsarbeiten, ansetzbar sind, nicht jedoch beim Antrag auf Reduzierung der Einkommensteuer; die Abrechnung muss daher eine entsprechende Aufteilung enthalten, die auch in Form einer abschließenden Erläuterung erfolgen kann.

(einstweilen frei) **225**

V. Korrektur der Abrechnung

1. Gewerberaum

Vor der Verbindlichkeit der Abrechnung ist dem Vermieter eine einseitige Korrektur **ohne weiteres möglich.** Einer Anfechtung der Abrechnung bedarf es nicht, da es sich nicht um eine Leistungsbestimmung im Sinne des § 316 BGB handelt, sondern um ein bloßes Rechenwerk. Der Vermieter kann von sich aus kleinere Fehler mit einer ergänzenden Mitteilung beheben, bei größeren dem Mieter eine neue Abrechnung zukommen lassen. Bei berechtigten Beanstandungen des Mieters ist er zur Nachbesserung oder Neuvornahme verpflichtet. Ob sich die Korrektur, die zugunsten eines Mieters vorgenommen wird, nachteilig auf andere **226**

---

[479] *Beck* GE 2017, 1453 (1455).
[480] *Beck* GE 2007, 1540 (1542).
[481] AG Berlin-Lichtenberg NZM 2012, 236; *Herrlein* WuM 2007, 54 (56), a.A. *Beuermann* GE 2006, 1600.
[482] LG Berlin GE 2017, 1473.

auswirkt, ist im Verhältnis zum begünstigten Mieter ohne Bedeutung, die benachteiligten Mieter haben keinen Anspruch darauf, dass es bei der fehlerhaften Abrechnung verbleibt. Die Korrektur führt zum Neubeginn der **Verjährung**.[483]

227 **Anders** verhält es sich, wenn der Saldo aus der Abrechnung und damit die Abrechnung selbst **durch eine ausdrückliche Erklärung** der Parteien **verbindlich** wurde. Hierbei kann es sich neben Zahlungszusagen um die Abtretung der Forderung an Dritte, die Aufrechnung mit einer bestrittenen Forderung gegen eine unbestrittene Forderung[484] oder, zumal bei höheren Nachforderungen des Vermieters, Ratenzahlungsabreden handeln.[485] Bei der **bloßen Entgegennahme** eines Guthabens **oder** dem **Ausgleich** einer Nachforderung **fehlt es** am notwendigen rechtsgeschäftlichen Erklärungsinhalt für eine Verbindlichkeit (s. dazu auch Rdn. 231).[486]

228 **Klauseln**, nach denen die Abrechnung **als anerkannt** behandelt wird, wenn der Mieter nicht innerhalb einer bestimmten Frist Widerspruch erhoben hat, sind **unwirksam**.[487] Sie verstoßen gegen § 308 Nr. 5 BGB, soweit der Klausel die Fiktion eines Einwendungsverzichts beizulegen ist, jedenfalls gegen § 309 Nr. 12 BGB, weil sie eine unzulässige Veränderung der Beweislast zum Nachteil des Mieters enthalten.

229 Bei **Zahlung unter Vorbehalt** entfällt der nur vorläufige Charakter der Leistung, sobald der Vorbehalt fallen gelassen wird, was auch durch schlüssiges Verhalten geschehen kann. Ein wirksamer Vorbehalt setzt allerdings voraus, dass die Gegenseite erkennen kann, auf welche Umstände er sich bezieht; fehlt jede Erläuterung, ist er gegenstandslos.[488]

2. Wohnraum

230 Ist Wohnraum vermietet, gelten die vorstehenden Regeln **während der Abrechnungsfrist** im selben Umfang. Bis zu deren Ablauf darf der Vermieter mithin ohne Rechtseinbuße z. B. auf Einwände des Mieters Korrekturen vornehmen.

231 Die **Verbindlichkeit der Abrechnung** kann sich, wie bereits ausgeführt (Rdn. 227) aus einem Anerkenntnis ergeben. Anders als zuvor weitgehend vertreten[489] erlauben nach der Rechtsprechung des **BGH**

---

[483] OLG Celle ZMR 2015, 541.
[484] BGH (XII ZR 86/11) NZM 2013, 29.
[485] Z. B. AG Frankfurt am Main ZMR 2010, 43; *Zehelein* in MünchKomm § 556 Rdn. 102, *Wolbers* NZM 2010, 841 (843).
[486] BGH (XII ZR 62/12) GE 2013, 1130= NZM 2013, 648, OLG Koblenz InfoM 2013, 235 (m. Anm. *Wichert*).
[487] KG NZM 2002, 954; OLG Düsseldorf ZMR 2000, 453 über § 10 Nr. 5 AGBG (= § 308 Nr. 5 BGB); *Sternel* PiG 55 (1998) S. 95.
[488] LG Berlin GE 2000, 1686.
[489] Z. B. LG Aachen NZM 2001, 707, AG Hamburg-Bergedorf ZMR 2005, 628, AG Berlin-Wedding GE 2002, 536; *Kinne* in Kinne/Schach/Bieber § 556 Rdn. 87,

weder die vorbehaltlose **Zahlung** einer Betriebskostennachforderung durch den Mieter **noch** die vorbehaltlose **Erstattung** eines sich aus der Betriebskostenabrechnung ergebenden Guthabens durch den Vermieter **für sich genommen die Annahme eines deklaratorischen Schuldanerkenntnisses,** das einer späteren Nach- oder Rückforderung während des Laufs der Abrechnungs- und Einwendungsfristen entgegensteht.[490] Die vorbehaltlose Bezahlung einer Rechnung hat für sich genommen nur die Bedeutung einer Erfüllungshandlung i.S.d. § 363 BGB.[491] Auch ein mit dem Ausgleich der Nachforderung verbundener Einwendungsverzichts des Mieters[492] scheidet daher ebenso aus wie die Annahme, dass der späteren Geltendmachung von Nachforderungen des Vermieters oder Rückforderungen des Mieters der Einwand der Verwirkung entgegensteht.[493]

Für den Bereich der **Wohnraummiete** folgert der BGH dieses Ergebnis daraus, dass seit der Einführung der für den Vermieter mit einer Ausschlusswirkung ausgestatteten Abrechnungsfrist (§ 556 Abs. 3 Satz 2, 3 BGB) und der ebenso bewehrten Einwendungsfrist für den Mieter (§ 556 Abs. 3 Satz 5, 6 BGB) durch die Mietrechtsreform kein Raum mehr für die Annahme eines deklaratorischen Schuldanerkenntnisses durch bloße Zahlungsvorgänge gegeben ist.[494] Zu demselben Ergebnis kommt der BGH für den Bereich der **Gewerberaummiete** durch die genauere Prüfung der Voraussetzungen eines vertraglichen kausalen Schuldanerkenntnisses, die mangels übereinstimmender Willenserklärungen nicht erfüllt sind.[495]

Über die bloße Zahlung hinaus müssen für ein deklaratorisches Anerkenntnis daher **weitere Umstände** vorliegen. Es muss ein Interesse der Parteien an einer derartigen Folge deutlich werden, also insbesondere ein Streit oder eine subjektive Ungewissheit über den Bestand des Rechtsverhältnisses oder seiner Rechtsfolgen müssen beseitigt werden sollen. Dies ist z.B. der Fall, wenn die Parteien über die Nebenkostenabrechnung streitig korrespondierten und der Mieter schließlich die Nachforderung ausglich[496] oder wenn die Parteien ihren Streit über einzelne Punkte

232

Lammel § 556 Rdn. 165, *Wetekamp* Kap. 6 Rdn. 142; differenzierend *Seldeneck* Rdn. 3826.
[490] BGH (VIII ZR 296/09) GE 2011, 331 = NZM 2011, 242 = WuM 2011, 108 = ZMR 2011, 375.
[491] BGH (VII ZR 165/05) GuT 2007, 29 = NJW-RR 2007, 530, (VIII ZR 265/07) GuT 2009, 122 = NJW 2009, 580; ausführlich *Milger* NZM 2009, 497, *Sternel* ZMR 2010, 81.
[492] So *Blank* NZM 2008, 745 (750 f.).
[493] So AG Jülich ZMR 1992, 27 (LS), AG Hamburg WuM 1985, 372; *Sternel* III Rdn. 377.
[494] BGH (VIII ZR 296/09) GE 2011, 331 = NZM 2011, 242 = WuM 2011, 108 = ZMR 2011, 375.
[495] BGH (XII ZR 62/12) NZM 2013, 648; OLG Koblenz InfoM 2013, 235 (m. Anm. *Wichert*).
[496] *Milger* NZM 2009, 497 (499).

einer Abrechnung schließlich durch die Vereinbarung eines Abschlags von 20% beilegten.[497]

233 **Formelle Mängel** der Abrechnung **hindern** die Verbindlichkeit des Saldos durch ein ausdrückliches **Anerkenntnis** des Mieters **nicht.**[498] So kann der Mieter auch einem formell unwirksamen Mieterhöhungsverlangen, sogar stillschweigend, zustimmen mit der Folge, dass er zur Zahlung der erhöhten Miete verpflichtet ist.[499]

234 Auch **nach Beginn der Ausschlussfrist** sind Korrekturen der formell ordnungsgemäßen Abrechnung möglich, sie führen allerdings nicht zur Erhöhung der Nachforderung (s. im Einzelnen G Rdn. 83 ff.). Eine Ausschlussfrist für die Vornahme der inhaltlichen Korrekturen ist im Gesetz nicht vorgesehen. Der Vermieter ist daher auch nicht etwa gehalten, auf rechtzeitig angebrachte Beanstandungen des Mieters innerhalb von drei Monaten zu reagieren.[500] War die Abrechnung bereits formell mangelhaft, scheiden Nachforderungen des Vermieters ohnehin generell aus. Seine Abrechnungspflicht wird davon jedoch nicht berührt (s. G Rdn. 5).

3. Folgen eines Anerkenntnisses

235 Das Anerkenntnis hat zur Folge, dass jede Partei zumindest mit solchen nachträglichen **Einwänden ausgeschlossen** ist, die sie bei Abgabe der Erklärung **kannte oder** mit denen sie zumindest **rechnete;** fehlt es hieran, kann sich der Vermieter auch nicht auf Vertrauensschutz (§ 242 BGB) berufen.[501]

236 Der Ausschluss wird **alle Fehler** betreffen, die sich aus der Abrechnung selbst feststellen lassen, ggf. unter Beiziehung des Mietvertrags. Dabei handelt es sich für den Vermieter z. B. um Fehler, die aus übersehenen Kosten resultieren,[502] die ihm mithin bei einer Kontrolle der Abrechnung vor deren Herausgabe hätten auffallen können, aus Irrtümern[503] oder Berechnungsfehlern bei der Verteilung, für beide Parteien um Fehler aus Rechenfehlern bei der Addition oder Multiplikation von Ansätzen, und für den Mieter z. B. um Fehler aus unwirtschaftlicher Höhe der Kosten oder deutlich nicht ausreichendem Abzug von Instandhaltungs- oder Verwaltungskosten, um einen vom Mietvertrag abwei-

---

[497] OLG Düsseldorf NZM 2001, 588.
[498] Z. B. *Blank* in Blank/Börstinghaus § 556 Rdn. 215/230.
[499] BGH (VIII ZR 182/04) DWW 2006, 327 = NZM 2005, 736 = WuM 2005, 518.
[500] So LG Itzehoe ZMR 2005, 539; dagegen ausführlich *Hinz* NZM 2009, 97 (102).
[501] BGH (VIII ZR 94/05) DWW 2006, 113 = GE 2006, 246 = NZM 2006, 222 = WuM 2006, 150 = ZMR 2006, 268.
[502] Vgl. BGH (VIII ZR 92/02) GE 2003, 666 = ZMR 2003, 339 zu § 21 Abs. 2 AVB-WasserV.
[503] Vgl. AG Mettmann NZM 2004, 784: erhöhtes Guthaben des Mieters infolge fehlerhafter Umrechnung von Euro-Beträgen.

chenden Umlageschlüssel oder um den Ansatz von Kosten, über die als Betriebskostenanteil einer Teilinklusivmiete/als Teil einer Pauschale nicht abzurechnen ist.

Als **Ausnahme zugunsten des Vermieters** wird vertreten, dass ihm die Korrektur der Abrechnung möglich ist, wenn die angesetzten Kosten den tatsächlichen nicht einmal annähernd entsprechen. In diesem Fall soll der Anerkenntnisvertrag nach den Grundsätzen über die Störung der Geschäftsgrundlage (§ 313 BGB) behandelt werden,[504] so dass eine Berichtigung zulässig ist. Die Korrektur ist jedoch auf extreme Sachverhalte zu beschränken.[505] 237

Als **Ausnahme zugunsten des Mieters** sind die Fälle anzusehen, in denen in die Abrechnung andere als Betriebskosten einflossen, etwa Verwaltungs- oder Reparaturkosten. Der Vermieter versucht hier eine Forderung durchzusetzen, die ihm unter keinem Gesichtspunkt zusteht. Eine weitere Ausnahme betrifft ohne weiteres die rechtswidrige **Manipulation** der Abrechnung, die einen versuchten Betrug darstellt. Sie kann sich auf den verschleierten Ansatz sachfremder Kosten ebenso beziehen wie auf den Umlageschlüssel. 238

VI. Einwände des Mieters gegen die Abrechnung

1. Übermäßige Nachforderung wegen zu geringer Vorauszahlungen

Sind die **Vorauszahlungen sehr niedrig** angesetzt, kommt es zu einem übermäßigen **Abstand zwischen** dem **Saldo** aus der Betriebskostenabrechnung **und** der **Summe der Vorauszahlungen.** Häufig wenden die Mieter in derartigen Fällen ein, der Vermieter dürfe eine Nachforderung nur in reduzierter Höhe geltend machen. Wirtschaftlich ist der Einwand nachvollziehbar, weil der Mieter bei Abschluss des Mietvertrags überlegen muss, ob die Gesamtbelastung von Nettomiete und Nebenkosten und seine finanziellen Möglichkeiten ausgewogen sind.[506] 239

a) Enttäuschtes Vertrauen des Mieters

Nach Auffassung des **BGH** kann aus der **Höhe der Vorauszahlungen allein nicht** auf einen **Vertrauenstatbestand** geschlossen werden, die Nachforderung aus der Betriebskostenabrechnung werde die Vorauszahlungen allenfalls unwesentlich übersteigen.[507] Er hat dabei die Argumen- 240

---

[504] OLG Hamburg WuM 1991, 598: Ansatz von 87 cbm Wasserverbrauch statt richtig 800 cbm.
[505] Vgl. LG Koblenz WuM 1997, 685.
[506] *Wolst* in DMT-Bilanz 2011 S. 611.
[507] BGH (VIII ZR 195/03) DWW 2004, 125 = GE 2004, 416 = MDR 2004, 624 = MM 2004, 121 = NJW 2004, 1102 = NZM 2004, 251 = WuM 2004, 201 (m. Anm.

tation übernommen, dass der Vermieter überhaupt von der Erhebung von Vorauszahlungen absehen und sich daher auch auf deutlich nicht deckende beschränken könne,[508] zumal das Gesetz (§ 556 Abs. 2 Satz 2 BGB) nur überhöhte Vorauszahlungen verbiete.

241 Diese Auffassung **überzeugt nicht,** weil es einen wesentlichen Unterschied ausmacht, ob überhaupt keine Vorauszahlungen angesetzt wurden oder zu niedrige; wenn Vorauszahlungen ausgewiesen sind, löst dies beim Mieter die selbstverständliche Erwartung aus, dass sie ungefähr am erwarteten Abrechnungsergebnis orientiert sind.[509] Dies ist keine einseitig auf seinen Vorteil bedachte Vorstellung des Mieters. Er darf vielmehr voraussetzen, dass der Vermieter mit den Vorauszahlungen das Ziel verfolgt, nicht mit ggf. beträchtlichen Beträgen in Vorleistung treten zu müssen. Im Regelfall, in dem die nachfolgend bezeichneten Umstände (Rdn. 243 ff.) fehlen, bleibt dem Mieter, der im Nachhinein anhand der Abrechnung feststellen muss, dass die Gesamtbelastung seine finanzielle Leistungskraft übersteigt, nach dieser Rechtsprechung nur die Aufgabe des Mietobjekts.

242 Die **Ausblendung der Erwartungen eines redlichen Mieters** mit dem Hinweis, jeder Mieter könne vor dem Abschluss des Mietvertrags schließlich nachfragen, wie es sich mit dem Ansatz der Betriebskostenvorauszahlungen verhalte, ist **zumindest in den Fällen unbefriedigend,** in denen die Höhe der Vorauszahlungen in einem **auffälligen Missverhältnis** zu den tatsächlich anfallenden Betriebskosten steht. Hier ließe sich eine Aufklärungspflicht des Vermieters sehr wohl vertreten, weil sich eine Benachteiligungsabsicht des Vermieters aufdrängt. Zumindest wäre es nahe liegend, zwischen den verbrauchsabhängigen und den verbrauchsunabhängigen Kosten zu differenzieren, ob z. B. die Vorauszahlungen bereits den Anteil an den verbrauchsunabhängigen Kosten unterschritten[510] oder ob die Überschreitung zum wesentlichen Teil auf sehr hohen Verbrauchskosten beruhte.[511] Im Übrigen könnte zur Bestimmung einer möglichen Grenze diejenige herangezogen werden, die im Rahmen des § 138 BGB verwendet wird, um ein grobes Missverhältnis von Leistung und Gegenleistung zu bestimmen, nämlich das Doppelte der Leistung.[512]

Eisenschmid) = ZMR 2004, 347, (XII ZR 21/02) GE 2004, 958 = GuT 2004, 160 = MDR 2004, 1177 = NJW 2004, 2674 = NZM 2004, 619 = ZMR 2004, 653.

[508] So OLG Stuttgart RE 10.8.1982 WuM 1982, 272 in einem Fall, in dem monatlichen Vorauszahlungen von DM 90,00 (= DM 1080,00 jährlich) für Betriebs-, Heiz- und Warmwasserkosten Gesamtkosten von DM 2332,33 gegenüberstanden; sie wären mit monatlichen Vorauszahlungen von DM 194,36 (= 216 % mehr als vereinbart) gedeckt gewesen; die monatliche Nettomiete betrug DM 420,00.

[509] Z. B. *Blank* in Blank/Börstinghaus § 556 Rdn. 123, *Derckx* NZM 2004, 321; zur Kritik an den Entscheidungen des BGH s. auch *Artz* NZM 2004, 328, *Eisenschmid* WuM 2004, 202, *Lehmann-Richter* WuM 2004, 254, *Schumacher* WuM 2004, 507 (509), a. A. *Schmid* DWW 2004, 288.

[510] So im Fall LG Frankfurt am Main NZM 2002, 485.

[511] Vgl. *Büttner* ZMR 2003, 644 (645).

[512] Vgl. Palandt/*Ellenberger* § 138 Rdn. 67 m. w. N.

b) Schuldhaftes Verhalten des Vermieters

aa) Grundlagen eines Schadensersatzanspruchs

War die aus der Umlage der Nebenkosten resultierende Belastung des Mieters **Gegenstand der Vertragsverhandlungen** und machte der Vermieter hierbei **schuldhaft falsche Angaben oder sogar Zusagen**, steht dem Mieter nach allgemeiner Ansicht ein Schadensersatzanspruch aus Verschulden bei Vertragsschluss zu (§§ 311 Abs. 2, 241 Abs. 2, 280 Abs. 1 BGB).[513] Diese Folge kann bereits dadurch eintreten, dass der Vermieter auf die Nachfrage des Mieters erklärte, die im Mietvertragsentwurf angesetzten Betriebskosten seien ausreichend bemessen. **243**

Unter besonderen Umständen kommt auch ein Schadensersatzanspruch wegen **Verletzung der Aufklärungspflicht** des Vermieters in Betracht. Dies ist z. B. der Fall, wenn der Mieter bei den Vertragsverhandlungen zum Ausdruck brachte, er miete die Wohnung, weil die monatliche Belastung aus Nettomiete und Betriebskosten günstig erscheine, und der Vermieter hierzu schwieg, obwohl er wusste oder wissen musste, dass die Betriebskostenabschläge bei weitem nicht ausreichen.[514] **244**

Ebenso ist die Aufklärungspflicht verletzt, wenn der **Formularmietvertrag** in der Spalte, welche dem Eintrag der Nettomiete folgt, den Passus *„zuzüglich angemessener Vorauszahlungen"* enthält, diese indes völlig unzureichend bemessen sind.[515] Auch formularvertragliche Zusicherungen schaffen nach dem Empfängerhorizont einen Vertrauenstatbestand beim Mieter. Nach der gebotenen kundenfeindlichsten Auslegung von Formularklauseln kann sich der Vermieter nicht darauf zurückziehen, es handele sich um eine bloße unverbindliche Wiederholung des § 556 Abs. 2 Satz 2 BGB. **245**

Ohne weiteres ist ein Schadensersatzanspruch des Mieter zu bejahen, wenn der Vermieter die Vorauszahlungen **bewusst zu niedrig** ansetzte, **um den Mieter** über den Umfang der tatsächlichen Mietbelastung **zu täuschen** und ihn auf diese Weise zum Abschluss des Mietvertrags zu bewegen.[516] Die ggf. beträchtliche Diskrepanz als solche zwischen der Summe der Vorauszahlungen und dem auf den Mieter entfallenden Kos- **246**

---

[513] Z. B. BGH (VIII ZR 195/03) DWW 2004, 125 = GE 2004, 416 = MDR 2004, 624 = MM 2004, 121 = NJW 2004, 1102 = NZM 2004, 251 = WuM 2004, 201 (m. Anm. *Eisenschmid*) = ZMR 2004, 347, (XII ZR 21/02) GE 2004, 958 = GuT 2004, 160 = MDR 2004, 1177 = NJW 2004, 2674 = NZM 2004, 619 = ZMR 2004, 653, OLG Rostock GE 2009, 324; *Wolf/Eckert/Ball* Rdn. 541.
[514] OLG Dresden RE 20.12.2002 NZM 2004, 68 = WuM 2004, 83.
[515] Z. B. im Fall OLG Naumburg NZM 2002, 387: Die Nachforderung überstieg die Vorauszahlungen um das 7,5 bis 8-fache.
[516] BGH (VIII ZR 195/03) DWW 2004, 125 = GE 2004, 416 = MDR 2004, 624 = MM 2004, 121 = NJW 2004, 1102 = NZM 2004, 251 = WuM 2004, 201 (m. Anm. *Eisenschmid*) = ZMR 2004, 347, (XII ZR 21/02) GE 2004, 958 = GuT 2004, 160 = MDR 2004, 1177 = NJW 2004, 2674 = NZM 2004, 619 = ZMR 2004, 653.

tenanteil hat dabei noch keine hinreichende Aussagekraft. So kann z. B. die Überschreitung der Summe der Vorauszahlungen im ersten Abrechnungsjahr um das Sechsfache darauf beruhen, dass es sich um eine Erstvermietung handelte.[517] Bei einer derartigen Kostenüberschreitung liegt zwar häufig der Verdacht auf ein sog. Lockvogelangebot nahe, was indes die Benachteiligungsabsicht nicht nachweist.[518] Sie muss daher, ggf. gerichtlich, dargelegt und bewiesen werden.

bb) Gegenstand des Schadensersatzanspruchs

247 Streitig ist, **worauf** sich **der Schadensersatzanspruch** des Mieters **richtet**. Die Meinungsvielfalt reicht von der grundsätzlichen Ablehnung eines Schadensersatzanspruchs bis zu Schadensersatzansprüchen in unterschiedlicher Ausgestaltung.

248 **Nach einer Meinung** tritt ein **Schaden** des Mieters **ohnehin nur in** besonders gelagerten **Ausnahmefällen** ein, weil die Eingehung des Vertrages als solchem nicht automatisch einen Vermögensschaden begründe.[519] Diese Ansicht überzeugt nicht, weil sie den Regelungsgehalt des § 241 Abs. 2 BGB nicht hinreichend einbezieht. Die Vorschrift verpflichtet u. a. zur Rücksicht auf die Interessen der Gegenseite. Es geht daher nicht darum, z. B. im Rahmen der Betriebskosten bei korrekter Abrechnung eine werthaltige Gegenleistung zu den Vorauszahlungen in Form der tatsächlich beim Vermieter angefallenen Kosten zu erhalten,[520] sondern unter Verletzung des Gebots zur Rücksichtnahme zu einem Mietvertrag gebracht worden zu sein, der mit diesem Inhalt nicht abgeschlossen worden wäre,[521] was ggf. der Mieter nachzuweisen hat. War das Interesse des Mieters am Mietobjekt allerdings vorrangig, etwa bei einem Ladengeschäft wegen dessen Lage, so dass er es auch bei angemessen angesetzten Betriebskostenvorauszahlungen angemietet hätte, scheidet ein Schaden des Mieters aus;[522] hier hat er aus den zu niedrigen Vorauszahlungen sogar den gewissen Vorteil, dass ihm der Vermieter die Differenzbeträge kreditierte.

249 **Nach anderer Ansicht** steht dem Mieter zwar ein Schadensersatzanspruch zu, er ist jedoch darauf beschränkt, von der in ständiger Rechtsprechung des BGH[523] anerkannten Möglichkeit der **Auflösung des Vertrags** Gebrauch zu machen, mithin den Mietvertrag fristlos nach § 543 Abs. 1 BGB zu kündigen **und Ersatz** der **Umzugskosten und** der infolge

---

[517] BGH (XII ZR 21/02) GE 2004, 958 = GuT 2004. 160 = MDR 2004, 1177 = NJW 2004, 2674 = NZM 2004, 619 = ZMR 2004, 653.
[518] OLG Hamm NZM 2003, 717; *Derckx* NZM 2004, 321 (322), *Scheffler* WuM 2008, 65 (66); a. A. *Artz* NZM 2004, 328 (330).
[519] BGH (V ZR 29/96) WuM 1998, 88; *Scheffler* WuM 2008, 65 (67).
[520] So OLG Dresden RE 20.12.2002 NZM 2004, 68; *Scheffler* WuM 2008, 65 (67).
[521] Vgl. Palandt/*Grüneberg* § 311 Rdn. 13.
[522] *Wolf/Eckert/Ball* Rdn. 509.
[523] Palandt/*Grüneberg* § 311 Rdn. 13 m. w. N.

seines Auszugs nutzlos für das Mietobjekt aufgebrachten **Aufwendungen** zu verlangen,[524] wobei der Vermieter die Kündigung nicht durch eine Korrektur der Abrechnung hinfällig machen kann.[525] Dabei bleibt indes völlig außer Betracht, dass dem Mieter durch einen Umzug nicht nur geldwerte Nachteile erwachsen, sondern in sehr erheblichem Umfang auch solche, die im Rahmen eines Schadensersatzanspruchs üblicherweise nicht ausgeglichen werden. Diese reichen von meist nur pauschal angegebenen und damit nicht ausreichend spezifizierten persönlichen Freizeitverlusten und nervlichen Belastungen bis zu objektiven, etwa den allgemein bekannten Schäden an der Wohnungseinrichtung durch einen Umzug.

Eine dritte Ansicht gesteht dem Mieter einen **Schadensersatzanspruch** zu, jedoch nur **in Höhe der Differenz** zu der Betriebskostenbelastung eines **Alternativobjekts,** das der Mieter wegen der bewusst zu niedrig angesetzten Vorauszahlungen des angemieteten Objekts ausschlug, auch wenn der Mieter den Kostenunterschied kaum dartun und beweisen könne.[526] Faktisch läuft der Schadensersatzanspruch auch hier leer. **250**

Nach der hier vertretenen Auffassung erscheint es demgegenüber sachgerecht, dem Mieter, der trotz der Täuschung am Vertrag festhalten will, einen Anspruch auf **Vertragsanpassung** zuzuerkennen.[527] Hierfür muss er nicht nachweisen, dass er, wäre er über die richtige Höhe der Betriebskosten aufgeklärt worden, eine andere Wohnung mit geringerer Belastung angemietet hätte;[528] vielmehr ist es Sache des Vermieters darzulegen, dass der Mieter den Mietvertrag auch in Kenntnis der erheblichen Nachzahlungen abgeschlossen hätte.[529] Die Vertragsanpassung sollte auf Freihaltung von den Kosten gehen, die den vom Vermieter genannten Betrag nicht nur unwesentlich übersteigen.[530] Da dem Vermieter das Verbrauchsverhalten der Mieter und die sonstigen Kostensteigerungen bei der Angabe des Vorauszahlungsbetrags nicht bekannt waren und das durch § 241 Abs. 2 BGB geschützte Interesse des Mieters durch gewisse Ungenauigkeiten nicht verletzt wird, bietet es sich an, den Grenzbetrag auf 20% festzusetzen. Auf diese Weise ist geklärt, in wel- **251**

---

[524] LG Düsseldorf NZM 2002, 68; *Blank* in Blank/Börstinghaus § 556 Rdn. 125, *Geldmacher* DWW 1997, 9, *Lammel* § 556 BGB Rdn. 126.
[525] LG Hamburg ZMR 2003, 683.
[526] *Both* in Herrlein/Kandelhard § 556 Rdn. 58.
[527] Vgl. BGH (XII ZR 21/02) GE 2004, 958 = GuT 2004, 160 = MDR 2004, 1177 = NJW 2004, 2674 = NZM 2004, 619 = ZMR 2004, 653.
[528] *Lehmann-Richter* WuM 2004, 254 (256); a. A. OLG Dresden RE 20.12.2002 NZM 2004, 16.
[529] LG Berlin NZM 2002, 212.
[530] Staudinger/*Artz* § 556 Rdn. 75; a. A. (Vollständiger Ausschluss der Nachforderung) OLG Naumburg NZM 2002, 387, LG Berlin NZM 2002, 212, AG Göttingen WuM 2007, 574, AG Hannover WuM 2003, 327; so wohl auch KG ZMR 2007, 963; *Bub* NZM 2011, 64 (647).

chem Umfang der Vermieter den Mieter mit Kosten aus der **ersten Abrechnung** belasten darf.

252 Auf der anderen Seite kann der Mieter nicht davon ausgehen, es bleibe auch bei einem längeren Mietverhältnis stets bei den unveränderten Kosten wie bei Mietbeginn. Für die **weiteren Abrechnungen** liegt die Lösung dieses Problems darin, die ausweislich der ersten Abrechnung tatsächlich entstandenen Kosten zuzüglich 20% als Sockelbetrag zu behandeln, so dass der Vermieter nur die allfälligen Steigerungen in der Folgezeit erstattet verlangen kann.[531] Er hat dann nicht eine bloße Abrechnung zu präsentieren, sondern eine **Differenzberechnung** (vgl. C Rdn. 32), deren Ergebnis der Mieter ausgleichen muss. Auf der Grundlage der Vorschrift des § 560 BGB wäre es auch möglich, den im Mietvertrag ausgewiesenen Vorauszahlungsbetrag als Pauschale zu behandeln,[532] wobei sich das Erhöhungsrecht aus der Vorauszahlungsabrede ergibt.

2. Ausschlussfrist für Einwendungen

a) Zweck und Geltungsbereich

253 Nach § 556 Abs. 3 Satz 5 BGB hat der Mieter von **preisfreiem Wohnraum** seine **Einwendungen** gegen die Abrechnung **spätestens zwölf Monate nach Zugang der Abrechnung** mitzuteilen, es sei denn, er hat die verspätete Geltendmachung nicht zu vertreten. Versäumt der Mieter die Frist, kann er „*Einwendungen nicht mehr geltend machen*" (§ 556 Abs. 3 Satz 6 BGB), wobei streitig ist, wie diese Rechtsfolge dogmatisch einzuordnen ist.[533] Der Sinn und Zweck der Ausschlussfrist liegt darin, Klarheit über die Ansprüche aus der Betriebskostenabrechnung für ein bestimmtes Jahr zu erlangen.[534] Nach Ablauf der Frist gilt diese daher, soweit keine Einwendungen erhoben wurden, als richtig.[535]

254 Die Ausschlussfrist **gilt nicht für preisgebundenen Wohnraum** alter Art, weil § 20 Abs. 3 NMV keine entsprechende Bestimmung enthält.[536] Dies widerspricht nicht dem Vorrang eines Gesetzes gegenüber Verordnungen. Die Bestimmungen der NMV dienen gem. § 28 WoBindG u.a. der Durchführung der Vorschrift des § 8 WoBindG, das als das speziellere Gesetz den allgemeinen Bestimmungen in § 556 BGB vorgeht. Da der Verfügungsberechtigte die Wohnung nach § 8 Abs. 1 WoBindG nicht

---

[531] Ähnlich *Derckx* NZM 2004, 321 (324).
[532] So schon bisher AG München ZMR 2000, 620 (m. Anm. *Dobmeier*) und ZMR 2000, 837 (m. Anm. *Geldmacher*); *Artz* NZM 2004, 328 (330).
[533] Ausführlich *Blank* DWW 2009, 91 (93 ff.) m.w.N.
[534] BGH (VIII ZR 185/09) DWW 2010, 295 = GE 2010, 901 = NZM 2010, 470 = WuM 2010, 420 = ZMR 2010, 669.
[535] BT-Drucks. 14/4553 S. 87 = NZM 2001, 20 (24); ausführlich hierzu *Zehelein* NZM 2014, 369 (370 f.).
[536] BGH (VIII ZR 371/04) DWW 2005, 328 = GE 2005, 1118 = NZM 2005, 737 = WuM 2005, 579.

gegen ein höheres Entgelt als die Kostenmiete überlassen darf, könnte es durch den Einwendungsausschluss zu einem Verstoß hiergegen kommen. Für öffentlich geförderten Wohnraum neuer Art, der seit 1.1.2001 nach Maßgabe des WoFG gefördert wird, dürfte sich dieselbe Folge aus § 28 Abs. 2 WoFG ergeben.

Ebenso wenig wie die Ausschlussfrist aus § 556 Abs. 3 Satz 3 BGB läuft in Mietverträgen über **Gewerberaum** die Frist aus § 556 Abs. 3 Satz 5 BGB für die Geltendmachung von Einwänden. Der Mieter kann daher auch noch nach sehr langer Zeit erstmalig mit Beanstandungen an der Abrechnung hervortreten. Nur in seltenen Fällen wird er sich aufgrund von Eigenheiten des konkreten Mietverhältnisses Verwirkung entgegen halten lassen müssen.

b) Beginn und Dauer der Frist

Die **Frist beginnt** mit dem Zugang einer **formell ausreichenden Abrechnung** beim Mieter.[537] Dies gilt auch, wenn die Abrechnung nur einem Mitmieter übermittelt wurde (s. dazu I Rdn. 3). Alle Einwendungen gegen die Abrechnung kann er allein anbringen; ihnen kommt keine rechtsgestaltende Wirkung zu, so dass sie von allen Mitmietern erhoben werden müssten.[538] **255**

Die Einwendungsfrist wird selbst dann nicht in Gang gesetzt, wenn die den formellen Anforderungen nicht genügende Betriebskostenabrechnung materiell richtig ist.[539] Die Gegenmeinung, dass die Abrechnung für den Mieter in jedem Fall verbindlich ist, wenn er nicht vor dem Eingreifen des Einwendungsausschlusses mit Beanstandungen hervortrat,[540] weil mögliche Streitigkeiten aus einer Abrechnung nach dem Gesetzeszweck einmal ein Ende haben sollen, überzeugt nicht. Sie führt zu einem widersprüchlichen Ergebnis: Mangels wirksamer Abrechnung besteht einerseits der Abrechnungsanspruch des Mieters fort,[541] andererseits wäre er zum Ausgleich des Saldos der unwirksamen Abrechnung verpflichtet. Das Eingreifen des Einwendungsausschlusses würde damit den Anspruch des Mieters auf eine ordnungsgemäße Abrechnung vernichten, eine radikale Folge, für welche das Gesetz nichts hergibt. **256**

Liegt eine im Wesentlichen richtige Abrechnung vor, bei der sich die **formellen Mängel nur auf einzelne Positionen** beziehen, beginnt die Einwendungsfrist hinsichtlich der übrigen Posten mit Zugang der Abrechnung beim Mieter. Übermittelt der Vermieter dem Mieter zur Behe- **257**

---

[537] BGH (VIII ZR 27/10) NZM 2011, 401 = WuM 2011, 101, 158 = ZMR 2011, 454, AG Michelstadt WuM 2009, 179; *Hinz* NZM 2009, 97 (98), *Lützenkirchen* NZM 2002, 512, *Milger* NZM 2009, 497 (500f.), *Sternel* ZMR 2001, 937 (939); a.A. *Ritzmann* WuM 2010, 341, *Streyl* NZM 2007, 324, *ders.* NZM 2009, 809.
[538] So AG Berlin-Charlottenburg MM 3/10, 31.
[539] BGH (VIII ZR 243/10) WuM 2011, 281.
[540] *Schmid* ZMR 2002, 727 (729), *Streyl* WuM 2005, 505, *ders.* NZM 2009, 809.
[541] Z. B. AG Wetzlar ZMR 2008, 634.

bung der Mängel eine insgesamt neue Abrechnung, beginnt die Frist vollständig neu; beschränkt sich der Vermieter auf eine Korrektur der Ursprungsabrechnung, gilt die Frist nur für die nachgebesserten Posten.

258 Die **Frist endet** grundsätzlich erst mit Ablauf des zwölften Monats nach Zugang der Abrechnung, konkret mit dem Ablauf des Kalendermonats des auf den Zugang der Abrechnung folgenden Jahres (§ 192 BGB).[542] Führen die Parteien einen Rechtsstreit über das Ergebnis der Abrechnung, wird die Frist nicht durch richterlich aus prozessualen Gründen gesetzte Fristen verlängert.[543] Eine **Ausnahme** gilt, wenn der Mieter die **verspätete Geltendmachung nicht zu vertreten** hat, wenn er z. B. überraschend für längere Zeit krank wurde, so dass er sich um seine Angelegenheiten nicht kümmern konnte, oder wenn der Vermieter ihn an der rechtzeitigen Ausübung seiner Kontrollrechte[544] hinderte. Ferner ist der Fall betroffen, dass der Vermieter auf Nachfrage des Mieters falsche Auskünfte erteilte[545] bzw. auf den rechtzeitigen Einwand, es seien nicht alle Belege vorgelegt worden, nicht reagiert[546] oder dass die Abrechnung Fehler enthält, die durch bloße Prüfung und ggf. Vergleich mit dem Mietvertrag nicht erkennbar waren.[547] Schaltet der Mieter Dritte für die Prüfung der Abrechnung ein, etwa einen Rechtsanwalt oder Mieterverein, muss er sich deren Verschulden zurechnen lassen, § 278 BGB.[548] Auf den Grad des Verschuldens des Vermieters, das zum Abrechnungsfehler führte, oder der Offensichtlichkeit des Fehlers kommt es nicht an.[549] Zu vertreten hat der Mieter die Verspätung z. B., wenn er während einer geplanten längeren Abwesenheit keine Vorsorge trifft, dass seine Interessen wahrgenommen werden, oder wenn der Brief, in dem er seine Einwendungen darlegte, den Vermieter durch einen Fehler der Post zu spät erreichte.[550] Auf das Wissen darüber, dass und worüber er Einwände geltend machen muss, oder im Hinblick auf einzuhaltende gesetzliche Vorgaben durch den Vermieter (etwa Wahrung der Eichfristen), kommt es nicht an. Erhält der Mieter erst nach Fristablauf Kenntnis über solche Umstände, ist er mit den Einwendungen dennoch ausgeschlossen; andernfalls wäre der Zweck des § 556 Abs. 3 Satz 5, 6 BGB nicht gewahrt.[551]

---

[542] Ebenso LG Frankfurt (Oder) WuM 2013, 40 (m. zust. Anm. *Wall* WuM 2013, 345 und *Zühlke* InfoM 2103, 124).
[543] AG Leipzig NZM 2008, 126.
[544] *Lützenkirchen* NZM 2002, 513.
[545] *Blank* in Blank/Börstinghaus § 556 Rdn. 227, *Wall* Rdn. 2135.
[546] LG Berlin ZMR 2017, 805.
[547] *Zehelein* in MünchKomm § 556 Rdn. 104.
[548] BGH (VIII ZR 102/06) NZM 2007, 35 = WuM 2007, 24 = ZMR 2007, 103, LG Berlin GE 2017, 1021 = ZMR 2017, 977.
[549] *Lützenkirchen* NZM 2002, 512 (513), *Zehelein* in MünchKomm § 556 Rdn. 104; a. A. *Sternel* ZMR 2001, 937 (940).
[550] LG Berlin GE 2011, 1229.
[551] A. A. AG Halle ZMR 2013, 811 (m. Anm. *Lammel* jurisPR-MietR 4/2014 Anm. 5).

Ist die **Verhinderung behoben,** muss der Mieter seine Einwände allerdings alsbald vorbringen; hier kann nichts anderes gelten als bei der Ausschlussfrist für Nachforderungen des Vermieters,[552] bei welcher der Vermieter die Verspätung im Regelfall dann zu vertreten hat, wenn er nach Wegfall des Abrechnungshindernisses nicht innerhalb von drei Monaten abrechnet.[553] 259

Ansonsten gelten für den **Beginn,** die **Dauer** und die **Gründe für das Überschreiten der Frist** im Grundsatz dieselben Gesichtspunkte wie für die Abrechnungsfrist des Vermieters, so dass darauf verwiesen werden kann (s. G Rdn. 33 ff.). 260

Zur Geltendmachung des Einwendungsausschlusses im **Prozess** s. J Rdn. 52. 261

c) Inhalt der Einwendungen

Die **Einwendungsfrist hält der Mieter nur ein,** wenn er sich nicht auf allgemeine Bedenken beschränkt. Das Ziel der Ausschlussfrist, möglichst binnen eines Jahres nach Zugang der Abrechnung eine klare Sachlage zu schaffen, ließe sich nicht erreichen, wenn pauschale Vorbehalte gegen die Abrechnung auch noch nach langer Zeit wirksam sein und dann mit entsprechendem Streitpotential konkretisiert werden könnten. 262

Der Mieter oder der für ihn handelnde Vertreter hat daher nach allgemeiner Ansicht bis zum Fristablauf **konkrete Beanstandungen** anzubringen.[554] Er muss seine Einwände mithin so deutlich machen, dass der Vermieter erkennen kann, wo genau der Mieter einen Korrekturanlass sieht.[555] Hierzu reicht der Hinweis, dass die Kosten bei einzelnen bezeichneten Betriebskostenarten gegenüber denjenigen der Vorperiode **außerordentlich gestiegen** sind, was aus dem allgemeinen Kostenanstieg nicht zu erklären ist, nur aus, wenn die Belegeinsicht dieses nicht erhellt.[556] Vom Mieter ist im Grundsatz zu verlangen, zur Vorbereitung seiner Einwände Einsicht in die Abrechnungsunterlagen nehmen, um die Verspätung seiner Beanstandungen zu vermeiden,[557] es sei denn, die Fehlerhaftigkeit ergibt sich bereits aus der Abrechnung selbt.[558] Erst, wenn die Einsicht in die Belege dem Mieter keine weiteren Erkenntnisse bringt, 263

---

[552] LG Krefeld WuM 2010, 361; *Lützenkirchen* NZM 2002, 512 (513)
[553] BGH (VIII ZR 220/05) NZM 2006, 740 = WuM 2006, 516.
[554] OLG Koblenz DWW 2016, 197, BeckRS 2016, 04568, OLG Düsseldorf Urt. v. 9.7.2015 – I-10 U 126/14, NJOZ 2015, 1753, LG Berlin GE 2017, 1021 = NJOZ 2017, 1269 = ZMR 2017, 977, AG Hamburg Urt. v. 6.7.2016 – 49 C 6/16, BeckRS 2016, 12606; *Hinz* NZM 2009, 97 (99), Palandt/*Weidenkaff* § 556 Rdn. 13, *Zehelein* in MünchKomm § 556 Rdn. 101, *Wolbers* NZM 2010, 841 (847).
[555] Z. B. LG Itzehoe ZMR 2012, 953.
[556] Weitergehend *Kinne* in Kinne/Schach/Bieber § 556 Rdn. 86.
[557] OLG Düsseldorf ZMR 2003, 570; *Streyl* WuM 2005, 505 (508).
[558] LG Hamburg Urt. v. 9.1.2018 – 334 S 31/16, BeckRS 2018, 1702; *Zehelein* in MünchKomm § 556 Rdn. 101.

weil die zugrunde liegenden Rechnungen die Kosten nachweisen, nicht jedoch, warum es zum hohen Kostenanstieg kam, ist der Einwand ausreichend. Im Prozess tritt hierbei aber zugleich ein Konflikt mit der Darlegungs- und Beweislast des Mieters auf, wenn er einen Verstoß gegen das Wirtschaftlichkeitsgebot rügt. Denn hierfür ist er nach der Rechtsprechung des BGH vollumfänglich darlegungs- und beweisbelastet, den Vermieter trifft auch keine sekundäre Darlegungslast (s. J Rdn. 59 ff.). Da nach hiesiger Auffassung der Einwendungsausschluss des § 556 Abs. 3 Satz 5, 6 BGB einen Verstoß gegen das Wirtschaftlichkeitsgebot mangels Zugehörigkeit zur (und Unrichtigkeit der) Abrechnung nicht erfasst, stellt sich das Problem des Fristablaufs (s. J Rdn. 75) aber nicht.

264 Fraglich ist, ob der Mieter **schon früher gerügte Mängel** der Abrechnung, auf die der Vermieter nicht reagierte, in jeder folgenden Abrechnung **wiederholen** muss. Nach Ansicht des **BGH** machen Beanstandungen einer früheren Abrechnung eine solche Mitteilung grundsätzlich auch dann nicht entbehrlich, wenn es sich in der Sache um die gleiche Einwendung handelt.[559]

265 Diese Auffassung **überzeugt nicht**.[560] Im zugrunde liegenden Fall hatte der Mieter sowohl gegen die Abrechnung 2003 als auch die Abrechnung 2004 den Ansatz der Grundsteuer gerügt, weil diese nach dem Mietvertrag nicht umlagefähig sei. Unbeeindruckt setzte der Vermieter auch in der Abrechnung 2005 die Grundsteuer an, was der Mieter nicht fristgerecht beanstandete. Er wurde deshalb mit seinem verspäteten Einwand ausgeschlossen. Ließ der Vermieter dem Mieter eine Abrechnung mit einem unverständlichen Umlageschlüssel zukommen, schadet dieser für sich betrachtet formelle Fehler nicht, wenn der Vermieter den Verteilungsmaßstab z. B. im Zusammenhang mit der Vorabrechnung nachvollziehbar erläutert hatte (s. Rdn. 129). Die Ausschlussfrist für Nachforderungen greift nicht ein. Demgegenüber soll die Ausschlussfrist für Einwendungen anzuwenden sein, wenn es der Mieter ebenso machte, er also eine konkrete Beanstandung angebracht und damit für Rechtsklarheit gesorgt hatte. Es wäre eher sachgerecht, dem Vermieter, der auf einen konkreten Einwand nicht reagiert und dem Mieter z. B. erläutert, dass der Ansatz zu Recht erfolgte, den Schutz des Einwendungsausschlusses zu versagen.

266 Auch auf der Basis der Rechtsprechung des BGH muss eine **wiederholte Rüge nicht ausdrücklich** erklärt werden. Kürzt der Mieter den Nachforderungssaldo exakt um den Betrag, der auf die schon zuvor streitige Abrechnungsposition entfällt, macht er ausreichend deutlich, dass er an seinem Einwand festhält.[561]

---

[559] BGH (VIII ZR 185/09) DWW 2010, 295 = GE 2010, 901 = NZM 2010, 470 = WuM 2010, 420 = ZMR 2010, 669, AG Gießen Urt. vom 27.8.2008 – 48 MC 541/06; *Hinz* NZM 2010, 770 (771).
[560] A. A. *Hinz* NZM 2010, 770 (771).
[561] *Hinz* NZM 2010, 770 (771 f.).

VI. Einwände des Mieters gegen die Abrechnung

Die Ausschlussfrist hat zur weiteren Folge, dass es bei den fristgerecht **267** angebrachten Beanstandungen sein Bewenden hat. Bezogen sich die **Rügen nur auf einzelne Aspekte**, z.B. zu einer bestimmten Betriebskostenart, ist der Mieter nach Fristablauf weder berechtigt, noch andere Bestandteile der Abrechnung zu reklamieren, noch, diese Rügen fallen zu lassen und durch andere zu ersetzen.

d) Folgen und Grenzen des Ausschlusses

Die **Abrechnung gilt als richtig**[562] soweit keine konkreten Einwände gegen **268** diese binnen der Einwendungsfrist erhoben wurden. Das bezieht sich sowohl auf die Höhe der Gesamtkosten, die gewählten Umlageschlüssel und somit die hieraus vom Mieter zu tragenden Einzelkosten als auch die Höhe der geleisteten Vorauszahlungen.[563] Zur Abgrenzung von verfristeten Einwänden zu solchen, die auch nach Jahresfrist noch geltend gemacht werden dürfen, ist **nach der Art der Mängel zu differenzieren**. Formelle Fehler der Abrechnung sind, wie bereits ausgeführt, vom Einwendungsausschluss nicht betroffen (s. Rdn. 255). Folgen und Grenzen des Einwendungsausschlusses sind jedoch **teilweise streitig**. Auf einen Verstoß gegen das **Wirtschaftlichkeitsgebot** ist die Ausschlussfrist nicht hiesiger Auffassung anwenbar (s. J Rdn. 75).

aa) Ansatz nicht umlagefähiger Kosten

Enthält die Abrechnung **Kosten**, die **nicht zu den Betriebskosten** im **269** Sinne der BetrKV zählen, so sind diese nach der Rechtsprechung des **BGH**[564] ebenfalls **von der Ausschlussfrist erfasst**. Diese Auffassung ist abzulehnen.[565] Die zur Begründung alleine angeführte Befriedungsfunktion der Frist[566] berücksichtigt nicht den gesetzgeberischen Willen in der Wohnraummiete und die Regelung des § 556 Abs. 4 BGB. Es ist nicht ersichtlich, dass und warum der Gesetzgeber mit der Normierung des Einwendungsausschlusses auch solche Kosten hätte erfassen wollen. Das Ziel der Streitbeendigung über die Kostenrichtigkeit steht nicht außerhalb der Betriebskosten selbst. Insbesondere ist nicht begründbar, dass der Vermieter von Wohnraum mit seinem Mieter eine über die Vorgaben der BetrKV hinausgehende Kostentragung wegen der beschränkenden Wirkung des § 556 Abs. 4 BGB, die auch Abs. 1 Satz 3 erfasst, einerseits nicht einmal individuell vereinbaren, eben dieses aber durch Einstellung

---

[562] BT-Drucks. 14/4553 S. 87; *Zehelein* NZM 2014, 371.
[563] LG München ZMR 2016, 453 = NJOZ 2016, 1477.
[564] BGH (VIII ZR 209/15) DWW 2016, 213 = GE 2016, 854 = NJW 2016, 2254 = NZM 2016, 470 (m. abl. Anm. *Zehelein*) = WuM 2016, 420 = ZMR 2016, 436; *Sternel* ZMR 2001, 939, *Schmid* ZMR 2002, 729, *Streyl* WuM 2005, 505 (506); a. A. *Langenberg* WuM 2001, 529.
[565] Ebenso AG Karlsruhe ZMR 2012, 787; *Langenberg* in Schmidt-Futterer § 556 Rdn. 503.
[566] Ebenso Staudinger/*Artz* § 556 Rdn. 129a.

in die Abrechnung durch schlichten Zeitablauf erreichen kann. Gänzlich unklar ist auch, welche Kosten hierüber generierbar sind. Denn häufig stellen Vermieter auch z. B. fehlende Mieten, Reparatur- oder Mahnkosten in die Abrechnung ein. In der Konsequenz müssten diese ebenso wegen § 556 Abs. 3 Satz 5, 6 BGB vom Mieter zu tragen sein, wie sämtliche in der WEG-Einzelabrechnung aufgeführten Kosten, die dem Mieter häufig durchgereicht wird. Hier muss das Gericht gänzlich abwegige Kosten schlicht als nicht der Abrechnung zugehörig deklarieren, so dass die Ausschlussfrist bereits keine Anwendung findet.

bb) Ansatz in Teilinklusivmiete/Pauschale enthaltener Kosten

270 Streitig ist, ob die Einwendungsfrist den Mieter auch dann mit nachträglichen Beanstandungen ausschließt, wenn der Vermieter über **einzelne Betriebskostenarten vertragswidrig abrechnete.** Hier ist zu differenzieren.

(a) Varianten

271 Es kann zu einer vertragswidrigen Abrechnung kommen, wenn die **Vereinbarung** im Mietvertrag **über die umzulegenden Betriebskosten unvollständig** blieb. Dieser Fall begegnet in der Praxis insbesondere, wenn der Vermieter eigentlich eine Nettomiete mit Vorauszahlungen auf eine Abrechnung über alle umlagefähigen Betriebskosten erreichen wollte, durch unklare oder widersprüchliche Regelungen im Mietvertrag jedoch tatsächlich nur eine **Teilinklusivmiete** vereinbart wurde (s. dazu B Rdn. 80). Ferner fehlt z. B. im Mietvertrag über eine Eigentumswohnung gelegentlich die Angabe der Grundsteuer, wenn die Abrechnung des WEG-Verwalters zur Grundlage gemacht wurde. Nach der Rechtsprechung des **BGH** muss der Mieter derartige inhaltliche Fehler der Abrechnung innerhalb der Einwendungsfrist rügen, um keinen Rechtsverlust zu erleiden.[567]

272 Die Parteien vereinbarten eine **Teilpauschale,** bei der ein Teil der Betriebskosten im Wege von Vorauszahlungen auf eine Abrechnung, ein weiterer Teil durch eine Pauschale vom Vermieter erhoben wird. Diese Konstellation begegnet in der Praxis meist in der Weise, dass die verbrauchsunabhängigen Kosten durch die Pauschale abgegolten werden, so dass sich der Vermieter insoweit den Abrechnungsaufwand erspart, während auf die in der Höhe für ihn schwer einzuschätzenden verbrauchsabhängigen Kosten Vorauszahlungen zu entrichten sind. Auch hierzu hat der BGH wie vorstehend zum Betriebskostenanteil einer Teilinklusivmiete entschieden, dass der Mieter innerhalb der Einwendungsfrist die fehlende Abrechenbarkeit der betroffenen Betriebskostenarten geltend machen muss.[568]

---

[567] BGH (VIII ZR 83/13) GE 2014, 661 = WuM 2014, 336.
[568] BGH (VIII ZR 80/07) GE 2008, 664 = NZM 2008, 361 = WuM 2008, 283, wobei die Pauschale irrig als Teilinklusivmiete bezeichnet wurde, (VIII ZR 148/10) GE 2011, 329 = NZM 2011, 240 = WuM 2011, 158 = ZMR 2011, 373.

Schließlich liegt eine vertragswidrige Abrechnung vor, wenn zu den **273** Betriebskosten **überhaupt keine Umlage auf Abrechnungsbasis vereinbart** wurde, also im Fall einer **Vollpauschale.** Hierzu hat der BGH, nunmehr generell formuliert, entschieden, dass die vertragswidrige Abrechnung von Betriebskosten, für die es an einer Umlagevereinbarung fehlt oder für die eine Pauschale vereinbart ist, nicht zur Unwirksamkeit der Betriebskostenabrechnung aus formellen Gründen führt und der Mieter bei verspäteten Einwendungen auch die anteiligen Kosten aus solchen Betriebskostenarten tragen muss, für die keine separate Umlage vorgesehen ist.[569]

(b) Stellungnahme

Die **Rechtsprechung** des BGH **überzeugt nicht.**[570] Die Auffassung ist **274** weder nach der **gesetzlichen Systematik noch** nach dem **Ergebnis** gerechtfertigt. Dem Senat ist schon insoweit nicht zuzustimmen, dass der Zweck des Einwendungsausschlusses nicht erreicht werde. Die insoweit lediglich angeführten Annahme, der Gesetzgeber habe hiermit jeglichen Streit um Ansprüche aus der Abrechnung nach Fristablauf beenden wollen, überzeugt nicht. Dass nach der Gesetzesbegründung bzw. der Stellungnahme des Rechtsausschusses des Bundesrates „die Abrechnung" nach Fristablauf soweit keine Einwände erhoben wurden **„als richtig gilt"** (siehe Rdn. 268), bedeutet nicht, dass jeder Streit im Zusammenhang mit dieser ausgeschlossen sei. Die Feststellung bezieht sich alleine auf **die Abrechnung selbst,** deren inhaltliche Richtigkeit als Rechenwerk dahingestellt sein mag, wenn dem Vermieter das Recht fehlt, ihren Saldo vom Mieter einzufordern. Eben dieses ist keine Frage der Abrechnungsrichtigkeit, sondern des hiervon gänzlich unabhängigen vertraglich zu vereinbarenden Abrechnungsrechts. Daher spricht der Wortlaut des § 556 Abs. 3 Satz 6 BGB auch von „Einwendungen", die der Mieter nicht mehr geltend machen kann, was sich auf den Passus „Einwendungen gegen die Abrechnung" in Satz 5 bezieht. Auch nach der Gesetzesbegründung handelt es sich um einen „Einwendungsausschluss für Einwendungen des Mieters".[571] Das Abrechnungsrecht ist jedoch keine Einwendung gegen diese, sondern gegen das behauptete Recht, einen Anspruch aus ihr herzuleiten, es sei denn, der Gesetzgeber hätte auch dieses als Einwendung angesehen, die vom Mieter zu erheben und relationstechnisch eben nicht Teil der Schlüssigkeit sein solle. Das ist nicht anzunehmen.

Weiterhin wird die **Regelungsfolge und Systematik des § 556 BGB** **275** **nicht beachtet:**
– Nach § 535 Abs. 1 Satz 3 BGB hat der Vermieter die Betriebskosten zu tragen. Er kann sie **mittelbar** auf den Mieter übertragen, indem er sie

---

[569] BGH (VIII ZR 83/13) GE 2014, 661 = WuM 2014, 336, (VIII ZR 240/10) GE 2011, 949 = NZM 2011, 627 = WuM 2011, 420.
[570] Ebenso *Lützenkirchen* in Lützenkirchen § 556 Rdn. 721.
[571] BT-Drucks. 14/5663 S. 79.

in die Bruttokaltmiete oder den Betriebskostenanteil einer Teilinklusivmiete einrechnet. Hier ist für eine Abrechnung überhaupt kein Raum. Der Vermieter kann die Betriebskosten aber auch **ausdrücklich** auf den Mieter abwälzen, dies regelt § 556 Abs. 1 BGB.
- Nach **§ 556 Abs. 2 BGB** erfolgt die Abwälzung durch **zwei verschiedene Verfahren,** entweder durch Vorauszahlungen auf eine Abrechnung oder eine Pauschale.
- **Nur wenn Vorauszahlungen** vereinbart wurden, greifen die Regelungen in § 556 Abs. 3 BGB, darunter die Ausschlussfrist für Einwendungen, ein.
- Erfolgt die Abwälzung über eine **Pauschale** oder Teilpauschale, sind die Vorschriften des § 560 Abs. 1 bis 3 BGB einschlägig. Für einen Einwendungsausschluss ist kein Raum.

276 Nach dieser **Systematik des Gesetzes** stellt sich die Frage, wann und wie abzurechnen ist und welche **Ausschlussfristen** gelten, **allein bei** der Vereinbarung von **Vorauszahlungen.** Aus dem speziellen Regelungszusammenhang des § 556 Abs. 3 BGB für die Abrechnung von Vorauszahlungen Auswirkungen auf den vertragswidrigen Umgang des Vermieters zumal mit einer Vollpauschale abzuleiten, ist systematisch nicht nachvollziehbar. Es ist daher unverständlich, dass auch Einwände gegen eine vertraglich überhaupt nicht vorgesehene Abrechnung sollen verfristen können.

277 Die **Rechtfertigung** der Rechtsfolge des Satz 6, also der **Verlust des Rechts** für den Mieter, sich **gegen die Abrechnung zur Wehr zu setzen** (soweit die Vorschrift reicht), knüpft unmittelbar an die Regelung des Satz 5 an, aus der sich überhaupt erst die **Pflicht** (z. T. auch als „Obliegenheit" bezeichnet) des Mieters ergibt, **Einwendungen zu erheben.** Das ist keineswegs selbstverständlich, da hier die Notwendigkeit, sich gegen einen Anspruch des Vertragspartners bzw. Klägers, dessen inhaltliche Richtigkeit dieser im Streitfall umfassend zu beweisen hat,[572] zur Wehr zu setzen, nicht aus der Notwendigkeit prozessualen Bestreitens (§ 138 ZPO) sondern bereits aus dem materiellen Recht folgt. Es handelt sich insoweit auch nicht (nur) um einen Fall der Trennung von Darlegungs- und Beweislast. § 556 Abs. 3 Satz 5 BGB statuiert eigenständig, dass der Mieter seinerseits gegenüber dem Vermieter und unabhängig von dem Streitverfahren selbst Einwände erheben muss, welche sodann zur Beweispflicht des Vermieters führen. Diese Übertragung der (konkreten) Einwendungslast auf den Mieter ist rechtssystematisch insoweit stimmig, als dass der **Vermieter** dem Mieter aus dem Vertrag bzw. nach § 556 Abs. 3 BGB ohnehin nur die **Erstellung einer formell ordnungsgemäßen,** also prüffähigen **Abrechnung schuldet.**[573] Insoweit obliegt es dem Mieter,

---

[572] BGH (VIII ZR 189/17) GE 2018, 577 = NJW 2018, 1599 = NZM 2018, 458 (m. zust. Anm. *Zehelein*) = WuM 2018, 288.
[573] BGH (VIII ZR 263/14) GE 2016, 1146 = NJW 2016, 3231 = NZM 2016, 762 = WuM 2016, 620 = ZMR 2016, 768.

anhand dieser Angaben die Abrechnung zu prüfen und ggf. Einwände zu erheben. Diese Pflichtenverteilung ermöglicht es, mit Blick auf die gesetzgeberische Intension der Streitbeendigung, den Mieter mit Einwänden nach dem Ablauf der Jahresfrist auszuschließen. Das ist **auf das Abrechnungsrecht nicht übertragbar.** Da die Notwendigkeit für den Mieter, inhaltliche Einwendungen zu erheben, aus der begrenzten Pflicht des Vermieters, binnen der Jahresfrist des Satz 2 lediglich eine formell ordnungsgemäße Abrechnung gem. § 259 BGB zu erstellen, resultiert, kann das Einwendungserfordernis, an welches die Ausschlussfirst anknüpft, das Abrechnungsrecht selbst nicht erfassen. Anderes ergibt sich auch nicht aus § 259 Abs. 1 BGB. Dort lautet es:

„Wer verpflichtet ist ..., hat ... mitzuteilen ..."

Die Pflicht, und hinsichtlich der Betriebskosten auch das Recht, eine Abrechnung zu erstellen und hieraus Ansprüche geltend zu machen, folgt nicht aus § 259 Abs. 1 BGB sondern wird von der Norm vorausgesetzt.

Schließlich ist das **Ergebnis** nicht nachvollziehbar. Nach der Rechtsprechung des BGH schafft der **Ablauf der Einwendungsfrist** den **Rechtsgrund für die Entstehung einer Forderung, für die der Mietvertrag nichts hergibt.** Dem Vermieter **fehlt** sowohl bei der Vereinbarung einer Teilinklusivmiete hinsichtlich des Betriebskostenanteils wie auch bei einer Teil- oder Vollpauschale **jegliche Grundlage für das Abrechnungsrecht.**[574] Bei diesen Mietstrukturen gibt es folgerichtig auch keine Einwendungsfrist. Es kommt hinzu, dass der Mieter aufgrund der unterlassenen Einwendung zum Ausgleich der vertragswidrig angesetzten Kostenarten verpflichtet sein soll und sie daher doppelt, zum einen im Betriebskostenanteil oder in der Pauschale, zum anderen aufgrund der Abrechnung zu zahlen hat; anders verhält es sich nur dann bei der Pauschale, wenn sie als zusätzliche Vorauszahlung angesetzt wurde. 278

Völlig **unklar** ist schließlich, **wie die** vom BGH entschiedenen **Folgen** der Begründung einer Forderung allein durch Ablauf der Einwendungsfrist **rechtlich einzuordnen** sind. Die vereinbarte Abrechnung über die vom Mieter gezahlten Vorauszahlungen ist zwar eine geschäftsähnliche Handlung, letztlich aber nur ein schlichter Rechenvorgang (s. Rdn. 2). Diese rechtliche Qualifizierung passt indes nicht auf eine vertragswidrige Erklärung, die aufgrund ihrer Aufmachung wie eine Abrechnung erscheint und nur wegen widerspruchslosen Zeitablaufs zu einer Forderung mutiert. 279

cc) Minderung

Ungeklärt ist bislang, ob die Einwendungsausschlussfrist auch auf eine unberücksichtigte mangelbedingte Minderung der Abrechnung gem. 280

---

[574] Ebenso z. B. *Blank* in Blank/Börstinghaus § 556 Rdn. 225, *Lützenkirchen* WuM 2008, 186 (190).

§ 536 Abs. 1 BGB Anwendung findet. Das ist abzulehnen. So die Miete in dem Abrechnungszeitraum wegen Mangelhaftigkeit gemindert war, muss das auch in der Betriebskostenabrechnung berücksichtigt werden (s. Rdn. 211 ff.).[575] Erfolgt dieses nicht, gelten dieselben Grundsätze, wie für die Einstellung von Kosten, die keine Betriebskosten sind (s. Rdn. 269). Auch hier untersagt jedenfalls in der Wohnraummiete § 536 Abs. 4 BGB ausdrücklich eine abweichende selbst individuelle Vereinbarung, so dass der Vermieter diese von Gesetzes wegen eintretende Anspruchsminderung nicht über die Einwendungsausschlussfrist egalisieren kann.

VII. Prüfungsrechte des Mieters

1. Einsicht in die Belege

a) Einsichtsrecht

281 Aus §§ 8 Abs. 4 WoBindG, 29 Abs. 1 NMV folgt für den Mieter **preisgebundenen Wohnraums** alter Art ein umfassendes Auskunfts- und Einsichtsrecht. Es handelt sich dabei um ein eigenständiges Recht, das an keine weiteren Voraussetzungen geknüpft ist und dem Mieter jederzeit während der Dauer des Mietverhältnisses zusteht.[576] Auch dem Mieter von **preisfreiem Wohnraum oder Gewerberaum** steht nach allgemeiner Ansicht ein Einsichtsrecht zu, jedoch beschränkt auf die Abrechnungsunterlagen. Fehlt eine entsprechende Vereinbarung im Mietvertrag, resultiert es aus einer vertraglichen Nebenpflicht des Vermieters,[577] die vorherrschend aus § 259 BGB abgeleitet wird.[578] Dabei handelt es sich um eine Rechtsanalogie, weil die Vorschrift unmittelbar nur die Abrechnung im Rahmen einer Verwaltung betrifft; Vorauszahlungen sind ein Bestandteil der Miete, den der Vermieter nicht für den Mieter verwaltet. Die Geltendmachung des Einsichtsrechts bedarf **keiner Begründung eines besonderen Interesses** durch den Mieter. Es genügt der allgemeine Wille, die Abrechnungstätigkeit des Vermieters zu kontrollieren.[579]

282 Die Parteien können aber auch schon **im Mietvertrag** Regelungen zur Einsicht des Mieters in die Abrechnungsbelege treffen. Gegen angemessene formularvertragliche Bestimmungen bestehen keine Bedenken. Se-

---

[575] Vgl. BGH (VIII ZR 223/10) GE 2011, 749 = NJW 2011, 1806 = NZM 2011, 453 = WuM 2011, 284 = ZMR 20011, 704.
[576] BGH (VIII ARZ 10/83) RE 11.1.1984 WuM 1984, 70 (73).
[577] Z. B. BGH (VIII ZR 189/17) GE 2018, 577 = NJW 2018, 1599 = NZM 2018, 458 (m. zust. Anm. *Zehelein*) = WuM 2018, 288; *Both* in Herrlein/Kandelhard § 556 Rdn. 95.
[578] *Blank* in Blank/Börstinghaus § 556 Rdn. 184, *v. Brunn/Emmerich* in Bub/Treier III. A 90 ff., Palandt/*Weidenkaff* § 556 Rdn. 13, *Römer* WuM 1996, 392, *Zehelein* in MünchKomm § 556 Rdn. 83.
[579] BGH (VIII ZR 189/17) GE 2018, 577 = NJW 2018, 1599 = NZM 2018, 458 (m. zust. Anm. *Zehelein*) = WuM 2018, 288.

hen sie allerdings zu Zeit und/oder Ort der Einsicht Einschränkungen vor, die das Einsichtsrecht praktisch leer laufen lassen, verstoßen sie gegen § 307 BGB. Dasselbe soll mit unterschiedlicher Begründung für individualvertragliche Absprachen gelten.[580]

Das Einsichtsrecht scheitert grundsätzlich nicht daran, dass der Vermieter dem Mieter **bereits Fotokopien** der Belege zur Verfügung gestellt hat. Zwar bestimmt § 29 Abs. 2 NMV für den preisgebundenen Wohnraum, dass der Mieter „*an Stelle*" der Einsicht auch Ablichtungen der Belege verlangen könne, so dass dem Mieter ein Wahlrecht eingeräumt ist. Es schließt die Einsicht in die Originalbelege indes nicht aus, wenn der Mieter konkrete Gründe hat, sich mit den Kopien nicht zufrieden zu geben.[581] Während der Prüfungsanspruch des Mieters mit der Einsicht in die Belege in aller Regel erfüllt ist, kann sich bei der Durchsicht von Kopien immer noch Aufklärungsbedarf einstellen, etwa wenn der Mieter den Eindruck hat, beim Fotokopiervorgang seien Fehler unterlaufen oder wenn die Kopien unvollständig sind. Diesem hat der Vermieter zu entsprechen, allerdings beschränkt auf die Unterlagen, auf die sich die Zweifel des Mieters beziehen. **283**

b) Umfang der Einsicht

Der Vermieter ist nach allgemeiner Ansicht verpflichtet, dem Mieter auf dessen konkrete Anfrage hin[582] **im Original**[583] **sämtliche** Rechnungen und sonstigen Belege zu präsentieren. Wurde die **Abrechnungsabteilung** in eine eigene Firma **ausgelagert,** reicht die Vorlage der pauschalierten Rechnung über den entstandenen Aufwand, also ohne jeden Einzelnachweis, wie sie das Abrechnungsunternehmen dem Vermieter erteilte, nicht aus.[584] Ist der Vermieter zugleich Geschäftsführer einer für die Treppenhausreinigung zuständigen GmbH, die ihrerseits als **Subunternehmer** eine andere GmbH einsetzt, erstreckt sich die Belegvorlagepflicht auch auf Rechnungen der Subunternehmerin.[585] Andererseits ist der Vermieter nicht etwa verpflichtet, dem Mieter die Rechnungen zu präsentieren, die sein Lieferant vom Vor-Lieferanten erhielt.[586] **284**

Fraglich ist, ob der Vermieter, der die **Belege gescannt** hat, berechtigt ist, dem Mieter die Einsicht in die Originale zu verweigern und ihn auf **285**

---

[580] *Blank* in Blank/Börstinghaus § 556 Rdn. 184: unabdingbar; *Both* in Herrlein/Kandelhard § 556 Rdn. 95: Verstoß gegen § 242 BGB.
[581] *Römer* WuM 1996, 392 (393), *Seldeneck* Rdn. 3705.
[582] LG Frankfurt am Main ZMR 2015, 307, LG Berlin GE 2014, 937.
[583] Z. B. OLG Düsseldorf WuM 1993, 411, AG Hamburg WuM 1991, 282; *Blank* in Blank/Börstinghaus § 556 Rdn. 186, *Both* in Herrlein/Kandelhard § 556 Rdn. 95, *Maciejewski* MM 2003, 81 (83), *Römer* WuM 1996, 392 (393), *Seldeneck* Rdn. 3704, *Sternel* III Rdn. 371, *Wall* Rdn. 2141.
[584] AG Hamburg-Barmbek ZMR 2007, 458.
[585] LG Bremen ZMR 2012, 549 = WuM 2013, 488 (m. Anm. *Wall* WuM 2013, 470).
[586] BGH (VIII ZR 322/12) NZM 2013, 755 = WuM 2013, 540.

neu ausgedruckte Unterlagen zu verweisen.[587] Hier ist zu **differenzieren**. Hat der Vermieter die Belege nur gescannt, um mit den gespeicherten Daten leichter arbeiten zu können, die Originale aber nach wie vor zur Hand, erscheint diese Beschränkung problematisch. Der Mieter erhält beim Ausdruck nur die Daten, wie sie im Computer gespeichert sind; ob sie mit den Originalen übereinstimmen, insbesondere ob es nicht durch Softwarefehler zu Veränderungen gekommen ist, wird nicht erkennbar. Es erscheint daher eher angebracht, dem Mieter das Recht zur Einsicht in derartigen Fällen nicht generell abzuschneiden, sondern den Vermieter für verpflichtet zu halten, dem Mieter die Ausdrucke auszuhändigen, damit er sie in Ruhe überprüfen kann, ihm aber bei Zweifeln weiterhin Einsicht in die Originale zu gestatten.[588] Eine **Ausnahme** greift ein, wenn der Vermieter ohnehin ein papierloses Büro führt und die Datensicherheit so groß ist, dass die Ausdrucke z. B. auch vom Finanzamt anerkannt werden.[589]

286 Der **Umfang des Einsichtsrechts** umfasst neben den unmittelbaren Belegen, wie Rechnungen und Quittungen auch Ausschreibungsunterlagen und Leistungsverzeichnisse[590] sowie Verträge, soweit deren Heranziehung **zur sachgerechten Überprüfung notwendig** ist.[591] Auf Belege, die **nicht umlagefähigen Kosten** begründen, hat der Mieter keinen Einsichtsanspruch.[592] Das ist jedenfalls bei getrennten Verträgen mit demselben Anbieter problematisch, weil hierdurch eine einvernehmliche Verlagerung von Kosten auf die umlagefähigen Leistungen über die Preiskalkulation nicht erkennbar wird.[593] Der Mieter wird auf einen schwer durchzusetzenden Verstoß gegen das Wirtschaftlichkeitsgebot verwiesen, wobei er kein besonderes Interesse an der Einsicht auch dieser Unterlagen darlegen muss.[594] Dies betrifft etwa Vollwartungsverträge zur Ausgliederung von Instandsetzungskosten oder beim Hausmeistervertrag von Verwaltungskosten; dasselbe gilt z. B. für die vom Vermieter selbst erstellten, als Umlageschlüssel zugrunde gelegten **Flächenberechnungen**.[595] **Datenschutzgesichtspunkte** (siehe Rdn. 6 f.) stehen nicht entgegen, auch soweit sich Daten auf **andere Mietobjekte** oder **andere Mie-**

---

[587] So AG Mainz ZMR 1999, 114 (m. zust. Anm. *Schmid*); *Kinne* in Kinne/Schach/Bieber § 556 Rdn. 89.
[588] Ebenso *Sternel* Mietrecht aktuell Rdn. V 389.
[589] LG Hamburg WuM 2004, 97; *Pfeifer* MietPrax Rdn. 1636 ff., vgl. *Villena y Scheffler/Petrick* NZM 2003, 544; siehe auch *v. Westphalen* DB 1989, 742 f. zum Einsatz optischer Speicherplatten; a. A. Hamburg WuM 2002, 499.
[590] *Lützenkirchen* in Lützenkirchen § 556 Rdn. 796.
[591] Z. B. BGH (VIII ZR 38/11) GE 2012, 825 = WuM 2012, 276 = ZMR 2012, 542, LG Berlin GE 2010, 546.
[592] BGH (VIII ZR 33/15) GE 2016, 387 = NJW 2016, 1439 = NZM 2016, 353 = WuM 2016, 214.
[593] *Langenberg* in Schmidt-Futterer § 556 Rdn. 338.
[594] *Milger* PiG 92 (2012) S. 189 (194).
[595] LG Berlin GE 2011, 487.

ter beziehen, etwa die Einzelverbrauchsdaten der anderen Nutzer hinsichtlich der Heiz- und Wasserkosten.[596] Anders kann der Mieter z.B. nicht nachvollziehen, ob Sonderkosten, die von einem einzelnen Verursacher zu tragen sind, auch ordnungsgemäß nur bei diesem angesetzt wurden oder ob z.B. bei der verbrauchsabhängigen Abrechnung der Gesamtverbrauchswert mit der Summe der Verbrauchsdaten der anderen Wohnungen bzw. das Verhältnis dieser zueinander übereinstimmt bzw. deren Werte plausibel sind.[597] Ebenso kann der Mieter Einwände gegen einen auffallend geringen Verbrauch nur führen, wenn er die Einzelwerte der Nutzer kennt. Zudem ergeben sich aus den Verbrauchserfassungen der Wohneinheiten in Abhängigkeit von ihrer Entfernung zur Heizungsanlage Erkenntnisse über den Umfang des Rohrwärmeverlusts und der Verbrauchserfassungsrate, was sowohl eine Anpassung des verbrauchsunabhängigen Umlageanteils nach § 7 Abs. 1 HeizV als auch eine Abrechnung nach VDI Richtlinie 2077 Blatt 3.5 bedingen kann (s. K Rdn. 174 ff.). Die Weitergabe dieser Daten stellt daher eine zulässige Verarbeitung zur Erfüllung einer vertraglichen Pflicht gem. Art. 6 Abs. 1 lit. b) EU-DS-GVO dar.[598] Enthalten Verträge persönliche Daten, die für die Abrechnung ohne Belang sind, etwa das Geburtsdatum des Hausmeisters, sind diese abzudecken oder unkenntlich zu machen.[599]

Eigenbelege des Vermieters genügen nicht, soweit es um Zahlungen an Dritte geht,[600] auch nicht Buchungsbelege.[601] Beziehen sie sich auf **Eigenleistungen,** müssen sie grundsätzlich so spezifiziert sein wie Fremdrechnungen, also Inhalt und Umfang der Tätigkeit ausweisen.[602] Pauschale Angaben, wie sie in der Praxis begegnen, etwa *„für Gartenpflege"*, reichen daher nicht. **287**

Fehlende Belege hat der Vermieter zu beschaffen. Er kann die Einsicht nicht mit der Begründung abwehren, die Unterlagen seien nicht zur Hand, wie es z.B. nicht selten in der Praxis mit der Begründung vorkommt, sie lägen für lange Zeit beim Steuerberater. Jedenfalls hat er den Mieter zu ermächtigen, sie dort einzusehen, wo sie gerade verwahrt werden,[603] sofern dem Mieter die Entfernung zumutbar ist. **288**

---

[596] BGH (VIII ZR 189/17) GE 2018, 577 = NJW 2018, 1599 = NZM 2018, 458 (m. zust. Anm. *Zehelein*) = WuM 2018, 288, LG Berlin WuM 2014, 28, AG Charlottenburg GE 2005, 805, AG Münster WuM 2000, 198; *Pfeifer* S. 116, *Blank* in Blank/Börstinghaus § 556 Rdn. 186, *Both* in Herrlein/Kandelhard § 556 Rdn. 95, *Harsch* WuM 2015, 399 (401), *Kinne* in Kinne/Schach/Bieber § 556 Rdn. 89, *Lützenkirchen* AZ „Belege", *Weichert* WuM 1993, 723 (727).
[597] Vgl. AG Charlottenburg GE 2005, 805.
[598] BeckOK BGB/*Zehelein* § 535 Rdn. 189 m. w. N.
[599] *Weichert* WuM 1993, 728.
[600] LG Kiel WuM 1996, 631.
[601] OLG Düsseldorf GE 2011, 751.
[602] *Wall* Rdn. 2147.
[603] AG Weißwasser WuM 2008, 354 für die Einsicht beim Finanzamt, wenn der Vermieter im gemischt genutzten Objekt eine weit höhere Miete für den Gewerberaum erzielt.

289 Was den **Mieter einer Eigentumswohnung/von Teileigentum** betrifft, erhält sein Vermieter als Eigentümer vom Verwalter in aller Regel nur die Jahresabrechnung und die dazu gehörenden Unterlagen. Die Belege verbleiben beim Verwalter. Hieraus wird zum Teil abgeleitet, dass der vermietende Eigentümer nur die in seinen Händen befindlichen Unterlagen dem Mieter zur Einsicht vorzulegen habe.[604] Diese Meinung ist abzulehnen, da sie die Rechte des Mieters unangemessen verkürzt.[605] In die Abrechnung des Verwalters fließen in der Regel Kosten ein, die nicht zu den Betriebskosten zählen, insbesondere Instandsetzungs- und Verwaltungskosten. Ergibt sich für den Mieter aus der ihm vom Vermieter erteilten Einzelabrechnung, sofern dieser nicht ohnehin die Jahresabrechnung, gekürzt um Verwalterentgelt und Instandsetzungsrücklage, weiterleitet, nicht mit der notwendigen Sicherheit, dass er nur mit Betriebskosten belastet wird, ist sein Interesse an einer Nachprüfung anhand der Belege evident. Die Jahresabrechnung reicht insoweit nicht aus, selbst wenn einzelne Positionen den Vermerk tragen, es handele sich um Reparaturkosten; zumindest die Grundlagen für die Aufteilung der Reparatur- und Betriebskosten sind nicht ersichtlich. Dem Mieter bliebe nur der Glaube und die Hoffnung, dass alles seine Richtigkeit habe. Allerdings besteht kein Einsichtsanspruch des Mieters hinsichtlich der Beschlüsse der Wohnungseigentümergemeinschaft, die der Betriebskostenabrechnung zugrunde liegen.[606]

Es kommt hinzu, dass die Beschränkung der Rechte des Mieters sachlich nicht geboten ist, da der **Eigentümer vom Verwalter ohne weiteres Einsicht** in die Abrechnungsunterlagen **verlangen** kann;[607] auch der Verwalter einer großen Wohnanlage darf dem Eigentümer die Einsicht nicht mit der Begründung verwehren, er sei überfordert, wenn jeder Eigentümer dieses Recht geltend machen würde.[608] Der Eigentümer darf daher z. B. den Mieter ermächtigen, die Unterlagen beim Verwalter einzusehen, und zwar auch dann, wenn die Abrechnung durch Beschluss der Eigentümer bestandskräftig geworden ist.[609]

290 Der Mieter darf sein Recht **durch einen Dritten** ausüben lassen; er ist ferner berechtigt, sich von einem kundigen Dritten begleiten zu lassen.[610] Der Vermieter kann den Beauftragten oder Dritten nur abweisen, wenn es diesem erkennbar weniger auf die Belegeinsicht als darauf ankommt,

---

[604] LG Mannheim WuM 1996, 630.
[605] LG Frankfurt am Main WuM 1997, 52, AG Hamburg MJ 1999, 9; *Riecke* ZMR 2001, 79, *Wall* Rdn. 2144, *Windisch* WuM 1996, 630; differenzierend *Seldeneck* Rdn. 3708: Einsicht nur, wenn die Überlassung von Kopien ausnahmsweise nicht reicht.
[606] BGH (VIII ZR 45/11) WuM 2011, 684.
[607] BGH (V ZR 66/10) GE 2011, 491 = WuM 2011, 314, BayObLG NZM 2000, 873 = WuM 2000, 431, OLG Hamm ZMR 1998, 586.
[608] BayObLG NZM 2000, 873 = WuM 2000, 431.
[609] BayObLG GE 2004, 1175.
[610] Z. B. BGH (VIII ZR 78/05) NZM 2006, 340 = WuM 2006, 200 = ZMR 2006, 358.

Unterlagen ausfindig zu machen, die er z. B. bei Behörden gegen den Vermieter oder dessen Verwalter verwenden könnte.[611]

c) Vorbereitung und Kosten der Einsicht

Der Vermieter ist verpflichtet, dem Mieter die Belege **in geordneter Form** zu präsentieren.[612] Bei umfangreichen Abrechnungen sind die Belege zu den einzelnen Kostenarten zusammenzufassen und jeweils mit einem Deckblatt zu versehen, auf dem die Gesamtsumme gemäß der Abrechnung und die Einzelbeträge der Belege aufgeführt sind, damit dem Mieter eine zügige Kontrolle möglich ist. Weiter gehend wird für große Abrechnungsobjekte eine ausführliche Kostenzusammenstellung verlangt, aus der sich jeder Rechenschritt ersehen lässt.[613] Für jeden Kostenansatz muss ein schriftlicher Beleg als Nachweis des Geschäftsvorgangs vorliegen; der Beleg muss seine Aufgabe als dokumentarisches Bindeglied zwischen Vorgang und Kostenansatz erfüllen.[614] Ob es dem Vermieter, der die Belege aufgrund seiner internen Aktensystematik auf etliche Ordner verteilt, nicht zuzumuten ist, sie dort zu entheften und in einem eigenen Belegordner zur Einsicht zur Verfügung zu stellen,[615] erscheint im Hinblick darauf fraglich, dass sich die ursprüngliche Ordnung durch Einlegeblätter und kurze Notizen unschwer wieder herstellen lässt; jedenfalls ist der Vermieter, der diesen Aufwand vermeiden will, gehalten, dem Mieter die einzelnen Unterlagen vorzulegen,[616] was im Ergebnis kaum weniger zeit- und arbeitsintensiv sein dürfte.

291

Die **Kosten** aus Vorbereitung und Durchführung der Einsichtnahme sind nach nahezu einhelliger Meinung vom Vermieter zu tragen.[617] Die Vorlage der Belege ist keine Zusatzleistung des Vermieters, sondern gehört zu seinem Verwaltungsbereich. Ergänzend ist auf § 29 NMV zu verweisen, der den Mieter preisgebundenen Wohnraums nur für den Fall mit Kosten belastet, dass er Ablichtungen der Unterlagen verlangt (§ 29 Abs. 2 NMV); es ist kein Grund ersichtlich, warum der Mieter von preisfreiem Wohnraum oder Gewerberaum schlechter stehen sollte.

292

d) Ort der Einsicht

Die Parteien können schon **im Mietvertrag** festlegen, wo die Einsicht in die Abrechnungsbelege vorzunehmen ist. Hierbei ist jedoch zu beachten, dass eine formularvertragliche Vereinbarung das Einsichtsrecht des Mieters nicht gegenstandslos machen darf. Eine Klausel, die den Mieter auf

293

---
[611] LG Hamburg WuM 1985, 400, vgl. OLG Hamm ZMR 1998, 586.
[612] Z. B. AG Köln WuM 1992, 201; *Blank* in Blank/Börstinghaus § 556 Rdn. 187, *Lützenkirchen* MDR 1998, 136.
[613] *Lützenkirchen* in Lützenkirchen § 556 Rdn. 791.
[614] OLG Oldenburg ZMR 2008, 238.
[615] So *Seldeneck* Rdn. 3721.
[616] *Seldeneck* Rdn. 3721.
[617] A. A. *Pfeifer* S. 116.

die Einsicht in den weit entfernten Verwaltungsräumen des Vermieters verweist, würde ihn unter Verstoß gegen § 307 BGB unangemessen benachteiligen;[618] auch die generelle Ersetzung des Einsichtsrechts durch einen Anspruch auf Kopien der Belege reicht nicht, zum einen wegen der Kosten, zum anderen, weil sich für den Mieter nach Durchsicht der Kopien immer noch Klärungsbedarf ergeben kann, z. B. ob sie vollständig sind oder richtig fotokopiert wurden.

294 Fehlt eine **vertragliche Bestimmung,** wo der Vermieter seine Verpflichtung zu erfüllen hat, liefern weder § 29 NMV noch § 259 BGB Anhaltspunkte für den Ort der Einsichtnahme. Nach einer Meinung ist hier § 811 Abs. 1 BGB entsprechend heranzuziehen,[619] so dass der Ort entscheidet, an dem sich die vorzulegende Sache befindet. Diese Anknüpfung überzeugt nicht, weil sich § 811 BGB auf Urkunden nach § 810 BGB bezieht, im vorliegenden Zusammenhang mithin solche, die im Interesse des Mieters errichtet wurden, woran es hier fehlt.

295 Vielmehr ist auf die Vorschrift des **§ 269 BGB** zum **Leistungsort** abzustellen.[620] Danach hat die Leistung im Zweifel am Wohnsitz des Schuldners zu erfolgen, also des Vermieters. Im Ergebnis besteht daher weitgehend Einigkeit darüber, dass der Mieter das Einsichtsrecht jedenfalls dann **am Sitz des Vermieters** wahrzunehmen hat, d. h. in seinem Büro, seiner Wohnung oder im Büro der Hausverwaltung, wenn er mit dem Ort, an dem sich das Mietobjekt befindet, identisch ist.[621] Unterhält der Vermieter mehrere Büros, muss er die Belege nicht in demjenigen vorlegen, welches der Mietsache am nächsten liegt, solange die Einsicht dort, wo sich die Belege befinden, zumutbar ist.[622]

296 **Ausnahmen** greifen z. B. dann ein, wenn dem Mieter die Einsichtnahme dort nicht zumutbar ist, weil die Parteien völlig zerstritten sind[623] oder der Mieter sogar um seine körperliche Unversehrtheit fürchten muss.[624] Ist der Mieter aus gesundheitlichen Gründen nicht in der Lage, den Vermieter oder die Hausverwaltung aufzusuchen, kann er sein Recht durch einen Beauftragten ausüben oder ggf. Kopien gegen Erstattung der Auslagen anfordern (s. Rdn. 321).

297 Der Mieter kann daher **nicht** die Vorlage der Unterlagen **im Mietobjekt** verlangen, weil es sich um Originalbelege handelt, die der Vermieter zu präsentieren hat. Zumal bei großen Wohn- oder Gewerbeanlagen besteht die Gefahr, dass einzelne Unterlagen verloren gehen, wenn sie in

---

[618] Z. B. *Goch* WuM 2001, 498, *Römer* WuM 1996, 392 (394).
[619] AG Delmenhorst WuM 2003, 657, AG Bremen WuM 2002, 32.
[620] BGH (V ZR 66/10) GE 2011, 491 = WuM 2011, 314; *Wall* 1932.
[621] Z. B. BGH (VIII ZR 78/05) NZM 2006, 340 = WuM 2006, 200 = ZMR 2006, 358, AG Aachen WuM 2014, 369; *Both* in Herrlein/Kandelhard § 556 Rdn. 95, *Pfeifer* S. 116, *Schmid* ZMR 2015, 106, *Seldeneck* Rdn. 3717, *Wetekamp* Kap. 6 Rdn. 112.
[622] AG Berlin-Köpenick GE 2014, 749.
[623] LG Berlin NZM 2014, 514; *Kinne* in Kinne/Schach/Bieber § 556 Rdn. 89.
[624] OLG Hamm NZM 1998, 722.

etlichen Mietobjekten vorzulegen wären. Außerdem würde es einen nicht vertretbaren Aufwand für den Vermieter mit sich bringen, die Vorlagetermine mit den verschiedenen Mietern abzustimmen und sich zu unterschiedlichen Zeiten in ihren Wohnungen oder Gewerberäumen einzufinden. Allerdings wird vertreten, die Vorlage habe jedenfalls im Miethaus oder Gebäudekomplex zu erfolgen.[625] Diese Meinung erscheint nur für den Fall vertretbar, dass sich dort ein Hausmeister- oder Hausverwalterbüro befinden; liegen Sitz des Vermieters und Mietobjekt in derselben Gemeinde, braucht sich der Vermieter auf den Transport und die Lagerung der Originalbelege außerhalb seines Büros nicht einzulassen.

Befindet sich der **Sitz des Vermieters** allerdings **nicht am Ort des Mietobjekts,** kann der Mieter verlangen, dass ihm die Belege am Ort des Mietobjekts vorgelegt werden;[626] üblicherweise hat aber der auswärts ansässige Vermieter ohnehin am Ort des Mietobjekts einen Hausverwalter oder eine sonstige Person seines Vertrauens. Zur näheren Bestimmung der unangemessenen Entfernung zwischen dem Sitz des Vermieters und dem Ort des Mietobjekts kann dieselbe Grenze herangezogen werden, ab der dem Mieter ein Anspruch auf Aushändigung von Kopien der Belege zuzuerkennen ist (s. Rdn. 311). Da die Verpflichtung, Einsicht zu gewähren, am Ort der Mietsache zu erfüllen ist, gehen die hierdurch entstehenden Kosten und Risiken zu Lasten des Vermieters.[627] **298**

Nach diesem Maßstab richtet sich auch die Einsicht durch den Mieter einer **Eigentumswohnung oder von Teileigentum.** Grundsätzlich hat die Einsicht des Wohnungseigentümers in den Räumen des Verwalters zu erfolgen.[628] Befindet sich das Verwalterbüro an einem anderen Ort als das Wohnungs- oder Teileigentum, etwa bei einer überörtlich arbeitenden Verwaltungsgesellschaft, sind die Belege in der Eigentumsanlage selbst,[629] zumindest aber am Ort des Mietobjekts vorzulegen. Auch bei einer entfernt ansässigen Verwaltung braucht sich der Eigentümer und damit ebenfalls der Mieter nicht mit der Überlassung von Kopien zufrieden zu geben. **299**

e) Verweigerung der Einsicht

Während Wohnungsunternehmen oder Hausverwaltungen häufig schon in die Abrechnung einen Hinweis aufnehmen, wo und zu welchen Zeiten die Belege von den Mietern eingesehen werden können, ist insbesondere bei Kleinvermietern immer wieder zu beobachten, dass sie die **Einsichtnahme** *unmittelbar* **verweigern.** Sie empfinden den Wunsch des Mieters **300**

---

[625] *Römer* WuM 1996, 392.
[626] Z. B. LG Freiburg NZM 2012, 23, AG Weißwasser WuM 2002, 233, AG Langenfeld/Rhld. WuM 1996, 426; *Maciejewski* MM 2003, 81 (82).
[627] Ebenso *Seldeneck* Rdn. 3715.
[628] BGH (V ZR 66/10) GE 2011, 491 = WuM 2011, 314; *Belz/Lüke* in Bub/Treier VIII. B Rdn. 34 ff.
[629] OLG Köln NZM 2002, 221; *Belz/Lüke* in Bub/Treier VIII. B Rdn. 34 ff.

oft als ehrenrührigen Verdacht der Manipulation und lehnen die Einsicht entweder generell oder mit dem Hinweis ab, die Unterlagen befänden sich z. B. auf unbestimmte Zeit beim Steuerberater; gelegentlich sind sie zwar bereit, die ihnen erteilten Rechnungen zu präsentieren, nicht jedoch die zugrunde liegenden Verträge.

301 In der Praxis begegnet die *verdeckte* **Verweigerung der Einsicht häufiger** als die direkte Ablehnung. Hierum handelt es sich im Vorfeld z. B., wenn der Vermieter auf **Terminanfragen** beharrlich schweigt; eine Ausnahme soll eingreifen, wenn die Hausverwaltung dem Mieter schon mit der Übersendung der Abrechnung mitgeteilt hatte, die Belege stünden zu den üblichen Geschäftszeiten zur Einsicht zur Verfügung.[630] Sie ist ferner festzustellen, wenn dem Mieter an Ort und Stelle schlicht mehrere Aktenordner ausgehändigt werden, aus denen er sich zwischen anderen Unterlagen die erforderlichen **Belege heraussuchen** soll. Findet sich der Mieter in dem ihm ausgehändigten Aktenordner nicht zurecht, weil es sich z. B. um die gesamten Unterlagen einer Wohnungseigentumsanlage handelt, mithin in erheblichem Umfang auch solche, die keine Betriebskosten betreffen, darf er nicht darauf verwiesen werden, er hätte sich bei der Einsichtnahme fachkundiger Hilfe bedienen können.[631] Auf diese Weise wird das Recht des Mieters in unzulässiger Weise unterlaufen. Nach der Vorstellung des BGH dient die Beiziehung fachkundiger Hilfe der Erläuterung der Abrechnung,[632] nicht aber dazu, die Belege überhaupt erst in nachprüfbarer Weise zusammenzustellen.[633] Die Belege müssen vielmehr, wie ausgeführt, in geordneter Form präsentiert werden; der Mieter muss ohne fremde Hilfe in der Lage sein, die Ansätze in der Abrechnung zu überprüfen.[634]

302 Ebenso verhält es sich, wenn der Vermieter dem Mieter **keine ausreichende Zeit** für die Belegeinsicht einräumt; so sind zweieinhalb Stunden zu kurz[635] und auch vier Stunden reichen für eine große Abrechnungseinheit erkennbar nicht aus.[636] Zu unangemessen kurzen Zeiten für die Einsicht kommt es zum Teil aus Ressentiments gegenüber den Kontrollabsichten des Mieters und zumal bei manchen Hausverwaltern deshalb, weil die Anwesenheit eines Betriebsfremden die Büroabläufe stört oder Personal zur Aufsicht bindet.

303 In diesen Fällen stellt sich die Frage nach den **Folgen für die Ausgleichspflicht** des Abrechnungssaldos. Ergab die Abrechnung eine **Nachforderung,** steht dem Mieter das **Zurückbehaltungsrecht** aus § 273 BGB

---

[630] LG Berlin GE 2012, 1038 = WuM 2012, 469.
[631] So aber LG Berlin NZM 2007, 285 = WuM 2006, 617 (m. abl. Anm. *Lammel* WuM 2007, 61).
[632] BGH (VIII ZR 78/05) NZM 2006, 340 = WuM 2006, 200 = ZMR 2006, 358.
[633] *Lammel* WuM 2007, 61.
[634] Vgl. OLG Oldenburg ZMR 2008, 238.
[635] AG München NZM 2006, 929.
[636] A. A. AG Trier Urt. vom 17.7.2012 – 6 C 331/11.

zu,[637] und zwar gleichermaßen hinsichtlich der abgerechneten Betriebskosten wie auch der laufenden Nebenkostenvorauszahlungen.[638] Zahlt der Vermieter ein **Guthaben** aus der Abrechnung nicht aus, kann der Mieter in dessen Höhe jedenfalls dann ein Zurückbehaltungsrecht gem. § 273 BGB an den laufenden Vorauszahlungen geltend machen, wenn die Forderung, wegen welcher der Vermieter die Zahlung zurückstellt, streitig ist. Zu den **Folgen im Prozess** im Hinblick auf § 274 BGB s. J Rdn. 77 f.

2. Überlassung von Belegkopien

a) Anspruch des Mieters auf Belegkopien

aa) Preisgebundener Wohnraum

Der Mieter hat nach allgemeiner Ansicht keinen Anspruch, dass ihm der Vermieter die Originalbelege zur Einsicht übersendet. Bei einem Mietvertrag über **preisgebundenen Wohnraum**, für den öffentliche Mittel **bis zum 31.12.2001** bewilligt worden waren, kann er allerdings nach § 29 Abs. 2 NMV verlangen, dass ihm Ablichtungen gegen Erstattung der Auslagen des Vermieters zur Verfügung gestellt werden, und zwar unabhängig von der Zahl der Kopien.[639] Zum Teil wird einschränkend vertreten, dass der Mieter nicht pauschal alle Belege in Kopie anfordern könne, sondern sie konkret bezeichnen müsse, um den Aufwand für den Vermieter in Grenzen zu halten.[640] Dieses Recht steht dem Mieter *„an Stelle"* der Einsicht in die Unterlagen zu, so dass der Vermieter grundsätzlich mit der Übersendung von Kopien seiner Auskunftspflicht genügt. Aus wichtigem Grund (vgl. Rdn. 283) kann der Mieter jedoch beanspruchen, einzelne Kopien mit den Originalen zu vergleichen.[641]

304

Soweit Wohnraum **seit dem 1.1.2002** öffentlich gefördert wird, gilt nur das Wohnraumförderungsgesetz vom 13.9.2001 (§ 50 WoFG, seit 1.1.2007 in der Fassung des Art. 9 Föderalismus-Reformgesetz vom 5.9.2006),[642] das diese Regelung nicht übernommen hat. § 29 Abs. 2 NMV ist mithin auslaufendes Recht.

305

bb) Preisfreier Wohnraum und Gewerberaum

(a) Vertraglicher Anspruch des Mieters

Der Anspruch auf Überlassung von Belegkopien kann bei Mietverhältnissen über **preisfreien Wohnraum und Gewerberaum** aus dem **Mietvertrag** begründet sein **oder** aus **Zusagen** des Vermieters im Einzelfall,

306

---

[637] BGH (VIII ZR 189/17) GE 2018, 577 = NJW 2018, 1599 = NZM 2018, 458 (m. zust. Anm. *Zehelein*) = WuM 2018, 288, (VIII ZR 78/05) NZM 2006, 340 = WuM 2006, 200 = ZMR 2006, 358.
[638] BGH (VIII ZR 38/11) GE 2012, 825 = WuM 2012, 276 = ZMR 2012, 542.
[639] AG Brühl WuM 1992, 201.
[640] LG Düsseldorf ZMR 1998, 167, AG Neubrandenburg WuM 1994, 531.
[641] *Römer* WuM 1996, 392 (393); a. A. AG Wuppertal WuM 1990, 560.
[642] BGBl. I S. 2098 (2101).

d.h. aus Anlass einer konkreten Abrechnung, die mithin nicht für künftige Abrechnungen wirken. An eine Zusage bleibt der Vermieter auch dann gebunden, wenn er sie zunächst nur abgab, um den Mieter hinzuhalten und zu vertrösten.[643] Andererseits löst die wunschgemäße Übersendung bestimmter Belege als Gefälligkeit keine Pflicht aus, diese bei Übermittlungsfehlern, z.B. bei Faxsendung, nochmals oder zusätzlich weitere Unterlagen zu übermitteln.[644]

307 Handelt es sich um eine **vermietete Eigentumswohnung**, kann der Mieter nach der von den bisherigen Urteilen verschiedener Oberlandesgerichte abweichenden Rechtsprechung des **BGH** vom Verwalter die Hergabe von Belegkopien, soweit sie sich auf Betriebskosten beziehen, nur unter denselben Voraussetzungen verlangen, wie sie der Wohnungseigentümer erfüllen muss. Dieser ist primär auf die bloße Einsicht beschränkt.[645] Nur wenn Treu und Glauben es gebieten, hat er einen entsprechenden Anspruch gegen den Verwalter gegen Kostenerstattung,[646] zu dessen Ausübung er den Mieter ermächtigen kann.

(b) Anspruch des Mieters aus berechtigten Gründen

(aa) Rechtsprechung des BGH

308 Fehlt eine derartige **ausdrückliche Anspruchsgrundlage,** war nach bislang vorherrschender Meinung dem Mieter entweder über die entsprechende Anwendung des § 29 Abs. 2 NMV oder über die Grundsätze von Treu und Glauben gem. § 242 BGB der gleiche Anspruch zuzuerkennen, da die Interessen der Mieter gleich liegen.[647]

309 Dieser Auffassung hat sich der **BGH** im Grundsatz nicht angeschlossen.[648] Er wendet sich zunächst **gegen** die **analoge Anwendung** des § 29 Abs. 2 NMVO auf preisfreien Wohnraum. Im Hinblick auf den beschriebenen Auslaufcharakter der Norm verneint er überzeugend die für eine Analogie notwendige planwidrige Regelungslücke des Gesetzes.

310 Allerdings hat er dem Mieter im Grundsatz auch **keinen Anspruch aus** Treu und Glauben gem. **§ 242 BGB** zuerkannt, und zwar auch für den Fall, dass der Mieter dem Vermieter angeboten hatte, ihm die Auslagen für Anfertigung und Versand der Kopien zu erstatten. Der Anspruch auf Überlassung von Belegkopien soll nur **ausnahmsweise** dann in Betracht

---

[643] AG Mainz WuM 2006, 619.
[644] BGH (VIII ZR 71/06) NZM 2006, 926 = WuM 2006, 618.
[645] BGH (V ZR 66/10) GE 2011, 491 = WuM 2011, 314; a.A. *Greiner* NZM 2011, 464 (467).
[646] BGH (V ZR 66/10) GE 2011, 491 = WuM 2011, 314.
[647] Z.B. AG Köln WuM 2005, 49, AG Delmenhorst WuM 2003, 657, AG Bremen WuM 2002, 32; *Lützenkirchen* MDR 1998, 176, *Maciejewski* MM 2003, 81 (88, 89) (mit ausführlicher Rechtsprechungs- und Literaturübersicht), *Rau* Anm. zu LG Frankfurt am Main ZMR 1999, 765.
[648] BGH (VIII ZR 78/05) NZM 2006, 340 = WuM 2006, 200 = ZMR 2006, 358, (VIII ZR 71/06) NZM 2006, 926.

kommen, wenn dem Mieter die **Einsichtnahme** in die Abrechnungsunterlagen in den Räumen des Vermieters **nicht zugemutet** werden kann. Die Voraussetzungen hat der BGH nicht näher beschrieben, sondern sich auf die Entscheidungen einzelner Landgerichte bezogen, die bei relativ geringer räumlicher Entfernung zum Einsichtsort den Anspruch auf Belegkopien ablehnten.[649] Als Zumutbarkeitskriterium wurde damit nur eine **nicht näher definierte räumliche Entfernung** zwischen der Wohnung des Mieters und dem Ort, an dem der Vermieter die Einsichtnahme anbietet, behandelt. Jedenfalls soll die Einsicht in die Belege nicht mehr zumutbar sein, wenn der **Mieter** von Köln nach Münster **umgezogen war** und sich zudem studienbedingt in Portugal aufhielt, zumal wenn eine Einsichtnahme durch Dritte für den Mieter nicht durchführbar war[650] oder bei einem Umzug des Mieters von Köln nach Berlin.[651] Ob der Wegzug des Mieters generell den Übersendungsanspruch begründen kann, ist jedoch fraglich. Das Einsichtsrecht ist jedenfalls primär auf das laufende Mietverhältnis zugeschnitten, weshalb die Entfernung von der Mietsache aus bestimmt wird.

Eine **starre Grenze, welche Entfernung** zwischen den Orten vorliegen muss, um die Vorlage von Kopien der Belege verlangen zu können, lässt sich nicht aufstellen. Eine „Luftlinie von 100 km"[652] ist entschieden zu weit; dass die Zumutbarkeitsgrenze bei 30 km Verkehrsweg (nicht Luftlinie)[653] anzusetzen sei, ist zumindest vertretbar, bei einer Entfernung von 21 km soll sie gegeben sein.[654] Dennoch muss im konkreten Fall der Zeitaufwand des Mieters berücksichtigt werden. Je nach der Verkehrsanbindung und den Verkehrsverhältnissen erfordert dieselbe Strecke eine sehr unterschiedliche Reisezeit. Zum anderen ist die Höhe der Reisekosten in die Abwägung einzubeziehen. Unterhält der Vermieter in oder in der Nähe der Wohnanlage ein Büro und bietet dort sogar Sprechstunden an, kann die Belegeinsicht in diesem auch bei kürzerer Entfernung zum Sitz des Vermieters gefordert werden.[655] In dem der Entscheidung des BGH[656] zugrunde liegenden Fall lagen beide Orte im Stadtgebiet von Berlin, so dass auch eine Einsichtnahme innerhalb von Frankfurt am Main zumutbar ist.[657] Jedenfalls eine Anreisezeit von einer halben Stunde mit dem PKW bzw. rund einer Stunde mit öffentlichen Verkehrsmitteln müs-

311

---

[649] LG Zwickau WuM 2003, 271, LG Köln NZM 2001, 617, LG Frankfurt am Main NZM 2000, 27 = WuM 1999, 576.
[650] BGH (VIII ZR 83/09) GE 2010, 761 = WuM 2010, 296, (VIII ZR 80/09) NZM 2010, 576 = WuM 2010, 363.
[651] AG Köln WuM 2012, 378.
[652] So *Römer* WuM 1996, 392 (394).
[653] AG Halle (Saale) WuM 2014, 337 (m. Anm. *Emmert* jurisPR-MietR 10/2014 Anm. 2); a. A. LG Münster WuM 2011, 30.
[654] BGH (V ZR 66/10) GE 2011, 491 = WuM 2011, 314.
[655] AG Dortmund WuM 2015, 236, AG Günzburg WuM 2014, 165; einschränkend AG Berlin-Köpenick GE 2014, 749.
[656] BGH (VIII ZR 78/05) NZM 2006, 340 = WuM 2006, 200 = ZMR 2006, 358.
[657] LG Frankfurt am Main ZMR 2015, 307.

se der Mieter hinnehmen.[658] Weitergehend wird vertreten, auch eineinhalb Stunden seien noch als angemessen anzusehen;[659] dies begegnet unter dem Gesichtspunkt Bedenken, dass der Mieter bei insgesamt drei Stunden Fahrzeit und der Zeit für die Einsichtnahme, die zumal bei Belegen für ein größeres Objekt erheblich sein kann, einen mehr oder weniger vollständigen Arbeitstag für die Kontrolle einsetzen müsste. Handelt es sich um einen **Großmieter** mit einer Großzahl von Büros im Bundesgebiet, kann auch an die Zumutbarkeit der Einsichtnahme durch einen in der Nähe des Mieters beschäftigten Mitarbeiter zu denken sein.[660]

312 Zur **Begründung** seiner **Ablehnung des Anspruchs** auf Belegkopien hat der BGH **mehrere Aspekte** angeführt.
– Dem Interesse des Mieters an einer Überprüfung der Abrechnung werde im Regelfall bereits durch die Einsicht in die Belege genügt, wobei sich der Mieter ggf. **fachkundiger Hilfe** bedienen könne.
– Der Vermieter habe ein berechtigtes Interesse, den durch die Anfertigung von Fotokopien entstehenden **zusätzlichen Aufwand** zu vermeiden und dem Mieter mögliche Unklarheiten im Gespräch sofort zu erläutern, wodurch **Fehlverständnissen und zeitlichen Verzögerungen** durch die Übersendung von Kopien vorgebeugt werde.

313 Diese Gründe **überzeugen nicht**. Was die **Beiziehung fachkundiger Hilfe** betrifft, hat er nicht erörtert, dass dies Kosten verursacht, die etliche Mieter nicht aufbringen können (s. dazu Rdn. 319).

314 Zu dem **zusätzlichen Aufwand** ist anzumerken, dass ihn der Mieter in vertretbarem Umfang zu vergüten hat. Außerdem ist zu berücksichtigen, dass der Vermieter auch bei der Belegeinsicht alle Unterlagen zusammenstellen und dem Mieter in geordneter Weise präsentieren muss (s. Rdn. 291). Der Mehraufwand besteht daher allein im zusätzlichen Kopiervorgang.[661] Diesem Nachteil steht der Vorteil gegenüber, dass der Bürobetrieb nicht durch die längere Anwesenheit von Mietern, welche die Unterlagen durchsehen, gestört wird, ein Gesichtspunkt, aus dem manche Hausverwaltungen versuchen, die Belegeinsicht durch Überlassung der kopierten Belege zu vermeiden.

315 Der Gesichtspunkt der **Vermeidung von Fehlverständnissen** durch Erläuterungen überzeugt nur auf den ersten Blick. Ob der nach dem Maßstab des BGH *durchschnittlich gebildete, juristisch und betriebswirtschaftlich nicht geschulte Mieter"*[662] den Erläuterungen auch im Einzelfall folgen kann, sei dahingestellt. In jedem Fall ist zu konstatieren, dass sie dem Mieter den Standpunkt des Vermieters vermitteln, nicht jedoch, ob dieser

---

[658] AG Dülmen WuM 2011, 30.
[659] *Wall* Rdn. 2189.
[660] Offen gelassen von OLG Düsseldorf DWW 2015, 257.
[661] Vgl. LG Hamburg Urt. vom 22.4.2004 – 307 S 162/03.
[662] BGH (VIII ZR 115/04) DWW 2005, 18 = GE 2005, 50 = NZM 2005, 13 = WuM 2005, 61 = ZMR 2005, 121.

überhaupt richtig ist; so ist aus der Instanzrechtsprechung täglich zu beobachten, dass Betriebskostenprozesse auf der Grundlage eben dieser Standpunkte der Vermieter geführt werden, die nicht selten der gerichtlichen Prüfung nicht stand halten. Betriebskostenstreitigkeiten resultieren nicht etwa nur aus der Uneinsichtigkeit der Mieter, sondern bekanntlich auch aus rechtlichen Fehlern der Vermieter. Dem Mieter, der die Kosten für die Belegkopien aufwenden will, ist in der Regel mit den bloßen Erläuterungen des Vermieters gerade nicht gedient.

Auch die **Vermeidung von zeitlichen Verzögerungen** dürfte häufig nicht erreichbar sein. Zwar bereitet die sofortige mündliche Erläuterung dem Vermieter weniger Aufwand als die Fertigung von Kopien und erst recht als eine schriftliche Stellungnahme auf die Nachfragen des Mieters. Dies gilt jedoch nur, wenn der Mieter die Erläuterungen nachvollziehen kann *und* sie sodann akzeptiert. Schließlich kommt als Grund für eine schriftliche Niederlegung der Erklärungen in Betracht, dass der Mieter die jeweilige Begründung von Dritten prüfen lassen will. Mit der bloßen mündlichen Erläuterung wird es daher oft nicht sein Bewenden haben. **316**

(bb) Sonstige berechtigte Gründe

Mit der Begründung, ein Anspruch des Mieters auf Aushändigung von Kopien der Belege bestehe bei einer unzumutbare Entfernung zum Ort der Einsicht, hat der BGH genau betrachtet **lediglich einen Aspekt der Unzumutbarkeit** der Einsicht behandelt, weil andere stichhaltige Gründe für die Unzumutbarkeit im Ausgangsfall nicht erkennbar waren. **Nicht entschieden** ist damit, dass nicht **auch andere Fälle** in Betracht kommen, in denen der Mieter aus anderen **berechtigten persönlichen Gründen** als der bloßen Entfernung zum Ort der Belege sein Einsichtsrecht nicht wahrnehmen kann. **317**

Als **Ausnahmen** vom regelmäßig vorrangigen Einsichtsrecht kommen insbesondere **Gründe der nachfolgend beschriebenen Art** in Betracht. Hier ist dem Mieter die eingehende Kontrolle der Belege nur zu den moderaten Kosten für die Belegkopien und deren Aushändigung möglich.

– Dem Mieter ist die Wahrnehmung seines Einsichtsrechts nicht zumutbar, wenn die **Parteien** im selben Haus wohnen und gleichzeitig zwei Rechtsstreitigkeiten führen, also **völlig zerstritten** sind[663] oder wenn der Mieter **mehrere Termine zur Belegeinsicht** durchführen müsste, weil der Vermieter pflichtwidrig die Unterlagen im ersten Einsichtstermin nicht vollständig zur Verfügung stellte.[664] **318**

– Was die Möglichkeit betrifft, sich bei der Einsicht **fachkundiger Hilfe** zu bedienen, ist zu berücksichtigen, dass dies die **finanziellen Mittel** etlicher Mieter überschreitet, weil die Kosten des Dritten zu berücksichtigen sind. Mag auch der Aufwand sachkundiger Durchsicht der **319**

---

[663] Z. B. AG Bergisch Gladbach ZMR 2012, 198; *Wall* Rdn. 2192.
[664] AG Berlin-Charlottenburg MM 6/2013, 28.

Belege beim Vermieter oder der Kopien beim Dritten gleich sein, bleiben immer noch die nicht unerheblichen Wegekosten des Dritten, welche die übliche Kostenerstattung für die Kopien deutlich übersteigen. Zu Recht ist in der Literatur gefragt worden, welche Anwältin bzw. welcher Anwalt sich die Zeit nehmen wird oder kann, den Mandanten zum Vermieter oder zur Verwaltung zu begleiten, um sich dort die Belege vorlegen zu lassen, und dies noch zu moderaten Gebühren,[665] wobei ein Teil der Bevölkerung selbst diese nicht aufbringen kann.[666]

320 – Ein weiteres Problem schaffen die Fälle, in denen Vermieter oder ihre Verwaltungen die Einsicht in die **Belege nur zu bestimmten Zeiten**, meist den üblichen Bürozeiten anbieten. Dies bringt zumal den gering verdienenden Mieter, der sich die Einsichtnahme durch einen sachkundigen Dritten nicht leisten kann, in das Dilemma, entweder von seinem Kontrollrecht abzusehen oder eine Urlaubszeit in Anspruch zu nehmen.[667]

321 – Schließlich ist an die Konstellationen zu denken, in denen der Mieter aus **gesundheitlichen Gründen** nicht in der Lage ist, sein Einsichtsrecht wahrzunehmen. Ist er z. B. schwer behindert oder längere Zeit krank, so dass er die Wohnung nicht oder nur unter schwierigen Umständen verlassen kann, stehen ihm Belegkopien zu.[668] Er darf hier auch nicht auf die Einsichtnahme durch Dritte verwiesen werden. Der Vermieter verhielte sich rechtsmissbräuchlich, würde er gegenüber den Kosten für den Mieter auf seinen Aufwand verweisen, zumal er ihm in gewissem Umfang vergütet wird.

322 – **Nicht entschieden** ist **ferner,** dass dem Mieter ein Anspruch auf **Belegkopien** auch **nach Einsicht** zustehen kann. Braucht der Mieter wegen der zum Teil komplexen Materie den Beistand kundiger Dritter und ist es ihm, wie häufig, aus finanziellen Gründen nicht möglich, den Beistand zur Einsicht mitzunehmen oder ihn sogar eigenständig mit der Einsichtnahme zu beauftragen, bliebe ihm für eine anderweitige Überprüfung der **Belege** nur, diese im Einzelnen **abzuschreiben**. Dabei geht es um Unterlagen in oft beträchtlichem Umfang, deren Kopie sowohl in Handschrift als auch mit Hilfe eines Laptops für den Mieter unzumutbar ist,[669] zumal seinen Unzuträglichkeiten der nur kurze Kopiervorgang gegenüber steht.[670] Außerdem ist zu berücksichtigen, dass derart angefertigte „Kopien" wegen der Fehleranfälligkeit

---

[665] *Fenn* WuM 2006, 482 (484), *Rau/Dötsch* ZMR 2006, 362.
[666] *Fenn* WuM 2006, 482 (484).
[667] *Fenn* WuM 2006, 482 (485).
[668] AG Dortmund WuM 2011, 631, dazu *Breiholdt* InfoM 2012, 159; *Both* in Herrlein/Kandelhard § 556 Rdn. 97, *Wall* Rdn. 2191.
[669] Z. B. *Blank* in Blank/Börstinghaus § 556 Rdn. 187, *Derckx* WuM 2005, 226; BayObLG NZM 2000, 873 = ZMR 2000, 687 für den Anspruch des Wohnungseigentümers gegenüber dem Verwalter.
[670] Vgl. BayObLG NZM 2000, 873 = ZMR 2000, 687.

der Datenübertragung einen geringeren Beweiswert haben als „echte" Kopien.[671]

Ist der **Mieter bei der Einsicht technisch hinreichend ausgestattet** (Digitalkamera, Scanner, Kopierer), hat ihm der Vermieter daher jedenfalls zu gestatten, sich selbst Kopien der Belege anzufertigen; es handelt sich dabei um die moderne Variante zum ohnehin zulässigen Abschreiben.[672]

323

Verfügt der **Mieter nicht über derartige Geräte,** hat ihm der Vermieter gegen Kostenerstattung entweder ein vorhandenes Kopiergerät zur Verfügung zu stellen oder, wenn er es zur Sicherheit des Geräts und der Originale vorzieht, die Bearbeitung selbst vorzunehmen, die Kopien für ihn anzufertigen.[673]

324

Im Übrigen sind **moderne Verwaltungen** offensichtlich in der Lage, die Problematik mit Hilfe der EDV in einer Weise zu lösen, die beiden Seiten gerecht wird. Während es nur großen Wohnungsunternehmen vorbehalten, bei diesen aber schon gelegentlich anzutreffen ist, die Belege zu scannen und ins Intranet zu stellen, gehen professionelle Verwalter zunehmend dazu über, die Belege zu scannen und auf CD-ROM zu brennen, wodurch sie die Belege unschwer und kostengünstig einer großen Zahl von Mietern zugänglich machen können und Störungen durch stundenlange Einsichtnahmen vermeiden.

325

b) Anspruch des Vermieters auf Auslagenerstattung

Soweit der Vermieter die Kopien für den Mieter auf dessen Ersuchen hin[674] fertigt, hat er einen Anspruch auf Erstattung der entstandenen **Auslagen.** Hierzu zählen zunächst die Kosten der Kopien selbst, die sich beim Einsatz eines vermietereigenen Kopiergeräts auf etwas unter € 0,10, bei der Inanspruchnahme der Geräte Dritter auf meist nicht mehr als € 0,10 je Stück belaufen. Ob es bei diesen Kosten bleibt oder ob sie in gewissem Umfang erhöht werden können und, wenn ja, in welchem Umfang, ist streitig.

326

Nach einer Meinung soll es bei diesen Kosten sein Bewenden haben.[675] Dabei wird jedoch übersehen, dass hier ein **größerer Aufwand** anfällt als bei der Einsicht in die Originale. Letzteren hat der Vermieter zu tragen, den Mehraufwand hingegen der Mieter zu erstatten. Dieser Mehraufwand resultiert aus den Personalkosten, die für die Anfertigung der Ko-

327

---

[671] *Beyer* WuM 2011, 399 (400), *Blank* in Blank/Börstinghaus § 556 Rdn. 186.
[672] AG München GE 2010, 295 (m. zu Unrecht abl. Anm. *Bieber* GE 2010, 234) = NZM 2010, 81 = WuM 2010, 567, AG Berlin-Mitte MM 2007, 299; *Beyer* WuM 2011, 399 (400).
[673] *Beyer* WuM 2011, 399 (400).
[674] AG Bingen WuM 2016, 217 = ZMR 2016, 549, BeckRS 2016, 06708.
[675] AG Pankow-Weißensee MM 2002, 228, AG Oldenburg WuM 1993, 412; *Gather* DWW 2012, 362 (369), *Römer* WuM 1996, 392 (393).

pien notwendig sind, sowie den Kosten der Versendung (Verpackung, Porto),[676] wenn es dem Mieter wegen der Entfernung oder aus anderen Gründen nicht zumutbar ist, die Belege beim Vermieter oder seiner Hausverwaltung abzuholen. Zur Abgeltung dieser zusätzlichen Auslagen ist es sachgerecht, den Preis je Kopie angemessen zu erhöhen, wobei pauschaliert verfahren werden kann.

328 Der **angemessene Pauschalbetrag** wird unterschiedlich festgesetzt. Überwiegend werden die gesamten Auslagen auf € 0,25[677] bzw. € 0,26[678] je Kopie veranschlagt, zum Teil ist auch ein Betrag von € 0,50 anerkannt worden.[679] Gelegentlich machen Vermieter oder ihre Hausverwaltungen die Überlassung davon abhängig, dass der Mieter sich bereit erklärt, die nach vollem Zeitaufwand berechneten Personalkosten aus Bruttoarbeitslohn und Sozialabgaben nebst Amortisation der eingesetzten Sachmittel zu übernehmen. Diese Berechnungsweise ist unzutreffend, da sie die Hauptkosten, die auch bei der Einsichtnahme anfallen, einbezieht. Bei der Gewährung von Einsicht in die Belege ist es, wie bereits erwähnt, nicht damit getan, dem Mieter mehrere Aktenordner zur Verfügung zu stellen, aus denen er sich die passenden Belege heraussuchen kann. Die Unterlagen sind vielmehr zu ordnen, bei umfangreichen Belegen je Kostenart ist eine Kostenübersicht beizulegen, während der Einsicht sind die Mieter zu betreuen, unter Umständen sind ihnen Erläuterungen zu geben.[680] Dieser gesamte Aufwand geht zulasten des Vermieters, nur der Mehraufwand ist erstattungspflichtig.

329 Der Mieter muss entweder seine Anforderung der Belege mit dem **Angebot auf Übernahme der Kosten** verbinden oder sich auf Nachfrage des Vermieters zur Kostenerstattung verpflichten. Fragt er zunächst nur beim Vermieter an, mit welchen Kosten er zu rechnen habe, ist der Vermieter aus § 241 Abs. 2 BGB gehalten, ihm die voraussichtlichen Kosten aufzu-

---

[676] Z. B. AG Itzehoe NZM 2012, 860.

[677] AG Leipzig WuM 2014, 337, AG Münster WuM 2007, 41, AG Pinneberg ZMR 2004, 595, AG Berlin-Mitte MM 2003, 383, AG Delmenhorst WuM 2003, 657; *Zehelein* in MünchKomm § 556 Rdn. 94, *Wetekamp* Kap. 6 Rdn. 114; *Both* in Herrlein/Kandelhard § 556 Rdn. 98: € 0,15 bis € 0,20.

[678] AG Köln WuM 2005, 49, AG Aachen WuM 2004, 611; vgl. die frühere Rechtsprechung zu DM 0,50: LG Hamburg WuM 2000, 197, LG Berlin GE 2000, 409, LG Duisburg WuM 1990, 562, AG Hamburg-Wandsbek WuM 2001, 362, AG Wiesbaden WuM 2000, 312, AG Köln WuM 2000, 36 = ZMR 1999, 343, AG Langenfeld/Rhld. WuM 1996, 426, AG Brühl WuM 1992, 201, AG Ahaus WuM 1992, 696.

[679] LG Berlin GE 1991, 151, AG Köln WuM 2000, 332, AG Neubrandenburg WuM 1994, 531, ausführlich AG Neuruppin WuM 2000, 437 unter Bezug auf das Kostenverzeichnis zum GKG und die jeweiligen Kostenverzeichnisse für Rechtsanwälte, Notare und Sachverständige, gegen diese Begründung LG Berlin GE 2000, 409.

[680] BGH (VIII ZR 78/05) NZM 2006, 340 = WuM 2006, 200 = ZMR 2006, AG Köln WuM 1996, 426, AG Neubrandenburg WuM 1994, 531.

geben;[681] dem Mieter ist keine Blankozusage zuzumuten mit der Gefahr eines späteren Kostenstreits, außerdem kann er ohne diese Information nicht abschätzen, ob Kosten und Nutzen in einem für ihn vertretbaren Verhältnis stehen. Hatte der Mieter sein Angebot nicht konkretisiert, teilen Vermieter häufig vor der Übermittlung der Kopien deren Einzelpreis mit, um insoweit eine Zustimmung des Mieters zu erhalten. Lehnt der Mieter die Zahlung eines angemessenen Preises ab, entfällt sein Zurückbehaltungsrecht.[682]

Hat sich der Mieter zur Übernahme der Kosten verpflichtet, ist sodann **330** der **Vermieter vorleistungspflichtig**, d.h. er darf die Versendung der Kopien nicht bis zum Eingang der Auslagenerstattung zurückstellen.[683] Der Mieter schuldet keinen Kostenvorschuss, sondern die Erstattung entstandener Kosten. Soweit zur Begründung einer Vorschusspflicht des Mieters zum Teil auf die Vorschrift des § 811 Abs. 2 BGB Bezug genommen wird,[684] überzeugt dieser Ansatz nicht. § 811 BGB bezieht sich auf § 810 BGB, nach dem ein Berechtigter Einsicht in bestimmte Urkunden verlangen kann, und konkretisiert den Vorlegungsort, die Gefahr und die Kosten, wenn die Vorlage an einem anderen Ort als demjenigen erfolgen soll, an dem sich die Urkunde befindet; § 811 Abs. 1 Satz 2 BGB gibt dem Berechtigten bei einem wichtigen Grund sogar einen Anspruch auf Vorlage an einem anderen Ort. Für den Mieter preisfreien Wohnraums hat der BGH indes den Anspruch des Mieters auf Übersendung der Belege nicht aus § 811 Abs. 1 Satz 2 BGB, sondern aus § 242 BGB hergeleitet,[685] mithin einer völlig anderen Anspruchsgrundlage.

c) Verweigerung von Belegkopien

Ist es dem Mieter wegen unangemessener Entfernung zwischen seinem **331** Wohnort und dem Sitz des Vermieters/Verwalters die **Einsicht** in die Belege **nicht zumutbar** oder greifen andere der beschriebenen Gründe der Unzumutbarkeit ein, hat der Vermieter dem Mieter die Belege in Kopie zukommen zu lassen. Möchte der Mieter bei der Einsicht mit Hilfe seiner technischen Geräte Kopien anfertigen, ist ihm dies zu ermöglichen. Verfügt der Mieter nicht über eine entsprechende technische Ausstattung, hat der Vermieter ihm die Benutzung des vermietereigenen Kopiergeräts zu gestatten oder die Originale für ihn zu kopieren.

---

[681] A. A. AG Itzehoe NZM 2012, 860.
[682] AG Aachen WuM 2004, 611 bei € 0,26 je Kopie.
[683] OLG Düsseldorf WuM 2001, 344, AG Halle (Saale) WuM 2014, 337 (m. Anm. *Emmert* jurisPR-MietR 10/2014; *Blank* in Blank/Börstinghaus § 556 Rdn. 191, *Maciejewski* MM 2003, 83 (90) m.w.N., *Zehelein* in MünchKomm § 556 Rdn. 95; a. A. LG Duisburg WuM 2002, 32; *Both* in Herrlein/Kandelhard § 556 Rdn. 98 bei einer größeren Anzahl von Kopien, *Lützenkirchen* in Lützenkirchen § 556 Rdn. 774, *Wall* Rdn. 2194.
[684] LG Leipzig DWW 2005, 374 = NZM 2005, 944.
[685] BGH (VIII ZR 78/05) NZM 2006, 340 = WuM 2006, 200 = ZMR 2006.

332 In allen diesen Fällen ist der **Vermieter verpflichtet,** an der Herstellung von Kopien **mitzuwirken.** Er darf die Anfertigung der Kopien nicht mit der Begründung ablehnen, dass die **Zahl der Kopien** im Vergleich zu den umlegungsfähigen Nebenkosten unverhältnismäßig hoch sei.[686] Es ist allein Sache des Mieters zu entscheiden, ob der zeitliche und/oder finanzielle Aufwand für die Kopien im Hinblick auf eine nur geringe Belastung mit Nebenkosten sinnvoll ist.

333 Der **unmittelbaren Verweigerung** der Belegkopien stehen die **Fälle gleich,** in denen der Vermieter auf andere Weise den Anspruch des Mieters unterläuft. Hierzu kann es durch die Geltendmachung unangemessen hoher Auslagen kommen oder durch technische Hürden für die Anfertigung der Kopien durch den Mieters selbst.

Die **Folgen der Verweigerung** sind dieselben wie bei der Verweigerung der Einsicht. Hierzu ist auf die Ausführungen in Rdn. 303 zu verweisen.

3. Kontrolle der Zählerstände

334 Für den Mieter können sich nach Einsicht in die Abrechnungsbelege Bedenken an der Richtigkeit der angesetzten Zählerstände ergeben. Dies gilt zumal für die Zähler des Frischwassers, die nicht selten im Wege der sog. **Eigenablesung,** also durch den Vermieter, den Hauswart oder einen sonstigen Vertreter, ermittelt werden. Unproblematisch sind die Fälle, in denen die Zähler, z. B. im Keller, ohne weiteres zugänglich sind. Während der Mieter kein Recht hat, die Zähler in den Wohnungen anderer Mieter zu überprüfen, fragt es sich, ob er vom Vermieter verlangen kann, ihm einen separaten, abgeschlossenen Zählerraum zugänglich zu machen. Dies ist zu bejahen, zumal der Aufwand für den Vermieter zumutbar ist. In der Sache handelt es sich um einen Annex zur Belegeinsicht. Demgegenüber wird darauf verwiesen, den Vermieter treffe die Darlegungs- und Beweislast für die Richtigkeit der Messwerte, wodurch der Mieter hinreichend geschützt sei, er habe daher auch kein Zurückbehaltungsrecht aus § 273 BGB.[687] Diese Argumentation überzeugt nicht, weil ein schlichtes Bestreiten der Richtigkeit der zugrunde gelegten Messergebnisse „ins Blaue hinein" erfolgt und damit wirkungslos ist.[688]

4. Versicherung an Eides statt (§ 259 Abs. 2 BGB)

335 Ein Anspruch des Mieters gegen den Vermieter dahingehend, an Eides statt zu versichern, dass er nach bestem Wissen die Einnahmen so vollständig angegeben habe, als er dazu imstande sei, besteht nicht. Die Rechnungslegungspflicht des Vermieters richtet sich nicht unmttelbar

---

[686] So aber LG Frankfurt am Main NZM 2000, 27 = WuM 1999, 576 = ZMR 1999, 764 (m. abl. Anm. *Rau* ZMR 1999, 765).
[687] AG Kehl NZM 2012, 833.
[688] A. A. LG Berlin NZM 2011, 583.

nach § 259 BGB, sondern ist dem Inhalt nach nur entsprechend den dortigen Anforderungen auszugestaltet (siehe Rdn. 123). Das bezieht sich auf die formellen Anforderungen der Abrechnung. Es handelt sich aber nicht um eine gesetzlich vorgeschriebende Pflicht zur Rechenschaftslegung aus einer Verwaltungstätigkeit,[689] wie etwa diejenige des Verwalters der Wohnungseigentümergemeinschaft nach § 28 Abs. 3, 4 WEG, zumal die abzurechnenden Betriebskosten Teil der Miete i. S. des § 535 Abs 2 BGB sind und dem Vermieter zustehen.

---

[689] BeckOK BGB/*Lorenz* § 259 Rdn. 2.

I. Abrechnungssaldo

I. Gläubiger und Schuldner

1. Grundsätze

Bei **fortbestehendem Mietverhältnis** sind Nachforderungen des Vermieters bzw. Guthaben des Mieters zwischen den Vertragsparteien auszugleichen. Dasselbe gilt bei einem **Mieterwechsel.** Noch restierende Ansprüche sind zwischen den Parteien des früheren Mietverhältnisses abzuwickeln, und zwar auch dann, wenn der Mieter aus einem längerfristigen Mietvertrag vorzeitig entlassen wird und ein Dritter an seine Stelle in den Vertrag einrückt. Maßgeblich ist allein, ob der jeweilige Anspruch noch aus dem Vertragsverhältnis stammt, nicht jedoch, wann er fällig gestellt oder geltend gemacht wird. Auch wenn die Abrechnung über Betriebskostenvorauszahlungen des Vormieters erst längere Zeit nach seinem Ausscheiden aus dem Vertrag erfolgt, ist es allgemein anerkannt, dass daraus resultierende Forderungen zwischen den ehemaligen Vertragsparteien zu regeln sind; weder hat der Nachmieter einen negativen Saldo auszugleichen, noch kann er ein Guthaben für sich reklamieren.

Die für den Mieterwechsel beschriebene Sach- und Rechtslage besteht nach h.M. ebenfalls bei **Vermieterwechsel** nach Ablauf der Abrechnungsperiode; zum Vermieterwechsel während des Abrechnungszeitraums s. G Rdn. 23 ff. Der frühere Vermieter behält seinen Anspruch auf Ausgleich einer Nachforderung durch den Mieter, dieser den Anspruch auf Auskehrung eines Guthabens durch ihn.[1]

Wurde die Abrechnung **nur einem Mitmieter** übermittelt, kann der Vermieter den Ausgleich einer **Nachforderung** von diesem verlangen, auch wenn andere Mitmieter keine Abrechnung erhielten.[2] Anders als bei Gestaltungserklärungen wie der Kündigung, die nur einheitlich gegen alle Mitmieter wirken können, ist der Vermieter bei Forderungen, die sich auf die Mieter als Gesamtschuldner beziehen, nicht gehindert, nur einen von ihnen in Anspruch zu nehmen. So kann er sich nach einer wirksamen Kündigung z. B. darauf beschränken, nur gegen einen Mitmieter Räumungsklage zu erheben (auch wenn ihm dies in der Regel nur wenig hilft, weil aus dem Titel keine Vollstreckung gegen die weiteren Mitmieter oder Mitbesitzer möglich ist[3]), ebenso kann er eine Leistungs-

---

[1] BGH (III ZR 211/99) GE 2000, 1471 = NZM 2001, 158 = WuM 2001, 609.
[2] BGH (VIII ZR 263/09) DWW 2010, 263 = GE 2010, 760 (m. Anm. *Schach* GE 2010, 723) = NZM 2010, 577 = WuM 2010, 356 = ZMR 2010, 749, LG Frankfurt am Main ZMR 2009, 365; a. A. LG Berlin GE 2006, 1235.
[3] BGH (IXa ZB 29/04) NZM 2004, 701 = WuM 2004, 555 = ZMR 2004, 738.

aufforderung mit Fristsetzung nach §§ 280, 281 BGB wegen unterlassener Schönheitsreparaturen wirksam an einen der Mitmieter richten,[4] oder den Ausgleich von Mietrückständen nur gegenüber einem verfolgen. Um Letzteres handelt es sich auch bei der Geltendmachung eines Saldos durch die Übersendung der Betriebskostenabrechnung. Sie ist in der Sache nur die Feststellung, ob die geschuldete Miete im abgerechneten Zeitraum vollständig erbracht oder ggf. überzahlt wurde. Zahlt der Mitmieter den Nachforderungsbetrag, geht die Forderung des Vermieters nach § 426 Abs. 2 BGB auf ihn über. Er kann sie den Mitmietern gegenüber fällig stellen, indem er als neuer Gläubiger diesen innerhalb der Abrechnungsfrist die Abrechnung zukommen lässt.[5]

4   Schließt die Abrechnung **gegenüber einem Mitmieter** mit einem **Guthaben,** gilt im Grundsatz nichts anderes. Der Unterschied besteht allein darin, dass der einzelne Mitmieter die Forderung im Regelfall nicht nur für sich geltend machen kann. Da es sich beim Guthaben um eine Überzahlung von Miete handelt, die im Außenverhältnis der Mitmieter zum Vermieter von allen erbracht wurde, steht der Rückforderungsanspruch aufgrund der gesamthänderischen Bindung nach § 709 BGB nur allen gemeinsam zu.[6] Der in der Abrechnung angesprochene Mieter kann ihn allerdings allein mit einem Antrag auf Zahlung an alle reklamieren.

2. Insolvenzverwaltung

5   Bei der **Insolvenz des Vermieters** stehen Nachforderungen, auch aus der Zeit **vor Eröffnung des Verfahrens,** dem Insolvenzverwalter zu, Guthaben des Mieters sind Insolvenzforderungen (§ 108 Abs. 3 InsO); allerdings kann der Mieter mit einem Guthaben gegen Mietansprüche aus der Zeit nach Insolvenzeröffnung aufrechnen.[7] Soweit der Insolvenzverwalter über Abrechnungsperioden abrechnet, die **nach Eröffnung** liegen, hat der Mieter bei einem Guthaben eine Masseforderung; bei Insolvenzeröffnung während eines laufenden Abrechnungszeitraums ist das Abrechnungsergebnis wie bei einem Mieterwechsel zeitanteilig aufzuteilen.[8] Fällt die Abrechnungsperiode zwar in die Zeit der Insolvenzverwaltung, ohne dass der Insolvenzverwalter abrechnete, wurde diese jedoch sodann aufgehoben, hat der Vermieter aufgrund der wieder erlangten Zuständigkeit abzurechnen.[9]

---

[4] *Langenberg/Zehelein* Schönheitsreparaturen I Rdn. 547.
[5] BGH (VIII ZR 263/09) DWW 2010, 263 = GE 2010, 760 (m. Anm. *Schach* GE 2010, 723) = NZM 2010, 577 = WuM 2010, 356 = ZMR 2010, 749.
[6] BGH (VIII ZR 263/09) DWW 2010, 263 = GE 2010, 760 (m. Anm. *Schach* GE 2010, 723) = NZM 2010, 577 = WuM 2010, 356 = ZMR 2010, 749; *Schach* GE 2000, 1679 f.
[7] BGH (IX ZR 7/06) NZM 2007, 162.
[8] BGH (IX ZR 7/06) NZM 2007, 162; *Börstinghaus* DWW 1999, 205 (207), *Derleder* NZM 2009, 8 (14), *Flatow* in FS Blank S. 513 (516).
[9] *Reismann* GuT 2010, 326 (328).

II. Fälligkeit

Bei der **Insolvenz des Mieters** ist die Nachforderung des Vermieters, die einen Abrechnungszeitraum *vor Eröffnung des Insolvenzverfahrens* betrifft, auch dann (einfache) Insolvenzforderung, wenn der Vermieter erst nach der Insolvenzeröffnung oder nach dem Wirksamwerden der Enthaftungserklärung des Insolvenzverwalters gem. § 109 Abs. 1 Satz 2 InsO abgerechnet hat.[10] Ergab die Abrechnung ein Guthaben des Mieters und damit eine Masseforderung, kann der Vermieter gleichwohl gegen den Rückzahlungsanspruch mit einer Mietzinsforderung aus der Zeit vor Verfahrenseröffnung aufrechnen, auch wenn die Abrechnung erst danach erfolgte und damit erst die Fälligkeit des Guthabens eintrat.[11] Forderungen des Vermieters aus der Zeit *nach Eröffnung* des Verfahrens sind Masseforderungen, nach Beendigung der Massehaftung solche, für die der Mieter selbst haftet.

6

II. Fälligkeit und Verzug

1. Nachforderung des Vermieters

Bei **preisfreiem Wohnraum und Gewerberaum** entsteht der Nachzahlungsanspruch des Vermieters **mit Zugang** einer **formell ordnungsgemäßen Abrechnung** beim Mieter, damit ist er gem. § 271 Abs. 1 BGB **fällig** (zum notwendigen Inhalt einer Abrechnung s. H Rdn. 125 ff.). Der Gewährung einer Prüffrist bedarf es nicht.[12] Das gilt umgekehrt auch für Ansprüche des Mieters auf Auszahlung eines Guthabens.[13] Fälligkeit ist nicht schon mit dem Ende der Abrechnungsperiode gegeben,[14] beginnt andererseits aber auch nicht erst nach Ablauf einer Prüfungsfrist für den Mieter.

7

Teilfälligkeit kann eintreten, wenn nur **einzelne Posten** formell nicht ordnungsgemäß abgerechnet wurden oder die formell ordnungsgemäße Abrechnung Posten enthält, die zwischen den Parteien materiell streitig werden oder die ganz oder teilweise ungerechtfertigt sind. Die Abrechnung im Übrigen bleibt davon nach allgemeiner Meinung unberührt, sofern diese Positionen unschwer herausgerechnet werden können (s. dazu H Rdn. 162).[15] Errechnet sich nach Abzug der streitigen Ansätze

8

---

[10] BGH (VIII ZR 295/10) GE 2011, 684 = NZM 2011, 404 = WuM 2011, 282 = ZMR 2012, 11; ausführlich *Flatow* FS Blank S. 513 (516 ff.) zur Maßgeblichkeit des Abrechnungszeitraums, nicht der Fälligkeit durch Abrechnung.
[11] BGH (IX ZR 237/03) NZM 2005, 342.
[12] BGH (VIII ZR 189/07) GE 2018, 577 = NJW 2018, 1599 = NZM 2018, 458 (m. zust. Anm. *Zehelein*) = WuM 2018, 288 = ZMR 2018, 573, (VIII ZR 57/04) DWW 2005, 230 = GE 2005, 543 = NZM 2005, 373 = WuM 2005, 337 = ZMR 2005, 439, OLG Düsseldorf DWW 2015, 257; *Lützenkirchen* NJW 2015, 1740.
[13] LG Konstanz ZMR 2014, 291.
[14] So OLG Hamm WuM 1990, 377 in der Vorlage zu BGH (VIII ARZ 5/90) RE 19.12.1990 WuM 1991, 150.
[15] Z. B. schon BGH (VIII ZR 8/89) DWW 1990, 46 (48).

noch eine Nachforderung des Vermieters, ist sie vom Mieter auszugleichen. Demgegenüber liegt keine Teilfälligkeit vor, wenn zwar einzelne Positionen richtig erscheinen, insgesamt aber die Abrechnung neu erstellt werden muss, weil sie schwerwiegende formelle Mängel hat. Es ist nicht die Aufgabe des Mieters, soweit wie möglich die Abrechnung zu korrigieren und sich einen Mindestsaldo zu errechnen.[16]

9 Bei **preisgebundenem Wohnraum** alter Art ist zu **differenzieren,** ob im Einzelfall die Vorschriften in § 4 Abs. 7 oder § 4 Abs. 8 NMV maßgeblich sind, die nach § 20 Abs. 4 Satz 1 NMV für die Erhebung des durch die Vorauszahlungen nicht gedeckten Umlegungsbetrags entsprechend gelten. Es kommt daher darauf an, ob dem Vermieter nur das generelle Recht zusteht, Mieterhöhungen bis zur Höhe der zulässigen Kostenmiete durchzuführen, oder ob die jeweils zulässige Miete als vertragliche Miete vereinbart ist. Für den ersten Fall verweist § 4 Abs. 7 NMV hinsichtlich Durchführung und Wirksamkeit der Mieterhöhung auf die Bestimmungen in § 10 WoBindG, für den zweiten § 4 Abs. 8 NMV zur Durchführung der Mieterhöhung nur auf § 10 Abs. 1 WoBindG. Ist § 4 Abs. 7 NMV einschlägig, kommt die Regelung in § 10 Abs. 2 WoBindG zur Anwendung. Danach wird die in der Übersendung der Abrechnung an den Mieter liegende Mieterhöhungserklärung mit dem 1. des folgenden Monats wirksam, wenn sie ihm vor dem 15. des Monats zugeht, sonst zum 1. des übernächsten Monats. Zu dem jeweils zutreffenden Termin wird daher die Nachforderung des Vermieters fällig. Zu beachten ist, dass die Regelung in § 10 Abs. 2 Satz 3 WoBindG, die bei rückwirkend erhöhten Betriebskosten auch die Wirksamkeit der Mieterhöhungserklärung zurückdatiert, für die Erhebung des durch die Vorauszahlungen nicht gedeckten Umlagebetrags nicht gilt.[17] Enthält der Mietvertrag eine Regelung im Sinne des § 4 Abs. 8 Satz 1 NMV, ist § 10 Abs. 2 WoBindG nicht anzuwenden. In diesem Fall gilt dasselbe wie bei preisfreiem Wohnraum und Gewerberaum.

9a Der **Verzugseintritt** richtet sich nach den allgemeinen Regeln der §§ 280, 286 BGB. Grundsätzlich bedarf es nach § 286 Abs. 1 BGB einer Mahnung nach Fälligkeitseintritt, da aufgrund der Abrechnungserteilung allein kein Fall des Abs. 2 gegeben ist. Möglich ist jedoch die gleichzeitige einseitige Bestimmung eines Zahlungsdatums, so dass mit fruchtlosem Fristablauf Verzug eintritt.[18] Die Regelung des **§ 286 Abs. 3 BGB,** nach welcher der Schuldner automatisch nach Ablauf von 30 Tagen nach Fälligkeit und Zugang der Abrechnung in Verzug gerät, ist grundsätzlich anwendbar, da Betriebskosten Entgeltforderungen darstellen.[19] Handelt es sich bei dem Mieter jedoch um einen Verbraucher i.S. des § 13 BGB,

---

[16] BGH (VIII ZR 57/04) DWW 2005, 230 = GE 2005, 543 = NZM 2005, 373 = WuM 2005, 337 = ZMR 2005, 439, LG Hamburg WuM 1989, 28.
[17] BGH (VIII ARZ 16/83) RE 11.4.1984 WuM 1984, 185.
[18] BGH (X ZR 157/05) NJW 2006, 3271.
[19] KG GE 2004, 423.

tritt der Verzug nur dann ein, wenn er mit der Abrechnung zugleich auf diese Rechtsfolge hingewiesen worden ist (§ 286 Abs. 3 Satz 1, 2. Halbs. BGB).[20]

2. Guthaben des Mieters

Ein Guthaben des Mieters aufgrund überzahlter Vorauszahlungen wird mit Übersendung der Abrechnung **sogleich fällig und zahlbar**.[21] Da der Vermieter die Abrechnung entweder selbst oder durch seine Hausverwaltung erstellte und alle Unterlagen zu diesem Zeitpunkt vorlagen, ist kein Grund ersichtlich, aus dem er die Auskehrung des Guthabens verzögern darf. Zu einem Vortrag des Guthabens auf die neue Abrechnungsperiode ist er nur bei einer entsprechenden individuellen Vereinbarung berechtigt. Bestehen Mietrückstände, kann er mit ihnen schon in der Abrechnung gegen die Rückforderung des Mieters aufrechnen.[22] Auch wenn der Vermieter mit der Verpflichtung auf Erstellung einer Betriebskostenabrechnung in Verzug geraten war, so dass das Guthaben des Mieters verspätet an ihn ausbezahlt wurde, hat der Mieter keinen Anspruch auf gesetzliche **Verzugszinsen**; insoweit scheidet auch die entsprechende Anwendung des § 288 Abs. 1 BGB aus.[23]

10

III. Durchsetzbarkeit der Nachforderung

1. Preisfreier Wohnraum und Gewerberaum

a) Grundsatz: Sofortige Fälligkeit

Wie bereits ausgeführt (Rdn. 7) ist die Nachforderung nach der Rechtsprechung des **BGH** mit Zugang einer formell ordnungsgemäßen, nachprüfbaren Abrechnung **sogleich fällig** und damit **im Grunde durchsetzbar**; entgegen einer weit verbreiteten Ansicht[24] hat er dem Mieter **keine eigenständige Überprüfungsfrist** mit fälligkeitshemmender Wirkung zuerkannt.[25] Enthalten Formularmietverträge die Regelung, dass Nachforderungen mit der Fälligkeit der nächsten Miete fällig werden,[26] ist die Festsetzung des Fälligkeitstermins auf dieser Grundlage selbst dann

11

---

[20] LG München NJW-RR 2015, 896 = ZMR 2015, 617.
[21] Z.B. BGH (VIII ZR 57/04) DWW 2005, 230 = GE 2005, 543 = NZM 2005, 373 = WuM 2005, 337 = ZMR 2005, 439; *Kinne* in Kinne/Schach/Bieber § 556 Rdn. 88.
[22] Z.B. LG Berlin NZM 1999, 414; a.A. *Lammel* § 556 BGB Rdn. 155: Aufrechnung nur mit Forderungen aus dem Bereich der Betriebskosten.
[23] BGH (XII ZR 44/11) DWW 2013, 138 = GE 2013, 199 = NZM 2013, 188 = WuM 2013, 168 = ZMR 2013, 265.
[24] OLG Düsseldorf ZMR 2000, 453, LG Limburg WuM 1997, 120; *Blank* in Blank/Börstinghaus § 556 Rdn. 232, *ders.* NZM 2008, 745 (751), *Geldmacher* DWW 1990, 208, *Pfeifer* S. 127, *Römer* WuM 1996, 595, *Seldeneck* Rdn. 3667, *Sternel* III Rdn. 374.
[25] BGH (VIII ZR 189/07) GE 2018, 577 = NJW 2018, 1599 = NZM 2018, 458 (m. zust. Anm. *Zehelein*) = WuM 2018, 288 = ZMR 2018, 573.
[26] Vgl. OLG Düsseldorf WuM 2006, 381.

nicht zu beanstanden, wenn die Abrechnung den Mieter erst am Monatsletzten erreicht, so dass die Fälligkeit schon am folgenden Tag eintritt.

b) Bestehen eines Zurückbehaltungsrechts

12 Da dem Mieter ein Recht auf **Einsicht in die Abrechnungsbelege** zusteht, um die Betriebskostenabrechnung inhaltlich prüfen zu können (s. H Rdn. 281), ist es dem Vermieter nach Treu und Glauben (§ 242 BGB) verwehrt, den fälligen Nachforderungsbetrag klageweise geltend zu machen, solange er dem Mieter die Belegeinsicht verweigert. Daher tritt in diesem Fall nicht die Rechtsfolge des § 274 Abs. 1 BGB dahingehend ein, dass der Mieter zur Zahlung der Nachforderung Zug-um-Zug gegen Gewährung von Belegeinsicht verurteilt wird. Vielmehr ist die Klage als **derzeit unbegründet** abzuweisen.[27] Denn es wäre, so der BGH, sinnwidrig, einen Schuldner, der eine Abrechnung einer Prüfung unterziehen möchte, zur Zahlung des ungeprüften Betrages zu verurteilen. Dass er zugleich das Einsichtsrecht in die Belege zugesprochen bekommt, führe zu keiner anderen Bewertung. Der Sinn der Überprüfung liege gerade darin, Fehler in der Abrechnung zu erkennen und hierüber ungerechtfertigte Ansprüche abzuwehren.

13 Dieser Auffassung ist umfassend **beizupflichten**. Sie korrespondiert einerseits mit den Grundsätzen der Ausschlussfrist des § 556 Abs. 3 Satz 5, 6 BGB. Der Mieter erhebt binnen der Jahresfrist nur dann zu berücksichtigende Einwände gegen die Abrechnung, wenn diese konkrete Beanstandungen beinhalten. Pauschale Kritik an der Abrechnung als solche bzw. deren Höhe ist grundsätzlich nicht ausreichend, denn der Vermieter soll über die Einwände gerade in die Lage versetzt werden, seine Abrechnung und die ihr zugrundeliegenden Vorgänge einer Prüfung und ggf. Selbstkorrektur zu unterziehen (s. H Rdn. 262 ff.).[28] Dieser Zweck wäre bei Durchsetzbarkeit der Nachforderung ohne vorherige Gewährung der Belegeinsicht nicht gewahrt. Zudem würde dem Mieter, so er den Betrag zunächst an den Vermieter leisten und im Nachhinein nach bereicherungsrechtlichen Grundsätzen zurückfordern müsste, das Insolvenz- und Ausfallrisiko des Vermieters aufgebürdet, obwohl keine Rechtfertigung für diese Risikoverlagerung ersichtlich ist.

14 Zu der Frage, wie prozessual vorzugehen ist, wenn der Vermieter die Belegeinsicht zwar gewährt, die Prüfung jedoch bis zum **Schluss der mündlichen Verhandlung nicht abgeschlossen** ist, siehe J Rdn. 78.

c) Ausübung und Folgen des Zurückbehaltungsrechts

15 Die **Kontrolle der Abrechnung** erfolgt meist in **mehreren Schritten**, der ersten Durchsicht, der anschließenden Prüfung anhand des Mietvertrags

---

[27] BGH (VIII ZR 189/07) GE 2018, 577 = NJW 2018, 1599 = NZM 2018, 458 (m. zust. Anm. *Zehelein*) = WuM 2018, 288 = ZMR 2018, 573.
[28] Staudinger/*Artz* § 556 Rdn. 129, *Langenberg* in Schmidt/Futterer § 556 Rdn. 501.

und früherer Abrechnungen, ggf. sodann der Einholung von Rechtsrat und als letztem Schritt der Einsicht in die Belege. Es ist allgemein anerkannt, dass der Mieter ein Zurückbehaltungsrecht hat, solange ihm der Vermieter keine Überprüfung der Abrechnung anhand der Belege ermöglicht.[29] Es wäre widersprüchlich, dem Mieter das Zurückbehaltungsrecht nur für die noch nicht gewährte Einsicht in die Abrechnungsunterlagen zuzuerkennen, nicht jedoch für die vorangehende, für die Überprüfung der Abrechnung angemessene Zeit. Aus diesem Grund steht dem Mieter **gegen die sofortige Fälligkeit** jedenfalls das **Zurückbehaltungsrecht** aus § 273 BGB zu (s. Rdn. 12). Infolge der durch das Zurückbehaltungsrecht geschaffenen Prüfungsfrist verfügt der Mieter mithin über einen Zeitraum, innerhalb dessen er sich schlüssig werden kann, ob er seine Rechte wahrnimmt. Erst mit ihrem Ablauf kann davon ausgegangen werden, dass er sie nicht ausüben will,[30] zumal der Vermieter ein berechtigtes Interesse an zügiger Abwicklung hat. Ein weiteres Zurückbehaltungsrecht steht dem Mieter dann zu, wenn er Umsatzsteuer auf die Betriebskosten zahlt und der Vermieter seiner Pflicht zur ordnungsgemäßen Rechnungslegung nach **§ 14 Abs. 4 UStG** nicht nachkommt.[31]

Das Zurückbehaltungsrecht aus § 273 BGB ist nur relevant, wenn es der Mieter geltend macht. Nach allgemeiner Ansicht ist die **Ausübung des Rechts** nicht nur durch eine ausdrückliche Erklärung, sondern **auch konkludent** möglich. Dies ist z. B. der Fall, wenn der Mieter durch einstweilige Nichtzahlung auf eine ihm gesetzte, nur kurze Zahlungsfrist reagiert. Hat der Vermieter die Belegeinsicht zumutbar angeboten und der Mieter diese in absehbarer Zeit nicht wahrgenommen, entfällt das Zurückbehaltungsrecht.[32] **16**

Eine **Folge des Zurückbehaltungsrechts** ist, neben der Tatsache, dass eine Klage derzeit unbegründet ist, eine der Forderung entgegenstehende Einrede. Sie kann daher nicht für eine Aufrechnung verwendet werden (§ 390 BGB). Der Vermieter ist gehindert, sogleich mit der Nachforderung gegen Forderungen des Mieters aufzurechnen, etwa einem Guthaben aus der Heizkostenabrechnung. Es genügt, dass die Einrede des Zurückbehaltungsrechts besteht, sie muss nicht geltend gemacht worden sein.[33] Auf der anderen Seite kann er gegen ein Guthaben des Mieters sogleich mit anderen Forderungen aufrechnen. **17**

Auf jeden Fall kann der Mieter **nicht in Verzug** kommen, solange er sich in angemessener Zeit über die Berechtigung der Nachforderung schlüssig werden will und deshalb nicht zahlt (zur Folge kurzer Zah- **18**

---

[29] Z. B. BGH (VIII ZR 78/05) GE 2006, 502 = NZM 2006, 340 = WuM 2006, 200 = ZMR 2006, 358.
[30] Ebenso *Pfeifer* in Mietprax Fach 2 Rdn. 1662, *Wall* Rdn. 2238.
[31] *Schütz* NZM 2014, 417 (419).
[32] LG Frankfurt am Main ZMR 2015, 307.
[33] Palandt/*Grüneberg* § 390 Rdn. 2 m. w. N.

lungsfristen s. Rdn. 28). Hier fehlt es an dem für den Verzug notwendigen Verschulden (§ 284 Abs. 4 BGB).[34]

19 (einstweilen frei)

c) Dauer des Zurückbehaltungsrechts

20 Für die Dauer des Zurückbehaltungsrechts stehen **mehrere Anknüpfungspunkte** zur Verfügung. Es kann auf die zweiwöchige Widerspruchsfrist gegen einen Mahnbescheid gem. § 692 Abs. 1 Nr. 3 ZPO,[35] § 27 AVB-FernwärmeV[36] abgestellt oder diese Zeitspanne generell für ausreichend[37] gehalten werden. Diese Frist ist indes recht kurz, insbesondere wenn es sich nicht um eine Abrechnung mit nur wenigen Positionen handelt; zudem muss der Mieter grundsätzlich die Zeit haben, sich ggf. mit einem Dritten über die Abrechnung beraten zu können. Nach anderer Ansicht soll die Dauer jedenfalls[38] einen Monat, zwei/drei bis vier Wochen[39] oder, in Anknüpfung an § 286 Abs. 3 BGB, 30 Tage[40] betragen.

21 **Näher liegt es,** auf **gesetzliche Fristen aus dem Mietrecht** zurückzugreifen, zumal diese die Vermutung sachnaher Gerechtigkeit für sich haben. Hier bot es sich bisher an, die identischen Regelungen in § 4 Abs. 3 MHG und § 10 Abs. 2 WoBindG heranzuziehen;[41] bei beiden Arten von Wohnraum schuldete der Mieter danach den Ausgleich der Forderung des Vermieters zum 1. des folgenden Monats, wenn er die Erhöhungserklärung vor dem 15. des Monats erhielt, sonst zum 1. des übernächsten Monats. Während diese zeitliche Staffelung gem. § 10 Abs. 2 WoBindG für preisgebundenen Wohnraum weiterhin gilt, ist § 4 Abs. 3 MHG in § 560 Abs. 2 BGB aufgegangen. Bei der Erhöhung einer Betriebskostenpauschale (und gem. Art. 229 § 3 Abs. 4 EGBGB für Altverträge bei der Erhöhung des Betriebskostenanteils einer Brutto- Bruttokalt- oder Teilinklusivmiete) schuldet der Mieter die erhöhte Umlage nunmehr generell **erst mit Beginn des auf die Erklärung folgenden übernächsten Monats.**[42] Es ist sachlich gerechtfertigt, diese Frist im Grundsatz ebenfalls für die Dauer des Zurückbehaltungsrechts anzuwenden. So hat auch der BGH den Zeitraum, in dem der Vermieter die Abrechnung nachzu-

---

[34] AG Naumburg WuM 2004, 690; Kinne in Kinne/Schach/Bieber § 556 Rdn. 88, Schmid WuM 1996, 319 (320).
[35] LG Berlin NZM 2001, 707 = ZMR 2001, 33; Lammel § 556 BGB Rdn. 156.
[36] Pfeifer S. 127.
[37] Kinne in Kinne/Schach/Bieber § 556 Rdn. 88.
[38] LG Frankfurt am Main WuM 1990, 271, 274, AG Gelsenkirchen-Buer WuM 1994, 549; Blank in Blank/Börstinghaus § 556 Rdn. 233.
[39] Lützenkirchen AZ „Fälligkeit der Nachforderung aus einer Betriebskostenabrechnung", Wetekamp Kap. 6 Rdn. 115.
[40] Wall Rdn. 2241.
[41] AG Potsdam NZM 2001, 378; Seldeneck Rdn. 3679, Sternel PiG 28 (1988) S. 101 (124).
[42] AG Sinzig WuM 2008, 86 (m. zust. Anm. Winning).

III. Durchsetzbarkeit der Nachforderung

holen hat, wenn er unverschuldet die Abrechnungsfrist überschritt, durch Heranziehung des § 560 Abs. 2 BGB bestimmt.[43] In Einzelfällen wird auch eine längere Frist in Betracht kommen, etwa wenn es um die dritte, im Saldo erneut reduzierte Abrechnung geht, nachdem der Vermieter zuvor zwei Mal falsch abgerechnet hatte.[44]

Für diese Dauer des Zurückbehaltungsrechts sprechen **mehrere sachliche Gründe**. 22

– Der Ansatz eines **festen Zeitraums** dient der **Rechtssicherheit und -klarheit** für beide Parteien. Auch wenn sie für die Abrechnung über wenige Einheiten und Positionen großzügig ausfällt, ist sie oft bei der Abrechnung über gemischt genutzte und erst recht über große gewerbliche Objekte unerlässlich. Hängt die Frist von der Größe des abgerechneten Objekts, dem Umfang der Abrechnung oder etwaiger Besonderheiten ab, ergibt sich ein Streitpotential, das keiner Seite nutzt. Der Vermieter, der die Abrechnung gefertigt hat, wird sie klar und verständlich finden, der Mieter jedoch u. U. völlig anderer Meinung sein. Es hilft daher beiden Parteien, eine feste Frist vorzugeben, an der sie sich zuverlässig orientieren können. 23

– Die Anbindung an den **Fälligkeitstermin für die übernächste Mietzahlung** vermeidet sowohl den **Streit**, ob die Dauer angemessen lang war, als auch die Misslichkeiten, die sich bei einer Zahlungspflicht außerhalb des üblichen Zahlungsturnus einstellen können. Wird auf die Zahlungspflicht nach etwa einem Monat oder nach 30 Tagen ab Zugang der Abrechnung abgestellt, eröffnet sich eher Streitpotential hinsichtlich des Zeitpunkts, in dem die Abrechnung zuging. Schließlich ist zu bedenken, dass der hier zugrunde gelegte Wirkungszeitpunkt keineswegs stets auf eine zweimonatige Dauer des Zurückbehaltungsrechts hinausläuft. Vielmehr beträgt sie beim Zugang der Abrechnung nach der Monatsmitte nur wenig mehr als nach den Auffassungen, die von einer Dauer von rund einem Monat ausgehen (s. Rdn. 20). 24

– Der **Vermieter** wird durch diese Dauer des Zurückbehaltungsrechts **nicht unangemessen benachteiligt**. Richtete er die Höhe der Vorauszahlungen in seinem eigenen wohlverstandenen Interesse an der prognostizierten Höhe der Betriebskostenlast des Mieters aus, verbleibt gemeinhin keine so hohe Nachforderung, dass er auf deren unverzüglichen Ausgleich angewiesen wäre. 25

– Für den **Mieter** sind **keine sachlichen Gründe** ersichtlich, ihn **anders zu behandeln** als denjenigen, der eine Erklärung über die Erhöhung der vereinbarten Pauschale erhält. In beiden Fällen geht es um die Überprüfung eines Rechenwerks und daran anknüpfende Zahlungspflichten. 26

---

[43] BGH (VIII ZR 220/05) NZM 2006, 740 = WuM 2006, 516.
[44] Vgl. *Winning* Anm. zu AG Sinzig WuM 2008, 86.

d) Zahlungsfristen

27 Zum Teil sehen schon die **Mietverträge** vor, dass Nachforderungen aus einer Betriebskostenabrechnung innerhalb einer bestimmten Zeit nach ihrem Zugang auszugleichen sind, regelmäßig enthält jedenfalls das **Anschreiben zur Abrechnung** einen Zahlungstermin. Auf Grund des Zurückbehaltungsrechts des Mieters sind diese Zahlungsziele unbeachtlich, wenn sie dessen Dauer nicht berücksichtigen. Bestimmt der Mietvertrag, dass Nachforderungen mit der Fälligkeit der nächsten Miete fällig werden, und geht die Abrechnung dem Mieter schon kurz nach dem Monatsbeginn zu, bleiben Zahlungsziele oder Mahnungen, die vor Beginn des nächsten Monats abgegeben werden, bereits mangels Fälligkeit der Forderung ohne rechtliche Wirkung.

28 Der Ablauf **zu kurzer Zahlungsfristen** löst auch **keinen Verzug** des Mieters nach § 286 BGB aus. Es handelt sich dabei zwar um einen Fall gemäß § 286 Abs. 2 Nr. 3 BGB,[45] das vom Mieter mit der Zurückhaltung der Zahlung schlüssig erklärte Zurückbehaltungsrecht hindert indes den Eintritt des Verzuges. Ohnehin verlängern sich zu kurze Fristen[46] auf einen angemessenen Zeitraum, nach dessen Ablauf erst Verzug eintritt,[47] außerdem trifft den Mieter kein Verschulden, wie es in § 286 Abs. 4 BGB vorausgesetzt ist.

2. Preisgebundener Wohnraum

29 Die zuvor beschriebene Problematik stellt sich bei preisgebundenem Wohnraum alter Art nicht, sofern **§ 4 Abs. 7 NMV** einschlägig ist. Diese Vorschrift verweist auf die Bestimmungen des § 10 WoBindG, mithin auch auf § 10 Abs. 2 WoBindG. Nach dieser Vorschrift wird die Mieterhöhung des Vermieters erst mit Ablauf der darin aufgeführten Fristen wirksam und damit fällig. Diese Regelung bewirkt, dass dem Mieter in jedem Fall ein gewisser Zeitraum zur Überprüfung der Abrechnung zur Verfügung steht. Wurde im Mietvertrag eine Vereinbarung nach **§ 4 Abs. 8 NMV** getroffen, gelten auch hier die angeführten Gründe, aus denen dem Mieter für eine angemessene Dauer ein Zurückbehaltungsrecht zusteht.

IV. Abtretung/Aufrechnung/Pfändung

30 Nach herrschender Ansicht kann der Vermieter die **Nachforderung**, die sich aus einer Abrechnung zu seinen Gunsten ergibt, **abtreten**, sie kann von Dritten **gepfändet** werden. Auch für den neuen Gläubiger bzw. Pfandgläubiger ist die Forderung aus den oben genannten Gründen jedoch nach der hier vertretenen Ansicht erst durchsetzbar, wenn eine an-

---

[45] Z. B. *Gruber* WuM 2002, 252.
[46] LG Frankfurt am Main WuM 1990, 271 (274) für eine Frist von einer Woche.
[47] Palandt/*Grüneberg* § 286 Rdn. 23.

gemessene Dauer des Zurückbehaltungsrechts des Mieters verstrichen ist. Aus denselben Gründen, wie sie für die Abtretung, Aufrechnung und Pfändung von Betriebskostenvorauszahlungen ausführlich dargelegt wurden (s. E Rdn. 72 ff.), ist der dort erörterten Mindermeinung, welche die Abtretbarkeit und Pfändbarkeit verneint, nicht zu folgen. Unzutreffend wäre es allerdings, für die Zulässigkeit von Abtretung, Aufrechnung und Pfändung darauf abzustellen, die Nachforderung aus einer Betriebskostenabrechnung sei keine Miete *„im Sinne des Gesetzes"*.[48] Das OLG Koblenz[49] hat zwar entschieden, Nachforderungen aus der jährlichen Nebenkostenabrechnung seien kein Mietzins im Sinne des 543 Abs. 2 Satz 1 Nr. 3 BGB, jedoch nur deshalb, weil es sich nicht um eine Schuld des Mieters handelt, die an regelmäßig wiederkehrende Zahlungstermine gebunden ist. Der Sache nach ist die sich aus einer Abrechnung ergebende Forderung des Vermieters vielmehr eine restliche Mietschuld aus der abgerechneten Mietperiode.

Auch das **Guthaben des Mieters** ist **abtretbar** und grundsätzlich **pfändbar**. Eine **Ausnahme** für die Pfändbarkeit besteht, wenn der Mieter Arbeitslosengeld II bezieht und die Erstattung deshalb im Folgemonat die Leistungen der Agentur für Arbeit für Unterkunft und Heizung des Hilfeempfängers mindert.[50]

V. Verjährung

1. Nachforderung des Vermieters

Nach § 195 BGB beträgt die **regelmäßige Verjährungsfrist drei Jahre.** 31 Die Verjährungsfrist beginnt gem. § 199 Abs. 1 BGB **mit dem Schluss des Jahres,** in dem die Forderung entstanden ist, kann mithin fast vier Jahre erreichen. Ihr Beginn steht unter der zusätzlichen Voraussetzung, dass der Gläubiger bis zu diesem Zeitpunkt *„von den den Anspruch begründenden Umständen und der Person des Schuldners Kenntnis erlangt hat oder ohne grobe Fahrlässigkeit"* hätte erlangen müssen. Diese weitere Bedingung wird in dem hier behandelten Zusammenhang in aller Regel ohne weiteres erfüllt sein, weil aufgrund des Mietvertrags die Umstände, aus denen sich der Anspruch ergibt, und die Person des Schuldners feststehen. Jedenfalls der Nachforderungsanspruch des Vermieters stellt eine **wiederkehrende Leistung i. S. des § 216 Abs. 3 BGB** dar, so dass mit Eintritt der Verjährung eine Aufrechnung (etwa gegen die Kaution) auch gem. **§ 215 BGB ausgeschlossen** ist.[51]

---

[48] So aber GE 1999, 1539 Anm. zum Urteil des OLG Celle GE 1999, 1579 = ZMR 1999, 679.
[49] OLG Koblenz RE 26.7.1984 WuM 1984, 269 = ZMR 1984, 351.
[50] BGH (IX ZR 310/12) GE 2013, 1000 = NZM 2013, 692 = WuM 2013, 487.
[51] BGH (VIII ZR 263/14) GE 2016, 1146 = NZM 2016, 762 = WuM 2016, 620 = ZMR 2016, 768.

32 Die **Verjährungsfrist beginnt** für Nachforderungen des Vermieters aus einer Betriebskostenabrechnung nicht schon mit dem Ablauf der Abrechnungsperiode, sondern **erst mit dem Zugang der Abrechnung** beim Mieter[52] oder – gerade bei Gewerberaum relevant – dem Zugang der (letzten) **korrigierten Abrechnung**.[53] Dies gilt auch dann, wenn der Mieter überhaupt keine Vorauszahlungen schuldete.[54] Rechnet der Vermieter unmittelbar vor Ende des Abrechnungszeitraums ab, wird der Saldo noch im Abrechnungsjahr fällig und die Verjährung beginnt bereits zu laufen.[55] Zu der Frage, ob bei der entschuldigten Nachbelastung von Betriebskosten, insbesondere der Grundsteuer, die Verjährung bereits mit der Ursprungsabrechnung beginnt, s. H Rdn. 183.

33 Sie beginnt ferner **nicht vor der Fälligkeit** des Anspruchs (§ 199 Abs. 1 Nr. 1 BGB), also der Vorlage einer formell wirksamen Abrechnung (s. Rdn. 7). Die Folge wäre, dass die Nachforderung des Vermieters bei formell unwirksamer Abrechnung nicht verjähren kann.[56] Dies betrifft zwar wegen der Ausschlussfrist für Nachforderungen nicht den Mieter von Wohnraum, wohl aber den Gewerberaummieter. Da das Recht des Mieters, vom Vermieter die Erteilung einer Abrechnung zu verlangen, innerhalb der regelmäßigen Frist verjährt (s. G Rdn. 19), wäre es allerdings nicht einleuchtend, dem Vermieter ein unverjährbares Abrechnungsrecht zuzuerkennen, solange der Mieter nicht seinen Anspruch auf Abrechnung durchsetzt und damit den Verjährungsbeginn herbeiführt. Es erscheint daher näher liegend, das **Recht des Vermieters zur Abrechnung,** das nach § 194 BGB Gegenstand der Verjährung sein kann, der regelmäßigen Verjährungsfrist zu unterwerfen. Auf dieser Grundlage beginnt die Verjährung für die Ausübung seines Rechts wie beim Mieter mit der Abrechnungsreife.

2. Zahlungsansprüche des Mieters

Zum **Anspruch** des Mieters **auf Abrechnung** s. G Rdn. 19, zu seinem Anspruch **auf Auskunft** zur Ermäßigung des Mietzinses s. J Rdn. 101 ff.

a) Preisgebundener Wohnraum

34 Bei preisgebundenem Wohnraum ist der Vermieter an die Kostenmiete gebunden (§ 8 Abs. 1 WoBindG). Soweit das vereinbarte Entgelt die Kostenmiete übersteigt, ist die Abrede nach § 8 Abs. 2 Satz 1 WoBindG unwirksam, der Vermieter hat die zu Unrecht vereinnahmte Leistung zu erstatten. Der Anspruch verjährt nach § 8 Abs. 2 Satz 2 WoBindG weiterhin[57]

---

[52] BGH (VIII ARZ 5/90) RE 19.12.1990 DWW 1991, 44 = WuM 1991, 150.
[53] OLG Celle ZMR 2015, 541, OLG Düsseldorf ZMR 2014, 441.
[54] KG GE 2003, 117.
[55] LG Hamburg ZMR 2010, 760.
[56] *Blank* in Blank/Börstinghaus § 556 Rdn. 235.
[57] WoBindG in der Bekanntmachung der Neufassung vom 13.9.2001, BGBl. I S. 2404.

erst nach Ablauf von **vier Jahren** nach der jeweiligen Leistung, spätestens nach Ablauf eines Jahres von der Beendigung des Mietverhältnisses an. Es handelt sich hierbei um eine Sonderregelung, auf welche die Vorschriften über die ungerechtfertigte Bereicherung nach §§ 812 ff. BGB auch nicht entsprechend angewandt werden können.[58] Rückzahlungsansprüche des Mieters kommen nach § 8 Abs. 2 Satz 1 WoBindG in Betracht, wenn schon **im Mietvertrag** z. B. Kostenarten als umlagefähig vereinbart wurden, die nach dem Katalog in der Anl. 3 zu § 27 II. BV nicht zu den Betriebskosten gehören.

Über §§ 20 Abs. 4, 4 Abs. 7 **NMV** gilt § 10 WoBindG für die Erhöhung der Vorauszahlungen, die Nachforderung des Betriebskostensaldos oder später entstandener Betriebskosten. Streitig ist, ob die Vorschrift des § 8 Abs. 2 WoBindG, die nach ihrem Wortlaut nur vereinbarte Entgelte betrifft, welche die Kostenmiete übersteigen, analog anzuwenden ist, wenn die Belastung des Mieters erst aus einer **einseitigen Mieterhöhung** nach § 10 Abs. 1 WoBindG resultiert und diese nicht wirksam abgegeben worden war. Fehlt die Wirksamkeit, fehlt es grundsätzlich auch am Rechtsgrund für die darauf erfolgten Leistungen des Mieters. Nach herrschender Ansicht ist es nicht zulässig, § 8 Abs. 2 WoBindG hier anzuwenden.[59] In diesen Fällen steht dem Mieter **nur der allgemeine Bereicherungsanspruch** aus §§ 812 ff. BGB zu. 35

Ist im Wege einer vertraglichen Mietpreisgleitklausel im Sinne von § 4 **Abs. 8 NMV** festgelegt, dass die jeweilige Kostenmiete als vereinbart gilt, scheidet über § 813 BGB auch der allgemeine Bereicherungsanspruch des Mieters selbst dann aus, wenn die Mieterhöhungserklärung unwirksam, allerdings sachlich berechtigt war und der Mieter auf die Erklärung hin zahlte.[60] 36

b) Preisfreier Wohnraum und Gewerberaum

Auch die Rückzahlungsansprüche des Mieters aus einer Betriebskostenabrechnung verjähren grundsätzlich in **drei Jahren**.[61] Ebenso **beginnt** die Verjährungsfrist für ihn erst mit der Rechnungserteilung.[62] Da der Verjährungsbeginn voraussetzt, dass dem Mieter als Gläubiger die den Anspruch begründenden Umstände bekannt oder infolge grober Fahrlässigkeit unbekannt waren, kann sich die Verjährungsfrist bis auf zehn Jahre 37

---

[58] OLG Karlsruhe RE 26.3.1986 WuM 1986, 166, BayObLG RE 23.5.1985 WuM 1985, 217.
[59] OLG Karlsruhe RE 26.3.1986 WuM 1986, 166, BayObLG RE 23.5.1985 WuM 1985, 217; a. A. *Sternel* III Rdn. 960.
[60] BGH (VIII ZR 103/80) NJW 1982, 1587 = WuM 1981, 276; a. A. *Sternel* III Rdn. 961.
[61] So schon nach altem Recht (in 4 Jahren): OLG Hamburg RE 19.1.1988 NJW 1988, 1097 = WuM 1988, 83 für Wohnraum; OLG Hamm NJW-RR 1996, 523 = ZMR 1995, 294 und OLG Düsseldorf ZMR 1990, 411 für Gewerberaum; vgl. BGH (VIII ZR 12/88) WuM 1989, 361.
[62] BGH (VIII ARZ 5/90) RE 19.12.1990 DWW 1991, 44 = WuM 1991, 150.

(§ 199 Abs. 3 Nr. 1 BGB) verlängern, wenn der Vermieter unberechtigte Kostenansätze in einer Weise verschleierte, dass sie dem Mieter trotz sorgfältiger Prüfung der Abrechnung verborgen blieben. Hier beginnt die Verjährungsfrist nicht vor der Kenntnis des Mieters von diesen Umständen.

38 Leitet der Mieter von **Wohnraum** seinen Anspruch daraus ab, dass die Abrechnung **inhaltliche Fehler** aufweist, ohne diese innerhalb der **Ausschlussfrist** für Einwendungen geltend zu machen, ist die Verjährungsfrist im Allgemeinen ohne Belang. Hierunter fällt auch, wenn der Mieter mit **Kostenarten** belegt wurde, die **nicht** zu den **Betriebskosten** zählen, der Wohnraummieter etwa mit Verwaltungskosten.[63] Dasselbe gilt für den Mieter von **Gewerberaum**, wenn er die Nachforderung vorbehaltlos ausglich und im Einzelfall die Voraussetzungen für ein Anerkenntnis erfüllt waren (s. H Rdn. 227).

39 Anders aber, wenn er unter Vorbehalt zahlte und die Nachprüfung eine geringere Belastung ergibt. Hier erfolgte die Mehrleistung ohne Rechtsgrund, so dass der Vermieter zur Herausgabe der ungerechtfertigten Bereicherung nach §§ 812, 818 BGB verpflichtet ist.

40 **Zahlt** der Mieter von **Wohnraum** die **Nachforderung** aus einer ihm **nach Beginn der Ausschlussfrist** zugegangenen Abrechnung, kann sich der Vermieter zur Abwehr des Rückzahlungsanspruchs nicht auf die Verjährungsvorschrift des § 214 Abs. 2 BGB berufen.[64] Vielmehr hat der Mieter einen Herausgabeanspruch aus ungerechtfertigter Bereicherung gem. § 812 BGB, dessen dreijährige Verjährungsfrist nach § 199 BGB erst beginnt, sobald dem Mieter die Folge der Ausschlussfrist bekannt oder grob fahrlässig unbekannt geblieben ist.

3. Folge der Verjährung

41 Die Verjährung gibt dem Vertragspartner ein **Leistungsverweigerungsrecht** (§ 214 Abs. 1 BGB). Klagt z. B. der Vermieter eine begründete, aber verjährte Nachforderung ein, ist der Mieter antragsgemäß zur Zahlung zu verurteilen, solange er sich nicht auf Verjährung beruft. Hat der Mieter die Forderung ausgeglichen und erst danach bemerkt, dass sie verjährt war, kann er sie nach § 214 Abs. 2 BGB nicht zurückverlangen, wenn es sich nicht um die Nachforderung aus einer verspäteten Betriebskostenabrechnung handelt (§ 556 Abs. 3 Satz 3 BGB).

VI. Verwirkung

1. Grundsätze

42 Schon vor Eintritt der Verjährung können Forderungen ausgeschlossen sein, wenn dem Anspruch der aus Treu und Glauben gem. § 242 BGB

---

[63] BGH (VIII ZR 209/15) DWW 2016, 213 = GE 2016, 854 = NJW 2016, 2254 = NZM 2016, 470 (m. abl. Anm. *Zehelein*) = WuM 2016, 420 = ZMR 2016.

[64] BGH (VIII ZR 94/05) DWW 2006, 113 = GE 2006, 246 = NZM 2006, 222 = WuM 2006, 150 = ZMR 2006, 268.

abgeleitete Rechtsgedanke der Verwirkung entgegensteht. Es ist nach allgemeiner Auffassung als **unzulässige Rechtsausübung** zu werten, wenn ein Vertragspartner erst so spät Ansprüche geltend macht, dass der andere nach dem gesamten Verhalten der Gegenseite darauf vertrauen durfte, es würden keine Forderungen mehr erhoben, und wenn er sich entsprechend einrichtete. Verwirkung greift mithin nur ein, wenn zwei Voraussetzungen erfüllt sind, das **Zeit-** und das **Umstandsmoment**, wobei dem Umstandsmoment besondere Bedeutung zukommt.

Die Frage der Verwirkung stellt sich **sowohl für den Vermieter wie den Mieter**. Sie betrifft den Vermieter von Gewerberaum, wenn er erst nach längerer Zeit über die Betriebskosten abrechnet und eine Nachforderung reklamiert (gegen den Vermieter von Wohnraum wirkt die Ausschlussfrist des § 556 Abs. 3 Satz 3 BGB), den Mieter, wenn er z.B. das Guthaben aus einer Abrechnung entgegengenommen hat und erst erheblich später mit Beanstandungen hervortritt.[65] Haben die Parteien einen Vorbehalt angebracht, der in jeder Erklärung liegt, die dem Vertragspartner deutlich macht, es solle bei dem bisherigen Sachstand nicht sein Bewenden haben, scheidet Verwirkung aus. **43**

Nach allgemeiner Ansicht ist es nicht notwendig, dass sich der Mieter auf Verwirkung beruft. Im Prozess ist dieses Rechtsinstitut **von Amts wegen** zu beachten, sobald die hierfür vorausgesetzten Tatsachen vorgetragen sind.[66] **44**

2. Wohnraum

a) Eingeschränkte Bedeutung

Infolge der Ausschlussfrist des § 556 Abs. 3 Satz 3 BGB hat die Verwirkung ihre **Bedeutung in erheblichem Umfang verloren**. Viele der bisher im Rahmen der Verwirkung erörterten Fälle sind irrelevant geworden, dass z.B. der Vermieter erstmalig mit einer Abrechnung an den Mieter herantritt, nachdem er jahrelang die vereinbarten Betriebskostenvorauszahlungen nicht geltend machte,[67] er zwar über die Heizkosten regelmäßig abrechnete, trotz des mehrjährigen Mietverhältnisses aber über die Betriebskosten erstmals nach dessen Beendigung, und er nunmehr eine Nachforderung geltend macht,[68] dass halbjährliche Abrechnung vereinbart war, sie aber erst zwei Jahre nach Mietende erfolgt.[69] In allen diesen Fällen scheiden Nachforderungen schon wegen Versäumung der Abrechnungsfrist aus, sofern der Vermieter, wovon hier in der Regel auszugehen ist, die Verspätung zu vertreten hat. **45**

---

[65] LG Düsseldorf WuM 1990, 69 bei zwischenzeitlichem, zwei Jahre zurückliegendem Vermieterwechsel.
[66] Z.B. Palandt/*Grüneberg* § 242 Rdn. 96.
[67] LG Berlin GE 1999, 188.
[68] LG Hannover WuM 1991, 599.
[69] AG Königstein/Ts. WuM 1990, 122.

b) Verbliebene Fälle

aa) Zeitmoment

46 Das Zeitmoment bedarf im Regelfall einer **deutlich über den Ablauf der Ausschlussfrist** des § 556 Abs. 3 Satz 3 BGB **hinausgehenden Zeitspanne**. Die Jahresfrist für die Abrechnung bleibt für die Bestimmung des Zeitmoments außer Betracht. Sie darf der Vermieter ausschöpfen, ohne gegen das Interesse des Mieters an zügiger Klärung zu verstoßen.

bb) Umstandsmoment

47 Über den bloßen Zeitablauf und die ordnungsgemäße Leistung von Vorauszahlungen hinaus bedarf es **zusätzlicher Gesichtspunkte,** um das Umstandsmoment eingreifen zu lassen. Das erfordert, dass der Verpflichtete sich mit Rücksicht auf das **gesamte Verhalten** des Berechtigten darauf einrichten durfte und eingerichtet hat, dass dieser sein Recht auch in Zukunft nicht geltend machen werde. Denn nur dann ist sein Vertrauen darauf, nicht mehr in Anspruch genommen zu werden, schutzwürdig.[70] Zwar entspricht eine solche Erwartungshaltung des Mieters der allgemeinen Erfahrung, wenn der Vermieter über einen längeren Zeitraum untätig geblieben ist.[71] Letzteres reicht aber in aller Regel nicht aus, das Umstandsmoment zu begründen.[72] Das ist in Anlehnung an den Rechtsgedanken des § 15 Satz 1 StVG nur dann der Fall, wenn die Wahrnehmung seiner Rechte von dem Berechtigten gerade erwartet wird,[73] hiermit **vernünftiger Weise nicht mehr zu rechnen** und dieses für den Verpflichteten nunmehr **unzumutbar** ist.[74] Diese Fälle dürften für die Nachforderung aus einer Betriebskostenabrechnung kaum anzunehmen sein, da weder ersichtlich ist, weshalb deren zeitnahe Geltendmachung gerade hier erwartet würde, noch, weshalb die spätere Inanspruchnahme speziell für den Mieter im Gegensatz zu anderen Schuldnern unzumutbar sein solle. **Erforderlich für eine Verwirkung** ist daher immer ein **positives Verhalten** des Vermieters, aus dem der Mieter neben dem Zeitablauf schließen kann, dass dieser keine Ansprüche mehr geltend machen wird.

cc) Beispiele

48 Verwirkung kommt z.B. in Betracht, wenn der Vermieter auf **Einwendungen des Mieters** gegen eine erteilte Abrechnung fast zwei Jahre schwieg,[75] nach Beanstandungen an der Abrechnung seitens des Mieters

---

[70] BGH (XII ZR 147/50) NJW 2008, 2254; Staudinger/*Olzen/Looschelders* § 242 Rdn. 307, *Schubert* in MünchKomm § 242 Rdn. 367.
[71] LG Mannheim ZMR 1990, 378.
[72] A. A. wohl LG Hamburg Hinweisbeschl. v. 5.5.2018 – 307 S 2/18, BeckRS 2018, 14858.
[73] Staudinger/*Olzen/Looschelders* § 242 Rdn. 307.
[74] *Schubert* in MünchKomm § 242 Rdn. 365/367.
[75] AG Plön WuM 1988, 132.

fast drei Jahre bis zur Einreichung eines Antrags auf Erlass eines Mahnbescheids wartet[76] oder wenn die Abrechnungen 2001 bis 2007 jeweils in elf konkreten Punkten beanstandet wurden, der Vermieter die Forderungen aus 2001 bis 2004 verjähren ließ und er die Forderung aus 2005 erst nach 34 Monaten und kurz vor Ablauf der Verjährungsfrist klageweise geltend machte.[77] In derartigen Fällen liegt das Umstandsmoment darin, dass der Mieter einerseits aufgrund seiner über lange Zeit unwidersprochen gebliebenen Einwände den berechtigten Eindruck haben durfte, der Vermieter habe sich von seinen Argumenten überzeugen lassen und sehe daher von Nachforderungen ab. Zudem kann von dem Vermieter erwartet werden, auf die Einwände seines Vertragspartners zu reagieren, in dem er diesen widerspricht oder jedenfalls dann die Forderung durchsetzt.

Hauptfall der Verwirkung ist das Verhalten des Vermieters im Zusammenhang mit der **Beendigung des Mietverhältnisses**. Hier kann der Mieter zwar eher damit rechnen und sich darauf einstellen, nicht mehr mit Nachforderungen konfrontiert zu werden. Dennoch reicht auch hier das Zeitmoment – auf das es jedoch nach wie vor ankommt[78] - alleine nicht aus. Ein Umstandsmoment kann jedoch darin gesehen werden, dass der Vermieter über die Kaution des Mieters abrechnete, ohne sich eine mögliche Nachforderung aus der ausstehenden oder einer schon früher übermittelten Abrechnung vorzubehalten. Die abschließende Abrechnung über die Forderungen aus dem Mietverhältnis darf der Mieter dahin verstehen, nicht mehr mit Betriebskostenforderungen belastet zu werden,[79] wenn z. B. bis zur Abrechnung noch mehrere Jahre vergehen.[80] **49**

3. Gewerberaum

a) Grundsätze

Bei vermietetem Gewerberaum gilt die Abrechnungsfrist von einem Jahr entsprechend (s. G Rdn. 36). Aus den oben angegebenen Gründen kommt das **Zeitmoment** der Verwirkung von Ansprüchen des Vermieters daher ebenfalls nicht vor deren Ablauf in Betracht.[81] **50**

Die Verwirkung kann bereits das **Abrechnungsrecht** betreffen. Da der Ablauf der Abrechnungsfrist nur die Wirkung der Abrechnungsreife, nicht aber des Ausschlusses von Nachforderungen hat, ist der Vermieter berechtigt, auch nach Jahren noch Betriebskostenabrechnungen zu prä- **51**

---

[76] OLG Düsseldorf NZM 2005, 379.
[77] BGH (VIII ZR 146/11) GE 2012, 823 = NZM 2012, 677 = WuM 2012, 317 = ZMR 2012, 616.
[78] A. A. AG Berlin-Charlottenburg GE 2000, 474: Wegen der Rückzahlung der vollen Kaution bei Mietende Verwirkung schon nach acht Monaten.
[79] Vgl. OLG München NJW-RR 1990, 20.
[80] Z. B. AG Köln WuM 2000, 152.
[81] BGH (XII ZR 22/07) DWW 2010, 178 = GE 2010, 406 = GuT 2010, 26 = NZM 2010, 240.

sentieren und damit zu einem Zeitpunkt, zu dem der Mieter nicht mehr damit rechnen muss. Wie bei Wohnraum wird es einen Unterschied begründen, ob es sich um ein fortbestehendes oder beendetes Mietverhältnis handelt. So soll im fortbestehenden Mietverhältnis allein die Tatsache, dass der Vermieter vertragswidrig nicht bis zum Ablauf des Monats September 2001 abrechnete, sondern erst Ende Mai 2006, noch nicht die Geltendmachung der sich hieraus ergebenden Nachforderung hindern.[82] Nach der hier vertretenen Ansicht wird dies aber nur gelten, weil der Mieter nicht die Einrede der Verjährung des Abrechnungsrechts geltend machte (Umstandsmoment). Anders verhält es sich bei einem beendeten Mietvertrag. Ob hier die Vorlage der Abrechnung in einem zeitlichen Abstand zum Ende des Mietverhältnisses von 11 Monaten für die Verwirkung ausreicht,[83] erscheint fraglich. Sie dürfte eher bei einem Abstand von mehr als einem Jahr, z. B. 15 Monaten[84] gegeben sein.

52 Soweit es um **Nachforderungen** aus erteilten Abrechnungen geht, ist aber zu beachten, dass bereits die Verjährungsfrist im Grundsatz auf drei Jahre verkürzt ist. Zur Verwirkung in kürzerer Zeit müssen daher sehr besondere Umstände vorliegen.[85]

53 Das **Umstandsmoment** ergibt sich nicht bereits daraus, dass seit Ablauf der Abrechnungsperiode ein sehr langer Zeitraum vergangen ist. Auch wenn dieser mehrere Jahre beträgt, ist die Ableitung des Umstandsmoments aus der lange unterbliebenen Abrechnung allein nicht zulässig.[86] Zur Begründung des Umstandsmoments kann ferner grundsätzlich nicht darauf verwiesen werden, der Mieter, der regelmäßig Vorauszahlungen leistete, dürfe davon ausgehen, dass diese zur Abdeckung der Betriebskosten ausreichten, wenn nicht alsbald abgerechnet wurde. Diese Argumentation langjähriger Rechtsprechung[87] ist seit langem überholt.[88] Die Höhe der Vorauszahlungen liefert daher nur ausnahmsweise einen Anhaltspunkt. Liegen sie sehr niedrig, muss der Mieter ohnehin damit rechnen, dass sie nicht ausreichen werden. Sind sie sehr hoch angesetzt, kann der Mieter dies allenfalls als Indiz dafür werten, die Abrechnung sei wegen der schon erzielten Kostendeckung unterblieben, zumal wenn über mehrere Abrechnungszeiträume nicht abgerechnet wurde.

54 Neben den Entscheidungen, die sich mit der Verwirkung bei der Abrechnung über Gewerberaum befassten, bleiben weiterhin die Gesichtspunkte relevant, auf die bei der Abrechnung über Wohnraum vor Ein-

---

[82] BGH (VIII ZR 334/07) NZM 2010, 243 = WuM 2010, 36.
[83] So LG Essen WuM 1989, 399.
[84] AG Hamburg ZMR 1988, 467.
[85] KG ZMR 2007, 364; *Wolf/Eckert/Ball* Rdn. 514.
[86] Z. B. BGH (VIII ARZ 16/83) RE 11.4.1984 WuM 1984, 185, OLG Düsseldorf NJOZ 2015, 1556, KG RE 14.8.1981 WuM 1981, 270.
[87] Z. B. AG Hamburg WuM 1981, 9.
[88] BGH (VIII ZR 310/82) WuM 1984, 127, OLG Stuttgart RE 10.8.1982 NJW 1982, 2506 = WuM 1982, 272.

führung der Ausschlussfrist abgestellt wurde. Auf eine Trennung der Urteile nach Wohn- bzw. Gewerberaum kann daher verzichtet werden. So ist das **Umstandsmoment** als **erfüllt** angesehen worden, **wenn**
- der Vermieter 1998 zwar über die Jahre 1995 bis 1997 abrechnete, nicht aber über die Jahre 1992 bis 1994 und er die Abrechnung für diese Zeiträume nicht anschließend unverzüglich dem Mieter mitteilt, sondern erst in einem Abstand von vier Monaten;[89]
- er über 2002 ordnungsgemäß abrechnete und die sich dabei ergebende Erhöhung der Vorauszahlungen gerichtlich geltend machte, über 2000 aber erst Ende Mai 2006;[90]
- die Nebenkostenabrechnung 2004 dem Gewerberaummieter erst Mitte März 2006 zugestellt wurde, der Mieter sodann mit Schreiben vom 9.10.2006 den Vermieter zur Auszahlung des Abrechnungsguthabens unter Klagandrohung aufforderte und schließlich mit Schriftsatz vom 23.7.2007 Klage erhob, worauf der Vermieter mit Schreiben vom 17.10.2007 auf Fehler der Abrechnung verwies, ohne eine berichtigte Abrechnung vorzulegen, und die Berichtigung erst mit der Berufungsbegründung, mithin mehr als zwei Jahre nach Eintritt der Abrechnungsreife, erfolgte;[91]
- der Vermieter, der während des Mietverhältnisses nie über die Betriebskosten abrechnete, den Mieter gerichtlich auf Nachzahlung von Mietzins in Anspruch nahm und erstmalig eine Nachforderung erhob, nachdem dieser ein Heizkostenguthaben gegenrechnete;[92]
- der Mietvertrag getrennte Vorauszahlungen für Betriebs- und Heizkosten vorsah, der Vermieter stets ordnungsgemäß über die Heizkosten abrechnete und nach vierzehn Jahren erstmals eine Betriebskostenabrechnungen präsentierte;[93]
- der Anspruch des Vermieters auf Nutzungsentschädigung aus § 988 BGB anstelle eines gescheiterten Mietverhältnisses inzwischen verjährt ist;[94]
- wenn der Vermieter dem Mieter nicht innerhalb von sechs Monaten nach der Abweisung der Nachforderung durch Urteil mangels Fälligkeit wegen formeller Unzulänglichkeit der Abrechnung eine neue Abrechnung überreicht;[95]
- gegenüber einem gewerblichen Zwischenvermieter nicht zeitnah abgerechnet und es diesem dadurch erschwert oder unmöglich gemacht wurde, die Kosten an die Endmieter weiterzugeben.[96]

---

[89] OLG Düsseldorf ZMR 2000, 603.
[90] BGH (VIII ZR 334/07) NZM 2010, 243 = WuM 2010, 36.
[91] KG GE 2009, 1124 = ZMR 2009, 911.
[92] LG Berlin ZMR 1992, 543.
[93] Vgl. LG Hamburg NZM 2005, 216, dort aufgrund der früheren Rechtsprechung des BGH noch als konkludente Vertragsänderung behandelt.
[94] KG GE 2001, 693.
[95] AG Hildesheim WuM 1989, 399.
[96] AG Neuss WuM 1997, 121.

55 Zwar kann die **vorbehaltlose Abrechnung der Kaution** grundsätzlich als Umstandsmoment herangezogen werden (vgl. Rdn. 49); dies gilt jedoch nicht, wenn sie – als Bankbürgschaft – auf Betreiben der Bank anlässlich eines Mieterwechsels ausgetauscht wurde.[97]

b) Folge der Verwirkung

56 Die Verwirkung erfasst **nur diejenigen Zeiträume,** für die Zeit- und Umstandsmoment zusammenkommen. Rechnet der Vermieter in angemessener Zeit nach Ablauf eines Abrechnungszeitraums über mehrere Abrechnungsperioden gleichzeitig ab, wird sie sich daher nur auf diejenigen beziehen, die der letzten Abrechnung vorangingen; für diese Abrechnung dürfte es bereits am Zeitmoment fehlen. Dementsprechend ist der Vermieter durch den Eintritt der Verwirkung nicht daran gehindert, ab Unterbrechung der Verwirkung für die Zukunft Abrechnungssalden einzufordern.[98]

---

[97] KG GE 2001, 850.
[98] Vgl. LG Berlin GE 1999, 188.

J. Betriebskostenprozess

I. Zuständiges Gericht

1. Örtliche Zuständigkeit

Nach § 29a Abs. 1 ZPO ist für Betriebskostenstreitigkeiten aus **Mietverhältnissen** über Räume immer das Gericht zuständig, in dessen Bezirk sich die Räume befinden. Diese ausschließliche Zuständigkeit hat nach § 40 Abs. 2 Satz 1 ZPO zur Folge, dass Gerichtsstandsvereinbarungen der Parteien schon im Mietvertrag oder später im Konfliktfall, etwa durch ihre Rechtsanwälte, unwirksam sind. Ebenso scheidet eine Zuständigkeitsbegründung durch rügelose Einlassung aus (§ 40 Abs. 2 Satz 2 ZPO). Für die Frage, ob ein Miet- oder **sonstiges Gebrauchsüberlassungsverhältnis** vorliegt, kann aber nicht alleine auf die Pflicht des Nutzers zur Zahlung von Betriebskosten abgestellt werden. Denn auch bei (nahezu) unentgeltlichen Nutzungsrechten kann eine Tragung verbrauchsab- und -unabhängiger Kosten vorgesehen sein. Maßgeblich ist, ob die Parteien insgesamt eine entgeltliche Gewährung des Gebrauchs der Mietsache vereinbart haben.[1]

Auch für Mietverhältnisse über **Wohnraum** gilt im Grundsatz die ausschließliche Zuständigkeit des örtlichen Gerichts. Nach § 29a Abs. 2 ZPO ist nur Wohnraum der in § 549 Abs. 2 Nr. 1 bis 3 BGB genannten Art ausgenommen. Das ist Wohnraum, der zu nur vorübergehendem Gebrauch vermietet ist (Nr. 1), der Teil der vom Vermieter selbst bewohnten Wohnung ist, wenn ihn der Vermieter ganz oder überwiegend mit Einrichtungsgegenständen auszustatten hat, sofern er nicht zum dauernden Gebrauch für eine Familie überlassen ist (Nr. 2) oder der von einer Person des öffentlichen Rechts bzw. einem anerkannten privaten Träger der Wohlfahrtspflege angemietet wurde, sofern im Einzelnen beschriebene weitere Voraussetzungen erfüllt sind (Nr. 3).

2. Sachliche Zuständigkeit

Die sachliche Zuständigkeit richtet sich nach § 23 GVG. Streitigkeiten aus **Gewerberaummietverträgen** gehören bis zu einem Streitgegenstand von € 5000,– vor das Amtsgericht, sonst vor das Landgericht (§ 23 Nr. 1 GVG). Bei Mietverhältnissen über **Wohnraum** ist immer das Amtsgericht in erster Instanz zuständig (§ 23 Nr. 2a GVG).

---

[1] BGH (VIII ZR 279/16) GE 2017, 1335 = NZM 2017, 729 = WuM 2017, 630 = ZMR 2018, 21.

4 Ob es sich um ein **Gewerberaum-** oder **Wohnraummietverhältnis** handelt, bestimmt sich in erster Linie nach dem **Vertragszweck,**[2] nicht nach der tatsächlichen Nutzung.[3] Dies gilt auch für **Mischmietverhältnisse,** wobei ein einheitliches Mietverhältnis über Wohn- und Gewerberäume jedoch zwingend insgesamt der einen oder anderen Kategorie zuzuordnen ist.[4] Maßgeblich bei Mischmietverhältnissen ist, welche Nutzungsart nach dem Vertragszweck überwiegt. Alleine das Vorhandensein einer auch gewerblichen Nutzung zum Erwerb des Lebensunterhaltes führt nicht zwingend zu einem gewerblichen Mietverhältnis.[5] Entscheidend ist der überwiegende Vertragszweck im konkreten Fall. Ist der Parteiwille nicht zu erkennen, kann das Verhältnis der Mietzins- oder Flächenanteile der jeweiligen Nutzung, das verwendete Vertragsformular oder auch das Verhalten der Parteien nach Vertragsschluss herangezogen werden. Im Zweifel ist von einem Wohnraummietverhältnis auszugehen.[6]

5 Maßgeblich ist der Tatsachenvortrag des Klägers.[7] Ist die Art des Mietverhältnisses und damit die sachliche Zuständigkeit des Gerichts **streitig,** trägt der Kläger die Beweislast für seinen Vortrag. Das Gericht unterstellt seine Zuständigkeit jedoch dann, wenn die streitigen Tatsachen zugleich den geltend gemachten Anspruch begründen (sogenannte *„doppeltrelevante Tatsache"*).[8]

3. Besonderheiten bei Zwischenvermietung

6 Die Vermietung von Räumen an einen Hauptmieter zum Zweck der Überlassung an einen Dritten ist **Geschäftsraummiete.**[9] Es kommt mithin weder darauf an, ob es sich bei dem Mietobjekt um Wohnraum handelt, noch wie es später genutzt werden soll. Dies gilt auch dann, wenn der

---

[2] BGH (VIII ZR 282/07) NZM 2008, 804, (VIII ZR 60/85) NJW-RR 1986, 877 = WuM 1986, 274 = ZMR 1986, 278, OLG Karlsruhe WuM 2012, 666, OLG Stuttgart NZM 2008, 726 = ZMR 2008, 795, OLG Düsseldorf NZM 2002, 739, KG GE 2001, 1466.

[3] OLG Frankfurt ZMR 2009, 198, OLG Düsseldorf DWW 2007, 378 = ZMR 2008, 121.

[4] BGH (VIII ZR 376/13) DWW 2014, 254 = GE 2014, 1129 = NZM 2014, 626 = WuM 2014, 539 = ZMR 2014, 871.

[5] BGH (VIII ZR 376/13) DWW 2014, 254 = GE 2014, 1129 = NZM 2014, 626 = WuM 2014, 539 = ZMR 2014, 871, LG München Urt. vom 23.12.2014 – 12 S 2645/14.

[6] BGH (VIII ZR 376/13) DWW 2014, 254 = GE 2014, 1129 = NZM 2014, 626 = WuM 2014, 539 = ZMR 2014, 871.

[7] BGH (V ZB 6/96) NJW 1996, 3012, OLG Karlsruhe OLGR 2006, 206.

[8] BGH (VIII ZB 45/08) NJW 2010, 873 (m. zust. Anm. *Pohlmann* EWiR 2010, 569); kritisch *Wietz* NZM 2015, 145 ff.

[9] BGH (VIII ZR 323/79) NJW 1981, 1377 = WuM 1982, 109; seitdem ständ. Rspr., z. B. (VIII ZR 282/07) GE 2008, 1318 = NZM 2008, 804, (VIII ARZ 16/81) RE 21.4.1982 WuM 1982, 178,LG Berlin GE 2011, 1484 = ZMR 2012, 275.

Hauptmieter keine wirtschaftlichen Interessen[10] oder nur diejenigen des Untermieters verfolgt.[11] Ist der Mietgegenstand Wohnraum, besteht zwischen Haupt- und Endmieter ein Wohnraummietverhältnis; es ist daher möglich, dass der Vermieter den Hauptmieter mit Kosten belastet, etwa den Kosten des WEG-Verwalters bei Vermietung einer Eigentumswohnung, die, da sie nicht zu den Betriebskosten zählen, vom Hauptmieter nicht an den Endmieter weitergegeben werden können.

II. Zahlungsklagen des Vermieters

1. Kursorische Prüfungsfolge

1. Sind im Mietvertrag Betriebskosten auf den Mieter separat abgewälzt? **7**
2. Ist eine Pauschale oder sind Vorauszahlungen auf eine Abrechnung vereinbart?
3. Wird eine nachträgliche Vertragsänderung geltend gemacht?
4. Wird die Erhöhung des Betriebskostenanteils einer Brutto-, Bruttokalt- oder Teilinklusivmiete oder einer Pauschale verlangt?
5. Wird die Nachzahlung von Vorauszahlungen beansprucht?
6. Klagt der Vermieter auf Ausgleich eines Betriebskostensaldos?
   a) Ist die Klage schlüssig?
   b) Ist die Abrechnung fristgemäß zugegangen?
   c) Ist der Abrechnungszeitraum eingehalten?
   d) Sind nur umlagefähige (Wohnraum) oder als umlagefähig vereinbarte Betriebskosten (Wohn- und Gewerberaum) angesetzt?
   e) Ist der formell notwendige Inhalt einer Abrechnung vorhanden?
   f) Sind materiell notwendige Ergänzungen angeführt?
   g) Sind die Einwände des Mieters wirksam?
7. Ist die Klageart zulässig?

2. Vorfragen

a) Separate Belastung des Mieters mit Betriebskosten

Nach § 535 Abs. 1 Satz 3 BGB trägt der Vermieter die Lasten des Grundstücks. Diesem Leitbild entspricht die Bruttomiete bzw. im Geltungsbereich der Heizkostenverordnung die Bruttokaltmiete. Nimmt der Vermieter den Mieter abweichend von der gesetzlichen Regelung auf Zahlung von Betriebskosten in Anspruch, gehört an sich zur **Schlüssigkeit** der Klage **zunächst**, dass er den Abschluss eines Vertrages vorträgt, aus dem sich die Berechtigung zur entsprechenden Belastung des Mieters ergibt. Legt er der Klage eine Kopie des Mietvertrags bei, genügt die Bezugnahme auf den Vertragstext. Ist zwischen den Parteien streitig, ob der **8**

---

[10] OLG Stuttgart RE 25.10.1984 WuM 1985, 80, OLG Karlsruhe RE 24.10.1983 WuM 1984, 10.
[11] OLG Braunschweig RE 27.6.1984 WuM 1984, 237.

Vertrag den Anspruch trägt, muss der Vermieter die Vereinbarung einer Nettomiete beweisen oder bei einer Teilinklusivmiete, dass die geltend gemachten Betriebskosten nicht zum unselbständigen Betriebskostenanteil gehören. Da der BGH das Bestehen einer Umlagevereinbarung jedoch der Ausschlussfrist des § 556 Abs. 3 Satz 6 BGB unterstellt, folgt hieraus, dass der Vermieter hierzu selbst nicht vortragen muss, um eine schlüssige Klage zu erheben (siehe Rdn. 19).

b) Pauschale oder Vorauszahlungen

9   Ist zwischen den Parteien umstritten, ob ein im Mietvertrag ausgeworfener Betrag für Betriebskosten als Pauschale oder Vorauszahlung zu behandeln ist, und macht der **Vermieter** geltend, die unklare Absprache sei als Vereinbarung von Vorauszahlungen zu verstehen, trägt er die Beweislast für die ihm günstigere Variante;[12] spricht die Auslegung eher für eine Vorauszahlungsabrede, hat der **Mieter** die Qualifikation als Pauschale zu beweisen.

c) Nachträgliche Vertragsänderung

10 Beinhaltet der **ursprüngliche Mietvertrag keine Vereinbarung** über die Umlage von Betriebskosten oder jedenfalls keine in dem geltend gemachten Umfang oder der abgerechneten Art, müssen die Parteien nachträglich eine abweichende Vereinbarung getroffen haben. Eine solche kann **ausdrücklich** oder **stillschweigend** (s. B Rdn. 63 ff.) erfolgen.

11 Häufig beruft sich eine Partei in dem Prozess auf eine **laufende Übung** in der Vergangenheit, indem abweichend von den Vereinbarungen des Vertrages abgerechnet und dieses auch nicht beanstandet worden sei. Der bloßen Hinnahme und dem Ausgleich einer nicht vertragsgemäßen und damit falschen Abrechnung kommt jedoch auch über einen längeren Zeitraum **kein rechtsgeschäftlicher Gehalt** zu (s. dazu ausführlich B Rdn. 65 ff.). Es handelt sich nicht um ein deklaratorisches Schuldanerkenntnis[13] und daher erst recht nicht um eine Zustimmung zur Vertragsänderung. Trägt der Vermieter nur eine laufende Übung vor, ist die Klage unschlüssig. Er muss weitere, konkrete Tatsachen darlegen, aus denen sich ergibt, dass der Mieter einer Änderung der vertraglichen Regelung **zugestimmt** hat. Er trägt hierfür auch die Beweislast.

12 Hat **umgekehrt** der Vermieter über einen längeren Zeitraum in die Abrechnungen **Betriebskostenarten nicht eingestellt**, die nach dem Vertrag umlagefähig sind, trägt im Gegenzug der **Mieter** die Darlegungs- und Beweislast, dass es insoweit zu einer wirksamen Vertragsänderung gekommen ist, welche die Belastung mit diesen Kosten ausschließt (dazu

---

[12] Z. B. *Beierlein* in Mietprozess 9. Kap. Rdn. 40.
[13] BGH (XII ZR 62/12) GE 2012, 1130 = NZM 2013, 648 für Gewerberaum, (VIII ZR 296/09) GE 2011, 331 = NZM 2011, 242 = WuM 2011, 108 = ZMR 2011, 375 für Wohnraum.

B Rdn. 71). Auch hier genügt die bloße Vorlage der bisherigen Abrechnung nicht.

Trägt der **Vermieter** gegenüber einem Mietvertrag, der keine Umlage oder nur eine eingeschränkte Belastung des Mieters mit Betriebskosten festlegt, vor, ihm sei die teilweise oder vollständige Abrechnung von Betriebskosten aufgrund einer **ausdrücklichen** nachträglichen **Vertragsänderung** möglich, muss er **darlegen und beweisen**, auf welche Weise es zu einer Vereinbarung über die Vertragsänderung gekommen sein soll. Zweifel gehen zu seinen Lasten. **13**

Haben die Parteien eine **unklare Regelung** im Mietvertrag über längere Zeit einvernehmlich gehandhabt, liegt darin eine Konkretisierung der Absprache (s. B Rdn. 60ff.). Will sie eine der Vertragsparteien nicht gelten lassen, trifft sie die Darlegungs- und Beweislast, dass es sich nicht um eine Konkretisierung, sondern um eine Abweichung vom Mietvertrag handelt. **14**

3. Nachzahlung von Vorauszahlungen

Die Verpflichtung des Mieters zur **Zahlung von Vorauszahlungen muss** grundsätzlich **vereinbart** sein (s. E Rdn. 2ff.). Vom Fall der nachträglichen Änderung einer Brutto- oder Bruttokaltmiete abgesehen, werden bei einer Teilinklusivmiete für die umlagefähigen, meist verbrauchsabhängigen Betriebskosten und bei einer Nettomiete üblicherweise Vorauszahlungen vorgesehen. In seltenen Fällen hat der Mieter allerdings keine Vorauszahlungen zu entrichten, sondern nur die Nachforderung aus einer Betriebskostenabrechnung auszugleichen. Der Vermieter muss zur Schlüssigkeit der Klage auf Leistung der Vorauszahlungen vortragen, dass und in welcher Höhe diese zwischen den Parteien vereinbart wurden. Nahm er eine Erhöhung nach § 560 Abs. 4 BGB vor, muss er auch diese darlegen. Das Gericht hat, da neben der formellen auch die inhaltliche Richtigkeit der Abrechnung Voraussetzung einer Erhöhung ist (s. E Rdn. 28), letztere auch bei der Vorauszahlungsklage **von Amts wegen** (s. Rdn. 20) zu prüfen. **15**

Klagt der Vermieter rückständigen **Mietzins einschließlich** der **Vorauszahlungen** ein, muss er den auf sie entfallenden Teil der Klage mit Eintritt der Abrechnungsreife auf den Saldo aus der Abrechnung umstellen.[14] Die Umstellung der Klage von Vorauszahlungen auf Ausgleich der Nachforderung aus der Abrechnung ist gem. § 264 Nr. 3 ZPO zulässig. Sie ist keine Klagänderung,[15] wäre aber als solche ohnehin sachdienlich.[16] Hat er pflichtwidrig in der Zwischenzeit nicht abgerechnet, bleibt **16**

---

[14] Z. B. OLG Düsseldorf ZMR 2001, 882, OLG Hamburg DWW 1988, 379 = WuM 1989, 150.
[15] KG GE 2017, 352 = ZMR 2016, 393, BeckRS 2016, 16547.
[16] Z. B. OLG Stuttgart NJW-RR 2011, 1591 (Werklohn), LG Frankfurt (Oder) GE 2013, 813; *Both* in Herrlein/Kandelhard § 556 Rdn. 134, *Schmid* WuM 2010, 65 (66);

ihm nur die Möglichkeit, den Rechtsstreit hinsichtlich der Vorauszahlungen in der Hauptsache für erledigt zu erklären (s. Rdn. 113); der Anspruch auf Zahlung von Verzugszinsen bleibt unberührt.[17] Anderenfalls ist der auf die Vorauszahlungen gerichtete Teil der Forderung abzuweisen.[18] Hat der Vermieter im laufenden Prozess nach **Sollvorauszahlungen** abgerechnet und führt er den Saldo in den Prozess ein, sind die zuvor verlangten Vorauszahlungen ausnahmsweise als zusätzlicher Teil des Saldos zu behandeln.[19]

17 Anders als bei Gewerberaum ist der Vermieter von **Wohnraum** durch die **Ausschlussfolge** des § 556 Abs. 3 Satz 3 BGB allerdings ggf. gehindert, noch zusätzliche Nachforderungen aus der verfristeten Abrechnung geltend zu machen. Hier kann er den Saldo nur in Höhe der nicht geleisteten Abschläge verlangen (s. im Einzelnen G Rdn. 87).

18 Wendet der Mieter ein, er habe die Vorauszahlungen geleistet, muss er im Umkehrschluss aus § 363 BGB die **Erfüllung** seiner Verpflichtung darlegen und beweisen.

4. Nachforderung aus einer Abrechnung

a) Schlüssigkeit der Klage

19 Zur Schlüssigkeit der Klage reicht die **bloße Mitteilung eines Saldos** zulasten des Mieters **nicht aus**.[20] Der Vermieter muss weiterhin vortragen (und ggf. beweisen)[21], dass die Abrechnung dem Mieter rechtzeitig **vor Ablauf der Abrechnungsfrist** zugegangen ist.[22] Relationstechnisch wäre es zudem geboten, bereits in der Klage die Mietstruktur zu bezeichnen, aus der die behauptete Abrechnungsmöglichkeit resultiert. Der Vermieter müsste also vortragen, dass zwischen den Parteien eine Umlage der Betriebskosten und eine Abrechnung über diese vereinbart worden ist.[23] Dem steht jedoch die Rechtsprechung des **BGH**[24] entgegen, da

---

einschränkend OLG Rostock OLGR 2007, 726: Keine Umstellung auf den Nachzahlungssaldo bei Abrechnung nach Sollvorauszahlungen, wenn der Mieter die Vorauszahlungen teilweise geleistet hat, damit dieser erkennen kann, welche Nachzahlungen der Vermieter noch geltend machen will.

[17] Z. B. BGH (XII ZR 112/10) GE 2012, 1696 = WuM 2012, 662 = NZM 2013, 85; *Wolf/Eckert/Ball* Rdn. 511.
[18] KG DWW 2014, 296 = GE 2014, 1137 = WuM 2014, 551 = ZMR 2014, 973.
[19] BGH (VIII ZR 108/02) GE 2003, 250 = NZM 2003, 196 = WuM 2003, 216 = ZMR 2003, 334, KG DWW 2014, 296 = GE 2014, 1137 = WuM 2014, 551 = ZMR 2014, 973.
[20] Vgl. auch *Schmid* MDR 2000, 124.
[21] LG Berlin GE 2017, 1413.
[22] AG Dortmund Urt. vom 10.2.2015 – 425 C 10220/14.
[23] KG NZM 1998, 620, AG Dortmund Urt. vom 10.2.2015 – 425 C 10220/14; *Schmid* MDR 2015, 187 (188).
[24] BGH (VIII ZR 83/13) GE 2014, 661 = WuM 2014, 336, (VIII ZR 240/10) GE 2011, 949 = NZM 2011, 627 = WuM 2011, 420.

die Abrechnung auch dann formal ordnungsgemäß ist und Grundlage einer Nachforderung sei kann, wenn die Parteien eine Betriebskostenumlage nicht oder nur im Wege einer Pauschale vereinbart haben. Der Mieter muss diesen Einwand innerhalb der Einwendungsfrist geltend machen (s. dazu H Rdn. 269 ff.). Erst dann muss der Vermieter vortragen und beweisen, dass die Betriebskosten, die er in die Abrechnung einstellte, in dem zwischen den Parteien geschlossenen Mietvertrag auf den Mieter umgelegt wurden und dass über diese eine Abrechnung erfolgen soll.

Demgegenüber wird **teilweise vertreten**, dass der **Vermieter** vor dem Ablauf der Einwendungsfrist nach den allgemeinen Grundsätzen der **Darlegungs- und Beweislast** das **Abrechnungsrecht** vortragen muss, da mit § 556 Abs. 3 Satz 5 BGB keine Umkehrung verbunden sei.[25] Diese Argumentation **greift** jedoch **vor dem Hintergrund der Rechtsprechung des BGH zu kurz** und zieht aus der an sich zutreffenden Wertung des § 556 Abs. 3 Satz 5 BGB nicht den richtigen Schluss. Zwar kehrt die Einwendungsfrist die Darlegungslast nicht um, die Norm statuiert jedoch vielmehr ein originäres Einwendungs- und damit auch Darlegungserfordernis des Mieters, weil der Vermieter für die Geltendmachung des Nachforderungsanspruchs lediglich eine formell ordnungsgemäße Abrechnung erstellen muss. Er wird an sich durch die Regelung des § 259 BGB nicht von dem Schlüssigkeitserfordernis des Abrechnungsrechts entbunden (siehe H Rdn. 277). Da der BGH aber das Abrechnungsrecht dem Einwendungsausschluss des § 556 Abs. 3 Satz 6 BGB zuschlägt (zur Kritik siehe H Rdn. 277), der sich nur auf Einwendungen nach Satz 5 bezieht, gibt er dem Mieter die Einwendungslast für dessen Fehlen auf, so dass der Vermieter hierzu nicht vortragen muss. Das stellt eine gesetzliche Durchbrechung der Relationstechnik dar. Zwar ist es nachvollziehbar, dem Vermieter insoweit zumindest die Darlegungslast für die Vertragsstruktur aufgeben zu wollen, da andernfalls ein gewisses dogmatisches „Unbehagen" eintreten mag. Systematisch ist eine solche Trennung jedoch nicht möglich. Alle Tatsachen- und Rechtsfragen, die von der Ausschlussfrist des § 556 Abs. 3 Satz 6 BGB erfasst sein sollen, stellen Einwendungen i.S. des Satz 5 dar und müssen somit nicht vom Vermieter vorgetragen, sondern vom Mieter positiv (und fristgemäß) gerügt werden. Dass die Ausschlussfrist des Satz 5 solche Aspekte erfassen sollte, die keine Einwendungen sind, ist mit dem Wortlaut der Norm in keiner Weise mehr in Einklang zu bringen.

Diese (auch relationstechnische) Konsequenz ist schlicht die Folge der anderslautenden Rechtsprechung des BGH. Daher ist dem Gericht auch selbst bei Vortrag des Vermieters zur Umlagevereinbarung – etwa durch Vorlage des Mietvertrages – die **Prüfung** dieser auf ihre **Vereinbarkeit mit §§ 307 ff. BGB untersagt**, jedenfalls die Mitteilung des Ergebnisses an

---

[25] *Blank* in Blank/Börstinghaus § 556 Rdn. 293, im Ergebnis auch *Langenberg* in Schmidt-Futterer § 556 Rdn. 526.

den Mieter. Als (nach der BGH-Rechtsprechung nunmehr) Einwendung gegen die Abrechnung i.S. des § 556 Abs. 3 Satz 5 BGB ist das Gericht weder befugt, solche selbst zu prüfen, noch, den Mieter auf inhaltliche Fehler hinzuweisen, ihm also die Einwendung vorzugeben. Hierbei würde es sich um einen unzulässigen Hinweis nach § 139 ZPO handeln. Das wäre nicht nur eine Missachtung des prozessualen Beibringungsgrundsatzes. Da das Einwendungserfordernis bereits dem materiellen Recht entspricht, würde das Gericht sogar außerprozessuale Rechtsberatung betreiben, wenn es dem Mieter mitteilt, wie er sich die Möglichkeit der Verteidigung gegen die Abrechnung vor dem Greifen der Ausschlussfrist bewahrt. Das wäre sogar dann den Fall, wenn das Bestehen der Umlagevereinbarung keine Einwendung darstellen würde, sondern einen Teil der vom Vermieter vorzutragenden Schlüssigkeit. Auch hier brächte das Gericht durch den Hinweis auf den Verstoß gegen §§ 307 ff. BGB den Mieter, der sich bislang nicht gegen das Abrechnungsrecht als solches gewendet hat, überhaupt erst auf den Gedanken, die materiell-rechtlich wegen § 556 Abs. 3 Satz 5, 6 BGB erforderliche Einwendung zu erheben, um sich diese im Weiteren zu sichern. Das wäre gleichfalls Rechtsberatung und keine zulässige Ausprägung der gerichtlichen Fürsorgepflicht für die Partei dahingehend, ihre den (bestehenden) rechtlichen Interessen und Möglichkeiten entsprechenden prozessualen Handlungen vorzunehmen.[26] Das Erheben von Einwänden gegen die Abrechnung i.S. der Einwendungspflicht des § 556 Abs. 3 Satz 5 BGB zur Abwendung der Ausschlussfrist des Satz 6 stellt aber gerade keine prozessuale Durchsetzung des materiellen Rechts dar, sondern begründet ein solches erst. Den **Vortrag zur Mietstruktur** könnte man jedoch der Geltendmachung des Nachzahlungsanspruchs unter **Vorlage der Abrechnung konkludent** entnehmen. Der Mieter kann hier nicht mit Nichtwissen (§ 138 Abs. 4 ZPO) bestreiten, da er Vertragspartei ist und zu dem Vertragsinhalt konkret vortragen kann und, als Einwendung i.S. des § 556 Abs. 3 Satz 5 BGB, auch muss.

Schließlich sind der **Abrechnungszeitraum,** das **Datum** der Abrechnung und der **Inhalt** der Abrechnung selbst wiederzugeben. Da in die Abrechnung mehrere Einzelforderungen eingeflossen und die in der Regel vom Mieter geleisteten Vorauszahlungen gegengerechnet sind, ist das Gericht ohne eingehende Darstellung nicht in der Lage, die sachliche Begründetheit der sich aus der Saldierung ergebenden Forderung nachzuvollziehen; ein Versäumnisurteil gegen den im Termin ausgebliebenen Mieter wäre nicht gerechtfertigt (§ 331 Abs. 2 ZPO). Üblich und ausreichend ist die Beifügung der Abrechnung, auf deren Inhalt Bezug genommen werden kann, sie muss nicht in der Klagschrift wiederholt oder erläutert werden. Das ergibt sich schon daraus, dass sie nur dann den formalen Anforderungen genügt, wenn sie aus sich selbst heraus ver-

---

[26] Hierzu z. B. BGH (VIII ZR 84/17) NZM 2018, 454 = WuM 2018, 278 = ZMR 2018, 575, (VIII ZR 68/17) NZM 2018, 444 = WuM 2018, 373.

ständlich ist. Belege sind erst auf substantiiertes Bestreiten des Mieters vorzulegen. Allerdings wird auch der Mieter zur Substantiierung inhaltlicher Einwände häufig seinerseits Belege dem Gericht vorlegen müssen, da erst aus diesen die erforderlichen Informationen zu erlangen sind.[27]

Das Gericht hat **von Amts wegen** zu prüfen, **ob** die **Abrechnung formell ausreichend** ist, also den notwendigen Inhalt aufweist (s. hierzu umfassend H Rdn. 124).[28] Erst der Zugang einer formal ordnungsgemäßen Abrechnung begründet die Fälligkeit des Nachzahlungsanspruchs (§ 271 Abs. 1 BGB) und ist somit Teil der Schlüssigkeit.[29] Ist dies nicht der Fall, ist zu differenzieren. **20**

– Läuft die **Abrechnungsfrist** noch, kann der Vermieter durch schnelle Nachbesserung vor dem gesetzlichen Fristablauf abhelfen, um die Nachforderung zu retten. Der Zeitpunkt des Fristablaufs ergibt sich allein aus § 556 Abs. 3 Satz 2 BGB i. V. m. §§ 187 Abs. 1, 188 Abs. 2, 3 BGB und kann weder durch das Gericht (etwa durch Fristgabe), noch durch das Prozessrecht (Flucht in die Säumnis) abgeändert werden (s. auch G Rdn. 58); § 204 Abs. 1 Nr. 1 BGB findet keine entsprechende Anwendung. Genügen dem Mieter die Korrekturen, kann er den Saldo mit der Kostenfolge zulasten des Vermieters gem. § 93 ZPO sofort anerkennen.[30] Reagiert der Vermieter auf die Hinweise des Gerichts zu den formellen Mängeln der Abrechnung nicht, ist die Klage als zurzeit nicht begründet abzuweisen (zu nur vereinzelten Fehlern der Abrechnung s. Rdn. 41 f.).
– Ist die **Abrechnungsfrist abgelaufen,** bleibt dem Vermieter von Gewerberaum grundsätzlich weiterhin die Möglichkeit nachzubessern.[31] Geht es um Wohnraum, erfolgt die endgültige Abweisung der Nachforderung;[32] Nachbesserungen sind nur bei materiellen Mängeln der Abrechnung möglich.
– Ist die Abrechnung in einzelnen, abgrenzbaren **Teilen formal unwirksam,** im Übrigen ordnungsgemäß, spricht das Gericht die ordnungsgemäßen Anteile zu und korrigiert hierüber selbst das Abrechnungsergebnis, wenn das ohne weiteres möglich ist (s. Rdn. 42).[33]

---

[27] Vgl. LG Itzehoe ZMR 2011, 473.
[28] LG Bonn WuM 2012, 155, LG Frankfurt am Main Urt. vom 15.2.2008 – 2–11 S 109/07; *Langenberg* in Schmidt-Futterer § 556 Rdn. 537, *Schmid* MDR 2015, 187 (188); a. A. unter unzutreffender Gleichstellung mit inhaltlichen Fehlern OLG Düsseldorf Urt. v. 9.7.2015 – I-10 U 126/14, NJOZ 2015, 1753.
[29] BGH (VIII ZR 1/06) DWW 2007, 114 = NZM 2007, 244 = WuM 2007, 196 = ZMR 2007, 359.
[30] BGH (VIII ZR 298/80) GE 1982, 135 = WuM 1982, 207 = ZMR 1982, 108; *Schmid* WuM 2010, 65 (66).
[31] OLG Dresden GE 2002, 994 (995).
[32] *Milger* NJW 2009, 625 (628).
[33] BGH (VIII ZR 1/06) = DWW 2007, 114 = NZM 2007, 244 = WuM 2007, 196 = ZMR 2007, 359; *Milger* NJW 2009, 625 (626).

21 Ist die Klage schlüssig, die Nachforderung jedoch streitig, trägt **grundsätzlich** der **Vermieter** die **Darlegungs- und Beweislast für die Richtigkeit** der Abrechnung.[34] Das bezieht sich auch auf die Grundlagen der Verbrauchsermittlung nach § 9a Abs. 1 HeizKV, deren Ermittlung allein dem Vermieter obliegt und nicht durch das Gericht zu schätzen ist.[35]

b) Zugang der Abrechnung

22 Für den Zugang der Abrechnung trägt der **Vermieter die Darlegungs- und Beweislast**. Dies gilt sowohl für den Zugang selbst als auch für die Rechtzeitigkeit, was sich aus der positiven Gesetzesformulierung ergibt (*„ist dem Mieter spätestens bis zum Ablauf des zwölften Monats nach Ende des Abrechnungszeitraums mitzuteilen"*). Eine Beweislastverteilung zwischen dem Abrechnungsrecht und der hieraus folgenden Nachforderung des Vermieters einerseits sowie einem Ausschluss dessen bei Nichteinhaltung der Frist andererseits liegt sprachlich nicht vor. Bei der Fristwahrung und der hiermit verbundenen Folge des Nachforderungsschlusses handelt es sich somit nicht um ein Regel-Ausnahme-Verhältnis (z. B. „es sei denn, ..."), so dass der sich auf die Ausnahme berufende Anspruchsgegner (Mieter) deren Voraussetzungen darlegen- und beweisen müsste.[36] Vielmehr sind sämtliche Tatsachen, die für die Geltendmachung einer Nachforderung vorliegen müssen, einheitlich vom Vermieter darzulegen und zu beweisen einschließlich der Wahrung der Abrechnungsfrist. Die Betriebskostenabrechnung ist zwar keine Willenserklärung, jedoch eine geschäftsähnliche Handlung (siehe H Rdn. 3), so dass die Regelung des **§ 130 BGB** entsprechende Anwendung findet.[37]

23 Bestreitet der **Mieter mit Erfolg** den **Zugang** der Abrechnung **vor Klagerhebung**, kann er sie nach Vorlage im Rechtsstreit mit der Kostenfolge aus § 93 ZPO zulasten des Vermieters sofort anerkennen. Erfolgt die **Vorlage** der Abrechnung über Wohnraum allerdings **erst nach Ablauf der Abrechnungsfrist** des § 556 Abs. 3 Satz 2 BGB, ist sie verspätet, so dass der Vermieter mit Nachforderungen ausgeschlossen ist; die Klage ist endgültig abzuweisen.[38] Ebenso kann der Mieter ein **sofortiges Anerkenntnis** erklären, wenn ihm der Vermieter erst im Verlauf des Prozesses die **Einsichtnahme** in die Abrechnungsbelege gestattet und er sodann nach Prüfung die Abrechnung akzeptiert.

c) Abrechnungszeitraum

24 Jedenfalls für die materielle Wirksamkeit der Abrechnung ist die **Einhaltung des Abrechnungszeitraums** grundsätzlich notwendig; zur Aus-

---

[34] BGH (VIII ZR 27/07) DWW 2008, 216 = GE 2008, 662 = NZM 2008, 403 = WuM 2008, 285.
[35] BGH (VIII ZR 310/12) GE 2013, 680 = WuM 2013, 305.
[36] Hierzu näher *Prütting* in MünchKommZPO § 286 Rdnrn. 113-115 m. w. N.
[37] AG Köln NZM 2005, 740 = ZMR 2005, 543; *Wall* Rdn. 2049.
[38] *Milger* NJW 2009, 625 (628).

nahme s. G Rdn. 102. Gelten bei einheitlichen Vorauszahlungen auf Betriebs- und Heizkosten verschiedene Abrechnungszeiträume, ist die Einbeziehung eines in die Vorperiode reichenden Abrechnungszeitraums in die Gesamtabrechnung unschädlich (s. G Rdn. 76). Da die Abrechnung über einen unzutreffenden Abrechnungszeitraum nicht die formelle Rechtmäßigkeit berührt, muss der Mieter den Fehler fristgemäß rügen, was zumindest voraussetzt, dass der Zeitraum in der Abrechnung aufgeführt ist.[39]

Für den Abrechnungszeitraum ist maßgeblich, ob nach dem **Leistungs-** 25
oder Abflussprinzip abgerechnet wurde. Ob die fehlende Angabe zur Verfahrensweise die Abrechnung bereits formell unwirksam macht, ist ungeklärt.[40] Nach der hier vertretenen Ansicht ist jedenfalls ein Wechsel der Abrechnungsmethoden innerhalb derselben Abrechnung nicht zulässig (s. G Rdn. 119).

d) Ansatz der vereinbarten Betriebskosten

Da die Umlage von Betriebskosten eine entsprechende Vereinbarung 26
voraussetzt, dürfen grundsätzlich nur solche Betriebskosten angesetzt werden, die **vom Mietvertrag gedeckt** sind. Bei vermietetem **Wohnraum** kommt hinzu, dass es sich überhaupt um **umlagefähige** Betriebskosten handelt (§ 556 Abs. 1 S. 2, 3 BGB).

Ist der **Betriebskostenkatalog** insgesamt vereinbart, sei es durch Ver- 27
wendung des Begriffs der „Betriebskosten", Bezugnahme oder Wiedergabe im Mietvertrag (s. B Rdn. 18 ff.), sind alle in § 2 BetrKV aufgeführten Kostenvarianten als umlagefähig vereinbart.[41] Wegen des Bestimmtheitsgrundsatzes gilt dies nicht für die **sonstigen Betriebskosten**, die mithin nur angesetzt werden dürfen, soweit sie im Mietvertrag bezeichnet sind.

Bei einer **Teilinklusivmiete** oder einer **Teilpauschale** dürfen nur die 28
nicht im Betriebskostenanteil enthaltenen, mithin separat umlagefähigen Kosten abgerechnet werden. Zumindest bei der Teilinklusivmiete und Teilpauschale sind dem Mieter nach der Rechtsprechung des BGH allerdings Einwände gegen die Ansatzfähigkeit nach Beginn der Frist für den Einwendungsausschluss verwehrt (dazu kritisch H Rdn. 271 ff.).

Bei vermietetem **Gewerberaum** sind ebenfalls nur die vereinbarten Be- 29
triebskosten umlagefähig. Nimmt der Mietvertrag auf Vorschriften für die bei Wohnraum ansetzbaren Kosten Bezug, scheidet die Umlage anderer Kosten aus.

(einstweilen frei) 30

---

[39] *Wall* Rdn. 1722.
[40] Ja: *Derckx* NZM 2008, 394 (395).
[41] BGH (VIII ZR 202/06) GE 2007, 1310 = NZM 2007, 769 = WuM 2007, 571.

e) Notwendiger Inhalt der Abrechnung

aa) Gesamtkosten

31   Bei Betriebskosten, die nicht in voller Höhe auf alle Mieter entfallen oder bei denen nicht umlagefähige Anteile eingeschlossen sind, müssen nicht mehr die tatsächlichen **Gesamtkosten,** also einschließlich der nicht umlagefähigen Kostenteile, angeführt sein.[42] Der Vermieter gibt alleine diejenigen Kosten an, die er **tatsächlich auf die Mieter umlegt.**[43]

32   Im Übrigen sind **alle Kostenarten,** die umgelegt sein sollen, im Einzelnen zu **bezeichnen.** Schließen einzelne Kosten andere ein, fehlt es bei diesen grundsätzlich an einer erkennbaren Abrechnung (s. H Rdn. 135). Es bedarf daher jedenfalls insoweit einer neuen Abrechnung, die, wenn sie den Mieter von Wohnraum zu spät erreicht, infolge der Ausschlussfrist keine Nachforderung begründen kann.

bb) Umlageschlüssel

33   Ist der Verteilungsmaßstab **nicht nachvollziehbar,** ist die Abrechnung bereits formell unwirksam. Es reicht dabei nicht aus, dass der Vermieter lediglich einen abstrakten Umlagemodus (etwa eine Quote; zu Prozentsätzen s. H Rdn. 146) in die Abrechnung aufnimmt. Er muss vielmehr kenntlich machen, nach welchem Schlüssel er umlegt (s. im Einzelnen H Rdn. 143 ff.). Denn der Mieter muss die Art der Umlage nachvollziehen können, z. B. Verbrauch, Personenbelegung, Anzahl der Wohnungen, Wohnfläche, Nutzfläche, Grundstücksfläche oder sonstige Flächen.[44] Aus der Entscheidung des BGH vom 13.12.2011[45] folgt nichts anderes, weil es sich dort und in den in Bezug genommenen Entscheidungen um eine Quotenbildung im Rahmen eines inhaltlich bezeichneten Umlageschlüssels (Wohnfläche, Personen) handelt. Die Verwendung eines **vom Mietvertrag abweichenden** Umlageschlüssels macht die Abrechnung zwar nicht formell unwirksam, für die materielle Durchsetzbarkeit einer Nachforderung ist es indes selbstverständlich, dass der vereinbarte Umlagemaßstab mit demjenigen in der Abrechnung übereinstimmen muss. Allerdings wird sich der Mieter auf diesen inhaltlichen Fehler nicht berufen können, wenn er ihn eindeutig nicht benachteiligt.[46]

---

[42] So noch BGH (VIII ZR 1/06) DWW 2007, 114 = GE 2007, 438 = NZM 2007, 244 = WuM 2007, 196 = ZMR 2007, 359.

[43] BGH (VIII ZR 93/15) GE 2016, 253 = NZM 2016, 192 (mit Anm. *Zehelein*) = WuM 2016, 170.

[44] BGH (VIII ZR 27/10) GE 2011, 404 = NZM 2011, 401 = WuM 2011, 101 = ZMR 2011, 454.

[45] BGH (VIII ZR 286/10) GE 2012, 402 = WuM 2012, 98.

[46] BGH (VIII ZR 268/10) GE 2012, 126 = NZM 2012, 153 = WuM 2012, 25 (Vorinstanz LG Itzehoe ZMR 2011, 214): Ausgliederung der erfassten Wasserverbrauchs- und Entwässerungskosten aus der Abrechnung der kalten Betriebskosten und Übernahme in die Heizkostenabrechnung als *„Nullsummenspiel"*, OLG Düsseldorf GE 2006, 327: Statt vereinbarter Abrechnung der Wasserkosten nach Verbrauch in einer Gaststätte die Umlage nach Personen.

Die Frage, ob der eingesetzte Umlageschlüssel der **Billigkeit** ent- 34
spricht, ist meist nicht streitig, wenn es sich um einen der anerkannten
Umlegungsmaßstäbe handelt. Wendet sich der **Mieter gegen den Flächenschlüssel**, trägt er die Darlegungs- und Beweislast, warum er im
konkreten Fall unbillig ist, weil § 556a Abs. 1 BGB diesen Umlageschlüssel als Regelmaßstab bestimmt.[47] Andererseits ist es Sache des **Vermieters**, die Billigkeit darzutun, wenn er nach einem **ungewöhnlichen Verteilungsmaßstab** abrechnete.

Ein häufiger Streitpunkt ist jedoch, ob der eingesetzte **Schlüssel richtig** 35
angewandt wurde. Hier trägt ohne weiteres der **Vermieter** als Schuldner
der Abrechnung die Darlegungs- und Beweislast für deren richtige Erfüllung.

Bei der **Umlage nach Kopfteilen** betrifft dies meist die Gesamtzahl der 36
angesetzten Personen. Beim **Flächenmaßstab** geht es um die zugrunde
gelegten Flächen. Während Einwände zur Gesamtfläche im Hinblick auf
die Höhe der Kosten eines Sachverständigen, die unschwer einen fünfstelligen Betrag erreichen können, meist gütlich behoben werden,[48] bleibt
die Fläche des einzelnen Mietobjekts oft umstritten. Hier genügt der Mieter seiner Substantiierungslast nicht durch bloßes Bestreiten der vom
Vermieter angegebenen Fläche, sondern er muss zunächst selbst nachmessen oder sich dazu der Hilfe Dritter bedienen;[49] auch für ein zulässiges Bestreiten der Gesamtfläche muss der Mieter stichhaltige Anhaltspunkte vortragen,[50] woran jedoch keine zu hohen Anforderungen gestellt
werden können. Inzwischen bieten bereits einige Mietervereine Wohnungsmietern eine kostengünstige Vermessung an. Verbleibt eine Differenz, hat der Vermieter, der zum Beweis für die Richtigkeit seiner Angabe die Einholung eines Gutachtens anbietet, den Auslagenvorschuss zu
leisten. Bestätigt der Sachverständige die Berechnung des Vermieters,
sind die Kosten der Beweiserhebung nach § 96 ZPO auch dann dem Mieter aufzuerlegen, wenn der Vermieter aus anderen Gründen keinen Erfolg mit seiner Klage hat.

Hat der Mieter bei einer **Abrechnung nach Verbrauch** ein **Ableseprotokoll** 37
unterschrieben, hat er darzulegen und zu beweisen, dass es
gleichwohl unrichtig ist.[51] Allerdings soll sich der Zwischenmieter, der

---

[47] Vgl. die Argumentation BGH (VIII ZR 251/05) NZM 2007, 83 = WuM 2006, 684 = ZMR 2007, 101.
[48] Nach LG Köln ZMR 2001, 624 genügt der Vermieter seiner Darlegungslast nicht, wenn er sich zur Richtigkeit der angesetzten Gesamtwohnfläche nur auf die Einholung eines Sachverständigengutachtens bezieht, weil dies auf unzulässige Ausforschung hinaus laufe.
[49] BGH (VIII ZR 181/16) GE 2017, 774 = NZM 2017, 435 = WuM 2017, 404, (VIII ZR 41/14) GE 2014, 1649 = NZM 2015, 44 = WuM 2014, 744 = ZMR 2015, 205; LG Berlin GE 2011, 485; a. A. *Schmid* ZMR 2009, 335 (336 f.).
[50] BGH (VIII ZR 41/14) GE 2014, 1649 = NZM 2015, 44 = WuM 2014, 744 = ZMR 2015, 205.
[51] Z. B. OLG Köln DWW 1985, 180.

vom Ablesetermin nicht unterrichtet wurde, die Unterzeichnung des Protokolls durch den Endmieter dann nicht zurechnen lassen müssen, wenn dem Vermieter bekannt ist, dass dieser der deutschen Sprache nicht hinreichend mächtig ist.[52]

38   Bei einem **Mieterwechsel** innerhalb der Abrechnungsperiode sind die entstandenen Kosten nachvollziehbar und sachgerecht aufzuteilen. Ebenso bedarf es der genauen Zuordnung der Kosten bei einem Mieterwechsel zum Ende bzw. Beginn eines Abrechnungszeitraums, wenn nach dem Abflussprinzip abgerechnet wurde. Da es sich um Grunde nur um einen Unterfall der Angabe und Erläuterung des auf das gesamte Gebäude bezogenen Umlageschlüssels handelt, kann auf die obigen Ausführungen verwiesen werden (Rdn. 33 ff.).

39   Der Grund für die Bildung von Abrechnungseinheiten ist nicht Teil der formalen Voraussetzungen der Abrechnung selbst und muss daher nicht erläutert werden.[53] Streiten die Parteien um die **Berechtigung** der Umlage nach **Abrechnungseinheit,** muss der **Vermieter** die Voraussetzungen für die Bildung der Einheit darlegen und beweisen.[54] Das bezieht sich jedoch aufgrund der geringen inhaltlichen Voraussetzungen, die hieran zu stellen sind, überwiegend auf die Frage, ob die einbezogenen Gebäude zusammenhängend, vergleichbarer Bauweise, Ausstattung und Größe sind (s. F Rdn. 133 ff.).

cc) Abzug der Vorauszahlungen

40   Dem Mieter sind alle Vorauszahlungen in der Abrechnung gutzubringen. Hatte er keine gezahlt, soll auch eine fehlende Angabe zu den Vorauszahlungen genügen, wenn sich aus den Gesamtumständen erkennbar ergibt, dass der Vermieter diese mit „*Null*" ansetzte (s. dazu H Rdn 156).[55] Die Abrechnung muss in jedem Fall mit einem **konkreten Ergebnis** abschließen. Streiten die Parteien über die vom Mieter geleisteten Vorauszahlungen, muss dieser die Erfüllung seiner nach dem Mietvertrag geschuldeten Leistung darlegen und beweisen.

dd) Behandlung einzelner formeller Fehler

41   Bei der Entscheidung über die Zahlungsklage des Vermieters von **Wohnraum** ist eine gravierende Veränderung zu beachten, die infolge der Ausschlussfrist des § 556 Abs. 3 Satz 3 BGB eingetreten ist. Bislang wurden die Forderungen aus einer **Abrechnung mit formellen Mängeln als zur Zeit nicht fällig** abgewiesen.[56] Dabei war es eine bei Amts- und Landge-

---

[52] KG GE 2008, 122 = GuT 2008, 203.
[53] BGH (VIII ZR 73/10) GE 2010, 1682 = NZM 2010, 895 = WuM 2010, 742 = ZMR 2010, 198, LG Berlin GE 2015, 452.
[54] LG Köln WuM 2000, 36, AG Dortmund WuM 2012, 452.
[55] BGH (VIII ZR 197/11) DWW 2012, 128 = GE 2012, 607 = NZM 2012, 416 = WuM 2012, 278 = ZMR 2012, 525.
[56] Vgl. auch BGH (VII ZR 399/97) NJW 1999, 1867 zum Bauprozess.

richten weit verbreitete Übung, in dieser Weise **auch dann** zu verfahren, wenn sich die formellen Mängel nicht auf die Abrechnung insgesamt, wie bei einem unplausiblen Umlageschlüssel, bezogen, sondern **nur** auf **einzelne Ansätze,** wie etwa bei den Aufzugskosten, wenn keine Abgrenzung zu dem nicht umlagefähigen Kostenanteil eines Vollwartungsvertrags ersichtlich war. Ob dies jeweils sachgerecht war, weil hinsichtlich der übrigen Kosten durchaus Teilfälligkeit gegeben sein konnte, kann dahinstehen; für diese Vorgehensweise ließ sich immerhin anführen, dass das Gericht nicht der Rechenknecht der Parteien ist, so dass es deren Sache war, auf der Grundlage der Entscheidung des Gerichts eine partielle Neuabrechnung vorzunehmen, die nach altem Recht problemlos erfolgen konnte. Auch wenn die Vermieter in Zukunft bemüht sein dürften, möglichst früh abzurechnen und eine streitige Abrechnung zügig vor Gericht zu bringen, wird die Entscheidung des Amtsgerichts als Eingangsgericht häufig erst nach dem Ablauf der Abrechnungsfrist vorliegen; selbst wenn sie sogar kurz davor ergeht, ist der zeitliche Spielraum des Vermieters für eine Neuabrechnung knapp.

Formelle Korrekturen der Abrechnung kommen nach Verstreichen der **42** Abrechnungsfrist indes zu spät, Nachforderungen aus ihnen sind verfristet. Wird die Abrechnung wegen **formeller einzelner Mängel insgesamt** als noch nicht fällig abgewiesen, ist dies hinsichtlich der betroffenen Positionen sachlich richtig, nicht aber für diejenigen, die ordnungsgemäß abgerechnet waren. Soweit es um diese geht, war die Abrechnung rechtzeitig und eine daraus resultierende Nachforderung, materielle Richtigkeit unterstellt, begründet. Der Vermieter ist daher ohne weiteres berechtigt, ihren Ausgleich trotz Ablauf der Abrechnungsfrist zu verlangen. Auf Seiten des Mieters ist in diesen Fällen aber durchaus zu erwarten, dass er aufgrund des klagabweisenden Urteils und des Fristablaufs den (unzutreffenden) Standpunkt einnimmt, Nachforderungen kämen überhaupt nicht mehr in Betracht. Das bisherige Verfahren ist damit geeignet, überflüssige weitere Prozesse zu provozieren. Es wird sich daher empfehlen, über die ordnungsgemäß abgerechneten Betriebskostenteile in der Sache zu entscheiden.

Ergibt die **materielle Prüfung** der Abrechnung, dass einzelne Positio- **43** nen ganz oder zum Teil unberechtigt sind, kann insbesondere der Vermieter die Richtigkeit nicht beweisen, erwächst die abweisende Entscheidung in Rechtskraft.

Geht es um die Abrechnung von **Gewerberaum,** stellen sich die vorbe- **44** schriebenen Probleme nicht.

f) Ergänzender Inhalt der Abrechnung

Auch wenn für eine formell wirksame Abrechnung in aller Regel keine **45** Erläuterungen angezeigt sind, sofern es nicht um den Umlageschlüssel geht, muss die Abrechnung für ihre **materielle Durchsetzbarkeit Erläu-**

terungen enthalten, wenn anders die Plausibilität einzelner Ansätze fehlt (s. H Rdn. 176).

46 Insbesondere sind hiervon **gemischte Kosten** betroffen, also die bei manchen Betriebskostenarten, z. B. bei den Kosten des Hauswarts, anfallenden Verwaltungs- und Instandsetzungskosten. Sie sind nachvollziehbar aufzuschlüsseln, was üblicherweise Erläuterungen erfordert.

g) Nachforderung bei Abrechnung nach Sollvorauszahlungen

47 Stellt der Vermieter in der Betriebskostenabrechnung bei den Vorauszahlungen nicht die tatsächlich geleisteten, sondern die vertraglich geschuldeten Zahlungen ein, so ist die Abrechnung zwar **formal ordnungsgemäß** (s. H Rdn. 157), sie ist jedoch **inhaltlich unrichtig.**[57] Denn der Vermieter hat in die Abrechnung grundsätzlich die Ist-Zahlungen einzustellen.[58] Grundlage des Nachforderungsanspruchs ist ausschließlich der Abrechnungssaldo. Der Vermieter verliert den ursprünglichen Vorauszahlungsanspruch mit der Abrechnungserstellung bzw. mit dem Ablauf der Abrechnungsfrist (s. G Rdn. 80).[59] Er kann daher nach Abrechnungserteilung, spätestens aber vom Zeitpunkt der Abrechnungsreife an einen Anspruch auf Nebenkostenvorauszahlungen für den betreffenden Abrechnungszeitraum nicht mehr geltend machen, sondern nur noch die Beträge verlangen, die sich aus der Abrechnung tatsächlich ergeben.[60] Der teilweise hiergegen angeführten Entscheidung des BGH[61] ist nichts Gegenteiliges zu entnehmen; hiernach verbleibt dem Vermieter auch bei verspäteter Abrechnung trotz § 556 Abs. 3 Satz 3 BGB der Anspruch aus dem Abrechnungssaldo in Höhe der nicht geleisteten Vorauszahlungen. Die Weiterverfolgung des ursprünglichen Vorauszahlungsanspruchs ist daher auch bei Abrechnung nach Sollvorauszahlungen an sich nicht möglich.[62] Der **BGH** lässt dies ausnahmsweise dann zu, wenn der Vermieter nicht geleistete Vorauszahlungen bereits einklagt und im laufenden Verfahren die Abrechnung erstellt. Hier kann er auf Basis der

---

[57] BGH (VIII ZR 240/10) DWW 2011, 295 = GE 2011, 949 = NZM 2011, 627 = WuM 2011, 420 = ZMR 2011, 784, LG Aachen WuM 2016, 289, BeckRS 2016, 08708, LG Bonn NZM 2014, 387 = ZMR 2014.

[58] BGH (VIII ZR 197/11) DWW 2011, 128 = GE 2012, 609 = NZM 2012, 416 = WuM 2012, 278 = ZMR 2012, 525, KG DWW 2014, 296 = GE 2014, 1137 = WuM 2014, 551 = ZMR 2014, 973, LG Aachen WuM 2016, 289, BeckRS 2016, 08708.

[59] BGH (XII ZR 112/10) GE 2012, 1696 = NZM 2013, 85 = WuM 2012, 662 für Gewerberaum, (VIII ZR 326/14) WuM 2016, 353 = ZMR 2016, 519, (VIII ZR 258/09) GE 2010, 1051 = NZM 2010, 736 = WuM 2010, 490 = ZMR 2010, 847 für Wohnraum, OLG Naumburg Urt. v. 18.5.2017 – 1 U 11/17, BeckRS 2017, 140960, NZM 2002, 957, LG Bonn NZM 2014, 387 = ZMR 2014, 638; *Wall* Rdn. 1771, *Zehelein* WuM 2014, 3 (4).

[60] KG DWW 2014, 296 = GE 2014, 1137 = WuM 2014, 551 = ZMR 2014, 973, LG Aachen WuM 2016, 289, BeckRS 2016, 08708.

[61] BGH (VIII ZR 261/06) GE 2007, 1686 = NZM 2008, 35 = WuM 2007, 700 = ZMR 2008, 38; ausführlich *Zehelein* WuM 2014, 3 ff.

[62] LG Bonn NZM 2014, 387 = ZMR 2014, 638; *Zehelein* WuM 2014, 3 (4 f.).

geschuldeten Vorauszahlungen abrechnen und den ursprünglichen Klageantrag weiter verfolgen.[63] Das soll auch bei bereits titulierten Vorauszahlungen gelten.[64] Andernfalls steht er vor dem Problem, dass der Saldo durch die Einstellung der Sollvorauszahlungen verringert ist und die fehlenden Vorauszahlungen nicht beinhaltet.[65] Eine spätere **Nachkorrektur** ist nur dann möglich, wenn die Abrechnung für den Mieter offensichtlich erkennbar nicht die tatsächlich geleisteten Vorauszahlungen beinhaltet, da dieser dann auf die Richtigkeit nicht vertrauen konnte.[66]

h) Einwände des Mieters

aa) Grundsätze

Von der Ausnahme des zulässigen Bestreitens mit Nichtwissen (s. Rdn. 54) abgesehen, darf sich der Mieter, der sich mit materiellen Gründen gegen die Abrechnung wendet, nach herrschender Meinung **grundsätzlich nicht** darauf beschränken, die Angaben des Vermieters in der Abrechnung **pauschal** zu bestreiten.[67] Auch der Einwand, diese seien „zu hoch", ist nicht ausreichend.[68] Er muss Einwände so konkret fassen, dass der Vermieter erkennen kann, **welche Position aus welchen Gründen beanstandet wird**, damit dieser seine Abrechnung entsprechend überprüfen und ggf. nachbessern kann.[69] Das folgt jedoch nicht aus den prozessualen Grundsätzen des § 138 Abs. 3 ZPO,[70] sondern ergibt sich bereits materiell-rechtlich aus § 556 Abs. 3 Satz 5 BGB, da nur ausreichend konkrete Einwände fristwahrend sind und daher im späteren Prozess berücksichtigt werden können. Ausgenommen sind die Fälle, in denen schon die allgemeinen Denkgesetze gegen die Richtigkeit der Ansätze sprechen. Ansonsten muss der Mieter für substantiierten Vortrag konkreten Zwei-

48

---

[63] BGH (VIII ZR 108/02) GE 2003, 250 = NZM 2003, 196 = WuM 2003, 216 = ZMR 2003, 334; missverständlich KG Urt. vom 22.3.2012 – 8 U 64/11: Eine Erledigung durch Eintritt der Abrechnungsreife sei nur in Bezug auf Rückforderungen des Mieters gegeben.

[64] KG DWW 2014, 296 = GE 2014, 1137 = WuM 2014, 551 = ZMR 2014, 973.

[65] *Schmid* NZM 2010, 264 (266); *ders.* NZM 2007, 555 (557) fordert daher die Beibehaltung des Vorauszahlungsanspruchs auch bei Ablauf der Abrechnungsfrist durch Einstellung von Sollvorauszahlungen und somit eine Ausweitung der Ausnahmeentscheidung des BGH vom 27.11.2002 (Fn. 47), ebenso *Ludley* ZMR 2009, 426 (427).

[66] BGH (VIII ZR 133/10) GE 2011, 814 = NZM 2011, 478 = WuM 2011, 370 = ZMR 2011, 710.

[67] AG Hamburg Urt. v. 6.7.2016 – 49 C 6/16, BeckRS 2016, 12606, AG Hanau NJOZ 2013, 1537.

[68] LG Berlin GE 2017, 194.

[69] OLG Koblenz DWW 2016, 197, BeckRS 2016, 04568, OLG Düsseldorf Urt. v. 9.7.2015 – I-10 U 126/14, NJOZ 2015, 1753, LG Berlin GE 2017, 1021 = NJOZ 2017, 1269 = ZMR 2017, 977, AG Hamburg Urt. v. 6.7.2016 – 49 C 6/16, BeckRS 2016, 12606; *Hinz* NZM 2009, 97 (99), Palandt/*Weidenkaff* § 556 Rdn. 13, *Zehelein* in MünchKomm § 556 Rdn. 101, *Wolbers* NZM 2010, 841 (847).

[70] So aber OLG Düsseldorf Urt. v. 9.7.2015 – I-10 U 126/14, NJOZ 2015, 1753.

feln und Bedenken dadurch zu begegnen versuchen, dass er von seinem weitgehenden Auskunftsrecht Gebrauch macht, d. h. entweder vor- oder außerprozessual nähere Aufklärung verlangt, die **Belege einsieht** oder im Einzelfall Kopien gegen Kostenerstattung anfordert.[71] Das Begehren nach näherer Aufklärung ist jedoch erst dann zulässig, wenn die zuvor durchgeführte Belegeinsicht die aufgeworfenen Fragen nicht beantwortet.[72] So ist der Einwand, bestimmte Kosten seien überhaupt nicht angefallen, solange unbeachtlich, wie der Mieter nicht Einsicht genommen und keinen Rechnungsbeleg vorgefunden hat.[73] Der Mieter ist im Übrigen bei seinen Einwänden nicht auf schon vorprozessual angebrachte Rügen beschränkt. Der Vermieter kann keinen Vertrauensschutz wegen widersprüchlichen Verhaltens des Mieters reklamieren, wenn dieser erst im Prozess mit für ihn nicht behebbaren weiteren Zweifeln hervortritt.[74]

49 So muss **zum Beispiel** der Mieter, der einen zu hohen **Wasserverbrauch** rügt, substantiiert die Gründe darlegen, die gegen die Richtigkeit der Abrechnung sprechen.[75] Die Anforderungen an diesen Vortrag sind um so höher, je plausibler die in der Abrechnung enthaltenen Werte sind (z. B. Haushalt von drei Personen mit Durchschnittsverbrauch von 418,6 l/Tag, Bundesdurchschnitt 120–130 l/Tag = 360–390 l/Tag).[76] Ist dem Mieter die Möglichkeit gegeben, die Ablesegeräte hinsichtlich der von ihm vereinbarungsgemäß zu tragenden Betriebskosten zu kontrollieren, muss er konkret vortragen, welche Werte seiner Ansicht nach in die Betriebskostenabrechnung hätten eingestellt werden müssen bzw. welche Werte inwiefern falsch sind; ein einfaches Bestreiten reicht insoweit nicht aus.[77] **Anders** soll es sich etwa bei **per Funk** übertragenen Ablesewerten verhalten, so die nicht ablesbar sind,[78] was häufig vorgetragen wird. Allerdings weisen auch funkbasierte Ablesegeräte an sich immer die Zählerstände optisch gerade zur unmittelbaren Kontrolle aus. Sie sind zudem meist in Lage, den jeweiligen Verbrauch zu früheren Stichtagen abzurufen. Ist der Wasserverbrauch gegenüber dem Vorjahr (bei unstreitigen Ablesewerten) derart evident angestiegen, dass sich insb. ein rohrundichtigkeitsbedingter Verlust aufdrängt, obliegt dem Vermieter der Nachweis, dass das Leitungssystem mangelfrei ist. Andernfalls ist der Verbrauch des Mieters

---

[71] OLG Düsseldorf GE 2006, 847, LG Karlsruhe ZMR 2014, 796, LG Itzehoe ZMR 2015, 313; LG Berlin GE 2001, 1469, AG Berlin-Mitte GE 2015, 389, AG Hamburg Urt. v. 6.7.2016 – 49 C 6/16, BeckRS 2016, 12606, AG Hanau NJOZ 2013, 1537; AG Aachen WuM 2004, 611; a. A. *Schmid* MDR 2000, 124.
[72] BGH (VIII ZR 45/11) GE 2011, 1679 = NZM 2012, 96 = WuM 2011, 684 = ZMR 2012, 173, OLG Düsseldorf ZMR 2014, 441.
[73] AG Berlin-Neukölln GE 2011, 1089.
[74] LG Kiel WuM 1992, 696.
[75] LG Itzehoe ZMR 2015, 313 für die Ergebnisse der Heizkostenverteiler; a. A. wohl LG Rostock WuM 2017, 402, BeckRS 2017, 110500.
[76] LG Cottbus GE 2011, 409.
[77] LG Berlin NZM 2011, 583.
[78] OLG Düsseldorf NJOZ 2015, 1202, LG Itzehoe Urt. vom 17.12.2010 – 9 S 66/10, AG Berlin-Charlottenburg GE 2013, 1523, AG Berlin-Tiergarten WuM 2012, 618.

vom Gericht zu schätzen.[79] Die **Anforderungen an die Präzisierung** der Einwände finden jedoch ihre **Grenze an der Zumutbarkeit** für den Mieter. So ist der Mieter nicht etwa gehalten, konkret zu den für die jeweiligen Heizkörper angesetzten Umrechnungsfaktoren vorzutragen,[80] sich bei fehlender eigener Fachkenntnis der Hilfe durch einen Sachverständigen zu bedienen[81] oder konkrete Alternativangebote einzuholen.[82] Letzteres kann jedoch erforderlich sein, wenn der Vermieter den Kostenanfall seinerseits nachvollziehbar begründet hat.[83]

Soweit dem Mieter **keine Belege in Kopie** überlassen wurden, **obwohl** ihm im Einzelfall die grundsätzlich vorrangige **Einsichtnahme unzumutbar** war, ist den dadurch beschnittenen Möglichkeiten zu konkretem Vortrag Rechnung zu tragen. So müssen z.B. eher **allgemein gehaltene Bedenken** des Mieters **ausreichen**, wenn es um umfangreiche Unterlagen ging, deren Abschreiben dem Mieter schlichtweg unzumutbar war und deren Kopie der Vermieter abgelehnt hatte. Hier ist der Vermieter aufzufordern, die kompletten Belege in Kopie zur Akte zu reichen. Bis zur ordnungsgemäßen Gewährung der Belegeinsichtnahme steht dem Mieter zudem das Zurückbehaltungsrecht nach § 273 Abs. 1 BGB zu.[84] 50

Trotz der Vorlage von Belegen kann der Mieter bestreiten, dass die in Rechnung gestellten **Leistungen für das Grundstück** erbracht wurden, auf das sich die Abrechnung bezieht. Ebenso kann er einwenden, die berechneten Leistungen seien nicht oder nur zum Teil ausgeführt worden; der erstgenannte Einwand betrifft häufig den Winterdienst in schnee- und eisarmen Wintern, wenn die Mieter die Vorhaltekosten übersehen, der zweite insbesondere Reinigungs- und Gartenpflegearbeiten, die seltener als angegeben erledigt worden seien. Hierbei handelt es sich jedoch, wenn die Kosten dennoch angefallen sind, nicht um einen Einwand gegen die Abrechnung selbst, sondern um einen solchen gegen die Wahrung des Wirtschaftlichkeitsgebots (dazu Rdn. 61).[85] Hat der Mieter bei außerordentlichem Anstieg von Verbrauchskosten zu möglichen, nicht auf Mieterverbrauch beruhenden Ursachen vorgetragen, muss das Gericht diesen Hinweisen nachgehen.[86] So erforderlich, trifft den Mieter jedoch eine **Mitwirkungspflicht** in dem Verfahren, wenn er die Richtigkeit der Abrechnung bestreitet. Verweigert er etwa dem Sachverständi- 51

---

[79] LG Rostock WuM 2017, 402, BeckRS 2017, 110500.
[80] A. A. AG Pankow-Weißensee GE 2014, 1143 jedenfalls nach erläuterndem Vermietervortrag.
[81] So LG Halle ZMR 2009, 916 (m. abl. Anm. *Schmid*), dass der Mieter, der die Wirtschaftlichkeit der Heizanlage angreift, nicht nur vortragen muss, dass sie hohe Wärmeverluste verzeichnet, sondern dass diese auch tatsächlich vermeidbar sind.
[82] *Milger* NZM 2012, 657 (662); a. A. *Geldmacher* MK 2011, 183 (184).
[83] LG Berlin GE 2012, 1565 = NZM 2013, 121.
[84] BGH (VIII ZR 78/05) DWW 2006, 279 = GE 2006, 502 = NZM 2006, 146 = WuM 2006, 200 = ZMR 2006, 340, AG Köln, WuM 2012, 378.
[85] *Wall* WuM 2007, 8 (8).
[86] BVerfG NJWE-MietR 1996, 265.

gen ohne ausreichenden Grund den Zugang zu der Wohnung zur Prüfung der Messgeräte, kann das eine **Beweisvereitelung** darstellen. Das Gericht ist dann befugt, die Werte zu schätzen oder den angesetzten Verbrauch als wahr zu unterstellen.[87]

52   Gegenüber den Einwänden des Mieters ist bei Wohnraum die **Einwendungsfrist** aus § 556 Abs. 3 Satz 5, 6 BGB zu beachten. Sie hat zur Folge, dass der Mieter, der innerhalb der Jahresfrist nur allgemein gehaltene Einwände gegen die Abrechnung anbrachte, nach deren Ablauf im Prozess grundsätzlich auch mit konkreten Einwänden ausgeschlossen ist (zum Umfang der Ausschlusswirkung vgl. umfassend H Rdn. 251).[88] Ferner bewirkt der Einwendungsausschluss, dass der Mieter Einwände, die er vor Beginn der Ausschlussfrist anbrachte, nicht austauschen oder ergänzen darf. Das Gericht hat mithin im Grundsatz nur die rechtzeitig erhobenen und ausreichend konkreten Einwendungen zu prüfen.[89] Dazu gehören die Einwände nicht mehr, die der Mieter gegen die Vorjahresabrechnung anbrachte und gegen die streitige Abrechnung erst nach Beginn der Ausschlussfrist wiederholt.[90] So wie der Vermieter die Einhaltung der Abrechnungsfrist für die Schlüssigkeit des Nachforderungsanspruchs vortragen muss (s. Rdn. 19), ist es umgekehrt Sache des Mieters darzulegen, dass er die Einwendung innerhalb der Frist erhoben hat.[91] Denn die Abrechnung gilt von Gesetzes wegen mit Ablauf der Einwendungsfrist als richtig.[92] Ist streitig, ob die Einwendungen den Vermieter rechtzeitig erreichten, trifft den Mieter insoweit die Darlegungs- und Beweislast.[93] Dies gilt ebenso für die Behauptung, er habe die verspätete Geltendmachung der Einwände nicht zu vertreten (§ 556 Abs. 3 Satz 6 „*es sei denn ...*").

53   Eine **Verwirkung** ist möglich[94] und von dem Gericht **von Amts wegen** zu berücksichtigen; die hierfür notwendigen **Umstände** hat jedoch der Mieter darzulegen und ggf. zu beweisen.[95]

bb) Vorwegabzüge

54   Hat sich der Vermieter bei **gemischten Kosten** auf einen **pauschalen Abzug** beschränkt, kann ihn der Mieter mit **schlichtem Nichtwissen** bestreiten, weil die Darlegungs- und Beweislast beim Vermieter liegt.[96] Er

---

[87] LG Berlin ZMR 2014, 794.
[88] *Lützenkirchen* NJW 2015, 1740 (1743).
[89] *Blank* NZM 2008, 745 (750).
[90] BGH (VIII ZR 185/09) DWW 2010, 295 = GE 2010, 901 = NZM 2010, 470 = WuM 2010, 420 = ZMR 2010, 669, AG Gießen Urt. vom 27.8.2008 – 48 MC 541/06.
[91] A. A. *Hinz* NZM 2009, 97 (100).
[92] BT-Drucks. 14/4553 S. 87.
[93] Z. B. *Streyl* WuM 2005, 505 (508).
[94] BGH (XII ZR 62/12) GE 2013, 1130 = NZM 2013, 648.
[95] Z. B. LG Gießen NJW-RR 1996, 1163; grundlegend: *Schubert* in MünchKomm § 242 Rdn. 82 f.
[96] BGH (VIII ZR 27/07) DWW 2008, 216 = GE 2008, 662 = NZM 2008, 403 = WuM 2008, 285.

ist daher nicht verpflichtet, seinerseits höhere Abzüge für Instandhaltung, Instandsetzung und/oder Verwaltung darzulegen und dafür vorweg Einsicht in die Abrechnungsunterlagen zu nehmen. Dasselbe gilt im Übrigen beim Ansatz pauschaler Stromkosten der Heizungsanlage (s. K Rdn. 38).

Liegen allerdings **zwei verschiedene Verträge** vor, z. B. Hauswartsverträge, von denen einer nach dem Vortrag des Vermieters lediglich umlagefähige Kosten umfasst (s. H Rdn. 141), kann sich der Mieter nicht auf ein einfaches Bestreiten zurückziehen, auch diese Hausmeisterkosten enthielten nicht umlagefähige Kosten. Vielmehr obliegt es hier dem Mieter, Belegeinsicht zu nehmen und sodann substantiiert zu bestreiten.[97] **55**

Bei **gemischt genutzten Grundstücken** ist für die Umlage der Kosten auf den Wohnraum die **Vorerfassung** der auf die Gewerbeflächen entfallenden Kosten notwendig, soweit sie einen nicht unerheblichen Umfang haben (s. ausführlich F Rdn. 159 ff.). Handelt es sich im Einzelfall um Gewerbeobjekte, bei denen ein Mehrverbrauch oder eine deutlich höhere Kostenverursachung **evident** ist, wird es bei unterlassener Vorerfassung schon an der Schlüssigkeit des Ansatzes fehlen. **56**

Ansonsten trägt der **Mieter die Darlegungs- und Beweislast** für die **nicht unerhebliche Mehrbelastung** der Wohnraummieter und des deshalb erforderlichen Vorwegabzugs der auf die Gewerbeflächen entfallenden Kosten.[98] Dabei genügt es grundsätzlich nicht, das Bestehen einer Wirtschaftseinheit innerhalb der Liegenschaft vorzutragen und zu fordern, dass aus diesem Grunde ein Vorwegabzug geboten wäre, denn es existiert kein allgemeiner Erfahrungsgrundsatz, dass wirtschaftlich genutzte Einheiten mehr Verbrauch aufweisen oder höhere Kosten verursachen als Wohneinheiten.[99] Ebenso verbietet sich eine pauschale Bezugnahme auf bestimmte Gewerbebetriebe.[100] Auch der z. B. häufig genannte Friseur verbraucht nicht zwingend mehr Wasser, als eine mehrköpfige Familie in der Liegenschaft täglich in Anspruch nimmt. Der Mieter hat mithin **konkrete Anhaltspunkte** für die nach seiner Meinung notwendige Kostenabgrenzung vorzutragen. Zu deren Ermittlung hat er bei den **verbrauchsunabhängigen Kosten** die Möglichkeit, die Abrechnungsbelege und deren Grundlagen, z. B. Verträge (s. H Rdn. 286), einzusehen. Zur Überprüfung der Versicherungsprämien kann er den einschlägigen Versicherungsvertrag einsehen. Die Einsicht in den Leistungskatalog des Hauswartvertrags kann Hinweise auf den Aufwand liefern, der nur oder hauptsächlich für die Gewerbeobjekte anfällt, dasselbe gilt für die Leis- **57**

---

[97] LG Itzehoe NZM 2011, 406 = WuM 2011, 104.
[98] BGH (VIII ZR 251/05) NZM 2007, 83 = WuM 2006, 684 = ZMR 2007, 101.
[99] BGH (V ZR 131/10) GE 2011, 553 = ZMR 2011, 485; *Schmid* NZM 2014, 572 (573).
[100] So aber *Wall* Rdn. 3227.

tungsbeschreibung der Gebäudereinigung sowie den Vertrag über die Ungezieferbekämpfung. Da zur Gartenpflege auch die Pflege von Plätzen, Zugängen und Zufahrten gehört, lässt sich ermitteln, ob bzw. inwieweit Pflegekosten ausschließlich für gewerblich genutzte Flächen entstanden; ebenso verhält es sich bei den Kosten der Beleuchtung. Soweit es um **verbrauchsabhängige Kosten** geht, werden die Belege im Regelfall keine Informationen liefern. Unterhalb der Evidenzgrenze bleibt dem Mieter nur, aufgrund erkennbarer Umstände oder beobachteten Verhaltens des/der Gewerbemieter, in der Praxis nicht selten der intensiven Nutzung der Müllgefäße, seinen Einwand der fehlenden Vorerfassung zu konkretisieren. Wendet er sich mit Nachfragen an den Vermieter, ist dem Mieter ein Auskunftsanspruch zuzuerkennen (dazu Rdn. 70), zumal die sekundäre Behauptungslast des Vermieters durch den BGH weitgehend eingeschränkt wurde (s. Rdn. 67). Eine abstrakt-generelle Betrachtungsweise verbietet sich mit Ausnahme der oben angeführten Evidenz.[101]

58 Steht die Notwendigkeit eines Vorwegabzuges fest, weil der Mieter etwa bei einbezogenen Gewerbeeinheiten die Voraussetzungen dargelegt und ggf. bewiesen oder der Vermieter diesen bereits selbst vorgenommen hat, kommt es darauf an, ob die **Höhe** aus den Belegen ersichtlich ist oder nicht. Ergeben sich die Kosten hieraus, weil die nichtumlagefähigen Anteile ausgewiesen und ihnen Kosten zugewiesen sind, muss der Mieter dieses darlegen. Andernfalls ist der Vermieter zu einem schätzungsweisen Abzug berechtigt und muss die **Schätzgrundlagen im Prozess darlegen**. Notfalls muss er hierzu entsprechende Auskünfte einholen. Diese darf der Mieter einfach bestreiten, so sich aus der Abrechnung und den Belegen keine konkreten Einwände ergeben. Sind die Angaben zur Schätzung der Entscheidung zugrunde zu legen, kann und muss das Gericht seinerseits nach § 287 ZPO den Vorwegabzugsanteil schätzen. Trägt der Vermieter hierzu nicht bzw. unplausibel vor oder werden seine Angaben nicht bewiesen, scheidet eine Umlage der gesamten Position aus. Auch eine gerichtliche Schätzung ist dann unzulässig.[102] Anders nur, wenn der Vermieter selbst keine Kenntnisse hat und die entsprechenden Informationen auch nicht einholen kann.

cc) Verstoß gegen das Wirtschaftlichkeitsgebot

59 Der Vermieter ist gem. § 556 Abs. 3 Satz 1 2. Halbs. BGB verpflichtet, bei der Abrechnung über die Betriebskosten den Grundsatz der Wirtschaftlichkeit zu beachten. Macht der Mieter den Wirtschaftlichkeitseinwand geltend, behauptet er mithin, in die Abrechnung seien unwirtschaftliche Kosten eingeflossen, reklamiert er einen **Schadensersatzanspruch** (s. H Rdn. 101 ff.). Der **Mieter** trägt damit die **Darlegungs- und**

---
[101] A. A. *Schmid* NZM 2014, 572 (574).
[102] Z. B. AG Münster WuM 2018, 429.

Beweislast für die Kostenüberhöhung.[103] Er hat dabei nach herrschender Ansicht[104] im Regelfall **substantiiert zu seinem Einwand** vorzutragen, d.h. so konkret, wie es ihm möglich ist.[105] Pauschales Bestreiten der Wirtschaftlichkeit reicht nicht aus.[106] Was er vortragen muss, hängt von der Art des Einwandes ab.

Mögliche Einwände gegen das Wirtschaftlichkeitsgebot beziehen sich im Betriebskostenprozess klassischer Weise entweder auf die mangelhafte Leistungserbringung durch den Dritten, dessen Kosten umgelegt werden, oder auf die Angemessenheit der Kosten selbst. **60**

Häufig bemängelt der Mieter die **Leistungsausführung**. Er trägt etwa vor, dass der Hausmeister seiner Arbeit nur ungenügend nachgegangen, die Gartenpflege unzureichend ausgeführt worden oder die Schneebeseitigung nicht ordnungsgemäß erfolgt sei. Da die Umlagefähigkeit von Betriebskosten nicht von irgendeiner Leistungserbringung abhängt, sondern primär aus dem tatsächlichen Kostenanfall resultiert, handelt es sich auch hierbei um einen Einwand gegen das Wirtschaftlichkeitsgebot (zur ggf. daneben tretenden Minderung s. H 46).[107] Der Vermieter ist aus diesem Gebot verpflichtet, Schlechtleistungen anzumahnen und **Gewährleistungsrechte** geltend zu machen.[108] Unterlässt er dieses pflichtwidrig und führt dadurch einen höheren Anfall in der Betriebskostenposition herbei, verstößt er gegen das Wirtschaftlichkeitsgebot (sog. Verwaltungsfehler). Das setzt aber voraus, dass er hierüber in Kenntnis ist und ggf. Hinweise durch die Mieter erhielt (s. H Rdn. 105). Auch müssen ihm Gewährleistungsrechte, insb. ein Recht zur Minderung der Zahlungspflicht zustehen. Das ist etwa bei Dienstverträgen nicht der Fall; dort kommt nur ein Schadenersatzanspruch oder die Pflicht zur Vertragskündigung in Betracht. **61**

Der **Mieter** ist auch hier für die Pflichtverletzung umfassend darlegungs- und beweisbelastet. Was er vortragen muss, hängt von der Art der Umlage ab. Unzutreffend ist, dass der Vermieter auf einfaches Bestreiten des Mieters hin grundsätzlich alle kostenrelevanten Tätigkeiten etwa des Hauswarts vortragen muss.[109] Nur wenn dieser für einzelne **62**

---

[103] BGH (VIII ZR 340/10) GE 2011, 1225 = NZM 2011, 705 = WuM 2011, 513, OLG Düsseldorf GE 2013, 1092 = ZMR 2014, 31; a. A. AG Altötting WuM 2016, 125.
[104] Dazu kritisch *v.Seldeneck* NZM 2002, 545 (551).
[105] Vgl. BGH (VIII ZR 78/06) GE 2007, 1051 = NZM 2007, 563 = WuM 2007, 393, KG DWW 2011, 262 = NZM 2011, 487 = WuM 2011, 367 = ZMR 2011, 711.
[106] LG Berlin GE 2018, 194, BeckRS 2017, 141478, LG Berlin GE 2016, 1513; LG Karlsruhe Urt. vom 30.3.2012 – 9 S 506/11.
[107] *Langenberg/Zehelein* NZM 2013, 169 (171), *Wall* WuM 2007, 8 (8f.).
[108] AG Pinneberg WuM 2013, 731; *Hinz* WuM 2013, 443 (448), *ders.* NZM 2012, 137 (141), *Lützenkirchen* in Lützenkirchen § 556 Rdn. 456, *Wall* Rdn. 1171, *ders.* WuM 2007, 8 (9).
[109] So aber wohl AG Duisburg WuM 2015, 427.

Tätigkeiten konkrete Rechnungen stellt, muss der Vermieter im Prozess die zugrunde liegenden Arbeiten darlegen. Erhält der Leistungserbringer aber wie häufig für einen über Zeit laufenden Dienstleistungsvertrag oder einen umfassenden Werkvertrag eine Gesamtvergütung, so resultiert bereits aus diesen der betriebskostenrechtlich relevante und einstellbare Kostenanfall, ggf. nach Abzug nicht umlegbarer Kosten (s. A Rdn. 203). Die Bezahlung der Vergütung kann jedoch einen Verstoß gegen das Wirtschaftlichkeitsgebot darstellen, wenn die Gegenleistung nicht oder nicht ausreichend erbracht wurde und eine Kürzung möglich ist (s. Rdn. 61). Das ist jedoch ausschließlich vom Mieter darzulegen und zu beweisen. Er hat **substantiiert** vorzutragen, dass und in welchem Umfang eine **Schlechtleistung** vorliegt, sowie, dass der Vermieter hierauf hätte vertraglich reagieren können.[110] Prozessual setzt dies im Allgemeinen voraus, dass er die Verträge einsehen und hierüber den Leistungsumfang und die Vertragsgestaltung vortragen muss. Pauschale Einwände gegen die Durchführung genügen nicht. Ob eine Schlechterfüllung tatsächlich gegeben ist und was dazu vorgetragen werden muss, hängt davon ab, was vertraglich mit dem Dritten vereinbart ist. Sind konkrete Erfolge geschuldet, ist vom Mieter darzulegen, dass diese nicht, bzw. nicht wie vereinbart eingetreten sind. Anders verhält es sich, wenn laufende Dienste Vertragsgegenstand sind.[111] In diesem Fall bedarf es eines Vortrages, wann diese nicht erbracht worden sind. Hierfür ist, ähnlich der Grundsätze zur Substantiierung bei wiederkehrenden Mängeln,[112] die Vorlage eines Protokolls zwar nicht erforderlich, notwendig ist jedoch zumindest eine Beschreibung, aus der sich nachvollziehbar ergibt, inwieweit die laufenden Verpflichtungen nicht erfüllt wurden.

63 *(einstweilen frei)*

64 Rügt der Mieter die **Angemessenheit der Kosten,** ist er also der Ansicht, der Preis der Leistungen oder die Höhe der Gebühren und Abgaben sei zu hoch (hierunter sollen auch unwirksame Preiserhöhungen des Versorgungsunternehmens fallen, die der Vermieter beglichen und umgelegt hat[113]), bzw. es hätten gleichwertige und günstigere Alternativangebote vorgelegen, ist er auch insoweit umfassend darlegungs- und beweisbelastet.[114] Die Behauptung, die Kosten seien unwirtschaftlich

---

[110] AG Oldenburg ZMR 2013, 362; *Lützenkirchen* in Lützenkirchen § 556 Rdn. 456.
[111] Da es sich etwa bei dem Winterdienst um einen Werkvertrag handelt, vgl. BGH (VII ZR 355/12) GE 2013, 1061 = DWW 2013, 258 = NZM 2013, 696, wird das meist auch für andere Verträge, wie etwa den Reinigungsdienst oder die Gartenpflege gelten, ist jedoch letztlich eine Frage der Abgrenzung im Einzelfall.
[112] BGH (VIII ZR 155/11) DWW 2012, 171 = GE 2012, 681 = NZM 2012, 381 = WuM 2012, 269 = ZMR 2012, 536.
[113] AG Pinneberg WuM 2013, 731.
[114] AG Köln WuM 2014, 369.

bzw. „zu hoch" genügt nicht.[115] Er muss vortragen, dass und warum zu hohe Kosten vorliegen und geringere Kosten hätten anfallen können. Hierbei muss er auch konkrete Angaben zu den Preisverhältnissen in der Region und mit Bezug auf die Liegenschaft tätigen,[116] etwa durch die Einholung von vergleichbaren Alternativangeboten.[117] Pauschale Einwände reichen ebenso wenig aus, wie die Angabe günstiger Preise aus Vergleichsportalen im Internet ohne konkreten Bezug zur Liegenschaft[118] oder die allgemeine Behauptung, eine andere Organisation der Abläufe in dieser hätte zu einer geringeren Belastung geführt. So genügt etwa die bloße Behauptung des Mieters, mit Mülltrennung habe ein Drittel der Entsorgungskosten eingespart werden können, daher nicht;[119] ob der Einwand des Mieters gegen den Ansatz etlicher Einzelversicherungen, eine verbundene Versicherung sei günstiger, ein nur pauschales Bestreiten darstellt,[120] erscheint fraglich, weil jedenfalls der erste Anschein für den Mieter streitet. **Ausreichend** sind **konkrete Anhaltspunkte**, die der Mieter z. B. aus früheren Abrechnungen,[121] Abrechnungen über vergleichbare Objekte,[122] Preislisten anderer Firmen, Kostentabellen der Ver- und Entsorgungsunternehmen oder Versicherer ableitet.[123] Ob den Vermieter jedoch eine grundsätzliche Darlegungslast für den Kostenanfall, der über die Erfordernisse der Belegeinsicht hinaus geht, alleine aus einem **Kostenanstieg** trifft,[124] ist fraglich und eher abzulehnen, weil das letztlich wiederum auf ein einfaches und damit unzulässiges Bestreiten der Wirtschaftlichkeit der umgelegten Betriebskosten hinausläuft.[125] Im Einzelfall kann der konkrete Anhaltspunkt aber schon aus dem Hinweis auf **evident** ungewöhnlich hohe Kosten einer Betriebskostenart folgen, wenn die übliche Kostenspanne dem Gericht aus den regionalen Verhältnissen bekannt ist.[126] Allerdings führt auch nicht jeder Nachweis durch den Mieter, dass ein günstigeres Angebot vorlag, dazu, ein Fehlverhalten des Vermieters anzunehmen. Ausreichend ist, wenn er

---

[115] LG Berlin GE 2018, 194, BeckRS 2017, 141478.
[116] BGH (VIII ZR 340/10) GE 2011, 1225 = NZM 2011, 705 = WuM 2011, 513, (XII ZR 170/13) GE 2015, 249 = NZM 2015, 132 = ZMR 2015, 220.
[117] LG Leipzig ZMR 2017, 810, BeckRS 2017, 128579, LG Paderborn Urt. v. 13.12.2017 – 1 S 10/17, BeckRS 2017, 137640 (fraglich: keine Vergleichbarkeit zwischen Aufwands- und Pauschalabrechnung).
[118] LG Berlin GE 2016, 1513, zu geringe Anforderungen: AG Arnstadt WuM 2017, 208, BeckRS 2017, 106755.
[119] AG Köln GE 2011, 1163.
[120] So LG Berlin GE 2002, 860.
[121] LG Leipzig ZMR 2017, 810, BeckRS 2017, 128579.
[122] Wobei er jedoch eventuelle regional bedingte tatsächliche und preisliche Unterschiede beachten muss, vgl. OLG Rostock DWW 2013, 223 = WuM 2013, 375.
[123] LG Leipzig ZMR 2017, 810, BeckRS 2017, 128579, LG Berlin GE 2016, 723, BeckRS 2016, 10999; ebenso *Streyl* NZM 2008, 23 (24).
[124] AG Berlin-Charlottenburg GE 2017, 1024, AG Gelsenkirchen ZMR 2015, 41.
[125] LG Berlin NZM 2018, 170 = WuM 2017, 714 = ZMR 2017, 978, GE 2017, 194.
[126] LG Heidelberg WuM 2010, 746, AG Zossen WuM 2012, 555.

sich in angemessenem Umfang informiert bzw. Alternativangebote eingeholt hat.[127] Er genügt dann seinen Pflichten selbst dann, wenn der Mieter im späteren Prozess ein besseres Angebot nachweist, solange sich dieses dem Vermieter nicht hatte aufdrängen müssen.

65 Die Forderung, der Mieter müsse auch **konkrete Angaben zur Höhe der** möglichen **Einsparung** machen, diese also beziffern,[128] ist abzulehnen. Sie verkürzt das gesetzlich niedergelegte Recht des Mieters, einen Verstoß gegen das Wirtschaftlichkeitsgebot geltend zu machen. Es reicht aus, wenn er z. b. vorträgt, dass die Müllgefäße fast immer nur zum Teil gefüllt sind, was für eine Überkapazität oder einen zu häufigen Leerungsturnus spricht, ohne mit Hilfe der Gebührentabelle des Entsorgers berechnen zu müssen, welche Kostenersparnis sich je nach Art der Veränderung erzielen lässt.

66 Ob der Verweis auf die in **Betriebskostenspiegeln** ausgewiesenen Kosten ausreicht, ist streitig. Jedenfalls genügt der Mieter seiner Darlegungslast durch die Bezugnahme auf **überörtliche** Betriebskostenspiegel **nicht**.[129] Dies gilt auch dann, wenn ein landesweiter Betriebskostenspiegel selbst einen „*kritischen Grenzwert*" von 150 % angibt.[130] Demgegenüber werden **regionale** Betriebskostenspiegel zum Teil dann herangezogen, wenn der Ansatz in der Abrechnung dessen Wert um fast das Doppelte übersteigt;[131] dasselbe gilt für Durchschnittswerte in örtlichen Mietspiegeln.[132] Auf der anderen Seite kann sich auch der **Vermieter** die Werte eines Betriebskostenspiegels zur Abwehr des Wirtschaftlichkeitseinwands zunutze machen.[133]

67 **Um zu konkreten Einwänden zu kommen,** die sich nicht schon aus der Abrechnung selbst erschließen, muss der Mieter zunächst in der Regel **Einsicht in die Belege** nehmen. Sollte er danach weiterhin nicht in der Lage sein, die maßgebenden Tatsachen vorzutragen, während der Vermieter über die entsprechende Kenntnis verfügt und ihm nähere Angaben zumutbar sind, greifen, wie der **BGH zunächst** entschieden hat, zugunsten des Mieters die Grundsätze über die sekundäre Darlegungs-

---

[127] *Zehelein* NZM 2014, 11 (15).
[128] So *Milger* NZM 2008, 1 (10) für den Einwand der Unwirtschaftlichkeit bei den Kosten der Wärmelieferung.
[129] BGH (VIII ZR 340/10) GE 2011, 1225 = NZM 2011, 705 = WuM 2011, 513, LG Heidelberg WuM 2010, 746; ausführlich *Ludley* NZM 2011, 417 (421 ff.).
[130] A. A. AG Aachen WuM 2008, 701 (m. abl. Anm. *Flatow*), AG Köln WuM 2013, 360 und WuM 2008, 556 (m. krit. Anm. *Wall* WuM 2008, 702).
[131] AG Berlin-Mitte WuM 2018, 430: Ansatz Hauswart € 0,67/m²/Monat, Spiegel € 0,47/m²/Monat, AG Hannover WuM 2011, 30: Ansatz Hauswart € 0,30/m²/Monat, Spiegel € 0,17/m²/Monat, AG Leipzig WuM 2003, 452: Ansatz Hauswart € 0,48/m²/ Monat, Spiegel € 0,14/m²/Monat; a. A. LG Leipzig ZMR 2017, 810; BeckRS 2017, 128579.
[132] AG Baden-Baden WuM 2015, 625, AG Frankfurt am Main WuM 2002, 376: etwa 8fache Überschreitung der Kosten für den Hauswart.
[133] Vgl. LG Duisburg WuM 2006, 199.

last des Vermieters ein.¹³⁴ Dies bedeutet, dass es nun Sache des Vermieters ist, im Einzelnen die Gesichtspunkte vorzutragen, welche den Kostenansatz als wirtschaftlich vertretbar erscheinen lassen. Der Mieter erhält dadurch Gelegenheit, sich spezifiziert mit den Gründen auseinanderzusetzen. Erwidert der Vermieter hierauf stichhaltig, ist eine Beweisaufnahme, ggf. durch Einholung eines Sachverständigengutachtens durchzuführen. **Nur knapp zehn Monate später** nach dem ersten zitierten Urteil hat der **BGH** indes entschieden, dass den Vermieter **regelmäßig doch keine sekundäre Darlegungslast** für die tatsächlichen Grundlagen seines Betriebskostenansatzes trifft.¹³⁵ Eine Begründung für die Abweichung von seiner früheren Rechtsprechung liefert er nicht. Vielmehr urteilt er knapp, dass, wenn die Einsicht in die Belege für den Mieter ohne greifbares Ergebnis bleibe, es ihm unbenommen sei, die Wirtschaftlichkeit auf andere Weise zu prüfen.

Diese Entscheidung **überzeugt nicht.**¹³⁶ Zunächst ist festzustellen, dass **68** der VIII. Senat hier für das Mietrecht von vergleichbaren Situation in anderen Rechtsgebieten abweicht. Treffen etwa der Vorstand einer AG oder der Geschäftsführer einer GmbH unwirtschaftliche Entscheidungen, so obliegt es ihnen darzulegen, dass sie dennoch im Rahmen der Sorgfalt eines gewissenhaften Geschäftsleiters gehandelt haben (§ 93 Abs. 2 Satz 2 AktG, § 43 Abs. 2 GmbHG). Das gilt auch für Wohnungseigentums- und Vermögensverwalter, wie für Wirtschaftsprüfer.¹³⁷ Eine Umkehrung dieser Grundsätze im Mietrecht ist nicht nachvollziehbar. Denn auf welchem weiteren Weg der Mieter zur schlüssigen Darlegung der Unwirtschaftlichkeit kommen soll, erschließt sich nicht. Dies gilt zumal deshalb, weil die zur Begründung herausgestellte Belegeinsicht dem Mieter häufig nicht die erforderlichen Kenntnisse verschafft. Letztlich bleibt es bei einem *„strukturellen Informationsdefizit"* zulasten des Mieters.¹³⁸
– Die im Urteil angeführten *„objektiven Gegebenheiten"* der Belege bringen dem Mieter (hier: bei der *„Entlohnung des Hauswarts"* oder der *„Beschaffung von Brennstoff")* nur die Gewissheit, **dass** der Vermieter die **ausgewiesenen Beträge** bezahlt hat, aber keine Erkenntnisse zur ortsüblichen Entlohnung oder den marktüblichen Preisen. Gerade der vorliegende Sachverhalt trägt das *„regelmäßig"* nicht: Die relativ hohen Müllgebühren waren belegt, aber ihre Ursache, fehlerhafte Mülltrennung der Mieter, war daraus nicht ersichtlich.

---

¹³⁴ BGH (VIII ZR 45/10) GE 2010, 1261 = NZM 2010, 784 = WuM 2010, 627 = ZMR 2011, 26, (VIII ZR 251/05) NZM 2007, 83 = WuM 2006, 684 = ZMR 2007, 101, so auch jetzt noch AG Köln WuM 2014, 369.
¹³⁵ BGH (VIII ZR 340/10) GE 2011, 1225 = NZM 2011, 705 = WuM 2011, 513.
¹³⁶ Abweichend auch: LG Berlin GE 2016, 723, BeckRS 2016, 10999.
¹³⁷ Hierzu umfassend *Zehelein* NZM 2014, 11 (15 f.) m.w.N.
¹³⁸ *Flatow* WuM 2012, 235 (239 f.), *Langenberg/Zehelein* NZM 2013, 169 (171), ähnlich *Peters* NZM 2012, 145 (146); a. A. *Milger* NZM 2012, 657 (659 f.).

- Die **Belege,** aus denen sich der **Grund für einen Kostenanstieg** ergibt, fehlen nicht selten bei denjenigen der streitigen Abrechnung. Sie können bei den **Belegen zu früheren Abrechnungen** abgeheftet sein oder aber, je nach der Organisation des Vermieters oder Verwalters, auch in einem **separaten Ordner,** in dem die Korrespondenz mit dem jeweiligen Rechnungsaussteller zusammengefasst ist, etwa die Mitteilung des Müllentsorgers, dass wegen wiederholter Überfüllung der Müllgefäße und daneben gestellter Ablagerungen eine größere Anzahl von Müllgefäßen bereit gestellt werde oder eine häufigere Leerung stattfinde.
- **Nachfragen beim Aussteller der Rechnung** wegen der hohen Kosten verursachen dort Verwaltungsaufwand. Er wird den Mieter im Zweifel (zu Recht) an den Vermieter als seinen Vertragspartner verweisen.
- die **Einholung von Alternativangeboten,** basierend auf den im Zuge der Belegeinsicht vorgefundenen Verträgen, wird meist mangels Ernsthaftigkeit des Vertragsschlusses mit dem Drittanbieter nicht möglich sein[139] oder gar eine vorvertragliche Pflichtverletzung begründen, wenn der Grund der Anfrage verschleiert wird. Der Mieter erhält hierüber häufig auch keine Erkenntnisse über die Angebotssituation und die Marktpreise zum Zeitpunkt des Abschlusses des Vertrages durch den Vermieter.

69 Die vorbeschriebenen Gesichtspunkte machen deutlich, dass die **zuvor vom BGH vertretene Auffassung** eher zu einem ausgewogenen und **sachgerechten Ergebnis** führt.[140] Dies gilt zumal deshalb, weil eine Voraussetzung für die sekundäre Darlegungslast des Vermieters ist, dass ihm die vom Mieter benötigte Auskunft zumutbar ist. Wie die Praxis zeigt, wären etliche Prozesse um die Einhaltung des Wirtschaftlichkeitsgebots vermieden worden, wenn der Vermieter dem Mieter kurz Auskunft gegeben hätte; so wäre es vermutlich nicht zum zitierten Rechtsstreit bis zum BGH zu der Frage der Angemessenheit der Kosten der Müllbeseitigung gekommen, wenn der Vermieter dem Mieter mitgeteilt hätte, dass die kostensparende Mülltrennung versucht worden war, wegen des Verhaltens der Mieter aber abgebrochen werden musste. Auf der Grundlage der neuen Entscheidung des BGH werden manche Vermieter aber erst recht keinen Anlass sehen, zur rechtzeitigen Aufklärung beizutragen.

70 Ist die sekundäre Darlegungslast des Vermieters infolge der neuen Rechtsprechung des BGH weitgehend nicht anzuwenden,[141] ist **dem Mieter jedenfalls** im Vorwege ein **Auskunftsanspruch** aus §§ 241 Abs. 2, 242 BGB zuzuerkennen,[142] soweit er aus den Abrechnungsbelegen keine Er-

---

[139] So zutreffend *Hinz* NZM 2012, 137 (142), *Streyl* NZM 2013, 97 (102).
[140] Ebenso AG Köln WuM 2014, 369.
[141] Nach *Milger* NZM 2012, 657 (662 ff.) kommt sie im Grunde nur noch – nach umfangreichen vorgeschalteten, aber ergebnislosen Recherchen des Mieters – bei den Versicherungen in Betracht.
[142] BGH (VIII ZR 45/10) GE 2010, 1261 = NZM 2010, 784 = WuM 2010, 627 = ZMR 2011, 26, (VIII ZR 251/05) NZM 2007, 83 = WuM 2006, 684 = ZMR 2007, 101;

kenntnisse zur Einhaltung des Wirtschaftlichkeitsgebots erzielen konnte und naheliegende, einfache Recherchen[143] keine Aufklärung brachten.[144]

(einstweilen frei) **71**

Hat der Vermieter auf die Einwände des Mieters substantiiert erwidert und der Mieter hierzu Stellung genommen, so dass die **Wirtschaftlichkeit streitig bleibt**, ist primär ein **Sachverständigengutachten** einzuholen, für das der **Mieter vorschusspflichtig** ist. Bei dem Gutachten ist zu prüfen, ob es nach Anzahl und Größe des streitigen Objekts zu den Objekten passt, welche der Sachverständige seiner Bewertung zugrunde legte. Bezieht sich der Streit z.B. auf ein Mehrfamilienhaus mit sechs Wohnungen, ist die Ermittlung der Kosten nach denjenigen anderer Vermieter mit einem Bestand von 7000 oder 25000 Wohnungen methodisch mangelhaft.[145] **72**

Die **Schätzung** der möglichen Ersparnis nach § 287 Abs. 1, 2 ZPO kommt nur in Betracht, wenn die festgestellten Verhältnisse im Einzelfall eine tragfähige Grundlage liefern[146] und das Gericht über die notwendige Sachkunde verfügt, soweit es um den Einfluss technischer Faktoren geht. **73**

Dem Gericht kommen im Rahmen des Wirtschaftlichkeitsgebots umfangreiche **Hinweispflichten (§ 139 ZPO)** zu. Das bezieht sich einerseits darauf, dass der Mieter überhaupt das Wirtschaftlichkeitsgebot rügt und somit einen Schadenersatzanspruch geltend macht, da dieser Aspekt gerade bei Einwänden gegen die Leistungserfüllung häufig übersehen wird. Zudem wird es den Mieter darauf hinweisen müssen, dass und warum er keinen ausreichenden Vortrag zur Pflichtverletzung des Vermieters und zum überhöhten Kostenanfall erbracht hat. Insbesondere auf die Notwendigkeit der Belegeinsicht und die Möglichkeit, den Vortrag auf die dabei gewonnenen Erkenntnisse zu stützen, ist hinzuweisen. **74**

Die Ausschlussfrist des **§ 556 Abs. 3 Satz 5 BGB** findet auf Verstöße gegen das Wirtschaftlichkeitsgebot **keine Anwendung**.[147] Sie gilt **75**

Artz PiG 92 (2012) S. 174 (177), *Flatow* WuM 2012, 235 (238 ff.), *Hinz* NZM 2012, 137 (142), einschränkend *Streyl* NZM 2013, 97 (104), da dem Vermieter Ermessensräume bei der Betriebsführung zuständen, über die er keine Auskunft erteilen muss; a.A. *Milger* NZM 2012, 657 (666).

[143] A.A. *Milger* NZM 2012, 657 (663): Der Mieter hat auch die „*mühsame*" Darlegung eines Verstoßes gegen das Wirtschaftlichkeitsgebot auf sich zu nehmen.

[144] Generelle Unzumutbarkeit von Erläuterungen nimmt *Milger* NZM 2012, 657 (661) an, zumal im Hinblick auf die sich „*meist in verhältnismäßig engen Grenzen*" bewegende, also geringe Mehrbelastung des Mieters.

[145] LG Halle NZM 2007, 40.

[146] Z.B. *Hinz* NZM 2009, 97 (104) m.w.N.

[147] AG Berlin-Mitte WuM 2018, 430, AG Dortmund ZMR 2016; *Derckx* NZM 2014, 372, Palandt/*Weidenkaff* § 556 Rdn. 13, *Zehelein* NZM 2014, 369; a.A. LG Karlsruhe Urt. vom 30.3.2012 – 9 S 506/11, AG Pinneberg Urt. vom 17.10.2013 – 83 C 207/12; *Flatow* WuM 2012, 235 (237), *Streyl* NZM 2013, 97 (100).

ausschließlich für Rügen des Mieters, die sich gegen die Abrechnung selbst, also deren inhaltliche Ordnungsgemäßheit wenden (umfassend H Rdn. 268 ff.). Denn nach der Gesetzesbegründung gilt die Betriebskostenabrechnung nach Fristablauf als richtig.[148] Das ist sie jedoch auch bei einem Verstoß gegen das Wirtschaftlichkeitsgebot, weil im preisfreien Wohnraum unwirtschaftliche Kosten umlagefähig sind, die Abrechnung wird hierdurch nicht falsch.[149] Sinn und Zweck der Einwendungsfrist ist es einerseits, dem Vermieter die Möglichkeit zu geben, die Abrechnung zu korrigieren.[150] Bei einem Verstoß gegen das Wirtschaftlichkeitsgebot macht der Mieter jedoch einen Gegenanspruch auf Schadenersatz (Aufrechnung oder Freistellung) geltend, eine Änderung der Betriebskostenabrechnung erfolgt nicht. Zudem soll die Einwendungsfrist Klarheit darüber schaffen, welche Ansprüche dem Vermieter aus der Abrechnung zukommen.[151] Das steht mit der Verletzung des Wirtschaftlichkeitsgebots aber in keinem Zusammenhang. Der Vermieter weiß nach Fristablauf zwar, welche Forderungen er *aus der* Abrechnung geltend machen kann. Inwieweit diese tatsächlich realisierbar sind oder der Mieter Gegenrechte erhebt (Aufrechnung, Schadenersatz, Erfüllung, Verjährung), weiß er grundsätzlich nicht.

dd) Zurückbehaltungsrecht

76 Dem Mieter steht eine angemessene Zeit zu, bis er die Nachforderung des Vermieters auszugleichen hat, und damit ab Zugang der Abrechnung ein **Zurückbehaltungsrecht**. Ebenso, wenn der Mieter Umsatzsteuer auf die Betriebskosten zahlt und der Vermieter seiner Pflicht zur ordnungsgemäßen Rechnungslegung nach **§ 14 Abs. 4 UStG** nicht nachkommt (dazu im Einzelnen I Rdn. 15). Ersteres hat im gerichtlichen Verfahren jedoch in aller Regel keine Bedeutung, weil es nach Verstreichen einer angemessen Zeit und damit vor der Relevanz im Prozess entfallen ist.

77 **Anders** verhält es sich, wenn der Vermieter die Nachforderung aus der Abrechnung gerichtlich geltend macht, dem Mieter jedoch jegliche **Belegeinsicht** verweigerte **oder** die Erstellung einer **neuen materiell richtigen Abrechnung,** z. B. unter Verwendung des vertraglich vereinbarten Umlageschlüssels oder nach den Anforderungen des § 14 Abs. 4 UStG, ablehnt. Hinsichtlich der Abrechnungsbelege muss jedoch zunächst ein **wirksames Einsichtsverlangen** des Mieters vorliegen, was etwa nicht gegeben ist, wenn er (ohne ausreichenden Grund) Übersendung von Kopien oder gar Originalen verlangt.[152] Dem Vermieter ist es nach Treu und Glauben (§ 242 BGB) verwehrt, den fälligen Nachforderungsbetrag klageweise geltend zu machen, solange er dem Mieter die Belegeinsicht

---

[148] BT-Drucks. 14/4553, 87.
[149] *Milger*, NZM 2012, 657 (658): „Zwei Paar Schuhe".
[150] LG Itzehoe NJOZ 2013, 491 = ZMR 2012, 953.
[151] BGH (VIII ZR 185/09) NZM 2010, 470 (m. Anm. *Derckx*).
[152] LG Berlin GE 2014, 937.

verweigert. Daher tritt in diesem Fall nicht die Rechtsfolge des § 274 Abs. 1 BGB dahingehend ein, dass der Mieter zur Zahlung der Nachforderung Zug-um-Zug gegen Gewährung von Belegeinsicht verurteilt wird. Vielmehr ist die Klage als **derzeit unbegründet** abzuweisen.[153] Denn es ist, so der BGH, sinnwidrig, einen Schuldner, der eine Abrechnung einer Prüfung unterziehen möchte, zur Zahlung des ungeprüften Betrages zu verurteilen. Dass er zugleich das Einsichtsrecht in die Belege zugesprochen bekommt, führt zu keiner anderen Bewertung. Der Sinn der Überprüfung liege gerade darin, Fehler in der Abrechnung zu erkennen und hierüber ungerechtfertigte Ansprüche abzuwehren.

Bislang ungeklärt ist jedoch die Frage, wie prozessual vorzugehen ist, wenn der Vermieter die Belegeinsicht zwar gewährt, die Prüfung jedoch bis zum **Schluss der mündlichen Verhandlung nicht abgeschlossen** ist. In diesem Fall kann dem Vermieter ein Verstoß gegen Treu und Glauben zwar nicht grundsätzlich entgegen gehalten werden, dennoch ist hier eine nach den konkreten Umständen vorzunehmende **Wertung nach § 242 BGB** erforderlich. Grundsätzlich gilt auch hier die Prämisse des BGH, dass es sinnwidrig wäre, den Mieter zur Zahlung zu verurteilen, sei es auch Zug-um-Zug, obwohl er sein Recht auf Prüfung der Belege nicht zuvor ausüben konnte (s. Rdn. 12). Nicht selten machen Mieter jedoch von ihrem Einsichtsrecht keinen Gebrauch, bis es zu einer gerichtlichen Inanspruchnahme kommt. Das ist, gerade bei juristisch nicht Kundigen, oftmals auch dadurch bedingt, dass das Gericht erst auf die Notwendigkeit der Erhebung konkreter Einwände basierend auf den eingesehenen Belegen hinweist. Das Gericht selbst ist nicht befugt, die Entscheidung bis zum Abschluss des Prüfverfahrens hinauszuzögern (es liegt kein Fall des § 148 ZPO vor). Als Normalfall ist auch hier die Klage als derzeit unbegründet abzuweisen, das insbesondere dann, wenn der Vermieter die Nachforderung zeitnah nach der Fälligkeit einklagt, da der Zweck der Belegprüfung vorrangig und auch bekannt ist. Der Vermieter kann das Ruhen des Verfahrens beantragen oder bei erstmaligem Einsichtsbegehren nach Rechtshängigkeit Erledigung erklären. Beruft sich der Mieter jedoch erkennbar erst aufgrund des Prozesses auf sein Zurückbehaltungsrecht, obwohl er dieses hätte lange ausüben können, insbesondere schon allgemeine Einwände erhoben wurden, so kann das auch eine Verurteilung Zug-um-Zug gem. § 274 Abs. 1 BGB rechtfertigen. Hierbei ist auch das Interesse des Vermieters, der mit den Betriebskosten, die der Miete gem. § 535 Abs. 2 BGB zugehörig sind,[154] in Vorleistung tritt, zu berücksichtigen. Das Gericht kann bei zögernder Belegprüfung oder mangelnder Terminsbereitschaft des Mieters Fristen setzen, mit deren Ablauf eine Zug-um-Zug Verurteilung erfolgen wird.

---

[153] BGH (VIII ZR 189/17) GE 2018, 577 = NJW 2018, 1599 = NZM 2018, 458 (m. zust. Anm. *Zehelein*) = WuM 2018, 288; AG Dortmund WuM 2016, 359.
[154] BT-Drucks. 14/4553 S. 50; BGH (XII ZR 225/03) GE 2005, 666 = NJW 2005, 1713 = NZM 2005, 455 = WuM 2005, 384 = ZMR 2005, 524.

ee) Inhaltliche Fehler

78 Fraglich ist die Behandlung von inhaltlichen Fehlern der Abrechnung und der Ausschlussfrist des § 556 Abs. 3 Satz 5, 6 BGB, wenn das Gericht diese zwar erkennt, der Mieter hierzu jedoch keine Einwendungen erhebt. Ist die Einwendungsfrist bei Schluss der mündlichen Verhandlung **abgelaufen**, so hat das Gericht dieses von Amts wegen zu berücksichtigen. Es ist nicht erforderlich, dass sich der Vermieter hierauf beruft. Die Ausschlussfrist ist keine Einrede, sondern begründet die materielle Richtigkeit der Abrechnung. Ist die Einwendungsfrist noch **nicht abgelaufen**, erhebt der Mieter jedoch keine Einwendungen, ist es dem Gericht untersagt, die Fehler selbst festzustellen und der Entscheidung zugrunde zu legen. Es darf also beispielsweise nicht selbst berücksichtigen, dass der verwendete Verteilungsschlüssel nicht demjenigen des Mietvertrages entspricht oder der Vermieter zu geringe Vorauszahlungen eingestellt hat, so es hierüber Kenntnis hat. Aufgrund der erheblichen Ausweitung inhaltlicher Fehler (anstelle formeller) und deren Unterstellung unter die Einwendungsausschlussfrist durch den BGH (s. H Rdn. 268 ff., auch zur Kritik) gilt das aber ebenso, wenn der Mietvertrag keine Umlagevereinbarung oder eine Betriebskostenpauschale aufweist, sowie wenn die Abrechnung Kosten enthält, die keine Betriebskosten sind. Es ist Sache des Mieters und nicht des Gerichts, dieses zu rügen, da das Einwendungserfordernis aus dem Mietvertrag resultiert. Das führt zu einer **Durchbrechung der Relationstechnik** dahingehend, dass das Gericht Betriebskostennachforderungen auch dann zusprechen muss, wenn der vermieterseits vorgelegte Vertrag (wozu aufgrund der Einwendungsnotwendigkeit keine Pflicht besteht) den Anspruch nicht begründet, der Mieter die inhaltliche Fehlerhaftigkeit aber nicht rügt. Das gilt auch für das Versäumnisverfahren (§§ 330 ff. ZPO).

5. Erhöhung einer Pauschale oder nicht separat ausgewiesener Betriebskosten

79 Die Erhöhung einer Pauschale scheidet aus, wenn der Mietvertrag keinen **Erhöhungsvorbehalt** enthält (§ 560 Abs. 1 BGB). Dasselbe gilt, wenn der Vermieter aus einem Altmietvertrag die Erhöhung einer Brutto- oder Bruttokaltmiete oder des Betriebskostenanteils einer Teilinklusivmiete geltend macht (Art. 229 § 3 Abs. 4 EGBGB). Ist das Erhöhungsrecht gegeben, ist im zweiten Schritt zu prüfen, ob es formell und materiell richtig in Anspruch genommen wurde (s. C Rdn. 22 ff.). Hierzu gehört insbesondere die Erstellung einer **Differenzberechnung**.

80 Klagt der Vermieter den Differenzbetrag zwischen alter und erhöhter Pauschale ein, richtet sich der **Gebührenstreitwert** nach § 41 Abs. 5 GKG, mithin dem einjährigen Differenzbetrag. Demgegenüber bemisst sich der Streitwert einer Klage auf Feststellung der künftig vom Mieter zu zahlenden erhöhten Pauschale nach §§ 48 GKG, 9 ZPO auf den 42-fachen

Differenzwert abzüglich des für eine positive Feststellungsklage üblichen Abschlags von 20%;[155] ebenso errechnet sich der Rechtsmittelstreitwert.[156]

6. Klageart

Zahlungsklagen können nicht nur im sog. ordentlichen Prozessverfahren, sondern auch im **Urkundenprozess** nach §§ 592ff. ZPO erhoben werden.[157] Dies gilt auch für Zahlungsklagen aus dem Gewerbe- und Wohnraummietrecht.[158] **81**

Voraussetzung für die **Statthaftigkeit** der Klage ist nach § 592 ZPO, dass alle „zur Begründung des Anspruchs erforderlichen Tatsachen durch Urkunden bewiesen werden können". Während der Klagschrift nach § 593 Abs. 2 ZPO auch Abschriften der Urkunden beigefügt werden dürfen, kann der Urkundenbeweis selbst nur durch Vorlage der Urkunde im Original (§ 595 Abs. 3 ZPO) angetreten werden. Die Vorlage einer Kopie reicht allerdings dann aus, wenn die Echtheit der Urkunde und die Übereinstimmung von Original und Kopie unstreitig sind.[159] Ebenso müssen im weiteren Verlauf des Verfahrens unstreitige Tatsachen nicht erst bewiesen werden. **82**

Geht es um **Betriebskostenvorauszahlungen,** genügt die Vorlage des Mietvertrags, wenn sich ihre Höhe seitdem nicht änderte. Bei **höheren Vorauszahlungen** muss deren Berechtigung dargelegt und durch Urkunden belegt werden. Dazu gehören eine Kopie des Erhöhungsschreibens, etwa eine Betriebskostenabrechnung mit einer am Saldo festgemachten Erhöhung der monatlichen Abschläge gem. § 560 Abs. 4 BGB, *und* der Nachweis, dass das Schreiben dem Mieter zugegangen ist, z.B. durch Vorlage des Rückscheins einer Einschreibsendung.[160] Das Gericht hat sodann zu prüfen, ob und ggf. inwieweit die Vereinbarung von Vorauszahlungen im Mietvertrag wirksam war, ob sich die Vorauszahlungsabrede auf die abgerechneten Betriebskosten erstreckte und ob die Abrechnung als Grundlage für die Erhöhung formell ausreichte.[161] Bestreitet der Mieter die materielle Richtigkeit der Abrechnung, muss der Vermieter sämtliche Belege zum Nachweis vorlegen;[162] das Bestreiten des Mieters muss im Grundsatz substantiiert erfolgen, es kann aber im Einzelfall **83**

---

[155] KG GE 2010, 546.
[156] BGH (VIII ZB 10/03) NJOZ 2003, 3008 = NZM 2004, 617.
[157] BGH (VIII ZR 41/14) GE 2014, 1649 = NZM 2015, 44 = WuM 2014, 744 = ZMR 2015, 205, LG Darmstadt Urt. vom 20.12.2013 – 6 S 106/13; umfassend hierzu *Both* NZM 2017, 425.
[158] BGH (XII ZR 50/12) GE 2013, 1137 = NZM 2013, 614, KG ZMR 2011, 116 für Gewerberaum, (VIII ZR 200/08) GE 2009, 1183 = NZM 2009, 734 = WuM 2009, 591 = ZMR 2010, 19 für Wohnraum.
[159] OLG Koblenz WuM 2006, 216.
[160] *Schmid* DWW 2007, 324.
[161] *Both* NZM 2007, 156 (158f.).
[162] *Späth* ZMR 2011, 354 (359).

auch schlichtes Bestreiten mit Nichtwissen genügen (s. Rdn. 54). Gegenüber den Belegen bleibt dem Mieter zum einen noch der Einwand, die berechneten Leistungen seien z.B. nicht so wie angegeben erbracht worden (s. Rdn. 51), dem der Vermieter gem. § 595 Abs. 2 ZPO mit dem Antrag auf Parteivernehmung begegnen kann. Zum anderen kann er die Aufteilung bei gemischten Kosten angreifen; ihre Richtigkeit durch Urkunden zu belegen, dürfte dem Vermieter erhebliche Probleme bereiten.[163]

84 Handelt es sich um die **Nachforderung aus einer Abrechnung** gelten die vorbeschriebenen Anforderungen und Verfahrensschritte gleichermaßen; die Vorlage nur der Abrechnung genügt nicht.[164] Dem gegen die Zulässigkeit der Urkundenklage gerichteten Hinweis, die Betriebskostenabrechnung sei zwar eine Urkunde, belege aber nur, dass abgerechnet worden, nicht aber, dass dies materiell richtig erfolgt sei,[165] ist nicht zu folgen. Nachforderungen aus Betriebskostenabrechnungen wären auf dieser Basis für den Urkundenprozess generell nicht geeignet. Dieser Ansicht ist zwar insoweit zuzustimmen, dass die Vorlage der Abrechnung allein für die Schlüssigkeit nicht ausreicht, sie berücksichtigt indes nicht ausreichend, dass der Vermieter schon die Voraussetzungen für Zulässigkeit und Umfang der Abrechnung zu belegen hat. Sind diese erfüllt und ist die Abrechnung formell ordnungsgemäß, ist die Erhebung materieller Einwände Sache des Mieters.[166]

85 **Zur Schlüssigkeit** gehört daher auch hier
– die Vorlage eines Mietvertrags, ggf. in Verbindung mit einem Nachtrag, der nachweist, dass und was abgerechnet werden darf,
– die Vorlage der Abrechnung, aus der die Nachforderung geltend gemacht wird,
– die belegte Mitteilung der Abrechnung an den Mieter als Fälligkeitsvoraussetzung,
– deren Rechtzeitigkeit als Hindernis für die Ausschlussfrist und
– die formelle Wirksamkeit der Abrechnung.

86 Die **Vorlage der Abrechnung** ist **auch dann** erforderlich, wenn der Mieter deren Existenz und Zugang nicht bestreitet. Die Gegenmeinung[167] verkennt, dass das Gericht im Rahmen der Schlüssigkeitsprüfung auch die formelle Wirksamkeit der Abrechnung überprüfen muss;[168] anderenfalls wäre es möglich, dass infolge fehlenden Bestreitens ein bloßes mit

---

[163] *Flatow* DWW 2008, 88 (92).
[164] Z. B. *Sommer/Wichert* ZMR 2009, 503 (509).
[165] LG Bonn WuM 2012, 155; *Blank* NZM 2000, 1083 (1084), *Schmid* DWW 2007, 324.
[166] Ebenso *Both* NZM 2007, 156 (159); vgl. auch *Nolst*, Vortrag beim Deutschen Mietgerichtstag 2006 (www.mietgerichtstag.de, downloads).
[167] So AG Berlin-Mitte NZM 2007, 642; *Kinne* in Kinne/Schach/Bieber Teil II Rdn. 193, *Schmid* DWW 2007, 324.
[168] *Both* PiG 83 (2008) S. 199 (207), *Flatow* DWW 2008, 88 (92).

Abrechnung überschriebenes Schriftstück zu einer durch Urteil titulierten Forderung führt.

Je nach der Qualität seiner Urkunden und den Einwänden und ggf. Beweismitteln des Mieters kann das **Urkundenverfahren** dem Vermieter **beschleunigt** zu einem Urteil, jedenfalls einem Vorbehaltsurteil gem. § 599 ZPO verhelfen und zu einer Absicherung seiner Forderung durch Sicherheitsleistung des Mieters (§§ 708 Nr. 4, 711 ZPO). Auf der anderen Seite birgt das Verfahren **beträchtliche Kostenrisiken**. Sie resultieren zum einen aus der Unsicherheit, ob dem Gericht die Nachweise ausreichen; ist dies nicht der Fall, wird die Klage trotz materieller Berechtigung als im Urkundenverfahren unstatthaft abgewiesen, sofern der Vermieter nicht rechtzeitig nach § 596 ZPO von diesem Verfahren Abstand nimmt, so dass es – unbeschleunigt – im normalen Verfahren fortgesetzt wird. Zum anderen handelt es sich beim Vorverfahren, das mit dem Vorbehaltsurteil endet, und dem anschließenden Nachverfahren um zwei selbständige Prozesse, was doppelte Anwaltskosten auslöst und zur selbstverständlichen Vorfrage vor der Einleitung des Urkundenverfahrens führt, ob nämlich die hohen Kosten vom Mieter wieder hereinzuholen sind. 87

7. Mietsaldoklage

Häufig begehrt der Vermieter mit dem Klageantrag die Zahlung eines Betrages, der sich aus mehreren Ansprüchen ergibt. Das ist insbesondere dann der Fall, wenn er Mieten über einen mehrere Monate andauernden Zeitraum geltend macht. Prozessual liegt dann eine **objektive Klagehäufung** vor (§ 260 ZPO). Problematisch ist in diesem Zusammenhang die Bestimmung des Streitgegenstandes durch den Kläger dann, wenn dieser lediglich das Mieterkonto vorlegt, welches die jeweiligen Ausstände und Eingänge entweder nur als Gesamtbetrag aufführt oder diese zwar auflistet, den Gesamtausstand jedoch nur über eine Anpassung des jeweiligen Saldos angibt. Das insbesondere dann, wenn neben Mietforderungen etwa auch und **Mahnkosten, (Rück-)Lastschriftkosten** oder **Betriebskostennachforderungen** eingestellt werden. Ein weiteres Problem ergibt sich daraus, dass zwischen Nettomiete und **Betriebskostenvorauszahlungen** zu differenzieren ist. Denn die Vorauszahlungen sind einerseits im Rahmen des § 366 Abs. 2 BGB anders zu behandeln. Als Forderung mit geringerer Sicherheit, unter welche auch solche Ansprüche fallen, bzgl. derer eine Ausschlussfrist droht,[169] sind unbestimmte Mietzahlungen vorrangig auf diese zu verrechnen.[170] Weiterhin können der Klage **Abrechnungszeiträume** unterfallen, bzgl. derer die Abrechnungsfrist bereits abgelaufen ist, bzw. über die abgerechnet wurde. Macht der Vermieter insoweit fehlende **Vorauszahlungen** geltend, so ist die Klage unschlüssig. Im Falle der Abrechnung muss der Vermieter daher seine 88

---
[169] BGH (IV ZR 112/74) MDR 1976, 387 = VersR 1976, 136.
[170] BGH (VIII ZR 84/17) NZM 2018, 454 = WuM 2018, 278 = ZMR 2018, 575, (VIII ZR 68/17) NZM 2018, 444 = WuM 2018, 373.

Vorauszahlungsforderung herausnehmen und durch den (entsprechend höheren) Nachforderungsbetrag aus dieser ersetzen, was zudem Folgen für den Zinsanspruch und die Verjährung hat.[171] Letzteres geschieht oftmals dann nicht, wenn der Vermieter die Abrechnung auf Basis von **Sollvorauszahlungen** erstellt (s. Rdn. 47; H Rdn. 157). In diesem Fall werden die vertraglichen Vorauszahlungen trotz Anspruchswegfalls ausdrücklich weiter verfolgt. Ist nicht erkennbar, welche der vorstehend aufgeführten Forderungsarten und in welcher Höhe diese streitgegenständlich sind, ist die Klage nach hiesiger Auffassung unzulässig.[172]

Der **BGH**[173] hat in einer ersten Entscheidung eine Saldoklage jedenfalls dann für **zulässig** angesehen, so es sich um einheitliche Ansprüche handelt. Mit zwei Entscheidungen vom 21.3.2018[174] erklärt er jedoch nunmehr, es sei prozessual davon auszugehen, der Vermieter verfolge **diejenigen Ansprüche**, deren Geltendmachung unter Berücksichtigung des Klagebegehrens und des Inhalts der Klageschrift **vernünftig** sei und seiner **Interessenlage entspreche**. Da unbestimmte Teilleistungen des Mieters gem. § 366 Abs. 2 BGB analog zunächst auf die Vorauszahlungsansprüche hinsichtlich der Betriebskosten verrechnet werden, sei zu unterstellen, der Vermieter sehe solche jeweils zunächst als auf die Vorauszahlungsansprüche verrechnet an, beginnend mit dem ältesten Monat, hiernach auf die jeweils älteste Nettomiete und lege die verbleibenden Forderungen seinem Klageantrag zugrunde. Er könne jedoch nach Klageerhebung eine abweichende Verrechnungserklärung abzugeben. Insoweit liege entweder eine Klageänderung nach § 263 ZPO oder eine solche (grundsätzlich zulässige) gem. § 264 Nr. 2 ZPO vor. Für die **praktische Umsetzung durch das Mietgericht** folgt hieraus, dass es zunächst eine Schlüssigkeitsprüfung aller Ansprüche durchführt, welche nach dem Klageantrag unter Zuordnung der jeweiligen oder nur einmal bezifferten Zahlungen des Mieters in Betracht kommen, insb. unter Anwendung des § 366 Abs. 2 BGB analog. Die Ansprüche mit der höchsten Erfolgsaussicht unterstellt es somit als vom Kläger dem Klageantrag zugrunde gelegt und bestimmt hierüber den Streitgegenstand. Konkret: Erfasst der geltend gemachte Klagezeitraum Mietmonate, deren Vorauszahlungsansprüche nicht mehr bestehen, da der Vermieter hierüber abgerechnet hat (so das Gericht hierüber Kenntnis besitzt) oder deren Abrechnungs-

---

[171] Hierzu ausführlich *Zehelein* NZM 2013, 638.
[172] LG Kempten WuM 2016, 444, LG Dortmund Urt. vom 18.5.2015 – 1 S 47/15, LG Darmstadt Urt. vom 28.3.2013 – 24 S 54/12, BeckRS 2013, 09400, LG Frankfurt/Oder ZMR 2013, 801 – Saldoklage dort nur zulässig, weil ein „einheitlicher (Gesamt)-Anspruch" vorlag –, AG Dortmund GE 2015, 1103, AG Gießen WuM 2014, 216, AG Hanau Urt. vom 10.4.2013 – 37 C 386/12, BeckRS 2013, 10484; *Blank* in Blank/Börstinghaus § 543 Rdn. 181, *Zehelein* NZM 2013, 638.
[173] BGH (VIII ZR 94/12) GE 2013, 349 = NZM 2013, 422 = WuM 2013, 179 = ZMR 2013, 271.
[174] BGH (VIII ZR 84/17) NZM 2018, 454 = WuM 2018, 278 = ZMR 2018, 575, (VIII ZR 68/17) NZM 2018, 444 = WuM 2018, 373.

zeitraum abgelaufen ist, füllt es diese Anteile mit den mieterseits geleisteten Zahlungen beginnend mit dem letzten Monat auf. Soweit die Zahlungen nicht ausreichen, können die verbleibenden Vorauszahlungsanteile nicht mehr zugesprochen werden, andernfalls werden die Nettomieten ab dem zeitlich am weitesten zurückliegenden Mietmonat verrechnet. Für sonstige in das Mieterkonto eingestellte Forderungen gelten dieselben Grundsätze. Das Gericht verrechnet hier die Zahlungen nach § 366 Abs. 2 BGB analog und unterstellt die verbleibenden Ansprüche dem Klageantrag.

Diese Auffassung **überzeugt nicht**. Es ist zwar erfreulich, dass der BGH den Gerichten eine praktische Handhabung zur Verrechnung von Zahlungen des Mieters an die Hand gegeben hat. Er bestätigt dabei allerdings zunächst, dass es dem Gericht gerade mit Blick auf die vertraglich geschuldeten Betriebskostenvorauszahlungen aber auch andere Verrechnungen einschließlich minderungsbedingter Teilleistungen nicht möglich ist, aus Klageantrag und -begründung festzustellen, welche Ansprüche streitgegenständlich sind. Damit ist der Streitgegenstand nicht ausreichend bestimmt i. S. des § 253 Abs. 2 Nr. 2 ZPO. Hinsichtlich der prozessualen Vorgaben ist es fraglich, ob die von dem Senat herangezogenen Grundsätze zur Auslegung prozessualer Handlungen eine solche Vorgehensweise bedingen.[175] Die insoweit herangezogene Rechtsprechung[176] bezieht sich primär auf die Auslegung von Parteianträgen dahingehend, welche prozessuale Vorgehensweise, insbesondere welche Antragsart dem mit der Klage verfolgten Interesse dienlich ist. Das ist mit der Sachlage, dass ein Kläger aufgrund unbestimmten Vortrages mehrere unterschiedlich Ansprüche geltend machen kann, nicht zu vergleichen. Ob einer Partei mit Blick auf materiell-rechtliche Beurteilungen Ansprüche (noch) zustehen, ist primär eine Frage und Aufgabe rechtlicher Bewertung und Beratung vor Klageerhebung. Nunmehr übernimmt das Gericht selbst diese Tätigkeit und sucht dem Kläger die für ihn günstigsten Ansprüche im Zuge einer Schlüssigkeitsprüfung heraus, die prozessual an sich den Streitgegenstand zugrunde legt, ihn aber nicht bestimmt. Sodann erhält der Vermieter über die Klageänderung die Möglichkeit, die Wahl seiner Ansprüche durch das Gericht anzunehmen oder doch diejenigen in den Prozess einzuführen, die er an sich favorisierte (was bei der Erstellung von Betriebskostenabrechnungen auf Sollvorauszahlungsbasis – s. Rdn. 47; H Rn. 157 – die Regel ist). Das Prinzip des § 253 Abs. 2 Nr. 2 ZPO, nach dem der Kläger den Streitgegenstand bestimmt, wird hierdurch umgekehrt. Ein erkennbarer Anlass, dem Vermieter im Hinblick auf die von dem BGH angeführten bedeutenden Verfassungsvorgaben aus Art. 2 Abs. 1 GG i. V. m. dem Rechtsstaatsprinzip sowie dem Anspruch auf rechtliches Gehör nach Art. 103 Abs. 1 GG von dem Vortrag

---

[175] N. *Fischer* NZM 2018, 929 (934 f.).
[176] Vgl. etwa BGH (IV ZR 28/15) NJW 2016, 708, (X ZR 111/09) NJW-RR 2012, 872, (V ZR 290/03) NJW-RR 2005, 371, (VI ZR 325/95) NJW-RR 1996, 1210.

seiner Ansprüche zu befreien und dieses durch das Gericht tätigen (bzw. vorschlagen) zu lassen, ist nicht ersichtlich. Die mietgerichtliche Praxis zeigt ohnehin, dass die überwiegende Mehrheit der Vermieter einen nachvollziehbaren Verrechnungsvortrag erbringt. Unbestimmte Saldoklagen werden erfahrungsgemäß auch nicht von anwaltlich nicht vertretenden Kleinvermietern erhoben. Unklar ist im Übrigen, wie weit die gerichtliche Schlüssigkeits- und Erfolgsprüfung zur Bestimmung der klägerseits geltend gemachten Ansprüche geht. Ausgehend von einer nunmehr durch das Gericht vorzunehmenden vernunfts- und interessenbedingen Streitwertbestimmung bei unklarer Forderungsmehrheit wäre es auch geboten, solche Forderungen nicht der Klage zu unterstellen, deren Verfolgung etwa mit Blick auf Probleme der Beweislast, der Verfahrensdauer oder eines Kostenrisikos (Rechtsschutzversicherung) gegenüber anderen weniger vernünftig wäre. Dass dies nicht geboten ist, liegt auf der Hand.

III. Klagen des Mieters

1. Klage auf Abrechnung

89 Mit Eintritt der **Abrechnungsreife** ist der Anspruch des Mieters auf Erteilung einer Abrechnung fällig; dass mit der Abrechnungsreife bei Wohnraum zugleich die Ausschlussfrist für Nachforderungen nach § 556 Abs. 3 Satz 3 BGB eingreift, berührt den Abrechnungsanspruch des Mieters nicht (s. G Rdn. 5). Er kann nunmehr den Vermieter im Wege der Klage allein auf Abrechnung in Anspruch nehmen oder im Wege der Stufenklage vorgehen, d. h. in einer Klage den Anspruch auf Abrechnung und auf Erstattung eines positiven Saldos zusammenfassen.[177] Dabei bedarf es keines Antrags, der die Einzelheiten der vertragsgemäßen Abrechnungsweise präzisieren würde.[178] Die Abgabe der **Versicherung an Eides statt (§ 259 Abs. 2 BGB)** kann er nicht verlangen, da § 259 BGB nur entsprechend und nicht direkt angewendet wird (s. H Rdn. 335).

90 Hat der Vermieter **bereits abgerechnet,** ist zu **differenzieren.** Genügt die Abrechnung nicht einmal den Mindestanforderungen, ist sie unwirksam und der Vermieter zur Neuerteilung verpflichtet. Ist sie formell ordnungsgemäß, hat der Vermieter die Hürde der Ausschlussfrist genommen. Zugleich ist damit grundsätzlich auch die Abrechnungspflicht als solche erfüllt. Im Einzelfall kann der Mieter jedoch auf Erteilung einer neuen, materiell richtigen Abrechnung klagen (s. im Einzelnen G Rdn. 4).

91 Legt der Vermieter auch nach rechtskräftiger Verurteilung keine Abrechnung vor, ist die Durchsetzung im Wege der **Zwangsvollstreckung** möglich. Wie bereits ausgeführt (s. G Rdn. 9), hat die Zwangsvoll-

---

[177] Dazu ausführlich *Klas* WuM 1994, 659.
[178] LG Kassel WuM 1991, 358.

streckung nach Ansicht des BGH[179] nach den Regeln zur Vollstreckung unvertretbarer Handlungen (§ 888 ZPO) zu erfolgen. Seine Argumentation, es komme auf die besonderen Kenntnisse des Vermieters an, hält der Überprüfung anhand der Erfahrungen in der Praxis nicht Stand. Die Abrechnung kann ohne weiteres auch durch Dritte, insbesondere Sachverständige, angefertigt werden.[180] So ist z.b. ebenso die Abrechnungspflicht des WEG-Verwalters nach herrschender Ansicht über § 887 ZPO durchzusetzen.[181]

Ist der **Vermieter im Besitz** aller für die Abrechnung notwendigen **Unterlagen,** führt die Klage auf Abrechnung bis zu einem bestimmten, angemessenen Datum verbunden mit einem Hilfsantrag, sie nach Fristablauf einem Sachverständigen zur Erstellung der Abrechnung herauszugeben, deutlich schneller und sicherer zu dem erstrebten Ziel. **92**

Auch wenn die **Unterlagen** z.B. durch Brand oder den Hausverwalter vor seiner Flucht vor der Staatsanwaltschaft **vernichtet** sind, kann die Abrechnung durch einen Sachverständigen nachgeholt werden, wenn auch mit zum Teil beträchtlichen Kosten. Er hat sich die Rechnungen zu den einzelnen Betriebskostenarten zu beschaffen. Soweit er die Einwilligung des Vermieters benötigt, etwa bei der Anforderung des maßgeblichen Grundsteuerbescheids, ist der Vermieter zu einer entsprechenden Erklärung verpflichtet. Die Rechnungen der Ver- und Entsorgungsträger und anderer Firmen zu erhalten, dürfte unproblematisch sein, zumal der Sachverständige auf den Ermächtigungsbeschluss des Gerichts zugunsten des Mieters hinweisen kann; auch wenn die Benennung des Sachverständigen nach allgemeiner Meinung nicht zum notwendigen Inhalt des Beschlusses zählt, wird sich seine Bezeichnung empfehlen, da ihm dies den Nachweis seiner Legitimation erleichtert. Ist ein Aufzug vorhanden, befindet sich im Fahrkorb oder Maschinenraum meist ein Hinweis auf die Wartungsfirma. Wer den Reinigungsdienst oder die Gartenpflege erledigt, lässt sich von den Mietern oder dem Hauswart in Erfahrung bringen, der für seinen Lohn Belege aushändigen kann. Soweit im Einzelfall keine genaue Aufklärung zu erreichen ist, sind die üblichen Kosten zugrunde zu legen. Der Verteilungsschlüssel ergibt sich entweder aus früheren Abrechnungen oder auch im Wege der Schätzung. Auf die Kosten des Sachverständigen kann der Mieter vom Vermieter gem. § 887 Abs. 2 ZPO einen Vorschuss verlangen. **93**

Der **Gebührenstreitwert** richtet sich nicht nach der Summe der abzurechnenden Betriebskostenvorauszahlungen, sondern zunächst nach der Höhe des Guthabens, das der Mieter als Ergebnis der Abrechnung ver- **94**

---

[179] BGH (I ZB 94/05) NZM 2006, 639 = WuM 2006, 401.
[180] OLG Hamm RE 26.6.1998 DWW 1998, 279 = NZM 1998, 568 = WuM 1998, 476 = ZMR 1998, 624, LG Münster NZM 2001, 333 = WuM 2001, 31 = ZMR 2001, 227, LG Wuppertal ZMR 2001, 200; WuM 2002, 273; *Weyhe* MDR 1998, 1325.
[181] BayObLG NZM 2002, 489 m.w.N., OLG Düsseldorf ZMR 1999, 425 m.w.N.; a.A. OLG Köln ZMR 1998, 517.

mutet, wenn er es, z. B. auf der Grundlage früherer Abrechnungen, beziffert hat. Fehlen nähere Angaben, ist der Streitwert nach § 3 ZPO zu schätzen.[182] Hierzu wird meist ein Prozentsatz der im Abrechnungszeitraum geleisteten Vorauszahlungen zugrunde gelegt.[183]

95   Wendet sich der **Vermieter** gegen die Verurteilung zur Rechnungslegung, bemisst sich die für die Zulässigkeit der Berufung notwendige **Rechtsmittelbeschwer** nach seinem Aufwand an Zeit und Kosten für die Erstellung der Abrechnung.[184]

2. Klage aus den Prüfungsrechten

96   Verweigert der Vermieter die **Einsicht in die Originalbelege,** kann der Mieter auf Gestattung der Einsichtnahme klagen. Dasselbe gilt, wenn dem Mieter zwar Gelegenheit zur Einsicht gewährt wurde, er jedoch den Eindruck hat, es seien ihm nicht alle Belege präsentiert worden. In diesem Fall gehört zu einer schlüssigen Klage die Angabe der Kostenarten, zu denen die Belege unvollständig gewesen sein sollen, sowie die Begründung, auf welchen Umständen der Eindruck beruht.

97   Verlangt der Mieter im Einzelfall zu Recht die **Überlassung der Belege in Kopie** gegen Kostenerstattung, kann der Vermieter gegenüber der entsprechenden Klage so lange nicht auf seine Erfüllungsbereitschaft verweisen, wie er die Übersendung von zu hohen Kosten abhängig macht.[185] Bei unvollständig erscheinenden Belegen gelten die vorstehenden Ausführungen. Ist der Vermieter verurteilt, *„die einschlägigen Rechnungen und Belege gegen Erstattung der Kopierkosten zu übersenden"*, handelt es sich nicht um eine unbestimmte Zug-um-Zug-Verurteilung; vielmehr ist der Titel hinreichend bestimmt und nach § 888 ZPO vollstreckungsfähig.[186]

98   Der **Gebührenstreitwert** für eine Klage auf Einsicht in die Belege ist mit 10 %–20 % des vom Mieter angegebenen Rückforderungsanspruchs festgesetzt worden;[187] dasselbe gilt für die Überlassung der Belege in Kopie. Hat der Mieter den vermuteten Rückzahlungsanspruch nicht beziffert, ist der Streitwert nach § 3 ZPO zu schätzen (vgl. Rdn. 94). Ist der

---

[182] BGH (VIII ZR 98/16) GE 2017, 588 = NZM 2017, 358 = WuM 2017, 220, LG Landau/Pfalz WuM 1990, 86, LG Bückeburg WuM 1989, 434, LG Stuttgart WuM 1989, 434.
[183] Z. B. **33,3 %:** LG Frankfurt am Main NZM 2000, 759, LG Hamburg Beschl. vom 1.11.1995 – 311 S 139/95, LG Landau/Pfalz WuM 1990, 86; **25 %:** LG Freiburg WuM 1991, 504; *Wolbers/Okon* in Hinz/Junker/v. Rechenberg/Sternel 4.2.1 Nr. 11; **5 %:** *Schmid* GE 2000, 851 (856).
[184] BGH (GSZ 1/94) NJW 1995, 664, (VIII ZB 87/06) WuM 2008, 615 = ZMR 2008, 873.
[185] Vgl. AG Langenfeld/Rhld. WuM 1996, 426; zur angemessenen Höhe der Kosten s. H Rdn. 327 f.
[186] OLG Düsseldorf WuM 2001, 344, LG Köln WuM 1997, 447.
[187] LG Köln ZMR 1997, 656; *Lutz* in Hannemann/Wiegner § 3 Rdn. 59.

Vermieter zwar zur Gewährung der Einsicht bereit, streiten die Parteien aber über den Ort der Einsicht, sollen sich der Gebühren- und der Rechtsmittelstreit nach dem jeweiligen Aufwand an Reisezeit und -kosten richten.[188]

3. Klage auf Ermäßigung des Mietzinses

Ermäßigen sich bei einem **Altmietvertrag** über preisfreien Wohnraum, in dem eine **Brutto- oder Bruttokaltmiete** vereinbart wurde, die Betriebskosten oder der Betriebskostenanteil einer **Teilinklusivmiete,** kann der Mieter nach Art. 229 § 3 Abs. 4 EGBGB i. V. mit § 560 Abs. 3 BGB eine entsprechende Herabsetzung verlangen. Dieselben Rechte hat er, wenn der Vermieter von **§ 556a Abs. 2 BGB oder** von dem Recht zur Vereinbarung einer **Pauschale** (§ 560 Abs. 3 BGB) Gebrauch gemacht hat. **99**

Zur **Schlüssigkeit** der Klage gehört die Angabe der Gründe, auf die der Mieter sein Begehren stützt, d. h. die Beschreibung der Tatsachen, aus denen sich die Reduzierung der Kosten ergibt, und entweder die Angabe, dass eine erkennbare Ermäßigung bisher nicht erfolgt ist, oder Anhaltspunkte dafür, dass sie zu gering ausgefallen ist. Hat der Vermieter substantiiert erwidert, trägt der Mieter die Darlegungs- und Beweislast für eine gleichwohl reklamierte Ermäßigung. **100**

Um Aufschluss über eine Verringerung der Kosten zu erhalten, hat der Mieter die Möglichkeit, **auf Auskunft zu klagen.** Die Klage hat nur Erfolg, wenn **konkrete Anhaltspunkte** für eine nachträgliche Ermäßigung der Betriebskosten vom Mieter dargetan sind; die Bezugnahme auf einen Betriebskostenspiegel reicht nicht aus.[189] **101**

Für den **Auskunftsanspruch** gilt die regelmäßige **Verjährungsfrist** von drei Jahren. Auch wenn es hier nach § 199 Abs. 1 BGB zu einer Verlängerung der Frist kommen kann, weil ihr Beginn die Kenntnis der den Anspruch begründenden Umstände oder deren grob fahrlässige Unkenntnis voraussetzt, dürfte es am Rechtsschutzbedürfnis des Mieters jedenfalls dann fehlen, wenn der Vermieter bereits Verjährung eingewandt hat und sich die Einrede erkennbar auch auf den Zahlungsantrag bezieht. Zudem wird dem Mieter grobe Fahrlässigkeit vorzuwerfen sein, wenn er Ungereimtheiten der Abrechnung nicht mit Hilfe seiner Kontrollrechte nachging. Ebenso wird es sich verhalten, wenn der Vermieter Kosten ansetzte, die nicht zu den Betriebskosten zählen. **102**

Der Mieter kann auch zum Verfahren der **Stufenklage** gem. § 254 ZPO greifen. Bei einer Stufenklage ist zu beachten, dass die Auskunft für den Mieter grundsätzlich keinen Wert mehr hat, wenn sich der Vermieter gegenüber einem etwaigen Rückforderungsanspruch **vorsorglich** auf **103**

---
[188] LG Kiel WuM 1998, 223.
[189] BGH (VIII ZR 106/11) GE 2011, 1677 = NZM 2012, 20 = WuM 2011, 688.

Verjährung beruft. Hält der Mieter gleichwohl am Auskunftsverlangen fest, ist die Klage als unbegründet abzuweisen.[190]

104 Bei **preisgebundenem Wohnraum** ist streitig, ob der Auskunftsanspruch des Mieters aus §§ 8 Abs. 4 WoBindG, 29 NMV von einem etwaigen Rückforderungsanspruch wegen preiswidrig überzahlter Miete unabhängig ist[191] oder dessen Schicksal teilt.[192] Dieser Streit braucht hier nicht näher erörtert zu werden. Die Begründung für die rechtliche Unabhängigkeit des Auskunftsanspruchs soll sich daraus ergeben, dass der Mieter auf Auskunft über frühere Zeiträume angewiesen ist, da die Berechnung der Kostenmiete in unverjährter Zeit auf den Berechnungen der davor liegenden Zeit beruht, die Berechnungen mithin jeweils auf der vorangegangenen aufbauen. Dieser Zusammenhang fehlt bei den Betriebskostenabrechnungen.[193] Sie enthalten eine jeweils neue Zusammenstellung der im Abrechnungszeitraum entstandenen Kosten, keine Fortschreibung oder Erhöhung früherer Ansätze. Für den preisgebundenen Wohnraum läuft die Rechtslage daher auf eine **Verjährungsfrist von vier Jahren** hinaus, der Frist aus § 8 Abs. 2 WoBindG.

105 Der **Gebührenstreitwert** wird nach § 3 ZPO in Anlehnung an § 41 Abs. 5 GKG auf den Jahresbetrag der geschätzten Differenz festzusetzen sein.[194]

4. Zahlungsklagen

106 Verlangt der Mieter die Auszahlung des **Guthabens** aus der Abrechnung, gelten im Grundsatz keine Besonderheiten zur normalen Leistungsklage. Besteht die Mieterseite allerdings aus einer Mehrheit und hatte der Vermieter nur einem von ihnen die Abrechnung zukommen lassen, kann der Mieter nicht Zahlung an sich fordern, sondern nur an alle Mitmieter (s. I Rdn. 4). In der Mieterinsolvenz ist allein der Insolvenzverwalter zu der Geltendmachung des Anspruchs befugt. Nach Abgabe der Enthaftungserklärung verliert er jedoch die Aktivlegitimation, die auf den Mieter zurückfällt.[195]

107 Häufig korrigiert der **Mieter** im Prozess das Ergebnis der Betriebskostenabrechnung und macht ein **selbst errechnetes Guthaben** geltend. Es wird entweder gegenüber anderen (oft Mietzahlungs-) Ansprüchen zur Aufrechnung gestellt oder es wird im Rahmen einer eigenständigen Klage oder Widerklage eingefordert. Faktisch erstellt der Mieter also sei-

---

[190] BGH (IVa ZR 198/88) BGHZ 108, 393 (399).
[191] LG Hamburg WuM 1985, 183, AG Wuppertal WuM 1988, 431; *Goch* WuM 1988, 432.
[192] *Gramlich* in Bub/Treier VI. Rdn. 109 f.; vgl. BGH (IVa ZR 56/83) NJW 1985, 384 für den Auskunftsanspruch aus § 2314 BGB.
[193] A. A. *Goch* WuM 1988, 433.
[194] Vgl. *Lutz* in Hannemann/Wiegner § 3 Rdn. 57.
[195] BGH (IX ZR 136/13) GE 2014, 932 = NZM 2014, 551 = WuM 2014, 411 = ZMR 2014, 971.

III. Klagen des Mieters

ne eigene Betriebskostenabrechnung. Dies ist grundsätzlich **zulässig**. Der Mieter ist berechtigt, durch Erhebung inhaltlicher Einwände einen für sich günstigeren Saldo zu generieren, ohne dass er von dem Vermieter verlangen muss, eine neue Abrechnung auszustellen. Er ist auf diesem Wege auch in der Lage, eine Anpassung der Betriebskostenvorauszahlungen nach § 560 Abs. 4 BGB vorzunehmen.[196]

Macht der Mieter die **Rückforderung** des **Saldos** geltend, den er trotz **108 verspäteter Abrechnung** ausgeglichen hatte (s. G Rdn. 92 f.), behauptet er einen Anspruch aus ungerechtfertigter Bereicherung gem. §§ 812, 818 BGB,[197] so dass er die Voraussetzungen darlegen und beweisen muss, aus denen sich die für ihn günstige Rechtsfolge ergibt. Hierzu gehört auch, dass er die Darlegungs- und Beweislast dafür trägt, dass ihn die Abrechnung tatsächlich erst nach Ablauf der Abrechnungsfrist erreichte.

Dasselbe gilt in den Fällen, in denen der Mieter die Rückzahlung mit **109** der Begründung verlangt, dass die **Abrechnung inhaltlich falsch** ist.[198] Ihm kann hieraus nach § 812 BGB ein Anspruch auf Rückzahlung zu viel geleisteter Betriebskostenvorauszahlungen zustehen.[199] Denn alleine die vorbehaltlose Zahlung stellt kein deklaratorisches Schuldanerkenntnis dar.[200] Der Mieter muss dabei allerdings, wenn es sich um einen inhaltlichen Mangel handelt, darlegen und beweisen, dass er diesen innerhalb der Einwendungsfrist des § 556 Abs. 3 Satz 5 BGB geltend gemacht hat, wenn der Vermieter sich hierauf beruft. Bei der Rüge mangelnder **formeller** Richtigkeit genügt die Vorlage der Abrechnung, auf die geleistet wurde. Denn dies wird vom Gericht von Amts wegen geprüft (siehe Rdn. 20), was hier nicht anders zu behandeln ist.

Rechnete der Vermieter bis zum Ende des Mietvertrags überhaupt nicht **110** ab, kann der Mieter nach Ablauf der jeweiligen Abrechnungsfrist die **Rückzahlung aller Vorauszahlungen** verlangen, jedoch nur soweit, wie er im laufenden Mietverhältnis hinsichtlich der fälligen Vorauszahlungen kein Zurückbehaltungsrecht geltend machen konnte (s. G Rdn. 11). Der Vermieter hat allerdings die Möglichkeit, die Abrechnung nachzuholen und aus ihr einen Zahlungsanspruch bis zur Höhe der Summe der Vorauszahlungen geltend zu machen. Hinsichtlich des Rückforderungsanspruchs tritt insoweit Erledigung ein (siehe Rdn. 115). Rechnet der Mieter mit seinem Anspruch gegen Forderungen des Vermieters auf, entfällt die Wirkung der Aufrechnung ex nunc, soweit der Vermieter nachträglich eine

---

[196] BGH (VIII ZR 184/12) GE 2013, 480 = NZM 2013, 357 = WuM 2013, 235 = ZMR 2013, 422.
[197] *Schwab* in MünchKomm § 812 Rdn. 412.
[198] LG Berlin GE 2016, 915 = ZMR 2016, 690, BeckRS 2016, 10987; allg.: *Schwab* in MünchKomm § 812 Rdn. 412.
[199] LG Berlin GE 2012, 548; LG Frankfurt am Main WuM 2011, 100.
[200] BGH (XII ZR 62/12) GE 2012, 1130 = NZM 2013, 648 für Gewerberaum, (VIII ZR 296/09) GE 2011, 331 = NZM 2011, 242 = WuM 2011, 108 = ZMR 2011, 375 für Wohnraum.

wirksame Betriebskostenabrechnung erteilt und der Mieter hiernach Betriebskosten schuldet;[201] wurde der Vermieter in einem Vorprozess rechtskräftig zur Rückzahlung verurteilt und erstellt er erst dann die Abrechnung, ist seine Abwehrklage gegen die Vollstreckung seitens des Mieters nicht nach § 767 Abs. 2 ZPO ausgeschlossen (s. im Einzelnen G Rdn. 16).[202]

IV. Sofortiges Anerkenntnis und Erledigung des Rechtsstreits

111 Im Betriebskostenprozess begegnen unterschiedliche Situationen, aufgrund derer ein erledigendes Ereignis i.S.d. § 91a ZPO eintreten kann. Wie der jeweilige Kläger hierbei reagieren muss und welcher Prüfungsumfang dem Gericht im Weiteren zukommt, hängt von dem jeweiligen Einzelfall ab.

112 Klagt der Vermieter den **Abrechnungssaldo** ein, besteht zunächst die Möglichkeit, dass der Mieter im Verfahren die Forderung begleicht. Hier muss der Vermieter für erledigt erklären. Sowohl im Zug der Kostenentscheidung nach § 91a ZPO, als auch im Falle eines Feststellungsurteils muss das Gericht die Einhaltung der formalen Voraussetzungen der Abrechnung **von Amts wegen** prüfen (s. Rdn. 20). Bei der Entscheidung nach billigem Ermessen kann eine Erfolgsaussicht andernfalls nicht bejaht werden, da es an der Fälligkeit der Nachforderung fehlt. Das Gericht muss, so erforderlich, von dem Vermieter weitere Unterlagen anfordern. Zur erstmaligen Geltendmachung des Rechts auf Belegeinsicht im Prozess s. Rdn. 77.

113 Klagt der Vermieter die **Vorauszahlungen** ein, richtet sich die Folge der Erfüllung nach den allgemeinen Grundsätzen des § 91a ZPO. Die Erteilung der Betriebskostenabrechnung oder der Eintritt der Abrechnungsreife führen zur Erledigung, da hierdurch von Gesetzes wegen der Vorauszahlungsanspruch wegfällt.[203] Der Vermieter kann jedoch wegen § 264 Nr. 3 ZPO ohne Klageänderung den Saldo weiter verfolgen (s. Rdn. 16, zur Abrechnung nach Sollvorauszahlungen s. Rdn. 47).

114 Bei der Klage des Mieters auf **Abrechnungserstellung** tritt Erledigung ein, wenn dem Mieter eine **formal ordnungsgemäße** Abrechnung zugeht. Auf die inhaltliche Richtigkeit kommt es nicht an. War die Abrechnungsfrist bei Rechnungserstellung abgelaufen, geht die Kostenentscheidung nach § 91a ZPO zu Lasten des Vermieters, andernfalls trägt der Mieter die Kosten.[204]

---

[201] BGH (VIII ZR 285/09) GE 2010, 1613 = NZM 2010, 858 = WuM 2010, 688 (m. Anm. *Tholl* WuM 2010, 748 und *Knabbe* WuM 2011, 108) = ZMR 2011, 112.
[202] BGH (VIII ZR 319/09) GE 2010, 1414 = NZM 2010, 783 = WuM 2010, 631.
[203] BGH (VIII ZR 258/09) NZM 2010, 736 = WuM 2010, 490 = ZMR 2010, 847 für Wohnraum, (XII ZR 112/10) GE 2012, 1696 = NZM 2013, 85 = WuM 2012, 662 für Gewerberaum, OLG Naumburg NZM 2002, 957.
[204] *Schmid* WuM 2010, 65 (66).

Auch die Klage des Mieters auf **Rückzahlung der Vorauszahlungen** **115** mangels Abrechnung im beendeten Mietverhältnis führt durch ordnungsgemäße Abrechnungserstellung zur Erledigung. Weist die Abrechnung ein Guthaben des Mieters aus, tritt trotz § 264 Nr. 3 ZPO auch insoweit Erledigung ein. Der Auszahlungsanspruch tritt zwar an die Stelle des Rückzahlungsanspruchs und der Mieter kann diesen direkt weiter verfolgen.[205] Ursprünglicher und erledigter Klageantrag waren jedoch ein selbständiger Rückzahlungsanspruch, der aus einer ergänzenden Vertragsauslegung resultiert.[206] Treffen den Mieter Nachzahlungen, führt das ebenfalls zur umfassenden Erledigung. Der Vermieter hat die Kosten des Rechtsstreits zu tragen, da der Rückzahlungsanspruch bis zur Rechnungserstellung bestand.[207]

Hat der Mieter keinen Anlass zur Klage gegeben, weil der Vermieter **116** ohne Verzugseintritt oder sonstige berechtigte Gründe Klage auf Zahlung der Nachforderung aus der Betriebskostenabrechnung erhoben hat, kann er die Klage **sofort anerkennen (§ 93 ZPO)** und hierüber die Kostentragung des Vermieters herbeiführen. Dass die Nachforderung bei Erklärung des Anerkenntnisses bereits bezahlt worden ist, stellt keine notwendige Voraussetzung dar.[208]

---

[205] LG Hamburg WuM 1997, 380.
[206] BGH (VIII ZR 315/11) GE 2012, 1556 = NZM 2012, 832 = WuM 2012, 620 (m. krit. Anm. *Zehelein*) = ZMR 2013, 100.
[207] AG Köln Urteil vom 27.2.2008 – 214 C 218/07.
[208] LG München NJW-RR 2015, 896 = ZMR 2015, 617.

K. Heizkosten

I. Vorrang der Heizkostenverordnung

1. Grundsätze – Regelungszweck/richtlinienumsetzende Funktion

a) Zweck der Verordnung

Nach dem primären **Zweck der HeizKV** dient diese dem öffentlichen Interesse an einem **sparsamen Umgang mit Energie**. Durch eine möglichst umfassende verbrauchsbasierte Abrechnung soll jeder Nutzer mit den von ihm selbst verursachten Kosten belastet werden. Hierüber wird er zu einem energiesparenden Verhalten animiert.[1] Das würde verfehlt, wenn die Heiz- und Warmwasserkosten nicht verbrauchsbezogen abzurechnen sondern in der monatlichen Mietzahlung im Wege einer Pauschale oder gar einer Inklusivmietenvereinbarung enthalten sind. Diese Zielsetzung ist vorrangig. Eine gerechte Kostenverteilung zwischen Vermieter und Mieter bzw. der Mieter untereinander ist hierbei zwar nicht gänzlich zu vernachlässigen, tritt jedoch zurück.[2]

b) Richtlinienumsetzung

Die HeizKV stellt **richtlinienumsetzendes Recht** dar, ihr liegt – nach dem amtlichen Hinweis – ebenso wie den Ermächtigungsgrundlagen aus §§ 2, 3a und 5 EnEG[3] – die (Endenergieeffizienz-)RL 2006/32/EG zugrunde. Ausweislich des Erwägungsgrundes Nr. (12) sowie Art. 13 (1) und (2) RL 2006/32/EG sollen die Mitgliedstaaten Maßnahmen ergreifen, um das Verhalten der Endverbraucher hinsichtlich ihrer Energienutzung durch eine verbrauchsbasierte Abrechnung zu beeinflussen. Diese Richtlinie ist zum 1.1.2017 vollständig von der Energieeffizienz-Richtlinie 2012/27/EU des Europäischen Parlaments und des Rates vom 25.10.2012 aufgehoben bzw. ersetzt worden (Art. 27 RL), jedoch unter Beibehaltung aller Vorgaben der Vorgängerrichtlinie, soweit keine Abänderungen erfolgten (Erwägungsgrund (64)). Die für den richtlinienumsetzenden Regelungszweck der HeizKV einschlägigen Vorgaben wurden nicht modifiziert und finden sich zudem nunmehr trotz kritischer Bewertung der

---

[1] BR-Drucks. 570/2008 S. 7; BGH (VIII ZR 329/14) GE 2016, 256 = NZM 2016, 381 = WuM 2016, 174 = ZMR 2016, 280, OLG Frankfurt a. M. ZMR 2018, 585, BeckRS 2017, 146029; *Kreuzberg/Schumacher/Pfeifer* in Kreuzberg/Wien 1.1.1.2, *Zehelein* NZM 2014, 649 (656).
[2] AG Bergen auf Rügen BeckRS 2015, 09780; *Lammel* HeizKV § 1 Rdn. 2.
[3] Danner/Theobald/*Müller-Kulmann/Stock* Energierecht 98. EL Juni 2018 Einf. Rdn. 12/13.

bisherigen Resultate (vgl. Erwägungsgrund (32)) in Erwägungsgrund (30) und Art. 9 RL.

c) Pflicht zur richtlinienkonformen Normanwendung bzw. -auslegung

Richtlinienumsetzendes Recht unterliegt auch bei Rechtsstreitigkeiten zwischen Privaten über die Art. 288 Abs. 2 AEUV,[4] 4 Abs. 3 EUV[5] der **Pflicht zur richtlinienkonformen Anwendung**,[6] und zwar auch nach der nationalen Umsetzung.[7] Das bedeutet, dass Inhalt und Folgen der jeweiligen Normen ausschließlich von der Richtlinie her zu bestimmen sind unter zwingender[8] **Heranziehung derjenigen nationalen Auslegungsmethode, welche die Richtlinienziele am bestmöglichsten fördert**.[9] Den Rechtsanwender trifft hierüber die Pflicht zur Herstellung des unionsrechtlich gewollten Ergebnisses, selbst wenn der nationale Gesetzgeber meint, diesem bereits zu genügen.[10] Dabei ist die richtlinienkonforme Anwendung auch **nicht an den Wortlaut der Norm gebunden**.[11] Den **Gerichten wird insoweit vorgegeben**, wie die Vorschriften der HeizKV zu interpretieren und anzuwenden sind.

d) Begriffsbestimmung und Anwendungsbereich

2 Im **allgemeinen Sprachgebrauch** wird zwischen **Betriebs- und Heizkosten** unterschieden; sie werden unter dem Oberbegriff Nebenkosten zusammengefasst. **Rechtlich** sind auch die **Heizkosten** schlicht **Betriebskosten,** sie sind in den Nrn. 4 (Heizkosten), 5 (Warmwasserkosten) und 6 (verbundene Anlagen) des § 2 BetrKV behandelt. Gleichwohl bestehen **gravierende** rechtliche **Unterschiede** zu den anderen Betriebskostenarten. Grundsätzlich hat der **Vermieter** nach § 535 Abs. 1 Satz 3 BGB die **Betriebskosten** zu tragen. Der gesetzlichen Regelung entspricht eine Mietstruktur, bei welcher der Mieter mit dem einheitlichen Mietzins das Entgelt für die Raumüberlassung und Gebrauchsgewährung sowie alle weiteren Kostenteile entrichtet. Will der Vermieter davon abweichen und

---

[4] Vertrag über die Arbeitsweise der Europäischen Union in der Fassung der Bekanntmachung vom 9.5.2008 zuletzt geändert durch Art. 2 ÄndBeschl. 2012/419/ EU vom 11.7.2012 (ABl. Nr. L 204 S. 131).

[5] Vertrag über die Europäische Union in der Fassung des Vertrags von Lissabon vom 13.12.2007 zuletzt geändert durch Art. 13, 14d Abs. 1 EU-Beitrittsakte 2013 vom 9.12.2011 (ABl. 2012 Nr. L 112 S. 21).

[6] EuGH NVwZ 2004, 715 3. Ls – *Rieser Internationale Transporte GmbH*.

[7] EuZW 1994, 375 – *Habermann-Beltermann*.

[8] *Canaris* in FS Bydlinski 2002, S. 47 (65 f.).

[9] Vgl. EuGH EuZW 2018, 853 (856) – *IR/JQ*, BGH (I ZR 232/16) NZM 2018, 407 (408); Staudinger/*Honsell* (2013) BGB Einl. Rdn. 198., für die Betriebskosten näher *Zehelein* NZM 2014, 649 (656), *ders.* NZM 2015, 913 (919).

[10] EuGH Entscheidung v. 13.11.1990 – C-106/89 – *Marleasing*, BeckRS 2004, 74075; Streinz/*W. Schroeder* EUV/AEUV 3. Aufl. 2018, Art. 288 Rdn. 111.

[11] EuGH NJW 2005, 2839 – *Pupino*: „unionsrechtskonforme Analogiebildung", BGH NJW 2009, 427: „richtlinienkonforme Rechtsfortbildung".

den Mieter ganz oder teilweise mit diesen Kosten belasten, ist eine entsprechende Vereinbarung der Parteien notwendig. Demgegenüber bestimmt § 2 HeizKV für die **Heiz- und Warmwasserkosten,** dass allgemein bei Gebäuden die Vorschriften dieser **Verordnung rechtsgeschäftlichen Bestimmungen vorgehen,** sofern es sich nicht um ein Gebäude mit nicht mehr als zwei Wohnungen handelt, von denen eine der Vermieter selbst bewohnt, oder die Voraussetzungen des § 11 HeizKV erfüllt sind. § 2 HeizKV modifiziert damit die Vorschrift des § 535 Abs. 1 Satz 3 BGB. Die HeizKV ist auch nicht vorrangig für das Verhältnis mehrerer Mieter einer Wohnung/Mieteinheit (Wohngemeinschaft) untereinander, wenn es keine separate Erfassung gibt. Diese stellen einerseits einen einheitlichen Nutzer i. S. des § 1 Abs. 1 HeizKV dar.[12] Zudem wird der Anreiz zu sparsamem Verbrauchsverhalten intern durch die Nutzerschaft geschaffen, wie es auch der Ausnahme in § 2 HeizKV zugrunde liegt.

Nach der HeizKV ist zu verfahren, sobald ein **Gebäude mit mehreren** **3** **Nutzern von einer Anlage aus** versorgt wird. Dabei ist es irrelevant, ob es sich um Gewerberaum, preisfreien oder preisgebundenen Wohnraum (§ 1 Abs. 4 HeizKV, § 22 Abs. 1 NMV) oder Eigentumswohnungen (§ 3 HeizKV) handelt. Ausgenommen sind mithin allein die Fälle, in denen die Nutzer selbst für Heizung und Warmwasserbereitung zu sorgen haben, weil ihnen der Vermieter nur eine Möglichkeit zur Beheizung, z. B. Öfen, Heizthermen, oder zur Warmwasserbereitung, z. B. Durchlauferhitzer, Boiler, im Objekt zur Verfügung stellt. Nutzer ist jeder, dem von der Anlage versorgte Räume überlassen sind; das zugrunde liegende Rechtsverhältnis ist ohne Belang,[13] so dass der vermietende Eigentümer ebenso zu den Nutzern zu zählen ist, wenn er einzelne mitversorgte Räume selbst nutzt. Soweit auf die einzelnen Nutzer Festkostenanteile entfallen, nutzt auch derjenige, der z. B. während längerer Abwesenheit keine Energie verbraucht. Bei **preisgebundenem Wohnraum** ist die Anwendung der HeizKV gem. § 22 Abs. 1 NMV vorgeschrieben. Wird sie nicht beachtet und führt dies zu einer höheren Belastung des Mieters, liegt ein Verstoß gegen § 8 Abs. 1 WoBindG vor. Nach § 8 Abs. 2 Satz 1 WoBindG hat der Vermieter dem Mieter die Mehrbelastung zu erstatten

Der Gebäudeeigentümer als Vermieter – oder eine der in § 1 Abs. 2 **4** HeizKV gleichgestellten Personengruppen – ist nach § 4 HeizKV zur **Erfassung des Verbrauchs verpflichtet,** er hat die Nutzereinheit nach § 5 HeizKV mit einer geeigneten Ausstattung zu versehen.

Schließlich regelt die HeizKV **bindend** die **Art und Weise der Umlage** **5** der Heiz- und Warmwasserkosten (§§ 7–9 HeizKV). Sie geht damit § 556a Abs. 1 BGB vor, der es den Parteien freistellt, sich über den Umlagemodus zu verständigen, und für das Fehlen einer Abrede den Wohn-

---

[12] Nach *Schmid* WuM 2011, 331 (334) sollen die Mieter auch nur eine einheitliche Stimme gem. § 4 Abs. 2 Satz 2 HeizKV ausüben können.
[13] *Lammel* HeizKV § 1 Rdn. 46.

flächenschlüssel vorgibt. Dies ist kein Widerspruch zum höheren Rang von Gesetzen; die Ermächtigungsgrundlage für die HeizKV findet sich in §§ 3a, 5 EnEG, das als das speziellere Gesetz die Bestimmung des § 556a Abs. 1 BGB verdrängt.

6   Die Anwendung der HeizKV setzt denklogisch voraus, dass die **Heizanlage mit Vorrichtungen zur Regulierung durch die Nutzer** ausgestattet ist. Die Verordnung selbst enthält eine solche Vorgabe nicht, was auch nicht ihrer Regelungssystematik entsprechen würde. Diese müsste sich vielmehr in der Energieeinsparungsverordnung befinden, was jedoch nicht der Fall ist. Heizanlagen oder Teile solcher, bei denen die einzelnen Nutzer keine Möglichkeit haben, den Verbrauch selbst zu regeln, unterliegen daher teleologisch reduziert nicht den Vorgaben der HeizKV, jedenfalls nicht der Pflicht zur Ausstattung mit Erfassungsgeräten (§§ 4 ff. HeizKV) sowie zur verbrauchsabhängigen Abrechnung (§ 7 Abs. 1 HeizKV). Das ist etwa bei einer Beheizung über Lüftungsanlagen der Fall, wenn hierüber eine Mindesterwärmung der Räume erfolgt.[14]

2. Rechtliche Einordnung des Vorrangprinzips

7   Nach § 2 HeizKV gehen die Vorschriften dieser Verordnung **rechtsgeschäftlichen Bestimmungen vor,** soweit nicht die Verordnung selbst Ausnahmen vorsieht (s. Rdn. 2). Durch § 2 HeizKV werden mithin entgegenstehende Abreden außer Kraft gesetzt, sie sind *„nicht anzuwenden".*[15] Die Verordnung hat damit Vorrang auch vor solchen Vertragsbestimmungen, die noch vor ihrem Inkrafttreten vereinbart worden waren.[16] Entgegen der früher vorherrschenden Ansicht[17] kann sich der Vermieter daher auch nicht darauf berufen, er habe nie eine Aufforderung des Mieters gem. § 4 Abs. 4 HeizKV zur verbrauchsabhängigen Abrechnung erhalten.

8   Die dogmatische Einordnung als **Verbotsnorm** i. S. des § 134 BGB[18] oder **Kollisionsregelung**[19] ist umstritten und bislang vom BGH[20] bislang nicht entschieden worden. Letztlich passt keine der beiden Alternativen. Das Prinzip des **Kollisionsrechts** entstammt dem internationalen Recht und setzt voraus, dass unterschiedliche Rechtsmaterien denselben Sachverhalt ohne Vorrangbestimmung regeln. Über das festzustellende Anknüpfungsmoment wird sodann das geltende Rechtsstatut bestimmt. Dieses unterliegt keiner zwingenden Vorgabe und kann je nach Rechtsanwender zu unterschiedlichen Ergebnissen führen. Regelt – wie im Fall

---

[14] OLG Frankfurt a. M. ZMR 2018, 585, BeckRS 2017, 146029.
[15] BGH (VIII ZR 212/05) NZM 2006, 652 = WuM 2006, 518.
[16] OLG Hamm RE 2.7.1986 DWW 1986, 69 = WuM 1986, 267.
[17] Z. B. LG Chemnitz GE 2003, 959 = ZMR 2003, 573.
[18] OLG Schleswig WuM 1986, 330.
[19] BayObLG WuM 2004, 737; *Wall* Rdn. 5205, *Lammel* HeizKV § 2 Rdn. 10.
[20] BGH (V ZR 193/17) WuM 2018, 661, BeckRS 2018, 23183, BGH (VIII ZR 212/05) GE 2006, 1094 = NZM 2006, 652 = WuM 2006, 518 = ZMR 2006, 766.

der HeizKV – eine Norm einen Tatbestand, so handelt es sich nicht um eine Kollisionsnorm.[21] Das Prinzip kollidierender Normen greift hier schon aufgrund der eindeutigen Anwendungspflicht nicht. Es existiert auch keine Kollision zwischen Rechtsnormen, sondern zwischen einer Norm und einer vertraglichen Vereinbarung. Diese misst sich zwar ihrerseits an den Regelungsgehalten des § 2 Nrn. 4–6 BetrKV, wird durch diese aber im Grundsatz nicht inhaltlich ausgestaltet, sondern unterliegt über § 556 Abs. 1 S. 3, Abs. 4 BGB nur den dortigen Grenzen. Das Kollisionsnormprinzip passt nicht auf das innerstaatliche Recht. In diesem wird der Normvorrang gegenüber vertraglichen Vereinbarungen über das Abdingbarkeitsverbot erreicht, wie es gerade in der Wohnraummiete jedenfalls zu Lasten des Mieters vermehrt Niederschlag gefunden hat. Der Einwand, bei Wegfall der HeizKV müssten neue vertragliche Vereinbarungen getroffen werden,[22] greift einerseits nicht, weil die Folge der Unwirksamkeit eines Gesetzes kein Merkmal für die Bestimmung seiner Rechtsqualität ist. Andererseits stellt der BGH im Falle des Wegfalls von Verboten über Betriebskostenumlagen bei vorhergehenden abweichenden Regelungen auf den mutmaßlichen Parteiwillen ab.[23] Weiterhin läge bei einer Kollisionsnorm, die zugleich den Vorrang der Privatautonomie wahrt,[24] die Durchsetzung der Regelungen der HeizKV bei den Parteien, was den Regelungszielen der Verordnung und den europäischen Energieeinsparungsvorgaben diametral entgegensteht.[25] Es lässt sich auch nicht begründen, dass aufgrund der Kollision die Regelungen der Heiz-KV zwar vorrangig seien, der Vertrag jedoch weiterhin wirksam wäre und erst dem Inhalt der Verordnung angepasst werden müsse.[26] Das würde § 2 HeizKV eine gänzlich neue Rechtsqualität geben, die keinerlei Vorrang aufwiese, sondern eine nicht einmal bindende Pflicht (da nur auf Verlangen einer Seite) zur Vertragsänderung darstellen würde, was der Regelung nicht zu entnehmen ist. Gegen ein **Verbotsgesetz** spricht zunächst nicht die fehlende Strafsanktion,[27] weil nicht diese, sondern der gesetzgeberische Wille zur Nichtigkeit die Grundlage des Verbotsgesetzes ist.[28] Insofern würde gerade weil die HeizKV die entgegen stehenden vertraglichen Vereinbarungen nicht als wirksam behandeln möchte, vieles hierfür sprechen. Letztlich handelt es sich jedoch auch nicht um eine Verbotsnorm, da – wie es der BGH[29] selbst für den Wirkungsgehalt des § 2 HeizKV sagt – die Gestaltungsfreiheit der Parteien eingeschränkt

---

[21] *v. Hein* in MünchKomm Einl. zum IPR Rdn. 57.
[22] *Lammel* HeizKV § 2 Rdn. 9.
[23] BGH (VIII ZR 132/10) GE 2011, 543 = NJW 2011, 1222 = NZM 2011, 400.
[24] *Lammel* HeizKV § 2 Rdn. 12.
[25] LG Heidelberg WuM 2011, 217 = ZMR 2011, 638.
[26] *Lammel* HeizKV § 2 Rdn. 18.
[27] So aber *Lammel* HeizKV § 2 Rdn. 11.
[28] *Armbrüster* in MünchKomm § 134 Rdn. 103.
[29] BGH (VIII ZR 212/05) GE 2006, 1094 = NZM 2006, 652 = WuM 2006, 518 = ZMR 2006, 766.

wird. Das ist kein Fall des § 134 BGB.[30] Denn fehlt es von Beginn an an einer Gestaltungsmöglichkeit, kann kein Widerspruch mit gesetzlichen Regelungen eintreten. Trotz unglücklicher Formulierung hinsichtlich eines „Vorgehens" vor rechtsgeschäftlichen Bestimmungen stellt § 2 HeizKV ein Abdingbarkeitsverbot hinsichtlich der Verordnungsregelungen dar. Vereinbarungen, die anderweitige Inhalte haben, erklären insoweit die Verordnungsregelungen zugleich für nicht anwendbar, was von § 2 HeizkostenV untersagt wird.

3. Folge für die vereinbarte Mietstruktur

a) Unwirksamkeit abweichender Vereinbarungen von Beginn an

9 Treffen die Parteien Vereinbarungen, welche den Regelungen der HeizKV entgegenstehen, soll etwa eine Bruttowarmmiete bestehen, so sind diese nicht wirksam.[31] **Streitig** ist, wie sich diese Unwirksamkeit tatsächlich auswirkt, ob also die **Verordnung von Beginn an Anwendung** findet[32] oder die vertraglichen Regelungen zunächst weiter fortbestehen und erst etwa im Wege einer **einseitigen Erklärung bzw. Ankündigung umgestellt** werden müssen,[33] die Parteien also nur für die Zukunft berechtigt seien, Rechte hieraus geltend zu machen.[34] Letztere Auffassung wird etwa damit begründet, dass ein sparsames Verbrauchsverhalten nachträglich (nach der Umstellungsankündigung) nicht mehr erreicht werden könne, sowie mit dem Verweis auf die Änderungsvorgaben in § 556a Abs. 2 Satz 2 BGB und § 6 Abs. 4 Satz 3 HeizKV.[35] Das verkennt jedoch zunächst die Ziele der HeizKV[36] und der durch sie umgesetzten Richtlinien. Die verbrauchsbasierte Abrechnung liegt im öffentlichen Interesse und ist unabhängig von denjenigen der Vertragsparteien.

Da § 2 HeizKV insoweit unterschiedliche Auslegungen zulässt, ist im Wege der **richtlinienkonformen Auslegung** diejenige Auslegungsart zu wählen, welche die Ziele der zugrunde liegenden Richtlinien am besten fördert (s. Rdn. 1). Das führt **zwingend** dazu, dass die **Verordnung unmittelbar Anwendung findet**.[37] Eine den Vertragsparteien obliegende Entscheidung über die Anwendung der HeizKV dahingehend, dass die vertraglichen Regelungen erst angepasst werden müssen und/oder ihre

---

[30] *Armbrüster* in MünchKomm § 134 Rdn. 103.
[31] BGH (VIII ZR 212/05) GE 2006, 1094 = NZM 2006, 652 = WuM 2006, 518 = ZMR 2006, 766.
[32] LG Heidelberg WuM 2011, 217 = ZMR 2011, 638.
[33] OLG Hamburg ZMR 2017, 884, OLG Düsseldorf GE 2006, 970 = WuM 2006, 381, LG Potsdam WuM 2015, 550, AG München NJOZ 2015, 1601; *Lammel* HeizKV § 2 Rdn. 18.
[34] AG Freiberg BeckRS 2008, 29183, AG Erfurt WuM 2007, 130; Staudinger/*Artz* Anh. B zu § 556c Rdn. 24, *Wall* Rdn. 5206.
[35] OLG Hamburg ZMR 2017, 884.
[36] LG Heidelberg WuM 2011, 217 = ZMR 2011, 638.
[37] So auch *Lammel* HeizKV § 2 Rdn. 13.

Rechtsfolgen für die Zukunft Geltung finden, würde den Zielen entgegenstehen, da die verbrauchsbasierte Abrechnung und damit die Anwendung der Verordnung im öffentlichen und gerade nicht im Privatinteresse der Parteien liegt. Wäre dies von einer Umstellung durch eine Partei abhängig, so läge es nach wie vor bei den Mietvertragsparteien, zu entscheiden, ob verbrauchsbasiert abgerechnet werden soll, wobei sie Gegenteiliges bereits vereinbart haben. Eben diese Entscheidungsbefugnis soll ihnen aber durch die HeizKV gerade entzogen werden, was der BGH im Wohnungseigentumsrecht hinsichtlich der Beschlussfassung durch die Wohnungseigentümer übersieht (s. Rdn. 23). Hierbei handelt es sich um eine materiell-rechtliche Entscheidung des Verordnungsgebers, so dass auch dem Einwand, es würden keine Zwangsmittel für die Umstellung bestehen,[38] keine Aussagekraft über die Normqualität zukommt. Der Verweis auf § 556a Abs. 2 Satz 2 BGB greift systematisch nicht, weil dort die Zulässigkeit einer Inklusivmiete als Leitbild des § 535 Abs. 1 BGB zugrunde liegt. § 6 Abs. 4 Satz 3 HeizKV setzt als Vorschrift über die Änderung der Abrechnungsmaßstäbe ebenfalls die Wirksamkeit des zuvor bestehenden Umlagemodus voraus und kann diese daher nicht begründen.

Tatsächlich hat der **BGH** hat die Frage in der **Entscheidung vom 19.7.2006**[39] auch bereits zugunsten einer unmittelbaren Anwendbarkeit von Beginn an beantwortet. Auch wenn dort etwas widersprüchlich von einer „Außerkraftsetzung" der vertraglichen Vereinbarungen (was eine Gestaltungsfreiheit zunächst voraussetzen würde) gesprochen wird, macht der Senat deutlich, dass die Parteien nichts anderes als das vereinbaren dürfen, was in der HeizKV steht, so dass entweder eine gleichlautende Vereinbarung oder die Verordnung unmittelbar Anwendung findet. Daraus folgt, dass eine Umstellung nicht erforderlich, tatsächlich sogar überhaupt nicht möglich ist, wie es der V. Senat des BGH[40] bereits für die Wohnungseigentümergemeinschaft erkannt hat. Der BGH hat in der Entscheidung 19.7.2006 die der HeizKV widersprechenden Vertragsinhalte zudem selbst aus der Berechnung für die Mieterhöhung herausgenommen ohne dass die Parteien den Vertrag zuvor umgestellt hätten.

b) Auswirkung auf die Bruttomiete

Da die Bestimmungen der HeizKV abweichenden vertraglichen Regelungen vorgehen, ist die **Mietstruktur auch faktisch der HeizKV anzupassen**. Es wird allerdings vertreten, die Vereinbarung einer Bruttomiete sei weiterhin zulässig, weil dann eben der Vermieter den Anteil des Mieters zu tragen habe, der nach § 6 HeizKV aus der zwingenden ver-

10

11

---

[38] Staudinger/*Artz* Anh. B zu § 556c Rdn. 24.
[39] BGH (VIII ZR 212/05) GE 2006, 1094 = NZM 2006, 652 = WuM 2006, 518 = ZMR 2006, 766; *Zehelein* in MünchKomm § 2 HeizKV Rdn. 2.
[40] BGH (V ZR 251/10) GE 2012, 441 = NJW 2012, 1434 = WuM 2012, 222 = ZMR 2012, 372; LG Lübeck ZMR 2011, 747.

brauchsabhängigen Abrechnung auf diesen entfällt.[41] Dieser Meinung ist nicht zuzustimmen, weil auf diese Weise das Ziel der Energieeinsparung völlig verfehlt wird.

Wurde eine Brutto/Inklusivmiete vereinbart, verbleibt eine **Bruttokaltmiete**. Waren in den östlichen Bundesländern Bruttowarmmieten vereinbart, wurden sie spätestens mit dem 31.12.1995 unwirksam (§ 4 Abs. 2 BetrKostUV). Diese Rechtsfolge gilt für Mietverhältnisse über preisfreien Wohnraum ebenso wie über Gewerberaum.

12 Für die Ermittlung des Heizkostenanteils an der Miete sind alle nach § 7 Abs. 2 und § 8 Abs. 2 HeizKV umlagefähigen Kosten zu addieren und sodann nach dem Flächenmaßstab auf die Nutzer zu verteilen (§ 556a Abs. 1 BGB). Dieser Anteil stellt die zukünftige Vorauszahlung auf die Heizkostenabrechnung dar.[42] **Streitig ist die aktuelle Grundlage für die Berechnung des Heizkostenanteils**. Nach einer Meinung kommt es auf den **Zeitpunkt des Vertragsabschlusses** an.[43] Um zu vermeiden, dass dem Mieter nach längerer Vertragslaufzeit ein zu geringer Betrag gutgebracht wird, soll das für diesen Zeitpunkt errechnete Verhältnis von Bruttokaltmiete und Heizkosten allerdings auf die im Zeitpunkt der Umstellung geltende Bruttomiete übertragen werden.[44] Nach anderer Ansicht ist auf den **Zeitpunkt** der **letzten Erhöhung der Inklusivmiete** abzustellen.[45] Schließlich wird vertreten, dass der Anteil **nach den Kosten der letzten Heizperiode** zu berechnen ist.[46]

13 Der letztgenannten Auffassung ist der **Vorzug** zu geben, weil nur der Ansatz nach den **Kosten der letzten Heizperiode** dazu führt, dass die vollständigen Heizkosten aus der Inklusivmiete herausgerechnet werden. Der dagegen angebrachte Einwand, dies benachteilige den Vermieter, weil bei einem längeren Mietverhältnis zumal wegen der gestiegenen Energiekosten nur eine sehr niedrige Bruttokaltmiete verbleibe,[47] überzeugt nicht: Es bleibt sich für den Vermieter betriebswirtschaftlich gleich, ob er die zuletzt relevanten Kosten insgesamt aus der Inklusivmiete bestreiten muss oder ob er den jeweiligen Betrag in Zukunft neben der Bruttokaltmiete erhält. Problematisch kann es sich hier allein auswirken, wenn der Mieter in der letzten Heizperiode besonders viel Heizenergie verbrauchte, etwa wegen einer längeren Erkrankung, was zu einer entsprechenden Reduzierung der Bruttokaltmiete führt; bei wieder normalem Verbrauch in den Folgeperioden ergäbe sich dadurch eine geringere

---

[41] *Heix* WuM 2015, 59 (61 f.).
[42] Vgl. AG Köln WuM 2013, 764.
[43] LG Potsdam WuM 2015, 550; *Lammel* § 2 HeizKV Rdn. 22.
[44] *Lammel* HeizKV § 2 Rdn. 22.
[45] BayObLG RE 23.6.1988 WuM 1988, 257 (258), AG Hamburg MJ 2011, 15; *Sternel* Mietrecht aktuell Rdn. V 510.
[46] OLG Düsseldorf NZM 2008, 524 für die Aufteilung einer Pauschale; *Eisenschmid* WuM 1981, 97 (98).
[47] *Lammel* HeizKV § 2 Rdn. 21.

Belastung an Heizkosten und eine insgesamt geringere Gesamtmietbelastung, die der Vermieter möglicherweise nur langsam durch eine Mieterhöhung auf die ortsübliche Vergleichsmiete ausgleichen kann. Es kann sich daher empfehlen, den Mittelwert aus den Heizkosten der letzten drei Jahre zugrunde zu legen.[48]

Der Gesichtspunkt der **Abtrennung der vollständigen Heizkosten** spricht auch **gegen den Zeitpunkt der letzten Mieterhöhung**. Ist seitdem einige Zeit verstrichen, kann wegen der ständig steigenden Energiepreise davon ausgegangen werden, dass sich die aus der Inklusivmiete für den Vermieter verbleibende Nettomiete stetig reduzierte; wird nun der Anteil des Mieters nach diesem früheren Zeitpunkt ermittelt, wächst dem Vermieter die Differenz zwischen den damaligen und den aktuellen Heizkosten zu, was in der Sache eine verdeckte Erhöhung der Bruttokaltmiete darstellt und für den Mieter in der folgenden Abrechnung nach den aktuellen Kosten eine deutliche Nachforderung auslöst. Es ist mithin so zu verfahren wie bei der Erhöhung einer Bruttokaltmiete, bei welcher der darin enthaltene Betriebskostenanteil ebenfalls nach dem letzten Stand im Zeitpunkt der Abgabe des Mieterhöhungsverlangens zu bestimmen ist.[49] **14**

Schließlich soll die **Aufteilung** so vorgenommen werden können, dass zunächst die **ortsübliche Vergleichsmiete** aus der Bruttomiete herausgerechnet wird und sodann aus den verbleibenden Betriebskosten der Anteil, der auf die Heizkosten entfällt.[50] Von diesem Verfahren ist schon deshalb dringend **abzuraten,** weil es einen Streit über die richtige Höhe der anzusetzenden ortsüblichen Vergleichsmiete begünstigt und in die Mietumstellung transportiert. Insbesondere aber würden die restierenden nicht umlagefähigen Betriebskosten zu einer Betriebskostenpauschale, was nicht der vereinbarten Mietstruktur entspräche; diese wird nur durch die Umstellung auf eine Bruttokaltmiete beibehalten. **15**

c) Auswirkung auf Pauschalen

aa) Heizkostenpauschale

Zahlt der Mieter bereits separat auf die Heiz- und ggf. Warmwasserkosten, allerdings in Form einer Heizkostenpauschale, erfolgt die Anpassung an die HeizKV, indem der **Pauschbetrag als Vorauszahlung** behandelt wird.[51] Der Vermieter darf mithin in der Abrechnung nicht vom Ansatz von Vorauszahlungen absehen, sondern hat dem Mieter den auf diese Weise errechneten Vorauszahlungsbetrag gutzubringen. Dies gilt auch dann, wenn die Pauschale durch die Kostensteigerungen während des Mietverhältnisses verbraucht war und der Vermieter die überschießen- **16**

---

[48] *Wall* Rdn. 5212.
[49] Im Einzelnen *Börstinghaus* in Schmidt-Futterer § 558a Rdn. 57 m. w. N.
[50] *Levèfre* S. 17, *Pfeifer* Heizkosten S. 21.
[51] Z.B. LG Heidelberg GE 2011, 1373 = WuM 2011, 217; *Lammel* HeizKV § 2 Rdn. 28.

den Kosten aus der Nettomiete bestreiten musste, weil er von der Erhöhung der Pauschale absah. Sollte im Einzelfall die Pauschale schon nicht die anteiligen Heizkosten des Mieters abdecken, bildet sie die Obergrenze für die anzusetzenden Vorauszahlungen; den Fehlbetrag hat der Vermieter nicht etwa aus der Nettomiete aufzufüllen.

bb) Nebenkostenpauschale

17 Schwieriger zu lösen ist die Problematik aus einer Nebenkostenpauschale, die für alle oder etliche Betriebskosten und auch die Heizkosten vereinbart wurde. Hier hat wie bei der Bruttomiete eine Umstellung auf die Vorgaben der HeizKV zu erfolgen, so dass der **Anteil herauszurechnen** ist, der auf Heizung und ggf. Warmwasser entfällt. Für die Höhe der Vorauszahlung soll das Verhältnis der Betriebskosten und der Heizkosten bei Beginn des Mietverhältnisses nach abstrakter, wirtschaftlicher Betrachtungsweise zugrunde zu legen sein.[52] Aus den dort angeführten Gründen ist es indes eher sachgerecht, wie bei der Bruttomiete, mithin gemäß Rdn. 13, zu verfahren

18 *(einstweilen frei)*

4. Erstellung der Heizkostenabrechnung

19 Da wie unter Rdn. 9 erörtert die von den Vorgaben der HeizKV abweichenden Vertragsvereinbarungen von Beginn an unwirksam sind, ist der **Vermieter** sowohl **berechtigt** als auch **verpflichtet,** eine **Heizkostenabrechnung zu erstellen,** und zwar für die gesamte Zeit seit Beginn der Vertragslaufzeit. Die Heizkosten werden mit der Abrechnung nicht rückwirkend erhoben. Der Vermieter holt nur nach, was vertraglich von Anfang an hätte erfolgen müssen. Allerdings kann der Abrechnungsanspruch **verjährt** sein (siehe G Rdn. 19).

20 Problematisch sind dabei diejenigen Fälle, in denen eine verbrauchsbezogene Abrechnung nicht mehr erfolgen kann, weil der Vermieter mit Blick auf die Vertragsvereinbarung diesen nicht festgestellt, ggf. nicht einmal Ausstattungen zur Verbrauchserfassung entsprechend § 4 Abs. 2 HeizKV eingerichtet hat. Das führt gem. **§ 12 Abs. 1 HeizKV** zu einem **Kürzungsrecht** des Mieters. Dem steht auch nicht entgegen, dass es sich hierbei an sich um einen pauschalierten Schadenersatzanspruch handelt (siehe Rdn. 330), der Vermieter jedoch ggf. auf die Wirksamkeit der vertraglichen Vereinbarungen vertraut hat. Das Kürzungsrecht nach der HeizKV ist nicht verschuldensabhängig, was auch daran liegt, dass die HeizKV öffentlichen Interessen dient. Zudem ist es Aufgabe des Vermieters, sich vor Vertragsschluss über die für ihn aus den rechtlichen Vorgaben resultierenden Pflichten zu informieren. Die Haftung würde sich

---

[52] LG Heidelberg GE 2011, 1373 = WuM 2011, 217: Pauschale von € 130,00, davon Heizkostenanteil 57,5%, Vorauszahlungen daher € 74,75; vgl. *Schmitt* HKA 2011, 9 (10).

somit auch aus der Verwendung unwirksamer formularvertraglicher Klauseln ergeben.[53]

Die Abrechnung ist auf dieser Grundlage nur noch darauf zu prüfen, ob die für den Mieter eingestellten **Vorauszahlungen richtig** errechnet wurden. **21**

– War eine **Bruttomiete** vereinbart, hat der Mieter zu kontrollieren, ob die Ausgliederung der Heizkosten bei der nunmehr gegebenen Bruttokaltmiete zutreffend berücksichtigt wurde; soweit dies nicht geschah, hat er einen Bereicherungsanspruch auf Herausgabe der in der Abrechnungsperiode überzahlten Miete.
– War eine **Nebenkostenpauschale** vereinbart, ist der vom Vermieter als Vorauszahlung angesetzte Betrag zu überprüfen; handelt es sich um eine Heizkostenpauschale, ist diese als Vorauszahlung in der Abrechnung auszuweisen.
– War im Mietvertrag bestimmt, dass die Heizkosten **nach der Fläche** oder in anderer, nicht der HeizKV entsprechender Weise verteilt werden, meist um die Kosten von Ablesung und verbrauchsabhängiger Abrechnung zu sparen, sind der Abrechnungsturnus und die Vorauszahlungen des Mieters ohnehin bekannt, die Bestimmung eines Umlageschlüssels nach § 7 und ggf. § 8 HeizKV findet sich in der Heizkostenabrechnung.

5. Wohnungseigentum

Über §§ 1 Abs. 2 Nr. 3, 3 HeizKV sind auch **Eigentumswohnungen** erfasst, ebenso gelten die Regelungen unmittelbar für die **Wohnungseigentümergemeinschaft** ohne dass es hierzu eines Beschlusses bedürfte.[54] Diese ausdrückliche Nennung ist letztlich deklaratorischer Natur. Dass die Vorgaben der HeizKV auch bei der Kostenverteilung zwischen solchen Nutzern gelten, die jeweils Eigentum an ihren Nutzungseinheiten haben, ergibt sich zwingend aus der richtlinienumsetzenden Funktion der Verordnung (siehe Rdn. 1 und 9). Die Richtlinien 2006/32/EG und 2012/27/EU unterscheiden bei der Verpflichtung zur verbrauchsabhängigen Abrechnung nicht zwischen Grundstücks- und Wohnungseigentum, da es nach dem Richtlinienzweck hierauf nicht ankommt. Das umsetzende nationale Recht kann hiervon nicht abweichen. Die Kosten der zentralen Heizungsanlage (§ 7 Abs. 2 HeizKV) müssen auch hier gem. § 7 Abs. 1 HeizKV teilweise verbrauchsabhängig verteilt werden. Selbiges gilt für § 8 HeizKV. Andernfalls entspricht die Abrechnung nicht den Grundsätzen ordnungsgemäßer Verwaltung.[55] Die Wohnungseigentümer können nur über die Ausgestaltung innerhalb der Verordnung **22**

---

[53] Grundlegend BGH (VIII ZR 302/07) GE 2009, 901 = NJW 2009, 2590 = NZM 2009, 541 = WuM 2009, 395 = ZMR 2009, 829.
[54] BGH (V ZR 251/10) GE 2012, 441 = NJW 2012, 1434 = NZM 2012, 344 = WuM 2012, 222 = ZMR 2012, 372.
[55] BGH (V ZR 193/17) NZM 2018, 991 (m. Anm. *Zehelein*) = WuM 2018, 661.

bestimmen.⁵⁶ So obliegt ihnen etwa die Entscheidung, ob und nach welchem Verfahren der Anteil der Rohrwärmeabgabe gem. § 7 Abs. 1 Satz 3 HeizKV i. V. m. der VDI Richtlinie 2077 Blatt 3.5 bestimmt wird.⁵⁷ Das bezieht sich auch auf die nach § 16 Abs. 3 WEG zu treffenden Folgeentscheidungen über Anschaffung, Anbringung und Auswahl der Ausstattungen, über die Festlegung des Umlegungsmaßstabs (= Verteilung der Kosten) sowie Änderungen des Umlegungsmaßstabs nach § 6 Abs. 4 Satz 2 HeizKV.⁵⁸ Ein Eigentümerbeschluss, nach welchem die Heiz- und Warmwasserkosten **entgegen den Vorgaben der HeizKV** erfasst und verteilt werden, wird teilweise als nichtig angesehen.⁵⁹

23   Nach dem **BGH**⁶⁰ soll der Beschluss allerdings **lediglich anfechtbar** sein. Das sei immer dann der Fall, wenn von einem vorgegebenen Verteilungsschlüssel abgewichen werde. Zudem wäre das Vertrauen der Wohnungseigentümer in die Bestandskraft nicht fristgemäß angefochtener Beschlüsse vorrangig. Das **überzeugt nicht.** Der BGH legt der Entscheidung ausschließlich wohnungseigentumsrechtliche Normen zugrunde und berücksichtigt weder Anwendungsbereich und Wirkung der HeizKV noch deren richtlinienumsetzende Funktion (siehe Rdn. 1). Die Geltung der Verordnung für die Wohnungseigentümer ist von der Richtlinie her festzustellen,⁶¹ sie wird nicht durch das nationale Recht begründet, welches auch außerhalb der Umsetzungsnormen nicht mit dieser konfligieren darf.⁶² Damit unterliegt die Rechtsanwendung auch hier dem Regelungszweck der Verordnung und dem Unionsrecht, was zugleich eine richtlinienkonforme Auslegung der anzuwendenden Vorschriften bedingt. Das lässt eine Berücksichtigung von Eigentümerinteressen nicht zu, so das Ergebnis dem Verordnungszweck widerspricht. Die Regelungen der HeizKV gehen jeder abweichenden Vereinbarung vor. Hierunter fallen den unionsrechtlichen Energieeinsparungszielen folgend auch bestätigende Beschlüsse, weil sie im Ergebnis ebenso auf eine bindende Nichtbeachtung der Verordnungsvorgaben hinauslaufen. Denn sie sind – anders etwa als ein späterer Vergleich – gesetzlich in das Kostenumlageverfahren eingebunden und haben unmittelbare Auswirkung auf die Kostentragung. Nach dem Regelungszweck des § 2 HeizKV sollen die Beteiligten jedoch überhaupt keine eigene Entscheidungsbefugnis über die Anwendung der Verordnung haben, die sie hier sowohl

---

⁵⁶ BGH (V ZR 166/15) GE 2016, 1454 = NZM 2017, 77 = WuM 2016, 702 = ZMR 2017, 76.
⁵⁷ LG Köln ZMR 2018, 440, LG München ZMR 2016, 232.
⁵⁸ Hügel/Elzer Wohnungseigentumsgesetz 2. Aufl. 2017 § 16 Rdn. 84.
⁵⁹ OLG Düsseldorf NZM 2001, 760; *Abramenko* ZWE 2007, 61 (62), *Engelhardt* in MünchKomm § 23 WEG Rdn. 39.
⁶⁰ BGH (V ZR 193/17) NZM 2018, 991 (m. Anm. *Zehelein*) = WuM 2018, 661.
⁶¹ Zur Bestimmung des Anwendungsbereichs richtlinienumsetzenden Rechts EuGH 13.11.1990 – C-106/89, BeckRS 2004, 74075 – *Marleasing*; *Zehelein* NZM 2017, 794 (797).
⁶² EuGH EuZW 2012, 754 – *Banco Español de Crédito*.

durch Beschlussfassung als auch durch Nichtanfechtung ausüben könnten. Ein den Vorgaben der HeizKV widersprechender Beschluss dürfte daher in richtlinienkonformer Anwendung des nationalen Rechts auch nicht in Bestandskraft erwachsen.

II. Abrechnungsfähige Kosten

1. Heizkosten

a) Grundsätze

§ 7 Abs. 2 HeizKV bestimmt **abschließend**, welche Kosten der Vermieter **24** generell in der *Heizkosten*abrechnung ansetzen darf.[63] Daher sind z.B. Leasingkosten für Brenner, Öltank und Verbindungsleitungen[64] oder die Öltankversicherung hier nicht ansetzbar, sondern fallen unter § 2 Nr. 13 BetrKV.[65] Ist die Umlage bestimmter Kosten aus dem Betrieb der Heizanlage, die in der Aufzählung nicht genannt sind, im Mietvertrag vorgesehen, kann sie der Vermieter nur in die *Betriebskosten*abrechnung einstellen. Ob der Mieter die Heizanlage des Gebäudes tatsächlich nutzt oder seine Wohnung etwa durch eine Stromheizung selbst beheizt, ist für die Kostentragungspflicht ohne Relevanz.[66]

Ob er zum Ansatz aller Kosten nach § 7 Abs. 2 HeizKV auch **im spe-** **25** **ziellen** Vertragsverhältnis berechtigt ist, richtet sich hingegen nach dem **Mietvertrag**. Enthält der Altvertrag eine Bezugnahme auf die Kosten nach § 27 II. BV oder die Anl. 3 zu § 27 II. BV bzw. der Neuvertrag eine Bezugnahme auf § 556 Abs. 1 BGB, die BetrKV oder deren § 2 BetrKV, sind, wie bei den Betriebskosten, alle in § 7 Abs. 2 HeizKV bezeichneten Kosten umlagefähig (vgl. B Rdn. 38 ff.); dasselbe gilt, wenn der Mietvertrag die Kosten durch Wiedergabe des Wortlauts der Vorschrift kenntlich macht.

Fraglich ist, ob der Mieter, auf den **nur schlicht** „*Heizkosten"* abge- **26** wälzt wurden, mit allen in § 7 Abs. 2 HeizKV genannten Kosten belastet werden darf. So wird vertreten, dass er nach allgemeinem Sprachgebrauch nur die Brennstoffkosten und den Betriebsstrom zu tragen hat.[67] Dieser Ansicht wäre zuzustimmen, wenn die bloße Angabe „*Heizkosten"* dem Mieter nicht hinreichend deutlich machen würde, welche Kosten darunter zu verstehen sind, so dass ein Verstoß gegen das Transparenzgebot aus § 307 Abs. 1 Satz 2 BGB vorläge. Zur näheren Bestimmung des Begriffs kann indes § 7 Abs. 2 HeizKV, der „*die Kosten des Betriebs der*

---

[63] BGH (VIII ZR 92/08) GE 2009, 258 = NZM 2009, 120 = WuM 2009, 115 = ZMR 2009, 354 (m. Anm. *Schmid*).
[64] BGH (VIII ZR 92/08) GE 2009, 258 = NZM 2009, 120 = WuM 2009, 115 = ZMR 2009, 354 (m. Anm. *Schmid*).
[65] LG Köln ZMR 2017, 249, BeckRS 2017, 104630.
[66] LG Ellwangen WuM 2016, 497, BeckRS 2016, 18144.
[67] *Lammel* HeizKV § 2 Rdn. 38.

zentralen Heizungsanlage" beschrieben, herangezogen werden. Hier gilt nichts anderes als bei den *„Verwaltungskosten"*, zu deren Ausfüllung auf die Definition in § 1 Abs. 2 Nr. 1 BetrKV oder § 26 II. BV zurückzugreifen ist.[68] Auf dieser Grundlage genügt auch die knappe Bezeichnung „Heizkosten", um dem Vermieter die Umlage der in § 7 Abs. 2 HeizKV aufgeführten Kosten zu ermöglichen.

27   Sind allerdings im Mietvertrag **nur einzelne Kostenbestandteile** aus § 7 Abs. 2 HeizKV angegeben oder sind diese nur teilweise aufgeführt und z. B. mit *„etc."* ausgeleitet, sind nur die beschriebenen Kosten umlagefähig (vgl. B Rdn. 25). Dem Vermieter ist es nicht möglich, diese Folge durch den Ansatz der Kosten bei der Betriebskostenabrechnung, z. B. den Reinigungskosten, zu umgehen.

b) Kosten gem. § 7 Abs. 2 HeizKV

aa) Kosten der verbrauchten Brennstoffe und ihrer Lieferung

(a) Kosten der verbrauchten Brennstoffe

28   Wird mit **Gas, Strom** oder **Fernwärme** geheizt, ergibt sich der **verbrauchte Brennstoff** ohne weiteres aus der Rechnung des Lieferanten. Wird ergänzend die Energie einer **Solaranlage** genutzt, bleiben die hierdurch ersparten Heizkosten außer Ansatz; die Umlage fiktiver Kosten ist unzulässig.[69]

29   Wird **Heizöl** verwandt, sind der Anfangs- und der Endbestand des Öls im Tank zu ermitteln, die Differenz ist der verbrauchte Brennstoff, ggf. sind verbrauchte Additive gegen Kalkablagerungen oder Rußbildung hinzuzusetzen. Resultiert der Endbestand aus mehreren Lieferungen mit **unterschiedlichen Ölpreisen,** sind zunächst die älteren Ölmengen mit den zugehörigen Preisen zu verrechnen (first in – first out).[70] Bei dem inzwischen eher seltenen Betrieb der Anlage mit **Kohle** oder dem noch selteneren Betrieb mit **Holzpellets** sind zwar die im Abrechnungszeitraum eingenommenen Mengen nach Gewicht bekannt, nicht aber der jeweilige Anfangs- und/oder Endbestand. Die Kostenermittlung erfolgt zunächst durch Ablesen der Füllhöhe im Lager über Markierungen. Die Liefermenge bildet die anfängliche Füllhöhe. Für die Heizkostenabrechnung erfolgt jeweils die Ablesung der aktuellen Füllhöhe. Diese wird durch die Anfangsfüllhöhe dividiert und das Ergebnis mit der Liefermenge multipliziert. Der Wert des so errechneten Endbestands an Pellets ist nach dem Grundsatz first in – first out anzusetzen. Unterschreitet der Endbestand die letzte Liefermenge, wird dessen Wert mit dem Pelletpreis der letzten

---

[68] BGH (XII ZR 109/08) DWW 2010, 101 = GE 2010, 261 = GuT 2010, 23 = NZM 2010, 123 = ZMR 2010, 352 (m. Anm. *Schmid*), (XII ZR 69/08) GE 2010, 482 = GuT 2010, 96 = NZM 2010, 279.
[69] *Kreuzberg/Schumacher/Pfeifer* in Kreuzberg/Wien 1.3.25.5, *Wall* Rdn. 5928.
[70] OLG Koblenz WuM 1986, 282.

II. Abrechnungsfähige Kosten 563

Lieferung berechnet. Andernfalls ist die darüber hinausgehende Menge mit dem Preis der Vorlieferung(en) anzusetzen. Bei einem Schräglager ist die fehlende Proportionalität der Füllhöhe zur Pelletmenge zu berücksichtigen. Alternativ bleibt nur die Schätzung anhand der in vergangenen Perioden üblicherweise verbrauchten Mengen. Auch wenn sie meist nur grobe Annäherungswerte liefert, überzeugt es nicht, generell von ihr abzusehen.[71]

Fehlt die Angabe des **Anfangs- und Endbestands**, ist die Abrechnung 30 gleichwohl **formell wirksam,** weil hierfür die summenmäßige Angabe der Verbrauchswerte sowie der darauf entfallenden Kosten genügt.[72] Die Ausweisung der Bestände gibt dem Mieter jedoch einen wichtigen Anhaltspunkt für die Plausibilität der Verbrauchsangabe. Soweit der Anfangs- und/oder Endbestand nur **geschätzt** wurde, empfiehlt sich in der Abrechnung eine Erläuterung der Schätzgrundlagen; die fehlende Erläuterung macht die Abrechnung allerdings nicht schon formell unwirksam.[73] **Bestreitet der Mieter** von Wohnraum die Richtigkeit des **Anfangsbestands,** kann er damit nicht mehr gehört werden, wenn die **Ausschlussfrist** für Einwendungen aus § 556 Abs. 3 Satz 5 BGH bezüglich der Vorjahresabrechnung abgelaufen ist, weil der Anfangswert mit dem Endwert der Vorperiode identisch ist. Dieser hätte also rechtzeitig bestritten werden müssen, zumal anderenfalls entgegen dem Zweck der Ausschlussfrist die Verbrauchsentwicklung in der Vergangenheit zu überprüfen wäre.[74]

Rabatte und ähnliche Vergünstigungen sind dem Mieter gutzubrin- 31 gen, weil sie die Kosten der verbrauchten Brennstoffe reduzieren; zur Nutzung von Mengenrabatten s. H Rdn. 42. Ausgenommen sind Sonderpreise, die der Vermieter als Deputat bei Strom oder Kohle erhält; sie sind Teil seines Arbeitsentgelts, so dass er die marktüblichen Preise ansetzen darf.[75]

Kosten für die **Finanzierung der Brennstofflieferungen** sind weder 32 Heiz- noch Betriebskosten (vgl. A Rdn. 36), sondern Verwaltungskosten. Der Vermieter darf z. B. die Zinsen für einen Kredit zur Anschaffung von Heizöl nicht in die Abrechnung einfließen lassen.[76] Unzulässig sind auch Regelungen, nach denen sich der Mieter verpflichtet, einen bestimmten Prozentsatz als *„Brennstoffkostenvorlage"* zu zahlen.[77]

Kosten für die **Lagerung von Brennstoffen** sind nicht umlagefähig. 33 Die Kosten für die **Anschaffung oder Erneuerung** eines Gas- (einschließ-

---

[71] So LG Berlin GE 2005, 433.
[72] BGH (VIII ZR 322/08) GE 2010, 477 = NZM 2010, 315 = WuM 2010, 156.
[73] Vgl. BGH (VIII ZR 27/07) DWW 2008, 216 = GE 2008, 662 = NZM 2008, 403 = WuM 2008, 285.
[74] LG Gießen Urt. vom 6.4.2011 – 1 S 193/10.
[75] *Lammel* HeizKV § 7 Rdn. 84, *Pfeifer* Heizkosten S. 167.
[76] AG Siegburg WuM 1985, 345.
[77] AG Bruchsal WuM 1988, 62: 5%.

lich TÜV-Gebühren) oder Öltanks sind Baukosten, so dass auch die Kosten für das Leasing eines Tanks nicht angesetzt werden können.[78] Die Kosten für eine Reparatur zählen zu den nicht umlagefähigen Instandsetzungskosten.

(b) Kosten der Lieferung

34   Umlegbar sind allein die Kosten, welche sich aus der **Rechnung der Lieferfirma** ergeben. Ob **Trinkgelder** einbezogen werden können, ist streitig. Selbst wenn die Zahlung üblich ist und der Ansatz des Vermieters sich in diesem Rahmen hält, wird er sie jedenfalls nicht belegen können. Der **Aufwand des Vermieters** für Brennstoffbestellungen, Einweisung des Lieferanten und Überwachung der Lieferung[79] gehört zu den Verwaltungskosten. Er darf sie folglich auch nicht als Eigenleistung berechnen.

bb) Kosten des Betriebsstroms

35   Dazu zählen die Kosten aus dem Betrieb des Brennermotors, der Regelungsanlage einschließlich Zeitschaltuhren, von Pumpen (z. B. Umwälz- und Ölpumpen) und Kompressoren. Ebenfalls unter die Kosten des Betriebsstroms fällt der Betrieb des Wärmetauschers bei einer im Zuge der Gebäudebelüftung verwendeten **Wärmerückgewinnungsanlage**.[80] Weiterhin sind die Kosten einer **Rohrbegleitheizung** als solche der Wassererwärmung Teil des Betriebsstroms, soweit hierüber der Legionellenbildung und der Abkühlung entgegengewirkt wird. Letzteres folgt daraus, dass die aufgewendete Energie zur Erwärmung im Ergebnis geringer ausfällt, als ein stärkeres Vorheizen, um dieselbe Temperatur bei der Abnahmestelle zu generieren. Auf die Beseitigung von Schäden durch Einfrieren der Rohre entfallende Kostenanteile sind als solche der vorbeugenden Instandhaltung herauszunehmen. Unter diese Position fallen nicht die Stromkosten bei Beheizung mit Strom; insoweit ist der Strom Brennstoff. Die Kosten für die **Beleuchtung** des Heizungsraums können über die allgemeinen Beleuchtungskosten (§ 2 Nr. 11 BetrKV) umgelegt werden, sofern deren Umlage vereinbart ist. Es ist nicht etwa notwendig, die Kosten als sonstige Betriebskosten i. S. des § 2 Nr. 17 BetrKV zu behandeln, weil der Heizraum den Mietern nicht zur Nutzung zur Verfügung steht; das Nutzungsrecht der Mieter ist keine Voraussetzung für die Umlagefähigkeit (vgl. A 154 zur Gartenpflege).

36   Fraglich ist die **Ermittlung des verbrauchten Stroms,** wenn ein Zwischenzähler zum Stromnetz der Gemeinschaftseinrichtungen fehlt. Bis-

---

[78] BGH (VIII ZR 92/08) GE 2009, 258 = NZM 2009, 120 = WuM 2009, 115 = ZMR 2009, 354 (m. Anm. *Schmid*), AG Bad Kreuznach WuM 1989, 310.
[79] Dazu ausführlich *Pfeifer* GE 2004, 866: Insbesondere Nullstellung des Tankwagenzählers und dessen Eichung, Funktion des Gasmessverhüters, Temperaturkompensation auf dem Lieferausdruck.
[80] OLG Frankfurt a. M. ZMR 2018, 585, BeckRS 2017, 146029.

lang erfolgte nicht selten ein Ansatz von pauschal 3% bis 6%[81] oder gar 10%[82] der Brennstoffkosten, gelegentlich auch die Berechnung mit einem Festbetrag je 1000 l Heizöl.[83] Nach anderer Ansicht scheidet ein fester Bezug zu den Brennstoffkosten bereits deshalb aus, weil diese beträchtlichen Schwankungen unterliegen,[84] so dass auch Stromkosten in Höhe von 14% der Brennstoffkosten im Einzelfall nicht zu beanstanden seien.[85] Es ist in der Tat festzustellen, dass die Kosten des Brennstoffs nur Anhaltswerte für die Plausibilisierung des Stromanteils für dessen Verbrennung bringen, zumal wegen der starken Schwankungen des Ölpreises.[86] Gleichwohl soll die beschriebene Pauschalierung im Hinblick auf die *„geringfügigen Kosten"* des Betriebsstroms zulässig sein.[87] Diese Ansicht begegnet Bedenken, weil die Stromkosten infolge des sog. Atomausstiegs deutlich steigen sollen, so dass von Geringfügigkeit nicht mehr die Rede sein kann. Es wird daher geraten, einen (privaten) Zwischenzähler zu setzen, der keine Grundgebühren auslöst und bei entsprechender Ausführung eine Eichgültigkeit von 16 Jahren hat (Anlage 7 zu § 34 MessEV Ord.-Nr. 6.1).[88] Solange er fehlt, bleibt nur die Schätzung auf möglichst breiter Datenbasis.

Eine genauere **Grundlage für die Schätzung** wird aus der Berechnung 37 der Anschlusswerte aller Strom verbrauchender Einrichtungen der Heizanlage in kWh × 24 Stunden × Anzahl der Heiztage x Strompreis gewonnen.[89] Sie ist auch nicht sonderlich aufwendig. Sind die Anschlusswerte einmal anhand der Typenschilder festgestellt, ändert sich an diesem Faktor bis zu evtl. technischen Veränderungen nichts mehr, Stundenzahl und Heiztage können ebenfalls als feste Größen behandelt werden, da es für eine Schätzung nicht notwendig ist, witterungsbedingte Unterschiede in den einzelnen Heizperioden zu erfassen. Variabel sind damit allein die Strompreise. Auch wenn sie sich nicht selten während einer Periode mehrfach verändern, ist es mit einem gängigen Computerprogramm unschwer möglich, die jeweiligen Kosten festzustellen.

Der Betriebsstrom ist in der Abrechnung nicht als Teil des Allge- 38 meinstroms auszuweisen, sondern innerhalb der **Heizkostenabrechnung**

---

[81] BayObLG ZMR 1997, 257 (259), AG Neuss DWW 1987, 236 (237), AG Berlin-Schöneberg und LG Berlin (5%) im Ausgangsfall zu BGH (VIII ZR 27/07) DWW 2008, 216 = GE 2008, 662 = NZM 2008, 403 = WuM 2008, 285, AG Berlin Mitte GE 2015, 1296 (5%); *Wien* in Kreuzberg/Wien 10.4.3.
[82] *Wall* Rdn. 5930.
[83] AG Aschaffenburg WuM 1980, 162: DM 15,00.
[84] LG Hannover WuM 1991, 540; *Pfeifer* Heizkosten S. 159.
[85] LG Hannover WuM 1991, 540.
[86] Vgl. die Tabelle in *Peters* (13. A.) S. 361.
[87] BGH (V ZR 166/15) NZM 2017, 77 = ZMR 2017, 76, (VIII ZR 27/07) NZM 2008, 403 = WuM 2008, 285 = ZMR 2008, 691; *Lammel* HeizKV § 7 Rdn. 91.
[88] *Wien* in Kreuzberg/Wien 10.4.3.
[89] Vgl. LG Berlin GE 1978, 902; *Lammel* HeizKV § 7 Rdn. 91, *Lefevre* S. 40, *Pfeifer* Heizkosten S. 159.

unter den Kosten des Betriebs der zentralen Heizungsanlage.[90] Die Schätzgrundlagen sind in der Abrechnung wie bei § 9a[91] selbst nicht anzugeben. Der Mieter darf die Richtigkeit der Schätzung mit bloßem **Nichtwissen** bestreiten, so dass es dann Sache des Vermieters ist, die Grundlage seiner Schätzung inhaltlich darzulegen.[92]

cc) Kosten der Bedienung, Überwachung und Pflege der Anlage

Ob diese Kostenarten ansatzfähig sind, richtet sich nach der jeweiligen Heizanlage.

(a) Heizung mit Gas, Öl oder Strom

39 Bei diesen Brennstoffen gehen die drei Kostenarten ineinander über, wobei eine separate Überwachung kaum notwendig ist, sondern im Rahmen der Bedienung erfolgt, dasselbe gilt für die Pflege. Bedienung wird daher zum Teil auch als Oberbegriff verstanden.[93]

40 Nach bislang völlig herrschender Meinung[94] fällt bei **vollautomatischen** Anlagen dieser Art kein umlagefähiger Bedienungsaufwand an. Zwar sind auch hier gelegentliche Funktionskontrollen oder Schaltvorgänge angezeigt, die aber nur einen so geringen Aufwand erfordern, dass er wirtschaftlich und damit auch rechtlich vernachlässigt werden kann; eine Ausnahme gilt bei Heizanlagen, die aufgrund ihrer technischen Besonderheiten eine gewisse Bedienung und Überwachung durch eine Fachkraft erfordern. Diese herrschende Auffassung versteht Bedienung allein als den Aufwand, der zur Aufrechterhaltung des Betriebs der Anlage notwendig ist. Sie lässt außer Betracht, dass nach den unionsrechtlichen Vorgaben und der Heizanlagenverordnung zur Bedienung auch die Maßnahmen gehören, die zu einem energetisch optimalen Zustand führen. Auf dieser Grundlage sind auch die Kosten eines Energie-Effizienz-Managements im Rahmen der Bedienungskosten umlegbar.[95]

41 Bei **halbautomatischen** Anlagen ohne Thermostat- und/oder Zeitregelung muss die Heizung jeweils z. B. auf die wechselnden Außentemperaturen oder die Nachtabsenkung eingestellt werden, so dass hier eine gewisse Bedienung notwendig ist.[96] Pauschale Ansätze sind unzulässig, so

---

[90] BGH (V ZR 166/15) NZM 2017, 77 = ZMR 2017, 76, (VIII ZR 27/07) NZM 2008, 403 = WuM 2008, 285 = ZMR 2008, 691.
[91] BGH (VIII ZR 261/15) NZM 2016, 765 = WuM 2016, 658 = ZMR 2017, 30.
[92] BGH (VIII ZR 27/07) NZM 2008, 403 = WuM 2008, 285 = ZMR 2008, 691.
[93] *Lammel* HeizKV § 7 Rdn. 94.
[94] Z. B. AG Hamburg WuM 1986, 323; *Blank* in Blank/Börstinghaus § 556 Rdn. 33, *Lefèvre* S. 41, *Pfeifer* Heizkosten S. 158, *Wall* Rdn. 5934; a. A. *Lammel* HeizKV § 7 Rdn. 94.
[95] *Lützenkirchen* in Lützenkirchen § 7 HeizKV Rdn. 66, ausführlich *Zehelein* NZM 2014, 649 (653 ff.).
[96] *Lammel* HeizKV § 7 Rdn. 93.

dass der Vermieter die Kosten trotz ihrer geringen Höhe nachweisen muss.[97] Die Kosten eines Energie-Effizienz-Managements sind hier erst recht umlagefähig. Erfolgt die Bedienung durch den Hausmeister, ist eine Besonderheit zu beachten. Zwar sind die Bedienungskosten nach § 2 Nr. 4 bis 6 BetrKV, soweit sie auf Arbeiten des Hauswarts beruhen, auf der einen Seite nicht separat, sondern nach § 2 Nr. 14 BetrKV im Rahmen des Hauswartentgelts zu berücksichtigen. Auf der anderen Seite zählen sie nach § 7 Abs. 2 HeizKV zu den umlagefähigen Heizkosten, sind also nach den Umlageschlüsseln des § 7 Abs. 1 HeizKV zu verteilen. Dieser Widerspruch löst sich durch den Vorrang der HeizKV, so dass hier anfallende Hauswartskosten entgegen § 2 Nr. 14 BetrKV zu trennen und bei der Abrechnung über die Heizkosten anzusetzen sind.

(b) Heizung mit Holzpellets oder Holzhackschnitzeln

Für die Beheizung mit Holzpellets oder Holzhackschnitzeln gelten die vorstehenden Ausführungen entsprechend. Es handelt sich in aller Regel um hochmoderne, vollautomatische Anlagen. Der Brennstoff wird vom Lieferfahrzeug in den Brennstoffsilo abgekippt und von dort z. B. mit einer Schnecke in den Verbrennungsraum und sodann die Asche in einen Aschecontainer gefördert. Als **Bedienungsaufwand** verbleibt neben gelegentlichen Betriebskontrollen somit nur die Beseitigung der Asche, die je nach Qualität des Brennstoffs entweder zu deponieren ist oder z. B. als Gartendünger verwendet werden kann. Allein insoweit kommt ein meist geringer Kostenansatz in Betracht. 42

Die Kosten des **Abtransports der Asche** vom Grundstück sind in § 7 Abs. 2 HeizKV nicht aufgeführt, sie gehören daher sachlich zu den Kosten der Müllbeseitigung nach § 2 Nr. 8 BetrKV. Da die vom Mieter in Anspruch genommene Wärmeerzeugung und die Aschemenge korrespondieren, erscheint es zweckmäßiger, diese Kosten im Rahmen der Heizkostenabrechnung anzusetzen und dadurch den dort geltenden Umlageschlüssel zu verwenden, als sie nach Fläche zu verteilen oder bei der Abrechnung der Kosten der Müllbeseitigung eine Untergruppe mit eigenem Verteilungsmaßstab einzuführen. 43

(c) Heizung mit Kohle

Da der Brennstoff hier üblicherweise manuell zugeführt wird, entstehen beträchtliche Bedienungskosten, die in voller Höhe umlagefähig sind. Für die Kosten des Heizers kann auf die Darstellung zu den Kosten des Hauswarts verwiesen werden (A Rdn. 201 ff.). Erledigt der Hauswart die Bedienung, sind die insoweit entstehenden Kosten aus seinem Entgelt auszugliedern und in die Heizkostenabrechnung einzustellen (s. Rdn. 41). Zu den Kosten der Entsorgung der Asche s. Rdn. 43. 44

---

[97] AG Nordhausen WuM 1999, 486.

dd) Kosten der regelmäßigen Prüfung der Betriebsbereitschaft und Betriebssicherheit einschließlich der Einstellung durch eine Fachkraft

45 Hierbei handelt es sich primär um die Kosten, die allgemein als **Wartungskosten** bezeichnet werden. Wartung wird durch Fachfirmen ausgeführt, sei es aufgrund eines Einzelauftrags, sei es infolge eines Wartungsvertrags. Ihre Kosten sind umlagefähig, sofern sie sich auf Prüfung, Einstellung und Reinigung beschränken. Daneben fallen die Kosten der **Feuerstättenschau,** die der Betriebssicherheit dient und vom Schornsteinfegers ausgeführt wird, sowie des Feuerstättenbescheids an (s. A Rdn. 176).

Geht es um die Wartung einer **Gastherme,** kann der Vermieter dem Mieter formularvertraglich die anteiligen Kosten der jährlichen Wartung auferlegen, und zwar auch ohne eine Obergrenze für den Umlagebetrag.[98] Die Umlagefähigkeit der Kosten folgt aus § 2 Nr. 4d oder 6c BetrKV. Zu beachten ist, dass hingegen eine Klausel, die den Mieter verpflichtet, die Wartung selbst in Auftrag zu geben (Vornahmeklausel), unwirksam ist.[99]

46 Problematisch und folglich streitig ist die **Abgrenzung** zu den Kosten von **Instandhaltung und Instandsetzung** im Einzelfall. So sind z.B. die Kosten für das übliche **Nachfüllen von Wasser** im Rahmen der Wartungsarbeiten umlagefähig. Musste das gesamte Wasser abgelassen werden, richtet sich die Ansetzbarkeit der Wasserkosten zum Wiederauffüllen der Anlage nach dem Grund der Maßnahme. Erfolgte das Ablassen, um die Anlage fachgerecht reinigen zu können, gehören die Kosten zu den Heizkosten (s. Rdn. 51). Anders verhält es sich, wenn es wegen Reparaturarbeiten erforderlich war. Die Kosten derartiger Arbeiten sind nicht umlegbar, so dass dasselbe auch für die vorbereitenden oder begleitenden Maßnahmen gilt. Zu den Wartungsarbeiten zählen auch die Kosten einer **Entlüftung** der Anlage,[100] also ggf. auch der Heizkörper, wenn der Mieter dazu selbst nicht in der Lage oder willens ist. Zu den Kosten der **Prüfung von Gasleitungen** s. A Rdn. 288.

47 Wartung ist auch vorbeugende Instandhaltung (s. A Rdn. 252), die Einschränkungen oder den Verlust von Betriebsbereitschaft und -sicherheit vermeiden soll. Instandhaltung kann daher auch die Ersetzung von Material einschließen. Andererseits stellt nicht jeder vorbeugende Materialaustausch eine bloße Instandhaltung dar, etwa die vorsorgliche Erneuerung einer Pumpe nach langer Laufzeit zur Vermeidung eines Totalausfalls. Um eine klare Abgrenzung zur Instandsetzung zu erreichen, ist auf den Umfang der Ersetzung abzustellen. Danach gehört nur der

---

[98] BGH (VIII ZR 119/12) DWW 2013, 7 = NZM 2013, 84 gegen BGH (VIII ZR 38/90) NJW 1991, 1750 = WuM 1991, 381; dazu *Langenberg* NZM 2013, 138.
[99] BGH (VIII ZR 129/91) WuM 1992, 355; dazu ausführlich *Langenberg/Zehelein* Schönheitsreparaturen II 74f.
[100] Z. B. *Lammel* HeizKV § 7 Rdn. 98.

Austausch **verschleißanfälliger Kleinteile** wie Dichtungen, Filter, Düsen noch zum Wartungsumfang (s. auch A Rdn. 97 zum Aufzug)[101] oder der Elektrodensatz bei der Gastherme.[102] Die Bestimmung in § 1 Abs. 2 Nr. 2 BetrKV, dass Instandhaltungskosten nicht zu den umlagefähigen Betriebskosten gehören, hindert den Ansatz nicht. Diese Vorschrift steht ohnehin in evidentem Widerspruch zum Kostenkatalog in § 2 BetrKV, nach dem bei einzelnen Betriebskostenarten Instandhaltungs- und sogar vereinzelt Instandsetzungskosten ansetzbar sind.

Demgegenüber sind **Instandsetzungskosten nicht** umlegbar. Die Kosten der Reparatur defekter Brenner, Pumpen oder Schaltungen bzw. deren Erneuerung sowie von Undichtigkeiten von Tanks dürfen nicht in die Heizkostenabrechnung einfließen; dasselbe gilt für die Kosten eines vorbeugenden Austausches derartiger Teile (s. Rdn. 47). Der Grund für die Notwendigkeit einer Reparatur ist irrelevant, so dass ihre Umlage auch dann ausscheidet, wenn sie auf einen bloßen Bedienungsfehler zurückzuführen ist. Hier wie auch im Falle einer fahrlässigen oder vorsätzlichen Beschädigung muss sich der Vermieter an den Verursacher halten und, wenn dieser nicht zu ermitteln ist, die Kosten selbst tragen. **48**

Hat der Vermieter einen **Wartungsvertrag** abgeschlossen, ist – ggf. anhand des vertraglichen Leistungsverzeichnisses – stets zu prüfen, ob und ggf. inwieweit er Instandsetzungen enthält. Dies ist bei einem Vollwartungsvertrag evident, aber auch manche als Grund- oder Standardwartungsvertrag bezeichneten Verträge schließen kleinere Reparaturen ein, die im Rahmen der Abrechnung herauszurechnen sind (s. dazu A Rdn. 96 f. zum Aufzug). Ob einer Faustformel, dass die Wartungskosten im Allgemeinen 5 % der Brennstoffkosten betragen,[103] zu folgen ist, erscheint zum einen wegen deren starken Schwankungen fraglich (vgl. Rdn. 36), zum anderen wegen der unterschiedlichen Effizienz der Anlagen; sie liefert allenfalls bei hohen Brennstoffkosten einen Anhalt für die Plausibilitätsprüfung, wenn die angesetzten Wartungskosten noch darüber hinausgehen. **49**

(einstweilen frei) **50**

ee) Kosten der Reinigung der Anlage und des Betriebsraumes
(a) Reinigung der Anlage

Zu den umlagefähigen Kosten gehören die Kosten der Reinigung des Heizkessels (§ 2 Nr. 4a BetrKV: *„Reinigung der Anlage"*), weil sich z. B. **Verbrennungsrückstände** und Verkrustungen ungünstig auf den Wirkungsgrad auswirken. Durch die Neufassung der HeizKV 1989[104] wurde **51**

---

[101] OLG Düsseldorf GE 2000, 888 = NZM 2000, 762; *Blank* in Blank/Börstinghaus § 556 Rdn. 34, *Lammel* HeizKV § 7 Rdn. 100, *Sternel* III Rdn. 401; einschränkend *Wall* Rdn. 5941: nur die Lohn-, nicht die Materialkosten.
[102] AG Berlin-Lichtenberg MM 2003, 246.
[103] So *Lefèvre* S. 41.
[104] Bekanntmachung vom 20.1.1989 BGBl. I S. 115.

der Text in § 7 Abs. 2 von „*Kosten des Betriebs der zentralen Heizungsanlage*" um den Zusatz „*einschließlich der Abgasanlage*" erweitert. „*Wegen des funktionalen Zusammenhangs von Wärmeerzeugungsanlage und Abgaseinrichtung*" zählen daher „*auch die Kosten des Betriebs der Abgasanlage, insbesondere die Kosten der Schornsteinreinigung*"[105] zu den im Rahmen der Heizkostenabrechnung ansetzbaren Heizkosten; die Kosten der Reinigung sonstiger Schornsteine fallen demgegenüber unter Nr. 12 des § 2 BetrKV. Durch die Verwendung von Wasser als Wärmeträger kommt es zu **Verkalkungen,** die zu beseitigen sind. Ferner kommt die Reinigung sonstiger Bestandteile der Anlage, etwa von Pumpen, in Betracht. Soweit für die Durchführung von Reinigungsarbeiten das Heizwasser abgelassen werden muss, zählen die Kosten für das Wiederauffüllen der Anlage zu den Heizkosten (s. Rdn. 46).

52 Die Kosten der **Tankreinigung,** die in einem Turnus von fünf bis sieben Jahren empfohlen wird, sind ansetzbar.[106] Sie ist bei ölbetriebenen Heizanlagen angezeigt, um zu verhindern, dass es insbesondere durch Ölschlamm zur Unterbrechung der Ölzufuhr und damit zum Ausfall der Heizung kommt. Die Reinigung des Tanks ist ebenso wie die Reinigung z. B. des Kessels von Zeit zu Zeit erforderlich, um die Betriebsbereitschaft zu erhalten; es geht allein um die Beseitigung von Verschmutzungen, nicht um die Beseitigung von Mängeln, die durch Abnutzung, Alterung oder Witterung eingetreten sind. Der Brennstofftank ist im Übrigen notwendiger Bestandteil der Heizanlage. Dasselbe wird für den **Lagerraum** bei der Verwendung von **Holzpellets** oder Holzhackschnitzeln gelten; er entspricht dem Öltank. Die Reinigung wird auch hier gelegentlich notwendig sein, um die ordnungsgemäße automatische Brennstoffzufuhr sicherzustellen.

53 Anders verhält es sich, wenn die **Tankreinigung der Vorbereitung einer Reparaturmaßnahme** dient, etwa einer neuen Beschichtung der Innenflächen. Hierbei geht es entweder schon um eine unmittelbare Reparatur oder um eine vorbeugende Reparatur. Sie steht folglich im Vordergrund, die Reinigung schafft allein den Zustand, der die Reparatur ermöglicht, so dass deren Kosten zu den Reparaturkosten gehören.

54 Bei den Tankreinigungskosten handelt es sich **nicht um aperiodische Kosten,** die generell als nicht laufende Kosten bei der Umlage ausscheiden (§ 1 Abs. 1 BetrKV). Vielmehr stellen sie nur den aperiodischen Kostenanstieg innerhalb periodisch anfallender Kosten dar. Zur Frage, wie diese Kostenspitzen zu behandeln sind, kann auf die Ausführungen unter G Rdn. 137 verwiesen werden.

---

[105] Begründung der Ergänzung, BR-Drucks. 494/88 S. 26.
[106] BGH (VIII ZR 221/08) GE 2010, 118 = WuM 2010, 33.

(b) Reinigung des Betriebsraums

Die Reinigung des Betriebsraums wird nur bei der **Beheizung mit Kohle** 55 erforderlich sein. Bei der Beheizung mit Holzpellets oder Holzhackschnitzeln erfolgt die Versorgung des Brenners automatisch, in der Regel in geschlossenen Systemen, so dass ein nennenswerter Reinigungsaufwand nicht anfallen dürfte. Zum umlagefähigen Aufwand gehören Reinigungszeit und -material. Erfolgt die Reinigung im Rahmen einer allgemeinen Kellerreinigung, sind die Kosten für die Reinigung des Betriebsraums der Heizung auszugliedern, weil sie in die Heizkostenabrechnung gehören, die weiteren Kosten sind unter den Kosten nach § 2 Nr. 9 BetrKV, Gebäudereinigung, anzusetzen.

ff) Kosten der Messungen nach dem Bundes-Immissionsschutzgesetz

Zentrale Heizanlagen sind nach §§ 22, 23 BImSchG[107] in Verbindung mit 56 § 15 der 1. Verordnung zur Durchführung des Bundes-Immissionsschutzgesetzes (1. BImSchV)[108] *„einmal in jedem Kalenderjahr"* auf die Einhaltung der Vorgaben nach §§ 8–11 BImSchV prüfen zu lassen. Es geht dabei um die **Feststellung von Ruß, Abgasen und Abgasverlusten.** Die landesrechtlich festgesetzten Kosten für die notwendigen Messungen sind umlagefähig.

Von den einmal jährlich vorgeschriebenen Messungen sind **Wiederho-** 57 **lungsmessungen** zu trennen, die erforderlich werden, wenn die turnusmäßige Messung eine Überschreitung der zulässigen Grenzwerte ergab. Sie beruhen insbesondere auf nicht regelmäßiger oder nicht ordnungsgemäßer Wartung und fallen damit in den Verantwortungsbereich des Vermieters. Die zusätzlichen Kosten hat daher er zu tragen.

Die HeizKV ist **nicht** einschlägig für die Kosten der Messungen von 58 **Gasetagenheizungen** und Gaseinzelfeuerstätten; sie betrifft nach § 1 allein die Verteilung von Kosten auf mehrere Nutzer. Zwar haben auch hier dieselben Messungen zu erfolgen, die nach § 2 Nr. 4d) BetrKV zu den Kosten der Wartung zählen. Die Kosten sind daher erstattungsfähig, jedoch nur bei entsprechender Vereinbarung und unmittelbar vom Mieter.

gg) Kosten der Anmietung oder anderer Arten der Gebrauchsüberlassung einer Ausstattung zur Verbrauchserfassung

Nach § 4 Abs. 1 HeizKV hat der Gebäudeeigentümer *„den anteiligen Ver-* 59 *brauch der Nutzer an Wärme und Warmwasser zu erfassen"* und dazu nach § 4 Abs. 2 HeizKV *„die Räume mit Ausstattungen zur Verbrauchserfassung*

---

[107] Neugefasst durch Bekanntmachung vom 26.9.2002, BGBl. I S. 3830.
[108] BImSchV vom 15.7.1988, BGBl. I S. 1059, zuletzt geändert durch Art. 16 des Gesetzes vom 10.3.2017, BGBl. I S. 420.

zu versehen", was die Mieter nicht nur zu dulden haben, sondern nach § 4 Abs. 4 HeizKV **vom Vermieter verlangen** können; dieser Anspruch kann nicht verjähren.[109] Es ist daher folgerichtig, dass der Vermieter die ihm bei der Erfüllung seiner Pflicht entstehenden **laufenden Kosten** auf die Mieter **abwälzen** darf.

(a) Ausstattung

60 Als zulässige Erfassungsgeräte sind einerseits **Heizkostenverteiler** genannt, die entweder auf **elektronischer Basis** arbeiten (DIN EN 834) oder nach dem **Verdunstungsprinzip** (DIN EN 835). Sie führen keine eigentliche Verbrauchsmessung durch und unterliegen daher auch keiner Eichpflicht, sondern liefern lediglich Vergleichswerte, welche die Grundlage für die Aufteilung der Gesamtkosten auf die angeschlossenen Mieteinheiten darstellen. Elektronische Heizkostenverteiler erfassen die Oberflächentemperatur des Heizkörpers und vergleichen diese mit der tatsächlich über die Gerätefrontseite gemessenen (bei Zweifühlersystemen)[110] oder genormten (bei Einfühlersystemen)[111] Raumtemperatur. Dreifühlersysteme messen neben der Raumlufttemperatur die Vor- und Rücklauftemperatur des Heizmediums. Ab einer bestimmten Differenz wird ein „Verbrauch" festgestellt. Der ausgewiesene Anzeigewert bezieht sich auf die Übertemperatur des Heizkörpers. Elektronische Heizkostenverteiler sind präziser als Verdunstungsgeräte. Sie ermöglichen zudem eine genaue Stichtagsablesung. Die Verbrauchsermittlung über Heizkostenverteiler nach dem Verdunstungsprinzip ergibt sich aus der Verdunstungsrate aufgrund der Umgebungstemperatur ohne konkreten Bezug zu einer Wärmequelle. Sie reagieren zwar primär auf die Heizwassertemperatur des Heizkörpers, an dem sie angebracht sind,[112] unterliegen jedoch erheblichen Ungenauigkeiten, unter anderem aufgrund der sog. Kaltverdunstung bei abgeschalteten Heizkörpern[113] sowie bei dem Vorhandensein von Verkleidungen oder Abdeckungen (z.B. Vorhang).[114] Bei bestimmten Heizmodalitäten, wie etwa Vorlauftemperaturen von unter 55 °C, lässt sich der Verbrauch nur durch diese Geräte ermitteln. Obwohl das einfache System der Heizkostenverteiler nach dem Verdunstungsprinzip Ungenauigkeiten mit sich bringt, ist ihre Verwendung nach wie vor üblich und zulässig.[115] Als vorteilhaft gegenüber elektronischen Heizkostenverteilern erweisen sie sich zudem im Hinblick auf die Erfassung des Rohrwärmeverlusts. Allerdings sind bei auch niedrigen Ver-

---

[109] LG Berlin MM 12/2014 S. 28.
[110] *Braun/Schmidt/Schmid/Tritschler* in Kreuzberg/Wien 8.2.2.
[111] *Braun/Schmidt/Schmid/Tritschler* in Kreuzberg/Wien 8.2.1.
[112] *Braun/Schmidt/Schmid/Tritschler* in Kreuzberg/Wien 7.4.1.
[113] *Braun/Schmidt/Schmid/Tritschler* in Kreuzberg/Wien 7.4.3.2.
[114] *Braun/Schmidt/Schmid/Tritschler* in Kreuzberg/Wien 7.8.1.
[115] BGH (VIII ZR 133/85) GE 1986, 601 = NJW 1986, 3195 = WuM 1986, 214 = ZMR 1986, 275; BR-Drucks. 570/08 S. 9.

brauchserfassungsraten elektronische Heizkostenverteiler geeignete Erfassungsgeräte für den Verbrauch an den Heizkörpern.[116] Tatsächliche Messgeräte sind hingegen die **Wärmezähler**.[117] Sie messen die Temperatur von Vor- und Rücklaufwasser mit Temperatursensoren, ferner die Menge des durchgeflossenen Wassers.[118] Aus diesen Daten ermittelt das elektronische Rechenwerk den tatsächlichen Verbrauch und weist diesen in physikalischen Einheiten aus (zB Joule, Kilowattstunden).[119]

Die **Ausstattung** muss für diejenigen Nutzer, deren Verbrauch einheitlich abgerechnet werden soll, **einheitlich** sein. Dies bedeutet zum einen, dass die verbrauchsabhängige Heizkostenabrechnung erst zulässig ist, wenn vor Beginn des Abrechnungszeitraums die Ausstattung zur Verbrauchserfassung bei der Nutzergruppe vollständig installiert wurde.[120] Zum anderen folgt aus der unterschiedlichen Technik und Genauigkeit der Erfassungsgeräte, dass sie nicht miteinander kombinierbar sind. Sind die Räume **mehrerer Nutzergruppen** verschieden ausgestattet, hat nach § 5 Abs. 2 HeizKV eine Vorerfassung stattzufinden, mit der die Anteile der gleich ausgestatteten Nutzergruppen am Gesamtverbrauch ermittelt werden (s. auch Rdn. 225 ff.). Bei zwei Nutzergruppen genügt es daher nach § 5 Abs. 2 Satz 1 HeizKV nicht, nur den Verbrauch einer Nutzergruppe zu erfassen und den Anteil der anderen am Gesamtverbrauch zu errechnen, indem der gemessene Teil vom Gesamtverbrauch abgezogen wird.[121] **61**

(b) Anmietung

Will der Vermieter die Geräte **mieten,** hat er das **Verfahren nach § 4 Abs. 2 Satz 2 HeizKV** einzuhalten. Danach muss er seine Absicht den Mietern **vorher** unter Angabe der dadurch entstehenden Kosten **mitteilen,** was schon aus Beweisgründen schriftlich erfolgen sollte; die Mitteilung des Vermieters in Form eines Aushangs (hier: der Heizkostenverteilerfirma) im Hausflur geht dem Mieter nicht zu und ist deshalb unbeachtlich.[122] Widerspricht die Mehrheit der Nutzer innerhalb eines Monats nach Zugang der Mitteilung des Vermieters dieser Maßnahme, ist die Anmietung unzulässig. **62**

Schwierigkeiten können sich bei der Ausstattung von Heizkostenverteilern mit **Fernablesung** ergeben. Die Vorbehalte mancher Mieter gegen

---

[116] LG München 19.12.2013 – 36 S 12255/12 WEG nv.
[117] Zur förmlichen Inbetriebnahme von Wärmezählern nach Ersteinbau oder Austausch im Rahmen der Eichung: Richtlinie PTB TR-K9, Ausgabe 12/2014 der Physikalisch-Technischen Bundesanstalt; dazu *Pfeifer* MietRB 2015, 243.
[118] *Rose/Adunka* in Kreuzberg/Wien 5.6.
[119] *Rose/Adunka* in Kreuzberg/Wien 5.1.
[120] LG Hamburg WuM 1988, 172.
[121] BGH (VIII ZR 57/07) GE 2008, 1120 (m. Anm. *Blümmel* GE 2008, 1092) = NZM 2008, 767 = WuM 2008, 556 (m. Anm. *Wall* WuM 2008, 588) = ZMR 2008, 885 (m. Anm. *Schmid*), AG Gelsenkirchen ZMR 2009, 46.
[122] AG Rüdesheim WuM 2007, 265, AG Neuss WuM 1995, 46.

die Funkstrahlung dürften sich inzwischen erledigt haben; zudem wird vertreten, dass sich das Mitspracherecht der Mieter nur auf die Mietkosten bezieht, nicht auf die Art der technischen Ausstattung.[123] Probleme bereitet indes die Frage, ob ihre Installation mit dem **Datenschutz** kollidiert. So wurde die Ermächtigungsgrundlage der HeizKV, § 3a EnEG, um einen Satz ergänzt,[124] dass in die HeizKV Regelungen zur Sicherstellung von Datenschutz und Datensicherheit aufgenommen werden können.[125] Es wird dabei davon ausgegangen, dass die Abrechnungsinformationen personenbezogene Daten enthalten. Diese beziehen sich allerdings nur auf das Heizverhalten der Nutzer und sie lassen ggf. Rückschlüsse auf längere An- und Abwesenheiten zu, alles in einer abgelaufenen Heizperiode. Ein *„Energiegeheimnis"* im Hinblick auf das Einsichtsrecht der Mieter in die Abrechnungsunterlagen wird daher mit Nachdruck abgelehnt.[126] Der Vermieter hat allerdings im Rahmen des mit dem Messdienstleister abzuschließenden Vertrags sicherzustellen, dass er Maßnahmen zum Datenschutz und zur Sicherung der Vertraulichkeit trifft.

63 Streitig ist der **Inhalt der Mitteilung,** d.h. ob es der Vermieter beim bloßen Wortlaut der Verordnung belassen darf, wonach die Geräte gemietet werden sollen und welche Kosten dadurch entstehen, oder ob er zusätzlich einen Vergleich der Kosten bei Kauf bzw. Anmietung liefern und auf das Widerspruchsrecht hinweisen muss. Nach einer Meinung ist diese Gegenüberstellung der Kosten notwendig, weil dem Mieter anders die Alternativen nicht deutlich werden, und ebenso der Hinweis an den Mieter, dass er der geplanten Maßnahme widersprechen könne; zu Letzterem wird auf die Pflicht des Vermieters aus § 568 Abs. 2 BGB bei der Kündigung abgestellt, den Mieter auf sein Widerspruchsrecht nach §§ 574 BGB hinzuweisen.[127] Nach überwiegender Ansicht sind diese ergänzenden Angaben indes nicht erforderlich.[128] Hierfür lässt sich die Überlegung anführen, dass derartige Begründungs- und Erläuterungspflichten in aller Regel gesetzlich vorgeschrieben sind, so im bereits erwähnten § 568 Abs. 2 BGB oder in § 555c BGB bei Modernisierungsmaßnahmen. Auch ein Vergleich der einschneidenden Folgen einer Kündigung, die den Bestand des gesamten Mietverhältnisses betrifft, mit den nur finanziellen Auswirkungen des mangels Hinweises unterlassenen Widerspruchs gebietet es nicht, die Sachverhalte gleichzusetzen, zumal der Widerspruch nur bei entsprechender Mehrheitsentscheidung beachtlich ist.

---

[123] LG Hamburg WuM 1990, 33 zum Widerspruch gegen Verdunstungsgeräte.
[124] BGBl. I 2013, 2198.
[125] *Pfeifer* MietRB 2014, 212.
[126] Ausführlich *Pfeifer* MietRB 2014, 212 ff.
[127] *Lammel* HeizKV § 4 Rdn. 15 ff.
[128] AG Warendorf WuM 2002, 339, AG Hamburg WuM 1994, 695; *Lützenkirchen* in Lützenkirchen § 4 HeizKV Rdn. 46, *Pfeifer* Heizkosten S. 49, *Zehelein* in MünchKomm § 4 HeizKV Rdn. 6.

Als **Folge einer unterlassenen Mitteilung** i.S. des § 4 Abs. 2 HeizKV **64** dürfen die betroffenen Mieter nicht mit den durch die Anmietung anfallenden Kosten belastet werden;[129] es reicht mithin nicht, dass der Vermieter z.B. nur mitteilt, dass die Mietobjekte des Hauses mit Geräten zur Verbrauchserfassung ausgestattet werden sollen und ggf. ergänzend, mit welchen Geräten. Die Entscheidung, welche Geräte zur Verwendung kommen, liegt allein beim Eigentümer/Vermieter. Kauft er sie, besteht kein Mitspracherecht der Nutzer. Das Mitspracherecht zielt mithin allein auf eine Information zu den Mietkosten. Diesem Ziel ist mit der Sanktion, dass die Mietkosten nicht umgelegt werden dürfen, hinreichend Rechnung getragen. Demgegenüber hat die unterlassene Mitteilung **keine Auswirkung** auf den **Duldungsanspruch** des Vermieters.[130] Er folgt unmittelbar aus § 4 Abs. 2 Satz 1 Halbs. 2 HeizKV.

Als **Folge einer verspäteten Mitteilung** ist die Belastung der Mieter **65** mit den Miet- oder Leasingkosten ebenfalls unzulässig, wenn also die Mitteilung erst nach Einbau der Geräte erfolgt *(„vorher")*.[131] Dem Vermieter bleibt in diesen Fällen nur der Kauf der Geräte, was für die Mieter allerdings ebenfalls Kosten auslöst: Bei ihrem erstmaligen Ankauf kann er eine Mieterhöhung wegen Modernisierung nach § 559 BGB geltend machen.

(c) Wirtschaftlichkeit

Die vom Vermieter gewählte **Art der Verbrauchserfassung** muss **wirt- 66 schaftlich vertretbar** sein. Bereits das Energieeinsparungsgesetz (EnEG), die Rechtsgrundlage der HeizKV, bestimmt in § 5, dass die Anforderungen an die Energieeinsparung nur dann als wirtschaftlich vertretbar anzusehen sind, *„wenn generell die erforderlichen Aufwendungen innerhalb der üblichen Nutzungsdauer durch die eintretenden Einsparungen erwirtschaftet werden können. Bei bestehenden Gebäuden ist die noch zu erwartende Nutzungsdauer zu berücksichtigen."* Dementsprechend nimmt § 11 Abs. 1 Nr. 1 HeizKV Räume aus, in denen das Anbringen der Ausstattung, die Erfassung des Wärmeverbrauchs oder die Verteilung der Kosten nicht oder nur mit unverhältnismäßig hohen Kosten möglich ist oder die vor dem 1. Juli 1981 bezugsfertig geworden sind und in denen der Nutzer den Wärmeverbrauch nicht beeinflussen kann. Die Zeitrelation ist nunmehr durch § 11 Abs. 1 Nr. 1b) HeizKV auf einen Zehnjahreszeitraum konkretisiert (s. Rdn. 315ff.). Zu den Einzelheiten s. Rdn. 305ff.

---

[129] BGH (VIII ZR 326/10) GE 2011, 1550 = InfoM 2011, 412 (m.Anm. *Zühlke*) = NZM 2011, 804 = WuM 2011, 625, LG Heidelberg WuM 2011, 14, LG Köln WuM 1990, 562; *Zehelein* in MünchKomm § 4 HeizKV Rdn. 7, *Wall* Rdn. 5424.
[130] BGH (VIII ZR 326/10) GE 2011, 1550 = InfoM 2011, 412 (m.Anm. *Zühlke*) = NZM 2011, 804 = WuM 2011, 625 = ZMR 2012, 97, LG Heidelberg WuM 2011, 14; a. A. *Lammel* in Schmidt-Futterer § 4 HeizkostenV Rdn. 32.
[131] LG Köln WuM 1990, 562, AG Tecklenburg WuM 1999, 365; *Lammel* HeizKV § 4 Rdn. 13, *Wall* Rdn. 5425.

67 Die Frage nach der Wirtschaftlichkeit bezieht sich allein auf die **Heizanlage selbst,** die ggf. die Verbrauchserfassung ausschließt oder übermäßig erschwert. Nicht von § 11 Nr. 1a HeizKV erfasst sind daher die Fälle, in denen etwa die Anbringung von Verteilern an **Heizkörperverkleidungen** scheitert.[132] Anderenfalls stände es im Belieben des Vermieters, durch entsprechende Maßnahmen die Regelungen der HeizKV auszuhebeln.

68 Die Wirtschaftlichkeit betrifft auch die Kosten der **Anmietung** der Geräte; kauft sie der Vermieter, sind nur die Kosten für Ablesung und Abrechnung und ggf. Eichkosten umlagefähig. Bei der Anmietung hat er darauf zu achten, dass die marktüblichen Kosten nicht ohne sachlichen Grund überschritten werden; kann er hierzu auf hinreichende Einwände des Mieters nichts dartun, liegt ein Verstoß gegen das Wirtschaftlichkeitsgebot vor.[133] Es verletzt das Wirtschaftlichkeitsgebot ebenfalls, wenn der Vermieter Geräte zu hohen Kosten mietet, deren Präzision nicht erforderlich ist, wie etwa Wärmezähler in Wohngebäuden ohne Fußbodenheizung.[134]

69 *(einstweilen frei)*

hh) Kosten der Verwendung einer Ausstattung zur Verbrauchserfassung einschließlich der Kosten Eichung sowie der Kosten der Berechnung und Aufteilung

70 Diese Position betrifft die **Kosten der Wärmemessdienstfirmen** für die übliche Miete der Erfassungsgeräte, das Ablesen der Geräte, den Austausch von Messflüssigkeiten und/oder Batterien und schließlich den Aufwand der Kostenberechnung (Gesamtabrechnung) sowie Aufteilung auf die angeschlossenen Nutzer (Einzelabrechnung). Bei der Einfügung der Eichkosten handelt es sich um eine Harmonisierung mit § 2 Nr. 4 BetrKV. **Zusatzkosten,** die auf rein internen Vorgängen beim Wärmedienstleister entstehen, dürfen auf die Mieter nicht umgelegt werden; ob sie ggf. der Vermieter zu tragen hat, richtet sich nach dem mit ihm abgeschlossenen Vertrag. So fallen beim Dienstleister z.B. erhebliche Mehrkosten an, wenn er aus Gründen der Rationalisierung den Abrechnungszeitraum ändert, etwa durch doppelte Ablesekosten und die Umstellung der Ablesesystematik.

71 Soweit der **Eigentümer/Vermieter** diese Arbeiten **selbst** erledigt, kann er nach § 1 Abs. 1 Satz 2 BetrKV seinen Aufwand umlegen, der Höhe nach allerdings beschränkt auf die Kosten, die ein Wärmedienst berechnen würde, und ohne den Ansatz von Umsatzsteuer.[135] Der Sache nach

---

[132] LG Hamburg WuM 1992, 259.
[133] LG Köln NZM 2005, 453.
[134] Vgl. *Peters* S. 137, *Wall* Rdn. 5409.
[135] A.A. *Lammel* § 7 Rdn. 110 im Hinblick darauf, dass der Verordnungsgeber allein Verdunstungsgeräte im Blick hatte, für deren Abrechnung ein externer

handelt es sich – im Hinblick auf § 1 Abs. 2 Nr. 1 BetrKV systemwidrig – um Verwaltungskosten, so dass die Nebenkosten für Erstellung eines Anschreibens und den Versand der Abrechnung nicht ansatzfähig sind. Manche Abrechnungsunternehmen übernehmen für den Vermieter nicht nur die Heizkosten-, sondern die **gesamte Nebenkostenabrechnung**, so dass eine **Kostenabgrenzung** erfolgen muss. Abrechnungskosten, die sich auf Betriebskosten im engeren Sinne beziehen (vgl. A Rdn. 27), sind nicht umlagefähig.

Ein besonderer Streitpunkt sind die **Ablesekosten bei Nutzerwechsel**. Nach § 9b Abs. 1 HeizKV ist eine Zwischenablesung vorzunehmen, die Kosten verursacht. Obwohl diese Kosten zwangsläufig infolge der Abrechnung nach Verbrauch entstehen, erkennt sie der BGH mangels laufenden Anfalls nicht als Betriebskosten an.[136] Es bedarf daher stets einer, in der Wohnraummiete jedoch wegen § 556 Abs. 4 BGB nicht möglichen, Vereinbarung, wenn der Vermieter einen Mieter mit den Kosten belasten will. Wegen der Einzelheiten kann auf die Ausführungen zur Abwälzung der Ablesekosten von Wohnungswasserzählern verwiesen werden (H Rdn. 191). **72**

ii) Kosten der Verbrauchsanalyse

Nach der neuen HeizKV sind bei Abrechnungszeiträumen, die nach dem 1.1.2009 begannen, die Kosten einer Verbrauchsanalyse ansatzfähig. Eine gesonderte **vertragliche Einbeziehung der Kosten** der Verbrauchsanalyse in den Mietvertrag ist für deren Umlage **nicht erforderlich**.[137] Nach § 2 HeizKV gehen deren Bestimmungen im Regelfall allen vertraglichen Absprachen vor. Die Umlagefähigkeit nach § 7 Abs. 2 HeizKV ist daher gegeben, gleichviel ob die Kosten angegeben oder sogar ausdrücklich ausgeschlossen wurden.[138] Der Umstand, dass die Kosten der Verbrauchsanalyse zwar in § 7 Abs. 2 HeizKV aufgeführt sind, nicht aber in § 2 Nr. 4a BetrKV, steht der Ansetzbarkeit nicht entgegen.[139] **73**

Nach § 7 Abs. 2 Satz 2 HeizKV soll die Verbrauchsanalyse die **Entwicklung der Kosten** für die Heizwärme- und Warmwasserversorgung **der letzten drei Jahre** wiedergeben. Hintergrund der Bestimmung ist das Ergebnis einer Untersuchung, nach dem immer noch zahlreiche Verbraucher keine klare Vorstellung davon haben, wie viel Energie sie tatsächlich verbrauchen.[140] Durch die Verbrauchsanalyse, auch Energiemonitoring genannt, soll daher Kostenbewusstsein geschaffen und eine Energieein- **74**

Dienstleister erforderlich ist, nicht aber elektronische Verteiler oder Wärmezähler, die auch von Dritten abgelesen und abgerechnet werden können.
[136] BGH (VIII ZR 19/07) GE 2008, 193 = NZM 2008, 123 = WuM 2008, 85.
[137] Differenzierend *Lammel* HeizKV § 7 Rdn. 117.
[138] *Pfeifer* Heizkosten S. 149.
[139] *Lammel* HeizKV § 7 Rdn. 116, *Pfeifer* Heizkosten S. 149, a.A. *Schmid* NZM 2009, 104 (106), *Wall* Rdn. 5987.
[140] BR-Drucks. 570/08 S. 3.

sparung erreicht werden;[141] wegen der steigenden Energiepreise wäre es wohl sinnvoller gewesen, eine Analyse des Verbrauchs und nicht vorrangig der Kosten zu fordern.[142] Inwieweit es hierfür einer speziellen Verbrauchsanalyse bedarf, ist allerdings fraglich;[143] jeder Mieter, der längere Zeit dasselbe Objekt nutzt, kann die Analyse unschwer anhand der Heizkostenabrechnungen der Vorjahre selbst anstellen. Da der Vermieter aus § 4 Abs. 1 HeizKV nicht zur Verbrauchsanalyse verpflichtet ist, dürfte es einstweilen eher dem Grundsatz der Wirtschaftlichkeit entsprechen, von der Analyse und damit deren Kosten abzusehen.[144]

jj) Sonstige Kosten

(a) Tankversicherung, Energieausweis

75 Die Kosten einer **Tankhaftpflichtversicherung** gehören nicht zu den unmittelbaren Heizkosten nach § 7 Abs. 2 HeizKV.[145] Sie sind von § 2 Nr. 13 BetrKV erfasst und daher in die Betriebskostenabrechnung einzustellen.

76 Nach § 16 Abs. 2 EnEV 2014[146] hat der Eigentümer, Vermieter, Verpächter und Leasinggeber bei der Vermietung, der Verpachtung oder beim Leasing eines Gebäudes, einer Wohnung oder einer sonstigen selbstständigen Nutzungseinheit einen **Energieausweis** nach dem Muster der Anlage 6 oder 7 zugänglich zu machen. Er ist daher verpflichtet, von einem nach § 21 EnEV 2014 Ausstellungsberechtigten einen Ausweis ausstellen zu lassen, wobei beim Bedarfsausweis deutlich höhere Kosten anfallen als beim Verbrauchsausweis. Bei diesen Kosten handelt es sich um Verwaltungskosten,[147] die weder über § 7 Abs. 2 HeizKV noch über § 2 Nr. 17 BetrKV als Betriebskosten auf die Mieter abgewälzt werden dürfen. Die Qualifizierung als Verwaltungskosten folgt nicht daraus, dass die Kosten nicht unter die Definition in § 556 Abs. 1 Satz 2 BGB fallen;[148] zum bestimmungsgemäßen Gebrauch eines Gebäudes gehört die Vermietung. Die Kosten bleiben jedoch trotzdem als Verwaltungskosten beim Vermieter, weil es sich um einen Aufwand handelt, der nicht im

---

[141] Nach einer von der ARGE Heiz- und Wasserkostenverteilung in Auftrag gegebenen Studie ist eine Energieeinsparung (7 bis 12%) nur durch eine mehrfach innerhalb eines Jahres erteilte Information über den Heiz- und Warmwasserverbrauch zu erreichen, HKA 2014, 17 = Der ImmobilienVerwalter 2014, 44.
[142] *Wall* WuM 2009, 3 (11).
[143] Kritisch auch *Lammel* HeizKV § 7 Rdn. 115, *Schmid* ZMR 2009, 172 (173).
[144] Nach *Schmid* NZM 2009, 104 (107) soll für die Kostenumlage ohnehin eine Ermächtigung fehlen, so dass die Vorschrift verfassungswidrig wäre; dagegen *Lammel* HeizKV § 7 Rdn. 116.
[145] BayObLG WuM 1997, 234 (236) = ZMR 1997, 256 (259), AG Hamburg WuM 1988, 38 (LS).
[146] Energieeinsparverordnung v. 24.7.2007, BGBl. I 1519 i. d. Fassung vom 24.10.2015 BGBl. I S. 1789.
[147] *Flatow* NZM 2008, 785 (795), *Stangl* ZMR 2008, 14 (24).
[148] So *Stangl* ZMR 2008, 14 (24).

laufenden Mietverhältnis anfällt, sondern beim Neuvermietungsgeschäft.[149] Damit der Vermieter bei der Neuvermietung einen Energieausweis präsentieren kann, ist der Mieter eines Einfamilienhauses verpflichtet, dem Vermieter die hierfür notwendigen Verbrauchsdaten für die Heizkosten zu überlassen.[150]

(b) Anodenschutzanlagen, Feuerlöscher

Anodenschutzanlagen dienen dem **Korrosionsschutz des Öltanks**. Anders als Öladditive, die zur Reduzierung von Ruß und Kalkablagerungen eingesetzt werden und damit Verbrennungsvorgang und Wirkungsgrad beeinflussen, zielt Korrosionsschutz auf den Erhalt einer bauseitigen Anlage, indem frühzeitige Reparaturen verhindert werden. Ebenso wie bei Wasserleitungen (vgl. A Rdn. 77) sind derartige vorbeugende Erhaltungskosten nicht umlagefähig.[151] 77

Die Kosten für Wartung von **Feuerlöschern** sind nach herrschender Ansicht selbst dann kein umlagefähiger Aufwand, wenn sie zum Heizungsraum selbst gehören.[152] Sie lassen sich weder dem Kostenkatalog des § 7 Abs. 2 HeizKV, noch demjenigen des § 2 Nr. 4 BetrKV zuordnen. Bei entsprechender vertraglicher Vereinbarung sind sie jedoch als sonstige Betriebskosten nach § 2 Nr. 17 BetrKV ansetzbar (vgl. A Rdn. 287). 78

(c) Reparaturen, Abschreibungen

Reparaturkosten, etwa aus Anstrich oder Beschichtung des Öltanks, gehören schon begrifflich nicht zu den Betriebskosten, dasselbe gilt für Ansätze zur Abschreibung der Anlage. 79

kk) Sonderfälle

(a) KWK-Anlage

Während Anlagen mit **Kraft-Wärme-Kopplung** früher nur Fernwärme lieferten, wird inzwischen intensiv die Installation **dezentraler Klein-Blockheizwerke** auf KWK-Basis beworben. Vornehmlich mit Hilfe eines gasbetriebenen Stirling-Motors[153] erzeugen sie Strom, der verkauft oder im Gebäude verbraucht werden kann, und Abwärme, die zur Beheizung des Gebäudes, in dem die Anlage installiert ist, genutzt wird. Zur formell ausreichenden Abrechnung s. Rdn. 253, zu den von den Vorschriften der HeizKV ausgenommenen Anlagen der Kraft-Wärme-Kopplung s. Rdn. 327. 80

---

[149] Ebenso *Flatow* NZM 2008, 785 (795).
[150] LG Karlsruhe DWW 2009, 103.
[151] AG Friedberg/Hessen WuM 2000, 381; *Pfeifer* Betriebskosten S. 62, a. A. *ders.* Heizkosten S. 166.
[152] A. A. *Pfeifer* Heizkosten S. 162.
[153] Zu anderen Techniken *Wall* WuM 2010, 211 (212).

81 Da **nur** die Kosten der **Wärmeerzeugung umlagefähig** sind, sind die Gesamtkosten von denjenigen für die Stromproduktion zu trennen; zum Verfahren ist im November 2012 die VDI-Richtlinie 2077/3.1 erschienen.[154] Hierzu bedarf es eines Brennstoffzählers für die KWK und eines Stromzählers, der wegen der Berechnung der Einspeisevergütung nach dem KWK-Gesetz ohnehin vorhanden ist. Je nachdem, ob es sich um eine ungeprüfte oder geprüfte (mit herstellerunabhängigem Prüfprotokoll mit Angaben zum thermischen und elektrischen Wirkungsgrad) handelt, ist auch ein Wärmezähler hinter der KWK erforderlich. Der ermittelte Brennstoffverbrauch wird sodann vom Gesamtverbrauch abgezogen, wobei eine weitere Abgrenzung für den meist zusätzlich vorhandenen Spitzenlastkessel nicht erforderlich ist, weil er der Heizung und ggf. Warmwasserbereitung dient.

82 Was die **Heiznebenkosten** betrifft, ist die Aufteilung einfach, soweit sie ausschließlich für den einen oder den anderen Bereich anfallen. So gehören die oben im Einzelnen beschriebenen Kosten für die Erfassung und Verteilung der Heizkosten einschließlich Ablesung und Abrechnung sowie die Wartung eines Spitzenlastkessels nur zu den Heizkosten. Handelt es sich um gemeinsam entstehende Kosten, kann grundsätzlich das Verhältnis am Brennstoffverbrauch zugrunde gelegt werden, also bei den Kosten der Bedienung, Überwachung, Reinigung und des Schornsteinfegers.[155] Problematisch ist die Kostentrennung bei den Wartungskosten, weil sie deutlich höher ausfallen als bei der Wartung einer herkömmlichen Heizungsanlage.[156] Da der Mieter bei der Aufteilung nach dem Brennstoffverbrauch teilweise die Kosten für die Stromerzeugung mit tragen müsste, darf er nur mit den separat zu ermittelnden Kosten belastet werden, die bei der Wartung einer herkömmlichen Heizanlage gleicher Wärmeleistung anfallen würden.[157] Hierzu liefert die VDI-Richtlinie 2077/3.1 das notwendige Berechnungsverfahren.

83 Soweit dem Vermieter nach § 53 Abs. 1 Nr. 2 EnergieStG[158] auf Antrag die in den Brennstoffkosten enthaltene **Energiesteuer** erstattet wird, hat er diesen Betrag vorab von den Gesamtkosten abzuziehen.[159] Dies gilt jedoch nicht für den **vom Netzbetreiber vergüteten Strom,** weil er die insoweit angefallenen Kosten der Erzeugung bei ordnungsgemäßer Kostentrennung selbst bezahlte.

---

[154] „Verbrauchskostenerfassung für die Technische Gebäudeausrüstung – Ermittlung der umlagefähigen Wärmeerzeugungskosten von KWK-Anlagen".
[155] *Wall* WuM 2010, 211 (213).
[156] Dazu ausführlich *Pfeifer* Heizkosten S. 185, *Wall* WuM 2010, 211 (213f.).
[157] *Pfeifer* S. 185.
[158] Energiesteuergesetz vom 15.7.2006, BGBl. I S. 1543, BGBl. 2008 I S. 660, 1007, zuletzt geändert durch Art. 1 der Verordnung vom 26.6.2018; BGBl. I S. 888.
[159] Im Einzelnen *Wall* WuM 2010, 211 (214f.).

II. Abrechnungsfähige Kosten

(b) Bivalenter Betrieb mit Wärmepumpe

Wird zusätzlich zu einer herkömmlich betriebenen Heizungsanlage eine Wärmepumpe eingesetzt, sind die Vorschriften der §§ 3 bis 7 HeizKV nur dann nicht anzuwenden, wenn sie die überwiegende Wärmeversorgung liefert (s. Rdn. 325 f.). Erreicht sie diese Leistung nicht, so dass die HeizKV unmittelbar eingreift, sind neben den Kosten der konventionellen Anlage die **Zusatzkosten aus dem Betrieb der Wärmepumpe** umlagefähig. Hierzu gehören zunächst die Energiekosten für den Betrieb der Wärmepumpe, meist aus dem Stromverbrauch. Um diese zu ermitteln, ist ein Stromzähler vor die Wärmepumpe zu setzen. Nach Nr. III. 1.c) der Anlage zum EEWärmeG[160] ist zusätzlich direkt nach der Wärmepumpe eine Wärmezähler zu installieren.[161] Als weitere Kosten sind daher diejenigen aus dem Betrieb der Zähler ansetzbar und ohnehin die Kosten der Wartung der gesamten Anlage.

84

c) Kosten gem. § 7 Abs. 4 HeizKV

aa) Kosten der Wärmelieferung

Während § 7 Abs. 2 HeizKV die Kosten der Wärmeerzeugung durch eine vermieterseitige Anlage betrifft, regelt § 7 Abs. 4 HeizKV die Kosten aus Wärmelieferung eines Dritten. Dazu gehören *„das Entgelt für die Wärmelieferung und die Kosten des Betriebs der zugehörigen Hausanlage"* entsprechend § 7 Abs. 2 HeizKV. Das **Entgelt für die Wärmelieferung** umfasst neben den reinen Kosten der Wärmeerzeugung auch diejenigen aus Finanzierung, Investition, Abschreibung, Reparaturen und Verwaltungsaufwand sowie den Gewinn des Unternehmens (s. auch Rdn. 90).[162]

85

Keine Wärmelieferung im Sinne der HeizKV findet statt, wenn der **Lieferant** von Heizwärme und ggf. Warmwasser die **vom Mieter verbrauchte Energie gesondert erfasst und direkt** mit ihm **abrechnet** (§ 1 Abs. 3 HeizKV). Ebenso wie beim Bezug von Gas und Strom findet hier keine Verteilung von Kosten auf verschiedene Nutzer statt. Diese Modalität setzt voraus, dass das Mietobjekt mit Wärme- und/oder Wasserzählern ausgestattet ist.

(a) Arten der Wärmelieferung

(aa) Fernwärme

Wenn ein Dritter mit Hilfe einer nicht im Eigentum des Gebäudeeigentümers stehenden **externen Heizungsanlage** nach unternehmerischen

86

---

[160] Gesetz zur Förderung Erneuerbarer Energien im Wärmebereich (Erneuerbare-Energien-Wärmegesetz – EEWärmeG) vom 7.8.2008 BGBl. I S. 1658, zuletzt geändert durch Art. 9 des Gesetzes vom 20.10.2015; BGBl. I S. 1722.
[161] Zu allem *Pudwill* ModMag 10/2014, 60.
[162] BGH (VIII ZR 286/02) GE 2003, 1152 = NZM 2003, 757 = WuM 2003, 501 = ZMR 2003, 824, a. A. (unzutreffend) AG Linz am Rhein WuM 2017, 531.

Gesichtspunkten **eigenständig Wärme** produziert und an andere liefert, handelt es sich um die Versorgung mit Fernwärme; auf die Nähe der Anlage zum versorgten Gebäude kommt es nicht an, ebenso wenig darauf, ob ein größeres Leitungsnetz vorhanden ist.[163] Allerdings ist vorausgesetzt, dass der Versorger hohe Investitionen für die Wärmeproduktionsanlage und/oder das Versorgungsnetz aufbrachte; übernimmt er nur eine im Eigentum des Kunden stehende funktionstüchtige Heizanlage und ist damit nur für die Brennstoffbeschaffung sowie Wartung, Pflege und Reparatur zuständig, findet keine Lieferung von Fernwärme statt.[164] Verwendet der Versorger, wie üblich, für den Anschluss an die Versorgung mit Wärme und deren Lieferung Vertragsmuster oder -bedingungen, gelten nach § 1 Abs. 1 AVBFernwärmeV die §§ 2 bis 34 dieser Verordnung. Da die *„Kosten der Wärmelieferung"* umlagefähig sind, können ggf. **alle** vom Wärmelieferanten in Rechnung gestellten **Kosten** in Ansatz gebracht werden (s. Rdn. 93 ff. zum alten Recht (dazu auch Rdn. 91 f.) und Rdn. 105 ff. zum neuen Recht).

(bb) Nahwärme

87 Um eine eigenständig gewerbliche Lieferung von Wärme (§ 2 Nr. 4c BetrKV, zuvor Anl. 3 Nr. 4c zu § 27 II. BV) geht es ferner, wenn ein Dritter mit einer **im beheizten Gebäude/Gebäudekomplex befindlichen Heizungsanlage** die Wärmeversorgung betreibt (sog. **Contracting**). Während es bei der Fernwärme erforderlich ist, dass die Heizungsanlage nicht im Eigentum des Gebäudeeigentümers steht, genügt bei der Nahwärme[165] die bloße Verpachtung der Anlage an den Dritten. Zwar kann der **Lieferant** von Nahwärme nach § 7 Abs. 4 HeizKV, wie der Versorger mit Fernwärme, gegenüber dem Vermieter alle Kosten in den Wärmepreis einrechnen.[166] **Ob der Vermieter** diese Kosten indes komplett, also einschließlich der Investitions- und Verwaltungskosten sowie des Gewinns des Unternehmers, dem Mieter weiterbelasten darf, ist in Rdn. 93 ff. zum alten Recht (dazu auch Rdn. 91 f.) und Rdn. 105 ff. zum neuen Recht dargestellt.

88 Die vorbeschriebene Frage stellt sich nicht, wenn der Vermieter den Mieter hat bewegen können, **mit** dem **Betreiber** einen **eigenständigen Vertrag** über Betrieb und Versorgung abzuschließen (s. dazu Rdn. 115). Der Bezugsvertrag mit dem Betreiber löst allerdings andere rechtliche Fragen aus, nämlich nach den **Auswirkungen auf die Gewährleistungsrechte** des Mieters gegen den Vermieter. Dies soll hier nicht im Einzelnen behandelt werden (dazu kurz Rdn. 116),[167] ebenso wenig die Frage, ob es

---

[163] BGH (VIII ZR 229/88) NJW 1990, 1181 = WuM 1990, 33 = ZMR 1990, 94.
[164] BGH (VIII ZR 262/09) GE 2012, 198 = WuM 2012, 115.
[165] Zur Unterscheidung von Fern- und Nahwärme kritisch *Schach* GE 2007, 1299.
[166] BGH (VIII ZR 286/02) GE 2003, 1152 = NZM 2003, 757 = WuM 2003, 501 = ZMR 2003, 824.
[167] Dazu z. B. einerseits *Wüstefeld* WuM 1996, 736 (737), andererseits *Eisenschmid* WuM 1998, 449 (452).

letztlich **wirtschaftlich überhaupt Sinn** für den Vermieter macht, einen Betreiber einzuschalten. Unter allgemeinen betriebswirtschaftlichen Gesichtspunkten ist es keineswegs selbstverständlich, dass sich aus dem Contracting messbare Vorteile für ihn ergeben,[168] je nach der Sach- und Rechtslage wird er ferner die Auswirkungen auf spätere Mieterhöhungen (s. Rdn. 117f.) und generell den Vermietungsstand zu bedenken haben.

(cc) Betriebsführungscontracting

Überträgt der Vermieter **seine Anlage zum weiteren Betrieb an einen Dritten,** handelt es sich um sog. Betriebsführungscontracting. In der Sache geht es dabei um **Wärmelieferung,** weil der Contractor die Mietobjekte mit Heiz- und ggf. Warmwasser versorgt und die bei ihm angefallenen Kosten einschließlich Instandsetzungs- und Verwaltungskosten sowie seinem Gewinn dem Vermieter in Rechnung stellt.

Anders verhält es sich, wenn der Vermieter **ohne Übertragung der Heizungsanlage** einen Dritten einschaltet, weil er daran interessiert ist, sich die Erfüllung seiner Leistungspflichten einfacher zu gestalten, indem ein Dritter z.B. für die Brennstoffzufuhr, Wartung und ggf. auch Instandsetzung zuständig ist.[169] Zwar wird auch hier die Heizanlage vom Dritten betrieben, im **Innenverhältnis zum Mieter** bleibt es aber bei der Zuständigkeit des Vermieters für die Heizungsanlage. Aus den vom Betreiber in Rechnung gestellten Kosten kann er (nur) die Kosten nach § 7 Abs. 2 HeizKV, den Arbeitspreis nebst Wartungskosten etc. auf die Mieter umlegen. Lässt der Vermieter die Heizungsanlage erneuern, ist er Bauherr der Maßnahme, so dass er einen Modernisierungszuschlag verlangen kann, wenn eine Einsparung von Energie eingetreten ist; er bleibt Eigentümer der Anlage, es wird auch kein Pachtverhältnis mit dem Betreiber begründet. Durch den zusätzlichen Vertrag, den der Vermieter mit dem Drittbetreiber abschließt, tritt auch gewährleistungsrechtlich keine Veränderung ein, der Vermieter bleibt Schuldner der Wärmelieferung.

(b) Wirtschaftliche Bedeutung

Bei der **Wärmeerzeugung** durch den Vermieter hat der Mieter allein die unmittelbar dabei anfallenden Kosten zu tragen, d.h. vornehmlich die Kosten des Heizmaterials und dazu die sonstigen Kosten nach § 7 Abs. 2 HeizKV. Die kalkulatorischen Kostenansätze für Anschaffung, Reparatur und spätere Erneuerung der Anlage sind Bestandteil der Miete.

Bei der **Wärmelieferung** muss der Betreiber, wenn er die Anlage erneuert, Investitionskosten in den Wärmepreis einrechnen und auf jeden

---

[168] Ausführlich *Heß* WuM 1998, 453.
[169] Vgl. BGH (VIII ZR 262/09) GE 2012, 198 = WuM 2012, 115, (VIII ZR 92/08) GE 2009, 258 = NZM 2009, 120 = WuM 2009, 115 = ZMR 2009, 354.

Fall laufende Unterhaltungsaufwendungen, zudem arbeitet er gewinnorientiert. Kann der Vermieter die sachbezogenen Kostenteile auf den Mieter abwälzen, wächst ihm ein zusätzlicher Nettomietanteil außerhalb des Verfahrens nach §§ 557 ff. BGB zu. Im **preisgebundenen Wohnraum** alter Art wird dieser Zusammenhang besonders deutlich. So ist der Vermieter, in dessen Wirtschaftlichkeitsberechnung die Gesamtkosten aus Finanzierungsmitteln, Instandsetzungskosten, Abschreibung und Mietausfallwagnis einer zentralen Heizungs- oder Warmwasserversorgungsanlage enthalten sind, bei eigenständig gewerblicher Versorgung gem. § 5 Abs. 3 NMV verpflichtet, die Kostenmiete entsprechend zu senken.[170] Die finanzielle Entlastung des Vermieters beim Instandhaltungsaufwand bei der eigenständig gewerblichen Leistung von Wärme ist in § 28 Abs. 2 Satz 2 II. BV seit 1.1.2005 mit € 0,21, seit dem 1.1.2008 mit € 0,22, seit dem 1.1.2011 mit € 0,23 je m² und seit dem 1.1.2014 mit € 0,24 Wohnfläche und Jahr angesetzt. Demgegenüber zahlt der Mieter **preisfreien Wohnraums** ohne Reduzierung der Nettomiete den Investitionsanteil doppelt. Außerdem wird durch den Vergleich der Kosten bei Wärmeerzeugung und Wärmelieferung deutlich, dass sich die Kostenstruktur durch die Einbeziehung von Instandsetzungs- und Verwaltungskosten sowie dem Gewinn des Betreibers zu seinem Nachteil ändert.

(c) Grundsätze der Umstellung auf Wärmelieferung

91 **Ob** und unter welchen Voraussetzungen der **Vermieter** die Versorgung des Mietobjekts mit Heizung und/oder Warmwasser auf Wärmelieferung **im laufenden Mietverhältnis umstellen** darf, richtet sich nach dem **Zeitpunkt der Maßnahme.** Aufgrund des Mietrechtsänderungsgesetzes 2013[171] gilt **seit dem 1.7.2013** die Neuregelung des § 556c BGB (dazu s. Rdn. 105 ff.).[172] Ziel der Vorschrift ist es, eine einheitliche Regelung für die meisten (zu Ausnahmen s. Rdn. 107) Mietverhältnisse mit klaren Rahmenbedingungen zu schaffen.[173] Sie gibt dem Vermieter einen Anspruch auf Durchführung der Umstellung und das Recht, die Wärmelieferungskosten auf die Mieter umzulegen.[174] Es wird allerdings vertreten, dass die Umstellung weiterhin nur zulässig ist, wenn ihr der Mieter zugestimmt hat, sei es ausdrücklich, sei es im Rahmen von Formularklauseln.[175] Diese Meinung überzeugt nicht im Hinblick auf den klaren Wortlaut des Gesetzes und seiner Begründung, eine Vereinheitlichung des bisherigen Rechtszustands herbeiführen zu wollen; käme es nach wie vor auf die vertraglichen Absprachen an, wäre die Vorschrift nachgerade

---

[170] *Rahm/Frey* NZM 2006, 47 (49).
[171] BGBl. I S. 2013, 434.
[172] Die Ermächtigungsgrundlage des Abs. 3 MietRÄndG trat bereits am 1.5.2013 in Kraft.
[173] Begründung zum MietRÄndG, BT-Drucks. 17/10485 S. 14.
[174] Begründung zum MietRÄndG, BT-Drucks. 17/10485 S. 2.
[175] *Lützenkirchen* in Lützenkirchen § 556c Rdn. 44 ff.

kontraproduktiv, weil sie mit der umfänglichen Umstellungsankündigung (§ 11 Abs. 2 WärmeLV) und dem Gebot der Kostenneutralität (§ 556c Abs. 1 Satz 1 Nr. 2 BGB) zusätzliche Hürden für die Umstellung und die dadurch erstrebte energetische Verbesserung aufstellen würde.

Folge der Neuregelung ist, dass mit Wirkung ab 1.7.2013 alle **Vereinbarungen unwirksam** werden, soweit sie eine **Umstellung unterhalb der Anforderungen des § 556c Abs. 1 und 2 BGB** nach diesem Stichtag ermöglichen sollen. Da sie üblicherweise nicht das Gebot der Kostenneutralität enthalten, benachteiligen sie den Mieter (§ 556c Abs. 4 BGB), zumal wenn sie allein in der Form einer Bezugnahme auf § 27 II. BV oder die Vorschriften der BetrKV getroffen wurden. Die Neuregelung bringt daher gegenüber dem alten Recht eine Verschlechterung der Lage des Vermieters;[176] sie verbessert dagegen die Situation des Mieters, dessen Belange angemessen berücksichtigt sind, wie es auch § 555c Abs. 3 BGB für die inzwischen vorliegende WärmeLV vorschreibt. 92

Für **Umstellungen vor dem 1.7.2013** gilt die **bisherige Rechtslage** fort, d.h. insbesondere die hierzu ergangene Rechtsprechung des BGH. Sie ist daher bis auf weiteres bei einem Streit der Parteien relevant, ob der Vermieter den Mieter mit den Kosten der Wärmelieferung belasten darf.[177]

(d) Umstellung nach altem Recht

(aa) Ausgeschlossene Umstellung

Grundlage der Rechtsbeziehungen der Parteien ist der **Mietvertrag**. Die vertraglichen Regelungen gehen der generellen Entscheidungsfreiheit des Vermieters vor, wie er seine Verpflichtung zur Beheizung/Lieferung von Warmwasser erfüllt. Der Inhalt des Vertrags bestimmt mithin, ob dem Vermieter überhaupt ein Entscheidungsspielraum zur Verfügung steht, und wenn ja, ob und ggf. inwieweit er den Mieter mit den finanziellen Folgen seiner Entscheidung belasten darf. 93

So enthält die **Klausel,** 94

„Die Kosten der Heizung und Warmwasserversorgung, und zwar die Brennstoffkosten einschließlich Anfuhr-, Bedienungs- und Wartungskosten einschließlich Trinkgelder, werden nach dem Verhältnis der Wohnfläche umgelegt.",

eine ausdrückliche **Festlegung auf die Wärmeerzeugung** durch eine vom Vermieter betriebene Anlage, so dass nur die Kosten der Wärmeerzeugung auf die Mieter verteilt werden dürfen. In diesen Fällen bedarf die Umstellung des Heizungsbetriebs auf Fernwärme oder Wärmecontracting jedenfalls dann der **Zustimmung des Mieters,** wenn er mit den Kosten belastet werden soll, die über diejenigen der Wärmeerzeugung (nebst

---

[176] *Hinz* ZMR 2012, 153 (159); Stellungnahme der Bundesvereinigung Spitzenverbände der Immobilienwirtschaft (BSI) vom 13.1.2012.
[177] LG Berlin GE 2015, 861, GE 2015, 513.

Wartung etc.) hinausgehen.[178] Diese Voraussetzung ist berechtigt, weil es sich aus wirtschaftlichen Gründen (s. Rdn. 90) um eine Vertragsänderung handelt. Der Vermieter will sich durch Einschaltung eines Betreibers seiner Instandsetzungskosten entledigen, obwohl sie der Mieter als Bestandteil der Miete weiter entrichtet, und er realisiert ggf. noch einen zusätzlichen Pachtzins, was eine weitere Belastung des Mieters zur Folge hat. Der Mieter hat zudem auf Dauer den Gewinnanteil des Betreibers zu tragen. Eine modifizierte Lösung,[179] dass die einseitige Umstellung möglich ist, wenn der Vermieter zugleich die Nettomiete um die ersparten Instandsetzungskosten senkt, lässt den fortlaufenden Gewinnanteil des Betreibers außer Betracht.

Der Vermieter darf daher **auch dann nur** die Kosten der **Wärmeerzeugung** umlegen, wenn sich der Mieter **allein** mit einer **Modernisierung** durch Einbau einer zentralen Heizungs- und Warmwasseraufbereitungsanlage statt z.B. der bisherigen Ofenheizung einverstanden erklärte, eine Vereinbarung über die Einschaltung eines Betreibers nebst Umlage der dadurch ausgelösten Zusatzkosten jedoch fehlt (s. dazu Rdn. 115).

95 Eine **Ausnahme** galt im Geltungsbereich des § 14 MHG; nach dieser Vorschrift war der Vermieter berechtigt, bei Mietverträgen, die vor dem 11.6.1995 abgeschlossen worden waren, bis zum 31.12.1997 die Betriebskosten gem. § 27 II. BV einseitig durch schriftliche Erklärung auf die Mieter umzulegen und angemessene Vorauszahlungen zu verlangen. Hiervon machte z.B. eine Vermieterin, die den Mietvertrag am 13.4.1995 abgeschlossen hatte, mit Erklärung vom 19.9.1996 Gebrauch, so dass die Mieter die Nahwärmekosten nach Einbau einer neuen Zentralheizung zu tragen hatten.[180]

96 Eine **Besonderheit** gilt in Einzelfällen bei der **Umstellung auf Fernwärme**. Hier kann nach **§ 2 Abs. 2 AVBFernwärmeV** ein unmittelbarer Vertrag mit dem Versorger schon dadurch zustande kommen, dass der Mieter dessen Leistungen abnimmt. Hat z.B. der Vermieter eine ofenbeheizte Wohnung durch Anschluss an eine zentrale Fernwärmeversorgung modernisiert und dem Mieter mitgeteilt, dass die Kosten für Heizung und Warmwasser künftig direkt mit dem Versorger abzurechnen sind, wird auf diese Weise sogar dann ein unmittelbarer Liefervertrag mit dem Versorger geschlossen, wenn der Mieter den Entwurf einer Liefervereinbarung nicht unterzeichnet und der Inanspruchnahme durch den Versorger sogar ausdrücklich widerspricht.[181] Selbst wenn wie in

---

[178] BGH (VIII ZR 54/04) DWW 2005, 195 = GE 2005, 664 = NJW 2005, 1776 = NZM 2005, 450 = WuM 2005, 387 (m. Anm. *Derleder*) = ZMR 2005, 606, (VIII ZR 153/05) WuM 2006, 256; ebenso *Eisenschmid* WuM 1998, 447 (448), *Langenberg* WuM 2004, 375, *Pfeifer* DWW 1996, 353 (356), *Ropertz/Wüstefeld* NJW 1989, 2365.
[179] *Beuermann* GE 2000, 1224 ff.
[180] BGH (VIII ZR 286/02) GE 2003, 1152 = NZM 2003, 757 = WuM 2003, 501 = ZMR 2003, 824.
[181] BGH (VIII ZR 235/08) GE 2010, 263.

dem der Entscheidung des BGH zugrunde liegenden Fall im Mietvertrag die Alternativen „*Zentralheizung/Fernwärme/ZentraleWarmwasserversorgung/Fernwärmeversorgung*" sämtlich gestrichen wurden, so dass sich der Vermieter keine Änderungsmöglichkeit offen hielt, kommt der Vermieter zum Wechsel der Beheizungsart, sobald der Mieter Warmwasser abnimmt oder im Winter notgedrungen das Heizwasser.[182] Zu den **Folgen für den Mieter** wird zwar ein Verlust seiner Gewährleistungsrechte gegenüber dem Vermieter gehören, er wird ihn aber nur mit den Kosten der Wärmeerzeugung belasten können, weil ihm ein Recht zur Weitergabe der zusätzlichen Kosten aus der Wärmelieferung nach dem Mietvertrag nicht zusteht (vgl. die Fälle Rdn. 99).

(bb) Vereinbarung des Umstellungsrechts

- **Bezugnahme auf den Betriebskostenkatalog**

Zahlreiche Mietverträge enthalten keine gesonderte Regelung zum Übergang auf Wärmelieferung, sondern nur eine Bezugnahme auf den Betriebskostenkatalog, sei es durch Verweis auf § 27 II. BV oder dessen Anl. 3, sei es durch Verweis auf § 556 Abs. 1 BGB oder die BetrKV. **Fraglich** ist, ob schon diese bloße Bezugnahme für die Vereinbarung auch des Umstellungsrechts ausreicht. 97

Nach der Rechtsprechung des **BGH genügt** bereits eine derartige schlichte **Bezugnahme**,[183] was zu einer **gravierenden Änderung** führt, die an seinen Entscheidungen zu Wärmelieferungsverträgen mit Dritten (Contracting) deutlich wird. Zunächst hatte auch er zugrunde gelegt, dass der Vermieter, der im laufenden Mietverhältnis den Betrieb einer vorhandenen Heizungsanlage auf einen Dritten übertragen will, dazu die Zustimmung des Mieters benötigt, wenn eine *ausdrückliche* Regelung hierfür im Mietvertrag fehlt und dem Mieter dadurch zusätzliche Kosten auferlegt werden sollen.[184] Mit einer in Literatur und Rechtsprechung weit verbreiteten Meinung ging er davon aus, dass sich die mietvertraglichen Beziehungen der Parteien auf den Ausstattungsstand von Grundstück und Haus im Zeitpunkt des Abschlusses des Mietvertrags konkretisierten, bei einer vorhandenen, vom Vermieter betriebenen Heizanlage also deren weiteren Eigenbetrieb.[185] So wurde eine konkludente Beschränkung auf die Kosten nach § 7 Abs. 2 HeizKV für den Fall bejaht, dass bei Einzug des Mieters eine vermietereigene Anlage im Haus vorhanden war und der Vermieter, ggf. jahrelang, nur die Wärmeerzeu- 98

---

[182] Ebenso *Beuermann* GE 2010, 236.
[183] BGH (VIII ZR 202/06) GE 2007, 1310 = NZM 2007, 769 = WuM 2007, 571; *Lützenkirchen* NZM 2008, 160; dazu ausführlich kritisch *Lammel* HeizKV § 1 Rdn. 20 f.
[184] BGH (VIII ZR 54/04) NZM 2005, 450 = WuM 2005, 387 (m. Anm. *Derleder*), ebenso BGH (VIII ZR 153/05) WuM 2006, 256.
[185] *Langenberg* WuM 2004, 375 (378 f.) m.w.N.

gungskosten abrechnete,[186] und insbesondere dann, wenn der Vermieter selbst zunächst die Ofenheizungen entfernte, eine moderne Heizanlage einbaute, einen Modernisierungszuschlag erhob und die Anlage erst nach Jahren an einen Betreiber verkaufte.[187] Für diese Auffassung spricht, dass der Mieter, der bei Abschluss des Mietvertrags eine vom Vermieter betriebene Zentralheizung vorfindet, nicht nach einiger Zeit mit einer anderen Art der Wärmeversorgung rechnen muss, die für ihn deutlich höhere Kosten auslöst,[188] jedenfalls dann nicht, wenn dies nicht im Vertrag verständlich zum Ausdruck kommt. Seinen Ansatz hielt der BGH in einem weiteren Urteil[189] auch für den Fall aufrecht, dass der Wärmecontractor die bestehende Heizanlage nicht nur übernahm, sondern erneuerte. Auffällig war allerdings der Leitsatz der Entscheidung, in dem er allein darauf einging, dass zwar eine generelle Bezugnahme auf die Anl. 3 zu § 27 II. BV im Mietvertrag enthalten war, diese dem Vermieter jedoch nicht zu einer Anspruchsgrundlage verhelfe, weil die zum Zeitpunkt des Vertragsschlusses geltende Fassung der II. BV vom 5.4.1984 die Umlage von Nahwärme nicht vorsah. Dieser Leitsatz begegnet – sachlich unverändert – in einer weiteren Entscheidung,[190] nunmehr positiv gewendet mit dem Ergebnis, dass der Vermieter, der im Mietvertrag, wenn auch nur generell, auf die Anl. 3 zu § 27 II. BV Bezug nahm, berechtigt ist, hier die Fernwärmelieferungskosten umzulegen, weil der Mietvertrag am 9.5.1984 und damit erst wenige Tage nach dem Inkrafttreten der vorgenannten, ab 1.5.1984 geltenden Regelung abgeschlossen worden war.

99 Auf der Grundlage der Rechtsprechung des **BGH** ist für das Umstellungsrecht des Vermieters mithin **entscheidend, welche Fassung** die in Bezug genommene Vorschrift zu den ansatzfähigen Kosten jeweils aufwies. Die Bestimmungen in der Anl. 3 zu § 27 II.BV haben im Laufe der Zeit zu dem hier relevanten Zusammenhang mehrere Änderungen erfahren. Die letzte Fassung stimmt insoweit mit der BetrKV überein.

- **Fernwärme**
- Bis zum **31.12.1970** nannte die II.BV in der Fassung vom 1.8.1963[191] in § 27 Abs. 1 nur die *„Kosten des Betriebs der zentralen Heizungsanlage"*.
- Mit Wirkung ab **1.1.1971** bestimmte die Anl. 3 zu § 27 II. BV (Fassung 1970) in Nr. 3c (und entsprechend in Nr. 4b für Fernwarmwasser):[192]

---

[186] LG Frankfurt am Main WuM 2003, 217, LG Essen GE 2000, 1254 = NZM 2001, 90 = ZMR 2000, 835, AG Berlin-Wedding GE 2004, 693 = MM 2004, 223; *Pfeifer* DWW 1996, 353 (356).
[187] LG Neuruppin WuM 2000, 554.
[188] *Beyer* NZM 2008, 12 (13).
[189] BGH (VIII ZR 362/04) NZM 2006, 534 = WuM 2006, 322.
[190] BGH (VIII ZR 202/06) GE 2007, 1310 = NZM 2007, 769 = WuM 2007, 571.
[191] BGBl. I S. 594.
[192] Fassung der II.BV vom 14.12.1970, BGBl. I S. 1681.

"hierzu gehören die Kosten der Wärmelieferung von einer nicht zur Wirtschaftseinheit gehörenden Anlage und die Kosten des Betriebs der dazugehörigen Hausanlagen, namentlich des Betriebsstroms, die Kosten der Bedienung, Überwachung und Pflege der Anlage, der regelmäßigen Prüfung ihrer Betriebsbereitschaft und Betriebssicherheit einschließlich der Einstellung durch einen Fachmann, der Reinigung der Anlage und des Betriebsraums sowie die Kosten der Verwendung von Wärmemessern und Heizkostenverteilern."

Danach waren die – gesamten – Kosten der Wärmelieferung und die Kosten der Ausstattung zur Verbrauchserfassung umlagefähig, **nicht** jedoch die Kosten aus deren Berechnung und Aufteilung, mithin die Kosten der Wärmedienste aus Ablesung und Abrechnung. Diese Kosten waren nur ansatzfähig, wenn der Mietvertrag insoweit eine besondere Vereinbarung enthielt.[193]

– Die seit dem **1.5.1984** gültige II. BV[194] (Fassung 1984) lautete nunmehr in Nr. 4c (entsprechend in Nr. 5b für Fernwarmwasser):

"hierzu gehören die Kosten der Wärmelieferung (Grund-, Arbeits- und Verrechnungspreis) und die Kosten des Betriebs der zugehörigen Hausanlagen entsprechend Buchstabe a".

In Nr. 4a war aufgenommen worden, dass zu den Kosten auch diejenigen *"der Verwendung einer Ausstattung zur Verbrauchserfassung einschließlich der Kosten der Berechnung und Aufteilung"* zählen.

- **Nahwärme**

Für Verträge ab dem **1.3.1989** wurde mit der Verordnung zur Änderung energiesparrechtlicher Vorschriften vom 19.1.1989[195] die Nahwärme der Fernwärme gleichgestellt (zunächst durch die Änderung der Nr. 4c i.V. mit Nr. 4a der Anl. 3 zu § 27 II.BV, seit 1.1.2004 § 2 Nr. 4c i.V. mit Nr. 4a BetrKV), so dass seit 1.3.1989 auch die vollen Nahwärmekosten zu den Betriebskosten zählen. In Nrn. 4 bis 6 der wurde der Begriff der *"eigenständig gewerblichen Lieferung von Wärme"* bzw. Warmwasser eingeführt, *"auch aus Anlagen im Sinne des Buchstabens a".* Anlagen im Sinne a) sind zentrale Heizungsanlagen im Gebäude.

Die **Folge dieser Rechtsprechung** ist, dass z.B. der Vermieter eines Mietvertrags vom Juni 1988 den Mieter ohne anderweitige vertragliche Vereinbarung nicht mit den Kosten aus einem Nahwärmelieferungsvertrag, den er im Jahre 2000 abschloss, belasten darf, sondern nur mit den Kosten der Wärmeerzeugung gem. § 7 Abs. 2 HeizKV.[196] Dasselbe gilt für einen Vermieter mit einem Mietvertrag vom 19.4. 2000, in den keine Bezugnahme auf § 27 II. BV oder dessen Anlage 3 oder eine Öffnungsklausel aufgenommen war und der in der Regelung über

---

[193] LG Mannheim WuM 1970, 167.
[194] Fassung vom 5.4.1984, BGBl. I S. 553.
[195] BGBl. I S. 109.
[196] BGH (VIII ZR 362/04) NZM 2006, 534 = WuM 2006, 322; LG Lübeck NJOZ 2017, 911.

die Verteilungsmaßstäbe nur die Versorgung mit Fernwärme/Fernwarmwasser erwähnte, selbst dann, wenn das Haus schon zur Zeit des Mietvertragsabschlusses mit Nahwärme versorgt wurde; der Vermieter hatte hier ein veraltetes Mietvertragsformular verwandt, das nur die Umlage von Fernwärme vorsah.[197] Nahwärme ist der Fernwärme nicht gleichzustellen, so dass nur der Vermieter, der die Formulierung in Nrn. 4 bis 6 des Betriebskostenkatalogs benutzt, nämlich *„eigenständig gewerbliche Wärmelieferung"*, zwischen Fern- und Nahwärme wählen kann.[198] Andererseits kann der Vermieter eines Mietvertrags vom 9.5.1984 auch dann die Kosten der Fernwärme auf den Mieter umlegen, wenn er sich erst im Jahre 2001 entschließt, die ölbetriebene Zentralheizung stillzulegen sowie abzubauen und Fernwärme zur Beheizung zu beziehen.[199]

- **Vereinbarung durch Formularklausel**

100 Wenn schon die Bezugnahme auf die entsprechenden Textteile des § 2 Nr. 4–6 BetrKV nach der Rechtsprechung des BGH als klare Vereinbarung der Alternativen zur Auswahl des *Vermieters* anzusehen ist, bedarf es konsequenterweise **nicht mehr der eingehenden Prüfung von Formularklauseln,** die auf dasselbe Umstellungsrecht abzielen. Dies betrifft die Mietverträge, die auf eine generelle Bezugnahme verzichten, insbesondere Mietverträge über Gewerberaum. Entgegen bisher weit verbreiteter Ansicht scheitern Klauseln, mit denen der Vermieter die Zustimmung des Mieters zur Wärmelieferung durch einen **zukünftigen Betreiber** erreichen will, mithin nicht mehr an fehlenden Einschränkungen oder Korrektiven.[200] So wurde z.B. eine unangemessene Benachteiligung des Mieters angenommen, wenn der Mieter die Wärmelieferung hinnehmen muss, selbst wenn sie technisch, ökonomisch oder ökologisch keine Verbesserung bringt, und wenn der Mieter keinen Ausgleich dafür erhält, dass er dem Vermieter Investitions- und Unterhaltungskosten abnimmt.[201]

(cc) Modernisierung und Wärmelieferung

101 Lässt der Vermieter **im laufenden Mietverhältnis** das Gebäude an das Fernwärmenetz anschließen oder die Heizungsanlage durch einen Betreiber modernisieren, indem z.B. die Ofenheizung oder die Gas-Etagenheizung in den Wohnungen entfernt und eine **zentrale Beheizung** installiert wird, kann er die vollständigen vom Betreiber berechneten Kosten einschließlich der darin enthaltenen Investitions- und Verwaltungskosten und auch dessen Unternehmergewinn auf die Mieter umlegen, wenn entweder schon der Mietvertrag die entsprechende Berechtigung aus-

---

[197] BGH (VIII ZR 244/06) GE 2007, 1118 = WuM 2007, 445 = ZMR 2007, 768.
[198] *Milger* NZM 2008, 1 (6).
[199] BGH (VIII ZR 202/06) GE 2007, 1310 = NZM 2007, 769 = WuM 2007, 571.
[200] Vgl. AG Berlin-Charlottenburg GE 2011, 207.
[201] *Derleder* NZM 2003, 737 (745).

weist oder die Zustimmung des Mieters im Rahmen der Modernisierungsankündigung und -vorbereitung erteilt wurde.[202]

Ist wegen fehlender Bezugnahme auf die einschlägigen Vorschriften oder bei der Bezugnahme auf veraltete Vorschriften (s. die zeitliche Staffelung Rdn. 99) das **gesonderte Einverständnis** des Mieters **notwendig**, um die Wärmekosten vollständig umlegen zu können, muss ihm die Einschaltung eines Nahwärmelieferanten **verständlich** mitgeteilt werden. Daran mangelt es, wenn die Modalität des Fremdbezugs der Heizenergie im Ausgangsschreiben des Vermieters fehlte und daher mit dem Antwortschreiben des Mieters, in dem er der Modernisierung zustimmte, nicht akzeptiert wurde.[203] Dasselbe gilt, wenn der Mieter darüber im Unklaren blieb, ob die Erklärungen des Vermieters als Ankündigung der Wärmeversorgung durch ihn oder durch einen Betreiber aufzufassen waren; der vom Vermieter benutzte Begriff *„Wärmedienstunternehmen"* kann sich sowohl auf dessen Lieferung von Heizung und Warmwasser beziehen als auch die von ihm durchzuführende Verbrauchserfassung.[204] In derartigen Fällen scheitert die Umlage der Kosten der Wärmelieferung an der erforderlichen vertraglichen Voraussetzung. Die Zustimmung kann nicht im Wege der Vertragsauslegung ermittelt werden,[205] auch nicht als Ausgleich für den mangels eigener Investitionen des Vermieters versperrten Modernisierungszuschlag.[206] **102**

Führt der **Vermieter die Modernisierung** des Hauses durch Einbau einer erstmaligen oder modernisierten Zentralheizung im eigenen Namen und auf eigene Rechnung aus, kann er gem. § 559 BGB einen Modernisierungszuschlag geltend machen, wobei er ggf. Instandsetzungskosten vom Umlagebetrag abziehen muss.[207] Wird die neue oder modernisierte **Anlage anschließend** an ein Nahwärmeunternehmen **verkauft oder verpachtet,** stellt sich die Frage, wie es sich nunmehr mit dem **Modernisierungszuschlag** verhält. Nach einer Entscheidung des BGH[208] muss sich der Mieter an einem Modernisierungszuschlag so, wie er vereinbart wurde, auch bei anschließender Verpachtung der Anlage festhalten lassen. Die Argumente der Mieter, ihnen sei die Verpachtung an den Betreiber erst später bekannt geworden und zudem würden sie doppelt belastet, einerseits mit dem Modernisierungszuschlag des Vermieters, andererseits mit den Wärmelieferungskosten des Betreibers, in deren Kalkulation der Pachtzins eingeflossen sei, behandelt das knappe Urteil **103**

---

[202] BGH (VIII ZR 286/02) GE 2003, 1152 = NZM 2003, 757 = WuM 2003, 501 = ZMR 2003, 824; *Glause* WuM 2004, 323 (324), *Lützenkirchen* WuM 2004, 58 (65); a. A. *Börstinghaus* NZM 2003, 829 (833).
[203] BGH (VIII ZR 84/04) GE 2005, 916 = WuM 2005, 456.
[204] BGH (VIII ZR 279/05) NZM 2007, 38 = WuM 2006, 686 = ZMR 2007, 21.
[205] *Milger* NZM 2008, 1 (7).
[206] BGH (VIII ZR 362/04) NZM 2006, 534 = WuM 2006, 322.
[207] Dazu im Einzelnen *Börstinghaus* in Schmidt-Futterer § 559 Rdn. 70 ff.
[208] BGH (VIII ZR 84/04) GE 2005, 916 = WuM 2005, 456.

mit dem Hinweis, die Mieter seien nicht berechtigt, eine geringere als die vereinbarte Miete zu zahlen.

104 Diese Entscheidung **überzeugt nicht,** wobei die einseitige Mieterhöhung nach § 559 BGB und die vereinbarte Mieterhöhung dann gleich zu behandeln sind, wenn dem Mieter im Zeitpunkt der Vereinbarung nichts von einer Verpachtung der Anlage bekannt war. Mit einer doppelten Belastung, die hier *„geradezu mit Händen zu greifen"* ist,[209] muss der Mieter nicht rechnen, es handelt sich dabei für ihn um eine selbstverständliche Vertragsgrundlage. Dies gilt erst recht für den Fall, dass der Vermieter die Anlage an den Betreiber verkauft. Eine **angemessene Lösung** geht bei der **Verpachtung** der Anlage dahin, dass der Vermieter den Mietern den Pachtzins im Rahmen der Heizkostenabrechnung durch eine Kürzung der Wärmelieferungskosten gutbringt.[210] Beim anschließenden **Verkauf** der Anlage ist zu konstatieren, dass der Vermieter die Modernisierungskosten vom Betreiber erstattet erhält. Sein Aufwand und damit der Grund für den Modernisierungszuschlag fällt auf diese Weise nachträglich weg. Der Mieter zahlte daher ohne Rechtsgrund, so dass er die Rückzahlung der Zuschläge aus ungerechtfertigter Bereicherung nach §§ 812, 818 BGB verlangen kann und weitere Zuschläge nicht zu entrichten hat.[211]

(e) Umstellung nach neuem Recht (§ 556c BGB)

105 Die seit dem 1.7.2013 geltende Neuregelung des § 556c BGB soll die Umstellung des Vertrages auf Wärmelieferung gesetzlich ermöglichen, da dieses bislang nur aufgrund einer Vereinbarung der Parteien möglich war, die sich entweder bereits in dem Vertrag befindet oder ausdrücklich erfolgt.[212] Hierdurch sollen Energieeinsparungen durch Contracting-Modelle erreicht werden.[213] Sie findet nicht nur auf die Vermietung von **Wohnraum** Anwendung, sondern gem. § 578 Abs. 2 BGB auch auf andere Räume und **Gewerberaummietverhältnisse.**[214] Für preisgebundenen Wohnraum gilt § 556c BGB nicht, da hier nach dem Willen des Gesetzgebers die §§ 5, 1 NMV i.V.m. §§ 8ff. Wohnungsbindungsgesetz vorrangig sind.[215] Die Regelung findet auf das Verhältnis der Wohnungs-

---

[209] *Beyer* GE 2006, 826 (829).
[210] *Milger* NZM 2008, 1 (7).
[211] *Milger* NZM 2008, 1 (7).
[212] BGH (VIII ZR 202/06) NZM 2007, 769 = WuM 2007, 571 = ZMR 2007, 851, (VIII ZR 54/04) NZM 2005, 450 = WuM 2005, 387 = ZMR 2005, 606; *Hinz* in Klein-Blenkers/Heinemann/Ring § 556c Rdn. 4.
[213] Begründung zum MietRÄndG, BT-Drucks. 17/10485 S. 23, 45.
[214] Begründung zur WärmeLV BAnz AT 20.6.2013 B2 S. 3; Staudinger/*Artz* § 556c Rdn. 8, *Lammel* § 1 HeizKV Rdn. 64.
[215] Begründung zum MietRÄndG, BT-Drucks. 17/10485 S. 23, *Beyer* CuR 2014, 4, *Hinz* in Klein-Blenkers/Heinemann/Ring § 556c Rdn. 8, *Wall* Rdn. 2410; kritisch hierzu *Eisenschmid* WuM 2013, 393 (395), *Schmid* ZMR 2013, 776 (777).

eigentümer ebenfalls keine Anwendung.²¹⁶ Durch die Neuregelung ist es dem Vermieter möglich, **laufende Mietverträge,**²¹⁷ bei denen die Wärmeversorgung durch ihn erfolgt und die Kosten auf den Mieter umgelegt sind, **auf Wärmelieferung umzustellen.** Es bedarf dabei **keiner Zustimmung des Mieters.**²¹⁸ Ein derartiges Erfordernis würde dem Zweck der Regelung auch entgegenstehen, denn hierdurch soll den bisherigen Problemen, die sich aus der ggf. erforderlichen Zustimmungspflicht des Mieters zur Umstellung ergeben,²¹⁹ begegnet werden (s. Rdn. 91).²²⁰ Erfasst werden ausschließlich laufende Mietverhältnisse, bei denen Contracting noch nicht praktiziert wird; eine Anwendung auf **Neuabschlüsse** ist **nicht** möglich.²²¹

Abweichungen von den Regelungen der Abs. 1 bis 3 **zulasten des Wohnraummieters** sind **unzulässig** (§ 556c Abs. 4) (s. Rdn. 92); das gilt auch für die Vorschriften der Wärmelieferungsverordnung (§ 13 WärmeLV). Im **Gewerberaummietrecht** können abweichende Vereinbarungen, auch von den Regelungen der WärmeLV, nach § 578 Abs. 2 Satz 2 BGB getroffen werden. Beschränkungen der Umlagefähigkeit von Wärmelieferungskosten im Sinne des alten Rechts (vgl. Rdn. 94) sind hierzu nicht zu zählen, und zwar auch dann, wenn der Mietvertrag keine Umlagefähigkeit dieser Kosten vorsieht.²²² **106**

Voraussetzung für die Umstellung ist zunächst, dass die Kosten **für Wärme und Warmwasser umgelegt** sind, die Regelung gilt also auch außerhalb des vorrangigen Anwendungsbereichs der HeizKV.²²³ Sofern die HeizKV nicht greift (s. Rdn. 9),²²⁴ ist auch die Brutto-/Inklusivmiete ausgenommen.²²⁵ Der hiergegen vorgebrachte Verweis auf § 556a Abs. 2 BGB²²⁶ verfängt nicht. Wechselt der Vermieter über diese Vorschrift nach Umstellung auf Wärmelieferung in die verbrauchsbezogene Abrechnung, so kann er diese Betriebskostenart unter Absenkung der Nettomiete nach § 556a Abs. 2 Satz 3 BGB direkt extrahieren. Eines Rückriffs auf § 556c BGB bedarf es nicht. Eine Anwendung auf die **Pauschale** ist streitig²²⁷ **107**

---

²¹⁶ Staudinger/*Artz* § 556c Rdn. 10, *Hinz* WuM 2014, 55 (58).
²¹⁷ Erfasst sind auch solche, die zum 1.7.2013 bereits bestanden (Art. 171 EGBGB).
²¹⁸ *Lammel* § 1 HeizKV Rdn. 63, *Pfeifer* DWW 2014, 15.
²¹⁹ Hierzu *Herlitz* CuR 2013, 47 (47), *Niesse/Wiesbrock* NZM 2013, 529 (532 f.).
²²⁰ Begründung zum MietRÄndG, BT-Drucks. 17/10485 S. 14.
²²¹ Begründung zum MietRÄndG, BT-Drucks. 17/10485 S. 23; *Lammel* § 1 HeizKV Rdn. 64.
²²² Staudinger/*Artz* § 556c Rdn. 43, *Schmid* GuT 2013, 3 (4): Die bloße Nichterwähnung soll auch nicht als Negativvereinbarung auszulegen sein.
²²³ *Lammel* § 1 HeizKV Rdn. 64, *Schmid* ZMR 2013, 776 (778).
²²⁴ *Lammel* § 1 HeizKV Rdn. 66, *Wall* Rdn. 2419.
²²⁵ Begründung zum MietRÄndG, BT-Drucks. 17/10485 S. 23.
²²⁶ Staudinger/*Artz* § 556c Rdn. 17.
²²⁷ Dagegen, wenn ein Erhöhungsrecht nach § 560 Abs. 1 BGB nicht vereinbart ist: *Beyer* CuR 2012, 48 (62), *Herlitz* CuR 2013, 47 (48), *Schmid* ZMR 2013, 776 (778),

und im Hinblick auf die Veränderungsmöglichkeiten nach § 560 Abs. 1 BGB (bei Vorliegen einer entsprechenden Vereinbarung) oder nach den Grundsätzen des Wegfalls der Geschäftsgrundlage[228] zu bejahen.[229] Ebenfalls nicht erfasst ist die Selbstversorgung des Mieters z. B. durch Gas- oder Kohle-Einzelöfen[230] oder Etagenheizungen;[231] hier scheitert der nach § 8 WärmeLV vorgeschriebene Kostenvergleich bereits daran, dass über die Berechnungen nach §§ 8,9 WärmeLV kein Effizienzgewinn ausgewiesen werden kann. Die Umlage muss auf Basis der Eigenversorgung durch eine Zentralheizung erfolgen.

108 Die **Umstellung** auf die gewerbliche Wärmelieferung ist in **drei Varianten** möglich, zum einen durch den Wärmebezug aus einer von dem Betreiber **errichteten neuen Anlage** (§ 556c Abs. 1 Satz 1 Nr. 1 1. Alt. BGB). Neu ist die Anlage neben der Anschaffung auch bei einer von Grund auf erfolgten Erneuerung;[232] bloße Teilerneuerungen und Optimierungen der weiterhin vorhandenen Anlage reichen daher nicht, auch wenn dadurch ein Jahresnutzungsgrad von 80% erzielt wird.[233] Zum anderen kann auf den Wärmebezug aus einem **Wärmenetz** (§ 556c Abs. 1 Satz 1 Nr. 1 2. Alt. BGB) umgestellt werden. Es bestehen allerdings Abgrenzungsprobleme in der Begriffsdeutung. Der Gesetzgeber[234] unterscheidet im Bereich der Nahwärme (s. Rdn. 87) offensichtlich zwischen dem „klassischen Contracting" der 1. Alt. des § 556c Abs. 1 Satz 1 Nr. 1 BGB und einem „Nahwärmenetz", wobei er letzteres der Fernwärme gleich- und damit dem Wärmenetz unterstellt. Maßgeblich für die Abgrenzung zwischen beiden Alternativen wird sein, ob die von dem Contractor betriebene Anlage lediglich das Gebäude[235] oder eine Wirtschaftseinheit[236] versorgt, dann liegt ein Fall der (einfachen) Nahwärme oder auch des „Betreibermodells"[237] i.S.d. 1. Alt. vor, oder die Anlage

---

Wall Rdn. 2418; dafür: *Eisenschmid* WuM 2013, 393 (395), *Lammel* in Schmidt-Futterer § 556c Rdn. 20.

[228] *Langenberg* in Schmidt-Futterer § 560 Rdn. 11.

[229] *Hinz* in Klein-Blenkers/Heinemann/Ring § 556c Rdn. 12.

[230] *Eisenschmid* WuM 2013, 393 (394) (zur Umstellung bei Einzelöfen über die Modernisierung *Eisenschmid* WuM 2013, 393 (395 f.), a. A. *Lützenkirchen* in Lützenkirchen § 556c Rdn. 23, 25.

[231] *Hinz* in Klein-Blenkers/Heinemann/Ring § 556c Rdn. 15, *v.Seldeneck/Emmert* InfoM 2011, 362.

[232] *Hinz* in Klein-Blenkers/Heinemann/Ring § 556c Rdn. 25; *Lammel* § 1 HeizKV Rdn. 68, einschränkend *Wall* Rdn. 2431: Nur bei Einhaltung der 80% Grenze (Jahresnutzungsgrad).

[233] Staudinger/*Artz* § 556c Rdn. 22, a. A. *Abramenko* § 4 Rdn. 7.

[234] Begründung zum MietRÄndG, BT-Drucks. 17/10485 S. 23.

[235] Weiter *Hinz* in Klein-Blenkers/Heinemann/Ring § 556c Rdn. 26.

[236] Staudinger/*Artz* § 556c Rdn. 23.

[237] Der Begriff wird uneinheitlich verwendet, zum einen mit Bezug auf das zweistufige Vertragsverhältnis zwischen Mieter und Vermieter sowie Vermieter und Contractor, wobei sich der Vermieter des Contractors zur Erfüllung seiner weiter bestehenden Versorgungspflicht bedient, (BGH (VIII ZR 286/02) NZM 2003, 757 mit Verweis auf *Eisenschmid* WuM 1998, 449), *Niesse/Wiesbrock* NZM 2013, 529 (531), zum

versorgt von diesem Standort aus mehrere selbständige Gebäude und damit ein Wärmenetz i. S. d. 2. Alt. Weist die bestehende Anlage einen Jahresnutzungsgrad von mindestens 80% auf, ist unter ihrer Beibehaltung die Umlage von Kosten der **Verbesserung der Betriebsführung** (§ 556c Abs. 1 Satz 2 BGB), insbesondere durch „Energie-Effizienz-Management"[238] möglich. Hier kann die Anlage im Eigentum des Vermieters verbleiben.[239] Das Merkmal der „**Eigenständigkeit**" der gewerblichen Wärmelieferung ist in der Gesetzesbegründung nicht definiert. Zutreffend wird darauf abgestellt, dass der Wärmelieferant das wirtschaftliche Risiko des Anlagenbetriebs selbst und insbesondere unabhängig vom Vermieter tragen muss.[240] Der Gesetzgeber verspricht sich von dem Contracting eine Steigerung der Energieeffizienz, die nur dadurch herbeigeführt werden kann, dass der Anbieter aus wirtschaftlichen Gründen u. a. durch Modernisierungen ein optimales Preis-Leistungs-Verhältnis anstrebt. Dadurch wird nicht nur eine tatsächliche Angebotssituation geschaffen, die dem Vermieter eine Auswahlentscheidung ermöglicht,[241] auch im laufenden Vertragsverhältnis unterliegt der Anbieter nur dann einem tatsächlichen Konkurrenzverhältnis. Die bloße Auslagerung der Wärmelieferung in eine wirtschaftlich in die Vermietungsgesellschaft eingebundene Tochterfirma ist daher nicht ausreichend.

109 Der Vermieter hat dem Mieter die Umstellung gem. § 556c Abs. 2 BGB spätestens drei Monate vorher in Textform (§ 126b BGB) anzukündigen. Der Inhalt der **Ankündigung** ergibt sich aus § 11 Abs. 2 der auf Basis der in § 556c Abs. 3 BGB enthaltenen Verordnungsermächtigung erlassenen Wärmelieferungsverordnung (WärmeLV).[242] Danach ist dem Mieter nicht nur oberflächlich[243] mitzuteilen, welche Art von Wärmelieferung (Nah- oder Fernwärme bzw. Betriebsführungscontracting[244]) der Vermieter in Anspruch nehmen möchte, in welchem Umfang eine Effizienzsteigerung hierdurch voraussichtlich eintreten wird, ferner das Ergebnis des Kostenvergleichs nach §§ 8 ff. WärmeLV und der voraussichtliche Zeitpunkt der Umstellung. Schließlich sind dem Mieter die mit dem Wärmelieferanten vertraglich vereinbarten Preise und – so vorhanden – das Bestehen von Preisänderungsklauseln mitzuteilen. Ein **Verstoß gegen die Ankündigungspflicht** steht der Umstellung selbst jedoch nicht entgegen, sondern führt gem. § 11 Abs. 3 WärmeLV dazu, dass die Einwendungsfrist

---

anderen mit Bezug auf die in dem Haus selbst befindliche Anlage, die vom Contractor betrieben, aber nicht an diesen lediglich verpachtet wird, *Lützenkirchen* in Lützenkirchen § 556c Rdn. 31, schließlich für die Wärmelieferung *Milger* NZM 2008, 1 (8) bzw. das Wärmecontracting als solches *Häublein* in MünchKomm § 535 Rdn. 79.
[238] *Zehelein* NZM 2014, 649.
[239] *Zehelein* NZM 2014, 649 (661); a. A. *Lammel* § 1 HeizKV Rdn. 72.
[240] *Brahms/Schmitt* CuR 2016, 108 (114).
[241] *Lammel* in Schmidt-Futterer § 556c Rdn. 21.
[242] Umfassend *Pfeifer* DWW 2014, 15.
[243] *Pfeifer* DWW 2014, 15 (16).
[244] *Pfeifer* DWW 2014, 15 (16).

des § 556 Abs. 3 Satz 5 BGB frühestens mit Erhalt einer ordnungsgemäßen Ankündigung zu laufen beginnt.[245]

110 Die Umstellung muss gem. § 556c Abs. 1 Satz 1 Nr. 1 BGB zu einer **Effizienzverbesserung** führen, wobei Streit besteht, ob es dabei um die Einsparung von End-[246] oder Primärenergie[247] gehen soll, wobei die Begründung zur WärmeLV beide Möglichkeiten aufzählt.[248] Da die Gesetzesbegründung zu dem Umfang der Verbesserung keine Vorgaben enthält,[249] wird angenommen, dass die Verbesserung zu einer Mindesteffizienz im Umfang eines Jahresnutzungsgrades von 80 % zu führen hat. Wird dieser Wert bereits erreicht – wie insbesondere in den Fällen des § 556c Abs. 1 Satz 2 BGB – soll sich die Effizienzsteigerung an den Vorgaben des § 3 des Gesetzes über Energiedienstleistungen und andere Energieeffizienzmaßnahmen (EDL-G) vom 4.11.2010[250] in Verbindung mit den hierzu ergangenen Energiespar-Richtwerten orientieren.[251]

111 Im Zuge der Umstellung muss gem. § 556c Abs. 1 Satz 1 Nr. 2 BGB das Prinzip der **Kostenneutralität** gewahrt werden.[252] Dadurch wird der Mieter davor geschützt,[253] durch die Umstellung höheren Betriebskosten ausgesetzt zu werden. Die Vermutung, dass hierüber auch dem Problem der verdeckten Nettomieterhöhung durch Auslagerung der Instandhaltungs- und Instandsetzungskosten begegnet werden solle,[254] ist der Gesetzesbegründung nicht zu entnehmen und wird auch faktisch nicht erreicht. Problematisch bei der Kostenberechnung ist, dass der tatsächliche Kostenanfall in der Regel erst nach einem längeren Zeitraum aussagekräftig beurteilt und darüber die Wahrung des Neutralitätsprinzips festgestellt werden kann. Daher erfolgt die Berechnung nach §§ 8 ff. WärmeLV, und zwar auf Basis der bisherigen Verbrauchswerte (§ 9 WärmeLV) und deren Nachberechnung bei Inanspruchnahme von Wärmelieferung (§ 10 WärmeLV). Das bezieht sich grundsätzlich nur die **erstmalige Umstellung,** der Abschluss nachfolgender Wärmelieferungsverträge fällt nicht hierunter, unterliegt jedoch dann dem betriebskosten-

---

[245] AG Linz am Rhein WuM 2017, 531.
[246] *Eisenschmid* WuM 2013, 393 (397), weiter aber *Pfeifer* DWW 2014, 15 (16), der von einem und/oder-Verhältnis ausgeht, a. A. *Hinz* in Klein-BlenkersHeinemann/Ring § 556c Rdn. 39.
[247] *Wall* Rdn. 2458.
[248] Begründung zur WärmeLV BAnz AT 20.6.2013 B2 S. 5.
[249] Das Tatbestandsmerkmal wurde von der Bundesregierung zunächst nicht gefordert (BT-Drucks. 17/10485 S. 23) und ist erst durch den Entscheidungsvorschlag des Rechtsausschusses des Bundestages aufgenommen worden, um die Erforderlichkeit der Bewirkung eines Effizienzgewinns im Zuge der Umstellung zu unterstreichen (BT-Drucks. 17/11894 S. 23).
[250] BGBl. I 2010 S. 1483, zuletzt geändert durch Art. 2 Abs. 8 G v. 17.2.2016 I 203.
[251] *Lammel* in Schmidt-Futterer § 556c Rdn. 25, *ders.* § 1 HeizKV Rdn. 75.
[252] Zur Berechnung *Heix* NZM 2015, 565 (571), *Hinz* in Klein-Blenkers/Heinemann/Ring § 556c Rdn. 47 ff., *Wall* Rdn. 2464 ff., *ders.* WuM 2014, 68.
[253] Begründung zum MietRÄndG, BT-Drucks.17/10485 S. 23.
[254] *Hinz* in Klein-Blenkers/Heinemann/Ring § 556c Rdn. 4.

rechtlichen Wirtschaftlichkeitsgebot.[255] Der erste Wärmelieferungsvertrag kann nach dem Willen des Verordnungsgebers[256] allerdings ein gem. § 134 BGB nichtiges Umgehungsgeschäft darstellen, wenn der Vermieter zunächst eine kurze Laufzeit des Wärmelieferungsvertrages wählt, um die Umstellung nach § 556c BGB vornehmen zu können, und danach den „eigentlichen" Vertrag abschließt, der den Mieter mit höheren Kosten belastet.[257]

Stellt der Vermieter auf Wärmelieferung um, obwohl das Gebot **der** **Kostenneutralität nicht gewahrt** ist (das kann insbesondere bei vermieteten Eigentumswohnungen auftreten, da die Eigentümer bei der Beschlussfassung über eine Umstellung nicht an § 556c BGB gebunden sind[258]), so darf er nach der Verordnungsbegründung weiter (fiktiv) über § 7 Abs. 2 HeizKV/§ 2 Nr. 4a BetrKV abrechnen und auch nur die insoweit umlagefähigen Kosten in die Abrechnung einstellen. Die Kosten der Wärmelieferung selbst sind dann nicht, auch nicht anteilig umlagefähig.[259] Dem wird jedoch das **Vorrangprinzip der HeizKV** entgegen gehalten. Dieses gelte auch gegenüber § 556c BGB, so dass jedenfalls im Anwendungsbereich der Verordnung dennoch nach der Form der Wärmeversorgung abzurechnen sei, die tatsächlich vorliegt. Das folge aus § 1 Abs. 1 HeizKV.[260] Diese Auffassung verkennt jedoch, dass § 1 Abs. 1 HeizKV nicht den Abrechnungsinhalt, sondern lediglich den Anwendungsbereich der Verordnung definiert. Über die Abrechnung selbst trifft sie keine Aussage. Das ist auch nicht erforderlich, da ihr Regelungsziel darin besteht, in Umsetzung der Richtlinie 2006/32/EG vom 5.4.2006 das Verhalten der Verbraucher hinsichtlich ihres Energieverbrauchs und ihrer Bereitschaft, Energiesparmethoden anzuwenden und energiesparende Geräte zu verwenden, zu beeinflussen.[261] Insofern laufen die Regelungsziele der HeizKV und des § 556c BGB gleich, da letzte Norm in Umsetzung des Energiekonzepts der Bundesregierung für eine umweltschonende, zuverlässige und bezahlbare Energieversorgung vom 28.9.2010[262] ein Instrument der Verbesserung der Energieeffizienz und

112

---

[255] *Hinz* in Klein-Blenkers/Heinemann/Ring § 556c Rdn. 45, *Lammel* § 1 HeizKV Rdn. 78, *Lützenkirchen* WärmeLV § 1 Rdn. 3, *Wall* Rdn. 2462, a. A. *Heix* NZM 2015, 565 (573).
[256] Siehe Begründung zur WärmeLV BAnz AT 20.6.2013 B2 S. 3.
[257] *Eisenschmid* WuM 2013, 393 (394), *Schmid* ZMR 2013, 776 (778), einschränkend bei sachlichem Grund: *Niesse/Wiesbrock* NZM 2013, 529 (534).
[258] *Schmid* CuR 2013, 64 (64), *ders.* CuR 2011, 51 (52).
[259] Begründung zum MietRÄndG, BT-Drucks. 17/10485 S. 23; *Lammel* in Schmidt-Futterer § 556c Rdn. 29, a. A. *Heix* WuM 2014, 511 (515): Die Abrechnung erfolgt über die Kosten der Wärmelieferung und wird auf die Höhe der fiktiv abgerechneten Kosten der Eigenversorgung gekappt, *ders.* anders aber wohl in NZM 2015, 565 (571).
[260] *Heix* WuM 2014, 511 (513).
[261] Vgl. Nr. (12) der Erwägungsgründe der Richtlinie.
[262] Begründung zum MietRÄndG, BT-Drucks. 17/3049.

damit ebenfalls der Energieeinsparung darstellt.[263] Zudem ändert sich bei der Umstellung auf Wärmelieferung an der verbrauchsbasierten Abrechnung nichts, so dass der maßgeblich hierin liegende Verordnungszweck[264] nach wie vor verfolgt wird. Das Vorrangprinzip der HeizKV greift daher für die Frage, welche Kosten in die Abrechnung eingestellt werden, nicht. Streitig ist weiterhin, ob die Kostenberechnung basierend auf der **alten**[265] oder der **neuen**[266] **Anlage** erfolgt. Die Lösung liefert einerseits § 5 WärmeLV. Danach hat der Vermieter in derartigen Fällen einen Anspruch gegen den Wärmelieferanten auf getrennte Ausweisung der nach §§ 7 Abs. 2 und 8 Abs. 2 HeizKV bzw. §§ 2 Nr. 4a, 5a und Nr. 6a BetrKV umlegbaren Betriebskosten. Richtiger Weise soll entsprechend § 328 BGB dem vermietenden Wohnungseigentümer ein ebensolcher Anspruch direkt zukommen.[267] Das ist erforderlich, wenn die Umstellung auf Wärmelieferung durch die Eigentümergemeinschaft erfolgt, das Neutralitätsgebot gegenüber dem Mieter jedoch nicht gewahrt ist. Inhaltlich bezieht sich der Anspruch auf die **konkrete (neue) Anlage**, da der Wärmelieferant nicht zur abstrakten Angabe der angesetzten Preise verpflichtet ist,[268] sondern zur Benennung der *„Bestandteile des Wärmelieferpreises"* und somit der konkret angefallenen Kosten einschließlich etwa des konkreten Brennstoffverbrauchs und der tatsächlich erforderlichen Wartung. Für eine Berechnung auf Grundlage der neuen Anlage spricht neben der Praktikabilität der Berechnung selbst zudem, dass der Vermieter zumindest berechtigt wäre, eine neue Anlage anzuschaffen und die hierdurch angefallenen Kosten nach § 7 Abs. 2 HeizKV/§ 2 Nr. 4a BetrKV umzulegen. Diese wären also in jedem Fall angefallen. Es besteht daher kein Grund, nicht die neue Anlage heranzuziehen, was im Übrigen dem ausdrücklichen Willen des Gesetzgebers entspricht, der sich von der Verwendung neuer Heizanlagen eine verbesserte Energieeffizienz verspricht.[269] Außerdem sind für den Mieter die über die Eigenversorgung umlegbaren Kosten bei neuen Anlagen aufgrund der höheren Effizienz

---

[263] Begründung zum MietRÄndG, BT-Drucks.17/10485 S. 23; hierzu *Lammel* in Schmidt-Futterer § 556c Rdn. 1f., *ders.* § 1 HeizKV Rdn. 55, *Zehelein* NZM 2014, 649 (660).

[264] BR-Drucks. 570/08 S. 7; BGH (VIII ZR 195/04) GE 2005, 1350 = NZM 2005, 908 = WuM 2005, 657 = ZMR 2005, 939; *Lammel* HeizKV § 1 Rdn. 1, *Zehelein* NZM 2014, 649 (656).

[265] *Abramenko* § 4 Rdn. 5.

[266] *Beyer* CuR 2012 48 (65), *Hinz* in Klein-Blenkers/Heinemann/Ring § 556c Rdn. 98, Staudinger/*Artz* § 556c Rdn. 35, *Wall* Rdn. 2507.

[267] *Beyer* CuR 2014, 4 (7), *Hinz* in Klein-Blenkers/Heinemann/Ring § 556c Rdn. 9, *Lützenkirchen* in Lützenkirchen § 556c Rdn. 3b.

[268] Die Verordnungsbegründung ist hier etwas missverständlich, da die von dem Wärmelieferanten auszuweisenden Kosten den *„Marktpreisen für gleichwertige Leistung"* entsprechen müssen (BAnz AT 20.6.2013 B2 S. 6). Demnach könnte auch eine Berechnung nach der alten Anlage unter Angabe aktueller Preise erfolgen, was sich jedoch im Wortlaut der Norm gerade nicht wiederfindet.

[269] Begründung zum MietRÄndG, BT-Drucks. 17/10485 S. 14 und 23.

meist gerade geringer als diejenigen bei der Verwendung älterer Anlagen.[270] Die unzulässige Umlage der Kosten der Wärmelieferung stellt jedoch nur einen materiellen Fehler der Abrechnung dar, der gem. § 556 Abs. 3 Satz 5 BGB von dem Mieter binnen der **Einwendungsfrist** zu rügen ist.

Folge der Umstellung nach § 556c BGB ist, dass der Mieter die Kosten der **Wärmelieferung als Betriebskosten** zu tragen hat. Ändert der Vermieter den Wärmebezug auf **Fernwärme** oder **Nahwärme**-Contracting, so kann der Vermieter den Wärmepreis nach § 7 Abs. 3 und 4 HeizKV/ § 2 Nr. 4c BetrKV umlegen.[271] Unklar ist die Folge einer Umstellung gem. § 556c Abs. 1 Satz 2 BGB auf eine **Verbesserung der Betriebsführung.** Die Gesetzesbegründung geht davon aus, dass der Vermieter nunmehr die Kosten des „Betriebsführungscontracting" ansetzen darf[272] und stützt dies auf die Verbesserung des Wirkungsgrades der vorhandenen Anlage durch Wartung und Steuerung.[273] Diese Vorgehensweise hat eine hohe praktische Relevanz, zumal sie günstiger als der Erwerb einer neuen Anlage ist. Nach einem Alter der Anlage von über 15 Jahren kann hierüber jedoch der erforderliche Jahresnutzungsgrad meist nicht mehr erreicht werden. Da die Begriffe zu allgemein sind[274] und das Betriebsführungscontracting keine eindeutige Definition aufweist, ist auf Nr. 4.4 der DIN 8930-5, also das technische Anlagenmanagement abzustellen.[275] Gem. Nr. 4.4.3 ist hiervon umfasst *„das Bedienen (Betätigen, Überwachen, Störungsbehebung) und das Instandhalten (Inspektion, Warten, Instandsetzen) für abgegrenzte technische Gewerke oder Anlagen".* Dadurch fallen Modernisierungsmaßnahmen aus der Umlage heraus, obwohl der primäre Zweck der Umstellung auf Wärmelieferung nach § 556c BGB in der Effizienzsteigerung liegt,[276] welche – auch bei Abs. 2 Satz 1 – tatbestandlich vorausgesetzt wird und auf der Erwartung fußt, dass der Wärmelieferant die Anlage modernisiert.[277] Die Umlagefähigkeit von Instandhaltungsmaßnahmen ist hingegen der Wärmelieferung vorbehalten und an sich bei Eigenversorgung ausgeschlossen, so dass § 556c Abs. 1 Satz 2 BGB für laufende Verträge eine Mischumlage zwischen beiden Versorgungsarten ermöglichen würde.[278] Vor diesem Hintergrund wird daher teilweise zu Recht gefordert, dass der Vermieter auch bei der Umstellung auf Betriebsführungscontracting die Anlage in das Eigentum des

113

---

[270] *Beyer* CuR 2012, 48 (65 f.).
[271] *Heix* WuM 2014, 511 (512), *Hinz* WuM 2014, 55 (64).
[272] Begründung zum MietRÄndG, BT-Drucks. 17/10485 S. 23.
[273] Begründung zum MietRÄndG, BT-Drucks. 17/10485 S. 14.
[274] *Schmid* ZMR 2013, 776 (779).
[275] *Wall* Rdn. 2402, *Eisenschmid* WuM 2008, 264 (267), *Zehelein* NZM 2014, 649 (654).
[276] *Herlitz* CuR 2013, 47 (47).
[277] *Milger* NZM 2008, 1 (2).
[278] *Zehelein* NZM 2014, 649 (662).

Contractors überführen[279] und von diesem den Brennstoff beziehen[280] muss, wovon auch die Gesetzesbegründung ohne nähere Erläuterung ebenfalls ausgeht.[281]

114 Eine **Duldungspflicht** des Mieters für ggf. erforderliche Umbaumaßnahmen folgt selbst nicht aus § 556c BGB,[282] ergibt sich jedoch regelmäßig aus § 555d Abs. 1 BGB.[283] Eine separate Ankündigung der Modernisierungsmaßnahme gem. § 555c Abs. 4 BGB ist im Regelfall entbehrlich, insbesondere wenn die Arbeiten an der Heizanlage im Keller außerhalb der Heizperiode durchgeführt werden, es sich also nur um eine unerhebliche Einwirkung auf das Mietobjekt handelt, und weil wegen der gebotenen Kostenneutralität nur eine unerhebliche Mieterhöhung zu erwarten ist.[284]

(f) Vertragsschluss mit dem Contractor

115 Es bleibt die Frage, ob der Vermieter den Mieter durch eine Formularklausel verpflichten darf, mit dem Contractor einen **selbstständigen Wärmelieferungsvertrag,** also einen Kaufvertrag, abzuschließen (sog. Fullcontracting). Dass die bloße Einschaltung eines Betreibers durch den Vermieter den Mieter nicht verpflichtet, seinerseits einen Versorgungsvertrag mit ihm abzuschließen, liegt auf der Hand; aufgrund der Schutzwirkung des Vertrags zwischen Vermieter und Energielieferer hat der Mieter auch dann einen Anspruch auf Energielieferung gegen den Betreiber, wenn er nicht mit ihm kontrahiert.[285] Auch § 556c BGB verschafft dem Vermieter kein einseitiges Recht, den Mieter auf den Abschluss eines Direktvertrages mit dem Betreiber zu verweisen.[286]

Ist die Wärmeversorgung des Hauses schon bei Abschluss eines **neuen Mietvertrags** in dieser Weise organisiert, bestehen hiergegen **keine** durchgreifenden **Bedenken,** wenn der Vertrag den Hinweis an den Mieter enthält, dass er für den Bezug von Heizung und ggf. Warmwasser einen eigenen Liefervertrag mit dem Contractor abschließen muss, wie es in derartigen Fällen regelmäßig erfolgt.

Dasselbe gilt im **laufenden Mietverhältnis,** wenn ein Contractor die Anlage neu schuf oder modernisierte, sofern das Fullcontracting durch eine Formularklausel oder im Rahmen des Modernisierungsverfahrens

---

[279] *Lammel* in Schmidt-Futterer § 556c Rdn. 24, a. A. Staudinger/*Artz* § 556c Rdn. 34.
[280] BeckOK BGB/*Schlosser* § 556c Rdn. 5, allg. zum Brennstoffbezug im Rahmen des Betriebsführungscontracting *Beyer/Digmayer* Wirtschaft und Recht in Osteuropa 2011, 331 (332).
[281] Begründung zum MietRÄndG, BT-Drucks. 17/10485 S. 14.
[282] Begründung zum MietRÄndG, BT-Drucks. 17/10485 S. 22.
[283] *Eisenschmid* jurisPR-MietR 9/2013 Anm. 1.
[284] *Eisenschmid* WuM 2013, 393 (396); davon geht auch der Gesetzgeber für den Regelfall aus, vgl. Begründung zum MietRÄndG, BT-Drucks. 17/10485 S. 22.
[285] AG Erfurt WuM 2000, 259.
[286] *Lammel* in Schmidt-Futterer § 556c Rdn. 8, *Lützenkirchen* WärmeLV § 1 Rdn. 4.

vereinbart wurde;[287] die Einschränkungen durch die WärmeLV gelten hier nicht.[288] Die Sachlage unterscheidet sich nicht substantiell von derjenigen, dass der Mieter für die Lieferung von Strom und Gas für sein Mietobjekt einen direkten Vertrag mit dem Versorger abschließen muss, auch wenn die Energie zur Beheizung (Nachtstromspeicherheizung, Gastherme) oder Warmwasserbereitung (Durchlauferhitzer, Boiler) dient; die Kosten aus diesen Leistungen sind ebenso wie diejenigen aus der Beheizung in der Sache letztlich Lebenshaltungskosten.[289]

Ein Einwand gegen die uneingeschränkte Zulässigkeit derartiger formularvertraglicher Abreden geht allerdings dahin, dass es sich nicht um ein Fullcontracting mit der Freizeichnung des Vermieters von jeglicher Gewährleistung bei Schlechtlieferung oder vollständigem Ausfall des Betreibers (z.B. Insolvenz) handeln dürfe; hierdurch werde der Mieter unangemessen i.S. des § 307 Abs. 1 BGB belastet.[290] Zwar sind Strom- und Gaslieferanten allenfalls von temporären Lieferschwierigkeiten (z.B. bei Leitungs- oder Rohrbrüchen), kaum aber von Insolvenz betroffen, was bei der Vielzahl der nach Art und Größe sehr unterschiedlichen Betreiber von Heizanlagen anders liegt. Gleichwohl erscheint die Einschränkung nicht geboten, weil der Vermieter jedenfalls aus vertraglicher Nebenpflicht gehalten ist, bei nachhaltigen Lieferstörungen den Betreiber unverzüglich durch einen anderen zu ersetzen, um die vertragliche Nutzung sicherzustellen.[291] In diesem Fall schuldet der Vermieter nur die **Nutzungsmöglichkeit**, d.h. insbesondere das Leitungsnetz und die Anschlüsse im Mietobjekt. Derartige Vereinbarungen scheitern nicht daran, dass dem Mieter der Abschluss des Versorgungsvertrags mit einem bestimmten Drittbetreiber vorgeschrieben wird, weil eine Konkurrenz von Drittbetreibern schon aus technischen Gründen aufgrund des einheitlichen Leitungsnetzes ausgeschlossen ist, wie es bei zentraler Heiz- und Warmwasserversorgung der Fall ist. **116**

(g) Mieterhöhung und Wärmelieferung

Als eine in der Praxis häufig außer Betracht gelassene Folge des Übergangs von Eigenerzeugung zur Wärmelieferung können sich **Probleme bei der allgemeinen Mieterhöhung** nach §§ 558 ff. BGB einstellen. Bei der Wärmelieferung ist dem Mieter nämlich evident **nur noch ein beheizbares Objekt** gestellt.[292] Wird die Wohnung von einem Betreiber mit Heizung und Warmwasser versorgt und trägt der Mieter aufgrund einer Vereinbarung mit dem Vermieter oder eines direkten Vertrags mit dem Betreiber die vollen Wärmelieferungskosten, bezahlt er im Grundpreis **117**

---

[287] A.A. LG Bonn WuM 2008, 565.
[288] *Lützenkirchen* WärmeLV § 1 Rdn. 4.
[289] *Sternel* PiG 40 (1993) S. 84 (86).
[290] *Derleder* NZM 2003, 737 (744).
[291] Vgl. *Blank* in Blank/Börstinghaus § 556 Rdn. 46.
[292] *Pfeifer* DWW 1996, 353 (356).

die Einrichtung der Anlage und deren Unterhaltung einschließlich der Reparaturen. Von den Heizrohren innerhalb des Gebäudes und den Heizkörpern in der Wohnung abgesehen beschafft er sich Beheizung und Warmwasser selbst. Die Situation bei der Wärmelieferung kann auch nicht mit der Beheizung durch Nachtspeicherheizgeräte oder Gastherme bzw. der Warmwasserversorgung durch Boiler oder Durchlauferhitzer gleichgestellt werden. Hier hat sich der Mieter nur die Energie zu besorgen und die Wartungskosten zu tragen, Installation, laufende Instandsetzung und Erneuerung bleiben Sache des Vermieters, der mit den entsprechenden Kosten belastet ist.

118 Allerdings wäre es **nicht** überzeugend, die **Wohnung** nur noch **als eine ohne Sammelheizung** einzuordnen, weil sie mit dem Fall vergleichbar sei, dass der Mieter die Ofenheizung z.B. durch eine Gasthermenheizung ersetzt.[293] Es ist anerkannt, dass diese Ausstattung im Rahmen von Mieterhöhungen nicht zugunsten des Vermieters zu veranschlagen ist (auch nicht nach langen Jahren), weil sie nicht auf einer vom Vermieter bezahlten Investition beruht.[294] Die Argumentation vernachlässigt, dass dabei die gesamte Installation vom Mieter stammt. Zugunsten des Vermieters bleibt im vorliegenden Zusammenhang zu berücksichtigen, dass immerhin die bauseitigen Versorgungseinrichtungen von ihm stammen, die den Komfort – Beheizung ohne manuelle Brennstoffzuführung – ermöglichen. Im Hinblick auf den für den Vermieter entfallenen Instandsetzungsaufwand, der den Hauptteil, die Heizanlage, betrifft, und seine damit im Vergleich zu der Mehrzahl der anderen Vermieter geringere Belastung sowie die nicht nur spiegelbildlichen, sondern durch den Gewinnanteil des Betreibers höheren Kosten für den Mieter ist die Wohnung daher zwar als mit Sammelheizung ausgestattet einzuordnen, aber mit einem **Abschlag von der ortsüblichen Vergleichsmiete** zu bewerten.[295] Ein im örtlichen Mietspiegel vorgesehener Abzug bei der Beheizung mit Fernwärme hat daher ebenso zu erfolgen, wenn die Wohnung mittels Wärmecontracting beheizt wird.[296]

bb) Kosten des Betriebs der zugehörigen Hausanlagen

(a) Fernwärme

119 Bei der Nutzung von Fernwärme schließen sich an das allgemeine Verteilnetz des Fernwärmelieferanten der **Hausanschluss** (§ 10 AVBFernwärmeV), die **Übergabestation** (§ 11 AVBFernwärmeV) und die **Kundenanlage** (§ 12 AVBFernwärmeV) an.

---

[293] So *Eisenschmid* WuM 1998, 449 (451 f.).
[294] BGH (VIII ZR 315/09) NZM 2010, 735 = WuM 2010, 569, BayObLG WuM 1981, 208.
[295] AG Flensburg (Abt. 62) WuM 2015, 507: € 0,17/m², AG Flensburg (Abt. 64) WuM 2015, 508: 0,22 €/m²; *Langenberg* WuM 2004, 375 (379); Mietspiegel der Stadt Gera 2002: Abschlag von € 0,50/m².
[296] AG Dortmund ZMR 2015, 454.

Der Hausanschluss beginnt an der Abzweigstelle des Verteilnetzes und endet in der Regel nach der Hauseinführung hinter den Absperrarmaturen an der Wärmeübergabestelle. **Bei direktem Anschluss** an die daran folgende Kundenanlage ist die Trennung zwischen der Anlage des Fernwärmelieferanten und derjenigen des Gebäudes unproblematisch. Auf Grund der hohen Vorlauftemperaturen im Verteilnetz erfolgt, wie inzwischen in der Regel, ein **indirekter Anschluss,** bei dem die Fernwärme mit Hilfe eines Wärmetauschers für die Kundenanlage genutzt wird. **Fraglich** ist, ob die Einrichtungen dieses Sekundärkreislaufes noch zur Anlage des Fernwärmelieferanten oder schon zur Kundenanlage gehören. Nach § 11 AVBFernwärmeV hat der Anschlussnehmer einen Raum zur Verfügung zu stellen (**„Übergabestation"**), in dem die *„Mess-, Regel- und Absperreinrichtungen, Umformer und weiteren technischen Einrichtungen"* untergebracht werden können. Die genannten technischen Einrichtungen gehören daher noch zur Betriebsanlage des Fernwärmelieferanten.[297] Seine Kosten aus Herstellung, Amortisation, Unterhaltung fließen daher in die **Kosten der Wärmelieferung** ein.[298] **120**

„Hausanlage" i.S. von § 7 Abs. 4 HeizKV ist damit die Kundenanlage i.S. des § 12 AVBFernwärmeV.[299] Sie umfasst insbesondere den **sekundären Kreislauf** des Wärmetauschers einschließlich Pumpen und Regelungstechnik. Nach § 7 Abs. 4 HeizKV dürfen allein die *„Kosten des Betriebs"* der Hausanlage, die in § 7 Abs. 2 HeizKV definiert sind, hier also aus Stromverbrauch und Wartung, umgelegt werden. Die Umlage von Herstellungskosten durch Anmietung oder Kauf auf Raten und etwaigem Reparaturaufwand kommt daher auch unter dem Aspekt nicht in Betracht, es handele sich um einen Teil der einheitlichen Kosten der Wärmelieferung.[300] **121**

Die Schwierigkeiten bei der Kostenabgrenzung beruhen in der Praxis darauf, dass die Fernwärmelieferanten auch komplette **„Hausanschlussstationen"** anbieten, mithin die Wärmeübergabestelle, die Wärmeübergabestation und die Kundenanlage, z.T. Hauszentrale genannt, wobei zumal bei Kompaktanlagen eine Abgrenzung nach Eigentumsanteilen nicht möglich ist. Dass der Fernwärmelieferant bei Lieferung einer Hausanschlussstation die zusätzlichen Kosten aus der Herstellung und Unterhaltung der Kundenanlage in Rechnung stellt, d.h. in den Wärmelieferungspreis einrechnet, versteht sich von selbst. Hierzu wird vertreten, dass die Mieter als Endnutzer die daraus folgende Mehrbelastung zu tragen hätten, weil dem Gebäudeeigentümer/Vermieter ein Bestimmungsrecht zustehe, ob der die Kundenanlage selbst oder durch den **122**

---
[297] *Burmeister/Kues* Anm. zu LG Gera ZMR 2001, 350 (352).
[298] A.A. *Wall* Rdn. 6008.
[299] *Pfeifer* Heizkosten S. 173.
[300] So aber AG Leipzig NZM 2009, 858 = WuM 2010, 428 (Abt. 163), AG München WuM 2002, 434.

Fernwärmelieferanten errichten lasse.[301] Dem Bestimmungsrecht ist zwar ohne weiteres zuzustimmen, indes nicht der daraus abgeleiteten Folge. Sie verstieße gegen den insoweit klaren Wortlaut des § 7 Abs. 4 HeizKV. Es wird daher zu Recht vertreten, dass die Kosten für Herstellung und Unterhaltung der Kundenstation (Hausanlage) vom Vermieter zu tragen sind.[302] Da die jeweiligen Wärmelieferungskosten mit bzw. ohne Stellung der Kundenanlage üblicherweise aus den Tarifen der Lieferanten zu entnehmen sind, dürften die ansatzfähigen Kosten durch Umrechnung zu ermitteln sein; im Rechtsstreit sollte dem Vermieter jedenfalls Gelegenheit gegeben werden, hierzu, ggf. mit Hilfe des Lieferanten, vorzutragen.

123 Soweit dem Gebäudeeigentümer **unmittelbare Kosten** aus dem Betrieb der **Kundenanlage** entstehen (z. B. Strom, Wartung), sind diese im Hinblick auf deren geringe Höhe[303] nach § 11 Abs. 1 Nr. 4 HeizKV nicht verbrauchsabhängig abzurechnen. Sie fallen damit aus den Kosten nach § 7 Abs. 2 HeizKV heraus. Hieraus wird abgeleitet, dass sie nur aufgrund einer ausdrücklichen vertraglichen Vereinbarung auf die Mieter umgelegt werden dürfen.[304] Diese Ansicht überzeugt für den Regelfall nicht, dass entweder Nr. 4 des Kostenkatalogs der Anl. 3 zu § 27 II.BV bzw. der BetrKV im Mietvertrag in Bezug genommen oder die Bestimmung im Mietvertrag wiederholt wurde. Danach sind die Strom- und Wartungskosten der Heizungsanlage ansetzbar und damit zugleich diejenigen, die auf die für den Betrieb der Zentralheizung notwendige Kundenanlage entfallen. Die Kosten der Kundenanlage sind **gesondert abzurechnen.** Da sie unabhängig vom Verbrauch der einzelnen Nutzer anfallen, bietet sich die Umlage nach den Flächenschlüsseln an.

124 *(einstweilen frei)*

(b) Nahwärme

125 Bei der Nahwärme wird die Wärme in der **im Gebäude** befindlichen **Heizungsanlage** produziert, zu der, soweit erforderlich, bereits die oben genannten technischen Einrichtungen zählen. Kosten für eine gesonderte Übergabestation fallen daher nicht an.

2. Warmwasserkosten

a) Grundlagen

126 § 8 HeizKV ist die **Grundvorschrift** für die Umlage der Kosten einer zentralen Warmwasserversorgung. Die Vorschrift regelt in Abs. 1 den

---

[301] *Burmeister/Kues* Anm. zu LG Gera WuM 2000, 681 = ZMR 2001, 350 (352).
[302] LG Gera WuM 2000, 681, AG Leipzig WuM 2010, 429 (Abt. 164); *Wall* Rdn. 6008.
[303] BR-Drucks. 494/88 S. 31.
[304] *Lammel* HeizKV § 7 Rdn. 129.

Umlageschlüssel, in Abs. 2 die umlagefähigen Kosten, in Abs. 3 die Verteilung der Kosten der Warmwasserlieferung und in Abs. 4 die umlagefähigen Kosten bei Warmwasserlieferung. Sie betrifft **nur separat betriebene Warmwasseranlagen**. Sobald eine **einheitliche Anlage** sowohl für die Beheizung als auch die Warmwasserbereitung vorhanden ist, bedarf es ergänzender Bestimmungen zur Aufteilung der Kosten. Diese enthält § 9 HeizKV.

b) Getrennte Warmwasseranlage (§ 8 HeizKV)

aa) Umlageschlüssel (§ 8 Abs. 1 HeizKV)

Die Kosten sind zwingend „*nach dem erfassten Warmwasserverbrauch*" zu verteilen, was den **Einbau von Erfassungsgeräten,** also mindestens eines Kaltwasserzählers am Warmwasseranschluss der Mietobjekte erfordert. Es können auch zwar Wasserzähler eingebaut werden, welche den Verbrauch an Wasser und dessen Temperatur zugleich ermitteln. Sie sind nur in elektronischer Ausführung zulässig und dadurch sehr teuer,[305] was ihren Einsatz grob unwirtschaftlich sein lässt. Geräte auf Verdunstungsbasis sind seit 1.1.1987 nicht mehr zulässig, für Altgeräte lief die Zulassung am 31.12.2013 ab (§ 12 Abs. 2 Nr. 1 HeizKV). Warmwasserkostenverteiler sind aufgrund ihrer hohen Erfassungsfehlerrate unzulässig, zumal eichfähige Warmwasserzähler verwendet werden können. Der Bestandsschutz für ältere Geräte ist am 31.12.2013 erloschen.[306]

127

Die Verteilung der Kosten getrennter Warmwasseranlagen hat sachlich wie die Verteilung der Heizkosten zu erfolgen. Zu den **Umlagemaßstäben** decken sich die Regelungen in § 8 Abs. 1 bzw. 3 HeizKV mit denjenigen in § 7 Abs. 1 bzw. 3 HeizKV bis auf den Unterschied, dass die Grundkosten nicht auch nach umbautem Raum berechnet werden dürfen. Dies versteht sich im Grunde von selbst, weil der umbaute Raum, anders als die Fläche, nicht einmal einen tendenziellen Bezug zur Anzahl der Nutzer und damit Verbraucher hat. Die besondere Regelung für bestimmte Gebäude und Heizanlagen in § 7 Abs. 1 Satz 2 HeizKV ist für die Warmwasserversorgung nicht relevant.

128

Wichtig ist festzuhalten, dass die **Grundkosten nach der Wohn- oder Nutzfläche** zu verteilen sind. Da die HeizKV nach § 2 Vorrang vor abweichenden rechtsgeschäftlichen Bestimmungen hat, ist in ihrem Geltungsbereich die Vereinbarung einer Umlage der Warmwasserkosten **nach anderen Maßstäben unzulässig,** etwa nach Personenzahl,[307] m^3,[308] oder Haushalten.[309]

129

---

[305] *Wien* in Kreuzberg/Wien 10.1.1.4.1.
[306] *Wien* in Kreuzberg/Wien 10.1.1.4.1.
[307] LG München I ZMR 1987, 339 (LS), AG Kassel WuM 2000, 37.
[308] *Lammel* HeizKV § 8 Rdn. 27.
[309] *Sternel* PiG 23 (1986) S. 55 (76).

bb) Umlagefähige Kosten

(a) Grundsätze

130 Nach § 8 Abs. 2 HeizKV sind die **Kosten der Wasserversorgung** umlagefähig, sofern sie nicht gesondert abgerechnet werden. Nach § 8 Abs. 2 Satz 2 HeizKV gehören zu den Kosten der Wasserversorgung *„die Kosten des Wasserverbrauchs, die Grundgebühren und die Zählermiete, die Kosten der Verwendung von Zwischenzählern, die Kosten einer hauseigenen Wasserversorgungsanlage und einer Wasseraufbereitungsanlage einschließlich der Aufbereitungsstoffe"*.

131 § 8 Abs. 2 Satz 1 HeizKV verweist für die **Kosten der Wassererwärmung** auf § 7 Abs. 2 HeizKV. Die Beschreibung der Kosten der Wasserversorgung entspricht weitgehend derjenigen in **§ 2 Nr. 2 BetrKV**. Es fehlen zwar die auf Wohnungswasserzähler und Wassereinsparung durch Wassermengenregler zugeschnittenen Passagen, was jedoch unschädlich ist, weil § 2 Nr. 5a) BetrKV auf Nr. 2 verweist; es kann daher auf die Ausführungen zu Nr. 2 (s. A Rdn. 50 ff.) Bezug genommen werden. Zu den umlagefähigen **Eichkosten** für Warmwasserzähler ist auf deren Eichgültigkeit von nur 5 Jahren (Kaltwasserzähler 6 Jahre) hinzuweisen.

132 Es ist darauf zu achten, dass das **verbrauchte Wasser nicht doppelt**, zugleich in der Wasser- und der Heizkostenabrechnung, erscheint. Der **Ansatz** von Abwasserkosten **in der Heizkostenabrechnung** ist zwar fehlerhaft,[310] weil sie allein über die *„Kosten der Entwässerung"* nach § 2 Nr. 3 BetrKV abzurechnen sind, jedoch unschädlich für die formelle Wirksamkeit der Abrechnung *(„Nullsummenspiel")*.[311] Dies gilt jedoch nur, wenn sie nicht falsch nach den Umlageschlüsseln angesetzt wurden, die nach der HeizKV anzuwenden sind.

133 Es ist **zweckmäßig,** auch dann den **gesamten Wasserverbrauch in die Betriebskostenabrechnung** zu ziehen, **wenn separate** Kalt- und Warmwasserzähler in den Mietobjekten installiert sind. In der Heizkostenabrechnung erfolgt dann nur die Umlage der Kosten für die Erwärmung des am Warmwasserzähler gemessenen Wasserdurchlaufs. Handelt es sich um ein gemischt genutztes Gebäude, in dem die Gewerbebetriebe in nicht nur unerheblichem Umfang Warmwasser verbrauchen, ist eine Vorerfassung nach § 5 Abs. 2 Satz 2 HeizKV notwendig (s. hierzu auch Rdn. 225).

(b) Prüfung auf Legionellen
(aa) Grundlagen

134 Die **TrinkwV** 2001[312] wurde zuletzt mit Wirkung ab 9.1.2018 geändert.[313] Nach den Begriffsbestimmungen in § 3 TrinkwV ist unter **„Trinkwasser-**

---

[310] AG Aachen ZMR 2008, 383.
[311] BGH (VIII ZR 268/10) GE 2012, 126 = NZM 2012, 153 = WuM 2012, 254.
[312] Trinkwasserverordnung 2001 vom 21.5.2001, BGBl. I 959.
[313] Art. 1 VO zur Neuordnung trinkwasserrechtlicher Vorschriften vom 3.1.2018, BGBl. I S. 99.

Installation" die „*Gesamtheit der Rohrleitungen, Armaturen und Apparate [zu verstehen], die sich zwischen dem Punkt des Übergangs von Trinkwasser aus einer Wasserversorgungsanlage an den Nutzer und dem Punkt der Entnahme von Trinkwasser befinden.*" (§ 3 Nr. 3), unter „**gewerbliche Tätigkeit**" die „*unmittelbare oder mittelbare, zielgerichtete Trinkwasserbereitstellung im Rahmen einer Vermietung oder einer sonstigen selbständigen, regelmäßigen und in Gewinnerzielungsabsicht ausgeübten Tätigkeit.*" (§ 3 Nr. 10). Die TrinkwV **betrifft** daher nicht nur die Wasserversorgungsunternehmen, sondern **auch** den Eigentümer/**Vermieter**.

Nach § 14 Abs. 1 TrinkwV hat jeder Unternehmer oder sonstige Inhaber einer **zentralen Wasserversorgungsanlage,** in der sich eine Anlage zur Trinkwassererwärmung befindet, das Wasser **auf Legionellen** untersuchen zu lassen, **wenn** es sich um eine **Großanlage zur Trinkwassererwärmung** i. S. von § 3 Nr. 12 TrinkwV handelt. 135

– Dies ist der Fall bei Anlagen mit Speicher-Trinkwassererwärmer oder zentralem Durchfluss-Trinkwassererwärmer jeweils mit einem Inhalt von mehr als 400 l oder
– einem Inhalt von mehr als 3 l in mindestens einer Rohrleitung zwischen Abgang des Trinkwassererwärmers und Entnahmestelle; nicht berücksichtigt wird der Inhalt einer Zirkulationsleitung; ausgenommen sind entsprechende Anlagen in Ein- und Zweifamilienhäusern;
und
die Anlage **Duschen** oder andere Einrichtungen enthält, in denen es zu einer **Vernebelung des Trinkwassers** kommt (§ 14b Abs. 1 Nr. 3 TrinkwV).

Praktisch sind damit **alle Mehrfamilienhäuser mit zentraler Warmwasserversorgung** betroffen. So enthalten nur 6 m eines Rohres mit einem Durchmesser von 28 mm 3 l Wasser, bei einem Durchmesser von 18 mm sind es 15 m Rohr.

§ 14b Abs. 3, 4 TrinkwV bestimmt die **Häufigkeit** und den Umfang der Untersuchung mit mindestens alle 3 Jahre. **Umfang:** an mehreren repräsentativen Probentnahmestellen. 136

Das **Untersuchungsergebnis** ist nach § 15 Abs. 3 TrinkwV in eine **Niederschrift** mit festgelegtem Inhalt aufzunehmen, **innerhalb von zwei Wochen in Kopie dem Gesundheitsamt** zu übersenden und sodann mindestens 10 Jahre lang zur Verfügung zu halten. 137

Damit das **Gesundheitsamt** kontrollieren kann, ob den Vorschriften der TrinkwV nachgekommen wird, sind ihm nach § 13 Abs. 1 TrinkwV die Errichtung, die Wiederinbetriebnahme, die bauliche und betriebstechnische Veränderung sowie der Übergang des Eigentums oder des Nutzungsrechts an der Wasserversorgungsanlage innerhalb unterschiedlicher Fristen mitzuteilen. Die Verpflichtung zur unverzüglichen Anzeige jeder Großanlage in § 13 Abs. 5 der ersten Änderungsverordnung wurde in der zweiten Änderungsverordnung gestrichen. 138

(bb) Folgen

139 Es ist zwischen allgemeinen Handlungspflichten und den wiederkehrenden Untersuchungspflichten zu unterscheiden.

– Erfährt der Vermieter/Verwalter von Tatsachen, nach denen das **Trinkwasser nicht mehr einwandfrei** ist, hat er nach § 16 Abs. 3 TrinkwV alle notwendigen Untersuchungen und Abhilfemaßnahmen zu veranlassen; die dabei anfallenden Kosten sind **nicht umlagefähig**. Hier geht es um Aufwand aus einem konkreten Schadensfall, er dient allein der Mängelbeseitigung. Dies gilt ebenfalls für die Kosten einer **Nachbeprobung** und einer „**thermischen Reinigung**", indem die Warmwassertemperatur eine Zeit lang auf 70 °C erhöht wird. Diese Maßnahmen zeigen in aller Regel, dass die Anlage systemisch mangelhaft ist. Nach dem DVGW-Arbeitsblatt 551 hat die Temperatur am Warmwassereingang der Zirkulationsleitung in den Wasserspeicher immer 55 °C zu betragen und am Warmwasserausgang 60 °C, nur ganz kurzfristige Unterschreitungen sind zulässig. Werden diese Vorgaben nicht eingehalten, können sich im Übrigen erhebliche Schadensersatz- und Schmerzensgeldansprüche gegen den Vermieter ergeben.[314]

– Demgegenüber sind die Kosten der **jährlich wiederkehrenden Untersuchung** ohne weiteres Betriebskosten. Dies gilt auch für die Erstuntersuchung,[315] weil mit ihr das erste Untersuchungsintervall beginnt.

140 Die **Kosten der regelmäßigen Untersuchung** sind **nicht** nach § 2 Nr. 2 BetrKV umzulegen. In Nr. 2 können die Kosten nicht angesetzt werden, weil die Prüfung auf Legionellen **erst nach der Erwärmung** des Frischwassers angezeigt ist.

141 Vielmehr handelt es sich um **Kosten der Wassererwärmung** nach § 2 Nr. 5a)–c), 6a)–c) BetrKV, die auf die Grundnorm der Nr. 4a) BetrKV verweisen. Danach gehören zu den umlagefähigen Kosten die Kosten „*... der Überwachung der Anlage*" und „*der Prüfung ihrer Betriebssicherheit*". Dieser Kostenkatalog ist in § 7 Abs. 2 HeizKV wiederholt, auf ihn verweist § 8 Abs. 2 Satz 1 HeizKV. Um eine Überwachung bzw. Überprüfung der Betriebssicherheit der Anlage handelt es sich auch bei der Untersuchung des Warmwassers auf Legionellen.[316] Die Umlagefähigkeit der Kosten besteht mithin sowohl bei Warmwasserversorgungsanlagen, die unter die HeizKV fallen, wie auch bei nach § 11 HeizKV ausgenommenen Anlagen.[317] In der Wohnungseigentümergemeinschaft können die Kosten sämtlichen Eigentümern, nicht nur den vermietenden, auferlegt werden.[318]

---

[314] BGH (VIII ZR 161/14) GE 2015, 785 = WuM 2015, 412.
[315] *Pfeifer* TrinkwV Rdn. 210.
[316] Ebenso *Blümmel* GE 2011, 1396, *Lützenkirchen* in Lützenkirchen § 556 Rdn. 97, *Pfeifer* TrinkwV Rdn. 212; a.A. *Schmid* ZMR 2012, 10 (11): Sonstige Kosten i.S. von § 2 Nr. 17 BetrKV.
[317] *Pfeifer* TrinkwV Rdn. 213.
[318] LG Saarbrücken NJW-Spezial 2016, 291.

II. Abrechnungsfähige Kosten 609

cc) Kosten der Warmwasserlieferung und deren Verteilung

Nach § 8 Abs. 3 HeizKV gelten die Bestimmungen in Abs. 1 zur Verteilung der Kosten der zentralen Warmwasserversorgungsanlage ebenfalls für die Umlage der Kosten der Warmwasserlieferung. Zu diesen zählen auch die Kosten des Betriebs der zugehörigen Hausanlagen entspr. § 7 Abs. 2 HeizKV (s. hierzu Rdn. 119 ff.). **142**

c) Verbundene Warmwasseranlage (§ 9 HeizKV)

aa) Grundlagen

Wird Heiz- und Brauchwasser durch eine gemeinsame Anlage produziert, müssen die **einheitlich entstandenen Kosten getrennt** werden (§ 9 Abs. 1 Satz 1 HeizKV). Die Notwendigkeit erschließt sich bereits daraus, dass der Wärmeverbrauch wesentlich von der Größe des Mietobjekts bestimmt wird, der Verbrauch an Warmwasser hingegen von der Zahl der Nutzer.[319] Außerdem ist eine separate verbrauchsabhängige Heizkostenabrechnung anders nicht möglich. **143**

Die **für die Trennung erforderlichen Vorgaben** enthält § 9 HeizKV, wobei die in Satz 2 und 4 enthaltenen Formeln drucktechnisch irreführend sind.[320] Ob die Regelungen des § 9 HeizKV a. F. oder diejenigen des § 9 HeizKV n. F. anzuwenden sind, richtet sich nach dem betroffenen Abrechnungszeitraum. Für die Abrechnungszeiträume, die am 1.1.2009 noch liefen, galt § 9 HeizKV a. F. Für alle anderen, insbesondere also die nach dem Kalenderjahr aufgemachten Abrechnungen, gilt seitdem die neue Fassung. **144**

Nach beiden Fassungen des § 9 Abs. 1 Satz 4 HeizKV ergibt sich *„der Anteil der zentralen Anlage zur Versorgung mit Wärme aus dem gesamten Verbrauch nach Abzug des Verbrauchs der zentralen Warmwasserversorgungsanlage".* Dies bedeutet, dass stets **vorab die Kosten für die Bereitung des Warmwassers** zu ermitteln sind. **145**

Soweit auf das **Warmwasser besondere Kosten** entfallen, wie etwa Stromkosten für die Pumpe einer Zirkulationsleitung, sind diese nach § 9 Abs. 1 Satz 3 HeizKV beider Fassungen dem nach dem anteiligen Verbrauch errechneten Kostenanteil der Warmwasserbereitung hinzuzusetzen. Die „restlichen" Kosten machen sodann die Beheizungskosten aus. **146**

bb) Alte Abrechnungszeiträume

Gem. § 9 Abs. 1 Satz 2 HeizKV a. F. waren für die Kostentrennung die **Anteile am Energieverbrauch** (Brennstoff – oder Wärmeverbrauch) **auf-** **147**

---

[319] LG Hamburg Urt. v. 9.1.2018 – 334 S 31/16, BeckRS 2018, 1702; *Lammel* HeizKV § 9 Rdn. 1.
[320] *Lammel*, „Das Rätsel der Formeln in § 9 Abs. 2 Satz 2, 4 HeizkostenV", NZM 2010, 116.

zuteilen. Der Anteil der Warmwasserversorgung war nach § 9 Abs. 2 HeizKV a. F. am Brennstoffverbrauch, bei der Lieferung von Wärme, die im Gebäude mit Hilfe eines Wärmetauschers zur Versorgung mit Warmwasser genutzt wurde, nach § 9 Abs. 3 HeizKV a. F. am Wärmeverbrauch zu ermitteln. Allerdings konnte der jeweilige Brennstoffverbrauch bzw. der anteilige Wärmeverbrauch der Warmwasseranlage „*auch nach den anerkannten Regeln der Technik errechnet werden*".

148 Für den Fall, dass das verbrauchte **Warmwasser nicht gemessen** werden konnte, war nach § 9 Abs. 2 Satz 4 bzw. Abs. 3 Satz 5 HeizKV a. F. für Brennstoffverbrauch bzw. verbrauchte Wärmemenge ein Anteil von 18 % der insgesamt verbrauchten Brennstoffe/Wärmemenge zugrunde zu legen. Die Unmöglichkeit der Messung musste jedoch technische Gründe gehabt haben.[321] Dass mangels Wasserzähler nicht gemessen werden konnte, reichte nicht aus, weil der Vermieter gem. § 4 HeizKV zur entsprechenden Ausstattung der Anlage verpflichtet war (und ist). Auf den Pauschalwert durfte daher nur zurückgegriffen werden, wenn die Installation eines Zählers technisch ausgeschlossen war, was kaum vorstellbar war,[322] zumal sonst eher die Ausnahme von der Pflicht zur Abrechnung nach der HeizKV gem. § 11 Abs. 2 HeizKV in Betracht kam. Erst recht schied das Pauschalwertverfahren aus, wenn Zähler vorhanden waren, sie aber entweder nicht abgelesen wurden oder ihre Ergebnisse verloren gingen.[323] Im Regelfall beruhte die Anwendung des Pauschalwertes daher auf Gründen aus der Sphäre des Vermieters, der sich, ggf. partiell (dazu Rdn. 340), den Abzug von 15 % gem. § 12 Abs. 1 HeizKV gefallen lassen musste.

cc) Neue Abrechnungszeiträume

149 Nach **§ 9 Abs. 1 Satz 2 HeizKV n. F.** ist für die Bestimmung der jeweiligen Anteile für Heizwärme und Warmwasser **zu differenzieren** zwischen Anlagen mit **Heizkesseln** und eigenständiger gewerblicher **Wärmelieferung**. Soweit Anlagen weder durch Heizkessel noch durch Wärmelieferung versorgt werden, ist die Aufteilung nach den anerkannten Regeln der Technik vorzunehmen (§ 9 Abs. 1 Satz 5 HeizKV); diese Regelung betrifft z. B. geothermische Anlagen, kombinierte Heiz- und Solaranlagen[324] und KWK-Anlagen, welche die Abwärme aus der Stromerzeugung nutzen.

150 Nach **§ 9 Abs. 2 Satz 1 HeizKV** ist die auf die zentrale Warmwasserversorgungsanlage entfallende Wärmemenge (Q) seit dem 31.12.2013 mit einem **Wärmezähler** zu messen. Waren bereits zuvor Wärmezähler vorhanden, so müssen diese bei der Abrechnung verwendet werden, eine

---

[321] Vgl. AG Witten ZMR 2005, 209.
[322] *Lammel* WuM 2005, 762 (763).
[323] LG Freiburg WuM 1994, 397.
[324] Dazu ausführlich *Haupt* WuM 2014, 178.

II. Abrechnungsfähige Kosten

Anwendung des Abs. 2 Satz 2 ist insoweit ausgeschlossen.[325] Nach allgemeiner Ansicht gilt die Regelung **jedenfalls bei** Bezug von **Fernwärme**. Eine Ausnahme ist nach § 9 Abs. 2 Satz 2 HeizKV nur möglich, wenn die Messung der Wärmemenge einen *„unzumutbar hohen Aufwand"* verursachen würde (s. dazu Rdn. 153). Hier kann die Abgrenzung der Kosten der Warmwasserbereitung nach ihrem Brennstoffanteil an den gesamten Brennstoffkosten anhand bestimmter Formeln[326] vorgenommen werden. Eine Abrechnung nach § 9 Abs. 2 HeizKV entgegen der Pflicht zur Erfassung mit einem Wärmemengenzähler begründet kein Kürzungsrecht nach § 12 Abs. 1 HeizKV,[327] weil die Abrechnung selbst entsprechend den verordnungsrechtlichen Vorgaben erfolgt.

§ 9 Abs. 3 HeizKV kommt zur Anwendung, wenn es sich um eine **Anlage mit Heizkesseln** handelt. Zur Ermittlung des Anteils für die Brauchwassererwärmung ist auf die erfasste Wärmemenge und den Heizwert des jeweils verbrauchten Brennstoffs abzustellen, die notwendigen technischen Angaben sind in der Vorschrift wiedergegeben. Die Möglichkeit des **Pauschalabzugs** von 18% (s. Rdn. 148) besteht für Abrechnungsperioden ab 1.1.2009 **nicht mehr;** hier ist vielmehr gem. § 9 Abs. 3 HeizKV nach den dort beschriebenen Gleichungen zu verfahren. Der Grund resultiert aus den inzwischen in hohem Maße durchgeführten Wärmedämmmaßnahmen an Gebäuden. Sie führen dazu, dass der Nutzwärmebedarf für die Warmwasserbereitung häufig schon deutlich über 20% liegt.

151

Streitig ist, ob sich die **Pflicht** zur Ausstattung mit einem Wärmezähler **auch auf Anlagen mit Heizkesseln** bezieht. Abweichend von der in der Vorauflage vertretenen Ansicht besteht die Einbaupflicht grundsätzlich auch bei Heizkesselanlagen.[328] Zwar ist die Reihenfolge der allgemeinen Bestimmung zur Ermittlung der Anteile an den einheitlich entstandenen Kosten in § 9 Abs. 1 Satz 2 HeizKV in § 9 Abs. 2 und 3 HeizKV nicht eingehalten, es ist jedoch § 9 Abs. 3 Satz 2 Nr. 1 HeizKV einzubeziehen. Danach ist die *„auf die zentrale Warmwasserversorgungsanlage entfallende Wärmemenge (Q) nach Abs. 2 in kWh"* zugrunde zu legen. Der Verweis auf Abs. 2 hat zur Folge, dass die dort getroffene Anordnung der grundsätzlichen Ermittlung der Wärmemenge mit einem Wärmezähler auch hier gilt. Dieses Ergebnis entspricht der Begründung der Verordnung; sie führt ohne Einschränkungen an, dass in die Gleichung nach § 9 Abs. 3 Satz 1 HeizKV die errechnete Wärmemenge aus § 9 Abs. 2 HeizKV einzusetzen ist.[329]

152

---

[325] LG Leipzig WuM 2017, 530; *Lammel* in Schmidt-Futterer § 9 HeizKV Rdn. 13.
[326] Zur Missverständlichkeit der Formeln ausführlich *Lammel* HeizKV § 9 Rdn. 24 ff.
[327] LG Berlin WuM 2017, 463, BeckRS 2017, 114552, a. A. LG Potsdam WuM 2018, 90, BeckRS 2017, 141418.
[328] Ebenso *Lammel* HeizKV § 9 Rdn. 29, *Wall* WuM 2013, 648 (649), WuM 2009, 3 (11 ff.), *Wasser/Zipp/Kommer* HKA 2011, 17; a. A. *Pfeifer* Heizkosten S. 200.
[329] BR-Drucks. 570/08 S. 17.

153 Fraglich ist die Bestimmung des *„unzumutbar hohen Aufwands"*. Nach der Begründung der Vorschrift[330] kann dies z. B. der Fall sein, wenn *„die Anbringung der Messgeräte aus baulichen oder technischen Gründen unverhältnismäßig hohe Kosten verursachen würde"*. Zu den **baulichen und technischen Gründen** zählen ohne Weiteres erhebliche Umbauarbeiten an der Heizkesselanlage oder der Fernwärmeübergabestation, um überhaupt den Platz für den sachgerechten Einbau eines Wärmezählers zu schaffen, etwa wenn es sich um eine kompakte Anlage handelt oder bei Schicht- und Pufferspeichern mit Heizungswasser; da nur die Installation eines Wärmezählers vorgeschrieben ist, dürfte zum unzumutbar hohen Aufwand auch die Notwendigkeit von mehr als einem Wärmezähler gehören.[331] Da die Begründung zur Verordnung bauliche oder technische Gründe nur beispielhaft nennt, sind auch die **Kosten** des Einbaus sowie die Folgekosten zu berücksichtigen. Ob diese sich zu einer unverhältnismäßigen Höhe summieren, ist anhand der zu § 11 Abs. 1 Nr. 1b HeizKV geltenden Grundsätze zu ermitteln (s. Rdn. 315 ff.); es bietet sich an, auf die durch die Verordnung vorgegebene Definition zurückzugreifen und nicht eine neue zu schaffen durch einen Vergleich der Einbau- und Folgekosten des Wärmezählers mit den Kosten der Warmwasserbereitung oder den gesamten Wärmekosten für Heizung und Warmwasser. Auf dieser Grundlage sind die bisherigen Kosten für die Ausstattung mit Heizkostenverteilern nebst Ablesung und Abrechnung und die Kosten für den Einbau des Wärmemengenzählers nebst Folgekosten zu addieren, es ist also eine Gesamtkostenbetrachtung anzustellen. Übersteigen die summierten Kosten den Kostenrahmen des § 11 Abs. 1 Nr. 1b HeizKV, ist ein unzumutbarer Aufwand anzunehmen, wenn nicht, ist die Einbaupflicht zu erfüllen.

154 § 9 Abs. 2 Satz 1, Abs. 3 Satz 2 Nr. 1 HeizKV trifft eine eindeutige Anordnung, die **Anschaffungs- und Installationskosten** zur Folge hat. Es handelt sich mithin um eine bauliche Maßnahme, deren Grund der Vermieter nicht zu vertreten hat und die damit in den Regelungsbereich des § 559 BGB fällt.[332] Der Vermieter kann daher, sofern er und nicht ein Dritter der Bauherr war, bislang 11 % der Kosten auf die Mieter umlegen. Da die Maßnahme alle Wohnungen gleichermaßen betrifft, ist für die Umlage der Flächenschlüssel maßgeblich.

---

[330] BR-Drucks. 570/08 S. 16.
[331] A. A. *Wall* WuM 2009, 3 (12), WuM 2013, 648 (653), der zwei Wärmezähler als notwendig betrachtet, weil anders die Verluste aus Erzeugung und Bereitstellung der Wärme allein dem Heizungsanteil zugerechnet werden.
[332] Ebenso *Kinne* GE 2009, 492 ff.

III. Umlageschlüssel für Heizkosten

1. § 7 Abs. 1 HeizKV

a) § 7 Abs. 1 Satz 1 HeizKV

aa) Grundsätze

§ 7 Abs. 1 HeizKV gibt dem Vermieter **grundsätzlich** das Recht, zwischen einem **Anteil** von 50% bis zu 70% der Gesamtkosten **verbrauchsabhängig** abzurechnen[333] und den jeweiligen **restlichen Anteil** sodann nach der Wohn- oder Nutzfläche oder dem umbauten Raum, also **verbrauchsunabhängig,** umzulegen. Verbrauchsanteile von mehr als 70% können einseitig vom Vermieter nicht zugrunde gelegt werden, sind aber nach § 10 HeizKV aufgrund einer entsprechenden Vereinbarung mit allen Mietern zulässig (s. Rdn. 192). 155

Die zu einer Wirtschaftseinheit und als **Abrechnungseinheit** der zentralen Heizungs- und Warmwasserlieferung zusammengefassten Gebäude sind Grundlage des anteiligen, auf die Wohnungen bezogenen Abrechnungsmaßstabs. Ein Anspruch des Mieters auf Ausstattung der Gebäude mit zusätzlichen Wärmemengenzählern besteht nicht.[334] 156

bb) Änderung des Umlageschlüssels (§ 6 Abs. 4 HeizKV)

Soweit nicht die nachfolgend (Rdn. 158) beschriebene Ausnahme eingreift, ist dem Vermieter durch die Änderung in § 6 Abs. 4 HeizKV ein **leichterer Wechsel** des Umlageschlüssels **für zukünftige Abrechnungszeiträume** (§ 6 Abs. 4 Satz 3 HeizKV) möglich. Die bisherige Einschränkung auf einen einmaligen Wechsel bis zum Ablauf von drei Abrechnungszeiträumen ist weggefallen. Nach § 6 Abs. 1 Satz 2 Nr. 3 HeizKV darf der Abrechnungsmaßstab *„aus anderen sachgerechten Gründen"* auch nach dessen erstmaliger Bestimmung geändert werden. Als derartige sachgerechte Gründe kommen z. B. die Beseitigung unbilliger Folgen des bisherigen Umlagemaßstabs,[335] bei vermieteten Eigentumswohnungen die Harmonisierung des Abrechnungsmaßstabs mit einem von der WEG geänderten[336] oder bei unklarer Sachlage die vorsorgliche Anwendung des Schlüssels nach § 7 Abs. 1 Satz 2 HeizKV[337] in Betracht. Die Änderung erfolgt durch *„Erklärung gegenüber den Nutzern".* Eine bestimmte Form ist daher nicht vorgeschrieben, schon aus Beweisgründen sollte aber jedenfalls die Textform nach § 126b BGB eingehalten sein. 157

---

[333] Für den Regelfall gegen höhere Verbrauchsanteile als 50% aus technischer Sicht *Peters* NZM 2002, 1009 (1014).
[334] BGH (VIII ZR 151/10) GE 2011, 477 = WuM 2011, 159 = ZMR 2011, 458.
[335] *Lammel* HeizKV § 6 Rdn. 97.
[336] *Pfeifer* Heizkosten S. 113.
[337] *Pfeifer* Heizkosten S. 114.

158 Eine **Ausnahme** gilt für einen zwingenden **Wechsel des Umlageschlüssels nach § 7 Abs. 1 Satz 2 HeizKV.** Die erstmalige Bestimmung des Wärmeverbrauchs durch den Vermieter nach den anerkannten Regeln der Technik gem. § 7 Abs. 1 Satz 3, 4 HeizKV i. V. mit VDI Richtlinie 2077 Blatt 3.5 (vormals Beiblatt „*Verfahren zur Berücksichtigung der Rohrwärmeabgabe*", siehe Rdn. 174 f.) unterliegt **keiner Ankündigungspflicht,** denn sie betrifft nicht die Verteilung der Heizkosten anhand eines bestimmten Abrechnungsmaßstabs, sondern die davon zu unterscheidende Ermittlung des Verbrauchs.[338] Die Mitteilung erfolgt durch die Heizkostenabrechnung. Da der Wechsel für die Zeiträume ab 1.1.2009 zwingend ist, kommt eine beschränkte Wirkung wie nach § 6 Abs. 4 Satz 3 HeizKV nur auf künftige Abrechnungszeiträume nicht in Betracht. Es handelt sich um eine Anordnung, die über § 2 HeizKV anderen Bestimmungen im Mietvertrag vorgeht.

159 Von der erleichterten Umstellung des Verteilerschlüssels können die Wohnungseigentümer einer **WEG** gem. § 16 Abs. 3 WEG durch einfachen Mehrheitsbeschluss auch dann Gebrauch machen, wenn zuvor einstimmig eine andere Kostenumlage beschlossen worden war; er ist auch dann wirksam, wenn er noch unter Geltung der alten Fassung des § 6 Abs. 4 HeizKV gefasst worden, aber erst für die Abrechnungsperiode ab 1.1.2009 bestimmt war.[339] In der Zeit nach dem 1.1.2009 rückwirkend beschlossene Änderungen des Umlageschlüssels wären unwirksam, weil sie nicht den Grundsätzen einer ordnungsgemäßen Verwaltung entsprächen.[340]

b) § 7 Abs. 1 Satz 2–5 HeizKV

aa) § 7 Abs. 1 Satz 2 HeizKV

(a) Grundsätze

160 Mit Wirkung für **Abrechnungszeiträume,** die **mit dem 1.1.2009** begannen (§ 12 Abs. 6 HeizKV), gilt eine **Ausnahme** für die in § 7 Abs. 1 Satz 2 HeizKV beschriebenen Heizanlagen, nämlich solche
- in Gebäuden, die das Anforderungsniveau der **Wärmeschutzverordnung** vom 16.8.1994 **nicht** erfüllen,
  die mit einer **Öl- oder Gasheizung** versorgt werden und
- in Gebäuden, in denen die freiliegenden Leitungen der Wärmeverteilung **überwiegend gedämmt** sind.

Hier ist ein **Verbrauchsanteil von 70% zwingend,** wenn die vorgenannten Voraussetzungen **kumulativ** vorliegen. Dies gilt auch für eine WEG. Jeder Wohnungseigentümer kann daher die Umlage zu 70% nach erfasstem Verbrauch verlangen, wenn die die tatbestandlichen Voraus-

---

[338] BGH (VIII ZR 193/14) GE 2015, 781 = NZM 2015, 589 = WuM 2015, 423 = ZMR 2015, 704.
[339] BGH (V ZR 221/09) NZM 2010, 707 = WuM 2010, 591.
[340] BGH (V ZR 202/09) WuM 2010, 524 (m. Bespr. *Lammel* WuM 2010, 735).

III. Umlageschlüssel für Heizkosten

setzungen des § 7 Abs. 1 Satz 2 HeizKV erfüllt sind; entgegenstehende Beschlüsse einer Mehrheit der Wohnungseigentümer entsprechen nicht ordnungsgemäßer Verwaltung.[341]

Fällt eine Alternative in der Folgezeit weg, etwa durch den Anschluss an das Fernwärmenetz oder eine Wärmedämmung der Fassaden, ist mit Beginn der folgenden Abrechnungszeitraums (§ 6 Abs. 4 Satz 3 HeizKV) wieder das Wahlrecht des Vermieters aus § 7 Abs. 1 Satz 1 HeizKV maßgeblich. **161**

Gebäude mit einem verbesserten Wärmeschutz sind ausgenommen, weil hier nur verringerte Energiekosten anfallen, so dass der Anteil der verbrauchsunabhängigen Kosten, die der Nutzer nicht durch sein Verhalten beeinflussen kann, an den Gesamtkosten steigt; ein zwingender Verbrauchsanteil von 70% wäre daher nicht gerechtfertigt. Die **Beschränkung auf mit Öl oder Gas** versorgte Anlagen hat den Grund, dass bei bestimmten Versorgungsarten hohe Grundkostenanteile anfallen, etwa bei Fernwärme bis zu 45%, denen mit einem festen Anteil für die verbrauchsunabhängigen Kosten in Höhe von 30% nicht Rechnung getragen würde. **162**

(b) Anreiz zu sparsamem Verbrauchsverhalten

Mit der Beschränkung auf Gebäude mit geringem Wärmeschutz sollen die Nutzer zu **sparsamem Verbrauchsverhalten** angehalten werden.[342] Dies ist, und zwar schon nach dem zugrundeliegenden Gutachten der Technischen Universität Dresden, Institut für Technische Gebäudeausrichtung,[343] **nicht überzeugend.**[344] **163**

Die **3. Wärmeschutzverordnung 1994** forderte im ersten Abschnitt für Neubauten eine Begrenzung des Jahres-Wärmebedarfs (§ 3) und stellte Anforderungen an die Dichtigkeit der umfassenden Gebäudeteile (§ 4). Der für die Praxis besonders wichtige 3. Abschnitt enthielt in § 8 die Regelungen zu baulichen Änderungen bestehender Gebäude, zum einen bei der Erweiterung um mindestens einen beheizten Raum oder der Erweiterung der Nutzfläche um mehr als 10 m², zum anderen bei erstmaligem Einbau, der Ersetzung oder Erneuerung von Außenwänden, außenliegenden Fenstern, Decken unter nicht ausgebauten Dachräumen oder Decken einschließlich Dachschrägen, Kellerdecken und Wänden oder Decken gegen unbeheizte Räume, sofern die jeweiligen Maßnahmen einen bestimmten Umfang überschritten. In den letztgenannten Fällen waren die Anforderungen gemäß Anlage 3 zur Verordnung einzuhalten. **164**

---

[341] AG Düsseldorf WuM 2011, 438.
[342] BR-Drucks. 570/08 S. 12.
[343] Kritisch hierzu im Einzelnen *Lammel* HeizKV § 7 Rdn. 30.
[344] *Wall* WuM 2009, 3 (6).

165 Diese Beschreibung macht deutlich, dass die Heizkosten nunmehr gerade in den **Gebäuden mit schlechtem energetischem Zustand** zu 70% nach Verbrauch abgerechnet werden müssen. Alle Fachleute sind sich darin einig, dass hier aus Gründen der Umlagegerechtigkeit nur eine Umlage 50% zu 50% sachgerecht ist, worüber sich der Verordnungsgeber indes hinweggesetzt hat. Ziel der Bestimmung ist, den **Anreiz** der Mieter **zum Energiesparen** zu erhöhen. Wenn die Beheizung eines älteren Gebäudes aufgrund des baualtersgemäß geringeren Wärmedurchlasswiderstands einen bestimmten Energieeinsatz erfordert, um in den Wohnungen ein einigermaßen behagliches Wohnen zu erreichen, ist für sparsames Verbrauchsverhalten indes wenig Raum. Haben schon die hohen Energiepreise der letzten Jahre häufig zu einem deutlich gedrosselten Wärmeverbrauch geführt, wird sich diese Entwicklung, wie von der Bundesregierung gewollt, noch verstärken.

166 Für die **Praxis** sind **die Folgen abzusehen**. So waren in Westdeutschland in den 80er Jahren des letzten Jahrhunderts in großem Umfang die einfach verglasten Fenster durch Fenster mit Isolierverglasung ersetzt worden, was zumal auf § 3 des Modernisierungs- und Einsparungsgesetzes beruhte. Auf den energetischen Zustand der Gebäude wurde dabei keine Rücksicht genommen, was eine Prozessflut wegen Schimmels in den Wohnungen auslöste. Die Zahl der Prozesse nahm in den 90er Jahren deutlich ab, seit einigen Jahren ist ausweislich der veröffentlichten Urteile wieder ein deutlicher Anstieg zu verzeichnen. Mag dieser Anstieg zunächst noch darauf zurückgeführt werden, dass etliche isolierverglaste Fenster der ersten Generation durch moderne mit enorm verbesserten Wärmedurchlasswiderständen ersetzt wurden, dürften inzwischen die hohen Energiekosten der Hauptgrund sein. Im Grunde ist es einem Mieter, der die technischen Zusammenhänge nicht kennt, nicht zu verdenken, wenn er nicht nur beim Heizen selbst, sondern auch beim Verlust warmer Raumluft durch Lüften äußerst sparsam vorgeht, zumal wenn ihn jetzt ein Anteil von 70% nach Verbrauch trifft. Löst der Mieter die Problematik der Einsparung von Heizenergie z. B. über wärmere Kleidung, zeigen sich schnell gravierend nachteilige Folgen. Sinkt nämlich die Temperatur an den Außenwänden, stellt sich alsbald Schimmelbefall ein, wenn nicht Raumtemperatur und relative Luftfeuchtigkeit ständig in einem optimalen Verhältnis gehalten werden; dies gilt zumal bei isolierverglasten Fenstern, die auch in älteren Gebäuden seit langem zum Standard gehören. Möglicherweise sollen die vorprogrammierten Beschwerden der Mieter den Vermieter veranlassen, die Fassaden des Gebäudes mit einer Wärmedämmung zu versehen, womit es indes auch nicht sein Bewenden hat. Bekanntlich stellt sich das Schimmelproblem auch bei sanierten hochgedämmten Gebäuden. Abhilfe ist nur durch den Einbau eines Lüftungssystems zu erzielen, dies wiederum effektiv nur mit einem Kreuz-Gegenstrom-Wärmetauscher, weil allein mit der Wärmerückgewinnung verhindert wird, dass die „kostbare" warme Raumluft schlicht nach außen befördert wird, was zulasten der Energiebilanz ginge. Die vom Nutzer in der Regel nicht abschaltbare Grundlüftung verbraucht durch den Ventilator ihrerseits Energie.

(c) Überwiegend gedämmte Leitungen

Die zusätzliche **Voraussetzung gedämmter Leitungen** beruht darauf, dass bei ungedämmten Leitungen erhebliche Verteilungsverluste auftreten, die der Mieter nicht beeinflussen kann und die daher nicht von seinem Verbrauchsverhalten abhängen, auf das durch die Vorschrift eingewirkt werden soll. **167**

Wann eine **Leitung** im Sinne des § 7 Abs. 1 Satz 2, 3 HeizKV **als gedämmt** anzusehen ist, ist nicht geregelt. Es ist davon auszugehen, dass die Dämmung nach dem jeweiligen Rohrdurchmesser gem. § 9 EnEV 2005 in Verbindung mit deren Anlage 5 bzw. gleichlautend nunmehr § 14 Abs. 5 EnEV 2014 in Verbindung mit Anl. 5 maßgeblich ist.[345] Nach anderer Meinung soll jegliche Art der Rohrverkleidung als Dämmung ausreichen;[346] dies überzeugt nicht, weil ein echter Dämmeffekt häufig nicht feststellbar ist. **168**

„*Freiliegend*" sind die Leitungen, wenn sie sichtbar über der Wand verlaufen,[347] also auch nicht im Estrich liegen.[348] Da auch ungedämmt unter Putz oder im Estrich verlaufende Leitungen Wärme abgeben, wird allerdings vertreten, dass jedenfalls § 7 Abs. 1 Satz 3 HeizKV auf diese Fälle analog anzuwenden ist,[349] was bei Satz 2 sinngemäß ebenso gelten müsste. Nach dem **BGH**[350] ist eine Analogie bei § 7 Abs. 1 Satz 3 HeizKV ausgeschlossen. Ihr steht der eindeutige Wortlaut der Vorschrift entgegen. Für eine Analogie fehlt es zudem bereits an einer Regelungslücke, jedenfalls aber an deren Planwidrigkeit, weil dem Verordnungsgeber die Differenzierung bekannt war. Das wird Satz 2 ebenso zugrunde zu legen sein. **169**

Ob zu den „*freiliegenden Leitungen*" im Sinne des § 7 Abs. 1 Satz 2 HeizKV auch die **horizontalen Verbindungsrohre** von der Steigeleitung zu den Heizkörpern im Mietobjekt gehören, ist **streitig**. Nach einer Ansicht bleiben sie **unberücksichtigt,**[351] zumal sie bei ausgestelltem Heizkörper kaum Wärme abgeben.[352] Nach anderer Ansicht sind sie mit ein-

---

[345] *Lammel* HeizKV § 7 Rdn. 25.
[346] *Lützenkirchen* in Lützenkirchen § 7 HeizKV Rdn. 30.
[347] *v. Brunn/Alter* in Kreuzberg/Wien 2.2.3.
[348] LG Frankfurt a. M. Urt. v. 2.10.2017 – 2/9 S 112/16, BeckRS 2017, 133790.
[349] LG Landau WuM 2015, 432, AG Bayreuth GE 2015, 132 = WuM 2014, 728 (m. Anm. *Pfeifer*), AG Emmendingen GE 2015, 131 = WuM 2014, 727; *Pfeifer* Der Bausachverständige 2015, 54 (55 f.), *ders.* GE 2015, 98, *Wall* Rdn. 5872.
[350] BGH (VIII ZR 5/16) GE 2017, 709 = NZM 2017, 697 = WuM 2017, 320 = ZMR 2017, 462; *Zehelein* NZM 2015, 913 (915 f.).
[351] *Lammel* HeizKV § 7 Rdn. 23, *Pfeifer* Heizkosten S. 131.
[352] *Pfeifer* Heizkosten S. 131.

zurechnen, weil der Verordnungsgeber mit der Formulierung von „*freiliegenden Leitungen der Wärmeverteilung*" auch die horizontal verlaufenden Leitungen habe einbeziehen wollen.[353] Diese Argumentation überzeugt jedoch nicht. Nach der Begründung der Verordnung sind „*Strangleitungen der Wärmeverteilung ... in der Regel vertikal verlegte Hauptleitungen zur Versorgung mehrerer Heizkörper*".[354] Die Verbindungsrohre zu den einzelnen Heizkörpern im Mietobjekt sind keine Hauptleitung in diesem Sinne. Es kommt hinzu, dass es technisch für die Nutzer der Mietobjekte, zumal von Wohnungen, zu erheblichen Beeinträchtigungen führen würde, wenn die meist nur gestrichenen Verbindungsrohre gedämmt würden. So schreibt § 10 Abs. 2 EnEV 2009 auch nur die Dämmung von Wärmeverteilungsanlagen vor, die sich nicht in beheizten Räumen befinden.

170 „*Überwiegende*" Dämmung ist nach dem **Wortlaut** gegeben, wenn der Anteil der gedämmten Rohre **über 50 %** liegt.[355] Die Bestimmung betrifft die Rohre in den Wohnungen, weil Leitungen in unbeheizten Räumen nach den EnEV ohnehin zu dämmen waren; soweit die Dämmung gleichwohl nicht erfolgte, sind die Rohre in die Berechnung des Anteils einzubeziehen.

Dieser mathematische **Ansatz** ist **nicht zufriedenstellend**. Nach hier vertretener Ansicht ist er zu gering, wenn auch im Hinblick auf § 7 Abs. 1 Satz 3 HeizKV, der „*überwiegend ungedämmte*" Leitungen betrifft, kaum zu vermeiden. Es wäre eher sachgerecht, das Überwiegen nicht an den Rohrlängen festzumachen, sondern an der jeweiligen Erfassungsrate der Heizkostenverteiler. Sie ist bei ungedämmten Leitungen zum Teil außerordentlich gering; so kann sie z. B. nur 4,49 % betragen.[356] Auch bei einem Anteil ungedämmter Heizungsrohre bis knapp unter 50 % ist daher von einer unzureichenden Erfassungsrate auszugehen, die bei einem Zwangsmaßstab von 30 % zu 70 % zu evident ungerechter Kostenverteilung führt. Von überwiegender Dämmung sollte daher **nicht unter einem Anteil von 66 %** ausgegangen werden, so dass erst dann die Regelung des § 7 Abs. 1 Satz 2 HeizKV eingreift mit der Folge, dass bei einem geringeren Dämmanteil nach § 7 Abs. 1 Satz 3 HeizKV zu verfahren ist. Der Wert von 66 % orientiert sich an der Rechtsprechung des BGH zu § 554 Abs. 2 Satz 4 a. F. BGB; danach ist ein Modernisierungszustand, „*wie er allgemein üblich ist*", erreicht, wenn er „*bei der überwiegenden Mehrzahl von Mieträumen – mindestens zwei Drittel – in Gebäuden gleichen Alters innerhalb der Region angetroffen wird*".[357]

171 (*einstweilen frei*)

---

[353] AG Berlin-Charlottenburg GE 2011, 756 (m. zust. Anm. *Kinne* GE 2011, 727); *v. Brunn/Alter* in Kreuzberg/Wien 2.2.3.
[354] BR-Drucks. 570/08 S. 13.
[355] *Lammel* HeizKV § 7 Rdn. 24, *Lützenkirchen* in Lützenkirchen § 7 HeizKV Rdn. 28, *Wall* Rdn. 5873.
[356] LG Neubrandenburg WuM 2011, 107.
[357] BGH (VIII ARZ 5/91) NJW 1992, 1386 = WuM 1992, 181.

(d) Austausch der Heizkostenverteiler

Da von dieser Neuerung zahlreiche Gebäude betroffen sind, werden manche Vermieter den zwingend erhöhten Verbrauchsanteil zum Anlass nehmen, eine **Umrüstung der Heizkostenverteiler von Verdunstungsbasis auf elektronische Erfassung** vorzunehmen. Entgegen einer weit verbreiteten Annahme ist dies technisch nicht geboten, weil der Verbrauchsanteil auch bei Verdunstungsgeräten hinreichend erfasst wird. Die elektronischen Verteiler liefern allerdings durch die höhere Auflösung eine weitaus bessere Erfassung auch geringer Wärmeentnahmen und damit des jeweiligen Verbrauchs und folglich eine genauere Grundlage für die Verbrauchsanteile des einzelnen Nutzers, was meist zu einer höheren Akzeptanz der Werte bei den Nutzern führt.

172

Ob der Vermieter vom Mieter die **Duldung der Umrüstung** verlangen und auch die leicht höheren Kosten ansetzen darf, richtet sich nach den Verhältnissen im Einzelfall.

173

- Wurde die **Heizanlage** mit dem Effekt einer Energieeinsparung **modernisiert,** folgt die Duldungspflicht des Mieters ohne weiteres aus §§ 555b Nr. 1, 555d Abs. 1 BGB.
- Dasselbe gilt, wenn der Betrieb der Heizanlage so verändert wurde, dass **Verdunstungsgeräte** den Verbrauch **nicht mehr richtig** erfassen; sie sind dann nicht mehr geeignet im Sinne des § 5 Abs. 1 Satz 4 HeizKV und müssen daher ersetzt werden.

Die **Duldungspflicht** des Mieters wird jedenfalls dann **aus** Treu und Glauben gem. **§ 242 BGB** abgeleitet, wenn er **von etwaigen Mehrkosten freigehalten** wird.[358] Ansonsten sind von den vorgenannten Fällen abgesehen **drei weitere Varianten** zu unterscheiden.

- Waren die alten Geräte vom Vermieter gekauft und will er **neue** wiederum **gekaufte** verwenden, wird er vom Mieter die **Duldung** des Austauschs im Hinblick auf eine Verbesserung der Mietsache infolge höherer Verteilergerechtigkeit verlangen können,[359] jedoch keine Mieterhöhung, da die Voraussetzungen des § 559 BGB nicht vorliegen.
- Will er bisher **gekaufte** Geräte **durch** nunmehr **gemietete** ersetzen, ist streitig, ob ihm hierfür eine Anspruchsgrundlage zur Verfügung steht. Nach einer Ansicht ist der Anspruch des Vermieters auf Duldung der Anbringung von Heizkostenverteilern aus § 4 Abs. 2 Satz 1 HeizKV durch die erstmalige Installation verbraucht, so dass er ihn nicht nochmals, auch nicht über § 555d BGB für die neuen Geräte geltend machen kann.[360] Nach Ansicht des **BGH** folgt der **Duldungsanspruch unmittelbar aus § 4 Abs. 2 HeizKV.**[361] Dieser Auffassung ist zuzustimmen, weil § 4 Abs. 2 Satz 2 HeizKV ein angemessenes Verfahren

---

[358] LG Hamburg WuM 2009, 124, AG Düsseldorf DWW 2008, 98.
[359] AG Düsseldorf DWW 2008, 98, a. A. LG Kassel NZM 2006, 818.
[360] LG Kassel NZM 2006, 818; *Kinne* GE 2010, 940.
[361] BGH (VIII ZR 326/10) GE 2011, 1550 = NZM 2011, 804 = WuM 2011, 625 = ZMR 2012, 97; ebenso *Zehelein* in MünchKomm § 4 HeizKV Rdn. 3.

mit Widerspruchsrecht der Mieter vorgibt. Es ist zu berücksichtigen, dass es sich bei der Modernisierung der Heizkostenverteiler nicht um eine Maßnahme handelt, die sich an den Präferenzen des einzelnen Nutzers zu orientieren hat, sondern die alle Mieter im Hause betrifft. So ist, auch aus der gerichtlichen Praxis, hinreichend bekannt, dass sich nur solche Mieter gegen eine genauere Erfassung ihres Verbrauchs wenden, wenn sie zulasten anderer Mieter von der ungenaueren Erfassung durch die Verdunstungsgeräte profitieren. Mit dem Verfahren nach § 4 Abs. 2 Satz 2 HeizKV kann der Vermieter mithin die Duldung der Umrüstung als auch die Umlage der etwas höheren Kosten erreichen; das Verfahren ist dabei genau einzuhalten, ein Aushang im Hausflur genügt nicht.[362]

– Sollen **gemietete** Geräte **durch moderne** ersetzt werden, ist das Verfahren nach § 4 HeizKV nur notwendig, wenn zugleich höhere Kosten umgelegt werden sollen.[363]

bb) § 7 Abs. 1 Satz 3 HeizKV

174 Handelt es sich um Gebäude mit **freiliegenden, überwiegend ungedämmten Leitungen** und wird deswegen ein wesentlicher Teil des Wärmeverbrauchs nicht erfasst, kann der Wärmeverbrauch nach § 7 Abs. 1 Satz 3 HeizKV nach anerkannten Regeln der Technik bestimmt werden. **Überwiegend ungedämmt** (vgl. Rdn. 168) meint hier mehr als 50 % der vorhandenen Leitungen,[364] während die Nichterfassung bereits dann wesentlich ist, wenn der Rohrwärmeanteil 20 % beträgt,[365] was einem Verbrauchswärmanteil von 34 % entspricht.[366] Hinsichtlich der Bestimmung freiliegender Leitungen wird zunächst auf die Ausführungen zu § 7 Abs. 1 Satz 2 HeizKV verwiesen (s. Rdn. 169). Nach dem BGH[367] ist hier eine analoge Anwendung auf unter Putz liegende Leitungen nicht möglich. Das ist an sich zutreffend. Allerdings dürfte hier ein Konflikt mit den umgesetzten Richtlinien bestehen, die eine möglichst große verbrauchsbasierte Abrechnung fordern (s. Rdn. 2). Nach der von der Verordnungsbegründung selbst in Bezug genommenen VDI-Richtlinie 2077 zur Bestimmung des Rohrwärmeanteils (s. Rdn. 175) ist es für die nicht erfasste Wärmeabgabe „technisch unerheblich", ob die Leitungen freiliegend sind oder unter Putz bzw. im Estrich verlaufen.[368] Es existiert kein nachvollziehbarer Grund, weshalb der Verordnungsgeber hiervon abge-

---

[362] AG Rüdesheim am Rhein WuM 2007, 265.
[363] AG Düsseldorf DWW 2008, 98, AG Rüdesheim am Rhein WuM 2007, 265; *Lammel* HeizKV § 4 Rdn. 49.
[364] BR-Drucks. 570/08 S. 14.
[365] BR-Drucks. 570/08 S. 4; BGH (VIII ZR 193/14) GE 2015, 781 = NZM 2015, 589 = WuM 2015, 423 = ZMR 2015, 704; *Lammel* § 7 HeizKV Rdn. 33.
[366] VDI-Richtlinie 2077 Blatt 3.5 S. 17; *Wall* NZM 2017, 700.
[367] BGH (VIII ZR 5/16) GE 2017, 709 = NZM 2017, 697 = WuM 2017, 320 = ZMR 2017, 462.
[368] VDI-Richtlinie 2077 Blatt 3.5 S. 3 wie bereits die vorangehende Version.

III. Umlageschlüssel für Heizkosten

wichen ist. Eine Einbeziehung auch der nicht freiligenden Leitungen setzt jedoch die Vorgaben der Richtlinien um. Dabei ist das nationale Recht auch entgegen dem Wortlaut anzuwenden, solange eine andere Auslegungsmethode (hier die teleologische) dem Richtlinienwillen entspricht (s. Rdn. 3). Insofern erscheint aus diesem Grunde die Einbeziehung der unter Putz bzw. im Estrich liegenden Leitungen geboten.

Die Vorschrift ist verfassungsgemäß[369] und ermöglicht die **Einbeziehung der Rohrleitungsverluste** und damit, zu einer besseren Verteilung der Heizkosten zu kommen, wenn die Erfassungsrate der Heizkostenverteiler zu gering ist, weil ein wesentlicher Teil der Raumerwärmung durch ungedämmte Leitungen erfolgt. Da der Verbrauch durch die Geräte nur teilweise erfasst wird, fallen hohe Kosten je Verbrauchseinheit an mit der Folge, dass Nutzer mit hohem Verbrauch überproportional belastet, die Wenigverbraucher entsprechend entlastet werden. In der Rechtsprechung führte dieser Effekt bekanntlich dazu, dass die verbrauchsabhängige Abrechnung beschränkt wurde[370] oder die Kosten komplett nach dem Flächenschlüssel zu verteilen waren.[371] Hinzu kommt eine Benachteiligung der Mieter gegenüber dem Vermieter bei vorhandenem Leerstand.[372]

Mit den **anerkannten Regeln der Technik** sind die in der VDI Richtlinie 2077 Blatt 3.5 beschriebenen Verfahren gemeint.[373] Das Blatt 3.5 ersetzt seit Mai 2018 das vormalige Beiblatt *„Verfahren zur Berücksichtigung der Rohrwärmeabgabe"*. Die Richtlinie nannte zunächst drei **Voraussetzungen für eine Anwendungsempfehlung**, namentlich das Vorliegen eines Verbrauchswärmeanteils von 34% oder weniger, eine Standardabweichung der normierten Verbrauchwerte von 85% oder mehr sowie das Vorhandensein eines relevanten Anteils von Niedrigverbrauchern innerhalb der Nutzerschaft von mindestens 15%. Mit dem Weißdruck des Blatt 3.5 ist die letzte Bedingung zwar entfallen, wird sie jedoch festgestellt, ist die Anwendung der Richtlinie besonders empfohlen. Dabei ist zu berücksichtigen, dass die Kriterien 2 und 3 (Standardabweichung der normierten Verbrauchswerte, Anteil der Niedrigverbraucher) Sonderfälle betreffen, bei denen die Erfassungsrate zwar niedrig ist, aber nicht zwingend zu Verteilungsfehlern führte.[374] Das Blatt 3.5 sieht nunmehr stattdessen das Verfahren der **Alternativkontrolle** vor. Dabei werden unter Anwendung des Bilanzverfahrens (s. Rdn. 179) die Abrechnungen aller

175

---

[369] BGH (VIII ZR 193/14) GE 2015, 781 = NZM 2015, 589 = WuM 2015, 423 = ZMR 2015, 704; a. A. *Lammel* § 7 HeizKV Rdn. 46 ff.
[370] Z. B. AG Lichtenberg ZMR 2012, 145.
[371] Z. B. LG Siegen WuM 2015, 433, BeckRS 2015, 12096, LG Neubrandenburg WuM 2011, 107, LG Mühlhausen WuM 2009, 234 (m. Anm. *Wall* WuM 2009, 221), LG Gera WuM 2007, 511, LG Meiningen WuM 2003, 453.
[372] BR-Drucks. 570/08 S. 14; kritisch hierzu *Lammel* NZM 2015, 325 (327).
[373] BR-Drucks. 570/08 S. 14; BGH (VIII ZR 5/16) GE 2017, 709 = NZM 2017, 697 = WuM 2017, 320 = ZMR 2017, 462; *Zehelein* NZM 2015, 913 (915).
[374] *Wall* WuM 2013, 542 (543).

Nutzer sowohl ohne als auch mit Anwendung der VDI-Korrektur erstellt. Liegt hierbei die größte Mehrbelastung der Abrechnungseinheiten bei Anwendung der Korrektur unter 10%, ist die Anlage nicht korrekturbedürftig und eine Anwendung der VDI 2077 Blatt 3.5 jedenfalls nicht positiv empfohlen. Die Anwendungsvoraussetzungen müssen **nicht kumulativ** erfüllt sein.[375] **Maßgebliche Voraussetzung** ist auch nach dem Blatt 3.5 eine niedrige Erfassungsrate (Verbrauchswärmeanteil); sie muss gleich oder kleiner als 34% sein. Dieser Wert bestätigt die Einwände gegen den mathematischen Ansatz bei der Bestimmung der *„überwiegend gedämmten"* Leitungen in § 7 Abs. 1 Satz 2 HeizKV, weil er bei knapp der Hälfte ungedämmter Leitungen unschwer überschritten wird (s. Rdn. 170).

176 Der Rohrwärmeverbrauch *„kann"* nach den anerkannten Regeln der Technik bestimmt werden. Ein korrespondierender Anspruch des Mieters hierauf besteht nur im Falle einer **Ermessensreduktion auf Null**. Wann ein solcher Fall eintreten soll, ist bislang unklar. Das wird etwa bejaht, wenn der Verbrauchswärmeanteil 20–30 % unterschreitet[376] oder jedenfalls den in der VDI Richtlinie 2077 Blatt 3.5 angesetzten Wert von 34%.[377] Ein solcher Ansatz ist in dieser Allgemeinheit nicht möglich. Für die Festsetzung dieser Schwellenwerte existiert keine nachvollziehbare Grundlage. Die Heranziehung von § 242 BGB hat nur wenig Überzeugungskraft hat, das gerade bei der Anwendung der HeizKV, welche die Verteilungsgerechtigkeit als deutlich nachrangiges Ziel aufweist und gesamtgesellschaftlichen Interessen dient (s. Rdn. 1). Insbesondere die durch die VDI Richtlinie 2077 Blatt 3.5 selbst ausgewiesenen 34% können nicht herangezogen werden. Sie geben lediglich Auskunft darüber, ab wann eine Berechnung empfohlen wird, nicht, wann sie rechtlich geboten ist. Maßgeblich ist jedoch der Regelungszweck der HeizKV und der durch sie bzw. ihre Ermächtigungsgrundlage umgesetzten Richtlinien. Diese forcieren vorranging die verbrauchsbezogene Abrechnung. Bereits vor Einführung des Abs. 1 S. 3 war es anerkannt, dass bei einer zu großen Verzerrung innerhalb der Mieterschaft aufgrund einer zu geringen Verbrauchserfassung die Erhöhung des nicht verbrauchsabhängigen Anteils nach Abs. 1 Satz 5 zu erfolgen hat.[378] Das aber steht den Zielen der HeizKV unmittelbar entgegen, da gerade die verbrauchsbezogene Ab-

---

[375] LG Dresden WuM 2013, 671; *Lützenkirchen* in Lützenkirchen § 7 HeizKV Rdn. 6a, *Pfeifer* DWW 2016, 94 (95), *Wall* WuM 2013, 542 (543); a. A. LG Landau ZWE 2014, 98 (es sein denn, ein Sachverständiger sieht die Anwendung der Berechnungsverfahren als angemessen an).
[376] LG Köln ZMR 2018, 440, ZWE 2018, 360, LG Siegen WuM 2015, 433, LG Leipzig WuM 2014, 30, AG Augsburg WuM 2015, 736.
[377] AG Bayreuth WuM 2014, 728.
[378] BR-Drucks. 570/08 S. 14; LG Mühlhausen WuM 2009, 234, LG Gera WuM 2007, 511, LG Meiningen WuM 2003, 453, AG Lichtenberg BeckRS 2015, 02724, AG Neuss ZMR 2013, 235; AG Lichtenberg ZMR 2012, 145 – jedenfalls keine 70 %; *Wall* WuM 2009, 3 (7).

rechnung intendiert ist. Die in § 7 Abs. 1 Satz 5 HeizKV vorgesehene verbrauchsunabhängige Verteilung resultiert bereits neben der Aufteilung der Grundkosten des Anlagenbetriebs aus der Berücksichtigung des hinzunehmenden Rohrwärmeverlusts.[379] Damit sind die Grenzen möglicher Abweichungen von der richtlinienbedingten verbrauchsabhängigen Kostenbelastung erreicht. In **richtlinienkonformer Auslegung** des Abs. 1 Satz 3 HeizKV ist das **Ermessen des Vermieters daher dann auf Null reduziert dahingehend, dass er nach VDI Richtlinie 2077 Blatt 3.5 abrechnen** muss, wenn **andernfalls eine Anhebung des verbrauchsunabhängigen Anteils erforderlich** wäre. Das muss sich auch auf die Anhebung von 30% auf 50% beziehen, so diese gerade aufgrund des hohen Rohrwärmeverlusts erfolgt. Denn der Verordnungsgeber hat diese Spannbreite eben (auch) gerade wegen des Rohrwärmeverlusts bereits vor der Neuregelung des § 7 Abs. 1 Satz 3 HeizKV mit der Anwendungsmöglichkeit der VDI 2077geschaffen. Das wurde zwar mit der Verordnungsänderung beibehalten, auch unter Hinweis auf den Hintergrund der variablen Verteilung in Satz 2.[380] Die hiermit wohl geäußerte Auffassung, der Vermieter könne selbst wählen, ob er nach VDI 2077 Blatt 3.5 abrechnet oder alternativ den verbrauchsunabhängigen Umlageanteil (zwingend) auf 50% anhebt, ist aber mit der Richtlinienvorgabe zur verbrauchsbezogenen Abrechnung nicht zu vereinbaren, weil die Normanwendung das für deren Ziele bestmögliche Ergebnis anstreben soll. Dass die Anwendung der VDI 2077 Blatt 3.5 nichts daran ändert, dass die Nutzer insoweit die tatsächliche Wärmeabgabe nicht beeinflussen können, ist dabei nicht relevant, da die Einstellung der errechneten Rohrwärmeabgabe in den verbrauchsabhängigen Anteil dieses dennoch ausreichend suggeriert, was sich zumindest auf den steuerbaren Anteil auswirkt („heizkostenrechtlicher Placeboeffekt"[381]).

Die Auffassung, dass die in der Richtlinie ebenfalls enthaltenen Verbesserungsmaßnahmen zur Senkung des Rohrwärmeverlustes (S. 25 ff.) vor einer Anwendung des § 7 Abs. 1 Satz 3 HeizKV und der Einstellung des berechneten Rohrwärmeverlustes als erfassten Verbrauchs oder zumindest mit **flankierend** hierzu durchgeführt werden müssten,[382] ist unzutreffend. Es handelt sich hierbei nur um Empfehlungen und nicht um die anerkannten Regeln der Technik selbst. Zudem würde auch dieses einer möglichst umfassenden verbrauchsbasierten Abrechnung entgegenstehen, da es die Durchführung von weiteren meist nicht umlegbaren Kosten (wie z. B. dem hydraulischen Abgleich[383]) abhängig macht, und wäre somit von einer richtlinienkonformen Normanwendung nicht gedeckt. Die **Umstellung** auf eine Abrechnung nach § 7 Abs. 1 Satz 3

---

[379] *Lammel* HeizKV § 7 Rdn. 2.
[380] BR-Drucks. 570/08 S. 14.
[381] *Zehelein* NZM 2015, 913 (922).
[382] LG Neubrandenburg WuM 2013, 541, dagegen ausführlich *Zehelein* NZM 2015, 913.
[383] *Zehelein* NZM 2014, 649 (651).

HeizKV i.V. mit VDI Richtlinie 2077 Blatt 3.5 (s. Rdn. 176) bedarf keiner vorherigen Ankündigung nach § 6 Abs. 4 Satz 2 Nr. 3 HeizKV (s. Rdn. 158).

177 Das **Blatt** 3.5 bietet **drei Verfahren** an, um zu weiteren Verbrauchseinheiten aus der Rohrwärmeabgabe zu kommen. Bei den Verfahren handelt es sich um die messtechnische Ermittlung, das Bilanzverfahren und die rechnerische Ermittlung.

178 – Bei der **messtechnischen Ermittlung** werden die Rohrleitungen mit Heizkostenverteilern ausgestattet. Nach den technischen Fachbüchern zur Heizkostenabrechnung gestatten die EN- und DIN-Vorschriften hier auch die Anbringung von Heizkostenverteilern auf Verdunstungsbasis; das Beiblatt empfiehlt allerdings generell elektronische Zweifühlergeräte, also mit einem weiteren Temperaturfühler für die Raumluft. Mit den zusätzlichen Heizkostenverteilern ist die Rohrwärmeabgabe leicht und zu relativ geringen Mehrkosten zu ermitteln. Die Angabe im Beiblatt, bei Einrohrheizungen mit senkrechten Strängen genüge es, nur einen repräsentativen Strang mit den Heizkostenverteilern auszustatten, ist sicherlich technisch fundiert, erscheint aus praktischer Sicht jedoch nicht hilfreich. Um eine große Akzeptanz der Verbrauchswerte seitens der Mieter und damit weniger Streit zu erreichen, dürfte es günstiger sein, die Stränge in jeder Wohnung mit einem Verteiler auszurüsten.

179 – Beim **Bilanzverfahren** erfolgt eine **Schätzung der Rohrwärmeabgabe** durch einen Vergleich des gesamten Heizwärmeverbrauchs mit dem erfassten Verbrauch. Voraussetzung ist dabei, dass die Heizkörper **nicht** mit Heizkostenverteilern nach dem **Verdunstungsprinzip** versehen sind, weil diese Geräte eine zu hohe Bandbreite der Empfindlichkeit und eine nichtlineare Anzeigecharakteristik aufweisen.

180 – Bei der **rechnerischen Ermittlung** ist ein **Aufmaß der Rohrleitungen** nach Länge und Durchmesser vorzunehmen, ferner sind die mittlere Temperatur des Heizwassers und die Betriebsdauer abzuschätzen. Bei den beiden letztgenannten Verfahren wird zur Ermittlung der Rohrwärmeabgabe mithin teilweise auf eine Schätzung zurückgegriffen. Geht es um die Akzeptanz seitens der Mieter, also ihren Eindruck, dass die Kosten sachgerecht umgelegt werden, wird die messtechnische Ermittlung vorzuziehen sein. Die **Abrechnung** selbst bedarf in **formeller Hinsicht** keiner inhaltlichen Erläuterung der Ermittlung des Wärmeverlusts und der Verbrauchszuordnung (s. H Rdn. 176). Dass durch Rohrwärmeverlust bedingte höhere Raumtemperaturen keinen **Mangel der Mietsache** darstellen würden,[384] ist unzutreffend. Ein Kürzungsrecht nach § 12 Abs. 1 HeizKV besteht nicht.[385] Bei der **Wohnungseigentümergemeinschaft** obliegt die Entscheidung, nach welchem Verfahren der

---

[384] So AG Schöneberg GE 2016, 1226 = WuM 2016, 216.
[385] BGH (VIII ZR 193/14) GE 2015, 781 = NZM 2015, 589 = WuM 2015, 423 = ZMR 2015, 704; *Pfeifer* DWW 2016, 94 (96).

Anteil der Rohrwärmeabgabe gem. § 7 Abs. 1 Satz 3 HeizKV i. V. mit der VDI Richtlinie 2077 Blatt 3.5 bestimmt wird, den Wohnungseigentümern, nicht dem Verwalter.[386]

(einstweilen frei) **181**

cc) § 7 Abs. 1 Satz 4 HeizKV

Der nach den Regeln der Technik bestimmte Verbrauch ist gem. § 7 Abs. 1 Satz 4 HeizKV der erfasste Verbrauch im Sinne von § 7 Abs. 1 Satz 1 und entsprechend umzulegen. Die Einheiten werden daher bei jedem Nutzer **zusätzlich angesetzt**. Durch die größere Zahl der Einheiten verringert sich der Preis je Einheit. **182**

dd) § 7 Abs. 1 Satz 5 HeizKV

Die *„übrigen Kosten"*, d.h. die **verbrauchsunabhängigen Kosten** sind nach Wohn- oder Nutzfläche oder dem umbauten Raum zu verteilen. § 7 Abs. 1 Satz 5, 2. Halbs. HeizKV lässt auch die Umlage des verbrauchsunabhängigen Anteils nach der Wohn- oder Nutzfläche oder dem umbauten Raum der *„beheizten Räume"* zu. Je nach den Verhältnissen **im Einzelfall** hat der Vermieter insoweit kein Wahlrecht mehr, sondern er ist **verpflichtet, nur nach beheizter Fläche** abzurechnen (s. Rdn. 185 f.). Möglich ist auch, dass die Mieteinheiten unterschiedliche Raumhöhen aufweisen, die sich zwar auf den Wärmeverbrauch auswirken, aber keine Berücksichtigung bei der Flächenumlage finden. Auch das Vorhandensein von unterschiedlichen Terrassen oder sonstigen Freiflächen, die bei der Berechnung nach der WoFlV Berücksichtigung finden, kann eine Unbilligkeit der Verteilung nach Fläche begründen. In diesem Fall muss der Vermieter entweder **nach umbautem Raum umlegen** oder diese Flächenanteile herausnehmen.[387] **183**

(a) Beheizte Fläche

Streitig ist, **welche Fläche** unter die beheizte Fläche fällt. Nach einer Meinung sind alle Räume anzusetzen, die von einem eigenen Heizkörper oder den umliegenden Räumen mit Wärme (mit-)versorgt werden,[388] nach anderer Ansicht sind als beheizte Räume nur solche mit Heizkörpern zu verstehen.[389] Dieser Auffassung folgt erkennbar auch der **BGH**,[390] der insoweit jedoch zwischen **direkt beheizten** und indirekt **184**

---

[386] LG München ZMR 2016, 232, BeckRS 2016, 05634.
[387] LG Frankfurt a. M. GE 2018, 887 = WuM 2018, 590 = ZMR 2018, 789, BeckRS 2018, 9683; *Lammel* in Schmidt-Futterer § 7 HeizKV Rdn. 17.
[388] *v. Brunn/Alter* in Kreuzberg/Wien 3.6.2.
[389] AG Koblenz WuM 2012, 118; *Sternel* PiG 23 (1986) S. 55 (74 f.), *Lützenkirchen* in Lützenkirchen § 7 HeizKV Rdn. 12, *Wall* Rdn. 5826, *ders.* WuM 2007, 415 (420), wohl auch *Pfeifer* Heizkosten S. 105.
[390] BGH Beschl. v. 21.3.2018 – XII ZR 98/17, BeckRS 2018, 6161.

beheizten Räumen unterscheidet und eine Verteilung nur auf erstere Flächen anerkennt. Indirekt beheizt ist hiernach ein Raum aber auch dann, wenn er zwar Heizkörper aufweist, deren Strangleitung jedoch funktionsunfähig ist. Die letztgenannte Ansicht ist vorzuziehen, so dass bei Abrechnung nach beheizter Fläche **nur** diejenigen **Räume** zu berücksichtigen sind, die **mit** einem **Heizkörper** versehen sind. Der Grund liegt darin, dass nur auf diese Weise eine klare Vorgabe geschaffen wird, die für eine angemessene Kostenverteilung sorgt und damit Streit vermeidet.

185 – **Zum einen** geht es dabei insbesondere um **unterschiedlich erwärmte Mietobjekte** innerhalb des Hauses, weil in manchen Objekten alle Räume mit Heizkörpern versehen sind, in anderen nur ein Teil der Räume. Dies ist bei Altbauten nicht selten anzutreffen, wo Heizkörper im Rahmen einer Modernisierung in allen Räumen installiert wurden, während unmodernisierte in halben Zimmern, Küche und/oder Bad keine aufweisen.[391] Ähnliches begegnet beim Geschosswohnungsbau aus der Zeit nach dem Krieg bis etwa in die Mitte der fünfziger Jahre des 20. Jahrhunderts, bei dem die Schlafzimmer aus Kostengründen oft nicht an die Heizung angeschlossen wurden.

186 – **Zum anderen** ist von Bedeutung, inwieweit zu den Mietobjekten des Hauses Freiflächen gehören. Solange die Verhältnisse für alle Mietparteien eines Hauses identisch sind, spielt die Unterscheidung keine Rolle. Dies gilt daher auch, wenn gleich große Freiflächen (Balkone, Loggien, Terrassen), auf denen kein Wärmeverbrauch stattfindet, in die Wohn- oder Nutzflächenberechnung eingeflossen sind. Anders verhält es sich indes, wenn die Mieteinheiten **unterschiedlich große Freiflächen** aufweisen. Hier darf **nur nach umbauter beheizter Fläche** abgerechnet werden,[392] weil anderenfalls die Mieter, zu deren Objekt die größeren Freiflächen gehören, über den verbrauchsunabhängigen Kostenanteil die Wärme für andere Mieter subventionieren würden.

187 – **Des Weiteren** kann nicht darauf verwiesen werden, dass manche Mieter einzelne Räume, vor allem die Schlafzimmer, durch **offen stehende Zimmertüren** mit beheizen. Bei diesem Verfahren handelt es sich im Regelfall um einen Verstoß gegen die Obhutspflicht des Mieters, weil sich dadurch an den kalten Außenwänden der unbeheizten Räume Feuchtigkeit niederschlägt, die zu Spak und Schimmel führt. Auch der Gesichtspunkt, dass nicht beheizbare Räume über die **angrenzenden Wände** eine Wärmezufuhr erhalten, vermag nicht zu überzeugen. Dieser Wärmeverlust ist häufig unerwünscht, sei es, dass es sich um spezielle Räume innerhalb der Wohnung handelt (Speisekammer), sei es, dass in benachbarten Wohnungen Heizenergie eingespart wird („Wärmeklau").

---

[391] AG Hamburg WuM 1987, 230.
[392] KG MM 2007, 239, AG Pankow-Weißensee MM 2008, 299.

(b) Behandlung von Leerständen

Auch die Fläche von unvermieteten Mietobjekten ist **bei der Gesamtfläche** anzusetzen.³⁹³ Die darauf entfallenden Kosten sind vom Vermieter/ Wohnungseigentümer zu tragen,³⁹⁴ zumal Heizkosten in Frostperioden und nicht unerhebliche Wartungskosten anfallen. Dies würde unterlaufen, wenn die höheren Kosten je Wärmeeinheit, die durch eine Umlage nach der kleineren Fläche entständen, zu Lasten der Mieter gingen. Der Vermieter ist daher ohne weiteres mit den Grundkosten zu belasten. Soweit Heizkostenverteiler auf Verdunstungsbasis verwendet werden, sind diese auch in den leerstehenden Objekten abzulesen, da sie eine sog. Kaltverdunstung aufweisen, deren Werte den anderen Mietern zugutekommen müssen. Sachliche Gründe für eine Besserstellung des Vermieters gegenüber einem Mieter, der etwa den Winter regelmäßig in Südeuropa verbringt, sind nicht ersichtlich; dieser kann sich gegen die Beteiligung an allen Kosten nicht mit dem Hinweis auf lange Abwesenheit wehren.³⁹⁵

188

Fraglich ist, wie bei **hohen Leerstandsquoten** zu verfahren ist. Die verbliebenen Mieter werden bei Leerständen durch erhebliche Transmissionswärmeverluste zwischen den beheizten und den unbeheizten Mietobjekten grob benachteiligt; so hat eine Wohnung, die nur von kalten Nachbarwohnungen umgeben ist, bis zu 40% mehr Heizbedarf.³⁹⁶ Hierzu wurde vertreten, § 9a Abs. 2 HeizKV entsprechend heranzuziehen und bei einer Leerstandsquote von mehr als 25% nicht mehr nach Verbrauch, sondern insgesamt nach Fläche abzurechnen.³⁹⁷ Dieser Ansicht hat sich der **BGH** nicht angeschlossen. Danach hat es auch bei hohen Wohnungsleerständen grundsätzlich bei der in der HeizKV vorgeschriebenen anteiligen Umlage von Kosten nach Verbrauch zu bleiben.³⁹⁸ Im Einzelfall ist der Vermieter allerdings nach § 241 Abs. 2 BGB³⁹⁹ verpflichtet, auf Verlangen des Mieters den nach Verbrauch zu berechnenden Teil der Kosten auf das gesetzliche Mindestmaß von 50% der Gesamtkosten abzusenken, um die Fixkosten bei hohen Leerständen angemessen zu verteilen. Darüber hinaus muss der Vermieter im Einzelfall aus Treu und Glauben gem. § 242 BGB den auf dieser Basis berechneten Kostenanteil des Mieters in angemessener Weise reduzieren.⁴⁰⁰ Diese Reduzierung soll nicht

189

---

³⁹³ Z. B. v. *Brunn/Alter* in Kreuzberg/Wien 3.5.2, *Lammel* HeizKV § 7 Rdn. 67.
³⁹⁴ BGH (VIII ZR 159/05) NZM 2006, 655 = WuM 2006, 440 (m. Anm. *Wall*) zu den „kalten" Betriebskosten.
³⁹⁵ Vgl. *Stellwag* DWW 1987, 37 Fn. 4, *Sternel* III Rdn. 359.
³⁹⁶ *Peters* S. 264.
³⁹⁷ Vgl. LG Gera WuM 2007, 511, LG Frankfurt (Oder) Urt. vom 17.12.2013 – 16 S 138/13.
³⁹⁸ BGH (VIII ZR 9/14) DWW 2015, 55 = GE 2015, 114 = NZM 2015, 205 = WuM 2015, 94 (m. Anm. *Wall* WuM 2015, 285) = ZMR 2015, 284, LG Berlin GE 2016, 1513.
³⁹⁹ Anders *Abramenko* ZMR 2015, 275 (276): Anpassung über § 313 Abs. 1 BGB.
⁴⁰⁰ Dazu kritisch *Abramenko* ZMR 2015, 275 (276): kein Anspruch aus § 242 BGB auf einen Verstoß gegen zwingendes Recht.

generell durch eine Halbierung der dem Mieter berechneten Kosten erfolgen, vielmehr ist im Wege einer Alternativberechnung zu ermitteln, welche Kosten als für den Mieter noch hinnehmbar anzusehen sind.

2. § 7 Abs. 3 HeizKV

190 Nach § 7 Abs. 3 HeizKV gilt für die **Verteilung der Kosten der Wärmelieferung** § 7 Abs. 1 HeizKV entsprechend. Die Bestimmung betrifft zunächst den Hauptfall, dass der Wärmelieferer, gleichviel ob von Fern- oder Nahwärme, dem Vermieter die Gesamtkosten in Rechnung stellt, der sie sodann, im Regelfall durch einen Wärmemessdienst, den einzelnen Mietparteien nach ihren Anteilen zuordnet. Aber auch wenn der Wärmelieferant unmittelbar mit den Mietern abrechnet, ist er aus § 7 Abs. 3 HeizKV grundsätzlich verpflichtet, die Umlageschlüssel nach Abs. 1, mithin die Aufteilung nach Grund- und Verbrauchskosten, zu verwenden. Eine Ausnahme besteht nur dann, wenn eine echte Verbrauchsmessung durch Wärmezähler stattfand, weil hier keine Kostenaufteilung zwischen den verschiedenen Nutzern notwendig ist. Sobald daher z. B. Heizkostenverteiler installiert sind, welche die Wärme nicht messen, sondern durch ihre Anzeige nur eine Grundlage für die Verteilung der Kosten liefern, ist über § 7 Abs. 3 HeizKV nach § 7 Abs. 1 HeizKV zu verfahren.

191 *(einstweilen frei)*

3. § 10 HeizKV

192 Nach § 10 HeizKV bleiben rechtsgeschäftliche Bestimmungen, welche über §§ 7 Abs. 1, 8 Abs. 1 HeizKV hinausgehend **Verbrauchsanteile von mehr als 70 %** vorsehen, unberührt. Die Parteien können sich daher sogar wirksam auf eine Vollumlage nach Verbrauch verständigen. Hierzu ist allerdings eine ausdrückliche Vereinbarung zu verlangen.[401] Der Grund liegt darin, dass beim Betrieb einer Heiz- und Warmwasseranlage stets Kosten anfallen, die über die Kosten der Wärmeerzeugung hinausgehen, wie Wartungs-, Eich-, Reinigungs- und Ablese- sowie Abrechnungskosten. Dieser Kostenanteil ist nicht verbrauchsabhängig, so dass derjenige Mieter, dessen Verbrauch sehr hoch ist, einen entsprechend höheren Anteil zu tragen hat, obgleich die Grundkosten allen gleichermaßen zugutekommen. Ist die Vollumlage, wie meist, durch Formularmietvertrag vereinbart, mag sie noch angemessen erscheinen, solange es bei diesen Beeinträchtigungen sein bewenden hat. Kommen jedoch Lagenachteile oder Nachteile aufgrund der baulichen Beschaffenheit des Hauses hinzu, wird die Vereinbarung gegen § 307 BGB verstoßen, weil sie die betroffenen Mieter übermäßig belastet.[402] Derartige Nachteile werden durch eine

---

[401] LG Saarbrücken WuM 1990, 85: Die Regelung im Mietvertrag, die Heizkosten würden „*nach Abrechnung Firma C.*", d.h. den Ansätzen des Abrechnungsunternehmens, abgerechnet, reicht nicht.
[402] *Lammel* HeizKV § 10 Rdn. 13; vgl. AG Lübeck WuM 1988, 64.

anteilige Umlage nach Fläche zumindest teilweise kompensiert (dazu Rdn. 270), ein Ausgleich, der bei der Vollumlage nach Verbrauch in unangemessener Weise entfällt.

4. Sonderfälle

a) Geräteausfall oder andere zwingende Gründe fehlender Erfassung (§ 9a HeizKV)

aa) Voraussetzungen

Kann der anteilige **Wärme- oder Warmwasserverbrauch einzelner Nutzer** wegen Geräteausfalls oder aus anderen zwingenden Gründen **nicht ordnungsgemäß erfasst** werden, ist der Verbrauch nach § 9a Abs. 1 HeizKV in anderer Weise zu ermitteln. § 9a HeizKV setzt damit eine vollständige Ausstattung nach §§ 4, 5 HeizKV voraus, die jedoch zum Teil aus technischen Gründen nicht ordnungsgemäß arbeitet. Ist eine verbrauchsabhängige Abrechnung objektiv weder nach § 7 Abs. 1 noch nach § 9a HeizKV mehr möglich, sind die Kosten nach der Wohnfläche unter Abzug von 15% des auf den Mieter entfallenden Kostenanteils abzurechnen.[403] 193

Das **Fehlen der Ausstattung** kann daher **nicht** dem Geräteausfall oder zwingenden anderen Gründen gleichgesetzt werden.[404] Vielmehr ist hier nach Fläche oder umbautem Raum abzurechnen, wobei, wenn eine Konstellation gem. § 11 Nr. 1 HeizKV vorliegt, es dabei sein Bewenden hat, bzw., wenn der Mangel z.B. auf einem Versehen des Vermieters oder Messdienstes beruht, dem Mieter das Kürzungsrecht nach § 12 Abs. 1 HeizKV zusteht. Im Grunde gehören hierher auch die Fälle, in denen nur ein einzelner Raum überhaupt nicht mit Erfassungs- oder Verteilungsgeräten ausgestattet war.[405] Es wäre allerdings zu bedenken, in derartigen Sonderfällen die analoge Anwendung des § 9a HeizKV zuzulassen. Hierfür spricht die Überlegung, dass anderenfalls für das gesamte Haus verbrauchsunabhängig abgerechnet werden muss. Zwar steht dann allen Mietern das Kürzungsrecht aus § 12 Abs. 1 HeizKV zu. Im Hinblick auf die enormen Verbrauchsspreizungen, die oft zwischen den einzelnen Nutzereinheiten festzustellen sind, dürfte der pauschale Ansatz von 15% jedoch nicht ausreichen, um den Nachteil aus der verbrauchsunabhängigen Abrechnung für die sparsamen Nutzer auszugleichen. Vielmehr hätten sie den hohen Verbrauch anderer Mieter mit zu tragen, was sachlich nicht angemessen erscheint. 194

Während die Fälle des **Geräteausfalls** leicht zu bestimmen sind – Zerstörung der Messampulle, vergessener Ampullen- oder Batteriewechsel, 195

---

[403] BGH (VIII ZR 261/06) DWW 2008, 18 = GE 2007, 1686 = NJW 2008, 142 = NZM 2008, 35 = WuM 2007, 700 = ZMR 2008, 38 (m. Anm. *Schmid*).
[404] LG Berlin GE 2010, 126; *Lammel* HeizKV § 9a Rdn. 4, *Lützenkirchen* in Lützenkirchen § 9a HeizKV Rdn. 1, *Ropertz/Wüstefeld* NJW 1989, 2365 (2367); vgl. AG Köln WuM 2001, 449.
[405] LG Berlin ZMR 2003, 679.

Stillstand eines Zählers – erscheint es zunächst unklar, was unter „zwingenden anderen Gründen" zu verstehen ist. Die HeizKV verfolgt das Ziel, dass (auch) nach Verbrauch abgerechnet wird. Bei Geräteausfall ist dieses Ziel nicht zu erreichen. Es bietet sich daher an, als **zwingende andere Gründe** solche anzunehmen, welche dieselbe Folge haben, weil eine rückwirkende Korrektur ausgeschlossen ist.[406] So lässt sich z. B. bei unbekanntem Zeitpunkt des Stillstandes einer Messuhr oder unterbliebener Ablesung der Heizkostenverteiler auf Verdunstungsbasis bei einzelnen Mietern der tatsächliche Verbrauchsstand für den maßgeblichen allgemeinen Ablesezeitpunkt nicht rückwirkend ermitteln. Es fehlt damit an einem objektiven, für die anschließenden Rechenschritte notwendigen Messergebnis. Auch die sachverständige Feststellung, dass der angezeigte Verbrauchswert aus **physikalischen Gründen** nicht dem tatsächlichen Verbrauchswert entsprechen kann, bedingt die Schätzung.[407] Dasselbe wird in den seltenen Fällen gelten, in denen das Messergebnis als singulärer, auch von einem Sachverständigen nicht erklärbarer und völlig unplausibler Ausreißer gegenüber den Werten aus den anderen Abrechnungsperioden zu werten ist.[408] Schlichte Zweifel an der Richtigkeit der Erfassung genügen nicht.[409]

196 Es ist allerdings streitig, **ob** ein *zwingender* anderer **Grund auch dann** vorliegt, wenn der Geräteausfall oder die unterlassene Ablesung von **einer der Parteien zu vertreten** ist. So muss es sich der Vermieter z. B. zurechnen lassen, wenn die von ihm beauftragte Messdienstfirma ein Gerät versehentlich nicht abgelesen hat. In den selbstverständlichen Verantwortungsbereich des Mieters fallen **vereitelte Ablesungen** oder unmögliche, weil das Erfassungsgerät etwa durch die Möblierung nicht mehr zugänglich ist oder es der Mieter kurzerhand abmontiert hat. Zu allen vorgenannten und ähnlichen Fällen ist festzustellen, dass sich über die Zuweisung eines Verschuldens die erforderlichen Daten nicht rekonstruieren lassen. **Technisch** gesehen sind derartige Gründe **zwingend,** weil sie die Verbrauchsermittlung unheilbar verhindern, so dass es darauf, wem letztlich dieser Umstand zuzurechnen ist, im Rahmen des § 9a HeizKV nicht ankommt.[410] Abgesehen davon, dass die HeizKV von technischen Gesichtspunkten zur Energieeinsparung getragen ist, spricht für die Gleichstellung auch der Gesichtspunkt, dass sie selbst mit § 9a verbrauchsnahe Ersatzverfahren zur Verfügung stellt. Da die Able-

---

[406] BGH (V ZR 193/17) NZM 2018, 991 (m. Anm. *Zehelein*) = WuM 2018, 661, (VIII ZR 373/04) DWW 2006, 62 = GE 2006, 48 = NZM 2006, 102 = WuM 2005, 776 = ZMR 2006, 122; *Gruber* NZM 2000, 842 (843), *Lammel* HeizKV § 9a Rdn. 8.
[407] BGH (VIII ZR 310/12) GE 2013, 680 = WuM 2013, 305 (m. Anm. *Wall* WuM 2013, 411) = NZM 2013, 676 = ZMR 2013, 793.
[408] AG Hamburg Urt. vom 4.8.2004 – 46 C 559/02.
[409] BGH (V ZR 193/17) NZM 2018, 991 (m. Anm. *Zehelein*) = WuM 2018, 661.
[410] BGH (VIII ZR 373/04) DWW 2006, 62 = GE 2006, 48 = NZM 2006, 102 = WuM 2005, 776 = ZMR 2006, 122, AG Brandenburg NZM 2005, 257; *Lefèvre* HKA 2005, 9.

III. Umlageschlüssel für Heizkosten

sung der Geräte einheitlich, d. h. in möglichst nahem zeitlichem Zusammenhang erfolgen muss, scheidet auch eine Pflicht des Vermieters aus, sich bei vereitelter Ablesung mit gerichtlicher Hilfe Zutritt zu verschaffen.[411]

Schwieriger ist die Sachlage, wenn die Werte von Geräten abgelesen wurden, deren **Eichfrist abgelaufen** war. Im Grunde ist dies einem zwingenden Grund gleichzustellen, weil das Eichgesetz die Verwendung von Ergebnissen nicht mehr geeichter Geräte verbietet.[412] Da es nach Ansicht des **BGH** gleichwohl darauf ankommt, ob die Geräte immer noch ordnungsgemäß funktionierten (s. A Rdn. 60 ff.), ist deren Überprüfung notwendig, weil die Abrechnung nach tatsächlichem Verbrauch den Vorrang hat. Es wäre daher nicht zulässig, etwa zur Zeit- und Kostenersparnis sogleich auf § 9a HeizKV zurückzugreifen; vielmehr kommt das Ersatzverfahren erst in Betracht, wenn sich bei der Überprüfung die Ungenauigkeit der Geräte erwiesen hat. **197**

In den von § 9a Abs. 1 HeizKV **erfassten Fällen muss nach dieser Vorschrift abgerechnet** werden. Keinesfalls darf der Vermieter bzw. das Messdienstunternehmen, um sich den Abrechnungsaufwand durch das Ersatzverfahren zu ersparen, schlicht nur sehr niedrige Verbrauchswerte ansetzen. Der Mieter hat einen Anspruch auf eine entsprechende Abrechnung. Er braucht sich daher nicht mit einer verbrauchsunabhängigen Abrechnung nach Fläche und seinem Kürzungsrecht aus § 12 Abs. 1 HeizKV zufrieden zu geben.[413] **198**

(einstweilen frei) **199**

bb) Ersatzverfahren

(a) Grundsätze

§ 9a Abs. 1 HeizKV bietet dem Vermieter seit 1.1.2009 **drei Ersatzverfahren,** die auf der Grundlage bestimmter Schätzkriterien doch noch eine verbrauchsabhängige Abrechnung ermöglichen sollen. Andere Verbrauchsschätzungen sind grundsätzlich unzulässig. Die Schätzung durch das Gericht nach § 287 ZPO ist ausgeschlossen,[414] sie hat daher durch das Abrechnungsunternehmen zu erfolgen. Zu beachten ist, dass die Anwendung der **Ersatzverfahren nur auf einen Teil der Abrechnungsperiode unzulässig** ist (s. Rdn. 222). **200**

Das **Ersatzverfahren** darf **grundsätzlich nur** „*für einen Abrechnungszeitraum"* (§ 9a Abs. 1 HeizKV) verwendet werden.[415] Bei anderem Ver- **201**

---

[411] *Lammel* § 9a HeizKV Rdn. 11, *Pfeifer* Heizkosten S. 218.
[412] A. A. OLG München WuM 2011, 130 ohne Begründung.
[413] AG Tempelhof-Kreuzberg MM 2003, 47.
[414] BGH (VIII ZR 310/12) GE 2013, 680 = WuM 2013, 305 (m. Anm. *Wall* WuM 2013, 411) = NZM 2013, 676 = ZMR 2013, 793.
[415] OLG Hamburg ZMR 2004, 769, LG Berlin ZMR 1997, 145, AG Schöneberg MM 2004, 47; *Gruber* NZM 2000, 844, *Lammel* HeizKV § 9a Rdn. 14, *Ropertz/Wüste-*

ständnis könnte der Vermieter die Bestimmungen der HeizKV und damit auch die Rechte der anderen Mieter auf Dauer unterlaufen. Es kommen allerdings verschiedene **Ausnahmen** in Betracht.[416] Dies ist z. B. der Fall, wenn der Fehler behoben wurde und gleichwohl später erneut oder wenn ein anderer Fehler auftritt oder wenn die Ablesung von Verdunstungsgeräten wegen des Verhaltens des Mieters scheiterte, weil dadurch kein Wechsel der Ampulle erfolgte.

202 Der Vermieter kann **nach billigem Ermessen** i.S. des § 315 BGB[417] **wahlweise**
- auf den Verbrauch der betroffenen Räume in vergleichbaren Abrechnungszeiträumen,
- auf den aktuellen Verbrauch vergleichbarer anderer Räume im jeweiligen Abrechnungszeitraum oder
- auch auf Durchschnittswerte des Gebäudes oder der Nutzergruppe zurückgreifen.

203 Trotz des allgemein formulierten Wahlrechts ist die **Reihenfolge** von Bedeutung. Sofern im Einzelfall möglich, ist die Schätzung **vorrangig** mit Hilfe des **ersten Ersatzverfahrens anhand anderer Abrechnungszeiträume desselben Nutzers** derselben Mieteinheit vorzunehmen.[418] Dies rechtfertigt sich sachlich daraus, dass nur hier das persönliche Nutzerverhalten in die Schätzung einfließt. Eine Ausnahme wird in Betracht kommen, wenn die in der Vorperiode abgelesenen Werte außerordentlich niedrig waren, so dass sich der Verdacht aufdrängt, der Mieter wolle sich durch die Vereitelung der Ablesung nur die früheren niedrigeren Werte sichern.

(b) Andere Abrechnungszeiträume desselben Nutzers

204 „*Abrechnungszeiträume*" bedeutet, dass im Grundsatz **zwei** Zeiträume **im ersten Ersatzverfahren** herangezogen werden müssen, deren Werte sodann zu mitteln sind. Nach der Begründung des RegE soll es aber auch zulässig sein, Daten eines nicht vollständigen Abrechnungszeitraums heranzuziehen, sofern sie aussagekräftig sind. Hier wird es allerdings eingehender Darlegungen bedürfen, wenn die Werte von Zeitabschnitten einer Abrechnungsperiode für ganze Abrechnungszeiträume nutzbar gemacht werden sollen. Nur ein früherer/vergleichbarer Abrechnungszeitraum kann im Hinblick auf die klare Vorgabe der Vorschrift auch nicht ausnahmsweise als Grundlage genügen,[419] zumal es ist nicht ausge-

---

feld NJW 1989, 2365 (2367), *Zehelein* in MünchKomm § 9a HeizKV Rdn. Rdn. 6, a. A. *Lützenkirchen* in Lützenkirchen § 9a HeizKV Rdn. 8.

[416] *Wall* Rdn. 6508.
[417] OLG Hamburg ZMR 2004, 769.
[418] AG Charlottenburg Urt. v. 24.11.2017 – 73 C 47/17, BeckRS 2017, 141485, AG Berlin-Charlottenburg ZWE 2014, 226; *Lammel* HeizKV § 9a Rdn. 29, *Ropertz/Wüstefeld* NJW 1989, 2365 (2368), *Wall* WuM 2009, 3 (14); a. A. AG Brandenburg a.d. Havel GE 2004, 1459; *Lützenkirchen* in Lützenkirchen § 9a HeizKV Rdn. 10.
[419] A. A. *Gruber* NZM 2000, 845.

schlossen ist, dass singuläre Umstände beim Nutzer einen nur geringen Verbrauch zur Folge hatten, was zulasten der anderen Mieter ginge. Zum vergleichbaren Abrechnungszeitraum muss eine Ablesung erfolgt sein; wurde der Wert für ihn schon geschätzt, kann das erste Ersatzverfahren keine Anwendung finden, der Vermieter muss auf das zweite oder dritte ausweichen (s. Rdn. 207 ff.).

Die **Abrechnungszeiträume** sollen *„vergleichbar"* sein, d.h. hinsichtlich der Erfassungsgeräte und der technischen Ausstattung der Versorgungsanlage und – dies gilt nur für den Wärme-, nicht den Warmwasserverbrauch, bei dem ohne weiteres auf die Ableseergebnisse abgestellt werden kann – auch der Witterung. Das Postulat der Vergleichbarkeit der Witterung zwingt, wörtlich genommen, zu umfangreichen Recherchen, die kosten- und zeitaufwändig und damit nicht zumutbar sind; so müsste zu einem Temperaturvergleich z.B. noch ein Windstärkenvergleich hinzukommen, weil die Auskühlung des Gebäudes dadurch generell erhöht wird, der mit einem Windrichtungsvergleich zu kombinieren wäre um festzustellen, ob und ggf. in welchem Umfang der Wind das Gebäude tatsächlich erreicht hat. Als einfacher Ausweg bietet es sich an, einen mehrjährigen, deutlich über zwei Jahre liegenden Vergleichszeitraum zugrunde zu legen und damit eine plausible Nivellierung etwaiger Ausreißerverhältnisse zu erreichen. **205**

Spätere Abrechnungszeiträume durften in Abrechnungsperioden, die bis zum 31.12.2008 endeten, nach § 9a Abs. 1 HeizKV a.F. nicht in die Berechnung einfließen.[420] Dies war für die Fälle bedauerlich, in denen nicht mindestens zwei frühere Abrechnungsperioden vorlagen, aber mehrjährige nachfolgende verlässliche Daten liefern konnten, zumal wenn die Unplausibilität von Abrechnungsergebnissen erst später zu Tage trat.[421] Der **BGH** löste die Problematik des alten Rechts dadurch, dass er die Ermittlung des anteiligen Verbrauchs ausnahmsweise im Wege der Gradtagszahlenmethode zuließ, ohne dem Mieter trotz der Anwendung eines in § 9a Abs. 1 HeizKV nicht vorgesehenen Verfahrens das Kürzungsrecht aus § 12 Abs. 1 HeizKV zuzuerkennen.[422] Für **Abrechnungsperioden ab 1.1.2009** gilt die Neufassung des § 9a Abs. 1 HeizKV, nach der es allein auf vergleichbare Abrechnungszeiträume ankommt, so dass gleichermaßen frühere wie spätere Abrechnungsperioden zum Vergleich herangezogen werden können. **206**

(c) Andere vergleichbare Räume

Bestand das Mietverhältnis nur recht kurze Zeit oder wurde es alsbald nach einer Änderung der technischen Ausstattung bei Erfassung oder **207**

---

[420] OLG Düsseldorf NZM 2000, 875 = ZMR 2000, 475; a.A. *Gruber* NZM 2000, 845.
[421] Vgl. OLG Düsseldorf NZM 2000, 875 = ZMR 2000, 475.
[422] BGH (VIII ZR 373/04) DWW 2006, 62 = GE 2006, 48 = NZM 2006, 102 = WuM 2005, 776 = ZMR 2006, 122.

Versorgung beendet, können mit dem **zweiten Ersatzverfahren** generell die **aktuellen Werte anderer vergleichbarer Räume** zugrunde gelegt werden. Hierzu ist auf Werte von mehreren (*"anderer Räume"*) Räumen aus derselben Abrechnungsperiode zurückzugreifen, die hinsichtlich des Wärmeverbrauchs in demselben Gebäude nach Lage und Größe und, soweit an den Verbrauchswerten erkennbar, nach dem Nutzerverhalten vergleichbar sind. Zur Lage wird vertreten, dass auch Mittelgeschosswohnungen und Endetagenwohnungen vergleichbar seien, weil Letztere zwar von der Sonneneinstrahlung besonders profitieren, aber nicht von den umliegenden Wohnungen mit beheizt werden.[423] Zur Vergleichbarkeit beim Warmwasserverbrauch ist die jeweilige Nutzerbelegung und -struktur[424] maßgeblich.

(d) Durchschnittsverbrauch des Gebäudes oder der Nutzergruppe

208   Im **dritten Ersatzverfahren** besteht nach § 9a Abs. 1 HeizKV n. F. die Möglichkeit, den Verbrauch anhand des Durchschnittverbrauchs des Gebäudes oder der Nutzergruppe zu ermitteln. Es handelt sich um einen sehr pauschalen Ansatz, der deshalb erst als letzter Ausweg in Betracht kommt, was zumal für den Durchschnittverbrauch des Gebäudes gilt (s. Rdn. 210).

209   Geht es um eine **Nutzergruppe,** ist die Summe aller Verbräuche zu bilden und durch die Zahl der Objekte zu teilen, bei denen keine Ablesung erfolgen konnte. Sind die Geräte in einer Nutzereinheit vollständig ausgefallen, ist durch sämtliche erfassten Nutzereinheiten zu teilen, bei Ausfall einzelner Geräte einer Nutzereinheit ist durch die Summe aller erfassten Räume zu teilen.[425]

210   Ist der **Durchschnittverbrauch des Gebäudes** zugrunde zu legen, fehlen die Anknüpfungspunkte, wie sie bei Nutzergruppen noch vorhanden sind. Hier wird vorgeschlagen, die Summe der zuletzt in allen Objekten ordnungsgemäß abgelesenen Verbräuche aufzuteilen nach diejenigen Objekten, in denen in der Folgeperiode ebenfalls ordnungsgemäß abgelesen wurde, und in diejenigen, bei denen später ein Ausfall zu verzeichnen war. Die Summe der Werte in den weiterhin ordnungsgemäß erfassten Objekten ist sodann mit ihrem Vorjahreswert zu vergleichen, wodurch sich eine Erhöhung oder Erniedrigung ihrer Verbrauchswerte errechnen lässt. Um diesen Prozentsatz ist sodann das ausgefallene Objekt mit Mehr- oder Minderkosten zu belasten.[426] Ein anderer Weg besteht darin, die Kosten nach dem Durchschnittverbrauch aus den abgelesen Objekten und deren

---

[423] OLG Düsseldorf NZM 2000, 875 = ZMR 2000, 475; a. A. *Pfeifer* Heizkosten S. 221.
[424] *Lammel* HeizKV § 9a Rdn. 44.
[425] *Lammel* in Schmidt-Futterer § 9a HeizKV Rdn. 27.
[426] *Pfeifer* Heizkosten S. 222 f.

Wohnfläche zu ermitteln und der Einheit mit den ausgefallenen Geräten die Kosten nach ihrem Flächenanteil aufzuerlegen.[427]

cc) Begrenzte Zulässigkeit der Ersatzverfahren

Nach § 9a Abs. 2 HeizKV scheiden die Ersatzverfahren aus, wenn durch Geräteausfall oder aufgrund zwingender anderer Gründe **mehr als 25 %** der Gesamtwohn- oder -nutzfläche bzw. des umbauten Raums bzw. – insoweit ist aus sachlichen Gründen eine Ergänzung angezeigt – der beheizbaren Fläche betroffen sind. Es darf auch nicht mit der Erwägung an einem Ersatzverfahren festgehalten werden, dass ein bestimmter Mangel, z. B. ungleichmäßige Durchströmung der Heizkörper, *„im Prinzip bei allen Heizkörpern des Hauses"* auftritt.[428] Die Folge gilt wegen des Ausmaßes der fehlenden Verbrauchswerte nicht nur für das betroffene/ die betroffenen Mietobjekt(e), sondern sämtliche Mietverhältnisse des Gebäudes, weil sich die Höhe des Gesamtverbrauchs unmittelbar auf den Kostenanteil je Mieter auswirkt. Die Kosten sind **sodann verbrauchsunabhängig** gem. § 7 Abs. 1 Satz 2 bzw. § 8 Abs. 1 HeizKV umzulegen; ein Beschluss der Wohnungseigentümer einer WEG, die Kosten in diesem Fall nach Miteigentumsanteilen umzulegen, widerspricht der Vorgabe der HeizKV.[429] 211

(einstweilen frei) 212

b) Nutzerwechsel (§ 9b HeizKV)

aa) Vorrang rechtsgeschäftlicher Bestimmungen

§ 9b HeizKV regelt, wie die Anteile am Gesamtverbrauch dem Vor- bzw. Nachmieter bei einem **Nutzerwechsel innerhalb des Abrechnungszeitraums** zuzurechnen sind. Für diese Aufteilung bestimmt § 9b Abs. 4 HeizKV im Gegensatz zu § 2 HeizKV den Vorrang rechtsgeschäftlicher Bestimmungen. Es ist den Parteien des Mietvertrags damit **freigestellt**, sich hier auf einen **anderen Abrechnungsmodus** zu verständigen, was schon im Mietvertrag, aber auch aus Anlass des Mieterwechsels geschehen kann. 213

Für die **Vereinbarung eines anderen Abrechnungsmodus** ist eine dreiseitige Vereinbarung notwendig, weil neben dem Vermieter immer zwei Mieter betroffen sind.[430] Die Abrede muss nicht gemeinsam getroffen werden, indem sich die Beteiligten in einem Vorgang mündlich verständigen oder eine einheitliche Urkunde unterzeichnen. Das jeweils gewünschte Ergebnis kann auch durch eine doppelt zweiseitige Abrede erzielt werden, indem der Vermieter mit dem Vormieter eine Vereinba- 214

---

[427] Vgl. AG Berlin-Charlottenburg GE 2011, 207, das dieses Verfahren nach altem Recht zutreffend für unzulässig hielt.
[428] OLG Düsseldorf WuM 2007, 94.
[429] A. A. KG WuM 1994, 400.
[430] A. A. *Lützenkirchen* in Lützenkirchen § 9b HeizKV Rdn. 4.

rung trifft, z.B. ihm den Ausgleich der auf seine Nutzungszeit entfallenden Verbrauchskosten erlässt, und eine korrespondierende mit dem Nachmieter, dass er den Saldo aus der gesamten Abrechnungsperiode trägt; dass derartige, einen Mieter bevorzugende Absprachen nur individualvertraglich wirksam sind, versteht sich von selbst. Eine doppelt zweiseitige Regelung ist ansonsten ebenso durch Formularmietvertrag zu erreichen, indem der Vermieter das gleiche Vertragsmuster verwendet.

215 Erfolgt die Regelung **formularvertraglich,** muss sie allerdings der Inhaltskontrolle nach § 307 BGB Stand halten. Bei dieser Prüfung ist wiederum, wie üblich, die verordnungsrechtliche Bestimmung des § 9b HeizKV von Bedeutung, weil ihr Leitbildfunktion zukommt. Die Kostenaufteilung hat damit nur Bestand, wenn sie eine einigermaßen angemessene Belastung von Vor- bzw. Nachmieter vorsieht. Dies ist insbesondere dann relevant, wenn die Parteien auf eine **Zwischenablesung verzichten.** Als Ersatz kommt primär die Aufteilung nach der **Gradtagszahlentabelle** in Betracht. Anders als beim Warmwasserverbrauch, der nach § 9b Abs. 2 HeizKV bei den verbrauchsunabhängigen Kosten und in den Fällen des § 9b Abs. 3 HeizKV generell zeitanteilig aufzuteilen ist, gilt für die Heizkosten, dass eine nach der jeweiligen Nutzungszeit **undifferenzierte zeitanteilige Aufteilung** einen der Mieter **unangemessen** belastet,[431] was besonders deutlich ist, wenn der Vormieter das Mietobjekt alsbald nach den Wintermonaten räumt und der Nachmieter bereits bald nach Beginn der neuen Heizperiode. Ob schon die Aufteilung der Heizkosten nach der anteiligen Nutzungszeit in der Heizperiode oder, aufwendiger, nach dem Anteil der Heiztage sachgerecht ist,[432] erscheint im Hinblick auf die gravierenden Unterschiede der Gradtagszahlen fraglich. Ansonsten begegnet es keinen Bedenken, etwa die Gesamtkosten, also ohne Unterscheidung zwischen den Kosten des Wärmeverbrauchs und der übrigen Kosten, nur nach dem Ergebnis der Zwischenablesung zu verteilen oder bei den Warmwasserkosten eine unterschiedliche Nutzerzahl zu berücksichtigen.

bb) Aufteilung nach § 9b HeizKV

216 Nach § 9b Abs. 1 HeizKV hat eine **Zwischenablesung** zu erfolgen. Sie ist zum **Zeitpunkt** des Endes des Mietverhältnisses auch dann vorzunehmen, wenn der Mieter früher räumt, weil er bis dahin zur anteiligen Kostentragung verpflichtet ist, es sei denn, der Auszug erfolgt außerhalb der Heizperiode.[433] Gibt der Mieter das Mietobjekt verspätet heraus, ist der Räumungstermin, mit dem der Verbrauch endet, maßgeblich. Der Verbrauch an Wärme und Warmwasser ist sodann gem. § 9b Abs. 2 HeizKV auf der Grundlage des Abrechnungsergebnisses zu verteilen, der ver-

---

[431] *Lammel* HeizKV § 9b Rdn. 53, vgl. zu den Folgen *Pfeifer* Heizkosten S. 231.
[432] So *Lammel* HeizKV § 9b Rdn. 55, 56.
[433] *Lützenkirchen* in Lützenkirchen § 9b HeizKV Rdn. 20.

brauchsunabhängige Kostenanteil nach den Gradtagszahlen oder zeitanteilig, bei den Warmwasserkosten nur zeitanteilig.

Wie die **Kosten der Zwischenablesung** („Nutzerwechselgebühr") zu verteilen sind, ist nicht geregelt. Da es sich nach der Rechtsprechung des BGH mangels laufenden Anfalls nicht um Betriebskosten handelt, muss die Kostentragung durch den Mieter im Mietvertrag vereinbart sein, was wegen § 556 Abs. 4 BGB jedoch in der Wohnraummiete unzulässig ist (s. im Einzelnen H Rdn. 191).[434] Bei preisgebundenem Wohnraum alter Art sind sie mit der Verwaltungskostenpauschale nach 26 Abs. 2 II. BV abgegolten.[435] Die Kostenabwälzung auf den Mieter durch Formularklausel ist jedoch nur wirksam, wenn in ihr der Fall ausgenommen ist, dass die vorzeitige Beendigung des Mietverhältnisses vom Vermieter zu vertreten ist. **217**

§ 9b Abs. 3 HeizKV behandelt **zwei Fälle unterlassener Ablesung**. Im Ersten geht es um die **nicht mögliche Zwischenablesung**. Streitig ist, ob es sich für das Eingreifen des Ersatzverfahrens um Unmöglichkeit i.S. des § 9a Abs. 1 HeizKV handeln muss (*„wegen Geräteausfalls oder aus anderen zwingenden Gründen")*[436] oder ob, weil das Tatbestandsmerkmal der zwingenden Gründe fehlt, auch mindere Gründe ausreichen, weil etwa Vor- und Nachmieter keinen Ablesetermin zur Verfügung stellen[437] oder, nicht selten bei vermieteten Eigentumseinzelobjekten, dass das Mietobjekt vom Vor- an den Nachmieter weitergegeben wird, weil der ferne Eigentümer die Anreise zur Abnahme und Übergabe scheut, und die Ablesung vergessen wird. Für die weite Auslegung sprechen mehrere Gesichtspunkte. Zum einen ist im Unterschied zu § 9a HeizKV nicht die verbrauchsabhängige Abrechnung des gesamten Gebäudes betroffen, sondern allein die Aufteilung zwischen zwei Nutzern desselben Mietobjekts. Der Vorrang rechtsgeschäftlicher Abreden nach § 9b Abs. 4 HeizKV zeigt, dass der Verordnungsgeber selbst diese Abweichung als so gravierend ansieht, dass er die Lösung des Aufteilungsproblems ohne Einschränkung den Parteien überlässt. Zum anderen verweist er mit der primären Abrechnung des Wärmeverbrauchs nach Gradtagszahlen bzw. der zeitanteiligen Verteilung des Warmwasserverbrauchs im Abrechnungsverfahren nach § 9b Abs. 3 HeizKV auf Methoden, die immerhin noch einen Bezug zum Verbrauch des jeweiligen Nutzers haben. **218**

Der **zweite Fall** betrifft die Konstellation, dass die **Ablesung** wegen des Zeitpunkts des Nutzerwechsels **keine hinreichend genaue Ermittlung** der Verbrauchsanteile zulässt. Hiervon sind die **Heizkostenverteiler auf Verdunstungsbasis** betroffen, bei denen sich die Werte nicht wie bei Wärmemengen- oder Wasserzählern und elektronischen Heizkostenverteilern schlicht ablesen lassen. Zum einen weisen sie eine Überfüllung **219**

---

[434] Z. B. LG Berlin GE 2005, 433, AG Wetzlar WuM 2003, 456.
[435] AG Kirchhain WuM 2009, 586.
[436] *Lammel* HeizKV § 9b Rdn. 32.
[437] *Pfeifer* Heizkosten S. 233.

in Form der sog. Kaltverdunstungsvorgabe auf, die der Verdunstung schon durch die Raumtemperatur Rechnung trägt, zum anderen erfolgt die Verdunstung nicht linear, sondern bei höheren Heizkörpertemperaturen wie im Winter überproportional. Die Ablesung zu Beginn der Heizperiode bringt daher ebenso verfälschte Ergebnisse wie die Ablesung kurz vor deren Ende, weil die Verdunstung zu träge ist, um hier eine verlässliche Abgrenzung zu liefern. Nach Nr. 7.3 der älteren HK-Richtlinien[438] (s. Fn. zu Rdn. 232) liefern nur Werte zwischen 400 und 800 Promille plausible Ergebnisse. So ist z.B. bei einer Heizperiode vom 1.7. bis 30.6. das Ergebnis einer Ablesung zwischen dem 1.7. – 28.12. und dem 18.3. bis 30.6. nicht verwendbar, bei einer Heizperiode vom 1.1. bis 31.12. einer Ablesung zwischen dem 1.1. und 19.3. sowie dem 21.11. und 31.12. Sind die Mindestwerte unterschritten, sind die Kosten *„nach den nach Absatz 2 für die übrigen Kosten geltenden Maßstäben aufzuteilen"*, d.h. die Gesamtkosten beim Wärmeverbrauch primär nach den Gradtagszahlen der jeweiligen Nutzungszeit – ohne sachlichen Grund sollte eine rein zeitanteilige Aufteilung nicht in Betracht kommen[439] – und die Warmwasserkosten zeitanteilig.

220 Die **Gradtagszahlentabelle** lautet nach den vorgenannten Richtlinien:

Monat	Wärmeverbrauchsanteile in Promille		
	Je Monat	Je Tag	
September	30	30/30	1,00
Oktober	80	80/31	2,58
November	120	120/30	4,00
Dezember	160	160/31	5,16
Januar	170	170/31	5,48
Februar	150	150/28 150/29	5,35 5,17
März	130	130/31	4,19
April	80	80/30	2,66
Mai	40	40/31	1,29
Juni, Juli, August	insg.: 40	40/92	0,43

IV. Voraussetzungen für die verbrauchsabhängige Abrechnung

1. Zugelassene Ausstattung

221 Zur Erfassung des anteiligen Verbrauchs sind gem. § 5 Abs. 1 Satz 2, 3 HeizKV nur Geräte zugelassen, die nach der Bestätigung einer sachverständigen Stelle den anerkannten Regeln der Technik entsprechen

---

[438] Fassung Dezember 2002.
[439] *Ropertz/Wüstefeld* NJW 1989, 2365 (2369): regelmäßig unbillig.

oder deren Eignung auf andere Weise nachgewiesen wurde. Die jeweilige **Bauartzulassung** bezieht sich auf den **Gerätetyp mit allen Einzelteilen**. Sobald ein Originalteil z. B. durch einen Nachbau ersetzt wird, verliert das gesamte Erfassungssystem seine Zulassung. Dies gilt auch, wenn etwa nur die Plomben betroffen sind,[440] was insbesondere bei einem Wechsel des Abrechnungsunternehmens auftreten kann, wenn das neue die vorhandenen Heizkostenverteiler weiter verwendet. Zulässige Erfassungsgeräte sind Heizkostenverteiler und Wärmezähler (s. Rdn. 60).

2. Vollständige Ausstattung

Die Ausstattung zur Verbrauchsermittlung muss **zum Beginn der Abrechnungsperiode vollständig** installiert sein.[441] Es ist evident, dass über die Kosten einer Abrechnungsperiode **nicht** insgesamt verbrauchsabhängig abgerechnet werden kann, wenn die **Ausstattung erst in deren Verlauf** eingebaut wurde. Dementsprechend bestimmten die Übergangsregelungen der HeizKV vor der Novellierung 1989 in § 12 Abs. 3, dass die Vorschriften der Verordnung *„erstmalig für den Abrechnungszeitraum"* gelten, *„der nach dem Anbringen der Ausstattung beginnt"*. Hieraus folgt, dass die vor dem Einbau der Geräte entstandenen Kosten nicht nach den sodann ermittelten Verbrauchsanteilen umgelegt werden dürfen; ebenso ist es unzulässig, die Heizkosten für die Zeit vor dem Einbau nach Fläche und nach dem Einbau entsprechend dem Verbrauch abzurechnen.[442]

222

Dasselbe gilt, wenn sich der **Einbau der Ausstattung über zwei Abrechnungsperiode**n hinzieht. So begegnet es gelegentlich, dass zwar der überwiegende Teil der Nutzereinheiten schon in einem Abrechnungszeitraum ausgestattet wurde, der restliche Teil jedoch erst in dem nachfolgenden. Ebenso kommt es vor, dass in einem Mietobjekt die meisten Räume mit Erfassungsgeräten versehen wurden, aber z. B. ein weiterer Raum aus den unterschiedlichsten Gründen ausgespart und erst in der nächsten Periode ausgestattet wurde. Im ersten Fall kann insgesamt nicht verbrauchsabhängig abgerechnet werden, im zweiten nicht über die betroffene Einheit.[443]

223

Die jeweiligen Mieter haben hier das **Kürzungsrecht** aus § 12 Abs. 1 HeizKV. Der Vermieter kann diese Folge nicht dadurch umgehen, dass er den Verbrauch solcher Nutzereinheiten oder Räume, die erst in der nach-

224

---

[440] OLG Nürnberg – 3 U 1337/04, zit. nach Modernisierungs-Magazin 10/2004, 26.
[441] Z. B. LG Berlin WuM 2010, 428.
[442] LG Berlin GE 2010, 126, LG Hamburg Urt. vom 18.10.1991 – 311 S 15/90, AG Berlin-Köpenick GE 2008, 1260, a. A. AG Berlin-Lichtenberg GE 2008, 205 (m. abl. Anm. *Kinne* GE 2008, 156).
[443] Vgl. LG Berlin ZMR 2003, 679.

folgenden, neuen Abrechnungsperiode ausgestattet wurden, nach § 9a HeizKV schätzt und die Schätzwerte in der Abrechnung über die Vorperiode zugrunde legt. § 9a HeizKV betrifft allein den teilweisen Ausfall einer vorhandenen Anlage, nicht aber eine zum Teil fehlende.

3. Vorerfassung bei nicht einheitlicher Ausstattung

225 Da Heizkostenverteiler auf Verdunstungsbasis oder mit elektronischer Erfassung sowie Wärmezähler mit völlig **verschiedener Technik** arbeiten, sind die von ihnen ausgewiesenen Verbrauchswerte nicht kompatibel.[444] Nach **§ 5 Abs. 2 Satz 1 HeizKV** ist in solchen Fällen eine **Vorerfassung** der Anteile der Nutzergruppen **zwingend,** deren Verbrauch mit gleichen Ausstattungen erfasst wird. Unterbleibt diese, so führt das zu einem Kürzungsrecht des Mieters nach § 12 Abs. 1 Satz 1 HeizKV. Eine unzulässige **Differenzberechnung** durch Subtraktion des erfassten Werts einer Nutzergruppe von dem Gesamtverbrauch bleibt jedoch die Berechnungsbasis, eine Umlage nach Fläche ist nicht erforderlich.[445] Dass dieses nur für eine fehlerhafte, nicht aber eine Nichterfassung des Verbrauchs einer Nutzergruppe gelten solle (mit der Folge einer Flächenumlage),[446] ist mit der Rechtsprechung des BGH und dem Zweck der HeizkostenV nicht in Einklang zu bringen.

Nach **§ 5 Abs. 2 Satz 2 HeizKV kann** eine Vorerfassung aber auch bei *„unterschiedlichen Nutzungs- oder Gebäudearten"* oder aus *„anderen sachgerechten Gründen"* erfolgen.

226 Zur Vorerfassung i. S. des § 5 Abs. 2 HeizKV ist die **getrennte Messung** durch **Wärmezähler** erforderlich.[447] Die **Aufteilung** darf daher **weder** in der Weise erfolgen, dass der Verbrauchswert einer Nutzergruppe nach nur einem Wärmezähler vom Gesamtverbrauch abgezogen und der verbliebene Wert sodann auf die andere Nutzergruppe verteilt wird,[448] **noch** durch die Halbierung der Gesamtkosten und der Umlage jeweils der Hälfte nach anteiligem Verbrauch der Nutzer.[449]

227 **§ 6 Abs. 2 HeizKV** beschreibt **zwei Möglichkeiten, wie** die **verbrauchsabhängige Kostenverteilung** bei einer Vorerfassung vorzunehmen ist. Das **erste,** rechnerisch einfache **Verfahren** ist es, sämtliche, also auch die verbrauchsunabhängigen Kosten nach dem Verhältnis des Ver-

---

[444] BGH (VIII ZR 329/14) DWW 2016, 100 = GE 2016, 256 = NZM 2016, 381 = WuM 2016, 174 (m. Anm *Zehelein*) = ZMR 2016, 280; *Peters* S. 431.
[445] BGH (VIII ZR 329/14) DWW 2016, 100 = GE 2016, 256 = NZM 2016, 381 = WuM 2016, 174 (m. Anm *Zehelein*) = ZMR 2016, 280; kritisch hierzu *Lammel* NZM 2016, 748.
[446] So LG Berlin GE 2017, 1551, BeckRS 2017, 136861.
[447] *Peters* S. 432, *Kreuzberg/Schumacher/Pfeifer* in Kreuzberg/Wien 1.3.12.
[448] BGH (VIII ZR 57/07) GE 2008, 1120 (m. Anm. *Blümmel* GE 2008, 1092) = NZM 2008, 767 = WuM 2008, 556 (m. Anm. *Wall* WuM 2008, 588) = ZMR 2008, 885 (m. Anm. *Schmid*).
[449] AG Gelsenkirchen ZMR 2009, 46.

brauchs jeder Nutzergruppe am Gesamtverbrauch zu verteilen. Zu beachten ist dabei nach § 6 Abs. 2 Satz 1 HeizKV nur, dass die Kosten zunächst „*mindestens zu 50% nach dem Verhältnis der erfassten Anteile am Gesamtverbrauch auf die Nutzergruppen aufzuteilen*" sind. Insbesondere in den Fällen, auf welche die Regelung des § 5 Abs. 2 Satz 2 HeizKV zielt, kann es jedoch selbst bei gleicher Ausstattung zu Verteilungsungerechtigkeit kommen. Dies betrifft unterschiedlichen Wärmebedarf oder unterschiedliche Nutzungsarten, wie z. B. bei Wohnungen und Gewerberäumen, unterschiedliche Gebäudearten, wie bei Mehrfamilien- und Einzelhäusern, und sonstige sachgerechte Gründe, wie bei Gebäuden mit unterschiedlichem Abstand zur Wärmeerzeugung und damit unterschiedlichen Leitungsverlusten.[450] Um hier zu einer sachnäheren Verteilung zu kommen, regelt § 6 Abs. 2 Satz 2 HeizKV das **zweite Verfahren** mit einer Trennung in die verbrauchsabhängigen und verbrauchsunabhängigen Kosten. Dies bedeutet, dass die Gesamtkosten vorab nach einem der in §§ 7–9 HeizKV angeführten Verteilungsschlüsseln in diese Kostenarten aufgeteilt werden. Die verbrauchsabhängigen Kosten werden sodann auf die einzelnen Nutzergruppen nach dem Anteil ihres Verbrauchs am Gesamtverbrauch verteilt. Für die Aufteilung der verbrauchsunabhängigen Kosten kann der Vermieter auf eines der Verfahren nach § 6 Abs. 2 Satz 2 Nr. 1 HeizKV zurückgreifen. Anschließend ist die Summe von Verbrauchs- und verbrauchsunabhängigen Kosten je Nutzergruppe gem. § 6 Abs. 2 Satz 3 HeizKV nach § 6 Abs. 1 Satz 1 HeizKV auf die einzelnen Nutzer zu verteilen, d. h. nach Maßgabe der §§ 7–9 HeizKV. Bei der Versorgung mit **Warmwasser** gelten die vorbeschriebenen Verfahren ebenfalls, allerdings besteht nach § 6 Abs. 2 Satz 2 Nr. 2 HeizKV die Besonderheit, dass die verbrauchsunabhängigen Kosten nur nach der Wohn- oder Nutzfläche zu verteilen sind.

4. Zeitnahe Ablesung

a) Grundsätze

Bei einer zu großen Spreizung der Ablesetermine von **Verdunstungsgeräten** liefern die ermittelten Werte keine verlässliche Grundlage für die Zuordnung der in der Abrechnungsperiode angefallenen Kosten. Insbesondere wenn die **Ablesung während der Heizperiode** erfolgt, besteht die Gefahr, dass diejenigen Nutzer, bei denen sehr spät abgelesen wurde, mit zu hohen Einheiten belastet werden.[451] Wird nach dem Kalenderjahr abgerechnet wird, sind die Werte der Ablesung erst Ende Februar[452] oder am 27.3.[453] des Folgejahres daher nicht verwendbar. Der Vermieter kann diese Folge **nicht umgehen,** indem er vom verspäteten

---

[450] *Peters* S. 433, *Kreuzberg/Schumacher/Pfeifer* in Kreuzberg/Wien 1.3.14.
[451] OLG Schleswig RE 4.10.1990 WuM 1991, 333.
[452] AG Nordhorn WuM 2003, 326.
[453] AG Köln WuM 2001, 213.

Ablesetermin mit Hilfe der Gradtagszahlmethode auf das Ende des Abrechnungszeitraums zurückrechnet;[454] diese Schätzmethode betrifft allein die Kostenaufteilung zwischen Vor- und Nachmieter bei Mieterwechsel (§ 9b HeizKV, dazu Rdn. 219 ff.).

229 Eine **Ausnahme** kommt allerdings in Betracht, wenn zwischen Ablesetermin und Ablauf der Abrechnungsperiode kaum noch ein Verbrauch stattfindet. Aus diesem Grund blieb eine Heizkostenabrechnung unbeanstandet, die auf einer Ablesung Ende April und dem Ablauf des Abrechnungszeitraums Ende Juni basierte.[455]

230 Bei **elektronischen Heizkostenverteilern** stellt sich das Problem nicht, weil sie stichtagsgenau ausgelesen werden können; die Elektronik hält den Verbrauchswert nach dem vorher eingestellten Stichtag fest. Dasselbe gilt für **Wärmemengenzähler**, sofern die entsprechende Elektronik installiert ist.

b) Ankündigung

231 Die Ablesung ist **ordnungsgemäß anzukündigen**. In welcher **Form** dies erfolgen muss, richtet sich nach den Verhältnissen im Einzelfall. Je nach Gebäudegröße und Mieterstruktur kann schon ein gut sichtbarer Aushang im Treppenhaus ausreichen, es kann aber auch die direkte Information der Mieter notwendig sein.[456] Wird die Wohnung vertragsgemäß nicht vom Mieter, sondern einem Dritten bewohnt, der nicht oder nicht ausreichend die deutsche Sprache beherrscht, soll der Vermieter verpflichtet sein, den Mieter vom Ablesetermin zu unterrichten.[457]

232 Zum **Inhalt** der Ankündigung fordern die Richtlinien zur Durchführung der verbrauchsabhängigen Heiz- und Wasserkostenabrechnung[458] *„mindestens"* den Tag und die Uhrzeit der Ablesung, Namen, Anschrift und Telefon der mit der Ablesung beauftragten Person/Firma und Hinweise für den Nutzer, nämlich zu den Ablesemöglichkeiten der Erfassungsgeräte und zum Wechsel der Kontrollfarbe bei Verdunstungsgeräten. Ferner soll der Ablesetermin mindestens 10 Tage im Voraus mitgeteilt werden. Für nicht zugängliche Nutzeinheiten ist ein **zweiter Ablesetermin** in einem Abstand von weiteren 10 Tagen anzusetzen. Auch dessen Kosten sind sachlich ohne weiteres Kosten der verbrauchsabhängigen Abrechnung. Sie werden von manchen Abrechnungsunternehmen schon in den Grundpreis eingerechnet. Andere erheben sie separat beim Nutzer, was problematisch erscheint, wenn der Zweittermin ohne sein Ver-

---

[454] LG Osnabrück NZM 2004, 95.
[455] OLG Schleswig RE 4.10.1990 WuM 1991, 333.
[456] Dazu *Lammel* HeizKV § 6 Rdn. 12.
[457] KG GE 2008, 122 = GuT 2008, 203.
[458] Arbeitsgemeinschaft Heiz- und Wasserkostenverteilung e.V., Fassungen Dezember 2002, Sonderdruck zu HKA 1/2 2003 und März 2011, Sonderdruck zu HKA 7/8/9 2011.

schulden notwendig wurde. Da ohnehin kein Nutzer generell ausschließen kann, nicht zum ersten Ablesetermin verhindert zu sein, ist es nicht zu beanstanden, wenn nach der ersten Methode verfahren wird.[459]

5. Mindestverbrauch bei Verdunstungsgeräten

Bei **Mieterwechsel** ist zu beachten, dass die Ablesung zu Beginn der Heizperiode ebenso verfälschte Ergebnisse wie die Ablesung kurz vor deren Ende liefert, weil die Verdunstung zu träge ist, um hier eine verlässliche Abgrenzung zu liefern. Von einer Zwischenablesung ist daher abzusehen, wenn die Summe der Monatsanteile nach der Gradtagszahlentabelle nicht mindestens 400 und höchstens 800 Promille erreicht (s. Rdn. 219).[460] Zum Nutzerwechsel im Einzelnen s. Rdn. 213 ff. 233

V. Abrechnung

1. Grundsatz der Wirtschaftlichkeit

Von **besonderer Bedeutung** ist die Einhaltung des Wirtschaftlichkeitsgebots. Hierzu kann zunächst auf die Ausführungen unter H Rdn. 9 ff. verwiesen werden. So können Kosten ggf. durch die Bildung von Auftragspools mehrerer Vermieter bei der Einschaltung des Abrechnungsunternehmens oder der Wartungsfirma eingespart werden. Die genaue Kontrolle der Verträge nach Leistungsumfang und -preis ist ohnehin geboten. 234

Bei der **vermietereigenen Heizanlage** betrifft der Wirtschaftlichkeitsgrundsatz primär die Beschaffung des Brennstoffs für die Erwärmung der Heizung und des Warmwassers, er soll aber auch bei unverhältnismäßig hohen Ablese- und Abrechnungskosten in Betracht kommen können (s. dazu Rdn. 317). Handelt es sich um feste Brennstoffe, ist möglichst zu saisonal günstigen Zeiten einzukaufen und in einem Umfang, durch den sich ggf. Mengenrabatte erzielen lassen. Lässt der Vermieter nur Kleinmengen liefern, obwohl die Einnahme größerer Mengen technisch möglich war, und vereitelt er dadurch die Gewährung von Mengenrabatten, hat er die vermeidbaren Mehrkosten zu tragen.[461] Wird Gas als Brennstoff verwendet, ist in regelmäßigen Abständen der Wechsel zu einem günstigeren Lieferanten zu prüfen.[462] 235

Erfolgt die Wärmeversorgung durch **Fernwärme,** muss der Vermieter den ihm angebotenen Bezugspreis kontrollieren, dass er nicht ohne sachlichen Grund über den Durchschnittspreisen liegt,[463] ebenso die Wirk- 236

---

[459] Ebenso *Kinne* GE 2006, 1025, *Lammel* HeizKV § 6 Rdn. 13.
[460] *Eisenhart-Rothe/Franke/Pawellek* in Kreuzberg/Wien 11.15.
[461] *Pfeifer* Heizkosten S. 142.
[462] Z. B. *Winkler* WuM 2011, 203 (204).
[463] LG Potsdam WuM 2004, 480.

samkeit von Preiserhöhungen (dazu H Rdn. 39). Ferner sind die Anschlusswerte für die zu versorgenden Gebäude zu prüfen.[464] Es ist zudem vertraglich festzuschreiben, dass nach Abschluss von Energiesparmaßnahmen der Anschlusswert zu aktualisieren ist. Die Kosten der von manchen Unternehmen installierten Fernüberwachung der Übergabestation/ Hausstation sind wegen Unwirtschaftlichkeit nicht umlegbar; sie ist für den ordnungsgemäßen Betrieb nicht notwendig und auch ohne Nutzen.[465]

237 Geht es um **Nahwärme,** bleibt der Mieter mit dem Einwand, mit Fernwärme oder einer vermietereigenen Zentralheizung habe das Mietobjekt günstiger versorgt werden können, ohne Erfolg, wenn sich der Vermieter im Mietvertrag die Umstellung auf Wärmecontracting vorbehalten hatte.[466] Auf eine Verletzung des Wirtschaftlichkeitsgebots soll sich der Mieter ohnehin nicht berufen können, wenn der Abschluss des Wärmelieferungsvertrags vor Abschluss des Mietvertrags erfolgte.[467] Der Vermieter ist auch nicht verpflichtet, den Wärmelieferungsvertrag laufend zu überprüfen, sondern erst bei entsprechendem Anlass, etwa bei einer Änderung der Tarifstruktur oder einem sehr deutlichen Kostenanstieg, der nicht aus Preiserhöhungen oder Witterungsverhältnissen resultiert und damit eine Abänderung des Vertrags z.B. im Hinblick auf die Anschlusswerte nahe legt.[468]

238 Bei Wartungsverträgen in Form von „**Garantie-Wartung**" oder „Garantie-Service", die manche Unternehmen anbieten, ist der Grundsatz der Wirtschaftlichkeit in besonderem Maße zu beachten. Die Dienstleister übernehmen darin die jährliche Funktionsprüfung im Rahmen des jährlichen Wärmedienstes, d.h. sie stellen bei der Ablesung fest, ob die Geräte noch funktionieren, was bei dieser Gelegenheit ohnehin notwendig ist. Eigentlicher Wartungsaufwand fällt bei Heizkostenverteilern – außer bei elektronischen durch den Batteriewechsel nach zehn Jahren – und Wärmezählern ohnehin nicht an. Ferner tauschen sie defekte Geräte ohne Kostenberechnung aus, allerdings mit zahlreichen Einschränkungen; so sind z.B. Defekte durch Verschmutzung ausgeschlossen. Schließlich überwachen sie die Eichgültigkeit und übernehmen den regelmäßigen Ersatz. Die Eichfristen festzuhalten und die Geräte rechtzeitig auszutauschen, ist indes keine Wartung, sondern selbstverständlicher Teil des Dienstleistungsvertrags mit dem Unternehmen. Soweit die Wartungsverträge die Zusage enthalten, dafür zu sorgen, dass die Geräte ständig den anerkannten Regeln der Technik entsprechen („Systempflege"), versuchen sie lediglich, als laufende Wartung kaschiert ihr Neugerätegeschäft zulasten der Mieter zu optimie-

---

[464] AG Halle-Saalkreis ZMR 2005, 201.
[465] Ausführlich AG Leipzig WuM 2010, 452.
[466] BGH (VIII ZR 78/06) NZM 2007, 563 = WuM 2007, 393.
[467] BGH (VIII ZR 243/06) NZM 2008, 78 = WuM 2008, 29 = ZMR 2008, 195.
[468] KG WuM 2010, 295.

V. Abrechnung

ren.⁴⁶⁹ Es handelt sich um eine Irreführung der Vermieter und Mieter,⁴⁷⁰ wie die langen Bestandsschutzzeiten in § 12 Abs. 2 HeizKV zeigen. So endete der Bestandsschutz für die Verdunstungsgeräte, die vor dem 1. Juli 1981 eingebaut wurden, erst zum 31.12.2013, für die nach diesem Stichtag eingebauten Geräte besteht er bis auf weiteres fort. Es ist daher offensichtlich, dass derartige „Wartungs"kosten nicht umlagefähig sind. Wird tatsächlich einmal ein Austausch aus diesen Gründen notwendig, kann eine Umlage der konkreten Kosten erfolgen.⁴⁷¹

Der Wirtschaftlichkeitsgrundsatz betrifft auch die **Auswahl der Geräte zur Verbrauchserfassung.** Sofern **Wärmezähler** nicht aus technischen Gründen eingebaut werden müssen, wie z. B. bei Warmwasser-Fußbodenheizungen mit im Estrich verlegten Rohrschleifen, Warmlufterzeugern oder Wärmetauschern,⁴⁷² ist ihr Einbau wirtschaftlich nicht gerechtfertigt. Sie sind in Anschaffung/Miete wegen ihrer aufwendigen Technik deutlich teurer als Heizkostenverteiler, außerdem müssen sie alle 5 Jahre geeicht werden. Zu den von den interessierten Wirtschaftskreisen propagierten großen Vorteilen der **Fernablesung,** die den Mieter von der *ein* Mal jährlich notwendigen Ablesung im Mietobjekt befreit, ist festzustellen, dass die Ausstattung zur Funkablesung inzwischen keine oder nur geringe Mehrkosten verursacht; dies war in den ersten Jahren nach ihrer Einführung nicht der Fall, so dass die überwiegende Rechtsprechung die Abrechnung um die beträchtlichen Mehrkosten kürzte.⁴⁷³ Aufgrund der geänderten Kostenstruktur liegt in der Verwendung solcher Geräte kein Verstoß gegen das Wirtschaftlichkeitsgebot mehr vor. Der Mieter hat die Anbringung zu dulden.⁴⁷⁴

239

(einstweilen frei)

240

2. Plausibilität der Abrechnung

Kein in der Abrechnung auszuweisender Arbeitsschritt, aber **dem Vermieter** vor Versendung der Einzelabrechnungen dringend **zu empfehlen** ist die **Plausibilitätskontrolle.** So ist es z. B. augenfällig, wenn über 643 649 kWh Gas abgerechnet werden soll, bei der Aufteilung auf Heizung 243 835,57 kWh und Warmwasser 151 795 kWh und damit 248 028,43 kWh weniger erscheinen, also mehr als ein Drittel. Die Nachforderung aus der Abrechnung, die auf dem Gesamtverbrauch

241

---

⁴⁶⁹ Ebenso *Wall* Rdn. 5969.
⁴⁷⁰ AG Osnabrück ZWE 2014, 100: Erfolgreiche Anfechtung des Vertrags wegen Täuschung.
⁴⁷¹ AG Hamburg Urt. vom 27.8.1993 – 43b C 6/93.
⁴⁷² *Peters* S. 137 f.
⁴⁷³ Z. B. LG Berlin WuM 2004, 340, a. A. AG Frankfurt am Main ZMR 2006, 292.
⁴⁷⁴ BGH (VIII ZR 170/09) GE 2010, 973 = NZM 2010, 739 = WuM 2010, 427 = ZMR 2010, 751, (VIII ZR 326/10) GE 2011, 1550 (m. krit. Anm. *Bieber* GE 2011, S. 1518) = NZM 2011, 804 = WuM 2011, 625 = ZMR 2012, 97, LG Heidelberg WuM 2011, 14.

und den entsprechenden Kosten beruht, ist damit jedenfalls nicht fällig.[475]

242 Insbesondere ist die Plausibilitätskontrolle angezeigt, wenn es zu **Abweichungen in Höhe von mehr als 25%** nach unten oder oben im Vergleich zu den **Vorjahreswerten** kam (Nr. 9 der „*Richtlinien zur Durchführung der verbrauchsabhängigen Heiz- und Wasserkostenabrechnung*"[476]). Nach den Richtlinien sollen die Abrechnungsunternehmen diese Kontrolle schon von sich aus durchführen und den Vermieter entsprechend informieren. Er sollte den Hinweisen im eigenen Interesse sogleich nachgehen, um Einwänden der Mieter (dazu Rdn. 290 ff.) von vornherein zu begegnen. Aber auch ohne derartige Hinweise muss es ihm auffallen, wenn z. B. für eine Wohnung von 94 m² Jahresheizkosten von nur € 5,44 abgerechnet werden,[477] oder der Verbrauch bei langjährigem Mietverhältnis relativ gleich ist, in einem Jahr extrem abweicht und dann wieder beim früheren Mittel liegt.[478]

243 Ergeben sich **keine Anhaltspunkte für Erfassungsfehler**, die z. B. auf einer dem Abrechnungsunternehmen nicht mitgeteilten technischen Änderung der Heizanlage und deren möglichem Einfluss auf die Verbrauchserfassungsräte beruhen können, oder auf fälschlich angesetzten Kosten, etwa einer versehentlich bereits eingestellten Brennstofflieferung der folgenden Abrechnungsperiode, sollten in den **Erläuterungen der Abrechnung** sowohl der hohe Unterschied zur Vorjahresabrechnung angegeben werden als auch, was daraufhin und mit welchem Ergebnis geprüft wurde.

3. Notwendiger Inhalt

a) Grundsätze

244 Die Abrechnung über die Heiz- und Warmwasserkosen folgt **denselben Grundsätzen wie die Betriebskostenabrechnung**. Zu den allgemeinen Erfordernissen kann daher zunächst in vollem Umfang auf die Ausführungen unter H Rdn. 125 ff. verwiesen werden. Es ist allerdings nicht zu übersehen, dass Heiz- und Warmwasserkostenabrechnungen zum Teil aufgrund der Komplexität der Materie, zumal bei verbundenen Anlagen, nur schwer nachvollziehbar sind, was indes nicht zulasten des Vermieters geht; ggf. muss sich der Mieter sachkundig beraten lassen.

So ist der Vermieter für die formelle Wirksamkeit der Abrechnung **nicht** etwa verpflichtet, dem Mieter **einzelne Berechnungsformeln**, z. B. aus § 9 Abs. 2 HeizKV, **verständlich** zu machen oder ihm die Vorschrif-

---

[475] AG Berlin-Köpenick MM 11/2011 S. 30.
[476] In den Fassungen Dezember 2002 und jetzt März 2011, Anlage zu HKA Heft 7/8/9, 2011.
[477] Vgl. „*Fehlerhafte Heizkostenabrechnung*" bei „*Stadt und Land*" MM 2004, 281.
[478] Vgl. AG Hamburg Urt. vom 4.8.2004 – 46 C 559/02.

V. Abrechnung

ten der **HeizKV** mitzuteilen oder zu **erläutern**. Ebenso wenig hat er ihm den Text der VDI Richtlinie 2077 Blatt 3.5 auszuhändigen oder deren Inhalt in anderer Weise zur Kenntnis zu bringen.[479] Muss der Vermieter eine gesetzlich vorgesehene Abrechnungsweise anwenden, sind ihm daraus sich ergebende Verständnisprobleme nicht zuzurechnen.[480] Auf jeden Fall aber muss die Abrechnung nach Auffassung des **BGH** so aufgemacht sein, dass sie ein **mit den einschlägigen Rechtsvorschriften vertrauter Mieter anhand der mitgeteilten Faktoren nachprüfen** kann (s. auch Rdn. 249).[481]

Geht es um die Anwendung der **VDI Richtlinie 2077 Blatt 3.5**, lässt es der BGH (noch zum Beiblatt *„Verfahren zur Berücksichtigung der Rohrwärmeabgabe")* demgegenüber ausreichen, wenn **nur** der **Verbrauchswärmeanteil** mitgeteilt wird, nicht aber die Standardabweichung und der Anteil der Niedrigverbraucher.[482] Diese Ansicht ist im Hinblick darauf überraschend, dass die Abrechnung alle Faktoren enthalten muss, die für die Nachprüfung durch einen versierten Mieter notwendig sind, gleichzeitig aber in der Entscheidung offen gelassen wurde, ob die Anwendbarkeit der VDI Richtlinie nur vom Verbrauchswärmeanteil oder zusätzlich von den beiden anderen Faktoren abhängt. Zwar ist die Voraussetzung des Niedrigverbrauchsanteils im aktuellen Blatt 3.5 entfallen. Das ändert jedoch nichts an den Kriterien für die Abrechnungsentscheidung, zumal der Niedrigverbrauchsanteil nach wie vor Einfluss auf das Maß der Anwendungsempfehlung hat. Jedenfalls dürfte auf der Grundlage der Rechtsprechung des BGH davon auszugehen sein, dass es für die **Nachvollziehbarkeit** von **Rohrwärmeeinheiten** entgegen einer zum Teil vertretenen Ansicht[483] weder der Angabe der Basisempfindlichkeit der elektronischen Heizkostenverteiler noch der abgelesenen Verbrauchseinheiten ohne Rohrwärmeeinheiten und der berechneten Rohrwärmeeinheiten der Liegenschaft oder Nutzergruppe bedarf.

Für eine **übersichtliche Darstellung der Gesamtkosten** empfiehlt es sich, ebenso wie bei den Betriebskostenarten die gemäß § 2 Nr. 4 bis 6 BetrKV, §§ 7 Abs. 2, 8 Abs. 2 HeizKV umlagefähigen Betriebskosten mit ihrer Bezeichnung aufzunehmen. Zwar schadet es nach der großzügigen Rechtsprechung des BGH für die formelle Wirksamkeit der Abrechnung im Allgemeinen nicht, hiervon abzuweichen; die Wiedergabe des Kostenkatalogs erleichtert dem Mieter jedoch die Nachvollziehbarkeit der Abrechnung und vermeidet dadurch Nachfragen, die beträchtlichen Verwaltungsaufwand nach sich ziehen können.

245

---

[479] BGH (VIII ZR 193/14) GE 2015, 781 = NZM 2015, 589 = WuM 2015, 423 = ZMR 2015, 704.
[480] BGH (VIII ZR 371/04) GE 2005, 1118 = NZM 2005, 737 = WuM 2005, 579, (VIII ZR 268/10) GE 2012, 126 = NZM 2012, 153 = WuM 2012, 25.
[481] BGH (VIII ZR 268/10) GE 2012, 126 = NZM 2012, 153 = WuM 2012, 25.
[482] BGH (VIII ZR 193/14) GE 2015, 781 = NZM 2015, 589 = WuM 2015, 423 = ZMR 2015, 704.
[483] AG Dresden WuM 2014, 338; *Wall* Rdn. 5912.

246 Dass der Vermieter **nur sachlich berechtigte Kosten** in die Abrechnung aufnehmen darf, versteht sich von selbst. Gleichwohl wird dies in der Praxis gelegentlich nicht hinreichend beachtet, wenn eine Verbrauchsabrechnung nach Maßgabe der HeizKV im Einzelfall nicht möglich ist. Erfolgt die Abrechnung nach dem **Flächenschlüssel,** sind die Gesamtkosten entsprechend zu verteilen; der **Aufwand für Ablesung und Abrechnung** durch einen Wärmemessdienst ist **entbehrlich,** so dass die Mieter auch dann nicht mit den Kosten belastet werden dürfen, wenn sich erst im Nachhinein herausstellt, dass die Ablesung und Abrechnung nach Einzelverbrauch überflüssig waren.[484]

b) Fachbegriffe, Abkürzungen

247 In den Abrechnungen wird eine Vielzahl unterschiedlicher **Fachbegriffe** und zumal **Abkürzungen** verwendet, die **ohne Erläuterung nicht verständlich** sind. Erläuterung bedeutet dabei nicht nur, eine Abkürzung mit ausgeschriebenem Wortlaut anzugeben, sondern, jedenfalls wenn es sich um Spezialbegriffe handelt, auch deren Bedeutung für die Abrechnung mitzuteilen. Ein „*Heizkostenquiz*"[485] aus verwinkelten und verwickelten Abrechnungswegen mit unverständlichen oder mehrdeutigen Abkürzungen macht die Abrechnung nicht nachvollziehbar und damit insgesamt unwirksam mit der Folge, dass Nachforderungen aus einer neuen Abrechnung ggf. an der Ausschlussfrist des § 556 Abs. 3 Satz 3 BGB scheitern. Dies gilt auch, wenn der Vermieter selbst z.B. von den Stadtwerken eine unklare Abrechnung erhält; er kann sich nicht darauf zurückziehen, dass er keine verständlichere Abrechnung erhalten habe, sondern muss Unklarheiten mit den Lieferanten klären,[486] sei es vor seiner eigenen Abrechnung, sei es vor der Weitergabe der Drittabrechnung an den Mieter.

c) Rechenschritte

248 Die Abrechnung über Heiz- und Warmwasserkosten erfordert häufig mehrfache **Umrechnungen.** Nach **bisher herrschender Ansicht** ist sie nur dann formell ordnungsgemäß, wenn auch die **einzelnen Rechenschritte** für einen juristisch und wirtschaftlich nicht vorgebildeten durchschnittlichen Mieter nachvollziehbar angegeben sind,[487] z.b. diejenigen, die für die Errechnung des Brennstoffverbrauchs der zentralen Wasserversorgungsanlage notwendig sind.[488] Dass der Vermieter nicht verpflichtet ist, den Mieter z.B. auf die Vorschrift des § 9 Abs. 2 HeizKV

---

[484] LG Hannover WuM 1991, 540.
[485] Anschaulich AG Dortmund NZM 2004, 220 = WuM 2004, 148 = ZMR 2004, 589.
[486] LG Itzehoe ZMR 2003, 267.
[487] Z.B. BGH ausdrücklich noch in einem Urt. vom 19.11.2008 (VIII ZR 295/07) GE 2009, 189 = NZM 2009, 78 = WuM 2009, 42.
[488] LG Itzehoe ZMR 2011, 214.

hinzuweisen und ihm dessen Berechnungsformel verständlich zu machen,[489] kann nicht bedeuten, dass er auf die Darstellung der Rechenschritte verzichten darf. Anderenfalls ist es dem Mieter nicht einmal möglich, die Abrechnung jedenfalls rechnerisch überschlägig zu überprüfen.

An diesen Grundsätzen hält der **BGH** nunmehr **für den Bereich der Heizkostenabrechnung nicht mehr** fest. Danach ist eine Abrechnung auch dann formell wirksam, wenn sie **nur ein mit den einschlägigen Rechtsvorschriften vertrauter Mieter** anhand der mitgeteilten Faktoren nachprüfen kann.[490] Im Ausgangsfall hatte das Gericht entschieden, dass die Berechnung der Wasserkosten einer verbundenen Anlage nicht nachvollziehbar war, weil für den Ansatz der Kosten der Wassererwärmung ein Prozentsatz von 17,57% ausgewiesen war, der nach den angegebenen Bezugszahlen nicht stimmte, weil der Vermieter in einem nicht angegebenen Zwischenschritt die Kosten der Miete für die Warmwasserzähler herausgerechnet hatte; entgegen dem äußeren Anschein der Abrechnung ermittelte der Vermieter mithin die zu verteilenden Gesamtwasserkosten nicht nach einem prozentualen Anteil an den Gesamtkosten.[491] Nach Ansicht des BGH ist es indes formell unschädlich, dass dieser Zwischenschritt fehlte. Er macht damit einen Mieter zum Maßstab, dem klar ist, dass die Kosten der Zählermiete allein bei den Warmwasserkosten anzusetzen sind; die entsprechenden Faktoren muss er sich mit Hilfe seines Sachverstands aus dem übrigen Inhalt der Abrechnung heraussuchen. Diese Auffassung zu den formellen Anforderungen an eine Heiz- und Warmwasserkostenabrechnung **überzeugt nicht.** Auch wenn der durchschnittliche Mieter nicht durchschaut, warum in einer bestimmten Weise abgerechnet wurde, darf er, wie erwähnt, jedenfalls erwarten, dass ihm das Rechenwerk durch seinen Aufbau die rechnerische Kontrolle ermöglicht.

249

d) Schätzungen

Fraglich ist, ob der Vermieter **für die formelle Wirksamkeit** mitteilen muss, dass eine Schätzung und auf welcher Grundlage sie erfolgte.[492] Nach Ansicht des **BGH** ist es auch für die formelle Ordnungsgemäßheit ohne Bedeutung, ob die dort für den jeweiligen Mieter angesetzten Kosten auf abgelesenen Messwerten oder einer Schätzung beruhen und ob eine eventuell vom Vermieter vorgenommene Schätzung den Anforderungen des § 9a HeizKV entspricht; einer **Erläute-**

250

---

[489] BGH (VIII ZR 371/04) DWW 2005, 328 = GE 2005, 1118 = NZM 2005, 737 = WuM 2005, 579.
[490] BGH (VIII ZR 268/10) GE 2012, 126 = NZM 2012, 153 = WuM 2012, 25.
[491] LG Itzehoe ZMR 2011, 214.
[492] So LG Berlin GE 2011, 612, AG Berlin-Charlottenburg WuM 2011, 558 (m. zust. Anm. *Wall*).

rung der angesetzten Kosten bedarf es **nicht**.[493] Ob die Schätzung sachlich zutrifft, ist allein eine Frage der inhaltlichen Richtigkeit der Abrechnung.[494]

251 Zur **materiellen Seite** hat der Vermieter den Grund für die Schätzung sowie die Schätzgrundlagen zu erläutern,[495] z.b. bei der Schätzung des End- bzw. Anfangsbestandes des Heizöls.[496] Fehlt es hieran, ist der Mieter berechtigt ist, die geschätzten Ansätze mit Nichtwissen zu bestreiten.[497] Da eine Schätzung ansonsten nur nach Maßgabe der Ersatzverfahren aus § 9a HeizKV (dazu Rdn. 200 ff.) in Betracht kommt, ist im Einzelnen darzustellen, welches Ersatzverfahren ausgewählt und wie es im konkreten Fall angewandt wurde.[498] Im Übrigen sind Schätzungen (außerhalb einer Vereinbarung für den Fall des Nutzerwechsels nach § 9b Abs. 4 HeizKV) ohnehin unzulässig, so dass bei fehlenden Verbrauchswerten nach Fläche oder umbautem Raum (Heizkosten) oder nur nach Fläche (Warmwasser) mit dem Kürzungsrecht des Mieters aus § 12 Abs. 1 HeizKV abzurechnen ist, nicht etwa ist die unberechtigt geschätzte Kostenposition aus der Abrechnung zu streichen.[499]

e) Kostenaufteilungen

aa) Verbundene Anlagen und Klein-KWK-Anlagen

252 Bei **verbundenen Anlagen** (§ 9 HeizKV) standen dem Vermieter sowohl bei der Wärmeerzeugung als auch der Wärmelieferung bis zum 31.12.2013 mehrere Wege zu der vorab erforderlichen Ermittlung der Warmwasserkosten zur Verfügung; seit 1.1.2014 ist die auf die zentrale Warmwasserversorgungsanlage entfallende Wärmemenge nach § 9 Abs. 2 HeizKV mit jedenfalls einem Wärmezähler zu messen. Für die **formelle Wirksamkeit** der Abrechnung war daher anzugeben, **welches Verfahren** er verwendete,[500] wozu allerdings die Wiedergabe der jeweiligen Formeln genügt; dass diese für die meisten Mieter im Einzelnen unverständlich sind, ist unerheblich.[501]

253 Eine ähnliche Problematik begegnet bei **Klein-KWK-Anlagen,** hier mit der notwendigen Abgrenzung der Kosten der Stromerzeugung von den-

---

[493] BGH (VIII ZR 261/15) GE 2016, 1272 = NZM 2016, 765 = WuM 2016, 658 = ZMR 2017, 30, (VIII ZR 112/14) WuM 2015, 32 (m. Anm. *Lammel* WuM 2015, 143).
[494] BGH (VIII ZR 261/07) GE 2008, 855 = NZM 2008, 567 = WuM 2008, 407 = ZMR 2008, 777 (m. Anm. *Rave*).
[495] AG Leipzig WuM 2004, 24 = ZMR 2004, 594; ZMR 2004, 120.
[496] LG Berlin GE 2008, 995.
[497] Vgl. BGH (VIII ZR 27/07) DWW 2008, 216 = GE 2008, 662 = NZM 2008, 403 = WuM 2008, 285.
[498] AG Neuruppin WuM 2004, 538.
[499] So AG Leipzig ZMR 2004, 595.
[500] Vgl. LG Köln WuM 1989, 584, AG Neuruppin WuM 2004, 538.
[501] BGH (VIII ZR 371/04) DWW 2005, 328 = GE 2005, 1118 = NZM 2005, 737 = WuM 2005, 579.

jenigen der Wärmeerzeugung. Es ist für eine formell ausreichende Abrechnung jedenfalls erforderlich, die Gesamtkosten anzugeben, sodann ggf. den Abzug der Energiesteuer, und die Aufteilung in den Abzugsbetrag für die Stromerzeugung und die verbleibenden Kosten für die Wärmeerzeugung wiederzugeben. Auf der Grundlage der Rechtsprechung des BGH reicht die Angabe der jeweiligen Werte aus. Um aufwendige Nachfragen zu vermeiden, wird es sich aber empfehlen, auch die sonstigen Werte und Faktoren aufzuführen.

Zur **materiellen Seite** der Abrechnung gehören etwaige Fehler bei der Anwendung der Formeln oder der Ermittlung ihrer Grundlagen. Ist z. B. bei einer Abrechnung über Fernwärme für die Kosten der Wassererwärmung nach § 9 Abs. 2 Satz 2 HeizKV „*die gemessene oder geschätzte mittlere Temperatur des Warmwassers*" zugrunde zu legen, müssen zur Schätzung die maßgeblichen Schätzgrundlagen ermittelt werden; ein pauschaler Ansatz von 60°C ist nicht zulässig, wenn aufgrund tatsächlicher Anhaltspunkte Zweifel daran bestehen, dass diese Durchschnittstemperatur auch tatsächlich erreicht wurde.[502] Der Heizwert des verbrauchten Brennstoffs (Hu) ist in m³ anzugeben; es ist jedoch unschädlich, wenn der Energielieferant das gelieferte Erdgas bereits in einen kWh-Wert umrechnete,[503] zumal wenn dies darauf beruht, dass die Hu-Werte innerhalb des Abrechnungszeitraums variierten.[504] § 9 Abs. 3 Satz 4 HeizKV bestimmt nunmehr ausdrücklich, dass eine Umrechnung in Brennstoffverbrauch nicht erforderlich ist, wenn die Abrechnung des Energieversorgers oder Brennstofflieferanten über kWh-Werte erfolgt. 254

bb) Verwendung von Gradtagszahlen bei Nutzerwechsel

Verwendet der Vermieter in der Abrechnung die Gradtagszahlen (s. Rdn. 220), muss nach herrschender Ansicht jeder Rechenschritt aufgeführt werden.[505] Es sind daher **jedenfalls** die **ermittelten Gradtagszahlen anzugeben**. Die Forderung, es sei darzulegen, wie sich der ausgewiesene Betrag anhand dieser Methode errechnet,[506] dürfte nach der Rechtsprechung des BGH für die formelle Wirksamkeit der Abrechnung allerdings nicht erforderlich sein. Selbstverständliche Voraussetzung für die Anwendung dieser Methode ist ohnehin, dass aufgrund eines Nutzerwechsels innerhalb desselben Abrechnungszeitraums Kostenanteile zu bilden sind (s. § 9b HeizKV, dazu Rdn. 216ff.); sie ist folglich in anderen Fällen nicht als Ersatz bei Geräteausfall oder unterlassener Ablesung zulässig. 255

---

[502] BayObLG WuM 2004, 679 (m. Anm. *Wall* WuM 2005, 119).
[503] BGH (VIII ZR 137/09) NZM 2010, 274 = WuM 2010, 153.
[504] AG Pinneberg WuM 2004, 537 = ZMR 2004, 921.
[505] LG Osnabrück MietRB 2004, 3.
[506] LG Krefeld WuM 1987, 360.

cc) Contracting

256 War der Vermieter zur Einführung des **Contracting nicht berechtigt** oder hat er bei einer Umstellung nach § 556c BGB die Voraussetzungen nach § 556 Abs. 1 BGB nicht eingehalten, darf der Mieter mit den auf die Wärmelieferung entfallenden Mehrkosten gegenüber der Wärmeerzeugung durch eine vermietereigene Heizungsanlage nicht belastet werden. Die Kostenansätze z. B. für die Investition, Instandhaltung, Abschreibung, Rücklagen, Finanzierung, den Steuer- und Gewinnanteil sind daher herauszurechnen, wobei es inzwischen nach der Rechtsprechung des BGH für die formelle Wirksamkeit der Abrechnung ausreichen wird, wenn die **Abzüge in einem Betrag** angegeben werden.[507] Ist dem Vermieter eine nachvollziehbare Kostentrennung nicht möglich, was sowohl auf der Vertragsgestaltung wie auch der fehlenden Bereitschaft des Contractors zur Offenlegung beruhen kann, soll er die Aufteilung auch durch eine Vergleichsberechnung vornehmen können; handelt es sich um einen Wärmelieferungsvertrag aus der Zeit nach dem 1.7.2013, kann der Vermieter vom Wärmelieferanten eine Aufteilung in umlagefähige und nicht ansetzbare Kosten verlangen (§ 5 WärmeLV; s. auch Rdn. 112). Ergebe die Vergleichsberechnung z. B., dass die Kosten bei weiterem Eigenbetrieb der Heizung sogar noch höher als die Kosten der Wärmelieferung gewesen seien, werde der Mieter durch den Ansatz der vollen Kosten der Wärmelieferung nicht belastet, eine Aufgliederung der Abrechnung sei in einem derartigen Fall entbehrlich.[508]

f) Kosten des Brennstoffs

257 Nach § 7 Abs. 2 Satz 1 HeizKV sind die *„Kosten der verbrauchten Brennstoffe"* ansatzfähig. Maßgeblich sind mithin die im Abrechnungszeitraum eingesetzten Energieträger. Hieraus folgt, dass eine Abrechnung nach dem **Abflussprinzip** (dazu G Rdn. 121) zwar formell wirksam, jedoch **materiell unzulässig** ist.[509] Zur Lösung der Problematik der Abrechnung einer **WEG,** bei der es sich um eine Einnahmen- und Ausgabenabrechnung handelt, wird vorgeschlagen, zwischen Gesamtabrechnung und Einzelabrechnung zu differenzieren. In die Gesamtabrechnung sind danach alle Geldflüsse einzustellen, ohne die Kosten des konkreten Ver-

---

[507] A. A. LG Berlin GE 2011, 1682: Die bloße Angabe des Contractors, dass 100% des Arbeitspreises und 35% des Grundpreises umlagefähig sind, reicht nicht, ebenso LG Berlin GE 2007, 595 (100% und 59%).

[508] LG Berlin GE 2011, 1682.

[509] BGH (VIII ZR 156/11) DWW 2012, 91 = GE 2012, 401 = GuT 2012, 36 = NZM 2012, 230 = WuM 2012, 143 = ZMR 2012, 341; dasselbe gilt für die Abrechnung des WEG-Verwalters gegenüber den Miteigentümern: BGH (V ZR 251/10) GE 2012, 551 = GuT 2012, 61 = NZM 2012, 344 = WuM 2012, 222 = ZMR 2012, 372, LG Hamburg ZMR 2009, 530 (m. Anm. *Stadie-Garrn*), AG Berlin-Tiergarten WuM 2011, 614 (m. Anm. *Lammel*).

brauchs zu berücksichtigen; in der Einzelabrechnung erfolgt sodann die eigentliche Abrechnung nach Verbrauch gemäß der HeizKV.[510]

Da über die **verbrauchte Energie abzurechnen** ist, gehörte es nach der über Jahrzehnte herrschenden Ansicht in Rechtsprechung und Literatur zu einer formell ordnungsgemäßen Abrechnung, die entsprechenden Verbrauchsangaben in die Abrechnung aufzunehmen, so dass z.B. bei der Beheizung und Warmwasserversorgung durch feste Brennstoffe der Bestand zum Ende der Vorperiode einschließlich der darauf entfallenden Kosten anzugeben war, ferner waren die Zukaufmengen und -kosten einzeln nach Lieferung und Preis auszuweisen sowie schließlich der verbliebene Endbestand nebst Preis. Dieser Auffassung hat sich der **BGH** nicht angeschlossen. Er lässt es für die formelle Seite ausreichen, dass die **Summe der für die Brennstoffe angefallenen Kosten** aufgeführt ist.[511] Die rechnerische Überprüfbarkeit der Summe muss sich daher nicht mehr aus der Abrechnung selbst ergeben, insoweit wird der Mieter auf sein Recht zur Einsicht in die Belege verwiesen. Anders als bisher bleibt ihm nur dieser beschwerliche Weg, um etwaige Ungereimtheiten aufzudecken und Wirtschaftlichkeitsaspekten nachzugehen. **258**

Zusätzliche Kosten, etwa durch Additive, sind **separat** anzusetzen und zu beschreiben. Unter Brennstoff ist nur der jeweilige Energieträger zu verstehen. Hilfsmittel wie z.B. zur Verbesserung der Verbrennung und Verringerung von Verbrennungsrückständen werden davon nicht erfasst. **259**

g) Zählerstände

Da jedenfalls zur Hälfte nach Verbrauch abzurechnen ist, gehörte die **Angabe der gemessenen Einheiten bislang** zwingend zu einer formell ordnungsgemäßen Abrechnung. Dies ist unproblematisch, wenn die Geräte jeweils allein den Verbrauch im Abrechnungszeitraum anzeigen. Handelt es sich um fortlaufende Zählwerke, waren nach der seit Jahrzehnten herrschenden Meinung der Anfangs- und Endstand anzuführen; war nur der Endstand notiert, fehlte die Darstellung eines notwendigen Rechenschritts. Auch hierzu hat der **BGH abweichend** entschieden. Nach seiner Ansicht reicht es zur Einhaltung der Voraussetzungen einer formell ordnungsgemäßen Abrechnung, dass die **Summe der Verbrauchswerte** aufgeführt ist (vgl. Rdn. 258).[512] Werden Wärmemengenzähler für die Erfassung des Warmwassers verwendet, soll die Angabe des Gesamtverbrauchs an Fernwärme allerdings entbehrlich sein.[513] **260**

---

[510] *Drasdo* NZM 2010, 681 (682 f.).
[511] BGH (VIII ZR 322/08) GE 2010, 477 = NZM 2010, 315 = WuM 2010, 156.
[512] BGH (VIII ZR 322/08) GE 2010, 477 = NZM 2010, 315 = WuM 2010, 156 (Heizöl), (VIII ZR 45/11) GE 2011, 1679 = WuM 2011, 684 (Fernwärme).
[513] LG Itzehoe ZMR 2015, 313.

261 Sowohl hinsichtlich der verbrauchten Brennstoffe als auch der gemessenen Einheiten ist dem **Vermieter** aus praktischen Gründen **dringend anzuraten,** weiterhin entsprechend der bisherigen Auffassung zu verfahren, also ggf. Anfangs- und Endstände in die Abrechnung aufzunehmen. Zum einen ist damit nur minimaler Aufwand verbunden, weil ihm bzw. dem Abrechnungsdienst die Zahlen ohnehin in den Unterlagen zur Vorbereitung der Abrechnung vorliegen. Zum anderen vermeidet er dadurch Nachfragen und Belegeinsichten, deren Beantwortung bzw. Begleitung in nicht unerheblichem Umfang Arbeitskraft des Personals binden. Mit dem nach Ansicht des BGH ausreichenden dürren Zahlenwerk kann der Mieter zwar bei mehrjährigem Mietverhältnis einen Vergleich zu der Vorjahresabrechnung anstellen; die rechnerische Überprüfung der angesetzten Daten ist ihm indes nicht mehr möglich.

262 Bei Heizkostenverteilern nach dem Verdunstungsprinzip sind zwei Skalentypen anzutreffen, Produkt- und Einheitsskalen, welche die Messdienstunternehmen von der Vorhaltung vielfältiger Skalen entlasten. Die **Produktskala** ist auf die Heizleistung des jeweiligen Heizkörpers abgestimmt, so dass auf der rechten Skala schon die relevante Verbrauchsanzeige erscheint. Demgegenüber ist es bei Heizkostenverteilern mit **Einheitsskala** zur Ermittlung des Verbrauchs notwendig, die angezeigten Werte mit dem Gesamtbewertungsfaktor zu multiplizieren. Der Gesamtbewertungsfaktor setzt sich vornehmlich aus dem Bewertungsfaktor der Wärmeleistung des installierten Heizkörpers und der Kennzahl für die Wärmeübertragung vom Heizwasser auf die Messflüssigkeit (Wärmeübergangswert, der je nach Art und Material von Heizkörper und Verteiler unterschiedlich ist) zusammen. Die Bewertungsfaktoren werden multipliziert und ergeben den Gesamtfaktor = **Umrechnungsfaktor,** der wiederum mit dem abgelesenen Wert zu multiplizieren ist.[514] Schon für eine formell ausreichende Abrechnung wird verlangt, dass der Umrechnungsfaktor in der Abrechnung angegeben ist.[515] Auf der Grundlage der schon mehrfach zitierten Entscheidung des BGH[516] ist diese Angabe jedoch nicht erforderlich. Wenn schon Anfangs- und Endbestände bei den verbrauchten Festbrennstoffen und bei fortlaufenden Zählern nicht in der Abrechnung wiedergegeben sein müssen, erscheint die Bezeichnung des Übergangswerts erst recht entbehrlich. Ist der Mieter auf die Belegeinsicht verwiesen, wird der Vermieter allerdings verpflichtet sein, ihm bei der Kontrolle der Abrechnungsbelege auch etwa vorhandene Unterlagen vorzulegen, anhand derer er überprüfen kann, ob die Faktoren zutreffend berechnet wurden.[517]

263 Zu **Schätzungen** s. Rdn. 250, zu **technischen Fehlern** s. Rdn. 272 ff., zu vom Mieter behaupteten **Ablesefehlern** s. Rdn. 290.

---

[514] Ausführlich *Hampel/Faulhaber* in Kreuzberg/Wien 7.7.
[515] LG Berlin GE 2008, 673 = WuM 2008, 587 (m. zust. Anm. *Wall*).
[516] BGH (VIII ZR 322/08) GE 2010, 477 = NZM 2010, 315 = WuM 2010, 156.
[517] LG Berlin GE 2008, 673 = WuM 2008, 587.

h) Betriebsstrom

Die Angabe des Betriebsstroms zählt als eine der in § 7 Abs. 2 HeizKV bezeichneten selbstständigen Kostenarten **grundsätzlich zum Inhalt einer Abrechnung;** seine Kosten dürfen **nicht als** Teil des **Allgemeinstroms** abgerechnet werden.[518] Daher ist auch eine abweichende Umlage nach Fläche oder Miteigentumsanteilen unzulässig.[519] Zwar hat der **BGH** entschieden, dass fehlende Angaben zum Betriebsstrom nicht zur Unwirksamkeit der Abrechnung aus formellen Gründen führen.[520] Diese Aussage ist indes ohne Berücksichtigung des zugrunde liegenden Sachverhalts **missverständlich.** Im entschiedenen Fall hatte der Vermieter überhaupt keinen Betriebsstrom angesetzt, sei es aus Absicht, sei es aus Versehen.[521] Es leuchtet ohne weiteres ein, dass die Angabe nicht umgelegter Kosten entbehrlich ist. Anders verhält es sich jedoch, wenn die Kosten des Betriebsstroms verteilt werden sollen, dies jedoch verdeckt in einer anderen Kostenart geschieht. In diesen Fällen ist zwar die Abrechnung der ausdrücklich bezeichneten Kostenart nicht formell unwirksam, sondern nur der Höhe nach, also inhaltlich, falsch, es fehlt aber an einem erkennbaren Ausweis der Kosten des Betriebsstroms, so dass insoweit schon keine Abrechnung vorliegt (s. dazu auch H Rdn. 135).

264

i) Umlageschlüssel

Die **Aufteilung** in verbrauchsunabhängige und verbrauchsabhängige Kosten mit Angabe der **Gesamtflächen und -einheiten** einerseits und **Fläche sowie Einheiten der jeweiligen Nutzereinheit** andererseits zählt zu den zwingenden Angaben für eine **formell ordnungsgemäße Abrechnung.** Eine Abrechnung ist nur dann formell in Ordnung, wenn sie u. a. den Umlageschlüssel bezeichnet und, soweit erforderlich, erläutert. Die Abrechnung muss daher dem Mieter mitteilen, welcher der Schlüssel aus § 7 Abs. 1 HeizKV zur Anwendung kam bzw. wie in den Sonderfällen der §§ 9a und 9b HeizKV verfahren wurde.

265

Hat eine **Vorerfassung** stattgefunden, ist die Abrechnung nur dann formell ordnungsgemäß, wenn vorab die Gesamtkosten angesetzt wurden, nicht etwa nur die Kosten je Nutzergruppe. Sodann muss sich aus der Abrechnung selbst nachvollziehbar ergeben, welche Nutzergruppen gebildet wurden;[522] die bloße Angabe „Fußbod.Zhg. Nr. 1+2" und „HKV 1–3" dürfte allerdings nach der weiten Rechtsprechung des BGH ausreichen.[523]

266

---

[518] BGH (V ZR 166/15) NZM 2017, 77 = ZMR 2017, 76, (VIII ZR 27/07) DWW 2008, 216 = GE 2008, 662 = NZM 2008, 403 = WuM 2008, 285.
[519] AG Potsdam ZWE 2017, 379, BeckRS 2017, 113634.
[520] BGH (VIII ZR 45/11) GE 2011, 1679 = WuM 2011, 684.
[521] S. die Ausgangsentscheidung LG Itzehoe WuM 2011, 104.
[522] KG DWW 2009, 335 = GE 2009, 1261 = WuM 2010, 245 = ZMR 2010, 35.
[523] A. A. AG Aschaffenburg ZMR 2015, 33 (m. Anm. *Schmid*).

267 Sind die Grundlagen für die Kostenaufteilung ersichtlich, berühren **anschließende Fehler bei der Verteilung** die Wirksamkeit der Abrechnung nicht, wie etwa bezüglich der Aufteilung der Heizkosten und der Warmwasserkosten.[524]

4. Einwände der Mieter

a) Lagenachteile

268 Es ist bekannt, dass Penthousewohnungen, Wohnungen in Ecklage mit ungünstiger Himmelsrichtung, Wohnungen mit besonders großer Fensterfläche, Wohnungen über Durchfahrten u. Ä. m. häufig einen **höheren Wärmebedarf** aufweisen als z. B. Wohnungen in Mittellage. Ebenso verhält es sich bei Mietobjekten im Erdgeschoss, wenn sich nicht darunter gerade der Heizungskeller befindet. Solange der Eigentümer nicht seinen Nachrüstpflichten aus § 9 Abs. 3 EnEV 2004[525] (Dämmung nicht begehbarer, aber zugänglicher oberster Geschossdecken beheizter Räume bis zum 31.12.2006) bzw. § 10 Abs. 4 EnEV 2009[526] (Dämmung auch begehbarer, bisher ungedämmter oberster Geschossdecken bis 31.12.2011) bzw. § 10 Abs. 3 EnEV 2014 (Dämmung zugänglicher Decken beheizter Räume zum unbeheizten Dachraum [oberste Geschossdecken] bis zum 31.12.2015) nachgekommen ist, sind die Mieter der betroffenen Räume gleichfalls von einem hohen Wärmeverbrauch betroffen. Es ist verständlich, dass Mieter derartig gelegener Wohnungen einwenden, die **exponierte oder ungünstige Lage** ihrer Wohnung müsse im Rahmen der Heizkostenabrechnung berücksichtigt werden, um den Vorteil der Mittelwohnungen, die von den umliegenden mit beheizt werden, auszugleichen.

269 Bis zum 1.7.1981 war es möglich, in den betroffenen Wohnungen Heizkostenverteiler mit einer **Skalenreduktion** zu montieren. Während sonst die Anzeigeskala eines Heizkostenverteilers den Daten des Heizkörpers nach Ausführung, Größe etc. zu entsprechen hat, lässt es sich durch die Reduzierung der Skala auf einen kleineren Heizkörper erreichen, dass ein Teil der Wärme, die die tatsächlich vorhandene größere abgibt, nicht erfasst wird. Derartige Verteiler genossen zwar nach § 12 Abs. 2 HeizKV bis zum 31.12.2013 Bestandsschutz, sind indes als Neuinstallation seitdem nicht mehr zulässig. Auch der zur Vorbereitung der HeizKV 1989 diskutierte **Lageausgleich** durch Zu- und Abschläge[527] wurde nicht in die Verordnung übernommen.

270 Ein **Korrektiv** bietet die Aufteilung der Kosten nach dem gem. § 7 Abs. 1 Satz 1 HeizKV kleinstmöglichen Schlüssel für die verbrauchsabhängigen und verbrauchsunabhängigen Anteile, sofern nicht die Aus-

---

[524] BGH (VIII ZR 151/10) GE 2011, 477 = WuM 2011, 159 = ZMR 2011, 458.
[525] EnEV 2004 vom 2.12.2004, BGBl. I S. 3146.
[526] EnEV 2009 vom 29.4.2009, BGBl. I S. 954.
[527] Dazu *Pfeifer* Heizkosten S. 36.

nahme nach § 7 Abs. 1 Satz 2 HeizKV mit dem zwingenden Umlageschlüssel von 70% zu 30% eingreift. Durch den Festanteil von 50% nach Fläche wird der lagebedingte Nachteil des Mietobjekts jedenfalls in gewissem Umfang kompensiert. In derartigen Fällen wie auch bei signifikanten baulichen Unterschieden – etwa Mietobjekte mit Isolierverglasung in neuen Rahmen in allen Räumen gegenüber anderen im Gebäude mit Einfachverglasung in alten zugigen Fenstern – sind die Kosten daher zu gleichen Teilen nach Verbrauch und Fläche zu berechnen,[528] gleichviel ob sie mit Verdunstungsgeräten oder elektronischen Heizkostenverteilern ausgestattet sind.

Von dem vorgenannten Korrektiv abgesehen, sind **gravierende Lagenachteile** nicht im Rahmen der Heizkostenabrechnung auszugleichen, sondern ggf. **im Rahmen einer Mieterhöhung** auf die ortsübliche Vergleichsmiete nach § 558 BGB zu berücksichtigen. Dem Mieter steht daher auch nicht etwa ein Minderungsrecht gem. § 536 BGB aufgrund seiner hohen Heizkosten zu. Es kommt hinzu, dass Verbrauchsspreizungen erheblichen Ausmaßes oft nicht lage- sondern nutzerbedingt auftreten, sie sind auch zwischen identischen Wohnungen in Mittellage festzustellen.[529] Schließlich übersehen die Mieter benachteiligter Wohnungen häufig, dass auch Mittelgeschosswohnungen Nachteile aufweisen können, die aus dem Verhalten der Nutzer der umliegenden Wohnungen resultieren. Heizen diese wenig oder lassen sie die Wohnung, zumal in der Hauptheizperiode, über längere Zeit unbeheizt, entstehen deutliche Wärmeverluste; sie betragen z. B. bei einer Wohnung, die nur von unbeheizten umgeben ist, rund 40%.[530] 271

b) Technische Fehler der Heizkostenverteiler

Systembedingte Gerätefehler, zumal bei Heizkostenverteilern nach dem Verdunstungsprinzip, sind vom Mieter hinzunehmen.[531] Dies gilt zum einen für innerhalb der zulässigen Toleranzen liegende Fertigungsfehler, zum anderen für bauartbedingte Fehler der Verbrauchserfassung. Berechtigte Rügen des Mieters können sich daher nur auf zusätzliche Fehler im konkreten Fall beziehen. 272

aa) Ungeeignete Geräte

Fertigungsfehler als solche treten relativ selten auf, weil gewisse Fertigungstoleranzen zulässig sind. Nicht selten erweisen sich Geräte jedoch aus anderen Gründen als ungeeignet, wobei zwei Varianten im Vordergrund stehen 273

Die eine Problematik betrifft **veraltete Heizkostenverteiler auf Verdunstungsbasis,** wenn die die **Heizanlage modernisiert** wurde. Sie wei- 274

---
[528] AG Saarburg WuM 2001, 85.
[529] Vgl. *Eisenhart-Rothe/Franke/Pawellek* in Kreuzberg/Wien 11.19.
[530] *Peters* NZM 2002, 1013.
[531] BGH (VIII ZR 133/85) WuM 1986, 214.

sen jedenfalls dann kein hinreichendes Auflösungsverhalten mehr auf, wenn dabei die Vorlauftemperatur elektronisch geregelt und nachts abgesenkt wird; so führt die elektronische Regelung anhand einer Außentemperatursteuerung z. B. im Herbst und Frühjahr infolge der geringeren Vorlauftemperaturen zu kleinen Wärmeabgaben, die von den alten Geräten nicht erfasst werden. Diese Effekte werden durch Thermostatventile verstärkt. Insgesamt handelt es sich damit um eine **Ausstattung**, die gegen § 5 Abs. 1 Satz 4 HeizKV verstößt, weil sie für das Heizsystem **nicht mehr geeignet** ist. Hat der Vermieter im Rahmen der Modernisierung der Heizanlage nicht auch die Heizkostenverteiler angepasst, ist eine verbrauchsabhängige Abrechnung nicht zulässig, dem Mieter steht bei der dann notwendigen verbrauchsunabhängigen Abrechnung das Kürzungsrecht aus § 12 Abs. 1 HeizKV zu.

275 Die andere Variante resultiert aus der **Modernisierung der Heizkostenverteiler**. Der häufig zu beobachtende Effekt deutlich höherer Verbrauchswerte durch die Ersetzung von Verteilern auf Verdunstungsbasis durch elektronische Heizkostenverteiler beruht auf der höheren Empfindlichkeit der Elektronik. Da in allen Abrechnungsobjekten dieselbe Ausstattung vorhanden sein muss, so dass der Effekt überall eintritt, sind die regelmäßigen Einwände der Mieter gegen die Verbrauchswerte meist irrelevant. Anders verhält es sich, wenn das vorhandene Heizsystem nicht zu den neuen Heizkostenverteilern passt; hier muss der Vermieter die Tauglichkeit der neuen Erfassungsgeräte für das Heizsystem beweisen.[532]

bb) Skalierungsfehler

276 Skalierungsfehler, bei denen die Norm-Wärmeabgabe des Heizkörpers nicht richtig bewertet und demzufolge eine **nicht passende Anzeigeskala** montiert wurde (Klassifikationsversehen), kommen insbesondere in Betracht, wenn nach einer Neuinstallation oder dem Austausch von Heizkörpern oder Verbrauchserfassungsgeräten unplausible Verbräuche abgelesen werden. Da es ausgewiesenen Sachverstands bedarf, hierzu im Rechtsstreit spezifiziert vorzutragen, werden sie vom Mieter im Allgemeinen nur dann gesondert geltend gemacht, wenn die Ablesewerte im Vergleich zur Vorperiode stiegen.[533] Sie sind indes von Bedeutung, wenn die Parteien oder das Gericht einen Sachverständigen zur Überprüfung des Verbrauchsergebnisses heranziehen. Zu seinen Aufgaben gehört es auch zu prüfen, ob die Skalierung zutreffend ist, und ggf. eine Skalenumrechnung[534] vorzunehmen, um zu einem sachlich richtigen Verbrauchsergebnis zu gelangen. Wegen der Kosten, die auf falscher Skalierung

---

[532] LG Frankfurt am Main WuM 2011, 684 (Erneuerung durch ein zur Funkablesung vorgesehenes System).
[533] Vgl. AG Hamburg-Barmbek ZMR 2011, 293.
[534] LG Hamburg WuM 1990, 561, LG Hamburg NJW-RR 1987, 1493 = WuM 1988, 64.

oder Umskalierung beruhen, kann der Vermieter das Abrechnungsunternehmen in Regress nehmen.

cc) Montagefehler

Unplausible Verbrauchswerte können bei **Heizkostenverteilern** auf **falscher Montagehöhe** beruhen. Während Heizkostenverteiler vor 1981 noch in der horizontalen Mitte des Heizkörpers oder etwas darüber angebracht wurden und ab 1981 nach den DIN 4713 und 4714 an einem Montagepunkt von 60% bis 80%, hat die Montage seit den EN 834 und 835 im oberen Drittel des Heizkörpers zu erfolgen, und zwar bezogen auf die Mitte des Heizkostenverteilers. Der Montageort ist insbesondere dann von Bedeutung, wenn der Heizwasservorlauf, wie üblich, oben in den Heizkörper eingeführt wird und Thermostatventile installiert sind. Diese Ventile drosseln den Zulauf, so dass die überwiegende Wärmeabgabe im oberen Drittel des Heizkörpers erfolgt; ist der Heizkostenverteiler im Bereich der Mitte des Heizkörpers angebracht, zeigt er nur einen zu geringen Verbrauch an. Es wird daher eine Montage zwischen 75% und 80% der Bauhöhe des Heizkörpers empfohlen.[535] 277

Folge einer falschen Montagehöhe ist die grundsätzliche **Unverwertbarkeit** der Verbrauchsergebnisse.[536] Anders als bei falscher Skalierung ist im Nachhinein nicht zu ermitteln, wie denn die Anzeige ausgefallen wäre, hätte sich der Heizkostenverteiler in der richtigen Höhe befunden. Hierzu wäre es erforderlich, das Nutzerverhalten bei der Bedienung des Heizkörpers während der gesamten Verbrauchsperiode zu rekonstruieren. Da die Verdunstungsgeschwindigkeit bei Heizkostenverteilern auf Verdunstungsbasis mit höheren Temperaturen überproportional anwächst bzw. bei niedrigen überproportional abnimmt, kämen nur hypothetische Berechnungen in Betracht, die sich mit dem tatsächlichen Verbrauch decken können, jedoch nicht müssen. Die daraus resultierende Unsicherheit muss der Mieter nicht hinnehmen. Die Verbrauchsergebnisse können daher nicht der Abrechnung zugrunde gelegt werden, so dass verbrauchsunabhängig abzurechnen ist mit dem Kürzungsrecht des Mieters aus § 12 Abs. 1 HeizKV.[537] 278

Es wird **allerdings vertreten,** es könne bei dem – infolge der zu niedrigen Montagestelle gemeinhin zu gering – angezeigten Verbrauchswert und damit der darauf basierenden Abrechnung verbleiben, weil der Mieter hierdurch nicht belastet werde.[538] Dies ist indes eine verkürzte Sichtweise, weil die Auswirkungen auf die anderen Mieter außer Betracht bleiben. Es ist zu berücksichtigen, dass sich der Preis je Verbrauchseinheit erhöht, je weniger Einheiten angefallen sind. Sind die Heizkostenver- 279

---

[535] *Hampel/Faulhaber* in Kreuzberg/ Wien 7.8.2.2.
[536] LG Hamburg NJW-RR 1987, 1493 = WuM 1988, 64.
[537] LG Hamburg WuM 1988, 310.
[538] LG Hamburg WuM 1990, 561.

teiler an etlichen Heizkörpern falsch montiert, werden sonst diejenigen Mieter ungerecht belastet, deren Verbrauch richtig ermittelt wurde. Ausnahmsweise wird dieser Ansicht dann gefolgt werden können, wenn sich der Fehler auf einen einzelnen Heizkörper bezieht, er also keine gravierenden Folgen für die Einzelabrechnung und die Abrechnung für die anderen Mieter hat. Sind mehrere Heizkörper in demselben Mietobjekt und/oder in anderen Nutzereinheiten betroffen, bleibt nur die verbrauchsunabhängige Abrechnung mit dem Kürzungsrecht des Mieters aus § 12 Abs. 1 HeizKV.

dd) Messfehler

280 Manche Mieter wenden sich gegen die vom Heizkostenverteiler angezeigten Verbrauchswerte mit dem Argument, die **Heizkörper** seien **im unteren Teil kalt** geblieben, was zumal bei gedrosseltem Thermostatventil auftritt. Hieraus leiten sie ab, dass die Ergebnisse des Heizkostenverteilers in 75 % der Bauhöhe des Heizkörpers falsch sein müssten, weil es gerade und nur dort besonders heiß sei; auch beim Umrechnungsfaktor (s. Rdn. 262) werde die Wärmeleistung der gesamten Heizkörperfläche, nicht nur des oberen Drittels angesetzt. Dieser Einwand ist indes technisch nicht berechtigt, vielmehr beschreibt er den **Normalzustand;** es handelt sich um den energetisch für Heizkörper angestrebten Zustand, weil er zu einem optimalen Energietransport in die Räume führt. Da heißes Wasser eine geringere Dichte als kaltes Wasser hat, verteilt sich das Wasser im Heizkörper in einer fast waagerechten Schichtung. Das obere Drittel des Heizkörpers ist heißer, es gibt mehr Wärme ab, sodann erfolgt eine immer langsamer werdende Abkühlung, weil der Temperaturunterschied zur Raumluft sinkt und damit weniger Wärme abgegeben werden kann; für die Nutzung der Brennwerttechnik ist eine tiefe Rücklauftemperatur sogar unbedingt erforderlich. Der Fehler beim Einwand des Mieters liegt darin, dass er allein die Oberflächentemperatur des oberen Drittels betrachtet. Tatsächlich hat der beschriebene Temperaturverlauf jedoch die Folge, dass die Oberflächentemperatur des *ganzen* Heizkörpers sinkt. Der Betriebszustand, oben heiß, unten kalt, fließt schon in die Prüfung bei der amtlichen Zulassung der Geräte ein. Die kleinere Heizleistung des gesamten Heizkörpers wird daher in der Berechnung des Heizkostenverteilers ausreichend abgebildet.

ee) Sonstige Fehler

281 Bei den Heizkostenverteilern und Verbrauchserfassungsgeräten können im Einzelfall weitere Fehler relevant werden. Geht es um Verteiler nach dem **Verdunstungsprinzip** führt eine ungleichmäßige Befüllung der Röhrchen in den einzelnen Mietobjekten im Zweifel dazu, dass die Ergebnisse nicht verwendet werden dürfen. Dasselbe gilt, wenn einzelne Geräte in der Nutzeinheit keine oder eine zu geringe Kaltverdunstungsvorgabe enthalten. Bei den **elektronischen Heizkostenverteilern** kann es

zu Ausfällen der Elektronik kommen. **Wärmemengenzähler** weisen gelegentlich im Sieb der Messkapsel Ablagerungen auf, ohne dass dies die ordnungsgemäße Funktion beeinträchtigt; im Extremfall gelangt nur zu wenig warmes Wasser in die Wohnung.[539]

c) Anlagenfehler

aa) Heizkörperverkleidungen, Vorhänge

Bei Heizkostenverteilern nach dem **Verdunstungsprinzip** können unter bestimmten Bedingungen **verfälschte Verbrauchsanzeigen** auftreten. Hauptfälle sind Heizkörperverkleidungen und Vorhänge je nach ihrer Dichte. Sie bewirken auf der einen Seite eine Verminderung der Leistung des Heizkörpers, dessen Ventil mehr geöffnet werden muss, um zu einer angemessen Raumerwärmung zu kommen. Auf der anderen Seite entsteht ein Wärmestau, der zu erhöhter Verdunstung führt; ist ein Heizkörper vollständig mit Vorhängen zugehängt, entsteht ein Mehrverbrauch von 40 %.[540] Das angezeigte Verbrauchsergebnis ist damit grob falsch, weil an den Raum weit weniger Wärme abgegeben wurde als angezeigt. Demgegenüber sind **elektronische Heizkostenverteiler** mit Einfühlersystem gegen Wärmestau praktisch unempfindlich;[541] Zweifühlersysteme weisen bei Fehlwerten durch Wärmestau eine automatische Umschaltung auf das Einfühlersystem auf.[542]

282

Der vorbeschriebene **Fehler** von Verdunstungsgeräten ist nachträglich **nicht korrigierbar**.[543] Es handelt sich damit um einen Fall, dass „*aus anderen zwingenden Gründen*" im Sinne des § 9a Abs. 1 HeizKV der anteilige Wärmeverbrauch nicht zu ermitteln ist.[544] Die Abrechnung für den betroffenen Raum oder ggf. die betroffenen Räume hat daher nach den vorgesehenen Ersatzverfahren (s. Rdn. 200 ff.) zu erfolgen. Ein Abzugsrecht nach § 12 Abs. 1 HeizKV besteht nicht (s. Rdn. 335).

Fraglich ist, wer **etwaige Verluste des Vermieters** zu tragen hat. Da sich die Korrektur einer Abrechnung auf die Gesamtabrechnung und damit zugleich auf alle anderen Einzelabrechnungen auswirkt, die mithin ebenfalls zu korrigieren sind, kann den Vermieter der Nachforderungsausschluss aus § 556 Abs. 3 Satz 3 BGB treffen; ebenso kommt der Kürzungsbetrag nach § 12 Abs. 1 HeizKV für alle Mieter in Betracht, wenn die betroffene Mietfläche mehr als 25 % der Gesamtfläche ausmacht; hier scheidet die verbrauchsabhängige Abrechnung nach § 9a Abs. 2 HeizKV aus, so dass insgesamt verbrauchsunabhängig abzurechnen ist. Handelt es sich um eine **vermieterseitige Einrichtung,** ist festzustellen, dass er

283

---

[539] AG Coesfeld WuM 2011, 545.
[540] *Peters* S. 291.
[541] *Braun/Schmidt/Schmid/Tritschler* in Kreuzberg/Wien 8.4.8.
[542] *Braun/Schmidt/Schmid/Tritschler* in Kreuzberg/Wien 8.4.8.
[543] AG Hamburg WuM 1989, 310.
[544] LG Magdeburg ZMR 2006, 289; *Schmid* Anm. zu AG Aschersleben ZMR 2005, 716, vgl. LG Hamburg WuM 1991, 561.

das Mietobjekt mit ungeeigneter Ausstattung zur Verfügung stellte, so dass ihm die Kosten anzulasten sind. Beruht die Verfälschung auf der **Einrichtung des Mieters,** häufig auf bodentiefen Vorhängen, hängt seine Einstandspflicht davon ab, ob der Vermieter ihn auf die physikalischen Zusammenhänge hingewiesen hatte,[545] was am besten bei Abschluss des Mietvertrags vor dem Einzug des Mieters und damit der Ausstattung des Mietobjekts nach seinen Vorstellungen erfolgt. Wie die gerichtliche Praxis zeigt, kann die entsprechende Kenntnis der Mieter nach wie vor nicht vorausgesetzt werden. Beachtete der Mieter die Hinweise des Vermieters nicht, gehen die Verluste im Wege des Schadensersatzes zu seinen Lasten.

bb) Wärmequellen

284 Die Anbringung von Heizkostenverteilern nach dem **Verdunstungsprinzip** in unmittelbarer Nähe zu **starken Wärmequellen,** etwa in der Küche in der Nähe des Herdes, hat eine erhöhte Verbrauchsanzeige zur Folge. Eine technische Unmöglichkeit der Verbrauchserfassung folgt daraus in aller Regel jedoch nicht. Die Beeinflussung des Heizkostenverteilers hängt neben der Stärke und Nähe der Wärmequelle wesentlich auch von ihrer Dauer ab;[546] so wird z. B. ein Herd oder Backofen im Wohnungsbereich üblicherweise nur zeitweise genutzt. Die höhere Anzeige kann nicht durch einen Abzug vom Ablesewert, auch nicht im Wege einer Pauschale, korrigiert werden, weil er infolge der vielfältig zusammenspielenden Faktoren nicht quantifizierbar ist.[547] Allerdings wird die dadurch verursachte Mehranzeige durch den Grundkostenanteil, ggf. zu 50%, relativiert.[548]

285 Ein gelegentlicher Einwand der Mieter geht dahin, dass durch **Sonneneinstrahlung** auf die Verteiler ein zu hoher Verbrauch angezeigt wurde. Bei Heizkostenverteilern auf Verdunstungsbasis kann ihm nicht durch den Hinweis auf die Kaltverdunstungsvorgabe begegnet werden, weil diese für alle Verteiler nach dem Verdunstungsprinzip im Hause die gleiche Höhe aufweisen muss; dasselbe gilt bei elektronischen Heizkostenverteilern für die Messwertunterdrückung im Anfangstemperaturbereich. Es ist jedoch zu berücksichtigen, dass die meisten Heizkostenverteiler in einer Nische unter dem Fenster stehen, so dass eine direkte Sonneneinstrahlung kaum stattfindet; handelt es sich um bodentiefe Fenster, treffen die Sonnenstrahlen die Rückseite des Heizkörpers, der mit kaltem Wasser gefüllt ist und dadurch das Rückenteil des Heizkostenverteilers kühlt.[549] Abgesehen von einer gewissen Nivellierung durch

---

[545] Ebenso *Lammel* HeizKV § 5 Rdn. 27; a. A. *Schmid* Anm. zu AG Aschersleben ZMR 2005, 716.
[546] Vgl. *Peters* S. 80 f.
[547] *Peters* S. 81.
[548] Vgl. *Hampel/Faulhaber* in Kreuzberg/Wien 7.9 a. E.
[549] *Peters* S. 79.

den verbrauchsunabhängigen Umlageanteil ist zudem in Ansatz zu bringen, dass der Effekt jahreszeitlich infolge des unterschiedlichen Einstrahlungswinkels differiert und zumal im Frühjahr und Herbst zu einer Raumerwärmung führt, die sich nicht wie bei entsprechendem Heizungsbetrieb auf die Verbrauchsanzeige auswirkt.

cc) Wärmeverluste der Steigeleitung

Dass offen verlegte Steigeleitungen zu Wärmeverlusten führen, ist systemimmanent und zumal bei Altbau nicht untypisch. Die Folgen sind daher vom Mieter **grundsätzlich zu tolerieren.**[550] Eine **Ausnahme** gilt, wenn die Wärmeabgabe einen erheblichen Teil der von der Heizanlage gelieferten Wärmemenge ausmacht;[551] hier hat der Vermieter den Wärmeverbrauch nach Maßgabe des § 7 Abs. 1 Satz 3 HeizKV zu erfassen (s. Rdn. 174 ff.). Zur Problematik der vertikalen Einrohrheizungen s. Rdn. 307 ff. **286**

dd) Überdimensionierung der Heizkörper

Überdimensionierungen der Heizkörper beruhen auf einer unzutreffenden anfänglichen Wärmebedarfsberechnung, inzwischen aber insbesondere auf einer nachträglichen Wärmedämmung des Hauses. Sie haben Einfluss auf die Heizkostenverteilung, wenn die Verbrauchserfassung nach dem **Verdunstungsprinzip** erfolgt. Liegt eine **erhebliche Überdimensionierung** vor, sind die Heizkörper z. B. nur zu einem Drittel ausgelastet, kann es dazu kommen, dass der zulässige Einsatzbereich für solche Heizkostenverteiler unterschritten wird.[552] In derartigen Fällen ist die verbrauchsabhängige Abrechnung nicht möglich. Der Vermieter verwendet eine Ausstattung, die „*für das jeweilige Heizsystem*" nicht mehr „*geeignet*" ist (§ 5 Abs. 1 Satz 4 HeizKV), so dass verbrauchsunabhängig abzurechnen ist mit dem Kürzungsrecht des Mieters aus § 12 Abs. 1 HeizKV. Der Vermieter muss auf elektronische Heizkostenverteiler umstellen, die auch für den Niedertemperaturbereich zugelassen sind. **287**

Geht es nur um **geringe Überdimensionierungen,** wird deren Einfluss nicht selten **überschätzt.** Es ist durch Untersuchungen ermittelt worden, dass sich der Verteilfehler hier oft in engen Grenzen hält, zumal wenn der verbrauchsunabhängige Kostenanteil in die Berechnung einbezogen wird,[553] so dass z. B. die zulässigen Fehlergrenzen von Wärmezählern[554] nicht überschritten werden. Der Effekt der Überdimensionierung lässt sich zudem durch Veränderung der Vorlauftemperatur korrigie- **288**

---

[550] LG Hamburg Urt. vom 18.10.1991 – 311 S 15/90.
[551] AG Hamburg Urt. vom 1.2.1991 – 43a C 1951/87: 30%.
[552] LG Hamburg Urt. vom 18.10.1991 – 311 S 15/90.
[553] *Hampel/Faulhaber* in Kreuzberg/Wien 7.9.
[554] Zur Eichfehlergrenze *Rose/Adunka* in Kreuzberg/Wien 5.7 zuzügl. Verkehrsfehlergrenze 6.3.3.

ren⁵⁵⁵ oder durch Installation von elektronischen Heizkostenverteilern. Auch wenn der Vermieter im Interesse einer möglichst sachgerechten Kostenverteilung zu einer derartigen Korrektur verpflichtet sein dürfte, können die vor ihr ermittelten Verbrauchswerte ohne weiteres Grundlage der Heizkostenabrechnung sein. Jedenfalls ist der Vermieter nicht etwa gehalten, das ganze Haus mit neuen Heizkörpern auszustatten.[556]

ee) Mängel der Heizanlage

289 Weist die Heizanlage Fehler auf oder arbeitet sie unwirtschaftlich, z.B. durch Überdimensionierung des Heizkessels, bleiben die **ermittelten Verbrauchswerte unberührt,** nach denen mithin abzurechnen ist. Während nach einer Meinung hier ein Mangel der Mietsache vorliegt, so dass der Ausgleich der überflüssigen Kosten zugunsten des Mieters über Gewährleistungsrecht erfolgt, geht es nach der hier vertretenen Ansicht im Einzelfall um einen Schadensersatzanspruch aus dem Verstoß gegen das Wirtschaftlichkeitsgebot (dazu im Einzelnen H Rdn. 47 ff.). Im Ergebnis besteht allerdings Übereinstimmung, dass der Mieter von den unnötigen Kosten freizuhalten ist, deren Höhe ggf. ein Sachverständiger berechnen muss.

Kein Fehler der Heizanlage ist der Umstand, dass die Vorlauftemperatur bei **waagerechten Einrohrheizungen** mit Bypass nach dem ersten Heizkörper mit jedem weiteren abnimmt. Es handelt sich um eine charakteristische Folge des Systems, weil ein Teilstrom des heißen Wassers zwar an den Heizkörpern vorbeifließt, jedoch durch die Mischung mit dem Rücklauf des jeweils davor liegenden Heizkörpers nur eine niedrigere Vorlauftemperatur aufweist. Dieser Erscheinung wird durch die entsprechende Größenbestimmung der Heizflächen Rechnung getragen.

d) Ablesefehler

290 Wurden die Ablesewerte in ein **schriftliches Protokoll** übertragen und dem Mieter, wie üblich, zur **Gegenzeichnung** vorgelegt, ist es seine Sache darzulegen, dass die Daten gleichwohl nicht stimmen. Im Rechtsstreit trifft ihn daher die entsprechende Beweislast.[557]

291 Ein **Problem** bereitet die zunehmende Übung der Abrechnungsdienste, die in der jeweiligen Nutzereinheit ermittelten **Werte nicht mehr schriftlich festzuhalten,** sondern sie in ein mobiles Datenerfassungsgerät einzugeben und elektronisch zu speichern, sofern nicht ohnehin ein Ablesesystem vorhanden ist, bei dem das Mietobjekt nicht mehr betreten werden muss (Funk, Fernauslesung, M-Bus, Geräte außerhalb der Nutzeinheit). Die Verbrauchsstände erhält der Mieter schriftlich erst mit der

---

[555] *Hampel/Faulhaber* in Kreuzberg/Wien 7.9.
[556] LG Hamburg NJW-RR 1987, 1493 = WuM 1988, 64.
[557] Z.B. KG DWW 2010, 264 = GE 2010, 1268 = GuT 2010, 199 = ZMR 2011, 35, OLG Köln DWW 1985, 180.

Heizkostenabrechnung und damit zu einem Zeitpunkt, zu dem sie generell (Verdunstungsgeräte, Wärmemengenzähler ohne Speichermodul) nicht mehr kontrollierbar sind oder zu dem ggf. die Frist für die Speicherung der Werte im Gerät (elektronische Heizkostenverteiler, Wärmemengenzähler mit Speichereinrichtung) abgelaufen oder das Speicherergebnis im Gerät durch Batteriewechsel verloren ist. S. dazu Rdn. 292 ff.

5. Mitteilung des Ableseergebnisses (§ 6 Abs. 1 Satz 2 HeizKV)

a) Grundsätze

Das *„Ergebnis der Ablesung soll dem Nutzer in der Regel innerhalb eines Monats mitgeteilt werden"* (§ 6 Abs. 1 Satz 2 HeizKV). Nach der Begründung soll sich der Nutzer zeitnah mit dem Ableseergebnis auseinandersetzen und ggf. sein Verbrauchsverhalten ändern können, vorrangiges Ziel ist jedoch die **Vermeidung von Streit über behauptete Ablesefehler** im Hinblick auf die vorbeschriebene beleglose Ablesung und die lange Zeit bis zur Vorlage der Heizkostenabrechnung.[558]   **292**

Zur Form heißt es in der Begründung der Verordnung nur, die Mitteilung solle *„in geeigneter Weise"* erfolgen.[559] Da die Eignung nicht weiter konkretisiert wurde, reiche auch eine mündliche Mitteilung aus.[560] Nach anderer Ansicht genügt dies nicht, die Mitteilung könne aber in anderer geeigneter Weise, also durch moderne Medien, vorgenommen werden.[561] Präziser gefasst wird vertreten, dass dem Nutzer eine Aufstellung zur Verfügung zu stellen ist, anhand derer er nicht nur die aktuellen Werte zur Kenntnis nehmen, sondern insbesondere bei Zugang der Abrechnung eine Überprüfung vornehmen kann.[562] Dieser Auffassung ist zuzustimmen. Bei genauerer Betrachtung kann hier nichts anderes gelten als für die Betriebskostenabrechnung, die der Vermieter dem Mieter nach § 556 Abs. 3 Satz 2 BGB auch nur „mitteilen" muss (s. dazu H Rdn. 107 ff.). Zumal wenn der Sinn der Mitteilungspflicht, Streit zu vermeiden – und dies eben auch noch im späteren Zeitpunkt der Heizkostenabrechnung – erreicht werden soll, muss die Mitteilung schriftlich, ggf. durch ausdruckbare E-Mail, erfolgen. Die nur mündliche Angabe von Zahlenkolonnen wäre für den Nutzer ohne Wert.[563]   **293**

Zur Frist ist bestimmt, dass die Mitteilung den Mieter **innerhalb eines Monats** nach der Ablesung erreichen soll, jedenfalls im Regelfall. Die Möglichkeit der Überschreitung als Ausnahme will die Schwierigkeiten berücksichtigen, die bei größeren Abrechnungseinheiten für die Herstel-   **294**

---

[558] BR-Drucks. 570/08 S. 11.
[559] BR-Drucks. 570/08 S. 11.
[560] *Lützenkirchen* in Lützenkirchen § 6 HeizKV Rdn. 27, *Pfeifer* Heizkosten S. 80, *Schmid* ZMR 2009, 172 (175).
[561] *Wall* WuM 2009, 3.
[562] *Lammel* HeizKV § 6 Rdn. 22.
[563] *Kinne* GE 2009, 692.

lung der Einzelabrechnungen bestehen.[564] Streitig ist, welche **Folgen** eine verschuldete **Überschreitung** der Frist hat. Nach einer Ansicht folge aus der Begründung zu § 6 Abs. 1 Satz 2 HeizKV, *„die Informationspflicht ist ein unverzichtbarer Bestandteil der Regelungen zum Vollzug der Heizkostenverordnung"*,[565] dass die Verletzung der gesetzlich statuierten Pflicht das Recht zur Kürzung der Einzelabrechnung um 15% gem. § 12 Abs. 1 HeizKV auslöse.[566] Dieser Meinung ist allerdings entgegenzuhalten, dass in der HeizKV keine Anhaltspunkte für eine derart gravierende Folge der Fristüberschreitung zu erkennen sind. Insbesondere fehlt es von der Systematik her an einer Verknüpfung der Mitteilung mit der Abrechnung, d.h. sie ist kein vorgelagerter Teil der Abrechnung.[567] Mit der überwiegenden Auffassung ist daher zugrunde zu legen, dass die Verletzung der Pflicht zur Mitteilung folgenlos ist,[568] teilweise wird vertreten, dass sie dem Nutzer immerhin einen klagbaren Anspruch auf deren Nachholung verschaffe.[569]

Zum Inhalt ist davon auszugehen, dass dem Nutzer die Einzelergebnisse mitzuteilen sind, d.h. die Gerätenummer, welche die Zuordnung ermöglicht, und der Ablesewert. Die bloße Angabe der Summe reicht nicht.[570] Damit wäre das Ziel der Streitvermeidung kaum zu erzielen.

b) Ausnahmen

295 **Ausnahmen von der Mitteilungspflicht** bestehen nach Satz 3, wenn das Ableseergebnis über einen längeren Zeitraum gespeichert ist und es der Nutzer selbst abrufen kann, oder nach Satz 4, wenn es sich um den Verbrauch nach einem Warmwasserzähler handelt. Alle Varianten sind beim **Nutzerwechsel** nicht relevant; das Ergebnis der nach § 9b HeizKV vorgeschriebenen Ablesung ist mithin dem weichenden Mieter auf jeden Fall mitzuteilen.

296 Die Ausnahme setzt zunächst auf der **technischen Seite** einen Heizkostenverteiler voraus, der die Werte über einen längeren Zeitraum speichert. Streitig ist daher, ob bei **Heizkostenverteilern auf Verdunstungsbasis** eine Speicherung i.S. der Vorschrift stattfindet, wenn die verschlossene Messampulle des abgelaufenen Jahres ablesbar im Gerät verbleibt. Nach einer Meinung fehlt es schon an einer Speicherung, weil die Geräte hierfür kein spezielles Bauteil besitzen.[571] Nach einer weiteren

---

[564] BR-Drucks. 570/08 S. 11.
[565] BR-Drucks. 570/08 S. 8 zu Nr. 3.
[566] *Pfeifer* Heizkosten S. 85.
[567] *Kinne* GE 2009, 692 (694).
[568] *Kinne* GE 2009, 692 (694), *Lammel* HeizKV § 6 Rdn. 26, *Lützenkirchen* in Lützenkirchen § 6 HeizKV Rdn. 33, *Schmid* ZMR 2009, 172 (174), *Wall* WuM 2009, 3 (5).
[569] *Kinne* GE 2009, 692 (694), *Lützenkirchen* in Lützenkirchen § 6 HeizKV Rdn. 31; a.A. *Schmid* ZMR 2009, 172 (174).
[570] *Lammel* HeizKV § 6 Rdn. 23.
[571] *Lammel* HeizKV § 6 Rdn. 29.

Ansicht liegt keine Speicherung vor, weil die Geräte keine Verbrauchsangabe liefern und daher auch für den Vergleich mit den Werten aus dem Vorjahr nur eingeschränkt geeignet sind.[572] Nach diesem Argument könnte die Ausnahme jedoch nur bei echten Wärmezählern mit Speichermodul eingreifen, weil auch die elektronischen Heizkostenverteiler keinen Verbrauch messen, sondern nur die Grundlage für die Kostenverteilung im Haus liefern. Demgegenüber ist nach anderer Auffassung entscheidend, ob die verschlossenen Messampullen im Gerät verbleiben und daher vom Nutzer jederzeit abgelesen werden können.[573] Dieser Ansicht ist der Vorzug zu geben. Zum einen ist auch auf diese Weise das eine Ziel der Streitvermeidung erreicht, zum anderen dürfte das andere Ziel, den Nutzer zu einer Änderung seines Verbrauchsverhaltens zu veranlassen,[574] durch die alsbaldige Mitteilung der Ablesewerte ohnehin nicht nachhaltig zu erreichen sein. So ist aus der gerichtlichen Praxis hinreichend bekannt, dass die Mieter nach dem Aufstellen der Geräte für eine Langzeitmessung ihres Heiz- und Lüftungsverhaltens in Streitigkeiten über die Ursache von Schimmelbefall schon nach recht kurzer Zeit wieder ihr gewohntes Verhalten zeigen.

Bei **elektronischen Heizkostenverteilern** werden die Vorjahreswerte zwar gespeichert, die Speicherdauer muss jedoch so lange sein, dass der Mieter, wenn er die angesetzten Werte mit der Heizkostenabrechnung erhält, auch tatsächlich noch eine Kontrolle vornehmen kann. Zwar wird der Vorjahreswert bei Ablauf des folgenden Verbrauchzeitraums nicht mit dem aktuellen Wert überschrieben, er ist aber im Allgemeinen nicht mehr durch den Mieter, sondern nur noch für Fachpersonal abrufbar. Gestaltet sich die Heizkostenabrechnung langwierig, so dass die Abrechnungsfrist nicht eingehalten wird, ist der Vermieter aus Satz 2 verpflichtet, dem Mieter noch rechtzeitig das Ableseergebnis mitzuteilen. 297

Auf der **persönlichen Seite** ist zu beachten, dass die **Ausnahme** nur greifen kann, wenn dem Mieter das **Verfahren** zur Selbstablesung **erklärt** wurde. Der Vermieter bzw. der von ihm beauftragte Messdienst muss den Mieter darauf hinweisen, wie bei elektronischer Speicherung die Stichtagswerte abgerufen werden können und wie lange dies ggf. noch möglich ist sowie die Folgen eines Batteriewechsels. 298

Fraglich ist, **welche Folgen** sich einstellen, wenn diese **Hinweise unterlassen** wurden. Hierzu wird vertreten, dass eine Abrechnung für den Mieter nicht nachvollziehbar und damit unwirksam ist, wenn er die Verteildaten erstmals mit der Abrechnung erhält und Einweisungen in die Technik unterblieben sind.[575] Bereits die Abrechnung als solche nicht anzuerkennen, verkürzt indes die rechtliche Stellung des Vermieters un- 299

---

[572] *Wall* WuM 2009, 3 (4).
[573] *Kinne* GE 2009, 692 (695), *Pfeifer* Heizkosten S. 84.
[574] BR-Drucks. 570/08 S. 11.
[575] AG Zittau DWW 2004, 194.

angemessen. Dies wird besonders deutlich, wenn sie eine Nachzahlung zulasten des Mieters auswies, deren Realisierung dem Vermieter nach Ablauf der Ausschlussfrist gem. § 556 Abs. 3 Satz 3 BGB versperrt ist; zudem kann er den Mangel ohnehin schon technisch nicht heilen. Die Lösung folgt vielmehr unschwer daraus, dass der Mieter, der keine Kontrollmöglichkeit hatte, die Verbrauchsansätze bestreiten kann und dass es sodann am Vermieter ist, deren Richtigkeit darzulegen und zu beweisen.[576]

6. Belegeinsicht des Mieters

300 Zum **Grundsätzlichen** kann auf die Ausführungen unter H Rdn. 281 ff. verwiesen werden. Ein nicht seltener Streitpunkt in der Praxis ist die Frage, inwieweit der Mieter die **Einsicht** in die **Gesamtaufstellung** der erfassten Verbrauchseinheiten aller Heizkörper des Gebäudes bzw. der Abrechnungseinheit oder weiter gehend der **Ableseprotokolle** verlangen kann. Was eine anonymisierte Gesamtaufstellung betrifft, ist die Einsichtnahme aus dem Kontrollrecht des Mieters ohne weiteres zu bejahen (grundsätzlich zum Datenschutz s. H Rdn. 6).[577] Die Einsicht in die Ableseprotokolle wird ihm jedenfalls auch dann zustehen, wenn er konkrete Einwände gegen die Richtigkeit der abgelesenen Werte erhebt. Dies ist z. B. der Fall, wenn die Gesamtaufstellung unplausible Verbrauchswerte einzelner Heizkörper ausweist (s. zur Plausibilitätsprüfung Rdn. 241 ff.) oder wenn ihm bekannt geworden ist, dass in verschiedenen Wohnungen an vergleichbaren Heizkörpern unterschiedliche Heizkostenverteiler mit unterschiedlichen Skalen angebracht wurden, was für eine Vertauschung der Verteiler und dementsprechend für falsche Ablesewerte spricht.[578]

VI. Ausnahmen von der HeizKV (§ 11 Abs. 1 Nr. 1, Nr. 3, Abs. 2 HeizKV)

301 Nach § 11 Abs. 1 Nr. 1 sind Räume von §§ 3 bis 7 HeizKV ausgenommen,
a) in Gebäuden, die einen Heizwärmebedarf von weniger als 15 kWh/m² pro Jahr aufweisen (§ 11 Abs. 1 Nr. 1 HeizKV n. F.),
b) bei denen das Anbringen der Ausstattung, die Erfassung des Wärmeverbrauchs oder die Verteilung der Kosten nicht oder nur mit unverhältnismäßig hohen Kosten möglich ist oder
c) die vor dem 1. Juli 1981 bezugsfertig geworden sind und in denen der Nutzer den Wärmeverbrauch nicht beeinflussen kann.

---

[576] Ebenso *Lammel* HeizKV § 6 Rdn. 33 mit dem Grundsatz: „*Ohne Beleg keine Zahlungspflicht*"; ausführlich auch *Kues* WE 2006, 10.
[577] AG Coesfeld WuM 2009, 586.
[578] LG Berlin GE 2009, 452.

VI. Ausnahmen von der HeizKV (§ 11 Abs. 1 Nr. 1 HeizKV)

Die Ausnahme von §§ 3 bis 7 HeizKV **schließt die §§ 9 bis 10 HeizKV ein,** da sie nur Sonderregelungen zu § 7 HeizKV darstellen. In diesen Fällen ist der Vermieter weder zur Geräteausstattung noch zur verbrauchsabhängigen Abrechnung verpflichtet. Es besteht daher auch **kein Kürzungsrecht des Mieters** nach § 12 Abs. 1 HeizKV.[579]

Da der Vermieter **nicht** an die **Vorgaben der HeizKV** gebunden ist, kann er sich mit den Mietern auf eine Inklusivmiete, eine Heizkostenpauschale oder auch eine generelle Umlage nach Wohnfläche einigen. Fehlt es an einer Vereinbarung, greift der grundsätzliche Umlageschlüssel nach Wohnfläche gem. § 556a BGB ein. Für **preisgebundenen Wohnraum alter Art** gilt § 22 Abs. 2 NMV. Danach hat die Umlage der Wärmekosten entweder nach allgemeiner Wohnfläche oder umbautem Raum oder der Wohnfläche bzw. dem umbautem Raum der beheizten Räume zu erfolgen, die Umlage der Warmwasserkosten nach Wohnfläche oder einem anderen Maßstab, der dem Verbrauch in anderer Weise als durch Erfassung Rechnung trägt.

1. Fälle des § 11 Abs. 1 Nr. 1a HeizKV

Die Ausnahme für **Gebäude mit Passivhausstandard** resultiert aus Untersuchungen, nach denen der Einfluss des Nutzerverhaltens hier so gering ist, dass der Aufwand für die verbrauchsabhängige Abrechnung nicht mehr durch Energieeinsparung erwirtschaftet werden kann.

2. Fälle des § 11 Abs. 1 Nr. 1b HeizKV

§ 11 Abs. 1 Nr. 1b HeizKV nimmt **zwei Sachverhalte** aus dem Anwendungsbereich der §§ 3–7 HeizKV heraus. Es handelt sich dabei um die Fälle, dass „*das Anbringen der Ausstattung zur Verbrauchserfassung, die Erfassung des Wärmeverbrauchs oder die Verteilung der Kosten des Wärmeverbrauchs nicht*" möglich ist, **oder** dass die vorgenannten Maßnahmen zwar technisch möglich sind, aber nur „*mit unverhältnismäßig hohen Kosten*".

a) Technische Unmöglichkeit

aa) Besondere Heizungen

Technische Unmöglichkeit ist z.B. bei **Fußbodenheizungen** gegeben, wenn die Heizung mehrere aneinander liegende Mietobjekte versorgt; hier könnte nur der Gesamtverbrauch und auch nur durch Wärmemengenzähler ermittelt werden, eine Unterverteilung ist ausgeschlossen.[580] Ebenso verhält es sich, wenn kleinflächige Fußbodenheizungen im Bad am Rücklauf des Badezimmerheizkörpers angeschlossen sind.[581] Weiter wird Unmöglichkeit angenommen, wenn die Wärmeversorgung durch

---

[579] BGH (VIII ZR 67/03) NZM 2004, 24 = WuM 2003, 699 = ZMR 2004, 99.
[580] *Lammel* HeizKV § 11 Rdn. 24.
[581] *Peters* S. 376.

Warmluftkonvektoren oder **Deckenstrahlungsheizungen** stattfindet[582] oder eine kombinierte Decken- und Fußbodenheizung vorliegt, welche die Wärme nach oben und unten abgibt.

bb) Einrohrheizung

306 Es ist zu unterscheiden, ob es sich um **vertikale** Einrohrheizungen, die in Ostdeutschland weit verbreitet waren und immer noch anzutreffen sind, **oder** um **horizontale** handelt. Technische Unmöglichkeit ist nur bei besonders ausgeführten horizontalen Einrohrheizungen anzunehmen (s. Rdn. 312).

(a) Vertikale Einrohrheizungen

307 Bei vertikalen Einrohrheizungen stellt sich das **Problem,** dass das Heizwasser **zunächst sehr viel Wärme** abgibt und mit zunehmender Länge des Heizungsstrangs immer weniger. Hiervon werden je nach Verteilung die Erdgeschoss- (untere Verteilung) oder die Endgeschossobjekte (obere Verteilung) in besonderer Weise bevorzugt, wenn das Heizrohr offen im Mietobjekt verlegt und nicht oder nur schlecht gedämmt ist. In diesen Mietobjekten reicht je nach Witterung schon die vom Heizrohr abgegebene Wärme für eine angenehme Temperatur, ggf. müssen die Heizkörper ein wenig zugeschaltet werden. Die Heizkostenverteilungsgeräte zeigen hier dementsprechend geringe Werte (Erfassungsraten), während sich bei den weiter entfernten Mietobjekten mit der Entfernung umso höhere Werte einstellen. Da aber insgesamt nur eine relativ geringe Zahl an Werten erreicht wird, auf welche die gesamten Heizkosten entfallen, ergibt sich ein sehr hoher Preis je Werteinheit, so dass manche Mieter kaum, andere außerordentlich hohe Heizkosten haben. Es ist evident, dass hier erhebliche Erfassungsfehler auftreten können. Gleichwohl liegt keine technische Unmöglichkeit der Verbrauchserfassung vor.[583]

308 Eine **vorläufige Abhilfe** ist durch Verringerung des Volumendurchflusses und der Heizwassertemperatur in Verbindung mit Differenzdruckreglern möglich, so dass die Mieter der begünstigten Objekte vermehrt die Heizkörper in Anspruch nehmen müssen.[584] **Dauerhafte bauseitige Abhilfe** wäre durch gründliche Isolierung der Verteilrohre zu erreichen. Hierzu ist der Vermieter indes nur verpflichtet, wenn er Wärmeverteilungs- und Warmwasserleitungen sowie Armaturen ersetzt; in diesem Fall muss er nach den Vorgaben der EnEV deren Wärmeabgabe durch eine Dämmung begrenzen.

309 Für **Abrechnungsperioden ab 1.1.2009** erschließt sich die **Lösung** aus § 7 Abs. 1 Satz 3 HeizKV. Während es bisher nicht zulässig war, Ver-

---

[582] *Lefèvre* ZdWBay 2004, 572.
[583] AG Neukölln WuM 2003, 325.
[584] *Haake* ZMR 2006, 499 (501), *Peters* S. 134 ff., vgl. auch BayObLG WuM 1997, 691.

brauchswerte von Erfassungsgeräten an Leitungen zu verwenden, die der Mieter nicht abstellen und auf deren Wärmeabgabe er daher keinen Einfluss nehmen kann,[585] ermöglicht die neue Regelung, den Wärmeverbrauch nach anerkannten Regeln der Technik zu ermitteln (s. Rdn. 174 ff.). **Vorab** ist allerdings jeweils zu klären, ob die Voraussetzung in § 7 Abs. 1 Satz 3 HeizKV erfüllt ist, dass tatsächlich *„ein wesentlicher Teil des Wärmeverbrauchs nicht erfasst wird"*.[586]

Soweit die Ausstattung der **Ringleitungen mit Heizkostenverteilern** 310 in Betracht kommt,[587] wird der Vermieter über die allgemeine Ausstattungspflicht aus § 5 HeizKV zur Anbringung geeigneter Erfassungsgeräte verpflichtet sein. Aus technischer Sicht können sogar Geräte auf Verdunstungsbasis verwendet werden, allerdings empfehlen sich elektronische Heizkostenverteiler aufgrund ihrer höheren Messgenauigkeit; die frühere DIN 4713, die Verdunster ausschloss, ist durch die EN 835 seit 1994 überholt.[588]

Fehlt diese Verbrauchserfassung in Abrechnungsperioden ab 1.1.2009, 311 ist nach Fläche abzurechnen und der Mieter zur Kürzung gem. § 12 Abs. 1 HeizKV berechtigt.

(b) Horizontale Einrohrheizungen

Für horizontale Heizanlagen, auch die sog. Rietschel-Henneberg-Heiz- 312 anlagen, gelten die vorstehenden Ausführungen grundsätzlich gleichermaßen, wenn die einzelnen **Heizkörper mit Abzweigungen am Verteilrohr** angeschlossen sind. Aus technischer Sicht wird betont, dass hier Verdunstungsgeräte nicht verwendbar sind.[589] Läuft das Heizwasser **von Heizkörper zu Heizkörper,** so dass, wenn der erste abgestellt wird, kein Heizwasser mehr zu den nachfolgenden fließen kann, greift ggf. § 11 Abs. 1 Nr. 1c HeizKV ein. Schließlich ist eine Erfassung z.B. technisch unmöglich, wenn die Ringleitung **im Estrich** verlegt ist.[590]

cc) Ausnahmen

Keine technische Unmöglichkeit liegt vor, wenn die **Ausstattung** 313 zur Verbrauchserfassung für das jeweilige **Heizsystem ungeeignet** ist. Hier liegt ein Verstoß gegen § 5 Abs. 1 Satz 4 HeizKV vor, so dass auf Flächenbasis mit dem Kürzungsrecht des Mieters aus § 12 Abs. 1 HeizKV abzurechnen ist. Dies ist z.B. der Fall, wenn eine „normale" Heizung auf **Niedertemperaturbetrieb** umgestellt wurde, ohne zugleich die bisherigen Verdunstungsgeräte durch elektronische Verteiler zu ersetzen.

---

[585] Z.B. AG Hohenschönhausen GE 2008, 933 (934).
[586] *Lammel* WuM 2011, 463.
[587] AG Berlin-Neukölln WuM 2003, 325.
[588] *Mügge* in Kreuzberg/Wien 4.2.
[589] *Wien* in Kreuzberg/Wien 10.1.1.3.
[590] LG Berlin WuM 2013, 612 (m. Anm. *Lammel* WuM 2013, 601).

314 Des Weiteren liegt keine technische Unmöglichkeit vor, wenn **Heizkörper mit aufwendigen Verkleidungen** versehen sind und deshalb auf die Anbringung von Verbrauchserfassungsgeräten verzichtet wurde; anderenfalls könnte der Vermieter die Bestimmungen der HeizKV unschwer unterlaufen.[591] Ob die Heizkörper mit Thermostatventilen versehen sind, ist für die Abrechnung nach der HeizKV irrelevant; es genügt, wenn sie ein- bzw. ausstellbar sind.[592]

b) Wirtschaftliche Unmöglichkeit

315 Der technischen Unmöglichkeit ist in § 11 Abs. 1 Nr. 1b HeizKV gleichgestellt, dass entweder das Anbringen der Ausstattung oder die Erfassung des Wärmeverbrauchs oder die Verteilung der Kosten *„nur mit unverhältnismäßig hohen Kosten möglich ist"*. Maßgeblich ist damit das Verhältnis der Kosten der Installation der Geräte sowie der Mess- und Abrechnungskosten zur Energieeinsparung.[593]

316 Für die **Berechnung der Einsparung** darf ohne weiteres auf die 15%-Quote aus § 12 Abs. 1 HeizKV zurückgegriffen werden.[594] Dabei werden die Energiekosten weithin mit den Preisen zur Zeit der Gegenüberstellung der Kosten veranschlagt. Dieser statische Ansatz ist jedoch häufig unzureichend, weil gerade die Energiekosten seit langem stetig und zum Teil beträchtlich steigen. Da es um einen langjährigen Vergleichszeitraum geht, ist es notwendig, zur Höhe der Energiekosten eine Prognose über deren Entwicklung anzustellen;[595] zwar steigen auch die Kosten für die Verbrauchserfassung und Kostenverteilung, jedoch meist in deutlich geringerem Umfang. Die Hochrechnung auf den Vergleichszeitraum kann daher im Einzelfall eine aktuelle Unverhältnismäßigkeit widerlegen.

317 Zum **Vergleichszeitraum,** über den sich die Installationskosten amortisieren müssen, wobei diesen Kosten die laufenden für Ablesung, Abrechnung und Gerätemiete, ggf. einschließlich Eichung, hinzuzusetzen sind, wurde bisher schon überwiegend auf eine **Spanne von 10 Jahren** abgestellt.[596] Diese Spanne ist für Abrechnungsperioden ab 1.1.2009 in § 11 Abs. 1 Nr. 1b HeizKV ausdrücklich aufgenommen. Nach einer Ansicht verstößt diese Regelung allerdings gegen das höherrangige Recht des § 5 Abs. 1 Satz 2 EnEG.[597]

Zum Vergleichszeitraum im Hinblick auf eine Verletzung des **Wirtschaftlichkeitsgebots** wird vertreten, dass bereits die Überschreitung der 15%-Grenze über einen Zeitraum von 5 Jahren relevant ist; eine derartige

---

[591] LG Hamburg WuM 1992, 259.
[592] LG Hamburg WuM 1986, 119; *Lefevre* ZdWBay 2004, 573 m.w.N.
[593] BGH (VIII ZR 361/89) WuM 1991, 282.
[594] So z. B. KG WuM 1993, 300; *Wall* WuM 2002, 130 (132).
[595] BayObLG ZMR 2005, 135, LG Lüneburg ZMR 2011, 829.
[596] Z. B. OLG Köln NZM 1998, 919, KG WuM 1993, 300, BayObLG WuM 1993, 753, LG Berlin ZMR 2003, 679.
[597] *Lammel* HeizKV § 11 Rdn. 31, vgl. auch *Jennißen* HKA 2004, 41 (42).

Zeitspanne reiche für die Annahme einer dauerhaften Unwirtschaftlichkeit aus.[598] Diese Ansicht stellt die Praxis allerdings dann vor Probleme, wenn mit dem Messdienstleister ein noch längerfristig laufender Vertrag abgeschlossen wurde. Lag der Grund in einer vor Abschluss des Vertrags schuldhaft falsch erstellten Kostenkalkulation, wird ein Schadensersatzanspruch gegen deren Ersteller gegeben sein. Anders verhält es sich, wenn die Energiepreise überraschend und für längere Zeit fallen; hier könnte der Vermieter immerhin versuchen, beim Dienstleister eine Kostenreduzierung wegen des Wegfalls von Ablesung und Abrechnung zu erreichen. Kann der Vermieter den Messdienstvertrag kündigen, hat er im Hinblick auf die Vorgaben der HeizKV bei wieder gestiegenen Kosten erneut einen entsprechenden Vertrag abzuschließen. Schließlich ist an den Fall zu denken, dass die Mieter trotz der Unwirtschaftlichkeit auf der verbrauchsabhängigen Abrechnung bestehen, weil sie nur die von ihnen verursachten Kosten tragen wollen. Die vorbeschriebenen Probleme legen es nahe, dem Zehnjahreszeitraum nach § 11 Abs. 1 Nr. 1b HeizKV den Vorrang einzuräumen.

318 In der Praxis besteht zum Teil **Unklarheit** über die **Berechnung der Unwirtschaftlichkeit.** So wandte sich z. B. ein Vermieter an eine Zeitschrift mit der Anfrage, ob er denn verpflichtet sei, Heizkostenverteiler einzubauen.[599] Auf der Grundlage einer Dreijahresanalyse betrugen die jährlichen Gesamtkosten € 18 569, davon entfielen 58 % auf die Verbrauchskosten, also € 10 770. Da die Verbrauchskosten nur zu 50 % umgelegt werden sollten, errechnete er einen Betrag von € 5385,50, der überhaupt nur von der verbrauchsabhängigen Abrechnung betroffen sei. Diesem Betrag stellte er geschätzte Mess- und Abrechnungskosten von € 2000 jährlich gegenüber, ein nach seiner Ansicht unwirtschaftliches Verhältnis. Richtigerweise hätte er bei Gesamtkosten von € 18 569 jährlich auf zehn Jahre mit Kosten von € 185.690 rechnen müssen. Die Einsparung liegt nach Maßgabe des § 12 Abs. 1 HeizKV bei 15 %, also bei € 27 853,50 in zehn Jahren. Setzt man € 3000 für die Installation der Messgeräte an und Kosten von jährlich € 2000 für den Abrechnungsdienst, ergeben sich insgesamt € 23 000, also weniger als die Einsparung von € 27 853,50. Eine Unwirtschaftlichkeit nach § 11 Abs. 1 Nr. 1b HeizKV ist daher nicht gegeben.

319 Von den Fällen, dass Ausstattung oder Erfassung nur mit unverhältnismäßig hohen Kosten *möglich* ist, sind diejenigen zu trennen, bei denen sich der Vermieter entweder **Fehler des Messdienstes** zurechnen lassen muss **oder** bei denen die Kosten auf seiner **Auswahl des Erfassungssystems** beruhen. Hierbei geht es nicht mehr um § 11 Abs. 1 Nr. 1b HeizKV, sondern um einen Verstoß gegen das **Wirtschaftlichkeitsgebot** aus §§ 556 Abs. 3 Satz 1, 560 Abs. 5 BGB. Er liegt z. B. vor, wenn die Mietkos-

---

[598] LG Heidelberg ZMR 2014, 987.
[599] GE 2009, 1008.

ten in Höhe von 25% der Energiegesamtkosten auf einen Wechsel von Heizkostenverteilern nach dem Verdunstungsprinzip auf andere Geräte zurückzuführen sind,[600] bei Kosten für die Anmietung der Erfassungsanlage (elektronische Messgeräte mit Funkablesung) von 45%[601] oder Kosten der Verbrauchserfassung (Ablesung und Abrechnung) von knapp 47% der eigentlichen Heizkosten,[602] etwa 50%,[603] 56%[604] oder über 60%.[605]

320 Fraglich ist, **wie bei einem Verstoß** gegen das vorgenannte Wirtschaftlichkeitsgebot **abzurechnen** ist. Es könnte daran gedacht werden, verbrauchsunabhängig abzurechnen mit dem Kürzungsrecht aus § 12 Abs. 1 HeizKV zugunsten der Mieter. Dies wäre indes sachlich nicht gerechtfertigt, weil sämtliche Daten für die verbrauchsabhängige Abrechnung vorliegen, so dass die Kosten nach dem individuellen Verbrauchsverhalten verteilt werden können; es ergäbe sich sonst auch eine Benachteiligung der sparsamen Mieter. Es ist daher nach dem ermittelten Verbrauch abzurechnen.[606] Allein die angesetzten **Gesamtkosten** sind, wie auch sonst bei einem Verstoß gegen das Wirtschaftlichkeitsgebot, um die erhöhten Kosten zu **reduzieren,** so dass nur die üblichen Kosten verbleiben.[607] Im Rechtsstreit von der Aufklärung der üblichen Kosten abzusehen und die Klage mangels Fälligkeit der Nachforderung abzuweisen, dürfte im Regelfall verfehlt sein: Erstellt der Vermieter nunmehr eine korrigierte neue Abrechnung, wird sie dem Mieter im Hinblick auf die Ausschlussfrist aus § 556 Abs. 3 Satz 3 BGB meist verspätet zugehen, so dass der Vermieter einen gravierenden Rechtsverlust erleidet.

3. Fälle des § 11 Abs. 1 Nr. 1c HeizKV

321 Die Vorschriften der §§ 3 bis 7 HeizKV gelten ferner **nicht für Räume,** die **vor dem 1. Juli 1981** bzw. **in Ostdeutschland vor dem 1.1.1991** bezugsfertig wurden und in denen der Nutzer den **Wärmeverbrauch nicht beeinflussen** kann. Maßgeblich ist die technische Unmöglichkeit, auf den Wärmeverbrauch im Bereich der Heizung einzuwirken. Der begrenzte Einfluss auf den Wärmeverbrauch etwa durch einfach verglaste oder undichte Fenster ist irrelevant; dasselbe gilt für Ventile, mit denen sich der Heizkörper nur an- oder abstellen lässt, weil sie eine, wenn auch wenig komfortable, Regulierung erlauben.

---

[600] AG Hamburg WuM 1994, 695.
[601] LG Berlin MM 2004, 43 = WuM 2004, 230 (m. Anm. *Wall* WuM 2004, 341).
[602] AG Bersenbrück WuM 1999, 467.
[603] AG Münster WuM 2001, 499; LG Berlin WuM 2004, 341 (m. Anm. *Wall*) für die seinerzeit wesentlich überhöhten Kosten der Messgeräte (Heizkostenverteiler mit Funksystem).
[604] LG Potsdam WuM 2006, 110.
[605] AG Hamburg MJ 2005, 14.
[606] LG Berlin MM 2005, 74.
[607] LG Berlin WuM 2004, 341 (m. zust. Anm. *Wall*).

Auch wenn nach dem Einigungsvertrag Heizanlagen in den **östlichen** **322**
Bundesländern bis zum 31.12.1995 mit verbrauchsabhängigen Messgeräten auszustatten waren, sind solche Anlagen nicht betroffen, die technisch nicht mit geeigneten Messgeräten versehen werden konnten. Die Ausstattungspflicht aus §§ 4, 5 HeizKV greift auch hier wegen des Ausnahmetatbestands des § 11 Abs. 1 Nr. 1b HeizKV nicht ein.[608]

Die Vorschrift gilt daher z. B. **für Räume,** in denen Absperrventile an **323**
den Heizkörpern fehlen oder vorhandene Absperrvorrichtungen nicht genutzt werden dürfen, weil sonst auch alle nachfolgenden Heizkörper in anderen Nutzereinheiten vom Heizwasserzufluss abgeschnitten wären, wie es bei Einrohrheizungen ohne separate Abzweigung (Bypass) zu den Heizkörpern der Fall ist.

Fraglich ist, wie **in den Fällen abzurechnen** ist, in denen zwar über- **324**
wiegend einzeln regulierbare Heizkörper in der Nutzereinheit vorhanden sind, derartige **Ventile** jedoch **in einzelnen Räumen** z. B. im Bad, in dem eine Konvektorheizung unter der Badewanne installiert ist,[609] aus technischen Gründen **fehlen.** Diese Problematik dürfte indes dadurch zu lösen sein, dass für die nicht regulierbaren Heizkörper Verbrauchswerte angesetzt werden. Da die entsprechenden Räume von der HeizKV ausgenommen sind, sind z. B. Schätzungen des Verbrauchs zulässig.[610] Ebenso erscheint es möglich, den Wärmeverbrauch nach anerkannten Regeln der Technik zu bestimmen, wie es § 7 Abs. 1 Satz 3 HeizKV für den Fall freiliegender Leitungen vorsieht, hier auf der Grundlage der Heizleistung und der durchschnittlichen Betriebsdauer. Nach anderer Ansicht soll nach den abgelesenen Werten der Heizkostenverteiler in den sonstigen Räumen abgerechnet werden.[611] Da hierbei der Verbrauch der nicht regulierbaren Heizkörper nicht berücksichtigt wird, ist dieser Meinung nur für den Fall zuzustimmen, dass die technischen Gegebenheiten in allen betroffenen Räumen des Gebäudes gleich sind, so dass alle Nutzer gleich behandelt werden. Gewisse Unterschiede, etwa wegen in moderatem Umfang differierender Raumgrößen, können vernachlässigt werden, weil ohnehin teilweise nach Fläche abzurechnen ist (§ 7 Abs. 1 HeizKV), wobei allerdings, soweit nach § 7 Abs. 1 HeizKV zulässig, in derartigen Fällen nur eine Abrechnung zu 50%–50% sachgerecht sein dürfte. Schließlich wird vertreten, dass die Vorschrift durch ihren Bezug auf einzelne Räume missverständlich sei. Vielmehr könne, wenn der Wärmeverbrauch der nicht regulierbaren Heizkörper auch nicht durch Vorerfassung nach § 5 Abs. 2 HeizKV zu ermitteln sei, für die gesamte Abrechnungseinheit nicht nach der HeizKV abgerechnet werden; der Wärmeverbrauch einzelner Heizkörper dürfe nicht außer Ansatz bleiben,

---

[608] BGH (VIII ZR 67/03) GE 2004, 106 = NZM 2004, 24 = WuM 2003, 699 = ZMR 2004, 99.
[609] AG Mannheim ZMR 2009, 236; *Peters* S. 374 f.
[610] Dazu *Peters* S. 375.
[611] *Pfeifer* Heizkosten S. 259.

weil sich sonst ein schiefes Bild bei der Berechnung des Kostenanteils der Abrechnungseinheit an den Kosten aller Einheiten ergebe,[612] ein Ergebnis, das indes durch Verwendung einer der vorbeschriebenen Lösungswege vermieden wird.

4. Fälle des § 11 Abs. 1 Nr. 3 HeizKV

325 Die Vorschriften der §§ 3 bis 7 HeizKV sind zudem nicht anzuwenden *„auf Räume in Gebäuden, die überwiegend versorgt werden*

a) mit Wärme aus Anlagen zur Rückgewinnung von Wärme oder aus Wärmepumpen- oder Solaranlagen oder

b) mit Wärme aus Anlagen der Kraft-Wärme-Kopplung oder aus Anlagen zur Verwertung von Abwärme, sofern der Wärmeverbrauch des Gebäudes nicht erfasst wird".

326 Die Bestimmung greift daher überhaupt nur ein, wenn die Räume **überwiegend** auf eine der vorbeschriebenen Arten versorgt werden, was bislang noch nicht oft gegeben ist; meist muss ein Anteil von über 50 % der Wärme mit fossilen Brennstoffen erzeugt werden. Ansonsten ist bemerkenswert, dass die abschließende Aufzählung,[613] die schon aus der ersten Fassung der HeizKV von 1981 stammt, nicht modernisiert wurde, etwa um die Wärmegewinnung aus Biogas, die erheblich zugenommen hat und die eher zu einer „überwiegenden Versorgung" mit Raumwärme geeignet ist als bislang die Solarenergie.

327 Die **Ausnahme** für Anlagen der **Kraft-Wärme-Kopplung** betrifft allein Anlagen, bei denen der Wärmeverbrauch des Gebäudes nicht erfasst wird. Hierbei handelt es sich um eine eher seltene Unter-Ausnahme, denn nach § 18 Abs. 1 AVBFernwärmeV ist der Versorger verpflichtet, die gelieferte Wärmemenge zu erfassen.[614] Im Übrigen wird dem Eigentümer/Vermieter, dessen Gebäude unter die Ausnahmeregelung fällt, gleichwohl geraten, die Nutzeinheiten mit Heizkostenverteilern und/oder Verbrauchserfassungsgeräten auszustatten und über die Kosten nach den Vorgaben der HeizKV abzurechnen.[615]

5. § 11 Abs. 2 HeizKV zu Warmwasser

328 Nach § 11 Abs. 2 HeizKV gilt Abs. 1 **entsprechend,** *„soweit sich die §§ 3 bis 6 und 8 auf die Versorgung mit Warmwasser beziehen".* Die nur entsprechende Bedeutung hat zur Folge, dass die Fälle der Nr. 1–5 des Abs. 1 nicht von vornherein von der Umlage nach Verbrauch ausgenommen sind, sondern nur, wenn der technische Hintergrund für die Ausnahme auch für das Warmwasser zutrifft.[616] So ist es z.B. nicht vorstellbar, dass

---

[612] *Lammel* HeizKV § 11 Rdn. 18.
[613] *Lefèvre* S. 60.
[614] *Lammel* HeizKV § 11 Rdn. 57.
[615] *Schumacher/Pfeifer* in Kreuzberg/Wien (7. A.) 1.3.24.
[616] *Lammel* HeizKV § 11 Rdn. 66.

§ 11 Abs. 1 Nr. 3 HeizKV eingreift, weil der Nutzer den Wasserverbrauch nicht beeinflussen kann.

In der Praxis führt dieser Umstand zu besonderer Unsicherheit hinsichtlich der Ausnahme nach § 11 Abs. 1 Nr. 1 HeizKV, den **Niedrigenergiehäusern** (Passivhäuser), zumal wenn zugleich eine der Ausnahmen nach § 1 Abs. 1 Nr. 3 HeizKV eingreift, weil für die Warmwasserbereitung mehr als 50 % z. B. Solarenergie eingesetzt wird. Grundsätzlich ist davon auszugehen, dass gerade beim Niedrigenergiehaus gem. § 11 Abs. 1 Nr. 1 HeizKV die Erfassung des Warmwasserverbrauchs geboten ist, weil mit der Abnahme des Verbrauchs an Raumwärme der Anteil des Wärmeverbrauchs für die Warmwasserbereitung steigt.[617] Handelt es sich allerdings um eine Anlage zur Wärmeerzeugung, die wie bei Solaranlagen nur geringe laufende Zusatzkosten verursacht, wird die Ausnahme nach § 11 Abs. 1 Nr. 1b) zur Anwendung kommen, dass Erfassung und Verteilung des Wärmeverbrauchs unverhältnismäßig hohe Kosten verursachen, so dass von der Einhaltung der HeizKV abgesehen werden kann. Entsprechendes gilt je nach den Verhältnissen im Einzelfall für die weiteren Wärmeerzeugungsarten des § 11 Abs. 1 Nr. 3 HeizKV. 329

VII. Kürzungsrecht des Mieters (§ 12 Abs. 1 HeizKV)

Wird entgegen den Vorschriften der HeizKV nicht verbrauchsabhängig abgerechnet, hat *„der Nutzer das Recht, bei der nicht verbrauchsabhängigen Abrechnung der Kosten den auf ihn entfallenden Anteil um 15 vom Hundert zu kürzen"*. Dogmatisch handelt es sich nach der Rechtsprechung des BGH bei dem Kürzungsrecht um einen pauschalierten Schadenersatzanspruch wegen Nichtbeachtung der sich aus dem Mietvertrag und der HeizKV ergebenden Pflicht zur verbrauchsbezogenen Abrechnung.[618] Daher wird die Regelung auch außerhalb der HeizKV als Leitbild herangezogen, wenn der Vermieter entgegen der vertraglichen oder gesetzlichen (§ 556a Abs. 1 Satz 2 BGB) Pflicht nicht verbrauchsabhängig abrechnet[619] (zur Kritik s. F Rdn. 116). 330

1. Voraussetzungen

a) Grundsätze

Das Kürzungsrecht des Mieters greift im Grundsatz ein, wenn der Vermieter **verbrauchsunabhängig** abrechnete, obgleich keiner der in der HeizKV vorgesehenen Ausnahmetatbestände (§§ 2, 4 Abs. 3 Satz 1, 9b Abs. 4, 11 HeizKV) vorlag. Die Ursachen hierfür sind in der Praxis vielfältig. So kann die verbrauchsabhängige Abrechnung unterblieben 331

---
[617] *Schumacher/Pfeifer* in Kreuzberg/Wien 1.3.25.3.
[618] BGH (VIII ZR 329/14) DWW 2016, 100 = GE 2016, 256 = NZM 2016, 381 = WuM 2016, 174 (m. Anm *Zehelein*) = ZMR 2016, 280.
[619] BGH (VIII ZR 218/11) GE 2012, 827 = WuM 2012, 316 = ZMR 2012, 615.

sein, weil keine Ausstattung zur Verbrauchserfassung installiert war, so dass der Vermieter grundsätzlich nach Fläche abrechnet. Oder aber der Verbrauch wurde nicht ermittelt wurde, sei es wegen falscher Montage oder fehlender Ablesung, sei es wegen technischer Unzulänglichkeiten, z. B. falscher Skalierung oder der Ungeeignetheit der Heizkostenverteiler im Hinblick auf Besonderheiten der Anlage.[620] In diesen Fällen kann der Vermieter zwar die Kosten nach der Fläche umlegen, er muss jedoch die Kürzung nach § 12 Abs. 1 HeizKV hinnehmen. Auch die unzureichende Vorerfassung nach § 5 Abs. 2 HeizKV bei Verwendung nur eines Zählers begründet das Kürzungsrecht, wobei es einer Flächenumlage jedoch nicht bedarf, wenn etwa eine Differenzberechnung vorgenommen wurde.[621] Soweit der **Mieter** die Ursache für die nicht mögliche verbrauchsabhängige Abrechnung setzte, etwa durch verweigerte Ablesung, scheidet sein Kürzungsrecht aus; dies ist im jeweiligen Kontext behandelt. Die Bestimmung des Rohrwärmeverlusts nach VDI Richtlinie 2077 Blatt 3.5 (s. Rdn. 174 f.) bedingt kein Kürzungsrecht.[622]

332 Neben dem Kürzungsrecht ist im Einzelfall ein **Schadensersatzanspruch** des Mieters gegeben, wenn die erforderlich gewordene verbrauchsunabhängige Abrechnung auf einer Pflichtverletzung des Vermieters oder des vom ihm beauftragten Abrechnungsdienstes beruht.[623] Dies kommt etwa in Betracht, wenn die Ablesung der Werte im Haus ganz oder in weiten Teilen durch einen Fehler des Abrechnungsunternehmens unterblieb. Hatte sich der Mieter die Werte der Geräte in seiner Wohnung zum Stichtag notiert, kann er mit einer Differenzberechnung die Mehrbelastung durch die verbrauchsunabhängige Abrechnung leicht beziffern. Dabei ist zu beachten, dass die Differenz allein auf die verbrauchsabhängig abzurechnenden Kosten zu berechnen ist.

333 Es versteht sich, dass die Umlage nach **Verbrauchseinheiten** deren Ermittlung **im gesamten Haus** voraussetzt. Würde allein der in den anderen Nutzereinheiten festgestellte Verbrauch zugrunde gelegt, stiege der Preis je Einheit zu ihren Lasten an. Eine Kompensation durch Berücksichtigung der Kosten desjenigen Mietobjekts, in dem verbrauchsunabhängig abgerechnet wurde, etwa durch irgendwelche Umrechnungen, sieht die HeizKV nicht vor.

334 Kein Kürzungsrecht besteht im Verhältnis des einzelnen **Wohnungseigentümers** zur Gemeinschaft der Wohnungseigentümer. Diese Aus-

---

[620] LG Meiningen WuM 2003, 453.
[621] BGH (VIII ZR 329/14) DWW 2016, 100 = GE 2016, 256 = NZM 2016, 381 = WuM 2016, 174 (m. Anm *Zehelein*) = ZMR 2016, 280, (VIII ZR 57/07) GE 2008, 1120 (m. Anm. *Blümmel*) GE 2008, 1092) = NZM 2008, 767 = WuM 2008, 556 (m. Anm. *Wall* WuM 2008, 588) = ZMR 2008, 885 (m. Anm. *Schmid*).
[622] BGH (VIII ZR 193/14) GE 2015, 781 = NZM 2015, 589 = WuM 2015, 423 = ZMR 2015, 704; *Pfeifer* DWW 2016, 94 (96).
[623] BGH (VIII ZR 261/06) DWW 2008, 18 = GE 2007, 1686 = NZM 2008, 35 = WuM 2007, 700 = ZMR 2008, 38.

nahme nach § 12 Abs. 1 Satz 2 HeizKV gilt aber nur in diesem Verhältnis, nicht im Vertragsverhältnis zwischen dem vermietenden Eigentümer und dem Nutzer des Wohnungs- oder Teileigentums. Der Nutzer darf daher seinen Kostenanteil auch in einer derartigen Konstellation um 15% kürzen. Eine Abrechnung nach § 9 Abs. 2 HeizKV entgegen der Pflicht zur Erfassung mit einem Wärmemengenzähler begründet kein Kürzungsrecht nach § 12 Abs. 1 HeizKV,[624] weil die Abrechnung selbst entsprechend den verordnungsrechtlichen Vorgaben erfolgt.

b) § 9a HeizKV

§ 9a HeizKV stellt innerhalb der Grenze des § 9a Abs. 2 HeizKV drei Ersatzverfahren zu Verfügung. Nach der Verordnung selbst handelt es sich damit (noch) um eine verbrauchsorientierte Abrechnung, wenn die auf diese Weise gewonnenen Werte eingestellt werden, nicht etwa um eine verbrauchsunabhängige Abrechnung. Der Vermieter rechnet zudem nicht gem. § 12 Abs. 1 Satz 1 HeizKV *„entgegen den Vorschriften dieser Verordnung"* ab, sondern gerade mit deren Hilfe. **Bei zulässiger Anwendung** eines der Ersatzverfahren besteht daher nach völlig herrschender Ansicht **kein Kürzungsrecht** des Mieters,[625] **anders** jedoch, wenn wegen **Überschreitung der Grenzen** des § 9a Abs. 2 HeizKV verbrauchsunabhängig abgerechnet werden musste. Hat z.B. im Fall des § 9a HeizKV der Mieter der Hauptfläche, die mehr als 25% der Gesamtfläche ausmacht, eine Ablesung vereitelt, so dass der Vermieter verbrauchsunabhängig abrechnen muss, kann er die Kürzung nicht geltend machen und wird zudem dem Vermieter die Kürzungsbeträge der anderen Mieter ersetzen müssen. 335

Waren die Verbrauchswerte wegen hartnäckiger Vereitelung der Ablesung durch den Mieter nicht zu ermitteln, so dass der Vermieter die Abrechnung nach Maßgabe eines der Ersatzverfahren fertigte, **bleibt es dabei, auch wenn nachträglich,** etwa im Zusammenhang mit dem Auszug des Mieters, die **konkreten Messergebnisse** noch festgestellt werden konnten. Dies gilt jedenfalls dann, wenn der Vermieter eine Korrektur aller Abrechnungen, z.B. im Hinblick auf die Ausschlussfrist gem. § 556 Abs. 3 Satz 3 BGB, nicht mehr vornehmen kann; der betreffende Mieter hat daher auch keinen Anspruch auf Korrektur zumindest seiner Abrechnung.[626] 336

---

[624] LG Berlin WuM 2017, 463, BeckRS 2017, 114552, a. A. LG Potsdam WuM 2018, 90, BeckRS 2017, 141418.
[625] Vgl. BGH (VIII ZR 373/04) DWW 2006, 62 = GE 2006, 48 = NZM 2006, 102 = WuM 2005, 776 = ZMR 2006, 122: selbst dann kein Kürzungsrecht, wenn eine Vergleichsberechnung nach § 9a HeizKV nicht möglich ist und nach der Gradtagszahlenmethode abgerechnet wird, OLG Frankfurt a.M. ZMR 2018, 585, BeckRS 2017, 146029; a.A. *Lammel* HeizKV § 9a Rdn. 51, *ders.* NZM 2016, 748 (750).
[626] AG Hohenschönhausen ZMR 2003, 934.

2. Folgen

337 Dem Mieter ist ein Recht eingeräumt, es tritt **keine automatische Kürzung** ein, da dem Nutzer lediglich das „Recht" zusteht, die Abrechnung zu kürzen.[627] Der Mieter muss mithin sein Recht geltend machen, allein der Hinweis auf die fehlende Verbrauchserfassung soll noch keine Ausübung des Kürzungsrechts darstellen. Solange der Mieter sein Recht nicht ausgeübt hat, bleibt es bei der ungekürzten Forderung des Vermieters. Glich der Mieter die rechtzeitig angebrachte Nachforderung des Vermieters vorbehaltlos aus, erfolgte die jeweilige Leistung mit Rechtsgrund. Das Leistungsverhältnis erlosch durch Zahlung, der Rechtsgrund kann nicht nachträglich wegfallen.[628]

338 Die Kürzung um 15% bezieht sich auf den Kostenanteil, der nach der verbrauchsunabhängigen Abrechnung auf den Mieter entfällt; der Abzug ist mithin nicht von den Gesamtkosten des Gebäudes vorzunehmen. Er kann daher **seinen gesamten Anteil** kürzen,[629] also diejenigen Kosten, die auf ihn als Kosten der „Heizung" umgelegt werden, nicht etwa nur 15% des Anteils, der bei der verbrauchsabhängigen Abrechnung auch nach Verbrauch abgerechnet worden wäre, d.h. von 50 bis 70%.[630] Für eine Aufteilung des Kürzungsrechts im Hinblick darauf, dass auch bei der verbrauchsabhängigen Abrechnung ein Teil der Kosten nach festem Maßstab zu verteilen ist, so dass das Recht nur auf den verbrauchsabhängigen Teil bezogen würde, gibt der Wortlaut des § 12 Abs. 1 HeizKV nichts her. Ebenso wenig ist der Anteil von 15% zu reduzieren, wenn in einer Nutzereinheit nur über einen Teil der Räume nicht verbrauchsabhängig abgerechnet wurde, weil in ihnen z.B. Geräte zur Verbrauchserfassung fehlten.[631] **Grundlage** der Kürzung sind die **fehlerhaft ermittelten Kosten**. § 12 Abs. 1 HeizKV fordert etwa bei fehlerhafter Verbrauchsermittlung keine (neue) Abrechnung nach dem Flächenschlüssel, die sodann gekürzt würde, es sei denn, der in Ansatz gebrachte Verbrauch bildet das tatsächliche Nutzerverhalten nicht wenigstens annähernd wieder.[632] Nicht hiervon erfasst ist jedoch eine Verbrauchsschätzung außerhalb § 9a HeizKV, da eine solche mit wenigen Ausnahmen unzulässig ist (s. F Rdn. 105 ff.).

339 In der Praxis ist es immer wieder anzutreffen, dass in die Berechnung der Gesamtkosten die **Kosten** für die **Anmietung der Verbrauchserfas-**

---

[627] BGH (VIII ZR 329/14) DWW 2016, 100 = GE 2016, 256 = NZM 2016, 381 = WuM 2016, 174 (m. Anm *Zehelein*) = ZMR 2016, 280, LG Hamburg WuM 2000, 311.
[628] LG Hamburg WuM 2000, 311.
[629] Z. B. *Lammel* HeizKV § 12 Rdn. 15, *Pfeifer* Heizkosten S. 266.
[630] BGH (VIII ZR 329/14) DWW 2016, 100 = GE 2016, 256 = NZM 2016, 381 = WuM 2016, 174 (m. Anm *Zehelein*) = ZMR 2016, 280, LG Berlin MM 1997, 149.
[631] LG Berlin ZMR 2003, 679.
[632] BGH (VIII ZR 329/14) DWW 2016, 100 = GE 2016, 256 = NZM 2016, 381 = WuM 2016, 174 (m. Anm *Zehelein*) = ZMR 2016, 280.

sungsgeräte und deren **Abrechnung** einflossen, **obwohl verbrauchsunabhängig** abgerechnet wurde. Können oder dürfen die Anzeigen der Geräte nicht verwertet werden, scheidet der allgemeine Ansatz der Kosten ihrer Verwendung jedoch aus.[633] Vielmehr gehen sie zu Lasten desjenigen, dem die Notwendigkeit der verbrauchsunabhängigen Abrechnung zuzurechnen ist.

Bei **verbundenen Anlagen** stellt sich die Frage, worauf der Abzug von 15% zu berechnen ist, wenn zwar, wie im Regelfall, alle Heizkörper des Gebäudes mit Geräten zur Verbrauchserfassung ausgestattet sind, eine **Messeinrichtung** zur Erfassung des verbrauchten **Warmwassers** indes fehlt. Im Grunde müsste er sich auf den gesamten Kostenanteil beziehen, d. h. auch den Anteil an der verbrauchten Heizwärme, der sich nach dem Gesamtverbrauch abzüglich des korrekt erfassten Verbrauchs der zentralen Wasserversorgung richtet; ist dieser nicht durch Zähler festgestellt, ist unmittelbar die Basis für die Verteilung der verbrauchten Heizwärme betroffen. Der **BGH**[634] beschränkt den Abzug von 15% indes auf die nicht verbrauchsabhängig abgerechneten Kosten für die Versorgung mit Warmwasser und verweist zur Begründung auf den Wortlaut des § 12 Abs. 1 HeizKV („*Soweit die Kosten ...*") sowie den Zweck der HeizKV. Diesem Ergebnis ist trotz der vorbeschriebenen Bedenken zuzustimmen, weil anderenfalls nur eine insgesamt verbrauchsunabhängige Abrechnung zu erfolgen hätte, bei welcher der sparsame Umgang mit der Heizenergie nicht honoriert würde, zumal deren Kosten in der Regel den Hauptanteil ausmachen. **340**

VIII. Übergangsregelungen (§ 12 Abs. 2 HeizKV)

Nach § 12 Abs. 2 HeizKV galten die Geräteanforderungen des § 5 Abs. 1 Satz 2 HeizKV **bis zum 31. Dezember 2013** als erfüllt **341**

„*1. für die am 1. Januar 1987 für die Erfassung des anteiligen Warmwasserverbrauchs vorhandenen Warmwasserkostenverteiler und*
2. für die am 1. Juli 1981 bereits vorhandenen sonstigen Ausstattungen zur Verbrauchserfassung."

Die hier angesprochenen Geräte weisen eine **veraltete Technik** auf. Für sie gilt kein Bestandsschutz mehr, sie waren spätestens zum Ablauf der Frist auszutauschen. Da sie keine *„geeignete Ausstattung"* im Sinne des § 5 Abs. 1 HeizKV mehr darstellen, scheidet die Umlage nach Verbrauch auf ihrer Grundlage aus. Vielmehr ist nach dem Flächenschlüssel abzurechnen mit dem Kürzungsrecht des Mieters aus § 12 Abs. 1 HeizKV.

---

[633] LG Hamburg Urt. vom 5.6.1992 – 311 S 272/91, LG Hannover WuM 1991, 540.
[634] BGH (VIII ZR 195/04) DWW 2005, 423 = NZM 2005, 908 = WuM 2005, 657 (m. kritischer Bespr. *Lammel* WuM 2005, 762).

Anhang

I. Muster

1. Umlagevereinbarungen

Die nachfolgenden Muster betreffen die Umlage der Betriebs-, nicht der Heizkosten. Sind auf das Mietobjekt, wie meist, die Vorschriften der HeizKV anzuwenden, kann für die Vereinbarung von Vorauszahlungen und Abrechnung auf die Regelungen unter 1.3, 3.–8. zurückgegriffen werden, soweit sie nicht auf Besonderheiten der Umlage von Betriebskosten beruhen.

1.1 Wohnraum

1.1.1 Brutto-/Bruttokalt-/Teilinklusivmiete bei Neuverträgen über Wohnraum ab 1.9.2001

§ 3 Miete

Die monatliche Miete für das unter § 1 beschriebene Mietobjekt beträgt € ...

In dieser Miete sind die umlagefähigen Betriebskosten gem. § 556 Abs. 1 BGB mit dem Stand per Ende des Jahres, in dem das Mietverhältnis beginnt, enthalten. Erhöhen sich die Betriebskosten ab Beginn des folgenden Jahres oder entstehen Betriebskosten neu, ist der Vermieter berechtigt, in sein Verlangen auf Zustimmung zur Mieterhöhung auf die ortsübliche Vergleichsmiete (§ 558 BGB) die seit Mietbeginn oder der letzten Mieterhöhung auf die ortsübliche Vergleichsmiete entstandenen Mehrbelastungen einzurechnen. Der erhöhte Betrag richtet sich nach dem Verhältnis der Wohnfläche zur Gesamtfläche.

1.1.2 Nettomiete mit Betriebskostenpauschale

§ 3 Miete

1. Monatliche Zahlungen
   Die monatliche Nettomiete für das unter § 1 beschriebene
   Mietobjekt beträgt € ...
   Daneben zahlt der Mieter eine monatliche Pauschale auf die
   umlagefähigen Betriebskosten gem. § 556 Abs. 1 BGB von € ...
   Die monatliche Gesamtmiete beträgt € ...
2. Reicht die Pauschale zur Deckung der bisherigen oder neu eingeführten Betriebskosten nicht mehr aus, ist der Vermieter berechtigt, die jährlich entstehende Mehrbelastung auf die beteiligten Mieter im Verhältnis der Wohnflächen in m² umzulegen. In der Erhöhungserklärung

ist der Grund der Mehrbelastung zu bezeichnen und zu erläutern. Rückwirkende Mehrbelastungen hat der Vermieter dem Mieter innerhalb von drei Monaten nach Kenntnis von der Erhöhung mitzuteilen; sie wirken jedoch höchstens auf den Beginn des der Erklärung vorausgehenden Kalenderjahres zurück. Die Zahlung der Umlage hat monatlich mit der Miete im Voraus zu erfolgen, und zwar ab Beginn des auf die Umlageerklärung folgenden übernächsten Monats.

3. Sobald alle Mietobjekte der Abrechnungseinheit mit Messeinrichtungen zur Erfassung nach Verbrauch oder Verursachung ausgestattet sind, werden Wasser/Entwässerung und Müllabfuhr nach Verbrauch/Verursachung abgerechnet. Ausgenommen sind die Kosten der Oberflächenentwässerung; diesen bleiben in der Pauschale enthalten. Werden Einrichtungen zur Erfassung der unterschiedlichen Verursachung eingeführt, werden die Kosten entsprechend umgelegt.

Treten Differenzen zwischen dem Verbrauch nach dem Hauptwasserzähler und der Summe der Einzelwasserzähler auf, trägt der Mieter den Anteil der Differenz, die seinem Anteil an der Summe der Einzelzählerverbräuche entspricht.

Bietet ein Ver- oder Entsorger den Abschluss von Verträgen unmittelbar mit dem Mieter an, verpflichtet sich der Mieter, einen entsprechenden Vertrag mit ihm abzuschließen. Ab Wirksamkeit des Vertrags wird die Pauschale um die in ihr enthaltenen Betriebskostenanteile reduziert.

1.2 Gewerberaum

1.2.1 Brutto-/Bruttokaltmiete

§ 3 Miete

Die monatliche Miete für das unter § 1 beschriebene Mietobjekt beträgt € …

In dieser Miete sind die aus der Anlage zum Mietvertrag *oder* die umlagefähigen Betriebskosten gem. § 556 Abs. 1 BGB mit dem Stand per Ende des Jahres, in dem das Mietverhältnis beginnt, enthalten. Erhöhen sich die Betriebskosten ab Beginn des folgenden Jahres oder entstehen Betriebskosten neu, ist der Vermieter berechtigt, die jährlich entstehende Mehrbelastung auf die beteiligten Mieter im Verhältnis der Nutzflächen in m² umzulegen. In der Erhöhungserklärung ist der Grund der Mehrbelastung zu bezeichnen und zu erläutern. Die Zahlung der Umlage hat monatlich mit der Miete im Voraus zu erfolgen, und zwar bei Zugang der Erhöhungserklärung vor dem 15. eines Monats ab dem 1. des Folgemonats, sonst ab dem 1. des Folgemonats.

1.2.2 Teilinklusivmiete

§ 3 Miete

1. Monatliche Zahlungen

1. Umlagevereinbarungen

1.1 Die monatliche Miete für das unter § 1 beschriebene Mietobjekt
beträgt € ...
In dieser Miete sind die nicht verbrauchsabhängigen Betriebskosten
gem. Anlage zum Mietvertrag *oder* gem. § 556 Abs. 1 BGB,
ausgenommen
...
...
(z. B. Aufzug, Grundsteuer, Hauswart), enthalten.

1.2 Daneben zahlt der Mieter auf die verbrauchsabhängigen Kosten,
nämlich
– Wasser/Entwässerung
– Müllabfuhr
– Allgemeinstrom,
und auf die oben bezeichneten weiteren Kosten für
...
...
eine monatliche Vorauszahlung in Höhe von € ...
Die monatliche Gesamtmiete beträgt € ...

2. Abrechnungszeitraum

2.1 Über die Vorauszahlungen wird jährlich abgerechnet. Abrechnungszeitraum ist das Kalenderjahr. Der Vermieter ist berechtigt, aus wichtigem Grund den Abrechnungszeitraum zu ändern und bei der Umstellung auf den neuen Abrechnungszeitraum den bisherigen zu verkürzen. Den Grund für die Umstellung und deren Beginn hat er dem Mieter rechtzeitig vorher mitzuteilen.

2.2 Betriebskosten, die nicht in jährlichem Turnus anfallen, darf der Vermieter in voller Höhe im Jahr ihrer Entstehung ansetzen. Er ist aber auch berechtigt, sie auf mehrere Jahre zu verteilen. Bei Mieterwechsel hat der alte Mieter die noch nicht gezahlten Teilbeträge in einer Summe nachzuzahlen.

3. Abrechnungsschlüssel

3.1 Die Abrechnung erfolgt nach dem Flächenanteil des Mietobjekts an der Gesamtfläche.
Alternativ: Mit der Abrechnung über die Betriebskosten der ersten Abrechnungsperiode legt der Vermieter den Umlageschlüssel einmalig und für beide Vertragsparteien sodann bindend nach billigem Ermessen fest.

3.2 Sobald alle Mietobjekte der Abrechnungseinheit mit Messeinrichtungen zur Verbrauchserfassung ausgestattet sind, werden Wasser/Entwässerung und Müllabfuhr nach Verbrauch abgerechnet; ausgenommen sind die Kosten der Oberflächenentwässerung, bei diesen bleibt es bei der allgemeinen Umlage nach anteiliger Fläche. Werden Einrichtungen zur Erfassung der unterschiedlichen Verursachung eingeführt, werden die Kosten entsprechend umgelegt.

Treten Differenzen zwischen dem Verbrauch nach dem Hauptwasserzähler und der Summe der Einzelwasserzähler auf, trägt der Mieter den Anteil der Differenz, die seinem Anteil an der Summe der Einzelzählerverbräuche entspricht. Bietet ein Ver- oder Entsorger den Abschluss von Verträgen unmittelbar mit dem Mieter an, verpflichtet sich der Mieter, einen entsprechenden Vertrag mit ihm abzuschließen. Ab Wirksamkeit des Vertrags wird die Miete um den in ihr enthaltenen Betriebskostenanteil reduziert.

3.3 Der Vermieter ist berechtigt, den Umlageschlüssel nach billigem Ermessen zum Beginn eines Abrechnungsjahres für die Zukunft zu ändern, wenn es dringende Gründe für die Gleichbehandlung der Mieter oder die ordnungsgemäße Bewirtschaftung erfordern. Die entsprechende Mitteilung wird schriftlich spätestens 1 Monat vor dem Ende des laufenden Abrechnungszeitraums erfolgen.

4. Abrechnungseinheit

Der Vermieter ist berechtigt, benachbarte Objekte zu einer Abrechnungseinheit zusammenzufassen oder bisher gemeinsam abgerechnete Objekte abrechnungsmäßig zu trennen, soweit dies jeweils billigem Ermessen entspricht.

5. Erhöhung von Vorauszahlungen

Ergibt die Abrechnung eine Nachforderung des Vermieters, ist er berechtigt, die monatlichen Vorauszahlungen angemessen zu erhöhen. Angemessen ist eine Erhöhung, die sich an der Nachforderung geteilt durch 12 Monate orientiert. Ergibt die Abrechnung ein Guthaben des Mieters, sind die Vorauszahlungen auf den angemessenen, wie vorstehend berechneten Betrag zu ermäßigen.

6. Erhöhung des Betriebskostenanteils

Reicht der Betriebskostenanteil, der in der Miete für die nicht gesondert umlagefähigen Betriebskosten enthalten ist, wegen Betriebskostensteigerungen oder neu eingeführter Betriebskosten nicht mehr aus, ist der Vermieter berechtigt, die jährlich entstehende Mehrbelastung auf die beteiligten Mieter im Verhältnis der Nutzflächen in m^2 umzulegen. In der Erhöhungserklärung ist der Grund der Mehrbelastung zu bezeichnen und zu erläutern. Die Zahlung der Umlage hat monatlich mit der Miete im Voraus zu erfolgen, und zwar bei Zugang der Erhöhungserklärung vor dem 15. eines Monats ab dem 1. des Folgemonats, sonst ab dem 1. des Folgemonats.

7. Mieterwechsel

Endet das Mietverhältnis während der Abrechnungsperiode, wird keine Zwischenabrechnung erteilt. In diesem Fall werden die Kosten auf den alten und den neuen Mieter nach dem Verhältnis der jeweiligen Nutzungsdauer während der Abrechnungsperiode verteilt. Bei Abrechnung nach Verbrauch erfolgt die Verteilung nach dem jeweiligen Verbrauch; der Verbrauch wird durch eine Zwischenablesung ermittelt. Die Kosten der Zwischenablesung trägt der alte Mieter, es sei denn, er hat das Mietverhältnis berechtigt fristlos gekündigt.

8. Rechte des Mieters
Der Mieter kann beim Vermieter/Verwalter nach vorheriger Terminvereinbarung die Abrechnungsunterlagen einsehen und gegen angemessene Entschädigung auch die Übersendung von Belegkopien verlangen.

1.2.3 Nettomiete mit Betriebskostenpauschale

§ 3 Miete

1. Monatliche Zahlungen
Die monatliche Nettomiete für das unter § 1 beschriebene
Mietobjekt beträgt € ...
Daneben zahlt der Mieter eine monatliche Pauschale auf die umlagefähigen Betriebskosten gem. der Anlage zum Mietvertrag
oder gem. § 556 Abs. 1 BGB *oder* nach der BetrKV von € ...
Die monatliche Gesamtmiete beträgt € ...

2. Ist die Betriebskostenpauschale wegen Betriebskostensteigerungen oder neu eingeführter Betriebskosten nicht mehr kostendeckend, ist der Vermieter berechtigt, die jährlich entstehende Mehrbelastung auf die beteiligten Mieter im Verhältnis der Nutzflächen in m^2 umzulegen. In der Erhöhungserklärung ist der Grund der Mehrbelastung zu bezeichnen und zu erläutern. Die Zahlung der Umlage hat monatlich mit der Miete im Voraus zu erfolgen, und zwar bei Zugang der Erhöhungserklärung vor dem 15. eines Monats ab dem 1. des Folgemonats, sonst ab dem 1. des Folgemonats.

3. Sobald alle Mietobjekte der Abrechnungseinheit mit Messeinrichtungen zur Erfassung nach Verbrauch oder Verursachung ausgestattet sind, werden Wasser/Entwässerung und Müllabfuhr nach Verbrauch/Verursachung abgerechnet. Ausgenommen sind die Kosten der Oberflächenentwässerung; diesen bleiben in der Pauschale enthalten. Werden Einrichtungen zur Erfassung der unterschiedlichen Verursachung eingeführt, werden die Kosten entsprechend umgelegt.
Treten Differenzen zwischen dem Verbrauch nach dem Hauptwasserzähler und der Summe der Einzelwasserzähler auf, trägt der Mieter den Anteil der Differenz, die seinem Anteil an der Summe der Einzelzählerverbräuche entspricht.
Bietet ein Ver- oder Entsorger den Abschluss von Verträgen unmittelbar mit dem Mieter an, verpflichtet sich der Mieter, einen entsprechenden Vertrag mit ihm abzuschließen. Ab Wirksamkeit des Vertrags wird die Pauschale um die in ihr enthaltenen Betriebskostenanteile reduziert.

1.3 Wohn- und Gewerberaum: Nettomiete mit Vorauszahlungen

§ 3 Miete

1. Monatliche Zahlungen

1.1 Die monatliche Nettomiete für das unter § 1 beschriebene
Mietobjekt beträgt € ...

1.2 Daneben zahlt der Mieter auf die umlagefähigen Betriebskosten
gem. § 556 Abs. 1 BGB *oder* nach der BetrKV eine monatliche
Vorauszahlung von € ...
Die monatliche Gesamtmiete beträgt € ...

2. Die umlagefähigen Betriebskosten ergeben sich aus der nachfolgenden Aufstellung *oder* dem Anhang zum Mietvertrag.
   1. Grundsteuer
   2. Wasser
   3. Entwässerung
   ...
   ...
   Als sonstige Betriebskosten werden umgelegt:
   Dachrinnenreinigung,
   Wartung der Feuerlöscher,
   Wartung der elektronischen RWA-Anlage.

3. Abrechnungszeitraum

3.1 Über die Vorauszahlungen wird jährlich abgerechnet. Abrechnungszeitraum ist das Kalenderjahr. Der Vermieter ist berechtigt, aus wichtigem Grund den Abrechnungszeitraum für die Zukunft zu ändern und bei der Umstellung auf den neuen Abrechnungszeitraum den bisherigen zu verkürzen. Den Grund für die Umstellung und deren Beginn hat er dem Mieter rechtzeitig vorher mitzuteilen.

3.2 Betriebskosten, die nicht in jährlichem Turnus anfallen, darf der Vermieter in voller Höhe im Jahr ihrer Entstehung ansetzen. Er ist aber auch berechtigt, sie auf mehrere Jahre zu verteilen. Bei Mieterwechsel hat der alte Mieter die noch nicht gezahlten Teilbeträge in einer Summe nachzuzahlen.

4. Abrechnungsschlüssel

4.1 Die Abrechnung erfolgt nach dem Flächenanteil des Mietobjekts an der Gesamtfläche, es sei denn, es greift Nr. 4.2 ein.
   Von der allgemeinen Umlage nach der anteiligen Fläche sind jedoch ausgenommen
   – Betriebskosten für Anlagen und Einrichtungen, deren Nutzen für alle Mieter unabhängig von der Fläche gleich ist; diese Kosten werden nach Mieteinheit umgelegt, z. Zt. bei den Wohnungen die Kosten für die Gemeinschaftsantenne bzw. den Breitbandanschluss;

- Betriebskosten für die Benutzung der maschinellen Wasch- und Trockeneinrichtungen. Diese Kosten werden durch die an den einzelnen Geräten befindlichen Münzautomaten erhoben;
- Betriebskosten durch den Aufzug. Von diesen Kosten sind die Erdgeschossräume ausgenommen. Die Verteilung der Kosten erfolgt nach anteiliger Fläche nur auf die Mietobjekte der oberen Geschosse.

4.2 Sobald alle Mietobjekte der Abrechnungseinheit mit Messeinrichtungen zur Erfassung nach Verbrauch oder Verursachung ausgestattet sind, werden Wasser/Entwässerung und Müllabfuhr nach Verbrauch/Verursachung abgerechnet; ausgenommen sind die Kosten der Oberflächenentwässerung; bei diesen bleibt es bei der allgemeinen Umlage nach anteiliger Fläche. Werden Einrichtungen zur Erfassung der unterschiedlichen Verursachung eingeführt, werden die Kosten entsprechend umgelegt.

Treten Differenzen zwischen dem Verbrauch nach dem Hauptwasserzähler und der Summe der Einzelwasserzähler auf, trägt der Mieter den Anteil der Differenz, die seinem Anteil an der Summe der Einzelzählerverbräuche entspricht.

Bietet ein Ver- oder Entsorger den Abschluss von Verträgen unmittelbar mit dem Mieter an, verpflichtet sich der Mieter, einen entsprechenden Vertrag mit ihm abzuschließen.

4.3 Der Vermieter ist berechtigt, den Umlageschlüssel nach billigem Ermessen zum Beginn eines Abrechnungsjahres für die Zukunft zu ändern, wenn dringende Gründe es für die Gleichbehandlung der Mieter oder die ordnungsgemäße Bewirtschaftung erfordern. Die entsprechende Mitteilung wird schriftlich spätestens 1 Monat vor dem Ende des laufenden Abrechnungszeitraums erfolgen.

5. Abrechnungseinheit

Der Vermieter ist berechtigt, benachbarte Wohnanlagen oder Häuser zu einer Abrechnungseinheit zusammenzufassen oder bisher gemeinsam abgerechnete Wohnanlagen und Häuser abrechnungsmäßig zu trennen, soweit dies jeweils billigem Ermessen entspricht.

6. Erhöhung von Vorauszahlungen

Ergibt die Abrechnung eine Nachforderung des Vermieters, ist er berechtigt, die monatlichen Vorauszahlungen angemessen zu erhöhen. Angemessen ist eine Erhöhung, die sich an der Nachforderung geteilt durch 12 Monate orientiert (Gewerberaum: zuzüglich eines Sicherheitszuschlags für Kostensteigerungen); im laufenden Abrechnungszeitraum bereits eingetretene Kostenerhöhungen dürfen berücksichtigt werden. Ergibt die Abrechnung ein Guthaben des Mieters, sind die Vorauszahlungen auf den angemessenen, wie vorstehend berechneten Betrag zu ermäßigen.

7. Mieterwechsel

Endet das Mietverhältnis während der Abrechnungsperiode, wird keine Zwischenabrechnung erteilt. In diesem Fall werden die Kosten auf den alten und den neuen Mieter nach dem Verhältnis der jeweiligen Wohn/Nutzungsdauer während der Abrechnungsperiode verteilt. Bei Abrechnung nach Verbrauch erfolgt die Verteilung nach dem jeweiligen Verbrauch; der Verbrauch wird durch eine Zwischenablesung ermittelt. Die Kosten der Zwischenablesung trägt der alte Mieter, es sei denn, er hat das Mietverhältnis berechtigt fristlos gekündigt.

8. Rechte des Mieters

Der Mieter kann beim Vermieter/Verwalter nach vorheriger Terminvereinbarung die Abrechnungsunterlagen einsehen und gegen angemessene Entschädigung auch die Übersendung von Belegkopien verlangen.

2. Wohnraum: Erhöhung einer Pauschale/des Betriebskostenanteils einer Brutto-, Bruttokalt- oder Teilinklusivmiete bei Altmietverträgen

2.1 Standarderhöhung für die Zukunft

Vorbemerkung:

Der Vermieter hat, wenn er die Erhöhung der Betriebskosten für die Zukunft umlegen will, zwei Möglichkeiten. Er kann entweder jede Erhöhung sogleich geltend machen, oder mehrere sammeln und sie sodann in einer Erklärung anbringen, wobei sie gem. § 560 Abs. 2 Satz 1 BGB (bei Altmietverträgen i. V. mit Art. 229 § 3 Abs. 4 EGBGB) mit Beginn des auf die Erklärung folgenden übernächsten Monats wirksam wird.

2.1.1 Einzelerhöhung

Ole Olsen, Mozartstr. 7, ... Hamburg
18.12.2018
Frau Heike Hansen
Herrn Peter Petersen
Mozartstr. 5
... Hamburg

**Betr.: Ihr Mietverhältnis Wohnung Mozartstr. 5, DG
Mitteilung vom Eintritt einer Betriebskostenerhöhung**

Sehr geehrte Frau Hansen, sehr geehrter Herr Petersen,

gestern ging mir die Prämienrechnung für die verbundene Gebäudeversicherung zu; danach tritt ab 1.1.2019 eine Prämienerhöhung um € 140,00 ein. Sie beruht auf einer allgemeinen Erhöhung des Prämienfaktors von ... auf ... Nach § 560 Abs. 1, 2 BGB bin ich berechtigt, diese Mehrbelastung anteilig auf die Mieter umzulegen. Nach dem Flächenmaßstab beträgt der Anteil Ihrer Wohnfläche 24,72% der Gesamtwohnfläche. Ihr Anteil beläuft sich damit auf monatlich € 2,88. Ich bitte Sie, diesen Betrag ab Februar 2019 zusätzlich zu Ihrer bisherigen Miete zu zahlen.

Mit freundlichen Grüßen

2.1.2 Sammelerhöhung

Hamburg, den 20.6.2019

Sehr geehrte ...,

nach § 560 Abs. 1, 2 BGB bin ich berechtigt, Erhöhungen von Betriebskosten durch schriftliche Erklärung auf die Mieter umzulegen. Von diesem Recht mache ich hiermit für die Zukunft Gebrauch. Im vergangenen Kostenzeitraum bis zum 30.4.2019 sind mehrere Betriebskostensteigerungen eingetreten, deren Umlage ich zur Vereinfachung des Verfahrens bis jetzt zurückgestellt habe. Art und Umfang der einzelnen Mehrbelastungen entnehmen Sie bitte der folgenden Aufstellung.

A: Datum des Eintritts der Mieterhöhung
B: In der alten Miete/in unserer letzten Mietvereinbarung vom 3.1. 2016/bei der letzten Umlagenerhöhung auf Grund von Kostensteigerungen bis 30.4.2016 waren Gesamtkosten für das Haus berücksichtigt in Höhe von € ...
C: Neue Belastung
D: Erhöhungsbetrag

Kostenart	A	B	C	D
Wasser/Entwässerung	30.4.2019	824,20	1263,91	439,71
Sachversicherung	1.1.2019	547,59	690,76	143,17
Müllabfuhr	1.10.2018	1039,46	1198,47	159,01

...
...

Umlageschlüssel nach Fläche: Gesamtwohnfläche ... m², Wohnfläche Ihrer Wohnung ... m² = 24,72%

1. Erläuterungen

Wasser: Der Kostenanstieg beruht auf leicht gestiegenem Verbrauch und einer Erhöhung des Preises je m³ von € ... auf € ... mit Wirkung ab ...

Entwässerung: Der Umfang entspricht dem Wasserverbrauch. Der Preis je m³ erhöhte sich mit Wirkung ab ... von € ... je m³ auf € ... je m³.

Sachversicherung: Der Prämienfaktor betrug zuletzt ... und erhöhte sich auf ...; die Versicherungssteuer stieg auf ... %.

Müllabfuhr: Im Abrechnungszeitraum standen den Mietern 6 Müllbehälter zu je 120l zur Verfügung. Der Gebührensatz je Müllbehälter beträgt seit dem 1.10.2018 €... je Quartal bei zweimal wöchentlicher Leerung, für 6 Gefäße im Jahr daher € 1.039,46.

...

...

2. Die Mehrbelastung macht €... im Jahr aus, Ihr Anteil €...,
d. h. monatlich €...
Ihre neue Miete beträgt somit ab 1.8.2019
bisherige Miete einschließlich Umlagen/nicht abgerechneter Umlagen €...
Mehrbelastung gem. 1.–3. €...
neue Miete €...

Mit freundlichen Grüßen

2.2 Standard-Einzelerhöhung mit Rückwirkung

Hamburg, den 18.12.2018

Sehr geehrte ...,

am 3. Dezember 2018 erhielt ich den neuen Grundsteuerbescheid für mein Grundstück Mozartstr. 5. Danach ist die Grundsteuer mit Wirkung ab 1.1.2017 erhöht worden, weil der Hebesatz von bisher ... auf ... angehoben wurde. Die Erhöhung macht € 439,71 im Jahr aus. Nach § 560 Abs. 1, 2 BGB bin ich berechtigt, diese Mehrbelastung anteilig auf die Mieter umzulegen. Dies ist auch rückwirkend bis zum Beginn des dieser Erklärung vorausgehenden Kalenderjahres zulässig. Ihr Anteil beträgt nach dem im Mietvertrag vereinbarten Flächenmaßstab 24,72 % der Gesamtfläche und damit € 108,70 im Jahr bzw. € 9,06 im Monat. Ich bitte Sie, mit der Fälligkeit der übernächsten Miete den Anteil für zwei Jahre und 2 Monate, also € 235,56 nachzuzahlen und ab 1.3.2019 jeweils monatlich zusätzlich € 9,06.

Mit freundlichen Grüßen

2.3 Komplexe Sammelerhöhung

2.3.1 Mitteilung einer Erhöhung

a)

Hamburg, 18.12.2018

Sehr geehrte ...,

am 29.9.2018 erhielt ich den Bescheid der Stadtwerke über die erhöhten Müllgebühren ab 1.10.2018. Der Gebührensatz je Müllgefäß hat sich von €... auf €... erhöht und damit für 4 Müllgefäße im Jahr auf € 159,01. Nach § 560 Abs. 1, 2 BGB bin ich berechtigt, diese Mehrbelastung anteilig auf die Mieter umzulegen; nach dem Flächenmaßstab beträgt der Anteil

Ihrer Wohnfläche 24,72% der Gesamtwohnfläche. Da weitere Erhöhungen zu erwarten sind, werde ich Ihnen aus Gründen der Verwaltungsvereinfachung erst nach Ablauf der Abrechnungsperiode per 30.4.2019 eine Sammelberechnung zusenden, zumal ich mit allen neuen Mietern eine Nettomiete vereinbart habe und danach ohnehin eine genaue Betriebskostenaufstellung anfertigen muss.

Mit freundlichen Grüßen

b)
Hamburg, 23.1.2019

Sehr geehrte ...,

gestern ging mir die Prämienrechnung für die verbundene Gebäudeversicherung zu; danach tritt ab 1.1.2019 eine Prämienerhöhung um € 143,16 ein. Sie beruht auf einer allgemeinen Erhöhung des Prämienfaktors von ... auf ... Nach § 560 Abs. 1, 2 BGB bin ich berechtigt, diese Mehrbelastung anteilig auf die Mieter umzulegen; nach dem Flächenmaßstab beträgt der Anteil Ihrer Wohnfläche 24,72% der Gesamtwohnfläche. Aus Gründen der Verwaltungsvereinfachung werde ich Ihnen, wie bereits angekündigt, die Zusammenfassung der auf Sie entfallenden Umlagebeträge ebenfalls erst nach Ablauf der Abrechnungsperiode per 30.4.2019 zukommen lassen.

Mit freundlichen Grüßen

2.3.2 Sammelerhöhung

Hamburg, den 20.6.2019

Sehr geehrte ...,

nach § 560 Abs. 1, 2 BGB bin ich berechtigt, Erhöhungen von Betriebskosten durch schriftliche Erklärung auf die Mieter umzulegen. Von diesem Recht mache ich hiermit Gebrauch. Im vergangenen Kostenzeitraum bis zum 30.4.2018 sind mehrere Betriebskostensteigerungen eingetreten, deren Umlage ich zur Vereinfachung des Verfahrens bis jetzt zurückgestellt habe. Art und Umfang der einzelnen Mehrbelastungen entnehmen Sie bitte der folgenden Aufstellung.

A: Datum des Eintritts der Mieterhöhung
B: Mitteilung mit Schreiben vom
C: In der alten Miete/in unserer letzten Mietvereinbarung vom 3.1.2017/bei der letzten Umlagenerhöhung auf Grund von Kostensteigerungen bis 30.4.2017 waren Gesamtkosten für das Haus berücksichtigt in Höhe von € ...
D: Neue Belastung
E: Erhöhungsbetrag

Kostenart	A	B	C	D	E
Grundsteuer	1.1.2017	18.12.2018	824,20	1 263,91	439,71
Sachversicherung	1.1.2018	23.1.2018	547,59	690,76	143,17
Müllabfuhr	1.10.2018	18.12.2018	1 039,46	1 198,47	159,01
Hauswart	1.4.2019		–	2 147,43	2 454,20	306,77
...					
...					

Umlageschlüssel nach Fläche: Gesamtwohnfläche ... m², Wohnfläche Ihrer Wohnung ... m² = 24,72 %

1. Erläuterung

Die Gründe und den Umfang der Erhöhung bei der Grundsteuer, Sachversicherung und Müllabfuhr sowie den auf Sie entfallenden Anteil habe ich Ihnen schon mit meinen Schreiben vom 18.12.2018 und 23.1.2019 mitgeteilt und im Einzelnen erläutert. Zusätzlich sind die Hauswartskosten gestiegen. Das Entgelt für den Hauswart war seit vier Jahren unverändert, so dass eine Anpassung notwendig war.

2. Berechnung der Nachzahlungsbeträge

2.1 Grundsteuer

Ihr Anteil an der Erhöhung von € 439,71 im Jahr beträgt 24,72 % der Gesamtfläche und damit € 108,70 im Jahr bzw. € 9,06 im Monat. Grundsteuer für 2 Jahre und 7 Monate: € 280,86.

2.2 Sachversicherung

Die Erhöhung der Sachversicherung beläuft sich auf € 143,17 im Jahr, Ihr Anteil auf jährlich € 35,39 und monatlich € 2,95. Die Erhöhung ist zum 1.1.2019 eingetreten. Ihr Anteil beträgt für 7 Monate € 20,65.

2.3 Müllabfuhr

Die Erhöhung beträgt im Jahr € 159,01, Ihr Anteil € 39,31, d.h. monatlich € 3,28. Die Erhöhung gilt ab 1.10.2018. Ihr Anteil für 10 Monate: € 32,80.

Ich bitte Sie, insgesamt € 334,31 mit der übernächsten Miete zu zahlen.

3. Die Mehrbelastung für rückwirkend erhöhte Betriebskosten macht € 741,89 im Jahr aus, Ihr Anteil € 183,40, d.h. monatlich € 15,28. Die Mehrbelastung der Hauswartskosten mache ich nur für die Zukunft geltend; Ihr Anteil an € 306,77 jährlich beträgt € 75,83, also monatlich € 6,32.

Ihre neue Miete beträgt somit ab 1.8.2019

bisherige Miete einschließlich Umlagen/nicht abgerechneter Umlagen	€ ...
Mehrbelastung gem. 1.–3.	€ 15,28
Mehrbelastung Hauswart	€ 6,32
neue Miete	€ ...

Mit freundlichen Grüßen

3. Abrechnungen

3.1 Abrechnung einheitlich genutztes Objekt (Wohnung oder Gewerbe)

Name und Anschrift des Mieters Objektnr.
Abrechnung für den Zeitraum ...
Nutzungszeit (bei Mieterwechsel)...

I. Kosten	Gesamt	Umlageschlüssel	Anteil
1. Grundsteuer (1)	€	Fläche	€
2. Wasser und Entwässerung (2)	€	Fläche oder Verbrauch (3)	€
oder bei getrennter Berechnung durch die Stadtwerke:			
Wasser	€	Fläche/Verbrauch	
Entwässerung	€	Fläche/Verbrauch	
Niederschlagswasser	€	Fläche	
3. Aufzug (4)	€	Fläche	€
4. Straßenreinigung	€	Fläche	€
4.1 Gebühren der Stadt (5)	€	Fläche	
4.2 Winterdienst (6)	€	Fläche	
5. Müllabfuhr	€	Fläche	€
5.1 Gebühren der Stadt (7)	€		
5.2 Regelmäßige Sperrmüllabfuhr	€		
6. Hausreinigung	€	Fläche	€
7. Ungezieferbekämpfung	€	Fläche	€
8. Gartenpflege (8)	€	Fläche	€
8.1 Allgemein	€		
8.2 Erneuerung abgängiger Pflanzen	€		
8.3 Beseitigung Sturmbruch	€		
8.4 Sandaustausch	€		
9. Beleuchtung (9)	€	Fläche	€
10. Schornsteinreinigung	€	Fläche	€
11. Versicherungen (10)	€	Fläche	
11.1 Verbundene Gebäudeversicherung (11)	€		
11.2 Haftpflichtversicherung	€		

oder

I. Kosten	Gesamt	Umlageschlüssel	Anteil
11.1 Feuerversicherung	€		
11.2 Sturm/Hagelversicherung	€		
11.3 Glasversicherung	€		
11.4 Leitungswasser-versicherung	€		
11.5 Gebäudehaftpflicht-versicherung	€		
12. Hauswart (12)	€	Fläche	€
13. Gemeinschaftsantenne	€	Mieteinheit	€
14. Breitbandanschluss	€	Mieteinheit	€
15. Maschinelle Wascheinrichtung		Nutzung (13)	
16. Sonstige Betriebskosten	€	Fläche	€
16.1 Dachrinnenreinigung (14)	€		
16.2 Elektronische RWA-Anlage	€		

(1)–(14) siehe Erläuterungen

II. Umlageschlüssel

1. Gesamtwohn(nutz)fläche ... m²
   Ihr Mietobjekt ... m² = Anteil ... %
2. Anzahl der Mieteinheiten:

III. Abrechnung

1. Ihr Kostenanteil € ...
2. Vorauszahlungen 12 x € ... monatlich, gesamt € ...
Guthaben/Nachzahlung € ...
Das Guthaben wird Ihnen in den nächsten Tagen überwiesen.
Die Nachforderung wird mit der Fälligkeit der übernächsten Miete eingezogen.

oder

Die Nachforderung überweisen Sie bitte mit der übernächsten Miete.
Auf Grund der Nachforderung werden die monatlichen Vorauszahlungen mit Wirkung ab der übernächsten Miete erhöht.
Berechnung: Ihre Nachzahlung : 12 Monate. Die Erhöhung beträgt damit € ... monatlich.

Erläuterungen

(1) Der Hebesatz wurde ab dem ... auf ... % erhöht.
(2) Wasser: Der Kostenanstieg beruht auf leicht gestiegenem Verbrauch und einer Erhöhung des Preises je m³ von € ... auf € ... mit Wirkung ab ...

3. Abrechnungen

Entwässerung: Der Umfang entspricht dem Wasserverbrauch. Der Preis je m³ erhöhte sich mit Wirkung ab ... von € ... je m³ auf € ... je m³.

(3) 1. Zählerstände

1.1 Hauptzähler	Anfang	m³
	Ende	m³
Differenz:		m³
1.2 Summe der Einzelzähler	Anfang	m³
	Ende	m³
Differenz:		m³
1.3 Ihr Einzelzähler	Anfang	m³
	Ende	m³
Differenz:		m³

Gesamtdifferenz Summe der Einzelzähler/Hauptzähler ... m³ = € ...

Anteil Ihres Einzelzählers an der Summe der Einzelzähler ... %

Ihr Anteil an der Differenz zwischen Hauptzähler und der Summe der Einzelzähler € ...

2. Eichkosten € ...

(4) Wartungskosten gesamt € ..., abzüglich Anteil für Instandsetzung € ...

Der Anteil für Instandsetzung ist berechnet nach der Differenz zwischen den Kosten eines reinen Wartungsvertrags (Abschmierdienst, Reinigung, Funktionsprüfung) zu dem hier abgeschlossenen Vollwartungsvertrag.

Kosten Hauptprüfung € ...

Die Kosten für die zusätzliche Prüfung nach einem Schadensfall und die entsprechenden Reparaturkosten mit insgesamt € ... sind nicht angesetzt.

(5) Die Stadt berechnet ... lfd. m. Der Gebührensatz der Stadt erhöhte sich ab ... von € ... je lfd. m auf € ... je lfd. m.

(6) Die Firma ... stellt seit dem ... einen um € ... erhöhten Betrag in Rechnung.

(7) Im Abrechnungszeitraum standen den Mietern 6 Müllbehälter zu je 120 l zur Verfügung. Der Gebührensatz je Müllbehälter beträgt seit dem ... € ... je Quartal bei zweimal wöchentlicher Leerung.

(8) Die vor zwei Jahren neu gepflanzte Hecke hat die lange Frostperiode nicht überstanden. Sie musste erneuert werden.

Der Orkan im März hat die Birke entwurzelt. Sie musste zerlegt und abtransportiert werden.

Die Erneuerung des Sandes in der Sandkiste ist alle zwei Jahre vorgeschrieben.

(9) Gesamtstromkosten für ... kWh € ... Gem. Zwischenzähler für die Heizung fielen ... kWh zuzüglich Grundgebühren und Mehrwertsteuer = € ... [oder Berechnung wie 3.2 Erläuterung (2)] an, so dass für Beleuchtung € ... verbleiben.
(10) Gesamtkosten € ... abzüglich Prämien-Rückvergütungen € ...
(11) Der Prämienfaktor betrug zuletzt ... und erhöhte sich mit Wirkung ab ...auf ...; die Versicherungssteuer stieg auf ... %.
(12) Gesamtkosten € ... abzügl. 22,5% für Instandhaltung = € ... abzügl. 7,5% für Verwaltung = € ...
(13) Wasserverbrauch gem. Zwischenzähler ... m³ zuzüglich Grundpreis und Mehrwertsteuer = € ...

Stromverbrauch gem. Zwischenzähler ... kWh zuzüglich Grundpreis und Mehrwertsteuer = € ...

Einnahmen Münzautomat € ...

Auf Grund der Unterdeckung wird der Automat neu eingestellt.

Oder

Auf Grund des Überschusses wird der Automat in der Weise neu eingestellt, dass eine ausgleichende Unterdeckung eintreten wird. Im Folgejahr erfolgt eine neue Einstellung zur Kostendeckung.
(14) Die Umlage ist im Mietvertrag vereinbart. Es handelt sich um die jährliche Reinigung nach dem Ende des Laubfalls.

3.2 Abrechnung gemischt genutztes Objekt (Wohnungen und Gewerbe)

Name und Anschrift des Mieters Objektnr.
Abrechnung für den Zeitraum ...
Nutzungszeit (bei Mieterwechsel)...

I. Kosten	gesamt	Umlage-schlüssel	Anteil Wohnung/Gewerbe
1. Grundsteuer Gesamtkosten Nach Einheitswertbescheid:	€		
Anteil Wohnungen 45% =	€	Fläche 1	€
Anteil Gewerbe 55% =	€	Fläche 2	€
2. Wasser und Entwässerung Gesamtkosten	€		
Verbrauch Wohnungen und Büros (1) gem. Zwischenzähler ... m³ = ... %	€	Fläche 1 + 3	€

I. Kosten	gesamt	Umlage-schlüssel	Anteil Wohnung/Gewerbe
der Gesamtkosten (2) Verbrauch sonstiges Gewerbe: Supermarkt gem. Zwischenzähler ... m^3 = ... %	€	Fläche 4	€
Friseur gem. Zwischenzähler ... m^3 = ... %	€	Fläche 5	€
3. Aufzug Gesamtkosten	€		
davon Büros 50 % (3)	€	Fläche 3	€
Wohnungen 50 %	€	Fläche 1	€
4. Straßenreinigung	€	Fläche 1 + 2	€ €
4.1 Gebühren der Stadt	€		
4.2 Winterdienst	€		
5. Müllabfuhr Gesamtkosten	€		
Anteil Wohnungen und Büros 6 Müllgefäße	€	Fläche 1 + 3	€ €
Anteil sonstiges Gewerbe: Supermarkt	€		
1 Müllcontainer	€	Mieteinheit	€
Friseur 1 Müllgefäß	€	Mieteinheit	€
6. Hausreinigung (Treppen-haus) nur Wohnungen (4)	€	Fläche 1	€
Sonderreinigung Büros (5)	€	Fläche 3	€
7. Ungezieferbekämpfung (nur Supermarkt)		Mieteinheit	€
8. Gartenpflege 8.1 Hofreinigung (nur Supermarkt)	€	Mieteinheit	€
8.2 Hintergarten (nur Wohnungen) (6)	€	Fläche 1	€
9. Beleuchtung	€		
Gesamtkosten	€		
davon Vordachbeleuchtung gem. Zwischenzähler ... kWh = ... %	€	Fläche 4 + 5	€

I. Kosten	gesamt	Umlage-schlüssel	Anteil Wohnung/Gewerbe	
der Gesamtkosten Treppenhaus	€	Fläche 1 + 3	€	€
10. Schornsteinreinigung Überprüfung Badentlüftung	€	Fläche 1	€	
11. Versicherungen 11.1 Verbundene Gebäudeversicherung Gesamtkosten abzügl. Zuschläge für Sonderrisiken Restbetrag 11.2 Haftpflichtversicherung ggf. entspr. Aufteilung oder entspr. 11.1 Feuerversicherung 11.2 Sturm/Hagelversicherung 11.3 Glasversicherung 11.4 Leitungswasserversicherung 11.5 Gebäudehaftpflichtversicherung	€ € € €	Fläche 4 + 5 Fläche 1 + 3	€	€ €
12. Hauswart	€	Fläche 1 + 2	€	€
13. Gemeinschaftsantenne	€	Mieteinheit		
14. Breitbandanschluss	€	Mieteinheit		
15. Maschinelle Wascheinrichtung		Nutzung		
16. Sonstige Betriebskosten 16.1 Dachrinnenreinigung 16.2 Elektronische RWA-Anlage im Treppenhaus 16.3 Müllkompressor (keine Kosten)	€ € €	Fläche 1 Fläche 1 + 3	€ €	€

(1)–(6) siehe Erläuterungen

3. Abrechnungen

II. Umlageschlüssel

Gesamtfläche:	... m^2
davon:	
Fläche 1: Gesamtfläche Wohnungen	... m^2
Fläche 2: Gesamtfläche Gewerbe	... m^2
Fläche 3: Büros im 1. Stock	... m^2
Fläche 4: Supermarkt	... m^2
Fläche 5: Friseur	... m^2
Anzahl der Wohnungen:	...
Fläche Ihres Mietobjekts	... m^2
= Anteil von Fläche 1	... %
= Anteil von Fläche 1+2	... %
= Anteil von Fläche 1+3	... %
= Anteil von Fläche 4+5	... %

III. Abrechnung

1. Ihr Kostenanteil	€ ...
2. Vorauszahlungen	€ ...
Guthaben/Nachzahlung	€ ...

Das Guthaben wird Ihnen in den nächsten Tagen überwiesen.

Die Nachforderung wird mit der Fälligkeit der übernächsten Miete eingezogen.

oder

Die Nachforderung überweisen Sie bitte mit der übernächsten Miete.

Auf Grund der Nachforderung werden die monatlichen Vorauszahlungen mit Wirkung ab der übernächsten Miete erhöht.

Berechnung: Ihre Nachzahlung : 12 Monate. Die Erhöhung beträgt damit € ... monatlich.

Erläuterungen

(1) Der Verbrauch in den Büros im 1. Stock liegt nicht über dem der Wohnungen.

(2) Dem jeweiligen Verbrauch bei Wasser und Strom sind die Grundkosten und Mehrwertsteuer zu addieren. Zur Vereinfachung wurde der Endbetrag nach dem Verhältnis der Verbrauchswerte aufgeteilt.

(3) Geschätzter höherer Anteil gegenüber der Fläche wegen des Publikumsverkehrs.

(4) Supermarkt und Friseur haben eigene Eingänge.

(5) Hauseingang, Treppenhaus und Treppenpodest im 1. Stock werden wegen des Publikumsverkehrs zu den Büros 2× wöchentlich zusätzlich gereinigt.

(6) Keine Belastung der Büros, weil der Garten nur den Wohnungsmietern zur Nutzung zur Verfügung steht.

[Im Übrigen wird auf die Erläuterungen unter Nr. 3.1 verwiesen.]

Anhang II. Gesetzes- und Verordnungstexte

1. Gesetz zur Sicherung der Zweckbestimmung von Sozialwohnungen (Wohnungsbindungsgesetz – WoBindG)

in der Fassung der Bekanntmachung vom 13. September 2001 (BGBl. I S. 2404), zuletzt geändert durch Art. 126 Zehnte Zuständigkeitsanpassungs VO vom 31.8.2015 (BGBl. I S. 1474)

(FNA 2330-14)

(Auszug)

§ 8 Kostenmiete. (1) [1] Der Verfügungsberechtigte darf die Wohnung nicht gegen ein höheres Entgelt zum Gebrauch überlassen, als zur Deckung der laufenden Aufwendungen erforderlich ist (Kostenmiete). [2] Die Kostenmiete ist nach den §§ 8a und 8b zu ermitteln.

(2) [1] Soweit das vereinbarte Entgelt die Kostenmiete übersteigt, ist die Vereinbarung unwirksam. [2] Soweit die Vereinbarung unwirksam ist, ist die Leistung zurückzuerstatten und vom Empfang an zu verzinsen. [3] Der Anspruch auf Rückerstattung verjährt nach Ablauf von vier Jahren nach der jeweiligen Leistung, jedoch spätestens nach Ablauf eines Jahres von der Beendigung des Mietverhältnisses an.

(3) *(nicht abgedruckt)*

(4) [1] Der Vermieter hat dem Mieter auf Verlangen Auskunft über die Ermittlung und Zusammensetzung der Miete zu geben und, soweit der Miete eine Genehmigung der Bewilligungsstelle zugrunde liegt, die zuletzt erteilte Genehmigung vorzulegen. [2] Wird eine Genehmigung nicht vorgelegt oder ist die Auskunft über die Ermittlung und Zusammensetzung der Miete unzureichend, so hat die zuständige Stelle dem Mieter auf Verlangen die Höhe der nach Absatz 1 oder 3 zulässigen Miete mitzuteilen, soweit diese sich aus ihren Unterlagen ergibt.

(5) Die diesem Gesetz unterliegenden Wohnungen sind preisgebundener Wohnraum.

§ 8a Ermittlung der Kostenmiete und der Vergleichsmiete. (1) [1] Bei der Ermittlung der Kostenmiete ist von dem Mietbetrag auszugehen, der sich für die öffentlich geförderten Wohnungen des Gebäudes oder der Wirtschaftseinheit auf Grund der Wirtschaftlichkeitsberechnung für den Quadratmeter der Wohnfläche durchschnittlich ergibt (Durchschnittsmiete)…

(2)–(4) *(nicht abgedruckt)*

(5) ¹ Auf der Grundlage der Durchschnittsmiete hat der Vermieter die Miete für die einzelnen Wohnungen unter angemessener Berücksichtigung ihres unterschiedlichen Wohnwertes, insbesondere von Lage, Ausstattung und Zuschnitt zu berechnen (Einzelmiete). ² Der Durchschnitt der Einzelmieten muss der Durchschnittsmiete entsprechen.

(6) *(nicht abgedruckt)*

(7) Die nach den Absätzen 1 bis 6 sich ergebende Einzelmiete oder Vergleichsmiete zuzüglich zulässiger Umlagen, Zuschläge und Vergütungen ist das zulässige Entgelt im Sinne des § 8 Abs. 1 oder 3.

(8) Das Nähere über die Ermittlung des zulässigen Entgelts bestimmt die Rechtsverordnung nach § 28.

§ 8b Ermittlung der Kostenmiete in besonderen Fällen. (1) *(nicht abgedruckt)*

(2) ¹ Die Bewilligungsstelle kann zustimmen, dass demselben Eigentümer gehörende Gebäude mit öffentlich geförderten Wohnungen, die bisher selbständige Wirtschaftseinheiten bildeten, oder mehrere bisherige Wirtschaftseinheiten zu einer Wirtschaftseinheit zusammengefasst werden, sofern die Gebäude oder Wirtschaftseinheiten in örtlichem Zusammenhang stehen und die Wohnungen keine wesentlichen Unterschiede in ihrem Wohnwert aufweisen. ² In die neue Wirtschaftlichkeitsberechnung sind die bisherigen Gesamtkosten, Finanzierungsmittel und laufenden Aufwendungen zu übernehmen. ³ Die sich hieraus ergebende neue Durchschnittsmiete bedarf der Genehmigung der Bewilligungsstelle. ⁴ Die öffentlichen Mittel gelten als für sämtliche Wohnungen der neuen Wirtschaftseinheit bewilligt.

(3) *(nicht abgedruckt)*

§ 10 Einseitige Mieterhöhung. (1) ¹ Ist der Mieter nur zur Entrichtung eines niedrigeren als des nach diesem Gesetz zulässigen Entgelts verpflichtet, so kann der Vermieter dem Mieter gegenüber schriftlich erklären, dass das Entgelt um einen bestimmten Betrag, bei Umlagen um einen bestimmbaren Betrag, bis zur Höhe des zulässigen Entgelts erhöht werden soll. ² Die Erklärung ist nur wirksam, wenn in ihr die Erhöhung berechnet und erläutert ist. ³ Der Berechnung der Kostenmiete ist eine Wirtschaftlichkeitsberechnung oder ein Auszug daraus, der die Höhe der laufenden Aufwendungen erkennen lässt, beizufügen. ⁴ Anstelle einer Wirtschaftlichkeitsberechnung kann auch eine Zusatzberechnung zu der letzten Wirtschaftlichkeitsberechnung oder, wenn das zulässige Entgelt von der Bewilligungsstelle auf Grund einer Wirtschaftlichkeitsberechnung genehmigt worden ist, eine Abschrift der Genehmigung beigefügt werden. ⁵ Hat der Vermieter seine Erklärung mit Hilfe automatischer Einrichtungen gefertigt, so bedarf es nicht seiner eigenhändigen Unterschrift.

(2) ¹Die Erklärung des Vermieters hat die Wirkung, dass von dem Ersten des auf die Erklärung folgenden Monats an das erhöhte Entgelt an die Stelle des bisher zu entrichtenden Entgelts tritt; wird die Erklärung erst nach dem Fünfzehnten eines Monats abgegeben, so tritt diese Wirkung von dem Ersten des übernächsten Monats an ein. ²Wird die Erklärung bereits vor dem Zeitpunkt abgegeben, von dem an das erhöhte Entgelt nach den dafür maßgebenden Vorschriften zulässig ist, so wird sie frühestens von diesem Zeitpunkt an wirksam. ³Soweit die Erklärung darauf beruht, dass sich die Betriebskosten rückwirkend erhöht haben, wirkt sie auf den Zeitpunkt der Erhöhung der Betriebskosten, höchstens jedoch auf den Beginn des der Erklärung vorangehenden Kalenderjahres zurück, sofern der Vermieter die Erklärung innerhalb von drei Monaten nach Kenntnis von der Erhöhung abgibt.

(3) Ist der Erklärung ein Auszug aus der Wirtschaftlichkeitsberechnung oder die Genehmigung der Bewilligungsstelle beigefügt, so hat der Vermieter dem Mieter auf Verlangen Einsicht in die Wirtschaftlichkeitsberechnung zu gewähren.

(4) Dem Vermieter steht das Recht zur einseitigen Mieterhöhung nicht zu, soweit und solange eine Erhöhung der Miete durch ausdrückliche Vereinbarung mit dem Mieter oder einem Dritten ausgeschlossen ist oder der Ausschluss sich aus den Umständen ergibt.

2. Verordnung über die Ermittlung der zulässigen Miete für preisgebundene Wohnungen (Neubaumietenverordnung 1970 – NMV 1970)

in der Fassung der Bekanntmachung vom 12. Oktober 1990 (BGBl. I S. 2203), zuletzt geändert durch Art. 4 Verordnung vom 25. November 2003 (BGBl. I S. 2346)

(FNA 2330-14-1)

(Auszug)

Teil I. Allgemeine Vorschriften

§ 4 Erhöhung der Kostenmiete infolge Erhöhung der laufenden Aufwendungen. (1) [1] Erhöht sich nach der erstmaligen Ermittlung der Kostenmiete der Gesamtbetrag der laufenden Aufwendungen auf Grund von Umständen, die der Vermieter nicht zu vertreten hat, oder wird durch Gesetz oder Rechtsverordnung ein höherer Ansatz für laufende Aufwendungen in der Wirtschaftlichkeitsberechnung zugelassen, so kann der Vermieter eine neue Wirtschaftlichkeitsberechnung aufstellen. [2] Die sich ergebende erhöhte Durchschnittsmiete bildet vom Zeitpunkt der Erhöhung der laufenden Aufwendungen an die Grundlage der Kostenmiete.

(2)–(6) *(nicht abgedruckt)*

(7) [1] Die Durchführung einer zulässigen Mieterhöhung gegenüber dem Mieter sowie der Zeitpunkt, von dem an sie wirksam wird, bestimmt sich nach § 10 des Wohnungsbindungsgesetzes, soweit nichts anderes vereinbart ist. [2] Bei der Erläuterung der Mieterhöhung sind die Gründe anzugeben, aus denen sich die einzelnen laufenden Aufwendungen erhöht haben, und die auf die einzelnen laufenden Aufwendungen fallenden Beträge. [3] Dies gilt auch, wenn die Erklärung der Mieterhöhung mit Hilfe automatischer Einrichtungen gefertigt ist.

(8) [1] Ist die jeweils zulässige Miete als vertragliche Miete vereinbart, so gilt für die Durchführung einer Mieterhöhung § 10 Abs. 1 des Wohnungsbindungsgesetzes entsprechend. [2] Auf Grund einer Vereinbarung gemäß Satz 1 darf der Vermieter eine zulässige Mieterhöhung wegen Erhöhung der laufenden Aufwendungen nur für einen zurückliegenden Zeitraum seit Beginn des der Erklärung vorangehenden Kalenderjahres nachfordern; für einen weiter zurückliegenden Zeitraum kann eine zulässige Mieterhöhung jedoch dann nachgefordert werden, wenn der Vermieter die Nachforderung aus Gründen, die er nicht zu vertreten hat, erst nach dem Ende des auf die Erhöhung der laufenden Aufwendungen folgenden Kalenderjahres geltend machen konnte und sie innerhalb von drei Monaten nach Wegfall der Gründe geltend macht. [3] Auf Grund von Zinserhöhungen nach den §§ 18a bis 18f des Wohnungsbindungsgesetzes

ist eine Mieterhöhung für einen zurückliegenden Zeitraum nicht zulässig.

§ 20 Umlagen neben der Einzelmiete. (1) ¹Neben der Einzelmiete ist die Umlage der Betriebskosten im Sinne des § 27 der Zweiten Berechnungsverordnung und des Umlageausfallwagnisses zulässig. ²Es dürfen nur solche Kosten umgelegt werden, die bei gewissenhafter Abwägung aller Umstände und bei ordentlicher Geschäftsführung gerechtfertigt sind. ³Soweit Betriebskosten geltend gemacht werden, sind diese nach Art und Höhe dem Mieter bei Überlassung der Wohnung bekanntzugeben.

(2) ¹Soweit in den §§ 21 bis 25 nichts anderes bestimmt ist, sind die Betriebskosten nach dem Verhältnis der Wohnfläche umzulegen. ²Betriebskosten, die nicht für Wohnraum entstanden sind, sind vorweg abzuziehen; kann hierbei nicht festgestellt werden, ob die Betriebskosten auf Wohnraum oder auf Geschäftsraum entfallen, sind sie für den Wohnteil und den anderen Teil des Gebäudes oder der Wirtschaftseinheit im Verhältnis des umbauten Raumes oder der Wohn- und Nutzflächen aufzuteilen. ³Bei der Berechnung des umbauten Raumes ist Anlage 2 zur Zweiten Berechnungsverordnung zugrunde zu legen.

(3) ¹Auf den voraussichtlichen Umlegungsbetrag sind monatliche Vorauszahlungen in angemessener Höhe zulässig, soweit in § 25 nichts anderes bestimmt ist. ²Über die Betriebskosten, den Umlegungsbetrag und die Vorauszahlungen ist jährlich abzurechnen (Abrechnungszeitraum). ³Der Vermieter darf alle oder mehrere Betriebskostenarten in einer Abrechnung erfassen. ⁴Die jährliche Abrechnung ist dem Mieter spätestens bis zum Ablauf des zwölften Monats nach dem Ende des Abrechnungszeitraumes zuzuleiten, diese Frist ist für Nachforderungen eine Ausschlussfrist, es sei denn, der Vermieter hat die Geltendmachung erst nach Ablauf der Jahresfrist nicht zu vertreten.

(4) ¹Für Erhöhungen der Vorauszahlungen und für die Erhebung des durch die Vorauszahlungen nicht gedeckten Umlegungsbetrages sowie für die Nachforderung von Betriebskosten gilt § 4 Abs. 7 und 8 entsprechend. ²Eine Erhöhung der Vorauszahlungen für einen zurückliegenden Zeitraum ist nicht zulässig.

§ 21 Umlegung der Kosten der Wasserversorgung und der Entwässerung. (1) Zu den Kosten der Wasserversorgung gehören die Kosten des Wasserverbrauchs, die Grundgebühren, die Kosten der Anmietung oder anderer Arten der Gebrauchsüberlassung von Wasserzählern sowie die Kosten ihrer Verwendung einschließlich der Kosten der Eichung sowie der Kosten der Berechnung und Aufteilung, die Kosten der Wartung von Wassermengenreglern, die Kosten des Betriebs einer hauseigenen Wasserversorgungsanlage und einer Wasseraufbereitungsanlage einschließlich der Aufbereitungsstoffe.

(2) ¹Bei der Berechnung der Umlage für die Kosten der Wasserversorgung sind zunächst die Kosten des Wasserverbrauchs abzuziehen, der nicht mit der üblichen Benutzung der Wohnungen zusammenhängt. ²Die verbleibenden Kosten dürfen nach dem Verhältnis der Wohnflächen oder nach einem Maßstab, der dem unterschiedlichen Wasserverbrauch der Wohnparteien Rechnung trägt, umgelegt werden. ³Wird der Wasserverbrauch, der mit der üblichen Benutzung der Wohnungen zusammenhängt, für alle Wohnungen eines Gebäudes durch Wasserzähler erfasst, hat der Vermieter die auf die Wohnungen entfallenden Kosten nach dem erfassten unterschiedlichen Wasserverbrauch der Wohnparteien umzulegen.

(3) ¹Zu den Kosten der Entwässerung gehören die Gebühren für die Benutzung einer öffentlichen Entwässerungsanlage oder die Kosten des Betriebs einer entsprechenden nicht öffentlichen Anlage sowie die Kosten des Betriebs einer Entwässerungspumpe. ²Die Kosten sind mit dem Maßstab nach Absatz 2 umzulegen.

§ 22 Umlegung der Kosten der Versorgung mit Wärme und Warmwasser. (1) Für die Umlegung der Kosten des Betriebs zentraler Heizungs- und Warmwasserversorgungsanlagen und der Kosten der eigenständig gewerblichen Lieferung von Wärme und Warmwasser, auch aus zentralen Heizungs- und Warmwasserversorgungsanlagen, findet die Verordnung über Heizkostenabrechnung in der Fassung der Bekanntmachung vom 5. April 1984 (BGBl. I S. 592), geändert durch Artikel 1 der Verordnung vom 19. Januar 1989 (BGBl. I S. 109), Anwendung.

(2) ¹Liegt eine Ausnahme nach § 11 der Verordnung über Heizkostenabrechnung vor, dürfen umgelegt werden

1. die Kosten der Versorgung mit Wärme nach der Wohnfläche oder nach dem umbauten Raum; es darf auch die Wohnfläche oder der umbaute Raum der beheizten Räume zugrunde gelegt werden,

2. die Kosten der Versorgung mit Warmwasser nach der Wohnfläche oder einem Maßstab, der dem Warmwasserverbrauch in anderer Weise als durch Erfassung Rechnung trägt.

²§ 7 Abs. 2 und 4, § 8 Abs. 2 und 4 der Verordnung über Heizkostenabrechnung gelten entsprechend. ³Genehmigungen nach den Vorschriften des § 22 Abs. 5 oder des § 23 Abs. 5 in der bis zum 30. April 1984 geltenden Fassung bleiben unberührt.

(3) Werden für Wohnungen, die vor dem 1. Januar 1981 bezugsfertig geworden sind, bei verbundenen Anlagen die Kosten für die Versorgung mit Wärme und Warmwasser am 30. April 1984 unaufgeteilt umgelegt, bleibt dies weiterhin zulässig.

§ 22a Umlegung der Kosten der Müllbeseitigung. (1) Zu den Kosten der Müllbeseitigung gehören namentlich die für die Müllabfuhr zu entrichtenden Gebühren und die Kosten entsprechend nicht öffentlicher

Maßnahmen, die Kosten des Betriebs von Müllkompressoren, Müllschluckern, Müllabsauganlagen sowie des Betriebs von Müllmengenerfassungsanlagen einschließlich der Kosten der Berechnung und Aufteilung.

(2) Die Kosten der Müllbeseitigung sind nach einem Maßstab, der der unterschiedlichen Müllverursachung durch die Wohnparteien Rechnung trägt, oder nach dem Verhältnis der Wohnflächen umzulegen.

§ 23 Umlegung der Kosten des Betriebs der zentralen Brennstoffversorgungsanlage. (1) Zu den Kosten des Betriebs der zentralen Brennstoffversorgungsanlage gehören die Kosten der verbrauchten Brennstoffe und ihrer Lieferung, die Kosten des Betriebsstromes und die Kosten der Überwachung sowie die Kosten der Reinigung der Anlage und des Betriebsraumes.

(2) Die Kosten dürfen nur nach dem Brennstoffverbrauch umgelegt werden.

§ 24 Umlegung der Kosten des Betriebs von Aufzügen. (1) Zu den Kosten des Betriebs eines Personen- oder Lastenaufzugs gehören die Kosten des Betriebsstromes sowie die Kosten der Beaufsichtigung, der Bedienung, Überwachung und Pflege der Anlage, der regelmäßigen Prüfung ihrer Betriebsbereitschaft und Betriebssicherheit einschließlich der Einstellung durch eine Fachkraft sowie der Reinigung der Anlage.

(2) [1] Die Kosten dürfen nach dem Verhältnis der Wohnflächen umgelegt werden, sofern nicht im Einvernehmen mit allen Mietern ein anderer Umlegungsmaßstab vereinbart ist. [2] Wohnraum im Erdgeschoß kann von der Umlegung ausgenommen werden.

§ 24a Umlegung der Kosten des Betriebs der mit einem Breitbandkabelnetz verbundenen privaten Verteilanlage und der Gemeinschafts-Antennenanlage. (1) [1] Zu den Kosten des Betriebs der mit einem Breitbandkabelnetz verbundenen privaten Verteilanlage gehören die Kosten des Betriebsstroms und die Kosten der regelmäßigen Prüfung ihrer Betriebsbereitschaft einschließlich der Einstellung durch eine Fachkraft oder das Nutzungsentgelt für eine nicht zur Wirtschaftseinheit gehörende Verteilanlage sowie die Gebühren, die nach dem Urheberrechtsgesetz für die Kabelweitersendung entstehen. [2] Satz 1 gilt entsprechend für die Kosten der Gemeinschafts-Antennenanlage [3] Zu den Betriebskosten im Sinne des Satzes 1 gehören ferner die laufenden monatlichen Grundgebühren für Breitbandkabelanschlüsse.

(2) [1] Die Kosten nach Absatz 1 Satz 1 und 2 dürfen nach dem Verhältnis der Wohnflächen umgelegt werden, sofern nicht im Einvernehmen mit allen Mietern ein anderer Umlegungsmaßstab vereinbart ist. [2] Die Kosten nach Absatz 1 Satz 3 dürfen nur zu gleichen Teilen auf die Wohnungen umgelegt werden, die mit Zustimmung des Nutzungsberechtigten angeschlossen worden sind.

§ 25 Umlegung der Betriebs- und Instandhaltungskosten der Einrichtung für Wäschepflege. (1) ¹Zu den Kosten des Betriebs der Einrichtungen für Wäschepflege gehören die Kosten des Betriebsstromes, die Kosten der Überwachung, Pflege und Reinigung der Einrichtungen und der regelmäßigen Prüfung ihrer Betriebsbereitschaft und Betriebssicherheit sowie die Kosten der Wasserversorgung, soweit diese nicht bereits nach § 21 umgelegt werden. ²Für die Kosten der Instandhaltung darf ein Erfahrungswert als Pauschbetrag angesetzt werden.

(2) ¹Die Betriebs- und Instandhaltungskosten der Einrichtungen für Wäschepflege dürfen nur auf die Benutzer der Einrichtung umgelegt werden. ²Der Umlegungsmaßstab muss dem Gebrauch Rechnung tragen.

(3) Vorauszahlungen auf den voraussichtlichen Umlegungsbetrag sind nicht zulässig.

§ 25a Umlageausfallwagnis. ¹Das Umlageausfallwagnis ist das Wagnis einer Einnahmenminderung, die durch uneinbringliche Rückstände von Betriebskosten oder nicht umlegbarer Betriebskosten infolge Leerstehens von Raum, der zur Vermietung bestimmt ist, einschließlich der uneinbringlichen Kosten einer Rechtsverfolgung auf Zahlung entsteht. ²Das Umlageausfallwagnis darf 2 vom Hundert der im Abrechnungszeitraum auf den Wohnraum entfallenden Betriebskosten nicht übersteigen. ³Soweit die Deckung von Ausfällen anders, namentlich durch einen Anspruch gegenüber einem Dritten gesichert ist, darf die Umlage nicht erhöht werden.

§ 25b *(aufgehoben)*

Teil V. Schlussvorschriften

§ 29 Auskunftspflicht des Vermieters. (1) Der Vermieter hat dem Mieter auf Verlangen Auskunft über die Ermittlung und Zusammensetzung der zulässigen Miete zu geben und Einsicht in die Wirtschaftlichkeitsberechnung und sonstige Unterlagen, die eine Berechnung der Miete ermöglichen, zu gewähren.

(2) ¹An Stelle der Einsicht in die Berechnungsunterlagen kann der Mieter Ablichtungen davon gegen Erstattung der Auslagen verlangen. ²Liegt der zuletzt zulässigen Miete eine Genehmigung der Bewilligungsstelle zugrunde, so kann er auch die Vorlage der Genehmigung oder einer Ablichtung davon verlangen.

3. Gesetz über die soziale Wohnraumförderung (Wohnraumförderungsgesetz – WoFG)

vom 13. September 2001 (BGBl. I S. 2376),
zuletzt geändert durch Art. 3 WohngeldreformG vom
2.10.2015 (BGBl. I S. 1610)

(FNA 2330-32)

(Auszug)

§ 19 Wohnfläche. (1) [1] Die Wohnfläche einer Wohnung ist die Summe der anrechenbaren Grundflächen der ausschließlich zur Wohnung gehörenden Räume. [2] Die Landesregierungen werden ermächtigt, durch Rechtsverordnung Vorschriften zur Berechnung der Grundfläche und zur Anrechenbarkeit auf die Wohnfläche zu erlassen. [3] Die Landesregierungen können die Ermächtigung durch Rechtsverordnung auf eine oberste Landesbehörde übertragen.

§ 50 Anwendung des Wohnungsbindungsgesetzes, der Neubaumietenverordnung und der Zweiten Berechnungsverordnung. (1) Das Wohnungsbindungsgesetz …, die Neubaumietenverordnung … und die Zweite Berechnungsverordnung … sind ab 1. Januar 2002 in der jeweils geltenden Fassung auf Wohnraum,

1. für den öffentliche Mittel … bis zum 31. Dezember 2001 bewilligt worden sind,

2. …

3. für dessen Bau ein Darlehen oder ein Zuschuss aus Wohnungsfürsorgemitteln … bis zum 31. Dezember 2001 bewilligt worden ist,

4. für den Aufwendungszuschüsse und Aufwendungsdarlehen … bis zum 31. Dezember 2001 bewilligt worden sind,

… anzuwenden.

Sachregister

Die fetten Buchstaben verweisen auf Hauptkapitel des Werks,
die mageren Zahlen auf Randnummern

A
Abflussrohre
– Korrosionsschutzmittel **A** 77
– Verstopfung **A** 86
– Wartung **A** 261
Abflussabrechnung s.
  Ausgabenabrechnung
Abgrenzung der Betriebskosten
– Finanzierungskosten **A** 36
– Instandhaltungs-/Instandsetzungskosten **A** 32 ff.
– Leasingkosten **A** 37
– Verwaltungskosten **A** 25 ff.
Abkürzungen,
  Heizkostenabrechnung **K** 247
Ablesung, Einzelwasserzähler
– Ableseprotokoll, Prozess **J** 37
– funkbasierte **A** 55
– Kosten, Zwischenablesung **H** 191
– Mieterwechsel **H** 189
– unterlassene **F** 114 ff.
Ablesung, Heizkosten
– Ableseergebnis, Mitteilung **K** 292 ff.
– Ankündigung **K** 231
– fehlende Kontrolle, Funkablesung **K** 299
– fehlerhafte **K** 290 ff.
– Mindestverbrauch, Verdunster **K** 219, 233
– Mitteilung, Ergebnis **K** 292 ff.
– nicht mögliche **K** 193 ff.
– vereitelte **K** 196
– zeitnahe **K** 228 ff.
– Zwischenablesung **K** 216 ff.
Abrechnung, Betriebskosten H 1 ff.
– Abrechnungsverfahren **G** 108 ff.
– Angaben, notwendige s. Inhalt, notwendiger
– Anspruch auf Neuerstellung **G** 4
– ergänzende s. Inhalt, ergänzender
– Ausgaben/Abflussabrechnung **G** 109 f.
– bei Betriebskostenmanagement **H** 74
– durch Sachverständige **G** 9, **J** 93

– Einwendungen des Mieters **H** 239 ff., s. auch Ausschlussfrist
– Einwendungen des Mieters im Prozess **J** 48 ff.
– Erläuterungen s. Inhalt, ergänzender
– Fälligkeit, Saldo **I** 7 ff., **J** 20
– Form **H** 108 ff.
– formelle Mängel s. Inhalt notwendiger
– Grundsatz der Wirtschaftlichkeit s. Wirtschaftlichkeit
– Inhalt, ergänzender s. dort
– Inhalt, notwendiger s. dort
– Korrektur **H** 226 ff.
– Leistungsabrechnung **G** 108 ff.
– Mehrwertsteuer **H** 217 ff.
– Mieterwechsel s. dort
– Mitteilung der Abrechnung s. dort
– nach § 259 BGB **H** 1, 123
– nach kleinstmöglicher Einheit **F** 133
– nach Rechnungen **G** 108
– nach WEG-Abrechnung **H** 197 ff.
– preisgebundener Wohnraum **H** 167 ff.
– Rechtsnatur **H** 1 ff.
– Rechtzeitigkeit s. dort
– Unterschrift **H** 110 ff.
– Vermieterwechsel **H** 195 ff.
– Verständlichkeit **H** 158
– Verzug, Saldo **I** 9a
– Wahlrecht, Abrechnungsverfahren **G** 110, 118 f.
– Wissenserklärung **H** 2
– Zählerdifferenzen **F** 106 ff.
– zu niedrige Vorauszahlungen **H** 239 ff.
– Zugang s. dort
– Zugang, Prozess **J** 22 f.
– Zwangs-/Insolvenzverwaltung **H** 206 ff.
Abrechnung durch Dritte
– Abrechnungsrecht **H** 114 ff.

- Schadensersatz, falsche Abrechnung **H** 164 ff.
Abrechnung, Heizkosten s. Heizkostenabrechnung
Abrechnung, Rechtzeitigkeit s. dort
Abrechnungsanspruch des Mieters
- Ablauf Abrechnungsfrist **G** 4
- Fälligkeit **G** 18
- Klagerecht **G** 96, **J** 89 ff.
- Verstoß s. Abrechnungspflicht
- Verjährung **G** 19
- Vollstreckung **G** 9
- Zurückbehaltungsrecht **G** 8
Abrechnungsbelege, Einsicht H 281 ff.
- Abrechnungsabteilung, ausgelagerte **H** 284
- Datenschutz **H** 268
- Einsicht beim WEG-Verwalter **H** 289
- Einsichtsrecht **H** 281 ff.
- gescannte **H** 285
- Heizkosten **K** 300
- Ort **H** 293 ff.
- Subunternehmer **H** 284
- Umfang **H** 284 f.
- Verweigerung **H** 300 ff., **I** 12
- Vorbereitung und Kosten **H** 291 f.
Abrechnungsbelege, Kopien H 304 ff.
- Anspruch des Mieters **H** 304
- Auslagenerstattung **H** 327 ff.
- Bestreiten der Richtigkeit, Prozess **J** 50 ff
- Verweigerung **H** 331 ff.
- Vorleistungspflicht **H** 330
Abrechnungsdienst, verzögerte Abrechnung **G** 52
Abrechnungseinheit
- preisfreier Wohnraum **F** 128 ff.
- preisgebundener Wohnraum **F** 124 ff.
- Prozess **J** 39
Abrechnungsfrist G 33 ff.
- Abrechnungsreife **H** 79 ff.
- Anforderungen an die Abrechnung **G** 43 ff.
- Berechnung Fristablauf **J** 20
- Dauer **G** 34 ff.
- entschuldigte Verspätung **G** 49 ff.
- Folgen des Ablaufs bei Gewerberaum **G** 94 f.
- Folgen des Ablaufs bei Wohnraum s. Ausschlussfrist

- Kaution, Einbehalt bei ausstehender Abrechnung **G** 138
- Rechtslage im Prozess **G** 80 f.
- rechtzeitige Abrechnung s. Rechtzeitigkeit
- Teilabrechnung **G** 74 ff.
- Verkürzung **G** 40 ff.
- Verlängerung **G** 38 f.
- Zugang der Abrechnung s. Zugang
Abrechnungsklage s. Prozess
Abrechnungskreise, Betriebskosten-Heizkostenabrechnung **G** 77 f.
Abrechnungspflicht, s. auch Abrechnungsanspruch
- Ablauf der Abrechnungsfrist **G** 4
- Erwerber **G** 24 ff., 29
- Grundsätze **G** 1 ff.
- Mieterwechsel im Abrechnungszeitraum **G** 32
- Vermieterwechsel im Abrechnungszeitraum **G** 23 ff.
- Vermieterwechsel nach Abrechnungszeitraum **G** 28 ff.
- Verstoß **G** 6 ff.
- Verstoß, beendetes Mietverhältnis **G** 11 ff.
- Verstoß, fortlaufendes Mietverhältnis **G** 8 ff.
- Zwangsverwalter **H** 202
Abrechnungsrecht des Vermieters **G** 2
Abrechnungsreife
- Begriff **G** 79
- Folgen s. Ausschlussfrist
- Kündigung wegen Zahlungsverzugs **G** 82
- Prozess **G** 81
Abrechnungssaldo
- Abtretung/Aufrechnung/Pfändung **I** 30
- Anerkenntnis **H** 227, 232
- Durchsetzbarkeit, Nachforderung **I** 11 ff.
- Fälligkeit **I** 7 ff., 29, **J** 20
- Gläubiger/Schuldner **I** 1 ff.
- Guthaben des Mieters **I** 10
- Insolvenzverwaltung **I** 5 f.
- Kontrollrechte **H** 281 ff.
- Mitmieter **I** 3 f.
- Prüfungsfrist s. Zurückbehaltungsrecht, Abrechnungssaldo
- Teilfälligkeit **I** 8

fette Buchstaben = Hauptkapitel, magere Zahlen = Randnummern

- Verjährung, Guthaben **I** 34 ff.
- Verjährung, Nachforderung **I** 31 ff.
- Verwirkung **I** 42 ff.
- Zahlungsfristen **I** 27 f.
- Zurückbehaltungsrecht **I** 15 ff.

Abrechnungszeitraum G 100 ff.
- Abweichung Verbrauchs-/Abrechnungszeitraum **G** 114 ff.
- ansatzfähige Kosten **G** 107 ff.
- Eigentumsübergang **G** 103
- Kosten in mehrjährigem Turnus **G** 132 f.
- maßgeblicher Zeitraum **G** 101 f.
- Mieterwechsel **G** 103–
- Teileigentum **G** 131
- Vermieterwechsel **H** 195 f.
- Wohnungseigentum **G** 124 ff.

Abschreibungen K 79

Abtretung
- Abrechnungssaldo **I** 30
- Vorauszahlungen **E** 84 ff.

Abwälzung, Betriebskosten
- ausdrückliche Vereinbarung **B** 18 ff.
- Begriffsverwendung „Betriebskosten" **B** 21
- Begriffsverwendung „Nebenkosten" **B** 22
- Bezugnahme Abrechnung WEG-Verwalter **B** 55
- Bezugnahme pauschal **B** 38 ff.
- Bezugnahme kombiniert **B** 49 ff.
- Mietstrukturen **B** 4 ff.
- schlüssige Konkretisierung **B** 60
- schlüssige Vereinbarung **B** 63 ff.
- unwirksame **B** 74 ff.

Abwasseranlage, hauseigene **A** 84

Abzug
- unterlassene Ablesung Einzelwasserzähler **F** 114 ff.
- Heizkosten s. Kürzungsrecht

Additive, Brennstoffe **K** 259

Allgemeinstrom A 172

Altersteilzeit A 214 ff.

Ameisennest A 141

Amortisation Wascheinrichtungen **A** 244

Anerkenntnis
- Abrechnung **H** 232
- Ausschlussfrist **G** 92

Anfangs- und Endbestand, Brennstoffe **K** 30

Ankreuzen einzelner Kosten B 51

Ankündigung
- Ablesung **K** 231 f.
- Umstellung, Wärmelieferung **K** 109

Anlagen, unwirtschaftliche **H** 47 ff.

Anliegerbeiträge A 35

Anmietkosten s. Miete, Einrichtungen

Anodenschutzanlage K 77

Anpassung
- Betriebskostenvorauszahlungen, s. Vorauszahlungen
- Bruttomiete an HeizKV **K** 11 ff.
- Heizkostenabrechnung **K** 19 ff.
- Pauschale an HeizKV **K** 16 f.

Anrechnung, Balkone, Terrassen **F** 75 f., 78 f.

Anschaffungskosten A 250

Anschrift, unbekannte nach Mieterauszug **G** 65 f.

Antennen A 222 ff.

Anzeigepflicht A 52

Aperiodischer Kostenanstieg G 137

Arztpraxis F 215, 246

Asche, Abtransport **K** 43

Aufbereitungsstoffe, Wasser **A** 76

Auffangtatbestand s. Sonstige Betriebskosten **A** 247

Aufrechnung
- Saldo **I** 30
- Vorauszahlungen **E** 72 ff.

Aufwand, unzumutbar hoher **K** 153, 315 ff.

Aufzug
- Betriebsstörungen **A** 103
- Erdgeschossmieter **F** 227
- Hydrauliköl **A** 98
- Kosten **A** 92 ff.
- Notrufbereitschaft **A** 93
- Pflege und Prüfung **A** 94 ff.
- Reinigung **A** 104
- Sicherheitstechnische Bewertung **A** 95
- Umlageschlüssel **F** 221 ff.
- Vollwartung **A** 99
- Wartung **A** 96 ff.

Sachregister

- Wartungsturnus, Wirtschaftlichkeit **H** 264
Ausfüllung des Kostenkatalogs B 25, 51
Ausgabenabrechnung G 108
- Mieterwechsel **G** 122
- offene Fragen **G** 118 ff.
Auskunftsklage, Mieter
- Prozess **J** 101 ff.
- Stufenklage **J** 103
- Verjährung **J** 102
Auslagenerstattung, Belegkopien **H** 327 ff
Ausnahmen von der HeizKV K 301 ff.
- Einrohrheizung **K** 306 ff.
- wirtschaftliche Gründe **K** 315 ff.
- Sonderfälle **K** 325
- technische Gründe **K** 305 ff.
- Warmwasser **K** 328
Ausschlussfrist, Nachforderungen des Vermieters
- Ausgabenabrechnung **G** 89 ff.
- Folgen für Mieter **G** 96 ff.
- Gewerberaum **G** 94 f.
- Grundsätze **G** 83 ff.
- rechtzeitige Abrechnung s. Rechtzeitigkeit
- Zahlung trotz Ausschluss **G** 92 ff.
Ausschlussfrist, Einwendungen des Mieters
- Anfangsbestand Heizöl **K** 30
- Beginn, Dauer **H** 255 ff.
- Folgen, Pauschale **H** 270 ff.
- Folgen, Teilinklusivmiete **H** 270 ff.
- Geltungsbereich **H** 253
- Grenzen **H** 269
- Inhalt, Einwendungen **H** 262 ff.
- preisgebundener Wohnraum **H** 254
- Prozess **J** 52
Außenbeleuchtung A 168
Ausstattung, unvollständige, Einzelwasserzähler **A** 69, **F** 110 f.
Ausstattung, Verbrauchserfassung, Heizkosten
- einheitliche **K** 61
- fehlende **K** 194 ff.
- uneinheitliche **K** 225 ff.
- vollständige **K** 222 ff.
- zugelassene **K** 221
Auszug des Mieters s. Mieterwechsel
Autowaschen F 93

Autowaschplatz F 214

B
Balkon/Terrassenflächen F 65 ff., 78
Bank- und Kontogebühren A 264
Bänke A 162, 164
Bäume A 146 ff.
Batteriewechsel A 308
Bauartzulassung, Verbrauchserfassungsgeräte **K** 221
Bauordnungsrecht, Flächenberechnung **F** 79
Bauschutt A 121
Befahranlage B 96
Behauptungslast, sekundäre **J** 67 f.
Belege s. Abrechnungsbelege
Belegeinsicht s. Einsicht
Belegung, durchschnittliche **F** 195
Beleuchtung
- Heizraum **K** 35
- Hausnummer **A** 168
- Klingelanlage **A** 169
- Kosten **A** 168
- Umlageschlüssel **F** 253
- Wirtschaftlichkeit **H** 85
Benchmarking H 22
Beprobungskosten
- Blei **A** 79
- Legionellen **K** 139
- Wasser **A** 72
Berechnung und Aufteilung
- Einzelwasserzähler **A** 65 ff.
- Entwässerung **A** 91
Betriebsführungscontracting K 89, 113
Bestimmbarkeitserfordernis
- bei Vereinbarung einer Nettomiete **B** 18, 21 f.
- Einbeziehung nicht angeführter Kostenart **B** 26 ff.
- eingeschränkter Kostenkatalog **B** 25, 54
- Leerraum **B** 25
Bestreiten mit Nichtwissen J 54, **K** 38, 250
Betriebskosten
- aperiodische **G** 137
- Definition **A** 3 ff.
- Eigenleistungen **A** 7 ff.
- erhöhte **C** 1 ff.
- Ermäßigung **D** 1 ff.
- neue **C** 1 ff.

- sonstige s. auch sonstige Betriebskosten **A** 247 ff.
- Bestimmung in Umlagevereinbarung **B** 18 ff.
- Verlagerung auf Dritte **D** 32 ff.
- Verlagerung durch Direktabrechnung **D** 16 ff.

Betriebskostenabrechnung s. Abrechnung
Betriebskostenanteil s. Brutto-/Bruttokalt-/Teilinklusivmiete
Betriebskostenkatalog
- Definitionen **A** 38 ff.
- Fernwärme **K** 99
- Nahwärme **K** 99

Betriebskostenmanagement H 18 f.
- Kostenumlage **H** 74

Betriebskostenoptimierung, Kosten **H** 21
Betriebskostenprozess s. Prozess
Betriebskostenspiegel J 66
Betriebskostensteigerungen s. Mehrbelastungen
Betriebsstörungen, Aufzug **A** 103
Betriebsstrom, Heizkosten **K** 35 ff., 264
Betriebswirtschaftlicher Kostenbegriff G 109
Betrug F 84, **H** 143
Bewachung A 265
Beweislast s. Prozess
Bewirtschaftungsform H 36 f.
Bezeichnung einzelner Betriebskostenarten B 50 ff.
Bezugnahme auf § 556 BGB/BetrKV B 38 ff.
- Auswirkungen für den Mieter **B** 41 ff.

Bienennest A 141
Biotonne A 123, **G** 29
Blei, Grenzwerte **A** 79
Blitzschutzanlagen A 271
Blumensträuße A 19
Brandmeldeanlagen A 272
Breitbandanschluss
- Kosten **A** 227 f.
- Kündigung **A** 229
- Sperrfilter **A** 231
- Umlageschlüssel **F** 272 f.

Brennstoffe, Heizkosten
- Finanzierung **K** 32
- Lagerungskosten **K** 33
- Lieferung **K** 34
- verbrauchte **K** 28 ff., 96 f.

Brunnen, hauseigener **A** 72
Bruttokaltmiete, s. Bruttomiete
Bruttomiete
- Anpassung an HeizKV **K** 11 ff.
- Heizkostenabrechnung nach Anpassung **K** 19 ff.
- einseitige Erhöhung bei Wohnraum (Altverträge) **C** 10, 12 ff.
- Erhöhung bei Gewerberaum **C** 6
- Erhöhung bei Wohnraum (Neuverträge) **C** 11
- Erhöhung durch Mieterhöhung **C** 40 ff.
- Ermäßigung des Betriebskostenanteils **D** 15
- Mietstruktur **B** 4 ff.
- Verhältnis zur Heizkostenverordnung **B** 6

Bügelmaschine A 235
Büroausstattung A 26
Büropersonal A 26

C
Center-Manager B 102
Concierge s. Pförtnerdienst
Contracting
- Ankündigung, Umstellung auf Wärmelieferung **K** 109
- Betriebsführungscontracting **K** 89, 113
- Betriebskostenkatalog **K** 99
- Effizienzverbesserung **K** 110
- Fernwärme s. dort
- Fullcontracting **K** 115
- Kostenneutralität **K** 111 f.
- Nahwärme **K** 87 f.
- Umstellung auf Contracting, altes Recht **K** 93 ff.
- Umstellung auf Contracting, Grundsätze **K** 91 f.
- Umstellung auf Contracting, neues Recht **K** 105 ff.
- Vertrag mit Contractor **K** 115 ff.
- Wärmenetz **K** 108

D
Dachbegrünung A 153
Dachcheck A 275
Dachrinnenbeheizung A 145
Dachrinnenreinigung A 146
Dämmung, Heizrohre **K** 167 ff., 174 ff.

Darlegungslast s. Prozess
Datenschutz
- Abrechnungsbelege H 286
- Fernablesung von Heizkostenverteilern K 62
- Grundlagen H 6 f.
Deckenstrahlheizung K 305
Defekte am Wasserleitungssystem A 52, F 112, H 59, 94
Deichabgaben A 39
Deklaratorisches Schuldanerkenntnis H 232
Dichtigkeitsprüfung
- Gasleitungen A 288
- Wasser-Grundleitungen A 87 ff.
Dienstleister, externe H 38, 70 ff.
Dienstleistungen, haushaltsnahe H 220 ff.
Differenzberechnung C 32, 64
Differenzmethode bei Zählerdifferenzen F 111
DIN 277 F 70
DIN 283 F 68
Direktabrechnung D 16 ff., F 40
Doorman s. Pförtnerdienst
Druckerhöhungsanlage A 51, 74, 282
Duldungspflicht
- Austausch Heizkostenverteiler K 172 ff.
- Umstellung Wärmelieferung K 114
Dunstabzüge A 175
Durchflussbegrenzer A 283
Durchleitungsentgelte, Kabelversorgung A 227, H 98
Durchsetzbarkeit des Abrechnungssaldos I 11 ff.
DVB-T A 226, 232, F 269

E
Effizienzverbesserung K 110
Eichfrist, überschrittene A 60 ff.
Eichung
- Heizkostenverteiler K 70
- Wasserzähler A 57 ff.
Eigenleistungen des Vermieters, Ansatz
- Reparaturkosten A 16
- Umfang A 15 ff.
- Voraussetzungen A 13 ff.
- Wohnungsunternehmen, Regiebetriebe A 17
- Zulässigkeit A 7 ff.

Eigentümerwechsel s. Vermieterwechsel
Eigentumswohnung/Teileigentum s. WEG-Abrechnung
Eigenversicherung A 198
Einheitsskala K 262
Einheitswert, Grundsteuer F 203
Einrichtungen, unwirtschaftliche H 47 ff.
Einrohrheizung
- horizontale K 289, 312
- vertikale K 307 ff.
Einsicht, Abrechnungsbelege s. dort
Einstellung, Heizanlage K 45 ff.
Einwände,
Mieter s. Mietereinwände
Einwendungsausschluss (§ 556 Abs. 3 Satz 5 BGB) s. Ausschlussfrist, Einwendungen des Mieters
Einwendungsfrist H 253 ff. s. auch Ausschlussfrist
Einzelfeuerstätten A 175
Einzelwasserzähler
- Berechnung und Aufteilung A 65 f.
- teilweise Ausstattung A 69, F 110 f.
- unterlassene Ablesung F 114 ff.
- Umlage verbrauchsunabhängige Kosten F 104
- Zählerdifferenzen F 106 ff.
- Zwischenablesung bei Mieterwechsel H 189
- Zwischenablesung Kosten H 191 ff.
Eiszapfen A 113, 276
Elektroleitungen A 284
Elementarschäden, s. Sachversicherung
Energieausweis K 76
Energiesteuer K 83
Entwässerung
- Abrechnung nach Vorperiode A 82
- Berechnung und Aufteilung A 91
- Dichtigkeit Grundleitungen A 87 ff.
- hauseigene Abwasseranlage A 84
- Kosten A 81 ff.
- Niederschlagswasser B 26 ff.,
- Pumpe A 85
- Sprengwasserabzug A 83
- Umlageschlüssel F 208 ff.

fette Buchstaben = Hauptkapitel, magere Zahlen = Randnummern

Erdgeschossmieter
– Aufzug **F** 227
– Straßenreinigung **A** 116
Erfassungsrate K 170, 174, 176
Erfüllungsgehilfe G 52
Erhöhung von Betriebskosten
s. Mehrbelastung
Erläuterung
– Abrechnung nach WEG-Verwalter **H** 204
– Abrechnung preisfreier Wohnraum **H** 129, 176
– Abrechnung preisgebundener Wohnraum **H** 167 ff.
– Heizkostenabrechnung **K** 243, 247
– Umlageschlüssel **H** 153
Erledigung des Rechtsstreits J 111 ff.
Ermäßigung
– von Betriebskosten **D** 1 f.
– von Betriebskostenanteilen (Altverträge) **D** 15
– bei Direktabrechnung **D** 22 ff.
– Pauschale **D** 4 ff.
– Vorauszahlungen **E** 54 ff.
Ermessensspielraum, Wirtschaftlichkeit H 13
Ersatzverfahren, Ausfall der Verbrauchserfassungsgeräte **K** 200 ff.
Erschließungsbeiträge A 41
Erwerber, Abrechnungspflicht **G** 24 ff., 29

F
Facility Management B 101
Fahrstuhl s. Aufzug
Fällen von Bäumen A 146
Fälligkeit
– Abrechnungssaldo, Wohn/Gewerberaum **I** 7 ff.
– Abrechnungssaldo, preisgebundener Wohnraum **I** 29
– Abweisung der Klage, formelle Fehler **J** 41
– Teilfälligkeit **I** 8
– Umlage einseitiger Mehrbelastung (Altverträge) **C** 37 f.
– Vorauszahlungen **E** 63 ff.
Fahnen B 92
Farbschmierereien s. Graffiti
Fassadenbegrünung A 153
Fassadenreinigung A 133
Fensterwartung A 285

Fernablesung s. funkbasierte Ablesung
Fernwärme
– Begriff **K** 86
– Hausanlage **K** 119 ff.
– Inanspruchnahme durch den Mieter **K** 96
– Kosten **K** 85
Festlegung des Umlageschlüssels
s. Umlageschlüssel
Feuerlöscher A 287, **K** 78
Feuerstättenschau/bescheid A 176, **K** 45
Filter
– Lüftungsanlagen **A** 297
– Wasser **A** 76
Finanzierungskosten A 36
Fläche, beheizte **K** 184 ff.
Flächenberechnung F 63 ff.
Flächenschlüssel
– Abrechnungs-/Verwaltungseinheiten **F** 124 ff.
– Berechnung der Fläche **F** 63 ff.
– Differenz vereinbarte/tatsächliche Fläche **F** 81 ff.
– Einheitlichkeit der Berechnung **F** 80
– Erläuterung in der Abrechnung **H** 145
– Geschäftsgrundlage, Störung **F** 174 ff.
– Gewerberaum **F** 67
– Hausmeisterwohnung/Verwalterbüro **F** 90
– Leerstand **F** 167 ff., 193 ff.,
– Teil-/Wohnungseigentum **F** 142 ff.
– umbaute Fläche **F** 61
Flächenvereinbarung
– ausdrückliche **F** 72
– Minderfläche **F** 81 ff.
– stillschweigende **F** 74
– zeitlicher Geltungsbereich **F** 77
Fleischerei F 208
Folgen unwirksamer Abwälzung B 74 ff.
Form, Abrechnung **H** 108 ff.
Formularklausel
– Änderung der Mietstruktur **B** 15
– Änderung des Umlageschlüssels **F** 16 ff.
– Anerkenntnis Abrechnung **H** 228
– Direktabrechnung **D** 18 ff.
– Duldung Antenneneinbau **A** 233

- Fälligkeit der Mehrbelastung (Altvertrag) **C** 38
- Instandhaltung/Instandsetzung, Gewerberaum **B** 95
- Kosten Zwischenablesung **H** 194
- Mehrbelastungsabreden **C** 16 ff.
- Umlage nach Verwalterabrechnung **F** 150
- Ungezieferbekämpfung **A** 142
- Vermieterwechsel im Abrechnungszeitraum **H** 195 f.
- Wärmelieferung **K** 100

Fotokopien s. Abrechnungsbelege
Freisitz F 66 f.
Fremdenverkehrsabgabe B 90
Friseur F 208
Fullcontracting K 115
Funkbasierte Ablesung
- Einwendung im Prozess **J** 49
- Heizkostenverteiler **K** 62, 239, 299
- Wasserzähler **A** 55

Funkwartung, Rauchwarnmelder **A** 314
Fußbodenheizung K 60, 239, 305
Fußmattenreinigung A 136, **H** 79
Fußwegreinigung s. Straßenreinigung
- Einbeziehung in Straßenreinigung **B** 31

G
Garagen
- Vorwegabzug **F** 206, 209, 220, 247, 250, 253, 255
- Garagen und Zufahrten, Kosten **A** 166

Garantie-Service A 64, **K** 238
Gartenpflege
- Baumbeseitigung **A** 146
- Ersatzbepflanzung **A** 145 f.
- Erstanlage **A** 153, 164
- Grundüberholung **A** 153
- Kosten **A** 143 ff.
- Nutzungsrecht der Mieter **A** 154
- Personalkosten **A** 158
- Plätze, Zugänge, Zufahrten **A** 166
- Sachkosten **A** 158
- Spielplätze **A** 162
- Sturmschäden **A** 151
- Umlageschlüssel **F** 249
- Unterhaltungspflege von Bäumen **A** 144
- Wirtschaftlichkeit **H** Rdn. 82

Gasetagenheizung K 58, 107
Gasheizgerät/therme A 289, **K** 45
Gasherd A 289
Gasleitungen, Dichtigkeit **A** 288
Gaststätte F 68, 208, 215, 248
Gebäudereinigung
- Graffitis **A** 133
- Kosten **A** 132 ff.
- Sonderreinigung **A** 135
- Umlageschlüssel **F** 244 ff.
- Wirtschaftlichkeit **H** 78

Gebäudesicherheit, Bewachung **A** 267
Gegensprechanlagen A 292
Gehwegplatten A 166
Gemeinschaftsantenne
- Betriebsstrom **A** 222
- Erstausstattung **A** 226
- Kosten **A** 222 ff.
- Leasingkosten **A** 224
- Umlageschlüssel **F** 266 ff.
- Urheberrechtsgebühren **A** 225, 331 ff.
- Wartung **A** 223
- Wirtschaftlichkeit **H** 98

Gemeinschaftseinrichtungen, Sauna, Schwimmbad, Partykeller **A** 293
Gemischt genutzte Objekte s. Kostentrennung
Geräteausfall, Heizkostenverteiler **K** 193 ff.
- Ersatzverfahren **K** 200 ff.

Gerätefehler, Verbrauchserfassung s. technische Fehler, Ausstattung Heizkosten
Gericht s. Prozess
Gesamtabrechnung G 76, 78
Gesamtkosten in der Abrechnung H 132 ff.
Geschäftsgrundlage, Störung **F** 174 ff.
Gewerberaum
- Center-Manager **B** 102
- Instandhaltung/Instandsetzung **B** 93 ff.
- Grundsätze **B** 90 ff.
- Kürzung, Vorauszahlungen **E** 54
- Mehrwertsteuer **B** 104
- neue Betriebskosten, Umlage **C** 6 f., 54, 71
- Reinigungskosten **B** 92
- Verwaltungskosten **B** 98 ff.

fette Buchstaben = Hauptkapitel, magere Zahlen = Randnummern 721

- Wartung technischer Einrichtungen **B** 92
Gewerbesteuer A 40
gif-Richtlinien
- Gewerbeflächen **F** 67
- Wohnflächen **F** 69
Glasdach A 132
Glasfassade B 92
Gradtagszahlen K 220
Graffitis A 133, 187, **H** 91
Grenzwerte, Blei **A** 79
Grundbesitzabgaben B 23
Grundbesitzerhaftpflichtversicherung A 193
Grunderwerbssteuer A 40
Grundgebühren
- Beleuchtung **A** 171
- Wasser **A** 54
Grundsteuer
- Erlass **G** 23
- Kosten **A** 39
- Nachberechnung nach Abrechnungsfrist **H** 177 ff.
- Säumniszuschläge **A** 43
- Umlage bei Eigentumswohnung **F** 200
- Umlageschlüssel **F** 199 ff.
Grundsteuererhöhung
- Ausbau des Dachgeschosses **A** 48
- Bebauung des Grundstücks **A** 49
- nach Aufteilung in Wohn- oder Teileigentum **A** 44
Gullyreinigung A 167
Guthaben des Mieters I 4, **J** 106

H
Haftpflichtversicherung
- Grundbesitzerhaftpflicht **A** 193
- Kosten **A** 192 ff.
- Rechtsverfolgungskosten **A** 194
- Umlageschlüssel **F** 255 ff.
Handwerkerleistungen, haushaltsnahe **H** 220 ff.
Hauptwasserzähler
- Differenz zu Einzelwasserzählern **F** 112
- Überdimensionierung **H** 57 f.
Hauseigene Anlage, Wasserversorgung **A** 72
Hausanlage
- Fernwärme **K** 119 ff.
- Nahwärme **K** 125

Hausgeld A 30
Haushaltsnahe Dienst- und Handwerkerleistungen H 220 ff.
Haushandwerker H 41
Hausnummer, Beleuchtung **A** 168
Hausschwamm A 181
Hausstrom A 172
Haustürgeschäft H 192
Hauswart A 201 ff.
- Abgrenzung zu anderen Kosten **A** 203 ff.
- Altersteilzeit **A** 214
- getrennte Leistungsbeschreibung **A** 210
- getrennte Verträge **A** 210
- Kostenschätzung, nicht umlagefähige Anteile **A** 208
- Personalkosten **A** 211
- Pförtnerdienst **A** 300, **H** 97
- Sachkosten **A** 218
- Serviceleistungen **A** 302 ff.
- Stundenlisten **A** 206
- Tätigkeiten **A** 201 f.
- Umlage bei Teilinklusivmiete **A** 221
- Umlageschlüssel **F** 264
- Wirtschaftlichkeit **H** 95
Hauswartzentrale A 205
Hebesatz F 203
Heizanlage
- Bedienung **K** 39 ff.
- Hausanlage s. dort
- Lüftung **K** 6
- Mängel **K** 289
- Pflege **K** 39 ff.
- Prüfung und Einstellung **K** 45 ff.
- Reinigung **K** 51 ff.
- Überwachung **K** 39 ff.
- Wartung **K** 45 ff.
Heizanlagenfehler
- Heizkörperverkleidung, Vorhänge **K** 67, 282
- Überdimensionierung der Heizkörper **K** 287 f.
- Wärmequellen **K** 284 f.
Heizkörper, teilweise kalte **K** 280
Heizkörperventile, fehlende **K** 324
Heizkörperverkleidung K 67, 282
Heizkosten
- gem. § 7 Abs. 2 HeizKV **K** 28 ff.
- gem. § 7 Abs. 4 HeizKV **K** 85 ff.

- Sonderfälle, KWK-Anlage, Wärmepumpe **K** 80 ff.
- sonstige **K** 75 ff.
- Umlageschlüssel s. dort
- Umlagevereinbarung **K** 25 ff.

Heizkosten, Warmwasser s. dort

Heizkostenabrechnung, Voraussetzungen
- Ablesung s. dort
- Ausstattung, Verbraucherfassungsgeräte s. dort

Heizkostenabrechnung K 234 ff.
- Abkürzungen **K** 38, 247
- Ablesefehler **K** 290
- Abrechnungsfrist, getrennte Vorauszahlungen **G** 77
- Belegeinsicht **K** 300
- Betriebsstrom **K** 264
- Contracting **K** 256
- Einwände, Mieter s. Mietereinwände
- Fachbegriffe **K** 247
- formelle Anforderungen **H** 160, **K** 244
- Geräteausfall **K** 193 ff.
- Gradtagszahlen **K** 255
- Grundsätze **K** 244 ff.
- Kostenaufteilungen, verbundene und KWK-Anlagen **K** 252
- Kosten, Brennstoff **K** 257
- Kürzungsrecht des Mieters **K** 330 ff.
- notwendiger Inhalt **K** 244
- Nutzerwechsel **K** 213 ff.
- Plausibilität **K** 241 ff.
- Rechenschritte **K** 248
- Rohrwärmeeinheiten **K** 244
- Schadensersatzanspruch **K** 332
- Schätzungen **K** 36, 250
- Umlageschlüssel **K** 265
- Wirtschaftlichkeit **K** 234 ff.
- Zählerstände **K** 260 ff.

Heizkostenpauschale, Anpassung an HeizKV **K** 16

Heizkostenverordnung
- Ausnahmen s. dort
- Vorrang vor Vertrag **K** 2, 7 ff.

Heizkostenverteiler
- Ablesung s. dort
- Anmietung **K** 62 ff.
- Ausfall **K** 193 ff.
- Austausch **K** 172 ff.
- elektronische **K** 60, 221
- Messfehler **K** 280
- Montagefehler **K** 277 ff.
- Skalierungsfehler **K** 276
- ungeeignete **K** 273 ff.
- uneinheitliche **K** 225
- veraltete **K** 341
- Verdunster **K** 60, 221
- Zulässigkeit **K** 221

Heizöl K 29
- Anfangs-/Endbestand **K** 30
- Wirtschaftlichkeit **H** 99

Heizraum
- Beleuchtung **K** 35
- Reinigung **K** 55

Heizrohre
- überwiegend gedämmt **K** 167 ff.
- überwiegend ungedämmt **K** 174 ff.

Herabsetzung s. Ermäßigung

Hinterhaus, Hinterlieger F 237

Hinweisschilder, Gewerberaum **B** 92

Holzbock
- Bekämpfung **A** 141
- Versicherung **A** 181

Holzpellets K 29, 42, 52

Hundedreck A 135

Hydrauliköl A 98

I

Immissionsmessung K 56 ff.

Inhalt, Abrechnung, ergänzender
- Erläuterung **H** 176 ff.
- Rechnungsdaten **H** 172
- Verbrauchsdaten **H** 173

Inhalt, Abrechnung, notwendiger
- Abzug, Vorauszahlungen **H** 155 f.
- Angabe aller Kostenarten **H** 132 ff.
- Berechnung Mieteranteil **H** 154
- Fehlerfolgen **H** 161 ff., **J** 20, 41 ff.
- Gesamtkosten **H** 132 ff.
- Grundsätze **H** 125 ff.
- Prozess **J** 31 f.
- Prüfung von Amts wegen **H** 124
- Umlageschlüssel **H** 143 ff.
- unbereinigte Kosten **H** 140 ff.
- Verständlichkeit **H** 158 ff.

Insolvenzverwaltung
- Abrechnung **H** 210
- Gläubiger/Schuldner, Saldo **I** 5 f.

Instandhaltung und Instandsetzung
- Begriffe **A** 32 ff.
- Gewerberaum **B** 93 ff.
- Gartenpflege **A** 145

fette Buchstaben = Hauptkapitel, magere Zahlen = Randnummern 723

Instandsetzungskosten, Heizanlage
  K 48

J
Jahresrohmiete A 43, F 203
Jubiläum A 19

K
Kabelanschluss s.
  Breitbandanschluss
Kanalgebühren A 81
Kapitalkosten A 35
Kappungsgrenze, Mieterhöhung
  C 11
Kaution, Einbehalt bei ausstehender
  Abrechnung G 138
Kehrgebühren A 176
Kehrplan A 109, 137
KFZ-Stellplätze, Vorwegabzug
  s. Garagen
Klagen, Mieter J 89 ff.
– Abrechnung J 89 ff.
– Auskunft J 101
– Ermäßigung, Mietzins J 99 ff.
– Prüfung, Belege J 96 ff.
– Zahlung J 106 ff.
– Zwangsvollstreckung J 91 ff.
Klärschlamm A 84
Klauseln s. Formularklausel
Kleinteile, Ersatz
– Aufzug A 97
– Heizungswartung K 47
– RWA-Anlagen A 307
Klingel
– Beleuchtung A 169
– Wartung A 294
Kohle K 29, 44
Konkretisierung, unklare Abreden
  B 60 ff., E 13
Kontrollrechte des Mieters H 281 ff.,
  s. auch Abrechnungsbelege
– Durchsetzung, Prozess J 96 ff.
– Zählerstände H 334
Kopien, Abrechnungsbelege
  s. dort
Korrektur, Abrechnung
– Abrechnung nach Ausschlussfrist
  G 83 ff.
– Anerkenntnis H 232, 235 ff.
– durch Mieter J 107
– Gewerberaum H 226 ff.
– Wohnraum H 230 ff.

Korrosionsschutz
– Heizung K 77
– Rohrleitungen A 77
Kosten
– Abgrenzungen A 25 ff.
– Abrechnung A 27
– aperiodische G 137
– Heizkosten s. dort
– in mehrjährigem Turnus G 132 f.
– konkrete A 24
– laufende A 21
– objektbezogene A 18
Kostenkontrolle
– Betriebskosten H 39 ff.
– Heizkosten K 241 ff.
Kostenneutralität K 111 f.
Kostentrennung
– Abrechnung H 142
– Abweichung Verbrauchs/
  Abrechnungszeitraum G 114 ff.
– Heiz- und Warmwasserkosten
  K 143 ff.
– Instandsetzungskosten A 34, 203,
  H 142
– KFZ-Stellplätze s. Garagen
– Prozess J 54 ff.
– Verwaltungskosten A 31, 204,
  H 142
Kostentrennung, gemischt genutzte
  Objekte F 156 ff.
– Aufzug F 233
– Entwässerung F 214
– Gartenpflege F 252
– Gebäudereinigung F 245
– Grundsteuer F 202
– Hauswart F 265
– Müllbeseitigung F 243
– Ungezieferbekämpfung
  F 248
– Versicherungen F 257
– Wasser F 214
Kündigung, Zahlungsverzug nach
  Abrechnungsreife G 82
Kürzung
– bei unterlassener Zwischen-
  ablesung F 114 f.
– bei zu hohen Vorauszahlungen
  E 54 ff.
Kürzungsrecht (§ 12 Abs. 1 HeizKV)
  K 330 ff.
– Grundsätze K 331
– § 9a HeizKV K 335
– Folgen K 337 ff.
KWK-Anlagen K 80 ff., 327

L
Lagerungskosten, Brennstoffe **K** 33
Laufende Kosten, Obergrenze **A** 22
Leasingkosten A 37 s. auch Miete,
  Einrichtungen
Leerstand
– bei Flächenschlüssel **F** 167 ff.
– bei Personenschlüssel **F** 193 ff.
– Grundsteuererlass **H** 54
– Heizkosten **K** 188
– Transmissionswärmeverluste
  K 189
Legionellen A 54, **K** 134 ff.
Leistungen der Mieter
– Gartenpflege **A** 160, **F** 250
– Hausreinigung **A** 137
– Straßenreinigung **A** 108 ff.
– unmittelbare **A** 6
Leistungsabrechnung, Begriff
  G 108
Leistungsbeschreibung H 26
Leistungsbestimmung H 4
Leistungsdefizite H 45
Leuchtmittel A 171
Lieferung von Brennstoffen K 34
Loggia s. Balkon
Lüftungsanlagen
– Heizung über **K** 6
– Schornsteinfeger **A** 175
– sonstige Betriebskosten **A** 295

M
Magnetkarte, Müllabfuhr **F** 44 f.
Magnetschutz, Wohnungswasserzähler **A** 66, **F** 106, 108
Mängel, Heizanlage **K** 289
Maschinelle Wascheinrichtung,
  s. Wascheinrichtung
Mehrbelastung
– aperiodische **G** 137
– bei Brutto-/Bruttokaltmiete
  C 2 ff.
– bei Nettomiete **C** 53
– bei Pauschale **C** 61 ff.
– bei Teilinklusivmiete **C** 50 ff.
– Differenzierung Alt/Neuverträge
  C 10 f.
– einseitige, bei Altverträgen **C** 10 ff.
– einseitige, Fälligkeit der Umlage
  C 37
– einseitige, Verfahren bei Umlage
  C 30
– einseitige, weitere
  Voraussetzungen der Umlage **C** 22

– Kosten mehrjähriger Turnus
  G 132 f.
– Mehrbelastungsabrede **C** 16 ff.
– mit Mieterhöhung, Ansatz
  konkreter Kosten **C** 46 ff.
– mit Mieterhöhung, Ansatz
  Durchschnittskosten **C** 43 ff.
– nach Modernisierung **C** 68
– neue Betriebskosten (Nettomiete)
  C 54
– rückwirkende, Grundsteuer
  H 177 ff.
– rückwirkende, bei Nettomiete
  C 58 ff.
– rückwirkende, bei Pauschale
  C 63 f.
Mehrbelastungsabrede
– einseitige, Altverträge **C** 16 ff.
– Pauschale **C** 63 ff.
Mehrbelastungsklausel C 16 ff.
Mehrheit von Mietern H 118, **I** 3,
  J 105
Mehrwertsteuer
– Betriebskostenabrechnung
  H 217 ff
– Vereinbarung **B** 104
– Vorauszahlungen **E** 1
Mengengerüste H 29
Messdifferenzen s. Zählerdifferenzen
MessEG A 57 ff.
MF/W F 69
MF/G F 71
Mietausfallversicherung, separate
  A 196
Miete, Einrichtungen
– Grundsätze **A** 37
– Heizkostenverteiler **K** 62 ff.
– Müllmengenerfassungsanlagen
  A 129
– Rauchwarnmelder **A** 309
Miet/Umlageausfallwagnis F 169 f.
Mietenschlüssel F 123
Mietereinwände, Betriebskosten
– Ausschlussfrist s. dort
– Zahlungsprozess, Vermieter **J** 48 ff.
– zu niedrige Vorauszahlungen
  H 239 f.
Mietereinwände, Heizkosten,
  s. technische Fehler
Mieterhöhung, Wärmelieferung
  K 117 f.
Mieterleistungen, unmittelbare **A** 5
Mieterwechsel

fette Buchstaben = Hauptkapitel, magere Zahlen = Randnummern 725

- Abrechnung **H** 187ff
- Ausgabenabrechnung **G** 122
- Gläubiger/Schuldner des Saldos **I** 1
- Grundsteuer, rückwirkende **H** 181
- Heizkosten s. Nutzerwechsel
- Kaution, Einbehalt bei ausstehender Abrechnung **G** 138
- Kosten mehrjähriger Turnus **G** 132 ff.
- Kostenaufteilung **H** 142
- Vereinbarungen, Heizkosten **K** 213 ff.
- WEG-Abrechnung **H** 205
- Zwischenablesung **H** 189, **K** 216 ff.
- Zwischenabrechnung **G** 32

Mietpflanzen A 153
Mietrechtsschutzversicherung A 196
Mietstruktur
- allgemeine Änderung **B** 14
- Preisbindung **B** 88 f.
- stillschweigende Änderung **B** 63 ff.
- Umstellung auf Verbrauch/Verursachung **F** 36 ff.

Minderung
- Berechnung bei Abrechnung **H** 211 ff.
- Betrieb unwirtschaftlicher Anlagen **H** 47 ff.
- Schlechtleistungen **H** 46
- Unwirtschaftlichkeit **H** 103

Mindeststandard H 51
Mindestverbrauch, Verdunster **K** 219, 233
Mischmietverhältnis J 4 f.
Miteigentumsanteile
- als Umlageschlüssel **F** 146 f.
- formale Abrechnungsanforderungen **H** 201

Mitmieter
- Einwendungen **H** 256
- Gläubiger des Saldos **I** 4
- Schuldner des Saldos **I** 3
- Zugang der Abrechnung **H** 118 f.

Mitteilung, Ableseergebnis Heizkosten **K** 292 ff.
Mitteilung, Abrechnung
- Adressat **H** 117
- Angabe Abrechnungsobjekt **H** 120
- Berechtigung **H** 114 ff.
- Form **H** 108 ff.

- Unterschrift **H** 110 ff.
- Zugang s. dort

Modernisierung
- Modernisierungsankündigung **C** 69
- Modernisierungsvereinbarung **C** 70
- Modernisierungszuschlag **K** 103 f.
- Umlage neuer Betriebskosten **C** 68
- Vorauszahlungen **E** 4
- Wärmelieferung **K** 101 ff.

Montagefehler K 277
Mottennest A 141
Müllbeseitigung
- Bauschutt **A** 121
- Entrümpelung **A** 121
- Gartenabfälle **A** 121
- Kosten **A** 121 ff.
- Leasing von Müllbehältern **A** 122, 129
- Sperrmüll **A** 124
- Trinkgeld **A** 121
- Umlageschlüssel **F** 119 f., 239 ff.
- Wirtschaftlichkeit **H** 71 ff.

Müllmanagement H 72, 76
Müllmengenerfassung H 73
Müllsäcke, Müllmarken A 6
Müllschlucker, Müllabsauger, Müllkompressoren A 128, 298
Mülltonnenplatz A 166, 202, **H** 76
Mülltourismus A 130
Mülltrennung A 123
Münzautomaten A 244, 246, **F** 175, 177

N
Nachforderungen, Ausschluss bei Wohnraum **G** 83 ff.
Nachfüllen, Wasser Heizung **K** 46
Nachschieben von Abrechnungsposten G 84
Nachvollziehbarkeit, Abrechnung **H** 158 ff.
Nahwärme s. Contracting
Namensschilder A 19
Nebenkosten Bestimmtheit bei Umlage **B** 22
Nettomiete
- durch Bezugnahme s. Abwälzung
- und Pauschale **B** 81 ff.
- und Vorauszahlungen **B** 17 ff.
- Umlage von Mehrbelastungen **C** 53 ff.

- unwirksame Vereinbarung, Folgen B 74 ff.
- Vereinbarung bei preisgebundenem Wohnraum B 33 ff.

Niederschlagswasser
- Einbeziehung in Entwässerung B 26 ff.
- Kosten A 81
- Umlageschlüssel F 212, 220

Niedertemperaturbetrieb K 313
Niedrigenergiehäuser K 329
Notstromaggregate s. Sicherheitsbeleuchtung
Nutzergruppen, Heizkosten K 61, 209, 225
Nutzerschlüssel F 91 ff.
Nutzerwechsel (§ 9b HeizKV) K 213 ff.
- Ablesekosten K 72
- Mindestverbrauch K 219

Nutzungsrechte, Gartenpflege A 154

O
Oberflächenwasser s. Niederschlagswasser
Obergrenze, laufende Kosten A 22
Obhutspflicht A 52
Öffentliche Lasten A 39 ff.
Öltankreinigung K 52
Öltankversicherung K 75
Optimierung von Anlagen H 49
Originalbelege H 284

P
Pacomat F 278
Parkplätze A 167
Pauschale
- Abgrenzung, bei unklarer Vereinbarung E 10 ff.
- Anpassung an HeizKV K 16 f.
- Heizkostenabrechnung nach Anpassung K 19 ff.
- bei Nettomiete B 81 ff.
- bei Teilinklusivmiete B 81
- Erhöhung bei Gewerberaum C 66 f.
- Erhöhung bei Wohnraum C 62 ff.
- Ermäßigung D 4 ff.
- Fälligkeit, Erhöhung C 37 ff.
- Folgen, Einwendungsausschluss H 270 ff.
- rückwirkende Mehrbelastung C 26 ff.

- Sicherheitszuschlag B 83
- Verfahren, Erhöhung C 30 ff.

Personenschlüssel F 91 ff.
Personensteuer A 40
Pfändung
- Saldo I 30
- Vorauszahlungen E 72 ff.

Pförtnerdienst A 300
Plätze, Höfe A 166
Plausibilität, Heizkostenabrechnung K 241 ff.
Preisbindung, Mietstruktur nach Auslaufen B 89
Prämienrückvergütung A 199
Presscontainer F 44
Produktskala K 262
Prozess J 1 ff.
- Klagen des Mieters s. dort
- Urkundenprozess J 81 ff.
- Vorwegabzüge J 54 ff.
- Wirtschaftlichkeitseinwand J 59 ff.
- Zahlungsklage, Vermieter s. dort
- zuständiges Gericht J 1 ff.

Prüfung, Heizanlage K 45 ff.
Prüfgewicht, beim Aufzug A 94
Prüfungsfolge, Zahlungsklage des Vermieters J 7
Prüfungsfrist s. Zurückbehaltungsrecht
Prüfungsrechte, Mieter s. Abrechnungsbelege
Pumpanlage A 72

R
Rabatte, bei Brennstoffen K 31
Rasenmäher A 159
Rauchwarnmelder A 308
Rauch- und Wärmeabzugsanlagen
- Umlage durch Modernisierung C 69
- umlagefähige Kosten A 305

Realkirchensteuer A 39
Rechnungsdaten, Angabe in Abrechnung H 172
Rechtskraft G 13
Rechtsschutzversicherung A 196
Rechtsverfolgungskosten A 195
Rechtzeitigkeit, Abrechnung
- Anfertigung der Abrechnung G 57 ff.
- Beschaffung der Unterlagen G 50 ff.

Regenwasser s. Niederschlagswasser
Regiebetrieb A 17, **H** 37
Reinigung
– Aufzug **A** 104
– Fassade **A** 133
– Geräte, motorgetriebene beim Winterdienst **A** 114
– Heizungsanlage **K** 51
– Heizungsraum **K** 55
– Material, Gebäudereinigung **A** 136
– Wäschepflege **A** 238
Reparaturkosten s. auch Instandhaltung und Instandsetzung
– Aufzug **A** 97 ff.
– Eigenleistung, Ansatz **A** 16
– Entwässerung **A** 86
– Gartengeräte **A** 159
– Straßenreinigung **A** 114
Reparaturversicherung A 195
Richtlinie (EU)
– EndenergieeffizienzRL (2006/32/EG) **K** 1, 9
– EnergieeffizienzRL (2012/27/EU) **K** 1, 9
– konforme Auslegung **K** 1, 9, 176
– Umsetzung, HeizKV **K** 1
Rietschel-Henneberg-Anlage K 312
Ringleitung K 310, 312
Rohrbrüche A 50, **H** 59, 94
Rohrleitungen s. Abflussrohre
Rohrleitungsverluste, Heizkosten **K** 174 ff.
Rohrwärmeeinheiten, Angabe in Abrechnung **K** Rdn. 244
Rohrverstopfung A 86
Rückforderung
– wegen kleinerer Fläche **F** 89
– Zahlung trotz Ausschlussfrist **G** 92 f.
Rückforderung, unterlassene Abrechnung
– Aufrechnung **G** 15
– Fälligkeit **G** 20
– Verjährung **G** 21
Rückstausicherung A 316
Rumpfzeitraum G 41, 103

S
Sachversicherung
– Elementarschäden **A** 182
– Graffitis **A** 187

– Hausschwamm **A** 181
– Kosten **A** 180 ff.
– Mietausfall **A** 188 f.
– Spezialversicherung **A** 184
– Terrorschäden **A** 185
– Umlageschlüssel **F** 255 ff.
– Vandalismusschäden **A** 186
Sachverständiger, Erstellung Abrechnung **G** 9, **J** 93
Saldo s. Abrechnungssaldo
Saldoklage J 88
Sammelanbieter H 30
Sammelgrube A 84
Sandkiste, Sandaustausch **A** 163
Säugling F 93
Säumniszuschläge A 43
Sauna s. Gemeinschaftseinrichtungen
Scannen, Belege **H** 285
Schadensersatzanspruch
– bei verbrauchsunabhängiger Heizkostenabrechnung **K** 332
– fehlerhafte Abrechnung Dritter **H** 164 ff.
– Verletzung Anzeige- und Obhutspflicht **A** 52
– zu niedrige Vorauszahlungen **H** 243 ff.
Schätzungen
– Aufzug, Kostentrennung **A** 101 f.
– Betriebsstrom **K** 36, 264
– Hauswart, Kostentrennung **A** 208
– Heizkostenabrechnung **K** 250
– Gemeinschaftsantenne, Strom **A** 222
– Modernisierung, künftige Betriebskosten (§ 555c BGB) **C** 69
– Strom, Heizung **K** 37
– Vorwegabzüge **J** 58
– Zulässigkeit bei Verbrauch und Verursachung **F** 105
– Wasserzähler, ungeeichte **A** 62
– Wirtschaftlichkeit **J** 73
– Zwischenzähler, fehlende **F** 219
Schimmel K 166
Schlechtleistung H 45
Schließanlagen A 318
Schlüssige Vereinbarung, Nettomiete **B** 63 ff.
Schlüssigkeit der Klage s. Zahlungsklagen, Vermieter
Schmutzwasserhebeanlage A 320
Schneebeseitigung, von Dächern **A** 321

Schneefanggitter A 275
Schneeräumgerät A 114
Schönheitsreparaturen A 43
Schornsteinfeger
– Auswahl H 87
– Feuerstättenschau A 177
– sonstige Prüfungen A 175
Schornsteinreinigung
– Kosten A 174
– Umlageschlüssel F 254
– Wirtschaftlichkeit H 87
Schriftlichkeit, Abrechnung H 109 f.
Schuldanerkenntnis, deklaratorisches H 231
Schwalbenwanzen A 141
Schwammversicherung A 181
Schwimmbad s. Gemeinschaftseinrichtungen
Sekundäre Darlegungslast J 67 ff.
Selbstbeteiligung, Versicherungen A 199
Serviceleistungen, Hauswart A 302 ff.
Servicevertrag, Wasserzähler A 64
Set-Top-Box A 226
Sicherheitsbeleuchtung A 324
Sicherheitsdienst A 265
Sicherheitszuschlag
– Anfangshöhe der Vorauszahlungen E 16
– bei Erhöhung der Vorauszahlungen E 40
– Pauschale B 83
Siel/Kanalgebühren A 81
Skalenreduktion K 269
Skalierungsfehler K 276
Sockelbeträge B 8
Solaranlage K 28, 325, 329
Sollvorauszahlungen H 157, J 16, 47
Sonderpreise H 42
Sonneneinstrahlung K 285
Sonstige Betriebskosten
– Grundsätze A 247 ff.
– einzelne A 260 ff.
– Notwendigkeit der Vereinbarung B 47
– Wartungskosten A 252 ff.
Sperrfilter A 231
Sperrmüll A 124, H 69
Spielplätze A 162 ff.
Sprengwasserabzug A 83, H 56
Sprinkleranlagen A 327

Sprühwasser-Löschanlagen A 328
Steigeleitung, Wärmeverluste K 286
Stellplätze s. Garagen
Straßenausbaubeiträge A 42
Straßenreinigung
– Einbeziehung der Fußwegreinigung B 31
– Kosten A 105 ff.
– Übernahme durch Mieter A 108
– Umlageschlüssel F 235
– Unternehmen statt Mieter A 109
– Winterdienst s. Winterdienst
Streichelzoo A 293
Streubesitz F 135
Streugut A 114
Strom
– Beleuchtung A 148
– Heizung K 35 ff.
Stufenklage J 103
Stundenlisten des Hauswarts A 206
Sturmschäden, Garten A 151
Subunternehmer H 284

T
Tankreinigung K 52
Tarifänderungen, Wasser/Abwasser H 55, 62
Taubenzecken A 141
Technische Fehler, Heizanlage
– Heizungsanlage, Mängel K 289
– Heizungsanlage, Überdimensionierung K 289
– Heizkörper, Überdimensionierung K 287
– Heizkörper, Verkleidung K 282
– Sonneneinstrahlung K 285
– Steigeleitung K 286
– Vorhänge K 282
– Wärmequellen K 284
Technische Fehler, Heizkosten, Ausstattung
– Messfehler K 280
– Montagefehler K 277
– Skalierungsfehler K 276
– sonstige Fehler K 281
– systembedingte Fehler K 272
– ungeeignete Geräte K 273
Teilabrechnung
– Abrechnungsfrist G 74 ff.
– einzelne Betriebskosten G 74
– kürzerer Zeitraum G 103

Teilfälligkeit, Abrechnungssaldo
I 8
Teilinklusivmiete
– Begriff **B** 9
– Ermäßigung des
Betriebskostenanteils **D** 15
– Folgen, Einwendungsausschluss
H 270 ff.
– Sockelbeträge **B** 8
– Umlage von Mehrbelastungen
C 50 ff.
Teppichklopfplatz A 166
Terminanfrage, Belegeinsicht **H** 301
Terrasse s. Balkon
Terrorschadenversicherung A 185,
H 90
Tiefgarage s. Garagen
Tochterunternehmen H 37
Toilettenspülung, Wasserverlust
durch Defekt **A** 52
Transparenzgebot B 40, 94
Trinkgeld A 121, **K** 34
Trinkwasserverordnung A 79 f.,
K 134
Trockengerät, Wäsche **A** 235
Türöffner s. Klingelanlage

U
Überdimensionierung
– Hauptwasserzähler **H** 57
– Heizanlage **K** 289
– Heizkörper **K** 287
Übergabestation K 120
Übergangsregelung (§ 12 Abs. 2
HeizKV) **K** 341
Überwachung
– Aufzug **A** 92 f.
– Hauswartsaufgabe **A** 201
– Heizung **K** 39 ff.
– Wäschepflegeeinrichtungen **A** 238
Umlage von Betriebskosten
s. Abwälzung
Umlage, Misch- und Sonderfälle
– Abrechnungseinheit **F** 124 ff.
– gemischt genutzte Objekte **F** 156 ff.
– Leerstand **F** 167 ff.
– Mit/Teileigentum **F** 142 ff.
Umlageschlüssel, Betriebskosten
F 1 ff.
– Abrechnungseinheit **F** 124 ff.
– Änderung/Einführung nach
Verbrauch **F** 36 ff., 41
– Änderung/Einführung nach
Verursachung **F** 36 ff., 43

– Änderungsanspruch des Mieters
F 29 ff.
– Änderungsrecht des Vermieters
F 13 ff.
– Eigentumswohnung **F** 142 ff.
– einzelne **F** 51 ff.
– Festlegung im Mietvertrag **F** 4 ff.
– gemischt genutzte Objekte
F 156 ff.
– Grundsätze **F** 1 ff.
– Korrektur **F** 12 ff.
– Leerstand **F** 167 ff.
– nach Fläche oder umbautem Raum
s. Flächenschlüssel
– nach Verbrauch oder
Verursachung s. Verbrauch/
Verursachung
– Prozess **J** 33 ff.
– Teileigentum **F** 142 ff.
– wiederholte Änderung **F** 33 f.
– Zahl der Mietobjekte **F** 52 ff.
Umlageschlüssel, einzelne
Betriebskostenarten
– Aufzug **F** 221
– Beleuchtung,
Schornsteinreinigung **F** 253
– Breitbandanschluss **F** 272
– Entwässerung **F** 208
– Gartenpflege **F** 249
– Gebäudereinigung **F** 244
– Gemeinschaftsantenne **F** 266
– Grundsteuer **F** 199
– Hauswart **F** 264
– Müllabfuhr **F** 239
– Straßenreinigung **F** 235
– Ungezieferbekämpfung **F** 248
– Versicherungen **F** 255
– Wäschepflege **F** 274
– Wasser **F** 208
Umlageschlüssel, Heizkosten
– allgemeiner **K** 155 ff.
– Änderung (§ 6 Abs. 4 HeizKV)
K 157 ff.
– beheizte Fläche **K** 184 ff.
– Geräteausfall (§ 9a HeizKV)
K 193 ff.
– Leerstand **K** 188
– Leitungsverluste **K** 174 ff.
– separate Warmwasseranlage
K 127 ff.
– verbrauchsunabhängige Kosten
K 183
– verbundene Warmwasseranlage
K 153

- Vereinbarung (§ 10 HeizKV) K 192
- zwingender (§ 7 Abs. 1 Satz 2–5 HeizKV) K 160 ff.
- Wärmeerzeugung K 155
- Wärmelieferung K 190
- Wohnungseigentum K 22

Umlagevereinbarung s. auch Abwälzung
- Gewerberaum B 90 ff.
- Grenzen bei Wohnraum B 2
- Heizkosten K 192, 213
- Notwendigkeit B 1
- unwirksame, Folgen B 74 ff.

Umrechnungsfaktor K 262

Umsatzsteuer s. Mehrwertsteuer

Umstellung
- auf Contracting K 91 ff.
- Heizkostenverteiler K 172 ff.

Ungezieferbekämpfung
- Kosten A 140
- Umlageschlüssel F 248

Unkrautvernichtung A 144, 166

Unmöglichkeit, Heizkostenabrechnung nach Verbrauch
- technische K 305 ff.
- wirtschaftliche K 315 ff.

Unterlassene Abrechnung G 6 ff.

Unternehmen statt Mieterleistung A 109

Unterschrift, Abrechnung H 110

Unwirtschaftliche Anlagen H 47 ff.

Unzumutbarkeit des Aufwands K 153, 315 ff.

Urheberrechtsgebühren
- Gemeinschaftsantenne/Breitbandanschluss A 225
- Hörfunk in Aufzügen A 331 f.

V

Vandalismusschäden A 108, H 91

VDI-Richtlinie 2077/3.5
- Abrechnung K 175 ff.
- Erläuterung in der Abrechnung H 125
- Wirtschaftlichkeitsgebot H 49

VDI-Richtlinie 2077/3.1 K 81 f.

Ventile, fehlende an Heizkörpern K 324

Verbesserung, Betriebsführung K 113

Verbrauch/Verursachung
- Änderungserklärung F 46
- Umlage nach Verbrauch F 41
- Umlage nach Verursachung F 43
- Umlageschlüssel Verbrauch F 99 f.
- Umlageschlüssel Verursachung F 118 ff.
- Umstellung, Grundsätze F 36 ff.

Verbrauchsanalyse K 73 f.

Verbrauchsanteile, Heizkosten K 155

Verbrauchsdaten, Angabe in Abrechnung H 173 f., K 30

Verbrauchserfassung, Heizkosten s. auch Ausstattung, Verbrauchserfassung
- Geräteausfall K 193 ff.
- Gerätemiete K 59 ff.
- Kosten K 70 ff.
- Pflicht zur Verbrauchserfassung K 3 f.
- Wirtschaftlichkeit K 66 ff., 133 ff.

Verbrauchsschlüssel F 99

Verbundene Anlagen
- Abrechnung K 252
- Umlageschlüssel K 143 ff.

Verdunstungsgeräte, Mindestverbrauch K 219, 233

Vereitelung, Heizkostenablesung K 196

Vergleich §§ 42–44 II. BV/WoFlV F 64

Vergleichsangebote H 25

Verjährung
- Anspruch auf Abrechnung G 20 ff.
- Anspruch auf Auskunft J 102 f.
- Folgen I 41
- Forderungen des Mieters I 34 ff.
- Forderungen des Vermieters I 31 ff.
- Nachbelastung, Grundsteuer H 183

Verkalkung K 51

Verkehrsfehlergrenze F 107

Verlagerung von Betriebskosten D 16 ff.

Verletzung
- Anzeige/Obhutspflicht A 52
- Wirtschaftlichkeitsgebot H 101 ff.

Vermieterwechsel
- Abzug der Vorauszahlungen H 195 ff.
- Gläubiger/Schuldner des Saldos G 23 ff., I 2

- im Abrechnungszeitraum **G** 23 ff.
**Vermögensschadenversicherung
A** 196
Verrechnungstag G 25, **H** 196
Versäumnisurteil J 19
Versicherung
- All-Risk **H** 89
- Eigenversicherung **A** 198
- Haftpflichtversicherung s. dort
- Kosten **A** 180 ff.
- Prämienrückvergütung **A** 199
- Reparaturen **A** 107
- Sachversicherung s. dort
- Selbstbeteiligung **A** 199
- Tankversicherung **K** 75
- Umlageschlüssel **F** 255 ff.
- Wirtschaftlichkeit **H** 88
Versicherungsmakler H 88
Versicherung an Eides statt
- bei Abrechnung **H** 335, **J** 89
Vertragsänderung
- durch Abrechnung ohne Vereinbarung **B** 65 ff.
- durch unterlassene Abrechnung **B** 71 ff.
Verwalterabrechnung
s. WEG-Abrechnung
Verwalterbüro F 90
Verwaltungseinheit s. Abrechnungseinheit
Verwaltungskosten
- Belastung Mieter **A** 26 ff.
- Kostentrennung **A** 24, 113
- Umlage, Gewerberaum **B** 98 ff.
Verwirkung I 42 ff.
- Folgen **I** 56
- Gewerberaum **I** 50 ff.
- Prozess **J** 53
- unterlassene Abrechnung **B** 72
- Wohnraum **I** 45 ff.
Verzögerungen, durch Gericht **G** 58
Verzug, Abrechnungssaldo **I** 9a
Verzugszinsen G 80, **I** 10, **J** 16
Vollmacht
- Klauseln **H** 118
- Zurückweisung wegen fehlender **H** 116
Vollstreckung bei Klage auf Abrechnung G 9, **J** 91 ff.
Vollumlage, verbrauchsabhängige Heizkostenabrechnung **K** 192
Vollwartung
- Antenne **A** 223
- Aufzug **A** 99

- maschinelle Wascheinrichtung **A** 239
Vorauszahlungen E 1 ff.
- Abgrenzung, Pauschale **E** 10 ff.
- Abrechnung, bei zu niedrigen **H** 239 ff.
- Abtretung, Aufrechnung, Pfändung **E** 72 ff.
- Abzug, aller bei Abrechnung **H** 155 ff.
- Auszug des Mieters **E** 69 f.
- Erhöhung, Gewerberaum **E** 23 ff.
- Erhöhung, preisfreier Wohnraum **E** 26 ff.
- Erhöhung, preisgebundener Wohnraum **E** 45 ff.
- Erhöhung, weitere in laufender Abrechnungsperiode **E** 34 ff.
- Fälligkeit **E** 63 ff.
- fehlende, Betriebskostenabrechnung **H** 156
- fehlende nach Ausschlussfrist **G** 87
- Höhe **E** 15 ff.
- Insolvenzverwaltung **H** 210
- Kürzungsrecht des Mieters **E** 54 ff.
- Mehrwertsteuer **E** 1, **B** 104
- Modernisierung **E** 4
- Rückforderung bei Nichtabrechnung **G** 11 ff.
- Schadenersatz bei Mietausfall **E** 71
- Sicherheitszuschlag **E** 40
- Sollvorauszahlungen, Einstellung in die Abrechnung **J** 47
- Umwandlung bei Abrechnungsreife **G** 80 ff.
- Vereinbarung **E** 1 f.
- Vorenthaltungszeit **E** 9
- Wegfall **E** 66 ff., **G** 80 ff., **J** 47
- widersprechende Erklärungen zur Höhe **E** 58 ff.
- zu hohe Vorauszahlungen **E** 17
- zu niedrige Vorauszahlungen **E** 18, **H** 239 ff.
- Zurückbehaltungsrecht **E** 66, **G** 54, **H** 9, **I** 17
- Zwangsverwaltung **H** 206 ff.
Vorhänge K 282
Vorlauftemperatur, unter 55° C **K** 60
Vorwegabzug, Betriebskosten, s. auch Kostentrennung
- Grundsätze gemischt genutzte Objekte **F** 156 ff.
- Prozess **J** 54 ff.

Vorerfassung, Heizkosten
- Nutzergruppen **K** 61, 209
- uneinheitliche Ausstattung, Heizkostenverteiler **K** 225 ff.

W
Wärmeabzugsanlagen A 305
Wärmelieferung (§ 7 Abs. 4 HeizKV) **K** 85 ff., s. auch Contracting
- Fernwärme **K** 86
- Mieterhöhung **K** 117 f.
- Modernisierung **K** 101 ff
- Nahwärme **K** 87
- Umstellung, Grundsätze **K** 91 f.
- wirtschaftliche Bedeutung **K** 90

Wärmelieferung, Umstellung s. Contracting
Wärmerückgewinnung, bei Lüftungsanlagen **K** 35
Wärmemessdienst, Kosten **K** 70 f.
Wärmenetz s. Contracting
Wärmepumpe K 84
Wärmequellen K 284
Wärmeverbrauch, fehlende Beeinflussung **K** 324
Wärmeverluste, Steigeleitung **K** 174 ff., 286
Wärmezähler
- Begriff **K** 60
- verbundene Heizanlage **K** 150 ff.
- Vorerfassung **K** 226

Warmluftkonvektoren K 305
Warmwasseranlage
- Ausnahme von der HeizKV **K** 328
- getrennte **K** 127 ff.
- verbundene **K** 150 ff.

Warmwasserkosten, separate Anlage (§ 8 HeizKV) **K** 126 ff
- Prüfung auf Legionellen **K** 134 ff.
- umlagefähige Kosten **K** 130 ff.
- Umlageschlüssel **K** 127 ff.

Warmwasserkosten, verbundene Anlage (§ 9 HeizKV)
- alte Abrechnungszeiträume **K** 147 f.
- Kostentrennung **K** 143 ff.
- neue Abrechnungszeiträume **K** 149 ff.

Warmwasserlieferung K 142
Wartungskosten
- Heizung **K** 45 ff.
- Instandhaltungskosten **A** 33
- sonstige Betriebskosten **A** 252 ff.

Wäschepflege
- Kosten **A** 235 ff.
- Münzautomaten **A** 244
- Umlageschlüssel **F** 274 ff.
- Wartung **A** 239

Wäscheschleuder A 235
Wäschetrockenplatz A 166
Wäschetrockner A 235
Wasser
- Wasser- und Bodenverband **A** 39
- Kosten **A** 50 ff.
- Nachfüllen, Heizung **K** 46
- Umlageschlüssel **F** 208 ff.
- Wirtschaftlichkeit **H** 55 ff.

Wasseraufbereitung A 76
Wassergewinnung A 72
Wasserkosten, Einbeziehung Entwässerung **B** 26 ff.
Wassermengenregler A 75, 283, **G** 61
Wasserqualität, Überprüfung
- Blei **A** 77
- Legionellen **K** 134 ff.

Wasserverbrauch
- außergewöhnlicher **A** 51
- Kosten der Berechnung und Aufteilung **A** 65 ff.

Wasserversorgung, hauseigene Anlage **A** 72 ff.
Wasserverteilung A 73 ff.
Wasserzähler s. Einzelwasserzähler
WEG-Abrechnung
- Bestandskraft **H** 198 f.
- Bindung des Mieters **G** 130
- Einsicht Abrechnungsbelege **H** 289
- Erläuterungen gegenüber Mieter **H** 204
- fehlerhafte Abrechnung **H** 200
- HeizKV **H** 22
- Mieterwechsel **H** 205
- ordnungsgemäße Abrechnung **H** 201 ff.
- Umlageschlüssel **F** 142 ff.
- verzögerte **G** 34, 52

Wegerecht A 121, 167, 168
Werbegemeinschaft A 333
Wespennest A 141
Widerrufsrecht, konkludente Betriebskostenumlage **B** 68
Windbruch, Aufräumkosten **A** 151
Winterdienst A 108 ff.
- Eiszapfen **A** 113
- Gerätereparaturen **A** 114
- Verhinderung des Mieters **A** 116

fette Buchstaben = Hauptkapitel, magere Zahlen = Randnummern

Wirtschaftlichkeitseinwand J 59 f.
Wirtschaftlichkeitsgrundsatz
- Abrechnung, Betriebskosten
  H 8 ff.
- Abrechnung, Heizkosten **K** 234 ff.
- Antennen **H** 98
- Aufzug **H** 64
- Beleuchtung **H** 85
- Betriebskosten-Benchmarking
  H 22
- Betriebskosten-Management
  H 18 ff.
- Definition **H** 11
- Entwässerung **H** 62
- Ermessen **H** 13
- Fremdvergabe von Leistungen
  H 25 ff.
- Gartenpflege **H** 82
- Gebäudereinigung **H** 78 ff.
- Geltungsbereich **H** 9 ff.
- Grundsteuer **H** 54
- Hauswart **H** 95 ff.
- Heizkosten **K** 234 f.
- Inhalt **H** 11 ff.
- Kostenkontrolle **H** 39 ff.
- Miete von Verbrauchserfassungsgeräten **K** 68
- Müllbeseitigung **H** 67 ff.
- organisatorische Veränderungen
  H 35 ff.
- Prozess, Einwand **J** 59 ff.
- Schlechtleistungen **H** 45
- Schornsteinreinigung **H** 87
- Straßenreinigung **H** 66
- Tochterunternehmen **H** 37
- sonstige Betriebskosten **A** 247 ff.
- Überprüfung, berechnete
  Leistungen **H** 44 ff.
- unwirtschaftliche Anlagen
  H 47 ff.
- Varianten zur Kostenhöhe
  H 25 ff.
- Verletzung, Folgen **H** 101 ff.
- Versicherungen **H** 88 ff.
- Wasserversorgung **H** 455 ff.
Wirtschaftseinheit s.
  Abrechnungseinheit
Wohngemeinschaft,
- Umlageschlüssel **F** 198a
- HeizKV **K** 2
Wohnfläche s. Flächenschlüssel
Wohnflächenverordnung (WoFlV)
  F 64, 76 ff.
Wohngeld A 30, **H** 197

Wohnungseigentum
  s. WEG-Abrechnung
Wohnungswasserzähler s. Einzelwasserzähler

Z
Zählerdifferenzen, Wasser **F** 106 ff.
Zählerkosten
- Wasser **A** 55
- Beleuchtung **A** 170
Zählerstände
- Heizkostenabrechnung **K** 260 ff.
- Kontrolle **H** 334
Zahlungsfristen I 27 f.
Zahlungsklagen, Vermieter **J** 7 ff.
- Ableseprotokoll **J** 37
- Abrechnungseinheit **J** 39
- Abrechnungsreife **J** 16
- Abrechnungszeitraum **J** 24 ff.
- Abweisung als nicht fällig **J** 41 ff.
- Behauptungslast, sekundäre **J** 67 f.
- Bestreiten der Belege **J** 50 f.
- Bestreiten, Nichtwissen **J** 54, **K** 38
- Beweislast,
  Pauschale/Vorauszahlung **J** 9
- Beweislast, Vertragsänderung
  J 10 ff.
- Beweislast, Richtigkeit
  Abrechnung **J** 21
- Einwände, Mieter **J** 48 ff.
- Erhöhung, Pauschale **J** 79 f.
- formell ausreichende Abrechnung
  J 31 ff.
- formelle Fehler, Behandlung **J** 41 ff.
- Mietsaldoklage **J** 88
- Nachforderung, Saldo **J** 19 ff.
- Nachforderung , Vorauszahlungen
  J 15 ff.
- Prüfungsfolge **J** 7
- Schlüssigkeit **J** 19 f.
- Umlageschlüssel **J** 33 ff.
- Urkundenklage **J** 81 ff.
- VDI 2077/3.5 **H** 49
- vereinbarte Kosten **J** 26 ff.
- Vorwegabzüge **J** 54 f.
- Wirtschaftlichkeitseinwand **J** 59 ff.
- Zugang, Abrechnung **J** 22 f.
- Zug-um-Zug-Verurteilung **J** 77 f.
- Zurückbehaltungsrecht **J** 76 ff.
Zeitwertversicherung A 188
Zufahrten, Zugänge A 166
Zugang, Abrechnung
- bestrittener **G** 70
- Prozess **J** 22

- unbekannte Anschrift **G** 65 ff.
- vereitelter **G** 71 ff.
- verspäteter **G** 62 ff.

Zug-um-Zug-Verurteilung J 77

Zurückbehaltungsrecht, Nachforderungen
- Bestehen des Rechts **I** 15
- Dauer **I** 20
- Zahlungsfristen **I** 27 f.

Zurückbehaltungsrecht, Prozess
I 12 f., **J** 76 ff.

Zurückbehaltungsrecht, Vorauszahlungen
- Abrechnung gem. § 14 Abs. 4 UStG **H** 219
- Anpassung, Vorauszahlungen **E** 32

- Verstoß, Abrechnungspflicht **G** 8, 97
- Verweigerung Belegeinsicht/-kopien **H** 303, 334, **I** 12

Zusammenstellung der Gesamtkosten H 132 ff.

Zwangsverwaltung
- Abrechnung **H** 206 ff.
- verspätete Abrechnung **G** 60

Zwangsvollstreckung, Erteilung der Abrechnung **G** 9, **J** 91 ff.

Zwischenablesung
- Betriebskosten, Kosten **H** 191
- Heizkosten **K** 216 ff.

Zwischenabrechnung G 32
Zwischenvermietung J 5